WANDER GARCIA, LUCAS CORRADINI E RENAN FLUMIAN
COORDENADORES

CARREIRAS DE MINISTÉRIO PÚBLICO

ANALISTA, AUXILIAR E OFICIAL DO MP

1.300 QUESTÕES COMENTADAS *

2018

como passar

- 1.139 Questões impressas
- 235 Questões on-line

DISCIPLINAS:
- Direito Administrativo
- Direito Civil
- Direito Constitucional
- Direito Ambiental
- Direito do Consumidor
- Direitos da Criança e do Adolescente
- Direito do Idoso
- Legislação do Ministério Público
- Direito Penal
- Direito Processual Penal
- Direito Processual Civil
- Português
- Texto doutrinário sobre a Legislação Orgânica do Ministério Público

* Gabarito ao final de cada questão, facilitando o manuseio do livro

* Questões comentadas e altamente classificadas por autores especialistas em aprovação

10 ANOS
Editora FOCO

2018 © Editora Foco
Coordenadores: Wander Garcia, Lucas Corradini e Renan Flumian
Autores: Wander Garcia, Alice Satin, Anna Carolina Bontempo, Ariane Wady, Bruna Vieira, Eduardo Dompieri, Gabriela Pinheiro, Gustavo Nicolau, Henrique Subi, Lucas Corradini, Luiz Dellore, Magally Dato, Marcos Destefenni Roberta Densa, Sebastião Edilson Gomes
Diretor Acadêmico: Leonardo Pereira
Editor: Roberta Densa
Assistente Editorial: Paula Morishita
Revisora Sênior: Georgia Renata Dias
Capa Criação: Leonardo Hermano
Diagramação: Ladislau Lima
Impressão miolo e capa: Gráfica EXPRESSÃO & ARTE

Dados Internacionais de Catalogação na Publicação (CIP)
(Câmara Brasileira do Livro, SP, Brasil)

Como passar nas carreiras do Ministério Público : analista, auxiliar e oficial do MP / Wander Garcia, Lucas Corradini, Renan Flumian, coordenadores . – Indaiatuba : Editora Foco Jurídico, 2017.

Vários autores.

ISBN: 978-85-8242-202-1

1. Ministério Público Estadual – Concursos I. Garcia, Wander. II. Corradini, Lucas. III. Flumian, Renan.

17-08228   CDU-347.963(81)(079.1)

Índices para Catálogo Sistemático:

1. Brasil : Ministério Público Estadual : Concursos : Questões comentadas : Direito 347.963(81)(079.1)

2. Brasil : Promotores de justiça : Concursos : Questões comentadas : Direito 347.963(81)(079.1)

DIREITOS AUTORAIS: É proibida a reprodução parcial ou total desta publicação, por qualquer forma ou meio, sem a prévia autorização da Editora FOCO, com exceção do teor das questões de concursos públicos que, por serem atos oficiais, não são protegidas como Direitos Autorais, na forma do Artigo 8º, IV, da Lei 9.610/1998. Referida vedação se estende às características gráficas da obra e sua editoração. A punição para a violação dos Direitos Autorais é crime previsto no Artigo 184 do Código Penal e as sanções civis às violações dos Direitos Autorais estão previstas nos Artigos 101 a 110 da Lei 9.610/1998. Os comentários das questões são de responsabilidade dos autores.

NOTAS DA EDITORA:

Atualizações e erratas: A presente obra é vendida como está, atualizada até a data do seu fechamento, informação que consta na página II do livro. Havendo a publicação de legislação de suma relevância, a editora, de forma discricionária, se empenhará em disponibilizar atualização futura.

Bônus ou Capítulo On-line: Excepcionalmente, algumas obras da editora trazem conteúdo no *on-line*, que é parte integrante do livro, cujo acesso será disponibilizado durante a vigência da edição da obra.

Erratas: A Editora se compromete a disponibilizar no site www.editorafoco.com.br, na seção Atualizações, eventuais erratas por razões de erros técnicos ou de conteúdo. Solicitamos, outrossim, que o leitor faça a gentileza de colaborar com a perfeição da obra, comunicando eventual erro encontrado por meio de mensagem para contato@editorafoco.com.br. O acesso será disponibilizado durante a vigência da edição da obra.

Impresso no Brasil (09.2017) – Data de Fechamento (08.2017)

2018
Todos os direitos reservados à
Editora Foco Jurídico Ltda.
Al. Júpiter 542 – American Park Distrito Industrial
CEP 13347-653 – Indaiatuba – SP
E-mail: contato@editorafoco.com.br
www.editorafoco.com.br

Autores

Wander Garcia – @wander_garcia

Doutor e Mestre em Direito pela PUC/SP. Professor e coordenador do IEDI. Procurador do Município de São Paulo.

Alice Satin Calareso

Mestre em Direitos Difusos pela PUC/SP. Especialista em Direito Processual Civil pela PUC/SP. Palestrante e Professora Assistente na Graduação e Pós-Graduação em Direito da PUC/SP. Advogada.

Anna Carolina Bontempo

Pós-graduada em Direito Público pela Faculdade de Direito Professor Damásio de Jesus. Professora e gerente de ensino a distância no curso IEDI. Advogada.

Ariane Wady

Graduada em Direito pela Pontifícia Universidade Católica de São Paulo (2000). Especialista em Direito Processual Civil (PUC-SP). Advogada, professora de pós-graduação e Curso Preparatório para Concursos PROORDEM UNITÁ Educacional e Professora/Tutora de Direito Administrativo e Constitucional Rede de Ensino Luiz Flávio Gomes e IOB/Marcato.

Bruna Vieira – @profa_bruna

Advogada. Professora do IEDI, PROORDEM, LEGALE, ROBORTELLA e ÊXITO. Palestrante e professora de Pós-Graduação em Instituições de Ensino Superior. Autora de diversas obras de preparação para Concursos Públicos e Exame de Ordem. Pós-graduada em Direito

Eduardo Dompieri – @eduardodompieri

Pós-graduado em Direito. Professor do IEDI. Autor de diversas obras de preparação para Concursos Públicos e Exame de Ordem.

Gabriela Rodrigues Pinheiro

Advogada. Professora Universitária e do IEDI Cursos *On-line* e preparatórios para concursos públicos exame de ordem. Graduada em Direito pela Faculdade de Direito Prof. Damásio de Jesus. Pós-Graduada em Direito Civil e Processual Civil pela Escola Paulista de Direito. Autora de diversas obras jurídicas para concursos públicos e exame de ordem.

Gustavo Nicolau – @gustavo_nicolau

Doutor e Mestre pela Faculdade de Direito da USP. Professor de Direito Civil da Rede LFG/Praetorium. Advogado.

Henrique Subi – @henriquesubi

Agente da Fiscalização Financeira do Tribunal de Contas do Estado de São Paulo. Mestrando em Direito Político e Econômico pela Universidade Presbiteriana Mackenzie. Especialista em Direito Empresarial pela Fundação Getúlio Vargas e em Direito Tributário pela UNISUL. Professor de cursos preparatórios para concursos desde 2006. Coautor de mais de 20 obras voltadas para concursos, todas pela Editora Foco.

Lucas Corradini

Promotor de Justiça do Estado de São Paulo. Professor de Direito Penal e Processual Penal do curso IEDI.

Luiz Dellore

Doutor e Mestre em Direito Processual Civil pela USP. Mestre em Direito Constitucional pela PUC/SP. Professor do Mackenzie, EPD, IEDI, IOB/Marcato e outras instituições. Advogado concursado da Caixa Econômica Federal. Ex--assessor de Ministro do STJ. Membro da Comissão de Processo Civil da OAB/SP, do IBDP (Instituto Brasileiro de Direito Processual), do IPDP (Instituto Panamericano de Derecho Procesal) e diretor do CEAPRO (Centro de Estudos Avançados de Processo). Colunista do portal jota.info.Facebook e LinkedIn: Luiz Dellore (Twitter: @dellore)

Magally Dato
Agente de Fiscalização do Tribunal de Contas do Município de São Paulo e Professora de Língua Portuguesa.

Marcos Destefenni – @destefenni
Doutor e Mestre pela PUC/SP. Mestre pela PUC de Campinas e Mestre em Direito Penal pela UNIP. Professor da Rede LFG. Promotor de Justiça em São Paulo.

Renan Flumian – @renanflumian
Mestre em Filosofia do Direito pela *Universidad de Alicante*. Cursou a *Session Annuelle D'enseignement do Institut International des Droits de L'Homme*, a Escola de Governo da USP e a Escola de Formação da Sociedade Brasileira de Direito Público. Professor e Coordenador Acadêmico do IEDI. Autor e coordenador de diversas obras de preparação para Concursos Públicos e o Exame de Ordem. Advogado.

Roberta Densa
Doutora em Direitos Difusos e Coletivos. Professora universitária e em cursos preparatórios para concursos públicos e OAB. Autora da obra "Direito do Consumidor", 9ª edição publicada pela Editora Atlas.

Sebastião Edilson Gomes
Mestre em Direito Público. Especialista em Direito Civil. Coautor do Livro Lei de Responsabilidade Fiscal Comentada e anotada. 5.ª Ed. Professor Universitário nas disciplinas de Direito Administrativo e Direito Civil.

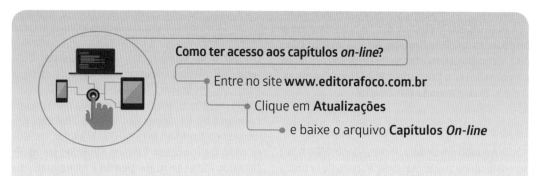

SUMÁRIO

APRESENTAÇÃO — III

AUTORES — V

COMO USAR O LIVRO? — XI

PREFÁCIO — 1

1. DIREITO ADMINISTRATIVO www. — 3

1. REGIME JURÍDICO ADMINISTRATIVO E PRINCÍPIOS DO DIREITO ADMINISTRATIVO.................................3
2. PODERES DA ADMINISTRAÇÃO PÚBLICA 6
3. ATOS ADMINISTRATIVOS 9
4. ORGANIZAÇÃO ADMINISTRATIVA...12
5. SERVIDORES PÚBLICOS 15
6. IMPROBIDADE ADMINISTRATIVA..18
7. BENS PÚBLICOS..22
8. INTERVENÇÃO DO ESTADO NA PROPRIEDADE 23
9. RESPONSABILIDADE DO ESTADO...24
10. LICITAÇÃO...24
11. CONTRATOS ADMINISTRATIVOS 32
12. SERVIÇOS PÚBLICO 35
13. CONTROLE DA ADMINISTRAÇÃO PÚBLICA 36
14. FINANÇAS PÚBLICAS 36
15. PROCESSO ADMINISTRATIVO..37
16. OUTROS TEMAS E QUESTÕES DE CONTEÚDO VARIADO...38

2. DIREITO CIVIL www. — 41

1. LEI DE INTRODUÇÃO...41
2. PARTE GERAL DO CÓDIGO CIVIL 42
3. OBRIGAÇÕES...52
4. CONTRATOS...54
5. RESPONSABILIDADE CIVIL 56

---

www. Acesse o conteúdo on-line. Siga as orientações disponíveis na página IV.

COMO PASSAR NAS CARREIRAS DO MINISTÉRIO PÚBLICO – ANALISTA, AUXILIAR E OFICIAL DO MP

6. DIREITOS REAIS 57

7. FAMILIA – CASAMENTO...58

8. SUCESSÕES..62

9. TEMAS MISTOS...63

3. DIREITO CONSTITUCIONAL — 67

1. PODER CONSTITUINTE 67

2. TEORIA DA CONSTITUIÇÃO E PRINCÍPIOS FUNDAMENTAIS.....................................67

3. HERMENÊUTICA CONSTITUCIONAL E EFICÁCIA DAS NORMAS CONSTITUCIONAIS 70

4. CONTROLE DE CONSTITUCIONALIDADE 70

5. DIREITOS E GARANTIAS FUNDAMENTAIS...72

6. DIREITOS SOCIAIS..75

7. DIREITOS POLÍTICOS...75

8. ORGANIZAÇÃO DO ESTADO..77

9. ORGANIZAÇÃO DO PODER EXECUTIVO 81

10. ORGANIZAÇÃO DO PODER LEGISLATIVO. PROCESSO LEGISLATIVO.............................84

11. ORGANIZAÇÃO DO PODER JUDICIÁRIO...89

12. DAS FUNÇÕES ESSENCIAIS À JUSTIÇA...93

13. ORDEM SOCIAL 97

14. TEMAS COMBINADOS...97

4. DIREITO AMBIENTAL   www. — 103

1. DIREITO AMBIENTAL CONSTITUCIONAL 103

2. LEI DE POLÍTICA NACIONAL DO MEIO AMBIENTE 104

3. INSTRUMENTOS DE PROTEÇÃO DO MEIO AMBIENTE..105

4. RESPONSABILIDADE PENAL AMBIENTAL..106

5. RESÍDUOS SÓLIDOS 106

5. DIREITO DO CONSUMIDOR   www. — 107

1. VÍCIO DO PRODUTO OU SERVIÇO...107

2. PRESCRIÇÃO E DECADÊNCIA...108

3. CONTRATOS..109

4. COMPETÊNCIA..110

5. SANÇÃO ADMINISTRATIVA...111

6. OFERTA 111

7. DIREITO COLETIVO 111

8. PRÁTICAS ABUSIVAS..111

9. TEMAS COMBINADOS...112

SUMÁRIO VII

6. DIREITO DA CRIANÇA E DO ADOLESCENTE   www. 113

1. CONCEITOS BÁSICOS E PRINCÍPIOS...113

2. DIREITOS FUNDAMENTAIS..113

3. POLÍTICA E ENTIDADES DE ATENDIMENTO 116

4. MEDIDAS DE PROTEÇÃO..116

5. MEDIDAS SOCIOEDUCATIVAS E ATO INFRACIONAL – DIREITO MATERIAL 117

6. ATO INFRACIONAL – DIREITO PROCESSUAL...119

7 MEDIDAS PERTINENTES AOS PAIS OU RESPONSÁVEL..120

8. CONSELHO TUTELAR 120

9. ACESSO À JUSTIÇA 121

10. MINISTÉRIO PÚBLICO 123

11. CRIMES 124

12. INFRAÇÕES ADMINISTRATIVAS..125

13. TEMAS COMBINADOS...125

7. ESTATUTO DO IDOSO   www. 127

8. LEGISLAÇÃO INSTITUCIONAL DO MINISTÉRIO PÚBLICO   www. 129

PARTE I: LEGISLAÇÃO INSTITUCIONAL DO MINISTÉRIO PÚBLICO (DOUTRINA) 129

1. INTRODUÇÃO 129

2. EVOLUÇÃO HISTÓRICA DO MINISTÉRIO PÚBLICO...130

3. O MINISTÉRIO PÚBLICO NA CONSTITUIÇÃO FEDERAL...131

4. ESTRUTURA ORGÂNICA DOS MINISTÉRIOS PÚBLICOS DOS ESTADOS 135

5. GARANTIAS DOS MEMBROS DO MINISTÉRIO PÚBLICO 151

6. PRERROGATIVAS DO MEMBRO DO MINISTÉRIO PÚBLICO..153

7. VEDAÇÕES IMPOSTAS AOS MEMBROS DO MINISTÉRIO PÚBLICO 157

8. DEVERES DOS MEMBROS DO MINISTÉRIO PÚBLICO 159

PARTE II: LEGISLAÇÃO INSTITUCIONAL DO MINISTÉRIO PÚBLICO – QUESTÕES COMENTADAS..................160

1. O MINISTÉRIO PÚBLICO NA CONSTITUIÇÃO FEDERAL...160

2. REGRAMENTO GERAL DOS MINISTÉRIOS PÚBLICOS NA LEGISLAÇÃO INFRACONSTITUCIONAL – LEI 8.625/93 (LEI ORGÂNICA NACIONAL DO MINISTÉRIO PÚBLICO) E LEI COMPLEMENTAR 75/93 (LEI ORGÂNICA DO MINISTÉRIO PÚBLICO DA UNIÃO) 161

3. REGRAMENTO DOS MINISTÉRIOS PÚBLICOS DOS ESTADOS NAS LEGISLAÇÕES LOCAIS...................164

9. DIREITO PENAL   www. 181

1. PARTE GERAL...181

2. PARTE ESPECIAL 209

3. LEGISLAÇÃO PENAL ESPECIAL..223

10. DIREITO PROCESSUAL PENAL 233

1. INTRODUÇÃO AO PROCESSO PENAL 233

2. INQUÉRITO POLICIAL..234

3. AÇÃO PENAL..236

4. AÇÃO CIVIL *EX DELICTO*..238

5. JURISDIÇÃO E COMPETÊNCIA...239

6. QUESTÕES INCIDENTAIS NO PROCESSO PENAL..242

7. PROVAS..242

8. SUJEITOS DO PROCESSO 246

9. COMUNICAÇÕES DOS ATOS PROCESSUAIS...248

10. MEDIDAS CAUTELARES...248

11. PROCESSO E PROCEDIMENTOS..253

12. JUIZADOS ESPECIAIS CRIMINAIS 256

13. SENTENÇA E COISA JULGADA 258

14. NULIDADES 259

15. RECURSOS 260

16. AÇÕES DE IMPUGNAÇÃO...261

17. QUESTÕES COM TEMAS COMBINADOS 262

18. ASPECTOS PROCESSUAIS PENAIS NA LEGISLAÇÃO EXTRAVAGANTE 263

19. EXECUÇÃO PENAL...267

11. DIREITO PROCESSUAL CIVIL 269

PARTE I – PARTE GERAL...269

1. PRINCÍPIOS DO PROCESSO CIVIL 269

2. JURISDIÇÃO E COMPETÊNCIA...269

3. PARTES, PROCURADORES, SUCUMBÊNCIA, MINISTÉRIO PÚBLICO E JUIZ 271

4. PRAZOS PROCESSUAIS E ATOS PROCESSUAIS 275

5. LITISCONSÓRCIO E INTERVENÇÃO DE TERCEIROS...276

6. PRESSUPOSTOS PROCESSUAIS, ELEMENTOS DA AÇÃO E CONDIÇÕES DA AÇÃO...........................276

7. FORMAÇÃO, SUSPENSÃO E EXTINÇÃO DO PROCESSO. NULIDADES 277

8. TUTELA PROVISÓRIA...278

9. TEMAS COMBINADOS DA PARTE GERAL 278

PARTE II – PROCESSO DE CONHECIMENTO...278

10. PETIÇÃO INICIAL...278

11. CONTESTAÇÃO E REVELIA..279

12. PROVAS..280

13. JULGAMENTO CONFORME O ESTADO DO PROCESSO E PROVIDÊNCIAS PRELIMINARES................280

14. SENTENÇA, COISA JULGADA E AÇÃO RESCISÓRIA	280

15. TEMAS COMBINADOS DE PROCESSO DE CONHECIMENTO (E OUTROS PROCESSOS E PROCEDIMENTOS) 281

PARTE III – CUMPRIMENTO DE SENTENÇA E EXECUÇÃO 281

16. CUMPRIMENTO DE SENTENÇA 281

17. PROCESSO DE EXECUÇÃO E EXPROPRIAÇÃO DE BENS 282

18. EMBARGOS DO DEVEDOR / À EXECUÇÃO 284

19. EXECUÇÃO FISCAL 284

PARTE IV – RECURSOS 285

20. TEORIA GERAL DOS RECURSOS 285

21. APELAÇÃO 286

22. AGRAVOS 286

23. EMBARGOS DE DECLARAÇÃO 287

PARTE V – PROCEDIMENTOS ESPECIAIS 287

24. POSSESSÓRIAS 287

25. MONITÓRIA 288

26. AÇÕES DE FAMÍLIA E SUCESSÕES 288

27. JUIZADO ESPECIAL CÍVEL, FEDERAL E DA FAZENDA PÚBLICA 288

28. PROCESSO COLETIVO 289

29. MANDADO DE SEGURANÇA E *HABEAS DATA* *289*

30. OUTROS PROCEDIMENTOS ESPECIAIS E TEMAS COMBINADOS 290

12. LÍNGUA PORTUGUESA www.   293

1. REGÊNCIA 293

2. CONCORDÂNCIA VERBAL 295

3. CONCORDÂNCIA NOMINAL 299

4. CLASSE DE PALAVRAS 301

5. ELEMENTOS DE COESÃO 304

6. LÉXICO 308

7. PRONOME 310

8. PONTUAÇÃO 315

9. ORTOGRAFIA 318

10. LITERATURA E FIGURAS DE LINGUAGEM 321

11. DISSERTAÇÃO 328

12. CONSTRUÇÃO DO TEXTO 336

13. SINTAXE 348

14. VOZES VERBAIS/DISCURSO DIRETO E INDIRETO 351

15. QUESTÕES COMBINADAS E OUTROS TEMAS 353

COMO USAR O LIVRO?

Para que você consiga um ótimo aproveitamento deste livro, atente para as seguintes orientações:

1º Tenha em mãos um *vademecum* ou **um computador** no qual você possa acessar os textos de lei citados.

Neste ponto, recomendamos o **Vade Mecum de Legislação FOCO** – confira em www. editorafoco.com.br.

2º Se você estiver estudando a teoria (fazendo um curso preparatório ou lendo resumos, livros ou apostilas), faça as questões correspondentes deste livro na medida em que for avançando no estudo da parte teórica.

3º Se você já avançou bem no estudo da teoria, leia cada capítulo deste livro até o final, e só passe para o novo capítulo quando acabar o anterior; vai mais uma dica: alterne capítulos de acordo com suas preferências; leia um capítulo de uma disciplina que você gosta e, depois, de uma que você não gosta ou não sabe muito, e assim sucessivamente.

4º Iniciada a resolução das questões, tome o cuidado de ler cada uma delas **sem olhar para o gabarito e para os comentários**; se a curiosidade for muito grande e você não conseguir controlar os olhos, tampe os comentários e os gabaritos com uma régua ou um papel; na primeira tentativa, é fundamental que resolva a questão sozinho; só assim você vai identificar suas deficiências e "pegar o jeito" de resolver as questões; marque com um lápis a resposta que entender correta, e só depois olhe o gabarito e os comentários.

5º **Leia com muita atenção o enunciado das questões.** Ele deve ser lido, no mínimo, duas vezes. Da segunda leitura em diante, começam a aparecer os detalhes, os pontos que não percebemos na primeira leitura.

6º **Grife as palavras-chave, as afirmações e a pergunta formulada.** Ao grifar as palavras importantes e as afirmações você fixará mais os pontos-chave e não se perderá no enunciado como um todo. Tenha atenção especial com as palavras "correto", "incorreto", "certo", "errado", "prescindível" e "imprescindível".

7º Leia os comentários e **leia também cada dispositivo legal** neles mencionados; não tenha preguiça; abra o *vademecum* e leia os textos de leis citados, tanto os que explicam as alternativas corretas, como os que explicam o porquê de ser incorreta dada alternativa; você tem que conhecer bem a letra da lei, já que mais de 90% das respostas estão nela; mesmo que você já tenha entendido determinada questão, reforce sua memória e leia o texto legal indicado nos comentários.

8º Leia também os **textos legais que estão em volta** do dispositivo; por exemplo, se aparecer, em Direito Penal, uma questão cujo comentário remete ao dispositivo que trata de falsidade ideológica, aproveite para ler também os dispositivos que tratam dos outros crimes de falsidade; outro exemplo: se aparecer uma questão, em Direito Constitucional, que trate da composição do Conselho Nacional de Justiça, leia também as outras regras que regulamentam esse conselho.

9º Depois de resolver sozinho a questão e de ler cada comentário, você deve fazer uma **anotação ao lado da questão**, deixando claro o motivo de eventual erro que você tenha cometido; conheça os motivos mais comuns de erros na resolução das questões:

DL – "desconhecimento da lei"; quando a questão puder ser resolvida apenas com o conhecimento do texto de lei;

DD – "desconhecimento da doutrina"; quando a questão só puder ser resolvida com o conhecimento da doutrina;

DJ – "desconhecimento da jurisprudência"; quando a questão só puder ser resolvida com o conhecimento da jurisprudência;

FA – "falta de atenção"; quando você tiver errado a questão por não ter lido com cuidado o enunciado e as alternativas;

NUT - "não uso das técnicas"; quando você tiver se esquecido de usar as técnicas de resolução de questões objetivas, tais como as da **repetição de elementos** ("quanto mais elementos repetidos existirem, maior a chance de a alternativa ser correta"), das **afirmações generalizantes** ("afirmações generalizantes tendem a ser incorretas" - reconhece-se afirmações generalizantes pelas palavras *sempre, nunca, qualquer, absolutamente, apenas, só, somente exclusivamente* etc.), dos **conceitos compridos** ("os conceitos de maior extensão tendem a ser corretos"), entre outras.

obs: se você tiver interesse em fazer um Curso de "Técnicas de Resolução de Questões Objetivas", recomendamos o curso criado a esse respeito pelo IEDI Cursos On-line: www.iedi.com.br.

10º Confie no **bom-senso**. Normalmente, a resposta correta é a que tem mais a ver com o bom-senso e com a ética. Não ache que todas as perguntas contêm uma pegadinha. Se aparecer um instituto que você não conhece, repare bem no seu nome e tente imaginar o seu significado.

11º Faça um levantamento do **percentual de acertos de cada disciplina** e dos **principais motivos que levaram aos erros cometidos**; de posse da primeira informação, verifique quais disciplinas merecem um reforço no estudo; e de posse da segunda informação, fique atento aos erros que você mais comete, para que eles não se repitam.

12º Uma semana antes da prova, faça uma **leitura dinâmica** de todas as anotações que você fez e leia de novo os dispositivos legais (e seu entorno) das questões em que você marcar "DL", ou seja, desconhecimento da lei.

13º Para que você consiga ler o livro inteiro, faça um bom **planejamento**. Por exemplo, se você tiver 30 dias para ler a obra, divida o número de páginas do livro pelo número de dias que você tem, e cumpra, diariamente, o número de páginas necessárias para chegar até o fim. Se tiver sono ou preguiça, levante um pouco, beba água, masque chiclete ou leia em voz alta por algum tempo.

14º Desejo a você, também, muita **energia**, **disposição**, **foco**, **organização**, **disciplina**, **perseverança**, **amor** e **ética**!

Wander Garcia, Lucas Corradini e Renan Flumian

Coordenadores

PREFÁCIO

Caros leitores

De início, agradeço a confiança depositada em nosso trabalho, desejando que ele muito contribua, não só para a sonhada aprovação, mas também para o crescimento profissional de cada um.

Peço licença para tecer breves comentários a respeito da presente obra, bem como das carreiras almejadas pelos destinatários dela.

Sou Promotor de Justiça do Estado de São Paulo e, posso assegurar, grande parte do meu êxito no concurso público para o ingresso no Ministério Público bandeirante decorre do tempo em que trabalhei como servidor público do mesmo órgão.

Minha fascinação pelo Ministério Público iniciou-se em maio de 2008, quando, ainda no terceiro ano da faculdade de Direito, por meio de concurso de provas e títulos, ingressei no corpo de estagiários da instituição. Desde então, tive certeza de que minha trajetória profissional seria traçada em busca do grande sonho de tornar-me Promotor de Justiça.

Para tanto, por evidente, era necessário concluir a graduação, angariar três anos de atividade jurídica (exigência surgida a partir da Emenda Constitucional nº 45) e, sobretudo, estudar. E muito!

Diante de tais óbices momentâneos, visto que ainda frequentava a faculdade de Direito, minha vontade de nunca deixar o Ministério Público fez com que eu voltasse meus olhos para os concursos de servidores da instituição. Era o caminho mais curto para a permanência na instituição em que desejava trabalhar. Assim, ainda durante a graduação, passei a me preparar, inicialmente, para tais provas, que poderiam me garantir um cargo efetivo no *Parquet*, o que me garantiria a estabilidade de que necessitava para estudar com tranquilidade, além de, claro, um bom salário para fazer frente às despesas que todos temos.

Obtive êxito no concurso de oficial de promotoria, cargo técnico do Ministério Público do Estado de São Paulo, e, graças à classificação na primeira colocação, pude tomar posse e entrar em exercício em breve tempo.

O cargo de oficial de promotoria me propiciou grandes experiências, como atuar no Grupo de Atuação Especial de Combate ao Crime Organizado (GAECO) e iniciar minha trajetória como professor de cursos preparatórios para carreiras jurídicas.

Os estudos continuaram, agora com a tranquilidade garantida pela estabilidade propiciada pelo serviço público, e fui aprovado, também, no concurso de analista jurídico do MPSP.

A rotina como analista jurídico em muito contribuiu para que eu me tornasse Promotor de Justiça. Ela propicia uma vivência diária com processos cujas matérias envolvem temas hodiernamente cobrados no certame para ingresso na carreira de membro do MP. Além disso, é atribuição do analista jurídico minutar peças processuais inerentes às funções do Promotor de Justiça e, até mesmo, subscrevê-las junto do membro do MP. Posso assegurar: é um estudo diário e intenso!

Além disso, após a aprovação no 91º Concurso de Ingresso à Carreira do Ministério Público, a experiência prática obtida nos 8 (oito) anos ininterruptos como servidor do Ministério Público vem me auxiliando, diariamente, no exercício de minhas atribuições como Promotor de Justiça.

Além de ser, atualmente, um caminho natural para alcançar a aprovação no concurso público para Promotor de Justiça (ou outras carreiras análogas, como a de Juiz de Direito), que conta, cada vez mais, com egressos das carreiras de analista jurídico e oficial de promotoria em seu corpo de membros, a aprovação nos concursos de servidores torna-se, cada vez mais, um atrativo pelo caráter imediato (havendo concursos de boas carreiras que, sequer, exigem a graduação em Direito, além de outros que podem ser feitos tão logo se obtenha a graduação), pela estabilidade e pelo bom salário.

No âmbito do Estado de São Paulo, os atrativos aumentaram significativamente com a recente promulgação das leis complementares 1.302/17 e 16.501/17, de julho de 2017, que, além de prever novas gratificações, novas formas de progressão no plano de carreira, ainda criaram mais de 500 (quinhentos) novos cargos de analista jurídico. A tendência em outros Estados, igualmente, é o melhor aparelhamento dos Ministério Públicos e fortalecimento de seus serviços auxiliares, visto que o modelo mais moderno defende a redução gradativa do número de membros, com correlativo incremento de sua equipe de trabalho.

Portanto, seja com um fim em si, seja como caminho natural para alçar a condição de membro do Ministério Público (ou outra de igual importância profissional), a aprovação nos concursos de servidores do MP surge como uma grande opção para estudantes, advogados e profissionais do Direito em geral.

As dificuldades vivenciadas por mim quando dos estudos para os concursos de oficial de promotoria e analista jurídico do MP, ainda durante a graduação, notadamente em razão da notória escassez de material voltado, especificadamente, a tais certames, com análise adequada da legislação específica da instituição e comentários às questões de provas anteriores, me levaram a pensar esta obra, junto de meus amigos e parceiros Renan Flumian e Wander Garcia.

Esperamos, assim, que o material seja útil a todos aqueles que, assim como eu, sonham em fazer carreira no Ministério Público!

Um forte abraço!

Lucas Corradini

Promotor de Justiça do Estado de São Paulo

1. Direito Administrativo

Ariane Wady e Sebastião Edilson Gomes

1. REGIME JURÍDICO ADMINISTRATIVO E PRINCÍPIOS DO DIREITO ADMINISTRATIVO

(Analista de Promotoria II – Agente de Promotoria – MPE-SP – IBFC – 2013) João, servidor público estadual lotado em unidade administrativa localizada no Município de Atrasópolis, pediu a sua transferência para outra unidade, situada no Município onde reside. O seu pleito foi indeferido pela autoridade competente, sob o fundamento de que a sua movimentação não interessa ao serviço público. Nesse caso, foi predominante o princípio:

(A) Da motivação.
(B) Da razoabilidade.
(C) Da moralidade.
(D) Da supremacia do interesse público.
(E) Da autotutela.

A: incorreta, pois o princípio da motivação é indicação dos fatos e fundamentos para a prática do ato administrativo; **B:** incorreta, pois o princípio da razoabilidade é aquele que impõe ao agente público o dever de agir dentro de um padrão normal, evitando-se assim excessos e abusos que eventualmente possam ocorrer; **C:** incorreta, pois o princípio da moralidade refere-se à boa-fé, conduta ética, honesta, imparcial, leal e proba que o agente público deve ter ao desempenhar sua função. Claro está que o objetivo da previsão constitucional do princípio da moralidade é justamente inibir a prática de atos contrários à moralidade na Administração Pública; **D:** correta, pois o princípio da indisponibilidade do interesse público significa que havendo conflito entre interesse público e interesse privado, prevalece o interesse público; **E:** incorreta, pois a autotutela significa que a Administração Pública tem autonomia para controlar seus próprios atos, podendo anular aqueles que forem ilegais e revogar os que forem considerados inconvenientes ou inoportunos, sem necessidade de se recorrer ao Judiciário.
Gabarito "D".

(Assistente Técnico Administrativo – MPE-BA - FESMIP – 2011) Analise as assertivas abaixo:

I. A legalidade é princípio explícito da Administração Pública, significando que a Administração somente pode fazer o que estiver previsto em lei.
II. Com base no princípio da autotutela a Administração Pública deve rever de ofício seus atos ilegais.
III. O princípio da motivação exige que a Administração Pública indique os motivos de fato e de direito de suas decisões, salvo quando se tratar de ato discricionário.
IV. O princípio da publicidade autoriza a realização de propaganda dos atos públicos, inclusive mencionando-se os gestores responsáveis pela realização dos mesmos e seus respectivos símbolos de campanha.
V. O princípio da eficiência está explicitamente previsto na Constituição Federal, sendo aplicável somente para controle dos serviços públicos prestados pelo Estado.

Estão corretas as assertivas:

(A) I e II.
(B) I e V.
(C) II e III.
(D) III e IV.
(E) IV e V.

I: correta. A legalidade é princípio explícito no art. 37 da CF, significando que a Administração Pública somente poderá fazer o que estiver previsto em lei; II: correta, pois é em razão da autotutela que a Administração Pública deve rever seus atos podendo revogá-los por motivo de conveniência ou oportunidade e invalidá-los por motivos de ilegalidade; III: incorreta, pois o princípio da motivação exige que a Administração Pública indique os motivos de fato e de direito de suas decisões para todos os atos, e não somente para os atos discricionários; IV: incorreta, pois a Constituição Federal em seu art. 37, §1º, estabelece que a publicidade dos atos, programas, obras, serviços e campanhas dos órgãos públicos deverá ter caráter educativo, informativo ou de orientação social, dela não podendo constar nomes, símbolos ou imagens que caracterizem promoção pessoal de autoridades ou servidores públicos; V: incorreta. O princípio da eficiência encontra amparo no art. 37, "caput" da CF, e deve ser observado não somente pelos serviços públicos prestados pelo Estado, mas pelas entidades da Administração Indireta, bem como pelas concessionárias e permissionárias de serviços públicos.
Gabarito "A".

(Assistente Técnico Administrativo – MPE-BA – FESMIP – 2011) A Constituição Federal, no Art. 37, *caput,* trata dos princípios inerentes à Administração Pública.

"Administração Pública Direta e Indireta de qualquer dos Poderes da União, dos Estados, do Distrito Federal e dos Municípios obedecerá aos princípios _____".

O espaço em branco deve ser preenchido com os termos indicados na alternativa:

(A) Moralidade, Eficácia, Eficiência, Publicidade e Lealdade.
(B) Efetividade, Pluralidade, Lealdade, Propaganda e Moralidade.
(C) Legalidade, Impessoalidade, Efetividade, Pluralidade e Eficiência.
(D) Eficiência, Legalidade, Moralidade, Publicidade e Impessoalidade.
(E) Impessoalidade, Lealdade, Moralidade, Efetividade e Pluralidade.

A: incorreta, pois eficácia e lealdade não fazem parte do rol dos princípios elencados no art. 37 da CF; B: incorreta. Somente a moralidade é um dos princípios citados no art. 37 da CF; C: incorreta, pois efetividade e pluralidade não são princípios que constam no art. 37 da CF; D: correta, pois conforme determina a Carta Constitucional, em seu art. 37, a Administração Pública direta e indireta de qualquer dos Poderes da União, dos Estados, do Distrito Federal e dos Municípios obedecerá aos princípios de legalidade, impessoalidade, moralidade, publicidade e eficiência; E: incorreta. Lealdade, efetividade e pluralidade não constam no rol dos princípios elencados no art. 37 da CF.
Gabarito "D".

(Técnico do Ministério Público – MPE-AL – COPEVE - UFAL – 2012) "Todos reconhecem a este princípio o objetivo de subtrair a atividade pública das áleas do arbítrio, assegurando-se a estabilidade mínima possível em um dado sistema jurídico".

Esta é a definição do princípio da:

(A) indisponibilidade do interesse público.
(B) segurança jurídica.
(C) legalidade.
(D) eficiência.
(E) supremacia do interesse público.

A: incorreta. O administrador público exerce apenas a gestão sobre os bens públicos não podendo deles dispor. Decorre daí o princípio da indisponibilidade do interesse público; **B:** correta. O princípio da segurança jurídica, também conhecido como princípio da estabilidade das relações jurídicas, visa a impedir a desconstituição injustificada de atos ou situações jurídicas já apreciadas. No aspecto objetivo, o princípio da segurança jurídica encontra-se intimamente ligado à estabilidade das relações jurídicas, por meio da proteção ao direito adquirido, ao ato jurídico perfeito e à coisa julgada (art. 5º, XXXVI, da CF). Já no aspecto subjetivo, o princípio da segurança jurídica, encontra-se relacionado à proteção à confiança; **C:** incorreta. O princípio da legalidade exige a subordinação perante a lei, salientando-se que todos aqueles que atuam no setor público devem agir segundo a lei, nem contra, nem além da lei; **D:** incorreta. O princípio da eficiência adverte que é dever da Administração Pública prestar com eficiência, qualidade e celeridade os serviços públicos, de modo a suprir as necessidades dos administrados. Observa-se que o princípio da eficiência está intimamente ligado à administração gerencial. Essa administração gerencial, é bom que se diga, diz respeito à capacidade de planejamento por parte das autoridades públicas, com metas e ações definidas a curto, médio e longo prazo; **E:** incorreta. O princípio da supremacia do interesse público sobre o interesse privado parte da ideia de que o fim do Estado é o bem comum e não o individual, de forma que havendo conflito entre interesse público e interesse privado, prevalece o interesse público.
Gabarito "B".

(Técnico do Ministério Público – MPE-AL – COPEVE - UFAL – 2012) Assinale a opção que representa os princípios constitucionais explícitos aplicáveis à Administração Pública.

(A) Legalidade, impessoalidade, moralidade, publicidade e eficiência.
(B) Legalidade, celeridade, hierarquia, responsabilidade extracontratual e eficiência.
(C) Legalidade, motivo, forma, controle e disciplina.
(D) Legalidade, hierarquia, subsidiariedade, controle e eficiência.
(E) Legalidade, subsidiariedade, adequação, eficiência e comodidade.

A: correta. O art. 37, "caput" da Constituição Federal prescreve que a Administração Pública direta e indireta de qualquer dos Poderes da União, dos Estados, do Distrito Federal e dos Municípios obedecerá aos princípios de legalidade, impessoalidade, moralidade, publicidade e eficiência; B: incorreta, pois celeridade, hierarquia, responsabilidade extracontratual não constam do rol exposto no art. 37, "caput" da CF; C: incorreta, pois motivo, forma, controle e disciplina não constam do rol exposto no art. 37, "caput" da CF; D: incorreta, pois hierarquia, subsidiariedade e controle não constam do rol exposto no art. 37, "caput" da CF; E: incorreta, pois subsidiariedade, adequação e comodidade não constam do rol exposto no art. 37, "caput" da CF.
Gabarito "A".

(Técnico do Ministério Público – MPE-AL – COPEVE - UFAL – 2012) Dadas as proposições abaixo,

I. A legalidade, a impessoalidade e a moralidade são princípios da administração pública.
II. A publicidade, a eficiência e a moralidade são princípios da administração pública.
III. A eficiência, a legalidade e a oralidade são princípios da administração pública.
IV. A publicidade, a moralidade e a legalidade são princípios da administração pública.

verifica-se que estão corretos os itens:

(A) I, III e IV.
(B) II e III, apenas.
(C) I e II, apenas.
(D) II e IV, apenas.
(E) I, II e IV.

O art. 37 "caput" da CF dispõe que a Administração Pública direta e indireta de qualquer dos Poderes da União, dos Estados, do Distrito Federal e dos Municípios obedecerá aos princípios de legalidade, impessoalidade, moralidade, publicidade e eficiência. Não consta do citado rol, o princípio da oralidade. Dessa forma, encontram-se corretos os itens I, II e IV.
Gabarito "E".

(Analista Jurídico – MPE-AL – COPEVE-UFAL – 2012) Assinale o princípio norteador do serviço público que corresponde ao dever de boa administração.

(A) Princípio da moralidade.
(B) Princípio da legalidade.
(C) Princípio da eficiência.
(D) Princípio da motivação.
(E) Princípio da finalidade.

A: incorreta. O princípio da moralidade refere-se à boa-fé, conduta ética, honesta, imparcial, leal e proba que o agente público deve ter ao desempenhar sua função; **B:** incorreta. O princípio da legalidade exige a subordinação perante a lei, salientando-se que todos aqueles que atuam no setor público, devem agir segundo a lei, nem contra, nem além da lei; **C:** correta. O princípio da eficiência indica que o serviço público deve ser prestado com qualidade e celeridade, de modo a suprir as necessidades dos administrados. Diz-se que o princípio da eficiência está intimamente ligado à administração gerencial. Essa administração gerencial, é bom que se diga, diz respeito à capacidade de planejamento por parte das autoridades públicas, com metas e ações definidas a curto, médio e longo prazo; **D:** incorreta. Ab initio pode-se afirmar que a motivação é indicação dos fatos e fundamentos para a prática do ato administrativo. Este princípio encontra amparo legal no art. 2º da Lei 9.784/99; **E:** incorreta. A finalidade é requisito do ato administrativo e consiste no objetivo ou resultado que a Administração Pública deseja atingir.
Gabarito "C".

(Analista Processual – MP-RO – FUNCAB – 2012) Na hipótese de Prefeito que delibera desapropriar área de seu desafeto para edificar hospital municipal, verifica-se, do ponto de vista material, ofensa ao seguinte princípio da Administração Pública:

(A) motivação.
(B) moralidade.
(C) legalidade.
(D) devido processo legal.
(E) inalienabilidade dos bens públicos.

A: incorreta. A motivação encontra amparo legal no art. 2º da Lei 9.784/99, e pode ser entendida como o dever imposto à Administração para justificar seus atos, apontando-lhes os fundamentos de direito e de

1. DIREITO ADMINISTRATIVO

fato; **B:** correta. O princípio da moralidade refere-se à boa-fé, conduta ética, honesta, imparcial, leal e proba que o agente público deve ter ao desempenhar sua função. Claro está que o objetivo da previsão constitucional do princípio da moralidade é justamente inibir a prática de atos contrários à moralidade na Administração Pública; **C:** incorreta. O princípio da legalidade exige a subordinação perante a lei, salientando-se que todos aqueles que atuam no setor público, devem agir segundo a lei, nem contra, nem além da lei; **D:** incorreta. O devido processo legal, se não observado, ofende o direito de petição, do contraditório e da ampla defesa, por força da disposição expressa nos incisos LIV e LV art.5º, da CF; **E:** incorreta, pois inalienabilidade dos bens públicos não é princípio, mas uma prerrogativa aplicável aos princípios.
Gabarito "B".

(Analista Administrativo – MPE-RN – FCC – 2012) O Administrador Público, ao remover determinado Servidor Público, com o objetivo de vingança, viola, dentre outros, o princípio da:

(A) proporcionalidade.
(B) impessoalidade.
(C) eficiência.
(D) publicidade.
(E) especialidade.

A: incorreta, pois o princípio da proporcionalidade significa adequação entre meios e fins, vedada a imposição de obrigações, restrições e sanções em medida superior àquelas estritamente necessárias ao atendimento do interesse público (art. 2º, parágrafo único, inc. VI da Lei 9.784/99); **B:** correta, pois o princípio da impessoalidade almeja inibir uma conduta inadequada do Administrador Público, decorrendo daí que deve haver tratamento igualitário às pessoas evitando-se a prática de perseguições ou favoritismos a alguns em detrimento de outros. A nosso ver, viola também o princípio da moralidade; **C:** incorreta, pois o princípio da eficiência indica que é dever da Administração Pública prestar com eficiência, qualidade e celeridade os serviços públicos, de modo a suprir as necessidades dos administrados; **D:** incorreta, pois o princípio da publicidade diz respeito à transparência dos atos administrativos, e consiste na divulgação dos atos oficiais do poder público para conhecimento dos cidadãos; **E:** incorreta. Temos, pelo princípio da especialidade, que os órgãos e entidades integrantes da Administração Publica devem cumprir o papel para os quais foram criadas, sendo vedadas as atividades estranhas à missão legalmente destinada a esses órgãos e entidades.
Gabarito "B".

(Analista Ministerial Administrativo – MPE-MA – FCC – 2013) Determinado servidor público, ao aplicar sanção a seu subordinado, assim o fez de forma excessiva e sem levar em conta as circunstâncias da falta disciplinar e o anterior comportamento do funcionário, isto é, seus antecedentes funcionais.

O fato narrado caracteriza violação ao seguinte princípio da Administração Pública:

(A) razoabilidade.
(B) publicidade.
(C) eficiência.
(D) supremacia do interesse público.
(E) presunção de veracidade.

A: correta, tendo em vista que o princípio da razoabilidade, também conhecido como princípio da proibição do excesso, é aquele que impõe o agente público o dever de agir dentro de um padrão normal, evitando--se assim excessos e abusos que eventualmente possam ocorrer; **B:** incorreta, pois o princípio da publicidade diz respeito à transparência dos atos administrativos, e consiste na divulgação dos atos oficiais do poder público para conhecimento dos cidadãos; **C:** incorreta, pois o princípio da eficiência significa que é dever da Administração Pública

prestar com eficiência, qualidade e celeridade os serviços públicos, de modo a suprir as necessidades dos administrados; **D:** incorreta, pois a supremacia do interesse público significa que havendo conflito entre interesse público e interesse privado, prevalece o interesse público; **E:** incorreta, pois a presunção de veracidade significa que os atos presumem-se verdadeiros até prova em contrário.
Gabarito "A".

(Analista Ministerial Administrativo – MPE-MA – FCC – 2013) João obteve a primeira colocação na classificação final de determinado concurso publico, conforme publicação realizada em jornal de grande circulação. No entanto, foi nomeado mediante publicação em periódico diverso e de menor circulação, o que o impossibilitou de tomar as providências necessárias à posse e entrada em exercício na função. A convocação de João mediante singelo aviso genérico em jornal de pequena circulação, diverso daquele em que os atos oficiais haviam sido até então publicados, não é apta a alcançar as finalidades de transparência e de conferir ciência ao nomeado, visto que dificulta o acesso e a compreensão da informação veiculada. A situação narrada evidencia a violação ao seguinte princípio da Administração Pública:

(A) improbidade.
(B) motivação.
(C) publicidade.
(D) supremacia do interesse público.
(E) presunção de veracidade.

A: incorreta. Improbidade não é princípio, mas conduta descrita nos arts. 9°, 10 e 11 da Lei 8.429/92; **B:** incorreta, pois a motivação é indicação dos fatos e fundamentos para a prática do ato administrativo; **C:** correta, pois o objetivo do princípio da publicidade diz respeito à transparência dos atos administrativos, e consiste na divulgação dos atos oficiais do poder público para conhecimento dos cidadãos. Estes devem ser publicados no diário oficial, por meios eletrônicos ou em jornais de grande circulação; **D:** incorreta, pois a supremacia do interesse público significa que, havendo conflito entre interesse público e interesse privado, prevalece o interesse público; **E:** incorreta, pois a presunção de veracidade, significa que os atos presumem-se verdadeiros até prova em contrário.
Gabarito "C".

(Técnico Ministerial - Execução de Mandados – MPE-MA – FCC – 2013) De acordo com este princípio todos os usuários dos serviços públicos que satisfaçam as condições legais fazem jus à prestação do serviço, sem qualquer discriminação, privilégio, ou abusos de qualquer ordem. O serviço público deve ser estendido ao maior número possível de interessados, sendo que todos devem ser tratados isonomicamente.

Trata-se do princípio da:

(A) cortesia.
(B) atualidade.
(C) generalidade.
(D) continuidade.
(E) modicidade.

A: incorreta, pois o princípio da cortesia significa que o destinatário final do serviço público é o usuário, e é de se esperar que este seja tratado com urbanidade e respeito; **B:** incorreta, pois o princípio da atualidade compreende a modernidade das técnicas, equipamentos, instalações, bem como a melhoria e expansão do serviço; **C:** correta, pois o princípio da generalidade ou universalidade (também conhecido como de funcionamento equitativo) indica que o serviço público deve ser disponibilizado de forma que atinja toda coletividade; **D:** incorreta, pois o princípio da continuidade significa que o serviço público deve ser prestado sem interrupção; **E:** incorreta, pois o princípio da modicidade indica que os serviços públicos devem ser remunerados a preços módicos.

Gabarito "C".

(Analista Jurídico – MPE-CE – FCC – 2013) Determinado Secretário Municipal cedeu caminhões e servidores municipais para que realizassem a mudança de um conhecido político da região. Houve, portanto, empréstimo de bens e servidores públicos para a satisfação de interesses pessoais de agente político. O caso narrado evidencia a violação ao seguinte princípio do Direito Administrativo:

(A) especialidade.
(B) moralidade.
(C) publicidade.
(D) autotutela.
(E) tutela.

A: incorreta. O enunciado não se refere ao princípio da especialidade; B: correta, pois o princípio da moralidade significa que o agente público deve agir com probidade, moralidade, honestidade, boa-fé. Tratar todos de maneira igual evitando-se favoritismo a alguns em detrimento de outros; C: incorreta, pois o princípio da publicidade diz respeito à transparência dos atos praticados pela Administração Pública; D: incorreta, pois a tutela diz respeito à possibilidade da Administração de rever seus próprios atos, revogando os convenientes e inoportunos ou anulá-los por vício de legalidade; E: incorreta. A tutela diz respeito ao cuidado que o gestor público deve ter na gestão dos bens públicos.

Gabarito "B".

2. PODERES DA ADMINISTRAÇÃO PÚBLICA

(Analista – MPU – 2010 – CESPE) Com relação aos poderes administrativos, julgue o item a seguir.

(1) As prerrogativas do regime jurídico administrativo conferem poderes à Administração, colocada em posição de supremacia sobre o particular; já as sujeições servem de limites à atuação administrativa, como garantia do respeito às finalidades públicas e também dos direitos do cidadão.

1: correto, pois a Administração tem um misto de poderes (ex.: disciplinar, regulamentar, de polícia etc.) e de sujeições (ex.: de prestar contas, de cumprir a lei etc.); os poderes conferem uma supremacia da Administração em relação ao particular; já as sujeições servem de limites à atuação administrativa.

Gabarito "1C".

(Analista – MPU – 2010 – CESPE) Acerca do poder de polícia julgue o próximo item.

(1) O poder de polícia, vinculado à prática de ato ilícito de um particular, tem natureza sancionatória, devendo ser exercido apenas de maneira repressiva.

1: incorreto, pois o poder de polícia pode ser repressivo ou preventivo.

Gabarito "1E".

(Técnico em Promotoria – Direito – MPE-PB – COMPERVE-UFRN) Quanto ao **poder de polícia**, é **INCORRETO** afirmar:

(A) O poder de polícia, em sentido estrito, configura-se como atividade administrativa que consubstancia verdadeira prerrogativa conferida aos agentes da Administração, consistindo no poder de restringir e condicionar a liberdade e a propriedade.

(B) O Poder Público, quando interfere na órbita do interesse privado para salvaguardar o interesse da Administração e do Estado, restringindo direitos individuais, atua no exercício do poder de polícia.

(C) A competência para exercer o poder de polícia é, em princípio, da pessoa federativa à qual a Constituição Federal conferiu o poder de regular a matéria.

(D) O exercício do poder de polícia administrativa não depende da intervenção de outro poder para torná-lo efetivo, desde que a lei autorize o administrador a praticar o ato de forma imediata.

(E) A atividade administrativa configuradora do poder de polícia só adquire legitimidade quando a lei em que se funda a conduta da Administração tiver lastro constitucional.

A: Em sentido estrito, o poder de polícia nada mais é do que a faculdade que possui a Administração Pública em fiscalizar, restringir e condicionar a liberdade e a propriedade e aplicar sanções em caso de descumprimento das normas preexistentes; **B:** O poder de polícia se dá quando o Poder Público interfere na órbita do interesse privado para salvaguardar o interesse da Administração e do Estado, restringindo direitos individuais. É nesse sentido que a Administração Pública tem poder para impor restrições ao exercício de direitos do particular em razão da supremacia do interesse público. Nisto consiste o poder de polícia. A alternativa encontra-se correta; **C:** Quanto à competência normativa, o exercício do poder de polícia, em regra, é da União por mandamento constitucional (arts. 21, 22,25 e 30, da CF). Contudo, essa é uma regra que admite exceções, já que em algumas hipóteses o poder de polícia gera competência concorrente, devendo os entes políticos trabalhar em regime de cooperação, ou seja, de gestão associada, conforme previsão constitucional (art. 241); **D:** A alternativa está errada, pois em sentido amplo, o poder de polícia se manifesta também por meio de atos normativos gerais e abstratos, a exemplos das leis, decretos, resoluções, portarias. As leis, por exemplo, advêm do Poder Legislativo. São estes atos normativos que disciplinam, por exemplo, a venda de certos medicamentos, bebidas alcoólicas, fogos de artifícios, etc. A partir daí pode ser exercido o poder de polícia; **E:** incorreta a afirmativa, pois há atos normativos que se originam das Leis Estaduais ou Municipais, e não constitucionais. A própria definição do poder de polícia vem definido no art. 78 do CTB e não da Constituição.

Gabarito "B".

(Assistente Técnico Administrativo – MPE-BA – FESMIP – 2011) Analise as seguintes assertivas acerca dos poderes administrativos:

I. O ato praticado no exercício do poder discricionário não pode sofrer controle pelo Poder Judiciário.

II. O poder de revisão dos atos administrativos deriva do Poder Disciplinar.

III. O Poder regulamentar autoriza a Administração Pública a criar direitos para os administrados, porém não pode criar obrigações sem a existência de lei anterior.

IV. Os poderes administrativos são irrenunciáveis.

V. O agente que, embora agindo dentro de sua competência, afasta-se do interesse público age com "desvio de poder".

Estão corretas as assertivas:

(A) I e II.
(B) I e III.
(C) II e V.
(D) III e IV.
(E) IV e V.

1. DIREITO ADMINISTRATIVO

I: incorreta. O poder discricionário deve ser exercido dentro dos limites legais. Caso contrário a discricionariedade passa a ser arbitrariedade. Caso o Administrador Público extrapole os limites legais, tais atos podem ser questionados ante o Poder Judiciário nos aspectos relacionados à legalidade e não ao mérito; **II:** incorreta. O poder de revisão dos atos administrativos deriva da autotutela; **III:** incorreta, pois o poder regulamentar é aquele conferido ao Chefe do Executivo para editar atos normativos (decretos e regulamentos) com a finalidade de dar fiel execução à lei. Ou seja, exige existência de lei anterior; **IV:** correta. Não pode a autoridade pública renunciar as suas competências nem transferir a titularidade delas (art. 11 da Lei 9.784/99); **V:** correta: O desvio de poder (finalidade) se dá quando a autoridade pública, embora atuando dentro de sua órbita de competência, pratica ato diverso do previsto em lei, e contrário ao interesse público (art. 2º, parágrafo único, *e* da Lei 4.717/65).
Gabarito "E".

(Assistente Técnico Administrativo – MPE-BA – FESMIP – 2011) Quando o Poder Público interfere na órbita do interesse privado para salvaguardar o interesse público, restringindo direitos individuais, atua no exercício do:

(A) Poder discricionário.
(B) Poder disciplinar.
(C) Poder hierárquico.
(D) Poder de polícia.
(E) Poder regulamentar.

A: incorreta. O poder discricionário é aquele que confere ao administrador público liberdade para decidir se determinado ato é ou não de interesse público, levando em conta os critérios da conveniência e da oportunidade; **B:** incorreta. O poder disciplinar é conferido ao Administrador Público para apurar as infrações cometidas pelos agentes e impor penalidades, aplicando-lhes sanções de caráter administrativo, inclusive àqueles que contratam com a Administração Pública ou a elas se sujeitam, a exemplo das concessionárias ou permissionárias do serviço público; **C:** incorreta. O poder hierárquico é o que dispõe o Executivo para distribuir e escalonar as funções de seus órgãos, ordenar e rever a atuação de seus agentes, estabelecendo a relação de subordinação entre os servidores no âmbito do mesmo poder; **D:** correta. O poder de polícia é toda atividade da Administração Pública que, limitando ou disciplinando direito, interesse ou liberdade, regula a prática de ato ou abstenção de fato, em razão de interesse público concernente à segurança, à higiene, à ordem, aos costumes, à disciplina da produção e do mercado, ao exercício de atividades econômicas dependentes de concessão ou autorização do Poder Público, à tranquilidade pública ou ao respeito à propriedade e aos direitos individuais ou coletivos (art. 78 do CTN); **E:** incorreta. O poder regulamentar é aquele conferido ao Chefe do Executivo para editar atos normativos (decretos e regulamentos) com a finalidade de dar fiel execução à lei.
Gabarito "D".

(Analista Ministerial Área Processual – MPE-PI – CESPE – 2012) Julgue o item abaixo, relativo aos poderes da administração pública.

O atributo da exigibilidade, presente no exercício do poder de polícia, ocorre quando a administração pública se vale de meios indiretos de coação para que o particular exerça seu direito individual em benefício do interesse público, tal como a não concessão de licenciamento do veículo enquanto não forem pagas as multas de trânsito.

1. correta. A qualidade em virtude da qual o Estado, no exercício da função administrativa, pode exigir de terceiros o cumprimento, a observância, das obrigações que impôs. Na exigibilidade o Poder Público compele o administrado a cumprir a obrigação por meios indiretos (coação indireta) como no caso da não concessão de licenciamento do veículo enquanto não forem pagas as multas de trânsito.
Gabarito "1C".

(Analista Administrativo – MPE-RN – FCC – 2012) O chefe de uma determinada repartição pública fiscaliza permanentemente os atos praticados pelos seus agentes subordinados, com o intuito de mantê-los dentro dos padrões legais. Trata-se de típico exemplo de poder:

(A) disciplinar.
(B) normativo.
(C) hierárquico.
(D) de polícia.
(E) regulamentar.

A: incorreta. O poder disciplinar é conferido ao Administrador Público para apurar as infrações cometidas pelos agentes e impor penalidades, aplicando-lhes sanções de caráter administrativo, inclusive, àqueles que contratam com a Administração Pública ou a elas se sujeitam, a exemplo das concessionárias ou permissionárias do serviço público; **B:** incorreta. O poder normativo (ou regulamentar) é aquele conferindo às autoridades públicas para edição de normas. É uma forma atípica de exercício da função normativa; **C:** correta, já que o poder hierárquico é o que dispõe o Executivo para distribuir e escalonar as funções de seus órgãos, ordenar e rever a atuação de seus agentes, estabelecendo a relação de subordinação entre os servidores do seu quadro de pessoal; **D:** incorreta. O pode de polícia é toda atividade da Administração Pública que, limitando ou disciplinando direito, interesse ou liberdade, regula a prática de ato ou abstenção de fato, em razão de interesse público concernente à segurança, à higiene, à ordem, aos costumes, à disciplina da produção e do mercado, ao exercício de atividades econômicas dependentes de concessão ou autorização do Poder Público, à tranquilidade pública ou ao respeito à propriedade e aos direitos individuais ou coletivos; **E:** incorreta, pois o poder regulamentar é aquele conferido ao Chefe do Executivo para editar atos normativos (decretos e regulamentos) com a finalidade de dar fiel execução à lei.
Gabarito "C".

(Agente Técnico Jurídico – MPE-AM – FCC – 2013) A concessão de licença para funcionamento de estabelecimento comercial constitui exemplo de atuação administrativa fundada no poder:

(A) regulamentar.
(B) disciplinar.
(C) de polícia.
(D) normativo.
(E) hierárquico.

A: incorreta, pois o poder regulamentar é aquele conferido ao Chefe do Executivo para editar atos normativos (decretos e regulamentos) com a finalidade de dar fiel execução à lei; **B:** incorreta, pois o poder disciplinar é conferido ao Administrador Público para apurar as infrações cometidas pelos agentes e impor penalidades, aplicando-lhes sanções de caráter administrativo, inclusive, àqueles que contratam com a Administração Pública ou a elas se sujeitam, a exemplo das concessionárias ou permissionárias do serviço público; **C:** correta. Conforme dispõe o art. 78 do Código Tributário Nacional, o poder de polícia é toda atividade da Administração Pública que, limitando ou disciplinando direito, interesse ou liberdade, regula a prática de ato ou abstenção de fato, em razão de interesse público concernente à segurança, à higiene, à ordem, aos costumes, à disciplina da produção e do mercado, ao exercício de atividades econômicas dependentes de concessão ou autorização do Poder Público, à tranquilidade pública ou ao respeito à propriedade e aos direitos individuais ou coletivos. Em sentido amplo, o poder de polícia vai além das limitações de direitos individuais, e se manifesta também por meio de atos normativos gerais e abstratos, a exemplos das leis, decretos, resoluções, portarias que disciplinem a venda de certos medicamentos, bebidas alcoólicas, fogos de artifícios etc., além de concessões de licenças para construção, alvarás de funcionamento, alcançando de modo geral toda coletividade;

D: incorreta. O poder normativo (ou regulamentar) é aquele conferido às autoridades públicas para edição de normas. É uma forma atípica de exercício da função normativa; **E:** incorreta, pois o poder hierárquico é aquele que dispõe o Executivo para distribuir e escalonar as funções de seus órgãos, ordenar e rever a atuação de seus agentes, estabelecendo a relação de subordinação entre os servidores do seu quadro de pessoal.

Gabarito "C".

(Analista Ministerial Administrativo – MPE-MA – FCC – 2013) Uma das atividades da Administração Pública consiste em controlar a atividade dos órgãos inferiores, para verificar a legalidade de seus atos e o cumprimento de suas obrigações, podendo anular os atos ilegais ou revogar os inconvenientes ou inoportunos. Trata-se do exercício do poder:

(A) jurídico-normativo.

(B) disciplinar.

(C) regulamentar.

(D) de polícia.

(E) hierárquico.

A: incorreta. Jurídico-normativo não é poder; **B:** incorreta, pois o poder disciplinar é aquele conferido ao Administrador Público para apurar as infrações cometidas pelos agentes e impor penalidades, aplicando-lhes sanções de caráter administrativo, inclusive, àqueles que contratam com a Administração Pública ou a elas se sujeitam, a exemplo das concessionárias ou permissionárias do serviço público; **C:** incorreta, pois o poder regulamentar é aquele conferido ao Chefe do Executivo para editar atos normativos (decretos e regulamentos) com a finalidade de dar fiel execução à lei; **D:** incorreta, pois o poder de polícia é toda atividade da administração pública Administração Pública que, limitando ou disciplinando direito, interesse ou liberdade, regula a prática de ato ou abstenção de fato, em razão de interesse público concernente à segurança, à higiene, à ordem, aos costumes, à disciplina da produção e do mercado, ao exercício de atividades econômicas dependentes de concessão ou autorização do Poder Público, à tranquilidade pública ou ao respeito à propriedade e aos direitos individuais ou coletivos; **E:** correta. O poder hierárquico é o que dispõe o Executivo para distribuir e escalonar as funções de seus órgãos, ordenar e rever a atuação de seus agentes, estabelecendo a relação de subordinação entre os servidores do seu quadro de pessoal, sendo esta a alternativa correta.

Gabarito "E".

(Técnico Ministerial - Execução de Mandados – MPE-MA – FCC – 2013) A avocação é atribuição própria do poder:

(A) de polícia.

(B) disciplinar.

(C) regulamentar.

(D) hierárquico.

(E) jurídico-normativo.

A: incorreta, pois o poder de polícia é toda atividade da Administração Pública que, limitando ou disciplinando direito, interesse ou liberdade, regula a prática de ato ou abstenção de fato, em razão de interesse público concernente à segurança, à higiene, à ordem, aos costumes, à disciplina da produção e do mercado, ao exercício de atividades econômicas dependentes de concessão ou autorização do Poder Público, à tranquilidade pública ou ao respeito à propriedade e aos direitos individuais ou coletivos; **B:** incorreta, pois o poder disciplinar é conferido ao Administrador Público para apurar as infrações cometidas pelos agentes e impor penalidades, aplicando-lhes sanções de caráter administrativo, inclusive, àqueles que contratam com a Administração Pública ou a elas se sujeitam, a exemplo das concessionárias ou permissionárias do serviço público; **C:** incorreta. O poder regulamentar é aquele conferido ao Chefe do Executivo para editar atos normativos (decretos e regulamentos) com a finalidade de dar fiel execução à lei; **D:** correta. A delegação de competência é uma das atribuições do poder hierárquico.

Neste caso, o superior hierárquico confere a um subordinado, o exercício temporário de algumas atribuições que competem originariamente ao delegante, exceto na edição de atos de caráter normativo, decisão de recursos administrativos e matérias de competência exclusiva do órgão ou autoridade, devendo ocorrer somente em caráter excepcional (arts. 12, 13 e 15 da Lei 9.784/99); **E:** incorreta, pois a avocação não é atribuição própria do poder jurídico normativo.

Gabarito "D".

(Analista Direito – MPE-MS – FGV – 2013) Sobre o *Poder de Polícia*, avalie as afirmativas a seguir.

I. São características do poder de polícia a autoexecutoriedade e a coercibilidade.

II. O poder de polícia somente pode ser exercido por pessoa jurídica integrante da Administração Pública.

III. A Polícia Administrativa incide sobre pessoas, enquanto a Polícia Judiciária sobre atividades.

Assinale:

(A) se somente a afirmativa I estiver correta.

(B) se somente a afirmativa II estiver correta.

(C) se somente a afirmativa III estiver correta.

(D) se somente as afirmativas I e II estiverem corretas.

(E) se todas as afirmativas estiverem corretas.

I: correta, pois são atributos do poder de polícia a discricionariedade, autoexecutoriedade e coercibilidade; **II:** incorreta. Em regra, o poder de polícia é indelegável, mas excepcionalmente poderá ser delegado às entidades da Administração indireta. A doutrina majoritária admite a atribuição de certas atividades materiais a entes privados, desde que meramente instrumentais ou acessórias e mediante a observância de determinadas condições específicas; **III:** incorreta. A polícia administrativa tem caráter preventivo e fiscalizador e tem lugar no âmbito de função administrativa, agindo sobre bens, direitos ou atividades dos indivíduos, enquanto a polícia judiciária age de forma repressiva aos delitos cometidos pelos indivíduos.

Gabarito "A".

(Analista de Promotoria II – Agente de Promotoria – MPE–SP – IBFC – 2013) A apreensão de veículos pela autoridade administrativa competente, em virtude de transporte coletivo irregular, decorre do poder:

(A) Hierárquico.

(B) De polícia.

(C) Discricionário.

(D) Regulamentar.

(E) Disciplinar.

A: incorreta, pois o poder hierárquico **é o que** dispõe o Executivo para distribuir e escalonar as funções de seus órgãos, ordenar e rever a atuação de seus agentes, estabelecendo a relação de subordinação entre os servidores do seu quadro de pessoal; **B:** correta, pois o poder de polícia se dá quando o Poder Público interfere na órbita do interesse privado para salvaguardar o interesse da Administração e do Estado, restringindo direitos individuais. É nesse sentido que a Administração Pública tem poder para impor restrições ao exercício de direitos do particular em razão da supremacia do interesse público, a exemplo de apreensão de veículos pela autoridade administrativa competente, em virtude de transporte coletivo irregular; **C:** incorreta, pois o poder discricionário é aquele que confere ao administrador público liberdade para decidir se determinado ato é ou não de interesse público, levando em conta os critérios da conveniência e da oportunidade; **D:** incorreta, pois o poder regulamentar é aquele conferido ao Chefe do Executivo para editar atos normativos (decretos e regulamentos) com a finalidade de dar fiel execução à lei; **E:** incorreta, pois disciplinar é aquele conferido ao Administrador Público para apurar as infrações cometidas pelos agentes e impor penalidades, aplicando-lhes sanções de caráter administrativo, inclusive, àqueles que contratam com a Administração Pública ou a elas se sujeitam, a exemplo das concessionárias ou permissionárias do serviço público.

Gabarito "B".

(Analista de Promotoria II – Agente de Promotoria – MPE–SP – IBFC – 2013)

O diretor de uma unidade administrativa, ao fiscalizar os atos praticados pelos seus subordinados, com a finalidade de constatar a regularidade do exercício das atribuições de cada servidor, exerce o poder:

(A) Disciplinar.
(B) Hierárquico.
(C) Normativo.
(D) De polícia.
(E) Regulamentar.

A: incorreta, pois poder disciplinar é aquele conferido ao Administrador Público para apurar as infrações cometidas pelos agentes e impor penalidades, aplicando-lhes sanções de caráter administrativo, inclusive, àqueles que contratam com a Administração Pública ou a elas se sujeitam, a exemplo das concessionárias ou permissionárias do serviço público; **B:** correta, pois o poder hierárquico é o que dispõe o Executivo para distribuir e escalonar as funções de seus órgãos, ordenar e rever a atuação de seus agentes, estabelecendo a relação de subordinação entre os servidores do seu quadro de pessoal; **C:** incorreta, pois o poder normativo (ou regulamentar) é aquele conferindo às autoridades públicas para edição de normas. É uma forma atípica de exercício da função normativa; **D:** incorreta, pois o poder de polícia se dá quando o Poder Público interfere na órbita do interesse privado para salvaguardar o interesse da Administração e do Estado, restringindo direitos individuais. É nesse sentido que a Administração Pública tem poder para impor restrições ao exercício de direitos do particular em razão da supremacia do interesse público; **E:** incorreta, pois o poder regulamentar é aquele conferido ao Chefe do Executivo para editar atos normativos (decretos e regulamentos) com a finalidade de dar fiel execução à lei.

Gabarito "B".

3. ATOS ADMINISTRATIVOS

(Técnico em Promotoria – Direito – MPE-PB – COMPERVE-UFRN) A **convalidação**, na perspectiva doutrinária atual, é o meio de que se vale a Administração Pública para aproveitar atos administrativos:

(A) com defeitos de mérito.
(B) inoportunos e inconvenientes.
(C) contrários ao interesse público, mas passíveis de aproveitamento.
(D) com vícios superáveis, de forma a confirmá-los no todo ou em parte.
(E) inválidos ou nulos.

Convalidar significa tornar válido. A convalidação, por vezes é denominada de aperfeiçoamento ou sanatória do ato administrativo. Pode ser entendida como o instrumento que possui a Administração Pública para aproveitar atos administrativos com vícios sanáveis, podendo confirmá-los no todo ou em parte. Em que pese a convalidação ser matéria controvertida na doutrina, observa-se que artigo 55 da Lei 9.784/99 a admite expressamente, desde que não acarrete lesão ao interesse público nem prejuízo a terceiros. Cumpridos estes requisitos, os atos que apresentarem defeitos sanáveis poderão ser convalidados pela própria Administração. Segundo lição de José dos Santos Carvalho Filho (*Manual de direito administrativo*. 24ª ed. Rio de Janeiro: Lumen Juris, 2011. p. 152), a convalidação pode dar-se das seguintes formas a) ratificação: a autoridade que deve ratificar pode ser a mesma que praticou o ato anterior ou um superior hierárquico (desde que a lei lhe

confira esta competência específica). A ratificação é apropriada para convalidar atos inquinados de vícios extrínsecos, como a competência e a forma, não se aplicando, contudo, ao motivo, ao objeto e à finalidade; b) reforma: suprime a parte invalida do ato anterior e mantém a parte válida. Exemplo: ato anterior concedia licença e férias a um servidor; verifica-se depois que não tinha direito a licença, pratica-se novo ato retirando essa parte do ato anterior e ratifica-se a parte relativa às férias; c) conversão: por meio dela a Administração Pública, depois de retirar a parte inválida do ato anterior, processa a sua substituição por uma nova parte, de modo que o novo ato passa a conter a parte válida da anterior e uma nova parte, nascida esta com o ato de aproveitamento. Ou seja: ao contrário da convalidação, não se corrige o ato, mas aproveita-o. Pelo exposto, verifica-se que as alternativas A, B, C e E encontram-se incorretas.

Gabarito "D".

(Analista Ministerial Especialista - Ciências Jurídicas – MPE-TO – UFT--COPESE – 2010) Sobre Atos Administrativos assinale a alternativa incorreta:

(A) O direito da Administração de anular os atos administrativos de que decorram efeitos favoráveis para os destinatários decai em cinco anos, contados da data em que foram praticados, salvo se comprovada má-fé.
(B) Das decisões administrativas cabe recurso, em face de razões de legalidade e de mérito.
(C) A Administração deve revogar seus próprios atos, quando eivados de vício de legalidade, e pode anulá--los por motivo de conveniência ou oportunidade, respeitados os direitos adquiridos.
(D) Em decisão na qual se evidencie não acarretarem lesão ao interesse público nem prejuízo a terceiros, os atos que apresentarem defeitos sanáveis poderão ser convalidados pela própria Administração.

A: correta. O prazo para que a Administração Publica tem para anular seus atos é de 5 anos, salvo se comprovada má-fé; **B:** correta. Não cabe recurso das decisões administrativas por razões de legalidade e mérito; **C:** incorreta, pois a Administração deve anular (e não revogar) seus próprios atos, quando eivados de vício de legalidade, e pode revogá-los por motivo de conveniência ou oportunidade, respeitados os direitos adquiridos; **D:** correta. A convalidação, por vezes é denominada de aperfeiçoamento ou sanatória do ato administrativo. Pode ser entendida como o instrumento que possui a Administração Pública para aproveitar atos administrativos com vícios sanáveis, podendo confirmá-los no todo ou em parte. Em que pese a convalidação ser matéria controvertida na doutrina, observa-se que art. 55 da Lei 9.784/99 a admite expressamente, desde que não acarretem lesão ao interesse público nem prejuízo a terceiros.

Gabarito "C".

(Analista de Promotoria I – Assistente Jurídico – MPE-SP – VUNESP – 2010)

A competência para o ato administrativo:

(A) se presume.
(B) pode, via de regra, ser delegada por lei.
(C) pode ser objeto de renúncia.
(D) é o mesmo que capacidade.
(E) não é de exercício obrigatório.

A: incorreta. A competência não se presume, mas resulta da lei, sendo que o ato administrativo realizado por agente incompetente, ou que exceda os limites legais, resulta inválido; B: correta. A competência em caráter excepcional poderá ser delegada. A delegação de competência encontra amparo nos arts. 11 a 15 da Lei 9.784/99 que regula o processo administrativo no âmbito da Administração Pública Federal; C: incorreta, pois não pode o delegante renunciar as suas competências nem transferir a titularidade delas (art. 11 da citada lei); D: incorreta.

A competência significa que o ato administrativo só pode ser realizado por agente público que tenha poder legal para praticá-lo. A capacidade, por sua vez, diz respeito à aptidão de uma pessoa. Esta aptidão pode ser física, mental ou intelectual. Uma pessoa pode ter aptidão para o desempenho de uma determinada função, mas não a competência para fazê-lo; **E:** incorreta. Ao contrário. A competência é de exercício obrigatório para o agente público que detém essa competência.
Gabarito "B".

(Analista de Promotoria I – Assistente Jurídico – MPE-SP – VUNESP – 2010)
Analise a Súmula n.º 473 do STF a seguir e assinale a alternativa que contém os vocábulos que completam correta e respectivamente as suas lacunas.

A Administração pode _____ seus próprios atos, quando eivados de _____ que os tornam _____, porque deles não se originam _____; ou revogá-los, por motivo de conveniência ou oportunidade, respeitados os _____, e ressalvada, em todos os casos, a apreciação judicial.

(A) anular ... vícios ... ilegais ... direitos ... direitos adquiridos.
(B) revogar ... defeitos ... inválidos ... efeitos ... atos jurídicos.
(C) revogar ... máculas ... defeituosos ... competências ... servidores públicos.
(D) anular ... defeitos ... imprestáveis ... decisões ... atos administrativos.
(E) invalidar ... defeitos ... viciados ... direitos ... direitos alheios.

A Súmula 473 dispõe que *a administração pode anular seus próprios atos, quando eivados de vícios que os tornam ilegais, porque deles não se originam direitos; ou revogá-los, por motivo de conveniência ou oportunidade, respeitados os direitos adquiridos, e ressalvada, em todos os casos, a apreciação judicial.* Dessa forma, encontra-se correta a alternativa A, estando as demais incorretas.
Gabarito "A".

(Analista de Promotoria I – Assistente Jurídico – MPE-SP – VUNESP – 2010)
É exemplo de ato administrativo irrevogável:

(A) a autorização.
(B) a licença.
(C) a concessão de uso de bem público por particular.
(D) a declaração de utilidade pública de imóvel para fins de desapropriação.
(E) um ato discricionário.

A: incorreta. A autorização é ato administrativo discricionário e precário pelo qual o Poder Público torna possível ao pretendente a realização de certa atividade, serviço ou utilização de determinados bens particulares ou públicos, de seu uso exclusivo ou predominante interesse, que a lei condiciona a aquiescência prévia da Administração, tais como o uso especial de bem público. A Administração pode negá-la, como pode revogá-la a qualquer momento; **B:** correta, tendo em vista que a licença é ato administrativo vinculado e definitivo pelo qual o Poder Público, verificando o atendimento do interessado a todas as exigências legais, faculta-lhe o desempenho de atividades ou a realização de fatos materiais antes vedados ao particular, como, por exemplo, o exercício de uma profissão ou a construção de um edifício em terreno próprio; **C:** incorreta. A concessão de uso de bem público por particular é ato discricionário, podendo a Administração Pública revogá-lo a qualquer tempo; **D:** incorreta A declaração de utilidade pública de um imóvel pode ser revogada pelo Poder Público por motivo de conveniência ou oportunidade; **E:** incorreta. O ato discricionário, poderá ser revogado. Por exemplo, a autorização para o uso de um bem público.
Gabarito "B".

(Analista de Promotoria I – Assistente Jurídico – MPE-SP – VUNESP – 2010)
Sobre a extinção do ato administrativo por invalidação, é correto afirmar que:

(A) ocorre pela conveniência e oportunidade da Administração Pública.
(B) tem, em regra, efeitos *ex nunc*.
(C) deve ser efetivada exclusivamente pelo Poder Judiciário.
(D) pode ser total ou parcial.
(E) por incidir sobre ato nulo, o desfazimento do ato dispensa a motivação

A: incorreta, pois a invalidação se dá por motivo de vício de legalidade; B: incorreta. A invalidação tem efeito ex tunc; C: incorreta. A invalidação pode ser realizada tanto pela Administração Pública em razão da autotutela, quanto pelo Poder Judiciário; D: Correta. A invalidação pode ser parcial ou total. A invalidação parcial (também chamada de reforma) suprime a parte invalida do ato e mantém a parte válida. A invalidação total se dá quando o ato encontra-se eivado de nulidade. E: Alternativa incorreta. A invalidação pode incidir sobre o ato nulo ou anulável e, como qualquer outro ato administrativo, deve ser motivada.
Gabarito "D".

(Assistente Técnico Administrativo – MPE-BA – FESMIP – 2011) Analise as seguintes assertivas acerca do ato administrativo:

I. A anulação é o desfazimento do ato administrativo por razões de ilegalidade, podendo ser feita pela Administração Pública, com base no seu poder de autotutela, ou pelo Poder Judiciário.
II. A revogação é prerrogativa da Administração Pública para atender a motivos de conveniência e oportunidade.
III. A revogação é ato administrativo discricionário da Administração e gera efeitos *ex tunc*.
IV. Tanto os atos discricionários quanto os atos vinculados podem ser objeto de revogação.
V. A revogação pressupõe a existência de um ato ilegal.

Estão corretas as assertivas:

(A) I e II.
(B) I e V.
(C) II e III.
(D) III e IV.
(E) IV e V.

I: correta. A anulação é o desfazimento do ato administrativo por razões de ilegalidade, podendo ser feita pela Administração Pública, em razão de seu poder de autotutela, ou pelo Poder Judiciário, desde que provocado; II: correta. A revogação de um ato administrativo somente poderá ser feita pela Administração Pública levando-se em conta os critérios de conveniência e oportunidade; III: incorreta, pois a revogação do ato administrativo gera efeitos *ex nunc*; IV: incorreta, pois somente os atos discricionários podem ser objeto de revogação. Os vinculados, podem ser anulados, quando eivados de vícios de legalidade; V: incorreta. O ato que pressupõe existência de ilegalidade é objeto de invalidação e não de revogação.
Gabarito "A".

(Analista Processual Administrativo – MPE-RJ – 2011) Em relação aos atributos dos atos administrativos, é correto afirmar que:

(A) a autoexecutoriedade é o atributo segundo o qual a Administração deve sempre solicitar a intervenção do Poder Judiciário para impor o cumprimento de seus atos;
(B) a autoexecutoriedade permite até o uso proporcional da força pela Administração, salvo quando a lei exige a intervenção judicial;

1. DIREITO ADMINISTRATIVO

(C) o decreto expropriatório é sempre autoexecutório, permitindo que a desapropriação seja levada a termo sem a interveniência do Poder Judiciário;

(D) nenhum ato administrativo é autoexecutório, salvo previsão legal expressa;

(E) todas as alternativas acima são incorretas.

A: incorreta, pois a autoexecutoriedade é a possibilidade que a Administração Pública possui de executar ou impor seus atos a terceiros, sem a necessidade de autorização do Poder Judiciário; **B:** correta. Em determinadas situações, tal atributo não se aplica ao ato administrativo, devendo a Administração Pública recorrer ao Judiciário. Cite-se como exemplos a cobrança de multa, a desapropriação, as escutas telefônicas, a invasão de domicilio, etc.; **C:** incorreta. A desapropriação deverá efetivar-se mediante acordo ou intentar-se judicialmente, dentro de cinco anos, contados da data da expedição do respectivo decreto e findos os quais este caducará (art. 10 do Decreto-lei 3.365/41); **D:** incorreta. No entanto, a autoexecutoriedade somente é possível quando expressamente prevista em lei ou quando se tratar de medida de urgência passível de trazer prejuízos à Administração Pública; **E:** incorreta, porque a B está correta.
Gabarito "B".

(Técnico do Ministério Público – MPE-AL – COPEVE - UFAL – 2012) Assinale a opção que representa o atributo do ato administrativo que fundamenta a demolição de residência que está prestes a desabar.

(A) Autoexecutoriedade.

(B) Tipicidade.

(C) Imperatividade.

(D) Presunção de legitimidade.

(E) Fato da administração.

A: **A:** correta. O que fundamenta a demolição de residência que está prestes a desabar é a autoexecutoriedade, que pode ser definida como a possibilidade de a Administração Pública executar ou impor seus atos a terceiros, sem a necessidade de autorização do Poder Judiciário; **B:** incorreta, pois a tipicidade decorre do princípio da legalidade e consiste em que o ato administrativo deve corresponder ao previsto em lei para que produza seus efeitos; **C:** incorreta, pois a imperatividade decorre do poder de império do Estado, e este, utilizando-se desse poder, impõe de forma unilateral sua vontade aos particulares, independente de sua concordância. A imperatividade também é chamada de poder extroverso; **D:** incorreta, pois a presunção de legitimidade significa que os atos praticados pelo Administrador Público são revestidos de legalidade e veracidade, presumindo-se que os atos administrativos são legítimos e verdadeiros até prova em contrário; **E:** incorreta. O fato da administração é uma das causas que impossibilitam o cumprimento do contrato administrativo pelo contratado, e pode se dar por ação ou omissão da Administração Pública.
Gabarito "A".

(Analista Jurídico – MPE-PA – FADESP – 2012) A respeito dos atos administrativos, assinale a alternativa correta.

(A) Atos de império são aqueles que se destinam a dar andamento aos processos e papéis que tramitam pelas repartições públicas, com vistas a decisão de mérito pela autoridade competente.

(B) Atos de expediente são aqueles que a administração pratica sem usar a sua supremacia sobre os destinatários, como ocorre nos atos de pura administração dos bens e serviços públicos.

(C) Atos de expediente são aqueles que se destinam a dar andamento aos processos e papéis que tramitam pelas repartições públicas, com vistas a decisão de mérito pela autoridade competente.

(D) Atos de gestão são aqueles que a administração pratica usando sua supremacia sobre o administrado ou servidor e lhes impõe obrigatório atendimento.

A: incorreta. Atos de império são aqueles impostos de forma unilateral pelo Estado, em razão do poder de império e da supremacia que exercem sobre o administrado. São exemplos as desapropriações, o embargo de obras, a apreensão de bens etc. Os atos de império normalmente são revogáveis ou modificáveis a critério da Administração que os expediu; **B:** incorreta. Atos de expediente são todos aqueles que se destinam a dar andamento aos processos e papéis que tramitam nas repartições públicas, preparando-os para decisão de mérito a ser proferida pela autoridade competente; **C:** correta, pois os atos de expediente são todos aqueles que se destinam a dar andamento aos processos e papéis que tramitam nas repartições públicas, preparando-os para decisão de mérito a ser proferida pela autoridade competente. São exemplos: juntar documentos ou numerar processos; **D:** incorreta, pois os atos de gestão são aqueles praticados pela Administração Pública sem usar de sua prerrogativa de supremacia sobre os destinatários e que não exigem coerção sobre os interessados. É o que ocorre na administração de bens e serviços. É o caso de locação de imóvel, por exemplo.
Gabarito "C".

(Analista – Direito – MPE-MG – 2012) No que se refere à sua extinção, é *CORRETO* afirmar que um ato administrativo:

(A) pode ser revogado por decisão judicial em uma ação popular.

(B) pode ser anulado pela autoridade que o praticou independentemente de provocação.

(C) somente pode ser revogado pelo Poder Judiciário.

(D) pode ser anulado e revogado tanto pela Administração Pública quanto pelo Poder Judiciário.

A: incorreta. A revogação do ato administrativo é atribuição da Administração Pública e não do Poder Judiciário; B: correta. O ato administrativo pode ser anulado pela Administração Publica em razão da autotutela, sem necessidade de se recorrer ao Judiciário; C: incorreta. O ato administrativo pode ser revogado somente pela Administração Pública; D: incorreta. O ato administrativo pode ser revogado somente pela Administração Pública. A anulação do ato pode se dar tanto pela Administração Pública, quanto pelo Poder Judiciário, desde que provocado.
Gabarito "B".

(Analista Administrativo – MPE-RN – FCC – 2012) A deliberação de um Conselho é exemplo de ato administrativo:

(A) complexo.

(B) simples.

(C) composto.

(D) negocial.

(E) enunciativo.

A: incorreta. No ato complexo temos a manifestação de dois ou mais órgãos (singulares ou colegiados) e um único ato. Ou seja, é necessária a soma das vontades de mais de um órgão para que seja possível a formação de um único ato. É o caso, por exemplo, da expedição de decreto assinado pelo Presidente da República e referendado por Ministro de Estado, conforme art. 87, parágrafo único da CF; **B:** correta. Ato simples é o que resulta da manifestação da vontade de um único órgão, seja ele unipessoal ou colegiado. É o caso, por exemplo, da deliberação de um conselho; **C:** incorreta. No ato composto, há manifestação de duas vontades de um único órgão, mas, para tornar-se válido, depende da verificação, aprovação, ratificação, ou confirmação por parte de outro órgão para que produza seus efeitos. O primeiro ato é o principal e o segundo é o acessório. É o caso da dispensa de licitação – ato principal – que depende, em determinadas hipóteses, de homologação – ato acessório – pela autoridade superior; **D:** incorreta. O ato negocial é aquele que contém declaração de vontade da Administração Publica, conferindo ao particular a faculdade para atuar desde que obedecidas as condições impostas pelo Poder Público. Por exemplo: alvará de licença para construção de uma casa; **E:** incorreta. Os atos normativos são aqueles que contém comando geral do Executivo, visando à correta aplicação da lei. O objetivo imediato de tais atos é explicitar a norma legal a ser observada pela Administração e pelos administrados. São exemplos os decretos, regulamentos instruções normativas, regimentos, resoluções e deliberações.

Gabarito "B".

(Analista Administrativo – MPE-RN – FCC – 2012) Regimentos e regulamentos são, respectivamente, atos administrativos:

(A) normativos e enunciativos.
(B) normativos e ordinatórios.
(C) ordinatórios e normativos.
(D) normativos e normativos.
(E) enunciativos e ordinatórios.

A: incorreta. Regulamentos e regimentos são atos normativos; **B:** incorreta. Regulamentos e regimentos não são atos ordinatórios, mas normativos; **C:** incorreta. Regulamentos e regimentos não são atos ordinatórios, mas normativos; **D:** correta. Os atos normativos são aqueles que contém comando geral do Executivo, visando à correta aplicação da lei. O objetivo imediato de tais atos é explicitar a norma legal a ser observada pela administração e pelos administrados. Os principais atos normativos são: decretos, regulamentos, instruções normativas, regimentos, resoluções e deliberações; **E:** incorreta. Os regimentos e regulamentos não são atos enunciativos, nem ordinatórios, mas normativos.

Gabarito "D".

(Técnico Ministerial - Execução de Mandados – MPE-MA – FCC – 2013) Considere as assertivas a seguir:

I. O ato administrativo ilegal que já produziu efeitos comporta, em regra, anulação.
II. O ato administrativo ilegal que já produziu efeitos comporta revogação.
III. O atestado pode ser objeto de revogação.

Está correto o que se afirma em:

(A) I e II, apenas.
(B) I, apenas.
(C) II e III, apenas.
(D) I e III, apenas.
(E) I, II e III.

I: correta. O ato administrativo ilegal que já produziu efeitos comporta, em regra, anulação; II: incorreta. Quando se fala em ilegalidade do ato, é caso de anulação e não de revogação; III: O atestado não pode ser objeto de revogação.

Gabarito "B".

(Analista Ministerial Processual-Direito – MPE-MA – FCC – 2013) Considere as seguintes assertivas:

I. Atos administrativos normativos são aqueles que contêm um comando geral do Executivo visando ao cumprimento de uma lei. Exemplo: regimento.
II. Atos administrativos ordinatórios são os que visam a disciplinar o funcionamento da Administração e a conduta funcional de seus agentes. São exemplos os avisos.
III. Atos administrativos enunciativos são aqueles em que a Administração se limita a certificar ou a atestar um fato, ou emitir uma opinião sobre determinado assunto, constantes de registros, processos e arquivos públicos.

Sobre atos administrativos está correto o que se afirma em:

(A) I e II, apenas.
(B) I e III, apenas.
(C) II, apenas.
(D) II e III, apenas.
(E) I, II e III.

I: correta. Os atos normativos são aqueles que contém comando geral do Executivo, visando à correta aplicação da lei. São exemplos os decretos, regulamentos instruções normativas, regimentos, resoluções e deliberações; II: correta. Os atos ordinários são aqueles cuja finalidade é disciplinar o funcionamento da Administração Pública e a conduta funcional de seus agentes, orientando-os no desempenho de suas funções. Os atos administrativos ordinários de maior frequência e utilização na prática são as instruções, as circulares, os avisos, as portarias, as ordens de serviço, os ofícios e os despachos. III: correta, pois os atos enunciativos são aqueles em que a Administração certifica ou atesta um fato, ou emite opinião sobre determinado assunto, apenas em sentido formal, a exemplos de certidões e atestados.

Gabarito "E".

4. ORGANIZAÇÃO ADMINISTRATIVA

(Analista – MPU – 2010 – CESPE) Acerca das agências executivas e reguladoras, julgue os seguintes itens.

(1) Os diretores de agência reguladora são indicados e exonerados *ad nutum* pelo chefe do ministério a que a agência se vincula.
(2) Para se transformar em agência executiva, uma fundação deve ter, em andamento, planos estratégicos de reestruturação e de desenvolvimento institucional.
(3) À agência executiva é vedada a celebração de contrato de gestão com órgão da Administração direta.
(4) A desqualificação de fundação como agência executiva é realizada mediante decreto, por iniciativa do ministério supervisor.
(5) As agências executivas fazem parte da Administração direta, e as agências reguladoras integram a Administração Pública indireta.

1: incorreto, pois os dirigentes de agências reguladoras têm mandato fixo e são indicados pelo Chefe do Executivo, com aprovação pelo Senado; **2:** correto (art. 51, I, da Lei 9.649/98); **3:** incorreto (art. 51, II, da Lei 9.649/98); **4:** correto (art. 1º, § 4º, do Dec. 2.487/98); **5:** incorreto, pois somente as autarquias e as fundações podem ser qualificadas como agências executivas e tais entidades, como se sabe, são entidades da Administração indireta.

Gabarito "1E,2C,3E,4C,5E".

(Técnico em Promotoria – Direito – MPE-PB – COMPERVE-UFRN) Quanto às **organizações sociais** e às **organizações da sociedade civil de interesse público**, instituídas no âmbito do **terceiro setor**, pode-se afirmar:

I. Têm personalidade jurídica de direito privado.
II. Não podem ter finalidades lucrativas.
III. São instituídas por regulamentos autônomos.
IV. Ambas admitem a participação do Poder Público no Conselho de Administração.
V. Constituem sistemas de parceria entre o Estado e entidades privadas.

Está(ão) correta(s) apenas:

(A) I, III e V.
(B) III e IV.

1. DIREITO ADMINISTRATIVO

(C) III.
(D) II, IV e V.
(E) I, II e V.

I: correta. As OS's e OSCIP's têm personalidade jurídica de direito privado; **II:** correta. Tanto as OS's quanto as OSCIP's não podem ter finalidades lucrativas; **III:** incorreta. As OS's e as OSCIP's não são instituídas por regulamentos autônomos. As organizações sociais são disciplinadas pela Lei 9.637/98, e as OSCIP's pela Lei 9.790/99; **IV:** incorreta. Nas OSCIP's é possível a participação de servidores públicos na composição de conselho de Organização da Sociedade Civil de Interesse Público, vedada a percepção de remuneração ou subsídio, a qualquer título (art. 4°, parágrafo único da Lei 9.790/99). Nas OS's é possível a participação, no órgão colegiado de deliberação superior, de representantes do Poder Público e de membros da comunidade, de notória capacidade profissional e idoneidade moral (art. 2°, I, *d*, da Lei 9.637/98); **V:** correta. As OS's celebram contrato de gestão, enquanto as OSCIP's celebram contrato de parceria com a Administração Pública.
Gabarito "E".

(Analista de Promotoria I – Assistente Jurídico – MPE-SP – VUNESP – 2010) De acordo com a lei, as Organizações da Sociedade Civil de Interesse Público, para que assim possam ser classificadas, devem ter como uma das suas finalidades, além de outras, a:

(A) comercialização de planos de saúde e assemelhados.
(B) manutenção de instituições hospitalares privadas gratuitas e não gratuitas.
(C) representação de categorias profissionais por meio de associações de classe.
(D) promoção da segurança alimentar e nutricional.
(E) disseminação de credos, cultos, práticas e visões devocionais e confessionais.

Conforme disposto no art. 3° da Lei 9.790/99, que dispõe sobre a qualificação das Organizações da Sociedade Civil de Interesse Público, a qualificação instituída por esta Lei somente será conferida às pessoas jurídicas de direito privado, sem fins lucrativos, cujos objetivos sociais tenham pelo menos uma das seguintes finalidades: promoção da assistência social; promoção da cultura, defesa e conservação do patrimônio histórico e artístico; promoção gratuita da educação, observando-se a forma complementar de participação das organizações de que trata esta Lei; promoção gratuita da saúde, observando-se a forma complementar de participação das organizações de que trata esta Lei; promoção da segurança alimentar e nutricional; defesa, preservação e conservação do meio ambiente e promoção do desenvolvimento sustentável; promoção do voluntariado; promoção do desenvolvimento econômico e social e combate à pobreza; experimentação, não lucrativa, de novos modelos socioprodutivos e de sistemas alternativos de produção, comércio, emprego e crédito; promoção de direitos estabelecidos, construção de novos direitos e assessoria jurídica gratuita de interesse suplementar; promoção da ética, da paz, da cidadania, dos direitos humanos, da democracia e de outros valores universais; estudos e pesquisas, desenvolvimento de tecnologias alternativas, produção e divulgação de informações e conhecimentos técnicos e científicos que digam respeito às atividades retromencionadas. Dessa forma, as alternativas A, B, C e E encontram-se incorretas.
Gabarito "D".

(Analista de Promotoria I – Assistente Jurídico – MPE-SP – VUNESP – 2010) A pessoa jurídica de direito privado sem fins lucrativos, interessada em obter a qualificação instituída pela Lei n.º 9.790/99, que trata das Organizações da Sociedade Civil de Interesse Público, deverá formular requerimento escrito à (ao):

(A) Ministério da Justiça.

(B) Ministério Público Estadual.
(C) Ministério Público Federal.
(D) Ministério da Fazenda.
(E) Secretaria da Receita Federal.

Conforme previsto no art. 5° da Lei 9.790/99, a pessoa jurídica de direito privado sem fins lucrativos, interessada em obter a qualificação instituída por esta Lei, deverá formular requerimento escrito ao Ministério da Justiça. Correta, portanto, a alternativa A, estando as demais incorretas.
Gabarito "A".

(Analista Processual Administrativo – MPE-RJ – 2011) Sobre as entidades da Administração indireta, é correto afirmar que:

(A) as autarquias são pessoas jurídicas de direito público, criadas por lei, para a execução de tarefas típicas do Estado e exploração de atividade econômica;
(B) as fundações públicas são sempre pessoas jurídicas de direito privado, ainda quando criadas por lei para o desempenho de funções de polícia administrativa;
(C) as empresas públicas são entidades privadas, criadas por lei, cujo capital é predominantemente público;
(D) as sociedades de economia mista são pessoas jurídicas de direito privado, cuja criação se dá na forma do direito privado, mediante prévia autorização em lei específica;
(E) as associações públicas são entidades privadas, criadas para o desempenho de tarefas comuns a dois ou mais entes federativos.

Comentários. A: incorreta. As autarquias são pessoas jurídicas de direito público, integrante da administração indireta, criada por lei para desempenhar funções típicas de Estado, mas não de caráter econômico; **B:** incorreta. As fundações públicas são pessoas jurídicas instituídas pelo poder público podendo ser de direito público ou de direito privado, para desenvolver atividades de interesse social; **C:** incorreta. As empresas públicas, como o próprio nome diz, são publicas, mas com personalidade jurídica de direito privado. O capital é integralmente público; **D:** correta. As sociedades de economia mista são pessoas jurídicas de direito privado, integrantes da administração indireta do Estado, criadas por autorização legal especifica, cujo controle acionário pertence ao Poder Público, tendo como objetivo, como regra, a exploração de atividades gerais de caráter econômico; **E:** incorreta. As associações públicas são criadas para exercer atividade típica de Estado, sendo pessoas de direito público, de natureza autárquica. Resultam da associação entre entes públicos, agindo em regime de cooperação formalizada por meio de consórcios públicos reguladas pela Lei 11.107/2005.
Gabarito "D".

(Analista Ministerial Área Processual – MPE-PI – CESPE – 2012) Julgue o item seguinte, relativo à administração direta e indireta.

(1) Como a empresa pública pode ser organizada sob qualquer das formas admitidas em direito, na esfera federal é admitida sua criação sob a forma de empresa pública unipessoal, desde que esta contenha a assembleia geral como o órgão pelo qual se manifeste a vontade do Estado.

Em relação à forma jurídica, as empresas públicas podem revestir-se de quaisquer das formas admitidas em direito (art. 5°, II do Decreto-lei 200/67) podendo ser unipessoais, sociedades civis, sociedades comerciais, ltda., S/A, etc. Se o capital pertencer exclusivamente à pessoa instituidora, será empresa unipessoal, e a vontade do Estado não se manifestará por assembleia geral.
Gabarito "E".

(Técnico do Ministério Público – MPE-AL – COPEVE - UFAL – 2012) São características das competências públicas:

(A) obrigatórias, renunciáveis, intransferíveis, imodificáveis e imprescritíveis.

(B) obrigatórias, renunciáveis, transferíveis, imodificáveis e imprescritíveis.

(C) obrigatórias, renunciáveis, transferíveis, modificáveis e imprescritíveis.

(D) obrigatórias, irrenunciáveis, transferíveis, modificáveis e imprescritíveis.

(E) obrigatórias, irrenunciáveis, intransferíveis, imodificáveis e imprescritíveis.

A: incorreta, pois a competência é irrenunciável; B: incorreta, pois a competência é irrenunciável e intransferível; C: incorreta, pois a competência é irrenunciável, intransferível e imodificável; D: incorreta, pois a competência é intransferível e imodificável; E: correta, pois a transferência é obrigatória, irrenunciável, intransferível, imodificável e imprescritível.
Gabarito "E".

(Técnico do Ministério Público – MPE-AL – COPEVE – UFAL – 2012) Dados os itens seguintes sobre organização administrativa da Administração Pública:

I. As organizações sociais são pessoas jurídicas de direito privado que executam serviços públicos em regime de parceria com o Poder Público, formalizado por contrato de gestão.

II. O termo de parceria é o instrumento formalizado entre o Poder Público e as organizações da sociedade civil de interesse público para o desenvolvimento de ações conjuntas.

III. Descentralização é o fato administrativo que traduz a transferência da execução de atividade estatal a determinada pessoa integrante ou não de Administração.

IV. Na desconcentração o serviço é centralizado e passa a ser descentralizado.

Verifica-se que estão corretos:

(A) I e III, apenas.

(B) I, II e IV, apenas.

(C) I, II e III, apenas.

(D) I, III e IV, apenas.

(E) II, III e IV, apenas.

I: correta. De fato, as organizações sociais são pessoas jurídicas de direito privado que executam serviços públicos em regime de parceria com o Poder Público, formalizado por contrato de gestão; II: correta. O termo de parceria é o instrumento formalizado entre o Poder Público e as organizações da sociedade civil de interesse público para o desenvolvimento de ações conjuntas; III: correta. A descentralização é transferência da execução de atividade estatal a determinada pessoa integrante ou não de Administração Pública, a exemplos de atividades desempenhadas por entidades da administração indireta ou concessionárias ou permissionárias de serviços públicos; IV: incorreta. A desconcentração é distribuição interna de atividades dentro do âmbito do mesmo poder.
Gabarito "C".

(Técnico do Ministério Público – MPE-AL – COPEVE - UFAL – 2012) "São pessoas jurídicas de direito público de capacidade exclusivamente administrativa":

(A) empresas públicas.

(B) sociedades de economia mista.

(C) organizações sociais.

(D) autarquias.

(E) fundações privadas.

A: incorreta. As empresas públicas têm personalidade jurídica de direito privado; B: incorreta. Tal qual as empresas públicas, as sociedades de economia mista têm personalidade jurídica de direito privado; C: incorreta. As organizações sociais possuem personalidade jurídica de direito privado, atuando como entidades paraestatais; D: correta. As autarquias são pessoas jurídicas de Direito Público de capacidade exclusivamente administrativa, a exemplo do INSS; E: incorreta. A fundação privada é pessoa jurídica de direito privado instituída por iniciativa de particulares. São exemplos: fundação Bradesco, fundação Roberto Marinho, Fundação Getúlio Vargas, fundação Carlos Chagas, etc.
Gabarito "D".

(Analista Jurídico – MPE-PA – FADESP – 2012) A respeito da Sociedade de Economia Mista, é correto afirmar que:

(A) possui natureza jurídica de direito público.

(B) é constituída por capital exclusivamente público.

(C) possui natureza jurídica de direito privado.

(D) possui capital exclusivamente privado.

A: incorreta, pois a Sociedade de Economia Mista possui natureza jurídica de direito privado. B: incorreta, pois a Sociedade de Economia Mista possui capital público e privado; C: correta. A Sociedade de Economia Mista possui natureza jurídica de direito privado; D: incorreta, pois a Sociedade de Economia Mista possui capital público e privado.
Gabarito "C".

(Analista Administrativo – MPE-RN – FCC – 2012) Nos termos da Lei nº 9.784/1999, com relação às características do ato de delegação de competência é INCORRETO afirmar:

(A) Deve sempre ser publicada em meio oficial.

(B) É revogável a qualquer tempo pela autoridade delegante.

(C) Deve estar expresso no respectivo ato administrativo.

(D) Não se aplica para decisões de recursos administrativos.

(E) Aplica-se, excepcionalmente, para a edição de atos de caráter normativo.

A: correta. O ato de delegação e sua revogação deverão ser publicados no meio oficial (art. 14); B: correta, pois nos termos do art. 14, § 2° , o ato de delegação é revogável a qualquer tempo pela autoridade delegante; C: correta. O ato de delegação especificará as matérias e poderes transferidos, os limites da atuação do delegado, a duração e os objetivos da delegação e o recurso cabível, podendo conter ressalva de exercício da atribuição delegada (art. 14, § 1°); D: correta, pois não pode ser objeto de delegação a decisão de recursos administrativos (art. 13, II); E: incorreta. A edição de atos de caráter normativo não pode ser objeto de delegação(art. 13, I).
Gabarito "E".

(Agente Técnico Jurídico – MPE-AM – FCC – 2013) Considere as seguintes afirmações a respeito da organização administrativa:

I. Autarquias são pessoas jurídicas de direito público, criadas por lei específica, sujeitas ao controle finalístico do ente instituidor.

II. Entidades paraestatais são pessoas jurídicas de direito privado que, por lei, são autorizadas a prestar serviços ou realizar atividades de interesse coletivo ou público não exclusivos do Estado.

III. Empresas públicas são pessoas jurídicas de direito privado, criadas por lei, exclusivamente para a prestação de serviço público de natureza econômica.

Está correto o que se afirma APENAS em:

1. DIREITO ADMINISTRATIVO   15

(A) I e II.
(B) I.
(C) I e III.
(D) III.
(E) II e III.

I: correta. Autarquia é pessoa jurídica de direito público, integrante da Administração indireta, criada por lei para desempenhar funções que, despidas de caráter econômico, sejam próprias e típicas do Estado, sujeitas ao controle finalístico do ente instituidor; II: correta. As entidades paraestatais são pessoas jurídicas de direito privado que exercem atividades sem fins lucrativos, de interesse social, as quais recebem incentivos da parte do Estado, e que, por lei, são autorizadas a prestar serviços ou realizar atividades de interesse coletivo ou público não exclusivos do Estado; III: incorreta. As empresas públicas são pessoas jurídicas de direito privado, integrantes da Administração indireta do Estado, criadas por lei para exercer em regra atividades gerais de caráter econômico ou a prestação de serviços públicos.
Gabarito "A".

(Analista Direito – MPE-MS – FGV – 2013) A União, desejando realizar a exploração de uma atividade econômica, resolve criar uma sociedade de economia mista.

Com relação às sociedades de economia mista, assinale a afirmativa correta.

(A) A sociedade de economia mista deve ser criada por lei.
(B) A União deve possuir ao menos metade de seu capital social.
(C) A sociedade de economia mista deve seguir todas as regras trabalhistas da iniciativa privada.
(D) O cargo de presidente de sociedade de economia mista é privativo de brasileiro nato.
(E) A sociedade de economia mista não precisa realizar licitação em hipótese alguma.

A: incorreta. A criação de sociedade de economia se dá por autorização legislativa; B: incorreta. A União deve possuir mais da metade do capital das ações com direito a voto; C: correta, tendo em vista ter personalidade jurídica de direito privado. Seus servidores são denominados empregados públicos, sendo regidos pela CLT; D: incorreta. São privativos de brasileiro nato os seguintes cargos: Presidente e Vice-Presidente da República; Presidente da Câmara dos Deputados e do Senado Federal; Ministro do Supremo Tribunal Federal; carreira diplomática, oficial das Forças Armadas e Ministro de Estado da Defesa (art. 12, § 3º da CF); E: incorreta. Todas as entidades da Administração indireta, dentre elas as sociedades de economia mista, são obrigadas a realizar procedimento licitatório.
Gabarito "C".

(Analista de Promotoria II – Agente de Promotoria – MPE-SP – IBFC – 2013) Segundo a Constituição da República (art. 37, inciso XIX), as áreas de atuação das fundações serão definidas através de:

(A) Lei ordinária.
(B) Lei complementar.
(C) Resolução.
(D) Decreto.
(E) Estatuto social.

Conforme dispõe o art. 37, XIX da CF, somente por lei específica poderá ser criada autarquia e autorizada a instituição de empresa pública, de sociedade de economia mista e de fundação, cabendo à lei complementar, neste último caso, definir as áreas de sua atuação. Pelo exposto, correta a alternativa B.
Gabarito "B".

5. SERVIDORES PÚBLICOS

(Analista – MPU – 2010 – CESPE) Com relação ao vencimento e à remuneração dos servidores públicos, julgue o próximo item.

(1) Assegura-se a isonomia de vencimentos para cargos de atribuições iguais ou assemelhadas do mesmo Poder, ou entre servidores dos três Poderes, ressalvadas as vantagens de caráter individual e as relativas à natureza ou ao local de trabalho.

1: correto (art. 41, § 4º, da Lei 8.112/90).
Gabarito "1C".

(Analista Processual Administrativo – MPE-RJ – 2011) Sobre a perda do cargo público pelo seu ocupante, é correto afirmar que:

(A) o servidor estável só perde o cargo público em virtude de sentença judicial transitada em julgado;
(B) o servidor vitalício pode perder o cargo em processo administrativo disciplinar ou em virtude de sentença judicial transitada em julgado.
(C) durante o período de estágio probatório, o servidor pode ser exonerado do cargo, desde que lhe sejam assegurados o contraditório e a ampla defesa.
(D) os ocupantes de cargos de direção das agências reguladoras, mesmo quando nomeados a termo fixo, podem ser livremente exonerados.
(E) os magistrados nomeados para tribunais, em virtude do quinto constitucional, só adquirem vitaliciedade após dois anos de efetivo exercício da judicatura.

A: incorreta, pois o servidor poderá perder o cargo por sentença judicial transitada em julgado ou processo administrativo; B: incorreta. No caso do servidor que adquire a vitaliciedade imediata (após dois anos do estagio probatório), que adentrou por concurso público, este poderá perder a vitaliciedade por sentença judicial transitada em julgado ou por processo administrativo. Se a vitaliciedade decorrer de nomeação, a exemplo de Ministros ou Conselheiros dos Tribunais de Contas, a vitaliciedade só se perderá por sentença judicial transitada em julgado; C: correta. Durante o período de estágio probatório, o servidor pode ser exonerado do cargo, desde que lhe sejam assegurados o contraditório e a ampla defesa; D: incorreta, pois os dirigentes (em nível federal) das agências reguladoras, por serem estas autarquias sob regime especial, são nomeados pelo Presidente da República, após aprovação pelo Senado, tendo mandato fixo, e somente podendo perder o cargo por decisão judicial transitada em julgado, processo administrativo disciplinar ou renúncia; E: incorreta, pois a vitaliciedade neste caso é imediata, eis que são nomeados e não concursados.
Gabarito "C".

(Analista Jurídico – MPE-PA – FADESP – 2012) O limite da remuneração dos ocupantes de cargos públicos municipais é o valor do subsídio do:

(A) Presidente da República.
(B) Ministro do STF.
(C) Governador do Estado.
(D) Prefeito Municipal.

Comentários:A Constituição Federal em seu art. 37, XI estabelece que *a remuneração e o subsídio dos ocupantes de cargos, funções e empregos públicos da administração direta, autárquica e fundacional, dos membros de qualquer dos Poderes da União, dos Estados, do Distrito Federal e dos Municípios, dos detentores de mandato eletivo e dos demais agentes políticos e os proventos, pensões ou outra espécie remuneratória, percebidos cumulativamente ou não, incluídas as vantagens pessoais ou de qualquer outra natureza, não poderão exceder o subsídio mensal, em espécie, dos Ministros do Supremo Tribunal Federal, aplicando-se como limite, nos Municípios, o subsídio do Prefeito, e nos Estados e no Distrito Federal, o subsídio mensal do Governador no âmbito do Poder Executivo, o subsídio dos Deputados Estaduais e Distritais no âmbito do Poder Legislativo e o subsídio dos Desembargadores do Tribunal de Justiça, limitado a noventa inteiros e vinte e cinco centésimos por cento do subsídio mensal, em espécie, dos Ministros do Supremo Tribunal Federal, no âmbito do Poder Judiciário, aplicável este limite aos membros do Ministério Público, aos Procuradores e aos Defensores Públicos.* Correta, então a alternativa D. Gabarito "D".

(Analista Jurídico – MPE-PA – FADESP – 2012) É possível a acumulação remunerada, quando houver compatibilidade de horários, de:

(A) dois cargos técnicos ou científicos.

(B) dois cargos ou empregos privativos de profissionais de saúde, com profissão regulamentada.

(C) dois cargos de nível médio.

(D) um cargo de nível médio e um cargo de professor.

Em regra, o ordenamento jurídico brasileiro, proíbe a acumulação remunerada de cargos ou empregos públicos. Porem, a CF prevê casos excepcionais em que a acumulação é permitida, desde que haja compatibilidade de horários e observado o limite de dois cargos. As únicas hipóteses de acumulação admitidas constitucionalmente são as seguintes: dois cargos de professor (art. 37, XVI, a); um cargo de professor com outro técnico ou cientifico (art.37, XVI, b); dois cargos ou empregos privativos de profissionais de saúde, com profissões regulamentadas (art. 37, XVI, c); um cargo de vereador com outro cargo, emprego ou função publica (art. 38, III); um cargo de magistrado com outro no magistério (art. 95, parágrafo único, I) e um cargo de membro do Ministério Publico com outro no magistério (art. 128, § 5º, II, d). Pelo exposto, correta a alternativa B, estando as demais incorretas. Gabarito "B".

(Analista Jurídico – MPE-PA – FADESP – 2012) Sobre o servidor público da administração direta, autárquica e fundacional, no exercício de mandato eletivo, é correto afirmar:

(A) Tratando-se de mandato eletivo federal, estadual ou distrital, não ficará afastado de seu cargo, emprego ou função.

(B) Investido no mandato de Prefeito, será afastado do cargo, emprego ou função, percebendo o subsídio deste.

(C) Investido no mandato de Vereador, será afastado do cargo, emprego ou função, percebendo o subsídio deste.

(D) Investido no mandato de Prefeito, será afastado do cargo, emprego ou função, sendo-lhe facultado optar pela sua remuneração.

A Constituição Federal aponta em seu art. 38 as hipóteses de afastamento para o exercício de mandato eletivo para os servidores públicos da Administração direta, autárquica e fundacional, nos Poderes Executivo ou Legislativo. Observe: tratando-se de mandato eletivo federal, estadual ou distrital, ficará afastado de seu cargo, emprego ou função; investido no mandato de Prefeito, será afastado do cargo, emprego ou função, sendo-lhe facultado optar pela sua remuneração; investido no mandato de Vereador, havendo compatibilidade de horários, perceberá as vantagens de seu cargo, emprego ou função, sem prejuízo da remuneração do cargo eletivo, e, não havendo compatibilidade, será facultado optar pela sua remuneração. Correta assim a alternativa D. Gabarito "D".

(Analista – Direito – MPE-MG – 2012) Servidor público efetivo e estável na Administração Direta do Distrito Federal, João é eleito Deputado Federal.

Na hipótese, é CORRETO afirmar que João:

(A) poderá optar pela remuneração do cargo durante o desempenho do mandato.

(B) poderá exercer o cargo público e o mandato e receber por ambos, desde que haja compatibilidade horária e obediência ao teto constitucional de remuneração.

(C) ficará afastado do cargo, receberá o subsídio de deputado e, para efeito de benefício previdenciário, os valores serão determinados como se estivesse no exercício do cargo.

(D) ficará afastado do cargo, mas o tempo de serviço será contado para todos os efeitos legais da carreira, inclusive promoção por merecimento.

A Constituição Federal aponta em seu art. 38 as hipóteses de afastamento para o exercício de mandato eletivo para os servidores públicos da Administração direta, autárquica e fundacional, nos Poderes Executivo ou Legislativo. São as seguintes: tratando-se de mandato eletivo federal, estadual ou distrital, ficará afastado de seu cargo, emprego ou função; investido no mandato de Prefeito, será afastado do cargo, emprego ou função, sendo-lhe facultado optar pela sua remuneração; investido no mandato de Vereador, havendo compatibilidade de horários, perceberá as vantagens de seu cargo, emprego ou função, sem prejuízo da remuneração do cargo eletivo, e, não havendo compatibilidade, deverá optar pela remuneração. Pelo exposto, correta está a alternativa C, estando as demais incorretas. Gabarito "C".

(Analista Administrativo – MPE-RN – FCC – 2012) Considere:

I. Empregados de empresa permissionária de serviço público.

II. Aqueles que exercem serviços notariais e de registro.

III. Leiloeiros.

IV. Empregados públicos, contratados sob o regime da legislação trabalhista e ocupantes de emprego público.

Estão na categoria dos agentes públicos denominados "servidores públicos" os que constam APENAS em:

(A) I, II e IV.

(B) I e IV.

(C) II.

(D) III.

(E) IV.

I: incorreta. Os empregados de empresa permissionária não são considerados servidores públicos; II: incorreta. Aqueles que exercem serviços notarias e de registro são denominados de delegatários de serviços públicos; III: incorreta. Os leiloeiros de igual modo são delegatários de serviços públicos; IV: correta. Os empregados públicos são espécies de agentes públicos, que adentram ao serviço público por concurso, mas são regidos pelo regime celetista. Gabarito "E".

(Analista Administrativo – MPE-RN – FCC – 2012) A respeito do instituto da remoção, considere:

I. Pode ocorrer de ofício ou a pedido.

II. Trata-se de deslocamento de servidor para quadro diverso.

III. Implicará em mudança obrigatória de sede.

IV. Pode ser aplicada como forma de punição.

Segundo a Lei nº 8.112/90, está correto o que se afirma APENAS em:

1. DIREITO ADMINISTRATIVO

(A) I.
(B) I e II.
(C) II e III.
(D) III e IV.
(E) III.

I: correta. A remoção pode ocorrer de ofício ou a pedido do servidor (art. 36, "caput" da Lei 8.112/90); **II:** incorreta, pois o deslocamento do servidor, se dá no âmbito do mesmo quadro, com ou sem mudança de sede (art. 36, "caput" da Lei 8.112/90); **III:** incorreta. A mudança de sede não é obrigatória (art. 36, "caput" da Lei 8.112/90); **IV:** incorreta. A remoção não pode ser aplicada em nenhuma hipótese como forma de punição ao servidor.
Gabarito "A".

(Analista Administrativo – MPE-RN – FCC – 2012) No que concerne ao instituto da Redistribuição, previsto na Lei nº 8.112/1990, é INCORRETO afirmar que:

(A) deve observar, dentre outros preceitos, a vinculação entre os graus de responsabilidade e complexidade das atividades.
(B) deve observar, dentre outros preceitos, o mesmo nível de escolaridade, especialidade ou habilitação profissional.
(C) exige prévia apreciação do órgão central do SIPEC.
(D) se trata de deslocamento de cargos efetivo e em comissão.
(E) se trata de deslocamento de cargo para outro órgão ou entidade do mesmo poder.

A: correta (art. 37, IV da Lei 8.112/90); **B:** correta (art. 37, V da Lei 8.112/90); **C:** correta (art. 37, "caput" da Lei 8.112/90); **D:** incorreta, pois a redistribuição é o deslocamento de cargo de provimento efetivo (art. 37, "caput" da Lei 8.112/90); **E:** correta (art. 37, "caput" da Lei 8.112/90).
Gabarito "D".

(Analista Administrativo – MPE-RN – FCC – 2012) Lúcio, servidor público federal, trabalha com habitualidade em local insalubre e com atividades periculosas definidas na legislação competente. Nesse caso, nos termos da Lei nº 8.112/1990,

(A) faz *jus* apenas ao adicional de insalubridade, o qual se sobrepõe ao adicional de periculosidade.
(B) faz *jus* aos adicionais de insalubridade e de periculosidade, porém deverá optar por um deles.
(C) faz jus aos adicionais insalubridade e de periculosidade, podendo receber ambos cumulativamente.
(D) faz *jus* apenas ao adicional de periculosidade, o qual se sobrepõe ao adicional de insalubridade.
(E) não faz *jus* aos adicionais de insalubridade e periculosidade, uma vez que estes somente se aplicam a empregados da iniciativa privada.

A: incorreta. O servidor faz jus aos adicionais de insalubridade e periculosidade devendo optar por um deles (art. 68, § 1° da Lei 8.112/90); **B:** correta. O servidor faz *jus* aos adicionais de insalubridade e periculosidade devendo optar por um deles (art. 68, § 1° da Lei 8.112/90); **C:** O servidor não pode receber ambos de forma cumulativa, devendo optar por um deles (art. 68, § 1° da Lei 8.112/90); **D:** incorreta. O servidor não faz *jus* apenas ao adicional de periculosidade, e este não se sobrepõe ao adicional de insalubridade; **E:** incorreta. Os adicionais de periculosidade e insalubridade não se aplicam apenas à iniciativa privada. E mais. O servidor público faz *jus* aos adicionais de periculosidade e insalubridade, devendo optar por um deles (art. 68, § 1° da Lei 8.112/90).
Gabarito "B".

(Analista Administrativo – MPE-RN – FCC – 2012) Nos termos da Lei nº 8.112/1990, a responsabilidade civil administrativa resulta de ato:

(A) omissivo ou comissivo praticado no desempenho do cargo ou função.
(B) apenas comissivo praticado no desempenho do cargo ou função.
(C) omissivo ou comissivo praticado no desempenho do cargo ou função, bem como fora deles.
(D) apenas omissivo praticado no desempenho do cargo ou função.
(E) apenas comissivo praticado no desempenho do cargo ou função, bem como fora deles.

A: correta, pois, conforme comando do art. 124 da Lei 8.112/90, a responsabilidade civil administrativa resulta de ato omissivo ou comissivo praticado no desempenho do cargo ou função; **B:** incorreta. A responsabilidade civil administrativa resulta de ato comissivo ou omissivo praticado no desempenho da função (art. 124); **C:** incorreta. O ato omissivo ou comissivo deverá ser praticado no exercício do cargo ou função e não fora deles; **D:** incorreta. Não é apenas o ato omissivo, mas também o comissivo; **E:** incorreta. Não é apenas o ato comissivo, mas também o ato omissivo praticado no desempenho da função.
Gabarito "A".

(Analista Administrativo – MPE-RN – FCC – 2012) Rodrigo, servidor público federal, foi penalizado com pena de suspensão em razão da violação de proibição que não tipifica infração sujeita à pena de demissão. A Administração Pública, por razões de conveniência para o serviço, converteu a pena de suspensão em multa, ficando Rodrigo obrigado a permanecer em serviço. Na hipótese, o valor da multa será em percentual, por dia de vencimento ou remuneração, na base de:

(A) 15%.
(B) 25%.
(C) 30%.
(D) 50%.
(E) 100%.

A: incorreta. O percentual é de 50% (cinquenta por cento) por dia de vencimento ou remuneração (art. 130, § 2° da Lei 8.112/90); **B:** incorreta. O percentual não é de 25% (vinte e cinco por cento) mas de 50% (cinquenta por cento) por dia de vencimento ou remuneração (art. 130, § 2° da Lei 8.112/90); **C:** incorreta. O percentual não é de 30% (trinta por cento) mas de 50% (cinquenta por cento) por dia de vencimento ou remuneração (art. 130, § 2° da Lei 8.112/90); **D:** correta. Quando houver conveniência para o serviço, a penalidade de suspensão poderá ser convertida em multa, na base de 50% (cinquenta por cento) por dia de vencimento ou remuneração, ficando o servidor obrigado a permanecer em serviço (art. 130, § 2° da Lei 8.112/90); **E:** incorreta. O percentual não é de 100% (cem por cento) mas de 50% (cinquenta por cento) por dia de vencimento ou remuneração (art. 130, § 2° da Lei 8.112/90).
Gabarito "D".

(Analista Ministerial Administrativo – MPE-MA – FCC – 2013) Considere as seguintes pessoas:

I. Prefeitos.
II. Particulares, que tenham se beneficiado de eventual ato ímprobo.
III. Servidores públicos (pessoas com vínculo empregatício, estatutário ou contratual, com o Estado).

Nos termos da Lei nº 8.429/92, são considerados sujeitos ativos da improbidade administrativa o que consta em:

(A) I, apenas.
(B) I e III, apenas.
(C) II e III, apenas.
(D) I, II e III.
(E) II, apenas.

A Lei 8.429/92 em seus arts. 1°, 2° e 3°, prescreve que consideram-se atos de improbidade aqueles praticados por qualquer agente público, servidor ou não, bem como todo aquele que exerce, ainda que transitoriamente ou sem remuneração, por eleição, nomeação, designação, contratação ou qualquer outra forma de investidura ou vínculo, mandato, cargo, emprego ou função na Administração direta e nas entidades da Administração indireta, aplicando-se ainda o disposto na citada lei, no que couber, àquele que, mesmo não sendo agente público, induza ou concorra para a prática do ato de improbidade ou dele se beneficie sob qualquer forma direta ou indireta. Pelo exposto, infere-se que os itens I, II e III estão corretos.
Gabarito "D".

(Analista Ministerial Processual-Direito – MPE-MA – FCC – 2013) Considere as seguintes assertivas:

I. O início, a suspensão, a interrupção e o reinício do exercício serão registrados no assentamento individual do servidor.

II. Ao entrar em exercício, o servidor apresentará ao órgão competente os elementos necessários ao seu assentamento individual.

III. A promoção interrompe o tempo de exercício, que é contado no novo posicionamento na carreira a partir da data da publicação do ato que promover o servidor.

Nos termos da Lei n° 8.112/90, está correto o que se afirma APENAS em:

(A) I.
(B) II.
(C) III.
(D) I e II.
(E) I e III.

I: correta (art. 16, "caput" da Lei 8.112/90); II: correta. (art. 16, parágrafo único da Lei 8.112/90); III: incorreta. Conforme dispõe o art. 17 da Lei 8.112/90, a promoção *não interrompe* o tempo de exercício, que é contado no novo posicionamento na carreira a partir da data de publicação do ato que promover o servidor.
Gabarito "D".

(Analista Ministerial Processual-Direito – MPE-MA – FCC – 2013) Nos termos da Lei n° 8.112/90, detectada a qualquer tempo a acumulação ilegal de cargos, empregos ou funções públicas, a autoridade competente notificará o servidor, por intermédio de sua chefia imediata, para apresentar opção em determinado prazo, contado da data da ciência e, na hipótese de omissão, adotará procedimento sumário para a sua apuração e regularização imediata. O prazo a que se refere o enunciado é improrrogável de:

(A) dez dias.
(B) quinze dias.
(C) vinte dias.
(D) trinta dias.
(E) cinco dias.

A: correta, pois a Lei 8.112/90, em seu art. 133, informa que, detectada a qualquer tempo a acumulação ilegal de cargos, empregos ou funções públicas, a autoridade competente notificará o servidor, por intermédio de sua chefia imediata, para apresentar opção no prazo improrrogável de dez dias, contados da data da ciência e, na hipótese de omissão, adotará procedimento sumário para a sua apuração e regularização

imediata, por processo administrativo disciplinar; B: incorreta, pois o prazo a que se refere o art. 133 é de dez e não de quinze dias; C: incorreta, pois o prazo a que se refere o art. 133 é de dez e não de vinte dias; D: incorreta, pois o prazo a que se refere o art. 133 não é de trinta, mas dez dias; E: incorreta, pois o prazo a que se refere o art. 133 é de dez e não de cinco dias.
Gabarito "A".

(Analista de Promotoria I – Assistente Jurídico – MPE-SP – IBFC – 2013) Analise as seguintes afirmações, referentes à Administração Pública:

I. É vedado ao servidor público civil o direito à livre associação sindical.

II. Os vencimentos dos cargos do Poder Legislativo e do Poder Judiciário deverão ser superiores aos pagos pelo Poder Executivo.

III. É vedada a vinculação ou equiparação de quaisquer espécies remuneratórias para efeito de remuneração de pessoal do serviço público.

IV. Os acréscimos pecuniários percebidos por servidor público não serão computados nem acumulados para fins de concessão de acréscimos ulteriores

Está CORRETO, apenas, o que se afirma em:

(A) I e II.
(B) I e III.
(C) II e III.
(D) II e IV.
(E) III e IV.

I: incorreta. Aos servidores públicos é garantido a livre associação sindical (art. 37, VI da CF); II: incorreta. O art. 37, XII prescreve que *os vencimentos dos cargos do Poder Legislativo e do Poder Judiciário não poderão ser superiores aos pagos pelo Poder Executivo*; III: correta. Conforme dispõe o art. 37, XIII da CF, *é vedado a vinculação ou equiparação de quaisquer espécies remuneratórias para o efeito de remuneração de pessoal do serviço público*; IV: correta. Conforme prescreve o art. 37, em seu inciso XIV, os acréscimos pecuniários percebidos por servidor público não serão computados nem acumulados para fins de concessão de acréscimos ulteriores.
Gabarito "E".

6. IMPROBIDADE ADMINISTRATIVA

(Analista – MPU – 2010 – CESPE) Com base no que dispõe a Lei n.° 8.429/1992, julgue o item seguinte, relacionado a improbidade administrativa.

(1) São sujeitos passivos do ato de improbidade administrativa, entre outros, os entes da Administração indireta, as pessoas para cuja criação ou custeio o erário haja concorrido ou concorra com mais de cinquenta por cento do patrimônio ou da receita anual e as entidades que recebam subvenção, benefício ou incentivo, fiscal ou creditício, de órgão público.

1: correto (art. 1° da Lei 8.429/92).
Gabarito "1C".

(Agente Administrativo – MPE-RS – FCC – 2010) NÃO está sujeito às disposições da Lei de Improbidade Administrativa o particular que, não sendo agente público,

(A) concorra para a prática do ato de improbidade.
(B) induza à prática do ato de improbidade.
(C) cause prejuízo ao erário sem a participação de agente público.

1. DIREITO ADMINISTRATIVO

(D) se beneficie de forma direta do ato de improbidade.

(E) se beneficie de forma indireta do ato de improbidade.

A Lei 8.429/92 (Lei de Improbidade Administrativa) em seu art. 3° prescreve que ela é aplicada, no que couber, àquele que, mesmo não sendo agente público, induza ou concorra para a prática do ato de improbidade ou dele se beneficie sob qualquer forma direta ou indireta. Desta forma, corretas estão as alternativas A, B, D e E.

Gabarito "C".

(Analista Ministerial Especialista - Ciências Jurídicas – MPE-TO – UFT--COPESE – 2010) Não constitui ato de improbidade administrativa:

(A) Incorporar, por qualquer forma, ao seu patrimônio bens, rendas, verbas ou valores integrantes do acervo patrimonial de empresas privadas não relacionadas com o poder público.

(B) Utilizar, em obra ou serviço particular, veículos, máquinas, equipamentos ou material de qualquer natureza, de propriedade ou à disposição de qualquer entidade para cuja criação ou custeio o erário haja concorrido ou concorra com mais de cinquenta por cento do patrimônio ou da receita anual.

(C) Adquirir, para si ou para outrem, no exercício de mandato, cargo, emprego ou função pública, bens de qualquer natureza cujo valor seja desproporcional à evolução do patrimônio ou à renda do agente público.

(D) Aceitar emprego, comissão ou exercer atividade de consultoria ou assessoramento para pessoa física ou jurídica que tenha interesse suscetível de ser atingido ou amparado por ação ou omissão decorrente das atribuições do agente público, durante a atividade.

A: correta, pois a lei que trata da improbidade administrativa (Lei 8.429/92) dispõe sobre as sanções aplicáveis aos agentes públicos nos casos de enriquecimento ilícito no exercício de mandato, cargo, emprego ou função na Administração Pública Direta, indireta ou fundacional, e não às empresas privadas; **B:** incorreta, pois constitui-se ato de improbidade o que afirma a alternativa (art. 9°, IV da Lei 8.429/92); **C:** incorreta, pois constitui-se ato de improbidade o que afirma a alternativa (art. 9°, VII da Lei 8.429/92); **D:** incorreta, pois constitui-se ato de improbidade o que afirma a alternativa (art. 9°, VIII da Lei 8.429/92).

Gabarito "A".

(Analista de Promotoria I – Assistente Jurídico – MPE-SP – VUNESP 2010) Assinale a alternativa que está de acordo com as disposições da Lei de Improbidade Administrativa.

(A) Não constitui crime a representação por ato de improbidade contra agente público ou terceiro beneficiário, mesmo se o autor da denúncia o sabe inocente.

(B) A perda da função pública e a suspensão dos direitos políticos se efetivam, imediatamente, com a sentença condenatória de primeira instância.

(C) Em qualquer fase do processo, reconhecida a inadequação da ação de improbidade, o juiz mandará a parte emendar a inicial.

(D) A sentença que julgar procedente a ação civil de reparação de dano ou decretar a perda dos bens havidos ilicitamente determinará o pagamento ou a reversão dos bens, conforme o caso, em favor do Ministério Público quando este for o autor da ação.

(E) A aplicação das sanções previstas na Lei de Improbidade Administrativa independe da efetiva ocorrência de dano ao patrimônio público, salvo quanto à pena de ressarcimento.

A: incorreta. Na verdade, constitui crime a representação por ato de improbidade contra agente público ou terceiro beneficiário, quando o autor da denúncia o sabe inocente (art. 19 da Lei 8.429/92); **B:** incorreta, pois a perda da função pública e a suspensão dos direitos políticos só se efetivam com o trânsito em julgado da sentença condenatória (art. 20 da Lei 8.429/92); **C:** incorreta, pois em qualquer fase do processo, reconhecida a inadequação da ação de improbidade, o juiz extinguirá o processo sem julgamento do mérito (art. 17, § 11, da Lei 8.429/92); **D:** incorreta. A sentença que julgar procedente ação civil de reparação de dano ou decretar a perda dos bens havidos ilicitamente determinará o pagamento ou a reversão dos bens, conforme o caso, em favor da pessoa jurídica prejudicada pelo ilícito, e não do Ministério Público (art. 18 da Lei 8.429/1992); **E:** correta. A aplicação das sanções previstas na lei de improbidade administrativa independe da efetiva ocorrência de dano ao patrimônio público, salvo quanto à pena de ressarcimento e da aprovação ou rejeição das contas pelo órgão de controle interno ou pelo Tribunal ou Conselho de Contas (art. 21, I e II da Lei 8.429/92).

Gabarito "E".

(Analista de Promotoria I – Assistente Jurídico – MPE-SP – VUNESP – 2010) Assinale a alternativa que indica uma espécie de sanção expressamente prevista na Lei de Improbidade Administrativa.

(A) Pagamento de multa civil de até duas vezes o valor do dano.

(B) Cassação de direitos políticos.

(C) Suspensão dos direitos políticos por até 20 (vinte) anos.

(D) Proibição de contratar com o Poder Público pelo prazo de 15 (quinze) anos.

(E) Pena de detenção por até 5 (cinco) anos.

A: correta. Conforme disposto na lei de improbidade administrativa, a pessoa que pratica ato de improbidade administrativa, receberá como penalidade, dentre outras, o pagamento de multa civil de até duas vezes o valor do acréscimo patrimonial (art. 12, II da Lei 8.429/92); **B:** incorreta. Não há previsão de penalidade de cassação de direitos políticos, mas de suspensão dos direitos políticos (art. 12 da Lei 8.429/92); **C:** incorreta. O prazo máximo para suspensão de direitos políticos previsto na Lei de Improbidade Administrativa é de até dez anos (art. 12, I da Lei 8429/92); **D:** incorreta. O prazo máximo de proibição de contratar com o Poder Público estipulado para aquele que comete ato de improbidade administrativa é de até dez anos (art. 12, I da Lei 8429/92); **E:** incorreta, pois a Lei de Improbidade Administrativa não prevê sanções de natureza penal, a exemplo de detenção. Prevê penas de natureza administrativa, civil e políticas todas previstas no art.12 da Lei 8.429/92.

Gabarito "A".

(Analista de Promotoria I – Assistente Jurídico – MPE-SP – VUNESP – 2010) Assinale a alternativa que traz um ato de improbidade administrativa que atenta contra os princípios da Administração Pública, de acordo com a legislação vigente.

(A) Ordenar ou permitir a realização de despesas não autorizadas em lei ou regulamento.

(B) Perceber vantagem econômica, direta ou indireta, de qualquer natureza, para omitir ato de ofício, providência ou declaração a que esteja obrigado.

(C) Frustrar a licitude de processo licitatório ou dispensá--lo indevidamente.

(D) Deixar de prestar contas quando esteja obrigado a fazê-lo.

(E) Permitir ou facilitar a aquisição ou locação de bem ou serviço por preço superior ao de mercado.

A: incorreta. É ato de improbidade que causa lesão ao erário ordenar ou permitir a realização de despesas não autorizadas em lei ou regulamento, e não ato de improbidade que atenta contra os princípios da Administração Pública (art. 10, IX da Lei 8.429/1992); **B:** incorreta, pois perceber vantagem econômica, direta ou indireta, de qualquer natureza, para omitir ato de ofício, providência ou declaração a que esteja obrigado é ato de improbidade administrativa importando enriquecimento ilícito (art. 9°, IX da Lei 8.429/92); **C:** incorreta, pois frustrar a licitude de processo licitatório ou dispensá-lo indevidamente é ato de improbidade que causa lesão ao erário (art. 10, VIII da Lei 8.429/92); **D:** correta. Deixar de prestar contas quando esteja obrigado a fazê-lo é ato de improbidade que atenta contra os princípios da Administração Pública (art. 11, VI da Lei 8.429/92); **E:** incorreta, pois permitir ou facilitar a aquisição ou locação de bem ou serviço por preço superior ao de mercado é ato de improbidade que causa lesão ao erário (art. 10, V da Lei 8.429/92). Gabarito "D".

(Analista Jurídico – MPE-AL – COPEVE-UFAL – 2012) A Lei de Improbidade Administrativa prevê ressarcimento, perda dos bens ilicitamente acrescidos ao patrimônio, indisponibilidade de bens, perda de função pública, suspensão de direitos políticos de 5 a 8 anos, multa e proibição de contratar ou receber benefícios ou incentivos fiscais por:

(A) 4 anos.

(B) 8 anos.

(C) 6 anos.

(D) 10 anos.

(E) 5 anos.

Para aqueles que praticam atos de improbidade administrativa que causam prejuízo ao erário previstas no art. 10 da Lei de Improbidade, podem ser aplicadas isolada ou cumulativamente, de acordo com a gravidade do fato, as seguintes penalidades: *ressarcimento integral do dano; perda dos bens ou valores acrescidos ilicitamente ao patrimônio, se concorrer esta circunstância; perda da função pública; suspensão dos direitos políticos de cinco a oito anos; pagamento de multa civil de até duas vezes o valor do dano; e proibição de contratar com o Poder Público ou receber benefícios ou incentivos fiscais ou creditícios, direta ou indiretamente, ainda que por intermédio de pessoa jurídica da qual seja sócio majoritário, pelo prazo de cinco anos* (art. 12, II da Lei 8.429/1992). Gabarito "E".

(Analista Ministerial - Direito – MPE-AP – FCC – 2012) O Ministério Público do Estado do Amapá, no curso de determinada ação de improbidade administrativa, celebra acordo com um dos requeridos nos seguintes termos: o requerido se compromete em delatar o esquema de corrupção ocorrido (e do qual participava), bem como os nomes de demais envolvidos; o Ministério Público, em contrapartida, firma o compromisso de pleitear a exclusão do delator do polo passivo da mencionada demanda.

O acordo narrado:

(A) não é válido, pois somente o seria se celebrado pelo Procurador-Geral de Justiça e não pelo Promotor que ajuizou a ação, como ocorreu na hipótese narrada.

(B) é válido tal como celebrado, vez que objetiva angariar elementos de prova a fim de combater a corrupção.

(C) é válido, todavia o Ministério Público não poderá pleitear a exclusão do delator do polo passivo da ação de improbidade administrativa.

(D) não é válido, uma vez que só é cabível nas ações de improbidade se for destinado a reduzir as penas impostas ao agente ímprobo.

(E) não é válido, pois é vedada a sua realização nas ações de improbidade administrativa.

A: incorreta. Não é válido, não importando se celebrado por Procurador-Geral de Justiça ou Promotor que ajuizou a ação, como ocorreu na hipótese narrada; **B:** incorreta. Não é válido em nenhuma hipótese; **C:** incorreta. Não é válido, nada tendo a ver , mesmo que o Ministério Público não pleiteasse a exclusão do delator do polo passivo da ação de improbidade administrativa; **D:** incorreta. Não é válido, pois não é cabível para nenhum ato de improbidade praticado; **E:** correta. São legitimados para propor a ação de improbidade administrativa o Ministério Público ou a pessoa jurídica interessada, dentro de trinta dias da efetivação da medida cautelar. No entanto, é vedada a transação, acordo ou conciliação nas respectivas ações (art. 17, "caput" e § 1° da Lei 8.429/92). Gabarito "E".

(Analista – Direito – MPE-MG – 2012) De acordo com a Lei n. 8.429/92, assinale a alternativa ***CORRETA***.

(A) Os atos de improbidade administrativa que importarem enriquecimento ilícito sujeitarão o agente à perda dos bens ou valores acrescidos ilicitamente ao patrimônio, ressarcimento integral do dano, quando houver, perda da função pública, suspensão dos direitos políticos de cinco a dez anos, pagamento de multa civil de até três vezes o valor do acréscimo patrimonial e proibição de contratar com o Poder Público ou receber benefícios ou incentivos fiscais ou creditícios, direta ou indiretamente, ainda que por intermédio de pessoa jurídica da qual seja sócio majoritário, pelo prazo de dez anos.

(B) Os atos de improbidade administrativa que causarem lesão ao erário sujeitarão o responsável à perda dos bens ou valores acrescidos ilicitamente ao patrimônio, ressarcimento integral do dano, quando houver, perda da função pública, suspensão dos direitos políticos de oito a dez anos, pagamento de multa civil de até três vezes o valor do acréscimo patrimonial e proibição de contratar com o Poder Público ou receber benefícios ou incentivos fiscais ou creditícios, direta ou indiretamente, ainda que por intermédio de pessoa jurídica da qual seja sócio majoritário, pelo prazo de dez anos.

(C) Os atos de improbidade administrativa que atentem contra os princípios da administração pública sujeitarão o responsável ao ressarcimento integral do dano, se houver, perda da função pública, suspensão dos direitos políticos de três a cinco anos, pagamento de multa civil de até cem vezes o valor da remuneração percebida pelo agente e proibição de contratar com o Poder Público ou receber benefícios ou incentivos fiscais ou creditícios, direta ou indiretamente, ainda que por intermédio de pessoa jurídica da qual seja sócio majoritário, pelo prazo de três anos.

(D) No caso de a ação principal ter sido proposta pelo Ministério Público, a pessoa jurídica interessada integrará a lide na qualidade de litisconsorte, devendo suprir as omissões e falhas da inicial e apresentar ou indicar os meios de prova de que disponha.

A: correta. As hipóteses de atos de improbidade administrativa que importarem enriquecimento ilícito (art. 9°) sujeitarão o agente à perda dos bens ou valores acrescidos ilicitamente ao patrimônio, ressarcimento integral do dano, quando houver, perda da função pública, suspensão dos direitos políticos de oito a dez anos, pagamento de multa civil de até três vezes o valor do acréscimo patrimonial e proibição de contratar com o Poder Público ou receber benefícios ou incentivos fiscais ou creditícios, direta ou indiretamente, ainda que por

1. DIREITO ADMINISTRATIVO

intermédio de pessoa jurídica da qual seja sócio majoritário, pelo prazo de dez anos (art. 12, I da Lei 8.429/92); **B**: incorreta: Na hipótese de atos de improbidade administrativa que causem lesão ao erário (art. 10), o agente será penalizado com o ressarcimento integral do dano, perda dos bens ou valores acrescidos ilicitamente ao patrimônio, se concorrer esta circunstância, perda da função pública, suspensão dos direitos políticos de cinco a oito anos, pagamento de multa civil de até duas vezes o valor do dano e proibição de contratar com o Poder Público ou receber benefícios ou incentivos fiscais ou creditícios, direta ou indiretamente, ainda que por intermédio de pessoa jurídica da qual seja sócio majoritário, pelo prazo de cinco anos (art. 12,II da Lei 8.429/92); **C**: incorreta. Na hipótese de atos de improbidade administrativa que atentem contra os princípios da administração pública (art. 11), o agente será penalizado ressarcimento integral do dano, se houver, perda da função pública, suspensão dos direitos políticos de três a cinco anos, pagamento de multa civil de até cem vezes o valor da remuneração percebida pelo agente e proibição de contratar com o Poder Público ou receber benefícios ou incentivos fiscais ou creditícios, direta ou indiretamente, ainda que por intermédio de pessoa jurídica da qual seja sócio majoritário, pelo prazo de três anos (art. 12, III da Lei 8.429/92); **D**: incorreta No caso de a ação principal ter sido proposta pelo Ministério Público, a pessoa jurídica interessada integrará a lide na qualidade de litisconsorte. A ação principal, será proposta pelo Ministério Público ou pela pessoa jurídica interessada, dentro de trinta dias da efetivação da medida cautelar (art. 17 da Lei 8.429/92).
Gabarito "A".

(Analista Administrativo – MPE-RN – FCC – 2012) O Ministério Público do Estado do Rio Grande do Norte ajuizou ação de improbidade administrativa contra Carlos e demais pessoas. Em sua defesa, Carlos alegou não ser parte legítima para figurar no polo passivo da ação, por não ser agente público. Vale salientar que Carlos exerce, sem remuneração e de forma transitória, função pública em determinada autarquia do mesmo Estado. Nos termos da Lei de Improbidade Administrativa (Lei nº 8.429/1992), Carlos:

(A) é considerado agente público, pois preenche todos os requisitos legais para tanto.

(B) não é considerado agente público, uma vez que não recebe remuneração.

(C) não é considerado agente público, haja vista a sua transitoriedade na função pública.

(D) é considerado agente público, pois, embora não preencha fielmente os requisitos legais, é denominado agente público por equiparação.

(E) não é considerado agente público, pois, para tanto, é necessário que se trate somente de detentor de cargo público.

Conforme disposto no art. 2° da Lei 8.429/92, *reputa-se agente público, para os efeitos desta lei, todo aquele que exerce, ainda que transitoriamente ou sem remuneração, por eleição, nomeação, designação, contratação ou qualquer outra forma de investidura ou vínculo, mandato, cargo, emprego ou função.* Por sua vez, o art. 3° da citada lei aduz que o disposto na Lei de Improbidade Administrativa *é aplicável, no que couber, àquele que, mesmo não sendo agente público, induza ou concorra para a prática do ato de improbidade ou dele se beneficie sob qualquer forma direta ou indireta.* Dessa forma, o enunciado da questão corresponde a alternativa A.
Gabarito "A".

(Analista Ministerial Administrativo – MPE-MA – FCC – 2013) Darwin, servidor público, permitiu que chegasse ao conhecimento de um colega de infância, empresário do ramo de super-mercados, antes da respectiva divulgação oficial, teor de medida econômica capaz de afetar o preço do leite.

Nos termos da Lei nº 8.429/92, a conduta em questão constitui:

(A) ato ímprobo causador de prejuízo ao erário

(B) ato ímprobo que atenta contra os princípios da Administração Pública.

(C) ato ímprobo que importa enriquecimento ilícito.

(D) crime, mas não ato ímprobo.

(E) apenas ilícito de natureza administrativo disciplinar.

A: incorreta. O ato praticado por Darwin não é ato ímprobo causador de prejuízo ao erário, mas que atenta contra os princípios da Administração Pública (art. 11, VII da Lei 8.429/92); **B**: correta. O ato praticado por Darwin é classificado como ato ímprobo que atenta contra os princípios da Administração Pública, nos termos do art. 11, VII da Lei 8.429/92; **C**: incorreta. O ato praticado por Darwin não é ato que importa enriquecimento ilícito, mas que atenta contra os princípios da Administração Pública (art. 11, VII da Lei 8.429/92); **D**: incorreta. O ato praticado por Darwin não é tipificado como crime, mas como ato que atenta contra os princípios da Administração Pública (art. 11, VII da Lei 8.429/92); E: incorreta, pois o ato praticado por Darwin não é apenas ilícito de natureza administrativo disciplinar, mas como ato que atenta contra os princípios da Administração Pública (art. 11, VII da Lei 8.429/1992).
Gabarito "B".

(Técnico Ministerial - Execução de Mandados – MPE-MA – FCC – 2013) Carlos, servidor público estadual, agiu negligentemente na conservação de imóvel pertencente ao Estado do Maranhão.

Tal conduta está prevista na Lei nº 8.429/92, como:

(A) ato de improbidade administrativa que atenta contra os princípios da Administração Pública.

(B) ato de improbidade administrativa que importa enriquecimento ilícito.

(C) hipótese excludente da caracterização de ato ímprobo.

(D) mero ilícito administrativo-disciplinar, sujeito à sanção de advertência.

(E) ato de improbidade administrativa causador de prejuízo ao erário.

A: incorreta. A ação do servidor não se enquadra como ato de improbidade administrativa que atenta contra os princípios da Administração Pública; B: incorreta. O ato praticado pelo servidor não se enquadra como enriquecimento ilícito, mas como aquele que causa prejuízo ao erário; C: incorreta. A hipótese não se caracteriza como excludente de ato de improbidade; D: incorreta, pois agir negligentemente na conservação de imóvel pertencente ao Estado não é mero ilícito administrativo-disciplinar, mas ato de improbidade administrativa causador de prejuízo ao erário; E: correta. Conforme disposto no art. 10, X da Lei 8.429/92, constitui ato de improbidade administrativa causador de prejuízo ao erário, agir negligentemente na arrecadação de tributo ou renda, bem como no que diz respeito à conservação do patrimônio público.
Gabarito "E".

(Analista Processual - Direito – MPE-AC – FMP – 2013) Com relação à improbidade administrativa, com base no que estabelecem o artigo 37, § 4°, da Constituição Federal e a Lei nº 8.429, de 02/06/1992, considere as seguintes assertivas:

I. A responsabilização do agente público por improbidade administrativa afasta a responsabilidade penal cabível.

II. Para ser considerado agente público, a pessoa deve exercer suas atribuições mediante remuneração.

III. O sucessor daquele que causar lesão ao patrimônio público ou se enriquecer ilicitamente está sujeito às cominações da Lei de Improbidade Administrativa até o limite do valor da herança.

IV. Constituem atos de improbidade administrativa que atentam contra os princípios da administração pública negar publicidade aos atos oficiais e frustrar a licitude de concurso público.

Estão corretas:

(A) apenas I, II e IV.
(B) apenas II e III.
(C) apenas III e IV.
(D) apenas II, III e IV.
(E) penas I e IV.

I: incorreta. A responsabilidade do agente público por ato de improbidade administrativa é independente das sanções penais, civis e administrativas previstas na legislação específica (art. 12, "caput"); II: incorreta, pois considera-se agente público, para os efeitos da Lei de Improbidade Administrativa, todo aquele que exerce, ainda que transitoriamente ou sem remuneração, por eleição, nomeação, designação, contratação ou qualquer outra forma de investidura ou vínculo, mandato, cargo, emprego ou função (art. 2°); III: correta. O sucessor daquele que causar lesão ao patrimônio público ou se enriquecer ilicitamente está sujeito às cominações desta lei até o limite do valor da herança (art. 8°); IV: correta. Conforme disposto no art. 11, IV e V, constitui ato de improbidade administrativa negar publicidade aos atos oficiais e frustrar a licitude de concurso público.

Gabarito "C"

(Analista de Promotoria I – Assistente Jurídico – MPE-SP – IBFC – 2013) Segundo a Constituição Federal, os atos de improbidade administrativa importarão nas seguintes sanções, EXCETO:

(A) Pena de reclusão.
(B) Ressarcimento ao erário.
(C) Perda da função pública.
(D) Indisponibilidade dos bens.
(E) Suspensão dos direitos políticos.

Conforme no disposto na Carta Constitucional *os atos de improbidade administrativa importarão a suspensão dos direitos políticos, a perda da função pública, a indisponibilidade dos bens e o ressarcimento ao erário, na forma e gradação previstas em lei, sem prejuízo da ação penal cabível (art. 37, § 4°).* Verifica-se que não há hipótese de pena de reclusão no dispositivo constitucional.

Gabarito "A"

7. BENS PÚBLICOS

(Analista Processual Administrativo – MPE-RJ – 2011) Sobre a alienação de bens públicos, é correto afirmar que:

(A) os bens de uso comum do povo e de uso especial são inalienáveis, enquanto mantiverem essa qualificação jurídica;
(B) os bens dominicais são alienáveis livremente, para atender às necessidades financeiras da Administração;
(C) a alienação de bens imóveis independe de avaliação prévia, mas depende de autorização legislativa e de licitação;
(D) os bens das autarquias são bens privados, daí serem livremente alienáveis;
(E) os bens móveis não afetados podem ser livremente alienados, independentemente de prévia avaliação.

A: correta, pois o Código Civil, ao disciplinar a matéria, dispôs que *os bens públicos de uso comum do povo e os de uso especial são inalie-*

náveis, enquanto conservarem a sua qualificação, na forma que a lei determinar (art. 100); **B:** incorreta. Os *bens públicos dominicais podem ser alienados, observadas as exigências da lei* (art. 101 do Código Civil); **C:** incorreta. A alienação de bens imóveis depende de avaliação prévia (art. 17, "caput" e inc. II da Lei 8.666/93); **D:** incorreta. Os bens das autarquias são considerados bens públicos, estando revestidos das mesmas prerrogativas dos bens públicos, não podendo ser livremente alienados; **E:** incorreta. Os bens desafetados, mesmo que imóveis, dependem de prévia avaliação para serem alienados (art. 17, "caput" e inc. II da Lei 8.666/93).

Gabarito "A"

(Analista Ministerial Área Processual – MPE-PI – CESPE – 2012) Acerca dos bens públicos, julgue o item seguinte.

(1) A alienação ou cessão de terras públicas, inclusive para fins de reforma agrária, submete-se à prévia aprovação do Congresso Nacional.

1. incorreta. A alienação ou cessão de terras públicas, inclusive para fins de reforma agrária, não se submete à prévia aprovação do Congresso Nacional. Quando for o caso, caberá ao Ministério do Desenvolvimento Agrário ou, se for o caso, o Ministério do Planejamento, Orçamento e Gestão regularizará as áreas ocupadas mediante alienação (art. 6° da Lei 11.952/2009).

Gabarito "1E"

(Analista Jurídico – MPE-AL – COPEVE-UFAL – 2012) Sobre os bens públicos, dadas as seguintes assertivas,

I. Segundo o Código Civil, são bens públicos os pertencentes às pessoas jurídicas de direito público.
II. A inalienabilidade dos bens públicos é absoluta.
III. A impenhorabilidade dos bens públicos é a característica que impede o penhor e a hipoteca deles.
IV. Um hospital público é exemplo de bem público de uso especial.
V. Os bens dominicais são aqueles que não se encontram afetados a qualquer finalidade pública.

verifica-se que estão corretas:

(A) II, III, IV e V, apenas.
(B) II, III e V, apenas.
(C) I, IV e V, apenas.
(D) I, II, III, IV e V.
(E) I, II e III, apenas.

I: correta. Conforme disposto no art. 98 do Código Civil, *são públicos os bens do domínio nacional pertencentes às pessoas jurídicas de direito público interno; todos os outros são particulares, seja qual for a pessoa a que pertencerem;* II: incorreta. Os bens públicos de uso comum do povo e os de uso especial são inalienáveis, enquanto conservarem a sua qualificação, na forma que a lei determinar (art. 100 da Código Civil); III: incorreta. O que impede o penhor e a hipoteca é a não onerabilidade dos bens públicos. A não onerabilidade significa que o bem público não pode ser dado como garantia, em caso de inadimplemento da obrigação. Conforme art. 1.225, VII, VIII e IX do Código Civil, são *direitos reais de garantia a hipoteca, penhor ou anticrese.* E mais. *Só os bens que se podem alienar poderão ser dados em penhor, anticrese ou hipoteca* (art. 1.420 do CC); IV: correta, pois os bens de uso especial são aqueles utilizados pela Administração Pública, para a prestação de serviços públicos ou administrativos podendo ser móveis ou imóveis. São exemplos: edifícios públicos, escolas públicas, hospitais públicos, prédios de delegacias de polícia, fórum, computadores, mesas, carteiras escolares, equipamentos hospitalares de hospitais públicos etc.; **V:** correta. Os bens dominicais são aqueles que não estão sendo utilizados pela Administração Pública. Ou seja, não tem uma destinação específica, estando assim desafetados.

Gabarito "C"

1. DIREITO ADMINISTRATIVO — 23

(Analista Jurídico – MPE-PA – FADESP – 2012) A respeito dos bens públicos, assinale a alternativa correta.

(A) Os bens públicos dominicais não podem ser alienados.
(B) Os bens públicos estão sujeitos a usucapião.
(C) Os bens públicos de uso comum do povo e os de uso especial são inalienáveis enquanto conservarem a sua qualificação na forma em que a lei determinar.
(D) O uso comum dos bens públicos será sempre gratuito.

A: incorreta, pois os bens públicos dominicais, por serem disponíveis e por não terem destinação específica, podem ser alienados, nas condições estabelecidas por lei; **B:** incorreta. Os bens públicos não estão sujeitos à usucapião, entendimento já sumulado pelo STF (Súmula 340). É o que se denomina de imprescritibilidade do bem público; **C:** correta. Em regra, os bens públicos não podem ser alienados. Porém, a inalienabilidade dos bens públicos não é absoluta, podendo a Administração Pública aliená-los, desde que observados os procedimentos legais. É o que se denomina de alienabilidade condicionada; **D:** incorreta. Os bens de uso comum do povo são aqueles que podem ser usados livremente por todos. Em regra, o uso dos bens públicos é gratuito, mas excepcionalmente podem ser remunerados, *conforme for estabelecido legalmente pela entidade a cuja administração pertencerem* (art. 103 do CC). É o caso por exemplo dos pedágios e estacionamentos em vias públicas (em alguns lugares chamados de zona azul).
Gabarito "C".

(Analista Processual – MP-RO – FUNCAB – 2012) Quanto aos bens Públicos, pode-se afirmar:

(A) As estradas são classificadas como bens públicos dominicais.
(B) São as escolas públicas bens públicos de uso comum.
(C) São inalienáveis, mas podem ser penhorados.
(D) Não podem ser objeto de prescrição aquisitiva.
(E) Os bens dominicais encontram-se afetados ao interesse público.

A: incorreta, pois as estradas são bens de uso comum do povo; **B:** incorreta. As escolas públicas são bens públicos de uso especial; **C:** incorreta. Os bens públicos não podem ser penhorados, mas a alienação é possível se os bens estiverem disponíveis (desafetados) nos limites estabelecidos por lei; **D:** correta. Os bens públicos têm prerrogativas, e dentre elas encontra-se a imprescritibilidade. Isto é, os bens públicos não podem ser adquiridos por usucapião; **E:** incorreta. Os bens ou bens públicos dominicais, por não possuírem uma destinação específica (desafetados), podem ser alienados, observando-se os requisitos legais.
Gabarito "D".

8. INTERVENÇÃO DO ESTADO NA PROPRIEDADE

(Analista de Promotoria I – Assistente Jurídico – MPE-SP – VUNESP – 2010) A respeito da desapropriação, é correto afirmar que:

(A) os bens do domínio dos Estados e dos Municípios não poderão ser desapropriados pela União.
(B) a desapropriação do espaço aéreo ou do subsolo só se tornará necessária, quando de sua utilização resultar prejuízo patrimonial do proprietário do solo.
(C) os concessionários de serviços públicos não poderão promover desapropriações diretamente, devendo, quando necessário ao cumprimento do contrato de concessão, requerer a desapropriação ao respectivo poder concedente.
(D) extingue-se em quinze anos o direito de propor ação que vise à indenização por restrições decorrentes de atos do Poder Público.

(E) a imissão provisória poderá ser feita, após a citação do réu, independente de depósito.

A: incorreta, pois o Decreto-lei 3.365/41, que trata da desapropriação por utilidade pública, dispõe em seu art. 2º, § 2º que, mediante declaração de utilidade pública, todos os bens poderão ser desapropriados pela União, pelos Estados, Municípios, Distrito Federal e Territórios; **B:** correta, pois corresponde ao disposto no art. 2º, § 1º do Decreto-Lei 3.365/41; **C:** incorreta, pois as concessionárias de serviços públicos e os estabelecimentos de caráter público ou que exerçam funções delegadas pelo Poder Público mediante autorização expressa, constante de lei ou contrato (art. 3º do Decreto-lei 3.365/41) podem promover a desapropriação. Mas, somente depois de expedido o ato expropriatório pelo Poder Público; **D:** incorreta. Extingue-se em cinco anos o direito de propor ação que vise à indenização por restrições decorrentes de atos do Poder Público (art. 10, parágrafo único); **E:** incorreta. A imissão provisória poderá ser feita, independente da citação do réu, mas mediante o depósito (art. 15, §1º do Decreto-lei 3.365/41).
Gabarito "B".

(Analista Processual Administrativo – MPE-RJ – 2011) Em relação às diferentes formas de intervenção do Estado sobre a propriedade privada, é correto afirmar que:

(A) a limitação administrativa, dado o seu caráter geral, não enseja direito a indenização, salvo nos casos de esvaziamento econômico da propriedade;
(B) a servidão administrativa enseja sempre direito a indenização prévia, justa e em dinheiro;
(C) a desapropriação para fins de reforma agrária é matéria da competência legislativa privativa da União, mas da competência administrativa comum de todas as unidades federativas;
(D) o tombamento é sempre voluntário, pois depende da iniciativa do proprietário;
(E) a ocupação temporária de um imóvel depende de autorização legislativa prévia e se sujeita ao pagamento posterior de indenização, em caso de prejuízo comprovado.

A: correta. A limitação administrativa é uma imposição geral, gratuita, unilateral e de ordem pública, que condiciona o exercício de direitos ou de atividades particulares, em benefício da sociedade, consistindo em obrigações de fazer ou de não fazer. A limitação administrativa é modalidade de intervenção que não comporta indenização, exceto no caso de esvaziamento econômico da propriedade; **B:** incorreta. Somente haverá indenização se houver prejuízo que decorra do uso da propriedade pelo Poder Público. A indenização prévia, justa e em dinheiro ocorre em casos de desapropriação; **C:** incorreta, pois nos imóveis desapropriados para fins de reforma agrária o sujeito ativo é a União. Nos casos de desapropriação de imóveis rurais para fins de utilidade pública (que não pra fins de reforma agrária) os Estados e Municípios também têm competência para desapropriar; **D:** incorreta. O tombamento pode ser voluntário ou compulsório. O tombamento voluntário ocorre quando o proprietário pede. Se a coisa (móvel ou imóvel) se revestir dos requisitos necessários para constituir parte integrante do patrimônio histórico e artístico nacional, o bem será tombado. Ou quando anuir, por escrito, à notificação, que se lhe fizer, para a inscrição da coisa em qualquer dos Livros do Tombo. Já o tombamento compulsório ocorre quando o proprietário se recusar a anuir à inscrição da coisa; **E:** A ocupação provisória não depende de lei, sendo ato discricionário e não remunerado, que poderá ocorrer durante a execução do contrato administrativo.
Gabarito "A".

(Analista – Direito – MPE-MG – 2012) Determinada lei municipal impõe, na construção em terreno particular, o recuo de três metros do alinhamento frontal do terreno.

Tem-se, no caso,

(A) servidão administrativa.
(B) restrição de vizinhança.
(C) limitação administrativa.
(D) investidura.

A: incorreta. A servidão é meio de intervenção na propriedade, instituída de forma perpétua, que estabelece restrição quanto ao uso ou gozo, visando a possibilitar a realização de obras e serviços públicos; **B:** incorreta. Não há neste caso restrição alguma ao direito de vizinhança; **C:** correta. A limitação administrativa é uma forma branda de intervenção na propriedade, vez que o proprietário não é afetado no seu direito de usar, gozar ou dispor do bem. É uma imposição geral, gratuita, unilateral e de ordem pública, que condiciona o exercício de direitos ou de atividades particulares, em benefício da sociedade, consistindo em obrigações de fazer, como a obrigação de construir de calçada, muros, por exemplo; ou obrigações de não fazer, como por exemplo, não construir um prédio acima do limite de altura disposto na lei de zoneamento ou código de obras do município; **D:** incorreta, pois a investidura é o momento em que o servidor assume o compromisso do fiel cumprimento dos deveres e atribuições.
Gabarito "C"

9. RESPONSABILIDADE DO ESTADO

(Técnico do Ministério Público – MPE-AL – COPEVE - UFAL – 2012) É assegurado ao Estado, no sentido de dirigir sua pretensão indenizatória contra o agente responsável pelo dano, quando este tenha agido com culpa ou dolo:

(A) direito de regresso.
(B) interesse de agir.
(C) direito de ingresso.
(D) causa de pedir.
(E) prescrição.

Conforme disposto no art. 37, § 6° da CF, o Estado responde pelos danos que seus agentes, nessa qualidade, causarem a terceiros, assegurado o direito de regresso contra o responsável nos casos de dolo ou culpa. Correta a alternativa A, estando as demais incorretas.
Gabarito "A"

10. LICITAÇÃO

(Agente Administrativo – MPE-RS – FCC – 2010) No pregão presencial, disciplinado pela Lei n° 10.520/2002, depois de declarado o vencedor, qualquer licitante poderá manifestar imediata e motivadamente a intenção de recorrer.

A falta dessa declaração :

(A) não impedirá o licitante perdedor de apresentar recurso após a adjudicação.
(B) importará a decadência do direito de recurso, mas não a adjudicação do objeto da licitação pelo pregoeiro ao vencedor.
(C) importará a decadência do direito de recurso e a adjudicação do objeto da licitação pelo pregoeiro ao vencedor.
(D) implicará a prescrição do direito de recurso.
(E) implicará a preclusão do direito de recorrer.

Conforme disposto no art. 4°, XX da Lei 10.520/2002, a falta de manifestação imediata e motivada do licitante importará a decadên-

cia do direito de recurso e a adjudicação do objeto da licitação pelo pregoeiro ao vencedor. Correta assim a alternativa C, estando as demais incorretas.
Gabarito "C"

(Agente Administrativo – MPE-RS – FCC – 2010) O prazo de validade das propostas no pregão presencial, disciplinado pela Lei n° 10.520/2002, será de:

(A) quarenta e cinco dias, proibida a prorrogação.
(B) quarenta e cinco dias, prorrogado automaticamente pelo mesmo prazo.
(C) sessenta dias, se outro não for fixado no edital.
(D) sessenta dias, vedado o estabelecimento de outro prazo no edital.
(E) noventa dias.

A Lei 10.520/2002 em seu art. 6° estabelece que o prazo de validade das propostas será de 60 (sessenta) dias, se outro não estiver fixado no edital. Correta a alternativa C, estando as demais incorretas.
Gabarito "C"

(Agente Administrativo – MPE-RS – FCC – 2010) Para a habilitação nas licitações disciplinadas pela Lei n° 8.666/93, NÃO se exige, em regra, como documento relativo à habilitação jurídica,

(A) a cédula de identidade.
(B) o estatuto social de empresa individual.
(C) o ato constitutivo, estatuto ou contrato social em vigor, devidamente registrado, no caso de sociedades comerciais.
(D) a inscrição do ato constitutivo, no caso de sociedades civis, acompanhada de prova de diretoria em exercício.
(E) o decreto de autorização, em se tratando de empresa estrangeira em funcionamento no País.

Lei 8.666/93, art. 28. A documentação relativa à habilitação jurídica, consiste na apresentação dos seguintes documentos: cédula de identidade; registro comercial, no caso de empresa individual; ato constitutivo, estatuto ou contrato social em vigor, devidamente registrado, em se tratando de sociedades comerciais, e, no caso de sociedades por ações, acompanhado de documentos de eleição de seus administradores; do ato constitutivo, no caso de sociedades civis, acompanhada de prova de diretoria em exercício e decreto de autorização, em se tratando de empresa ou sociedade estrangeira em funcionamento no País, e ato de registro ou autorização para funcionamento expedido pelo órgão competente, quando a atividade assim o exigir. O referido artigo nada fala sobre a apresentação do estatuto social de empresa individual, estando incorreta a alternativa B.
Gabarito "B"

(Agente Administrativo – MPE-RS – FCC – 2010) De acordo com a Lei n° 8.666/93, a documentação relativa à regularidade fiscal, para participar de licitação, consistirá, dentre outros dados, em:

(A) prova de atendimento de requisitos previstos em lei especial, quando for o caso.
(B) comprovação de aptidão para desempenho de atividade pertinente e compatível em características, quantidades e prazos com o objeto da licitação.
(C) registro ou inscrição na entidade profissional competente.
(D) prova de regularidade para com a Fazenda Federal, Estadual e Municipal do domicílio ou sede do licitante, ou outra equivalente, na forma da lei.

1. DIREITO ADMINISTRATIVO

(E) comprovação, fornecida pelo órgão licitante, de que recebeu os documentos e, quando exigido, de que tomou conhecimento de todas as informações e das condições locais para o cumprimento das obrigações objeto da licitação.

Segundo disposto no art. 29, I a V da Lei 8.666/93, a documentação relativa à regularidade fiscal e trabalhista, conforme o caso, consistirá em: I - prova de inscrição no Cadastro de Pessoas Físicas (CPF) ou no Cadastro Geral de Contribuintes (CGC); II - prova de inscrição no cadastro de contribuintes estadual ou municipal, se houver, relativo ao domicílio ou sede do licitante, pertinente ao seu ramo de atividade e compatível com o objeto contratual; III - prova de regularidade para com a Fazenda Federal, Estadual e Municipal do domicílio ou sede do licitante, ou outra equivalente, na forma da lei; IV - prova de regularidade relativa à Seguridade Social e ao Fundo de Garantia por Tempo de Serviço (FGTS), demonstrando situação regular no cumprimento dos encargos sociais instituídos por lei, e V - prova de inexistência de débitos inadimplidos perante a Justiça do Trabalho, mediante a apresentação de certidão negativa. Correta assim, a alternativa D (art. 29, III).
Gabarito "D".

(Agente Administrativo – MPE-RS – FCC – 2010) A Lei nº 8.666/93 estabelece que o processo licitatório será iniciado, obrigatoriamente, com uma audiência pública sempre que:

(A) o valor estimado da licitação ou para um conjunto de licitações simultâneas ou sucessivas for igual ou superior a duzentos milhões de dólares.

(B) o valor estimado para a licitação ou para um conjunto de licitações simultâneas ou sucessivas for superior a cento e cinquenta milhões de reais.

(C) se tratar de licitação na modalidade concorrência.

(D) se tratar de licitação na modalidade tomada de preços.

(E) a licitação tiver âmbito internacional.

Sempre que o valor estimado para uma licitação ou para um conjunto de licitações simultâneas ou sucessivas for superior a 100 (cem) vezes o limite previsto no art. 23, inciso I, "c", da Lei 8.666/93, o processo licitatório será iniciado, obrigatoriamente, com uma audiência pública concedida pela autoridade responsável com antecedência mínima de 15 (quinze) dias úteis da data prevista para a publicação do edital, e divulgada, com a antecedência mínima de 10 (dez) dias úteis de sua realização, pelos mesmos meios previstos para a publicidade da licitação, à qual terão acesso e direito a todas as informações pertinentes e a se manifestar todos os interessados (art. 39). Por sua vez, o art. 23, I, "a" ""informa que é obrigatória a licitação na modalidade de concorrência para obras e serviços de engenharia quando o valor for acima de R$ 1.500.000,00 (um milhão e quinhentos mil reais). Conclui-se assim, que o processo licitatório será iniciado, obrigatoriamente, com uma audiência pública sempre que o valor estimado para a licitação ou para um conjunto de licitações simultâneas ou sucessivas for superior a cento e cinquenta milhões de reais, estando correta a alternativa B.
Gabarito "B".

(Analista Ministerial Especialista - Ciências Jurídicas – MPE-TO – UFT--COPESE – 2010) Sobre dispensa e inexigibilidade das licitações, assinale a alternativa verdadeira:

(A) A Administração poderá conceder título de propriedade ou de direito real de uso de imóveis, dispensada licitação, quando o uso destinar-se a pessoa natural que haja implementado os requisitos mínimos de cultura, ocupação mansa e pacífica e exploração direta sobre área rural situada na Amazônia Legal, superior a um e limitada a quinze módulos fiscais, desde que não exceda a um mil e quinhentos hectares.

(B) É dispensável a licitação para contratação de profissional de qualquer setor artístico, diretamente ou através de empresário exclusivo, desde que consagrado pela crítica especializada ou pela opinião pública.

(C) É inexigível a licitação nas compras de hortifrutigranjeiros, pão e outros gêneros perecíveis, no tempo necessário para a realização dos processos licitatórios correspondentes, realizadas diretamente com base no preço do dia.

(D) É inexigível a licitação na contratação de instituição ou organização, pública ou privada, com ou sem fins lucrativos, para a prestação de serviços de assistência técnica e extensão rural no âmbito do Programa Nacional de Assistência Técnica e Extensão Rural na Agricultura Familiar e na Reforma Agrária, instituído por lei federal.

A: correta, pois o enunciado corresponde ao art. 17, I, i, da Lei 8.666/93; B: incorreta. Neste caso a licitação é inexigível (art. 25, III da Lei 8.666/93); C: incorreta. Neste caso a licitação é dispensável (art. 24, XII da Lei 8.666/93); D: incorreta. Neste caso a licitação é dispensável (art. 24, XXX da Lei 8.666/93).
Gabarito "A".

(Analista de Promotoria I – Assistente Jurídico – MPE-SP – VUNESP – 2010) Um Prefeito Municipal pretende restaurar uma valiosa obra de arte, deteriorada, que se encontra exposta no museu do Município. E também deseja contratar determinada dupla famosa de cantores sertanejos para apresentação na festa de aniversário da Cidade. Considerando a Lei de Licitações, é correto afirmar que:

(A) a licitação deverá ser realizada para ambas as hipóteses.

(B) a licitação deverá ser realizada para a primeira hipótese, mas poderá ser dispensada para a segunda.

(C) a primeira é uma hipótese de dispensa de licitação e para a segunda é inexigível a licitação.

(D) trata-se de dispensa de licitação para ambas as hipóteses.

(E) ambas constituem hipóteses de inexigibilidade de licitação

A: incorreta. Não há necessidade de realização da licitação em nenhuma das hipóteses; B: incorreta. Na primeira hipótese deverá haver a dispensa de licitação e na segunda inexigibilidade; C: correta, pois para restaurar obra de arte, deve haver dispensa de licitação e para contratação de dupla famosa de cantores sertanejos inexigibilidade de licitação; D: incorreta. A dispensa é para a primeira hipótese; E: incorreta. A inexigibilidade é somente para a segunda hipótese.
Gabarito "C".

(Analista de Promotoria I – Assistente Jurídico – MPE-SP – VUNESP – 2010) Nos moldes do disposto na Lei n.º 8.666/93, é inexigível a licitação na seguinte situação:

(A) para aquisição de materiais que só possam ser fornecidos por produtor exclusivo, vedada a preferência de marca, devendo a comprovação de exclusividade ser feita através de atestado fornecido pelo órgão de registro do comércio do local em que se realizaria a licitação pelo Sindicato, Federação ou Confederação Patronal, ou, ainda, pelas entidades equivalentes.

(B) nos casos de guerra ou grave perturbação da ordem interna do país, desde que essa hipótese tenha sido objeto de decretação por ordem expressa e escrita do

Presidente da República, após a oitiva do Conselho da República.

(C) nos casos de emergência ou de calamidade pública, quando caracterizada urgência de atendimento de situação que possa ocasionar prejuízo ou comprometer a segurança de pessoas, obras, serviços, equipamentos e outros bens, públicos ou particulares.

(D) quando não acudirem interessados à licitação anterior e esta, justificadamente, não puder ser repetida sem prejuízo para a Administração, mantidas, neste caso, todas as condições preestabelecidas.

(E) para a aquisição, por pessoa jurídica de direito público interno, de bens produzidos ou serviços prestados por órgão ou entidade que integre a Administração Pública e que tenha sido criado para esse fim específico em data anterior à vigência desta Lei, desde que o preço contratado seja compatível com o praticado no mercado.

A: correta (art. 25, I); B: incorreta, pois no caso de guerra ou perturbação da ordem a licitação é dispensável; C: incorreta. O enunciado da alternativa refere-se ao caso de licitação dispensável (art. 25, III); D: incorreta. O enunciado faz referência à licitação dispensável (art. 25, V); E: incorreta, pois o enunciado da mesma refere-se à licitação dispensável (art. 25, VIII).

Gabarito "A".

(Analista de Promotoria I – Assistente Jurídico – MPE-SP – VUNESP – 2010) Assinale a alternativa correta a respeito do processo e do procedimento judicial da Lei 8.666/93 (Lei de Licitações e Contratos).

(A) Qualquer pessoa poderá provocar, para os efeitos dessa Lei, a iniciativa do Ministério Público, fornecendo-lhe, por escrito, informações sobre o fato e sua autoria, bem como as circunstâncias em que se deu a ocorrência, não sendo, porém, admitida comunicação verbal.

(B) Ouvidas as testemunhas da acusação e da defesa, e praticadas as diligências instrutórias deferidas ou ordenadas pelo juiz, abrir-se-á, sucessivamente, o prazo de 15 (quinze) dias a cada parte para alegações finais.

(C) Os crimes definidos nessa lei são de ação penal pública incondicionada, cabendo ao Ministério Público promovê-la.

(D) Recebida a denúncia e citado o réu, terá este o prazo de 10 (dez) dias para apresentação de defesa escrita, contado da data do seu interrogatório, podendo juntar documentos, arrolar as testemunhas que tiver, em número não superior a 8 (oito), e indicar as demais provas que pretenda produzir.

(E) Da sentença cabe apelação, interponível no prazo de 10 (dez) dias, contados da efetiva ciência da decisão de primeira instância.

A: incorreta. Quando a comunicação for verbal, mandará a autoridade reduzi-la a termo, assinado pelo apresentante e por duas testemunhas (art. 101, parágrafo único); B: incorreta, pois ouvidas as testemunhas da acusação e da defesa e praticadas as diligências instrutórias deferidas ou ordenadas pelo juiz, abrir-se-á, sucessivamente, o prazo de 5 (cinco) dias a cada parte para alegações finais (art. 105); C: correta, pois os crimes definidos na Lei 8.666/93 são de ação penal pública incondicionada, cabendo ao Ministério Público promovê-la (art. 100): D: incorreta. Dispõe a Lei 8.666/93 em seu art. 104 que, recebida a denúncia e citado o réu, terá este o prazo de 10 (dez) dias para apresen-

tação de defesa escrita, contado da data do seu interrogatório, podendo juntar documentos, arrolar as testemunhas que tiver, em número não superior a 5 (cinco), e indicar as demais provas que pretenda produzir; E: incorreta. Na verdade, da sentença cabe apelação, interponível no prazo de 5 (cinco) dias (art. 107).

Gabarito "C".

(Analista Processual Administrativo – MPE-RJ – 2011) Sobre modalidades e tipos de licitação, é correto afirmar que:

(A) a modalidade designa o procedimento aplicável, enquanto o tipo indica o critério de julgamento da licitação;

(B) a concorrência é o tipo de licitação indicado para casos de concessão e permissão de serviços públicos;

(C) o leilão serve para a alienação de bens inservíveis em todos os casos;

(D) o pregão é a modalidade de licitação prevista na Lei nº 8.666/93 especialmente para casos tecnicamente complexos;

(E) os tipos de licitação existentes são menor preço e melhor técnica.

A: correta, pois os tipos são os critérios utilizados para o julgamento das propostas e são aplicáveis a todas as modalidades de licitação, exceto na modalidade de concurso. As modalidades são os procedimentos utilizados no certame licitatório; **B**: incorreta. A modalidade licitatória é a concorrência, tanto para concessões simples quanto para as concessões precedidas de execução de obra pública (art. 2º, II e III, e art.14 da Lei 8.987/95). No entanto, uma observação de renomada importância diz respeito à modalidade de leilão ou quotas em caráter excepcional que a Lei 9.074/95, em seu art. 27, I, prevê nos casos de privatização de pessoas administrativas sob controle direito ou indireto da União, com simultânea outorga de nova concessão ou com a prorrogação das já existentes, exceto para serviços públicos de telecomunicações; **C**: incorreta. Leilão *é a modalidade de licitação entre quaisquer interessados que tem por objetivo a venda de bens móveis inservíveis para a administração ou de produtos legalmente apreendidos ou penhorados, ou para a alienação de bens imóveis* prevista no art. 19 da Lei 8.666/93, *a quem oferecer o maior lance, igual ou superior ao valor da avaliação* (art. 22, § 5º da Lei 8.666/93); **D**: incorreta. O pregão é uma modalidade de licitação não compreendida na lei de licitações. Tal modalidade foi instituída pela Lei 10.520/2002 para aquisição de bens e serviços comuns pela União, Estados, Distrito Federal e Municípios, conforme disposto em regulamento, qualquer que seja o valor da contratação, podendo ocorrer na forma presencial ou eletrônica; **E**: incorreta. Constituem tipos de licitação: menor preço; melhor técnica; técnica e preço e maior lance ou oferta nos casos de alienação de bens ou concessão de direito real de uso(art. 45, § 1º, I a IV da Lei 8.666/93).

Gabarito "A".

(Técnico do Ministério Público – MPE-AL – COPEVE - UFAL – 2012) Assinale a opção que condiz com o disciplinamento legal dos recursos administrativos fixado pela Lei Federal nº 8.666, de 21 de junho de 1993, Lei de Licitações e Contratos.

(A) Cabe recurso, no prazo de 5 (cinco) dias, a contar da intimação do ato ou da lavratura da ata, no caso de habilitação ou inabilitação do licitante.

(B) **Cabe** representação, no prazo de 8 (oito) dias úteis, da intimação da decisão relacionada com o objeto da licitação ou do contrato, de que não caiba recurso hierárquico.

(C) Cabe recurso, no prazo de 10 (dez) dias úteis a contar da intimação do ato ou da lavratura da ata, no caso de indeferimento do pedido de inscrição em registro cadastral, sua alteração ou cancelamento.

1. DIREITO ADMINISTRATIVO

(D) Em se tratando de licitações efetuadas na modalidade de "carta convite", o prazo estabelecido para a representação será de 2 (dois) dias úteis a contar da intimação da decisão relacionada com o objeto da licitação ou do contrato, de que não caiba recurso hierárquico.

(E) Cabe recurso, no prazo de 5 (cinco) dias, a contar da intimação do ato ou da lavratura da ata, no caso de aplicação das penas de advertência, suspensão temporária ou de multa.

A: incorreta. Cabe recurso de 5 (cinco) dias úteis a contar da intimação do ato ou da lavratura da ata(art. 109, I da Lei 8.666/93); **B:** incorreta. É cabível representação, no prazo de 5 (cinco) dias úteis da intimação da decisão relacionada com o objeto da licitação ou do contrato, de que não caiba recurso hierárquico; **C:** incorreta. O prazo é de cinco dias úteis a contar da intimação do ato ou da lavratura da ata (art. 109, I, *d* da Lei 8.666/93); **D:** correta, pois, conforme disposto no art. 109, § 6° da Lei 8.666/93, em se tratando de licitações efetuadas na modalidade de "carta convite" os prazos serão de dois dias úteis; **E:** incorreta. O enunciado fala em cinco dias, mas o disposto na Lei 8.666/199 fala em cinco **dias úteis** (art. 109, I, *f*, da Lei 8.666/93).
Gabarito "D".

(Técnico do Ministério Público – MPE-AL – COPEVE - UFAL – 2012) O ato do processo licitatório que atribui ao vencedor o objeto da licitação é denominado de:

(A) homologação.
(B) contratação.
(C) pagamento.
(D) julgamento.
(E) adjudicação.

A fase externa da licitação se *inicia com a publicação do edital*, onde deve constar o nome da repartição interessada e de seu setor, a modalidade, o regime de execução e o tipo da licitação, a menção de que será regida pela Lei de Licitações, o local, dia e hora para recebimento da documentação e da proposta, bem como para início da abertura dos envelopes (art. 40), seguida da *habilitação, julgamento das propostas, adjudicação e homologação*. A adjudicação é o último ato do procedimento licitatório e consiste na entrega do objeto (obra, serviço ou compra) ao licitante vencedor para futura contratação, estando, portanto, correta a alternativa E e as demais incorretas.
Gabarito "E".

(Analista Ministerial Jurídico – MPE-PE – FCC – 2012) O Estado de Pernambuco pretende realizar licitação, na modalidade concorrência, para a execução de grande e importante obra pública. O valor estimado para a mencionada licitação é superior a R$ 150.000.000,00 (cento e cinquenta milhões de reais).

Nos termos da Lei n° 8.666/1993, o mencionado processo licitatório será iniciado, obrigatoriamente, com uma audiência pública concedida pela autoridade responsável com uma antecedência mínima da data prevista para a publicação do edital. O prazo a que se refere o enunciado é de:

(A) 10 dias úteis.
(B) 5 dias úteis.
(C) 2 dias úteis.
(D) 15 dias úteis.
(E) 30 dias úteis.

A Lei 8.666/93 estabelece em seu art. 39, "caput", que sempre que o valor estimado para uma licitação ou para um conjunto de licitações simultâneas ou sucessivas for superior a 100 (cem) *vezes o limite pre-*

visto no art. 23, inciso I, alínea "c" desta Lei, o processo licitatório será iniciado, obrigatoriamente, com uma audiência pública concedida pela autoridade responsável com antecedência mínima de 15 (quinze) dias úteis da data prevista para a publicação do edital, e divulgada, com a antecedência mínima de 10 (dez) dias úteis de sua realização, pelos mesmos meios previstos para a publicidade da licitação, à qual terão acesso e direito a todas as informações pertinentes e a se manifestar todos os interessados. A redação do dispositivo citado corresponde ao prazo que consta na alternativa D, estando a mesma correta e as demais incorreta.
Gabarito "D".

(Analista Processual – MP-RO – FUNCAB – 2012) Segundo a Constituição Federal, ressalvados os casos especificados na legislação, estão obrigados a contratar obras, serviços, compras e alienações mediante processo de licitação pública apenas:

(A) os órgãos da administração direta.
(B) as empresas públicas e as autarquias.
(C) as pessoas de direito público de capacidade política, bem como as autarquias, as empresas públicas, as sociedades de economia mista e as fundações governamentais.
(D) as pessoas de direito público de capacidade política.
(E) as entidades da administração indireta.

A: incorreta. Não são apenas os órgãos da Administração direta que estão obrigados a contratar obras, serviços, compras e alienações mediante processo de licitação pública; B: incorreta. Não são apenas os empresas públicas e as autarquias, mas todos os órgãos da Administração direta e indireta que estão obrigados a contratar obras, serviços, compras e alienações mediante processo de licitação pública; C: correta. Conforme disposto no art. 37, XXI da CF, estão obrigados a contratar obras, serviços, compras e alienações mediante processo de licitação pública a Administração Pública direta e indireta de qualquer dos Poderes da União, dos Estados, do Distrito Federal e dos Municípios; D: incorreta, pois o dispositivo citado não fala em pessoas de direito público de capacidade política; E: incorreta, pois o dispositivo citado não fala somente em Administração indireta.
Gabarito "C".

(Analista – Direito – MPE-MG – 2012) De acordo com a Lei n. 8.666/93, assinale a alternativa **CORRETA.**

(A) **Concorrência** é a modalidade de licitação entre quaisquer interessados para escolha de trabalho técnico, científico ou artístico, conforme critérios constantes de edital publicado na imprensa oficial com antecedência mínima de 45 (quarenta e cinco) dias.

(B) **Tomada de preços** é a modalidade de licitação entre quaisquer interessados que, na fase inicial de habilitação preliminar, comprovem ter os requisitos mínimos de qualificação exigidos no edital para execução de seu objeto.

(C) **Convite** é a modalidade de licitação entre interessados devidamente cadastrados ou que atenderem a todas as condições exigidas para cadastramento até o terceiro dia anterior à data do recebimento das propostas, observada a necessária qualificação.

(D) **Leilão** é a modalidade de licitação entre quaisquer interessados para a venda de bens móveis inservíveis para a administração ou de produtos legalmente apreendidos ou penhorados, ou para a alienação de bens imóveis prevista no art. 19, a quem oferecer o maior lance, igual ou superior ao valor da avaliação.

A: incorreta. Concorrência é a modalidade de licitação entre quaisquer interessados que, na fase inicial de habilitação preliminar, comprovem possuir os requisitos mínimos de qualificação exigidos no edital para execução de seu objeto (art. 22, § 1°); **B:** incorreta. Tomada de preços é a modalidade de licitação entre interessados devidamente cadastrados ou que atenderem a todas as condições exigidas para cadastramento até o terceiro dia anterior à data do recebimento das propostas, observada a necessária qualificação (art. 22, § 2°); **C:** incorreta. Convite é a modalidade de licitação entre interessados do ramo pertinente ao seu objeto, cadastrados ou não, escolhidos e convidados em número mínimo de 3 (três) pela unidade administrativa, a qual afixará, em local apropriado, cópia do instrumento convocatório e o estenderá aos demais cadastrados na correspondente especialidade que manifestarem seu interesse com antecedência de até 24 (vinte e quatro) horas da apresentação das propostas (art. 22, § 3°); **D:** correta. Conforme disposto no art. 22, § 5° da Lei 8.666/93, leilão é a modalidade de licitação entre quaisquer interessados para a venda de bens móveis inservíveis para a Administração ou de produtos legalmente apreendidos ou penhorados, ou para a alienação de bens imóveis prevista no art. 19, a quem oferecer o maior lance, igual ou superior ao valor da avaliação.

Gabarito "D".

(Analista – Direito – MPE-MG – 2012) Em uma licitação na modalidade de concorrência, um licitante interpõe recurso administrativo contra o ato de julgamento das propostas.

Na hipótese, é CORRETO afirmar que:

(A) o recurso não tem efeito suspensivo, mas ao mesmo poderá ser atribuído o referido efeito.

(B) o recorrente teve o prazo de dez dias úteis contados da intimação do ato ou da lavratura da ata para interpor o recurso.

(C) o recurso deve ser dirigido à autoridade superior por intermédio daquela que praticou o ato recorrido.

(D) Não há oportunidade de impugnação do recurso pelos demais licitantes.

A: incorreta. O recurso tem efeito suspensivo (art. 109, § 2° da Lei 8.666/93); **B:** incorreta. O prazo é de cinco dias (art. 109, I, *b* da Lei 8.666/93); **C:** correta. O recurso será dirigido à autoridade superior, por intermédio da que praticou o ato recorrido, a qual poderá reconsiderar sua decisão, no prazo de 5 (cinco) dias úteis, ou, nesse mesmo prazo, fazê-lo subir, devidamente informado, devendo, neste caso, a decisão ser proferida dentro do prazo de 5 (cinco) dias úteis, contado do recebimento do recurso, sob pena de responsabilidade (art. 109, § 4° da Lei 8.666/93); **D:** incorreta, pois quando interposto, o recurso será comunicado aos demais licitantes, que poderão impugná-lo no prazo de 5 (cinco) dias úteis (art. 109, § 3° da Lei 8.666/93).

Gabarito "C".

(Analista Administrativo – MPE-RN – FCC – 2012) O Estado do Rio Grande do Norte pretende realizar licitação na modalidade tomada de preços, do tipo "técnica e preço", para a futura celebração de contrato administrativo.

Nos termos da Lei n° 8.666/93, o prazo mínimo entre a publicação do edital e o recebimento das propostas será de:

(A) 5 dias.
(B) 10 dias.
(C) 20 dias.
(D) 45 dias.
(E) 30 dias.

A: incorreta. O intervalo de cinco dias úteis é para a modalidade de convite (art. 2, § 2°, IV); **B:** incorreta. A Lei 8.666/93, em seu art. 21, § 2° e incisos, não fala em prazo de dez dias; **C:** A Lei 8.666/93, em seu art. 21, § 2° e incisos, não fala em prazo de vinte dias; **D:** incorreta. De

igual modo, a Lei 8.666/93, em seu art. 21, § 2° e incisos, não fala em prazo de quarenta e cinco dias; **E:** correta. O prazo quando a licitação for do tipo "melhor técnica" ou "técnica e preço" será de trinta dias (art. 21, § 2°, II, *a* da Lei 8.666/93).

Gabarito "E".

Analista Administrativo – MPE-RN – FCC – 2012) De acordo com a Lei n° 8.666/1993, o prazo mínimo entre a publicação do edital e o recebimento das propostas em licitação na modalidade concorrência do tipo "melhor técnica" será de:

(A) 15 dias.
(B) 20 dias.
(C) 30 dias.
(D) 45 dias.
(E) 60 dias.

A: incorreta. O prazo é de 30 dais; **B:** incorreta. A Lei 8.666/93 não fala em 20 dias, mas em 30 dias; **C:** correta. O prazo mínimo é de 30 dias (art. 21, § 2° II, b, da Lei 8.666/93; **D:** incorreta. O prazo disposto na lei de licitações é de 30 dias; **E:** incorreta. O prazo é de 30 e não de 60 dias, conforme disposto na Lei 8.666/93.

Gabarito "C".

(Analista Administrativo – MPE-RN – FCC – 2012) Nos termos da Lei n° 10.520/2002, que trata do pregão, quem, convocado dentro do prazo de validade da sua proposta, não celebrar o contrato, deixar de entregar ou apresentar documentação falsa exigida para o certame, ensejar o retardamento da execução de seu objeto, não mantiver a proposta, falhar ou fraudar na execução do contrato, comportar--se de modo inidôneo ou cometer fraude fiscal, ficará impedido de licitar e contratar com a União, Estados, Distrito Federal ou Municípios e, será descredenciado no Sicaf, ou nos sistemas de cadastramento de fornecedores semelhantes mantidos por Estados, Distrito Federal ou Municípios, pelo prazo de até:

(A) 2 anos.
(B) 3 anos.
(C) 5 anos.
(D) 10 anos.
(E) 15 anos.

O enunciado da questão refere-se ao disposto no art. 7° da Lei 10.520/2000. Aduz o citado dispositivo: "*Quem, convocado dentro do prazo de validade da sua proposta, não celebrar o contrato, deixar de entregar ou apresentar documentação falsa exigida para o certame, ensejar o retardamento da execução de seu objeto, não mantiver a proposta, falhar ou fraudar na execução do contrato, comportar-se de modo inidôneo ou cometer fraude fiscal, ficará impedido de licitar e contratar com a União, Estados, Distrito Federal ou Municípios e, será descredenciado no Sicaf, ou nos sistemas de cadastramento de fornecedores, pelo prazo de até 5 (cinco) anos, sem prejuízo das multas previstas em edital e no contrato e das demais cominações legais*". Correta, assim, a alternativa C.

Gabarito "C".

(Analista Ministerial Administrativo – MPE-MA – FCC – 2013) É facultativo o instrumento de contrato, podendo ser substituído por outros instrumentos hábeis, tais como carta-contrato, nota de empenho de despesa, autorização de compra ou ordem de execução de serviço,

(A) nas inexigibilidades cujos preços estejam compreendidos nos limites de licitação na modalidade concorrência.

(B) nos casos de concorrência.

1. DIREITO ADMINISTRATIVO

(C) nos casos de tomada de preços.

(D) nas dispensas cujos preços estejam compreendidos nos limites de licitação na modalidade tomada de preços.

(E) nos casos de compra com entrega imediata e integral dos bens adquiridos, dos quais não resultem obrigações futuras, inclusive assistência técnica.

Conforme dispõe a Lei 8.666/93 em seu art. 62, "caput" e § 4°, o instrumento de contrato é obrigatório nos casos de concorrência e de tomada de preços, bem como nas dispensas e inexigibilidades cujos preços estejam compreendidos nos limites destas duas modalidades de licitação, e facultativo nos demais em que a Administração puder substituí-lo por outros instrumentos hábeis, tais como carta-contrato, nota de empenho de despesa, autorização de compra ou ordem de execução de serviço. É dispensável o "termo de contrato" e facultada a substituição, a critério da Administração e independentemente de seu valor, nos casos de compra com entrega imediata e integral dos bens adquiridos, dos quais não resultem obrigações futuras, inclusive assistência técnica.
Gabarito "E".

(Analista Ministerial Administrativo – MPE-MA – FCC – 2013) Nos termos da Lei n° 8.666/93, ficam os licitantes liberados dos compromissos assumidos, se, decorrido determinado prazo da data da entrega das propostas, não houver convocação para a contratação. O prazo a que se refere o enunciado é de:

(A) 30 dias.

(B) 45 dias.

(C) 60 dias.

(D) 90 dias.

(E) 120 dias.

A: incorreta. O prazo é de 60 dias (art. 64, § 3°); **B:** incorreta. O prazo não é de 45 dias (art. 64, § 3°); **C:** correta. Conforme disposto no art. 64, "caput" e § 3° da Lei 8.666/93, a Administração convocará regularmente o interessado para assinar o termo de contrato, aceitar ou retirar o instrumento equivalente, dentro do prazo e condições estabelecidos, sob pena de decair o direito à contratação. No entanto, decorridos 60 (sessenta) dias da data da entrega das propostas, sem convocação para a contratação, ficam os licitantes liberados dos compromissos assumidos; **D:** incorreta. O prazo é de 60 dias (art. 64, § 3°); **E:** incorreta. O prazo não é de 120 dias, mas de 60 dias (art. 64, § 3°).
Gabarito "C".

(Analista Ministerial Administrativo – MPE-MA – FCC – 2013) Considere a seguinte assertiva concernente ao princípio da adjudicação compulsória: "A expressão *adjudicação compulsória* é equívoca, porque pode dar a ideia de que, uma vez concluído o julgamento, a Administração está obrigada a adjudicar". A frase em questão está:

(A) incorreta, porque mesmo que a Administração Pública não leve o procedimento licitatório a seu termo, deverá adjudicar ao vencedor.

(B) incorreta, pois há direito subjetivo à adjudicação mesmo quando a Administração Pública opta pela revogação do procedimento.

(C) correta, porque a Administração Pública não está obrigada a adjudicar, ainda que leve o procedimento licitatório a seu termo.

(D) correta, porque a revogação motivada pode ocorrer em qualquer fase da licitação.

(E) incorreta, porque não cabe revogar a adjudicação, por se tratar de ato estritamente vinculado.

A: incorreta, pois se a Administração Pública não levar o procedimento licitatório a seu termo, não haverá adjudicação ao vencedor; **B:** incorreta, pois não há direito subjetivo à adjudicação quando a Administração Pública opta pela revogação do procedimento; **C:** incorreta. O termo adjudicar não significa contratar, mas se a Administração Pública for contratar, o fará com o licitante vencedor, não podendo a celebrar o contrato com preterição da ordem de classificação das propostas ou com terceiros estranhos ao procedimento licitatório, sob pena de nulidade (art. 50 da Lei 8.666/93); **D:** correta, pois a revogação, desde que motivada pode ocorrer em qualquer fase da licitação; **E:** incorreta. Poderá a Administração Pública revogar a licitação por motivos de conveniência ou oportunidade.
Gabarito "D".

(Analista Ministerial Administrativo – MPE-MA – FCC – 2013) Na modalidade de licitação convite, existindo na praça mais de três possíveis interessados, a cada novo convite, realizado para objeto idêntico ou assemelhado, é obrigatório o convite a um número mínimo de interessado(s), enquanto existirem cadastrados não convidados nas últimas licitações. Nesse sentido, na hipótese narrada no enunciado, é obrigatório o convite a, no mínimo, mais:

(A) um interessado.

(B) dois interessados.

(C) três interessados.

(D) cinco interessados.

(E) seis interessados.

A: correta, pois na modalidade de convite, existindo na praça mais de 3 (três) possíveis interessados, a cada novo convite, realizado para objeto idêntico ou assemelhado, é obrigatório o convite a, no mínimo, mais um interessado, enquanto existirem cadastrados não convidados nas últimas licitações (art. 22, 6° da Lei 8.666/93); **B:** incorreta. É obrigatório o convite a, no mínimo, mais um interessado (art. 22, 6° da Lei 8.666/93); **C:** incorreta. É obrigatório o convite a, no mínimo, mais um interessado (art. 22, 6° da Lei 8.666/93); **D:** incorreta. É obrigatório o convite a, no mínimo, mais um interessado (art. 22, 6° da Lei 8.666/93); **E:** incorreta. É obrigatório o convite a, no mínimo, mais um interessado (art. 22, 6° da Lei 8.666/93).
Gabarito "A".

(Analista Ministerial Administrativo – MPE-MA – FCC – 2013) Nos termos da Lei n° 8.666/93, é dispensável a licitação quando houver possibilidade de comprometimento da segurança nacional, nos casos estabelecidos em decreto do Presidente da República, ouvido o:

(A) Congresso Nacional.

(B) Ministério da Fazenda.

(C) Conselho Nacional de Justiça.

(D) Conselho de Defesa Nacional.

(E) Senado Federal.

A: incorreta. Não é o Congresso Nacional que deverá ser ouvido, mas o Conselho de Defesa Nacional (art. 24, IX da Lei 8.666/93); **B:** incorreta. O Ministério da Fazenda não será ouvido, e sim o conselho de Segurança Nacional (art. 24, IX da Lei 8.666/93); **C:** incorreta. Deverá ser ouvido o Conselho de Defesa Nacional e não o Conselho Nacional de Justiça (art. 24, IX da Lei 8.666/93); D: correta, pois nos termos da Lei de Licitação, é dispensável a licitação quando houver possibilidade de comprometimento da segurança nacional, nos casos estabelecidos em decreto do Presidente da República, ouvido o Conselho de Defesa Nacional (art. 24, IX da Lei 8.666/93); **E:** incorreta. Deve ser ouvido o Conselho de Defesa Nacional (art. 24, IX da Lei 8.666/93).
Gabarito "D".

(Analista Ministerial Administrativo – MPE-MA – FCC – 2013) A Administração Pública, sob o fundamento da inexigibilidade de licitação, contrata determinada empresa para a pres-

ARIANE WADY E SEBASTIÃO EDILSON GOMES

tação de serviços de publicidade. A propósito do tema, é correto afirmar que:

(A) é possível a contratação por inexigibilidade de licitação, desde que comprovados os requisitos da singularidade e notória especialização.

(B) a inexigibilidade de licitação não se aplica para serviços de publicidade.

(C) o caso narrado amolda-se na hipótese de licitação dispensável e não inexigível.

(D) a situação narrada exige licitação na modalidade leilão.

(E) a situação narrada exige licitação na modalidade tomada de preços.

A: incorreta. A Lei 8.666/93 em seu art. 25, "caput" e inciso II reza que é *inexigível a licitação para a contratação de profissionais ou empresas de notória especialização*. O dispositivo citado não fala em comprovação dos requisitos; **B:** correta, pois conforme disposto no art. 25, II da Lei 8.666/93, é vedada a inexigibilidade para serviços de publicidade e divulgação; **C:** incorreta, pois a licitação dispensável admite concorrência entre interessados, mas a Administração Publica, em razão de seu poder discricionário, e levando-se em conta os critérios de conveniência e oportunidade, pode realizá-la ou não. Já a licitação inexigível é aquela que não pode ser exigida por inviabilidade de competição entre os interessados, a exemplos de fornecedor exclusivo, serviços técnicos especializados e atividades artísticas; **D:** incorreta, pois leilão é a modalidade de licitação *entre quaisquer interessados que tem por objetivo a venda de bens móveis inservíveis para a Administração ou de produtos legalmente apreendidos ou penhorados, ou para a alienação de bens imóveis a quem oferecer o maior lance, igual ou superior ao valor da avaliação* (art. 22, § 5° da Lei 8.666/93); **E:** incorreta, pois a tomada de preços *é a modalidade de licitação entre interessados devidamente cadastrados ou que atenderem a todas as condições exigidas para cadastramento até o terceiro dia anterior à data do recebimento das propostas, observada a necessária qualificação* (art. 22, § 2°).
Gabarito "B".

(Analista Ministerial Administrativo – MPE-MA – FCC – 2013) A Administração convocará regularmente o interessado para assinar o termo de contrato, aceitar ou retirar o instrumento equivalente, dentro do prazo e condições estabelecidos, sob pena de decair o direito à contratação, sem prejuízo das sanções previstas na Lei n° 8.666/93. A propósito do prazo de convocação, é correto afirmar:

(A) O prazo de convocação poderá ser prorrogado por duas vezes, quando solicitado pela parte e desde que haja motivo justificado.

(B) Não cabe prorrogação do prazo de convocação.

(C) O prazo de convocação poderá ser prorrogado uma vez, por igual período, quando solicitado pela parte durante o seu transcurso e desde que ocorra motivo justificado aceito pela Administração.

(D) O prazo de convocação é sempre prorrogado uma vez, por igual período, independentemente de solicitação da parte.

(E) O prazo de convocação poderá ser prorrogado até três vezes, por igual período, quando solicitado pela parte durante o seu transcurso e desde que ocorra motivo justificado aceito pela Administração.

A: incorreta. O prazo de convocação poderá ser prorrogado somente uma vez (art. 64, § 1° da Lei 8.666/93); **B:** incorreta, pois é cabível prazo de prorrogação por uma vez (art. 64, § 1° da Lei 8.666/93); **C:** correta. Conforme disposto no art. 64, "caput" e § 1°, *a Administração convocará regularmente o interessado para assinar o termo de contrato,*

aceitar ou retirar o instrumento equivalente, dentro do prazo e condições estabelecidos, sob pena de decair o direito à contratação. O prazo de convocação poderá ser prorrogado uma vez, por igual período, quando solicitado pela parte durante o seu transcurso e desde que ocorra motivo justificado aceito pela Administração (art. 64, § 1° da Lei 8.666/93); **D:** incorreta. O prazo de prorrogação ocorre quando solicitado pela parte (art. 64, § 1° da Lei 8.666/93); **E:** incorreta. O prazo de prorrogação é possível somente por uma vez (art. 64, § 1° da Lei 8.666/93).
Gabarito "C".

(Analista Ministerial Administrativo – MPE-MA – FCC – 2013) Considere as seguintes sanções administrativas previstas na Lei n° 8.666/93:

I. Advertência.

II. Multa, na forma prevista no instrumento convoca tório ou no contrato.

III. Suspensão temporária de participação em licitação e impedimento de contratar com a Administração, por prazo não superior a dois anos.

IV. Declaração de inidoneidade para licitar ou contratar com a Administração Pública enquanto perdurarem os motivos determinantes da punição ou até que seja promovida a reabilitação perante a própria autoridade que aplicou a penalidade, que será concedida sempre que o contratado ressarcir a Administração pelos prejuízos resultantes e após decorrido o prazo da sanção de suspensão prevista no item acima. (item III)

Pela inexecução do contrato administrativo a Administração poderá, desde que garantida a prévia defesa, aplicar ao contratado algumas sanções administrativas. Se a inexecução for PARCIAL são cabíveis as sanções previstas nos itens:

(A) I e II, apenas.

(B) I, III e IV, apenas.

(C) II, apenas.

(D) II e III, apenas.

(E) I, II e III e IV.

I: correta (art. 87, I da Lei 8.666/93); **II:** correta (art. 87, II da Lei 8.666/93); **III:** correta (art. 87, III da Lei 8.666/93); **IV:** correta (art. 87, IV da Lei 8.666/93).
Gabarito "E".

(Analista Ministerial Administrativo – MPE-MA – FCC – 2013) Considere a seguinte situação hipotética: o Estado do Maranhão realizou licitação na modalidade pregão e exigiu dos interessados o pagamento de taxa para o fornecimento de cópia do edital, sendo o valor cobrado inferior ao custo de sua reprodução gráfica. A propósito do tema, é correto afirmar que a postura do Estado:

(A) foi correta, pois é possível cobrar pelo fornecimento do edital, desde que o valor seja inferior ao custo de sua reprodução gráfica.

(B) foi correta, pois é possível cobrar pelo fornecimento do edital, independentemente do custo de sua reprodução gráfica.

(C) não foi correta, pois no pregão é vedada a cobrança de quaisquer taxas e emolumentos.

(D) não foi correta, pois no pregão não se admite apenas a cobrança de taxa para o fornecimento do edital, independentemente de seu valor.

(E) não foi correta, pois em qualquer licitação é vedada a cobrança de valores para o fornecimento de cópia do edital.

1. DIREITO ADMINISTRATIVO

A: correta, pois conforme disposto no art. 5°, III da Lei 10.520/2000 é vedada a exigência de pagamento de taxas e emolumentos, salvo os referentes a fornecimento do edital, que não serão superiores ao custo de sua reprodução gráfica, e aos custos de utilização de recursos de tecnologia da informação, quando for o caso; B: incorreta, pois é possível cobrar pelo fornecimento do edital (art. 5°, III da Lei 10.520/2000); C: incorreta, pois no pregão é vedada a cobrança de todas as taxas e emolumentos (art. 5°, III da Lei 10.520/2000); D: incorreta, pois no pregão *é vedada a exigência de pagamento de taxas e emolumentos, salvo os referentes a fornecimento do edital, que não serão superiores ao custo de sua reprodução gráfica, e aos custos de utilização de recursos de tecnologia da informação, quando for o caso* (art. 5°, III da Lei 10.520/2000); E: incorreta, pois não é em qualquer modalidade de licitação que é vedada a cobrança de valores para fornecimento do edital (art. 5° III da Lei 10.520/2000).
Gabarito "A".

(Analista Ministerial Processual-Direito – MPE-MA – FCC – 2013) Nos termos da Lei n° 8.666/93, para a compra ou locação de imóvel destinado ao atendimento das finalidades precípuas da Administração Pública, cujas necessidades de instalação e localização condicionem a sua escolha, desde que o preço seja compatível com o valor de mercado, segundo avaliação prévia, é:

(A) inexigível a licitação.
(B) obrigatória a licitação na modalidade leilão.
(C) dispensável a licitação.
(D) obrigatória a licitação na modalidade convite.
(E) obrigatória a licitação na modalidade pregão.

A: incorreta, pois a licitação inexigível é aquela que não pode ser exigida por inviabilidade de competição entre os interessados. A Lei 8.666/93 em seu art. 25, incisos I a III, elenca como hipóteses de inexigibilidade o fornecedor exclusivo, serviços técnicos especializados e atividades artísticas; B: incorreta, pois o leilão *é a modalidade de licitação entre quaisquer interessados que tem por objetivo a venda de bens móveis inservíveis para a administração ou de produtos legalmente apreendidos ou penhorados, ou para a alienação de bens imóveis, a quem oferecer o maior lance, igual ou superior ao valor da avaliação* (art. 22, § 5°); C: correta. A licitação é dispensável para a compra ou locação de imóvel destinado ao atendimento das finalidades precípuas da Administração, cujas necessidades de instalação e localização condicionem a sua escolha, desde que o preço seja compatível com o valor de mercado, segundo avaliação prévia (art. 24, X da Lei 8.666/93); D: incorreta, pois o convite *é a modalidade de licitação entre interessados, sendo estes cadastrados ou não, escolhidos e convidados pela Administração Pública em número mínimo de três* (art. 22, § 3°); E: incorreta, pois o pregão é a modalidade de licitação instituída pela Lei 10.520/2002 para aquisição de bens e serviços comuns pela União, Estados, Distrito Federal e Municípios, conforme disposto em regulamento, qualquer que seja o valor da contratação, podendo ocorrer na forma presencial ou eletrônica.
Gabarito "C".

(Analista Direito – MPE-MS – FGV – 2013) Sobre o procedimento licitatório necessário à *alienação de bens imóveis* da Administração Pública Direta, analise as afirmativas a seguir.

I. A alienação deverá ser sempre precedida de licitação na modalidade de concorrência.
II. Os bens imóveis somente poderão ser alienados quando inservíveis para a Administração Pública.
III. A alienação independe de autorização legislativa.
Assinale:

(A) se somente a afirmativa I estiver incorreta.
(B) se somente a afirmativa II estiver incorreta.

(C) se somente a afirmativa III estiver incorreta.
(D) se somente as afirmativas I e II estiverem incorretas.
(E) se todas as afirmativas estiverem incorretas.

I: incorreta. Poderá ser também por leilão (arts. 19, II e 22, § 5° da Lei 8.666/93); II: incorreta. Pode haver de bens imóveis que não sejam inservíveis (art. 17, I e alíneas da Lei 8.666/93); III: incorreta. A alienação de bens imóveis depende de autorização legislativa (art. 17, I da lei 8.666/93).
Gabarito "E".

(Analista Direito – MPE-MS – FGV – 2013) O *pregão*, modalidade de licitação criada pela Lei n. 10.520/2002, foi festejado por imprimir maior celeridade e maior economicidade nas licitações e contratações públicas. Acerca do *pregão*, analise as afirmativas a seguir.

I. A inversão de fases, julgando a proposta de preços antes da habilitação, e a existência de uma fase de lances verbais como forma de fomentar a competitividade, foram inovações trazidas pelo Pregão.
II. O pregão é adequado para a aquisição de bens e serviços comuns, sendo considerados como tais aqueles cujos padrões de desempenho e qualidade possam ser objetivamente definidos pelo edital, por meio de especificações usuais no mercado.
III. O pregão foi instituído pela Medida Provisória n. 2.026/2000, a qual somente permitia que a União o realizasse, o que, após a sua conversão, foi corrigido e estendido para os demais entes (Estados e Municípios).
Assinale:

(A) se somente a afirmativa I estiver correta.
(B) se somente a afirmativa II estiver correta.
(C) se somente a afirmativa III estiver correta.
(D) se somente as afirmativas I e III estiverem corretas.
(E) se todas as afirmativas estiverem corretas.

I: correta. A inversão de fases que consiste no julgamento da proposta de preços antes da habilitação, e os lances verbais são características que diferenciam o pregão das demais modalidades de licitação e a existência de uma fase de lances verbais é forma de fomentar a competitividade; II: correta: O pregão é uma modalidade de licitação instituída pela Lei 10.520/2002 para aquisição de bens e serviços comuns pela União, Estados, Distrito Federal e Municípios, conforme disposto em regulamento, qualquer que seja o valor da contratação, podendo ocorrer na forma presencial ou eletrônica; III: correta. De fato, o pregão foi instituído pela Medida Provisória n. 2.026/2000, a qual somente permitia que a União o realizasse, o que, após a sua conversão, foi corrigido e estendido para os demais entes (Estados e Municípios).
Gabarito "E".

(Analista Direito – MPE-MS – FGV – 2013) Acerca das *modalidades de licitação* previstas na Lei n. 8.666/93, assinale a afirmativa correta.

(A) A *concorrência* é a modalidade mais estrita, somente podendo ser utilizada nas grandes compras e obras da Administração Pública.
(B) O *convite* é a modalidade que, no caso de compras, somente pode ser utilizada para valores iguais ou inferiores a R$ 80.000,00.
(C) O *leilão* somente pode ser utilizado para a venda de bens móveis da Administração Pública pois, no caso de imóveis, é a modalidade e praça.
(D) O *concurso* é a modalidade de licitação que visa à contratação de pessoal para o exercício de cargos, empregos e funções públicas.

(E) A *tomada de preços* é a modalidade de licitação que somente pode ser utilizada para serviços e compras padronizadas.

A: incorreta, pois concorrência é a modalidade de licitação entre quaisquer interessados que, na fase inicial de habilitação preliminar, comprovem possuir os requisitos mínimos de qualificação exigidos no edital para execução de seu objeto (art. 22, § 1° da lei 8.666/93); **B:** correta. Convite é a modalidade utilizada para compras e serviços cujo valor não ultrapasse R$ 80.000,00 (oitenta mil reais) (art. 23, II "*a*" da Lei 8.666/93); **C:** incorreta. Leilão é a modalidade de licitação entre quaisquer interessados para a venda de bens móveis inservíveis para a administração ou de produtos legalmente apreendidos ou penhorados, ou para a alienação de bens imóveis prevista no art. 19, a quem oferecer o maior lance, igual ou superior ao valor da avaliação(art. 22§ 5°); **D:** incorreta. Concurso é a modalidade de licitação entre quaisquer interessados para escolha de trabalho técnico, científico ou artístico, mediante a instituição de prêmios ou remuneração aos vencedores, conforme critérios constantes de edital publicado na imprensa oficial com antecedência mínima de 45 (quarenta e cinco) dias (art. 22, § 4° da Lei 8.666/93); **E:** incorreta. Tomada de preços é a modalidade de licitação entre interessados devidamente cadastrados ou que atenderem a todas as condições exigidas para cadastramento até o terceiro dia anterior à data do recebimento das propostas, observada a necessária qualificação(art. 22, § 2° da Lei 8.666/93).

Gabarito "B".

(Analista de Promotoria I – Assistente Jurídico – MPE-SP – IBFC – 2013) Segundo as disposições da Lei de Licitações e Contratos (Lei n° 8.666/1993), a "modalidade de licitação entre interessados devidamente cadastrados ou que atenderem a todas as condições exigidas para cadastramento até o terceiro dia anterior à data do recebimento das propostas, observada a necessária qualificação", é denominada:

(A) Leilão.

(B) Convite.

(C) Concurso.

(D) Concorrência.

(E) Tomada de preços.

A: incorreta, pois leilão é a modalidade de licitação entre quaisquer interessados para a venda de bens móveis inservíveis para a Administração ou de produtos legalmente apreendidos ou penhorados, ou para a alienação de bens imóveis prevista no art. 19, a quem oferecer o maior lance, igual ou superior ao valor da avaliação (art. 22§ 1° da Lei 8.666/93); **B:** incorreta, pois convite é a modalidade de licitação entre interessados do ramo pertinente ao seu objeto, cadastrados ou não, escolhidos e convidados em número mínimo de 3 (três) pela unidade administrativa, a qual afixará, em local apropriado, cópia do instrumento convocatório e o estenderá aos demais cadastrados na correspondente especialidade que manifestarem seu interesse com antecedência de até 24 (vinte e quatro) horas da apresentação das propostas (art. 22§ 3° da Lei 8.666/93); **C:** incorreta, pois concurso é a modalidade de licitação entre quaisquer interessados para escolha de trabalho técnico, científico ou artístico, mediante a instituição de prêmios ou remuneração aos vencedores, conforme critérios constantes de edital publicado na imprensa oficial com antecedência mínima de 45 (quarenta e cinco) dias (art. 22§ 4° da Lei 8.666/93); D: incorreta, pois concorrência é a modalidade de licitação entre quaisquer interessados que, na fase inicial de habilitação preliminar, comprovem possuir os requisitos mínimos de qualificação exigidos no edital para execução de seu objeto (art. 22, § 1° da Lei 8.666/93); **E:** correta, pois tomada de preços é a modalidade de licitação entre interessados devidamente cadastrados ou que atenderem a todas as condições exigidas para cadastramento até o terceiro dia anterior à data do recebimento das propostas, observada a necessária qualificação(art. 22 § 2° da Lei 8.666/93).

Gabarito "E".

11. CONTRATOS ADMINISTRATIVOS

(Analista de Promotoria I – Assistente Jurídico – MPE-SP – VUNESP – 2010) Constitui um motivo legal para rescisão do contrato administrativo:

(A) o atraso injustificado no início da obra, serviço ou fornecimento.

(B) a paralisação da obra, do serviço ou do fornecimento, mesmo que por justa causa.

(C) a suspensão de sua execução, por ordem escrita da Administração, por prazo superior a 90 (noventa) dias.

(D) a alteração social ou a modificação da finalidade ou da estrutura da empresa, ainda que não prejudique a execução do contrato.

(E) o atraso de sessenta dias dos pagamentos devidos pela Administração, decorrentes de serviços já executados.

A: correta. A alternativa encontra-se de acordo com o disposto no art. 58, IV da Lei 8.666/93; B: incorreta. É motivo legal para rescisão a paralisação da obra, do serviço ou do fornecimento, sem justa causa e prévia comunicação à Administração (art. 78, V,da Lei 8.666/93); **C:** incorreta. A suspensão deve ser por cento e vinte dias (art. 78, XIV da Lei 8.666/93); **D:** incorreta, pois é motivo para rescisão a alteração social ou a modificação da finalidade ou da estrutura da empresa, que prejudique a execução do contrato (art. 78, XI da Lei 8.666/93); **E:** incorreta. O atraso deverá ser de noventa dias (art. 78, XV da Lei 8.666/93).

Gabarito "A".

(Técnico em Promotoria – Direito – MPE-PB – COMPERVE-UFRN) No que concerne aos contratos administrativos, regidos pela Lei n° 8.666/93, é correto afirmar:

(A) A inadimplência do contratado, com referência aos encargos trabalhistas, fiscais e comerciais, transfere à Administração Pública a responsabilidade por seu pagamento.

(B) O contratado, na execução do contrato, sem prejuízo das responsabilidades contratuais e legais, poderá subcontratar partes da obra, serviço ou fornecimento, até o limite admitido, em cada caso, pela Administração.

(C) Os preços unitários para obras ou serviços serão fixados unilateralmente pela Administração Pública, respeitados os limites estabelecidos no mercado, se no contrato não tiverem sido contemplados.

(D) Os contratos administrativos poderão ser alterados unilateralmente pela Administração Pública quando necessária a modificação do regime de execução da obra ou serviço, bem como do modo de fornecimento, em face da verificação técnica da inaplicabilidade dos termos contratuais originários.

(E) Os ensaios, testes e demais provas exigidos por normas técnicas oficiais para a boa execução do objeto do contrato correm por conta da contratante, salvo disposições em contrário constantes do edital, do convite, de ato normativo, portaria ou decreto.

A: incorreta. A inadimplência do contratado, com referência aos encargos trabalhistas, fiscais e comerciais não transfere à Administração Pública a responsabilidade por seu pagamento, nem poderá onerar o objeto do contrato ou restringir a regularização e o uso das obras e edificações, inclusive perante o Registro de Imóveis (art. 71, § 1° da Lei 8.666/93); **B:** correta. Em regra, não é possível a subcontratação (total ou parcial), cessão ou transferência do objeto do contrato não admitidas no edital. Tal fato, se ocorrer, é motivo para rescisão contratual (art. 78, VI). Entretanto, a Lei 8.666/93 em seu art. 72, aponta

1. DIREITO ADMINISTRATIVO   33

uma exceção, enfatizando que há possibilidade de subcontratação de *partes da obra, serviço ou fornecimento*, até o limite admitido, em cada caso, pela Administração Pública. O que deve ser ressaltado é que a subcontratação deve estar *prevista no edital* e desde que *parcial*. O que não se admite é a subcontratação para *serviços técnicos especializados*; **C:** incorreta, pois se no contrato não houverem sido contemplados preços unitários para obras ou serviços, esses serão fixados mediante acordo entre as partes (art. 65, § 3º); **D:** incorreta, pois os contratos somente poderão ser alterados unilateralmente pela Administração quando houver modificação do projeto ou das especificações, para melhor adequação técnica aos seus objetivos ou quando necessária a modificação do valor contratual em decorrência de acréscimo ou diminuição quantitativa de seu objeto, nos limites permitidos por esta lei (art. 65,I, *a* e *b*); **E:** incorreta. Art. 75. Salvo disposições em contrário constantes do edital, do convite ou de ato normativo, os ensaios, testes e demais provas exigidos por normas técnicas oficiais para a boa execução do objeto do contrato correm por conta do contratado.

Gabarito "B".

(Agente Administrativo – MPE-RS – FCC – 2010) Nos termos da Lei nº 8.666/93, a duração do contrato de aluguel de equipamentos de informática:

(A) pode se estender, desde logo, pelo prazo de até quarenta e oito meses.

(B) sujeita-se à regra geral, segundo a qual a duração dos contratos não pode superar a vigência dos respectivos créditos orçamentários.

(C) pode se estender, desde logo, pelo prazo de até sessenta meses.

(D) não pode ultrapassar o prazo de vinte e quatro meses.

(E) pode ter a duração máxima de trinta e seis meses.

A: correta, pois a duração dos contratos regidos pela Lei 8.666/93 ficará adstrita à vigência dos respectivos créditos orçamentários, exceto quanto aos relativos ao aluguel de equipamentos e à utilização de programas de informática, podendo a duração estender-se pelo prazo de até 48 (quarenta e oito) meses após o início da vigência do contrato (art. 57, IV); **B:** incorreta. A duração do contrato para aluguel de equipamentos de informática não se submete a regra geral; **C:** incorreta, pois o prazo é de quarenta e oito meses e não sessenta meses como vem afirmado na alternativa; **D:** incorreta. Pode ultrapassar o prazo de vinte e quatro meses; **E:** incorreta. A duração máxima não é de trinta e seis meses, mas de quarenta e oito meses.

Gabarito "A".

(Analista Ministerial Especialista - Ciências Jurídicas – MPE-TO – UFT-COPESE – 2010) Assinale a alternativa incorreta sobre as prerrogativas da Administração em relação aos contratos administrativos instituído pela Lei nº 8666/93:

(A) Aplicar sanções motivadas pela inexecução total ou parcial do ajuste.

(B) Fiscalizar-lhes a execução.

(C) Modificá-los, unilateralmente, para melhor adequação às finalidades de interesse público, respeitados os direitos do contratado, sendo vedado rescindi-los unilateralmente.

(D) Nos casos de serviços essenciais, ocupar provisoriamente bens móveis, imóveis, pessoal e serviços vinculados ao objeto do contrato, na hipótese da necessidade de acautelar apuração administrativa de faltas contratuais pelo contratado, bem como na hipótese de rescisão do contrato administrativo.

A: correta (art. 58, IV); **B:** correta (art. 58, III); **C:** incorreta, pois, conforme disposto na Lei 8.666/93 em seu art. 58, I, a Administração

Pública poderá modificá-los, unilateralmente, para melhor adequação às finalidades de interesse público, respeitados os direitos do contratado; **D:** correta (art. 58, V).

Gabarito "C".

(Técnico do Ministério Público – MPE-AL – COPEVE - UFAL – 2012) Qual das opções abaixo não consta do art. 87 da Lei nº 8.666/93, que trata das sanções aplicadas pela Administração pela inexecução total ou parcial do contrato, garantida a prévia defesa?

(A) Suspensão temporária de participação em licitação e impedimento de contratar com a Administração, por prazo não superior a 2 (dois) anos.

(B) Multa, na forma prevista no instrumento convocatório ou no contrato.

(C) Advertência.

(D) Suspensão temporária de participação em licitação e impedimento de contratar com a Administração, por prazo não superior a 3 (três) anos.

(E) Declaração de inidoneidade para licitar ou contratar com a Administração Pública enquanto perdurarem os motivos determinantes da punição ou até que seja promovida a reabilitação perante a própria autoridade que aplicou a penalidade, que será concedida sempre que o contratado ressarcir a Administração pelos prejuízos resultantes e após decorrido o prazo da sanção aplicada com base no inciso anterior.

Dispõe o art. 87, incisos I a IV da Lei 8.666/93 que pela inexecução total ou parcial do contrato a Administração poderá, garantida a prévia defesa, aplicar ao contratado as seguintes sanções: advertência; multa, na forma prevista no instrumento convocatório ou no contrato; suspensão temporária de participação em licitação e impedimento de contratar com a Administração, por prazo não superior a 2 (dois) anos e declaração de inidoneidade para licitar ou contratar com a Administração Pública enquanto perdurarem os motivos determinantes da punição ou até que seja promovida a reabilitação perante a própria autoridade que aplicou a penalidade, que será concedida sempre que o contratado ressarcir a Administração pelos prejuízos resultantes e após decorrido o prazo da sanção aplicada com base no inciso anterior. Incorreta a alternativa D, estando as demais corretas.

Gabarito "D".

(Analista Jurídico – MPE-AL – COPEVE-UFAL – 2012) Segundo a Lei Federal nº 8.666, de 21 de junho de 1993, Lei de Licitações e Contratos, é nulo e de nenhum efeito o contrato verbal com a Administração, salvo o de pequenas compras de pronto pagamento, feitas em regime de adiantamento, assim entendidas aquelas de valor não superior a:

(A) R$ 5.000,00 (cinco mil reais).

(B) R$ 4.000,00 (quatro mil reais).

(C) R$ 6.000,00 (seis mil reais).

(D) R$ 15.000,00 (quinze mil reais).

(E) R$ 8.000,00 (oito mil reais).

Conforme dispõe o art. 60 da Lei 8.666/93, em seu parágrafo único, é nulo e de nenhum efeito o contrato verbal com a Administração, salvo o de pequenas compras de pronto pagamento, assim entendidas aquelas de valor não superior a 5% (cinco por cento) do limite estabelecido no art. 23, inciso II, alínea *a* da Lei de Licitações feitas em regime de adiantamento. O art. 23, II, *a* refere-se ao limite de R$ 80.000,00 (oitenta mil reais) para a modalidade de 'convite'. O valor de 5% (cinco por cento) deste valor equivale a R$ 4.000,00 (quatro mil reais). Correta assim, a alternativa B.

Gabarito "B".

(**Analista Ministerial Jurídico – MPE-PE – FCC – 2012**) O Município de Recife e a empresa Construir S/A, após o encerramento de procedimento licitatório, celebraram contrato administrativo para a construção de uma escola pública.

No entanto, houve a rescisão do mencionado contrato, sem culpa da empresa contratada, em razão da supressão, por parte da Administração, de obras, acarretando modificação do valor inicial do contrato além de 25% (vinte e cinco por cento) do valor inicial atualizado do contrato.

Na hipótese, a empresa Construir S/A será ressarcida dos prejuízos regularmente comprovados que houver sofrido, tendo ainda direito a:

(A) pagamentos devidos pela execução do contrato até a data da rescisão, apenas.

(B) devolução de garantia e pagamentos devidos pela execução do contrato até a data da rescisão, apenas.

(C) devolução de garantia, pagamentos devidos pela execução do contrato até a data da rescisão e pagamento do custo da desmobilização.

(D) pagamentos devidos pela execução do contrato até a data da rescisão e pagamento do custo da desmobilização, apenas.

(E) devolução de garantia, apenas.

A: incorreta, pois o contratado terá outros direitos além dos pagamentos devidos pela execução do contrato; **B:** incorreta, pois o contratado terá direito também a receber outros prejuízos desde que comprovados; **C:** correta. Quando a rescisão ocorrer por supressão de obra, conforme disposto no enunciado da questão, sem que haja culpa do contratado, será este ressarcido dos prejuízos regularmente comprovados que houver sofrido, tendo ainda direito a devolução de garantia; pagamentos devidos pela execução do contrato até a data da rescisão e pagamento do custo da desmobilização (art. 79, § 2° da Lei 8.666/93); **D:** incorreta. O contratado terá direito a ser ressarcido dos prejuízos regularmente comprovados que houver sofrido, tendo ainda direito a devolução de garantia; pagamentos devidos pela execução do contrato até a data da rescisão e pagamento do custo da desmobilização; **E:** incorreta, pois terá direito não somente à devolução de garantia apenas.
Gabarito "C".

(**Analista Processual – MP-RO – FUNCAB – 2012**) Segundo a Lei de Licitações e Contratos Administrativos, o instrumento de contrato é obrigatório:

(A) nos casos de concorrência e de tomada de preços, bem como nas dispensas e inexigibilidades cujos preços estejam compreendidos nos limites dessas duas modalidades de licitação.

(B) apenas se inexistir ordem de execução de serviço.

(C) em qualquer hipótese de contrato administrativo.

(D) em qualquer hipótese de contrato administrativo, salvo nos casos de concorrência e de tomada de preços, em que pode ser substituído pelas disposições do próprio edital.

(E) quando o edital não possa suprir suas disposições

Conforme disposto na Lei de Licitações, o instrumento de contrato é obrigatório nos casos de concorrência e de tomada de preços, bem como nas dispensas e inexigibilidades cujos preços estejam compreendidos nos limites destas duas modalidades de licitação. No entanto é facultativo nos demais em que a Administração puder substituí-lo por outros instrumentos hábeis, tais como carta-contrato, nota de empenho de despesa, autorização de compra ou ordem de execução de serviço. É dispensável o "termo de contrato" e facultada a substituição prevista neste artigo, a critério da Administração e independentemente

de seu valor, nos casos de compra com entrega imediata e integral dos bens adquiridos, dos quais não resultem obrigações futuras, inclusive assistência técnica (art. 62, "caput" e § 4° da Lei 8.666/93). Correta, a alternativa A.
Gabarito "A".

(**Analista Administrativo – MPE-RN – FCC – 2012**) Executado o contrato, o seu objeto será recebido, em se tratando de obras e serviços, definitivamente, por servidor ou comissão designada pela autoridade competente, mediante termo circunstanciado, assinado pelas partes, após o decurso do prazo de observação, ou vistoria que comprove a adequação do objeto aos termos contratuais.

O prazo mencionado NÃO poderá ser superior a:

(A) 30 dias, salvo em casos excepcionais, devidamente justificados e previstos no edital.

(B) 60 dias, salvo em casos excepcionais, devidamente justificados e previstos no edital.

(C) 90 dias, salvo em casos excepcionais, devidamente justificados e previstos no edital.

(D) 120 dias, não comportando exceção.

(E) 180 dias, não comportando exceção.

A: incorreta. O prazo é de 90 dias (art. 74, § 3° da Lei 8.666/93); **B:** incorreta. O prazo não é de 60 dias, mas de 90 dias (art. 74, § 3° da Lei 8.666/93); **C:** correta. O prazo a que se refere o enunciado da questão não poderá ser superior a 90 (noventa) dias, salvo em casos excepcionais, devidamente justificados e previstos no edital (art. 74, § 3° da Lei 8.666/93); **D:** incorreta. O prazo é de 90 dias e não de 120 dias (art. 74, § 3° da Lei 8.666/93); **E:** incorreta. O prazo não é de 180 dias, mas de 90 dias (art. 74, § 3° da Lei 8.666/93).
Gabarito "C".

(**Analista Ministerial Processual-Direito – MPE-MA – FCC – 2013**) Nos termos da Lei n° 8.666/93, o contratado é responsável pelos encargos trabalhistas, previdenciários, fiscais e comerciais resultantes da execução do contrato. A inadimplência do contratado não transfere à Administração Pública a responsabilidade pelo pagamento de tais encargos, exceto em uma hipótese, na qual a Administração responderá solidariamente com o contratado. A exceção refere-se aos encargos:

(A) administrativos.

(B) trabalhistas.

(C) fiscais.

(D) comerciais.

(E) previdenciários.

Conforme previsto na Lei de Licitações, o contratado é responsável pelos encargos trabalhistas, previdenciários, fiscais e comerciais resultantes da execução do contrato. A inadimplência do contratado, com referência aos encargos trabalhistas, fiscais e comerciais não transfere à Administração Pública a responsabilidade por seu pagamento, nem poderá onerar o objeto do contrato ou restringir a regularização e o uso das obras e edificações, inclusive perante o Registro de Imóveis. A Administração Pública responde solidariamente com o contratado pelos encargos previdenciários resultantes da execução do contrato (art. 71, §§ 1° e 2°).
Gabarito "E".

(**Analista Direito MPE–MS – FGV – 2013**) As alternativas a seguir apresentam cláusulas exorbitantes dos contratos administrativos, **à exceção de uma**. Assinale-a.

(A) Rescisão unilateral do contrato.

(B) Fiscalização unilateral da obra.

1. DIREITO ADMINISTRATIVO

(C) Alteração unilateral do preço.
(D) Aplicação de sanções administrativas.
(E) Inoponibilidade relativa da exceção do contrato não cumprido.

Conforme disposto no art. 58, I a V da Lei 8.666/93, são clausulas exorbitantes as seguintes: modificação e rescisão unilateral do contrato; fiscalização da execução do contrato; aplicação de sanções e ocupação provisória de bens. Correta, assim, a alternativa "C".
Gabarito "C".

(Analista Jurídico – MPE-CE – FCC – 2013) Nos termos da Lei nº 8.666/93, havendo inexecução total ou parcial do contrato administrativo a Administração poderá aplicar ao contratado determinadas sanções administrativas.

As sanções administrativas de advertência, suspensão temporária de participação em licitação e impedimento de contratar com a Administração, por prazo não superior a dois anos e declaração de inidoneidade para licitar ou contratar com a Administração Pública poderão ser aplicadas juntamente com a sanção de multa, facultada a defesa prévia do interessado, no respectivo processo, no prazo de

(A) 05 dias úteis.
(B) 30 dias úteis.
(C) 20 dias úteis.
(D) 15 dias úteis.
(E) 10 dias úteis.

A: correta. O prazo é de cinco dias úteis (art. 87, § 2º da Lei 8.666/93); **B:** incorreta. O prazo não é de trinta dia, mas de cinco dias úteis; **C:** incorreta. O prazo é de cinco dias úteis e não de vinte dias úteis; **D:** incorreta. O prazo é de cinco dias e não de quinze dias úteis; **E:** incorreta. O prazo é de cinco dias úteis e não dez.
Gabarito "A".

12. SERVIÇOS PÚBLICO

(Agente Administrativo – MPE-RS – FCC – 2010) Tendo em vista a classificação dos serviços públicos, o serviço de segurança pública é:

(A) indelegável.
(B) de utilidade pública.
(C) não essencial.
(D) impróprio.
(E) singular.

A: correta. O serviço de segurança pública é indelegável (serviço público propriamente dito). A Administração Pública presta diretamente, sem possibilidade de delegação a terceiros; **B:** incorreta. Os serviços de utilidade pública podem ser delegáveis. Neste caso, a Administração Pública, reconhecendo sua conveniência, presta-os diretamente ou permite que sejam prestados por terceiros (concessionários, permissionários ou autorizatários), nas condições regulamentadas e sob seu controle, mas por conta e risco dos prestadores, mediante remuneração dos usuários. Exemplos: transporte coletivo, energia elétrica, gás, telefone. Não se enquadra neste caso a segurança pública; **C:** incorreta. Os *serviços públicos não essenciais*, em regra, são delegáveis e podem ser remunerados. Não é o caso do serviço de segurança pública; **D:** incorreta. Serviços impróprios do Estado são os que não afetam substancialmente as necessidades da comunidade, mas satisfazem interesses comuns. A Administração Pública os presta por seus órgãos ou entidades descentralizadas (autarquias, empresas públicas, sociedades de economia mista, fundações governamentais) ou delega sua prestação a concessionários, permissionários ou autorizatários;

E: incorreta. Serviços individuais *(uti singuli)*, também conhecidos como serviços singulares, têm usuários determinados e sua utilização é individual, facultativa e mensurável para cada destinatário, a exemplos dos serviços de telefone, água e energia elétrica, sendo remunerados por taxa (tributo) ou tarifa (preço público) e não por imposto.
Gabarito "A".

(Assistente Técnico Administrativo – MPE-BA – FESMIP – 2011) O Decreto-Lei 200, de 25.02.1967 caracteriza a _____ quando a entidade da Administração Direta ou Indireta, encarregada de executar um ou mais serviços, distribui competências no âmbito se sua própria estrutura, a fim de tornar mais ágil e eficiente a prestação dos serviços.

A palavra que preenche adequadamente a lacuna é:

(A) delegação.
(B) concentração.
(C) centralização.
(D) desconcentração.
(E) descentralização.

A: incorreta, pois na delegação, o Estado transfere por tempo determinado, a execução do serviço de interesse público a particulares. A delegação pode ser pela concessão ou permissão, cujas regras encontram-se disciplinadas na Lei 8.987/95, que dispõe sobre o regime de concessão e permissão de serviços públicos; **B:** incorreta, tendo em vista que a concentração é o poder atribuído ao Chefe do Poder Executivo para o desempenho de função administrativa; **C:** incorreta, pois na centralização, a atividade é executada diretamente pelo Estado por meio de próprios órgãos, não transferindo essa atribuição à outra pessoa jurídica; **D:** correta, pois a desconcentração ocorre no âmbito interno da Administração Pública, e consiste na distribuição interna de atividades administrativas a outros órgãos, pertencentes à Administração Pública Direta, mas que não têm personalidade jurídica própria. Quando há necessidade de criação de um ministério ou uma secretária para o desempenho de determinada função, estamos diante da desconcentração. Ou quando Prefeito distribui internamente atribuições aos secretários de saúde, educação etc.; **E:** incorreta, pois a descentralização é a distribuição externa de atividades administrativas, que passam a ser exercidas por pessoa(s) distinta(s) do Estado, e ocorre quando o Estado transfere o exercício de suas atividades para particulares, ou para entidades por ele criadas, agindo assim forma indireta.
Gabarito "D".

(Técnico do Ministério Público – MPE-AL - COPEVE – UFAL – 2012) Dadas as questões sobre serviço público,

I. Serviço público é todo aquele prestado pela administração ou por seus delegados, sob normas e controles estatais.

II. Serviços delegáveis são aqueles que, por sua natureza ou pelo fato de assim dispor o ordenamento jurídico, comportam ser executados pelo Estado ou por particulares colaboradores.

III. Os serviços públicos somente podem ser executados se houver uma disciplina normativa que os regulamente.

IV. Desestatizar significa retirar o Estado de certo setor de atividades, ao passo que privatizar indica converter algo em privado.

verifica-se que está(ão) correta(s):

(A) I, II, III e IV.
(B) I, apenas.
(C) II, III e IV, apenas.
(D) II e III, apenas.

(E) I, II e III, apenas.

I: correta. O serviço público é todo aquele que pode ser prestado pela Administração Pública ou por seus delegados, sob normas e controles estatais, a exemplos de concessionárias e permissionárias d e serviços públicos; **II:** correta. Os serviços delegáveis tanto podem ser executados pelo Estado como por particulares; **III:** correta. Para que os serviços públicos possam ser executados deve haver previsão normativa que os regulamente; **IV:** correta. Desestatizar significa que o Estado, de certo, não mais atuará em determinada atividade, ao passo que privatizar indica converter algo em privado.
Gabarito "A".

(Analista de Promotoria I – Assistente Jurídico – MPE-SP – IBFC – 2013) Na concessão de serviços públicos, o poder concedente, que corresponde aos vários entes estatais (União, Estados, Distrito Federal e Municípios), transfere à pessoa jurídica ou consórcio de empresas:

(A) A utilização privativa de bem público.
(B) A titularidade e a execução de serviços públicos.
(C) Os bens necessários à prestação de serviços públicos.
(D) Apenas a titularidade dos serviços públicos, mas não a sua execução.
(E) Apenas a execução de serviços públicos e continua com a titularidade.

Na concessão, o Estado transfere por tempo determinado, a execução do serviço de interesse público a particulares, mas continua com a titularidade. Esta delegação pode ser pela concessão ou permissão, cujas regras encontram-se disciplinadas na Lei 8.987/95, que dispõe sobre o regime de concessão e permissão de serviços públicos.
Gabarito "E".

13. CONTROLE DA ADMINISTRAÇÃO PÚBLICA

(Analista de Promotoria I – Assistente Jurídico – MPE-SP – IBFC – 2013) O controle financeiro é aquele relacionado com a fiscalização contábil, financeira, orçamentária e patrimonial da Administração Pública direta e indireta, ou de qualquer pessoa física ou jurídica que utilize, arrecade, guarde, gerencie ou administre dinheiro, bens e valores públicos. Assim, considerando as disposições constitucionais sobre o tema, esse controle é exercido pelo:

(A) Poder Judiciário com auxílio do Tribunal de Contas.
(B) Poder Legislativo com auxílio do Tribunal de Contas.
(C) Poder Judiciário com auxílio do Ministério Público de Contas.
(D) Poder Executivo com auxílio do Ministério Público de Contas.
(E) Poder Legislativo com auxílio da Procuradoria Geral do Estado.

A: incorreta. O controle financeiro não é exercido pelo Judiciário; B: correta. O controle financeiro é exercido pelo Legislativo com o auxílio do Tribunal de Contas (art. 71 da CF); C: incorreta. O controle financeiro não é exercido pelo Judiciário com o auxílio do Ministério Público de Contas; D: incorreta. O controle financeiro não é exercido pelo Executivo, mas pelo Legislativo com o auxílio do Tribunal de Contas; E: incorreta. O controle é exercido pelo legislativo, mas não com o auxílio da Procuradoria Geral do Estado.
Gabarito "B".

14. FINANÇAS PÚBLICAS

(Agente Administrativo – MPE-RS – FCC – 2010) A lei que compreende as metas e prioridades da administração pública federal, incluindo as despesas de capital para o exercício financeiro subsequente, é:

(A) a Lei de Improbidade Administrativa.
(B) o Plano Plurianual.
(C) a Lei Orçamentária anual.
(D) a Lei de Responsabilidade Fiscal.
(E) a Lei de Diretrizes Orçamentárias.

A: incorreta. A Lei de Improbidade Administrativa dispõe sobre as sanções aplicáveis aos agentes públicos nos casos de enriquecimento ilícito no exercício de mandato, cargo, emprego ou função na Administração Pública direta, indireta ou fundacional; **B:** incorreta, pois o Plano Plurianual (PPA) trata-se de um *orçamento-programa*, de médio prazo, com duração de quatro anos, iniciando sua contagem no segundo ano de cada mandato governamental e estendendo a sua vigência até o primeiro ano do mandato subsequente, de modo a proporcionar a continuidade da Administração Pública; **C:** incorreta. A Lei Orçamentária Anual (LOA), é um instrumento utilizado para estimar a receita e fixar a despesa, evidenciando a política econômico-financeira e o programa de trabalho do Governo, estabelecidos no Plano Plurianual-PPA e na Lei de Diretrizes Orçamentárias-LDO; **D:** incorreta. A Lei de Responsabilidade Fiscal estabelece normas de finanças públicas voltadas para a responsabilidade na gestão fiscal; **E:** correta. A lei de diretrizes orçamentárias compreenderá as metas e prioridades da Administração Pública federal, incluindo as despesas de capital para o exercício financeiro subsequente, orientará a elaboração da lei orçamentária anual, disporá sobre as alterações na legislação tributária e estabelecerá a política de aplicação das agências financeiras oficiais de fomento (art. 165, § 2°, da Constituição Federal), sendo esta a alternativa correta.
Gabarito "E".

(Agente Administrativo – MPE-RS – FCC – 2010) O Poder Executivo publicará, até ...... dias após o encerramento de cada bimestre, relatório resumido da execução orçamentária.

Completa corretamente a lacuna acima:

(A) trinta.
(B) quarenta e cinco.
(C) sessenta.
(D) noventa.
(E) cento e vinte.

Dispõe a Carta Constitucional em seu art. 165, § 3° que o Poder Executivo publicará, até trinta dias após o encerramento de cada bimestre, relatório resumido da execução orçamentária, estando correta a alternativa A e as demais incorretas.
Gabarito "A".

(Agente Administrativo – MPE-RS – FCC – 2010) No início do exercício financeiro, órgão da Administração Pública precisa fazer empenho de despesa para pagamento de energia elétrica durante o exercício. Esse empenho será na modalidade:

(A) ordinário.
(B) global.
(C) estimativa.
(D) subempenho.
(E) parcelada.

Gabarito: O empenho de despesa é o ato emanado de autoridade competente que cria para o Estado obrigação de pagamento pendente ou não de implemento de condição (art. 58 da Lei 4.320/64). Saliente-se que é vedada a realização de despesa sem prévio empenho. No entanto, será feito por estimativa o empenho da despesa cujo montante não se possa determinar (art. 60 § 2° da Lei 4.320/64), estando correta a alternativa B.
Gabarito "B".

(Agente Administrativo – MPE-RS – FCC – 2010) De acordo com a Lei nº 4.320/64, a nota de empenho:

(A) não precisa indicar o nome do credor.
(B) jamais pode ser dispensada.
(C) é documento que substitui o empenho.
(D) pode ser substituída pelo contrato.
(E) pode ser dispensada em casos especiais.

O empenho de despesa é o ato emanado de autoridade competente que cria para o Estado obrigação de pagamento pendente ou não de implemento de condição(art. 58, da Lei 4.320/64). Saliente-se que é vedada a realização de despesa sem prévio empenho. No entanto, a lei determina que, em casos especiais previstos na legislação específica será dispensada a emissão da nota de empenho (art. 60, § 1º da Lei 4.320/64).
Gabarito "E".

15. PROCESSO ADMINISTRATIVO

(Técnico do Ministério Público – MPE-AL – COPEVE - UFAL – 2012) Não é espécie de recurso administrativo:

(A) representação.
(B) coisa julgada.
(C) reclamação.
(D) pedido de reconsideração.
(E) revisão.

A: correta. A representação é uma espécie de recurso administrativo cabível contra ilegalidade, omissão ou abuso de poder e será encaminhada pela via hierárquica e apreciada pela autoridade superior àquela contra a qual é formulada, assegurando-se ao representante ampla defesa (art. 116, XII, parágrafo único da Lei 8.112/90); **B:** incorreta, devendo ser assinalada, pois a coisa julgada é a qualidade conferida à sentença judicial contra a qual não cabem mais recursos; **C:** correta. A reclamação é recurso administrativo acolhida pelo Supremo Tribunal Federal. Na reclamação fundada em violação de enunciado da súmula vinculante, dar-se-á ciência à autoridade prolatora e ao órgão competente para o julgamento do recurso, que deverão adequar as futuras decisões administrativas em casos semelhantes, sob pena de responsabilização pessoal nas esferas cível, administrativa e penal (art. 64-B da Lei 9.784/99); **D:** correta. Cabe pedido de reconsideração à autoridade que houver expedido o ato ou proferido a primeira decisão, não podendo ser renovado. O requerimento e o pedido de reconsideração de que tratam os artigos anteriores deverão ser despachados no prazo de 5 (cinco) dias e decididos dentro de 30 (trinta) dias (art. 106, parágrafo único da Lei 8.112/90); **E:** correta, pois o processo disciplinar poderá ser revisto, a qualquer tempo, a pedido ou de ofício, quando se aduzirem fatos novos ou circunstâncias suscetíveis de justificar a inocência do punido ou a inadequação da penalidade aplicada (art. 174 da Lei 8.112/90).
Gabarito "B".

(Analista Ministerial - Direito – MPE-AP – FCC – 2012) Leonardo, ex-servidor público civil da União, foi demitido do serviço público após a conclusão do respectivo processo administrativo disciplinar. Após a demissão, Leonardo veio a falecer. No entanto, a viúva de Leonardo tem a posse de um documento novo, que comprova a inocência do punido. Nesse caso,

(A) apenas será possível o requerimento de revisão do processo disciplinar, se a viúva de Leonardo assim o fizer, dentro do prazo máximo de um ano contado da ciência do documento.
(B) apenas será possível o requerimento de revisão do processo disciplinar, se a viúva de Leonardo assim o fizer, dentro do prazo máximo de seis meses contados da ciência do documento.
(C) não será possível a revisão do processo disciplinar, em razão do falecimento de Leonardo.
(D) será possível o requerimento de revisão do processo disciplinar apenas se for requerido por ascendente ou descendente do falecido e não por sua viúva.
(E) a viúva de Leonardo poderá requerer, a qualquer tempo, a revisão do processo disciplinar, a fim de demonstrar a inocência dele.

A Lei 8.112/90 (Estatuto do Servidor Público Federal) prescreve em seu art. 174, "caput" que o processo disciplinar poderá ser revisto, a qualquer tempo, a pedido ou de ofício, quando se aduzirem fatos novos ou circunstâncias suscetíveis de justificar a inocência do punido ou a inadequação da penalidade aplicada. E no § 1º complementa confirmando que em caso de falecimento, ausência ou desaparecimento do servidor, qualquer pessoa da família poderá requerer a revisão do processo. Verifica-se dessa forma que está correta a alternativa E.
Gabarito "E".

(Analista Ministerial - Direito – MPE-AP – FCC – 2012) Tina, interessada em determinado processo administrativo, requereu, por escrito, a desistência total do pedido formulado no mesmo. Tendo em vista a existência de vários interessados no mencionado processo, e nos termos da Lei nº 9.784/1999,

(A) a desistência de Tina atingirá todos os interessados.
(B) não é cabível a desistência total, mas sim a parcial.
(C) a desistência de Tina não prejudicará o prosseguimento do processo, se a Administração considerar que o interesse público assim o exige.
(D) não é cabível a desistência, total ou parcial, do pedido formulado por Tina.
(E) a desistência do pedido de Tina não é possível neste caso pois, para ser válida, deve ser formulada por todos os interessados.

A: incorreta, pois a desistência ou renúncia atinge somente quem a tenha formulado (art. 51, § 1º); **B:** incorreta. O interessado poderá, mediante manifestação escrita, desistir total ou parcialmente do pedido formulado (art. 51, "caput"); **C:** correta. A desistência ou renúncia do interessado, conforme o caso, não prejudica o prosseguimento do processo, se a Administração considerar que o interesse público assim o exige (art. 51, § 2º); **D:** incorreta. O interessado poderá, mediante manifestação escrita, desistir total ou parcialmente do pedido formulado(art. 51, "caput"); **E:** incorreta. A desistência do pedido de Tina é possível neste caso e, para ser válida, não precisa formulada por todos os interessados.
Gabarito "C".

Analista Ministerial Processual-Direito – MPE-MA – FCC – 2013) Segundo a Lei nº 9.784/99, que trata do processo administrativo no âmbito da Administração Pública Federal, inexistindo disposição específica, os atos do órgão ou autoridade responsável pelo processo e dos administrados que dele participem devem ser praticados no prazo de cinco dias, salvo motivo de força maior. Referido prazo:

(A) pode ser dilatado até o dobro, mediante comprovada justificação.
(B) não pode ser dilatado.
(C) pode ser estendido por mais quinze dias, desde que comprovadamente justificado.
(D) pode ser dilatado por até três dias, independentemente de justificação.

(E) pode ser estendido para até trinta dias em situações absolutamente excepcionais, comprovadamente justificadas.

A: correta, pois conforme na Lei 9.784/99 em seu art. 24, "caput" e parágrafo único, inexistindo disposição específica, os atos do órgão ou autoridade responsável pelo processo e dos administrados que dele participem devem ser praticados no prazo de cinco dias, salvo motivo de força maior. Este prazo pode ser dilatado até o dobro, mediante comprovada justificação (art. 24, parágrafo único da Lei 9.784/99); **B:** incorreta, pois o prazo pode ser dilatado até o dobro (art. 24, parágrafo único da Lei 9.784/99); **C:** incorreta. O prazo não pode ser estendido por mais quinze dias. O limite é de até dez dias (art. 24, parágrafo único da Lei 9.784/99); **D:** incorreta, pois o prazo pode ser dilatado por dez dias, mediante comprovada justificação (art. 24, parágrafo único da Lei 9.784/99); **E:** incorreta. O prazo não pode em nenhuma hipótese ser estendido para até trinta dias, mesmo que em situações absolutamente excepcionais, comprovadamente justificadas (art. 24, parágrafo único da Lei 9.784/99).
Gabarito "A".

(Analista Ministerial Processual-Direito – MPE-MA – FCC – 2013) Determinado órgão administrativo e seu titular, ao constatarem a inexistência de impedimento legal, delegaram parte da sua competência a outros órgãos e titulares, mesmo não lhes sendo hierarquicamente subordinados, assim o fazendo por ser conveniente, em razão de circunstâncias de índole técnica. A propósito do tema e nos termos da Lei nº 9.784/99, é correto afirmar:

(A) A Lei nº 9.784/99 não autoriza delegação em razão de circunstâncias de índole técnica, mas apenas de índole jurídica.

(B) É possível a delegação em questão, por estar autorizada pela Lei nº 9.784/99.

(C) Não é cabível a delegação, vez que a competência é sempre irrenunciável.

(D) A Lei nº 9.784/99 não autoriza delegação em razão de circunstâncias de índole técnica, mas apenas de índole territorial.

(E) A delegação em questão não é possível, vez que não se aplica a órgãos e titulares que não sejam hierarquicamente subordinados ao delegante.

A: incorreta, pois a lei autoriza a delegação de competência em circunstâncias de índole técnica, social, econômica, jurídica ou territorial (art. 12); **B:** correta. Conforme dispõe o art. 12, *um órgão administrativo e seu titular poderão, se não houver impedimento legal, delegar parte da sua competência a outros órgãos ou titulares, ainda que estes não lhe sejam hierarquicamente subordinados, quando for conveniente, em razão de circunstâncias de índole técnica, social, econômica, jurídica ou territorial;* **C:** incorreta. A delegação é possível (art. 12); **D:** incorreta, pois a lei autoriza a delegação de competência em circunstâncias de índole técnica, social, econômica, jurídica ou territorial (art. 12); **E:** incorreta. A delegação é possível a outros órgãos ainda que estes não lhe sejam hierarquicamente subordinados (art. 12).
Gabarito "B".

16. OUTROS TEMAS E QUESTÕES DE CONTEÚDO VARIADO

(Agente Administrativo – MPE-RS – FCC – 2010) Estão fora do alcance da Lei Complementar nº 101/2000, NÃO se-lhes aplicando as suas disposições,

(A) os Tribunais de Contas dos Municípios.

(B) as Organizações não governamentais.

(C) o Poder Judiciário dos Estados.

(D) o Ministério Público dos Estados.

(E) as Câmaras de Vereadores.

A: incorreta, pois a Lei de Responsabilidade alcança os Tribunais de Contas do Município (art. 1°, § 3°, III); **B:** correta. Não se aplicam às Organizações não governamentais as disposições da Lei de Responsabilidade Fiscal; **C:** correta. Ao Poder Judiciário aplica-se o disposto na LRF conforme prescreve o art. 1°, § 3°, I, "a"; **D:** incorreta. De igual modo, ao Ministério Público, aplica-se o disposto na LRF conforme prescreve o art. 1°, § 3°, I "a"; **E:** incorreta. Nos termos do art. 1°, § 3°, I a, ao Poder Legislativo aplica-se o disposto na LRF.
Gabarito "B".

(Agente Administrativo – MPE-RS – FCC – 2010) Nos termos da Lei Complementar nº 101/2000, as contas apresentadas pelo Chefe do Poder Executivo ficarão disponíveis, no respectivo Poder Legislativo e no órgão técnico responsável pela sua elaboração, para consulta e apreciação pelos cidadãos e instituições da sociedade, durante:

(A) três meses após o encerramento do exercício a que se refere.

(B) seis meses após o encerramento do exercício a que se refere.

(C) seis meses após o encerramento do mandato.

(D) um ano após o encerramento do mandato.

(E) todo o exercício.

A: incorreta, pois não corresponde ao disposto na LRF; B: incorreta, pois não corresponde à previsão da LRF; C: incorreta, pois não encontra amparo na LRF; D: incorreta, pois as contas apresentadas pelo Chefe do Poder Executivo ficarão disponíveis, no respectivo Poder Legislativo e no órgão técnico responsável pela sua elaboração, para consulta e apreciação pelos cidadãos e instituições da sociedade, durante o exercício; E: correta. Segundo disposto na LRF, as contas apresentadas pelo Chefe do Poder Executivo ficarão disponíveis, durante todo o exercício, no respectivo Poder Legislativo e no órgão técnico responsável pela sua elaboração, para consulta e apreciação pelos cidadãos e instituições da sociedade (art. 49).
Gabarito "E".

(Analista Ministerial Especialista – Ciências Jurídicas – MPE-TO – UFT-COPESE – 2010) Assinale a alternativa incorreta:

(A) A falta de defesa técnica por advogado acarreta nulidade do processo administrativo disciplinar.

(B) É inconstitucional a exigência de depósito ou arrolamento prévios de dinheiro ou bens para admissibilidade de recurso administrativo.

(C) Considera-se poder de polícia atividade da administração pública que, limitando ou disciplinando direito, interesse ou liberdade, regula a prática de ato ou a abstenção de fato, em razão de interesse público concernente à segurança, à higiene, à ordem, aos costumes, à disciplina da produção e do mercado, ao exercício de atividades econômicas dependentes de concessão ou autorização do Poder Público, à tranquilidade pública ou ao respeito à propriedade e aos direitos individuais ou coletivos.

(D) A nomeação de cônjuge, companheiro ou parente em linha reta, colateral ou por afinidade, até o terceiro grau, inclusive, da autoridade nomeante ou de servidor da mesma pessoa jurídica investido em cargo de direção, chefia ou assessoramento, para o exercício de cargo em comissão ou de confiança ou, ainda, de função gratificada na função pública, direta e indireta

1. DIREITO ADMINISTRATIVO

em qualquer dos Poderes da União, dos Estados, do Distrito Federal e dos Municípios, compreendido o ajuste mediante designações recíprocas, viola a Constituição Federal.

A: incorreta, pois o STF firmou entendimento na Súmula Vinculante 5 de que a falta de defesa técnica por advogado no processo administrativo disciplinar não ofende a Constituição; **B:** correta. A alternativa corresponde ao disposto na Sumula Vinculante 21 do STF: É inconstitucional a exigência de depósito ou arrolamento prévios de dinheiro ou bens para admissibilidade de recurso administrativo. Portanto, a alternativa encontra-se correta; **C:** correta. O enunciado é transcrição da definição conceitual de poder de polícia trazida pelo art. 78 do CTN; **D:** correta. O enunciado é a transcrição da Súmula Vinculante 13 do STF, conhecida como a súmula do nepotismo.

Gabarito "A"

(Analista de Promotoria I – Assistente Jurídico – MPE-SP – IBFC – 2013)
"Na técnica do Direito Administrativo,_____
_,em sentido amplo, designa a pessoa física que presta serviço ao Estado ou às entidades da Administração, com vínculo empregatício e mediante remuneração paga pelos cofres públicos".

Para que esta afirmação seja correta, a lacuna deve ser preenchida com a seguinte expressão:

(A) Agente político.

(B) Órgão público.

(C) Servidor público.

(D) Função pública.

(E) Particulares em colaboração com o Poder Público.

Comentários: Segundo Maria Sylvia Zanella Di Pietro "servidor público em sentido amplo, são as pessoas físicas que prestam serviços ao Estado e às entidades da Administração Indireta, com vínculo empregatício e mediante remuneração paga pelos cofres públicos". Correta assim a alternativa C.

Gabarito "C"

2. DIREITO CIVIL

Gabriela Pinheiro e Gustavo Nicolau

1. LEI DE INTRODUÇÃO

(Analista MPE-SE – FCC – 2013) Considere as afirmativas:

I. Salvo disposição contrária, a lei começa a vigorar em todo o país 45 dias depois de oficialmente publicada.

II. Não se destinando à vigência temporária, a lei terá vigor até que outra a modifique ou revogue.

III. Salvo disposição em contrário, a lei revogada restaura-se ao ter a lei revogadora perdido vigência.

Está correto o que se afirma em:

(A) I e II, apenas.
(B) I e III, apenas.
(C) I, II e III.
(D) I, apenas.
(E) II, apenas.

I: correta (art. 1º, "caput" da LINDB); II: correta (art. 2º, "caput" da LINDB); III: incorreta, pois salvo disposição em contrário, a lei revogada *não se restaura* por ter a lei revogadora perdido a vigência (art. 2º, §3º da LINDB).
Gabarito "A".

(Analista Administrativo – MPE-RN – FCC – 2012) No tocante às lacunas, a teoria que defende a inexistência de lacunas, aplicando-se a norma do *tudo o que não está proibido está juridicamente permitido,* é a teoria do:

(A) Apriorismo Filosófico.
(B) Ecletismo.
(C) Realismo Ingênuo.
(D) Pragmatismo.
(E) Empirismo Científico.

A: incorreta, pois esta é a concepção segundo a qual a ordem jurídica não apresenta lacunas; B: incorreta, pois para essa teoria, enquanto a lei apresenta lacunas, a ordem jurídica não as possui; C: incorreta, pois segundo essa teoria, a evolução social cria espaços vazios, não apenas na lei, mas também no próprio sistema jurídico, de tal sorte que muitos casos não podem ser resolvidos com base em normas preexistentes. Somente na hipótese de lacuna é admissível o arbítrio judicial D: incorreta, pois essa corrente defende a existência de lacunas no ordenamento jurídico, mas entende ser necessário se convencionar, para efeitos práticos, que o Direito sempre dispõe de fórmulas para regular todos os casos existentes. E: correta, pois com base na chamada norma de liberdade, pela qual tudo o que não está proibido está permitido, defende-se a inexistência de lacunas. Assim, não haverá vácuos no ordenamento jurídico.
Gabarito "E".

(Analista Administrativo – MPE-RN – FCC – 2012) Considere as seguintes assertivas a respeito da analogia:

I. A analogia não é fonte formal, porque não cria normas jurídicas, apenas conduz o intérprete ao seu encontro.

II. No processo de integração do Direito, a analogia será utilizada em último lugar, aplicando-se primeiramente os Princípios Gerais do Direito e a Equidade.

III. Para os autores que distinguem a analogia legal da analogia jurídica, a primeira encontra-se em um determinado ato legislativo.

Está correto o que se afirma APENAS em:

(A) I.
(B) I e II.
(C) I e III.
(D) II e III.
(E) III.

I: correta, pois sob o aspecto de fonte criadora da norma, somente a lei é fonte formal por excelência; II: incorreta, pois a analogia deve ser aplicada em primeiro lugar, conforme o art. 4º da LINDB); III: correta, pois a analogia *legis* corresponde à aplicação da uma norma semelhante, enquanto a analogia jurídica é a aplicação de um conjunto de normas próximas, visando a extrair elementos que facultem a analogia.
Gabarito "C".

(Analista Ministerial Especialista – Ciências Jurídicas – MPE-TO – UFT-COPESE – 2010) Assinale a alternativa incorreta:

(A) A lei nova, que estabeleça disposições gerais ou especiais a par das já existentes, não revoga nem modifica a lei anterior.

(B) A repristinação tácita é instituto legal permitido pelo ordenamento jurídico.

(C) As correções a texto de lei já em vigor consideram-se lei nova.

(D) Não conhecendo a lei estrangeira, poderá o juiz exigir de quem a invoca prova do texto e da vigência.

A: correta (art. 2º, §2º da LINDB); B: incorreta (devendo ser assinalada), pois salvo disposição em contrário, a lei revogada não se restaura por ter a lei revogadora perdido a vigência, logo apenas será possível a repristinação expressa (art. 2º, §3º da LINDB); C: correta (art. 1º, §4º da LINDB); D: correta (art. 14 da LINDB).
Gabarito "B".

(Analista de Promotoria I – Assistente Jurídico – MPE-SP – VUNESP – 2010) No âmbito do direito intertemporal (direito conflitual de leis no tempo), deve-se pressupor, como regra geral e princípio absoluto,

(A) a retroatividade da lei nova.

(B) a irretroatividade da lei nova, preservado o princípio da segurança jurídica.

(C) a retroatividade justa, resguardados sempre o ato jurídico perfeito e a coisa julgada.

(D) o efeito imediato e geral da nova lei, respeitados tão somente o ato jurídico perfeito e o direito adquirido.

(E) a sobrevivência da lei antiga, resguardada a ultratividade da norma.

A assertiva correta é a alternativa "B", pois a lei nova, apesar de ter efeito imediato geral, deve respeitar o ato jurídico perfeito, o direito adquirido e a coisa julgada (art. 6º da LINDB). A Constituição, em seu art. 5º, XXXVI, reforça o princípio ao dispor que "a lei não prejudicará o direito adquirido, o ato jurídico perfeito e a coisa julgada". Trata-se do princípio da irretroatividade da lei.
Gabarito "B".

(Analista de Promotoria I – Assistente Jurídico – MPE-SP – VUNESP – 2010)
Considere as seguintes afirmações:

I. Entende-se por equidade uma forma de manifestação de justiça que tem o condão de atenuar a rudeza de uma regra jurídica.

II. Para uso da analogia requer-se que haja lacuna na lei e semelhança com a relação não imaginada pelo legislador, sendo que o intérprete procura uma razão de identidade entre a norma encontrada, ou o conjunto de normas, e o caso contemplado.

III. A prova dos fatos ocorridos em país estrangeiro rege-se pela lei que nele vigorar, quanto ao ônus e aos meios de produzir-se, não admitindo os tribunais brasileiros provas que a lei brasileira desconheça.

IV. Para qualificar e reger as obrigações, aplicar-se-á a lei do país em que se constituírem.

Está correto o que se afirma em:

(A) I e III, apenas.
(B) II e IV, apenas.
(C) I, II e III, apenas.
(D) II, III e IV, apenas.
(E) I, II, III e IV.

I: correta, pois a equidade é a justiça do caso concreto, a aplicação da convicção do justo. Por meio dela é possível que se faça adaptação razoável da lei; II: correta, pois a analogia é uma das formas de integração do Direito, logo para que seja aplicada é necessário que haja uma lacuna. Não havendo norma que regule o caso concreto, o juiz não pode deixar de julgar, devendo valer-se de uma norma semelhante; III: correta (art. 13 da LINDB); IV: correta (art. 9º, "caput" da LINDB).
Gabarito "E".

2. PARTE GERAL DO CÓDIGO CIVIL
2.1 DIREITOS DA PERSONALIDADE

(Analista Direito – MPE-MS – FGV – 2013) Com relação ao *nome civil*, assinale a afirmativa **incorreta**.

(A) O prenome é modificável em razão de fundada coação ou ameaça decorrente da colaboração com a apuração de crime, por determinação, em sentença, de juiz competente, ouvido o Ministério Público.

(B) O nome civil é considerado direito da personalidade e é matéria de ordem pública.

(C) O prenome será necessariamente composto, no caso de gêmeos, com idêntico prenome.

(D) O nome civil da pessoa natural é composto pelo prenome e pelo sobrenome, podendo ainda possuir um agnome.

(E) O sobrenome só pode ser modificado em decorrência de casamento ou divórcio.

A: correta (art. 58, parágrafo único da Lei 6.015/73); B: correta (art. 16 do CC); C: correta, pois os gêmeos que tiverem o prenome igual deverão ser inscritos com duplo prenome ou nome completo diverso, de modo que possam distinguir-se (art. 63 da Lei 6.015/73); D: correta (art. 16 do CC). O agnome é um sinal distintivo de quem tenha nome igual ao de algum parente (filho, júnior, neto); E: incorreta (devendo ser assinalada), pois o sobrenome pode ainda ser alterado em razão de proteção à testemunha (art. 57, §7º da Lei 6.015/73), bem como em decorrência de adoção (art. 47, §5º do ECA).
Gabarito "E".

(Analista – MPE-SE – FCC – 2013) É correto afirmar:

(A) Salvo os casos previstos em lei, os direitos da personalidade são livremente transmissíveis e renunciáveis.

(B) É irrevogável o ato de disposição gratuita do próprio corpo, para depois da morte do doador.

(C) Salvo por exigência médica, é defeso o ato de disposição do próprio corpo, quando importar diminuição permanente da integridade física, ou contrariar os bons costumes.

(D) O pseudônimo adotado, ainda que para atividades lícitas, não goza da mesma proteção que se dá ao nome da pessoa natural.

(E) A exposição ou a utilização da imagem de uma pessoa são direitos personalíssimos do ofendido, não se transmitindo a qualquer herdeiro a possibilidade de sua proteção jurídica.

A: incorreta, pois, com exceção dos casos previstos em lei, os direitos da personalidade são *intransmissíveis* e *irrenunciáveis* (art. 11 do CC); B: incorreta, pois o ato de disposição pode ser livremente revogado a qualquer tempo (art. 14, parágrafo único, do CC); C: correta (art. 13, "caput", do CC); D: incorreta, pois o pseudônimo adotado para atividades lícitas *goza* da proteção que se dá ao nome (art. 19 do CC); E: incorreta, pois são partes legítimas para requerer essa proteção o cônjuge, os ascendentes ou os descendentes. (art. 20, parágrafo único, do CC).
Gabarito "C".

(Analista Processual Administrativo – MPE-RJ – 2011) Acerca da regulação dos direitos da personalidade no Código Civil, é correto afirmar que:

(A) os direitos da personalidade são intransmissíveis, irrenunciáveis e absolutos, não podendo sofrer restrições, mesmo as voluntárias;

(B) a tutela judicial dos direitos da personalidade cessa com a morte do titular;

(C) é válida, por motivo altruístico, a disposição gratuita de partes do próprio corpo para depois da morte;

(D) o pseudônimo não goza da mesma proteção conferida ao nome, salvo se utilizado como identificação por pessoa pública;

(E) a vida privada é inviolável e o juiz, de ofício, adotará as providências necessárias para impedir ou fazer cessar ato que viole essa regra.

A: incorreta, pois, muito embora os direitos da personalidade sejam absolutos no sentido de que podem ser opostos *erga omnes*, eles serão relativos quando falamos na possibilidade de sofrerem limitação (Enunciado 4 JDC/CJF); B: incorreta, pois a tutela dos direitos da personalidade pode se dar até depois da morte do seu titular (art. 12, parágrafo único e art. 20, parágrafo único, do CC); C: correta (art. 14, "caput", do CC); D: incorreta, pois o pseudônimo adotado para atividades lícitas goza da proteção que se dá ao nome (art. 19 do CC); E: incorreta, pois a vida privada da pessoa natural é inviolável, e o juiz, *a requerimento do interessado*, adotará as providências necessárias para impedir ou fazer cessar ato contrário a esta norma (art. 21 do CC).
Gabarito "C".

(Analista de Promotoria I – Assistente Jurídico – MPE-SP – VUNESP – 2010)
Diz-se que os direitos da personalidade são intransmissíveis e irrenunciáveis, não podendo o seu exercício sofrer limitação voluntária. Em razão dessa afirmação, aponte a alternativa correta.

(A) Nenhuma lei poderá prever exceção às características dos direitos de personalidade.

(B) É defeso o ato de disposição do próprio corpo, em qualquer circunstância, quando importar diminuição permanente da integridade física, ou contrariar os bons costumes.

(C) O pseudônimo adotado para atividades lícitas goza da proteção que se dá ao nome e, sem autorização, não se poderá utilizá-lo em propaganda comercial.

(D) A proteção que se dá aos direitos da personalidade cessa com a morte da pessoa natural.

(E) A vida privada da pessoa natural é inviolável, no entanto, se essa violação ocorrer, somente caberá a reparação de danos.

A: incorreta, pois o art. 11 do CC prevê que *com exceção dos casos previstos em lei*, os direitos da personalidade são intransmissíveis e irrenunciáveis, não podendo o seu exercício sofrer limitação voluntária; B: incorreta, pois é possível a disposição do próprio corpo ainda que importe em diminuição permanente nos casos em que houver *exigência médica* (art. 13, "caput", do CC); C: correta, pois a mesma proteção que se dá ao nome se dá também ao pseudônimo (arts. 18 e 19 do CC); D: incorreta, pois tutela-se os diretos da personalidade inclusive após a morte (art. 12, parágrafo único, do CC e art. 20, parágrafo único, do CC); E: incorreta, pois, além da reparação, o juiz, a requerimento do interessado, adotará as providências necessárias para impedir ou fazer cessar ato contrário a esta norma (art. 21 do CC).
Gabarito "C".

(Analista Ministerial Especialista – Ciências Jurídicas – MPE-TO – UFT--COPESE – 2010) Sobre os direitos da personalidade é incorreto afirmar:

(A) Salvo por exigência médica, é defeso o ato de disposição do próprio corpo, quando importar diminuição permanente da integridade física, ou contrariar os bons costumes.

(B) Ninguém pode ser constrangido a submeter-se, com risco de vida, a tratamento médico ou a intervenção cirúrgica.

(C) Independentemente de autorização, o pseudônimo alheio poderá ser utilizado em propaganda comercial.

(D) Com exceção dos casos previstos em lei, os direitos da personalidade são intransmissíveis e irrenunciáveis, não podendo o seu exercício sofrer limitação voluntária.

A: correta (art. 13, "caput", do CC); B: correta (art. 15 do CC); C: incorreta (devendo ser assinalada), pois o pseudônimo goza da mesma proteção do nome, logo apenas poderá ser usado em propaganda comercial mediante autorização (arts. 18 e 19 do CC); D: correta (art. 11 do CC).
Gabarito "C".

2.2 AUSÊNCIA E MORTE PRESUMIDA

(Técnico Ministerial – Execução de Mandados – MPE-MA – FCC – 2013) Paulo é soldado do exército brasileiro e, após uma declaração de guerra entre o Brasil e outro país da América do Sul, é deslocado para o local de confronto e feito prisioneiro pelas tropas inimigas. Neste caso, Paulo terá declarada a sua morte presumida, independentemente de declaração de ausência, se não for encontrado até:

(A) um ano após o término da guerra.

(B) dois anos após o término da guerra.

(C) três anos, independentemente do término da guerra.

(D) quatro anos após o término da guerra.

(E) quatro anos, independentemente do término da guerra.

Art. 7º, II, do CC.
Gabarito "B".

(Analista Jurídico – MPE-AL – COPEVE-UFAL – 2012) Assinale a opção correta de acordo com a legislação civil brasileira.

(A) Manuela, 85 anos de idade, desapareceu sem informar seu paradeiro. Após três anos sem dar notícias, pode--se requerer sua sucessão definitiva.

(B) Mariana estava no World Trade Center, em Nova York, antes de as torres desabarem atingidas por um avião, em 2001. Esgotadas as buscas, seu corpo não foi encontrado. Pode-se declarar a morte presumida de Mariana, sem decretação de ausência.

(C) Andréia se encontrava em Rio Largo durante a enchente de 2010. Sua casa foi destruída durante a madrugada. Esgotadas as buscas, seu corpo não foi encontrado. Pode-se declarar a morte presumida de Andréia somente após a declaração de ausência.

(D) Gabriela desapareceu de seu domicílio, sem deixar representante ou procurador para administrar-lhe os bens. A sucessão provisória deve ser requerida seis meses após a arrecadação dos bens de Gabriela.

(E) Lygia desapareceu de seu domicílio sem dar notícias, mas deixou sua mãe como procuradora para administrar--lhe os bens. A sucessão provisória deve ser requerida dois anos após a arrecadação dos bens de Lygia.

A: incorreta, pois a sucessão definitiva neste caso apenas pode ser requerida após 5 anos da data do desaparecimento (art. 38 do CC); B: correta (art. 7º, I e parágrafo único, do CC); C: incorreta, pois tendo em vista que Andréia estava em perigo de vida, sua morte será presumida sem decretação de ausência (art. 7º, I, do CC); D: incorreta, pois o prazo para se requerer a sucessão provisória é de 1 ano após a arrecadação dos bens (art. 26 do CC); E: incorreta, pois tendo sido deixado procurador para a administração dos bens, o prazo é de 3 anos (art. 26 do CC).
Gabarito "B".

2.3. DAS PESSOAS JURÍDICAS

(Analista Processual Direito – MPE-AC – FMP – 2013) Tendo em conta a regulamentação instituída pelo Código Civil acerca das pessoas jurídicas, assinale a alternativa correta.

(A) Por expressa disposição legal, os partidos políticos são pessoas jurídicas de direito público interno.

(B) A existência legal da pessoa jurídica de direito privado começa com a firmatura do respectivo ato constitutivo, tendo o seu registro natureza jurídica meramente declaratória.

(C) Decai em três anos o direito de anular a constituição das pessoas jurídicas de direito privado, por defeito do ato respectivo, contado o prazo da publicação de sua inscrição no registro.

(D) As fundações podem ser instituídas por contrato particular, escritura pública, testamento ou codicilo, desde que devidamente averbados no Registro Civil das Pessoas Jurídicas.

(E) Velará pelas fundações o Ministério Público do Estado onde situadas, cabendo-lhe, em última instância, deliberar sobre a aprovação da alteração dos seus estatutos.

A: incorreta, pois os partidos políticos são pessoas jurídicas de direito privado (art. 44, V, do CC); B: incorreta, pois a existência da pessoa jurídica de direito privado começa com o registro do ato constitutivo, ato este que possui natureza constitutiva (art. 45, "caput", do CC); C: correta (art. 45, parágrafo único, do CC); D: incorreta, pois as fundações apenas podem ser constituídas por testamento ou escritura pública (art. 62, "caput", do CC); E: incorreta, pois o Ministério Público apenas deliberará sobre o estatuto se ele não for elaborado no prazo assinado pelo instituidor, ou, não havendo prazo, em cento e oitenta dias (art. 65, parágrafo único, do CC).

Gabarito "C".

(Técnico Ministerial – Execução de Mandados – MPE-MA – FCC – 2013) Sobre as associações, de acordo com o Código Civil brasileiro, é INCORRETO afirmar que:

(A) a convocação dos órgãos deliberativos far-se-á na forma do estatuto, garantido a 1/5 (um quinto) dos associados o direito de promovê-la.

(B) não há, entre os associados, direitos e obrigações recíprocos.

(C) a exclusão do associado só é admissível havendo justa causa, assim reconhecida em procedimento que assegure direito de defesa e de recurso, nos termos previstos no estatuto.

(D) a qualidade de associado é intransmissível, se o estatuto não dispuser o contrário.

(E) os associados devem ter iguais direitos, sendo vedado ao estatuto instituir categorias com vantagens especiais.

A: correta (art. 60 do CC); B: correta (art. 53, parágrafo único, do CC); C: correta (art. 57 do CC); D: correta (art. 56, "caput", do CC); E: incorreta (devendo ser assinalada), pois o estatuto pode estabelecer categorias com vantagens especiais (art. 55 do CC).

Gabarito "E".

(Agente Técnico Jurídico – MPE-AM – FCC – 2013) As pessoas jurídicas de direito público interno, dentre as quais os Municípios e:

(A) as autarquias, exceto as associações públicas, são subjetivamente responsáveis pelos atos comissivos que seus agentes, no exercício da função pública que lhes compete, causarem a terceiros, ressalvado direito de regresso contra os causadores do dano.

(B) os partidos políticos e as associações públicas são objetivamente responsáveis pelos atos comissivos que seus agentes, no exercício da função pública que lhes compete, causarem a terceiros, ressalvado direito de regresso contra os causadores do dano, caso haja prova de dolo ou culpa por parte destes.

(C) as autarquias e os partidos políticos são objetivamente responsáveis pelos atos comissivos que seus agentes, no exercício da função pública que lhes compete, ou fora dela, causarem a terceiros, ressalvado direito de regresso contra os causadores do dano, caso haja prova de dolo ou culpa por parte destes.

(D) as autarquias e os partidos políticos são subjetivamente responsáveis pelos atos comissivos que seus agentes, no exercício da função pública que lhes compete, causarem a terceiros, ressalvado direito de regresso contra os causadores do dano, mesmo em caso de força maior.

(E) as autarquias e as associações públicas são objetivamente responsáveis pelos atos comissivos que seus agentes, no exercício da função pública que lhes compete, causarem a terceiros, ressalvado direito de regresso contra os causadores do dano, caso haja prova de dolo ou culpa por parte destes.

A: incorreta, pois as autarquias, *inclusive* as associações públicas, são *objetivamente* responsáveis pelos atos comissivos que seus agentes, no exercício da função pública que lhes compete, causarem a terceiros, ressalvado direito de regresso contra os causadores do dano (art. 43 do CC e art. 37, §6º da CF); B: incorreta, pois os partidos políticos são pessoas

jurídicas de direito privado (art. 44, V, do CC); C: incorreta, pois os partidos políticos são pessoas jurídicas de direito privado (art. 44, V, do CC) e as autarquias apenas respondem pelos atos que os agentes praticarem no exercício da função pública (art. 43 do CC); D: incorreta, pois os partidos políticos são pessoas jurídicas de direito privado (art. 44, V, do CC), a responsabilidade das autarquias é objetiva e o direito de regresso apenas se dá quando houver dolo ou culpa (art. 43 do CC); E: correta (art. 43 do CC).

Gabarito "E".

(Analista Processual – MP-RO – FUNCAB – 2012) De acordo com o Código Civil, velará pelas fundações:

(A) o Ministério Público Federal, independentemente de onde estiverem situadas.

(B) o Ministério Público do Estado onde estiverem situadas e, no caso de estenderem a atividade por mais de um Estado, o Ministério Público Federal.

(C) o Ministério Público do Estado onde estiverem situadas, cabendo esse encargo, no caso de estenderem a atividade por mais de um Estado, ao Ministério Público de cada qual.

(D) criadas pelo Poder Público, com personalidade jurídica pública, o respectivo Ministério Público, fazendo as vezes do Tribunal de Contas.

(E) o Ministério Público apenas em questões estatutárias, não lhe incumbindo fiscalizar sua administração ou promover a destituição de administradores.

A: incorreta, pois velará pelas fundações o Ministério Público do Estado onde situadas (art. 66, "caput", do CC); B: incorreta, pois caso estendam a atividade por mais de um Estado, caberá o encargo, em cada um deles, ao respectivo Ministério Público (art. 66 §2º, do CC); C: correta (art. 66, "caput" e §2º, do CC); D: incorreta, pois as fundações públicas de direito público e de direito privado são fiscalizadas pela Administração Direta, cabendo ao Tribunal de Contas do dever de fiscalização (art. 71, II da CF). Somente as fundações particulares é que são fiscalizadas pelo Ministério Público; E: incorreta, pois o Ministério Público possui competência fiscalizatória das fundações (art. 66 e 68 do CC).

Gabarito "C".

(Analista Ministerial Jurídico – MPE-PE – FCC – 2012) Para que se possa alterar o estatuto de uma fundação é mister que a reforma seja deliberada por dois terços dos competentes para geri-la e representá-la; não contrarie ou desvirtue o fim desta e seja aprovada pelo órgão do Ministério Público, e, caso este a denegue, poderá o juiz supri-la, a requerimento do interessado. De acordo com o Código Civil brasileiro, quando a alteração não houver sido aprovada por votação unânime, os administradores da fundação, ao submeterem o estatuto ao órgão do Ministério Público, requererão:

(A) expressamente a publicação da alteração na imprensa oficial, com a competente notificação da minoria vencida, para, querendo, impugná-la em cinco dias.

(B) que se dê ciência à minoria vencida para impugná-la, se quiser, em trinta dias.

(C) expressamente a sua aprovação bem como a publicação da alteração na imprensa oficial, com a competente notificação da minoria vencida.

(D) que se dê ciência à minoria vencida para impugná-la, se quiser, em dez dias.

(E) expressamente a publicação da alteração na imprensa oficial, com a competente notificação da minoria vencida, para, querendo, impugná-la em quinze dias.

Art. 68 do CC.

Gabarito "D".

(Analista Jurídico – MPE-PA – FADESP – 2012) Possuem personalidade jurídica de direito público interno:

(A) União, Estados, sociedades de economia mista.
(B) Municípios, Distrito Federal, autarquias, inclusive as associações públicas.
(C) Estados, Municípios, empresas públicas.
(D) Empresas públicas, sociedades de economia mista, autarquias.

Art. 41, III e IV, do CC.
Gabarito "B".

(Analista Ministerial Área Processual – MPE-PI – CESPE – 2012) Julgue o item que se segue, relativo a pessoas jurídicas.

(1) Todo grupo social constituído para a consecução de uma finalidade comum é dotado de personalidade, como a massa falida, por exemplo, que é representada pelo síndico.

Incorreta, pois a massa falida é um ente despersonalizado, representado pelo administrador judicial. Neste passo, enquanto uma pessoa, *sujeito de direito personificado*, por ter personalidade, pode fazer tudo o que a lei não proíbe (art. 5º, II, da CF), um *sujeito de direito não personificado* só pode fazer o que a lei permite. A massa falida também é um *sujeito de direito despersonificado*, tendo autorização especial para praticar atos úteis à administração dos bens arrecadados do empresário falido, podendo cobrar créditos desse, por exemplo.
Gabarito "E.1".

(Analista de Promotoria I – Assistente Jurídico – MPE-SP – VUNESP – 2010) Assinale a alternativa correta sobre o destino dos bens de uma associação, quando de sua dissolução, se o seu estatuto é omisso a respeito.

(A) Destinar-se-ão à Fazenda Pública.
(B) Serão entregues aos herdeiros dos associados.
(C) Serão repartidos entre os associados sobrevivos.
(D) Serão destinados a entidades de fins não econômicos indicadas, necessariamente, pelo Ministério Público.
(E) Destinar-se-ão, por deliberação dos associados, à instituição municipal, estadual ou federal, de fins idênticos ou semelhantes.
Gabarito "E" (art. 61, "caput", do CC).

(Analista Processual Administrativo – MPE-RJ – 2011) Sobre as fundações, é correto dizer que:

(A) para criar uma fundação, é necessária a manifestação expressa da vontade do instituidor, por qualquer meio de prova lícito;
(B) a fundação poderá constituir-se para fins culturais ou de assistência, mas não para fins religiosos ou morais;
(C) o estatuto da fundação poderá ser elaborado pelo Ministério Público, em caso de inércia do instituidor;
(D) se uma fundação estender sua atividade por mais de um Estado, a atribuição do Ministério Público que por ela velará será fixada por prevenção;
(E) a alteração do estatuto de uma fundação depende de autorização judicial.

A: incorreta, pois para criar uma fundação, o seu instituidor fará, por escritura pública ou testamento, dotação especial de bens livres, especificando o fim a que se destina, e declarando, se quiser, a maneira de administrá-la (art. 62, "caput", do CC); B: incorreta, pois a fundação pode se constituir para fins religiosos ou morais (art. 62, parágrafo

único, do CC); C: correta (art. 65, parágrafo único, do CC); D: incorreta, pois se estender a atividade por mais de um Estado, caberá o encargo, em cada um deles, ao respectivo Ministério Público (art. 66, §2º, do CC); E: incorreta, pois a alteração não necessita de autorização judicial, bastando que atenda aos requisitos do art. 67 do CC.
Gabarito "C".

2.4 DOMICÍLIO

(Analista de Promotoria I – Assistente Jurídico – MPE-SP – IBFC – 2013) Considere as seguintes afirmativas relativas ao domicílio, de acordo com o disposto no Código Civil:

I. Se uma pessoa exercer profissão em lugares diversos, será considerado seu domicílio aquele onde ela se encontra, independentemente da relação que lhe corresponda.
II. O domicílio da União é Brasília; dos Estados e Territórios, as respectivas capitais; e do Município o lugar onde funcione a administração municipal.
III. Têm domicílio necessário o incapaz, o servidor público, o militar, o marítimo e o preso.
IV. O agente diplomático do Brasil, que, citado no estrangeiro, alegar extraterritorialidade sem designar onde tem, no país, o seu domicílio, poderá ser demandado tanto no Distrito Federal, como no último ponto do território brasileiro onde o teve.

Está CORRETO, apenas, o que se afirma em:

(A) I e II.
(B) I e IV.
(C) II e IV.
(D) III e IV.
(E) II, III e IV.

I: incorreta, pois se a pessoa exercitar profissão em lugares diversos, cada um deles constituirá domicílio para as relações que lhe corresponderem (art. 72, parágrafo único, do CC); II: incorreta, pois o domicílio da União é o Distrito Federal (art. 75, I, do CC); III: correta (art. 76, "caput", do CC); IV: correta (art. 77 do CC).
Gabarito "D".

(Analista Direito – MPE-MS – FGV – 2013) Felipe reside e é proprietário de uma casa em Salvador. Ele recebeu uma proposta de trabalho irrecusável e decidiu se mudar para Campo Grande-MS, onde residirá e trabalhará em Dourados, cidade próxima de Campo Grande, deixando a casa de Salvador fechada.

Após despachar todos os seus pertences para Campo Grande-MS, ele resolveu fazer o trajeto de Salvador até Campo Grande-MS de carro, pernoitando em Brasília.

Chegando a Campo Grande-MS, só teve uma semana para arrumar a casa nova, pois já começou a trabalhar em Dourados como advogado.

Considerando o contexto fático apresentado, assinale a afirmativa correta.

(A) Felipe mudou de morada ao se transferir para o Campo Grande-MS.
(B) Felipe está domiciliado em Brasília, pois pernoitou nesta cidade.
(C) Felipe não tem domicílio profissional em Dourados, apesar de trabalhar nesta cidade.
(D) Felipe ainda está domiciliado em Salvador, pois possui um imóvel nesta cidade.

(E) Felipe alterou o seu domicílio de forma voluntária, ao se transferir para Campo Grande-MS.

A: incorreta, pois morada é o local onde a pessoa se estabelece provisoriamente. Ao transferir-se para Campo Grande, Felipe mudou de domicílio, isto é, local onde ele possuía residência com ânimo definitivo (art. 70 do CC); B: incorreta, pois Brasília foi apenas morada de Felipe, pois ele se estabeleceu ali provisoriamente; C: incorreta, pois Dourados é considerado domicílio profissional de Felipe, haja vista que é ali que exerce sua profissão (art. 72, "caput", do CC); D: incorreta, pois Felipe transferiu sua residência com a intenção manifesta de mudar, logo o seu domicílio foi modificado de Salvador para Campo Grande (art. 74 do CC). E: correta, conforme explicação da alternativa A.
Gabarito "E".

(Analista – Direito – MPE-MG – 2012) Augusto mora com sua família em Belo Horizonte desde 2003. Em 2010, presta concurso para Professor Efetivo de Direito na Universidade Federal de Ouro Preto. Toma posse em 01/08/2010, mas continua morando com sua família em Belo Horizonte. Vai a Ouro Preto, em média, duas a três vezes por semana, quando tem atividades acadêmicas.

Sobre esse caso, assinale a afirmativa CORRETA de acordo com o direito brasileiro.

(A) Augusto tem domicílio apenas em Belo Horizonte, onde tem sua residência com ânimo definitivo.

(B) Augusto tem domicílio apenas em Ouro Preto, por ser funcionário público efetivo e ali exercer suas funções.

(C) Augusto deverá declarar para as autoridades competentes qual é seu domicílio, pois o direito brasileiro não admite a pluralidade de domicílios.

(D) Augusto tem domicílio em Belo Horizonte e em Ouro Preto.

A: incorreta, pois Augusto possui domicílio tanto em Belo Horizonte como em Ouro Preto, haja vista que nesta última cidade ele possui domicílio profissional (art. 70 e 72, "caput", do CC); B: incorreta, pois Augusto vai a Ouro Preto apenas duas ou três vezes por semana, logo não permanece na cidade de modo permanente. Por tal razão não é possível dizer que ele possui apenas este domicílio (art. 76, parágrafo único, do CC); C: incorreta, pois o direito brasileiro não veda a pluralidade de domicílios (art. 71 do CC); D: correta, pois Augusto possui domicílio em Belo horizonte e domicílio profissional em Ouro Preto (art. 70 e 72, "caput", do CC).
Gabarito "D".

2.5 DOS BENS

(Analista Jurídico – MPE-CE – FCC – 2013) Consideram-se bens móveis para os efeitos legais:

(A) as edificações que, separadas do solo, mas conservando sua unidade, forem removidas para outro local.

(B) o direito à sucessão aberta.

(C) os materiais provisoriamente separados de um prédio, para nele se reempregarem.

(D) as energias que tenham valor econômico.

(E) tudo quanto se incorporar ao solo artificialmente.

Art. 83, I, do CC.
Gabarito "D".

(Técnico Ministerial – Execução de Mandados – MPE-MA – FCC – 2013) Quanto aos bens, considera-se fungível:

(A) a joia de família.

(B) a obra de arte de um determinado artista famoso.

(C) o dinheiro.

(D) um livro com edição esgotada.

(E) um gado reprodutor.

Bem fungível é aquele que pode ser substituído por outro de mesma espécie, quantidade e qualidade (art. 85 do CC). Portanto, a assertiva correta é a alternativa "C", dinheiro.
Gabarito "C".

(Analista Ministerial Área Processual – MPE-PI – CESPE – 2012) No que tange à disciplina do direito civil referente aos bens, julgue o item a seguir.

(1) De acordo com a sistemática adotada pelo direito civil, constitui objeto da relação jurídica todo bem que puder ser submetido ao poder dos sujeitos de direito.

Correta, pois os bens são vocacionados a ser objetos de uma relação jurídica, a qual também tem a pessoa como um de seus elementos.
Gabarito "1C".

(Analista de Promotoria I – Assistente Jurídico – MPE-SP – VUNESP – 2010) João, pretendendo alienar seu imóvel rural a seu vizinho José, firma contrato de compromisso de compra e venda com este. Por ocasião da transmissão da posse, José exige de João, além da entrega relacionada ao imóvel, um trator e equipamentos de utilização na lavoura, que João mantinha no local. Diante dos fatos, assinale a alternativa correta.

(A) José tem direito a exigir a entrega dos outros bens, além da posse do imóvel, uma vez que o acessório segue o principal.

(B) José não tem direito a fazer a exigência descrita, mesmo que o contrato previsse tal situação, ainda que o trator e os equipamentos de utilização na lavoura se constituam em bens acessórios.

(C) José não tem direito a fazer a exigência descrita, com fundamento no princípio da gravitação jurídica.

(D) Não assiste razão a José, pois a pertença nem sempre segue o principal, já que o princípio da gravitação jurídica não é regra geral das pertenças.

(E) José tem razão em fazer a exigência, pois o trator e os equipamentos, por serem utilizados no local, são bens imóveis por acessão física artificial.

A: incorreta, pois o trator e os equipamentos de utilização na lavoura configuram-se como pertenças. Nos termos do art. 94 do CC, as pertenças não acompanham o bem principal, salvo se o contrário resultar da lei, da manifestação de vontade, ou das circunstâncias do caso. Portanto, neste caso não se aplica, como regra, o princípio da gravitação jurídica; B: incorreta, pois se o contrato trouxesse essa previsão, José teria o direito de exigir os bens (art. 94 do CC); C: incorreta, pois o fundamento da impossibilidade de se fazer a exigência é justamente a não aplicação do princípio da gravitação jurídica; D: correta (art. 94 do CC); E: incorreta, o trator e demais equipamentos são considerados como pertenças, pois podem acompanhar ou não o bem principal (art. 94 do CC). Não há falar-se em bens imóveis por acessão física artificial, pois bem imóvel por acessão é todo aquele que se incorpora ao solo, natural ou artificialmente, o que não é o caso do trator e demais equipamentos.
Gabarito "D".

(Técnico em Promotoria – Direito – MPE-PB – COMPERVE-UFRN) Para efeitos legais, pode-se afirmar que são considerados bens móveis:

I. Direitos reais sobre objetos móveis.

II. Materiais provenientes da demolição de um prédio.

2. DIREITO CIVIL   47

III. Direito à sucessão aberta.

IV. As edificações que, separadas do solo, mas conservando a sua unidade, forem removidas para outro local.

Está(ão) correta(s) apenas:

(A) III.
(B) I, II e III.
(C) II, III e IV.
(D) III e IV.
(E) I e II.

I: correta (art. 83, II, do CC); II: correta (art. 84 do CC); III: incorreta, pois o direito à sucessão aberta é considerado bem imóvel (art. 80, II, do CC); IV: incorreta, pois tais bens são considerados bens imóveis (art. 81, I, do CC).
Gabarito "E".

(Analista Ministerial Especialista – Ciências Jurídicas – MPE-TO – UFT--COPESE – 2010) Sobre bens, assinale a alternativa incorreta:

(A) Constitui universalidade de fato a pluralidade de bens singulares que, pertinentes à mesma pessoa, tenham destinação unitária.
(B) Consideram-se móveis para os efeitos legais as energias que tenham valor econômico.
(C) Considera-se imóvel para os efeitos legais, o direito à sucessão aberta.
(D) Enquanto conservarem a sua qualificação, os bens públicos de uso comum do povo são inalienáveis e os bens de uso especial podem ser alienados, observadas as exigências da lei.

A: correta (art. 90 do CC); B: correta (art. 83, I, do CC); C: correta (art. 80, II, do CC); D: incorreta (devendo ser assinalada), pois os bens de uso especial também são inalienáveis enquanto conservarem a sua qualificação (art. 100 do CC).
Gabarito "D".

2.6. DOS NEGÓCIOS JURIDICOS

(Analista Jurídico – MPE-CE – FCC – 2013) Considere a seguinte proposição:

Momentos antes de cirurgia para colocação de prótese, representante de seguradora de saúde exige assinatura de aditivo contratual majorando o preço pago pelo segurando, sob pena de não cobrir a cirurgia a ser realizada.

Está-se diante de:

(A) erro ou ignorância.
(B) coação.
(C) estado de perigo.
(D) dolo.
(E) simulação.

A: incorreta, pois o erro é o engano cometido pelo próprio agente (arts. 138 a 144 do CC); B: incorreta, pois a coação é a ameaça que constrange alguém à prática de um negócio (arts. 151 a 155 do CC); C: correta, pois o estado de perigo ocorre quando alguém, premido da necessidade de salvar-se, ou a pessoa de sua família, de grave dano conhecido pela outra parte, assume obrigação excessivamente onerosa (art. 156 "caput", do CC). Esse conceito se encaixa perfeitamente no caso do enunciado; D: incorreta, pois o dolo é o erro provocado pela parte contrária ou por terceiro (arts. 145 a 150 do CC); E: incorreta, pois a simulação apenas ocorre nos casos do art. 167, §1º, do CC, e o enunciado em tela não se enquadra em nenhum deles.
Gabarito "C".

(Analista Jurídico – MPE-CE – FCC – 2013) Sobre negócio jurídico, da condição, do termo e do encargo, é correto afirmar:

(A) Em regra, o encargo suspende a aquisição e o exercício do direito.
(B) Considera-se condição a cláusula que, derivando exclusivamente da vontade das partes, subordina o efeito do negócio jurídico a evento futuro e certo.
(C) Invalidam os negócios jurídicos que lhes são subordinadas as condições física ou juridicamente impossíveis, quando resolutivas.
(D) Se resolutiva a condição, não tem efeito o negócio jurídico enquanto esta não se realizar.
(E) O termo inicial suspende o exercício, mas não a aquisição do direito.

A: incorreta, pois o encargo *não* suspende a aquisição nem o exercício do direito, salvo quando expressamente imposto no negócio jurídico, pelo disponente, como condição suspensiva (art. 136 do CC); B: incorreta, pois considera-se condição a cláusula que, derivando exclusivamente da vontade das partes, subordina o efeito do negócio jurídico a evento futuro e *incerto* (art. 121 do CC); C: incorreta, pois invalidam os negócios jurídicos que lhes são subordinadas as condições física ou juridicamente impossíveis, quando *suspensivas* (art. 123, I, do CC); D: incorreta, pois se for resolutiva a condição, enquanto esta se não realizar, vigorará o negócio jurídico, podendo exercer-se desde a conclusão deste o direito por ele estabelecido, portanto o negócio jurídico tem efeito enquanto ela não se realizar (art. 127 do CC); E: correta (art. 131 do CC).
Gabarito "E".

(Analista de Promotoria I – Assistente Jurídico – MPE-SP – IBFC – 2013) Com relação aos defeitos dos negócios jurídicos, indique a alternativa CORRETA:

(A) A transmissão errônea da vontade por meios interpostos é nula nos mesmos casos em que o é a declaração direta.
(B) Nas hipóteses de coação e lesão contra pessoa não pertencente à família do paciente, a legislação prevê que a existência do vício de vontade será reconhecida pelo juiz de acordo com as circunstâncias.
(C) Não se decretará a anulação do negócio praticado mediante lesão se for oferecido suplemento suficiente, ou se a parte favorecida concordar com a redução do proveito.
(D) Se ambas as partes procederem com dolo, nenhuma poderá alegá-lo para anular o negócio, mas poderão ser indenizadas pelos prejuízos.
(E) O falso motivo só vicia a declaração de vontade quando estiver implícito que foi a razão determinante para celebração do negócio.

A: incorreta, pois a transmissão errônea da vontade por meios interpostos é *anulável* nos mesmos casos em que o é a declaração direta (art. 141 do CC); B: incorreta, pois isso ocorre nas hipóteses de coação e *estado de perigo* (arts. 151, parágrafo único e 156, parágrafo único, do CC); C: correta (art. 157, §2º, do CC); D: incorreta, pois se ambas as partes procederem com dolo, nenhuma pode alegá-lo para anular o negócio, ou reclamar indenização (art. 150 do CC); E: incorreta, pois falso motivo só vicia a declaração de vontade quando *expresso* como razão determinante (art. 140 do CC).
Gabarito "C".

(Analista Direito – MPE-MS – FGV – 2013) Pedro, insolvente notório, sabendo que não terá condições de arcar com o pagamento de todas as suas dívidas, resolve vender todos os seus bens com o objetivo de causar prejuízos aos seus credores, impossibilitando-os de receber os respectivos créditos.

Considerando o contexto fático apresentado, assinale o instituto jurídico que se amolda à hipótese.

(A) Lesão.
(B) Dolo.
(C) Estado de perigo.
(D) Fraude contra credores.
(E) Simulação.

O caso se amolda à hipótese de fraude contra credores, nos termos do art. 159 do CC.
Gabarito "D".

(Técnico Ministerial – Execução de Mandados – MPE-MA – FCC – 2013) Sobre os negócios jurídicos, de acordo com o Código Civil brasileiro, é correto afirmar:

(A) Não dispondo a lei em contrário, a escritura pública é essencial à validade dos negócios jurídicos que visem à transferência de direitos reais sobre imóveis de valor igual ou superior a trinta vezes o maior salário mínimo vigente no País.
(B) É anulável o negócio concluído pelo representante em conflito de interesses com o representado, se tal fato era ou devia ser do conhecimento de quem com aquele tratou, e o prazo de decadência para postular a anulação é de 1 ano.
(C) Os negócios jurídicos benéficos e a renúncia não se interpretam estritamente.
(D) Ao titular do direito eventual, nos casos de condição suspensiva ou resolutiva, não é permitido praticar os atos destinados a conservá-lo.
(E) Salvo disposição legal ou convencional em contrário, computam-se os prazos, incluído o dia do começo, e excluído o do vencimento.

A: correta (art. 108 do CC); B: incorreta, pois o prazo para anulação é de *cento e oitenta dias* a contar da conclusão do negócio ou da cessação da incapacidade (art. 119, parágrafo único, do CC); C: incorreta, pois os negócios jurídicos benéficos e a renúncia interpretam-se estritamente (art. 114 do CC); D: incorreta, pois ao titular do direito eventual, nos casos de condição suspensiva ou resolutiva, é permitido praticar os atos destinados a conservá-lo (art. 130 do CC); E: incorreta, pois salvo disposição legal ou convencional em contrário, computam-se os prazos, *excluído* o dia do começo, e *incluído* o do vencimento (art. 132, "caput", do CC).
Gabarito "A".

(Técnico Ministerial – Execução de Mandados – MPE-MA – FCC – 2013) Analise as seguintes assertivas sobre os defeitos dos Negócios Jurídicos, de acordo com o Código Civil brasileiro:

I. Não se decretará a anulação do negócio no caso de lesão, se for oferecido suplemento suficiente, ou se a parte favorecida concordar com a redução do proveito.
II. Presumem-se de boa-fé e valem os negócios ordinários indispensáveis à manutenção de estabelecimento mercantil, rural, ou industrial, ou à subsistência do devedor insolvente e de sua família.
III. A transmissão errônea da vontade por meios interpostos não é anulável nos mesmos casos em que o é a declaração direta.

Está correto o que se afirma APENAS em:

(A) I.
(B) II.
(C) I e II.
(D) II e III.

(E) I e III.

I: correta (art. 157, §2º, do CC); II: correta (art. 164 do CC); III: incorreta, pois a transmissão errônea da vontade por meios interpostos é anulável nos mesmos casos em que o é a declaração direta (art. 141 do CC).
Gabarito "C".

(Analista – MPE-SE – FCC – 2013) Em relação à nulidade e à anulabilidade dos negócios jurídicos:

(A) A anulabilidade não tem efeito antes de julgada por sentença, nem se pronuncia de ofício; só os interessados a podem alegar, beneficiando exclusivamente aos que a alegarem, salvo os casos de solidariedade ou indivisibilidade.
(B) O negócio nulo pode ser confirmado ou ratificado pelas partes, salvo direito de terceiro.
(C) É anulável o negócio jurídico por vício resultante de erro, dolo, coação e simulação, além de outros casos previstos expressamente em lei.
(D) Pode-se reclamar o que, por uma obrigação anulada, pagou-se a um incapaz, desde que se reclame diretamente a seu representante legal.
(E) Para eximir-se de uma obrigação contraída irregularmente, basta ao menor entre dezesseis e dezoito anos invocar a sua idade, em qualquer situação ou circunstância, o que o isentará de responsabilidade.

A: correta (art. 177 do CC); B: incorreta, pois o negócio *anulável* pode ser confirmado pelas partes, salvo direito de terceiro (art. 172 do CC); C: incorreta, pois a simulação gera a nulidade do negócio jurídico (art. 167, "caput", do CC); D: incorreta, pois ninguém pode reclamar o que, por uma obrigação anulada, pagou a um incapaz, se não provar que reverteu em proveito dele a importância paga (art. 181 do CC); E: incorreta, pois o menor, entre dezesseis e dezoito anos, não pode, para eximir-se de uma obrigação, invocar a sua idade se dolosamente a ocultou quando inquirido pela outra parte, ou se, no ato de obrigar-se, declarou-se maior (art. 180 do CC).
Gabarito "A".

(Analista Ministerial Processual - Direito – MPE-MA – FCC – 2013) Nos termos preconizados pelo Código Civil brasileiro, quando a lei dispuser que determinado ato é anulável, sem estabelecer prazo para pleitear-se a anulação, será este, a contar da data da conclusão do ato, de:

(A) 1 ano.
(B) 2 anos.
(C) 3 anos.
(D) 4 anos.
(E) 5 anos.

Art. 179 do CC.
Gabarito "B".

(Agente Técnico Jurídico – MPE-AM – FCC – 2013) Negócio jurídico praticado sob coação:

(A) é nulo, não convalescendo com o tempo nem podendo ser confirmado pelas partes.
(B) é anulável, no prazo decadencial de 4 anos, podendo ser confirmado pelas partes, salvo direito de terceiros.
(C) é anulável, no prazo prescricional de 3 anos, podendo ser confirmado pelas partes independentemente do direito de terceiros.
(D) pode ser declarado nulo desde que o prejudicado ajuíze ação no prazo prescricional de 10 anos.
(E) é anulável, não convalescendo pelo decurso do tempo nem podendo ser confirmado pelas partes.

2. DIREITO CIVIL — 49

A: incorreta, pois é *anulável* o negócio jurídico viciado pela coação (art. 178, I, do CC), podendo ser confirmado pela vontade das partes, salvo direito de terceiro (art. 172 do CC). Exaurido o prazo, o negócio se convalida; B: correta (art. 178, I, do CC e art. 172 do CC); C: incorreta, pois o prazo de anulação é decadencial de 4 anos (art. 178, I, do CC); D: incorreta, pois não há falar-se em nulidade no caso de coação, mas anulabilidade (art. 178, I, do CC); E: incorreta, pois o negócio pode convalescer e ser confirmado (art. 172 do CC).
Gabarito "B".

(Analista – Direito – MPE-MG – 2012) Sobre os vícios do negócio jurídico no direito brasileiro, assinale a afirmativa *CORRETA*.

(A) O erro de direito não serve de fundamento para anulação do negócio jurídico.

(B) Para que o erro gere a anulabilidade do negócio jurídico, é necessário que seja cognoscível.

(C) O dolo, seja ele principal ou acidental, acarreta anulabilidade do negócio jurídico.

(D) O dolo principal, além de implicar anulabilidade, acarreta a responsabilidade civil daquele que agiu dolosamente.

A: incorreta, pois o erro de direito enseja anulação do negócio jurídico no caso do art. 139, III, do CC; B: correta (art. 138 do CC); C: incorreta, pois o dolo acidental apenas gera direto a perdas e danos (art. 146 do CC); D: incorreta, pois o dolo principal apenas implica na anulabilidade do negócio jurídico (art. 145 do CC).
Gabarito "B".

(Analista Ministerial Jurídico – MPE-PE – FCC – 2012) O negócio jurídico **A** foi celebrado com vício resultante de coação; o negócio jurídico **X** contém vício resultante de fraude contra credores; o negócio jurídico **Y** possui vício resultante de estado de perigo e o negócio jurídico **Z** teve por objeto fraudar lei imperativa. Segundo o Código Civil brasileiro, são anuláveis APENAS os negócios jurídicos:

(A) A, X e Y.
(B) X, Y e Z.
(C) A e Z.
(D) A, Y e Z.
(E) X e Y.

São anuláveis os negócios jurídicos A, X e Y, nos termos do art. 178, I e II, do CC. O negócio jurídico Z é considerado nulo (art. 166, VI, do CC).
Gabarito "A".

(Analista Jurídico – MPE-AL – COPEVE-UFAL – 2012) Dadas as situações abaixo,

I. Luiz Fernando adquiriu de Roberto um pacote de viagens de 7 dias para o sol, pelo valor de R$ 20.000,00, com direito a passagem aérea e hospedagem em hotel quatro estrelas.

II. Na venda de sua fazenda, João silenciou intencionalmente a respeito de fato importante. A revelação deste fato, ignorado pela compradora, resultaria na não celebração do negócio jurídico.

III. Marcos emprestou um livro de Direito Civil a Francesca para que ela pudesse estudar para a seleção de Mestrado da UFAL. Francesca pensou que Marcos lhe havia doado o referido livro, como presente de formatura.

IV. Patrícia sofreu um grave acidente automobilístico em sua fazenda, distante 40 km do hospital mais próximo. Sem nenhum outro veículo por perto, seu marido recorreu ao vizinho para que socorresse a esposa, que havia perdido muito sangue. O vizinho, conhecedor

da situação, informou que alugaria seu carro por R$ 3.000,00, para aquela noite.

indique, respectivamente, qual a consequência jurídica das situações.

(A) Dolo, erro, impossibilidade do objeto e lesão.
(B) Dolo, lesão, erro e estado de perigo.
(C) Impossibilidade do objeto, dolo, erro e lesão.
(D) Inexistência do negócio jurídico, dolo, lesão e estado de perigo.
(E) Impossibilidade do objeto, dolo, erro e estado de perigo.

I: trata-se de impossibilidade jurídica do objeto. O objeto é fisicamente impossível, pois ninguém consegue fazer uma viagem ao sol. Este negócio jurídico é nulo (art. 166, II, do CC); II: o negócio está eivado de dolo, que consiste no erro provocado pela parte contrária ou por terceiro, por meio de expediente malicioso, no caso, o silêncio. Se aquela causa fosse conhecida, o negócio não se realizaria (art. 145 do CC); III: trata-se de erro, que é o engano cometido pelo próprio agente (art. 139, I, do CC); IV: trata-se de estado de perigo, pois neste caso alguém, premido da necessidade de salvar-se, ou a pessoa de sua família, de grave dano conhecido pela outra parte, assume obrigação excessivamente onerosa (art. 156 do CC).
Gabarito "E".

(Analista Jurídico – MPE-AL – COPEVE-UFAL – 2012) Dados os itens abaixo sobre a invalidade dos negócios jurídicos,

I. É anulável, por ser decorrente de coação, o pagamento de título vencido no valor de R$ 5.000,00, pois o devedor, por conta da idade de oitenta anos, acreditou que o credor fosse cumprir com a ameaça que lhe fizera, qual seja, a de promover a execução judicial.

II. O erro acidental não é causa de anulabilidade do negócio jurídico.

III. Em relação ao estado de perigo, é relevante que a parte beneficiada saiba que a obrigação foi assumida pela parte contrária para se salvar de grave dano.

IV. Aluísio trata-se de pessoa absolutamente incapaz, mas pintou um quadro maravilhoso. Thayanna, sua genitora, não gostou do quadro pintado por seu filho. Pode ela pedir a nulidade do ato perpetrado por Aluísio.

verifica-se que estão corretos:

(A) II e III.
(B) II e IV.
(C) III e IV.
(D) I e II.
(E) I e III.

I: incorreta, pois não se considera coação a ameaça do exercício normal de um direito, nem o simples temor reverencial (art. 153 do CC). Logo, o negócio não é anulável. II: correta, pois apenas o erro substancial geral a anulabilidade do negócio jurídico (art. 138 do CC); III: correta, pois o grave dano ou premente necessidade deve ser conhecido da outra parte (art. 156 do CC); IV: o ato de pintar propriamente não é um ato negocial. A questão não menciona que Aloísio foi *contratado* para pintar, mas que simplesmente pintou. Portanto, não há que se falar em nulidade do negócio jurídico, pois não há sequer negócio jurídico.
Gabarito "A".

(Analista Ministerial Área Processual – MPE-PI – CESPE – 2012) Com relação ao negócio jurídico, julgue os próximos itens.

(1) Para a caracterização da lesão como vício do consentimento, a desproporção das prestações e do benefício obtido por uma das partes do negócio jurídico deve ser manifesta.

(2) Por serem convencionados pelas partes, os elementos acidentais – introduzidos facultativamente no negócio jurídico – não possuem o mesmo valor que os elementos estruturais – determinados pela lei.

(3) Sabendo-se que a representação nasce da lei ou do negócio jurídico, é correto afirmar que, na representação legal, o representante exerce uma atividade obrigatória e personalíssima.

(4) O erro, analisado como um defeito do negócio jurídico, pode invalidar, ou não, o negócio. O erro acidental, por exemplo, é de somenos importância e não acarreta efetivo prejuízo.

1: correta (art. 157, "caput", do CC); 2: incorreta, pois os elementos acidentais do negócio jurídico são tão importantes e relevantes quanto aos elementos estruturais. A diferença entre eles se dá no que tange à área em que estão relacionados: os elementos acidentais (condição, termo e encargo – art. 121 a 137 do CC) dizem respeito à eficácia do negócio jurídico, ao passo que os estruturais (agente, objeto, forma, vontade, fim negocial – art. 104 do CC) dizem respeito à existência e à validade; 3: correta, pois a representação legal tem o poder da norma imperativa (portanto, obrigatória) que indica a pessoa eleita a ser o representante (arts. 115 e 120 do CC); 4: correta, pois apenas o erro substancial acarreta a nulidade do negócio jurídico (art. 138 do CC). Contudo, ainda que seja substancial pode ser que ele não seja anulado se a pessoa, a quem a manifestação de vontade se dirige, se oferecer para executá-la na conformidade da vontade real do manifestante (art. 144 do CC). O erro acidental não anula o negócio jurídico, sendo um exemplo o erro de cálculo (art. 143 do CC).
Gabarito "1C,2E,3C,4C".

(Analista Processual Administrativo – MPE-RJ – 2011) Sobre os negócios jurídicos, é correto afirmar que:

(A) os negócios jurídicos interpretam-se restritivamente;

(B) as condições que privarem de todo efeito o negócio jurídico são defesas;

(C) o termo inicial suspende a aquisição e o exercício do direito;

(D) o erro de cálculo invalida a declaração da vontade;

(E) o estado de perigo ocorre quando uma pessoa, sob premente necessidade, obriga-se a prestação desproporcional.

A: incorreta, pois os negócios jurídicos benéficos interpretam-se estritamente (art. 114 do CC); B: correta (art. 122 do CC); C: incorreta, pois o termo inicial suspende o exercício, mas não a aquisição do direito (art. 131 do CC); D: incorreta, pois o erro de cálculo apenas acarreta a possibilidade de retificação da declaração de vontade (art. 143 do CC); E: incorreta, pois este é o conceito de lesão (art. 157, "caput", do CC). No estado de perigo temos a hipótese em que alguém premido da necessidade de salvar-se, ou a pessoa de sua família, de grave dano conhecido pela outra parte, assume obrigação excessivamente onerosa (art. 156 do CC).
Gabarito "B".

(Técnico em Promotoria – Direito – MPE-PB – COMPERVE-UFRN) Considerando os negócios jurídicos, pode-se afirmar:

I. A impossibilidade inicial do objeto invalida o negócio jurídico.

II. A escritura pública, não dispondo a lei em contrário, é essencial à validade dos negócios jurídicos que visem à transferência de direitos reais sobre imóveis de valor superior a vinte vezes o maior salário mínimo vigente no País.

III. Os negócios jurídicos devem ser interpretados conforme a boa-fé e os usos do lugar de sua celebração.

IV. Os negócios jurídicos benéficos e a renúncia interpretam-se estritamente.

Estão corretas apenas:

(A) I e II.

(B) III e IV.

(C) I e III.

(D) II e IV.

(E) I, II e III.

I: incorreta, pois a impossibilidade inicial do objeto não invalida o negócio jurídico se for relativa, ou se cessar antes de realizada a condição a que ele estiver subordinado (art. 106 do CC); II: incorreta, pois não dispondo a lei em contrário, a escritura pública é essencial à validade dos negócios jurídicos que visem à constituição, transferência, modificação ou renúncia de direitos reais sobre imóveis de valor superior a *trinta vezes* o maior salário mínimo vigente no País (art. 108 do CC); III: correta (art. 113 do CC); IV: correta (art. 114 do CC).
Gabarito "B".

(Técnico em Promotoria – Direito – MPE-PB – COMPERVE-UFRN) Quando a lei dispuser que determinado ato é anulável, sem estabelecer prazo para pleitear-se a anulação, esse prazo será de:

(A) Dois anos, a contar da data da conclusão do ato.

(B) Três anos, a partir do cumprimento da obrigação.

(C) Cinco anos, a contar da data da conclusão do ato.

(D) Dez anos, de conformidade com a regra geral da prescrição civil.

(E) Um ano, a partir da data da conclusão do ato.

Art. 179 do CC.
Gabarito "A".

(Analista Ministerial Especialista – Ciências Jurídicas – MPE-TO – UFT-COPESE – 2010) A respeito dos negócios jurídicos, assinale a alternativa incorreta:

(A) Os negócios jurídicos benéficos e a renúncia interpretam-se extensivamente de forma a beneficiar o devedor.

(B) É anulável o negócio concluído pelo representante em conflito de interesses com o representado, se tal fato era ou devia ser do conhecimento de quem com aquele tratou.

(C) Nos testamentos, presume-se o prazo em favor do herdeiro, e, nos contratos, em proveito do devedor, salvo, quanto a esses, se do teor do instrumento, ou das circunstâncias, resultar que se estabeleceu a benefício do credor, ou de ambos os contratantes.

(D) O falso motivo só vicia a declaração de vontade quando expresso como razão determinante.

A: incorreta (devendo ser assinalada), pois os negócios jurídicos benéficos e a renúncia interpretam-se *estritamente* (art. 114 do CC); B: correta (art. 119 "caput", do CC); C: correta (art. 133 do CC); D: correta (art. 140 do CC).
Gabarito "A".

2.7. PRESCRIÇÃO E DECADÊNCIA

(Analista Ministerial Jurídico – MPE-PE – FCC – 2012) A empresa X comprou um liquidificador na empresa Y para uso de seus funcionários no refeitório. Quando o empregado Felipe ligou o liquidificador, o botão que liga e desliga o aparelho soltou-se impossibilitando o seu uso.

Neste caso, o direito da empresa X em obter a redibição, segundo o Código Civil brasileiro, contados da entrega efetiva do liquidificador decairá no prazo de:

2. DIREITO CIVIL   51

(A) dois anos.
(B) sessenta dias.
(C) noventa dias.
(D) um ano.
(E) trinta dias.

Art. 445, "caput", do CC.
Gabarito "E".

(Técnico Ministerial – Execução de Mandados – MPE–MA – FCC – 2013) Mauro e Mariana são casados e possuem um seguro residencial para o imóvel onde residem na cidade de São Luís. No início deste ano de 2013, o imóvel é invadido por meliantes que roubam diversos pertences de propriedade do casal. Neste caso, de acordo com o Código Civil brasileiro, havendo cobertura contratual para o caso de roubo, Mauro e Mariana deverão acionar a seguradora e terão, para tanto, a partir do fato gerador, o prazo prescricional de:

(A) 3 anos.
(B) 1 ano.
(C) 2 anos.
(D) 4 anos.
(E) 5 anos.

Art. 206, §1º, II, b, do CC.
Gabarito "B".

(Analista – MPE-SE – FCC – 2013) É correto afirmar:

(A) Como regra, as causas interruptivas da prescrição aplicam-se igualmente aos prazos decadenciais.
(B) A interrupção da prescrição poderá ocorrer quantas vezes ocorram e se provem as causas interruptivas.
(C) A prescrição iniciada contra uma pessoa interrompe--se com sua morte e deixa de correr contra o seu sucessor.
(D) Quando a ação se originar de fato que deva ser apurado no juízo criminal, não correrá a prescrição antes da respectiva sentença definitiva.
(E) Não correm os prazos prescricionais contra os relativamente incapazes e contra os que se acharem servindo nas Forças Armadas.

A: incorreta, pois prazos decadenciais não estão sujeitos a interrupção (art. 207 do CC); B: incorreta, pois a interrupção da prescrição apenas pode ocorrer uma vez (art. 202, "caput", do CC); C: incorreta, pois a morte não é causa de interrupção da prescrição (art. 202, I a VI, do CC); D: correta (art. 200 do CC); E: incorreta, pois não corre prescrição contra os absolutamente incapazes (art. 198, I, do CC).
Gabarito "D".

(Analista Ministerial Processual - Direito – MPE-MA – FCC – 2013) Josué e Serafina foram casados durante 15 anos e tiveram apenas um filho, Téo, que completou 18 anos neste ano de 2013. Josué e Serafina resolvem se divorciar amigavelmente também neste ano de 2013 e estabelecem o pagamento de pensão alimentícia mensal por Josué em favor de Téo, que iniciou o curso de Direito em uma Universidade particular, no valor de R$ 3.500,00. Havendo inadimplemento por parte de Josué, para cobrança das prestações vencidas, Téo deverá observar o prazo prescricional de:

(A) 1 ano.
(B) 2 anos.
(C) 3 anos.
(D) 4 anos.

(E) 5 anos.

Art. 206, §2º, do CC.
Gabarito "B".

(Analista Ministerial Jurídico – MPE-PE – FCC – 2012) Bernadete contratou Gorete, advogada, para ajuizar ação de indenização por danos morais sofridos em razão da conduta ilícita de Valdo. Durante o curso do processo, Bernadete celebrou acordo com Valdo, que efetuou o pagamento da quantia acordada diretamente para Bernadete.

Após a homologação do acordo, da extinção do processo e do recebimento da quantia, Bernadete se recusou a pagar os honorários de Gorete. Neste caso, a pretensão de Gorete pelos seus honorários prescreverá em:

(A) dez anos, contados da celebração escrita ou verbal do contrato de honorários.
(B) três anos, contado o prazo da conclusão dos serviços.
(C) dois anos, contado o prazo da conclusão dos serviços.
(D) cinco anos, contado o prazo da conclusão dos serviços.
(E) dois anos, contado o prazo da homologação do acordo.

Art. 206, §5º, II, do CC.
Gabarito "D".

(Analista Ministerial Direito – MPE-AP – FCC – 2012) Bernadete separou-se judicialmente de Ivan. Durante o longo casamento de trinta e cinco anos, Bernadete não exerceu atividade profissional e hoje é portadora de doença cardíaca que a impossibilita para o labor. Dessa forma, na separação do casal, ficou estipulada pensão mensal para Bernadete. Ivan está inadimplente com o pagamento da pensão alimentícia estipulada para a ex-esposa. Neste caso, as prestações alimentares de Bernadete:

(A) prescrevem em cinco anos a partir da data em que se vencerem.
(B) prescrevem em três anos a partir da data em que se vencerem.
(C) prescrevem em dois anos a partir da data em que se vencerem.
(D) são imprescritíveis, sujeita apenas aos prazos decadenciais previstos no Código Civil brasileiro.
(E) são imprescritíveis não estando, inclusive, sujeita aos prazos decadenciais previstos no Código Civil brasileiro.

Art. 206, §2º, do CC.
Gabarito "C".

(Analista Jurídico – MPE-AL - COPEVE-UFAL – 2012) Helena devia à Regina dois aluguéis, no valor de R$ 500,00 cada, com vencimento em 24/8/2001 e 24/9/2001. Decorrido um ano, sem qualquer cobrança por parte de Regina, Helena foi chamada como Embaixadora do Brasil na Turquia, onde exerceu muito bem suas funções por dois anos e regressou definitivamente ao Brasil, ocasião em que foi condecorada e Helena enviou à Regina uma confissão de dívida. Passados quatro anos da confissão de dívida, sem o percebimento de qualquer valor, Regina ajuizou uma ação de cobrança e o Juiz determinou a citação de Helena. Em que ano houve a prescrição da pretensão?

(A) 2007.
(B) 2010.
(C) 2011.
(D) 2004.

52 GABRIELA PINHEIRO E GUSTAVO NICOLAU

(E) 2006.

O prazo prescricional a ser aplicado no caso em tela é o de 3 anos (art. 206, §3º, I, do CC). A exigibilidade da prestação se dá com o seu vencimento, logo os prazos começaram a correm em agosto e setembro de 2001, respectivamente. Todavia, considerando que em 2004, Helena assinou uma confissão de dívida, o prazo foi interrompido (art. 202, VI, do CC), razão pela qual os três anos passaram a contar do zero novamente. Logo a prescrição se deu em 2007.

Gabarito "A".

(Analista Ministerial Área Processual – MPE-PI – CESPE – 2012) No que concerne à prescrição e decadência, julgue o item subsecutivo.

(1) Violado o direito, nasce para o seu titular a pretensão, que se extingue com a prescrição, nos prazos determinados pela parte especial do Código Civil.

A assertiva está incorreta, pois a pretensão se extingue com os prazos prescricionais previstos no art. 205 e 206 do CC (art. 189 do CC).

Gabarito "1E".

(Analista Processual Administrativo – MPE-RJ – 2011) Sobre a decadência, é correto afirmar que:

(A) o prazo decadencial não se suspende, impede ou interrompe;

(B) deve o juiz, de ofício, conhecer da decadência legal e convencional;

(C) o prazo para pleitear a anulação do negócio jurídico é decadencial;

(D) é válida a renúncia à decadência fixada em lei;

(E) a instauração de inquérito civil pode ensejar a contagem em dobro de prazo decadencial.

A: incorreta, pois essa regra admite exceção (art. 207 do CC); B: incorreta, pois ao juiz não é permitido conhecer de ofício a decadência convencional (arts. 210 e 211 do CC); C: correta (arts. 178 e 179 do CC); D: incorreta, pois é nula a renúncia à decadência legal (art. 209 do CC); E: incorreta, pois não existe disposição legal neste sentido.

Gabarito "C".

(Analista Processual Administrativo – MPE-RJ – 2011) Sobre a prescrição, é INCORRETO afirmar que:

(A) a pretensão e a exceção prescrevem no mesmo prazo;

(B) ao contrário da decadência, os prazos da prescrição podem ser alterados por acordo das partes;

(C) a prescrição iniciada contra uma pessoa prossegue contra seu sucessor;

(D) ação de evicção pendente impede ou suspende a prescrição;

(E) a prescrição pode ser interrompida por qualquer interessado.

A: correta (art. 190 do CC); B: incorreta (devendo ser assinalada), pois os prazos de prescrição não podem ser alterados pela vontade das partes (art. 192 do CC); C: correta (art. 196 do CC); D: correta (art. 199, III, do CC); E: correta (art. 203 do CC).

Gabarito "B".

(Analista Ministerial Especialista – Ciências Jurídicas – MPE-TO – UFT-COPESE – 2010) Corre a prescrição:

(A) Entre os cônjuges, na constância da sociedade conjugal.

(B) Entre ascendentes e descendentes, ainda que extinto o poder familiar.

(C) Contra os ausentes do País em serviço público da União, dos Estados ou dos Municípios.

(D) Se pendente ação de evicção.

A: incorreta, pois não corre prescrição entre os cônjuges, na constância da sociedade conjugal (art. 197, I, do CC); B: correta, pois extinto o poder familiar corre prescrição entre ascendentes e descendentes (art. 197, II, do CC); C: incorreta, pois não corre prescrição contra os ausentes do País em serviço público da União, dos Estados ou dos Municípios (art. 198, II, do CC); D: incorreta, pois não corre prescrição pendendo ação de evicção (art. 199, III, do CC).

Gabarito "B".

2.8. DAS PROVAS

(Analista – MPE-SE – FCC – 2013) Em relação à prova dos negócios jurídicos:

(A) Os menores de dezoito anos não podem ser admitidos como testemunhas.

(B) Aquele que se nega a submeter-se a exame médico necessário não poderá aproveitar-se de sua recusa.

(C) A confissão é possível em face de direito de qualquer natureza, é irrevogável e não é passível de anulação em nenhuma hipótese.

(D) As pessoas que não podem ser admitidas como testemunhas não poderão ser ouvidas em juízo, salvo se prestarem compromisso de veracidade de suas declarações.

(E) O instrumento particular, feito e assinado por quem esteja na livre disposição e administração de seus bens, prova as obrigações convencionais de qualquer valor e, independente de registro público, operam seus efeitos em relação a terceiros de imediato.

A: incorreta, pois não podem ser admitidos como testemunha os menores de dezesseis anos (art. 228, I, do CC); B: correta (art. 231 do CC); C: incorreta, pois não tem eficácia a confissão se provém de quem não é capaz de dispor do direito a que se referem os fatos confessados. Apesar de ser irrevogável, pode ser anulada se decorreu de erro de fato ou de coação (art. 213, "caput" e 214 parágrafo único, do CC); D: incorreta, pois ainda que não sejam admitidas como testemunhas, o juiz pode ouvi-la em juízo, caso apenas elas conheçam da prova dos fatos (art. 228, parágrafo único, do CC); E: incorreta, pois o instrumento particular, feito e assinado, ou somente assinado por quem esteja na livre disposição e administração de seus bens, prova as obrigações convencionais de qualquer valor; *mas os seus efeitos, bem como os da cessão, não se operam, a respeito de terceiros, antes de registrado no registro público* (art. 221, "caput", do CC).

Gabarito "B".

3. OBRIGAÇÕES

(Analista Jurídico – MPE-CE – FCC – 2013) Sobre o adimplemento e extinção das obrigações, considere:

I. Efetuar-se-á o pagamento, em regra, no domicílio do credor.

II. O devedor que paga pode reter o pagamento enquanto a quitação não lhe for dada.

III. A entrega do título ao devedor firma a presunção relativa do pagamento.

Está correto o que se afirma APENAS em:

(A) II e III.

(B) I.

(C) II.

(D) III.

(E) I e II.

2. DIREITO CIVIL

I: incorreta, pois em regra o pagamento efetuar-se-á no domicílio do devedor, salvo se as partes convencionarem diversamente, ou se o contrário resultar da lei, da natureza da obrigação ou das circunstâncias (art. 327 "caput", do CC); II: correta (art. 319 do CC); III: correta, pois o título em mãos do credor apenas gera presunção relativa de pagamento, haja vista ser admissível prova em contrário. Neste passo, a quitação ficará sem efeito se o credor provar, em sessenta dias, a falta do pagamento (art. 324 do CC).
Gabarito "A".

(Técnico Ministerial – Execução de Mandados – MPE-MA – FCC – 2013) Paulo é credor da quantia líquida de R$ 20.000,00 de Renato, Maurício, José e Fernando, devedores solidários.

Neste caso, de acordo com o Código Civil brasileiro,

(A) se a dívida solidária interessar exclusivamente ao devedor Maurício, este não responderá por toda ela para com o devedor que pagar.

(B) falecendo o devedor Maurício, deixando herdeiros, nenhum destes será obrigado a pagar senão a quota que corresponder ao seu quinhão hereditário, e todos reunidos não serão considerados como um devedor solidário em relação aos demais devedores.

(C) a remissão obtida pelo devedor Fernando junto a Paulo aproveita aos outros devedores, que ficam livres de qualquer pagamento.

(D) Paulo não poderá renunciar à solidariedade em favor de um dos devedores, pois a renúncia só valerá se ocorrer em favor de todos os devedores.

(E) não importará renúncia da solidariedade a propositura de ação por Paulo contra um ou alguns dos devedores.

A: incorreta, pois Maurício responderá por toda a dívida para com o devedor que pagar (art. 285 do CC); B: incorreta, pois todos reunidos *serão* considerados como um devedor solidário em relação aos demais devedores (art. 276 do CC); C: incorreta, pois a remissão obtida por Fernando junto a Paulo não aproveita aos outros devedores, que continuam obrigados pelo pagamento (art. 277 do CC); D: incorreta, pois o credor pode renunciar à solidariedade em favor de um, de alguns ou de todos os devedores (art. 282, "caput", do CC); E: correta (art. 275, parágrafo único, do CC).
Gabarito "E".

(Analista Ministerial Processual-Direito – MPE-MA – FCC – 2013) Sobre o pagamento, no direito obrigacional, analise as seguintes assertivas:

I. No caso de Imputação do Pagamento, havendo capital e juros, o pagamento imputar-se-á primeiro no capital, e depois, nos juros vencidos, salvo estipulação em contrário.

II. O pagamento feito de boa-fé ao credor putativo não é válido para exonerar o devedor do débito para com o verdadeiro credor.

III. O terceiro não interessado, que paga a dívida em seu próprio nome, tem direito a reembolsar-se do que pagar, mas não se sub-roga nos direitos do credor e se pagar antes de vencida a dívida, só terá direito ao reembolso no vencimento.

De acordo com o Código Civil brasileiro, está correto o que se afirma APENAS em:

(A) I.

(B) II.

(C) III.

(D) II e III.

(E) I e III.

I: incorreta, pois havendo capital e juros, o pagamento imputar-se-á primeiro nos juros vencidos, e depois no capital, salvo estipulação em contrário (art. 354 do CC); II: incorreta, pois o pagamento feito de boa-fé ao credor putativo é válido, ainda que provado depois que não era credor (art. 309 do CC); III: correta (art. 305 do CC).
Gabarito "C".

(Agente Técnico Jurídico – MPE-AM – FCC – 2013) A cessão de crédito:

(A) obriga o cedente pela existência do crédito, seja a cessão onerosa ou gratuita, independentemente de boa ou má-fé.

(B) tem validade somente em relação ao cedente, se houver sido notificada ao devedor.

(C) obriga, em regra, o cedente pela solvência do devedor.

(D) abrange, em regra, os acessórios do crédito cedido.

(E) autoriza o devedor a opor exceções apenas contra o cedente.

A: incorreta, pois tanto a onerosidade como a gratuidade, quanto a boa e má-fé têm influência nas consequências da cessão do crédito. Assim, na cessão por título oneroso, o cedente, ainda que não se responsabilize, fica responsável pela existência do crédito ao tempo em que lhe cedeu. A mesma responsabilidade lhe cabe nas cessões por título gratuito, se tiver procedido de má-fé (art. 295 do CC); B: incorreta, pois a validade da cessão em relação ao cedente não possui nenhuma relação com a notificação do devedor. Nestes termos, ainda que o devedor não seja notificado, a cessão será válida com relação ao cedente. A falta de notificação ao devedor acarreta problema de falta de eficácia com relação a ele (art. 290 do CC); C: incorreta, pois, salvo estipulação em contrário, o cedente não responde pela solvência do devedor (art. 296 do CC); D: correta (art. 287 do CC); E: incorreta, pois as exceções também podem ser opostas contra os cessionários (art. 294 do CC).
Gabarito "D".

(Analista – Direito – MPE-MG – 2012) João empresta seu carro para Luiz. Ao utilizar o veículo, Luiz estaciona em vaga regular, em local permitido pela legislação. Ao retornar para pegá-lo, Luiz verifica que o carro havia sido abalroado na porta, não sendo possível identificar quem o abalroou.

Sobre essa situação, de acordo com o direito brasileiro, assinale a opção CORRETA.

(A) João poderá negar-se a receber o veículo sem que ele tenha sido consertado por Luiz.

(B) João deverá receber o veículo e cobrar, a título de indenização, o valor do conserto do carro, mais eventuais perdas e danos sofridos.

(C) João deverá receber o veículo e não poderá cobrar indenização pelas perdas e danos decorrentes do abalroamento.

(D) João poderá exigir que Luiz lhe entregue um carro novo.

A: incorreta, pois trata-se de obrigação de restituir em que a coisa se deteriorou sem culpa do devedor. Neste caso, deverá o credor recebê-la, tal qual se ache, sem direito a indenização (art. 240 do CC); B: incorreta, pois João não tem o direito de cobrar indenização (art. 240 do CC); C: correta (art. 240 do CC); D: incorreta, pois a lei não franqueia a João essa possibilidade (art. 240 do CC).
Gabarito "C".

(Analista Ministerial Jurídico – MPE-PE – FCC – 2012) Considere as seguintes assertivas a respeito da transmissão das obrigações:

I. Quando terceiro assume obrigação do devedor, com o consentimento expresso do credor, ficando exonerado o devedor primitivo, ocorrerá a Assunção de Dívida.

II. Para que a transmissão de um crédito tenha eficácia perante terceiros, a celebração desta transmissão deverá ocorrer, obrigatoriamente, mediante instrumento público.

III. Independentemente do conhecimento da cessão pelo devedor, pode o cessionário exercer os atos conservatórios do direito cedido.

IV. Salvo estipulação em contrário, prevê o Código Civil brasileiro que o cedente responde pela solvência do devedor.

Está correto o que consta APENAS em:

(A) II, III e IV.
(B) I, II e III.
(C) I e III.
(D) I e IV.
(E) III e IV.

I: correta (art. 299 do CC); II: incorreta, pois não necessariamente a transmissão deverá se dar por instrumento público, haja vista que é possível que também se dê por instrumento particular revestido das solenidades do §1° do art. 654 (art. 288 do CC); III: correta (art. 293 do CC); IV: incorreta, pois, salvo estipulação em contrário, o cedente *não* responde pela solvência do devedor (art. 296 do CC).
Gabarito "C".

(Analista Ministerial Especialista – Ciências Jurídicas – MPE-TO – UFT--COPESE – 2010) Sobre o direito das obrigações, assinale a alternativa incorreta:

(A) A sub-rogação opera-se, de pleno direito, em favor do adquirente do imóvel hipotecado, que paga ao credor hipotecário, bem como do terceiro que efetivo o pagamento para não ser privado de direito sobre imóvel.

(B) A imputação do pagamento caberá ao credor, não tendo este declarado em qual das dívidas líquidas e vencidas quer imputar o pagamento, não terá direito a reclamar contra a imputação feita pelo devedor.

(C) A novação extingue os acessórios e garantias da dívida, sempre que não houver estipulação em contrário. Não aproveitará, contudo, ao credor ressalvar o penhor, a hipoteca ou a anticrese, se os bens dados em garantia pertencerem a terceiro que não foi parte na novação.

(D) Os prazos de favor, embora consagrados pelo uso geral, não obstam a compensação.

A: correta (art. 346, II, do CC); B: incorreta (devendo ser assinalada), pois a imputação ao pagamento caberá ao *devedor*. Porém, não tendo ele declarado em qual das dívidas líquidas e vencidas quer imputar o pagamento, se aceitar a quitação de uma delas, não terá direito a reclamar contra a imputação feita pelo *credor* (art. 353 do CC); C: correta (art. 364 do CC); D: correta (art. 372 do CC).
Gabarito "B".

(Técnico do MP – MPE-MG – FURMAC – 2007) Assinale a afirmativa **INCORRETA:**

(A) Se a obrigação for de restituir coisa certa, e esta se perder antes da tradição, responderá o devedor pelo equivalente, independentemente de culpa, sendo acrescido o valor de perdas e danos, se houver culpa.

(B) A obrigação de dar coisa certa abrange os acessórios dela embora não mencionados, salvo se o contrário resultar do título ou das circunstâncias do caso.

(C) Se, no caso da alternativa anterior, a coisa se perder, sem culpa do devedor, antes da tradição, ou pendente a condição suspensiva, fica resolvida a obrigação para

ambas as partes; se a perda resultar de culpa do devedor, responderá este pelo equivalente e mais perdas e danos.

(D) Deteriorada a coisa, não sendo o devedor culpado, poderá o credor resolver a obrigação, ou aceitar a coisa, abatido de seu preço o valor que perdeu.

A: incorreta (devendo ser assinalada), pois na obrigação de restituir, se a coisa se perder antes da tradição sem culpa do devedor, sofrerá o credor a perda e a obrigação se resolverá, ressalvados os seus direitos até o dia da perda (art. 238 do CC). Se houver culpa do devedor responderá este pelo equivalente, mais perdas e danos (art. 239 do CC); B: correta (art. 233 do CC); C: correta (art. 234 do CC); D: correta (art. 235 do CC).
Gabarito "A".

(Técnico do MP – MPE-MG – FURMAC – 2007) Assinale a afirmativa **INCORRETA:**

(A) A solidariedade não se presume; resulta da lei ou da vontade das partes.

(B) Há solidariedade quando na mesma obrigação concorre mais de um credor, ou mais de um devedor, cada um com direito ou obrigado à dívida toda.

(C) A obrigação solidária pode ser pura e simples para um dos cocredores ou codevedores, e condicional, ou a prazo, ou pagável em lugar diferente, para o outro.

(D) Se um dos credores solidários falecer deixando herdeiros, cada um destes terá direito a exigir e receber a quota do crédito que corresponder ao seu quinhão hereditário. Se a obrigação for indivisível, só poderão receber em conjunto.

A: correta (art. 265 do CC); B: correta (art. 264 do CC); C: correta (art. 266 do CC); D: incorreta (devendo ser assinalada), pois se a obrigação for indivisível, o herdeiro terá o direito de receber a dívida toda, e não só o seu quinhão (art. 270 do CC).
Gabarito "D".

(Técnico em Promotoria – Direito – MPE-PB – COMPERVE-UFRN) Em relação à cessão de crédito, é **INCORRETO** afirmar:

(A) O cessionário pode exercer os atos conservatórios do direito cedido, independentemente do conhecimento da cessão pelo devedor.

(B) Ocorrendo várias cessões do mesmo crédito, prevalece a que se completar com a tradição do título do crédito cedido.

(C) O cedente não responde pela solvência do devedor, salvo estipulação em contrário.

(D) Ocorrendo várias cessões do mesmo título de crédito, prevalecerá a última.

(E) O crédito, uma vez penhorado, não pode mais ser transferido pelo credor que tiver conhecimento da penhora.

A: correta (art. 293 do CC); B: correta (art. 291 do CC); C: correta (art. 296 do CC); D: incorreta (devendo ser assinalada), pois ocorrendo várias cessões do mesmo crédito, prevalece a que se completar com a tradição do título do crédito cedido (art. 291 do CC); E: correta (art. 298 do CC).
Gabarito "D".

4. CONTRATOS

(Analista Jurídico – MPE-CE – FCC – 2013) A compra e venda:

(A) salvo estipulação em contrário, obriga o vendedor às despesas da tradição.

(B) aperfeiçoa-se apenas com a entrega da coisa.

(C) possibilita a fixação do preço pelo arbítrio exclusivo de uma das partes.

2. DIREITO CIVIL — 55

(D) obriga o vendedor a entregar a coisa antes de recebido o preço, mesmo que se trate de negócio à vista.

(E) feita de ascendente a descendente é nula, salvo se os outros descendentes e o cônjuge do alienante expressamente houverem consentido.

A: correta (art. 502 do CC); B: incorreta, pois trata-se de contrato consensual, que se aperfeiçoa com a mera declaração de vontade das partes (art. 482 do CC); C: incorreta, pois é nulo o contrato de compra e venda em que o a fixação do preço fica a critério exclusivo de uma das partes (art. 489 do CC); D: incorreta, pois sendo a venda à vista, o vendedor não é obrigado entregar a coisa antes de recebido o preço (art. 491 do CC); E: incorreta, pois é *anulável* compra e venda feita de ascendente para descendente, salvo se os outros descendentes e o cônjuge do alienante expressamente houverem consentido (art. 396, "caput", do CC).
Gabarito "A".

(Técnico Ministerial – Execução de Mandados – MPE-MA – FCC – 2013)
Sobre o contrato de mandato, de acordo com o Código Civil brasileiro, é correto afirmar que:

(A) embora ciente da morte, interdição ou mudança de estado do mandante, deve o mandatário concluir o negócio já começado, se houver perigo na demora.

(B) havendo poderes de substabelecer, serão imputáveis ao mandatário os danos causados pelo substabelecido, independentemente de ter ou não agido com culpa na escolha deste ou nas instruções dadas a ele.

(C) o mandatário pode compensar os prejuízos a que deu causa com os proveitos que, por outro lado, tenha granjeado ao seu constituinte.

(D) o terceiro que, depois de conhecer os poderes do mandatário, com ele celebrar negócio jurídico exorbitante do mandato, não tem em nenhuma hipótese ação contra o mandatário.

(E) o mandante não é obrigado, em regra, a pagar ao mandatário a remuneração ajustada e as despesas da execução do mandato se o negócio não surtir o esperado efeito.

A: correta (art. 674 do CC); B: incorreta, pois havendo poderes de substabelecer, só serão imputáveis ao mandatário os danos causados pelo substabelecido, *se tiver agido com culpa* na escolha deste ou nas instruções dadas a ele (art. 667, §2º, do CC); C: incorreta, pois o mandatário *não* pode compensar os prejuízos a que deu causa com os proveitos que, por outro lado, tenha granjeado ao seu constituinte (art. 669 do CC); D: incorreta, pois o terceiro terá ação contra o mandatário se este lhe prometeu ratificação do mandante ou se responsabilizou pessoalmente (art. 673 do CC); E: incorreta, pois é obrigado o mandante a pagar ao mandatário a remuneração ajustada e as despesas da execução do mandato, *ainda que* o negócio não surta o esperado efeito, salvo tendo o mandatário culpa.
Gabarito "A".

(Técnico Ministerial – Execução de Mandados – MPE-MA – FCC – 2013)
Sobre o contrato de compra e venda, nos termos preconizados pelo Código Civil brasileiro, é INCORRETO afirmar:

(A) Não sendo a venda a crédito, o vendedor não é obrigado a entregar a coisa antes de receber o preço.

(B) É anulável, em regra, a venda de ascendente a descendente, salvo se os outros descendentes e o cônjuge do alienante expressamente houverem consentido.

(C) Nulo é o contrato de compra e venda quando se deixa ao arbítrio exclusivo de uma das partes a fixação do preço.

(D) É ilícito às partes fixar o preço em função de índices ou parâmetros, ainda que suscetíveis de objetiva determinação.

(E) A fixação do preço pelas partes poderá ser submetida à taxa de mercado ou de bolsa, em certo e determinado dia e lugar.

A: correta (art. 491 do CC); B: correta (art. 496 "caput", do CC); C: correta (art. 489 do CC); D: incorreta (devendo ser assinalada), pois é lícito às partes fixar o preço em função de índices ou parâmetros, *desde que* suscetíveis de objetiva determinação (art. 487 do CC); E: correta (art. 486 do CC).
Gabarito "D".

(Técnico Ministerial – Execução de Mandados – MPE-MA – FCC – 2013)
Miguel telefona para Regina e faz a ela uma oferta de compra do seu veículo usado pela quantia de R$ 45.000,00 sem estipular um prazo para aceitação da oferta. Neste caso, a proposta:

(A) não será obrigatória, pois formulada por telefone e, consequentemente, para pessoa ausente.

(B) é obrigatória e vinculará o proponente até a resposta de Regina ou, então, o cancelamento da oferta.

(C) não será obrigatória, pois Miguel não estabeleceu um prazo para o aceite ou recusa de Regina.

(D) deixará de ser obrigatória se Regina não aceitá-la imediatamente.

(E) é obrigatória e vinculará o proponente pelo prazo de quinze dias.

A: incorreta, pois a proposta feita por telefone é considerada feita a pessoas presentes (art. 428, I, do CC); B: incorreta, pois o proponente se desvinculará caso Regina não expeça uma resposta imediata, haja vista tratar-se de oferta celebrada entre presentes sem prazo determinado (art. 428, I, do CC). Logo, o cancelamento da oferta é totalmente irrelevante; C: incorreta, pois a proposta é, em regra, obrigatória, se o contrário não resultar dos termos dela, da natureza do negócio, ou das circunstâncias do caso (art. 427 do CC); D: correta (art. 428, I, do CC); E: incorreta, pois não existe disposição legal que o vincule o proponente pelo prazo de 15 dias.
Gabarito "D".

(Agente Técnico Jurídico – MPE-AM – FCC – 2013) A doação:

(A) ao nascituro valerá se aceita pelo seu representante legal.

(B) feita ao incapaz dispensa aceitação, desde que se trate de doação com encargo.

(C) em forma de subvenção periódica pode ultrapassar a vida do donatário, se as partes assim o convencionarem.

(D) do cônjuge adúltero a seu cúmplice é nula de pleno direito.

(E) pode prever cláusula de reversão em favor de terceiro.

A: correta (art. 542 do CC); B: incorreta, pois se o donatário for *absolutamente* incapaz, dispensa-se a aceitação, desde que se trate de doação *pura* (art. 543 do CC); C: incorreta, pois a doação em forma de subvenção periódica não poderá ultrapassar a vida do donatário (art. 545 do CC); D: incorreta, pois a doação do cônjuge adúltero a seu cúmplice é *anulável* (art. 550 do CC); E: incorreta, pois *não* prevalece cláusula de reversão em favor de terceiro (art. 547, parágrafo único).
Gabarito "A".

(Agente Técnico Jurídico – MPE-AM – FCC – 2013) A responsabilidade pela evicção:

(A) pode ser excluída mediante cláusula expressa, mas, se esta se der, tem o evicto direito a receber o que pagou pela coisa evicta, se não soube do risco da evicção.

(B) não pode ser excluída pelas partes.

(C) pode ser excluída mediante cláusula expressa, mas, se esta se der, tem o evicto direito a receber o que pagou pela coisa evicta, soubesse ou não do risco da evicção.

(D) pode ser excluída, mas não diminuída, mediante cláusula expressa, mas, se esta se der, tem o evicto direito a receber o que pagou pela coisa evicta mais indenização pelos prejuízos que resultarem da evicção, se não soube do risco da evicção.

(E) pode ser excluída mediante cláusula expressa, mas, se esta se der, tem o evicto direito a receber o que pagou pela coisa evicta mais indenização pelos prejuízos que resultarem da evicção, soubesse ou não do risco da evicção.

A: correta (arts. 448 e 449 do CC); B: incorreta, pois a cláusula pode ser excluída pela vontade das partes (art. 448 do CC); C: incorreta, pois o evicto tem o direito a receber o preço que pagou pela coisa evicta *apenas se* não soube do risco da evicção, ou, dele informado, não o assumiu (art. 449 do CC); D: incorreta, pois as partes podem, por cláusula expressa diminuir a responsabilidade pela evicção (art. 448 do CC). Ademais, o direito à indenização apenas se dá nos casos do art. 450 do CC; E: incorreta, pois o evicto terá o direito de receber o preço que pagou pela coisa evicta apenas se não soube do risco da evicção, ou, dele informado, não o assumiu (art. 449 do CC). Novamente, os casos de indenização apenas se dão nas hipóteses do art. 450 do CC.

Gabarito "A".

(Analista Ministerial Jurídico – MPE-PE – FCC – 2012) A cláusula resolutiva expressa, em regra,

(A) opera de pleno direito.

(B) depende de interpelação judicial.

(C) depende de prévia notificação da outra parte.

(D) é proibida pelo ordenamento jurídico brasileiro.

(E) só é válida em contratos aleatórios.

A cláusula resolutiva expressa opera de pleno direito (art. 474 do CC).

Gabarito "A".

(Analista Ministerial Direito – MPE-AP – FCC – 2012) Segundo as normas preconizadas pelo Código Civil brasileiro, na compra e venda cujo objeto seja um apartamento em Macapá, o exercício do direito de preempção:

(A) deverá ser exercido no prazo mínimo de seis meses e máximo de um ano.

(B) não possui prazo mínimo ou máximo para o seu exercício previsto no referido diploma legal, tratando-se de livre ajuste entre as partes.

(C) não poderá exceder noventa dias.

(D) não poderá exceder dois anos.

(E) deverá ser exercido no prazo mínimo de trinta dias e máximo de sessenta.

A: incorreta, pois por tratar-se de bem imóvel deverá ser exercido no prazo máximo de dois anos (art. 513, parágrafo único). A lei não fala em prazo mínimo; B: incorreta, pois, embora a lei não estipule prazo mínimo, ela estipula prazo máximo para o direito de preferência ser exercido (art. 513, parágrafo único); C: incorreta, pois por trata-se de bem imóvel pode exceder 90 dias e chegar até a dois anos (art. 513, parágrafo único); D: correta (art. 513, parágrafo único) E: incorreta, pois prazo mínimo não há e o prazo máximo é de dois anos.

Gabarito "D".

5. RESPONSABILIDADE CIVIL

(Analista Jurídico – MPE-CE – FCC – 2013) A indenização:

(A) mede-se pela extensão da culpa.

(B) deve ser fixada tendo-se em conta a gravidade da culpa da vítima, quando esta tiver concorrido para a ocorrência do dano.

(C) não pode ser reduzida equitativamente, nem no caso de desproporção entre a gravidade da culpa e o dano.

(D) no caso de homicídio, consiste na prestação de alimentos às pessoas a quem o morto os devia, até a morte do alimentando, excluídas outras reparações.

(E) é inexigível se o devedor não puder cumprir a prestação na espécie ajustada.

A: incorreta, pois a indenização mede-se pela extensão do dano (art. 944, "caput", do CC); B: correta (art. 945 do CC); C: incorreta, pois se houver excessiva desproporção entre a gravidade da culpa e o dano, a indenização poderá ser reduzida equitativamente pelo juiz (art. 944, parágrafo único do CC); D: incorreta, pois no caso de homicídio a indenização consiste na prestação de alimentos às pessoas a quem o morto os devia, *levando-se em conta a duração provável da vida da vítima*, bem como no *pagamento das despesas com o tratamento da vítima, seu funeral e o luto da família* (art. 948 do CC); E: incorreta, pois se o devedor não puder cumprir a prestação na espécie ajustada, *substituir-se-á pelo seu valor, em moeda corrente* (art. 947 do CC).

Gabarito "B".

(Analista Jurídico – MPE-CE – FCC – 2013) O Código Civil brasileiro atual:

(A) isenta o incapaz de responder pelos prejuízos que causar, sem nenhuma ressalva.

(B) aboliu a responsabilidade subjetiva.

(C) impõe responsabilidade objetiva ao empregador ou comitente, por seus empregados, serviçais e prepostos, no exercício do trabalho que lhes competir, ou em razão dele.

(D) determina que o dono ou detentor do animal repare o dano por este causado, se a vítima comprovar dolo.

(E) dispõe que a obrigação de prestar a reparação não se transmite com a herança.

A: incorreta, pois o incapaz responde pelos prejuízos que causar, se as pessoas por ele responsáveis não tiverem obrigação de fazê-lo ou não dispuserem de meios suficientes (art. 928, "caput", do CC); B: incorreta, pois a responsabilidade subjetiva continua sendo a regra no sistema civil. A responsabilidade objetiva aplica-se nos casos do art. 927, parágrafo único do CC; C: correta (art. 932, III, do CC); D: incorreta, pois a vítima não precisa comprovar o dolo para ser indenizada. No caso, o dono do animal terá o dever repará-la, salvo se comprovar culpa da vítima ou força maior (art. 936 do CC); E: incorreta, pois o direito de exigir reparação e a obrigação de prestá-la transmitem-se com a herança (art. 943 do CC).

Gabarito "C".

(Analista – Direito – MPE-MG – 2012) Sobre responsabilidade civil no direito brasileiro, assinale a afirmativa **CORRETA**.

(A) Caso haja desproporção excessiva entre o elevado montante do dano e o baixo grau de culpa, o juiz pode reduzir a indenização equitativamente.

(B) A responsabilidade por danos causados ao menor é sempre objetiva.

(C) O incapaz não responde, em hipótese alguma, por danos causados a terceiros, os quais deverão ser ressarcidos por seu responsável.

2. DIREITO CIVIL

(D) A indenização devida por danos causados ao incapaz deve ser recolhida ao Fundo de Defesa de Direitos Difusos.

A: correta (art. 944, parágrafo único, do CC); B: incorreta, pois não é possível afirmar que, pelo fato de a vítima ser menor a responsabilidade do ofensor será objetiva. A responsabilidade apenas é objetiva nos casos previstos em lei ou em decorrência do risco da atividade (art. 927, parágrafo único, do CC). No caso, a capacidade da vítima não tem influência nisso; C: incorreta, pois o incapaz responde pelos prejuízos que causar, se as pessoas por ele responsáveis não tiverem obrigação de fazê-lo ou não dispuserem de meios suficientes (art. 928, "caput", do CC); D: incorreta, pois a indenização devida por danos causados ao incapaz será revertida ao próprio incapaz, com o escopo de reparar a lesão sofrida (art. 927, "caput", do CC).
Gabarito "A".

(Analista de Promotoria I – Assistente Jurídico – MPE-SP – VUNESP – 2010) A indenização mede-se pela extensão do dano, devendo-se considerar, para sua fixação, que:

(A) se a obrigação for indeterminada e não houver na lei ou no contrato disposição fixando a indenização devida pelo inadimplente, apurar-se-á o valor das perdas e danos na forma que a lei processual determinar.

(B) o grau de culpa do causador do dano não será levado em conta para a fixação da indenização, no caso de responsabilidade subjetiva, pois tal não se confunde com o conceito de equidade.

(C) havendo esbulho do alheio, além da restituição da coisa, a indenização consistirá em pagar o valor das suas deteriorações e o devido a título de lucros cessantes, estes fixados até o prazo máximo estabelecido em lei.

(D) no caso de morte de filho menor, somente haverá indenização por danos materiais se este contribuía para o sustento da família.

(E) não será possível cumular a indenização por danos morais e estéticos, uma vez que se confundem, pois resultam de mesmo fato.

A: correta (art. 946 do CC); B: incorreta, pois o grau de culpa do causador do dano será levado em conta para a fixação da indenização, de modo que se houver excessiva desproporção entre a gravidade da culpa e o dano, poderá o juiz reduzir, equitativamente, a indenização (art. 944, parágrafo único, do CC); C: incorreta, pois não há falar-se em prazo máximo fixado em lei para os lucros cessantes (art. 952, "caput", do CC); D: incorreta, pois neste caso os danos materiais serão apurados na forma que a lei processual determinar (art. 946 do CC); D: incorreta, pois é lícita a cumulação do dano estético com o dano moral, haja vista que ambos não se confundem (Súmula 387 do STJ). Tratam-se de categorias diversas de danos.
Gabarito "A".

(Analista Ministerial Especialista – Ciências Jurídicas – MPE-TO – UFT-COPESE – 2010) Sobre responsabilidade civil assinale a alternativa incorreta:

(A) São também responsáveis pela reparação civil os que gratuitamente houverem participado nos produtos do crime, até a concorrente quantia.

(B) A responsabilidade civil é independente da criminal, não se podendo questionar mais sobre a existência do fato, ou sobre quem seja o seu autor, quando estas questões se acharem decididas no juízo criminal.

(C) Os bens do responsável pela ofensa ou violação do direito de outrem ficam sujeitos à reparação do dano

causado, e, se a ofensa tiver mais de um autor, todos responderão solidariamente pela reparação.

(D) O direito de exigir reparação e a obrigação de prestá-la não se transmitem com a herança.

A: correta (art. 932, V, do CC); B: correta (art. 935 do CC); C: correta (art. 942 do CC); D: incorreta (devendo ser assinalada), pois o direito de exigir reparação e a obrigação de prestá-la transmitem-se com a herança (art. 943 do CC).
Gabarito "D".

6. DIREITOS REAIS

(Analista de Promotoria I – Assistente Jurídico – MPE-SP – IBFC – 2013) De acordo com o que dispõe o Código Civil sobre a posse, indique a alternativa INCORRETA:

(A) Ao possuidor de má-fé serão ressarcidas as benfeitorias úteis e necessárias; não lhe assistindo o direito de retenção pela importância destas, nem o de levantar as voluptuárias.

(B) O possuidor de boa-fé não responde pela perda ou deterioração da coisa a que não deu causa.

(C) O possuidor de má-fé responde pela perda ou deterioração da coisa ainda que acidentais, salvo se provar que de igual modo se teriam dado estando ela na posse do reivindicante.

(D) O possuidor de má-fé responde por todos os frutos colhidos e percebidos, bem como pelos que, por culpa sua, deixou de perceber, desde o momento em que se constituiu de má-fé; mas tem direito às despesas da produção e custeio.

(E) O possuidor de boa-fé tem direito à indenização das benfeitorias necessárias e úteis, bem como, quanto às voluptuárias, se não lhe forem pagas, a levantá-las, quando o puder sem detrimento da coisa, e poderá exercer o direito de retenção pelo valor das benfeitorias necessárias e úteis.

A: incorreta (devendo ser assinalada), pois ao possuidor de má-fé serão ressarcidas somente as benfeitorias necessárias; não lhe assiste o direito de retenção pela importância destas, nem o de levantar as voluptuárias (art. 1.220 do CC); B: correta (art. 1.217 do CC); C: correta (art. 1.218 do CC); D: correta (art. 1.216 do CC); E: correta (art. 1.219 do CC).
Gabarito "A".

(Analista Processual Direito – MPE-AC – FMP – 2013) Qual das alternativas abaixo NÃO contempla hipótese de aquisição da propriedade móvel prevista na lei civil vigente?

(A) Confusão.
(B) Comissão.
(C) Especificação.
(D) Adjunção.
(E) Avulsão.

A assertiva "E" está correta, haja vista que a avulsão é uma das formas de aquisição da propriedade imóvel por acessão (art. 1.248, III, do CC).
Gabarito "E".

(Analista Ministerial Direito – MPE-AP– FCC – 2012) Considere:

I. Clotilde é possuidora de um terreno na cidade de Macapá por quinze anos, sem interrupção, nem oposição, não possuindo título e nem boa-fé.

II. Vera Lúcia é possuidora de área de terra em zona rural com cem hectares, por cinco anos ininterruptos, sem oposição, tornando-a produtiva pelo seu trabalho e tendo nela sua moradia, não sendo proprietária de imóvel rural ou urbano.

III. Tatiana exerce, por três anos ininterruptamente e sem oposição, posse direta, com exclusividade, sobre um apartamento de cem metros quadrados na cidade de Mazagão que utiliza como sua moradia e cuja propriedade dividia com seu ex-cônjuge, Lindoval, que abandonou o lar, não sendo proprietária de outro imóvel urbano ou rural.

De acordo com o Código Civil brasileiro, em regra, adquirirá o domínio integral dos respectivos imóveis aquelas indicadas APENAS em:

(A) I e III.

(B) II e III.

(C) I e II.

(D) I.

(E) III.

I: correta, pois trata-se de usucapião extraordinária (art. 1.238 do CC); II: incorreta, pois a usucapião especial rural apenas pode ocorrer em área de até cinquenta hectares (art. 1.239 do CC); III: correta (art. 1.240-A do CC).

Gabarito "A".

(Analista de Promotoria I – Assistente Jurídico – MPE-SP – VUNESP – 2010)
É correto afirmar que:

(A) aquele que possuir como seu imóvel urbano por cinco anos ininterruptos, sem oposição, tendo nele sua moradia, adquirir-lhe-á a propriedade pela usucapião constitucional, ainda quando proprietário de outro imóvel, desde que rural.

(B) na usucapião especial rural têm legitimidade para usucapir a pessoa natural, nata ou naturalizada, o estrangeiro residente no Brasil e a pessoa jurídica sediada em território nacional.

(C) a usucapião, mobiliária ou imobiliária, tem como pressuposto comum ter como objeto coisa hábil, além da posse mansa, pacífica, pública, contínua e exercida com ânimo de dono, durante o lapso prescricional estabelecido em lei.

(D) as coisas fora do comércio e os bens públicos, exceto os de uso especial e os dominicais, são suscetíveis de usucapião.

(E) o proprietário também pode ser privado da coisa se o imóvel reivindicado consistir em extensa área, na posse ininterrupta independentemente de boa-fé, por mais de cinco anos, de considerável número de pessoas.

A: incorreta, pois a usucapião especial urbana apenas pode ocorrer se o possuidor não for proprietário de outro imóvel urbano ou rural (art. 1.240, "caput", do CC); B: incorreta, pois esta modalidade de usucapião não admite legitimidade da pessoa jurídica, haja vista que ela visa a promover o direito à moradia, portanto a pessoas físicas (art. 1.239 do CC); C: correta (art. 1.238 a 1.244 do CC e art. 1.260 a 1.262 do CC); D: incorreta, pois os bens público, de todas as categorias, não estão sujeitos a usucapião (art. 102 do CC e Súmula 340 do STF); E: incorreta, pois o proprietário também pode ser privado da coisa se o imóvel reivindicado consistir em extensa área, na posse ininterrupta e de boa-fé, por mais de cinco anos, de considerável número de pessoas, *e estas nela houverem realizado, em conjunto ou separadamente, obras e serviços considerados pelo juiz de interesse social e econômico relevante* (art. 1.228, §4º, do CC).

Gabarito "C".

(Analista de Promotoria I – Assistente Jurídico – MPE-SP – VUNESP – 2010)
"X" edificou casa, em área urbana, na certeza de lhe pertencer a totalidade da área descrita junto à matrícula imobiliária. Constatou, porém, já concluída a construção, que, por um erro na descrição das linhas limítrofes, a edificação invadiu uma vigésima parte do terreno de seu vizinho. Considerando isso, assinale a seguir a alternativa correta.

(A) "X" adquirirá a propriedade da área invadida, devendo pagar o décuplo do valor do terreno lindeiro e a desvalorização da área remanescente.

(B) Embora "X" estivesse de boa-fé, deverá demolir a parte da construção que invadiu o terreno alheio, ainda que com grave prejuízo para a edificação.

(C) Estando "X" de má-fé, adquire a propriedade da área invadida apenas se o valor da construção exceder o do terreno.

(D) Estando "X" de boa-fé, adquire a propriedade da parte do solo invadido e responde por perdas e danos correspondentes ao valor que a invasão acrescer à construção, mais o da área perdida e o da desvalorização da área remanescente.

(E) A posse justa exercida por "X" e a boa-fé empreendida na construção serão suficientes para justificar pedido de usucapião da área invadida, o que deve ser requerido, porém, no lapso de 3 anos após a edificação.

A: incorreta, pois "X" não precisará pagar indenização em décuplo, pois estava de boa-fé (art. 1.258, parágrafo único, do CC); B: incorreta, pois não será necessário que "X" destrua a parte da construção que invadiu o terreno porque estava de boa-fé. Neste caso, "X" adquirirá a propriedade da parte do solo invadido, se o valor da construção exceder o dessa parte, e responderá por indenização que represente, também, o valor da área perdida e a desvalorização da área remanescente (art. 1.258 do CC); C: incorreta, pois estando "X" da má-fé adquirirá a propriedade pagando em décuplo as perdas e danos e apenas se o valor da construção exceder consideravelmente o dessa parte e não se puder demolir a porção invasora sem grave prejuízo para a construção (art. 1.258, parágrafo único, do CC); D: correta (art. 1.258 "caput", do CC); E: incorreta, pois o prazo de usucapião neste caso será de 10 anos (art. 1.242 "caput", do CC).

Gabarito "D".

7. FAMILIA – CASAMENTO

(Analista de Promotoria I – Assistente Jurídico – MPE-SP – IBFC – 2013)
Leia as seguintes afirmações:

I. O prazo para ser intentada a ação de anulação do casamento, a contar da data da celebração, é de três anos, se incompetente a autoridade celebrante; e de quatro anos, se houver coação.

II. O Código Civil prevê que a anulação do casamento dos menores de dezesseis anos será requerida pelo próprio cônjuge menor.

III. Embora anulável ou mesmo nulo, se contraído de boa--fé por ambos os cônjuges, o casamento, em relação a estes como aos filhos, produz todos os efeitos mesmo depois da sentença anulatória.

IV. Subsiste o casamento celebrado por aquele que, sem possuir a competência exigida na lei, exercer publicamente as funções de juiz de casamentos e, nessa qualidade, tiver registrado o ato no Registro Civil.

Está CORRETO, apenas, o que se afirma em:

(A) II.
(B) I e III.
(C) I e IV.
(D) II e IV.
(E) I,II e III.

I: incorreta, pois se incompetente a autoridade celebrante o prazo é de dois anos (art. 1.560, II, do CC); II: correta (art. 1552, I, do CC); III: incorreta, pois, embora anulável ou mesmo nulo, se contraído de boa-fé por ambos os cônjuges, o casamento, em relação a estes como aos filhos, produz todos os efeitos *até* o dia da sentença anulatória (art. 1.561 "caput", do CC); IV: correta (art. 1.554 do CC).
Gabarito "D".

(Analista de Promotoria I – Assistente Jurídico – MPE-SP – IBFC – 2013)
Com relação ao regime de participação final nos aquestos, disciplinado no Código Civil, pode-se afirmar que:

(A) Se um dos cônjuges solveu uma dívida do outro com bens do seu patrimônio, o valor do pagamento deve ser atualizado e imputado, na data da dissolução, à meação do outro cônjuge.
(B) O direito à meação pode ser renunciado, cedido ou penhorado na vigência do regime matrimonial.
(C) Na dissolução do regime de bens por separação judicial ou por divórcio, verificar-se-á o montante dos aquestos à data da dissolução, por valor equivalente ao da data de aquisição.
(D) As coisas móveis, em face de terceiros, presumem-se do domínio do cônjuge devedor, independentemente de o bem ser de uso pessoal do outro.
(E) Os bens imóveis são de propriedade do cônjuge cujo nome constar no registro. Entretanto, se impugnada a titularidade, caberá ao impugnante provar a aquisição irregular dos bens.

A: correta (art. 1.678 do CC); B: incorreta, pois o direito à meação *não* é renunciável, cessível ou penhorável na vigência do regime matrimonial (art. 1.682 do CC); C: incorreta, pois na dissolução do regime de bens por separação judicial ou por divórcio, verificar-se-á o montante dos aquestos *à data em que cessou a convivência* (art. 1.683 do CC); D: incorreta, pois as coisas móveis, em face de terceiros, presumem-se do domínio do cônjuge devedor, *salvo se o bem for de uso pessoal do outro* (art. 1.680 do CC); E: incorreta, pois, impugnada a titularidade, caberá ao cônjuge *proprietário* provar a aquisição regular dos bens (art. 1.681 parágrafo único, do CC).
Gabarito "A".

(Analista Processual Direito – MPE-AC – FMP – 2013) Sobre o regime de bens entre os cônjuges, analise as seguintes assertivas.

I. É admissível a alteração do regime de bens mediante disposição de ambos os cônjuges, após a celebração do casamento, desde que realizada por escritura pública.
II. É obrigatório o regime da separação de bens no casamento celebrado entre nubentes menores de 18 anos, em razão da necessidade, para tanto, de autorização dos pais.
III. No pacto antenupcial, que adotar o regime de participação final nos aquestos, poder-se-á convencionar a livre disposição dos bens imóveis, desde que particulares.
IV. No regime legal ou supletivo (artigo 1.640 do Código Civil), excluem-se da comunhão as pensões, meios--soldos, montepios e outras rendas semelhantes.
Quais são corretas?

(A) Apenas I e II.
(B) Apenas I e III.
(C) Apenas II e III.
(D) Apenas III e IV.
(E) Apenas II, III e IV.

I: incorreta, pois é admissível alteração do regime de bens, mediante *autorização judicial* em pedido motivado de ambos os cônjuges, *apurada a procedência das razões invocadas e ressalvados os direitos de terceiros* (art. 1.639, §2º, do CC); II: incorreta, pois, muito embora seja necessária a autorização dos pais para que o casamento seja válido, a lei não define que o regime da separação de bens seja obrigatório. Esse regime é aplicável apenas aos casos do art. 1.641 do CC; III: correta (art. 1.656 do CC); IV: correta (art. 1.659 do CC).
Gabarito "D".

(Analista Ministerial Processual-Direito – MPE-MA – FCC – 2013) Mauro e Marina namoram há cerca de cinco anos e pretendem casar-se em breve. Para tanto, após o noivado, o casal está tomando as providências necessárias preconizadas pelo Código Civil brasileiro para formalização do ato. Neste caso,

(A) se Mauro for divorciado, o casamento com Marina não deverá ser realizado enquanto não houver sido homologada ou decidida a partilha dos bens do casal.
(B) a habilitação será feita pessoalmente perante o oficial do Registro Civil, com a audiência do Ministério Público, sendo necessária a homologação judicial.
(C) após a extração do certificado de habilitação pelo oficial do registro, a eficácia da habilitação será de 120 dias, a contar da data em que foi extraído o certificado.
(D) o registro do casamento religioso não se submete aos mesmos requisitos exigidos para o casamento civil.
(E) o casamento pode celebrar-se mediante procuração, por instrumento público ou particular, com poderes especiais.

A: correta (art. 1.523, III, do CC); B: incorreta, pois não é necessária a autorização judicial. Ela apenas será imprescindível se houver impugnação do oficial, do Ministério Público ou de terceiro (art. 1.526 do CC); C: incorreta, pois a eficácia da habilitação é de 90 dias a contar da data em que foi extraído o certificado (art. 1.532 do CC); D: incorreta, pois o registro do casamento religioso *submete-se* aos mesmos requisitos exigidos para o casamento civil (art. 1.516 "caput", do CC); E: incorreta, pois o casamento não pode celebrar-se por instrumento particular (art. 1.542 "caput", do CC).
Gabarito "A".

(Analista Processual – MP-RO – FUNCAB – 2012) O divórcio, tal como tratado pela Constituição Federal e pelo Código Civil:

(A) exige a partilha de bens para sua concessão.
(B) somente pode ser decretado se comprovada a separação de fato há, pelo menos, dois anos ou a separação judicial há, pelo menos, um(1) ano.
(C) modifica os direitos e deveres dos pais em relação aos filhos.
(D) exige prévia separação judicial.
(E) dispensa motivação.

A: incorreta, pois o divórcio pode ser concedido sem que haja prévia partilha de bens (art. 1.581 do CC); B: incorreta, pois com a EC 66/10 não há mais prazo mínimo para que o divórcio seja decretado (art. 226, §6º da CF); C: incorreta, pois o divórcio não modificará os direitos e deveres dos pais em relação aos filhos (art. 1.579, "caput", do CC);

D: incorreta, pois a lei admite o divórcio direto e, após a EC 66/10, não há mais a necessidade de se observar nenhum prazo (art. 226, §6º da CF); E: correta, pois o texto legal assevera que *o casamento civil pode ser dissolvido pelo divórcio*, logo não traz a necessidade de motivação (art. 226, §6º, do CC). Ademais, o divórcio será decretado, independentemente da aferição de culpa, que pode ser discutida nos mesmos autos ou em autos separados.

Gabarito "E".

(Analista Jurídico – MPE-PA – FADESP – 2012) É obrigatório o regime da separação de bens no casamento da pessoa maior de:

(A) 80 (oitenta) anos.
(B) 70 (setenta) anos.
(C) 75 (setenta e cinco) anos.
(D) 65 (sessenta e cinco) anos.

Art. 1.641, II, do CC.

Gabarito "B".

(Analista Ministerial Direito – MPE-AP – FCC – 2012) Ana Carolina e José Augusto casaram-se no dia 30 de Junho de 2012 na Igreja Nossa Senhora do Perpétuo Socorro, uma vez que são católicos e pretendiam trocar seus votos de união e fidelidade perante Autoridade Religiosa. No dia 04 de Julho de 2012, eles registraram o respectivo casamento religioso no registro próprio objetivando a sua equiparação ao casamento civil. De acordo com o Código Civil brasileiro, neste caso, o respectivo casamento religioso produzirá efeitos a partir:

(A) da data do registro.
(B) da data de sua celebração.
(C) do dia seguinte ao registro do referido casamento.
(D) do dia seguinte da data de sua celebração.
(E) do primeiro dia útil posterior a data do registro.

Art. 1.515 do CC.

Gabarito "B".

(Analista Jurídico – MPE-PA – FADESP – 2012) É nulo o casamento:

(A) do menor em idade núbil, quando não autorizado por seu representante legal.
(B) do incapaz de consentir ou manifestar, de modo inequívoco, o consentimento.
(C) de quem não completou a idade mínima para casar.
(D) contraído por infringência de impedimento, podendo ser promovida a nulidade mediante ação direta, por qualquer interessado ou pelo Ministério Público.

Art. 1.548, II e art. 1.549 do CC.

Gabarito "D".

(Analista Processual Administrativo – MPE-RJ – 2011) Sobre as pessoas casadas no processo, é INCORRETO afirmar que:

(A) em determinados casos, o casamento afeta a legitimidade processual dos cônjuges, embora sem lhes retirar a capacidade processual;
(B) o regime legal de separação absoluta de bens dispensa a vênia conjugal;
(C) o consentimento de um dos cônjuges poderá ser suprido judicialmente, de ofício, em caso de recusa inoportuna;
(D) um cônjuge somente pode demandar em juízo sobre direito real imobiliário se o outro consentir;
(E) nas ações possessórias imobiliárias, a participação do cônjuge do autor ou do réu somente é indispensável nos casos de composse ou de ato por ambos praticados.

A: correta, pois no caso do ajuizamento de ações reais, por exemplo, o cônjuge precisa da autorização do outro (art. 10, "caput" do CPC); B: correta (art. 1.647, "caput", do CC); C: incorreta (devendo ser assinalada), pois o juiz suprirá o consentimento a requerimento da parte quando um dos cônjuges a denegue sem motivo justo, ou lhe seja impossível concedê-la (art. 1.648 do CC); D: correta (art. 10, "caput" do CPC); E: correta (art. 10, §2º do CPC).

Gabarito "C".

(Analista de Promotoria I – Assistente Jurídico – MPE-SP – VUNESP – 2010) Assinale a alternativa correta.

(A) A publicidade do casamento é requisito de ordem pública, proibindo-se que o ato seja praticado a portas fechadas ou sem a publicação e fixação de proclamas em local visível.
(B) Nuncupativo é o casamento celebrado por autoridade incompetente.
(C) Putativo é o matrimônio nulo ou anulável contraído de boa-fé por um ou por ambos os contraentes e que, em razão disso, produz efeitos até o dia da sentença anulatória.
(D) Em virtude do avanço da tecnologia, é perfeitamente possível a realização do matrimônio pela internet e/ou por via satélite, mesmo não havendo mandato especificamente outorgado pelos nubentes para tal fim.
(E) O casamento religioso terá efeitos civis, independentemente das exigências de validade para o casamento civil, e desde que registrado no registro próprio.

A: incorreta, pois em caso de urgência o edital de proclamas pode ser dispensado (art. 1.527, parágrafo único, do CC); B: incorreta, pois nuncupativo é o casamento contraído em situação de iminente risco de vida, sem possibilidade da presença da autoridade ou de seu substituto (art. 1.540 do CC); C: correta (art. 1.561 do CC); D: incorreta, pois caso um dos cônjuges esteja ausente, a procuração com poderes especiais é indispensável (art. 1.542 do CC); E: incorreta, pois o casamento religioso, que *atender às exigências da lei para a validade do casamento civil*, equipara-se a este, desde que registrado no registro próprio (art. 1.515 do CC).

Gabarito "C".

(Analista Ministerial Especialista – Ciências Jurídicas – MPE-TO – UFT--COPESE – 2010) No processo de habilitação para o casamento é necessária a intervenção:

(A) Obrigatoriamente do Ministério Público e do Juiz.
(B) Obrigatoriamente do Juiz e, quando houver impugnação, também do Ministério Público.
(C) Obrigatoriamente do Ministério Público e, quando houver impugnação, também do Juiz.
(D) Exclusivamente do Juiz, independentemente de impugnação.

Art. 1.526 do CC.

Gabarito "C".

(Técnico em Promotoria – Direito – MPE-PB – COMPERVE-UFRN) Segundo o Código Civil, pode-se afirmar que **NÃO** devem casar aqueles que se enquadrem na(s) situação(ões):

I. O adotante com quem foi cônjuge do adotado e o adotado com quem o foi do adotante.
II. O cônjuge sobrevivente com o condenado por homicídio ou tentativa de homicídio contra o seu consorte.
III. O divorciado, enquanto não houver sido homologada ou decidida a partilha dos bens do casal.

2. DIREITO CIVIL — 61

IV. Os afins em linha reta.

Está(ão) correta(s) apenas:

(A) I e II.
(B) IV.
(C) III.
(D) I, II e IV.
(E) I.

I, II e IV estão incorretas, pois tratam-se de causas de impedimento matrimoniais, no caso "não *podem*" se casar (art. 1.521, III, VII e II, do CC); III: correta, pois trata-se de causa suspensiva, no caso "não *devem*" se casar (art. 1.523, III, do CC).
„ɔ„ oʇ.ɹɐqɐפ

7.1 FILIAÇÃO

(Analista Ministerial Processual-Direito – MPE-MA – FCC – 2013) Joaquim e Maria são casados há 3 anos e residem juntos na cidade de São Luís. Maria engravida neste ano de 2013. No curso da gravidez Joaquim descobre que Maria é adúltera e mantinha um relacionamento extraconjugal há um ano com Pedro, o vizinho do andar de baixo. Neste caso, é correto afirmar que:

(A) a prova da impotência do cônjuge para gerar, à época da concepção, não ilide a presunção de paternidade, prevalecendo a paternidade socioafetiva em relação à biológica.
(B) Joaquim tem o direito de contestar a paternidade do futuro filho, devendo observar o prazo prescricional de 3 anos após o nascimento.
(C) basta a confissão de Maria de que o futuro filho não é de Joaquim para exclusão da paternidade.
(D) no caso de contestação da paternidade do futuro filho de Maria, falecendo Joaquim, os seus eventuais herdeiros não poderão prosseguir na ação.
(E) não basta o adultério da mulher, ainda que confessado, para ilidir a presunção legal da paternidade.

A: incorreta, pois a prova da impotência do cônjuge para gerar, à época da concepção, *ilide* a presunção da paternidade (art. 1.599 do CC); B: incorreta, pois tal ação é imprescritível (art. 1.601, "caput", do CC); C: incorreta, pois *não* basta a confissão materna para excluir a paternidade (art. 1.602 do CC); D: incorreta, pois, contestada a filiação, os herdeiros do impugnante têm direito de prosseguir na ação (art. 1.601, "caput", do CC); E: correta (art. 1.602 do CC).
„Ǝ„ oʇ.ɹɐqɐפ

(Analista Processual Administrativo – MPE-RJ – 2011) O tema "relação de parentesco", de acordo com os dispositivos do Código Civil, NÃO é corretamente retratado na seguinte alternativa:

(A) são impedidos de casar os irmãos, unilaterais ou bilaterais, e demais colaterais, até o terceiro grau inclusive;
(B) o parentesco colateral ou transversal é verificado até o quarto grau;
(C) a presunção legal de paternidade é ilidida pela confissão de adultério;
(D) a contestação da paternidade pelo marido é imprescritível;
(E) são ineficazes a condição e o termo apostos ao ato de reconhecimento de filho.

A: correta, (art. 1.521, IV, do CC); B: correta, (art. 1.592 do CC); C: incorreta (devendo ser assinalada), pois não basta a confissão materna

para excluir a paternidade (art. 1.602 do CC); D: correta (art. 1.601, "caput", do CC); E: correta (art. 1.613 do CC).
„ɔ„ oʇ.ɹɐqɐפ

(Analista de Promotoria I – Assistente Jurídico – MPE-SP – VUNESP – 2010) João e Maria são casados e sempre desejaram ter filhos; no entanto, foi necessário recorrer à ajuda da reprodução assistida, com material genético de outro homem, com autorização escrita de João, uma vez que João é estéril. Ocorre que restaram embriões excedentários, porém João e Maria se separaram judicialmente. Após a dissolução do casamento, Maria decidiu ter mais um filho, utilizando-se dos embriões restantes. Diante desse fato, aponte a alternativa correta.

(A) Uma criança nascida nessas condições será filha de João, mesmo que seu nascimento ocorra após a separação do casal, pois se trata de concepção artificial homóloga
(B) A criança nascida após a separação do casal não será filha de João, uma vez que se trata de concepção artificial heteróloga, não sendo esta protegida pelo ordenamento jurídico.
(C) João somente poderá negar a paternidade da criança, desde que revogue a autorização dada para a concepção, nas cláusulas que fixarem as condições da separação.
(D) Os filhos nascidos nessas condições serão filhos legítimos de João, se este autorizar expressamente a utilização dos embriões, por se tratar de concepção artificial heteróloga.
(E) Inexiste proteção legal para essas situações, razão pela qual os filhos nascidos nessas condições não poderão reivindicar nenhum laço de parentesco com João.

A: incorreta, pois essa criança não será filha de João, haja vista o caso tratar-se de inseminação artificial heteróloga, isto é, com material genético de terceiro (art. 1.597, V, do CC); B: incorreta, pois a concepção artificial heteróloga é protegida pelo ordenamento jurídico (art. 1.597, V, do CC); C: incorreta, pois a lei não atribui a João a qualidade de pai por tratar-se de inseminação artificial heteróloga, logo ele não terá sequer interesse em negar a paternidade (art. 1.597, V, do CC); D: correta (art. 1.597, V, do CC); E: incorreta, pois existe proteção legal, muito embora os filhos não possam requerer nada de João (art. 1.597, V, do CC).
„ᗡ„ oʇ.ɹɐqɐפ

(Analista Ministerial Especialista – Ciências Jurídicas – MPE-TO – UFT--COPESE – 2010) Assinale a alternativa incorreta:

(A) São parentes em linha colateral ou transversal, até o quarto grau, as pessoas provenientes de um só tronco, sem descenderem uma da outra.
(B) Não basta o adultério da mulher, ainda que confessado, para ilidir a presunção legal da paternidade.
(C) O reconhecimento não pode preceder o nascimento do filho, nem ser posterior ao seu falecimento se tiver deixado descendentes.
(D) Excluem-se do usufruto e da administração dos pais os bens adquiridos pelo filho havido fora do casamento, antes do reconhecimento.

A: correta (art. 1.592 do CC); B: correta (art. 1.602 do CC); C: incorreta (devendo ser assinalada), pois o reconhecimento *pode* preceder o nascimento do filho ou ser posterior ao seu falecimento, se ele deixar descendentes (art. 1.609 do CC, parágrafo único, do CC); D: correta (art. 1.693, I, do CC).
„ɔ„ oʇ.ɹɐqɐפ

7.2 ALIMENTOS

(Analista de Promotoria I – Assistente Jurídico – MPE-SP – VUNESP – 2010)
Na fixação dos alimentos, deve(m)-se considerar:

(A) as necessidades básicas do alimentando, principalmente quando estiver em idade tenra, independentemente das reais possibilidades do alimentante.

(B) o grau de parentesco de quem deve alimentos em primeiro lugar, para que, se este não tiver condições de suportar o encargo, sejam chamados a concorrer os de grau imediato.

(C) que a obrigação de pagar alimentos não se transmite aos herdeiros do devedor.

(D) que não é possível os cônjuges ou companheiros pedirem uns aos outros, por não serem parentes entre si.

(E) que o novo casamento do cônjuge devedor extingue a obrigação constante da sentença de divórcio.

A: incorreta, pois a fixação dos alimentos deve atender ao binômio necessidade do alimentando e possibilidade do alimentante (art. 1.694, §1º, do CC); B: correta (art. 1.698 do CC); C: incorreta, pois a obrigação de prestar alimentos transmite-se aos herdeiros do devedor, na forma do art. 1.694 do CC (art. 1.700 do CC); D: incorreta, pois é possível que os cônjuges peçam alimentos uns aos outros, pelo dever de solidariedade (art. 1.704 do CC); E: incorreta, pois o novo casamento do cônjuge devedor não extingue a obrigação constante da sentença de divórcio (art. 1.709 do CC).
Gabarito "B".

(Analista Processual Administrativo – MPE-RJ – 2011) Em relação aos alimentos, é EQUIVOCADO dizer que:

(A) os alimentos gravídicos são fixados a partir de indícios de paternidade, sopesando-se necessidades e possibilidades;

(B) na falta de ascendentes e descendentes, a obrigação alimentar cabe aos irmãos germanos ou unilaterais;

(C) pode o credor renunciar o direito a alimentos decorrentes do poder familiar;

(D) os alimentos devidos por ato ilícito não ensejam prisão civil;

(E) em relação ao idoso, a obrigação alimentar é solidária, podendo o credor optar entre os prestadores.

A: correta (art. 6º da Lei 11.804/08); B: correta (art. 1.697 do CC); C: incorreta (devendo ser assinalada), pois apesar de poder o credor não exercer o direito a alimentos, lhe é vedado renunciar a tal direito, sendo o respectivo crédito insuscetível de cessão, compensação ou penhora (art. 1.707 do CC); D: correta, pois apenas os alimentos decorrentes do Direito de Família sujeitam o devedor à prisão civil (art. 19 da Lei 5.478/68), de modo que os demais deverão ser cobrados por meio de execução de quantia certa; E: correta (art. 12 da Lei 10.741/03).
Gabarito "C".

7.3. PODER FAMILIAR

(Analista Processual – MP-RO – FUNCAB – 2012) José e Maria foram destituídos do poder familiar com relação ao seu filho João, de 13 anos. A adoção de João, por outro casal depende da concordância:

(A) de João.

(B) de José e Maria.

(C) de José ou Maria.

(D) de José, Maria e João.

(E) apenas do adotante.

O consentimento dos pais não é necessário, pois não possuem o poder familiar. Neste contexto, considerando que o adotado tem mais de doze anos, o seu consentimento é indispensável para a adoção (art. 45, §2º da Lei 8.069/90).
Gabarito "A".

(Analista Processual Administrativo – MPE-RJ – 2011) Sobre o poder familiar, é correto afirmar que:

(A) a alienação parental é causa de destituição do poder familiar;

(B) o filho não reconhecido pelo pai fica sob o poder familiar exclusivo da mãe;

(C) o poder familiar será suspenso em caso de falta de recursos materiais para a criação dos filhos;

(D) o exercício da tutela decorre da plenitude do poder familiar;

(E) a morte dos adotantes restabelece o poder familiar dos pais naturais.

A: incorreta, pois não há previsão legal para destituição do poder familiar em consequência da alienação parental. O máximo que pode ocorrer é a *suspensão* da autoridade parental (art. 6º, VII da Lei 12.318/10); B: correta (art. 1.633 do CC); C: incorreta, pois a falta ou a carência de recursos materiais *não constitui* motivo suficiente para a perda ou a suspensão do poder familiar (art. 23 da Lei 8.069/90); D: incorreta, pois a tutela é aplicada justamente quando os pais falecem ou são declarados ausentes, ou decaírem do poder familiar (art. 1.728, I e II, do CC); E: incorreta, pois a morte dos adotantes *não restabelece* o poder familiar dos pais naturais (art. 49 do CC).
Gabarito "B".

8. SUCESSÕES

(Analista Processual – MP–RO – FUNCAB – 2012) Falecendo alguém sem deixar testamento nem herdeiro legítimo notoriamente conhecido, a herança será imediatamente considerada:

(A) ausente.

(B) vacante.

(C) jacente.

(D) de domínio público.

(E) coisa abandonada.

Art. 1.819 do CC.
Gabarito "C".

(Analista de Promotoria I – Assistente Jurídico – MPE-SP – VUNESP – 2010)
Assinale a alternativa correta.

(A) No casamento sob o regime da comunhão universal de bens, o cônjuge sobrevivente participa da herança deixada pelo outro, concorrendo com os filhos do casal, cabendo-lhe igual quinhão ao dos que sucederem por cabeça.

(B) Colação é o ato mediante o qual o co-herdeiro, para assegurar a igualdade das legítimas dos demais, devolve à massa hereditária, em espécie, o bem recebido em doação pelo autor da herança.

(C) Estão sujeitos à colação os herdeiros necessários do autor da herança, mesmo aqueles renunciantes ou declarados indignos.

(D) A pena de sonegados só se pode requerer e impor em ação movida somente pelos herdeiros do autor da herança.

(E) No caso de deserdação, os motivos que a ensejam podem ser posteriores à morte do autor da herança e afasta apenas os herdeiros necessários.

A: incorreta, pois no regime da comunhão universal o cônjuge não herda (art. 1.829, I, do CC); B: incorreta, pois a devolução em espécie só se dará se, computados os valores das doações feitas em adiantamento de legítima, não houver no acervo bens suficientes para igualar as legítimas dos descendentes e do cônjuge, ou, quando deles já não disponha o donatário, pelo seu valor ao tempo da liberalidade (art. 2003, parágrafo único); C: correta (art. 2.007, §3º, do CC); D: incorreta, pois a pena de sonegados só se pode requerer e impor em ação movida pelos herdeiros *ou pelos credores da herança* (art. 1994 "caput", do CC); E: incorreta, pois a deserdação ocorre por motivos anteriores à morte do autor, haja vista a deserdação ser feita por testamento (art. 1.691 do CC). Gabarito "C".

8.1 INDIGNIDADE DESERDAÇÃO

(Analista de Promotoria I – Assistente Jurídico – MPE-SP – VUNESP – 2010)
Considere as afirmações seguintes:

I. tanto o instituto da indignidade quanto o da deserdação procuram afastar da herança aquele que a ela não faz jus, em razão de reprovável conduta que teve em relação ao *autor sucessionis*, ou, ainda, contra seu cônjuge, companheiro, ascendente ou descendente;

II. a pena de indignidade é cominada pela própria lei, nos casos expressos que enumera, ao passo que a deserdação repousa na vontade exclusiva do *de cujus* que a impõe ao culpado, em ato de última vontade, desde que fundada em motivo legal;

III. somente a autoria em crime de homicídio doloso, tentado ou consumado contra o autor da herança, pode afastar o herdeiro da sucessão.

Está correto o contido em:

(A) I, II e III.
(B) I e III, apenas.
(C) II e III, apenas.
(D) I e II, apenas.
(E) I, apenas.

I: correta (art. 1.814, I e art. 1.961 do CC); II: correta, pois no caso de indignidade a lei já lista os fatos que excluem a o herdeiro da sucessão (art. 1.814 do CC). Já no caso de deserdação, por se tratar de instituto aplicado apenas aos herdeiros necessários, a lei deixa a critério do autor da herança sua decretação (art. 1.961 do CC); III: incorreta, pois o coautor e o partícipe também podem ser afastados da sucessão, bem como a vítima poderá ser também o cônjuge, companheiro, ascendente ou descendente do autor da herança (art. 1.814, I, do CC). Gabarito "D".

9. TEMAS MISTOS

(Analista de Promotoria I – Assistente Jurídico – MPE-SP – IBFC – 2013)
Com relação à proteção e direitos das pessoas portadoras de transtornos mentais, disciplinada na Lei Federal nº 10.216, de 6 de abril de 2001, NÃO está correto o que se afirma em:

(A) É direito da pessoa portadora de transtorno mental ter livre acesso aos meios de comunicação disponíveis.
(B) A internação, em qualquer de suas modalidades, só será indicada quando os recursos extra-hospitalares se mostrarem insuficientes.
(C) Considera-se internação compulsória aquela determinada pela Justiça.
(D) O término da internação involuntária dar-se-á por solicitação escrita do familiar, ou responsável legal, ou quando estabelecido pelo especialista responsável pelo tratamento.

(E) Pesquisas científicas para fins diagnósticos ou terapêuticos poderão ser realizadas, independente do consentimento do paciente, observada a devida comunicação aos conselhos profissionais competentes e ao Conselho Nacional de Saúde.

A: correta (art. 2º, parágrafo único, VI da Lei 10.216/01); B: correta (art. 4º, "caput" da Lei 10.216/01); C: correta (art. 9º da Lei 10.216/01); D: correta (art. 8º, §2º da Lei 10.216/01); E: incorreta, pois pesquisas científicas para fins diagnósticos ou terapêuticos *não poderão ser realizadas sem o consentimento expresso do paciente, ou de seu representante legal*, e sem a devida comunicação aos conselhos profissionais competentes e ao Conselho Nacional de Saúde (art. 11 da Lei 10.216/01). Gabarito "E".

(Analista de Promotoria I – Assistente Jurídico – MPE-SP – IBFC – 2013)
Segundo a Lei Federal nº 6.766, de 19 de dezembro de 1979, que dispõe sobre o parcelamento do solo urbano, compete aos Estados disciplinar a aprovação, pelos Município, de loteamentos e desmembramentos localizados em áreas de interesse especial. Nessa hipótese, as áreas de interesse especial serão definidas através de:

(A) Resolução.
(B) Decreto.
(C) Lei especial.
(D) Lei ordinária.
(E) Lei complementar.

Art. 14 da Lei 6.766/79. Gabarito "B".

(Analista Jurídico – MPE-AL – COPEVE-UFAL – 2012) Dados os itens abaixo,

I. A confusão patrimonial autorizará a dissolução judicial da pessoa jurídica, se houver, através dela, abuso da personalidade jurídica pelo desvio de finalidade.

II. Vanessa, 16 anos de idade, possui relação de emprego com a empresa PULSAR, razão pela qual possui economia própria. Sua emancipação independe de instrumento público e de homologação judicial.

III. Os prazos prescricionais podem ser majorados ou reduzidos pelas partes.

IV. Reputa-se ato jurídico perfeito o já consumado segundo a lei vigente ao tempo em que se efetuou.

verifica-se que estão corretos:

(A) II e III.
(B) II e IV.
(C) III e IV.
(D) I e II.
(E) I e IV.

I: incorreta, pois a confusão patrimonial e/ou o desvio de finalidade autorizarão o juiz determinar, a requerimento da parte, ou do Ministério Público quando lhe couber intervir no processo, que os efeitos de certas e determinadas relações de obrigações sejam estendidos aos bens particulares dos administradores ou sócios da pessoa jurídica (art. 50 do CC); II: correta, pois trata-se de um caso de emancipação legal (art. 5º, parágrafo único, III, do CC); III: incorreta, pois os prazos de prescrição *não podem* ser alterados por acordo das partes (art. 192 do CC); IV: correta (art. 6º, §1º da LINDB). Gabarito "B".

(Analista Jurídico – MPE-AL – COPEVE-UFAL – 2012) Dados os itens abaixo,

I. Enquanto os produtos podem ser retirados sem diminuição do valor nem da substância do bem principal, a retirada dos frutos implica redução do valor ou da quantidade deste.

II. A sociedade de fato possui autonomia patrimonial em relação aos sócios e responsabilidade própria.

III. Se, antes de entrar a lei em vigor, ocorrer nova publicação de seu texto, destinada a correção, o prazo para vigência começará a correr da nova publicação.

IV. Cessará, para o menor com 17 anos, a incapacidade pela emancipação concedida pelos pais mediante instrumento público, independentemente de homologação judicial.

verifica-se que estão corretos:

(A) II e III.

(B) II e IV.

(C) III e IV.

(D) I e II.

(E) I e IV.

I: incorreta, pois os produtos são utilidades da coisa que não se reproduzem. São utilidades que se retiram da coisa, diminuindo-lhe quantidade, porque não se reproduzem periodicamente. Já os frutos são utilidades que se reproduzem, podendo ser civis, naturais ou industriais; II: incorreta, pois na sociedade de fato temos uma sociedade despersonificada, logo não há autonomia patrimonial em relação aos sócios (art. 990 do CC); III: correta (art. 1º, §3º da LINDB); IV: correta (art. 5º, §1º, I, do CC).
Gabarito "C".

(Analista Jurídico – MPE-AL – COPEVE-UFAL – 2012) Assinale a opção correta.

(A) O divórcio realizado no estrangeiro, se um ou ambos os cônjuges forem brasileiros, somente será reconhecido no Brasil depois de 2 (dois) anos da data da sentença, salvo se houver sido antecedida de separação judicial por igual prazo, caso em que a homologação produzirá efeito imediato, obedecidas as condições estabelecidas para a eficácia das sentenças estrangeiras no país.

(B) A obrigação resultante do contrato reputa-se constituída no lugar em que residir o aceitante.

(C) A prova dos fatos ocorridos em país estrangeiro rege-se pela lei que nele vigorar, quanto ao ônus e aos meios produzir-se, sendo admitido que os tribunais brasileiros reconheçam provas, mesmo se a lei brasileira as desconhecer.

(D) A invalidade do instrumento sempre induz a do negócio jurídico.

(E) Tendo os nubentes domicílio diverso, regerá os casos de invalidade do matrimônio a lei do primeiro domicílio conjugal.

A: incorreta, pois o prazo é de um ano (art. 7º, §6º da LINDB); B: incorreta, pois a obrigação resultante do contrato reputa-se constituída no lugar em que residir o proponente (art. 9º, §2º da LINDB); C: incorreta, pois a prova dos fatos ocorridos em país estrangeiro rege-se pela lei que nele vigorar, quanto ao ônus e aos meios de produzir-se, não admitindo os tribunais brasileiros provas que a lei brasileira desconheça (art. 13 da LINDB); D: incorreta, pois a invalidade do instrumento não induz a do negócio jurídico sempre que este puder provar-se por outro meio (art. 183 do CC); E: correta (art. 7º, §3º, da LINDB).
Gabarito "E".

(Analista de Promotoria I – Assistente Jurídico – MPE-SP – VUNESP – 2010) Estão sujeitos a registro, no Cartório de Registro de Títulos e Documentos, para surtir efeitos perante terceiros,

(A) os documentos decorrentes de depósitos, ou de cauções feitos em garantia de cumprimento de obrigações

contratuais, assim como o pacto antenupcial, que neste caso exige anterior inscrição no Registro Imobiliário.

(B) os contratos de locação de prédios, nos quais tenha sido consignada cláusula de vigência no caso de alienação da coisa locada.

(C) o penhor de máquinas e de aparelhos utilizados na indústria, instalados e em funcionamento, com os respectivos pertences ou sem eles.

(D) as incorporações, instituições e convenções de condomínio.

(E) os contratos de compra e venda em prestações, com reserva de domínio ou não, qualquer que seja a forma de que se revistam, os de alienação ou de promessas de venda referentes a bens móveis e os de alienação fiduciária.

A: incorreta, pois o pacto antenupcial apenas terá efeitos perante terceiros após registrado, em livro especial, pelo oficial do Registro de Imóveis do domicílio dos cônjuges (art. 1.657 do CC); B: incorreta, pois por se tratar de prédio o registro deve ser feito no Cartório de Registro de Imóveis (art. 576, §1º, do CC); C: incorreta, pois o penhor industrial deve ser registrado no Cartório de Registro de Imóveis da circunscrição onde estiverem situadas as coisas empenhadas (art. 1.488, "caput", do CC); D: incorreta, pois referidos itens devem ser registrados no Cartório de Registro de Imóveis (art. 1332 "caput" e 1.333 "caput", do CC); E: correta, pois tais contratos tratam-se de simples documentos, cujo registro vem para dar publicidade e garantir a eficácia contra terceiros (art. 522 do CC).
Gabarito "E".

9.1 CONSUMIDOR

(Analista de Promotoria I – Assistente Jurídico – MPE-SP – VUNESP – 2010) Consideram-se produtos essenciais os indispensáveis para satisfazer as necessidades imediatas do consumidor. Logo, na hipótese de falta de qualidade ou quantidade, não sendo o vício sanado pelo fornecedor,

(A) é direito do consumidor exigir a substituição do produto por outro de mesma espécie, em perfeitas condições de uso, ou, a seu critério exclusivo, a restituição imediata da quantia paga, sem prejuízo de eventuais perdas e danos, ou, ainda, o abatimento proporcional do preço.

(B) o consumidor tem apenas o direito de exigir a substituição do produto por outro de mesma espécie, em perfeitas condições de uso.

(C) abre-se, para o consumidor, o direito de, alternativamente, solicitar, dentro do prazo de 7 (sete) dias, a substituição do produto durável ou não durável por outro de mesma espécie, em perfeitas condições de uso, ou a restituição imediata da quantia paga, sem prejuízo de eventuais perdas e danos, ou, ainda, o abatimento proporcional do preço.

(D) é direito do consumidor exigir apenas a substituição do produto durável por outro de mesma espécie, em perfeitas condições de uso, ou, sendo não durável, a restituição imediata da quantia paga, sem prejuízo de eventuais perdas e danos, ou, ainda, o abatimento proporcional do preço.

(E) é direito do consumidor exigir a substituição do produto durável ou não durável, dentro do prazo de 180 (cento e oitenta) dias, por outro de mesma espécie, em perfeitas condições de uso, ou, a seu critério exclusivo, a restituição imediata da quantia paga, sem prejuízo de eventuais perdas e danos, ou, ainda, o abatimento proporcional do preço.

A: correta (art. 18, §1º, I, II e III do CDC); B: incorreta, pois além de exigir a substituição do produto, o consumidor ainda pode exigir a restituição imediata da quantia paga, monetariamente atualizada, sem prejuízo de eventuais perdas e danos ou o abatimento proporcional do preço (art. 18, §1º, II e III do CDC); C: incorreta, pois o prazo é de trinta dias (art. 18, §1º do CDC); D: incorreta, pois é direito do consumidor exigir quaisquer das opções do art. 18, §1º do CDC, independentemente se o produto foi durável ou não durável; E: incorreta, pois o prazo é de trinta dias (art. 18, §1º do CDC).
Gabarito "A".

(Analista de Promotoria I – Assistente Jurídico – MPE-SP – VUNESP – 2010)
Quanto aos prazos estabelecidos pelo Código de Defesa do Consumidor, em matéria de garantia legal, assinale a alternativa correta.

(A) O direito de reclamar pelos vícios aparentes caduca em trinta dias, tratando-se de produtos não duráveis, e em noventa dias se se tratar de fornecimento de serviço.

(B) Obsta a decadência a reclamação comprovadamente formulada pelo consumidor perante o fornecedor de produtos e serviços até a resposta negativa correspondente, que deve ser transmitida de forma inequívoca.

(C) O direito de reclamar pelos vícios aparentes ou de fácil constatação caduca em noventa dias, tratando-se de fornecimento de serviço e de produtos não duráveis.

(D) O direito de reclamar pelos vícios aparentes ou de fácil constatação caduca em trinta dias, tratando-se de fornecimento de serviço e de produtos duráveis.

(E) Inicia-se a contagem do prazo decadencial a partir do momento da instauração de inquérito civil, ou da entrega do produto ou execução do serviço, se for o caso.

A: incorreta, pois caduca em noventa dias o direito de reclamar tratando-se de fornecimento de serviço e de produtos *duráveis* (art. 26, II do CDC); B: correta (art. 26, §2º, I do CDC); C: incorreta, pois neste caso o prazo é de trinta dias (art. 26, I do CDC); D: incorreta, pois neste caso o prazo é noventa dias (art. 26, II do CDC); E: incorreta, pois a instauração do inquérito civil obsta o prazo decadencial (art. 26, §2º, III do CDC).
Gabarito "B".

9.2. IDOSO

(Analista de Promotoria I – Assistente Jurídico – MPE-SP – VUNESP – 2010)
Considere a hipótese de o Ministério Público ser comunicado por profissionais de saúde acerca de maus-tratos contra idosos, praticados por enfermeiros e auxiliares de enfermagem, funcionários de uma clínica particular em São Paulo. Nesse caso,

(A) devem ser aplicadas medidas específicas de proteção ao idoso, isolada ou cumulativamente, tais como o encaminhamento à família ou ao curador, mediante termo de responsabilidade, orientação, apoio e acompanhamento temporários, abrigo em entidade ou temporário, entre outras.

(B) devem ser aplicadas medidas genéricas de proteção ao idoso, tais como a orientação, apoio e acompanhamento temporários, colocação em abrigo temporário, entre outras.

(C) não cabe ao Ministério Público intervir, devendo apenas comunicar o episódio à autoridade policial.

(D) cabe ao Ministério Público, independentemente de fiscalização, dar publicidade ao caso, suspendendo parcial ou totalmente as atividades desenvolvidas pela entidade de atendimento envolvida, para, só então, aplicar medidas genéricas de proteção ao idoso.

(E) devem ser aplicadas medidas específicas e isoladas de proteção ao idoso, a começar pela requisição para tratamento de sua saúde, em regime ambulatorial, hospitalar ou domiciliar, em virtude de ofensa ao direito à integridade física e moral daquele.

Art. 43, II, art. 44 e art. 45, I, II e V da Lei 10.741/03).
Gabarito "A".

3. DIREITO CONSTITUCIONAL

Bruna Vieira

1. PODER CONSTITUINTE

(Analista Processual Administrativo - MPE-RJ 2011)A propósito da expressão "SOB A PROTEÇÃO DE DEUS", insculpida no preâmbulo da Constituição da República, pode-se afirmar que:

(A) é norma de repetição obrigatória, devendo constar no preâmbulo das Constituições Estaduais;

(B) constitui uma exortação sem carga normativa;

(C) possui força normativa a partir da qual são aceitos símbolos religiosos em repartições públicas;

(D) possui força normativa, porém não é de repetição obrigatória;

(E) reflete a opção religiosa do Poder Constituinte Originário, reconhecendo o cristianismo como orientação espiritual oficial no Brasil.

A: incorreta. O STF já definiu que **o preâmbulo não é tido como norma de reprodução obrigatória pelas Constituições dos estados-membros** (ADI 2076/AC, Rel. Min. Carlos Velloso); **B:** correta. De acordo com o entendimento da Suprema Corte, há diversos princípios no preâmbulo constitucional, como a da igualdade, da liberdade, da solução pacífica das controvérsias etc. que servem como diretrizes ideológicas, políticas e filosóficas que devem ser observadas pelo intérprete das normas constitucionais. Todavia, embora o preâmbulo tenha de ser utilizado como alicerce, ele **não tem força normativa, não cria direitos e obrigações e não pode ser utilizado como parâmetro para eventual declaração de inconstitucionalidade.** Por exemplo: uma lei que fira tão somente o preâmbulo constitucional não pode ser objeto de ação direta de inconstitucionalidade no STF, nem de outro mecanismo de controle de constitucionalidade; **C** e **D:** incorretas. Como mencionado, o preâmbulo da CF **não possui força normativa e não é considerado norma de reprodução obrigatória pelas Constituições dos estados--membros**; **E:** incorreta. O Brasil é considerado laico ou leigo (sem religião oficial). O princípio da liberdade religiosa, previsto no art. 5°, VI, da CF, garante o respeito à liberdade religiosa, que abrange a liberdade de crença e a liberdade de culto. Já decidiu a Corte Maior que "O Brasil é uma república laica, surgindo **absolutamente neutro quanto às religiões.**" (ADPF 54, rel. min. Marco Aurélio, julgamento em 12-4-2012, Plenário, DJE de 30-4-2013).
Gabarito "B".

(Analista – MPU – 1999 – CESPE) Visando a adequar a Constituição brasileira ao novo milênio, um grupo de parlamentares, ainda não satisfeito com as emendas já promulgadas, propôs ampla reforma. Nessa tarefa, o poder constituinte reformador poderá:

(A) modificar o princípio da anterioridade fiscal, para considerar que todos os tributos possam ser cobrados após decorridos noventa dias da publicação da lei que os tenha instituído ou aumentado;

(B) transformar a eleição de presidente da República em pleito indireto, cabendo a escolha ao Congresso Nacional;

(C) tornar o júri popular uma instituição com competência exclusiva submetidos unicamente ao veredicto de juízes togados;

(D) eliminar a hipótese de prisão civil por dívida no caso do depositário infiel;

(E) instituir, para os casos de crimes hediondos de grande comoção nacional, possibilidade de prisão perpétua caso a soma das penas ultrapasse o tempo estimado de vida do criminoso.

As hipóteses previstas nas opções **A**, **B**, **C** e **E** não podem ser implementadas, pois esbarram nas cláusulas pétreas (ou limites materiais de reforma da Constituição), listadas no art. 60, § 4°, I a IV, da CF. Note-se que os direitos fundamentais não correspondem apenas aos listados no Título II da Constituição Federal, havendo outros direitos fundamentais no corpo da Constituição, como o princípio da anterioridade tributária, assim reconhecido pelo STF (ADI 939/DF, Pleno, j. 15.12.1993, rel. Min. Sydney Sanches, *DJ* 18.03.1994). No mais, a prisão civil por dívida é, em regra, vedada pelo nosso ordenamento. A Constituição Federal estabelece duas exceções à regra, legitimando a prisão civil do devedor que não paga pensão alimentícia e a do depositário infiel (art. 5°, LXVII, da CF). Entretanto, o Pacto de San José da Costa Rica, ratificado pelo Brasil, é ainda mais restritivo: só permite a prisão dos devedores de pensão alimentícia; ou seja, com base na Convenção Americana de Direitos Humanos, o depositário infiel não pode ser preso. O conflito entre a norma internacional e a norma constitucional foi inúmeras vezes analisado pelo STF que, em entendimento tradicional, decidia pela prevalência da Constituição e autorizava a prisão do depositário infiel. Ocorre que, em virada jurisprudencial (RE 466.343-1/SP, Pleno, j. 03.12.2008, rel. Min. Cezar Peluso, *DJ* 05.06.2009), o STF acabou por consagrar a tese da supralegalidade dos tratados para concluir que a prisão do depositário infiel é ilícita(Súmula Vinculante 25 – STF). Sendo assim, só é permitida a prisão do devedor de pensão alimentícia e a referida proposta de emenda constitucional poderia ser analisada e aprovada pelo Poder Constituinte Derivado.
Gabarito "D".

2. TEORIA DA CONSTITUIÇÃO E PRINCÍPIOS FUNDAMENTAIS

(Analista Ministerial Especialista – Ciências Jurídicas – MPE-TO – UFT--COPESE –2010) Nas relações internacionais, a República Federativa do Brasil rege-se pelos seguintes princípios, com exceção de:

(A) Prevalência dos direitos humanos.

(B) Autodeterminação dos povos.

(C) Igualdade entre os Estados.

(D) Garantia do desenvolvimento nacional.

A: incorreta. A prevalência dos direitos humanos é considerada princípio que rege o Brasil nas suas relações internacionais. De acordo com o art. 4°, I a X, da CF, a República Federativa do Brasil rege-se nas suas relações internacionais pelos seguintes princípios: I - independência nacional; II - prevalência dos direitos humanos; III - autodeterminação dos povos; IV – não intervenção; V - igualdade entre os Estados; VI - defesa da paz; VII - solução pacífica dos conflitos; VIII - repúdio ao terrorismo e ao racismo; IX - cooperação entre os povos para o progresso da humanidade e X - concessão de asilo político; **B** e **C:** incorretas. A autodeterminação dos povos e a igualdade entre os Estados também são consideradas princípios que regem o Brasil nas suas relações internacionais e encontram abarco constitucional no art. 4º, III e V; **D:** correta. A garantia do desenvolvimento nacional não é tida como princípio que rege o Brasil nas suas relações internacionais, mas como um dos objetivos fundamentais da República Federativa do Brasil, conforme determina o art. 3º, II, da CF.

Gabarito "D".

(Assistente Técnico Administrativo –MPE-BA – FESMIP– 2011) A República Federativa do Brasil tem como fundamentos:

(A) Pluralismo político, desenvolvimento nacional e soberania.
(B) Desenvolvimento nacional, soberania e defesa da paz.
(C) Pluralismo político, soberania e valores sociais do trabalho e da livre iniciativa.
(D) Pluralismo político, defesa da paz e valores sociais do trabalho e da livre iniciativa.
(E) Desenvolvimento nacional, defesa da paz e valores sociais do trabalho e da livre iniciativa.

A: incorreta. De acordo com o art. 1º, I a V, da CF, a República Federativa do Brasil, formada pela união indissolúvel dos Estados e Municípios e do Distrito Federal, constitui-se em Estado Democrático de Direito e tem como **fundamentos: I - a soberania; II - a cidadania; III - a dignidade da pessoa humana; IV - os valores sociais do trabalho e da livre iniciativa e V - o pluralismo político.** A garantia do desenvolvimento nacional vem prevista no art. 3º, II, da CF e é considerada um dos **objetivos** fundamentais da República Federativa do Brasil; **B:** incorreta. Como mencionado, a garantia do desenvolvimento nacional vem prevista no art. 3º, II, da CF e é considerada um dos **objetivos** fundamentais da República Federativa do Brasil. Além disso, **a defesa da paz é um dos princípios que regem o Brasil nas suas relações internacionais,** conforme determina o art. 4º, VI, da CF;**C:** correta. É o que determina o art. 1º, I a V, da CF; **D:** incorreta. Como mencionado, a defesa da paz é considerada **princípio que rege a República Federativa do Brasil nas suas relações internacionais;** **E:** incorreta. Por fim, a garantia do desenvolvimento nacional, prevista no art. 3º, II, da CF, é considerada um dos **objetivos** fundamentais da República Federativa do Brasil.

Gabarito "C".

(Analista Processual Administrativo – MPE-RJ –2011) Considere a seguir o acórdão proferido nos autos do Mandado de Segurança 26603/DF, julgado pelo pleno do Supremo Tribunal Federal em 04 de outubro de 2007 sob a relatoria do Ministro CELSO DE MELO:

No poder de interpretar a Lei Fundamental, reside a prerrogativa extraordinária de (re)formulá-la, eis que a interpretação judicial acha-se compreendida entre os processos informais de _____ _____, a significar, portanto, que "A Constituição está em elaboração permanente nos Tribunais incumbidos de aplicá-la". Doutrina. Precedentes. – A interpretação constitucional derivada das decisões proferidas pelo Supremo Tribunal Federal – a quem se atribuiu a função eminente de "guarda da Constituição" (CF, art. 102, "caput") – assume papel de fundamental importância na organização institucional do Estado brasileiro, a justificar o reconhecimento de que o modelo político-jurídico vigente em nosso País conferiu, à Suprema Corte, a singular prerrogativa de dispor do monopólio da última palavra em tema de exegese das normas inscritas no texto da Lei Fundamental.

A modalidade estrita de alteração constitucional definida pelo Ministro Relator na lacuna acima é a:

(A) revisão constitucional;

(B) reforma constitucional;
(C) mutação constitucional;
(D) emenda constitucional;
(E) iniciativa popular.

A: incorreta. Segundo o art. 3º do Ato das Disposições Constitucionais Transitórias - ADTC, a **revisão constitucional** teve de ser realizada após cinco anos da data da promulgação da Constituição, em sessão unicameral e pelo voto da maioria absoluta dos membros do Congresso Nacional. Atualmente, para alterar a Constituição, somente pelo processo legislativo das emendas constitucionais previsto no art. 60 da CF; **B:** incorreta. A **reforma constitucional** (ou poder reformador) encontra fundamento no art. 60 da CF e tem por finalidade alterar o Texto Constitucional. Por meio da elaboração de emendas constitucionais essa reforma é feita. Tais emendas precisam ser discutidas e votadas em cada Casa do Congresso Nacional, em dois turnos, considerando-se aprovadas se obtiverem, em ambos, três quintos dos votos dos respectivos membros. É o que determina o § 2º do art. 60 da CF; **C:** correta. No presente julgado o fenômeno ocorrido foi o da mutação constitucional. A palavra mutação significa mudança. Também conhecida por interpretação constitucional evolutiva, a **mutação constitucional** tem relação não com o aspecto formal do texto constitucional, mas com a interpretação dada à Constituição. Considerada um processo de alteração informal da Constituição, pois o texto permanece intacto, o que é modificada é a interpretação dada a ele; **D:** incorreta. As emendas constitucionais são as espécies legislativas responsáveis pela alteração formal do texto constitucional. Tem previsão no art. 60 da CF, conforme mencionado; **E:** incorreta. A **iniciativa popular** de leis, prevista no § 2º do art. 60 da CF, pode ser exercida pela apresentação à Câmara dos Deputados de projeto de lei subscrito por, no mínimo, um por cento do eleitorado nacional, distribuído pelo menos por cinco Estados, com não menos de três décimos por cento dos eleitores de cada um deles.

Gabarito "C".

(Analista de Promotoria I – Assistente Jurídico – MPE-SP – IBFC – 2013) Constituem *objetivos fundamentais* da República Federativa do Brasil, <u>EXCETO:</u>

(A) Garantir o desenvolvimento nacional.
(B) Erradicar a pobreza e a marginalização.
(C) Reduzir as desigualdades sociais e regionais.
(D) Construir uma sociedade livre, justa e solidária.
(E) Formar de uma comunidade latino-americana de nações.

De acordo com o art. 3º da CF, os **objetivos fundamentais** da República Federativa do Brasil são os seguintes: I - **construir uma sociedade livre, justa e solidária;** II - **garantir o desenvolvimento nacional;** III - **erradicar a pobreza e a marginalização e reduzir as desigualdades sociais e regionais;** IV - promover o bem de todos, sem preconceitos de origem, raça, sexo, cor, idade e quaisquer outras formas de discriminação. Por outro lado, o art. 4º da CF, ao mencionar os princípios que regem o Brasil nas suas relações internacionais traz, em seu parágrafo único, a indicação de que o Brasil buscará a integração econômica, política, social e cultural dos povos da América Latina, visando à formação de uma comunidade latino-americana de nações.

Gabarito "E".

(FGV – 2015) Dois advogados, com grande experiência profissional e com a justa preocupação de se manterem atualizados, concluem que algumas ideias vêm influenciando mais profundamente a percepção dos operadores do direito a respeito da ordem jurídica. Um deles lembra que a Constituição brasileira vem funcionando como verdadeiro "filtro", de forma a influenciar todas as normas do ordenamento pátrio com os seus valores. O segundo, concordando, adiciona que o crescente reconhecimento da natureza normativo-jurídica dos princípios pelos tribu-

3. DIREITO CONSTITUCIONAL

nais, especialmente pelo Supremo Tribunal Federal, tem aproximado as concepções de direito e justiça (buscada no diálogo racional) e oferecido um papel de maior destaque aos magistrados. As posições apresentadas pelos advogados mantêm relação com uma concepção teórico-jurídica que, no Brasil e em outros países, vem sendo denominada de:

(A) neoconstitucionalismo.
(B) positivismo-normativista.
(C) neopositivismo.
(D) jusnaturalismo.

A: correta. As posições apresentadas pelos advogados mantêm relação com uma concepção teórico-jurídica que, no Brasil e em outros países, vem sendo denominada de **neoconstitucionalismo**. Essa concepção toma por base a necessidade de se incorporar o denominado Estado Constitucional de Direito. A Constituição, portanto, deve efetivamente influenciar todo o ordenamento jurídico. Tudo deve ser analisado à luz da CF. Ela é o filtro que valida, ou não, as demais normas. Os valores constitucionais são priorizados, além das regras relacionadas à organização do Estado e do Poder. Princípios, como a dignidade da pessoa humana, passam a ter maior relevância. Há uma aproximação das ideias de direito e justiça. O Poder Judiciário, ao validar princípios e aos valores constitucionais, atribui a eles força normativa. Além disso, sobre o Neoconstitucionalismo, é importante mencionar o conteúdo axiológico referente à promoção da dignidade humana e dos direitos fundamentais de Ana Paula de Barcellos: "Do ponto de vista material, ao menos dois elementos caracterizam o neoconstitucionalismo e merecem nota: (i) a incorporação explícita de valores e opções políticas nos textos constitucionais, sobretudo no que diz respeito à promoção da dignidade humana e dos direitos fundamentais; e (ii) a expansão de conflitos específicos e gerais entre as opções normativas e filosóficas existentes dentro do próprio sistema constitucional."; **B**: incorreta. A concepção **positivismo-normativista** baseia-se na inteireza do ordenamento jurídico, de modo que não necessitaria observar princípios e influências advindas de fora. Os Tribunais não acolheriam os princípios com base nessa ideia. Hans Kelsen, defensor dessa concepção, obteve reconhecimento mundial com a elaboração da obra "Teoria Pura do Direito", doutrina que propugna o conteúdo puro do direito, sem interferências de cunhos sociológico, político, valorativo ou econômico. A Constituição, conforme Kelsen, apresenta o aspecto lógico-jurídico, segundo o qual é a 'norma fundamental hipotética', ou seja, traz um comando que impõe obediência obrigatória e é tida como o verdadeiro sentido de justiça, e o aspecto jurídico-positivo, em que a Constituição é a norma positiva superior em que as demais regras jurídicas encontram os seus fundamentos de validade. Sua modificação deve observar um procedimento específico e solene; **C**: incorreta. O **neopositivismo** ainda dá muita atenção às regras positivadas, mas começa a se abrir para possíveis interpretações baseadas em princípios. **D**: incorreta. O **jusnaturalismo**, resumidamente, leva em conta aquilo que é considerado natural aos seres humanos, ainda que não positivado no ordenamento jurídico.
„A„ otirabaG

(Analista – MPU – 2007 – FCC) Um dos fundamentos da República Federativa do Brasil, de acordo com a Constituição Federal de 1988, é:

(A) o pluralismo político.
(B) a construção de uma sociedade livre, justa e solidária.
(C) a garantia do desenvolvimento nacional.
(D) a erradicação da pobreza e da marginalidade.
(E) a defesa da paz.

A: correta. De acordo com o art. 1º, I a IV, da CF, os **fundamentos** da República Federativa do Brasil são os seguintes: I - a soberania; II - a cidadania; III - a dignidade da pessoa humana; IV - os valores sociais

do trabalho e da livre iniciativa e V - **o pluralismo político**; B, C e D: incorretas. A construção de uma sociedade livre, justa e solidária, a garantia do desenvolvimento nacional e a erradicação da pobreza e marginalidade, são **objetivos fundamentais** da República Federativa do Brasil, conforme determina o art. 3º, I, II e II, da CF; E: incorreta. A defesa da paz é um dos **princípios** que regem o Brasil nas suas **relações internacionais**, conforme determina o art. 4º, VI, da CF.
„A„ otirabaG

(Analista – MPU – 2007 – FCC) Conforme a doutrina dominante, a Constituição da República Federativa do Brasil de 1988 é classificada como

(A) formal, escrita, outorgada e rígida.
(B) formal, escrita, promulgada e rígida.
(C) material, escrita, promulgada e imutável.
(D) formal, escrita, promulgada e flexível.
(E) material, escrita, outorgada e semirrígida.

A Constituição de 1988 pode ser assim classificada: a) quanto à origem: promulgada (fruto do trabalho de uma Assembleia Nacional Constituinte); b) quanto à forma: escrita (normas reunidas em um único texto solene e codificado); c) quanto à extensão: analítica (trata de todos os temas que os representantes do povo entendem importantes e, por isso, é extensa e detalhada); d) quanto ao modo de elaboração: dogmática (ou sistemática), porque traduz os dogmas, planos e sistemas preconcebidos; d) quanto à estabilidade ou alterabilidade: rígida, já que prevê, para a alteração das normas constitucionais, um mecanismo mais difícil que aquele estabelecido para as normas não constitucionais (art. 60 da CF).
„B„ otirabaG

(Analista – MPU – 2004 – ESAF) Sobre conceito e tipos de constituição e sobre princípios fundamentais, na Constituição de 1988, marque a única opção correta.

(A) Constituições semirrígidas são as constituições que possuem um conjunto de normas que não podem ser alteradas pelo constituinte derivado.
(B) Constituições populares são aquelas promulgadas apenas após a ratificação, pelos titulares do poder constituinte originário, do texto aprovado pelos integrantes da Assembleia Nacional Constituinte.
(C) Em decorrência do princípio federativo, a União, os Estados, o Distrito Federal, os Municípios e os Territórios são entes da organização político-administrativa do Brasil.
(D) Nos termos da Constituição de 1988, o Brasil adota a república como sistema de governo, elegendo, portanto, o princípio republicano como um dos princípios fundamentais do Estado brasileiro.
(E) O comparecimento de Ministro de Estado ao Senado Federal, por iniciativa própria, para expor assunto de relevância de seu Ministério é uma exceção ao princípio de separação dos poderes.

A: incorreta. Constituições semirrígidas ou semiflexíveis são aquelas que preveem em seu texto, ao mesmo tempo, normas constitucionais que só podem ser modificadas por procedimento mais complexo e dificultoso de reforma e outras normas constitucionais que podem ser modificadas pelo mesmo processo aplicável à alteração das leis infraconstitucionais; **B**: incorreta. As constituições populares ou democráticas são fruto do trabalho de uma Assembleia Constituinte, composta de representantes eleitos pelo povo e se contrapõem às constituições outorgadas; **C**: incorreta. Os territórios não integram a federação brasileira (art. 1º da CF); **D**: incorreta. São formas de Estado: unitário e federal; formas de governo: república ou monarquia; sistemas de governo: presidencialista ou parlamentarista; regimes políticos:

aristocracia, oligarquia ou democracia. O Brasil é um Estado Federal, Republicano, Presidencialista e Democrático (art. 1º da CF). O princípio republicano não consta no rol dos princípios fundamentais do Título I da Constituição Federal (arts. 1º a 4º), tanto que houve plebiscito para definir a forma e o sistema de governo que deveriam vigorar no país (art. 2º do ADCT); **E:** correta. O princípio da separação dos poderes pressupõe controle recíproco e interdependência entre os poderes, o que não existe no caso de comparecimento espontâneo.
Gabarito "E".

(Assistente de Promotoria –MPE-RS – FCC –2008) Considerando que o Código Penal foi editado por uma espécie normativa denominada Decreto-Lei, não previsto na atual Constituição da República Federativa do Brasil, embora o referido diploma penal continue plenamente em vigor, tanto no aspecto material, como formal, e desta feita sob uma roupagem de "lei ordinária", ocorreu o fenômeno caracterizado como:

(A) desconstitucionalização.
(B) repristinação.
(C) recepção.
(D) promulgação.
(E) sanção.

A: incorreta. Pela **desconstitucionalização**, com a entrada em vigor de uma nova Constituição a antiga seria recebida pelo novo ordenamento com *status* de legislação infraconstitucional (seria recebida como se fosse lei). Tal fenômeno não é permitido no Brasil, pois com a entrada em vigor de uma nova Constituição, a antiga é totalmente revogada; **B:** incorreta. A **repristinação** é o fenômeno jurídico pelo qual se restabelece a vigência de uma lei que foi revogada pelo fato de a lei revogadora ter sido posteriormente revogada. Determina o art. 2º, § 3º, da Lei de Introdução às normas do Direito Brasileiro – Decreto-Lei 4.657/42, que, salvo disposição em contrário, a lei revogada não se restaura por ter a lei revogadora perdido a vigência; **C:** correta. A **recepção** pode ser conceituada como o fenômeno jurídico pelo qual se resguarda a continuidade do ordenamento jurídico anterior e inferior à nova Constituição, desde que se mostre compatível materialmente com seu novo fundamento de validade (justamente a nova constituição). Foi o que ocorreu com o Código Penal; **D:** incorreta. A **promulgação** é uma fase do processo de elaboração das leis que atesta oficialmente a existência da lei. Com a promulgação, a força executória da norma é conferida; **E:** incorreta. A **sanção** também faz parte do processo legislativo e configura o momento em que o chefe do executivo aprova uma lei que já foi discutida, votada e aprovada no âmbito do poder legislativo.
Gabarito "C".

3. HERMENÊUTICA CONSTITUCIONAL E EFICÁCIA DAS NORMAS CONSTITUCIONAIS

(Analista – MPU – 2010 – CESPE) Considerando a aplicabilidade, a eficácia e a interpretação das normas constitucionais, julgue os itens a seguir.

(1) As normas de eficácia contida permanecem inaplicáveis enquanto não advier normatividade para viabilizar o exercício do direito ou benefício que consagram; por isso, são normas de aplicação indireta, mediata ou diferida.

(2) As normas constitucionais de eficácia limitada são desprovidas de normatividade, razão pela qual não surtem efeitos nem podem servir de parâmetro para a declaração de inconstitucionalidade.

1: incorreta. As normas constitucionais de eficácia contida (ou redutível ou restringível) são de eficácia direta e aplicabilidade imediata quando da promulgação da Constituição Federal, muito embora possam vir a ser restringidas pelo legislador infraconstitucional no futuro; **2:** incorreta. Toda norma constitucional, ainda que de eficácia limitada, possui força para revogar as normas em contrário ou para servir de vetor de interpretação para o legislador ordinário. Assim, mesmo tendo baixa densidade normativa, as normas de eficácia limitada podem servir como parâmetro para a declaração de inconstitucionalidade das leis que com elas colidem.
Gabarito "1E,2E".

4. CONTROLE DE CONSTITUCIONALIDADE

(Analista Ministerial Área Processual – MPE-PI – CESPE – 2012) Acerca do controle de constitucionalidade no ordenamento jurídico nacional, julgue o item subsecutivo.

(1) No âmbito do denominado controle difuso concreto, a decisão que reconhece a inconstitucionalidade pode excepcionalmente não ter efeitos retroativos, assim como ocorre na ação direta de inconstitucionalidade, no âmbito da qual se admite, inclusive, a oposição de embargos de declaração para fins de modulação de efeitos da decisão.

1: correta. Os efeitos produzidos no âmbito do denominado controle difuso concreto são, em regra, *ex tunc*, ou seja, retroagem à data da expedição do ato normativo viciado, e *inter partes*, apenas para as partes que participaram do processo. Diz-se "em regra", pois há um procedimento hábil para modificar esses efeitos. Dispõe o artigo art. 52, X, da CF que compete privativamente ao Senado Federal suspender a execução, no todo ou em parte, de lei declarada inconstitucional por decisão definitiva do Supremo Tribunal Federal. Assim, pode o Supremo, após o trânsito em julgado da decisão, comunicar ao Senado os termos de sua deliberação para que ele, se desejar, edite uma resolução determinando a suspensão da execução da norma declarada inconstitucional a partir desse momento. Fazendo isso, os efeitos, que antes eram inter partes e *ex tunc*, passarão a ser *erga omnes*, ou seja, a lei ficará suspensa para todas as pessoas, e *ex nunc* ou pro futuro, isto é, terá efeitos a partir do momento da expedição da resolução.
Gabarito "1C".

(Analista Jurídico – MPE-AL – COPEVE-UFAL – 2012) São legitimados para propor ação de inconstitucionalidade de lei ou ato normativo estadual ou municipal em face da Constituição do Estado de Alagoas, exceto:

(A) a Mesa da Câmara Municipal e o Prefeito Municipal.
(B) o Presidente do Tribunal de Contas Estadual e o Presidente do Conselho Federal da Ordem dos Advogados do Brasil.
(C) o Procurador-Geral de Justiça.
(D) o Governador do Estado e o Defensor Público-Geral do Estado.
(E) a Mesa da Assembleia Legislativa e o sindicato ou entidade de classe, de âmbito estadual.

A: incorreta. Ambos são considerados legitimados. De acordo com o art. 134, I a IX, da Constituição do Estado de Alagoas, podem propor ação de inconstitucionalidade de lei ou de ato normativo estadual ou municipal, em face desta Constituição, bem assim de ato que descumpra preceito fundamental dela decorrente: I - o Governador do Estado; II- a Mesa da Assembleia Legislativa; III - o Prefeito Municipal; IV - a Mesa de Câmara Municipal; V - o Procurador-Geral da Justiça; VI - o Conselho Seccional da Ordem dos Advogados do Brasil, em Alagoas; VII - partido político com representação na Assembleia Legislativa; VIII - sindicato ou entidade de classe, de âmbito estaduais; IX - o Defensor Público-Geral do Estado; **B:** correta. De fato, **o Presidente do Tribunal**

3. DIREITO CONSTITUCIONAL 71

de Contas Estadual e o Presidente do Conselho Federal da Ordem dos Advogados do Brasil **não** possuem legitimidade para propor tal ação, pois não constam do rol previsto no art. 134 da Constituição do Estado de Alagoas. **C, D** e **E**: incorretas. Todos são considerados legitimados, pois integram o rol descrito no mencionado artigo.
Gabarito "B".

(Analista Jurídico – MPE-PA – FADESP – 2012) Podem propor Ação Declaratória de Constitucionalidade:

(A) Presidente da República, Governador do Estado, Mesa da Câmara e do Senado Federal, Procurador-Geral da República, Conselho Federal da Ordem dos Advogados do Brasil, partido político com representação no Congresso Nacional, confederação sindical ou entidade de classe de âmbito nacional.

(B) Presidente da República, Governador do Estado, Prefeito das Capitais, Mesa da Câmara e do Senado Federal, Procurador-Geral da República, Conselho Federal da Ordem dos Advogados do Brasil, partido político com representação no Congresso Nacional, confederação sindical ou entidade de classe de âmbito nacional.

(C) Presidente da República, Governador do Estado ou do Distrito Federal, Mesa da Câmara e do Senado Federal, Mesa da Assembleia Legislativa ou Câmara Legislativa do Distrito Federal, Procurador-Geral da República, Conselho Federal da Ordem dos Advogados do Brasil, partido político com representação no Congresso Nacional, confederação sindical ou entidade de classe de âmbito nacional.

(D) Presidente da República, Governador do Estado, Mesa da Câmara e do Senado Federal, Procurador-Geral da República, Conselho Federal da Ordem dos Advogados do Brasil, partido político com representação no Congresso Nacional, federação sindical ou entidade de classe.

A: incorreta. O texto da alternativa está incompleto. De acordo com o art. 103 da CF, podem propor a ação direta de inconstitucionalidade e a ação declaratória de constitucionalidade: I - o Presidente da República; II - a Mesa do Senado Federal; III - a Mesa da Câmara dos Deputados; IV a Mesa de Assembleia Legislativa ou da Câmara Legislativa do Distrito Federal; V - o Governador de Estado ou do Distrito Federal; VI - o Procurador-Geral da República; VII - o Conselho Federal da Ordem dos Advogados do Brasil; VIII - partido político com representação no Congresso Nacional; IX - confederação sindical ou entidade de classe de âmbito nacional; **B:** incorreta. Os Prefeitos das Capitais não podem propor Ação Declaratória de Constitucionalidade – ADC no Supremo Tribunal Federal; **C:** correta. É o que determina o mencionado art. 103 da CF; **D:** incorreta. Federação sindical não detém legitimidade para propor ADC. Além disso, a entidade de classe precisa possuir caráter nacional.
Gabarito "C".

(Analista – MPU – 2010 – CESPE) O Estado brasileiro, como estado democrático de direito, apresenta, no seu texto constitucional, os parâmetros para o exercício da soberania popular, a partir de princípios e normas basilares, submetidos a constante controle. Com relação a esse tema, julgue os itens a seguir.

(1) Verifica-se a inconstitucionalidade formal, também conhecida como nomodinâmica, quando a lei ou o ato normativo infraconstitucional contém algum vício em sua forma, independentemente do conteúdo.

(2) No direito brasileiro, em se tratando de controle de constitucionalidade, em regra, aplica-se a teoria da

nulidade de forma absoluta no controle concentrado.

1: correta. Em linhas gerais, a inconstitucionalidade *formal* refere-se ao processo legislativo, ou seja, aos casos de vício de iniciativa, ao modo de elaboração da lei em desacordo com as regras constitucionais. Ao contrário, uma lei será *materialmente* inconstitucional se a proposição legislativa não estiver em consonância com o conteúdo da Constituição Federal, com os princípios constitucionais; **2:** incorreta. Em regra, a declaração de inconstitucionalidade tem efeitos *ex tunc*, mas há possibilidade de modulação de efeitos no tempo, observado o disposto no art. 27 da Lei 9.868/99. Por isso, não há que se falar em aplicação da teoria da nulidade de forma absoluta.
Gabarito "1C, 2E".

(Analista – MPU – 2010 – CESPE) Com relação ao controle de constitucionalidade no direito brasileiro, julgue o próximo item.

(1) O pedido de medida liminar é cabível na ação direta de inconstitucionalidade, mas não na arguição de descumprimento de preceito fundamental, que exige, para sua propositura, o esgotamento de todas as vias possíveis para sanar a lesão ou a ameaça de lesão a preceito fundamental.

1: incorreta. A liminar é cabível tanto na ADI quanto na ADPF (art. 5º da Lei 9.882/99). Importante ressaltar, ainda, que a parte final é verdadeira, pois a ADPF é subsidiária (art. 4º, § 1º, da Lei 9.882/99).
Gabarito "1E".

(Analista – MPU – 2004 – ESAF) Assinale a opção correta:

(A) Somente o Supremo Tribunal Federal pode julgar, em abstrato, a constitucionalidade de uma lei em face da Constituição Federal.

(B) Decidido pelo STF, em ação direta de inconstitucionalidade, que uma lei é inconstitucional, nenhum outro órgão do Judiciário pode decidir em sentido contrário, qualquer que seja o processo que esteja analisando.

(C) Os Tribunais de Justiça dos Estados não podem declarar a inconstitucionalidade de lei federal.

(D) Créditos, decorrentes de sentença judicial, de natureza alimentícia não se sujeitam ao regime de pagamento por meio de precatório.

(E) Todos os legitimados para propor ação direta de inconstitucionalidade perante o Supremo Tribunal Federal também o são para ajuizar ação declaratória de constitucionalidade perante a mesma Corte.

A: correta. O art. 102, I, *a*, da CF é o fundamento para o controle abstrato de constitucionalidade realizado pelo STF, em face da Constituição Federal. Muito embora os Tribunais de Justiça locais, obedecida a regra do art. 97 da CF, também realizem controle abstrato de constitucionalidade, esse controle só pode ter como parâmetro a Constituição estadual (art. 125, § 2º, da CF). Portanto, a questão está certa, pois só o STF realiza controle abstrato de constitucionalidade em face da CF; **B:** correta, por força do art. 102, § 2º, da CF; **C:** incorreta. Os Tribunais de Justiça podem apreciar a constitucionalidade de lei federal em controle difuso. Só não podem em controle concentrado, haja vista a norma do art. 125, § 2º, da CF; **D:** incorreta, pois os créditos de natureza alimentícia também se sujeitam ao regime de precatórios, embora com regras próprias (art. 100, §§ 1º e 2º, da CF); **E:** correta, pois a EC 45/2004 alterou a redação do art. 103 da CF para prever a coincidência entre os legitimados para propor ADI e ADC. Portanto, desde 2004, os legitimados para propor ADI e ADC são os mesmos.
Gabarito "A, B e E".

(Analista – MPU – 1999 – CESPE) A câmara municipal de determinada cidade editou lei, criando a carreira de fiscalização tributária do município e prevendo uma gratificação de desempenho que aumentou os vencimentos dos antigos fiscais. Essa lei pode ter sua constitucionalidade questionada:

(A) caso a iniciativa do projeto tenha sido do prefeito;

(B) se não tiver sido aprovada por maioria absoluta dos membros do respectivo Poder Legislativo;

(C) se o aumento da remuneração tiver decorrido de emenda apresentada por um vereador ao projeto inicial do Poder Executivo;

(D) na via do controle abstrato junto ao Supremo Tribunal Federal (STF);

(E) em razão de a matéria ser de competência do Poder Legislativo estadual.

A e E: incorretas, pois a iniciativa de leis que criam cargos e aumentam a remuneração de servidores é do Chefe do Poder Executivo correspondente, conforme aplicação por simetria da regra do art. 61, § 1º, II, *a*, da CF. Portanto, não haveria vício de iniciativa e a lei não seria inconstitucional por esse motivo; **B:** incorreta. Somente as leis complementares exigem *quórum* de maioria absoluta (art. 69 da CF); as leis ordinárias são aprovadas por maioria simples; **C:** correta. Inconstitucionalidade por força da aplicação, por simetria constitucional, da regra do art. 61, § 1º, II, *a*, em conjunto com a do art. 63, I, ambas da CF; **D:** incorreta, pois não cabe controle abstrato (ou pela via de ação direta) de leis municipais em face da Constituição Federal (art. 102, I, *a*, da CF).

Gabarito "C"

(FGV – 2015) A Medida Provisória Z, embora tendo causado polêmica na data de sua edição, foi convertida, em julho de 2014, na Lei Y. Inconformado com o posicionamento do Congresso Nacional, o principal partido de oposição, no mês seguinte, ajuizou Ação Direta de Inconstitucionalidade (ADI) atacando vários dispositivos normativos da referida Lei. Todavia, no início do mês de fevereiro de 2015, o Presidente da República promulgou a Lei X, revogando integralmente a Lei Y, momento em que esta última deixou de produzir os seus efeitos concretos.

Nesse caso, segundo entendimento cristalizado no âmbito do Supremo Tribunal Federal,

(A) deverá a ADI seguir a sua regular tramitação, de modo que se possam discutir os efeitos produzidos no intervalo de tempo entre a promulgação e a revogação da Lei Y.

(B) deverá a ADI seguir a sua regular tramitação, de modo que se possam discutir os efeitos produzidos no intervalo de tempo entre a edição da Medida Provisória Z e a revogação da Lei Y.

(C) deverá ser reconhecido que a ADI perdeu o seu objeto, daí resultando a sua extinção, independentemente de terem ocorrido, ou não, efeitos residuais concretos.

(D) em razão da separação de poderes, deverá ser reconhecida a impossibilidade de o Supremo Tribunal Federal avaliar as matérias debatidas, sob a ótica política, pelo Poder Legislativo.

A e B: incorretas. A ADI não deverá seguir a sua regular tramitação, pois ela perdeu o seu objeto, tendo em vista que a lei, objeto de questionamento, foi revogada por outra. De acordo com Pedro Lenza, em *Direito Constitucional Esquematizado*, 19. ed., 2015, p. 359, Saraiva, "...estando em curso a ação e sobrevindo a revogação (total ou parcial) da lei ou ato normativo, assim como a perda de

sua vigência (o que acontece com a medida provisória), ocorrerá, por regra, a prejudicialidade da ação, por "perda do objeto". Isso porque, segundo o STF, a declaração em tese de lei ou ato normativo não mais existente transformaria a ADI em instrumento de proteção de situações jurídicas pessoais e concretas (STF, Pleno, ADI 737/DF, Rel. Min. Moreira Alves). Esses questionamentos deverão ser alegados na via ordinária, ou seja, pelo intermédio do controle difuso de constitucionalidade". Vale lembrar que há posicionamento diverso, mas o que prevalece ainda é essa primeira explicação; **C:** correta. De fato, deverá ser reconhecido que a ADI perdeu o seu objeto, daí resultando a sua extinção, independentemente de terem ocorrido, ou não, efeitos residuais concretos, haja vista que a ADI não é instrumento de proteção de situações jurídicas pessoais e concretas; **D:** incorreta. A impossibilidade de o Supremo Tribunal Federal prosseguir o julgamento da ADI advém da perda do objeto da ação e não pelo fundamento mencionado na alternativa.

Gabarito "C"

5. DIREITOS E GARANTIAS FUNDAMENTAIS

(Técnico em Promotoria – Direito – MPE-PB – COMPERVE-UFRN) A Constituição Federal de 1988 especifica, em seu art. 5º, o rol dos direitos e deveres individuais e coletivos.

Considerando esse artigo, analise as afirmativas abaixo, identificando com V a(s) verdadeira(s) e com F, a(s) falsa(s):

1. ( ) A criação de associações e, na forma da lei, a de cooperativas depende de autorização, sendo vedada a interferência estatal em seu funcionamento.

2. ( ) As associações só poderão ser compulsoriamente dissolvidas ou ter suas atividades suspensas por decisão judicial, exigindo-se, no primeiro caso, o trânsito em julgado.

3. ( ) As entidades associativas, quando expressamente autorizadas, têm legitimidade para representar seus filiados judicial ou extrajudicialmente.

4. ( ) A lei assegurará aos autores de inventos industriais privilégio temporário para sua utilização, bem como proteção às criações industriais, à propriedade das marcas, aos nomes de empresas e a outros signos distintivos, tendo em vista o interesse social e o desenvolvimento tecnológico e econômico do País.

5. ( ) A ação de grupos armados, civis ou militares, contra a ordem constitucional e o Estado democrático, constitui crime inafiançável e insuscetível de graça ou anistia.

A sequência correta é:

(A) V, F, F, F, F.

(B) F, F, V, V, V.

(C) V, F, F, F, V.

(D) F, V, V, V, F.

(E) V, V, F, V, V.

1: falsa. Conforme determina o art. 5º, XVIII, da CF, **a criação de associações** e, na forma da lei, a de cooperativas **independem de autorização**, sendo vedada a interferência estatal em seu funcionamento; **2:** verdadeira. De acordo com o art. 5º, XIX, da CF, as associações só poderão ser compulsoriamente dissolvidas ou ter suas atividades suspensas por decisão judicial, exigindo-se, no primeiro caso, o trânsito em julgado; **3:** verdadeira. Determina o art. 5º, XXI, da CF que as entidades associativas, quando expressamente autorizadas, têm legitimidade para representar seus filiados judicial ou extrajudicialmente; **4:** verdadeira. Dispõe o art. 5º, XXIX, da CF que a lei assegurará aos autores de inventos industriais privilégio temporário para sua utilização, bem como proteção às criações industriais, à propriedade das marcas, aos nomes

3. DIREITO CONSTITUCIONAL 73

de empresas e a outros signos distintivos, tendo em vista o interesse social e o desenvolvimento tecnológico e econômico do País; **5:** falsa. De acordo com o art. 5°, XLIV, da CF, constitui crime inafiançável **e imprescritível** a ação de grupos armados, civis ou militares, contra a ordem constitucional e o Estado Democrático.
Gabarito "D".

(Oficial de Promotoria –MPE-RR – CESPE – 2008) Julgue os itens a seguir, relativos aos direitos e garantias individuais.

(1) Segundo a Constituição Federal, é livre a manifestação de pensamento, mesmo que de forma anônima.

(2) A casa do indivíduo é inviolável e, por isso, ninguém pode nela penetrar sem consentimento do morador, a não ser em situações de flagrante delito, desastre, prestação de socorro ou determinação judicial. Nesses casos, é permitido ingressar na casa de alguém a qualquer hora do dia ou da noite.

(3) Entre os direitos individuais previstos na Constituição Federal, incluem-se o direito de não se associar e o de não permanecer associado.

(4) A lei penal não poderá retroagir nem mesmo para beneficiar o réu.

(5) As presidiárias têm direito de permanecer com seus filhos durante o período de amamentação.

(6) Segundo a Constituição Federal, as provas obtidas por meio ilícito não são admitidas em processos, ainda que sirvam para comprovar a autoria do delito.

1: errado. De acordo com o art. 5°, IV, da CF, é livre a manifestação do pensamento, sendo **vedado o anonimato;2:** errado. A inviolabilidade domiciliar, prevista no art. 5°, XI, da CF, determina que a casa é asilo inviolável do indivíduo, ninguém nela podendo penetrar sem consentimento do morador, salvo em caso de flagrante delito ou desastre, ou para prestar socorro, ou, durante o dia, por determinação judicial. Sendo assim, o ingresso por **ordem judicial** deve ser realizado **durante o dia**. Segundo a doutrina que adota a predeterminação do horário, entende-se como noite o horário que vai das 18 às 6 horas. Durante este horário somente é permitido ingressar em casa alheia em situações emergenciais e de urgência (desastre, flagrante delito, prestação de socorro); **3:** correto. É o que dispõe o inciso XX do art. 5° da CF. Dessa forma, ninguém poderá ser compelido a associar-se ou a permanecer associado;**4:** errado. **Para beneficiar o réu, a lei penal pode retroagir**. Determina o art. 5°, XL, da CF, a lei penal não retroagirá, salvo para beneficiar o réu; 5: correto. O art. 5°, L, da CF, assegura às presidiárias condições para que possam permanecer com seus filhos durante o período de amamentação; 6: correto. Conforme o art. 5°, LVI, da CF, são inadmissíveis, no processo, as provas obtidas por meios ilícitos.
Gabarito "1E,2E,3C,4E,5C,6C".

(Agente Administrativo – MPE-RS – FCC –2010) A Constituição Federal Brasileira garante, dentre outros direitos e deveres individuais e coletivos, que:

(A) não será admitida ação privada nos crimes de ação pública, ainda que esta não seja intentada no prazo legal.

(B) é assegurada, nos termos da lei, a prestação de assistência religiosa nas entidades civis, vedada nas militares, de internação coletiva.

(C) é assegurado a todos e de forma plena o acesso à informação, vedado porém o sigilo da fonte, ainda quando necessário ao exercício profissional.

(D) a criação de associações e, na forma da lei, a de cooperativas dependem de autorização, não sendo vedada a interferência estatal em seu funcionamento.

(E) aos autores pertence o direito exclusivo de utilização, publicação ou reprodução de suas obras, transmissível aos herdeiros pelo tempo que a lei fixar.

A: incorreta. Ao contrário do mencionado, o art. 5°, LIX, da CF determina que **seja** admitida ação privada nos crimes de ação pública, se esta não for intentada no prazo legal; **B:** incorreta. De acordo com o art. 5°, VII, da CF, **é assegurada**, nos termos da lei, **a prestação de assistência religiosa nas entidades civis e militares de internação coletiva; C:** incorreta. Determina o art. 5°, XIV, da CF que é assegurado a todos o acesso à informação e **resguardado o sigilo da fonte, quando necessário ao exercício profissional; D:** incorreta. O art. 5°, XVIII, da CF dispõe que a criação de associações e, na forma da lei, a de cooperativas independem de autorização, **sendo vedada a interferência estatal em seu funcionamento; E:** correta. É o que determina o art. 5°, XXVII, da CF.
Gabarito "E".

(Analista de Promotoria I – Assistente Jurídico – MPE-SP – VUNESP –2010)
Pela Carta Magna Brasileira, não há óbice a que a lei estabeleça fiança para o seguinte delito:

(A) terrorismo.

(B) infanticídio.

(C) prática do racismo.

(D) ação de grupos armados, civis ou militares, contra a ordem constitucional e o Estado Democrático.

(E) tráfico ilícito de entorpecentes.

A: incorreta. O art. 5°, XLIII, da CF determina que a lei considerará crimes **inafiançáveis** e insuscetíveis de graça ou anistia a prática da tortura, o tráfico ilícito de entorpecentes e drogas afins, **o terrorismo** e os definidos como crimes hediondos, por eles respondendo os mandantes, os executores e os que, podendo evitá-los, se omitirem. Vale lembrar que tal inciso foi regulamentado pela Lei 13.260/2016; **B:** correta. De fato, não há regra prevista na CF que proíba o estabelecimento de fiança para o crime de infanticídio; **C:** incorreta. De acordo com o art. 5°, XLII, da CF, **a prática do racismo** constitui crime **inafiançável** e imprescritível, sujeito à pena de reclusão, nos termos da lei; **D:** incorreta. Conforme determina o art. 5°, XLIV, da CF, constitui crime **inafiançável** e imprescritível a **ação de grupos armados, civis ou militares, contra a ordem constitucional e o Estado Democrático; E:** incorreta. Dispõe o art. 5°, XLIII, da CF, a lei considerará crimes inafiançáveis e insuscetíveis de graça ou anistia a prática da tortura, o tráfico ilícito de entorpecentes e drogas afins, o terrorismo e os definidos como crimes hediondos, por eles respondendo os mandantes, os executores e os que, podendo evitá-los, se omitirem.
Gabarito "B".

(Analista de Promotoria I – Assistente Jurídico – MPE-SP – VUNESP –2010)
Conforme expressamente dispõe a Constituição Federal,

(A) é reconhecida a instituição do júri, com a organização que lhe der a lei, asseguradas: a plenitude de defesa e a vedação do sigilo nas votações.

(B) a lei penal não retroagirá, salvo em favor do Ministério Público.

(C) às presidiárias serão asseguradas condições para que possam permanecer com seus filhos durante o período da condenação.

(D) nenhum brasileiro, nato ou naturalizado, será extraditado, salvo por cometimento de crime político, na forma da lei.

(E) será admitida ação privada nos crimes de ação pública, se esta não for intentada no prazo legal.

A: incorreta. De acordo com o art. 5°, XXXVIII, da CF, é reconhecida a instituição do júri, com a organização que lhe der a lei, assegurados: a) a plenitude de defesa; b) **o sigilo das votações**; c) a soberania dos veredictos e d) a competência para o julgamento dos crimes dolosos contra a vida; **B:** incorreta. O inciso XL do art. 5° da CF determina que a lei penal não retroagirá, **salvo para beneficiar o réu; C:** incorreta. Não é o período da condenação, mas o da amamentação. Dispõe o art. 5°, L, da CF que às presidiárias serão asseguradas condições para que possam permanecer com seus filhos **durante o período de amamentação; D:** incorreta. Determina o art. 5°, LI, da CF que nenhum brasileiro será extraditado, salvo o **naturalizado, em caso de crime comum, praticado antes da naturalização, ou de comprovado envolvimento em tráfico ilícito de entorpecentes e drogas afins**, na forma da lei; **E:** correta. É o que determina o inciso LIX do art. 5° da CF: será admitida ação privada nos crimes de ação pública, se esta não for intentada no prazo legal.

Gabarito "E".

(Técnico do Ministério Público – MPE-AL – COPEVE - UFAL – 2012) São catalogadas como garantias constitucionais expressas:

(A) *Habeas corpus coletivo* e ação civil pública.
(B) *Habeas data* e mandado de injunção.
(C) Mandado de injunção e ação de improbidade.
(D) *Habeas corpus* e ação de desapropriação para reforma agrária.
(E) Ação civil pública e mandado de injunção.

A: incorreta. A ação civil pública não é uma garantia constitucional expressa. Tal ação vem prevista no art. 129 da CF e na Lei 7.347/85 e a visa tutelar interesses difusos, coletivos e individuais homogêneos. Não tem por objetivo a tutela de interesses e direitos disponíveis que tenham natureza meramente privada; **B:** correta. O *habeas dada* e o mandado de injunção, remédios constitucionais e espécies de garantias previstas na CF, são considerados garantias constitucionais expressas; **C:** incorreta. A ação de improbidade administrativa não configura garantia constitucional expressa. Considerada ação ordinária, prevista no art. 37, § 4°, da CF e na Lei 8.429/92, visa a combater os atos de improbidade administrativa e impor sanções aos agentes públicos nos casos de enriquecimento ilícito no exercício de mandato, cargo, emprego ou função na administração pública direta, indireta ou fundacional. De acordo com o § 4° do art. 37 da CF, os atos de improbidade administrativa importarão a suspensão dos direitos políticos, a perda da função pública, a indisponibilidade dos bens e o ressarcimento ao erário, na forma e gradação previstas em lei, sem prejuízo da ação penal cabível; **D:** incorreta. A ação de desapropriação para a reforma agrária não se enquadra no que se denomina de garantias constitucionais expressas; **E:** incorreta. Como mencionado, a ação civil pública não é considerada garantia constitucional expressa.

Gabarito "B".

(Técnico do Ministério Público – MPE-AL – COPEVE - UFAL – 2012) O tratamento dispensado aos presos é uma permanente preocupação da ONU e da OEA. O Pacto Internacional dos Direitos Civis e Políticos (1966) estatui, em seu art. 10.3, que "o regime penitenciário consistirá em um tratamento cujo objetivo seja a reforma e a reabilitação moral dos prisioneiros" [...]. O Pacto de São José da Costa Rica (1969) estabelece, em seu art. 5°, 2, que "Toda pessoa privada de liberdade deve ser tratada com o respeito devido à dignidade inerente ao ser humano". Assinale a opção incorreta. A Constituição Federal veda, sem qualquer exceção, as penas:

(A) cruéis.
(B) de banimento.
(C) de caráter perpétuo.
(D) de morte.
(E) de trabalhos forçados.

A pena de morte não é vedada de forma absoluta. No caso de guerra declarada é possível que ela ocorra. As demais penas mencionadas são vedadas pelo Texto Constitucional e não comportam exceções.

De acordo com o art. 5°, XLVII, da CF, não haverá penas: a) de morte, **salvo em caso de guerra declarada,** nos termos do art. 84, XIX; b) de caráter perpétuo; c) de trabalhos forçados; d) de banimento; e) cruéis.

Gabarito "D".

(Analista de Promotoria I – Assistente Jurídico – MPE-SP – IBFC – 2013) Acerca dos *direitos e garantias fundamentais,* assinale a opção INCORRETA:

(A) Não será concedida extradição de estrangeiro por crime político ou de opinião.
(B) O preso tem direito à identificação dos responsáveis por sua prisão ou por seu interrogatório policial.
(C) Será admitida ação privada nos crimes de ação pública, se esta não for intentada no prazo legal.
(D) Ninguém será levado à prisão ou nela mantido, quando a lei admitir a liberdade provisória, com ou sem fiança.
(E) Ninguém será preso senão em flagrante delito ou por ordem escrita e fundamentada de autoridade policial competente.

A: correta. É o que determina o art. 5°, LII , da CF; **B:** correta. De fato, o preso tem direito à identificação dos responsáveis por sua prisão ou por seu interrogatório policial, conforme redação do art. 5°, LXIV, da CF; **C:** correta. De acordo com o art. 5°, LIX, da CF, será admitida ação privada nos crimes de ação pública, se esta não for intentada no prazo legal; **D:** correta. O art. 5°, LXVI, da CF determina que ninguém será levado à prisão ou nela mantido, quando a lei admitir a liberdade provisória, com ou sem fiança; **E:** incorreta, devendo ser assinalada. O art. 5°, LXI, da CF dispõe que ninguém será preso senão em flagrante delito ou por ordem escrita e fundamentada de autoridade judiciária competente, **salvo nos casos de transgressão militar ou crime propriamente militar, definidos em lei.**

Gabarito "E".

(Analista – MPU – 2010 – CESPE) Relativamente aos direitos e garantias fundamentais, julgue o item seguinte.

(1) O ordenamento constitucional veda o envio compulsório de brasileiros ao exterior, que caracterizaria a pena de banimento, assim como proíbe a retirada coativa de estrangeiros do território nacional, que caracterizaria a pena de expulsão.

A pena de banimento, cujo conceito é apresentado na questão, é vedada pela Constituição (art. 5°, XLVII, *d*), mas a Constituição Federal não impede a retirada coativa de estrangeiros do território nacional, o que ocorre via expulsão, deportação ou extradição.

Gabarito "1E".

(Analista – MPU – 2004 – ESAF) Sobre direitos e garantias fundamentais, na Constituição de 1988, marque a única opção correta.

(A) O seguro contra acidentes do trabalho, quando feito pelo empregador, substitui eventuais indenizações por ele devidas quando o acidente com o empregado se der por culpa do empregador.
(B) A obrigação de reparação do dano decorrente da prática de um delito desaparece com a morte da pessoa condenada pela prática desse delito.
(C) As associações só poderão ser compulsoriamente dissolvidas por sentença judicial com trânsito em julgado.
(D) A condição de brasileiro nato só é assegurada ao filho de brasileiro nascido no exterior no caso dele vir a residir no Brasil e optar a qualquer tempo pela

nacionalidade brasileira. Se o pai ou a mãe estiver a serviço do Brasil ele é automaticamente brasileiro nato.

(E) O cargo de Ministro da Justiça é privativo de brasileiro nato.

A: incorreta, pois não reflete o disposto no art. 7º, XXVIII, da CF; **B:** incorreta, pois não reflete o disposto no art. 5º, XLV, da CF; **C:** correta. Art. 5º, XIX, da CF; **D:** incorreta, pois não reflete o disposto no art. 12, I, *b e c*, da CF; **E:** incorreta, pois não se encontra no rol do art. 12, § 3º, I a VII, da CF.
Gabarito "C".

6. DIREITOS SOCIAIS

(Analista de Promotoria II – Agente de Promotoria – MPE–SP – IBFC – 2013) O artigo 6º da Constituição da República, ainda que de forma genérica, faz alusão aos direitos <u>sociais</u>. Com efeito, **NÃO** é direito social, como expressamente previsto no texto constitucional, o (a):

(A) Lazer.

(B) Felicidade.

(C) Segurança.

(D) Proteção à infância.

(E) Proteção à maternidade.

Apenas o direto à felicidade não faz parte do rol de direitos sociais previsto no "caput" do art. 6º da CF. De acordo com o mencionado dispositivo, com redação dada pela EC90 de 15 de setembro de 2015, são direitos sociais a educação, a saúde, a alimentação, o trabalho, a moradia, o transporte, o lazer, a segurança, a previdência social, a proteção à maternidade e à infância, a assistência aos desamparados, na forma desta Constituição.
Gabarito "B".

7. DIREITOS POLÍTICOS

(Analista de Promotoria I – Assistente Jurídico – MPE-SP – VUNESP –2010) Assinale a alternativa correta a respeito dos direitos políticos constitucionais.

(A) Os analfabetos são inelegíveis e inalistáveis.

(B) Os militares são alistáveis, mas inelegíveis.

(C) O mandato eletivo poderá ser impugnado ante a Justiça Eleitoral no prazo de quinze dias contados da diplomação, instruída a ação com provas de abuso do poder econômico, corrupção ou fraude.

(D) A ação de impugnação de mandato tramitará em segredo de justiça, respondendo o autor por perdas e danos se a ação for julgada manifestamente improcedente, sem prejuízo da sua responsabilidade penal.

(E) A cassação de direitos políticos se dará, entre outras hipóteses, no caso de condenação criminal transitada em julgado, enquanto durarem seus efeitos, ou por condenação judicial definitiva em decorrência da prática de improbidade administrativa.

A: incorreta. De fato, os analfabetos são inelegíveis (não podem ser votados), conforme determina o art. 14, § 4º, da CF, mas **não são inalistáveis**. Para eles, **o alistamento eleitoral e o voto são facultativos**, de acordo com o que determina o inciso II do § 1º do art. 14 da CF; **B:** incorreta. Apenas os conscritos (aqueles que estão prestando o serviço militar obrigatório) são considerados inalistáveis (não podem votar). Por outro lado, as **regras para que o militar alistável seja considerado elegível** são as seguintes: I - se contar menos de dez anos de serviço, deverá afastar-se da atividade; II - se contar mais de dez anos de serviço,

será agregado pela autoridade superior e, se eleito, passará automaticamente, no ato da diplomação, para a inatividade. É o que determina o § 8º do art. 14 da CF; **C:** correta. De acordo com o art. 14, § 10, da CF, o mandato eletivo poderá ser impugnado ante a Justiça Eleitoral no prazo de quinze dias contados da diplomação, instruída a ação com provas de abuso do poder econômico, corrupção ou fraude; **D:** incorreta. O § 11 do art. 14 da CF determina que a ação de impugnação de mandato tramite em segredo de justiça, **respondendo o autor, na forma da lei, se temerária ou de manifesta má-fé**; **E:** incorreta. É **proibida a cassação de direitos políticos**, conforme determina o art. 15 da CF. Já a perda ou suspensão só se dará nos casos de: I - cancelamento da naturalização por sentença transitada em julgado; II - incapacidade civil absoluta; III - condenação criminal transitada em julgado, enquanto durarem seus efeitos; IV - recusa de cumprir obrigação a todos imposta ou prestação alternativa, nos termos do art. 5º, VIII; V - improbidade administrativa, nos termos do art. 37, § 4º.
Gabarito "C".

(Analista de Promotoria I – Assistente Jurídico – MPE-SP – VUNESP –2010) A respeito dos partidos políticos, é correto afirmar que:

(A) devem sempre ter caráter nacional.

(B) estão impedidos de receber recursos de entes públicos, salvo se provenientes de governos estrangeiros.

(C) possuem autonomia para definir sua estrutura interna, organização e funcionamento e para adotar os critérios de escolha e o regime de suas coligações eleitorais, havendo apenas a obrigatoriedade de vinculação entre as candidaturas em âmbitos nacional, estadual, distrital ou municipal.

(D) após adquirirem personalidade jurídica, na forma da lei civil, registrarão seus estatutos no Supremo Tribunal Federal.

(E) têm direito a recursos privados do fundo partidário e acesso pago ao rádio e à televisão, na forma da lei.

A: correta. Determina o art. 17 da CF que é livre a criação, fusão, incorporação e extinção de partidos políticos, resguardados a soberania nacional, o regime democrático, o pluripartidarismo, os direitos fundamentais da pessoa humana e observados os seguintes preceitos: I - **caráter nacional**; II - proibição de recebimento de recursos financeiros de entidade ou governo estrangeiros ou de subordinação a estes; III - prestação de contas à Justiça Eleitoral; IV - funcionamento parlamentar de acordo com a lei; **B:** incorreta. Ao contrário do mencionado, os partidos políticos **têm direito a recursos do fundo partidário** e acesso gratuito ao rádio e à televisão, na forma da lei, de acordo com o § 3º do art. 17 da CF; **C:** incorreta. De acordo com o § 1º do art. 17, é assegurada aos partidos políticos autonomia para definir sua estrutura interna, organização e funcionamento e para adotar os critérios de escolha e o regime de suas coligações eleitorais, **sem obrigatoriedade de vinculação** entre as candidaturas em âmbito nacional, estadual, distrital ou municipal, devendo seus estatutos estabelecer normas de disciplina e fidelidade partidária; **D:** incorreta. Os estatutos devem ser registrados no Tribunal Superior Eleitoral. Dispõe o § 2º do art. 17 da CF que os partidos políticos, após adquirirem personalidade jurídica, na forma da lei civil, **registrarão seus estatutos no Tribunal Superior Eleitoral**; **E:** incorreta. Como já comentado, os partidos políticos **têm direito a recursos do fundo partidário e acesso <u>gratuito</u> ao rádio e à televisão**, na forma da lei, de acordo com o § 3º do art. 17 da CF.
Gabarito "A".

(Assistente Técnico Administrativo – MPE-BA – FESMIP –2011) Analise as seguintes assertivas acerca da nacionalidade na Constituição Federal:

I. São brasileiros naturalizados os nascidos no estrangeiro, de pai brasileiro ou mãe brasileira, que venham a residir na República Federativa do Brasil e optem,

BRUNA VIEIRA

em qualquer tempo, depois de atingida a maioridade, pela nacionalidade brasileira.

II. Os portugueses com residência permanente no Brasil, havendo reciprocidade em favor dos brasileiros, terão garantidos, sem qualquer exceção, todos direitos constitucionais inerentes aos brasileiros.

III. O brasileiro que adquirir outra nacionalidade, em virtude de reconhecimento de nacionalidade originária por lei estrangeira, não perderá sua nacionalidade brasileira.

IV. São brasileiros natos os nascidos no estrangeiro, de pai brasileiro ou mãe brasileira, desde que qualquer deles esteja a serviço da República Federativa do Brasil.

V. O cargo de oficial das Forças armadas é privativo de brasileiro nato.

Estão corretas as assertivas:

(A) I, II e III.
(B) I, II e V.
(C) I, III e IV.
(D) II, IV e V.
(E) III, IV e V.

I: incorreta. De acordo com o art. 12, I, *c*, segunda parte, da CF, são **brasileiros natos** (não naturalizados, como afirmado na alternativa) os nascidos no estrangeiro de pai brasileiro ou de mãe brasileira que venham a residir na República Federativa do Brasil e optem, em qualquer tempo, depois de atingida a maioridade, pela nacionalidade brasileira; **II:** incorreta. Conforme determina o § 1° do art. 12 da CF, aos portugueses com residência permanente no País, se houver reciprocidade em favor de brasileiros, **serão atribuídos os direitos inerentes ao brasileiro, salvo os casos previstos nesta Constituição; III:** correta. É o que determina o art. 12, § 4°, II, *a*, da CF; **IV:** correta. É o que dispõe o art. 12, I, *a*, da CF; **V:** correta. De acordo com o art. 12, § 3°, da CF, são privativos de brasileiro nato os cargos: I - de Presidente e Vice-Presidente da República; II - de Presidente da Câmara dos Deputados; III - de Presidente do Senado Federal; IV - de Ministro do Supremo Tribunal Federal; V - da carreira diplomática; VI - de **oficial das Forças Armadas;** VII - de Ministro de Estado da Defesa. Além disso, o art. 89, VII, da CF dispõe que dentre os membros que participam do Conselho da República, órgão superior de consulta do Presidente da República, **seis devem ser cidadãos brasileiros natos,** com mais de trinta e cinco anos de idade, sendo dois nomeados pelo Presidente da República, dois eleitos pelo Senado Federal e dois eleitos pela Câmara dos Deputados, todos com mandato de três anos, vedada a recondução.
Gabarito "E".

(Técnico do Ministério Público – MPE-AL – COPEVE - UFAL – 2012) Dadas as proposições seguintes sobre os direitos políticos,

I. É cabível a suspensão dos direitos políticos de agente público decorrente de sentença condenatória transitada em julgado, prolatada em ação civil de responsabilidade por atos de improbidade administrativa.

II. O plebiscito, o referendo e a iniciativa popular são formas de exercício da soberania popular.

III. É vedada a cassação de direitos políticos.

IV. A idade mínima de trinta e cinco anos é condição de elegibilidade para os cargos de Presidente, Vice-Presidente da República, Governador e Vice-Governador de Estado e do Distrito Federal.

verifica-se que estão corretos os itens:

(A) I e III, apenas.
(B) I, III e IV, apenas.
(C) I, II e III, apenas.

(D) III e IV, apenas.
(E) II, III e IV, apenas.

I: correta. Há duas formas de restringir os direitos políticos: temporária ou definitivamente. A primeira é denominada suspensão dos direitos políticos e a segunda é conhecida como perda de tais direitos. As hipóteses de suspensão são as seguintes: a) incapacidade civil absoluta; b) condenação criminal transitada em julgado, enquanto durarem seus efeitos; e c) prática de atos de improbidade administrativa, conforme artigo art. 37, § 4°, da CF. De outra parte, haverá perda dos direitos políticos: a) quando houver cancelamento da naturalização por sentença transitada em julgado; e b) quando houver recusa em cumprir obrigação a todos imposta ou prestação alternativa, segundo artigo art. 5°, VIII, da CF. Sobre esta última hipótese, há quem entenda que se trata de suspensão e não de perda dos direitos políticos, por conta do artigo art. 4°, § 2°, da Lei 8.239/1991. O mencionado art. 37, § 4°, da CF determina que **os atos de improbidade administrativa importarão a suspensão dos direitos políticos,** a perda da função pública, a indisponibilidade dos bens e o ressarcimento ao erário, na forma e gradação previstas em lei, sem prejuízo da ação penal cabível; **II:** correta. De acordo com o art. 14, I a III, da CF, a soberania popular será exercida pelo sufrágio universal e pelo voto direto e secreto, com valor igual para todos, e, nos termos da lei, mediante: plebiscito, referendo e iniciativa popular; **III:** correta. A Constituição, de fato, proíbe a cassação dos direitos políticos em seu art. 15, "*caput*"; **IV:** incorreta. Para os cargos de Governador e Vice-Governador de Estado e do Distrito Federal a idade mínima exigida **é 30 anos,** conforme art. 14, § 3°, VI, *b*, da CF.
Gabarito "C".

(Analista Ministerial Jurídico – MPE-PE – FCC – 2012) O partido político URTJ, com autonomia para definir sua estrutura interna, organização e funcionamento, bem como para adotar os critérios de escolha e o regime de suas coligações eleitorais, deverá, segundo o inciso III do artigo 17 da Constituição Federal, prestar contas:

(A) ao Tribunal de Contas da União.
(B) à Justiça Eleitoral.
(C) ao Congresso Nacional.
(D) ao Conselho Nacional de Justiça.
(E) ao Supremo Tribunal Federal.

Determina o art. 17 da CF, que é livre a criação, fusão, incorporação e extinção de partidos políticos, resguardados a soberania nacional, o regime democrático, o pluripartidarismo, os direitos fundamentais da pessoa humana e observados os seguintes preceitos: I - caráter nacional; II - proibição de recebimento de recursos financeiros de entidade ou governo estrangeiros ou de subordinação a estes; III - **prestação de contas à Justiça Eleitoral;** IV - funcionamento parlamentar de acordo com a lei.
Gabarito "B".

(Analista de Promotoria I – Assistente Jurídico –MPE-SP – IBFC – 2013) Nos termos da atual Constituição Federal, são condições de elegibilidade, **EXCETO:**

(A) Filiação partidária.
(B) Alistamento eleitoral.
(C) Domicilio eleitoral na circunscrição.
(D) Idade mínima de 35 anos para Senador.
(E) Idade mínima de 35 anos para Governador.

De acordo com o art. 14, § 3°, da CF, são condições de elegibilidade, na forma da lei: I - a nacionalidade brasileira; II - o pleno exercício dos direitos políticos; III - **o alistamento eleitoral;** IV - **o domicílio eleitoral na circunscrição;** V - **a filiação partidária;** VI - a idade mínima de: a) **trinta e cinco** anos para Presidente e Vice-Presidente da República e **Senador;** b) **trinta anos para Governador** e Vice-Governador de

3. DIREITO CONSTITUCIONAL

Estado e do Distrito Federal; c) vinte e um anos para Deputado Federal, Deputado Estadual ou Distrital, Prefeito, Vice-Prefeito e juiz de paz; d) dezoito anos para Vereador.
Gabarito "E".

(FGV – 2015) Caio da Silva, Senador da República pelo Estado "Z", no decorrer do recesso parlamentar, viaja de férias com a família para um *resort* situado no Estado "X", a fim de descansar. Todavia, em meio aos hóspedes que ali se encontravam, deparou-se com Tício dos Santos, um ferrenho adversário político, com quem acabou por travar áspera discussão em torno de temas políticos já discutidos anteriormente no Senado. Caio da Silva, durante a discussão, atribuiu ao seu adversário a responsabilidade pela prática de fatos definidos como crimes, além de injuriá-lo com vários adjetivos ofensivos. Tício dos Santos, inconformado com as agressões públicas a ele desferidas, decidiu ajuizar queixa-crime em face de Caio da Silva.

Tendo em vista as particularidades da narrativa acima e considerando o que dispõe a Constituição Federal, assinale a afirmativa correta.

(A) Caio da Silva, por estar fora do espaço físico do Congresso Nacional, não é alcançado pela garantia da imunidade material, respondendo pelos crimes contra a honra que praticou.

(B) Caio da Silva, mesmo fora do espaço físico do Congresso Nacional, é alcançado pela garantia da imunidade material, tendo em vista que as ofensas proferidas estão relacionadas ao exercício da atividade parlamentar.

(C) Caio da Silva não está coberto pela garantia da imunidade material, tendo em vista que as ofensas foram proferidas em um momento de recesso parlamentar, o que afasta qualquer relação com a atividade de Senador.

(D) Caio da Silva não está coberto pela garantia da imunidade material, visto que, durante o recesso parlamentar, sequer estava no território do Estado que representa na condição de Senador.

A: incorreta. Caio da Silva, ao contrário do mencionado, é alcançado pela imunidade material, pois o que importa não é o local em que a discussão ocorreu, mas se elas estavam ou não relacionadas ao exercício da função. No problema apresentado, a conflito girou em torno de temas políticos já discutidos anteriormente no Senado, de modo que tinha relação com o exercício da função; **B:** correta. Como mencionado, o que importa é a relação das ofensas com o exercício da função. As prerrogativas dadas aos parlamentares têm por finalidade resguardar a liberdade e a independência durante o exercício do mandato eletivo; **C:** incorreta. O período de recesso não faz com o que o parlamentar perca as imunidades. O que interessa para a verificação de sua incidência é a relação do ato com o exercício da função; **D:** incorreta. O Senador tem imunidade em todo território nacional.
Gabarito "B".

8. ORGANIZAÇÃO DO ESTADO

(Técnico em Promotoria – Direito – MPE-PB – COMPERVE-UFRN) Compete à União, aos Estados e ao Distrito Federal legislar concorrentemente sobre:

(A) produção e consumo.
(B) sistemas de poupança.
(C) trânsito e transporte.
(D) desapropriação.

(E) política de crédito.

A: correta. Conforme determina o art. 24, V, da CF, compete à União, aos Estados e ao Distrito Federal legislar concorrentemente sobre produção e consumo; **B:** incorreta. De acordo com o art. 22, XIX, da CF, compete privativamente à União legislar sobre sistemas de poupança, captação e garantia da poupança popular; **C:** incorreta. A legislação sobre trânsito e transporte é da competência privativa da União, conforme dispõe o art. 22, XI, da CF; **D:** incorreta. A legislação sobre desapropriação também é da competência privativa da União, de acordo com o art. 22, II, da CF.
Gabarito "A".

(Técnico em Promotoria – Direito – MPE-PB – COMPERVE-UFRN) Os Estados poderão instituir regiões metropolitanas, aglomerações urbanas e microrregiões, constituídas por agrupamentos de Municípios limítrofes, para integrar a organização, o planejamento e a execução de funções públicas de interesse comum, mediante:

(A) decreto.
(B) lei complementar.
(C) lei ordinária.
(D) regulamento administrativo.
(E) resolução da Assembleia Legislativa.

De acordo com o art. 25, § 3º, da CF, os Estados poderão, **mediante lei complementar**, instituir regiões metropolitanas, aglomerações urbanas e microrregiões, constituídas por agrupamentos de municípios limítrofes, para integrar a organização, o planejamento e a execução de funções públicas de interesse comum.
Gabarito "B".

(Técnico em Promotoria – Direito – MPE-PB – COMPERVE-UFRN) O Estado não intervirá em seus Municípios, nem a União, nos Municípios localizados em Território Federal, **EXCETO** quando:

(A) a dívida flutuante deixar de ser paga, sem motivo de força maior, por três anos consecutivos.

(B) as devidas contas não forem prestadas, conforme resolução do Tribunal de Contas.

(C) o mínimo exigido da receita municipal, na manutenção e desenvolvimento do ensino e nas ações e serviços públicos de saúde, não tiver sido aplicado.

(D) o Tribunal de Justiça der provimento a representação, para assegurar a observância de princípios indicados na Constituição Federal ou para prover a execução de lei federal, de ordem judicial ou de decisão administrativa.

(E) uma invasão estrangeira ou de uma unidade da Federação em outra tiver ocorrido.

A: incorreta. Conforme determina o art. 35, I, da CF, o Estado não intervirá em seus Municípios, nem a União nos Municípios localizados em Território Federal, exceto quando deixar de ser paga, sem motivo de força maior, **por dois anos** consecutivos, a dívida fundada; **B:** incorreta. De acordo com o art. 35, II, da CF, o Estado não intervirá em seus Municípios, nem a União nos Municípios localizados em Território Federal, exceto quando não forem prestadas contas devidas, **na forma da lei**; **C:** correta. É o que determina o art. 35, III, da CF; **D:** incorreta. Dispõe o art. 35, IV, da CF que o Estado não intervirá em seus Municípios, nem a União nos Municípios localizados em Território Federal, exceto quando o Tribunal de Justiça der provimento a representação para assegurar a observância de princípios indicados na Constituição Estadual, ou para prover a execução de lei, de ordem ou **de decisão judicial**; **E:** incorreta. A hipótese mencionada comporta intervenção federal. O art. 34, II, da CF ensina que a União não intervirá nos Estados nem no Distrito Federal, exceto para repelir invasão estrangeira ou de uma unidade da Federação em outra.
Gabarito "C".

(Assistente de Promotoria –MPE-RS – FCC 2008) No caso de necessidade de uma legislação a respeito de regime dos portos, navegação lacustre e fluvial, dentre outras, a titularidade da competência legislativa é:

(A) dos respectivos Municípios onde se localizam os portos, lagos e rios, privativamente.

(B) da União, Estados, Distrito Federal e Municípios, concorrentemente.

(C) dos Estados, Distrito Federal e Municípios, exclusivamente.

(D) da União e dos Municípios, exclusivamente, e dos Estados e Distrito Federal, mediante autorização legal.

(E) da União, privativamente, e dos Estados, mediante autorização de lei complementar, sobre as questões específicas.

De acordo com o art. 22, X, da CF, **compete privativamente à União** legislar sobre regime dos portos, navegação lacustre, fluvial, marítima, aérea e aeroespacial.
Gabarito "E".

(Agente Administrativo – MPE-RS – FCC –2010) A Constituição Federal estabelece a organização do Estado, de forma que os Estados podem incorporar-se entre si, subdividir-se ou desmembrar-se para se anexarem a outros, ou formarem novos Estados ou Territórios Federais, mediante aprovação da população diretamente interessada, através de:

(A) plebiscito, e do Senado Federal, por lei ordinária.

(B) plebiscito, e do Congresso Nacional, por lei complementar.

(C) referendo, e da Câmara dos Deputados, por lei delegada.

(D) plebiscito, e da Câmara dos Deputados, por emenda constitucional.

(E) referendo, e do Congresso Nacional, por resolução do Senado Federal.

De acordo com o art. 18, § 3º, da CF, os Estados podem incorporar-se entre si, subdividir-se ou desmembrar-se para se anexarem a outros, ou formarem novos Estados ou Territórios Federais, mediante aprovação da população diretamente interessada, **por intermédio de plebiscito, e do Congresso Nacional, por lei complementar**.
Gabarito "B".

(Analista de Promotoria I – Assistente Jurídico –MPE-SP – VUNESP –2010) No tocante à repartição de competências no Estado Brasileiro, a Constituição Federal estabelece como competência concorrente da União, do Distrito Federal e dos Estados legislar sobre:

(A) serviço postal.

(B) águas, energia, informática, telecomunicações e radiodifusão.

(C) jazidas, minas, outros recursos minerais e metalurgia.

(D) populações indígenas.

(E) custas dos serviços forenses.

A: incorreta. A legislação sobre o serviço postal é da competência privativa da União, conforme determina o art. 22, V, da CF; **B:** incorreta. A competência para legislar sobre águas, energia, informática, telecomunicações e radiodifusão também é privativa da União, de acordo com o art. 22, IV, da CF; **C:** incorreta. As leis sobre jazidas, minas, outros recursos minerais e metalurgia também são criadas, privativamente, pela União. É o que determina o art. 22, XII, da CF; **D:** incorreta. Mais uma vez, as leis sobre as populações indígenas são da competência privativa da União, conforme dispõe o art. 22, XIV, da CF;

E: correta. De acordo com o art. 24, IV, da CF, compete à União, aos Estados e ao Distrito Federal legislar **concorrentemente** sobre **custas dos serviços forenses**.
Gabarito "E".

(Analista de Promotoria I – Assistente Jurídico – MPE-SP – VUNESP –2010) Considerando o disposto na Constituição, o número total de Deputados, bem como a representação por Estado e pelo Distrito Federal, será estabelecido por lei complementar, proporcionalmente à população, procedendo-se aos ajustes necessários, no ano anterior às eleições, para que nenhuma daquelas unidades da Federação tenha:

(A) menos de nove ou mais de setenta Deputados.

(B) menos de oito ou mais de setenta Deputados.

(C) menos de dez ou mais de sessenta Deputados.

(D) menos de doze ou mais de oitenta Deputados.

(E) menos de doze ou mais de noventa Deputados.

De acordo com o art. 45, § 1º, da CF, o número total de Deputados, bem como a representação por Estado e pelo Distrito Federal, será estabelecido por lei complementar, proporcionalmente à população, procedendo-se aos ajustes necessários, no ano anterior às eleições, para que nenhuma daquelas unidades da Federação tenha **menos de oito ou mais de setenta** Deputados.
Gabarito "B".

(Assistente Técnico Administrativo – MPE-BA - FESMIP – 2011) Analise as seguintes assertivas acerca da organização do Estado e organização dos Poderes na Constituição Federal:

I. O Senado Federal tem competência privativa para aprovar o estado de defesa e autorizar o estado de sítio.

II. O Estado poderá intervir em seus municípios por motivo de não aplicação do mínimo exigido da receita municipal nas ações e serviços públicos de saúde.

III. Os Estados e o Distrito Federal elegerão, cada, três senadores, com mandato de quatro anos.

IV. Compete à União, aos Estados e ao Distrito Federal legislar concorrentemente sobre direito tributário, financeiro e econômico.

V. Em caso de impedimento do Presidente da República e do Vice-Presidente da República, a Presidência será exercida, de forma sucessiva, pelo Presidente do Senado Federal, pelo Presidente da Câmara dos Deputados e pelo Presidente do Supremo Tribunal Federal.

Estão corretas as assertivas:

(A) I e III.

(B) I e IV.

(C) II e IV.

(D) II e V.

(E) III e V.

I: incorreta. De acordo com o art. 49, IV, da CF, **compete ao Congresso Nacional**, de forma exclusiva, **aprovar o estado de defesa** e a intervenção federal, **autorizar o estado de sítio**, ou suspender qualquer uma dessas medidas; **II:** correta. Determina o art. 35, III, da CF que o Estado não intervirá em seus Municípios, nem a União nos Municípios localizados em Território Federal, exceto quando não tiver sido aplicado o mínimo exigido da receita municipal na manutenção e desenvolvimento do ensino e nas ações e serviços públicos de saúde; **III:** incorreta. Dispõe o § 1º do art. 46 da CF que cada Estado e o Distrito Federal elegerão três Senadores, com **mandato de oito anos**; **IV:** correta. O art. 24, I, da CF informa que compete à União, aos Estados e ao Distrito Federal legislar **concorrentemente** sobre **direito tributário, financeiro**, penitenciário, **econômico** e urbanístico;

3. DIREITO CONSTITUCIONAL 79

V: incorreta. Conforme determina o art. 80, "caput", da CF, em caso de impedimento do Presidente e do Vice-Presidente, ou vacância dos respectivos cargos, serão **sucessivamente chamados** ao exercício da Presidência o **Presidente da Câmara dos Deputados, o do Senado Federal e o do Supremo Tribunal Federal.**
Gabarito "C".

(Técnico do Ministério Público – MPE-AL – COPEVE - UFAL – 2012) Sobre o Distrito Federal, é incorreto afirmar:

(A) rege-se por lei orgânica promulgada pela Câmara Legislativa.
(B) é vedada sua divisão em Municípios
(C) a Constituição Federal lhe atribui as competências legislativas reservadas à União, aos Estados e aos Municípios.
(D) poderá sofrer intervenção da União com o objetivo de pôr termo a grave comprometimento da ordem pública.
(E) compete à União organizar e manter o Poder Judiciário, o Ministério Público e a Defensoria Pública do Distrito Federal.

A e **B:** corretas. Determina o art. 32, "caput", da CF que o **Distrito Federal, vedada sua divisão em Municípios, reger-se-á por lei orgânica**, votada em dois turnos com interstício mínimo de dez dias, e **aprovada por dois terços da Câmara Legislativa, que a promulgará**, atendidos os princípios estabelecidos nesta Constituição; **C:** incorreta, devendo ser assinalada. As competências da União **não** foram atribuídas ao Distrito Federal. De acordo com o § 1º do art. 32 da CF, ao Distrito Federal são atribuídas as competências legislativas **reservadas aos Estados e Municípios; D:** correta. Conforme dispõe o art. 34, III, da CF, a **União não intervirá** nos Estados nem **no Distrito Federal, exceto para pôr termo a grave comprometimento da ordem pública; E:** considerada correta no momento em que a prova foi realiza. Atualmente deve ser considerada como incorreta. A EC n. 69 de 29 de março de 2012 alterou a redação dos arts.21, 22 e 48 da Constituição Federal e transferiu da União para o Distrito Federal as atribuições de organizar e manter a Defensoria Pública do Distrito Federal. Tal emenda, oriunda da proposta 445/2009, concede competência ao Distrito Federal para organizar e manter a sua Defensoria Pública. Com base na regra antiga, competia à União a organização e manutenção a Defensoria Pública do Distrito Federal. Além disso, também era atribuição da União a competência para legislar sobre essa instituição. Desse modo, o Distrito Federal não possuía autonomia quanto à Defensoria Pública, embora pudesse, com fulcro no art. 24, XIII, primeira parte, da CF, legislar sobre assistência jurídica, o que o fez, por exemplo, instituindo o CEAJUR – Centro de Assistência Jurídica gratuita. Com a aprovação da EC 69/2012, a organização e manutenção da Defensoria Pública do Distrito Federal passaram a ser de competência deste ente federativo e não mais da União. Foi excluída da competência da União a atribuição para organizar, manter e legislar sobre a Defensoria do Distrito Federal.
Gabarito "C" (além da alternativa "E" que, após a EC 69/2012, também passou a ser considerada incorreta)

(Analista Ministerial Jurídico – MPE-PE – FCC – 2012) De acordo com o artigo 20, inciso V, da Constituição Federal, os recursos naturais da zona econômica exclusiva são bens:

(A) do Município de Salvador – BA.
(B) do Estado de Pernambuco.
(C) do Estado de Roraima.
(D) da União.
(E) do Município de Recife – PE.

De acordo com o art. 20, V, da CF, os **recursos naturais** da plataforma continental e **da zona econômica exclusiva são bens da União**.
Gabarito "D".

(Analista Ministerial Jurídico – MPE-PE – FCC – 2012) Compete à União, aos Estados e ao Distrito Federal legislar concorrentemente sobre:

(A) organização do sistema nacional de emprego.
(B) proteção à infância e à juventude.
(C) navegação lacustre.
(D) navegação fluvial.
(E) sistemas de sorteios.

A: incorreta. De acordo com o art. 22, XVI, da CF, **compete privativamente à União** legislar sobre **organização do sistema nacional de emprego** e condições para o exercício de profissões; **B:** correta. Determina o art. 24, XV, da CF que compete à União, aos Estados e ao Distrito Federal legislar **concorrentemente** sobre proteção à infância e à juventude; **C, D** e **E:** incorretas. A competência nessas hipóteses é **privativa da União**, conforme determina o art. 22, X e X, da CF.
Gabarito "B".

(Analista Ministerial Processual-Direito – MPE-MA – FCC – 2013) Considere:

I. direito civil.
II. direito agrário.
III. direito processual.
IV. direito tributário.
V. direito financeiro.
VI. direito penitenciário.
VII. direito do trabalho.

Compete privativamente à União legislar APENAS sobre:

(A) I, II, III e VII.
(B) I, III, IV e VI.
(C) II, III, IV e V.
(D) I, IV, V e VI.
(E) I, III, VI e VII.

I, II, III e **VIII:** corretas. De acordo com o art. 22, I, da CF, compete privativamente à União legislar sobre **direito civil**, comercial, penal, **processual**, eleitoral, **agrário**, marítimo, aeronáutico, espacial e **do trabalho; IV** e **V:** incorretas. A competência para legislar sobre direito tributário, financeiro e penitenciário é concorrente. Determina o art. 24, I, da CF que compete à União, aos Estados e ao Distrito Federal legislar **concorrentemente** sobre **direito tributário**, financeiro, **penitenciário**, econômico e urbanístico.
Gabarito "A".

(Analista – MPU – 2010 – CESPE) No que se refere à organização político-administrativa do Estado Federal brasileiro e às competências da União, estados e municípios, julgue os itens subsequentes.

(1) Na esfera da competência material comum, a Constituição Federal de 1988 prevê que leis complementares fixarão normas para a cooperação entre a União e os estados, o Distrito Federal e os municípios, com vistas ao equilíbrio do desenvolvimento e do bem-estar em âmbito nacional.

(2) Em face da descentralização administrativa e política que caracteriza o Estado brasileiro, a República Federativa do Brasil constitui um estado unitário descentralizado, dispondo os entes políticos estatais de autonomia para a tomada de decisão, no caso concreto, a respeito da execução das medidas adotadas pela esfera central de governo.

1: correta. Art. 23, parágrafo único, da CF; **2:** incorreta, pois o Brasil é uma Federação, não um estado unitário. São duas as formas de Estado: unitário e federal, sendo que o Estado Federal se qualifica pela descentralização política e administrativa, imperando a repartição constitucional de competências entre os entes federados. O Estado Unitário é caracterizado pela unidade de poder sobre o território, pessoas e bens (Estado unitário puro). Nada impede, porém, que seja descentralizado administrativamente (Estado unitário descentralizado).

Gabarito "1C,2E"

(MPU – 2010 – CESPE) A respeito da organização político-administrativa do Estado e da administração pública, julgue o item que se segue, à luz da Constituição Federal de 1988 (CF).

1 De acordo com a CF, cargos, empregos e funções públicas são acessíveis somente a brasileiros que preencham os requisitos estabelecidos em lei, não havendo, portanto, a possibilidade de obtenção de emprego público por estrangeiros.

O art. 37, I, da CF determina que os cargos, empregos e funções públicas são acessíveis aos brasileiros que preencham os requisitos estabelecidos em lei, assim como aos estrangeiros, na forma da lei.

Gabarito "1E"

(Analista – MPU – 2004 – ESAF) Assinale a opção correta:

(A) Nas matérias da competência privativas da União, os Estados-membros, o Distrito Federal e os Municípios não podem legislar para suprir a falta de lei federal.

(B) A criação de municípios depende apenas de consulta às populações interessadas e de lei estadual autorizadora.

(C) Autoridades municipais não se sujeitam à Justiça Federal.

(D) Pacificou-se o entendimento de que as leis federais são hierarquicamente superiores às leis estaduais.

(E) Para pôr fim a situações de grave violação a direitos humanos, a União pode intervir nos Estados-membros e nos Municípios brasileiros.

A: correta. Se a competência é privativa da União, só ela pode dispor sobre a matéria. Ao contrário, se a matéria é de competência concorrente, podem ser aplicadas as regras do art. 24, §§ 1º a 4º, da CF; **B:** incorreta, pois não reflete o disposto no art. 18, § 4º, da CF; **C:** incorreta, pois não existe essa regra na Constituição Federal. Diferentemente, o art. 109, II, da CF, expressamente prevê hipótese em que Município se submete à justiça federal; **D:** incorreta, pois não há que se há falar em hierarquia, mas em respeito à competência fixada na Constituição para cada ente. Assim, se lei federal invadir a competência estadual, a lei federal será inconstitucional; **E:** incorreta. A União só intervém nos Estados, no Distrito Federal, ou nos Municípios localizados em Territórios Federais; assim, não há intervenção federal em municípios (art. 34, "*caput*", e art. 35, "*caput*", da CF). Ademais, "pôr fim a situações de grave violação a direitos humanos" não é hipótese que autoriza a intervenção federal, pois não se encontra listada no art. 34, I, *a*, VII, da CF. Autoriza, por outro lado, o incidente de deslocamento de competência previsto no art. 109, § 5º, da CF.

Gabarito "A"

(Analista – MPU – 2004 – ESAF) Sobre administração pública, marque a única opção correta.

(A) A criação de subsidiárias, por empresa pública, depende de autorização legislativa específica, para cada subsidiária que se pretende criar.

(B) As patentes dos oficiais da polícia militar do Distrito Federal são conferidas pelo governador do Distrito Federal.

(C) O servidor ocupante, exclusivamente, de cargo declarado em lei de livre nomeação contribuirá para o regime de previdência do servidor público.

(D) É possível a percepção simultânea dos proventos decorrentes da aposentadoria como médico, pelo regime de previdência dos servidores públicos federais, com a remuneração de outro cargo técnico ou científico, em uma empresa pública federal.

(E) A extinção de cargo ocupado por servidor estável obriga a administração a aproveitá-lo, de imediato, em outro cargo.

A: incorreta, pois o art. 37, XX, da CF, não exige autorização legislativa específica; **B:** correta. Art. 42, § 1º, da CF; **C:** incorreta, pois não reflete o disposto no art. 40, § 3º, da CF: contribuirão para o RGPS; **D:** incorreta, pois não reflete o disposto no art. 37, XVI, *a*, *b*, e *c*, da CF; **E:** incorreta, pois não reflete o disposto no art. 41, § 3º, da CF.

Gabarito "B"

(Analista – MPU – 1996 – CESPE) A Constituição da República e o artigo 239 da Lei nº 8.112/1990 asseguram ao servidor público a liberdade de crença religiosa. Nesse aspecto, segundo essa lei, o servidor:

(A) poderá ser eventualmente privado de certos direitos.

(B) poderá deixar de ser nomeado para certas funções.

(C) não poderá ser obrigado a comparecer à repartição nos dias consagrados a seu culto.

(D) poderá recusar-se à observância das ordens contrárias aos preceitos de sua convicção religiosa.

(E) não poderá eximir-se do cumprimento de seus deveres.

O art. 5º, VIII, da CF, prevê o direito de crença religiosa, mas prescreve que não pode ser invocado para eximir alguém do cumprimento de obrigação legal a todos imposta ou para recusar-se a cumprir prestação alternativa, fixada em lei. Em obediência ao disposto na Constituição Federal, o art. 239 da Lei 8.112/1990 dispõe que: "Por motivo de crença religiosa ou de convicção filosófica ou política, o servidor não poderá ser privado de quaisquer dos seus direitos, sofrer discriminação em sua vida funcional, nem eximir-se do cumprimento de seus deveres."

Gabarito "E"

(Analista – MPU – 2007 – FCC) Entre outras, é competência privativa do Presidente da República:

(A) sancionar, promulgar e fazer publicar as emendas constitucionais.

(B) dispor, mediante resolução e decreto legislativo, sobre extinção de funções e cargos públicos, respectivamente, quando vagos.

(C) celebrar a paz, independentemente de autorização ou de referendo do Congresso Nacional.

(D) prover cargos públicos federais, na forma da lei, podendo delegar tal atribuição também ao Advogado Geral da União.

(E) declarar guerra, no caso de agressão estrangeira, autorizada ou referendada pelo Senado Federal.

A: incorreta, pois o Presidente da República não tem participação no processo de elaboração das emendas constitucionais, pois são fruto do Poder Constituinte Derivado (art. 60, § 3º, da CF); **B:** incorreta. O Presidente da República exerce sua competência mediante decreto (art. 84, VI, *b*, da CF); **C:** incorreta, pois não reflete o disposto no art. 84, XX, da CF; **D:** correta. Art. 84, XXV e parágrafo único, da CF; **E:** incorreta, pois o art. 84, XIX, da CF exige autorização do Congresso Nacional.

Gabarito "D"

(Técnico do Ministério Público – MPE-AL – COPEVE - UFAL – 2012) Assinale a opção correta.

(A) A Constituição Federal permite a criação de Tribunais, Conselhos ou órgãos de Contas Municipais.

3. DIREITO CONSTITUCIONAL — 81

(B) O Distrito Federal pode ser dividido em Municípios.

(C) Pertencem à União Federal as terras tradicionalmente ocupadas pelos índios.

(D) As Constituições Estaduais regem os Municípios dos respectivos Estados.

(E) Os Estados-membros são formados por regiões e Municípios.

A: incorreta. Conforme determina o § 4º do art. 30 da CF, é **proibida a criação de Tribunais, Conselhos ou órgãos de Contas Municipais**; **B:** incorreta. Ao contrário, o Distrito Federal não pode ser dividido em Município. Determina o art. 32 da CF que o Distrito Federal, **vedada sua divisão em Municípios**, reger-se-á por lei orgânica, votada em dois turnos com interstício mínimo de dez dias, e aprovada por dois terços da Câmara Legislativa, que a promulgará, atendidos os princípios estabelecidos nesta Constituição; **C:** correta. De acordo com o art. 20, XI, da CF, as terras tradicionalmente ocupadas pelos índios são consideradas bens da União; **D:** incorreta. **Os Municípios são regidos por leis orgânicas**. É claro que as leis municipais devem estar de acordo com a Constituição do respectivo Estado e com a própria CF. Dispõe o art. 29 do Texto Maior que o Município **reger-se-á por lei orgânica**, votada em dois turnos, com o interstício mínimo de dez dias, e aprovada por dois terços dos membros da Câmara Municipal, que a promulgará, atendidos os princípios estabelecidos nesta Constituição, na Constituição do respectivo Estado e outros; **E:** incorreta. Determina o art. 25, § 3º, da CF que os Estados poderão, mediante lei complementar, instituir regiões metropolitanas, aglomerações urbanas e microrregiões, constituídas por agrupamentos de municípios limítrofes, para integrar a organização, o planejamento e a execução de funções públicas de interesse comum. Alexandre de Moraes, em *Direito Constitucional*, 31ª ed., Editora Atlas, p. 298, ensina que: "as *regiões metropolitanas* são conjuntos de Municípios limítrofes, com certa continuidade urbana, que se reúnem em torno de um município-polo, também denominado município-mãe. *Microrregiões* também constituem-se por municípios limítrofes, que apresentam características homogêneas e problemas em comum, mas que não se enquadram ligados por certa continuidade urbana. Será estabelecido um município-sede. Por fim, *aglomerados urbanos* são áreas urbanas de municípios limítrofes, sem um polo, ou mesmo uma sede. Caracterizam-se pela grande densidade demográfica e continuidade urbana."

Gabarito "C".

(Técnico – MPE-SC – ACAFE – 2009) De acordo com a Constituição da República Federativa do Brasil de 1988, analise as afirmações a seguir.

I. *Os Estados organizam-se e regem-se pelas Constituições e leis que adotarem, observados os princípios da Constituição Federal.*

II. *São reservadas aos Estados apenas as competências que não lhes sejam vedadas pela Constituição Federal.*

III. *Segundo a Constituição Federal lei pode dispor sobre a iniciativa popular no processo legislativo estadual.*

IV. *Os Estados poderão, mediante lei ordinária, instituir regiões metropolitanas, aglomerações urbanas e microrregiões, constituídas por agrupamentos de Municípios limítrofes, para integrar a organização, o planejamento e a execução de funções públicas de interesse comum.*

V. *Cabe aos Estados explorar diretamente, ou mediante concessão, os serviços locais de gás canalizado, na forma da lei, autorizada a edição de medida provisória para a sua regulamentação.*

Todas as afirmações corretas estão em:

(A) I - II - III.

(B) I - II - IV.

(C) II - III - V.

(D) III - IV.

(E) IV - V.

I: correta. Determina o "caput" do art. 25 da CF que os Estados organizam-se e regem-se pelas Constituições e leis que adotarem, observados os princípios desta Constituição; **II:** correta. O § 1º do mencionado art. 25 reserva aos Estados as competências que não lhes sejam vedadas por esta Constituição; **III:** correta. De acordo com o § 4º do art. 27 da CF, a lei disporá sobre a iniciativa popular no processo legislativo estadual; **IV:** incorreta. O § 3º do art. 25 determina que os Estados poderão, **mediante lei complementar**, instituir regiões metropolitanas, aglomerações urbanas e microrregiões, constituídas por agrupamentos de municípios limítrofes, para integrar a organização, o planejamento e a execução de funções públicas de interesse comum; **V:** incorreta. Dispõe o art. 25, § 2º, da CF que cabe aos Estados explorar diretamente, ou mediante concessão, os serviços locais de gás canalizado, na forma da lei, **vedada a edição de medida provisória para a sua regulamentação**.

Gabarito "A".

9. ORGANIZAÇÃO DO PODER EXECUTIVO

(Analista – MPU – 2004 – ESAF) Sobre o Poder Executivo, marque a única opção correta.

(A) O presidente da República pode delegar a Ministro de Estado sua competência para dispor, mediante decreto, sobre a extinção de funções ou cargos públicos vagos.

(B) Se, por qualquer motivo, o presidente da República não tomar posse na data fixada no texto constitucional, o cargo será declarado vago, após dez dias, contados dessa data.

(C) O vice-presidente da República substituirá o presidente da República no caso de vacância do cargo e, nessa hipótese, responderá pela presidência da República nos afastamentos do titular, sucessivamente, o presidente da Câmara dos Deputados, o presidente do Senado Federal e o presidente do Supremo Tribunal Federal.

(D) Será considerado eleito presidente da República, em primeiro turno, o candidato que atingir uma votação que seja igual ou superior à maioria absoluta dos votos apurados na eleição.

(E) Para a constitucionalidade da declaração de guerra, pelo presidente da República, no caso de agressão estrangeira, ela terá que ser, sempre, submetida ao referendo do Congresso Nacional.

A: correta. Art. 84, VI, *b*, c/c parágrafo único, da CF; **B:** incorreta. Fica ressalvado o motivo de força maior (art. 78, parágrafo único, da CF), sendo certo, ainda, que a Constituição Federal não fixa a data da posse; **C:** incorreta, pois não reflete o disposto nos arts. 79 e 80 da CF; **D:** incorreta, pois não reflete o disposto no art. 77, § 2º, da CF; **E:** incorreta, pois não reflete o disposto no art. 84, XIX, da CF.

Gabarito "A".

(FGV – 2015) Um representante da sociedade civil, apresentando indícios de que o Presidente da República teria ultrapassado os gastos autorizados pela lei orçamentária e, portanto, cometido crime de responsabilidade, denuncia o Chefe do Poder Executivo Federal à Câmara dos Deputados. Protocolizada a denúncia na Câmara, foram observados os trâmites legais e regimentais de modo que o Plenário pudesse ou não autorizar a instauração de processo contra o Presidente da República. Do total de 513 deputados da Câmara, apenas 400 estiveram presentes à sessão, sendo que 260 votaram a favor da instauração do processo. Diante desse fato,

(A) o processo será enviado ao Senado Federal para que este, sob a presidência do Presidente do STF, proceda ao julgamento do Presidente da República.

(B) o processo será enviado ao Supremo Tribunal Federal, a fim de que a Corte Maior proceda ao julgamento do Presidente da República.

(C) o processo deverá ser arquivado, tendo em vista o fato de a decisão da Câmara dos Deputados não ter contado com a manifestação favorável de dois terços dos seus membros.

(D) dá-se o *impeachment* do Presidente da República, que perde o cargo e fica inabilitado para o exercício de outra função pública por oito anos.

A: incorreta. O processo não será enviado ao Senado Federal, pois a Câmara dos Deputados não contou com a manifestação favorável de dois terços dos membros. De acordo com o art. 51, I, da CF, compete privativamente à Câmara dos Deputados autorizar, **por dois terços de seus membros**, a instauração de processo contra o Presidente e o Vice--Presidente da República e os Ministros de Estado. O procedimento para apuração e julgamento dos crimes praticados pelo Presidente, tanto os comuns como os crimes de responsabilidade, obedece a um sistema bifásico no qual, em um primeiro momento, é necessária a autorização da Câmara dos Deputados (juízo de admissibilidade do processo), pelo voto de dois terços dos membros. Somente se a Câmara autorizar o julgamento é que haverá a segunda fase do procedimento bifásico, o julgamento propriamente dito; **B**: incorreta. **O processo não será enviado ao STF**, primeiro porque não houve a manifestação favorável de dois terços dos membros da Câmara dos Deputados, segundo porque se os dois terços dos Deputados Federais tivessem votado a favor da instauração do processo, o julgamento seria feito pelo Senado Federal, presidido pelo Presidente do STF, haja vista que o ato praticado pelo Presidente da República configura crime de responsabilidade – art. 85 da CF; **C**: correta. De fato, o processo deve ser arquivado, pois não passou pela primeira fase do procedimento bifásico, qual seja, a autorização por parte da Câmara dos Deputados, por dois terços dos membros; **D**: incorreta. A condenação pelo Senado Federal, que também deve se dar pelo voto de dois terços dos membros, somente pode ocorrer se o processo tiver sido instaurado e os trâmites legais observados. Para isso, a Câmara dos Deputados teria de ter autorizado por dois terços dos membros, o que não ocorreu. De acordo com o parágrafo único do art. 52 da CF, nos casos de crimes de responsabilidade, funcionará como Presidente o do Supremo Tribunal Federal, limitando-se **a condenação**, que **somente será proferida por dois terços dos votos do Senado Federal**, à perda do cargo, com inabilitação, por oito anos, para o exercício de função pública, sem prejuízo das demais sanções judiciais cabíveis.
Gabarito "C."

(Técnico em Promotoria – Direito – MPE-PB – COMPERVE-UFRN) O Conselho da República é órgão superior de consulta do Presidente da República e a tal órgão compete pronunciar-se sobre:

(A) questões relevantes para a estabilidade das instituições democráticas.

(B) condições de utilização de áreas indispensáveis à segurança do território nacional.

(C) uso efetivo da faixa de fronteira.

(D) critérios de preservação e exploração dos recursos naturais.

(E) assuntos relacionados com a segurança nacional, a defesa da República e a preservação da identidade nacional.

A: correta. Conforme determina o art.90, I e II, da CF, **compete ao Conselho da República** pronunciar-se sobre: I - intervenção federal, estado de defesa e estado de sítio, II - **as questões relevantes para a estabilidade das instituições democráticas**; **B**: incorreta. Essa atribuição é da competência do Conselho de Defesa Nacional. De acordo com o art. 91, § 1º, III, da CF, **compete ao Conselho de Defesa Nacional propor os critérios e condições de utilização de áreas indispensáveis à segurança do território nacional** e opinar sobre seu efetivo uso, especialmente na faixa de fronteira e nas relacionadas com a preservação e a exploração dos recursos naturais de qualquer tipo; **C**: incorreta. Dispõe o art. 91, § 1º, III, da CF que **compete ao Conselho de Defesa Nacional** propor os critérios e condições de utilização de áreas indispensáveis à segurança do território nacional e **opinar sobre seu efetivo uso, especialmente na faixa de fronteira** e nas relacionadas com a preservação e a exploração dos recursos naturais de qualquer tipo; **D**: incorreta. A atribuição mencionada também é da competência do **Conselho de Defesa Nacional**, conforme determina o art. 91, § 1º, III, última parte, da CF; **E**: incorreta. Dentre as competências dadas ao Conselho da República não consta a de pronunciar-se sobre assuntos relacionados com a segurança nacional, a defesa da República e a preservação da identidade nacional.
Gabarito "A."

(Técnico do Ministério Público – MPE-AL – COPEVE - UFAL – 2012) O Conselho Nacional de Justiça (CNJ) foi criado no âmbito da Reforma do Judiciário em 2004. Com relação ao CNJ, é correto afirmar que:

(A) seus membros serão processados e julgados pelo Senado Federal nos crimes de responsabilidade.

(B) é órgão do Poder Executivo, integrando as funções essenciais à Justiça.

(C) não possui ministro do Supremo Tribunal Federal em sua composição.

(D) compete ao Superior Tribunal de Justiça processar e julgar originariamente as ações contra o Conselho Nacional de Justiça.

(E) é composto por quinze membros com mandato de dois anos, não sendo permitida recondução.

A: correta. De acordo com o art. 52, II, da CF, **compete privativamente ao Senado Federal processar e julgar** os Ministros do Supremo Tribunal Federal, **os membros do Conselho Nacional de Justiça** e do Conselho Nacional do Ministério Público, o Procurador-Geral da República e o Advogado-Geral da União nos crimes de responsabilidade; **B**: incorreta. O CNJ é órgão do Poder Judiciário e não faz parte das funções essenciais à justiça. Determina o art. 92 da CF que são órgãos do Poder Judiciário: I - o Supremo Tribunal Federal; **I-A o Conselho Nacional de Justiça**; II - o Superior Tribunal de Justiça; III - os Tribunais Regionais Federais e Juízes Federais; IV - os Tribunais e Juízes do Trabalho; V - os Tribunais e Juízes Eleitorais; VI - os Tribunais e Juízes Militares; VII - os Tribunais e Juízes dos Estados e do Distrito Federal e Territórios. Por outro lado, integram às funções essenciais à justiça (art. 127 e seguintes da CF): o Ministério Público, a Advocacia (Pública e Privada) e a Defensoria Pública; **C**: incorreta. Ao contrário do mencionado, **o CNJ possui ministro do STF em sua composição**. Conforme determina o art. 103-B, o Conselho Nacional de Justiça compõe-se de 15 (quinze) membros com mandato de 2 (dois) anos, admitida 1 (uma) recondução, sendo: I - o **Presidente do Supremo Tribunal Federal**; II - um Ministro do Superior Tribunal de Justiça, indicado pelo respectivo tribunal; III - um Ministro do Tribunal Superior do Trabalho, indicado pelo respectivo tribunal; IV - um desembargador de Tribunal de Justiça, indicado pelo Supremo Tribunal Federal; V - um juiz estadual, indicado pelo Supremo Tribunal Federal; VI - um juiz de Tribunal Regional Federal, indicado pelo Superior Tribunal de Justiça; VII - um juiz federal, indicado pelo Superior Tribunal de Justiça; VIII - um juiz de Tribunal Regional do Trabalho, indicado pelo Tribunal Superior

3. DIREITO CONSTITUCIONAL

do Trabalho; IX - um juiz do trabalho, indicado pelo Tribunal Superior do Trabalho; X - um membro do Ministério Público da União, indicado pelo Procurador-Geral da República; XI - um membro do Ministério Público estadual, escolhido pelo Procurador-Geral da República dentre os nomes indicados pelo órgão competente de cada instituição estadual; XII - dois advogados, indicados pelo Conselho Federal da Ordem dos Advogados do Brasil; XIII - dois cidadãos, de notável saber jurídico e reputação ilibada, indicados um pela Câmara dos Deputados e outro pelo Senado Federal; **D:** incorreta. **A competência é do Supremo Tribunal Federal.** Dispõe o art. 102, I, *r*, da CF que compete ao Supremo Tribunal Federal, precipuamente, a guarda da Constituição, cabendo-lhe processar e julgar, originariamente as ações contra o Conselho Nacional de Justiça e contra o Conselho Nacional do Ministério Público; **E:** incorreta. A composição e o mandato estão corretos, ocorre que **é permitida uma recondução**, portanto a alternativa está incorreta. É o que determina o mencionado art. 103-B da CF.

Gabarito "A".

(Analista Ministerial Direito – MPE-AP – FCC – 2012) Participam do Conselho da República seis cidadãos brasileiros natos, com mais de 35 anos de idade. Com relação à nomeação destes seis cidadãos, serão eleitos pelo Senado Federal:

(A) apenas dois.
(B) apenas três.
(C) apenas quatro.
(D) todos.
(E) apenas um.

Conforme determina o art. 89, I ao VII, da CF, o Conselho da República é órgão superior de consulta do Presidente da República, e dele participam: I - o Vice-Presidente da República; II - o Presidente da Câmara dos Deputados; III - o Presidente do Senado Federal; IV - os líderes da maioria e da minoria na Câmara dos Deputados; V - os líderes da maioria e da minoria no Senado Federal; VI - o Ministro da Justiça; VII - **seis cidadãos brasileiros natos, com mais de trinta e cinco anos de idade, sendo dois nomeados pelo Presidente da República, <u>dois eleitos pelo Senado Federal</u>** e dois eleitos pela Câmara dos Deputados, todos **com mandato de três anos**, vedada a recondução.

Gabarito "A".

(Analista Ministerial Processual-Direito – MPE-MA – FCC – 2013) O Conselho da República é órgão superior de consulta do Presidente da República, e dele participam, dentre outros, seis cidadãos brasileiros natos, com mais de trinta e cinco anos de idade, sendo:

(A) dois nomeados pelo Presidente da República, dois eleitos pelo Senado Federal e dois eleitos pela Câmara dos Deputados, todos com mandato de dois anos, permitida a recondução.
(B) dois nomeados pelo Presidente da República, dois eleitos pelo Senado Federal e dois eleitos pela Câmara dos Deputados, todos com mandato de três anos, vedada a recondução.
(C) três eleitos pelo Senado Federal e três eleitos pela Câmara dos Deputados, todos com mandato de três anos, vedada a recondução.
(D) três eleitos pelo Senado Federal e três eleitos pela Câmara dos Deputados, todos com mandato de dois anos, permitida a recondução.
(E) três nomeados pelo Presidente da República e três eleitos pelo Senado Federal, todos com mandato de dois anos, permitida a recondução.

A: incorreta. O **mandato é de três anos e é vedada a recondução. B:** correta. Determina o art. 89, VII, da CF que dentre os membros que participam do Conselho da República, órgão superior de consulta do

Presidente da República, seis devem ser cidadãos brasileiros natos, com mais de trinta e cinco anos de idade, sendo dois nomeados pelo Presidente da República, dois eleitos pelo Senado Federal e dois eleitos pela Câmara dos Deputados, todos com mandato de três anos, vedada a recondução; **C:** incorreta. Ao contrário do mencionado, a Câmara dos Deputados e o Senado Federal elegem, cada um deles, apenas **dois cidadãos; D:** incorreta. **A Câmara dos Deputados e o Senado Federal elegem,** cada um deles, apenas **dois cidadãos**. Além disso, **o mandato é de três anos e é vedada a recondução;** **E:** incorreta. O **Presidente da República nomeia dois cidadãos** e o Senado Federal elege dois cidadãos. Além disso, **o mandato é de três anos e é vedada a recondução.**

Gabarito "B".

(Analista Ministerial Processual-Direito – MPE-MA – FCC – 2013) De acordo com a Constituição Federal brasileira, NÃO compete ao Conselho de Defesa Nacional:

(A) propor os critérios e condições de utilização de áreas indispensáveis à segurança do território nacional.
(B) opinar nas hipóteses de declaração de guerra e de celebração da paz, nos termos da Constituição Federal.
(C) opinar sobre a decretação do estado de defesa, do estado de sítio e da intervenção federal.
(D) pronunciar-se sobre as questões relevantes para a estabilidade das instituições democráticas.
(E) estudar, propor e acompanhar o desenvolvimento de iniciativas necessárias a garantir a independência nacional e a defesa do Estado democrático.

A: incorreta. Propor os critérios e condições de utilização de áreas indispensáveis à segurança do território nacional é atribuição do Conselho de Defesa Nacional, conforme dispõe o art. 91, § 1º, III, da CF; **B:** incorreta. Opinar nas hipóteses de declaração de guerra e de celebração da paz, nos termos desta Constituição, também compete ao Conselho de Defesa Nacional, de acordo com o art. 91, § 1º, I, da CF; **C:** incorreta. Opinar sobre a decretação do estado de defesa, do estado de sítio e da intervenção federal, também vem previsto no art. 91, § 1º, II, da CF como atribuição do Conselho de Defesa Nacional; **D:** correta. De fato, **pronunciar-se sobre as questões relevantes para a estabilidade das instituições democráticas <u>não</u> compete ao Conselho de Defesa Nacional**, mas ao Conselho da República, conforme determina o art. 90, II, da CF; **E:** incorreta. Ao contrário do mencionado, tal assunto faz parte da competência do Conselho Nacional de Defesa Nacional, conforme determina o art. 91, § 1º, IV, da CF.

Gabarito "D".

(Técnico Ministerial – Execução de Mandados – MPE-MA – FCC – 2013) Considere a seguinte situação hipotética: Caio é Presidente da República e está sendo acusado pelo crime tipificado pela conduta de *praticar ato que atente contra a segurança interna do País*. Neste caso, Caio ficará suspenso de suas funções:

(A) após a instauração do processo pelo Senado Federal.
(B) se recebida a denúncia ou queixa-crime pelo Supremo Tribunal Federal.
(C) se recebida a denúncia ou queixa-crime pelo Superior Tribunal de Justiça.
(D) após a instauração do processo pela Câmara dos Deputados.
(E) após a instauração do processo pelo Congresso Nacional.

O afastamento das funções presidenciais vem previsto no § 1º do art. 86 da CF. Segundo tal dispositivo, o Presidente ficará suspenso de suas funções: I - nas infrações penais comuns, se recebida a denúncia ou queixa-crime pelo Supremo Tribunal Federal; II - **nos crimes de responsabilidade, após a instauração do processo pelo Senado Federal.** O

ato que atente contra a segurança interna do país é considerado crime de responsabilidade, conforme determina o art. 85, IV, da CF. Desse modo, Caio, Presidente da República, ficará suspenso de suas funções após a instauração do processo pelo Senado Federal.
Gabarito "A".

(Analista – MPU – 2010 – CESPE) No que se refere à organização político-administrativa do Estado e às atribuições e responsabilidades do presidente da República, julgue o item subsequente.

(1) A CF autoriza o presidente da República a delegar ao advogado-geral da União o envio de mensagem e de plano de governo ao Congresso Nacional por ocasião da abertura da sessão legislativa.

O art. 84, XI, da CF não pode ser objeto de delegação, pois não consta do rol do parágrafo único do mesmo artigo.
Gabarito "1E".

10. ORGANIZAÇÃO DO PODER LEGISLATIVO. PROCESSO LEGISLATIVO

(Técnico do MP – MPE-MG – FURMAC – 2007) Assinale a alternativa que corresponde **integralmente** à disciplina constitucional acerca do tema:

(A) As comissões parlamentares de inquérito, que terão os poderes de investigação das autoridades judiciais, serão criadas pela Câmara dos Deputados e pelo Senado Federal, em conjunto ou separadamente, mediante requerimento de um terço de seus membros, para a apuração de fato determinado e por prazo certo, sendo suas conclusões encaminhadas ao Ministério Público, para que promova a responsabilidade civil ou criminal dos infratores.

(B) As comissões parlamentares de inquérito, que terão poderes de investigação próprios das autoridades judiciais, além de outros previstos nos regimentos das respectivas Casas, serão criadas pela Câmara dos Deputados e pelo Senado Federal, em conjunto ou separadamente, mediante requerimento de um quinto de seus membros, para a apuração de fato determinado e por prazo certo, sendo suas conclusões, se for o caso, encaminhadas ao Ministério Público, para que promova a responsabilidade civil ou criminal dos infratores.

(C) As comissões parlamentares de inquérito, que terão poderes de investigação próprios das autoridades judiciais, além de outros previstos nos regimentos das respectivas Casas, serão criadas pela Câmara dos Deputados e pelo Senado Federal, em conjunto ou separadamente, mediante requerimento de um terço de seus membros, para a apuração de fato determinado e por prazo certo, sendo suas conclusões, se for o caso, encaminhadas ao Ministério Público, para que promova a responsabilidade civil ou criminal dos infratores.

(D) As comissões parlamentares de inquérito, que terão poderes de investigação das autoridades judiciais, além de outros previstos em lei complementar, serão criadas pela Câmara dos Deputados e pelo Senado Federal, em conjunto ou separadamente, mediante requerimento de um terço de seus membros, para a apuração de fato determinado e por prazo certo, sendo suas conclusões, se for o caso, encaminhadas

ao Ministério Público, para que promova a responsabilidade civil ou criminal dos infratores.

A: incorreta. A alternativa está incompleta. De acordo com o art. 58, § 3º, da CF, as comissões parlamentares de inquérito, que terão poderes de investigação próprios das autoridades judiciais, **além de outros previstos nos regimentos das respectivas Casas**, serão criadas pela Câmara dos Deputados e pelo Senado Federal, em conjunto ou separadamente, mediante requerimento de um terço de seus membros, para a apuração de fato determinado e por prazo certo, sendo suas conclusões, **se for o caso**, encaminhadas ao Ministério Público, para que promova a responsabilidade civil ou criminal dos infratores; **B:** incorreta. O quórum correto é de **um terço dos membros**; **C:** correta. É o que determina o art. 58 § 3º, da CF; **D:** incorreta. Conforme determina o art. 58, § 3º, da CF, as comissões parlamentares de inquérito, que terão poderes de investigação próprios das autoridades judiciais, além de outros previstos **nos regimentos das respectivas Casas**, serão criadas pela Câmara dos Deputados e pelo Senado Federal, em conjunto ou separadamente, mediante requerimento de um terço de seus membros, para a apuração de fato determinado e por prazo certo, sendo suas conclusões, **se for o caso**, encaminhadas ao Ministério Público, para que promova a responsabilidade civil ou criminal dos infratores.
Gabarito "C".

(Técnico em Promotoria – Direito – MPE-PB – COMPERVE-UFRN) Em relação às medidas provisórias, é **INCORRETO** afirmar:

(A) É vedada a reedição, na mesma sessão legislativa, de medida provisória que tenha sido rejeitada ou que tenha perdido sua eficácia por decurso de prazo.

(B) As medidas provisórias têm sua votação iniciada na Câmara dos Deputados.

(C) A deliberação de cada uma das Casas do Congresso Nacional sobre o mérito das medidas provisórias dependerá de juízo prévio sobre o atendimento de seus pressupostos constitucionais.

(D) É proibida a edição de medidas provisórias sobre matéria relativa a direito processual civil.

(E) A medida provisória, quando aprovado projeto de lei de conversão alterando seu texto original, deixará de produzir efeito desde a sua edição.

A: correta. Conforme determina o art. 62, § 10, da CF, é vedada a reedição, na mesma sessão legislativa, de medida provisória que tenha sido rejeitada ou que tenha perdido sua eficácia por decurso de prazo; **B:** correta. Dispõe o art. 62, § 8º, da CF que as medidas provisórias terão sua votação iniciada na Câmara dos Deputados; **C:** correta. O § 5º do art. 62 da CF, de fato, determina que a deliberação de cada uma das Casas do Congresso Nacional sobre o mérito das medidas provisórias dependerá de juízo prévio sobre o atendimento de seus pressupostos constitucionais; **D:** correta. De acordo com o art. 62, § 1º, I, *b*, da CF, é vedada a edição de medidas provisórias sobre matéria relativa a direito penal, processual penal e processual civil; **E:** incorreta, devendo ser assinalada. O art. 62, § 12, da CF determina que aprovado projeto de lei de conversão alterando o texto original da medida provisória, esta **manter-se-á integralmente em vigor até que seja sancionado ou vetado o projeto**.
Gabarito "E".

(Técnico em Promotoria – Direito – MPE-PB – COMPERVE-UFRN)As leis delegadas, nos termos do art. 68, da Constituição Federal, serão elaboradas pelo Presidente da República, que deverá solicitar a delegação ao Congresso Nacional. Pode-se afirmar, porém, que é **VEDADA** a delegação no(s) caso(s) de:

I. Legislação sobre organização do Ministério Público.

II. Matéria reservada à lei complementar.

3. DIREITO CONSTITUCIONAL — 85

III. Atos de competência dos Tribunais de Contas.
IV. Atos de competência privativa do Senado Federal e da Câmara dos Deputados.
V. Legislação sobre cidadania.

Está(ão) correta(s) apenas:

(A) I, II, III e IV.
(B) I, II e IV.
(C) III e IV.
(D) IV.
(E) I, II, IV e V.

I: correta. De acordo com o art. 68, § 1º, I, da CF, não serão objeto de delegação os atos de competência exclusiva do Congresso Nacional, os de competência privativa da Câmara dos Deputados ou do Senado Federal, a matéria reservada à lei complementar, nem a legislação sobre **organização** do Poder Judiciário e **do Ministério Público**, a carreira e a garantia de seus membros; **II:** correta. A matéria reservada à lei complementar não pode ser objeto de delegação, conforme determina o art. 68, § 1º, I, da CF; **III:** incorreta. Os atos de competência dos Tribunais de Contas não constam do rol de assuntos que não podem ser objeto de delegação, previsto no art. 68, § 1º, da CF; **IV:** correta. Conforme determina o art. 68, § 1º, I, da CF, não serão objeto de delegação **os atos** de competência exclusiva do Congresso Nacional, os **de competência privativa da Câmara dos Deputados ou do Senado Federal**, a matéria reservada à lei complementar, nem a legislação sobre organização do Poder Judiciário e do Ministério Público, a carreira e a garantia de seus membros; **V:** correta. A legislação sobre cidadania não pode ser delegada. É o que determina o art. 68, § 1º, II, da CF.
Gabarito "E".

(Técnico do Ministério Público – MPE-AL – COPEVE – UFAL – 2012)
Com relação às emendas constitucionais, assinale a opção correta.

(A) Na constituição brasileira vigente o poder reformador pode alterar qualquer cláusula constitucional, salvo as cláusulas pétreas.
(B) Para a aprovação da emenda constitucional, exige-se votação com quórum de, no mínimo, 3/5 (três quintos) do Congresso Nacional, em sessão conjunta.
(C) A Assembleia Legislativa de Alagoas pode propor, sozinha ou conjuntamente, emenda à Constituição da República Federativa do Brasil.
(D) As emendas de revisão constitucional foram elaboradas respeitando-se o quórum de 3/5 (três quintos) do Congresso Nacional em sessão conjunta.
(E) O Presidente da República não possui iniciativa para propor emenda constitucional.

A: correta. De acordo com o art. 60, § 4º, I ao IV, da CF, não será objeto de deliberação a proposta de emenda tendente a abolir (**cláusulas pétreas**): I - a forma federativa de Estado; II - o voto direto, secreto, universal e periódico; III - a separação dos Poderes e IV - os direitos e garantias individuais; **B:** incorreta. O § 2º do art. 60 da CF exige que a discussão e a votação da proposta de emenda constitucional ocorram **em cada Casa do Congresso Nacional, em dois turnos**, considerando-se **aprovada** se obtiver, **em ambos, três quintos dos votos dos respectivos membros**; **C:** incorreta. Não pode, pois o art. 60, III, da CF exige que a proposta de alteração da CF seja feita por **mais da metade das Assembleias Legislativas** das unidades da Federação, manifestando-se, cada uma delas, pela maioria relativa de seus membros; **D:** incorreta. O art. 3º do Ato das Disposições Constitucionais Transitórias – ADCT determinou que revisão constitucional fosse realizada após cinco anos, contados da promulgação da Constituição, pelo **voto da maioria absoluta dos membros do Congresso Nacional**, em **sessão unicameral**. Atualmente essa norma tem eficácia exaurida ou esgotada, pois já cumpriu a sua finalidade; **E:** incorreta. De acordo com o art. 60, I a III, da CF, a

Constituição poderá ser emendada mediante proposta: I - de um terço, no mínimo, dos membros da Câmara dos Deputados ou do Senado Federal; **II - do Presidente da República;** III - de mais da metade das Assembleias Legislativas das unidades da Federação, manifestando-se, cada uma delas, pela maioria relativa de seus membros.
Gabarito "A".

(Analista Processual – MP-RO – FUNCAB – 2012) A respeito das comissões parlamentares de inquérito, a Constituição Federal dispõe que:

(A) terão poderes de investigação próprios das autoridades judiciais.
(B) visam a apurar fato determinado e são instituídas para vigorar por prazo indeterminado, a critério de seu presidente.
(C) dependem de iniciativa popular para sua criação, ou requerimento da maioria simples dos parlamentares.
(D) não podem quebrar o sigilo fiscal do investigado sem prévia autorização judicial.
(E) sua instalação depende do requerimento de dois terços dos parlamentares membros da respectiva casa, ou das duas, em caso de CPI mista.

A: correta. De acordo com o art. 58, § 3º, da CF, as comissões parlamentares de inquérito, que terão **poderes de investigação próprios das autoridades judiciais**, além de outros previstos nos regimentos das respectivas Casas, serão criadas pela Câmara dos Deputados e pelo Senado Federal, em conjunto ou separadamente, mediante requerimento de um terço de seus membros, para a apuração de fato determinado e por prazo certo, sendo suas conclusões, se for o caso, encaminhadas ao Ministério Público, para que promova a responsabilidade civil ou criminal dos infratores. **B:** incorreta. As CPI´s **não** são instituídas para vigorar por prazo indeterminado. Como mencionado no art. 58, § 3º, da CF, **o prazo deve ser certo**; **C:** incorreta. O dispositivo citado determina a criação da CPI **pela Câmara dos Deputados e pelo Senado Federal, em conjunto ou separadamente**, mediante requerimento de um terço de seus membros; **D:** incorreta. Ao contrário do mencionado, as CPI's podem quebrar o sigilo fiscal do investigado sem prévia autorização judicial. Tomando por base a jurisprudência do STF, é possível concluir que as CPI's podem: a) convocar testemunhas, investigados e autoridades para prestarem esclarecimentos, mesmo que de forma coercitiva, b)determinar a realização de certas perícias, necessárias à instrução da investigação, determinar as buscas que sejam imprescindíveis à instrução da investigação, c)**quebrar sigilo fiscal**, bancário, financeiro e telefônico (nessa última hipótese ocorrerá apenas a quebra em relação aos dados telefônicos, ou seja, acesso às contas telefônicas); **E:** incorreta. Como já descrito, a criação da CPI se dará pela Câmara dos Deputados e pelo Senado Federal, em conjunto ou separadamente, **mediante requerimento de um terço de seus membros.**
Gabarito "A".

(Analista – Direito – MPE-MG – 2012) Inserida, segundo a Constituição da República, no processo legislativo, a resolução é ato de competência exclusiva:

(A) do Congresso Nacional, do Senado e da Câmara dos Deputados, e não depende de sanção.
(B) do Congresso Nacional apenas, e depende de sanção.
(C) do Senado apenas, e não depende de sanção.
(D) do Supremo Tribunal e dos Tribunais Superiores, para edição de seus regimentos, e não depende de sanção.

A resolução tem por finalidade normatizar as matérias de competência privativa da Câmara de Deputados (art. 51 da CF), do Senado Federal (art. 52 da CF) e algumas atribuições do Congresso Nacional, por exemplo, a delegação ao Presidente da República para que ele edite lei delegada (art. 68, §2º, da CF). Quem promulga uma resolução é a

BRUNA VIEIRA

Mesa da Casa Legislativa responsável por sua edição. Além disso, as resoluções não estão sujeitas à deliberação executiva (sanção ou veto presidencial).

Gabarito "A".

(Agente Técnico Jurídico – MPE-AM – FCC – 2013) Compete privativamente à Câmara dos Deputados:

(A) aprovar a escolha do Presidente e dos Diretores do Banco Central do Brasil.

(B) eleger dois membros do Conselho da República.

(C) autorizar referendo e convocar plebiscito.

(D) estabelecer limites globais e condições para o montante da dívida mobiliária dos Municípios.

(E) escolher dois terços dos membros do Tribunal de Contas da União.

A: incorreta. De acordo com o art. 84, XIV, da CF, compete privativamente ao Presidente da República nomear, **após aprovação pelo Senado Federal**, os Ministros do Supremo Tribunal Federal e dos Tribunais Superiores, os Governadores de Territórios, o Procurador-Geral da República, o presidente e **os diretores do banco central** e outros servidores, quando determinado em lei; **B:** correta. Determina o art. 51, V, da CF que compete privativamente à Câmara dos Deputados eleger membros do Conselho da República, nos termos do art. 89, VII; **C:** incorreta. Dispõe o art. 49, XV, da CF que é da **competência exclusiva do Congresso Nacional** autorizar referendo e convocar plebiscito; **D:** incorreta. De acordo com o art. 52, IX, da CF, **compete privativamente ao Senado Federal** estabelecer limites globais e condições para o montante da dívida mobiliária dos Estados, do Distrito Federal e dos Municípios.

Gabarito "B".

(Analista Ministerial Processual-Direito – MPE-MA – FCC – 2013) No ano de 2012, o IBGE apontou que o Estado do Maranhão possuía mais de 6 milhões de habitantes. Entre as cidades com maior número de habitantes está Imperatriz (205.063) e entre as cidades com menor número está São Félix de Balsas (4.636). Nestes dois casos, de acordo com a Constituição Federal brasileira, para a composição das Câmaras Municipais, será observado o limite máximo, respectivamente, de:

(A) 19 e 11 Vereadores.

(B) 21 e 9 Vereadores.

(C) 23 e 13 Vereadores.

(D) 25 e 15 Vereadores.

(E) 27 e 17 Vereadores.

De acordo com o art. 29, IV, da CF, a composição das Câmaras Municipais exige a observância dos seguintes o limites máximos: a) **9 (nove) Vereadores, nos Municípios de até 15.000 (quinze mil) habitantes**; b) 11 (onze) Vereadores, nos Municípios de mais de 15.000 (quinze mil) habitantes e de até 30.000 (trinta mil) habitantes; c) 13 (treze) Vereadores, nos Municípios com mais de 30.000 (trinta mil) habitantes e de até 50.000 (cinquenta mil) habitantes; d) 15 (quinze) Vereadores, nos Municípios de mais de 50.000 (cinquenta mil) habitantes e de até 80.000 (oitenta mil) habitantes; e) 17 (dezessete) Vereadores, nos Municípios de mais de 80.000 (oitenta mil) habitantes e de até 120.000 (cento e vinte mil) habitantes; f) 19 (dezenove) Vereadores, nos Municípios de mais de 120.000 (cento e vinte mil) habitantes e de até 160.000 (cento sessenta mil) habitantes; g) **21 (vinte e um) Vereadores, nos Municípios de mais de 160.000 (cento e sessenta mil) habitantes e de até 300.000 (trezentos mil) habitantes**; h) 23 (vinte e três) Vereadores, nos Municípios de mais de 300.000 (trezentos mil) habitantes e de até 450.000 (quatrocentos e cinquenta mil) habitantes; i) 25 (vinte e cinco) Vereadores, nos Municípios de mais de 450.000 (quatrocentos e cinquenta mil) habitantes e de até 600.000 (seiscentos mil) habitantes; j) 27 (vinte e sete) Vereadores, nos Municípios de mais de 600.000 (seiscentos mil) habitante e de até 750.000 (setecentos cinquenta mil) habitantes; k) 29 (vinte e nove) Vereadores, nos Municípios de mais de 750.000 (setecentos e cinquenta mil) habitantes e de até 900.000 (novecentos mil) habitantes; l) 31 (trinta e um) Vereadores, nos Municípios de mais de 900.000 (novecentos mil) habitantes e de até 1.050.000 (um milhão e cinquenta mil) habitantes; m) 33 (trinta e três) Vereadores, nos Municípios de mais de 1.050.000 (um milhão e cinquenta mil) habitantes e de até 1.200.000 (um milhão e duzentos mil) habitantes; n) 35 (trinta e cinco) Vereadores, nos Municípios de mais de 1.200.000 (um milhão e duzentos mil) habitantes e de até 1.350.000 (um milhão e trezentos e cinquenta mil) habitantes; o) 37 (trinta e sete) Vereadores, nos Municípios de 1.350.000 (um milhão e trezentos e cinquenta mil) habitantes e de até 1.500.000 (um milhão e quinhentos mil) habitantes; p) 39 (trinta e nove) Vereadores, nos Municípios de mais de 1.500.000 (um milhão e quinhentos mil) habitantes e de até 1.800.000 (um milhão e oitocentos mil) habitantes; q) 41 (quarenta e um) Vereadores, nos Municípios de mais de 1.800.000 (um milhão e oitocentos mil) habitantes e de até 2.400.000 (dois milhões e quatrocentos mil) habitantes; r) 43 (quarenta e três) Vereadores, nos Municípios de mais de 2.400.000 (dois milhões e quatrocentos mil) habitantes e de até 3.000.000 (três milhões) de habitantes; s) 45 (quarenta e cinco) Vereadores, nos Municípios de mais de 3.000.000 (três milhões) de habitantes e de até 4.000.000 (quatro milhões) de habitantes; t) 47 (quarenta e sete) Vereadores, nos Municípios de mais de 4.000.000 (quatro milhões) de habitantes e de até 5.000.000 (cinco milhões) de habitantes; u) 49 (quarenta e nove) Vereadores, nos Municípios de mais de 5.000.000 (cinco milhões) de habitantes e de até 6.000.000 (seis milhões) de habitantes; v) 51 (cinquenta e um) Vereadores, nos Municípios de mais de 6.000.000 (seis milhões) de habitantes e de até 7.000.000 (sete milhões) de habitantes; w) 53 (cinquenta e três) Vereadores, nos Municípios de mais de 7.000.000 (sete milhões) de habitantes e de até 8.000.000 (oito milhões) de habitantes; e x) 55 (cinquenta e cinco) Vereadores, nos Municípios de mais de 8.000.000 (oito milhões) de habitantes.

Gabarito "B".

(FGV – 2015) Pedro, reconhecido advogado na área do direito público, é contratado para produzir um parecer sobre situação que envolve o pacto federativo entre Estados brasileiros. Ao estudar mais detidamente a questão, conclui que, para atingir seu objetivo, é necessário analisar o alcance das chamadas cláusulas pétreas. Com base na ordem constitucional brasileira vigente, assinale, dentre as opções abaixo, a única que expressa uma premissa correta sobre o tema e que pode ser usada pelo referido advogado no desenvolvimento de seu parecer.

(A) As cláusulas pétreas podem ser invocadas para sustentar a existência de normas constitucionais superiores em face de normas constitucionais inferiores, o que possibilita a existência de normas constitucionais inconstitucionais.

(B) Norma introduzida por emenda à constituição se integra plenamente ao texto constitucional, não podendo, portanto, ser submetida a controle de constitucionalidade, ainda que sob alegação de violação à cláusula pétrea.

(C) Mudanças propostas por constituinte derivado reformador estão sujeitas ao controle de constitucionalidade, sendo que as normas ali propostas não podem afrontar cláusulas pétreas estabelecidas na Constituição da República.

(D) Os direitos e as garantias individuais considerados como cláusulas pétreas estão localizados exclusivamente nos dispositivos do art. 5º, de modo que

3. DIREITO CONSTITUCIONAL

é inconstitucional atribuir essa qualidade (cláusula pétrea) a normas fundadas em outros dispositivos constitucionais.

A: incorreta. Não há hierarquia entre normas constitucionais, portanto as cláusulas pétreas não podem ser invocadas para sustentar a existência de normas constitucionais superiores em face de normas constitucionais inferiores. Por outro lado, é possível a existência de normas constitucionais inconstitucionais se elas forem criadas pelo poder constituinte derivado e não observarem os preceitos trazidos pelo poder constituinte originário; **B**: incorreta. As emendas constitucionais estão sujeitas ao controle de constitucionalidade, pois foram criadas pelo poder derivado reformador, o qual deve respeitar as normas trazidas pelo constituinte originário; **C**: correta. De fato, as mudanças advindas das emendas constitucionais (fruto do poder constituinte derivado reformador) se submetem ao controle de constitucionalidade, pois devem respeitar os limites (materiais, formais, circunstanciais etc.) impostos pelo poder constituinte originário. O respeito às cláusulas pétreas decorre da observância dos limites materiais; **D**: incorreta. Há direitos e garantias espalhados por todo ordenamento jurídico brasileiro e em tratados dos quais o Brasil seja signatário. De acordo com o art. 5º, § 2º, da CF, os direitos e garantias expressos na CF não excluem outros decorrentes do regime e dos princípios por ela adotados, ou dos tratados internacionais em que a República Federativa do Brasil seja parte.
„Ɔ„ oʇᴉɹɐqɐפ

(MPU – 2010 – CESPE) A respeito do Poder Legislativo, julgue o seguinte item.

(1) O Poder Legislativo opera por meio do Congresso Nacional, instituição bicameral composta pela Câmara dos Deputados e pelo Senado Federal. Salvo disposição constitucional em contrário, as deliberações de cada Casa e de suas comissões serão tomadas por maioria dos votos, presente a maioria absoluta de seus membros.

De fato, o Poder Legislativo Federal é bicameral, pois é exercido pelo Congresso Nacional, que se compõe da Câmara dos Deputados e do Senado Federal (art. 44 da CF). Além disso, a regra é a de que as deliberações de cada Casa e de suas comissões sejam tomadas por maioria de votos, desde que esteja presente a maioria absoluta dos membros.
„Ɔ1„ oʇᴉɹɐqɐפ

(Analista – MPU – 2004 – ESAF) Uma Comissão Parlamentar de Inquérito instaurada no plano federal não pode:

(A) quebrar sigilo telefônico de investigado.

(B) investigar ato administrativo algum de integrante do Judiciário.

(C) quebrar sigilo bancário de investigado.

(D) anular ato do Executivo praticado de modo comprovadamente contrário à moral e ao direito.

(E) convocar integrante do Ministério Público para depor.

Vide art. 58, § 3º, da CF. O STF entende que as CPIs podem determinar a quebra de sigilo bancário, fiscal e telefônico por terem poderes próprios de autoridades judiciais, desde que o ato seja adequadamente fundamentado e revele a necessidade objetiva da medida extraordinária. Entretanto, não lhes cabe autorizar a interceptação telefônica ou decretar a indisponibilidade de bens, "que não é medida de instrução – a cujo âmbito se restringem os poderes de autoridade judicial a elas conferidos no art. 58, § 3º – mas de provimento cautelar de eventual sentença futura, que só pode caber ao Juiz competente para proferi-la" (STF, MS 23.480-6/RJ, Pleno, j. 04.05.2000, rel. Min. Sepúlveda Pertence, *DJ* 15.09.2000). Ato administrativo de integrante do Poder Judiciário pode ser objeto de CPI, pois só é vedado instaurar comissão parlamentar para investigar ato jurisdicional. Por fim, os poderes das CPIs limitam-se à investigação, sendo certo que suas conclusões

devem ser encaminhadas ao Ministério Público para que promova a responsabilidade civil ou criminal dos infratores. A CPI não pode, assim, anular ato do Poder Executivo.
„ᗡ„ oʇᴉɹɐqɐפ

(Analista – MPU – 2004 – ESAF) Sobre o Poder Legislativo, marque a única opção correta.

(A) Compete privativamente ao Senado Federal avaliar periodicamente a funcionalidade do Sistema Tributário Nacional, em sua estrutura e seus componentes.

(B) A concessão de anistia é da competência exclusiva do Congresso Nacional.

(C) A fixação da remuneração dos servidores da Câmara dos Deputados é da sua competência privativa, sendo essa competência exercida por meio de resolução.

(D) Os deputados federais são eleitos pelo sistema majoritário, obedecendo-se às vagas estabelecidas, por meio de lei complementar, para cada Estado e para o Distrito Federal.

(E) O exercício da competência do Senado Federal quanto à aprovação prévia da escolha do procurador-geral da República é feito por meio de voto secreto, após a arguição, em sessão secreta, do candidato indicado pelo presidente da República.

A: correta. Art. 52, XV, da CF; **B**: incorreta, pois não reflete o disposto no art. 48, "*caput*" e VIII, da CF, que exige sanção do Presidente da República. As competências exclusivas do Congresso Nacional estão listadas no art. 49 da CF; **C**: incorreta. A competência é privativa, mas exercida por meio de lei (art. 51, IV, da CF); **D**: incorreta, pois não reflete o disposto no art. 45, "*caput*" e § 1º, da CF; **E**: incorreta, pois o voto é secreto, mas a arguição é pública (art. 52, III, "e", da CF).
„∀„ oʇᴉɹɐqɐפ

(FGV – 2015) Ocorreu um grande escândalo de desvio de verbas públicas na administração pública federal, o que ensejou a instauração de uma Comissão Parlamentar de Inquérito (CPI), requerida pelos deputados federais de oposição. Surpreendentemente, os oponentes da CPI conseguem que o inexperiente deputado M seja alçado à condição de Presidente da Comissão. Por não possuir formação jurídica e desconhecer o trâmite das atividades parlamentares, o referido Presidente, sem consultar os assessores jurídicos da Casa, toma uma série de iniciativas, expedindo ofícios e requisitando informações a diversos órgãos. Posteriormente, veio à tona que apenas uma de suas providências prescindiria de efetivo mandado judicial. Assinale a opção que indica a única providência que o deputado M poderia ter tomado, prescindindo de ordem judicial.

(A) Determinação de prisão preventiva de pessoas por condutas que, embora sem flagrância, configuram crime e há comprovado risco de que voltem a ser praticadas.

(B) Autorização, ao setor de inteligência da Polícia Judiciária, para que realize a interceptação das comunicações telefônicas ("escuta") de prováveis envolvidos.

(C) Quebra de sigilo fiscal dos servidores públicos que, sem aparente motivo, apresentaram público e notório aumento do seu padrão de consumo.

(D) Busca e apreensão de documentos nas residências de sete pessoas supostamente envolvidas no esquema de desvio de verba.

A: incorreta. A CPI **não pode decretar a prisão**, ressalvadas as hipóteses de flagrante delito, conforme inciso LXI da art. 5º da CF, pois nesses casos não só a CPI, mas qualquer um do povo pode prender. Dispõe o art. 301 do Código de Processo Penal que qualquer pessoa do povo poderá e as autoridades policiais e seus agentes deverão prender quem quer que seja encontrado em flagrante delito; **B**: incorreta. A CPI não pode determinar a quebra do sigilo das comunicações telefônicas, ou seja, a **CPI não pode determinar a interceptação telefônica**, pois, segundo o art. 5º, XII, da CF, somente para fins de investigação criminal ou instrução processual penal é que poderá haver tal diligência. Ressalta-se que o acesso às contas telefônicas (dados telefônicos) não se confunde com quebra de comunicação telefônica (que é a interceptação ou escuta). A primeira se inclui nos poderes da CPI, já a segunda é acobertada pela cláusula de reserva de jurisdição e, portanto, não cabe à CPI determiná-la. Por outro lado, o STF já afirmou que, embora haja a vedação mencionada, se a interceptação foi realizada num processo criminal e a CPI quer emprestar a prova lá produzida, para ajudar nas suas investigações, isso poderá ser feito; **C**: correta. É possível que a CPI determine a quebra do sigilo fiscal desses servidores e, nesse caso, não há necessidade de ordem judicial. Dentre os poderes da CPI, encontra-se o de quebrar o sigilo fiscal, bancário e financeiro. É imprescindível, segundo o Supremo, que o ato seja devidamente fundamentado e que haja efetiva necessidade para a da adoção da medida; **D**: incorreta. As CPIs não podem determinar e efetivar a busca domiciliar, pois tais atos dependem de ordem judicial, conforme dispõe o inciso XI do art. 5º da CF "C".

(Analista – MPU – 2004 – ESAF) Sobre as medidas provisórias, é correto dizer que:

(A) se trata de instrumento legislativo de adoção expressamente vedada aos Estados-membros.

(B) o presidente da República pode delegar a edição de medidas provisórias, que versem sobre assunto de organização do Poder Judiciário, ao presidente do Supremo Tribunal Federal.

(C) medida provisória não pode dispor sobre direito penal, nem mesmo para beneficiar o réu.

(D) dada a sua natureza de "lei sob condição resolutiva", medida provisória não se sujeita ao controle abstrato da constitucionalidade, antes de convertida em lei.

(E) não cabe o uso de medida provisória para regular assunto que venha a ser objeto, hoje, de uma emenda constitucional.

A: incorreta. O STF admite a adoção de medida provisória por governador de estado desde que haja previsão na constituição estadual e sejam observados os princípios e limitações impostos pelo modelo estabelecido na Constituição Federal; **B**: incorreta. É vedada a edição de medida provisória sobre organização do Poder Judiciário (art. 62, § 1º, I, *c*, da CF). Assim, se o Presidente não pode nem sequer editar a Medida Provisória, tampouco tem poderes para delegar sua adoção; **C**: correta. Art. 62, § 1º, I, *b*, da CF; **D**: incorreta, pois o art. 62, "*caput*", da CF, confere "força de lei" às medidas provisórias, o que autoriza o controle de constitucionalidade abstrato. Além disso, é importante ressaltar que as medidas provisórias anteriores à EC 62/2001 continuam em vigor até que medida provisória ulterior as revogue explicitamente ou até deliberação definitiva do Congresso Nacional. Caso não fosse possível o controle abstrato de medidas provisórias, as MPs anteriores à 2001 só poderiam ser contestadas em controle difuso; **E**: incorreta, pois o art. 246 da CF limita a adoção de MPs para regulamentar artigos da Constituição Federal alterados até a EC 32/1001. "C".

(FGV – 2015) Determinado projeto de lei aprovado pela Câmara dos Deputados foi devidamente encaminhado ao Senado Federal. Na Casa revisora, o texto foi aprovado com pequena modificação, sendo suprimida certa expressão sem, contudo, alterar o sentido normativo do texto aprovado na Câmara. Assim, o projeto foi enviado ao Presidente da República, que promoveu a sua sanção, dando origem à Lei "L". Neste caso, segundo a jurisprudência do Supremo Tribunal Federal,

(A) não houve irregularidade no processo legislativo, porque não há necessidade de reapreciação, pela Câmara dos Deputados, do projeto de lei que tenha expressão suprimida pelo Senado Federal, quando o sentido normativo da redação remanescente não foi alterado.

(B) não houve irregularidade no processo legislativo, porque é função precípua da Casa revisora estabelecer as mudanças que lhe parecerem adequadas, sendo desnecessário o retorno à Casa iniciadora, mesmo nas situações em que a alteração modifique o sentido normativo inicial.

(C) houve irregularidade no processo legislativo, pois qualquer alteração realizada, pela Casa revisora, no texto do projeto de lei implica a necessária devolução à Casa iniciadora, a fim de que aprecie tal alteração.

(D) houve irregularidade no processo legislativo, mas, por tratar-se de problema de natureza interna corporis do Congresso Nacional, somente uma ADI proposta pela Mesa da Câmara dos Deputados teria o condão de suscitar a inconstitucionalidade da Lei "L".

A: correta. De fato, não houve irregularidade no processo legislativo, porque não há necessidade de reapreciação pela Casa iniciadora quando não houver alteração no sentido jurídico da norma. De acordo com o STF: "O parágrafo único do art. 65 da CF **só determina o retorno do projeto de lei à Casa iniciadora se a emenda parlamentar introduzida acarretar modificação no sentido da proposição jurídica**." (ADI 2.238-MC, rel. p/ o ac. min. Ayres Britto, j.09.08.2007, Plenário, *DJE*12.09.2008.) Vide ADI 2.182, rel. p/ o ac. Min. Cármen Lúcia, j. 12.05.2010, Plenário, *DJE*10.09.2010. Outra decisão do STF sobre o tema: "Inconstitucionalidade formal da Lei 8.429/1992 (Lei de Improbidade Administrativa): inexistência. (...) Iniciado o projeto de lei na Câmara de Deputados, cabia a esta o encaminhamento à sanção do presidente da República depois de examinada a emenda apresentada pelo Senado da República. **O substitutivo aprovado no Senado da República, atuando como Casa revisora, não caracterizou novo projeto de lei a exigir uma segunda revisão**." (ADI 2.182, rel. p/ o ac. min. Cármen Lúcia, j. 12.05.2010, Plenário, *DJE*10.09.2010.) Vide ADI 2.238-MC, rel. p/ o ac. min. Ayres Britto, j.09.08.2007, Plenário, *DJE*12.09.2008. Assim, uma emenda que visar apenas à correção de uma impropriedade técnica ou aprimoramento da redação do projeto de lei, por exemplo, não precisará voltar à casa iniciadora; **B**: incorreta. Quando há alteração substancial, quando o sentido jurídico da norma é modificado, o projeto precisa voltar para a Casa iniciadora para que ela aprecie, de forma pontual, a alteração feita pela Casa revisora; **C**: incorreta. Não é qualquer alteração que implica a necessária devolução à Casa iniciadora, mas apenas a que implique mudança no sentido jurídico da norma, conforme já demonstrado. **D**: incorreta. As matérias de natureza interna *corporis*, ou seja, aquelas que devem ser decididas por cada poder internamente, em regra, não podem ser objeto de ADI. Vale lembrar que o art. 18 do Regimento Interno da Câmara dos Deputados trata das emendas que podem ser feitas em relação aos projetos de lei. De acordo com o § 1º do mencionado dispositivo, as emendas podem ser supressivas, aglutinativas, substitutivas, modificativas ou aditivas. A **supressiva** é a que manda erradicar qualquer parte de outra proposição (§ 2º do art. 18 do RICD). A **aglutinativa** é a que resulta da fusão de outras emendas, ou destas com o texto, por transação tendente à aproximação dos respectivos objetos (§ 3º do art. 18 do RICD). A **substitutiva** é a apresentada como sucedânea

3. DIREITO CONSTITUCIONAL

a parte de outra proposição, denominando-se "substitutivo" quando a alterar, substancial ou formalmente, em seu conjunto; considera-se formal a alteração que vise exclusivamente ao aperfeiçoamento da técnica legislativa (§ 4º do art. 18 do RICD). A **modificativa** é a que altera a proposição sem a modificar substancialmente (§ 5º do art. 18 do RICD). A **aditiva** é a que se acrescenta a outra proposição (§ 6º do art. 18 do RICD). Além disso, denomina-se **subemenda** a emenda apresentada em Comissão a outra emenda e que pode ser, por sua vez, supressiva, substitutiva ou aditiva, desde que não incida, a supressiva, sobre emenda com a mesma finalidade (§ 7º do art. 18 do RICD). Por fim, denomina-se **emenda de redação** a modificativa que visa a sanar vício de linguagem, incorreção de técnica legislativa ou lapso manifesto (§ 8º do art. 18 do RICD).

Gabarito "A".

(Analista de Promotoria I – Assistente Jurídico – MPE-SP – VUNESP– 2010)
Analise as assertivas a seguir:

I. O Tribunal de Contas da União é integrado por onze Ministros e tem sede no Distrito Federal.

II. Para ser nomeado como Ministro do Tribunal de Contas, um dos requisitos a ser preenchido é ter mais de trinta e cinco e menos de sessenta e cinco anos de idade.

III. Um terço dos Ministros do Tribunal de Contas será escolhido pelo Congresso Nacional.

Está correto apenas o contido em:

(A) I.

(B) I e II.

(C) II e III.

(D) II.

(E) III.

I: incorreta. De acordo com o art. 73, "caput", da CF, o Tribunal de Contas da União, integrado por **nove** Ministros, tem sede no Distrito Federal, quadro próprio de pessoal e jurisdição em todo o território nacional, exercendo, no que couber, as atribuições previstas no art. 96; II: correta. Determina o § 1º do art. 73 da CF que os Ministros do Tribunal de Contas da União sejam nomeados dentre brasileiros que satisfaçam os seguintes requisitos: I - **mais de trinta e cinco e menos de sessenta e cinco anos de idade**, II - idoneidade moral e reputação ilibada, III - notórios conhecimentos jurídicos, contábeis, econômicos e financeiros ou de administração pública, IV - mais de dez anos de exercício de função ou de efetiva atividade profissional que exija os conhecimentos mencionados no inciso anterior; III: incorreta. De acordo com o § 2º do art. 73 da CF, os Ministros do Tribunal de Contas da União serão escolhidos: I - um terço pelo Presidente da República, com aprovação do Senado Federal, sendo dois alternadamente dentre auditores e membros do Ministério Público junto ao Tribunal, indicados em lista tríplice pelo Tribunal, segundo os critérios de antiguidade e merecimento e II - **dois terços** pelo Congresso Nacional.

Gabarito "D".

11. ORGANIZAÇÃO DO PODER JUDICIÁRIO

(Analista de Promotoria I – Assistente Jurídico – MPE-SP – VUNESP –2010)
Analise as seguintes afirmativas a respeito das disposições constitucionais aplicáveis ao Poder Judiciário.

I. Não será promovido o juiz que, injustificadamente, retiver autos em seu poder além do prazo legal, não podendo devolvê-los ao cartório sem o devido despacho ou decisão.

II. A atividade jurisdicional será ininterrupta, sendo, entretanto, garantidas férias coletivas nos juízos e tribunais de segundo grau, funcionando, nos dias em que não houver expediente forense normal, juízes em plantão permanente.

III. Nos tribunais com número superior a vinte e cinco julgadores, poderá ser constituído órgão especial, com o mínimo de onze e o máximo de vinte e cinco membros, para o exercício das atribuições administrativas e jurisdicionais delegadas da competência do tribunal pleno, provendo-se metade das vagas por antiguidade e a outra metade por eleição pelo tribunal pleno.

IV. Aos servidores não poderá ser delegada a prática de atos de administração ou atos de mero expediente, mas somente aqueles sem caráter decisório.

Está correto somente o que se afirma em:

(A) I e II.

(B) I e III.

(C) II e III.

(D) III e IV.

(E) IV.

I: correta. É o que determina o art. 93, II, *e*, da CF; II: incorreta. De acordo com o art. 93, XII, da CF, a atividade jurisdicional será ininterrupta, **sendo vedado férias coletivas** nos juízos e tribunais de segundo grau, funcionando, nos dias em que não houver expediente forense normal, juízes em plantão permanente; III: correta. É o que se extrai do art. 93, XI, da CF; IV: incorreta. Ao contrário do mencionado, os servidores **receberão delegação** para a prática de atos de administração e atos de mero expediente sem caráter decisório, conforme determina o inciso XIV do art. 93 da CF.

Gabarito "B".

(Analista de Promotoria I – Assistente Jurídico – MPE-SP – VUNESP –2010)
O Conselho Nacional de Justiça:

(A) compõe-se de 15 (quinze) membros com mandato de 2 (dois) anos, sendo vedada a recondução.

(B) terá entre os seus integrantes dois membros do Ministério Público Estadual.

(C) tem por competência o controle da atuação administrativa, judicial e financeira do Poder Judiciário e do cumprimento dos deveres funcionais dos juízes, cabendo-lhe, ainda, outras atribuições que lhe forem conferidas pelo Regimento do Supremo Tribunal Federal.

(D) tem por atribuição rever, de ofício ou mediante provocação, os processos disciplinares de juízes e membros de tribunais julgados há menos de um ano.

(E) deve elaborar mensalmente relatório estatístico sobre processos e sentenças prolatadas, por unidade da Federação, nos diferentes órgãos do Poder Judiciário.

A: incorreta. Determina o art. 103-B, "caput", da CF, que o Conselho Nacional de Justiça compõe-se de 15 (quinze) membros com mandato de 2 (dois) anos, **admitida 1 (uma) recondução**; B: incorreta. O CNJ não possui dois membros do Ministério Público Estadual, mas um do MP da União e um do MP Estadual. Integram o CNJ, conforme determina o art. 103-B da CF, o Presidente do Supremo Tribunal Federal; um Ministro do Superior Tribunal de Justiça, indicado pelo respectivo tribunal; um Ministro do Tribunal Superior do Trabalho, indicado pelo respectivo tribunal; um desembargador de Tribunal de Justiça, indicado pelo Supremo Tribunal Federal; um juiz estadual, indicado pelo Supremo Tribunal Federal; um juiz de Tribunal Regional Federal, indicado pelo Superior Tribunal de Justiça, um juiz federal, indicado pelo Superior Tribunal de Justiça; um juiz de Tribunal Regional do Trabalho, indicado pelo Tribunal Superior do Trabalho; um juiz do trabalho, indicado pelo Tribunal Superior do Trabalho; **um membro do Ministério Público da União, indicado pelo Procurador-Geral da República**; um membro do **Ministério Público estadual, escolhido pelo Procurador-Geral da República dentre os nomes indicados pelo órgão competente de cada instituição estadual**; dois advogados, indicados pelo Conselho Federal da Ordem dos Advogados do Brasil; dois cidadãos, de notável saber jurídico e reputação ilibada, indicados um pela Câmara dos Deputados e outro pelo Senado Federal; **C:** incorreta. De acordo com o art. 103-B, § 4º, da CF, compete ao Conselho o controle da atuação administrativa e financeira do Poder Judiciário e do cumprimento dos deveres funcionais dos juízes, cabendo-lhe, além de outras atribuições que **lhe forem conferidas pelo Estatuto da Magistratura**; **D:** correta. Conforme determina o art. 103-B, § 4º, V, da CF, compete ao CNJ rever, de ofício ou mediante provocação, os processos disciplinares de juízes e membros de tribunais julgados há menos de um ano; **E:** incorreta. De acordo com o art. 103-B, § 4º, VI, da CF compete ao CNJ elaborar **semestralmente** relatório estatístico sobre processos e sentenças prolatadas, por unidade da Federação, nos diferentes órgãos do Poder Judiciário.

Gabarito "D".

(Analista Jurídico – MPE-AL – COPEVE-UFAL – 2012) O órgão jurisdicional com competência para processar e julgar originariamente os membros do Tribunal de Contas do Estado de Alagoas nos crimes comuns é o:

(A) Tribunal de Justiça.

(B) Assembleia Legislativa.

(C) Tribunal de Contas da União.

(D) Supremo Tribunal Federal.

(E) Superior Tribunal de Justiça.

Determina o art. 105, I "a", da CF que **compete ao Superior Tribunal de Justiça processar e julgar, originariamente, nos crimes comuns,** os Governadores dos Estados e do Distrito Federal, e, nestes e nos de responsabilidade, os desembargadores dos Tribunais de Justiça dos Estados e do Distrito Federal, **os membros dos Tribunais de Contas dos Estados** e do Distrito Federal, os dos Tribunais Regionais Federais, dos Tribunais Regionais Eleitorais e do Trabalho, os membros dos Conselhos ou Tribunais de Contas dos Municípios e os do Ministério Público da União que oficiem perante tribunais.

Gabarito "E".

(Analista Ministerial Direito – MPE-AP – FCC – 2012) Alberto, João, Plínio e Rodrigo, dentre outros, são membros do Conselho Nacional de Justiça. Esses membros, com exceção de Rodrigo que é Presidente do Supremo Tribunal Federal, foram nomeados membros do referido Conselho pelo Presidente da República depois de aprovada a escolha:

(A) pela maioria absoluta do Senado Federal.

(B) pela maioria absoluta da Câmara dos Deputados.

(C) por um terço do Senado Federal.

(D) por um terço do Congresso Nacional.

(E) por dois terços da Câmara dos Deputados.

Conforme determina o art. 103-B, o Conselho Nacional de Justiça compõe-se de 15 (quinze) membros com mandato de 2 (dois) anos, admitida 1 (uma) recondução, sendo: I - o Presidente do Supremo Tribunal Federal; II - um Ministro do Superior Tribunal de Justiça, indicado pelo respectivo tribunal; III - um Ministro do Tribunal Superior do Trabalho, indicado pelo respectivo tribunal; IV- um desembargador de Tribunal de Justiça, indicado pelo Supremo Tribunal Federal; V - um juiz estadual, indicado pelo Supremo Tribunal Federal; VI - um juiz de Tribunal Regional Federal, indicado pelo Superior Tribunal de Justiça; VII - um juiz federal, indicado pelo Superior Tribunal de Justiça; VIII - um juiz de Tribunal Regional do Trabalho, indicado pelo Tribunal Superior do Trabalho; IX - um juiz do trabalho, indicado pelo Tribunal Superior do Trabalho; X - um membro do Ministério Público da União, indicado pelo Procurador-Geral da República; XI - um membro do Ministério Público estadual, escolhido pelo Procurador-Geral da República dentre os nomes indicados pelo órgão competente de cada instituição estadual;

XII - dois advogados, indicados pelo Conselho Federal da Ordem dos Advogados do Brasil; XIII - dois cidadãos, de notável saber jurídico e reputação ilibada, indicados um pela Câmara dos Deputados e outro pelo Senado Federal. O § 1º do mesmo dispositivo determina que o Conselho seja presidido pelo Presidente do Supremo Tribunal Federal e, nas suas ausências e impedimentos, pelo Vice-Presidente do Supremo Tribunal Federal. Em seguida, o§ 2º determina que os demais membros do Conselho sejam nomeados pelo Presidente da República, **depois de aprovada a escolha pela maioria absoluta do Senado Federal.** Por fim, não efetuadas, no prazo legal, as indicações previstas neste artigo, caberá a escolha ao Supremo Tribunal Federal, conforme disposto no § 3º da mesma norma.

Gabarito "A".

(Técnico Ministerial – Execução de Mandados – MPE-MA – FCC – 2013) Considere:

I. Procurador-Geral da República.

II. Advogado-Geral da União.

III. Presidente do Supremo Tribunal Federal.

IV. Presidente do Congresso Nacional.

De acordo com a Constituição Federal brasileira, NÃO fazem parte da composição do Conselho Nacional de Justiça os indicados APENAS em:

(A) I e II.

(B) I, II e III.

(C) II e IV.

(D) III e IV.

(E) I, II e IV.

O Procurador-geral da República, o Advogado-Geral da União e o Presidente do Congresso Nacional não fazem parte do CNJ. De acordo com o art. 103-B, I a XIII, da CF, o Conselho Nacional de Justiça é composto de 15 (quinze) membros com mandato de 2 (dois) anos, admitida 1 (uma) recondução, sendo: **o Presidente do Supremo Tribunal Federal**; um Ministro do Superior Tribunal de Justiça, indicado pelo respectivo tribunal; um Ministro do Tribunal Superior do Trabalho, indicado pelo respectivo tribunal; um desembargador de Tribunal de Justiça, indicado pelo Supremo Tribunal Federal; um juiz estadual, indicado pelo Supremo Tribunal Federal; um juiz de Tribunal Regional Federal, indicado pelo Superior Tribunal de Justiça; um juiz federal, indicado pelo Superior Tribunal de Justiça; um juiz de Tribunal Regional do Trabalho, indicado pelo Tribunal Superior do Trabalho; um juiz do trabalho, indicado pelo Tribunal Superior do Trabalho; um membro do Ministério Público da União, indicado pelo Procurador-Geral da República; um membro do Ministério Público estadual, escolhido pelo Procurador-Geral da República dentre os nomes indicados pelo órgão competente de cada instituição estadual; dois advogados, indicados pelo Conselho Federal da Ordem dos Advogados do Brasil; dois cidadãos, de notável saber jurídico e reputação ilibada, indicados um pela Câmara dos Deputados e outro pelo Senado Federal.

Gabarito "E".

(Analista – MPU – 2010 – CESPE) No Estado brasileiro, a atuação dos três poderes, dá-se de forma harmônica, mas complementar. Acerca dos poderes, do seu funcionamento e dos respectivos integrantes, julgue o item subsequente.

(1) Os tribunais regionais federais podem funcionar de forma descentralizada, constituindo Câmaras regionais, como forma de assegurar a plenitude do acesso à justiça.

Art. 107, § 3º, da CF.

Gabarito "1C".

(Analista – MPU – 2004 – ESAF) O *habeas corpus* contra ato de procurador da República com atuação em primeiro grau de jurisdição da Seção Judiciária do Distrito Federal é julgado pelo seguinte órgão jurisdicional:

3. DIREITO CONSTITUCIONAL — 91

(A) Superior Tribunal de Justiça.

(B) Tribunal Regional Federal com jurisdição sobre o Distrito Federal.

(C) Tribunal de Justiça do Distrito Federal e Territórios.

(D) Juiz de Direito da Justiça comum de primeira instância do Distrito Federal.

(E) Juiz Federal da Seção Judiciária do Distrito Federal.

Conforme já decidido pelo STF, compete ao Tribunal Regional Federal, com fundamento no art. 108, I, *a*, da CF, processar e julgar, originariamente, *habeas corpus* contra ato de membro do Ministério Público Federal com atuação na primeira instância (RE 377.356-9/SP, 2ª T., j. 07.10.2008, rel. Min. Cezar Peluso, *DJe* 28.11.2008). Vide art. 18, II, da LC 75/1993.

Gabarito "B".

(Analista – MPU – 2007 – FCC) Sobre a competência e atribuições dos juízes federais, considere:

I. Aos juízes federais compete processar e julgar as causas entre Estado estrangeiro ou organismo internacional e Município ou pessoa domiciliada ou residente no País.

II. Aos juízes federais compete processar e julgar os crimes cometidos a bordo de navios ou aeronaves, ressalvada a competência da Justiça Militar.

III. Serão sempre processadas e julgadas na sede do Juízo Federal mais próximo do domicílio dos segurados ou beneficiários as causas em que forem parte instituição de previdência social e segurado.

IV. Aos juízes federais compete processar e julgar os crimes de ingresso ou permanência irregular de estrangeiro.

É correto o que consta APENAS em:

(A) I, II e III.

(B) I, II e IV.

(C) I e III.

(D) II e IV.

(E) III e IV.

I: correta. Art. 109, II, da CF; II: correta. Art. 109, IX, da CF; III: incorreta, pois não reflete o disposto no art. 109, § 3º, da CF; IV: correta. Art. 109, X, da CF.

Gabarito "B".

(Analista – MPU – 2007 – FCC) No que concerne ao Supremo Tribunal Federal, observa-se que:

(A) poderá aprovar, apenas mediante provocação, súmula que terá efeito vinculante em relação aos demais órgãos do Poder Judiciário e à administração pública direta e indireta, em todas as esferas.

(B) seus Ministros são nomeados pelo Presidente da República, depois de aprovada a escolha pela maioria absoluta do Congresso Nacional.

(C) compete-lhe processar e julgar, originariamente, a homologação de sentenças estrangeiras e a concessão de *exequatur* às cartas rogatórias.

(D) compete-lhe julgar, em recurso ordinário, os mandados de segurança decididos em única instância pelos Tribunais Regionais Federais, quando denegatória a decisão.

(E) é composto por onze Ministros, escolhidos dentre cidadãos com mais de trinta e cinco e menos de sessenta e cinco anos de idade, de notável saber jurídico e reputação ilibada.

A: incorreta, pois poderá ser aprovada também de ofício (art. 103-A da CF); **B:** incorreta. Nomeados pelo Presidente após sabatina do Senado Federal (art. 101, parágrafo único, da CF); **C:** incorreta. Competência do STJ (art. 105, I, *i*, da CF); **D:** incorreta. Competência do STJ (art. 105, II, *b*, da CF); **E:** correta. Art. 101 da CF.

Gabarito "E".

(Analista – MPU – 2004 – ESAF) Sobre o Poder Judiciário, marque a única opção correta.

(A) É do Supremo Tribunal Federal a competência exclusiva para julgar os comandantes da Marinha, do Exército e da Aeronáutica nas infrações penais comuns e nos crimes de responsabilidade.

(B) No âmbito da União, o encaminhamento, para o Executivo, da proposta orçamentária dos órgãos do Poder Judiciário é da competência do presidente do Supremo Tribunal Federal.

(C) Para concorrer à vaga de juiz em Tribunal Regional Federal, no quinto constitucional, o membro do Ministério Público deverá ter mais de dez anos de carreira e ser indicado, pelo seu órgão, em lista sêxtupla, a ser encaminhada ao respectivo tribunal.

(D) Caberá ao Superior Tribunal de Justiça o julgamento de recurso ordinário contra a decisão que concedeu a segurança em mandado de segurança julgado em única instância pelo Tribunal de Justiça do Distrito Federal.

(E) A promoção de juiz federal para Tribunal Regional Federal far-se-á, alternadamente, por antiguidade e merecimento, exigindo-se do juiz a ser promovido mais de dez anos de efetivo exercício da magistratura federal.

A: incorreta, pois o art. 102, I, *c*, da CF, ressalva a hipótese do art. 52, I, da CF; **B:** incorreta, pois não reflete o disposto no art. 99, § 2º, I, da CF; **C:** correta. Art. 94 da CF; **D:** incorreta. Se o TJDFT concedeu a segurança, caberá recurso especial para o STJ, e não recurso ordinário. Só caberá recurso ordinário em mandado de segurança se a decisão for denegatória (art. 105, II, *b*, da CF); **E:** incorreta, pois não reflete o disposto no art. 107, II, da CF.

Gabarito "C".

(Analista – MPU – 1999 – CESPE) A respeito do Poder Judiciário, julgue os itens abaixo.

I. Tanto o STF quanto o Superior Tribunal de Justiça (STJ) têm um quinto dos seus lugares reservado a membros do Ministério Público e da advocacia.

II. É da competência privativa dos tribunais a propositura de criação de novas varas judiciais.

III. O STF é competente para processar e julgar originariamente os membros dos tribunais superiores e do Tribunal de Contas da União, tanto nas infrações penais comuns como nos crimes de responsabilidade.

IV. Os órgãos fracionários dos tribunais não podem declarar a inconstitucionalidade de leis.

V. Os juízes, diferentemente dos promotores de justiça, estão impedidos de exercer qualquer atividade político-partidária.

A quantidade de itens certos é igual a:

(A) 1.

(B) 2.

(C) 3.

(D) 4.

(E) 5.

I: incorreta. O STF não possui "quinto constitucional", pois todos os seus cargos são de livre nomeação pelo Presidente da República, desde que escolhidos dentre cidadãos brasileiros natos com mais de trinta e cinco e menos de sessenta e cinco anos de idade, de notável saber jurídico e reputação ilibada (art. 12, § 3º, IV, c/c art. 101, "*caput*" e parágrafo único, ambos da CF). Já no STJ não existe "quinto", mas "terço" constitucional, por força do disposto no art. 104, parágrafo único, II, da CF; **II:** correta. Art. 96, I, *d*, da CF; **III:** correta. Art. 102, I, *c*, da CF; **IV:** correta. Art. 97 da CF; **V:** incorreta. Art. 95, parágrafo único, III, e art. 128, § 5º, II, *e*, ambos da CF. O gabarito original da prova corresponde à letra "D", pois à época de sua aplicação (1999) o art. 128, § 5º, II, *e*, não havia sido alterado pela EC 45/2004. Antes da emenda, o exercício de atividade político-partidária pelos membros do Ministério Público era, em regra, vedada, mas admitia exceções, na forma da lei. Hoje a vedação é plena, não admitindo exceções, como aquela prevista para os juízes.
„Ɔ„ оʇᴉɹɐqɐ⅁

(Analista – MPU – 1996 – CESPE) A República Argentina pretende ingressar com uma ação contra o Município do Rio de Janeiro - RJ. A demanda será processada perante:

(A) o Supremo Tribunal Federal.
(B) o Superior Tribunal de Justiça.
(C) o Tribunal Regional Federal com jurisdição sobre o Estado do Rio de Janeiro.
(D) o Tribunal de Justiça do Estado do Rio de Janeiro.
(E) um dos Juízes Federais da Seção Judiciária do Rio de Janeiro.

Art. 109, II, da CF.
„Ǝ„ оʇᴉɹɐqɐ⅁

(Analista – MPU – 1996 – CESPE) Mantendo-se em trinta e três o número de Ministros do Superior Tribunal de Justiça, é correto afirmar que onze deles terão sido escolhidos entre:

(A) juízes dos Tribunais Regionais Federais.
(B) membros do Ministério Público Federal.
(C) membros do Ministério Público da União.
(D) desembargadores, alternando-se a escolha entre os Tribunais de Justiça dos diversos Estados. de forma a garantir que toda a Federação esteja representada naquela Corte.
(E) advogados.

Art. 104, parágrafo único, I, da CF. Sobre o tema, note-se que no STJ não há que se falar propriamente em "quinto constitucional", mas em "terço constitucional", por força do disposto no art. 104, parágrafo único, II, da CF.
„∀„ оʇᴉɹɐqɐ⅁

(Analista – MPU – 1996 – CESPE) Em um Tribunal Regional Federal composto por vinte magistrados:

(A) apenas duas vagas são destinadas a membros do Ministério Público Federal.
(B) as vagas são preenchidas, exclusivamente, por juízes federais, regularmente concursados, mediante sucessivas promoções pelos critérios alternados de antiguidade e merecimento.
(C) as vagas são preenchidas mediante concurso específico, de provas e títulos, para ingresso na magistratura em segundo grau de jurisdição.
(D) as vagas são preenchidas mediante livre escolha do Presidente da República, entre cidadãos de notável saber jurídico e reputação ilibada.

(E) um quinto das vagas é destinado a membros do Ministério Público da União e uma outra parcela idêntica é destinada a advogados.

Art. 107, I, da CF: um quinto de vinte magistrados é igual a quatro, que deve ser dividido entre advogados e membros do Ministério Público. Daí o resultado final ser igual a dois. A conta não é feita em "parcelas idênticas", como sugere a alternativa "E".
„∀„ оʇᴉɹɐqɐ⅁

(Analista – MPU – 1996 – CESPE) Considerando-se incompetente para processar e julgar uma determinada ação, um Juiz Federal da Seção Judiciária de Goiás remeteu os autos para a Comarca de Luziânia - GO. O Juiz de Direito, contudo, entendeu diversamente, considerando competente para a causa o Juiz Federal que lhe remetera o processo. O conflito de jurisdição será, então, decidido pelo:

(A) Juiz Federal.
(B) Tribunal Regional Federal com jurisdição sobre o Estado de Goiás.
(C) Tribunal de Justiça do Estado de Goiás.
(D) Superior Tribunal de Justiça.
(E) Supremo Tribunal Federal.

Art. 105, I, *d*, da CF. Em geral, o órgão competente para apreciar conflitos de competência é aquele que, em primeiro lugar, vincula os dois juízes em conflito. No caso, o juiz federal é vinculado ao Tribunal Regional Federal – TRF – da sua região e o juiz de direito ao Tribunal de Justiça – TJ – de seu estado. Simultaneamente, o TRF e o TJ são vinculados ao STJ. Assim, o primeiro órgão a vincular os dois juízes em conflito na estrutura judiciária é o Superior Tribunal de Justiça.
„Ɑ„ оʇᴉɹɐqɐ⅁

(Analista – MPU – 1996 – CESPE) Todos os magistrados que compõem o Supremo Tribunal Federal, o Superior Tribunal de Justiça, o Tribunal Superior do Trabalho, o Superior Tribunal Militar, os Tribunais Regionais Federais e os Tribunais Regionais do Trabalho:

(A) foram nomeados pelo Supremo Tribunal Federal.
(B) foram nomeados pelo Presidente da República.
(C) tiveram seus nomes aprovados pelo Senado Federal, previamente às respectivas nomeações.
(D) tiveram seus nomes aprovados pelo Congresso Nacional, previamente às respectivas nomeações.
(E) foram escolhidos e nomeados pelo próprio Tribunal que integram.

Todos são nomeados pelo Presidente da República: art. 101, parágrafo único, da CF (STF); art. 104, parágrafo único, da CF (STJ); art. 107 (TRF); art. 111-A da CF (TST); art. 115 da CF (TRT) e art. 123 da CF (STM). Dentre os cargos listados pela questão, a sabatina prévia do Senado Federal só ocorre nas nomeações para Ministro do STF (art. 101, parágrafo único, da CF), do STJ (art. 104, parágrafo único, da CF), do TST (art. 111-A da CF) e do STM (art. 123 da CF), não ocorrendo para os magistrados do TRF e do TRT.
„ᗺ„ оʇᴉɹɐqɐ⅁

(FGV – 2015) Determinado Tribunal de Justiça vem tendo dificuldades para harmonizar os procedimentos de suas câmaras, órgãos fracionários, em relação à análise, em caráter incidental, da inconstitucionalidade de certas normas como pressuposto para o enfrentamento do mérito propriamente dito. A Presidência do referido Tribunal manifestou preocupação com o fato de o procedimento adotado por três dos órgãos fracionários estar conflitando com aquele tido como correto pela ordem constitucional

3. DIREITO CONSTITUCIONAL

brasileira. Apenas uma das câmaras adotou procedimento referendado pelo sistema jurídico-constitucional brasileiro. Assinale a opção que o apresenta.

(A) A 1ª Câmara, ao reformar a decisão de 1º grau em sede recursal, reconheceu, incidentalmente, a inconstitucionalidade da norma que dava suporte ao direito pleiteado, entendendo que, se o sistema jurídico reconhece essa possibilidade ao juízo monocrático, por razões lógicas, deve estendê-la aos órgãos recursais.

(B) A 2ª Câmara, ao analisar o recurso interposto, reconheceu, incidentalmente, a inconstitucionalidade da norma que concedia suporte ao direito pleiteado, fundamentando-se em cristalizada jurisprudência do Superior Tribunal de Justiça sobre o tema.

(C) A 3ª Câmara, ao analisar o recurso interposto, reconheceu, incidentalmente, a inconstitucionalidade da norma que concedia suporte ao direito pleiteado, fundamentando-se em pronunciamentos anteriores do Órgão Especial do próprio Tribunal.

(D) A 4ª Câmara, embora não tenha declarado a inconstitucionalidade da norma que conferia suporte ao direito pleiteado, solucionou a questão de mérito afastando a aplicação da referida norma, apesar de estarem presentes os seus pressupostos de incidência.

A: incorreta. Embora um juiz possa reconhecer a inconstitucionalidade de uma norma quando estiver analisando uma situação em sede de controle difuso (caso concreto), quando a decisão tiver de ser dada por um Tribunal, a CF determina que seja feita pelo voto da maioria absoluta dos membros (art. 97 da CF e Súmula Vinculante 10 – STF). É a chamada cláusula de reserva de plenário. Sendo assim, para que o órgão fracionário do Tribunal decida sobre algo que envolve questão de inconstitucionalidade, ele terá de primeiro, afetar a matéria ao pleno do Tribunal ou do respectivo órgão especial (art. 93, XI, da CF). Desse modo, a 1ª Câmara não poderia ter reformado a decisão. Vale lembrar que se já houvesse pronunciamento anterior do órgão especial do próprio Tribunal, a Câmara poderia reconhecer incidentalmente a inconstitucionalidade da norma, conforme determina o art. 949, parágrafo único, do CPC); **B**: incorreta. O STJ não tem competência para apreciar questões sobre a constitucionalidade de leis; **C**: correta. De fato, a 3ª Câmara poderia ter reconhecido, incidentalmente, a inconstitucionalidade da norma, fundamentando-se em pronunciamentos anteriores do órgão especial do próprio Tribunal, pois o art. 949, parágrafo único, do CPC) autoriza. Determina tal norma que os órgãos fracionários dos Tribunais não submeterão ao plenário ou ao órgão especial a arguição de inconstitucionalidade quando já houver pronunciamento destes ou do plenário do STF; **D**: incorreta. De acordo com a Súmula Vinculante 10 – STF, viola a cláusula de reserva de plenário (CF, art. 97) a decisão de órgão fracionário de tribunal que, embora não declare expressamente a inconstitucionalidade de lei ou ato normativo do Poder Público, afasta sua incidência, no todo ou em parte.
Gabarito "C".

12. DAS FUNÇÕES ESSENCIAIS À JUSTIÇA

(Oficial de Promotoria –MPE-RR – CESPE – 2008) Julgue os itens seguintes, a respeito do Ministério Público (MP) e da organização da segurança pública.

(1) De acordo com a Constituição Federal, o MP, a defensoria pública, a advocacia e a polícia são funções essenciais à Justiça.

(2) Segundo a Constituição Federal, o MP não integra os órgãos de segurança pública.

(3) O MP estadual e a polícia civil são subordinados ao governador do estado.

1: errado. De acordo com o Texto Maior, arts. 127 a 135, são consideradas funções essenciais à Justiça: o Ministério Público, a Advocacia (pública e privada) e a Defensoria Pública; **2**: correto. De fato, o Ministério Público não integra os órgãos de segurança pública. Determina o art. 144, I a V, da CF que a segurança pública, dever do Estado, direito e responsabilidade de todos, é exercida para a preservação da ordem pública e da incolumidade das pessoas e do patrimônio, por meio dos seguintes órgãos: I - polícia federal, II - polícia rodoviária federal, III - polícia ferroviária federal, IV - polícias civis e V - polícias militares e corpos de bombeiros militares; **3**: errado. O Ministério Público estadual possui independência funcional e não está subordinado ao governador do estado.
Gabarito "1E,2C,3E".

(Agente Administrativo – MPE-RS – FCC –2010) O Conselho Nacional do Ministério Público, órgão constitucional criado pela Emenda Constitucional nº 45/2004,

(A) escolherá, em votação secreta, um Corregedor nacional, dentre os membros do Ministério Público que o integram, vedada a recondução.

(B) compõe-se de onze membros nomeados pelo Congresso Nacional.

(C) confere para os seus membros um mandato de dois anos, vedada a recondução.

(D) é presidido pelo Presidente do Supremo Tribunal Federal.

(E) é competente, além de outras matérias, para rever os processos disciplinares e criminais de membros do Ministério Público julgados há menos de dois anos.

A: correta. De acordo com o art. 130-A, § 3º, da CF, o Conselho escolherá, em votação secreta, um Corregedor nacional, dentre os membros do Ministério Público que o integram, vedada a recondução. **B**: incorreta. Conforme determina o art. 130-A, I a VI, da CF, o Conselho Nacional do Ministério Público compõe-se de **quatorze** membros nomeados pelo Presidente da República, depois de aprovada a escolha pela maioria absoluta do Senado Federal, para um mandato de dois anos, admitida uma recondução, sendo: I - o Procurador-Geral da República, que o preside; II - quatro membros do Ministério Público da União, assegurada a representação de cada uma de suas carreiras; III - três membros do Ministério Público dos Estados; IV - dois juízes, indicados um pelo Supremo Tribunal Federal e outro pelo Superior Tribunal de Justiça; V - dois advogados, indicados pelo Conselho Federal da Ordem dos Advogados do Brasil; VI - dois cidadãos de notável saber jurídico e reputação ilibada, indicados um pela Câmara dos Deputados e outro pelo Senado Federal; **C**: incorreta. O **mandato é de dois anos**, **admitida uma recondução**, conforme ensina o "caput" do art. 130-A da CF; **D**: incorreta. O Procurador-Geral da República é quem o preside o CNMP, de acordo com o art. 130-A, I, da CF; **E**: incorreta. Determina o art. 130-A, § 2º, IV, da CF que compete ao Conselho Nacional do Ministério Público o controle da atuação administrativa e financeira do Ministério Público e do cumprimento dos deveres funcionais de seus membros, cabendo lhe rever, de ofício ou mediante provocação, os processos disciplinares de membros do Ministério Público da União ou dos Estados **julgados há menos de um ano**.
Gabarito "A".

(Agente Administrativo – MPE-RS – FCC –2010) Nos termos da Constituição Federal, além de outros membros, integrarão o Conselho Nacional do Ministério Público:

(A) três advogados, indicados pelos Conselhos Estaduais da Ordem dos Advogados do Brasil.

(B) três membros do Ministério Público dos Estados.

(C) três cidadãos com mais de 30 anos de idade, indicados um pela Câmara dos Deputados e dois pelo Senado Federal.

(D) dois juízes, indicados pelos Tribunais de Justiça Regionais Federais.

(E) três membros do Ministério Público da União, além de dois do Ministério Público do Trabalho.

A: incorreta. Dentre os membros do Conselho Nacional do Ministério Público – CNMP há apenas **dois advogados**, indicados pelo Conselho **Federal** da Ordem dos Advogados do Brasil. É o que determina o art. 130-A, V, da CF; **B:** correta. Conforme determina o art. 130-A, I a VI, da CF, o Conselho Nacional do Ministério Público compõe-se de quatorze membros nomeados pelo Presidente da República, depois de aprovada a escolha pela maioria absoluta do Senado Federal, para um mandato de dois anos, admitida uma recondução, sendo: I - o Procurador-Geral da República, que o preside; II - quatro membros do Ministério Público da União, assegurada a representação de cada uma de suas carreiras; **III - três membros do Ministério Público dos Estados;** IV - dois juízes, indicados um pelo Supremo Tribunal Federal e outro pelo Superior Tribunal de Justiça; V - dois advogados, indicados pelo Conselho Federal da Ordem dos Advogados do Brasil; VI - dois cidadãos de notável saber jurídico e reputação ilibada, indicados um pela Câmara dos Deputados e outro pelo Senado Federal; **C:** incorreta. Há espaço apenas para **dois cidadãos** de notável saber jurídico e reputação ilibada, indicados um pela Câmara dos Deputados e outro pelo Senado Federal. Além disso, a CF não menciona idade mínima para tal cargo; **D:** incorreta. Os **dois juízes** que integram o CNMP são **indicados um pelo Supremo Tribunal Federal e outro pelo Superior Tribunal de Justiça,** conforme determina o art. 130-A, IV, da CF; **E:** incorreta. Determina o art. 130-A, II, da CF que farão parte do CNMP **quatro membros do Ministério Público da União, assegurada a representação de cada uma de suas carreiras.**
Gabarito "B".

(Analista de Promotoria I – Assistente Jurídico –MPE-SP – VUNESP –2010) Sobre o Ministério Público, é correto afirmar que:

(A) o Procurador-Geral de Justiça é nomeado pelo Chefe do Poder Executivo, para mandato de dois anos, sendo vedada a recondução.

(B) é função institucional do Ministério Público defender judicialmente os direitos e interesses individuais do cidadão carente, que não pode pagar advogado.

(C) o Conselho Nacional do Ministério Público é formado por 14 membros, incluídos dois juízes e dois advogados.

(D) é função institucional do Ministério Público exercer o controle interno da atividade policial.

(E) caberá aos membros do Ministério Público exercer outras funções que lhes forem conferidas, desde que compatíveis com sua finalidade, sendo-lhes permitidas a representação judicial e a consultoria jurídica de entidades públicas.

A: incorreta. Conforme determina o art. 128, § 3º, da CF, os Ministérios Públicos dos Estados e o do Distrito Federal e Territórios formarão lista tríplice dentre integrantes da carreira, na forma da lei respectiva, para escolha de seu Procurador-Geral, que será nomeado pelo Chefe do Poder Executivo, para mandato de dois anos, **permitida uma recondução; B:** incorreta. Essa função é da Defensoria Pública, não do Ministério Público. De acordo com o art. 134, "caput", da CF, com redação dada pela EC 50/2014, a **Defensoria Pública** é instituição permanente, essencial à função jurisdicional do Estado, **incumbindo-lhe,** como expressão e instrumento do regime democrático, fundamentalmente, a orientação jurídica, a promoção dos direitos humanos e **a defesa, em todos os graus, judicial e extrajudicial,** dos direitos individuais e coletivos, de forma integral e gratuita, **aos necessitados,** na forma do inciso LXXIV

do art. 5º desta Constituição Federal; **C:** correta. É o que determina o art. 130-A da CF; **D:** incorreta. As funções institucionais do Ministério Público vêm previstas no art. 129, I a IX, da CF e dentre elas não há apenas o controle **externo** da atividade policial. Segundo o dispositivo mencionado, são funções institucionais do Ministério Público: I - promover, privativamente, a ação penal pública, na forma da lei; II - zelar pelo efetivo respeito dos Poderes Públicos e dos serviços de relevância pública aos direitos assegurados nesta Constituição, promovendo as medidas necessárias a sua garantia; III - promover o inquérito civil e a ação civil pública, para a proteção do patrimônio público e social, do meio ambiente e de outros interesses difusos e coletivos; IV - promover a ação de inconstitucionalidade ou representação para fins de intervenção da União e dos Estados, nos casos previstos nesta Constituição; V - defender judicialmente os direitos e interesses das populações indígenas; VI - expedir notificações nos procedimentos administrativos de sua competência, requisitando informações e documentos para instruí-los, na forma da lei complementar respectiva; VII - **exercer o controle externo da atividade policial, na forma da lei complementar** mencionada no artigo anterior; VIII - requisitar diligências investigatórias e a instauração de inquérito policial, indicados os fundamentos jurídicos de suas manifestações processuais; IX - exercer outras funções que lhe forem conferidas, desde que compatíveis com sua finalidade, sendo-lhe vedada a representação judicial e a consultoria jurídica de entidades públicas; **E:** incorreta. Conforme dispõe o art. 129, IX, da CF, é possível que o MP exerça outras funções que lhe forem conferidas, desde que compatíveis com sua finalidade, **sendo-lhe vedada a representação judicial e a consultoria jurídica de entidades públicas.**
Gabarito "C".

(Analista – MPE-SE – ACAFE– 2009) O Ministério Público é instituição permanente, essencial à função jurisdicional do Estado, incumbindo-lhe a defesa da ordem jurídica, do regime democrático e dos interesses sociais e individuais indisponíveis.

Nesse sentido, marque com V as afirmações verdadeiras e F as falsas.

1. ( ) São princípios institucionais do Ministério Público a unidade, a indivisibilidade e a independência funcional.

2. ( ) Ao Ministério Público está assegurada autonomia funcional e administrativa, sendo incompetente, contudo, para propor ao Poder Legislativo a criação e extinção de seus cargos e serviços auxiliares.

3. ( ) O Ministério Público elaborará sua proposta orçamentária fora dos limites estabelecidos na lei de diretrizes orçamentárias, vez que esta norma não é aplicável a tal instituição.

4. ( ) A destituição do Procurador-Geral da República, por iniciativa do Presidente da República, deverá ser precedida de autorização da maioria absoluta, após sessão conjunta do Congresso Nacional.

5. ( ) O Ministério Público MP abrange: o MP da União (que compreende o MP Federal; o MP do Trabalho; o MP Militar; o MP do Distrito Federal e Territórios) e os Ministérios Públicos dos Estados.

A sequência correta, de cima para baixo, é:

(A) F - V - V - F - V.

(B) V - F - V - F - F.

(C) V - F - F - V - V.

(D) V - F - F - F - V.

(E) F - V - V - V - F.

1: verdadeira. De fato, de acordo com o art. 127, § 1º, da CF, são princípios institucionais do Ministério Público **a unidade, a indivisibilidade e a independência funcional.** Além disso, a LC 75/93, que dispõe

3. DIREITO CONSTITUCIONAL

sobre a organização, as atribuições e o estatuto do Ministério Público da União, em seu o art. 4º, reproduz exatamente o texto constitucional mencionado; **2:** falsa. Determina o § 2º do art. 127 da CF que ao Ministério Público é assegurada autonomia funcional e administrativa, **podendo**, observado o disposto no art. 169, **propor ao Poder Legislativo a criação e extinção de seus cargos e serviços auxiliares**, provendo-os por concurso público de provas ou de provas e títulos, a política remuneratória e os planos de carreira; a lei disporá sobre sua organização e funcionamento. Ademais, a LC 75/93, em seu art. 22, I, corrobora o mandamento constitucional dispondo que ao Ministério Público da União é assegurada autonomia funcional, administrativa e financeira, cabendo-lhe, dentre outras atribuições, propor ao Poder Legislativo a criação e extinção de seus cargos e serviços auxiliares, bem como a fixação dos vencimentos de seus membros e servidores;**3:** falsa. De acordo com o art. 127, § 3º, da CF, o Ministério Público elaborará sua proposta orçamentária **dentro dos limites** estabelecidos na lei de diretrizes orçamentárias. Mais uma vez, a LC 75/93 reproduz o texto constitucional no "caput" do seu art.23; **4:** falsa. O art. 128, § 2º, da CF informa que a destituição do Procurador-Geral da República, por iniciativa do Presidente da República, deverá ser **precedida de autorização da maioria absoluta do Senado Federal**; **5:** verdadeira. Determina o art. 128, I e II, da CF que o Ministério Público abrange: I - o Ministério Público da União, que compreende: a) o Ministério Público Federal; b) o Ministério Público do Trabalho; c) o Ministério Público Militar; d) o Ministério Público do Distrito Federal e Territórios; II - os Ministérios Públicos dos Estados.
Gabarito "D".

(Analista – MPE-SE – ACAFE –2009) Analise as afirmações a seguir.

I. *É função institucional do Ministério Público requisitar diligências investigatórias e a instauração de inquérito policial, indicados os fundamentos jurídicos de suas manifestações processuais e promover, privativamente, a ação penal pública, na forma da lei.*

II. *As funções do Ministério Público só podem ser exercidas por integrantes da carreira, que deverão residir na comarca da respectiva lotação, salvo autorização do chefe da instituição.*

III. *O Conselho Nacional do Ministério Público compõe-se de dezesseis membros nomeados pelo Presidente da República, depois de aprovada a escolha pela maioria absoluta do Senado Federal, para um mandato de dois anos, admitida uma recondução.*

IV. *Advogados não compõem o Conselho Nacional do Ministério Público.*

V. *O Conselho Nacional do Ministério Público escolherá, em votação secreta, um Corregedor nacional, dentre os membros do Ministério Público que o integram, autorizada a recondução.*

Todas as afirmações corretas estão em:

(A) I - II.
(B) II - III.
(C) II - III - IV.
(D) III - IV - V.
(E) IV - V.

I: correta. De acordo com o art. 129, I a IX, são consideradas funções institucionais do Ministério Público: I - **promover, privativamente, a ação penal pública**, na forma da lei; II - zelar pelo efetivo respeito dos Poderes Públicos e dos serviços de relevância pública aos direitos assegurados nesta Constituição, promovendo as medidas necessárias a sua garantia; III - promover o inquérito civil e a ação civil pública, para a proteção do patrimônio público e social, do meio ambiente e de outros interesses difusos e coletivos; IV - promover a ação de inconstitucionalidade ou representação para fins de intervenção da União e dos

Estados, nos casos previstos nesta Constituição; V - defender judicialmente os direitos e interesses das populações indígenas; VI - expedir notificações nos procedimentos administrativos de sua competência, requisitando informações e documentos para instruí-los, na forma da lei complementar respectiva; VII - exercer o controle externo da atividade policial, na forma da lei complementar mencionada no artigo anterior; VIII - **requisitar diligências investigatórias e a instauração de inquérito policial, indicados os fundamentos jurídicos de suas manifestações processuais**; IX - exercer outras funções que lhe forem conferidas, desde que compatíveis com sua finalidade, sendo-lhe vedada a representação judicial e a consultoria jurídica de entidades públicas; **II**: correta. É o que determina o § 2º do art. 129 da CF; **III**: incorreta. Conforme dispõe o art. 130-A, "caput", da CF, o Conselho Nacional do Ministério Público - CNMP compõe-se de **quatorze membros** nomeados pelo Presidente da República, depois de aprovada a escolha pela maioria absoluta do Senado Federal, para um mandato de dois anos, admitida uma recondução; **IV**: incorreta. Dentre os integrantes do CNMP, **dois advogados**, indicados pelo Conselho Federal da Ordem dos Advogados do Brasil, fazem parte do Conselho. É o que determina o art. 130-A, V, da CF; **V**: incorreta. Determina o § 3º do art. 130-A, que o Conselho escolherá, em votação secreta, um Corregedor nacional, dentre os membros do Ministério Público que o integram, **vedada a recondução**.
Gabarito "A".

(Técnico do Ministério Público – MPE-AL – COPEVE - UFAL – 2012) "A Constituição de 1988 trouxe para o Ministério Público nacional notáveis avanços institucionais, seja no campo de suas garantias, seja no de suas atribuições. A par de um diferenciado posicionamento constitucional, concedeu-lhe destinação que dignifica e assegura sua indispensável presença social; consagrou-lhe autonomia e independência; conferiu relevantes garantias e predicamentos à instituição e seus agentes" (Hugo Nigro Mazzilli, Garantias Constitucionais do MP, Justitia, 159:15). Assinale a opção incorreta. O Ministério Público da União compreende o:

(A) Ministério Público do Distrito Federal e Territórios.
(B) Ministério Público Militar.
(C) Ministério Público do Trabalho.
(D) Ministério Público junto ao Tribunal de Contas.
(E) Ministério Público Federal.

A, B, C e E: corretas. Determina o art. 128 da CF que o Ministério Público abrange o Ministério Público da União (que compreende: **o Ministério Público Federal, o Ministério Público do Trabalho, o Ministério Público Militar e o Ministério Público do Distrito Federal e Territórios**) e os Ministérios Públicos dos Estados; **D**: incorreta, devendo ser assinalada. O Ministério Público que atua nos Tribunais de Contas não faz parte do Mistério Público da União. Em relação ao Tribunal de Contas da União – TCU, por exemplo, o Ministério Público é composto de um procurador-geral, três subprocuradores-gerais e quatro procuradores, nomeados pelo presidente da República.
Gabarito "D".

(Analista Administrativo – MPE-RN – FCC – 2012) Ataulfo foi nomeado pelo Presidente da República como membro do Conselho Nacional do Ministério Público e, conforme o artigo 130-A da Constituição Federal, sua escolha deve ter sido previamente aprovada:

(A) pelo Presidente da Câmara dos Deputados.
(B) pela maioria absoluta do Senado Federal.
(C) pela maioria simples da Câmara dos Deputados.
(D) por, no mínimo, sete Ministros do Supremo Tribunal Federal.
(E) por, no mínimo, nove Ministros do Supremo Tribunal Federal.

Determina o art. 130-A, o Conselho Nacional do Ministério Público compõe-se de quatorze membros nomeados pelo Presidente da República, depois de **aprovada a escolha pela maioria absoluta do Senado Federal**, para um mandato de dois anos, admitida uma recondução, sendo: I - o Procurador-Geral da República, que o preside; II - quatro membros do Ministério Público da União, assegurada a representação de cada uma de suas carreiras; III - três membros do Ministério Público dos Estados; IV - dois juízes, indicados um pelo Supremo Tribunal Federal e outro pelo Superior Tribunal de Justiça; V - dois advogados, indicados pelo Conselho Federal da Ordem dos Advogados do Brasil; VI - dois cidadãos de notável saber jurídico e reputação ilibada, indicados um pela Câmara dos Deputados e outro pelo Senado Federal.
,,"B" otinabaƆ

(Analista de Promotoria I – Assistente Jurídico – MPE-SP – IBFC – 2013) Segundo o texto expresso da Constituição da República são princípios institucionais do Ministério Público:

(A) Legalidade, publicidade e autoexecutoriedade.

(B) Legitimidade, legalidade e autonomia funcional.

(C) Unidade, indivisibilidade e independência funcional.

(D) Probidade administrativa, autonomia administrativa.

(E) Vitaliciedade, inamovibilidade e irredutibilidade de salários.

Conforme determina o art. 127, § 1º, da CF, são princípios institucionais do Ministério Público **a unidade, a indivisibilidade e a independência funcional**.
,,"C" otinabaƆ

(Analista – MPU – 2010 – CESPE) Considerando as normas constitucionais sobre as funções essenciais à justiça, julgue o item a seguir.

(1) Entre as funções institucionais do Ministério Público, está a de promover, em caráter exclusivo, a ação civil pública para a promoção do patrimônio público e social, do meio ambiente e de outros interesses difusos e coletivos.

A atribuição prevista no art. 129, III, da CF não é exclusiva do Ministério Público.
,,"3E" otinabaƆ

(Analista – MPU – 2007 – FCC) No que concerne às funções essenciais à Justiça, é certo que:

(A) o Conselho Nacional do Ministério Público é composto por representantes do Ministério Público, por juízes e por advogados, exclusivamente.

(B) são princípios institucionais do Ministério Público a divisibilidade, a independência funcional e a autonomia financeira.

(C) o Ministério Público da União é composto pelo Ministério Público Federal, Militar e do Trabalho, excluído o dos Estados membros e do Distrito Federal.

(D) à Advocacia-Geral da União cabem as atividades de consultoria e assessoramento jurídico dos Poderes Executivo e Legislativo.

(E) na execução da dívida ativa de natureza tributária a representação da União cabe à Procuradoria-Geral da Fazenda Nacional, observado o disposto em lei.

A: Não reflete o disposto no art. 130-A, I a VI, da CF; **B:** Não reflete o disposto no art. 127, § 1º, da CF; **C:** O MPU compreende o MPF, o MPT, o MPM e o MPDFT (art. 128, I, *a* a *d*, da CF); **D:** À AGU cabe a representação judicial e extrajudicial da União e o assessoramento jurídico e a consultoria do Poder Executivo (art. 131 da CF); **E:** Art. 131, § 3º, da CF.
,,"E" otinabaƆ

(Analista – MPU – 2004 – ESAF) Assinale a opção correta:

(A) Por iniciativa do Conselho Superior do Ministério Público, o procurador-geral da República pode ser destituído da sua função, desde que com isso concorde a maioria dos integrantes do Senado Federal.

(B) Por votação da maioria absoluta da Câmara Legislativa do Distrito Federal, o procurador-geral do Ministério Público do Distrito Federal e Territórios pode ser destituído do seu cargo.

(C) Incumbe ao procurador-geral da República indicar os procuradores da República que atuarão como membros do Ministério Público junto ao Tribunal de Contas da União.

(D) O membro do Ministério Público que adquiriu a vitaliciedade somente pode perder o seu cargo em virtude de decisão da maioria absoluta do Conselho Superior do ramo do Ministério Público a que pertence.

(E) O procurador-geral da República tem legitimidade para apresentar diretamente à Câmara dos Deputados projeto de lei fixando novos valores de retribuição pecuniária dos membros e servidores do Ministério Público da União.

A: incorreta. A iniciativa é do Presidente da República (art. 128, § 2º, da CF); **B:** incorreta. A regra do art. 128, § 4º, da CF, no caso do MPDFT, deve ser interpretada em conjunto com o art. 128, I, *d*, da CF, para se chegar à conclusão de que o Poder Legislativo correspondente não diz respeito à "Câmara Legislativa do DF", mas ao Congresso Nacional; **C:** incorreta, pois o Ministério Público junto ao Tribunal de Contas da União integra a estrutura do TCU, ainda que detenha regime especial. Não há interferência ou submissão ao Procurador-Geral da República; **D:** incorreta, pois o membro vitalício só perde o cargo por sentença judicial transitada em julgado (art. 128, § 5º, I, *a*, da CF); **E:** correta. Art. 127, § 2º, da CF.
,,"E" otinabaƆ

(Analista – MPU – 2004 – ESAF) Sobre as funções essenciais da Justiça, marque a única opção correta.

(A) A nomeação dos procuradores-gerais, nos Estados e no Distrito Federal, é feita pelos respectivos governadores, para mandato de dois anos, permitida uma recondução.

(B) É vedado ao membro do Ministério Público, em qualquer hipótese, exercer atividade político-partidária, ainda que em disponibilidade.

(C) A Constituição reconhece a total inviolabilidade dos advogados por seus atos e manifestações no exercício da profissão.

(D) Os procuradores dos Estados, nos termos da Constituição Federal, são estáveis após três anos de efetivo exercício, mediante avaliação de desempenho perante os órgãos próprios, após relatório circunstanciado elaborado por comissão especial, temporária, nomeada pela chefia da procuradoria estadual com essa finalidade específica.

(E) A Advocacia-Geral da União, diretamente ou por meio de órgão vinculado, representa judicialmente a Câmara dos Deputados.

A: incorreta, pois não reflete o disposto no art. 128, § 3º, da CF; **B:** incorreta. O art. 128, § 5º, II, *e*, da CF, não se refere à vedação ainda que em disponibilidade, como o faz na alínea *d*; **C:** incorreta. A inviolabilidade condiciona-se aos limites da lei (art. 133 da CF); **D:** incorreta, pois não reflete o disposto no art. 132, parágrafo único, da CF; **E:** correta, pois a

Câmara dos Deputados integra o Poder Legislativo, que é representado pela Advocacia-Geral da União (como os demais poderes da República).
Gabarito "E".

13. ORDEM SOCIAL

(Analista – MPU – 2004 – ESAF) Sobre a ordem social, marque a única opção correta.

(A) As contribuições sociais destinadas ao custeio da seguridade social serão exigíveis noventa dias após a data da promulgação da lei que as houver instituído ou modificado ou no primeiro dia do exercício financeiro seguinte, quando a lei for promulgada a menos de noventa dias do fim do exercício financeiro.

(B) A entidade familiar, nos termos da Constituição Federal, pode ser a união estável entre homem e mulher ou a comunidade formada por qualquer dos pais e seus descendentes.

(C) O valor da gratificação natalina dos aposentados e pensionistas do regime geral de previdência social corresponderá à média dos proventos ou pensões recebidos ao longo do ano ou ao valor do provento ou pensão recebido no mês de dezembro de cada ano, prevalecendo o valor mais favorável.

(D) A assistência social será prestada a quem dela precisar, independentemente de contribuição à seguridade social, sendo facultado aos Estados vincular um percentual, definido na Constituição Federal, de sua receita tributária líquida para o pagamento de despesas com pessoal contratado para a realização de programas de apoio à inclusão e promoção social.

(E) No caso de uma instituição privada de saúde, com fins lucrativos, assinar com o poder público um contrato de direito público ou convênio para participar de forma complementar do sistema único de saúde, poderão ser destinados a essa instituição recursos públicos para auxílios ou subvenções.

A: incorreta, pois não reflete o disposto no art. 195, § 6º, da CF; **B:** correta. Art. 226, §§ 3º e 4º, da CF; **C:** incorreta, pois não reflete o disposto no art. 201, § 6º, da CF; **D:** incorreta, pois a primeira parte está correta (art. 203, "caput", da CF), mas a segunda não corresponde ao texto do art. 204, parágrafo único, I, da CF; **E:** incorreta, pois não reflete o disposto no art. 199, §§ 1º e 2º, da CF.
Gabarito "B".

(Analista de Promotoria I – Assistente Jurídico – MPE-SP – VUNESP– 2010) A Constituição da República de 1988 elencou algumas áreas como sendo patrimônio nacional, para que nelas seja assegurada a preservação do meio ambiente, inclusive quanto ao uso dos recursos naturais. Assinale a alternativa que traz a área que NÃO é considerada patrimônio nacional.

(A) Floresta Amazônica Brasileira.
(B) Zona Costeira.
(C) Cerrado.
(D) Serra do Mar.
(E) Pantanal Mato-Grossense.

Conforme determina o art. 225, § 4º, da CF, a Floresta Amazônica brasileira, a Mata Atlântica, a Serra do Mar, o Pantanal Mato--Grossense e a Zona Costeira são considerados patrimônio nacional, e sua utilização far-se-á, na forma da lei, dentro de condições que assegurem a preservação do meio ambiente, inclusive quanto ao uso

dos recursos naturais. Sendo assim, o Cerrado não é considerado patrimônio nacional.
Gabarito "C".

(Agente Técnico Jurídico – MPE-AM – FCC – 2013) Segundo a literalidade da Constituição Federal de 1988, a universalidade da cobertura e do atendimento, a irredutibilidade do valor dos benefícios e a diversidade da base de financiamento são:

(A) fundamentos da seguridade social.
(B) princípios da seguridade social.
(C) elementos da seguridade social.
(D) valores da seguridade social.
(E) objetivos da seguridade social.

De acordo com o art. 194, parágrafo único, da CF, compete ao Poder Público, nos termos da lei, organizar a seguridade social, com base nos seguintes **objetivos**: I - universalidade da cobertura e do atendimento; II - uniformidade e equivalência dos benefícios e serviços às populações urbanas e rurais; III - seletividade e distributividade na prestação dos benefícios e serviços; IV - irredutibilidade do valor dos benefícios, V - equidade na forma de participação no custeio; VI - diversidade da base de financiamento; VII - caráter democrático e descentralizado da administração, mediante gestão quadripartite, com participação dos trabalhadores, dos empregadores, dos aposentados e do Governo nos órgãos colegiados.
Gabarito "E".

14. TEMAS COMBINADOS

(Técnico do MP – MPE-MG – FURMAC – 2007) Assinale a afirmativa **CORRETA:**

(A) Não será objeto de deliberação a proposta de emenda tendente a abolir a forma e o regime de governo.

(B) A Constituição poderá ser emendada mediante proposta de um terço, no mínimo, dos membros da Câmara dos Deputados e do Senado Federal.

(C) A proposta será discutida e votada pelo Congresso Nacional, em dois turnos, considerando-se aprovada se obtiver, em ambos, três quintos dos seus votos.

(D) A matéria constante de proposta de emenda rejeitada ou havida por prejudicada não pode ser objeto de nova proposta na mesma sessão legislativa, ainda que exista acordo de lideranças em sentido contrário.

A: incorreta. Ao contrário do mencionado, a forma e o regime (ou sistema) de governo podem ser alterados por emenda constitucional. De acordo com o art. 60, § 4º, I a IV, da CF, a proposta de emenda que tenda abolir **a forma** federativa **de Estado**, o voto direto, secreto, universal e periódico, a separação dos Poderes e os direitos e garantias individuais, não será objeto de deliberação; **B:** incorreta. O art. 60, I, da CF menciona um terço, no mínimo, dos membros da Câmara dos Deputados **ou** do Senado Federal; **C:** incorreta. Conforme determina o art. 60, § 2º, da CF, a proposta será **discutida e votada em cada Casa do Congresso Nacional**, em dois turnos, considerando-se aprovada se obtiver, em ambos, três quintos dos votos dos respectivos membros; **D:** correta. Há um limite formal quanto à reapresentação de proposta de emenda rejeitada ou havida por prejudicada. De acordo com o art. 60, § 5º, da CF, a matéria constante de proposta de emenda rejeitada ou havida por prejudicada **não pode ser objeto de nova proposta na mesma sessão legislativa**.
Gabarito "D".

(Oficial de Promotoria –MPE-RR – CESPE – 2008) Julgue os itens subsequentes, referentes ao Poder Judiciário e ao Ministério Público (MP).

(1) O MP é órgão do Poder Judiciário e uma de suas atribuições é formular denúncias na esfera criminal.

(2) O Ministério Público da União é a instituição que, diretamente ou por intermédio de órgão vinculado, representa a União, judicial e extrajudicialmente.

(3) Ao MP, instituição permanente e essencial à função jurisdicional do Estado, incumbe a defesa da ordem jurídica, do regime democrático e dos interesses sociais e individuais indisponíveis.

(4) O MP é composto pelo Ministério Público da União e pelos Ministérios Públicos dos estados, sendo que o Ministério Público do Distrito Federal e Territórios está compreendido no Ministério Público da União.

(5) Compete ao Superior Tribunal de Justiça julgar originariamente as ações diretas de inconstitucionalidade propostas pelo MP.

(6) Caso um governador de estado seja denunciado por crime comum, será julgado pelo Superior Tribunal de Justiça.

1: errada. O Ministério Público **não** é órgão do Poder Judiciário. O Ministério Público **integra as denominadas funções essenciais à Justiça** e é considerado uma instituição permanente, essencial à função jurisdicional do Estado, incumbindo-lhe a defesa da ordem jurídica, do regime democrático e dos interesses sociais e individuais indisponíveis, conforme determina o "caput" do art. 127 da CF;**2:** errada. Não é o Ministério Público quem detém essa atribuição. Dispõe o art. 131, "caput", da CF que a **Advocacia-Geral da União é a instituição que, diretamente ou por meio de órgão vinculado, representa a União, judicial e extrajudicialmente**, cabendo-lhe, nos termos da lei complementar que dispuser sobre sua organização e funcionamento, as atividades de consultoria e assessoramento jurídico do Poder Executivo; **3:** correta. Como mencionado, o art. 127, "caput", da CF, considera o Ministério Público como instituição permanente, **essencial à função jurisdicional do Estado, incumbindo-lhe a defesa da ordem jurídica, do regime democrático e dos interesses sociais e individuais indisponíveis**;**4:** correta. De acordo com o art. 128 da CF, o Ministério Público abrange: **I - o Ministério Público da União, que compreende:** a) o Ministério Público Federal; b) o Ministério Público do Trabalho; c) o Ministério Público Militar; **d) o Ministério Público do Distrito Federal e Territórios** e II - os Ministérios Públicos dos Estados; **5:** errada. **A competência** para julgar originariamente as ações diretas de inconstitucionalidade no âmbito **federal é do Supremo Tribunal Federal** conforme determina o art. 102, I, *a*, da CF;**6:** correta. De acordo com o art. 105, I, *a*, da CF, **compete ao Superior Tribunal de Justiça processar e julgar, originariamente, nos crimes comuns, os Governadores dos Estados** e do Distrito Federal.
Gabarito "1E,2E,3C,4C,5E,6C"

(Analista Ministerial Especialista – Ciências Jurídicas – MPE-TO – UFT- -COPESE– 2010) Assinale a alternativa verdadeira:

(A) As normas definidoras dos direitos e garantias fundamentais dependem de regulamentação infraconstitucional para sua aplicação.

(B) Os direitos e garantias expressos nesta Constituição não excluem outros decorrentes do regime e dos princípios por ela adotados, ou dos tratados internacionais em que a República Federativa do Brasil seja parte.

(C) É privativo de brasileiro nato o cargo de Procurador- -Geral da República.

(D) O alistamento eleitoral e o voto são facultativos para os maiores de sessenta anos.

A: incorreta. Determina o art. 5º, § 1º, da CF que as normas definidoras dos direitos e garantias fundamentais têm aplicação imediata; **B:** correta. É o que decorre do § 2º do art. 5º da CF; **C:** incorreta. Não

---

é necessário que o sujeito seja brasileiro nato para ocupar o cargo de Procurador-Geral da República. De acordo com o art. 12§ 3º, da CF, são privativos de brasileiro nato os cargos: I - de Presidente e Vice-Presidente da República; II - de Presidente da Câmara dos Deputados; III - de Presidente do Senado Federal; IV - de Ministro do Supremo Tribunal Federal; V - da carreira diplomática; VI - de oficial das Forças Armadas e VII - de Ministro de Estado da Defesa. Além desses, o art. 89, VII, da CF, ao tratar da composição do Conselho da República, destina seis cadeiras a cidadãos brasileiros natos, com mais de trinta e cinco anos de idade, sendo dois nomeados pelo Presidente da República, dois eleitos pelo Senado Federal e dois eleitos pela Câmara dos Deputados, todos com mandato de três anos, vedada a recondução; **D:** incorreta. De acordo com o art. 14, § 1º, II, da CF, o alistamento eleitoral e o voto são facultativos para os analfabetos, os maiores de setenta anos e os maiores de dezesseis e menores de dezoito anos.
Gabarito "B"

(Analista Ministerial Especialista – Ciências Jurídicas – MPE-TO – UFT- -COPESE –2010) Assinale a alternativa verdadeira:

(A) É inconstitucional a lei ou ato normativo estadual ou distrital que disponha sobre sistemas de consórcios e sorteios, inclusive bingos e loterias.

(B) É competência comum da União, dos Estados, do Distrito Federal e dos Municípios legislar sobre seguridade social.

(C) A superveniência de lei federal sobre normas gerais não suspende a eficácia da lei estadual, no que lhe for contrário.

(D) Compete à União, aos Estados, ao Distrito Federal e aos Municípios legislar concorrentemente sobre custas dos serviços forenses.

A: correta. De acordo com a Súmula Vinculante 2 (STF), é inconstitucional a lei ou ato normativo Estadual ou Distrital que disponha sobre sistemas de consórcios e sorteios, inclusive bingos e loterias; **B:** incorreta. De acordo com o art. 2º, XXIII, da CF, compete **privativamente à União** legislar sobre seguridade social; **C:** incorreta. Determina o art. 24,§ 4º, da CF que a superveniência de lei federal sobre normas gerais **suspende** a eficácia da lei estadual, no que lhe for contrária; **D:** incorreta. De acordo com o art. 24, IV, da CF, compete **à União, aos Estados e ao Distrito Federal** legislar concorrentemente sobre custas dos serviços forenses.
Gabarito "A"

(Analista Ministerial Especialista – Ciências Jurídicas – MPE-TO – UFT- -COPESE –2010) Assinale a alternativa verdadeira:

(A) Não será objeto de deliberação a proposta de emenda tendente a abolir o pluralismo político.

(B) Em caso de relevância e urgência, o Presidente da República poderá adotar medidas provisórias sobre matéria relativa à organização do Poder Judiciário e do Ministério Público, a carreira e a garantia de seus membros.

(C) Somente pelo voto da maioria qualificada de três quintos de seus membros ou dos membros do respectivo órgão especial poderão os tribunais declarar a inconstitucionalidade de lei ou ato normativo do Poder Público.

(D) O Conselho Nacional de Justiça compõe-se de quinze conselheiros, sendo um deles membro do Ministério Público estadual, escolhido pelo Procurador-Geral da República dentre os nomes indicados pelo órgão competente de cada instituição estadual.

A: incorreta. O pluralismo político não faz parte rol das cláusulas

3. DIREITO CONSTITUCIONAL

pétreas. De acordo com o art. 60, § 4º, I a IV, da CF, não será objeto de deliberação a proposta de emenda tendente a abolir: I - a forma federativa de Estado, II - o voto direto, secreto, universal e periódico, III - a separação dos Poderes e IV - os direitos e garantias individuais; **B**: incorreta. O art. 62, § 1º, I, *c*, da CF **proíbe** a edição de medidas provisórias sobre a organização do Poder Judiciário e do Ministério Público, a carreira e a garantia de seus membros; **C**: incorreta. De acordo com o art. 97 da CF, denominado cláusula de reserva de plenário, somente pelo voto da **maioria absoluta** de seus membros ou dos membros do respectivo órgão especial poderão os tribunais declarar a inconstitucionalidade de lei ou ato normativo do Poder Público; **D**: correta. O Conselho Nacional de Justiça compõe-se de 15 (quinze) membros com mandato de 2 (dois) anos, admitida 1 (uma) recondução, e, de fato, um membro advém do Ministério Público estadual, escolhido pelo Procurador-Geral da República dentre os nomes indicados pelo órgão competente de cada instituição estadual. É o que determina o art. 103-B, XI, da CF.

Gabarito "D"

(Analista – MPU – 2010 – CESPE) A respeito dos princípios fundamentais, da aplicabilidade das normas constitucionais e dos direitos sociais, julgue os itens a seguir.

(1) Sendo os direitos fundamentais válidos tanto para as pessoas físicas quanto para as jurídicas, não há, na Constituição Federal de 1988 (CF), exemplo de garantia desses direitos que se destine exclusivamente às pessoas físicas.

(2) A dignidade da pessoa humana, um dos fundamentos da República Federativa do Brasil, apresenta-se como direito de proteção individual em relação ao Estado e aos demais indivíduos e como dever fundamental de tratamento igualitário dos próprios semelhantes.

(3) O livre exercício de qualquer trabalho, ofício ou profissão, desde que atendidas as qualificações profissionais que a lei estabelecer, é norma constitucional de eficácia contida; portanto, o legislador ordinário atua para tornar exercitável o direito nela previsto.

1: incorreta. Os direitos fundamentais são, por excelência, dirigidos às pessoas físicas, porém extensíveis às pessoas jurídicas no que couber. Assim, existem direitos que só podem ser destinados a pessoas físicas, como a garantia do *habeas corpus*, que só pode beneficiar pessoas físicas (embora possa ser impetrado por pessoas jurídicas); **2**: correta. O respeito à dignidade humana, erigido a fundamento da República Federativa do Brasil (art. 1º, III, da CF) também impede a adoção de tratamento diferenciado entre as pessoas. Ou seja, é oponível em face do Estado e dos particulares; **3**: incorreta. A primeira parte está correta, pois a norma do art. 5º, XIII, da CF, é de eficácia contida (ou restringível), mas não precisa da atuação do legislador ordinário para que possa se tornar exercitável. As normas constitucionais de eficácia contida são de aplicabilidade imediata, embora possam vir a ser restringidas pelo legislador no futuro. Ao contrário, as normas de eficácia *limitada* precisam da intermediação do legislador para que possam ser aplicadas.

Gabarito "1E,2C,3E"

(Analista – MPU – 2010 – CESPE) A Constituição Federal de 1988 (CF) apresenta, em sua conformação estrutural, os elementos constitutivos do Estado, quais sejam, a soberania, a finalidade, o povo e o território. Nesse sentido, julgue os itens que se seguem, relacionados a esses elementos.

(1) As capacidades de auto-organização, autogoverno, autoadministração e autolegislação reconhecidas aos estados federados exemplificam a autonomia que lhes é conferida pela Carta Constitucional.

(2) Considerando que os direitos sejam bens e vantagens prescritos no texto constitucional e as garantias sejam os instrumentos que asseguram o exercício de tais direitos, a garantia do contraditório e da ampla defesa ocorre nos processos judiciais de natureza criminal de forma exclusiva.

1: correta. A Federação Brasileira difere um pouco do modelo clássico de federalismo, pois nela tanto União, como Estados-membros e também os Municípios, são autônomos. Vide art. 18, "*caput*", da CF. Segundo a doutrina, a autonomia é a capacidade de auto-organização (cada um dos entes federativos pode elaborar sua própria Constituição), autogoverno (garantia assegurada ao povo de escolher seus próprios dirigentes e de, por meio deles, editar leis) e autoadministração (capacidade assegurada aos estados de possuir administração própria, faculdade de dar execução às leis vigentes). Alguns autores falam, ainda, em autolegislação, capacidade de elaborar suas próprias leis, respeitados os limites e as competências fixadas na Constituição Federal; **2**: incorreta. A primeira parte está correta. Isso porque, embora a expressão "direitos e garantias" seja muito utilizada, a doutrina afirma que *direitos* correspondem aos benefícios previstos na norma constitucional, ao passo que as *garantias* dizem respeito aos instrumentos pelos quais se assegura o pleno exercício dos direitos. Daí porque, embora distintos, os conceitos são conexos. Entretanto, a garantia do contraditório e da ampla defesa não se destina exclusivamente aos processos criminais, aplicando-se aos processos em geral, inclusive administrativos. Vide art. 5º, LV, da CF.

Gabarito "1C,2E"

(Analista – MPU – 2004 – ESAF) Assinale a opção correta:

(A) Os direitos fundamentais, na ordem constitucional brasileira, não podem ter por sujeitos passivos pessoas físicas.

(B) Toda gravação de conversa telefônica sem autorização de autoridade judicial constitui prova ilícita.

(C) O Ministério Público tem o poder de, em procedimento de ordem administrativa, determinar a dissolução compulsória de associação que esteja sendo usada para a prática de atos nocivos ao interesse público.

(D) O direito de reunião em lugares abertos ao público não depende de prévia autorização de autoridade pública.

(E) A existência, num processo administrativo ou penal, de prova ilicitamente obtida contamina necessariamente todo o feito, tornando-o nulo.

A: incorreta. Os direitos fundamentais são oponíveis contra o Estado (eficácia vertical) e entre os próprios particulares (eficácia horizontal dos direitos fundamentais); **B**: incorreta. O art. 5º, XII, parte final, da CF, estabelece exceção à regra (por ordem judicial, nas hipóteses e na forma que a lei estabelecer, para fins de investigação criminal ou instrução processual penal). Além disso, pode ser utilizada em legítima defesa do interlocutor que participou da conversa e a gravou; **C**: incorreta, pois não reflete o disposto no art. 5º, XIX, da CF; **D**: correta, pois o art. 5º, XVI, da CF só exige prévia comunicação à autoridade competente para que sejam tomadas as providências necessárias para a organização da reunião; **E**: incorreta. A existência de provas ilícitas não anula todo o processo administrativo ou penal, mas tais provas não podem ser consideradas e não têm força probante, devendo ser retiradas dos autos. Importante observar que, se de uma prova ilícita decorreram outras provas, todas são consideradas ilícitas – as originárias e as derivadas –, o que o STF chama de "teoria dos frutos da árvore envenenada" (*fruits of the poisonous tree*).

Gabarito "D"

(Analista – MPU – 1999 – CESPE) As recentes reformas constitucionais impuseram significativas mudanças para os serviços públicos. Em relação a esse assunto, julgue os itens a seguir.

I. O novo teto de remuneração dos ocupantes de cargos, funções ou empregos da administração direta corresponde ao subsídio dos ministros do STF, mas as vantagens pessoais, não podem ser computadas para esse fim, como, por exemplo, os anuênios.

II. Reconheceu-se que a greve é um instrumento de pressão do trabalhador por aumento de salários, não fazendo sentido que os servidores públicos, que só podem ter sua remuneração revista por lei, mantivessem esse direito; assim suprimiu-se o direito de greve dos servidores públicos.

III. Todos os servidores públicos que ingressarem em cargos ou empregos da administração direta ou indireta no ano de 1999 serão aposentados com proventos integrais e preencherem as múltiplas condições estabelecidas pela Emenda Constitucional nº 20, entre elas, a de contar cinco anos no cargo ou emprego em que se dará a aposentadoria.

IV. Em caso de acumulação de um cargo técnico com um cargo de professor, poderá o servidor ser beneficiado com duas aposentadorias à conta do regime especial de previdência.

V. As normas relativas à reforma previdenciária dependem de regulamentação do Congresso Nacional. Por isso, os antigos servidores que venham a adquirir direito à aposentadoria com base nas regras antes vigentes poderão delas se beneficiar, até que sobrevenha a legislação infraconstitucional que permita a aplicação do novo sistema.

A quantidade de itens certos é igual a:

(A) 1.
(B) 2.
(C) 3.
(D) 4.
(E) 5.

I: incorreta. As vantagens pessoais incluem-se no cálculo do teto constitucional (art. 37, XI, da CF); II: incorreta. Os servidores públicos têm direito de greve (art. 37, VII, da CF), que deve ser exercido nos termos de lei específica (ainda não editada); III: incorreta. A EC 20/98 assegurou a aplicação das normas até então vigentes àqueles servidores que, na data da publicação da emenda, já haviam adquirido o direito à aposentadoria segundo as regras anteriores; IV: correta. Art. 37, XVI, *b* e §10, da CF; V: incorreta. Nem todas as normas referentes à Reforma da Previdência precisam de regulamentação pelo Congresso Nacional.
Gabarito "A"

(Analista – MPU – 2010 – CESPE) Julgue os itens a seguir, referentes ao Poder Judiciário e às funções essenciais à justiça.

(1) A CF assegura autonomia funcional, administrativa e financeira às defensorias públicas estaduais, por meio das quais o Estado cumpre o seu dever constitucional de garantir às pessoas desprovidas de recursos financeiros o acesso à justiça.

(2) De acordo com a CF, compete aos juízes federais processar e julgar os crimes políticos e as infrações penais praticadas em detrimento de bens, serviços ou interesse da União ou de suas entidades autárquicas

ou empresas públicas, excluídas as contravenções e ressalvadas as competências da justiça militar e da justiça eleitoral.

1: correta. Art. 134, "caput" e § 2º, da CF; 2: correta. Art. 109, IV, da CF.
Gabarito "1C,2C"

(Analista – MPU – 2004 – ESAF) Sobre processo legislativo e fiscalização contábil, financeira e orçamentária, marque a única opção correta.

(A) A matéria constante de proposta de emenda à constituição rejeitada ou havida por prejudicada não pode ser objeto de nova proposta na mesma sessão legislativa, salvo se a nova proposta for apoiada por um número de parlamentares superior ao exigido para a sua aprovação.

(B) Compete ao Tribunal de Contas da União apreciar, para fins de registro, a legalidade dos atos de concessão de aposentadorias, reformas ou pensões e as melhorias posteriores, ainda que essas melhorias não alterem o fundamento legal do ato concessório.

(C) O projeto de lei de iniciativa do presidente da República, em regime de urgência constitucional há mais de quarenta e cinco dias, uma vez aprovado na Câmara dos Deputados será revisto pelo Senado Federal, sobrestando, desde seu recebimento pelo Senado Federal, todas as demais deliberações dessa casa legislativa, até que se ultime a sua votação.

(D) As medidas provisórias que perderem sua eficácia por rejeição tácita ou expressa continuarão disciplinando as relações constituídas e decorrentes de atos praticados durante a sua vigência, se o Congresso Nacional não editar, até sessenta dias após a rejeição, um decreto legislativo disciplinando os efeitos da aplicação dessas medidas provisórias.

(E) Compete ao Tribunal de Contas da União comunicar ao Congresso Nacional os casos de ilegalidade de despesas apurados, a fim de que tome as providências necessárias para a aplicação aos responsáveis das sanções previstas em lei.

A: incorreta. O art. 60, § 5º, da CF não prevê exceções; B: incorreta, pois não reflete o disposto no art. 71, III, da CF; C: incorreta, pois não reflete o disposto no art. 64, §§ 1º a 4º, da CF; D: correta. Art. 62, § 11, da CF; E: incorreta, pois não reflete o disposto no art. 71, VIII, da CF.
Gabarito "D"

(FGV – 2015) A discussão a respeito das funções executiva, legislativa e judiciária parece se acirrar em torno dos limites do seu exercício pelos três tradicionais Poderes. Nesse sentido, sobre a estrutura adotada pela Constituição brasileira de 1988, assinale a afirmativa correta.

(A) O exercício da função legislativa é uma atribuição concedida exclusivamente ao Poder Legislativo, como decorrência natural de ser considerado o Poder que mais claramente representa o regime democrático.

(B) O exercício da função jurisdicional é atribuição privativa do Poder Judiciário, embora se possa dizer que o Poder Executivo, no uso do seu poder disciplinar, também faça uso da função jurisdicional.

(C) O exercício de funções administrativas, judiciárias e legislativas deve respeitar a mais estrita divisão de

3. DIREITO CONSTITUCIONAL   101

funções, não existindo possibilidade de que um Poder venha a exercer, atipicamente, funções afetas a outro Poder.

(D) A produção de efeitos pelas normas elaboradas pelos Poderes Legislativo e Executivo pode ser limitada pela atuação do Poder Judiciário, no âmbito de sua atuação típica de controlar a constitucionalidade ou a legalidade das normas do sistema.

A: incorreta. A função legislativa não é atribuição exclusiva do Poder Legislativo. Os demais poderes podem exercê-la de forma atípica, por exemplo, o Judiciário quando elabora os seus regimentos internos (art. 96, I, *a*, da CF) e o Executivo quando edita medida provisória (art. 62 da CF); **B:** incorreta. A função jurisdicional também pode ser exercida pelos demais poderes de forma atípica. Quando o Senado Federal julga o Presidente da República nas hipóteses de crime de responsabilidade (art. 85 da CF) está exercendo função jurisdicional, de forma atípica.

Também, o Executivo quando julga e aprecia os recursos administrativos exerce função jurisdicional, de forma atípica. A polêmica que existe é a seguinte: como as decisões do contencioso administrativo não estão acobertadas pela coisa julgada material, ou seja, podem ser revistas pelo Judiciário (art. 5º, XXXV, da CF), há quem entenda que a verificação de defesas e recursos administrativos pelo Executivo não teria caráter jurisdicional. O examinador não deu atenção a esse entendimento e a questão não foi anulada; **C:** incorreta. Conforme já mencionamos é possível o exercício de funções típicas e atípicas pelos os poderes. De fato, adotamos a tripartição de poderes sugerida por Montesquieu, mas de forma moderada, ou seja, admitindo o exercício atípico das funções, desde que autorizado pela Constituição; **D:** correta. De fato, o Judiciário pode limitar a produção de efeitos das normas elaboradas pelos Poderes Legislativo Executivo por meio do controle de constitucionalidade. Tal controle pode ser realizado pelas vias difusa (caso concreto) e concentrada (abstrato).

Gabarito "D"

4. DIREITO AMBIENTAL

Alice Satin e Roberta Densa

1. DIREITO AMBIENTAL CONSTITUCIONAL

(Analista Jurídico – MPE-AL – COPEVE-UFAL – 2012) A Constituição Federal tutela os interesses difusos e coletivos, entre os quais, o meio ambiente ecologicamente equilibrado. Assinale a opção incorreta. Para asseguras a sua efetividade incumbe ao Poder Público:

(A) exigir, na forma da lei, para instalação de obra ou atividade potencialmente causadora de significativa degradação do meio ambiente, estudo prévio de impacto ambiental, a que se dará publicidade.

(B) controlar a produção, a comercialização e o emprego de técnicas, métodos e substâncias que comportem risco para a vida, a qualidade de vida e o meio ambiente.

(C) promover a educação ambiental em todos os níveis de ensino e a conscientização pública para a preservação do meio ambiente.

(D) preservar e restaurar os processos ecológicos essenciais e prover o manejo ecológico das espécies e ecossistemas.

(E) preservar a diversidade e a integridade do patrimônio genético do País, mas não lhe cabe fiscalizar as entidades dedicadas à pesquisa e à manipulação de material genético.

A: correta, nos termos do art. 225, IV, da CF; **B:** correta, conforme art. 225, V, da CF; **C:** correta, conforme art. 225, VI, da CF; **D:** correta, conforme art. 225, I, da CF; **E:** incorreta (deve ser assinalada), pois, conforme o art. 225, II, da CF, incumbe ao Poder Público fiscalizar as entidades dedicadas à pesquisa e à manipulação de material genético.

Gabarito "E".

(Analista Ministerial Direito – MPE-AP – FCC – 2012) José é proprietário de uma fazenda em Porto Grande, interior do Amapá. Ocorre que, além de não produzir em seu latifúndio, José ainda utiliza de forma inadequada os recursos naturais disponíveis na terra. Diante do exposto, de acordo com a Constituição Federal brasileira, para fins de reforma agrária a fazenda:

(A) poderá ser desapropriada somente se comprovado que José seja proprietário de outro imóvel.

(B) não poderá ser desapropriada, pois se trata de propriedade de grande extensão territorial.

(C) poderá ser desapropriada, pois não cumpre sua função social.

(D) não poderá ser desapropriada, pois possui recursos naturais disponíveis, mesmo que estes estejam sendo utilizados de forma inadequada.

(E) não poderá ser desapropriada, pois não realiza atividade agrícola predatória, causadora de danos ao meio ambiente.

A: incorreta, pois a existência ou não de outra propriedade somente é analisada, para fins de desapropriação para a reforma agrária, nos casos de pequena e média propriedade, conforme o art. 185, I, da CF, e o enunciado indica tratar-se de um latifúndio; **B:** incorreta, pois a grande extensão territorial não é impedimento para desapropriação da propriedade rural; **C:** correta, pois, conforme autorizado pelo art. 184 da CF, o imóvel rural que não cumpre a função social poderá ser desapropriado para fins da reforma agrária, com o complemento do art. 186 da CF que elenca os elementos constituintes da função social: "Art. 186. A função social é cumprida quando a propriedade rural atende, simultaneamente, segundo critérios e graus de exigência estabelecidos em lei, aos seguintes requisitos: I - aproveitamento racional e adequado; II - utilização adequada dos recursos naturais disponíveis e preservação do meio ambiente; III - observância das disposições que regulam as relações de trabalho; IV - exploração que favoreça o bem-estar dos proprietários e dos trabalhadores."; **D:** incorreta, pois a existência de recursos naturais não impossibilita a desapropriação o imóvel rural para fins da reforma agrária. Em verdade, o artigo 185 da CF define as condições que tornam insuscetíveis a desapropriação: "Art. 185. São insuscetíveis de desapropriação para fins de reforma agrária: I - a pequena e média propriedade rural, assim definida em lei, desde que seu proprietário não possua outra; II - a propriedade produtiva."; **E:** incorreta, pois o enunciado descreve uma propriedade de grande extensão territorial, improdutiva e com utilização inadequada dos recursos naturais, portanto, descumprindo a função social descrita no art. 186 da CF.

Gabarito "C".

(Analista Ministerial Direito – MPE-AP – FCC – 2012) Vítor, empreiteiro autônomo, ao realizar a reforma de um galpão causa grande lesão ao meio ambiente. Diante dessa lesão, de acordo com a Constituição Federal brasileira, Vítor:

(A) estará sujeito a sanções penais e administrativas, independentemente da obrigação de reparar os danos causados.

(B) não estará sujeito a sanções penais e administrativas, pois estas cabem somente a pessoas jurídicas quando a infração seja cometida por decisão de seu representante legal.

(C) estará sujeito a sanções penais e administrativas somente se for condenado a reparar os danos causados na esfera cível.

(D) estará sujeito apenas à obrigação de reparar os danos causados na esfera cível, não cabendo sanções penais ou administrativas.

(E) não estará sujeito a sanções penais e administrativas, tampouco à reparação dos danos causados, tendo em vista não ter praticado ato ilícito, já que não agiu com dolo.

A: correta, por força art. 225, §3º, da CF: "As condutas e atividades consideradas lesivas ao meio ambiente sujeitarão os infratores, pessoas físicas ou jurídicas, a sanções penais e administrativas, independentemente da obrigação de reparar os danos causados."; **B:** incorreta, pois a legislação não restringe as sanções penais e administrativas somente às pessoas jurídicas; **C:** incorreta, já que as sanções penais e administrativas não estão vinculadas à reparação do dano, conforme determinado pelo art.. 225, §3º, da CF; **D:** incorreta, pois os causadores de dano ambiental responderão tanto na esfera civil, quanto nas esferas penal e administrativa (art. 225 §3º, da CF); **E:** incorreta, pois a responsabilidade ambiental prevista no ordenamento jurídico pátrio não pressupõe a análise de dolo ou culpa, razão pela qual se diz que a responsabilidade civil ambiental é objetiva (§ 1º do art. 14 da Lei 6.938/81, art. 3º da Lei 9.605/98 e art. 225, § 3º, da CF).

Gabarito "A".

(Analista Ministerial Direito – MPE-AP – FCC – 2012) Se, em observância a determinadas atividades nocivas que estivessem ocorrendo ao meio ambiente em Macapá, este município desejasse criar, através de lei, guardas municipais destinadas à fiscalização de tais atividades, a criação dessas guardas, de acordo com a Constituição do Estado do Amapá,

(A) não seria legítima, pois a competência para legislar sobre a proteção ambiental é somente da União e do Estados.

(B) não seria legítima, pois é de competência exclusiva da União legislar sobre a proteção ambiental.

(C) seria legítima, desde que houvesse intervenção do Estado decretada de ofício pelo Presidente da República.

(D) seria legítima, respeitadas as competências estadual e federal.

(E) não seria legítima, pois guardas municipais apenas podem ser criadas por meio de normas constitucionais estadual ou federal.

A: incorreta, pois de acordo com o art. 23, VI, da CF é competência comum a União, dos Estados, do Distrito Federal e dos Municípios proteger o meio ambiente e combater a poluição em qualquer de suas formas. **B:** incorreta, pois cabe ao Município legislar sobre assuntos de interesse local, e, no que couber, suplementar a legislação Federal e estadual, conforme art. 30, I e II, da CF; **C:** incorreta, pois não há previsão legal, que condicione à Decreto Presidencial a criação de guardas municipais para fiscalização de atividade nocivas ao meio ambiente; **D:** correta, conforme art. 23, VI, da CF. Neste sentido REsp 29.299/RS - 1994 do STJ: "Constitucional. Meio ambiente. Legislação municipal supletiva. Possibilidade. Atribuindo, a Constituição Federal, a competência comum à União, aos Estados e aos Municípios para proteger o meio ambiente e combater a poluição em qualquer de suas formas, cabe, aos Municípios, legislar supletivamente sobre a proteção ambiental, na esfera do interesse estritamente local. A legislação municipal, contudo, deve se constringir a atender às características próprias do território em que as questões ambientais, por suas particularidades, não contêm o disciplinamento consignado na lei federal ou estadual. A legislação supletiva, como é cediço, não pode ineficacizar os efeitos da lei que pretende suplementar."; **E:** incorreta, conforme art. 144, § 8º, da CF: "§ 8º - Os Municípios poderão constituir guardas municipais destinadas à proteção de seus bens, serviços e instalações, conforme dispuser a lei."

Gabarito "D".

2. LEI DE POLÍTICA NACIONAL DO MEIO AMBIENTE

(Analista de Promotoria I – Assistente Jurídico – MPE-SP – VUNESP – 2010) Sobre a estrutura do Sistema Nacional do Meio Ambiente (SISNAMA), é correto afirmar que caberá:

(A) ao órgão central, formado pela Secretaria do Meio Ambiente da Presidência da República, planejar, coordenar, supervisionar e controlar a política nacional e diretrizes governamentais fixadas para o meio ambiente.

(B) ao órgão superior, formado pelo CONAMA (Conselho Nacional do Meio Ambiente), propor e estudar diretrizes e políticas governamentais para o meio ambiente.

(C) ao órgão executor, formado pelo Conselho do Governo, a função de assessorar o Presidente da República na formulação da política nacional para o meio ambiente e recursos ambientais.

(D) aos órgãos seccionais, compostos basicamente pelo Instituto Brasileiro do Meio Ambiente e dos Recursos Naturais, executar e fazer executar como órgão federal, as políticas e diretrizes fixadas para o meio ambiente.

(E) ao órgão executor, composto pelos órgãos municipais, controlar e verificar a correta execução das políticas ambientais.

A: correta, conforme art. 6º, III da PNMA - Lei 6.938/81: "Art. 6º Os órgãos e entidades da União, dos Estados, do Distrito Federal, dos Territórios e dos Municípios, bem como as fundações instituídas pelo Poder Público, responsáveis pela proteção e melhoria da qualidade ambiental, constituirão o Sistema Nacional do Meio Ambiente - SISNAMA, assim estruturado: III - órgão central: a Secretaria do Meio Ambiente da Presidência da República, com a finalidade de planejar, coordenar, supervisionar e controlar, como órgão federal, a política nacional e as diretrizes governamentais fixadas para o meio ambiente."; **B:** incorreta, já que o órgão superior do SISNAMA é "o Conselho de Governo, com a função de assessorar o Presidente da República na formulação da política nacional e nas diretrizes governamentais para o meio ambiente e os recursos ambientais;", conforme art. 6º, I da PNMA; **C:** incorreta, pois conforme o texto do art. 6º, IV da PNMA são órgãos executores do SISNAMA o Instituto Brasileiro do Meio Ambiente e dos Recursos Naturais Renováveis - IBAMA e o Instituto Chico Mendes de Conservação da Biodiversidade - Instituto Chico Mendes; **D:** incorreta, pois o órgãos seccionais do SISNAMA são os órgãos ou entidades estaduais responsáveis pela execução de programas, projetos e pelo controle e fiscalização de atividades capazes de provocar a degradação ambiental, conforme art. 6º, V da PNMA; **E:** incorreta, já que os órgãos executores do SISNAMA são compostos por órgãos federais, conforme art. 6º, IV da PNMA.

Gabarito "A".

(Analista – MPE-SE – FCC – 2013) Os órgãos e entidades da União, dos Estados, do Distrito Federal e dos Municípios, bem como as fundações instituídas pelo Poder Público, responsáveis pela proteção e melhoria da qualidade ambiental, constituirão o Sistema Nacional do Meio Ambiente – SISNAMA. Inclui-se nessa estrutura,

(A) o órgão superior composto pela Secretaria do Meio Ambiente da Presidência da República, com a finalidade de planejar, supervisionar e controlar, como órgão federal, a política nacional e as diretrizes governamentais fixadas para o meio ambiente.

(B) o órgão consultivo e deliberativo composto pelo Conselho de Governo, com a função de assessorar o Presidente da República na formulação da política nacional e nas diretrizes governamentais para o meio ambiente e os recursos ambientais.

(C) o órgão central composto pelo Instituto Brasileiro do Meio Ambiente e dos Recursos Naturais Renováveis, com a finalidade de executar e fazer executar, como órgão federal, a política e diretrizes governamentais fixadas para o meio ambiente.

(D) o órgão executor composto pelos órgãos ou entidades municipais, responsáveis pelo controle e fiscalização dessas atividades, nas suas respectivas jurisdições.

(E) os órgãos seccionais compostos pelos órgãos ou entidades estaduais responsáveis pela execução de programas, projetos e pelo controle e fiscalização de atividades capazes de provocar a degradação ambiental.

A: incorreta, conforme art. 6°, I da PNMA - Lei 6.938/81, o órgão superior do SISNAMA é composto pelo conselho do governo e tem a função de assessorar o Presidente da República na formulação da política nacional e nas diretrizes governamentais para o meio ambiente e os recursos ambientais; **B:** incorreta, pois o órgão consultivo e deliberativo do SISNAMA é o Conselho Nacional do Meio Ambiente (CONAMA), conforme determinado pelo art. 6°, II da PNMA; **C:** incorreta, pois o órgão central é composto pela Secretaria do Meio Ambiente da Presidência da República, e não pelo Instituto Brasileiro do Meio Ambiente, conforme a letra do art. 6°, III da PNMA; **D:** incorreta, já que os órgãos executores de que trata o art. 6°, IV da PNMA - Lei 6938/81 são os órgãos federais Ibama e instituto Chico Mendes; **E:** correta, conforme art. 6°, V da Política Nacional do Meio Ambiente: "V - Órgãos Seccionais: os órgãos ou entidades estaduais responsáveis pela execução de programas, projetos e pelo controle e fiscalização de atividades capazes de provocar a degradação ambiental".
Gabarito "E".

(Analista Ministerial Direito – MPE-AP – FCC – 2012) De acordo com a Lei n° 6.938/81, o Sistema Nacional do Meio Ambiente – SISNAMA possui o Conselho Nacional do Meio Ambiente – CONAMA em sua estrutura como órgão:

(A) superior, com a finalidade de planejar, coordenar, supervisionar e controlar, como órgão federal, a política nacional e as diretrizes governamentais fixadas para o meio ambiente.

(B) consultivo e deliberativo, com a finalidade de assessorar, estudar e propor ao Conselho de Governo, diretrizes de políticas governamentais para o meio ambiente e os recursos naturais e deliberar, no âmbito de sua competência, sobre normas e padrões compatíveis com o meio ambiente ecologicamente equilibrado e essencial à sadia qualidade de vida.

(C) central, com a função de assessorar o Presidente da República na formulação da política nacional e nas diretrizes governamentais para o meio ambiente e os recursos ambientais.

(D) executor, com a finalidade de executar e fazer executar, como órgão federal, a política e diretrizes governamentais fixadas para o meio ambiente.

(E) seccional, com a responsabilidade de divulgar anualmente o Relatório de Qualidade do Meio Ambiente, bem como de administrar o Cadastro Técnico Federal de Atividades e Instrumentos de Defesa Ambiental, além do Cadastro Técnico Federal de Atividades Potencialmente Poluidoras ou Utilizadoras de Recursos Ambientais.

A: incorreta, pois, conforme art. 6°, I da PNMA, o órgão superior do SISNAMA é composto pelo conselho do Governo.; **B:** correta, já que o órgão consultivo e deliberativo do SISNAMA é composto pelo Conselho Nacional do Meio Ambiente (CONAMA), conforme determinado pelo art. 6°, II da PNMA; **C:** incorreta, pois o órgão central é a Secretaria do Meio Ambiente da Presidência da República, conforme art. 6°, III da PNMA - Lei 6.938/81; **D:** incorreta, já que os órgãos executores do SISNAMA são o IBAMA e o Instituto Chico Mendes, por força do art. 6°, IV da PNMA; **E:** incorreta, pois o órgão seccional são os órgãos ou entidades estaduais responsáveis pela execução de programas, conforme art. 6°, V da Política Nacional do Meio Ambiente.
Gabarito "B".

(CESPE – 2008) São instrumentos da Política Nacional do Meio Ambiente:

I. o estabelecimento de padrões de qualidade ambiental e o zoneamento ambiental.

II. a avaliação de impacto ambiental e o licenciamento e a revisão de atividades efetivamente ou potencialmente poluidoras.

III. os incentivos à produção e instalação de equipamentos e a criação ou absorção de tecnologia, voltados para a melhoria da qualidade ambiental e a criação de espaços territoriais especialmente protegidos pelo poder público federal, estadual e municipal, tais como áreas de proteção ambiental de relevante interesse ecológico e reservas extrativistas.

Assinale a opção correta.

(A) Apenas os itens I e II estão certos.
(B) Apenas os itens I e III estão certos.
(C) Apenas os itens II e III estão certos.
(D) Todos os itens estão certos.

I: art. 9°, I e II, da Lei 6.938/81; **II:** art. 9°, III e IV, da Lei 6.938/81; art. 9°, V e VI, da Lei 6.938/81.
Gabarito "D".

3. INSTRUMENTOS DE PROTEÇÃO DO MEIO AMBIENTE

(Analista Ministerial Direito – MPE-AP – FCC – 2012) A Construtora RS possui como projeto a construção de um estabelecimento que, para o seu funcionamento, precisará utilizar recursos ambientais capazes de causar degradação ambiental. Dessa forma, de acordo com a Lei n° 6.938/81, referida construção:

(A) não dependerá de prévio licenciamento ambiental, pois este somente é necessário se a atividade for potencialmente poluidora.

(B) dependerá de prévio licenciamento ambiental, já que utilizará recursos ambientais capazes, sob qualquer forma, de causar degradação ambiental.

(C) não dependerá de prévio licenciamento ambiental, pois trata-se de construção e o licenciamento ambiental somente é necessário quando há a ampliação de estabelecimentos que causar degradação ambiental.

(D) dependerá de prévio licenciamento ambiental apenas se a atividade for efetivamente poluidora.

(E) dependerá de prévio licenciamento ambiental apenas se o proprietário limitar o uso de toda a sua propriedade para preservar os recursos ambientais.

A: incorreta, pois, para atividades potencialmente poluidoras, far-se-á necessário o estudo prévio de impacto ambiental, conforme art. 225 IV, da CF; **B:** correta, conforme determinado pela PNMA - Lei 6.938/81 em seu art. 10: "A construção, instalação, ampliação e funcionamento de estabelecimentos e atividades utilizadores de recursos ambientais, efetiva ou potencialmente poluidores ou capazes, sob qualquer forma, de causar degradação ambiental dependerão de prévio licenciamento ambiental."; **C:** incorreta, pois o texto da lei não exige o licenciamento somente para ampliação de estabelecimento que causar degradação ambiental; **D:** incorreta, pois o licenciamento ambiental é obrigatório em qualquer atividade utilizadora de recursos naturais; **E:** incorreta, já que o licenciamento independe de limitação do uso da propriedade.
Gabarito "B".

3.1. UNIDADES DE CONSERVAÇÃO

(Analista – MPE-SE – FCC – 2013) A Área de Proteção Ambiental é uma área em geral extensa, com um certo grau de ocupação humana, dotada de atributos abióticos, bióticos, estéticos ou culturais especialmente importantes para a qualidade de vida e o bem-estar das populações humanas, e tem como objetivos básicos proteger a diversidade biológica, disciplinar o processo de ocupação e assegurar a sustentabilidade do uso dos recursos naturais. Diante disso, é INCORRETO afirmar que:

(A) a Área de Proteção Ambiental é constituída por terras públicas ou privadas.

(B) a Área de Proteção Ambiental não comporta utilização, ainda que inserida em propriedade privada.

(C) as condições para a realização de pesquisa científica e visitação pública nas áreas sob domínio público serão estabelecidas pelo órgão gestor da unidade.

(D) a Área de Proteção Ambiental disporá de um Conselho presidido pelo órgão responsável por sua administração e constituído por representantes dos órgãos públicos, de organizações da sociedade civil e da população residente, conforme dispuser o regulamento.

(E) constitui, junto com a Reserva de Desenvolvimento Sustentável, a Reserva Particular do Patrimônio Natural, a Área de Relevante Interesse Ecológico, a Floresta Nacional, a Reserva Extrativista e a Reserva de Fauna o Grupo das Unidades de Uso Sustentável.

A: correta, tal qual determinado pelo art. 15, §1º da Lei 9.985/2000; **B:** incorreta (esta deve ser assinalada), já que o "caput" do art. 15 da Lei 9.985/2000 inclui na definição de área de proteção ambiental aquela com certo grau de ocupação humana e tem como um dos objetivos assegurar a sustentabilidade do uso dos recursos naturais; **C:** correta, por força art. 15, §3º da Lei 9.985/2000; **D:** correta, por força art. 15, §5º da Lei 9.985/2000; **E:** correta, conforme art. 14 da Lei 9.985/2000.
Gabarito "B".

4. RESPONSABILIDADE PENAL AMBIENTAL

(Analista de Promotoria I – Assistente Jurídico – MPE-SP – VUNESP – 2010) O processo administrativo para apuração de infração ambiental deve observar os seguintes prazos:

(A) trinta dias para o infrator oferecer defesa ou impugnação contra o auto de infração, contados da data da ciência da autuação.

(B) vinte dias para o infrator oferecer defesa ou impugnação contra o auto de infração, contados da data da ciência da autuação

(C) dez dias para a autoridade competente julgar o auto de infração, contados da data da sua lavratura, apresentada ou não a defesa ou impugnação.

(D) vinte dias para a autoridade competente julgar o auto de infração, contados da data da sua lavratura, apresentada ou não a defesa ou impugnação.

(E) quinze dias para o pagamento de multa, contados da data do recebimento da notificação.

A: incorreta, já que o prazo para o infrator oferecer defesa ou impugnação contra o auto de infração é de trinta dias contados da data da ciência da autuação, conforme art. 71, I da Lei 9.605/98; **B:** correta, conforme art. 71, I da Lei 9.605/98; **C:** incorreta, pois é de trinta dias

o prazo para a autoridade competente julgar o autor de infração, por força do art. 71, II da Lei 9.605/98; **D:** incorreta, conforme art. 71, IV da referida lei; **E:** incorreta, pois o prazo para o pagamento da multa é de cinco dias, conforme art. 71, da Lei 9.605/98.
Gabarito "B".

5. RESÍDUOS SÓLIDOS

(Analista Processual Direito – MPE-AC – FMP – 2013) Com base no disposto na Lei nº 12.305/2012, que institui a Política Nacional dos Resíduos Sólidos, assinale a alternativa correta.

(A) Logística reversa é o instrumento de desenvolvimento econômico e social caracterizado por um conjunto de ações, procedimentos e meios destinados a viabilizar a coleta e a restituição dos resíduos sólidos ao setor empresarial, para reaproveitamento, em seu ciclo ou em outros ciclos produtivos, ou outra destinação final ambientalmente adequada.

(B) Rejeitos são os resíduos sólidos que, depois de esgotadas todas as possibilidades de tratamento e recuperação por processos tecnológicos disponíveis e economicamente viáveis, não apresentem outra possibilidade que não a destinação final ambientalmente adequada.

(C) Destinação final ambientalmente adequada é a distribuição ordenada de rejeitos em aterros, observadas as normas operacionais específicas de modo a evitar danos ou riscos à saúde pública, à segurança e a minimizar os impactos ambientais adversos.

(D) Por Área Órfã Contaminada entende-se a área contaminada (local onde há contaminação causada pela disposição, regular ou irregular, de qualquer substância ou resíduo) cujos responsáveis pela disposição não estejam identificados ou individualizados.

(E) Geradores de resíduos sólidos são as pessoas físicas ou jurídicas, de direito público ou privado, que geram resíduos por meio de suas atividades, nelas excluindo-se o consumo.

A: correta, conforme art. 3º, XII da PNRS - Lei 12.305/2012; **B:** incorreta, já que o art. 3º, XV da PNRS trata da disposição final do resíduo não recuperável, enquanto a questão fala de destinação; **C:** incorreta, já que, segundo o art. 3º, VII da PNRS, entende-se por destinação final aquela dada aos resíduos "que inclui a reutilização, a reciclagem, a compostagem, a recuperação e o aproveitamento energético ou outras destinações admitidas pelos órgãos competentes do Sisnama, do SNVS e do Suasa, entre elas a disposição final, observando normas operacionais específicas de modo a evitar danos ou riscos à saúde pública e à segurança e a minimizar os impactos ambientais adversos"; **D:** incorreta, já que o enunciado trata de responsáveis identificados ou individualizados, porquanto o art. 3º, III da PNRS define como "área órfã contaminada: área contaminada cujos responsáveis pela disposição não sejam identificáveis ou individualizáveis"; **E:** incorreta, pois dentre os geradores de resíduos sólidos também está incluído o consumo, conforme determinado pelo art. 3º, IX da PNRS.
Gabarito "A".

5. Direito do Consumidor

Wander Garcia e Roberta Densa

1. VÍCIO DO PRODUTO OU SERVIÇO

(Analista de Promotoria I – Assistente Jurídico – MPE–SP – IBFC – 2013)
Acerca das disposições do Código de Proteção e Defesa do Consumidor (Lei Federal n° 8.078/90), assinale a alternativa CORRETA:

(A) Em caso de vício não sanado no prazo máximo de trinta dias, pode o consumidor, exigir, nessa ordem: substituição do produto por outro da mesma espécie; restituição imediata da quantia paga; abatimento proporcional do preço.

(B) O fornecedor poderá colocar no mercado de consumo produto ou serviço que sabe apresentar alto grau de nocividade ou periculosidade à saúde ou segurança, todavia, deverá informar, de maneira ostensiva e adequada, a respeito da sua nocividade ou periculosidade, sem prejuízo da adoção de outras medidas cabíveis em cada caso concreto.

(C) O juiz poderá desconsiderar a personalidade jurídica da sociedade quando, em detrimento do consumidor, houver abuso de direito, excesso de poder, infração da lei, fato ou ato ilícito ou violação dos estatutos ou contrato social. A desconsideração também será efetivada quando houver falência, estado de insolvência, encerramento ou inatividade da pessoa jurídica provocados por má administração.

(D) O fabricante será responsabilizado por dano decorrente de seu produto, ainda que prove que não o colocou no mercado.

(E) A ignorância do fornecedor sobre os vícios de qualidade por inadequação dos produtos e serviços o exime de responsabilidade.

A: incorreta, pois a ordem de exigência não é fixa, de modo que o consumidor pode exigir qualquer uma das três hipóteses alternadamente e à sua escolha (art. 18, §1,° do CDC); B: incorreta, pois o fornecedor *não* poderá colocar no mercado de consumo produto ou serviço que sabe ou deveria saber apresentar alto grau de nocividade ou periculosidade à saúde ou segurança (art. 10, "caput", do CDC); C: correta (art. 28, "caput", do CDC); D: incorreta, pois o fabricante *não* será responsabilizado por dano decorrente de seu produto quando provar que não colocou o produto no mercado (art. 12, §3°, I, do CDC); E: incorreta, pois a ignorância do fornecedor sobre os vícios de qualidade por inadequação dos produtos e serviços *não* o exime de responsabilidade (art. 23 do CDC).
Gabarito "C".

(Analista Processual Direito – MPE–AC – FMP – 2013) Com base no disposto no Código de Defesa do Consumidor sobre os regimes de responsabilidade pelo fato e pelo vício do produto e do serviço, assinale a alternativa correta.

(A) Na responsabilidade pelo fato, o produto é considerado defeituoso em razão de outro de melhor qualidade ter sido colocado no mercado, tornando o anterior obsoleto e, portanto, frustrante às legítimas expectativas do consumidor.

(B) O fornecedor de serviços, na responsabilidade pelo fato, responde independentemente da existência de culpa pela reparação dos danos causados aos consumidores por informações insuficientes ou inadequadas sobre sua fruição e riscos.

(C) A inexistência do defeito não é causa de isenção de responsabilidade pelo fato do produto, salvo se o fabricante, o construtor, o produtor ou o importador provarem que não o colocaram no mercado.

(D) Tratando-se de produto essencial, o consumidor poderá exigir, à sua escolha, decorridos 7 dias sem que o vício seja sanado pelo fornecedor, a sua substituição, a restituição imediata da quantia paga ou o abatimento proporcional do preço.

(E) A ignorância do fornecedor sobre os vícios de qualidade por inadequação dos produtos e serviços são causas de exclusão da sua responsabilidade, desde que reste por ele cabalmente provada.

A: incorreta, pois o produto não é considerado defeituoso pelo fato de outro de melhor qualidade ter sido colocado no mercado (art. 12, §2°, do CDC); B: correta (art. 14, "caput", do CDC); C: incorreta, pois o fabricante, o construtor, o produtor ou importador só não será responsabilizado quando provar que, embora *haja colocado o produto no mercado*, o defeito inexiste (art. 12, §3°, II, do CDC); D: incorreta, pois tratando-se de produto essencial, o consumidor poderá fazer uso dessas alternativas imediatamente (art. 18, §3°, do CDC); E: incorreta, pois a ignorância do fornecedor sobre os vícios de qualidade por inadequação dos produtos e serviços não o exime de responsabilidade (art. 23 do CDC).
Gabarito "B".

(Analista Jurídico – MPE-AL - COPEVE-UFAL – 2012) Marque a opção correta.

(A) O conceito de fornecedor abarca o comerciante, o fabricante e o produtor, que responderão solidariamente no caso de danos ao consumidor.

(B) Os produtos perigosos não são considerados viciados.

(C) Os produtos e serviços colocados no mercado de consumo não acarretarão riscos à saúde ou segurança dos consumidores, exceto os considerados normais e previsíveis em decorrência de sua natureza e fruição. Nessa hipótese, não se obriga o fornecedor a prestar informações a seu respeito nos casos em que o risco à saúde ou segurança do consumidor seja perceptível.

(D) Os vícios aparentes não são considerados vícios passíveis de responsabilização do fornecedor, já que o consumidor possui o dever de examinar o produto antes de adquiri-lo.

(E) O vício oculto no CDC possui prazo máximo para aparecimento de trinta dias para produtos não duráveis e de noventa dias para produtos duráveis.

A: incorreta, pois o comerciante não está incluído no conceito de fornecedor num primeiro momento, de modo que ele apenas terá responsabilidade se o fabricante, o construtor, o produtor ou o importador não puderem ser identificados, o produto for fornecido sem identificação clara do seu fabricante, produtor, construtor ou importador ou quando não conservar adequadamente os produtos perecíveis.(art. 13 do CDC); B: correta, pois o perigo é apenas uma características inerente do produto, de modo que é perfeitamente possível que o produto seja perigoso, mas não tenha vícios. A depender do grau de periculosidade, o produto pode ser considerado impróprio para o consumo (art. 18, §6º, II, do CDC). De outra parte, se a periculosidade for baixa, mas ele for considerado perigoso, o fornecedor deverá informar, de maneira ostensiva e adequada, a respeito da sua nocividade ou periculosidade, sem prejuízo da adoção de outras medidas cabíveis em cada caso concreto (art. 9º do CDC); C: incorreta, pois os fornecedores ficam obrigados, em qualquer hipótese a dar as informações necessárias e adequadas a respeito do produto ou serviço (art. 8º, "caput", do CDC); D: incorreta, pois o consumidor tem todo o direito de reclamar por vícios aparentes, sendo que, em se tratando de produto durável o prazo é de 90 dias e produto não durável, o prazo é de 30 dias (art. 26 do CDC); E: incorreta, pois o vício oculto no CDC não tem prazo máximo para se manifestar, de modo que quando se manifestar, o prazo decadencial para reclamar inicia-se no momento em que ficar evidenciado o defeito (art. 26, §3º, do CDC).

Gabarito "B".

(Analista de Promotoria I – Assistente Jurídico – MPE-SP – VUNESP– 2010) João comprou um automóvel zero quilômetro, sendo que com um dia de uso, o motor incendiou, sem causar nenhuma lesão a ninguém, apenas indisponibilizando o uso do bem adquirido.

O fornecedor, diante do problema apresentado, deverá:

(A) valer-se do prazo de sanação do vício, a saber, 90 dias, e caso não seja possível a reparação do dano, deverá permitir que o consumidor escolha, alternativamente, se pretende a troca do bem por outro da mesma espécie em perfeitas condições de uso, ou a restituição da quantia paga devidamente corrigida, ou o abatimento no preço ajustado.

(B) valer-se do prazo de sanação do vício, a saber, 30 dias, e caso não seja possível a sua reparação, deverá determinar ao consumidor a escolha de outro bem da mesma espécie em perfeitas condições de uso.

(C) permitir que imediatamente o consumidor escolha, alternativamente, se pretende a troca do bem por outro da mesma espécie em perfeitas condições de uso, ou a restituição da quantia paga corrigida monetariamente, ou o abatimento proporcional no preço ajustado.

(D) permitir que em 30 dias o consumidor escolha, alternativamente, apenas se pretende a troca do bem por outro da mesma espécie em perfeitas condições de uso ou a restituição da quantia paga corrigida monetariamente.

(E) valer-se do prazo de sanação do vício, a saber, 5 anos, e caso não seja possível a reparação do dano, permitirá que o consumidor escolha, alternativamente, se pretende a troca do bem por outro da mesma espécie em perfeitas condições de uso, ou a restituição da quantia paga devidamente corrigida, ou o abatimento no preço ajustado.

A: incorreta, pois o prazo correto para que o vício seja sanado é de trinta dias (art. 18, §1º, do CDC); B: incorreta, pois o fornecedor não poderá determinar essa solução ao consumidor. O art. 18, §1º CDC prevê que o consumidor pode escolher, alternativamente, quaisquer das soluções previstas nos incisos I, II e III; C: correta, pois está exatamente nos termos do art. 18, §1º, I, II e III, do CDC; D: incorreta, pois o consumidor ainda pode escolher o abatimento proporcional do preço (art. 18, §1º, III, do CDC); E: incorreta, pois o prazo é de trinta dias (art. 18, §1º, do CDC).

Gabarito "C".

(Analista Ministerial Especialista – Ciências Jurídicas – MPE-TO – UFT-COPESE – 2010) Os fornecedores respondem solidariamente pelos vícios de quantidade do produto sempre que, respeitadas as variações decorrentes de sua natureza, seu conteúdo líquido for inferior às indicações constantes do recipiente, da embalagem, rotulagem ou de mensagem publicitária, podendo o consumidor exigir, alternativamente e à sua escolha, exceto:

(A) O abatimento proporcional do preço.

(B) Complementação do peso ou medida.

(C) A substituição imediata do produto por outro da mesma espécie, marca ou modelo, não podendo ser cobrado do consumidor a diferença de preço.

(D) A restituição imediata da quantia paga, monetariamente atualizada, sem prejuízo de eventuais perdas e danos.

A: incorreta, pois o consumidor pode exigir o abatimento proporcional do preço (art. 19,I, do CDC); B: incorreta, pois o consumidor pode exigir a complementação do peso ou medida (art. 19, II, do CDC); C: correta, pois o CDC não prevê que não pode ser cobrado do consumidor a diferença de preço (art. 18, §4º, do CDC); D: incorreta, pois o consumidor pode exigir a restituição imediata da quantia paga, monetariamente atualizada, sem prejuízo de eventuais perdas e danos (art. 19, IV, do CDC).

Gabarito "D".

2. PRESCRIÇÃO E DECADÊNCIA

(Analista – MPE-SE – FCC – 2013) Quanto à decadência e à prescrição no Código de Defesa do Consumidor, é correto afirmar:

(A) O direito de reclamar pelos vícios aparentes ou de fácil constatação caduca em 30 dias, tratando-se de fornecimento de serviço e de produtos duráveis.

(B) O direito de reclamar pelos vícios aparentes ou de fácil constatação caduca em 90 dias, tratando-se de fornecimento de serviço e de produtos não duráveis.

(C) A instauração de inquérito civil obsta a decadência desde que celebrado termo de ajustamento de conduta.

(D) Inicia-se a contagem do prazo decadencial a partir da entrega efetiva do produto ou do término da execução dos serviços.

(E) Tratando-se de vício oculto, o prazo decadencial inicia- se no momento em que o consumidor notificar o fabricante.

A: incorreta, pois esse prazo se aplica para produtos e serviços não duráveis (art. 26, I, do CDC); B: incorreta, pois esse prazo se aplica para serviços e produtos duráveis (art. 26, II, do CDC); C: incorreta, pois o CDC não traz como requisito para obstar a decadência a celebração do termo de ajustamento de conduta (art. 26, §2º, III, do CDC); D: correta (art. 26, §1º, do CDC); E: incorreta, pois em se tratando de vício oculto o prazo inicia-se no momento em que ficar evidenciado e defeito (art. 26, §3º).

Gabarito "D".

(Analista Jurídico – MPE-PA - FADESP – 2012) O direito de reclamar pelos vícios aparentes ou de fácil constatação caduca em:

(A) noventa dias, tratando-se de fornecimento de serviço e de produtos não duráveis.

(B) trinta dias, tratando-se de fornecimento de serviço e de produtos duráveis.

5. DIREITO DO CONSUMIDOR — 109

(C) trinta dias, tratando-se de fornecimento de serviço e de produtos não duráveis.

(D) quarenta dias, tratando-se de fornecimento de serviço e de produtos duráveis.

A: incorreta, pois esse prazo se aplica para produtos e serviços duráveis (art. 26, II, do CDC); B: incorreta, pois esse prazo se aplica para serviços e produtos não duráveis (art. 26, I, do CDC); C: correta (art. 26, I, do CDC); D; incorreta, em se tratando de produtos e serviços duráveis o prazo é de noventa dias (art. 26, II, do CDC).

Gabarito "C".

3. CONTRATOS

(Analista de Promotoria I – Assistente Jurídico – MPE–SP – IBFC – 2013)
"Boa Ideia Ltda.", pessoa jurídica regularmente constituída, contrata a prestação de serviços de telefonia da empresa "Liga Pra Mim S/A". Considerando a existência de cláusulas abusivas nesse contrato, o Código de Defesa do Consumidor determina que:

(A) São anuláveis as cláusulas contratuais que impossibilitem, exonerem ou atenuem a responsabilidade do fornecedor por vícios de qualquer natureza dos serviços.

(B) Não se aplicam as regras de proteção previstas na Lei n° 8.078/1990, pois pessoa jurídica não se enquadra no conceito de consumidor.

(C) É dever do representante legal da pessoa jurídica consumidora requerer à entidade que o represente ou ao Ministério Público que ajuíze a competente ação para ser declarada a nulidade de cláusula contratual que não assegure o justo equilíbrio entre direitos e obrigações das partes.

(D) São nulas as cláusulas contratuais que atenuem a responsabilidade do fornecedor por defeitos de qualquer natureza dos serviços. Entretanto, a indenização deverá ser aquela pactuada no respectivo instrumento.

(E) São nulas de pleno direito, as cláusulas contratuais que impossibilitem, exonerem ou atenuem a responsabilidade do fornecedor por vícios de qualquer natureza dos serviços. Entretanto, a indenização poderá ser limitada, em situações justificáveis.

A: Incorreta, pois referidas cláusulas são consideradas *nulas* (art. 51, I, do CDC); B: incorreta, pois consumidor é toda pessoa física ou *jurídica* que adquire ou utiliza produto ou serviço como destinatário final (art. 2°, "caput", do CDC); C: incorreta, pois é facultado a *qualquer consumidor* ou entidade que o represente requerer ao Ministério Público que ajuíze a competente ação para ser declarada a nulidade da cláusula contratual que contrarie o disposto no CDC ou de qualquer forma não assegure o justo equilíbrio entre os direitos e obrigações das partes (art. 51, §4°, do CDC); D: incorreta, pois são nulas as cláusulas contratuais que atenuem a responsabilidade do fornecedor por *vícios* de qualquer natureza dos produtos e serviços, sendo que, no caso de consumidor pessoa jurídica, a indenização poderá ser limitada em situações justificáveis (art. 51, I, do CDC); E: correta (art. 51, I, do CDC).

Gabarito "E".

(Analista de Promotoria I – Assistente Jurídico – MPE-SP – VUNESP 2010)
Alberto recebeu em sua casa, sem que houvesse pedido, uma apostila para estudos voltados aos concursos públicos, que chegou acompanhada de um CD cujo conteúdo eram questões para treino de seus conhecimentos. Anexo ao pacote, estava um aviso dizendo que se a embalagem fosse violada, o consumidor deveria pagar o boleto no valor de R$ 100,00 e, ainda, se o bem não fosse devolvido em 30 dias a contar do recebimento, considerar-se-ia utilizado o produto, nascendo a obrigação de pagar por ele. Da análise do fato descrito, é correto afirmar:

(A) Alberto pode se valer do bem enviado, sem nada pagar por ele, vez que são considerados amostra grátis os bens entregues sem solicitação do consumidor.

(B) se Alberto usar o produto, deverá pagar o boleto, tendo em vista que a empresa informou-o sobre o ônus em violar a embalagem do bem enviado.

(C) a empresa que enviou o produto poderá lançar o nome de Alberto no rol dos maus pagadores, caso não haja devolução do bem no prazo estipulado, observando-se o principio da boa-fé objetiva que rege as relações de consumo.

(D) Alberto pode se valer do bem enviado, sem nada pagar por ele. Porém, para que seu nome não seja indevidamente remetido ao rol dos maus pagadores, deverá informar o fornecedor, por escrito, sobre a não devolução do produto.

(E) a empresa poderá cobrar Alberto em juízo pelo não pagamento do boleto enviado, alegando enriquecimento ilícito do consumidor que se utilizou do produto e não pagou por ele.

A: correta, pois é considerado prática abusiva enviar ou entregar ao consumidor, sem solicitação prévia, qualquer produto, ou fornecer qualquer serviço. Nesta hipótese, o serviço prestado ou o produto entregue ao consumidor equipara-se a amostra grátis, inexistindo obrigação de pagamento (art. 39, III e parágrafo único, do CDC); B: incorreta, pois não é possível que o pagamento seja exigido, uma vez que o CDC é expresso no sentido de que não existe obrigação para pagamento neste caso (art. 39, parágrafo único, do CDC); C: incorreta, pois o consumidor não é obrigado a devolver o bem, uma vez que sequer o solicitou. Considerando que a apostila é tida como amostra grátis, o consumidor adquire sua propriedade, e a lei legitima essa aquisição independentemente de pagamento. Logo não há falar-se na inserção do nome no rol de maus pagadores, sobre o pretexto de prestigiar a boa fé objetiva (art. 39, I e parágrafo único, do CDC); D: incorreta, pois Alberto pode se valer do bem enviado, sem nada pagar por ele, independentemente de notificar ao fornecedor para que seu nome não seja inserido no rol de maus pagadores, pois a lei lhe assegura esse direito (art. 39, parágrafo único, do CDC); E: incorreta, pois não há interesse de agir neste caso, uma vez que está expressa na lei a consequência para esse tipo de situação, isto é, o CDC já prevê que na hipótese em tela não há obrigação para pagamento (art. 39, parágrafo único, do CDC).

Gabarito "A".

(Analista de Promotoria I – Assistente Jurídico – MPE-SP – VUNESP – 2010)
Considere este trecho:

Os cadastros dos consumidores não podem conter informações negativas referentes a período superior a _____. Caso o consumidor encontre inexatidão nos seus dados, poderá exigir que sejam corrigidas tais informações _____. Depois de corrigidas tais informações errôneas, o arquivista informará a alteração aos eventuais destinatários _____.

A alternativa cujos termos completam, correta e respectivamente, as lacunas da frase, é:

(A) 3 anos ... em 5 dias ... imediatamente.

(B) 5 anos ... imediatamente ... em 5 dias úteis.

(C) 5 anos ... imediatamente ... em 5 dias corridos.

(D) 3 anos ... em 5 dias úteis ... imediatamente.

(E) 5 anos ... imediatamente ... em 7 dias úteis.

A alternativa correta é a assertiva "B", nos termos dos arts. 43, §§1º e 3º.
Gabarito "B".

(Analista de Promotoria I – Assistente Jurídico – MPE-SP – VUNESP – 2010) Um consumidor adquire uma roupa dentro da loja de um shopping e, ao chegar em casa, não gosta da cor. A vendedora, no ato da compra, havia avisado que, por se tratar de peça de promoção, não haveria direito a troca do produto, a não ser por vício. Ainda assim, o consumidor terá direito a devolver o bem em 7 dias, exercitando o direito de arrependimento. Esta afirmativa está:

(A) correta, tendo em vista que por se tratar de direito de arrependimento, não há que expor os motivos de sua devolução.

(B) errada, tendo em vista que, por se tratar de produto durável, o prazo para exercício do direito de arrependimento será de 90 dias.

(C) errada, pois o direito de arrependimento só pode ser exercido para compras realizadas fora do estabelecimento comercial.

(D) correta, tendo em vista que o consumidor pode desistir do contrato a qualquer tempo.

(E) errada, tendo em vista que a compra fora feita dentro do estabelecimento comercial e, no caso, a loja deve sanar o vício em 30 dias.

A: incorreta, pois o direito de arrependimento apenas pode ser invocado se o bem foi adquirido *fora* do estabelecimento comercial (telefone ou a domicílio). Este direito geralmente consiste num prazo de reflexão dado pela lei para que o consumidor decida com convicção se deseja permanecer com o bem, enfim analisar se o produto corresponde às suas expectativas (cor, tamanho, funcionalidade etc.). Neste caso, o bem foi adquirido na *própria loja*, o que deu plena possibilidade de fazer essa análise no momento da compra. Daí não haver direito a troca, sob a alegação de não ter gostado da cor (art. 49, "caput", do CDC); B: incorreta, pois esse prazo de 90 dias serve para reclamar por *vício* em produto durável (art. 26, I, do CDC), e não para alegação de troca com fundamento na cor do produto; C: correta (art. 49, "caput", do CDC); D: incorreta, pois uma vez efetuada a compra no próprio estabelecimento comercial o consumidor apenas tem o direito de ter o contrato desfeito por vício ou defeito no produto (art. 26, II e 27 do CDC); E: incorreta, pois a compra foi feita *dentro* do estabelecimento comercial, por isso o direito a troca apenas haveria se houvesse vício no produto, o que não ocorreu. Se tivesse ocorrido, o prazo seria de 90 dias, por se tratar de bem durável (art. 26, II e art. 49, "caput", do CDC).
Gabarito "C".

(Analista Ministerial Especialista – Ciências Jurídicas – MPE-TO – UFT-COPESE – 2010) Assinale a alternativa incorreta:

(A) Se houver possibilidade de inserção de cláusula no formulário, o contrato não será considerado de adesão.

(B) O serviço é defeituoso quando não fornece a segurança que o consumidor dele pode esperar, levando-se em consideração as circunstâncias relevantes, entre as quais o modo de seu fornecimento.

(C) Para os efeitos de responsabilidade pelo fato do produto e do serviço, equiparam-se aos consumidores todas as vítimas do evento, incluindo-se terceiros à relação jurídica de consumo.

(D) Poderá ser desconsiderada a pessoa jurídica sempre que sua personalidade for, de alguma forma, obstáculo ao ressarcimento de prejuízos causados aos consumidores.

A: incorreta (devendo ser assinalada), pois a inserção de cláusulas não desfigura a natureza do contrato de adesão (art. 54, §1º, do CDC); B: correta (art. 14, §1º, I, do CDC); C: correta (art. 17 do CDC); D: correta (art. 28, §5º, do CDC).
Gabarito "A".

(Analista Ministerial Especialista – Ciências Jurídicas – MPE-TO – UFT-COPESE – 2010) É possível ao fornecedor de produtos ou serviços:

(A) Condicionar o fornecimento de produto ou de serviço ao fornecimento de outro produto ou serviço, bem como, sem justa causa, a limites quantitativos.

(B) Enviar ou entregar ao consumidor, sem solicitação prévia, qualquer produto, ou fornecer qualquer serviço.

(C) Exigir do consumidor vantagem manifestamente excessiva.

(D) Recusar a venda de bens ou a prestação de serviços, diretamente a quem se disponha a adquiri-los mediante pagamento de qualquer natureza.

A: incorreta, pois é vedado ao fornecedor condicionar o fornecimento de produto ou serviço ao fornecimento de produto ou serviço, bem como, sem justa causa, a limites quantitativos (art. 39, I, do CDC); B: incorreta, pois é vedada a prática de enviar ou entregar ao consumidor, sem solicitação prévia, qualquer produto, ou fornecer qualquer serviço (art. 39, III, do CDC); C: incorreta, pois é vedado exigir do consumidor vantagem manifestamente excessiva (art. 39, V, do CDC); D: correta, na medida em que a recusa pode ocorrer nos casos de intermediação regulados em leis especiais (art. 39, IX, do CDC).
Gabarito "D".

(Analista Ministerial Especialista – Ciências Jurídicas – MPE-TO – UFT-COPESE – 2010) São admissíveis as cláusulas contratuais relativas ao fornecimento de produtos e serviços que:

(A) Subtraiam do consumidor a opção de reembolso da quantia já paga.

(B) Permitam ao fornecedor, direta ou indiretamente, variação do preço de maneira unilateral.

(C) Determinem a utilização facultativa de arbitragem.

(D) Imponham representante para concluir ou realizar outro negócio jurídico pelo consumidor.

A: incorreta, pois é nula a cláusula que subtraia do consumidor a opção de reembolso da quantia já paga (art. 51, II, do CDC); B: incorreta, pois é nula a cláusula que permita ao fornecedor, direta ou indiretamente, variação do preço de maneira unilateral (art. 51, X, do CDC); C: correta, pois apenas é nula a cláusula que determina a utilização *compulsória* da arbitragem (art. 51, VII, do CDC); D: incorreta, pois é nula a cláusula que imponha representante para concluir ou realizar outro negócio jurídico pelo consumidor (art. 51, VIII, do CDC).
Gabarito "C".

4. COMPETÊNCIA

(Analista Ministerial Especialista – Ciências Jurídicas – MPE-TO – UFT-COPESE – 2010) Assinale a alternativa incorreta:

(A) Ressalvada a competência da Justiça Federal, é competente para a causa a Justiça local do lugar onde ocorreu ou deva ocorrer o dano, quando de âmbito local.

(B) Ressalvada a competência da Justiça Federal, é competente para a causa a Justiça local da Capital do Estado ou do Distrito Federal, para os danos de âmbito nacional ou regional.

5. DIREITO DO CONSUMIDOR

(C) É competente para a execução o juízo do local da liquidação da sentença ou da ação condenatória, no caso de execução individual.

(D) Nas ações coletivas para a defesa de interesses individuais homogêneos o Ministério Público participará do processo apenas se propuser a ação.

A: correta (art. 93, I, do CDC); B: correta (art. 93, II, do CDC); C: correta (art. 98, §2º, II, do CDC); D: incorreta (devendo ser assinalada), pois o Ministério Público sempre participará da ação, seja como autor, seja como fiscal da lei (art. 92, "caput").

Gabarito "D".

5. SANÇÃO ADMINISTRATIVA

(Analista de Promotoria I – Assistente Jurídico – MPE-SP – VUNESP – 2010) Sobre as sanções administrativas previstas no Código de Defesa do Consumidor, é correto afirmar que:

(A) a União, Estados e Municípios, além do Distrito Federal, nas respectivas áreas de atuação, têm competência concorrente para baixar normas relativas à produção, industrialização, distribuição e consumo de produtos ou serviços.

(B) as infrações administrativas poderão ser penalizadas com a sanção que a autoridade administrativa competente julgar adequada, mesmo que não esteja prevista no rol do Código de Defesa do Consumidor.

(C) não se aplica a pena de cassação da concessão à concessionária de serviço público, vez que presta serviço de interesse coletivo *lato sensu*.

(D) a imposição da contrapropaganda será cominada quando o fornecedor incorrer na propaganda enganosa ou abusiva, sempre às expensas do infrator.

(E) quando aplicada pena de multa, os valores serão revertidos para o consumidor que eventualmente tenha feito a denúncia que gerou o procedimento administrativo.

A: incorreta, pois o Município não está neste rol (art. 55, "caput", do CDC); B: incorreta, pois as penalizações a serem aplicadas são apenas aquelas previstas no CDC em seu art. 56. Ressalte-se que tais penalidades podem ser aplicadas pela autoridade administrativa no âmbito de suas atribuições, podendo ser aplicadas cumulativamente, inclusive por medida cautelar, antecedente ou incidente de procedimento administrativo (art. 56, parágrafo único, do CDC); C: incorreta, pois a pena de cassação da concessão será aplicada à concessionária de serviço público, quando violar obrigação legal ou contratual (art. 59, §1º, do CDC); D: correta (art. 60, "caput", do CDC); E: incorreta, pois a pena de multa será revertida para o Fundo de que trata a Lei 7.347/85 e os valores cabíveis à União, ou para os Fundos estaduais ou municipais de proteção ao consumidor nos demais casos (art. 57, "caput", do CDC).

Gabarito "D".

6. OFERTA

(Analista Jurídico – MPE-AL - COPEVE-UFAL – 2012) Dados os itens abaixo,

I. Os fabricantes e importadores deverão assegurar a oferta de componentes e peças de reposição enquanto não cessar a fabricação ou importação do produto. Cessadas a produção ou importação, a oferta deverá ser mantida por um período de cinco anos, na forma da lei.

II. Todo consumidor possui sete dias para se arrepender da celebração do contrato de consumo.

III. A oferta e apresentação de produtos ou serviços devem assegurar informações corretas, claras, precisas, ostensivas e em língua portuguesa sobre suas características, qualidades, quantidade, composição, preço, garantia, prazos de validade e origem, entre outros dados, bem como sobre os riscos que apresentam à saúde e à segurança dos consumidores. Nos produtos refrigerados oferecidos ao consumidor, essas informações serão gravadas de forma indelével.

IV. Recusar a venda de bens ou a prestação de serviços, diretamente a quem se disponha a adquiri-los mediante pronto pagamento representa uma prática comercial abusiva.

verifica-se que estão corretos:

(A) II e III.
(B) II e IV.
(C) III e IV.
(D) I e III.
(E) I e IV.

I: incorreta, pois cessadas a produção ou importação, a oferta deverá ser mantida por *período razoável de tempo*, na forma da lei (art. 32, parágrafo único, do CDC); II: incorreta, pois esse prazo de arrependimento apenas é aplicável quando o produto é adquirido *fora* do estabelecimento comercial (art. 49, "caput", do CDC); III: correta (art. 31 do CDC); IV: correta (art. 39, IX, do CDC).

Gabarito "C".

7. DIREITO COLETIVO

(Analista – Direito – MPE-MG – 2012) De acordo com o Código de Defesa do Consumidor, Lei n. 8.078/90, assinale a alternativa *CORRETA*.

(A) Interesses ou direitos difusos são os transindividuais, de natureza indivisível, de que sejam titulares pessoas indeterminadas e ligadas por circunstâncias jurídicas.

(B) Interesses ou direitos coletivos são os transindividuais, de natureza indivisível de que seja titular grupo, categoria ou classe de pessoas ligadas entre si ou com a parte contrária por uma relação fática.

(C) Interesses ou direitos difusos são os transindividuais, de natureza indivisível, de que sejam titulares pessoas indeterminadas e ligadas por circunstâncias de fato.

(D) Interesses ou direitos individuais homogêneos são os que decorrem de origem específica.

A: incorreta, pois os direitos difusos são aqueles transindividuais, de natureza indivisível, de que sejam titulares pessoas indeterminadas e ligadas por circunstâncias de fato (art. 81, parágrafo único, I, do CDC); B: incorreta, pois interesses ou direitos coletivos são os transindividuais, de natureza indivisível de que seja titular grupo, categoria ou classe de pessoas ligadas entre si ou com a parte contrária por uma *relação jurídica base* (art. 81, parágrafo único, II, do CDC); C: correta (art. 81, parágrafo único, I, do CDC); D: incorreta, pois interesses ou direitos individuais homogêneos são os que decorrem de origem *comum* (art. 81, parágrafo único, III, do CDC).

Gabarito "C".

8. PRÁTICAS ABUSIVAS

(Analista – MPE-SE – FCC – 2013) Caracteriza prática abusiva contra o consumidor:

(A) não atender as demandas dos consumidores.

(B) enviar ou entregar ao consumidor, qualquer produto, ou fornecer qualquer serviço, sem solicitação prévia.

(C) prevalecer-se da fraqueza ou ignorância do consumidor, para vender seus produtos ou serviços.

(D) ajustar com o consumidor vantagens contratuais.

(E) condicionar o fornecimento de produto a limites quantitativos.

A: incorreta, pois configura-se como prática abusiva a recusa às demandas dos consumidores, *na exata medida de suas disponibilidades de estoque, e, ainda, nas conformidades de usos e costumes* (art. 39, II, do CDC); B: correta (art. 39, III, do CDC); C: incorreta, pois configura-se como prática abusiva prevalecer-se da fraqueza ou ignorância do consumidor, *tendo em vista a sua idade, saúde, conhecimento ou condição social, para impingir-lhe seus produtos ou serviços* (art. 39, IV, do CDC); D: incorreta, pois o que é abusivo é exigir do consumidor *vantagem manifestamente excessiva* (art. 39, V, do CDC); E: incorreta, pois esses limites quantitativos apenas podem se dar se houver justa causa (art. 39, I, do CDC).

Gabarito "B".

9. TEMAS COMBINADOS

(Analista de Promotoria I – Assistente Jurídico – MPE-SP – VUNESP 2010)
O órgão que coordena a política do Sistema Nacional de Defesa do Consumidor, segundo a legislação vigente, é:

(A) o Departamento Nacional de Defesa do Consumidor (DNDC).

(B) a Fundação de Proteção e Defesa do Consumidor (PROCON).

(C) o Instituto Brasileiro de Defesa do Consumidor (IDEC).

(D) o Conselho Nacional de Autorregulamentação Publicitária (CONAR).

(E) o Departamento de Proteção e Defesa do Consumidor (DPDC).

A alternativa correta é a assertiva "E", nos termos do art. 106 do CDC.

Gabarito "E".

6. DIREITO DA CRIANÇA E DO ADOLESCENTE

Eduardo Dompieri

1. CONCEITOS BÁSICOS E PRINCÍPIOS

(Analista Ministerial Especialista – Ciências Jurídicas – MPE-TO – UFT- -COPESE – 2010) São princípios que regem o Estatuto da Criança e do Adolescente, salvo:

(A) Da proteção integral e prioritária.
(B) Do interesse superior da criança e do adolescente.
(C) Da prevalência da família substituta sobre a família extensa.
(D) Da oitiva obrigatória e participação da criança e do adolescente.

A: correta, pois contempla o princípio presente no art. 1º, do ECA, que estabelece que todas as crianças e adolescentes, como sujeitos de direito, são merecedores de ampla e integral proteção; B: correta, pois contempla o princípio presente no art. 100, IV, do ECA; C: incorreta (deve ser assinalada), pois não retrata princípio albergado pelo ECA. Bem ao contrário, a família extensa tem primazia sobre a família substituta (arts. 92, II, e 100, parágrafo único, X, ambos do ECA); D: correta, na medida em que corresponde ao princípio contemplado no art. 100, parágrafo único, XII, do ECA.
Gabarito "C".

(Analista de Promotoria I – Assistente Jurídico – MPE-SP – VUNESP – 2010) É dever da família, da comunidade, da sociedade em geral e do Poder Público assegurar a efetivação dos direitos referentes à vida, à saúde, à alimentação, à educação, ao esporte, ao lazer, à profissionalização, à cultura, à dignidade, ao respeito, à liberdade e à convivência familiar e comunitária. Essa afirmativa encontra fundamento nos princípios da:

(A) dignidade da pessoa humana e legalidade.
(B) prioridade absoluta e proteção integral.
(C) condição peculiar de pessoa em desenvolvimento e eficiência.
(D) participação popular e fidelidade.
(E) brevidade e excepcionalidade.

Pelo princípio da proteção integral, todas as crianças e adolescentes, como sujeitos de direito, são merecedores de ampla e integral proteção (art. 1º do ECA); já o postulado da prioridade absoluta, este contemplado nos arts. 227, "caput" da CF e 4º do ECA, impõe à família, à sociedade e ao Estado o dever de assegurar que os direitos das crianças e dos adolescentes sejam efetivados preferencialmente, com primazia em relação aos demais indivíduos. Esse tratamento preferencial compreende, a teor do art. 4º, parágrafo único, do ECA, quatro aspectos, a saber: primazia de receber proteção e socorro em quaisquer circunstâncias; precedência de atendimento nos serviços públicos ou de relevância pública; preferência na formulação e na execução das políticas sociais públicas; destinação privilegiada de recursos públicos nas áreas relacionadas com a proteção à infância e à juventude.
Gabarito "B".

2. DIREITOS FUNDAMENTAIS

2.1. DIREITO À VIDA E À SAÚDE

(Analista Ministerial Especialista – Ciências Jurídicas – MPE-TO – UFT- -COPESE – 2010) Assinale a alternativa falsa:

(A) É vedado às gestantes ou mães entregar seus filhos para adoção.
(B) É assegurado à gestante, através do Sistema Único de Saúde, o atendimento pré e perinatal.
(C) A parturiente será atendida preferencialmente pelo mesmo médico que a acompanhou na fase pré-natal.
(D) Incumbe ao poder público propiciar apoio alimentar à gestante e à nutriz que dele necessitem.

A: assertiva falsa, devendo, portanto, ser assinalada. Isso porque o art. 13, § 1º, do ECA estabelece que as gestantes ou mães que manifestarem o desejo de entregar seus filhos para adoção serão encaminhadas, sem constrangimento, à Justiça da Infância e da Juventude, cabendo ao poder público, neste caso, proporcionar-lhes amparo psicológico (art. 8º, § 5º, do ECA, cuja redação foi alterada pela Lei 13.257/2016). A expressão *sem constrangimento* foi inserida no texto legal por meio da Lei 13.257/2016; B: correta, reflete o que estabelece o art. 8º, "caput", do ECA, cuja redação foi alterada pela Lei 13.257/2016; C: correta ao tempo em que foi aplicada esta prova, pois refletia a regra contida no art. 8º, § 2º, do ECA, que foi excluída com o advento da Lei 13.257/2016; D: correta, pois em conformidade com o disposto no art. 8º, § 3º, do ECA (alterado por força da Lei 13.257/2017).
Gabarito "A".

(Analista de Promotoria I – Assistente Jurídico – MPE-SP – VUNESP – 2010) Em relação aos direitos fundamentais legalmente instituídos, assinale a alternativa correta.

(A) É assegurado à gestante o atendimento pré-natal, devendo ser encaminhada aos níveis mais elevados de atendimento, segundo critérios médicos gerais.
(B) É facultado ao Poder Público propiciar assistência psicológica à gestante que manifeste interesse em entregar seu filho para adoção.
(C) É assegurado atendimento integral à saúde da criança e do adolescente, por intermédio do Sistema Único de Saúde, garantindo o acesso único e individualizado às ações e serviços de saúde.
(D) Aos pais incumbe o dever de sustento, guarda e educação dos filhos menores, cabendo-lhes, ainda, no interesse destes, a obrigação de cumprir e fazer cumprir as determinações judiciais.
(E) O direito à liberdade compreende o aspecto de ir, vir e ficar em logradouros públicos e espaços gerais, sem qualquer restrição.

EDUARDO DOMPIERI

A: incorreta, pois, embora à gestante seja assegurado atendimento pré-natal (art. 8º, "caput", do ECA, cuja redação foi alterada pela Lei 13.257/2016), inexiste a previsão de que tal deva se dar pelo seu encaminhamento aos níveis *mais elevados* de atendimento; B: não se trata, neste caso, de mera *faculdade*, tendo em conta que, a teor dos arts. 8º, § 5º e 13, § 1º, do ECA, ao poder público é imposta a *obrigação*, na hipótese de a gestante ou mãe manifestar seu desejo de entregar seu filho para adoção, de encaminhá-la, sem constrangimento, à Justiça da Infância e da Juventude e proporcionar-lhe assistência psicológica; C: incorreta, uma vez que não reflete o disposto no art. 11, "caput", do ECA, cuja redação foi alterada pela Lei 13.257/2016, segundo o qual o atendimento à saúde da criança e do adolescente, prestado por meio do SUS, deve obedecer ao *princípio da equidade*; D: correta, pois corresponde à redação do art. 22, "caput", do ECA; E: incorreta, dado que a lei poderá impor restrições ao direito de liberdade de locomoção da pessoa em desenvolvimento (art. 16, I, do ECA). A propósito desse tema, bastante em voga atualmente é o chamado "toque de recolher", providência adotada sob a forma de portaria judicial por diversas varas da infância e juventude com vistas a restringir, em determinados horários e sob certas condições, o direito de ir e vir de crianças e adolescentes. O Conselho Nacional de Justiça - CNJ, ao ser provocado, negou, em liminar, a suspensão dos efeitos dessas portarias. Em seguida, o Plenário, ao analisar o caso, não conheceu do pedido, visto que entendeu ter natureza jurisdicional. O TJ/SP, por sua vez, manifestou-se, em diversas decisões, favorável a essa forma de restrição imposta à liberdade de locomoção. Exemplo disso é a decisão tomada na apelação 990.10.094596-3, de 13.12.10. De se ver, de outro lado, que o STJ, em decisão tomada no HC 207.720-SP, de 01.12.2011, reconheceu a ilegalidade do toque de recolher instituído e disciplinado por meio de portaria. Como se pode ver, o tema é polêmico e tem suscitado entendimentos nos dois sentidos.

Gabarito "D".

2.2. DIREITO À CONVIVÊNCIA FAMILIAR E COMUNITÁRIA

(Analista de Promotoria I – Assistente Jurídico – MPE–SP – IBFC – 2013) Com relação às disposições do ECA, assinale a alternativa CORRETA:

(A) O direito de liberdade não abrange a diversão.

(B) Toda criança ou adolescente que estiver inserido em programa de acolhimento familiar ou institucional terá sua situação reavaliada, no mínimo, a cada 6 (seis) meses.

(C) A permanência da criança e do adolescente em programa de acolhimento institucional, como regra, não se prolongará por mais de dois anos.

(D) Os filhos, havidos ou não da relação do casamento, ou por adoção, terão os mesmos direitos e qualificações, ressalvadas as designações discriminatórias relativas à filiação.

(E) A falta ou a carência de recursos materiais, a depender do caso concreto, poderá constituir motivo suficiente para a suspensão do poder familiar.

A: incorreta, na medida em que é claro o art. 16, IV, do ECA ao estabelecer ser a *diversão* um dos aspectos do direito à liberdade; B: incorreta. O examinador quis, nesta proposição, induzir o candidato em erro (a famigerada *pegadinha*). Isso porque, segundo estabelece o art. 19, § 1º, do ECA, a reavaliação deverá se dar, *no máximo*, a cada seis meses, e não *no mínimo*, como constou da assertiva. Embora não seja isso que se tem observado na prática, é fato que o art. 19, § 2º, do ECA estabeleceu, como tempo máximo para a pessoa em desenvolvimento permanecer em programa de acolhimento institucional, o período de 2 (dois) anos, que poderá, em caráter de exceção, ser prorrogado; D: incorreta, uma vez que, segundo a regra estampada no art. 20 do ECA,

aos filhos, havidos ou não da relação de casamento, ou por adoção, serão conferidos os mesmos direitos, vedadas, em qualquer caso, designações discriminatórias concernentes à filiação; E: incorreta, dado que a falta ou a carência de recursos materiais não constitui, em hipótese alguma, motivo bastante para justificar a suspensão ou a perda do poder familiar – art. 23, "caput", do ECA.

Gabarito "C".

(Analista de Promotoria I – Assistente Jurídico – MPE–SP – IBFC – 2013) Com base nas disposições do ECA, assinale a alternativa INCORRETA:

(A) A guarda obriga a prestação de assistência material, moral e educacional à criança ou adolescente, conferindo a seu detentor o direito de opor-se a terceiros, inclusive aos próprios pais.

(B) Os filhos havidos fora do casamento poderão ser reconhecidos pelos pais, separadamente, apenas, após o nascimento.

(C) A colocação em família substituta far-se-á mediante guarda, tutela ou adoção, independentemente da situação jurídica da criança ou adolescente.

(D) O reconhecimento do filho havido fora do casamento pode suceder-lhe ao falecimento, se deixar descendentes.

(E) O deferimento da tutela pressupõe a prévia decretação da perda ou suspensão do poder familiar e implica necessariamente o dever de guarda.

A: correta, visto que corresponde à redação do art. 33, "caput", do ECA; B: incorreta, devendo ser assinalada. É que, segundo prescreve o art. 26, "caput", do ECA, o reconhecimento dos filhos havidos fora do casamento poderá se dar pelos pais, conjunta ou separadamente; C: correta, pois em conformidade com a regra presente no art. 28, "caput", do ECA; D: correta, pois reflete o que estabelece o art. 26, parágrafo único, do ECA; E: correta, nos termos do art. 36, parágrafo único, do ECA.

Gabarito "B".

(Analista Jurídico – MPE-CE – FCC – 2013) Vera, estudante de arquitetura, possui vinte anos de idade e é solteira. Em razão do falecimento de seu avô, através de testamento, ela herdou grande quantia em dinheiro e, atualmente, está financeiramente estável. Diante dessa situação e devido à sua grande vontade de ser mãe, Vera pretende adotar uma criança. Em regra, de acordo com o Estatuto da Criança e do Adolescente, considerando a idade de Vera, ela:

(A) possui capacidade para a adoção, mas terá que ser, pelo menos dez anos mais velha que o adotando.

(B) possui capacidade para a adoção, mas terá que ser, pelo menos, dezesseis anos mais velha que o adotando.

(C) possui capacidade para adoção, mas deverá, necessariamente, estar casada ou manter união estável.

(D) não possui capacidade para a adoção, uma vez que o referido Estatuto veda a adoção para menores de vinte e um anos de idade.

(E) não possui capacidade para a adoção, uma vez que o referido Estatuto veda a adoção para menores de vinte e cinco anos de idade.

A: incorreta. Levando em conta tão somente o requisito *idade do adotante*, Vera, que conta com vinte anos de idade, poderá, sim, pleitear a adoção. Isso porque o art. 42, "caput", do ECA fixa a idade mínima, necessária para tanto, de dezoito anos; B: correta, uma vez que corresponde ao que estabelece o art. 42, § 3º, do ECA; C: embora não

6. DIREITO DA CRIANÇA E DO ADOLESCENTE

haja expressa previsão legal, nada impede que a adoção seja pleiteada por pessoa solteira, homem ou mulher. É a chamada adoção singular, amplamente reconhecida pela jurisprudência. Agora, se se tratar de adoção conjunta, assim entendida aquela realizada por duas pessoas (ainda que do mesmo sexo), é de rigor, neste caso, por imposição do art. 42, § 2°, do ECA, que sejam civilmente casados ou convivam em regime de união estável, sempre comprovada, em qualquer caso, a estabilidade da família; D e E: incorretas, nos termos do que foi afirmado no comentário à alternativa "A".

Gabarito "B".

(Analista Jurídico – MPE-PA – FADESP – 2012) Segundo a Lei n.° 8.069, de 13/07/1990 – Estatuto da Criança e do Adolescente, a colocação da criança ou adolescente em família substituta:

(A) não admitirá transferência da criança ou adolescente a terceiros ou a entidades governamentais ou não governamentais, sem autorização do conselho tutelar.

(B) admitirá transferência da criança ou adolescente a terceiros ou a entidades governamentais ou não governamentais desde que previamente autorizada pelo conselho tutelar.

(C) não admitirá transferência da criança ou adolescente a terceiros ou a entidades governamentais ou não governamentais, sem autorização judicial.

(D) admitirá transferência da criança ou adolescente a terceiros ou a entidades governamentais ou não governamentais, sem autorização judicial.

A única alternativa que contempla a regra estampada no art. 30 do ECA é a "C". Segundo esse dispositivo, a transferência de criança ou adolescente, que se ache em família substituta, a terceiros ou a entidades governamentais ou não governamentais somente se dará mediante autorização judicial.

Gabarito "C".

(Analista Ministerial Especialista – Ciências Jurídicas – MPE-TO – UFT--COPESE – 2010) Sobre a adoção, assinale a alternativa incorreta:

(A) A adoção dos menores e dos maiores de dezoito anos é regulada pelo Estatuto da Criança e do Adolescente.

(B) A adoção produz seus efeitos a partir do trânsito em julgado da sentença constitutiva, exceto na hipótese de adoção pós-morte.

(C) O adotado tem direito de conhecer sua origem biológica, bem como de obter acesso irrestrito ao processo no qual a medida foi aplicada e seus eventuais incidentes.

(D) No caso de adoção internacional, não há preferência entre brasileiros residentes no exterior e estrangeiros.

A: correta, dado que o ECA, atualmente, constitui a única fonte de direito material a reger a adoção. Ao estatuto se sujeitam, pois, no que toca ao instituto da adoção, as crianças, os adolescentes e também os adultos (art. 40 do ECA); B: correta, pois em conformidade com o disposto no art. 47, § 7°, do ECA; C: correta, pois reflete o disposto no art. 48 do ECA; D: incorreta, visto que, na adoção internacional, assim considerada aquela em que a pessoa ou casal postulante é residente ou domiciliado fora do Brasil (art. 51, "caput", do ECA), os brasileiros residentes no exterior têm preferência em relação aos estrangeiros (art. 51, § 2°, do ECA).

Gabarito "D".

(Analista Ministerial Especialista – Ciências Jurídicas – MPE-TO – UFT--COPESE – 2010) Sobre o Cadastro Nacional de Adoção assinale a alternativa incorreta:

(A) Cabe responsabilidade da autoridade judiciária que não providenciar, no prazo de quarenta e oito horas, a inscrição das crianças e adolescentes em condições de serem adotados que não tiveram colocação familiar na comarca de origem, e das pessoas ou casais que tiveram deferida sua habilitação à adoção nos cadastros estadual e nacional.

(B) O Cadastro Nacional de Adoção é unificado, sendo vedada a distinção de pessoas ou casais residentes fora do País.

(C) Quando se tratar de pedido de adoção unilateral, esta poderá ser deferida em favor de candidato domiciliado no Brasil não inscrito previamente no Cadastro Nacional de Adoção.

(D) A inscrição de postulantes à adoção será precedida de um período de preparação psicossocial e jurídica, orientado pela equipe técnica da Justiça da Infância e da Juventude, preferencialmente com apoio dos técnicos responsáveis pela execução da política municipal de garantia do direito à convivência familiar.

A: correta, pois corresponde à regra estampada no art. 50, § 8°, do ECA; B: incorreta, pois não reflete o disposto no art. 50, § 6°, do ECA, que impõe a elaboração de cadastros distintos para pessoas ou casais residentes fora do Brasil, cuja consulta somente será permitida diante da inexistência de postulantes nacionais habilitados na forma da lei. Vide, quanto a isso, a Resolução 190, de 1° de abril de 2014, do Conselho Nacional de Justiça, que permite a inclusão, na forma de "subcadastro", no Cadastro Nacional de Adoção, de pretendentes domiciliados no exterior; C: correta, nos termos do art. 50, § 13, I, do ECA; D: correta, pois em consonância com o que estabelece o art. 50, § 3°, do ECA.

Gabarito "B".

(Analista de Promotoria I – Assistente Jurídico – MPE-SP – VUNESP – 2010) Assinale a alternativa correta.

(A) A idade mínima para adotar é a de 25 anos, dependendo do estado civil do adotante.

(B) Somente poderá haver a adoção desde que haja diferença de 18 anos entre adotante e adotado.

(C) Poderá haver adoção por procuração.

(D) Poderão adotar os ascendentes e os irmãos do adotando.

(E) Não há vedação que colaterais adotem, de forma que tio pode adotar o sobrinho.

A: incorreta, na medida em que a adoção somente pode ser feita por pessoa maior de 18 anos, independente do estado civil. É o que estabelece o art. 42, "caput", do ECA; B: incorreta, uma vez que o art. 42, § 3°, do ECA impõe que o adotante seja 16 anos mais velho que o adotando (e não 18 anos); C: incorreta, pois é vedada a chamada *adoção por procuração*. Trata-se, pois, de ato personalíssimo – art. 39, § 2°, do ECA; D: incorreta. São impedidos de adotar os ascendentes e os irmãos do adotando (art. 42, § 1°, do ECA); E: assertiva correta. Por se tratar de colaterais, os tios podem adotar.

Gabarito "E".

(Analista de Promotoria I – Assistente Jurídico – MPE-SP – VUNESP – 2010) Em relação à colocação da criança e do adolescente em família substituta, assinale a alternativa correta.

(A) Constitui um requisito para a concessão de pedido de colocação em família substituta, a apresentação da declaração sobre a existência de bens e rendimentos do requerente.

(B) Nas hipóteses em que a destituição da tutela, a perda ou a suspensão do poder familiar constituir pressuposto lógico da medida principal de colocação em família substituta, não será necessário o procedimento contraditório.

(C) O consentimento dos titulares do poder familiar prestado por escrito terá validade, mesmo que não ratificado em audiência.

(D) O consentimento é retratável e somente terá valor se for dado após o nascimento da criança.

(E) A colocação de criança ou adolescente sob a guarda de pessoa inscrita em programa de acolhimento familiar será comunicada pela autoridade judiciária à entidade por este responsável no prazo máximo de 10 (dez) dias.

A: incorreta, visto que tal exigência não foi contemplada no art. 165 do ECA, que trata dos requisitos necessários à concessão de pedidos de colocação em família substituta. Cuidado: o que se impõe, por força do inciso V deste dispositivo, é a declaração de bens, direitos ou rendimentos relativos à criança ou ao adolescente, e não ao postulante; B: incorreta, pois contraria o disposto no art. 169 do ECA, que impõe, para esta hipótese, a observância de procedimento contraditório; C: incorreta, já que o art. 166, § 4º, do ECA condiciona a validade do consentimento prestado por escrito pelos titulares do poder familiar à sua ratificação em audiência; D: correta, visto que reflete o disposto no art. 166, §§ 5º e 6º, do ECA; E: incorreta. O desacerto da assertiva reside tão somente no prazo ali contido (de 10 (dez) dias); o art. 170, parágrafo único, do ECA fixa, para esses casos, o interregno de 5 (cinco) dias.
Gabarito "D."

2.3. DIREITO À PROFISSIONALIZAÇÃO E À PROTEÇÃO NO TRABALHO

(Analista Ministerial Especialista – Ciências Jurídicas – MPE-TO – UFT-COPESE – 2010) Assinale a alternativa verdadeira:

(A) É vedado trabalho noturno, perigoso ou insalubre a menores de dezesseis e de qualquer trabalho a menores de quatorze anos, salvo na condição de aprendiz, a partir de doze anos.

(B) Ao adolescente até dezesseis anos de idade é assegurada bolsa de aprendizagem.

(C) O programa social que tenha por base o trabalho educativo, sob responsabilidade de entidade governamental ou não governamental sem fins lucrativos, deverá assegurar ao adolescente que dele participe condições de capacitação para o exercício de atividade regular remunerada.

(D) Ao adolescente empregado, aprendiz, em regime familiar de trabalho, aluno de escola técnica, assistido em entidade governamental ou não governamental, é assegurada a preferência da matrícula em cursos noturnos.

A: incorreta, pois não reflete o teor do art. 7º, XXXIII, da CF, segundo o qual é proibido o trabalho *noturno, perigoso* ou *insalubre* a menores de 18 anos, e de qualquer trabalho a menores de 16 anos, salvo na condição de aprendiz, se contar, no mínimo, com 14 anos. Temos, portanto, três situações distintas: menos de 14 anos: trabalho proibido; entre 14 e 16 anos: somente na condição de aprendiz; entre 16 e 18 anos: qualquer trabalho, menos noturno, insalubre e perigoso; B: incorreta, pois não corresponde ao disposto no art. 64 do ECA; C: correta, pois em conformidade com o que estabelece o art. 68, "caput", do ECA; D: incorreta, pois não há, no ECA, previsão nesse sentido.
Gabarito "C."

3. POLÍTICA E ENTIDADES DE ATENDIMENTO

(Analista de Promotoria I – Assistente Jurídico – MPE-SP – IBFC – 2013) Com relação às entidades de atendimento às crianças e adolescentes, assinale a alternativa CORRETA:

(A) As entidades que mantenham programa de acolhimento institucional poderão, em caráter excepcional e de urgência, acolher crianças e adolescentes sem prévia determinação da autoridade competente.

(B) As entidades governamentais não poderão sofrer fiscalização dos Conselhos Tutelares.

(C) Os programas em execução das entidades de atendimento serão reavaliados pelo Conselho Tutelar a cada dois anos.

(D) O dirigente de entidade que desenvolve programa de acolhimento institucional é equiparado ao tutor, para todos os efeitos de direito.

(E) As entidades não governamentais deverão proceder à inscrição de seus programas no Conselho Municipal dos Direitos da Criança e do Adolescente, ao passo que as entidades governamentais estão dispensadas da inscrição.

A: correta, pois em conformidade com o que estabelece o art. 93, "caput", do ECA; B: incorreta, já que tanto as entidades governamentais quanto as não governamentais submetem-se, a teor do art. 95 do ECA, à fiscalização dos Conselhos Tutelares, bem assim do Judiciário e do Ministério Público; C: incorreta, já que tal providência caberá ao Conselho Municipal dos Direitos da Criança e do Adolescente, na forma estatuída no art. 90, § 3º, do ECA; D: incorreta, visto que não corresponde ao disposto no art. 92, § 1º, do ECA, que equipara o dirigente de entidade que desenvolve programa de acolhimento institucional ao *guardião*, e não ao *tutor*; E: incorreta, tendo em conta que tal dever também é imposto às entidades governamentais (art. 90, § 1º, do ECA).
Gabarito "A."

(Analista de Promotoria I – Assistente Jurídico – MPE-SP – VUNESP – 2010) As entidades que desenvolvam programas de acolhimento familiar ou institucional deverão adotar o seguinte princípio:

(A) integração dos vínculos familiares e promoção da família substituta.

(B) atendimento personalizado e individual.

(C) participação na vida da comunidade local.

(D) desmembramento de grupos de amigos.

(E) promoção, sempre que possível, de transferência para outras entidades de abrigo.

A: incorreta, pois não corresponde ao teor do art. 92, I, do ECA; B: incorreta, pois contraria o disposto no art. 92, III, do ECA; C: correta, nos termos do art. 92, VII, do ECA; D: incorreta, pois não reflete o que estabelece o art. 92 do ECA; E: incorreta, pois em desacordo com o que dispõe o art. 92, VI, do ECA.
Gabarito "C."

4. MEDIDAS DE PROTEÇÃO

(Analista Ministerial Especialista – Ciências Jurídicas – MPE-TO – UFT-COPESE – 2010) Assinale a alternativa incorreta:

(A) O acolhimento institucional e o acolhimento familiar são medidas provisórias e excepcionais, utilizáveis como forma de transição para reintegração familiar ou, não sendo esta possível, para colocação em família substituta, não implicando privação de liberdade.

6. DIREITO DA CRIANÇA E DO ADOLESCENTE 117

(B) Sem prejuízo da tomada de medidas emergenciais para proteção de vítimas de violência ou abuso sexual, o afastamento da criança ou adolescente do convívio familiar é de competência da autoridade judiciária ou do Ministério Público, no qual se garanta aos pais ou ao responsável legal o exercício do contraditório e da ampla defesa.

(C) O acolhimento familiar ou institucional ocorrerá no local mais próximo à residência dos pais ou do responsável e, como parte do processo de reintegração familiar, sempre que identificada a necessidade, a família de origem será incluída em programas oficiais de orientação, de apoio e de promoção social, sendo facilitado e estimulado o contato com a criança ou com o adolescente acolhido.

(D) Verificada a possibilidade de reintegração familiar, o responsável pelo programa de acolhimento familiar ou institucional fará imediata comunicação à autoridade judiciária, que dará vista ao Ministério Público, pelo prazo de cinco dias, decidindo em igual prazo.

A: correta, pois retrata o disposto no art. 101, § 1º, do ECA; B: incorreta, uma vez que, segundo a regra presente no art. 101, § 2º, do ECA, o afastamento da criança ou do adolescente do convívio familiar somente poderá ser determinado pela *autoridade judiciária*, cabendo ao Ministério Público, neste caso, a promoção de procedimento judicial contencioso em que sejam assegurados aos pais ou responsável contraditório e ampla defesa; C: correta, pois em conformidade com a redação do art. 101, § 7º, do ECA; D: correta, pois em conformidade com a redação do art. 101, § 8º, do ECA.
Gabarito "B".

(Analista de Promotoria I – Assistente Jurídico – MPE-SP – VUNESP – 2010)
Analise as seguintes afirmativas.

I. As medidas de proteção deverão ser aplicadas cumulativamente e substituídas a qualquer tempo.

II. Na aplicação das medidas de proteção, levar-se-ão em conta as necessidades físicas e psicológicas da criança e do adolescente.

III. O acolhimento institucional e o acolhimento familiar são medidas de proteção provisórias e excepcionais, não implicando privação de liberdade.

IV. As medidas de proteção serão acompanhadas da regularização do registro civil, isento de custas, multas e emolumentos.

Estão corretas apenas as afirmativas:

(A) I e II.

(B) II e III.

(C) II e IV.

(D) III e IV.

(E) II, III e IV.

I: incorreta, pois contraria o disposto no art. 99 do ECA, que estabelece que "as medidas previstas neste Capítulo poderão ser aplicadas isolada ou cumulativamente, bem como substituídas a qualquer tempo"; II: incorreta, na medida em que, em consonância com o art. 100 do ECA, na aplicação das medidas de proteção, hão de ser levadas em conta as necessidades pedagógicas da pessoa em desenvolvimento, e não as necessidades físicas e psicológicas; III: correta, pois retrata o disposto no art. 101, § 1º, do ECA; IV: correta, nos termos do art. 102, "caput" e § 2º, do ECA.
Gabarito "D".

(Analista de Promotoria I – Assistente Jurídico – MPE-SP – VUNESP – 2010)
Cabe à autoridade competente determinar a aplicação das medidas de proteção previstas no Estatuto da Criança e do Adolescente, dentre as quais a de que:

(A) em regra, poderá haver a colocação da criança ou do adolescente em família substituta.

(B) a permanência da criança e do adolescente em programa de acolhimento institucional não se prolongará por mais de um ano.

(C) deve haver inclusão em programa comunitário ou oficial de auxílio à família, à criança e ao adolescente.

(D) a inclusão em família substituta se dará exclusivamente pela modalidade da adoção.

(E) a reintegração da criança ou do adolescente à sua família natural não é preferencial a qualquer outra medida.

Antes de mais nada, é importante que se diga que a questão está sobremaneira mal elaborada. O enunciado pede que se aponte, dentre as assertivas, aquela que contempla espécie de medida de proteção (art. 101 do ECA); as alternativas, por sua vez, tratam de regras e características das medidas de proteção, e não de suas espécies. Dito isso, faremos uma análise de cada proposição, com o fim de verificar qual delas está correta, segundo as regras estabelecidas para as medidas de proteção. A: incorreta, na medida em que se deve buscar, em primeiro lugar e com absoluta prioridade (esta é a regra), a manutenção da criança ou do adolescente na sua família natural. Diante da imperiosa necessidade de se retirar a pessoa em desenvolvimento de sua família natural, será encaminhada para sua família extensa; não sendo isso possível, para programa de acolhimento familiar ou institucional, ou, ainda, para as modalidades de família substituta (guarda ou tutela). Se, neste ínterim, a família natural não se reestruturar, aí sim, a criança ou adolescente poderá ser encaminhado para adoção – art. 19, "caput" e § 3º, do ECA, com redação alterada pela Lei 13.257/2016; B: incorreta, uma vez que o prazo máximo de permanência em programa de acolhimento institucional, estabelecido no art. 19, § 2º, do ECA, é de até dois anos (e não de um ano), salvo comprovada necessidade que atenda ao interesse da criança ou do adolescente; C: ao que parece, é esta a assertiva correta (ou menos errada), pois contempla espécie de medida de proteção; D: incorreta, porquanto a família substituta, assim entendida a medida excepcional que será determinada diante de situações em que a permanência da criança ou do adolescente junto à sua família natural torna-se inviável, comporta três modalidade: guarda, tutela e adoção; E: incorreta, pois contraria o disposto no art. 19, § 3º, do ECA, cuja redação foi modificada pela Lei 13.257/2016.
ANULADA

5. MEDIDAS SOCIOEDUCATIVAS E ATO INFRACIONAL – DIREITO MATERIAL

(Analista Jurídico – MPE-CE – FCC – 2013) Considere as seguintes assertivas a respeito da Internação como medida socioeducativa:

I. Em nenhuma hipótese, o período máximo de internação excederá a dois anos.

II. A medida não comporta prazo determinado, devendo sua manutenção ser reavaliada, mediante decisão fundamentada, no máximo a cada seis meses.

III. Durante o período de internação, exceto provisória, serão obrigatórias atividades pedagógicas.

IV. Em regra, será permitida a realização de atividades externas, a critério da equipe técnica da entidade.

De acordo com o Estatuto da Criança e do Adolescente, está correto o que consta APENAS em:

(A) I, II e III.

(B) I, II e IV.

(C) I e III.

(D) II e IV.

(E) III e IV.

I: incorreta, dado que, a teor do art. 121, § 3º, do ECA, o período de internação não excederá a 3 (três) anos Findo esse prazo, poderá o juiz: a) liberar o adolescente, se a medida atingiu sua finalidade; b) colocá-lo em regime de semiliberdade; c) colocá-lo em liberdade assistida; II: correta. De fato, a medida socioeducativa de internação, a mais severa de todas, não comporta, segundo dispõe o art. 121, § 2º, do ECA, prazo determinado, devendo sua manutenção ser reavaliada, mediante decisão fundamentada, no máximo a cada seis meses; III: incorreta, uma vez que a obrigatoriedade da prática de atividades pedagógicas se estende à internação provisória (art. 123, parágrafo único, do ECA); IV: correta, pois em conformidade com a regra prevista no art. 121, § 1º, do ECA.

Gabarito "D".

(Analista de Promotoria I – Assistente Jurídico – MPE-SP – IBFC – 2013) Com relação à medida de internação prevista nos artigos 121 e seguintes do ECA, é CORRETO afirmar que:

(A) Não admite a realização de atividades externas.

(B) Comporta prazo determinado, devendo sua manutenção ser reavaliada, no máximo a cada seis meses.

(C) Durante o período de internação, inclusive provisória, é facultada a realização de atividades pedagógicas.

(D) Atingida a idade de vinte e um anos, o adolescente será liberado, independentemente de autorização judicial.

(E) A medida de internação aplicada por descumprimento reiterado e injustificável da medida anteriormente imposta não poderá ser superior a 3 (três) meses.

A: incorreta. O art. 121, § 1º, do ECA permite ao adolescente em regime de internação a realização de atividades externas, a critério da equipe técnica da entidade; B: incorreta. A internação, em conformidade com o art. 121, § 2º, do ECA, não comporta prazo determinado, devendo sua manutenção ser reavaliada, mediante decisão fundamentada, no máximo a cada seis meses; C: incorreta. Não se trata de faculdade, e sim de obrigação imposta ao poder público de proporcionar ao adolescente internado a realização de atividades pedagógicas; D: incorreta. A pessoa submetida a medida socioeducativa de internação será obrigatoriamente liberada ao atingir a idade de 21 anos, providência que não prescinde de autorização judicial, sempre ouvido o MP (art. 121, § 6º, do ECA). Note que o examinador, equivocadamente, se referiu à pessoa com idade de vinte e um anos como adolescente. Lembremos que a adolescência, por força da disciplina estabelecida no art. 2º, "caput", do ECA, tem fim com o aniversário de 18 anos, a partir do que a pessoa se torna adulta; E: correta. Esta é a chamada *internação com prazo determinado* ou *internação-sanção*. Assim, uma vez aplicada a medida por sentença em processo de conhecimento, cabe ao adolescente a ela submeter-se, independentemente de sua vontade. Se assim não fizer, poderá sujeitar-se à internação-sanção, cujo prazo de duração, a teor do art. 122, § 1º, do ECA, com redação dada pela Lei 12.594/12, poderá chegar a três meses. Segundo o STJ, a reiteração pressupõe mais de três atos. Além disso, o descumprimento há de ser injustificável, devendo o juiz, portanto, ouvir as razões do adolescente. A esse respeito, a Súmula 265 do STJ: "É necessária a oitiva do menor infrator antes de decretar-se a regressão da medida socioeducativa".

Gabarito "E".

(Analista – Direito – MPE–MG – 2012) De acordo com a Lei n. 8.069/90, Estatuto da Criança e do Adolescente, analise as seguintes afirmativas.

I. Por serem penalmente inimputáveis, os menores de dezoito anos somente estão sujeitos à aplicação de medidas socioeducativas.

II. A liberdade assistida será adotada, pelo prazo máximo de seis meses, sempre que se afigurar a medida mais adequada para o fim de acompanhar, auxiliar e orientar o adolescente.

III. A internação constitui medida privativa da liberdade, sujeita aos princípios de brevidade, excepcionalidade e respeito à condição peculiar de pessoa em desenvolvimento, não se admitindo, em nenhuma hipótese, período de internação excedente a três anos.

IV. Aos pais ou responsável pela criança ou adolescente poderão ser aplicadas medidas de destituição do poder familiar.

A análise permite concluir que estão CORRETAS:

(A) as afirmativas I, II, III e IV.

(B) apenas as afirmativas II, III e IV.

(C) apenas as afirmativas I, II e III.

(D) apenas as afirmativas I, III e IV.

I: correta. De fato, aos adolescentes que praticarem ato infracional, dada sua condição de inimputabilidade (art. 228, CF), serão aplicadas medidas socioeducativas, cumuladas ou não com medidas protetivas (art. 104 do ECA); II: incorreta. Das medidas socioeducativas em meio aberto, é a mais rígida. O adolescente submetido a esta medida permanece na companhia de sua família e inserido na comunidade, com vistas a fortalecer seus vínculos, mas deverá sujeitar-se a acompanhamento, auxílio e orientação (art. 118 do ECA). Será executada por entidade de atendimento, que cuidará de indicar pessoa capacitada para a função de orientadora (com designação pelo juiz). A liberdade assistida será fixada pelo prazo *mínimo* (e não *máximo*, como consta da assertiva) de seis meses, podendo, a qualquer tempo, ser prorrogada, revogada ou substituída por outra medida, ouvido o orientador, o MP e o defensor (art. 118, § 2º, do ECA). Quanto ao prazo máximo, nada previu a esse respeito o legislador, sendo o caso, assim, de aplicar, por analogia, o dispositivo que prevê o período máximo para a internação (3 anos); III: correta. Das medidas socioeducativas, é a mais severa, pois constitui modalidade de medida privativa de liberdade. É informada pelos princípios da brevidade, respeito à condição peculiar de pessoa em desenvolvimento e excepcionalidade. O período de internação não excederá, em nenhuma hipótese, a 3 anos (art. 121, § 3º, do ECA). Findo esse prazo, poderá o juiz: a) liberar o adolescente, se a medida atingiu sua finalidade; b) colocá-lo em regime de semiliberdade; c) colocá-lo em liberdade assistida. De qualquer forma, a liberação será compulsória aos 21 anos (art. 121, § 5º, do ECA). Quanto ao caráter excepcional da medida socioeducativa de internação, conferir: "PENAL E PROCESSUAL PENAL. HABEAS CORPUS. ECA. ATO INFRACIONAL EQUIPARADO AO DELITO DE PORTE ILEGAL DE ARMA DE FOGO DE USO PERMITIDO. APLICAÇÃO DE MEDIDA SOCIOEDUCATIVA DE INTERNAÇÃO POR PRAZO INDETERMINADO. REITERAÇÃO NO COMETIMENTO DE OUTROS ATOS INFRACIONAIS GRAVES. MEDIDA FUNDAMENTADA. 1. Em razão do princípio da excepcionalidade, a medida de internação somente é possível nas hipóteses previstas no art. 122 da Lei n.º 8.069/90, ou seja, quando o ato infracional for praticado com grave ameaça ou violência contra a pessoa; quando houver o reiterado cometimento de outras infrações graves; ou ainda, quando haja o descumprimento reiterado e injustificável de medida anteriormente imposta. 2. É cediço que se impõe a aplicação da medida de internação nas hipóteses em que o caráter excepcional dos atos infracionais cometidos e o comportamento social do adolescente exigem a medida extrema. 3. A imposição da medida excepcional se revela necessária, ainda, quando o adolescente possui histórico de cumprimento de medidas outras (prestação de serviços à comunidade, liberdade assistida e semiliberdade) que se revelaram insuficientes no processo de ressocialização e reeducação preconizados pelo ECA. 4. Por fim, no presente caso, a medida de internação encontra seu fundamento, ainda, no inciso II do art. 122 do ECA (reiteração no cometimento de outras infrações graves), uma vez que o adolescente ostenta 3 (três) outros graves registros por atos infracionais, análogos aos crimes de roubo (duas vezes) e estupro de

6. DIREITO DA CRIANÇA E DO ADOLESCENTE

vulnerável. 5. Ordem denegada" (STJ, HC 207.582/DF, Rel. Ministro Og Fernandes, Sexta Turma, julgado em 16.08.2012, *DJe* 27.08.2012); IV: correta. Medida prevista no art. 129, X, do ECA.

Gabarito "D".

(Analista Ministerial Especialista – Ciências Jurídicas – MPE-TO – UFT-COPESE – 2010) Verificada a prática de ato infracional, a autoridade competente poderá aplicar ao adolescente as seguintes medidas:

(A) Liberdade assistida.

(B) Prestação de serviços à comunidade.

(C) Internação em estabelecimento educacional.

(D) Advertência, sendo esta a única medida socioeducativa aplicável às crianças.

A: correta, pois se trata de modalidade de medida socioeducativa prevista no art. 112, IV, do ECA; B: correta, pois se trata de modalidade de medida socioeducativa prevista no art. 112, III, do ECA; C: correta, pois se trata de modalidade de medida socioeducativa prevista no art. 112, VI, do ECA; D: incorreta, uma vez que a advertência (art. 112, I, do ECA), a exemplo do que se dá com as demais modalidades de medida socioeducativa, não se aplica a crianças, que se submetem, quando do cometimento de ato infracional, tão somente a medidas de proteção (art. 105, ECA).

Gabarito ANULADA

(FGV – 2015) O adolescente N. ficou conhecido no bairro onde mora por praticar roubos e furtos e ter a suposta habilidade de nunca ter sido apreendido. Certa noite, N. saiu com o propósito de praticar novos atos de subtração de coisa alheia. Diante da reação de uma vítima a quem ameaçava, N. disparou sua arma de fogo, levando a vítima a óbito. N. não conseguiu fugir, sendo apreendido por policiais que passavam pelo local, no momento em que praticava o ato infracional. Sobre o caso narrado, assinale a opção correta.

(A) A medida de internação não terá cabimento contra N., uma vez que somente poderá ser aplicada em caso de reincidência no cometimento de infrações graves.

(B) Mesmo estando privado de liberdade, N. poderá entrevistar-se pessoalmente com o representante do Ministério Público, mas não terá direito a peticionar diretamente a este ou a qualquer autoridade que seja.

(C) A medida de internação de N. é cabível por se tratar de ato infracional praticado com ameaça e violência contra pessoa, mesmo que não seja caso de reincidência.

(D) Caso N. seja condenado por sentença ao cumprimento de medida de internação, e somente nesse caso, tornam-se obrigatórias as intimações do seu defensor e dos pais ou responsáveis, mesmo que o adolescente tenha sido intimado pessoalmente.

A e C: segundo consta do enunciado, o adolescente N praticou ato infracional correspondente ao crime de latrocínio (roubo seguido de morte – art. 157, § 3º, segunda parte, do CP). A internação, espécie de medida socioeducativa privativa de liberdade, a ser aplicada, portanto, em caráter excepcional, tem cabimento nas hipóteses descritas no art. 122, do ECA, entre as quais está aquela em que o ato infracional é cometido mediante grave ameaça ou violência contra a pessoa. Estão inseridos nesse contexto os atos infracionais equiparados aos crimes de roubo, homicídio, estupro, dentre outros. Dessa forma, esta medida extrema pode, sim, ser aplicada ao adolescente N, que, como já dissemos, praticou ato infracional equiparado ao crime de roubo seguido de morte; **B:** incorreta. O adolescente privado de liberdade tem, sim, o direito de peticionar a qualquer autoridade, inclusive ao representante do Ministério Público, com o qual poderá, ainda, entrevistar-se pessoalmente (art. 124, I e II, do ECA); **D:** incorreta. Estabelece o art. 190 do ECA que, da sentença que aplicar medida socioeducativa de internação

ou semiliberdade, serão intimados o adolescente e seu defensor; sendo outra medida aplicada, será intimado tão somente o defensor. Em outras palavras, o defensor será sempre intimado da sentença de procedência da representação; em se tratando de medida restritiva de liberdade, será também intimado, além do defensor, o adolescente.

Gabarito "C".

6. ATO INFRACIONAL – DIREITO PROCESSUAL

(Analista Ministerial Área Processual – MPE-PI – CESPE – 2012) Acerca do Estatuto da Criança e do Adolescente (ECA), julgue os próximos itens.

(1) A prestação de serviços comunitários como medida socioeducativa consiste na realização de tarefas gratuitas de interesse geral, não podendo exceder, em nenhuma hipótese, a seis meses.

(2) A remissão concedida pelo representante do MP como forma de exclusão do processo poderá ser determinada em qualquer fase do procedimento judicial, atendendo às circunstâncias e consequências do fato, ao contexto social, bem como à personalidade do adolescente e sua maior ou menor participação no ato infracional.

(3) As entidades que mantenham programa de acolhimento institucional deverão acolher crianças e adolescentes sem prévia determinação da autoridade competente, fazendo a comunicação do fato em até vinte e quatro horas ao juiz da infância e da juventude, sob pena de responsabilidade.

(4) A tutela concedida nem sempre constitui um sucedâneo do poder familiar, podendo coexistir com o exercício deste.

1: correta, uma vez que corresponde ao que estabelece o art. 117, "caput", do ECA; 2: incorreta. Isso porque o perdão concedido pelo MP ao adolescente autor de ato infracional, bem por isso chamado de *perdão ministerial* (art. 126, "caput", do ECA), somente poderá se dar antes do início do procedimento judicial; uma vez iniciado o procedimento, o perdão, agora chamado de *judicial* (art. 126, parágrafo único, do ECA), só poderá ser concedido pelo magistrado, e importará na suspensão ou extinção do processo, tendo como propósito amenizar os efeitos da continuidade deste; 3: incorreta, já que tais entidades, em regra, somente poderão realizar o acolhimento diante de autorização da autoridade competente; em caráter excepcional e de urgência, no entanto, poderá o acolhimento realizar-se sem prévia autorização da autoridade competente, devendo o responsável pela entidade, neste caso, providenciar para que o juiz da Vara da Infância e da Juventude, sob pena de responsabilidade, seja disso comunicado no prazo de 24 (vinte e quatro) horas; 4: incorreta, na medida em que a concessão da tutela tem como pressuposto a prévia decretação da perda ou suspensão do poder familiar (art. 36, parágrafo único, do ECA). Trata-se de institutos, portanto, incompatíveis. Vale lembrar que a guarda, como modalidade de colocação em família substituta, diferentemente da tutela, pode coexistir com o poder familiar. Assim, sua concessão a terceiros não obsta o exercício do direito de visitas pelos pais, bem como o dever de prestar alimentos, salvo determinação em contrário.

Gabarito "1C,2E,3E,4E."

(Analista Ministerial Jurídico – MPE-PE – FCC – 2012) Sobre a apuração de ato infracional atribuído a adolescente e a atuação do Ministério Público, é certo que:

(A) Se o adolescente, devidamente notificado, não comparecer, injustificadamente, à audiência de apresentação, a autoridade judiciária designará nova data, determinando sua condução coercitiva.

(B) A representação para a autoridade judiciária para aplicação de medida socioeducativa depende de prova pré-constituída da autoria e materialidade.

(C) Sendo impossível a apresentação imediata do adolescente apreendido em flagrante de ato infracional, a autoridade policial encaminhará o adolescente à entidade de atendimento, que fará a apresentação ao representante do Ministério Público no prazo de quarenta e oito horas.

(D) Sendo o adolescente liberado, a autoridade policial encaminhará no prazo de cinco dias ao representante do Ministério Público cópia do auto de apreensão ou boletim de ocorrência.

(E) O prazo máximo e improrrogável para a conclusão do procedimento, estando o adolescente internado provisoriamente, será de sessenta dias.

A: correta, pois reflete o que estabelece o art. 187 do ECA; B: incorreta, pois a representação independe de prova pré-constituída de autoria e materialidade, bastando meros indícios (art. 182, § 2°, do ECA); C: incorreta, tendo em conta que o adolescente deverá ser apresentado ao MP, neste caso, no prazo de 24 (vinte e quatro) horas, e não de 48 (quarenta e oito) horas. É o que estabelece o art. 175, § 1°, do ECA; D: incorreta, uma vez que o art. 176 do ECA prescreve que o encaminhamento do auto de apreensão do adolescente ou do boletim de ocorrência deverá dar-se de *imediato*; E: incorreta. Segundo a disciplina estabelecida no art. 183 do ECA, o prazo máximo dentro do qual deverá ser concluído o procedimento apuratório, estando o adolescente sob internação provisória, é de 45 (quarenta e cinco) dias.
Gabarito "A".

(Analista de Promotoria I – Assistente Jurídico – MPE-SP – VUNESP – 2010)
No procedimento de apuração de ato infracional, se o adolescente, devidamente notificado, não comparecer, injustificadamente, à audiência de apresentação, a autoridade judiciária deverá:

(A) decretar a sua internação preventiva e notificar os pais ou responsável.

(B) decretar a revelia e suspender o processo.

(C) designar nova data, determinando sua condução coercitiva.

(D) designar nova data, determinando sua internação provisória.

(E) expedir mandado de busca e apreensão.

É a regra presente no art. 187 do ECA.
Gabarito "C".

(Analista de Promotoria I – Assistente Jurídico – MPE-SP – VUNESP – 2010) A respeito do procedimento de apuração de ato infracional atribuído à criança e ao adolescente, assinale a alternativa correta.

(A) A apreensão de adolescente pode ocorrer por força de ordem judicial ou de flagrante de ato infracional, devendo, no primeiro caso, ser ele encaminhado ao Conselho Tutelar e, no segundo caso, ao Ministério Público.

(B) Tratando-se de flagrante de ato infracional praticado com violência e grave ameaça a pessoa, a lavratura do auto de apreensão pode ser substituída por boletim de ocorrência circunstanciado.

(C) Em caso de não liberação do adolescente infrator, a autoridade competente o encaminhará, desde logo, ao representante do Ministério Público e, sendo impossível a apresentação imediata, deverá fazê-la no prazo de 48 (quarenta e oito) horas.

(D) Sendo o adolescente liberado, a autoridade policial encaminhará imediatamente ao representante do Ministério Público cópia do auto de apreensão ou boletim de ocorrência.

(E) O prazo máximo e prorrogável para a conclusão do procedimento em primeiro grau, estando o adolescente internado preventivamente, será de 40 (quarenta) dias, abrangendo eventual procedimento recursal.

A: incorreta. Na hipótese de a apreensão ocorrer em virtude de ordem judicial, o adolescente será, desde logo, encaminhando ao magistrado (art. 171 do ECA); agora, se a apreensão se der em razão de flagrante de ato infracional, deverá o adolescente ser encaminhado à autoridade policial, a quem caberá tomar as providências indicadas nos arts. 173 e seguintes do ECA; B: incorreta, pois contraria a regra presente no art. 173, I, do ECA; C: incorreta. De fato, o adolescente não liberado será apresentado de imediato, juntamente com a cópia do auto de apreensão ou boletim de ocorrência, ao representante do Ministério Público; não sendo possível, no entanto, que a apresentação do adolescente, ao representante do MP, se dê de imediato, cuidará a autoridade policial para que o menor seja encaminhado a entidade de atendimento, que providenciará a sua apresentação ao MP no prazo de 24 (vinte e quatro), conforme disposto no art. 175 do ECA; D: correta, pois reflete o que estabelece o art. 176 do ECA; E: incorreta, pois em desconformidade com a regra prevista no art. 183 do ECA, que estabelece, para a conclusão do procedimento apuratório, o prazo de 45 (quarenta e cinco).
Gabarito "D".

7 MEDIDAS PERTINENTES AOS PAIS OU RESPONSÁVEL

(Analista de Promotoria I – Assistente Jurídico – MPE-SP – VUNESP – 2010)
Constitui medida aplicável aos pais ou responsável:

(A) encaminhamento a cursos ou programas de orientação.

(B) internação obrigatória para tratamento psicológico.

(C) matrícula em cursos de programas educacionais.

(D) prestação de serviços à comunidade.

(E) suspensão da tutela.

A: correta, pois constitui medida contemplada no art. 129, IV, do ECA; B: incorreta, pois descreve medida não contemplada no rol do art. 129 do ECA, que estabelece as medidas aplicáveis aos pais ou responsável; C: incorreta, pois descreve medida não contemplada no rol do art. 129 do ECA, que estabelece as medidas aplicáveis aos pais ou responsável; D: incorreta, pois descreve medida não contemplada no rol do art. 129 do ECA, que estabelece as medidas aplicáveis aos pais ou responsável; E: incorreta, pois descreve medida não contemplada no rol do art. 129 do ECA, que estabelece as medidas aplicáveis aos pais ou responsável.
Gabarito "A".

8. CONSELHO TUTELAR

(Analista de Promotoria I – Assistente Jurídico – MPE-SP – IBFC – 2013)
Com relação ao Conselho Tutelar, analise as seguintes assertivas:

I. O Conselho Tutelar é órgão permanente e vinculado ao Poder Judiciário, encarregado pela sociedade de zelar pelo cumprimento dos direitos da criança e do adolescente, definidos no ECA.

II. São impedidos de servir no mesmo Conselho marido e mulher, ascendentes e descendentes, sogro e genro ou nora, irmãos, cunhados, durante o cunhadio, tio e sobrinho, padrasto ou madrasta e enteado.

III. O candidato a membro do Conselho Tutelar deve ter idade mínima de vinte e cinco anos.

6. DIREITO DA CRIANÇA E DO ADOLESCENTE

IV. O processo de escolha dos membros do Conselho Tutelar ocorrerá em data unificada em todo o território nacional a cada dois anos.

Está CORRETO, apenas, o que se afirma em:

(A) I.
(B) II.
(C) III e IV.
(D) II e IV.
(E) IV.

I: incorreta, pois, embora se trate de órgão *permanente*, é incorreto se dizer que o Conselho Tutelar é vinculado ao Poder Judiciário (é, isto sim, órgão não *jurisdicional*, conforme estabelece o art. 131 do ECA); II: correta, pois corresponde à redação do art. 140, "caput", do ECA; III: incorreta, pois o art. 133, II, do ECA estabelece como condição de elegibilidade, dentre outras, idade superior a 21 (vinte e um) anos, e não a 25 (vinte e cinco); IV: incorreta. Segundo dispõe o art. 139, parágrafo primeiro, do ECA, ali inserido pela Lei 12.696/2012, o processo de escolha dos membros do Conselho Tutelar ocorrerá em data unificada em todo o território nacional a cada 4 (quatro) anos (e não a cada 2 anos), no primeiro domingo do mês de outubro do ano subsequente ao da eleição presidencial.
Gabarito "B".

(Analista de Promotoria I – Assistente Jurídico – MPE-SP – VUNESP – 2010) Em relação ao Conselho Tutelar, assinale a alternativa correta.

(A) Em cada Município haverá, no mínimo, um Conselho Tutelar composto de sete membros, escolhidos pela comunidade local para mandato de dois anos.
(B) O Conselho Tutelar é o órgão autônomo, jurisdicional, encarregado pelo Estado de zelar pelos direitos da criança e do adolescente.
(C) O exercício efetivo da função de conselheiro não se constitui em serviço público, não havendo impedimento de servir no mesmo Conselho marido e mulher.
(D) O processo para a escolha dos membros do Conselho Tutelar será estabelecido em lei federal e realizado sob a responsabilidade e anuência do Ministério Público.
(E) O Conselho Tutelar tem a atribuição de encaminhar ao Ministério Público notícia de fato que constitua infração administrativa ou penal contra os direitos da criança ou do adolescente.

A: incorreta. Cada município e cada Região Administrativa do Distrito Federal deverá ter, no mínimo, um Conselho Tutelar constituído de cinco membros – art. 132 do ECA (e não de sete), denominados conselheiros, escolhidos pela comunidade para um mandato de quatro anos (e não de dois), permitida uma recondução, a teor do art. 132 do ECA. Vale destacar que a redação anterior desse artigo fixava em três anos o mandato do membro do Conselho Tutelar; B: incorreta, pois o Conselho Tutelar constitui órgão permanente e autônomo, *não jurisdicional*, encarregado pela sociedade de zelar pelo cumprimento dos direitos da criança e do adolescente, definidos na lei (art. 131 do ECA); C: incorreta. Primeiro porque o exercício efetivo da função de conselheiro constitui, sim, serviço público relevante, a teor do art. 135 do ECA; segundo porque marido e mulher, segundo estabelece o art. 140, "caput", do ECA, são impedidos de atuar no mesmo Conselho; D: incorreta, pois em desconformidade com o disposto no art. 139, "caput", do ECA, *in verbis*: "O processo para a escolha dos membros do Conselho Tutelar será estabelecido em lei municipal e realizado sob a responsabilidade do Conselho Municipal dos Direitos da Criança e do Adolescente, e a fiscalização do Ministério Público"; E: correta, nos termos do art. 136, IV, do ECA.
Gabarito "E".

(FGV – 2015) Um conselheiro tutelar, ao passar por um parquinho, observa Ana corrigindo o filho, João, por ele não permitir que os amigos brinquem com o seu patinete. Para tanto, a genitora grita, puxa o cabelo e dá beliscões no infante, na presença das outras crianças e mães, que assistem a tudo assustadas. Assinale a opção que indica o procedimento correto do Conselheiro Tutelar.

(A) Requisitar a Polícia Militar para conduzir Ana à Delegacia de Polícia e, após a atuação policial, dar o caso por encerrado.
(B) Não intervir, já que Ana está exercendo o seu poder de correção, decorrência do atributo do poder familiar.
(C) Intervir imediatamente, orientando Ana para que não corrija o filho dessa forma, e analisar se não seria recomendável a aplicação de uma das medidas previstas no ECA.
(D) Apenas colher elementos para ingressar em Juízo com uma representação administrativa por descumprimento dos deveres inerentes ao poder familiar.

A Lei 13.010/2014, conhecida como *Lei da Palmada*, entre outras alterações, modificou a redação do art. 18 do ECA, que passou a contar, a partir de então, com os arts. 18-A e 18-B, que tratam, respectivamente, do que se deve entender por *castigo físico* e *tratamento cruel ou degradante* e as medidas a serem tomadas, pelo Conselho Tutelar, em casos assim. Não há dúvida de que o conselheiro tutelar, ao presenciar a conduta agressiva praticada pela mãe contra o seu filho, deve intervir com o fim de fazer cessar o ato, orientar a mãe a não mais proceder daquela maneira e, se necessário, aplicar as medidas previstas no art. 18-B do ECA.
Gabarito "C".

9. ACESSO À JUSTIÇA

(Analista Processual Direito – MPE-AC – FMP – 2013) Tendo em vista os dispositivos processuais que regem os procedimentos previstos no Estatuto da Criança e do Adolescente, assinale a alternativa correta:

(A) Diante da nova sistemática introduzida pela Lei n.º 12.010/2009, o procedimento para a perda ou a suspensão do poder familiar poderá ser iniciado de ofício pelo juiz ou a requerimento da parte interessada ou do Ministério Público que, quando não for autor, será ouvido em todos os atos do processo.
(B) Nos procedimentos para a perda ou suspensão do poder familiar, em sendo os pais oriundos de comunidades indígenas, é obrigatória a citação da FUNAI – Fundação Nacional do Índio para integrar o polo passivo da lide.
(C) Nos procedimentos para a destituição da tutela, observar-se-á o procedimento para a remoção de tutor previsto na lei processual civil e, no que couber, o disposto sobre o procedimento para a perda ou suspensão do poder familiar.
(D) O prazo máximo e improrrogável para a conclusão do procedimento para apuração de ato infracional atribuído a adolescente, em caso de internação provisória, será de 81 dias, por força da incidência subsidiária da regra de direito processual penal vigente a respeito.
(E) São legitimados a dar início ao procedimento de apuração de irregularidade em entidade de atendimento apenas o Ministério Público, o Conselho Tutelar e o Conselho Municipal dos Direitos da Criança e do Adolescente.

EDUARDO DOMPIERI

A: incorreta, pois não reflete o disposto no art. 155 do ECA, segundo o qual a iniciativa para o ajuizamento de ação de perda ou suspensão do poder familiar é do MP ou de quem tenha legítimo interesse (o juiz, de ofício, não tem tal atribuição); B: incorreta, pois não reflete o que estabelece o art. 161, § 2º, do ECA; C: correta, nos termos do art. 164 do ECA; D: incorreta. Isso porque, segundo a disciplina estabelecida no art. 183 do ECA, o prazo máximo dentro do qual deverá ser concluído o procedimento apuratório de ato infracional atribuído a adolescente, estando este sob internação provisória, é de 45 (quarenta e cinco) dias, e não de 81 (oitenta e um); E: incorreta, dado que são credenciados a deflagrar o procedimento de apuração de irregularidade em entidade de atendimento o juiz, mediante portaria, o Ministério Público e o Conselho Tutelar, estes por meio de representação. O art. 191, "caput", que rege a matéria, não contemplou, como legitimado, o Conselho Municipal dos Direitos da Criança e do Adolescente. Gabarito "C".

(Analista de Promotoria I – Assistente Jurídico – MPE-SP – IBFC – 2013) A sentença que defere a adoção:

(A) Está sujeita a apelação, que será recebida, apenas, no efeito devolutivo, como regra.

(B) Está sujeita a apelação, que será recebida nos efeitos suspensivo e devolutivo, sempre.

(C) Poderá ser inscrita no registro civil mediante mandado, do qual se fornecerá certidão.

(D) Confere ao adotado o nome do adotante, vedada a modificação do prenome.

(E) Em se tratando de adoção internacional, está sujeita a reexame necessário.

A: correta, pois em conformidade com a regra disposta no art. 199-A do ECA, que estabelece que a sentença que concede a adoção produzirá efeito desde logo e comportará recurso de apelação, que será recebido, em regra, no efeito devolutivo, salvo quando se tratar de adoção internacional ou se houver perigo de dano irreparável ou de difícil reparação, hipóteses em que a interposição deste recurso terá também o efeito suspensivo; B: incorreta, já que, conforme o comentário *supra*, o recurso de apelação ao qual se sujeita a sentença que defere a adoção produzirá, em regra, o efeito devolutivo, podendo, por exceção, descrita no art. 199-A do ECA, produzir tanto o efeito devolutivo quanto o suspensivo; C: incorreta, pois contraria a regra disposta no art. 47, "caput", do ECA; D: incorreta. É do art. 47, § 5º, do ECA que, a pedido do adotante ou do adotado, a sentença de adoção poderá determinar a alteração do prenome deste. De ver-se que, sendo o pedido formulado pelo adotante, impõe-se seja o adotado ouvido; E: incorreta, pois inexiste tal exigência. Gabarito "A".

(Analista de Promotoria I – Assistente Jurídico – MPE-SP – IBFC – 2013) Nos procedimentos afetos à Justiça da Infância e Juventude, conforme dispõe o artigo 198, da Lei Federal nº 8.069/90, adotou-se o sistema recursal:

(A) Do Código de Processo Penal, com adaptações previstas no Estatuto da Criança e do Adolescente.

(B) Do Código de Processo Civil, com adaptações previstas no Estatuto da Criança e do Adolescente.

(C) Do Código de Processo Civil, integralmente.

(D) Do Código de Processo Penal, integralmente.

(E) Do Estatuto da Criança e do Adolescente, que instituiu um sistema recursal próprio.

Segundo dispõe o art. 198, "caput", do ECA, com a redação que lhe foi conferida pela Lei 12.594/2012, "Nos procedimentos afetos à Justiça da Infância e da Juventude, inclusive os relativos à execução das medidas socioeducativas, adotar-se-á o sistema recursal da Lei 5.869, de 11 de janeiro de 1973 (Código de Processo Civil), com as seguintes adaptações (...)". Correta, portanto, a proposição "B". Gabarito "B".

(Analista de Promotoria I – Assistente Jurídico – MPE-SP – VUNESP – 2010) No processo de perda do poder familiar, a citação deverá ser feita (...); a contestação ocorrerá no prazo de (...) e a sentença que decretar a perda ou a suspensão do poder familiar será (...).

Complete as lacunas.

(A) pessoalmente ... dez dias ... averbada.
(B) pelo correio ... dez dias ... averbada.
(C) pessoalmente ... cinco dias ... registrada
(D) pelo correio ... cinco dias ... registrada.
(E) pelo correio ... quinze dias ... averbada.

1ª lacuna: art. 158, § 1º, do ECA (com redação determinada pela Lei 12.962/2014): "A citação será pessoal, salvo se esgotados todos os meios para a sua realização". Note que, ao tempo em que esta questão foi elaborada, estava em vigor a antiga redação deste dispositivo, *in verbis*: "Deverão ser esgotados todos os meios para a citação pessoal"; 2ª lacuna: art. 158, "caput", do ECA: "O requerido será citado para, no prazo de 10 (dez) dias, oferecer resposta escrita (...)"; 3ª lacuna: art. 163, parágrafo único, do ECA: "A sentença que decretar a perda ou a suspensão do poder familiar será averbada à margem do registro de nascimento da criança ou do adolescente". Gabarito "A".

(Analista de Promotoria I – Assistente Jurídico – MPE-SP – VUNESP – 2010) No tocante ao Acesso à Justiça, assinale a alternativa que está em desacordo com o disposto no Estatuto da Criança e do Adolescente.

(A) É garantido o acesso de toda criança ou adolescente ao Ministério Público e ao Poder Judiciário, por qualquer de seus órgãos.

(B) A autoridade judiciária dará defensor público à criança ou adolescente, sempre que os interesses destes colidirem com os de seus pais ou responsável.

(C) As ações judiciais da competência da Justiça da Infância e da Juventude são isentas de custas e emolumentos, ressalvada a hipótese de litigância de má-fé.

(D) É vedada a divulgação de atos judiciais, policiais e administrativos que digam respeito a crianças ou adolescentes a que se atribua autoria de ato infracional.

(E) A expedição de cópia ou certidão de atos judiciais, policiais ou administrativos referentes às crianças ou adolescentes, somente será deferida pela autoridade judiciária competente, se demonstrado o interesse e justificada a finalidade.

A: correta, nos termos do art. 141, "caput", do ECA; B: incorreta (a ser assinalada), dado que, na hipótese descrita na alternativa, caberá ao magistrado dar à criança ou ao adolescente *curador especial*, e não nomear *defensor público*, na forma estatuída no art. 142, parágrafo único, do ECA; C: correta, pois reflete a norma contida no art. 141, § 2º, do ECA; D: correta, pois em consonância com a regra prevista no art. 143, "caput", do ECA; E: correta, nos termos do art. 144 do ECA. Gabarito "B".

(Analista de Promotoria I – Assistente Jurídico – MPE-SP – VUNESP – 2010) A Justiça da Infância e da Juventude, em razão da matéria, é competente para:

(A) conhecer de representações promovidas pela comunidade local, sobre ato infracional atribuído à criança.

(B) requisitar a remissão, como forma de suspender o processo infracional.

(C) conhecer das penalidades administrativas aplicadas pelo Ministério Público.

6. DIREITO DA CRIANÇA E DO ADOLESCENTE

(D) determinar ao Conselho Tutelar que aplique as medidas de proteção cabíveis.

(E) conhecer pedidos baseados em discordância paterna ou materna, em relação ao exercício do poder familiar.

A: incorreta (competência não contemplada no art. 148 do ECA); B: incorreta. Estabelece o art. 148, II, do ECA que é da competência da Justiça da Infância e da Juventude conceder (e não requisitar) a remissão, como forma de suspensão ou extinção do processo (remissão judicial); C: incorreta, dado que tal atribuição cabe ao juiz, e não ao Ministério Público (art. 148, VI, do ECA); cabe ao MP, isto sim, representar ao juízo visando à aplicação de penalidade por infrações cometidas contra as normas de proteção à infância e à juventude (art. 201, X, do ECA); D: incorreta, pois não reflete o disposto no art. 148, VII, do ECA; E: correta, nos termos do art. 148, parágrafo único, *d*, do ECA.
Gabarito "E".

(Analista Ministerial Especialista – Ciências Jurídicas – MPE-TO – UFT-COPESE – 2010) Em relação aos procedimentos recursais afetos à Justiça da Infância e da Juventude é incorreto afirmar que:

(A) Os recursos serão interpostos independentemente de preparo.

(B) Antes de determinar a remessa dos autos à superior instância, no caso de apelação, ou do instrumento, no caso de agravo, a autoridade judiciária proferirá despacho fundamentado, mantendo ou reformando a decisão, no prazo de cinco dias.

(C) A sentença que destituir ambos ou qualquer dos genitores do poder familiar fica sujeita a apelação, que deverá ser recebida apenas no efeito devolutivo.

(D) A apelação será recebida em seu efeito devolutivo, inclusive quando interposta contra sentença que deferir a adoção por estrangeiro.

A: correta, nos termos do art. 198, I, do ECA; B: correta, nos termos do art. 198, VII, do ECA; C: correta, nos termos do art. 199-B, do ECA; D: incorreta (deve ser assinalada). Em conformidade com a regra disposta no art. 199-A do ECA, a sentença que concede a adoção produzirá efeitos desde logo e comportará recurso de apelação, que será recebido, em regra, no efeito devolutivo, salvo quando se tratar de adoção internacional ou se houver perigo de dano irreparável ou de difícil reparação, hipóteses em que a interposição deste recurso terá também o efeito suspensivo.
Gabarito "D".

(Analista de Promotoria I – Assistente Jurídico – MPE-SP – VUNESP – 2010) Sobre os recursos nos procedimentos afetos à Justiça da Infância e da Juventude, assinale a alternativa correta.

(A) Em regra geral, o prazo para interposição de recurso será de 15 (quinze) dias.

(B) Salvo nos casos de gratuidade, para interposição de recurso é necessário o preparo.

(C) Os recursos terão preferência de julgamento, sendo indispensável o revisor.

(D) A sentença que destituir qualquer um dos genitores do poder familiar fica sujeita a apelação, que deverá ser recebida nos efeitos suspensivo e devolutivo.

(E) Os recursos nos procedimentos de adoção e de destituição do poder familiar, em face da relevância das questões, serão processados com prioridade absoluta, devendo ser imediatamente distribuídos.

A: incorreta, pois não reflete a regra disposta no art. 198, II, do ECA, que estabelece que os recursos, no âmbito dos procedimentos afetos à Justiça da Infância e da Juventude, serão interpostos, em regra,

no prazo de 10 (dez) dias, e não no interregno de 15 (quinze), como constou da assertiva; B: incorreta, pois o art. 198, I, do ECA dispõe que os recursos, nos procedimentos afetos à Justiça da Infância e da Juventude, serão sempre interpostos independentemente de preparo; C: incorreta. Embora seja verdadeira a primeira parte da assertiva, em que se afirma que estes recursos terão preferência de julgamento, é incorreto dizer-se que o revisor é indispensável. É dispensável, segundo dispõe o art. 198, III, do ECA; E: correta, nos termos do art. 199-C do ECA.
Gabarito "E".

10. MINISTÉRIO PÚBLICO

(Analista Processual Direito MPE-AC – FMP – 2013) Com base no regramento instituído no Estatuto da Criança e do Adolescente (Lei n.º 8.069/90) sobre o Ministério Público e o Advogado, assinale a alternativa correta.

(A) Compete ao Ministério Público, desde que por solicitação dos interessados, promover a especialização e a inscrição da hipoteca legal nos casos de crianças e adolescentes submetidos à tutela e à curatela.

(B) A expedição de recomendações pelo Ministério Público, visando à melhoria dos serviços públicos e de relevância pública, é matéria estranha à Lei n.º 8.069/90, aplicando-se ao direito da criança e do adolescente, contudo, por força da incidência subsidiária da Lei n.º 7.347/85 – Lei da Ação Civil Pública.

(C) O representante do Ministério Público, no exercício de suas funções, terá livre acesso a todo local onde se encontre criança e adolescente, desde que munido do respectivo mandado de vistoria por ele próprio expedido, que será apresentado ao responsável pelo local cujo acesso se pretende.

(D) A ausência de defensor não determinará o adiamento de nenhum ato do processo, devendo o juiz nomear substituto, ainda que provisoriamente, ou para o só efeito do ato.

(E) Em se tratando de criança e adolescente, é imprescindível a outorga de mandato ao advogado que representa seus interesses em Juízo, mesmo que constituído e indicado pela parte em audiência com a presença da autoridade judiciária.

A: incorreta, uma vez que tal providência, levada a cabo pelo MP, poderá ser tomada mediante provocação da parte interessada ou mesmo de ofício, a teor do art. 201, IV, do ECA; B: incorreta, já que tal prerrogativa está contemplada no art. 201, § 5°, *c*, do ECA; C: incorreta, uma vez que o exercício desta prerrogativa prescinde da expedição de mandado (art. 201, § 3°, do ECA); D: correta, pois corresponde à redação do art. 207, § 2°, do ECA; E: incorreta, pois contraria a regra prevista no art. 207, § 3°, do ECA.
Gabarito "D".

(Analista Ministerial Especialista – Ciências Jurídicas – MPE-TO – UFT-COPESE – 2010) Compete ao Ministério Público:

(A) Requerer a remissão à autoridade judiciária como forma de exclusão do processo.

(B) Promover, de ofício ou por solicitação dos interessados, a especialização e a inscrição de hipoteca legal e a prestação de contas dos tutores, curadores e quaisquer administradores de bens de crianças e adolescentes.

(C) Instaurar sindicâncias, requisitar diligências investigatórias e determinar a instauração de inquérito policial, para apuração de ilícitos ou infrações às normas de proteção à infância e à juventude.

124 EDUARDO DOMPIERI

(D) Instaurar procedimentos administrativos e, para instruí-los, expedir notificações para colher depoimentos ou esclarecimentos e, em caso de não comparecimento injustificado, requisitar condução coercitiva, inclusive pela polícia civil ou militar.

A: incorreta. A remissão como forma de exclusão do processo será concedida pelo MP, e não por este requerida à autoridade judiciária (art. 201, I, ECA), a quem caberá tão somente homologá-la. É bom lembrar que estamos aqui a falar da chamada *remissão ministerial* (art. 126, "caput", do ECA), que tem lugar antes de iniciado o processo. Uma vez deflagrado o procedimento, a remissão não mais poderá ser concedida pelo promotor de Justiça; agora, somente pela autoridade judiciária. Esta é a *remissão judicial*, que importa em suspensão ou extinção do processo (art. 126, parágrafo único, do ECA) e tem como propósito amenizar os efeitos da continuidade do processo; B: a nosso ver, incorreta, pois não se fez menção ao art. 98 do ECA, conforme consta da redação do art. 201, IV, do ECA; C: assertiva correta, pois corresponde ao que estabelece o art. 201, VII, do ECA; D: também correta, pois em conformidade com o disposto no art. 201, VI, *a*, do ECA.
ANULADA

(Analista Ministerial Especialista – Ciências Jurídicas – MPE-TO – UFT-COPESE – 2010) Nos processos que envolvem crianças e adolescentes, assinale a alternativa incorreta:

(A) A falta de intervenção do Ministério Público acarreta a nulidade do feito, que será declarada de ofício pelo juiz ou a requerimento de qualquer interessado.

(B) O representante do Ministério Público, no exercício de suas funções, mediante autorização da autoridade judiciária, terá livre acesso a todo local onde se encontre criança ou adolescente.

(C) O representante do Ministério Público será responsável pelo uso indevido das informações e documentos que requisitar, nas hipóteses legais de sigilo.

(D) A intimação do Ministério Público, em qualquer caso, será feita pessoalmente.

A: correta, pois em conformidade com o disposto no art. 204 do ECA; B: incorreta, na medida em que o exercício de tal prerrogativa pelo representante do MP prescinde de autorização da autoridade judiciária – art. 201, § 3º, do ECA; C: correta, nos termos do art. 201, § 4º, do ECA; D: correta, porque corresponde à redação do art. 203 do ECA.
Gabarito "B".

(Analista de Promotoria I – Assistente Jurídico – MPE-SP – VUNESP – 2010) De acordo com o que dispõe o Estatuto da Criança e do Adolescente, compete ao Ministério Público:

(A) requisitar ao juízo competente que sejam expedidas as devidas notificações para colher depoimentos ou esclarecimentos.

(B) requisitar informações e documentos a particulares e instituições privadas.

(C) requisitar sindicâncias, instaurar diligências investigatórias e requisitar a instauração de inquérito policial.

(D) peticionar ao juízo competente, para a remissão como forma de exclusão do processo.

(E) determinar a aplicação de penalidade por infrações cometidas contra as normas de proteção à criança e ao adolescente.

A: incorreta. Isso porque o representante do MP está credenciado, ele próprio, a expedir notificações para colher depoimentos ou esclarecimentos, sem precisar requerer tal providência ao magistrado – art. 201, VI, *a*, do ECA; B: correta (art. 201, VI, *c*, do ECA); C: incorreta, pois não corresponde à redação do art. 201, VII, do ECA, que estabelece

que ao MP compete, entre outras coisas, instaurar sindicâncias (e não requisitá-las) e requisitar diligências investigatórias (e não instaurá-las); no mais, cabe ao MP requisitar a instauração de inquérito policial à Polícia Judiciária (quanto a isso a assertiva está correta); D: incorreta. A remissão como forma de exclusão do processo será concedida pelo MP (e não por este requerida), por meio de petição, à autoridade judiciária (art. 201, I, ECA), a quem caberá tão somente homologá-la. É bom lembrar que estamos aqui a falar da chamada *remissão ministerial* (art. 126, "caput", do ECA), que tem lugar antes de iniciado o processo. Uma vez deflagrado o procedimento, a remissão não mais poderá ser concedida pelo promotor de Justiça; agora, somente pela autoridade judiciária. Esta é a *remissão judicial*, que importa em suspensão ou extinção do processo (art. 126, parágrafo único, do ECA) e tem como propósito amenizar os efeitos da continuidade do processo; E: incorreta, uma vez que ao MP não é dado determinar a aplicação (ou mesmo aplicar) penalidade por infrações cometidas contra as normas de proteção à criança e ao adolescente. Tal providência compete ao juiz. Ao MP incumbe representar ao juízo com vistas à aplicação de tais penalidades (art. 201, X, do ECA).
Gabarito "B".

11. CRIMES

(Analista de Promotoria I – Assistente Jurídico – MPE-SP – VUNESP – 2010) Analise as seguintes afirmativas.

I. Submeter criança ou adolescente sob sua autoridade, guarda ou vigilância a vexame ou a constrangimento configura um crime, com pena de detenção, de 6 (seis) meses a 2 (dois) anos.

II. Vender ou expor à venda fotografia, vídeo ou outro registro que contenha cena de sexo explícito ou pornografia envolvendo criança ou adolescente configura um crime, com pena de reclusão, de 4 (quatro) a 8 (oito) anos, e multa.

III. Privar a criança ou o adolescente de sua liberdade, procedendo à sua apreensão sem estar em flagrante de ato infracional ou inexistindo ordem escrita da autoridade judicial competente configura uma infração administrativa, com pena de multa de 5 (cinco) a 10 (dez) salários de referência.

IV. Descumprir, dolosa ou culposamente, os deveres inerentes ao poder familiar ou decorrentes de tutela ou guarda, bem assim determinação da autoridade judiciária ou do Conselho Tutelar, configura um crime, com pena de detenção de 3 (três) meses a 2 (dois) anos.

Estão corretas apenas as afirmativas:

(A) I.

(B) I e II.

(C) I, II e III.

(D) I, III e IV.

(E) II, III e IV.

I: correta, pois corresponde à conduta criminosa prevista no art. 232 do ECA; II: correta, pois corresponde à conduta criminosa prevista no art. 241 do ECA; III: incorreta, visto que a conduta descrita nesta alternativa corresponde ao tipo penal do art. 230 do ECA, cuja pena cominada é de 6 (seis) meses a 2 (dois) anos de detenção. Não se trata, pois, de mera infração administrativa; IV: incorreta, vez que tal conduta não está contemplada em nenhum tipo penal; cuida-se, isto sim, da infração administrativa prevista no art. 249 do ECA, para a qual se estabeleceu a sanção de multa de 3 (três) a 20 (vinte) salários de referência, a ser aplicada em dobro na hipótese de reincidência.
Gabarito "B".

12. INFRAÇÕES ADMINISTRATIVAS

(Analista de Promotoria I – Assistente Jurídico – MPE-SP – VUNESP – 2010) Em relação à conduta de hospedar criança ou adolescente desacompanhado dos pais ou responsável, ou sem autorização escrita desses ou da autoridade judiciária, em hotel, pensão, motel ou congênere, assinale a alternativa correta.

(A) Em caso de não reincidência, constitui uma infração administrativa sujeita à pena de multa.

(B) Em caso de não reincidência, constitui uma infração administrativa sujeita à advertência.

(C) Em caso de não reincidência, constitui um crime sujeito à pena de detenção de dois a seis meses.

(D) Em caso de reincidência, a autoridade judicial poderá determinar o fechamento do estabelecimento por 20 (vinte) dias.

(E) Se comprovada a reincidência por período superior a 30 (trinta) dias, o estabelecimento terá sua licença suspensa pela autoridade policial.

A: correta. Ao agente primário que incorrer na infração administrativa descrita no art. 250, "caput", do ECA aplicar-se-á tão somente pena de multa; B: incorreta. Vide comentário *supra*; C: incorreta. Conforme já dito, cuida-se de infração administrativa; no âmbito criminal, é fato atípico; D: incorreta, pois, neste caso, na forma estatuída no art. 250, § 1º, do ECA, o fechamento do estabelecimento, a ser determinado pela autoridade judiciária, será por até 15 (quinze) dias, e não 20 (vinte); E: incorreta. O fechamento definitivo do estabelecimento e a cassação de sua licença somente terão lugar se a reincidência se operar por período inferior a 30 dias (art. 250, § 2º, do ECA); assim, em caso de reincidência superior a 30 dias, aplica-se o disposto no art. 250, § 1º, do ECA, com o fechamento do estabelecimento por até 15 (quinze) dias, sempre determinado pela autoridade judiciária.
Gabarito "A"

13. TEMAS COMBINADOS

(Analista Ministerial Área Processual – MPE-PI – CESPE – 2012) Acerca dos procedimentos afetos às crianças e aos adolescentes, julgue os itens seguintes.

(1) Em regra, o abrigamento deve ser ordenado pela autoridade judiciária ou pelo conselho tutelar. Todavia, em situação que demande urgência, a entidade poderá efetuar o abrigamento, providenciando a devida comunicação em até vinte e quatro horas, sob pena de responsabilidade.

(2) O valor das multas aplicadas em face de crimes e infrações administrativas cometidas pelos órgãos auxiliares será revertido ao fundo gerido pelo conselho dos direitos da criança e do adolescente do estado no qual esteja localizado o órgão.

(3) A sentença de adoção póstuma produz efeitos *ex nunc* à sentença concessiva.

(4) Conforme preceitua o ECA, será de competência exclusiva da vara da infância e da juventude conhecer de pedidos de adoção de criança e dos incidentes relacionados a esses pedidos.

(5) Enquanto não forem instalados os conselhos tutelares em um município, as atribuições que lhe são conferidas deverão ser realizadas pelo juiz da infância e da juventude.

1: correta. De fato, as entidades, em regra, somente poderão realizar o acolhimento diante de autorização da autoridade competente; em caráter excepcional e de urgência, no entanto, poderá o acolhimento realizar-se sem prévia autorização da autoridade competente, devendo o responsável pela entidade, neste caso, providenciar para que o juiz da Vara da Infância e da Juventude, sob pena de responsabilidade, seja disso comunicado no prazo de 24 (vinte e quatro) horas; 2: incorreta, pois não corresponde ao que determina o art. 214, "caput", do ECA, segundo o qual o valor das multas será revertido ao fundo gerido pelo Conselho dos Direitos da Criança e do Adolescente do respectivo município (e não do estado no qual esteja o órgão localizado); 3: incorreta. A adoção se constitui por meio de sentença judicial, tornando-se definitiva a partir do trânsito em julgado, produzindo, a partir daí, efeitos jurídicos (*ex nunc*). A exceção a esta regra fica por conta da chamada adoção póstuma (*post mortem*), cujos efeitos retroagirão à data do óbito (*ex tunc*), na forma estabelecida no art. 47, § 7º, do ECA. Póstuma é a adoção em que o adotante, tendo manifestado de forma inequívoca sua vontade no sentido de adotar, vem a falecer no curso do processo, desde que ainda não prolatada a sentença – art. 42, § 6º, do ECA; 4: correta, pois em conformidade com o que estabelece o art. 148, III, do ECA; 5: correta, pois reflete do disposto no art. 262 do ECA.
Gabarito "1C,2E,3E,4C,5C"

7. ESTATUTO DO IDOSO

Anna Carolina Bontempo

(**Analista Ministerial Jurídico – MPE-PE – FCC – 2012**) Analise as seguintes assertivas sobre o Estatuto do Idoso:

I. Compete ao Ministério Público, dentre outras atribuições estabelecidas no Estatuto do Idoso, atuar como substituto processual do idoso em situação de risco, quando tiver ameaçados ou violados direitos reconhecidos no Estatuto por ação ou omissão da sociedade ou do Estado, por falta, omissão ou abuso da família, curador ou entidade de atendimento, ou em razão de sua condição pessoal.

II. As transações relativas a alimentos poderão ser celebradas perante o Promotor de Justiça ou Defensor Público, que as referendará, e passarão a ter efeito de título executivo extrajudicial nos termos da lei processual civil, desde que homologadas perante o juízo competente.

III. A falta de intervenção do Ministério Público nos processos em que não for parte e que versem sobre direitos e deveres preconizados pelo Estatuto do Idoso acarreta a nulidade do feito, que será declarada de ofício pelo juiz ou a requerimento de qualquer interessado.

IV. Aos idosos, a partir de 60 (sessenta) anos, que não possuam meios para prover sua subsistência, nem de tê-la provida por sua família, é assegurado o benefício mensal de 1 (um) salário-mínimo, nos termos da Lei Orgânica da Assistência Social.

Está correto o que consta APENAS em:

(A) III e IV.
(B) I, II e III.
(C) II e III.
(D) I, II e IV.
(E) I e III.

I: correto (arts. 74, III e 43, I, II e III, todos do Estatuto do Idoso); II: incorreto, pois não é necessária a homologação do juiz, conforme art. 13 do Estatuto do Idoso; III: correto (art. 77 do Estatuto do Estatuto); IV: incorreto, pois o benefício é concedido aos idosos, **a partir de 65 anos,** consoante art. 34 do Estatuto do Idoso.

Gabarito "E."

(**Analista – MPE-SE – FCC – 2013**) Com relação aos direitos fundamentais previstos no Estatuto do Idoso, considere:

I. O envelhecimento é um direito personalíssimo e a sua proteção um direito social.

II. É obrigação do Estado e da sociedade, assegurar à pessoa idosa a liberdade, o respeito e a dignidade, como pessoa humana e sujeito de direitos civis, políticos, individuais e sociais, garantidos na Constituição e nas leis.

III. As transações relativas a alimentos poderão ser celebradas perante o Promotor de Justiça ou Defensor Público, sendo que, apenas quando referendada pelo primeiro é que terá efeito de título executivo extrajudicial nos termos da lei processual civil.

IV. Se o idoso não possuir condições econômicas de prover o seu sustento, ainda que os seus familiares o tenham, impõe-se ao Poder Público esse provimento, no âmbito da assistência social.

V. É assegurada a atenção integral à saúde do idoso, por intermédio do Sistema Único de Saúde – SUS, garantindo-lhe o acesso universal e igualitário, em conjunto articulado e contínuo das ações e serviços, para a prevenção, promoção, proteção e recuperação da saúde, incluindo a atenção especial às doenças que afetam preferencialmente os idosos.

Está correto o que se afirma APENAS em:

(A) I, II e V.
(B) II e III.
(C) I, II, III e IV.
(D) III e V.
(E) I, IV e V.

I: correto (art. 8º do Estatuto do Idoso); II: correto (art. 10 do Estatuto do Idoso); III: incorreto, pois a lei não condiciona ao referendo do Ministério Público, consoante art. 13 do Estatuto do Idoso; IV: incorreto, pois os familiares também devem não possuir condições econômicas de prover o sustento do idoso, conforme art. 14 do Estatuto do Idoso; V: correto (art. 15 do Estatuto do Idoso).

Gabarito "A".

(**Analista Processual Direito – MPE-AC – FMP – 2013**) Sobre a Política de atendimento ao idoso, assinale a alternativa correta.

(A) As entidades governamentais e não governamentais de atendimento ao idoso serão fiscalizadas pelos Conselhos do Idoso, Poder Judiciário, Ministério Público, Vigilância Sanitária e outros previstos em lei.

(B) O dirigente de instituição prestadora de atendimento ao idoso responderá civilmente, independente de culpa, pelos atos que praticar em detrimento do idoso, sem prejuízo das sanções administrativas e criminais cabíveis.

(C) O procedimento de apuração de irregularidade em entidade governamental ou não governamental de atendimento ao idoso terá início por portaria judicial ou por provocação do Ministério Público ou do Conselho do Idoso.

(D) As entidades governamentais de assistência ao idoso ficam sujeitas à inscrição de seus programas no órgão competente da Vigilância Sanitária, exigindo-se, ainda, das não governamentais, registro no Conselho Municipal da Pessoa Idosa ou, na sua falta, no Conselho Estadual ou Nacional da Pessoa Idosa.

(E) As instituições filantrópicas ou sem fins lucrativos prestadoras de serviço ao idoso terão direito à assistência judiciária gratuita.

A: incorreta, pois o Poder Judiciário não tem legitimidade para fiscalizar as entidades governamentais e não governamentais de atendimento, consoante art. 52 do Estatuto do Idoso; B: incorreta, pois deve ser provada a culpa do dirigente, uma vez que a lei não é expressa com relação à responsabilidade objetiva, de acordo com o art. 49, parágrafo único, do Estatuto do Idoso; **C:** incorreto, pois o procedimento de apuração de irregularidade em entidade governamental e não governamental de atendimento ao idoso terá início mediante petição fundamentada de **pessoa interessada** ou iniciativa do **Ministério Público** (art. 65 do Estatuto do Idoso); **D:** incorreta, pois as entidades governamentais e não governamentais de assistência ao idoso ficam sujeitas à inscrição de seus programas, junto ao órgão competente da Vigilância Sanitária e Conselho Municipal da Pessoa Idosa, e em sua falta, junto ao Conselho Estadual ou Nacional da Pessoa Idosa, especificando os regimes de atendimento (art. 48, parágrafo único, do Estatuto do Idoso); **E:** correta (art. 51 do Estatuto do Idoso).

Gabarito "E".

(Analista de Promotoria I – Assistente Jurídico – MPE-SP – IBFC – 2013) Com relação ao Estatuto do Idoso (Lei Federal n° 10.741/03), assinale a alternativa INCORRETA:

(A) Constitui crime a conduta de deixar o profissional de saúde ou o responsável por estabelecimento de saúde ou instituição de longa permanência de comunicar à autoridade competente os casos de crimes contra idoso de que tiver conhecimento.

(B) É assegurada prioridade na tramitação dos processos e procedimentos e na execução dos atos e diligências judiciais em que figure como parte ou interveniente pessoa com idade igual ou superior a 60 (sessenta) anos, em qualquer instância.

(C) Aos maiores de 65 (sessenta e cinco) anos fica assegurada a gratuidade dos transportes coletivos públicos urbanos e semiurbanos, exceto nos serviços seletivos e especiais, quando prestados paralelamente aos serviços regulares.

(D) O Estatuto do Idoso é destinado a regular os direitos assegurados às pessoas com idade igual ou superior a 60 (sessenta) anos.

(E) Aos idosos, a partir de 65 (sessenta e cinco) anos, que não possuam meios para prover sua subsistência, nem de tê-la provida por sua família, é assegurado o benefício mensal de 1 (um) salário-mínimo.

A: incorreta, pois constitui infração administrativa, de acordo com o art. 57 do Estatuto do Idoso; **B:** correta (art. 71 do Estatuto do Idoso); **C:** correta (art. 39 do Estatuto do Idoso); **D:** correta (art. 1° do Estatuto do Idoso); **E:** correta (art. 34 do Estatuto do Idoso).

Gabarito "A".

8. LEGISLAÇÃO INSTITUCIONAL DO MINISTÉRIO PÚBLICO

Lucas Corradini

PARTE I: LEGISLAÇÃO INSTITUCIONAL DO MINISTÉRIO PÚBLICO (DOUTRINA)

1. INTRODUÇÃO

No presente espaço, trabalharemos doutrinariamente a legislação específica do Ministério Público. Trata-se de matéria pouco estudada pelos tratadistas e, por outro lado, cobrada em todas as provas relativas às carreiras do MP.

Uma peculiaridade, no entanto, deve ser observada: consoante será visto, cada Ministério Público estadual está disciplinado, de modo específico, por sua legislação estadual. Tal legislação, normalmente, é mero complemento de um regramento geral, contido na Lei Orgânica Nacional do Ministério Público dos Estados (Lei 8.625/1993).

A própria Constituição Federal, em seu artigo 128, §5º, dispôs que lei complementar da União e dos Estados disciplinariam o estatuto de cada Ministério Público, enumerando, em seus incisos, princípios e regras de observância obrigatória a todas as legislações.

Na esteira da regra constitucional em questão, a Lei 8.625/1993, em seu artigo 2º, previu que "lei complementar, denominada Lei Orgânica do Ministério Público, cuja iniciativa é facultada aos Procuradores-Gerais de Justiça dos Estados, estabelecerá, no âmbito de cada uma dessas unidades federativas, normas específicas de organização, atribuições e estatuto do respectivo Ministério Público".

Além disso, o artigo 80 da Lei 8.625/1993 prevê a aplicação subsidiária, aos Ministérios Públicos dos Estados, das disposições da Lei Complementar 75/1993 (que é a norma geral que disciplina os órgãos do Ministério Púbico da União, estudados no item *3.1*, a seguir).

Assim, por força dos dispositivos expostos, é certo que cada Ministério Público Estadual possui sua própria lei orgânica, que consiste, sempre, em lei complementar estadual. Assim, o regramento infraconstitucional a que está sujeito cada Ministério Público Estadual deve ser interpretado da seguinte forma: primeiro, devem ser observadas as normas da Lei Orgânica Estadual, por tratar-se de lei específica. No silêncio dela, o intérprete deve recorrer às normas gerais previstas na Lei Orgânica Nacional do Ministério Público dos Estados (Lei 8.625/1993). Havendo aparente conflitos entre as regras da Lei Orgânica Estadual de um Ministério Público, com as regras da Lei Orgânica Nacional do Ministério Público dos Estados, prevalecerá a disposição contida na primeira, por força do princípio da especialidade. Tudo isso, sempre, à luz das disposições constitucionais aplicáveis.

Por outro lado, havendo lacuna em ambas as legislações, a integração poderá ser feita mediante aplicação, por analogia, de regra ou princípio previsto na Lei Orgânica do Ministério Púbico de outro Estado da Federação ou, ainda, na Lei Orgânica do Ministério Público da União (Lei Complementar 75/1993).

Seria, logicamente, inviável promover estudos individualizados da Lei Orgânica do Ministério Público de cada Estado da Federação na presente obra. Portanto, nossa análise recairá sobre a Lei Orgânica Nacional do Ministério Público dos Estados que, como poderá ser percebido, é exaustivamente cobrada em todos os concursos e reflete quase toda a organização dos Ministérios Públicos estaduais, cujos estatutos, em geral, restringem-se a repetir, com poucas alterações, as regras gerais da Lei Federal 8.625/1993.

No entanto, as eventuais peculiaridades das legislações de cada Ministério Público poderão ser vistas nos comentários às questões sobre o tema, visto que tivemos o cuidado de separar testes de provas dos Ministérios Públicos de **TODOS** os Estados da Federação, inseridas no tópico próprio e, ainda, no material online.

Além disso, recomendamos que o estudo do presente tema seja acompanhado da leitura da Lei Orgânica do Ministério Público do Estado da Federação de interesse do candidato. Assim, quando mencionarmos um dispositivo da Lei Orgânica Nacional do Ministério Público dos

Estados (adiante chamada apenas de LONMP), recomendamos que seja lido o dispositivo análogo da legislação estadual, a fim de detectar, imediatamente, eventual dissonância.

2. EVOLUÇÃO HISTÓRICA DO MINISTÉRIO PÚBLICO

Quando se trata de debater a origem história do Ministério Público, a doutrina passa longe de ser uníssona.

Para alguns, um primórdio do que hoje se conhece por Ministério Público já podia ser observado no Egito Antigo, na figura do *Egito Magiai*, funcionário real que tinha por mister reprimir anarquistas e cidadãos violentos e, ao mesmo tempo, proteger a sociedade.[1]

Para outros, os *advocatus fisci*, de Roma, que tinham a função de defender os interesses do Imperador, representam o princípio do que hoje se entende por Ministério Público.

Para nós, particularmente, além do *Egito Magiai,* vislumbramos maior identidade com o delineamento atual do Ministério Público (que, como será visto, não detém a atribuição de promover a representação judicial do Estado, tarefa da advocacia pública) na figura do *gemeiner Anklager* do Direito Alemão, que exercia a acusação pela prática de crimes quando a vítima (particular), legitimada ativa originária para a ação penal, permanecia inerte, numa espécie de "ação pública subsidiária da privada".[2]

No entanto, a grande maioria da doutrina vislumbra a França como território de origem do Ministério Público, visto que, lá, houve uma constante manutenção, a partir da Revolução Francesa, da figura dos *procureurs de roi* (procuradores do rei), integrantes da magistratura (*corps de magistrats*) responsáveis pela defesa dos interesses sociais.

É da origem francesa, inclusive, que provém a recorrente expressão *Parquet* (*assoalho*, em francês), comumente utilizada como sinônimo de Ministério Público. Sobre a origem da expressão, explica Hugo Nigro Mazzilli que "os procuradores do rei, antes de adquirirem condição de magistrado e terem assento a seu lado, no estrado, tiveram assento sobre o assoalho da sala de audiências".[3]

Diferenciava-se, assim, a magistratura de pé (ou magistratura de solo), composta pelos procuradores do rei (autênticos promotores de justiça), da magistratura sentada, composta pelos juízes da época.

No Brasil, a primeira ideia de Ministério Público foi instituída no ano de 1609, com a criação do Tribunal de Relação da Bahia, que criou as figuras do procurador dos feitos da Coroa e do promotor de justiça.

Posteriormente, o Código Criminal do Império, datado de 1832, fez breve menção ao promotor de justiça como sendo o *promotor da ação penal*, mas a figura somente foi, de fato, regulamentada, no ano de 1843, pelo Decreto 120, que prescreveu os critérios de nomeação dos promotores.

Após, nas Constituições posteriores, o Ministério Público sempre foi, com maior ou menor intensidade e independência, lembrado. Ora colocado como integrante do Poder Judiciário (como nas Constituições de 1891, 1937, 1967), ora como integrante do Poder Executivo (como na Emenda Constitucional 1/69), o Ministério Público evoluiu para destrelar-se de qualquer dos poderes na Constituição de 1988 (a exemplo do que já havia sido previsto nas notáveis Constituições de 1934 e 1946), ganhando o *status* de função essencial à Justiça.[4]

Se inicialmente, no Brasil, o Ministério Público era incumbido, também, da representação judicial do Estado, foi na Constituição Federal de 1988 que tal mister passou a ser, definitivamente, da Advocacia Pública, tornando-se vedada ao membro do Ministério Público tal tarefa, nos termos do artigo 129, IX, da Carta Maior.

---

1. MAZZZILLI, Hugo Nigro. *O Ministério Público na Constituição de 1988*. São Paulo: Saraiva, 1996, p. 2.

2. Situação diametralmente oposta à da atualidade do Direito Brasileiro, na qual a ação penal pública é a regra, e a ação penal privada subsidiária, consagrada como direito fundamental no artigo 5º, LIX, da CF, é exceção que surge com a inércia do titular privativo da ação penal: o Ministério Público.

3. MAZZILLI, Hugo Nigro. *Introdução ao Ministério Público*. São Paulo: Saraiva, 2007, p. 38.

4. Diz-se função essencial à Justiça porque, sendo de rigor a imparcialidade dos juízes, somente é possível a efetivação da jurisdição se houver a figura de seu propulsor, responsável por conduzir a lide ao conhecimento do magistrado, pugnando pela concessão da tutela jurídica solucionadora do litígio apresentado. Trata-se de função essencial, portanto, pois inexiste juiz sem autor (*nemo iudex sine auctore*). Ao lado do Ministério Público, são igualmente qualificadas como funções essenciais à jurisdição a advocacia pública, a defensoria pública e os profissionais da advocacia privada.

Para a CF/88, trata-se o Ministério Público de "instituição permanente, essencial à função jurisdicional do Estado, incumbindo-lhe a defesa da ordem jurídica, do regime democrático e dos interesses sociais e individuais indisponíveis" (CF, artigo 127).

Trata-se de posição de destaque, com funções de extremo prestígio ao Estado Democrático de Direito. Tamanha relevância e diversidade de atribuições, tornou difícil para a doutrina a adoção de um conceito preciso sobre a dimensão tomada pelo Ministério Público na Constituição Cidadã.

Apenas para exemplificar, no âmbito criminal, o Ministério Público é o titular privativo da ação penal, incumbindo a ele a defesa da sociedade contra condutas que atentam contra os bens jurídicos mais relevantes para a vida humana e, em razão disso, são tidas como criminosas.

No âmbito civil, incumbe ao Ministério Público o zelo pelos interesses indisponíveis e a proteção dos direitos das pessoas incapazes (seja em razão da idade, seja em razão do acometimento de enfermidade mental que exclui a capacidade de fato), propondo ações judiciais no interesse destes, bem como atuando como fiscal da ordem jurídica nos processos que os envolvam.

No âmbito dos direitos difusos, coletivos e individuais homogêneos, o Ministério Público é quem detém legitimidade para buscar em Juízo a tutela da probidade administrativa, dos direitos consumeristas, do meio ambiente, bem como dos direitos sociais e indisponíveis em geral.

Sobre o relevante papel assumido pelo Ministério Público na Constituição Federal de 1988, oportuna a lição de Lênio Luiz Streck:

> [...] o Ministério Público, alçado à condição análoga a de um poder de Estado, figura, em face das responsabilidades que lhe foram acometidas, no epicentro dessa transformação do tradicional papel do Estado e do Direito. Os princípios e as funções institucionais que lhe dão vida afiguram-se consagradas em uma Constituição democrática, a qual, afastando-o do Poder Executivo, tornou-lhe, em uma consideração pragmática, esperança social. Tenha-se em mente, no particular, que no contexto em que está imersa a Sociedade contemporânea, esperança social poderá significar "esperança de democracia substancial", de redução das desigualdades sociais, enfim, esperança de justiça social ou minimamente, esperança de real e efetiva defesa dos interesses sociais.[5]

Também visando a sintetizar o papel assumido pelo Ministério Público a partir da Constituição Federal de 1988, notável a lição de Ada Pellegrini Grinover, Antônio Carlos de Araújo Cintra e Cândido Rangel Dinamarco:

> [...] o Estado contemporâneo assume por missão garantir ao homem, como categoria universal e eterna, a preservação de sua condição humana, mediante o acesso aos bens necessários a uma existência digna – e um dos organismos de que dispõe para realizar essa função é o Ministério Público, tradicionalmente apontado como instituição de proteção aos fracos e que hoje desponta como agente estatal predisposto à tutela dos bens e interesses coletivos e difusos.[6]

Para finalizar, para retratar a dificuldade inerente à rotina do promotor de justiça, caracterizada pela variedade extrema de misteres conferidos ao Ministério Público pela Constituição Federal de 1988, recorremos à clássica lição de Piero Calamandrei, o qual, embora em tempos longínquos, e a partir de um comparativo entre o Ministério Público, a advocacia e a magistratura, foi quem logrou chegar mais próximo de transmitir uma significação precisa das peculiaridades e da intensidade das atividades do *Parquet*:

> Advogado sem paixão, juiz sem imparcialidade, tal é o absurdo psicológico no qual o Ministério Público, se não adquirir o sentido do equilíbrio, se arrisca, momento a momento, a perder, por amor à sinceridade, a generosa combatividade do defensor ou, por amor da polêmica, a objectividade sem paixão do magistrado.[7]

3. O MINISTÉRIO PÚBLICO NA CONSTITUIÇÃO FEDERAL

Deixando a propedêutica de lado, mas ainda centrados no estudo das disposições da Constituição Federal de 1988 sobre o *Parquet*, seguiremos à análise da divisão do Ministério Público Brasileiro, dos princípios que o regem, bem como das garantias institucionais que garantem o fiel desempenho de todas as atribuições que lhes foram conferidas na Carta Maior.

3.1. ORGANIZAÇÃO CONSTITUCIONAL DO MINISTÉRIO PÚBLICO BRASILEIRO

Outra importante missão cumprida pela Constituição Federal de 1988, além de definir a

---

5. STRECK, Lênio Luiz. *Crimes e Constituição*. Rio de Janeiro: Forense, 2003, pp. 47-48.

6. ARAÚJO CINTRA, Antônio Carlos; GRINOVER, Ada Pellegrini; DINAMARCO, Cândido Rangel. *Teoria Geral do Processo*. São Paulo: Malheiros, 2005, p. 226.

7. CALAMANDREI, Piero. *Eles, os juízes, vistos por nós, os advogados*, 7ª ed. Lisboa: Livraria Clássica, sem data, p. 59.

missão do Ministério Público contemporâneo, foi promover os traços basilares de sua organização.

Embora tenha reservado às leis complementares (estaduais e da União) o disciplinamento dos estatutos dos Ministério Públicos (artigo 128, §5º, da Constituição Federal), possibilitando que cada instituição se adequasse às peculiaridades regionais decorrentes da extensão territorial brasileira, a Carta Maior, desde logo, definiu o formato do *Parquet* desejado, com o que garantiu a manutenção de uma importante uniformidade na organização do Ministério Público brasileiro.

Dispõe o artigo 128 da Constituição Federal que o termo Ministério Público (quando utilizado dessa forma, desacompanhado de qualquer complemento), traz a ideia de gênero, do qual são espécies o Ministério Público da União (inciso I) e os Ministérios Públicos dos Estados (inciso II).

Antes de aprofundarmos as subdivisões dos órgãos do Ministério Público propostas na Constituição, devemos, desde logo, em complementação ao que já foi exposto no item 1, acima, deixar claro que o Ministério Público da União está disciplinado, no plano infraconstitucional, pela Lei Complementar 75/1993, denominada Lei Orgânica do Ministério Público da União, enquanto os Ministérios Públicos dos Estados obedecem o regramento geral da Lei 8.625/1993, a LONMP, que será por nós estudada no presente trabalho.

Ao passo que a Lei Complementar 75/1993 tem caráter federal, visto que disciplina o órgão do Ministério Público atrelado à União, a Lei 8.625/1993 tem caráter nacional, uma vez que tem incidência sobre os Ministérios Públicos de todos os Estados da Federação.[8]

O Ministério Público da União é, ainda, subdivido pela Constituição Federal em 4 (quatro) ramos: o Ministério Público Federal, o Ministério Público do Trabalho, o Ministério Público Militar e o Ministério Público do Distrito Federal e Territórios. Todos estes são regidos pela Lei Complementar da União de 75/1993.

Por outro lado, como o próprio nome já confere a noção, os Ministérios Públicos dos Estados caracterizam-se, em cada Estado da Federação,

pela existência de seu próprio *Parquet*, regidos pela Lei Federal 8.625/1993 (LONMP) e pela respectiva lei complementar estadual que define o seu estatuto.

Importante frisar que, entre os ramos do Ministério Público – seja da União, seja dos Estados – inexiste qualquer hierarquia a ser observada, sendo a divisão operada pela Constituição Federal pautada, meramente, pelas atribuições de cada uma das instituições, com vistas a uma racionalização e mínima especialização dos trabalhos dos órgãos.

Dada a finalidade da presente obra, as atenções deste estudo avançarão sobre o regramento dos Ministérios Públicos dos Estados, sem prejuízo deste capítulo que, em razão do viés constitucional, abarca a teoria geral da disciplina do Ministério Público brasileiro como um todo.

3.2. PRINCÍPIOS INSTITUCIONAIS DO MINISTÉRIO PÚBLICO

Firme na ideia de conferir uniformidade ao Ministério Público brasileiro, bem como de garantir autonomia e independência no desempenho das atividades funcionais, a Constituição Federal dispôs, em seu artigo 127, §1º, que "são princípios institucionais do Ministério Público a unidade, a indivisibilidade e a independência funcional".

a) Princípio da unidade

O *princípio da unidade* carrega a ideia de que todos os membros de um Ministério Público integram órgão único, sob a chefia de um mesmo Procurador-Geral.

A despeito da organização constitucional do Ministério Público estudada no item 3.1., o princípio da unidade incide sobre cada ramo do Ministério Público de modo individualizado. Assim, não é correto falar que o Procurador da República (integrante do Ministério Público Federal, ramo do Ministério Público da União) integra a mesma instituição que o Procurador do Trabalho (integrante do Ministério Público do Trabalho, outro ramo do Ministério Público da União), ou que o Promotor de Justiça (integrante do Ministério Público Estadual).

A unidade deve ser avaliada à luz de cada ramo do Ministério Público da União, bem como de cada Ministério Público Estadual, não havendo unicidade entre uma instituição e outra.

Na lição de Alexandre de Moraes, inexiste unidade "entre o Ministério Público Federal e

---

8. Na teoria geral do Direito Constitucional, convencionou-se classificar de federal aquilo que diz respeito a um dos entes da Federação: a União; ao passo que o termo nacional é reservado àquilo que se refere, também, aos demais entes da federação: os Estados e os Municípios.

o os Estados, nem entre o de um Estado e o de outro, nem entre os diversos ramos do Ministério Público da União".[9]

b) Princípio da indivisibilidade

Trata-se de verdadeiro corolário do princípio da unidade. A partir da ideia de que cada Ministério Público é uno, tem-se que seus membros, por atuarem em nome da instituição e não em nome próprio, não se vinculam nos feitos dos quais participam, sendo possível a substituição de um representante do *Parquet* por outro sem qualquer implicação prática.

Nos dizeres de Uadi Lammêgo Bulos, em razão do *princípio da indivisibilidade*, "[...] o *Parquet* não pode ser dividido internamente em várias outras instituições autônomas e desvinculadas entre si. Por isso, seus membros não se vinculam aos processos nos quais oficiam, podendo ser substituídos uns pelos outros, conforme dispuser a lei".[10]

Por força dos princípios da *unidade* e *indivisibilidade*, o STF, no julgamento do HC 85.137, decidiu que:

> [...] o ato processual de oferecimento da denúncia, praticado em foro incompetente, por um representante, prescinde, para ser válido e eficaz, de ratificação por outro do mesmo grau funcional e do mesmo Ministério Público, apenas lotado em foro diverso e competente, porque o foi em nome da instituição, que é una e indivisível.[11]

O julgado revela uma aplicação prática dos princípios institucionais estudados. Dele, depreende-se que os membros de um mesmo Ministério Público, embora lotados em foros diversos, compõem uma mesma instituição. Além disso, as manifestações processuais por eles apresentadas indicam o entendimento institucional, e não pessoal. Por isso, desnecessária a ratificação da manifestação processual quando apresentada por membro lotado em Juízo incompetente, dada a unicidade e indivisibilidade inerente ao Ministério Público.

O julgado não se aplicaria na hipótese de o membro ser integrante de Ministério Público diverso, situação na qual a ratificação seria indispensável, pois, como visto, o princípio em questão incide de modo apartado sobre cada ramo do *Parquet*.

c) Princípio da independência funcional

Os membros do Ministério Público são absolutamente independentes no exercício de suas atribuições, somente devendo obediência à Constituição Federal e às leis, não podendo, em qualquer hipótese e por qualquer razão, sofrer intervenções, qualquer seja o motivo, em seu atuar.

Nas palavras do Supremo Tribunal Federal, "a independência funcional constitui uma das mais expressivas prerrogativas político-jurídicas do *Parquet*, na medida em que lhe assegura o desempenho, em toda a sua plenitude e extensão, das atribuições a ele conferidas".[12]

A estrutura hierárquica do Ministério Público, chefiado por um Procurador-Geral e inspecionado pela Corregedoria-Geral, somente tem lugar para fins administrativos, não sendo lícito a qualquer dos órgãos superiores praticar gerências sobre a atividade-fim dos membros da instituição.

No plano externo à instituição, a situação não é diversa. Não pode o membro do Ministério Público sofrer qualquer intervenção política, oriunda dos poderes constituídos da República, em seu âmbito de atuação. Nesta esteira, afirma-se que o Ministério Público é um *órgão extrapoder*,[13] já que nenhum de seus representantes está sujeito ao recebimento de instruções vinculantes provenientes de outra autoridade pública. Inclusive, configura crime de responsabilidade do Presidente da República praticar atos atentatórios ao livre exercício das atribuições do Ministério Público (artigo 85, II, da Constituição Federal).

Outra manifestação do princípio da independência funcional na legislação brasileira reside no artigo 28 do Código de Processo Penal. Isso porque, discordando da promoção de arquivamento feita pelo membro do Ministério Público, o chefe da instituição pode oferecer denúncia ou designar outro membro para fazê-lo, mas jamais poderá obrigar o Promotor de Justiça autor da peça processual a alterar seu posicionamento e intentar a ação penal.

---

9.   MORAES, Alexandre de. *Direito Constitucional*. São Paulo: Atlas, 2006, p. 548.

10. BULOS, Uadi Lammêgo. *Direito Constitucional ao Alcance de Todos*. São Paulo: Saraiva, 2011, p. 632.

11. STF, HC 85.137, rel. Min. Cezar Peluso, *DJ* de 28.10.2005.

12. STF, ADI 789/MC, rel. Min. Celso de Mello, *DJ* de 26.2.1993.

13. LAVIÉ, Humberto Quiroga. **Estudio analítico de la reforma constitucional**. Buenos Aires: Depalma, 1994, p. 65.

3.3. GARANTIAS INSTITUCIONAIS DO MINISTÉRIO PÚBLICO

A fim de assegurar que as relevantes funções conferidas ao Ministério Púbico pela Constituição Federal de 1988 sejam desempenhadas a contento e, ainda, de modo a imprimir eficácia ao princípio da independência funcional (que tem por mister, justamente, o fiel atendimento às atribuições constitucionais da instituição), o artigo 127, §2º, da Carta Maior, elencou garantias ao Ministério Público que devem ser respeitadas por todas as autoridades que compõem os poderes constituídos da República (Executivo, Judiciário e Legislativo).

Reforce-se que o não reconhecimento de qualquer garantia, causando embaraços ao livre desempenho da atividade do Ministério Público, pode caracterizar, inclusive, crime de responsabilidade do Presidente da República (artigo 85, II, da Constituição Federal).

Nesta esteira, o artigo 127, §2º, da Constituição Federal, assegurou ao Ministério Público a autonomia funcional e administrativa, ao passo que o artigo 127, §3º, da Constituição da República abarcou, ainda, a autonomia financeira da instituição. Tais garantias foram, no plano infraconstitucional, especificadas no artigo 3º da Lei 8.625/1993 (LONMP).

a) Autonomia funcional

Confunde-se com o princípio da independência funcional, embora sob outra ótica. Aqui, a independência é vista a nível institucional, ao passo que o princípio da independência funcional é aplicado, de modo individualizado, sobre o trabalho de cada Promotor de Justiça.

Assim, a partir da autonomia funcional, a atuação do Ministério Público não deve se curvar a qualquer outra esfera de poder, órgão ou autoridade pública, mantendo obediência, apenas, aos ditames constitucionais e legais.

b) Autonomia administrativa

Revela a capacidade de autogestão do Ministério Público.

Assim, é o próprio Ministério Público, por intermédio do Procurador-Geral e demais órgãos de administração superior, quem, e apenas exemplificativamente, propõe ao Legislativo a criação e extinção de seus cargos e serviços auxiliares, estipula os planos de suas carreiras, edita atos de aposentadoria e exoneração e organiza suas secretarias e serviços auxiliares (artigo 3º da Lei

8.625/1993), não havendo qualquer interferência do ente federativo ao qual o Ministério Público está vinculado em qualquer destas questões.

c) Autonomia financeira

O Ministério Público, como órgão vinculado a um ente federativo (Estado ou União), não possui receitas próprias, visto que não é, originariamente, destinatário de qualquer tributo ou tarifa.

Tal situação poderia, indubitavelmente, acarretar sérias limitações ao exercício das atribuições constitucionais conferidas ao *Parquet*, visto que, em muitos casos, no exercício das funções, é necessário insurgir-se contra o próprio ente ao qual se está vinculado, não sendo impossível imaginar retaliações no repasse das verbas a fim de, veladamente, impossibilitar que o mister constitucional conferido ao Ministério Público fosse desempenhado, de modo a enfraquecer, gradativamente, o *Parquet*.

Visando a impedir tal prática, que seria amplamente atentatória ao desempenho das atribuições do Ministério Público, a Constituição Federal, em seu artigo 127, §3º, garantiu a autonomia financeira do *Parquet*.

Não importa dizer que o Ministério Público aufere receitas próprias, o que seria impossível diante das regras do Direito Financeiro, visto que se trata de órgão vinculado a um ente federativo. Porém, a Carta Maior dispõe que "o Ministério Público elaborará sua proposta orçamentária dentro dos limites estabelecidos na lei de diretrizes orçamentárias" (artigo 127, §3º).

Importante a lição de Hely Lopes Meirelles a respeito do tema:

> [...] a autonomia financeira é a capacidade de elaboração da proposta orçamentária e de gestão e aplicação dos recursos destinados a prover as atividades e serviços do órgão titular da dotação. Essa autonomia pressupõe a existência de dotações que possam ser livremente administradas, aplicadas e remanejadas pela unidade orçamentária a que foram destinadas. Tal autonomia é inerente aos órgãos funcionalmente independentes, como são o Ministério Público e o Tribunal de Contas, os quais não poderiam realizar plenamente as suas funções se ficassem na dependência de outro órgão controlador de suas dotações orçamentárias.[14]

Logo, a apresentação do projeto orçamentário trata-se da materialização da garantia da

---

14. MEIRELLES, Hely Lopes *apud* MORAES, Alexandre. *Direito Constitucional*. Atlas: São Paulo, 2006, p. 558.

autonomia financeira do Ministério Público, passo importante para o livre e independente exercício da missão que foi conferida ao *Parquet* pela Carta Maior.

A Constituição Federal ainda prevê, em seu artigo 127, § 4º, que se a proposta orçamentária não for encaminhada no prazo previsto em lei, o Poder Executivo considerará os valores aprovados na lei orçamentária vigente. Além disso, caso a proposta orçamentária seja encaminhada no prazo legal, mas em desacordo com os limites estabelecidos na lei de diretrizes orçamentárias, o Poder Executivo pode fazer as necessárias retificações (artigo 127, §5º, da Constituição Federal).

Visando a conferir maior efetividade a tais garantias institucionais, o artigo 3º, parágrafo único, da Lei 8.625/1993 prevê que "as decisões do Ministério Público fundadas em sua autonomia funcional, administrativa e financeira, obedecidas as formalidades legais, têm eficácia plena e executoriedade imediata, ressalvada a competência constitucional do Poder Judiciário e do Tribunal de Contas".

4. ESTRUTURA ORGÂNICA DOS MINISTÉRIOS PÚBLICOS DOS ESTADOS

Ultrapassando as regras constitucionais incidentes sobre o Ministério Público, adentrando o estudo da Lei 8.625/1993, passa-se à análise da estrutura administrativo-organizacional do Ministério Público dos Estados.

Evidentemente, e como já ressaltado no capítulo introdutório, a lei complementar estadual que traz o estatuto de cada Ministério Público Estadual pode dispor de modo diverso ao previsto na LONMP.

No entanto, as contradições, em geral, são pontuais. Válido, assim, o estudo da estrutura organizacional apresentada pela lei nacional, matéria, por si só, amplamente cobrada nos concursos para as carreiras do ente, e que, ainda, auxiliará, sobremaneira, o estudo específico da legislação do Estado sobre o qual recai o interesse do leitor.

Iniciaremos conferindo uma visão geral acerca da proposta organizacional contida na Lei 8.625/1993.

A LONMP classifica os órgãos do Ministério Público, de acordo com as funções que acumulam, em 3 (três) grandes grupos: *(a)* Órgãos de Administração *(b)* Órgãos de Execução; e *(c)* Órgãos Auxiliares.

Os Órgãos de Administração são aqueles que desempenham a função administrativa ligada ao Ministério Público. Na definição de Dirley da Cunha Junior, "a função é administrativa quando destinada a atender, por meio da execução dos atos legislativos e de maneira direta e imediata, o interesse da coletividade".[15]

Estão subdivididos em 2 (duas) espécies: Órgãos de Administração Superior e Órgãos de Administração.

Os Órgãos de Administração Superior (artigo 5º da Lei 8.625/1993) executam a função administrativa do Ministério Público a nível institucional, representando os interesses do *Parquet* perante o ente federativo e o Poder Legislativo, bem como coordenando todo o funcionamento interno do respectivo Ministério Público. Além disso, constitui dever dos membros do Ministério Público acatar, no plano administrativo, as decisões dos órgãos da Administração Superior (artigo 44, XIV, da Lei 8.625/1993), o que revela sua posição hierarquicamente superior.

Os Órgãos de Administração (artigo 6º da Lei 8.625/1993) executam a função administrativa de modo difuso, em nível local, estando hierarquicamente ligados aos Órgãos de Administração Superior.

Já os Órgãos de Execução (artigo 7º da Lei 8.625/1993) realizam a atividade-fim do Ministério Público, previstas nos artigos 127 e 129 da Constituição Federal. Ou seja, atuam na defesa da ordem jurídica, do regime democrático e dos interesses sociais e individuais indisponíveis, promovem a ação penal pública, zelam pelo efetivo respeito dos Poderes Públicos e dos serviços de relevância pública aos direitos assegurados na Constituição, exercem o controle externo da atividade policial etc.

É importante esclarecer que alguns dos órgãos do Ministério Público acumulam funções de administração e funções de execução, classificando-se, concomitantemente, como Órgão de Administração (superior ou não) e Órgão de Execução.

Os Órgãos Auxiliares (artigo 8º da Lei 8.625/1993), por sua vez, colaboram com a execução da atividade-fim e das funções administrativas do Ministério Público.

---

15. CUNHA JUNIOR, Dirley. *Curso de Direito Administrativo.* Salvador: Juspodivm, 2011, pp. 31-32.

Dentro dessa sistemática organizacional, é terminantemente vedado o nepotismo, seja por força da regra do artigo 72 da Lei 8.625/1993, que dispõe que "ao membro ou servidor do Ministério Público é vedado manter, sob sua chefia imediata, em cargo ou função de confiança, cônjuge, companheiro, ou parente até o segundo grau civil", seja por força da Súmula Vinculante 13, que possui amplitude ainda maior.

O quadro a seguir permitirá que se tenha uma visão geral acerca de tal organização:

Órgãos de Administração Superior	Órgãos de Administração	Órgãos de Execução	Órgãos Auxiliares
Procurador-Geral de Justiça	Procuradorias de Justiça	Procurador-Geral de Justiça	Centros de Apoio Operacional
Colégio de Procuradores de Justiça	Promotorias de Justiça	Conselho Superior do Ministério Público	Comissão de Concurso
Conselho Superior do Ministério Público	-	Procuradores de Justiça	Centro de Estudos e Aperfeiçoamento Funcional
Corregedoria-Geral do Ministério Público	-	Promotores de Justiça	Órgãos de apoio administrativo
-	-	-	Estagiários

A partir de agora, estudaremos cada um dos órgãos apresentados de modo individualizado, destacando, quando houver, suas funções como órgão de administração e órgão de execução.

4.1. PROCURADORIA-GERAL DE JUSTIÇA E A FIGURA DO PROCURADOR-GERAL DE JUSTIÇA

A Procuradoria-Geral de Justiça é o Órgão de Administração Superior que desempenha a chefia do Ministério Público, praticando os atos de gestão mais relevantes para a rotina da instituição.

Como o próprio nome já permite perceber, é integrada pelo Procurador-Geral de Justiça, chefe do Ministério Público, que desempenha, ainda, funções como Órgão de Execução do Ministério Público.

Além disso, o artigo 11 da Lei 8.625/1993 autoriza o Procurador-Geral a nomear, para seu Gabinete, Promotores da mais alta entrância ou categoria, bem como Procuradores de Justiça, para exercerem funções de assessoramento. Trata-se dos assessores do Procurador-Geral, encontrados em todos os Ministérios Públicos, e que desempenham, junto ao chefe da instituição, e em nome dele, as atribuições administrativas e de execução do PGJ.

O Procurador-Geral de Justiça exerce mandato de 2 (dois) anos, sendo permitida uma recondução no cargo.

a) Eleição do Procurador-Geral de Justiça

O mecanismo de escolha do Procurador-Geral de Justiça foi previsto no artigo 128, §3º, da Constituição Federal, e regulamentado no artigo 9º da Lei 8.625/1993, embora a lei complementar estadual possa disciplinar especificidades sobre a matéria.

A eleição se dá em 2 (duas) etapas: *(i)* a formação da lista tríplice e *(ii)* a nomeação do Procurador-Geral de Justiça.

Na primeira etapa, prevista no artigo 9º, §1º, da Lei 8.625/1993, todos os integrantes da carreira votam em até 3 (três) dos candidatos[16] a Procurador-Geral de Justiça com vistas à formação de uma lista tríplice (composta de três nomes) que será encaminhada ao Chefe do Poder Executivo.

O voto é pessoal, obrigatório e secreto, além de plurinominal, o que quer dizer que cada membro ativo do MP pode escolher até 3 (três) candidatos de sua preferência.

A lista tríplice, assim, é formada pelos 3 (três) candidatos com votação mais expressiva.

Inicia-se, então, a segunda etapa da eleição. A lista tríplice, formada pela votação direta dos

---

16. Em alguns Estados, a exemplo do Estado de São Paulo, apenas Procuradores de Justiça (membros do Ministério Público que atuam perante os Tribunais de Justiça) podem ser candidatos a Procurador-Geral. Em outros, a exemplo do Estado da Bahia, os Promotores de Justiça (membros do Ministério Público que atuam em primeira instância) também podem concorrer à função, desde que possuam no mínimo 10 (dez) anos de carreira (artigo 5º da LOMPBA).

integrantes da carreira, é encaminhada ao Chefe do Poder Executivo, que dispõe de 15 (quinze) dias para escolher um dos componentes dela.

Anote-se que o Chefe do Poder Executivo não está vinculado à escolha do candidato mais votado pelos integrantes da carreira, podendo nomear, livremente, qualquer dos integrantes da lista tríplice, ainda que seja o preterido na votação direta dos integrantes do *Parquet*.[17]

Caso o Chefe do Poder Executivo não exerça sua escolha no prazo de 15 (quinze) dias, contado do recebimento da lista tríplice, será investido automaticamente no cargo de Procurador-Geral o candidato mais votado pelos integrantes da carreira (artigo 9º, §4º, da Lei 8.625/1993).

Insta consignar que, visando a garantir a autonomia e independência do Ministério Público, o Supremo Tribunal Federal, no julgamento da ADI 1506 e, recentemente, no ano de 2011, da ADI 3727, entendeu pela inconstitucionalidade de normas contidas em constituições estaduais que condicionavam a nomeação do Procurador--Geral de Justiça à prévia aprovação da respectiva Assembleia Legislativa, em desrespeito ao que dispõe o artigo 128, §3º, da Constituição Federal.

b) Destituição do Procurador-Geral de Justiça

Entendida a forma de eleição do Procurador--Geral de Justiça, passa-se à análise da forma de destituição do Chefe do Ministério Público.

Nos termos do artigo 128, §4º, da Constituição Federal, a destituição do Procurador-Geral de Justiça depende de deliberação da maioria absoluta do Poder Legislativo respectivo, na forma estabelecida na respectiva lei complementar.

Tanto a Constituição Federal como a Lei Orgânica Nacional do Ministério Público pouco dispuseram acerca do procedimento de destituição do Procurador-Geral de Justiça, deixando a critério da lei complementar estadual a disciplina do procedimento específico para tanto.

Apenas para evitar qualquer dúvida, insta consignar que o artigo 9º, §2º, da Lei 8.625/1993, que dispõe que a destituição do Procurador-Geral de Justiça deverá ser precedida de autorização de 1/3 (um terço) dos membros da Assembleia Legislativa, apesar da temerária redação, quer significar que a deflagração do procedimento de destituição do PGJ depende da iniciativa da terça parte dos membros do Poder Legislativo Estadual.[18]

Porém, por força da norma constitucional do artigo 128, §4º, da Constituição Federal, iniciado o procedimento pela iniciativa de 1/3 (um terço) dos membros do Legislativo, a matéria será submetida à apreciação da respectiva Assembleia e a destituição somente ocorrerá se houver deliberação da maioria absoluta da Casa.

Portanto, em síntese, a LONMP dispõe que o procedimento de destituição do Procurador--Geral de Justiça terá início na Assembleia Legislativa, por iniciativa de 1/3 (um terço) de seus membros, mas somente se ultimará com a aprovação da maioria absoluta dos integrantes da casa, nos termos do artigo 128, §4º, da Constituição Federal.

O Supremo Tribunal Federal já decidiu pela inconstitucionalidade de qualquer outra forma de destituição do Procurador-Geral de Justiça, que não pela deliberação da maioria absoluta dos integrantes da Assembleia Legislativa do respectivo Estado, o que contrariaria a norma do artigo 128, §4º, da Carta Maior.[19]

c) A Procuradoria-Geral de Justiça como Órgão de Administração Superior

---

17. A possibilidade de escolha do candidato menos votado vem se mostrando bastante polêmica nos últimos anos. No ano de 2012, o Governador do Estado de São Paulo optou por não nomear como Procurador-Geral de Justiça o candidato mais votado pelos integrantes da carreira. Nomeou, então, o segundo colocado da lista tríplice, o que causou uma série de questionamentos quanto à forma de eleição do PGJ. Tramitam no Congresso Nacional 2 (duas) propostas de Emendas à Constituição (PECs 187/07 e 81/09) com o intuito de alterar a forma de eleição do Procurador-Geral, que passaria a ser escolhido pela votação direta dos integrantes da carreira, sem qualquer intervenção do Governador do Estado, propostas que melhor fomentariam a autonomia funcional do Ministério Público.

18. Apenas para exemplificar, no Estado de São Paulo, além da iniciativa de 1/3 (um terço) dos membros da Assembleia Legislativa, o procedimento de destituição do Procurador-Geral de Justiça também pode ter início por iniciativa de pelo menos 2/3 (dois terços) do Colégio de Procuradores, o que denota a importância que a própria Constituição Federal conferiu à legislação estadual no tratamento de tal matéria.

19. STF, ADI 2.622/RO, rel. Min. Sidney Sanches, j. em 8.8.2002. Curioso notar que, a despeito da deliberação da Assembleia Legislativa ser indispensável na destituição do Procurador-Geral de Justiça, não há participação do Poder Legislativo na sua nomeação e, consoante visto no item *a*, acima, o STF já entendeu como inconstitucional a norma estadual que condicionar a nomeação do PGJ à deliberação da Assembleia Legislativa, embora a manifestação do Senado seja indispensável à nomeação do Procurador-Geral da República, nos termos do artigo 128, §1º, da Constituição Federal.

Após o estudo das formas de nomeação e destituição do Procurador-Geral de Justiça, passa-se à análise da Procuradoria-Geral de Justiça como Órgão de Administração Superior do Ministério Público.

As atribuições exercidas pelo Procurador-Geral de Justiça em sua função administrativa foram elencadas no rol do artigo 10 da Lei 8.625/1993, e são as seguintes:

I - exercer a chefia do Ministério Público, representando-o judicial e extrajudicialmente;

II - integrar, como membro nato, e presidir o colégio de Procuradores de Justiça e o Conselho Superior do Ministério Público;

III - submeter ao Colégio de Procuradores de Justiça as propostas de criação e extinção de cargos e serviços auxiliares e de orçamento anual;

IV - encaminhar ao Poder Legislativo os projetos de lei de iniciativa do Ministério Público;

V - praticar atos e decidir questões relativas à administração geral e execução orçamentária do Ministério Público;

VI - prover os cargos iniciais da carreira e dos serviços auxiliares, bem como nos casos de remoção, promoção, convocação e demais formas de provimento derivado;

VII - editar atos de aposentadoria, exoneração e outros que importem em vacância de cargos da carreira ou dos serviços auxiliares e atos de disponibilidade de membros do Ministério Público e de seus servidores;

VIII - delegar suas funções administrativas;

IX - designar membros do Ministério Público para:

a) exercer as atribuições de dirigente dos Centros de Apoio Operacional;

b) ocupar cargo de confiança junto aos órgãos da Administração Superior;

c) integrar organismos estatais afetos a sua área de atuação;

d) oferecer denúncia ou propor ação civil pública nas hipóteses de não confirmação de arquivamento de inquérito policial ou civil, bem como de quaisquer peças de informações;

e) acompanhar inquérito policial ou diligência investigatória, devendo recair a escolha sobre o membro do Ministério Público com atribuição para, em tese, oficiar no feito, segundo as regras ordinárias de distribuição de serviços;

f) assegurar a continuidade dos serviços, em caso de vacância, afastamento temporário, ausência, impedimento ou suspeição de titular de cargo, ou com consentimento deste;

g) por ato excepcional e fundamentado, exercer as funções processuais afetas a outro membro da instituição, submetendo sua decisão previamente ao Conselho Superior do Ministério Público;

h) oficiar perante a Justiça Eleitoral de primeira instância, ou junto ao Procurador-Regional Eleitoral, quando

por este solicitado;

X - dirimir conflitos de atribuições entre membros do Ministério Público, designando quem deva oficiar no feito;

XI - decidir processo disciplinar contra membro do Ministério Público, aplicando as sanções cabíveis;

XII - expedir recomendações, sem caráter normativo aos órgãos do Ministério Público, para o desempenho de suas funções;

XIII - encaminhar aos Presidentes dos Tribunais as listas sêxtuplas a que se referem os arts. 94, "caput", e 104, parágrafo único, inciso II, da Constituição Federal;

XIV - exercer outras atribuições previstas em lei.

Por força do disposto no inciso XIV, o rol é meramente exemplificativo. Nem poderia ser diferente. Uma vez que a Lei 8.625/1993 se trata de lei geral, que autoriza, expressamente, a lei complementar estadual respectiva a suplementá-la e complementá-la, não seria lógico trazer rol exaustivo de atribuições do chefe dos Ministério Públicos. Assim, o Estatuto de cada Ministério Público pode – e normalmente o faz – prever novas atribuições administrativas do Procurador-Geral de Justiça.

Por fim, é preciso recordar que, como já exposto alhures, o Procurador-Geral de Justiça pode nomear Promotores e Procuradores para assessorá-lo em seu gabinete, auxiliando-o na execução das atribuições acima previstas (artigo 11 da LONMP).

d) O Procurador-Geral de Justiça como Órgão de Execução

Se a Procuradoria-Geral de Justiça é Órgão de Administração Superior do Ministério Público, o Procurador-Geral de Justiça, seu principal componente, atua como Órgão de Execução, desenvolvendo a atividade-fim que a Constituição Federal reservou ao Ministério Público.

Novamente em rol exemplificativo, o artigo 29 da Lei 8.625/1993 traz, em seus incisos, as atribuições do Procurador-Geral de Justiça como órgão de execução do Ministério Público.

É importante uma análise individualizada de tais atribuições, frequentemente cobradas em provas de concurso.

Passa-se, então, ao estudo de cada um dos incisos.

I - representar aos Tribunais locais por inconstitucionalidade de leis ou atos normativos estaduais ou municipais, em face da Constituição Estadual;

No que atine ao inciso I, compete ao Procurador-Geral de Justiça propor, no âmbito estadual, a ação direta de inconstitucionalidade (ADI), que tramitará pelo Tribunal de Justiça respectivo.

A ADI estadual tem por objeto a declaração de inconstitucionalidade de lei ou ato normativo, estadual ou municipal, em face da Constituição Estadual. Ou seja, o que define a atribuição do Procurador-Geral de Justiça para a propositura da ADI é o parâmetro para a configuração da inconstitucionalidade da lei ou ato normativo. Caso o parâmetro seja a Constituição Federal (ou seja, a lei ou ato normativo estão em contrariedade com norma da Constituição Federal), é, no âmbito do Ministério Público, o Procurador-Geral da República quem deterá a atribuição para a propositura da ação, que tramitará perante o STF. No entanto, na hipótese de a inconstitucionalidade da lei ou ato normativo, estadual ou municipal, configurar-se em virtude de contrariedade com norma da Constituição Estadual, a atribuição será do Procurador-Geral de Justiça do Estado e a competência para o julgamento será do respectivo Tribunal de Justiça.

II - representar para fins de intervenção do Estado no Município, com o objetivo de assegurar a observância de princípios indicados na Constituição Estadual ou prover a execução de lei, de ordem ou de decisão judicial;

A Constituição Federal dispõe, em seu artigo 36, III, que a decretação da intervenção da União sobre os Estados ocorrerá, diante do descumprimento dos princípios sensíveis elencados em seu artigo 34, VII, ou no caso de recusa à execução de lei, ordem ou decisão judicial (artigo 34, VI), mediante provimento, pelo Supremo Tribunal Federal, de representação feita pelo Procurador-Geral da República.

Ou seja, no âmbito federal, a intervenção, nas hipóteses mencionadas, dá-se a partir da representação do chefe do Ministério Público da União.

Por força do *princípio da simetria* ou do *paralelismo*, no âmbito dos Estados, a intervenção destes nos Municípios, nas mesmas hipóteses, ocorre por iniciativa do chefe do Ministério Público Estadual, o Procurador-Geral de Justiça.

III - representar o Ministério Público nas sessões plenárias dos Tribunais;

O Procurador-Geral de Justiça é incumbido de representar o Ministério Público nas sessões em que o Tribunal de Justiça se reúne em plenitude ou, nos Estados em que houver, nas sessões do Órgão Especial do respectivo TJ.

V - ajuizar ação penal de competência originária dos Tribunais, nela oficiando;

VI - oficiar nos processos de competência originária dos Tribunais, nos limites estabelecidos na Lei Orgânica;

Compete, ainda, ao Procurador-Geral de Justiça, ajuizar, perante o Tribunal de Justiça, as ações penais de sua competência originária.

Trata-se de atribuição ligada à ideia de foro por prerrogativa de função. Como sabido, alguns indivíduos, em razão da função pública que exercem, detém prerrogativa (e não privilégio, visto que este se liga à pessoa e não à função exercida) de serem processadas criminalmente perante o Tribunal de Justiça.

É o caso dos membros do Ministério Público, dos Juízes (artigo 96, III, da Constituição Federal), dos Prefeitos Municipais (artigo 29, X, também da Carta Maior), e, em alguns Estados, dos Deputados Estaduais.[20]

Para estes casos, o oferecimento da denúncia perante o Tribunal de Justiça é atribuição do Procurador-Geral de Justiça, que deverá, ainda, oficiar no feito por todo o seu trâmite, assim como em todos os demais processos de competência originária dos Tribunais de Justiça.

VII - determinar o arquivamento de representação, notícia de crime, peças de informação, conclusão de comissões parlamentares de inquérito ou inquérito policial, nas hipóteses de suas atribuições legais;

VIII - exercer as atribuições do art. 129, II e III, da Constituição Federal, quando a autoridade reclamada for o Governador do Estado, o Presidente da Assembleia Legislativa ou os Presidentes de Tribunais, bem como quando contra estes, por ato praticado em razão de suas funções, deva ser ajuizada a competente ação;

Por questões didáticas, começaremos a análise dos dispositivos em questão pelo inciso VIII, retornando, logo após, ao estudo do inciso VII.

O inciso VIII dispõe ser atribuição do Procurador-Geral de Justiça o exercício das atribuições do artigo 129, II e III, da Constituição Federal, em face do Governador do Estado, do Presidente da Assembleia Legislativa e do Presidente dos Tribunais.

---

20. Recorde-se que, nos termos da Súmula 702 do Supremo Tribunal Federal "a competência do Tribunal de Justiça para julgar prefeitos restringe-se aos crimes de competência da Justiça Comum estadual; nos demais casos, a competência originária caberá ao respectivo tribunal de segundo grau".

Os dispositivos da Constituição Federal mencionados dizem respeito ao zelo pelo respeito dos Poderes Públicos e dos serviços de relevância pública aos direitos assegurados na Carta Maior, com a promoção das medidas necessárias para tanto, bem como à promoção do inquérito civil e da ação civil pública para a proteção do patrimônio público e social, do meio ambiente e de outros interesses difusos e coletivos.

Ora, quando o desrespeito aos vetores insculpidos no artigo 129, II, da Constituição Federal, for praticado pelas autoridades mencionadas no inciso VIII, acima reproduzido, a atribuição para a adoção das medidas cabíveis é originária do Procurador-Geral de Justiça.

Do mesmo modo, quando necessária for a instauração de inquérito civil, ou de ação civil pública, tendo por investigadas ou demandadas as pessoas mencionadas, a atribuição também será do Procurador-Geral de Justiça.

Chega-se, assim, ao inciso VII, acima. Por ele, é atribuição do Procurador-Geral de Justiça promover o arquivamento da representação, da notícia crime, peças de informação, CPIs ou inquéritos policiais nas hipóteses de suas atribuições legais.

O dispositivo se vincula aos incisos VIII e V, ambos já estudados.

No âmbito criminal, quando o autor do delito for titular de foro por prerrogativa de função, competirá ao Procurador-Geral promover o arquivamento do inquérito policial, do relatório da CPI ou da notícia de crime.

Diferentemente do que ocorre em primeiro grau, quando a promoção de arquivamento é homologada pelo juiz de direito, que atua como fiscal do princípio da obrigatoriedade da ação penal, no caso da promoção de arquivamento realizada pelo Procurador-Geral de Justiça, não está ela sujeita a qualquer homologação, visto que o Ministério Público é o titular privativo da ação penal e qualquer ingerência na deliberação do Chefe da Instituição configuraria latente violação ao sistema acusatório.

No âmbito dos direitos difusos e coletivos, quando a autoridade reclamada ou investigada for o Governador do Estado, o Presidente de Tribunal ou o Presidente da Assembleia legislativa, do mesmo modo que competiria ao Procurador-Geral de Justiça a instauração do inquérito civil ou o ajuizamento da ação civil pública, é sua atribuição promover o arquivamento das peças de informação, da representação ou do próprio inquérito civil.

> IX - delegar a membro do Ministério Público suas funções de órgão de execução.

Por fim, a legislação autoriza que o Procurador-Geral de Justiça delegue suas funções de órgão de execução a outros membros do Ministério Público.

É muito comum nos Ministérios Públicos a existência de câmaras especiais para o ajuizamento de ações penais em face de Prefeitos Municipais, ou, ainda, a designação de Procuradores de Justiça para oficiar em feitos que tramitam originariamente perante os Tribunais de Justiça, bem como para representar o Procurador-Geral de Justiça nas sessões plenárias ou do Órgão Especial do Poder Judiciário.

Terminado o estudo das atribuições do Procurador-Geral de Justiça como Órgão de Execução do Ministério Público, convém, novamente, frisar que o rol previsto no artigo 29 da LONMP, como seu "caput" deixa indene de dúvidas, não é exaustivo, não excluindo outras atribuições previstas na Constituição e nas leis.

Um bom exemplo de atribuição do Procurador-Geral de Justiça como Órgão de Execução que decorre de outra lei reside no artigo 28 do Código de Processo Penal. Este dispõe que, sendo provocado pelo juiz de direito a respeito de um arquivamento de inquérito policial promovido por Promotor de Justiça, pode o PGJ, discordando de seu teor e entendendo ser caso de propositura da ação penal, oferecer a denúncia perante o Juízo competente (que não será, no caso, o Tribunal de Justiça, mas sim o Juízo de primeiro grau, no que se distingue da hipótese do artigo 29, V, da Lei 8.625/1993). Poderá o PGJ, ainda, caso não deseje oferecer diretamente a peça acusatória, valer-se de sua atribuição como Órgão de Administração Superior prevista no artigo 10, IX, *d*, da LONMP, e designar outro membro do MP para oferecer a denúncia em seu nome. Por fim, caso o PGJ concorde com as razões da promoção de arquivamento, pelas mesmas razões expostas acima, sob pena de violação do sistema acusatório, deverá o juiz de direito acatar sua manifestação, determinando o arquivamento do feito.

4.2. COLÉGIO DE PROCURADORES DE JUSTIÇA

Consoante dispõe o artigo 12 da Lei 8.625/1993, o Colégio de Procuradores de Justiça é Órgão de Administração Superior composto por todos os Procuradores de Justiça da ativa do respectivo Ministério Público.

Ou seja, a partir do momento em que um Promotor de Justiça se promove a Procurador de Justiça (membro do Ministério Público que atua em segunda instância), passa a integrar, automaticamente, o Colégio de Procuradores de Justiça.

A presidência do Colégio de Procuradores de Justiça é exercida, sempre, pelo Procurador--Geral de Justiça, nos termos do artigo 10, II, da Lei 8.625/1993 (uma de suas funções como Órgão de Administração Superior).

O Colégio exerce, tão somente, funções de Administração Superior, não possuindo, ao menos na Lei Orgânica Nacional do MP, qualquer função de execução.[21] Logo, suas deliberações tangem, tão somente, a matérias de cunho administrativo, não exercendo o mister que a Constituição Federal reservou ao Ministério Público.

Nos termos do artigo 12 da Lei 8.625/1993, são atribuições do Colégio de Procuradores de Justiça:

I - opinar, por solicitação do Procurador-Geral de Justiça ou de um quarto de seus integrantes, sobre matéria relativa à autonomia do Ministério Público, bem como sobre outras de interesse institucional;

II - propor ao Procurador-Geral de Justiça a criação de cargos e serviços auxiliares, modificações na Lei Orgânica e providências relacionadas ao desempenho das funções institucionais;

III - aprovar a proposta orçamentária anual do Ministério Público, elaborada pela Procuradoria-Geral de Justiça, bem como os projetos de criação de cargos e serviços auxiliares;

IV - propor ao Poder Legislativo a destituição do Procurador-Geral de Justiça, pelo voto de dois terços de seus membros e por iniciativa da maioria absoluta de seus integrantes em caso de abuso de poder, conduta incompatível ou grave omissão nos deveres do cargo, assegurada ampla defesa;

V - eleger o Corregedor-Geral do Ministério Público;

VI - destituir o Corregedor-Geral do Ministério Público, pelo voto de dois terços de seus membros, em caso de abuso de poder, conduta incompatível ou grave omissão nos deveres do cargo, por representação do Procurador-Geral de Justiça ou da maioria de seus integrantes, assegurada ampla defesa;

VII - recomendar ao Corregedor-Geral do Ministério Público a instauração de procedimento administrativo disciplinar contra membro do Ministério Público;

VIII - julgar recurso contra decisão:

a) de vitaliciamento, ou não, de membro do Ministério Público;

b) condenatória em procedimento administrativo disciplinar;

c) proferida em reclamação sobre o quadro geral de antiguidade;

d) de disponibilidade e remoção de membro do Ministério Público, por motivo de interesse público;

e) de recusa prevista no § 3º do art. 15 desta lei;

IX - decidir sobre pedido de revisão de procedimento administrativo disciplinar;

X - deliberar por iniciativa de um quarto de seus integrantes ou do Procurador-Geral de Justiça, que este ajuíze ação cível de decretação de perda do cargo de membro vitalício do Ministério Público nos casos previstos nesta lei;

XI - rever, mediante requerimento de legítimo interessado, nos termos da Lei Orgânica, decisão de arquivamento de inquérito policial ou peças de informações determinada pelo Procurador-Geral de Justiça, nos casos de sua atribuição originária;

XII - elaborar seu regimento interno;

XIII - desempenhar outras atribuições que lhe forem conferidas por lei.

Pensando nos Ministérios Públicos dos Estados de grande porte, e visando a não tornar inviável deliberações dos Colégios de Procuradores que contam com considerável número de membros do *Parquet*, a Lei 8.625/1993 autorizou, no seu artigo 13, os Colégios compostos por mais de 40 (quarenta) Procuradores de Justiça a formarem um Órgão Especial. Ou seja, um órgão, composto por alguns Procuradores de Justiça (portanto, membros do Colégio de Procuradores), em número reduzido, a fim de tomar decisões em nome de todo o Colégio.

Quando houver o Órgão Especial, as decisões do Colégio de Procuradores são tomadas por ele.

---

21. Insta consignar, a fim de evitar confusões, que as leis orgânicas estaduais podem prever atribuições de órgão de execução ao Colégio de Procuradores de Justiça. Nem sempre o fazem, é certo. A título de exemplo, vale frisar que, no âmbito do Ministério Público do Estado de São Paulo, a Lei Complementar 734/93, em seu artigo 177, dispõe ser função do Colégio de Procuradores como Órgão de Execução a revisão da decisão de arquivamento de inquérito policial tomada pelo Procurador--Geral de Justiça no âmbito de sua atribuição originária, funcionando, no caso, como fiscal do princípio da obrigatoriedade da ação penal. Portanto, no Estado de São Paulo, o Colégio de Procuradores funciona, simultaneamente, como Órgão de Administração Superior e como Órgão de Execução.

No entanto, para algumas matérias de maior relevância, a LONMP exige, mesmo havendo Órgão Especial, a deliberação de todo o Colégio. É o que se dá com as atribuições previstas nos incisos I, IV, V e VI, do artigo 12.

Passaremos a estudar cada uma de tais atribuições mais relevantes.

I - opinar, por solicitação do Procurador-Geral de Justiça ou de um quarto de seus integrantes, sobre matéria relativa à autonomia do Ministério Público, bem como sobre outras de interesse institucional;

Vimos no capítulo introdutório que a Constituição Federal reservou ao Ministério Público importantes garantias, todas voltadas a assegurar o pleno exercício das relevantes funções atribuídas ao *Parquet*. Dentre as garantias, estão as autonomias funcional, financeira e administrativa, cujos significados já foram devidamente estudados e analisados.

Por solicitação do Procurador-Geral de Justiça, ou do próprio Colégio de Procuradores (quórum de um quarto dos membros), este pode ser instado a deliberar a respeito de matéria relativa à autonomia do MP, ou sobre qualquer outra questão relevante e de interesse da instituição.

O inciso traz hipótese abrangente, que torna o Colégio de Procuradores como verdadeiro órgão consultivo do Procurador-Geral de Justiça, auxiliando-o a tomar, frente a questões relativas à autonomia do *Parquet*, a decisão que melhor atenda aos anseios do Ministério Público.

Dada a relevância da atribuição, não pode ela ser exercida apenas pelos Procuradores de Justiça de eventual Órgão Especial, devendo ser levada à deliberação do Colégio de Procuradores em sua totalidade.

IV - propor ao Poder Legislativo a destituição do Procurador-Geral de Justiça, pelo voto de dois terços de seus membros e por iniciativa da maioria absoluta de seus integrantes em caso de abuso de poder, conduta incompatível ou grave omissão nos deveres do cargo, assegurada ampla defesa;

Outra atribuição que somente pode ser exercida pelo Colégio de Procuradores é a propositura da destituição do Procurador-Geral de Justiça, matéria também já estudada no tópico anterior.

A proposta de destituição do Procurador--Geral de Justiça, quando feita pelo Colégio de Procuradores, deverá surgir a partir da iniciativa da maioria absoluta de seus integrantes, e, após,

submetida à votação, deverá ser aprovada por pelo menos dois terços de seus membros.

Ora, os requisitos de quórum acima expostos já obstam que a matéria seja submetida à deliberação do Órgão Especial, visto que o inciso deixa clara a necessidade de a iniciativa e votação se dar com base em todos os integrantes do Colégio de Procuradores.

A relevância da matéria, destituição do Chefe do Ministério Público por abuso de poder, conduta incompatível ou grave omissão nos deveres do cargo, reforça a impossibilidade de seu exercício por porção menor do que a totalidade do Colégio de Procuradores.

V - eleger o Corregedor-Geral do Ministério Público;

Se o Procurador-Geral de Justiça é eleito a partir da formação da lista tríplice pela votação de todos os integrantes da carreira do Ministério Público, ou seja, Promotores de Justiça e Procuradores de Justiça, e nomeado pelo Governador do Estado, diferente é a eleição do Corregedor-Geral do Ministério Público.

Aqui, não há lista tríplice. Tampouco há nomeação por escolha do Chefe do Poder Executivo. A escolha se dá por votação da íntegra do Colégio de Procuradores.

Ou seja, o Corregedor-Geral do Ministério Público é eleito pela votação de todos os Procuradores de Justiça da ativa, sem qualquer interferência do Chefe do Poder Executivo ou dos Promotores de Justiça.

VI - destituir o Corregedor-Geral do Ministério Público, pelo voto de dois terços de seus membros, em caso de abuso de poder, conduta incompatível ou grave omissão nos deveres do cargo, por representação do Procurador-Geral de Justiça ou da maioria de seus integrantes, assegurada ampla defesa;

Vimos que a destituição do Procurador-Geral do Ministério Público se dá, sempre, no âmbito do Poder Legislativo, de modo que ao Colégio de Procuradores incumbe, apenas, aprovar e encaminhar àquele órgão a proposta de destituição.

No caso do Corregedor-Geral do Ministério Público, a destituição é realizada pelo próprio Colégio de Procuradores de Justiça, em sua integralidade.

Tomando conhecimento de abuso de poder, conduta incompatível ou grave omissão nos deveres do cargo, o Colégio de Procuradores, por representação do Procurador-Geral de Justiça, ou por iniciativa da maioria absoluta de seus integrantes, votará, assegurada a ampla defesa, a destituição, que se operará pelo voto favorável de 2/3 (dois terços) de seus membros.

São essas as atribuições administrativas do Colégio de Procuradores que não poderão ser exercidas pelo órgão fracionário. Todas as demais, em havendo Órgão Especial, dispensarão a presença de todos os Procuradores de Justiça da carreira para a deliberação.

4.3. CONSELHO SUPERIOR DO MINISTÉRIO PÚBLICO

O Conselho Superior do Ministério Público é órgão que exerce, simultaneamente, funções como Órgão de Administração Superior e Órgão de Execução do Ministério Público.

A disciplina de sua composição, a Lei 8.625/1993 deixou a cargo do estatuto do Ministério Público de cada Estado da Federação, tecendo poucas regras gerais a serem observadas.

Em regra, compõem o Conselho Superior do Ministério Público Procuradores de Justiça eleitos por voto de todos os integrantes da carreira (Promotores de Justiça e Procuradores de Justiça). O artigo 14, II, da Lei 8.625/1993, dispõe serem elegíveis apenas os Procuradores de Justiça que não estejam afastados da carreira.

Além dos Procuradores de Justiça eleitos, o Corregedor-Geral do Ministério Público e o Procurador-Geral de Justiça são membros natos do Conselho Superior do Ministério Público (artigo 14, I, da Lei 8.625/1993). O último exerce, inclusive, a presidência do órgão (artigo 10, II, do mesmo diploma legal).

A votação, na eleição dos membros inatos do Conselho Superior do Ministério Público, será plurinomial. Ou seja, cada eleitor votará em cada um dos candidatos até o número de vagas postas em votação (artigo 14, III, da Lei 8.625/1993).

Ressalvadas tais regras, cada Ministério Público é livre para dispor sobre a forma de eleição dos membros inatos de seu Conselho Superior.

a) O Conselho Superior como Órgão de Administração Superior

Como Órgão de Administração Superior, o Conselho Superior do Ministério Público exerce as atribuições conferidas pelo artigo 15 da Lei 8.625/1993, quais sejam:

I - elaborar as listas sêxtuplas a que se referem os arts. 94, "caput" e 104, parágrafo único, II, da Constituição Federal;

II - indicar ao Procurador-Geral de Justiça, em lista tríplice, os candidatos a remoção ou promoção por merecimento;

III - eleger, na forma da Lei Orgânica, os membros do Ministério Público que integrarão a Comissão de Concurso de ingresso na carreira;

IV - indicar o nome do mais antigo membro do Ministério Público para remoção ou promoção por antiguidade;

V - indicar ao Procurador-Geral de Justiça Promotores de Justiça para substituição por convocação;

VI - aprovar os pedidos de remoção por permuta entre membros do Ministério Público;

VII - decidir sobre vitaliciamento de membros do Ministério Público;

VIII - determinar por voto de dois terços de seus integrantes a disponibilidade ou remoção de membros do Ministério Público, por interesse público, assegurada ampla defesa;

IX - aprovar o quadro geral de antiguidade do Ministério Público e decidir sobre reclamações formuladas a esse respeito;

X - sugerir ao Procurador-Geral a edição de recomendações, sem caráter vinculativo, aos órgãos do Ministério Público para o desempenho de suas funções e a adoção de medidas convenientes ao aprimoramento dos serviços;

XI - autorizar o afastamento de membro do Ministério Público para frequentar curso ou seminário de aperfeiçoamento e estudo, no País ou no exterior;

XII - elaborar seu regimento interno;

XIII - exercer outras atribuições previstas em lei.

De mais relevante, destacam-se a decisiva participação do Conselho Superior do Ministério Público na formação da lista sêxtupla, destinada ao provimento dos cargos de Desembargador destinados à carreira do Ministério Público pela regra do quinto constitucional (artigo 15, I); a decisão sobre o vitaliciamento dos membros do Ministério Público ao final do período de estágio probatório (artigo 15, VII), ouvida, quando necessário, a Corregedoria-Geral do Ministério Público; as decisões sobre a movimentação na carreira, com as remoções ou promoções, observados os critérios de antiguidade (tempo no cargo e na carreira) e merecimento (artigo 15, II, IV e IX); e formação da Comissão de Concurso de ingresso na carreira do Ministério Público (artigo 15, III).

b) O Conselho Superior do Ministério Público como Órgão de Execução

Nos termos do artigo 30 da Lei 8.625/1993, cabe ao Conselho Superior, como Órgão de Execução, rever a promoção de arquivamento de inquérito civil, na forma da lei.

De início, insta consignar que o inquérito civil é o procedimento investigativo de que dispõe o Ministério Público para apurar violações a direitos difusos, coletivos e individuais homogêneos, colhendo os elementos de informação necessários à formação da convicção do membro do *Parquet* e ao embasamento da propositura de ação civil pública com vistas à tutela judicial (com a propositura da respectiva ação civil pública) ou extrajudicial (com a subscrição de Termo de Compromisso de Ajustamento de Conduta, expedição de recomendações, requisições, etc.) de direitos que se comprovarem, ao longo das averiguações, efetivamente violados.

O procedimento em questão está previsto no artigo 8º, §1º, da Lei 7.347/85 (Lei da Ação Civil Pública), que a ele equipara quaisquer documentos, certidões, exames ou perícias, oriundos de quaisquer organismos, público ou particular, inclusive por requisição do Ministério Público, mesmo não formalizados, que são denominados peças de informação. Ora, as peças de informação nada mais são senão elementos de informação que, por qualquer razão, não foram formalizados, ou inseridos, em inquérito civil.

O artigo 9º da Lei 7.347/85 dispõe que, após esgotadas todas as diligências, e não vislumbrando outros meios de esclarecer a possível violação ao direito difuso, coletivo ou individual homogêneo, ou, ainda, comprovada a inexistência de tal violação, não havendo, assim, fundamento para a propositura da ação civil pública, o órgão do Ministério Público promoverá o arquivamento do inquérito civil ou das peças de informação (pouco importa, aqui a formalização dos documentos), devendo fazê-lo de modo fundamentado.

A lei, no entanto, não se contenta com o arquivamento do inquérito civil pelo órgão do Ministério Público com atribuição para tanto. Dada a relevância das matérias aferidas em tal procedimento, e seguindo o sistema de freios e contrapesos existente ao longo de todo ordenamento jurídico, o artigo 9º, §1º, da Lei 7.347/85, dispõe que, em 3 (três) dias, os autos arquivados serão encaminhados ao Conselho Superior do Ministério Público, que, em sessão, homologará ou rejeitará o arquivamento do feito (artigo 9º, §2º, da Lei 7.347/85).

O §4º do mesmo dispositivo ainda dispõe que, caso rejeite a promoção de arquivamento, o Conselho Superior designará outro membro do Ministério Público para o ajuizamento da ação.

Embora a Lei de Ação Civil Pública somente preveja 2 (duas) posturas ao Conselho Superior frente à promoção de arquivamento do inquérito civil (homologá-la ou rejeitá-la, designando, na hipótese, membro do MP para prosseguir no feito ou ajuizar ação civil pública), há que se admitir como norma complementar o teor do artigo 10, §4º, da Resolução 23/07, do Conselho Nacional do Ministério Público, que admite, além da homologação e rejeição do arquivamento, a deliberação do Conselho Superior pela conversão do julgamento em diligência, hipótese na qual o mesmo membro do MP que subscreveu o arquivamento poderá continuar na presidência do IC e, após a diligência, deliberar pela manutenção da decisão anterior ou sua revisão.

Em síntese, ao atuar como Órgão de Execução e apreciar a promoção do arquivamento do inquérito civil, incumbe ao Conselho Superior adotar uma dentre 4 (quatro) providências: *(a)* homologar o arquivamento do inquérito civil (decisão esta irrecorrível e não passível de controle jurisdicional); *(b)* converter o julgamento em diligência, quando entender necessária a colheita de novos elementos de informação para decidir-se sobre a homologação ou não do arquivamento; *(c)* determinar a continuidade do procedimento, a ser presidido por outro membro do MP que será designado, quando entender que o arquivamento do inquérito civil ou das peças de informação é medida temerária, visto que o procedimento ainda não teria esgotado sua função; *(d)* rejeitar o arquivamento e, entendendo ser o caso de imediata propositura de ação, designar outro membro do MP para fazê-lo.

Eis a função do Conselho Superior do Ministério Público como Órgão de Execução.

4.4. CORREGEDORIA-GERAL DO MINISTÉRIO PÚBLICO

A Corregedoria-Geral do Ministério Público é o órgão de orientação e fiscalização da higidez e lisura das atividades funcionais e da conduta dos membros do Ministério Público (artigo 17 da

Lei 8.625/1993), tratando-se do último Órgão de Administração Superior a ser estudado.

Ao contrário da maioria, atua exclusivamente com funções administrativas (no caso, correcionais), não desempenhando qualquer função de Órgão de Execução.

É chefiada pelo Corregedor-Geral do Ministério Público, Procurador de Justiça eleito por voto de todos os integrantes do Colégio de Procuradores para mandato de 2 (dois) anos, permitida uma recondução (artigo 16 da Lei 8.625/1993).

Em caso de abuso de poder, conduta incompatível ou grave omissão nos deveres do cargo, também incumbirá ao Colégio de Procuradores, por voto de pelo menos 2/3 de seus membros, a destituição do Corregedor-Geral do Ministério Público (artigo 12, VI, da Lei 8.625/1993), não havendo, diferentemente do caso de destituição do Procurador-Geral de Justiça, participação do Poder Legislativo no procedimento.

Além de chefiar a Corregedoria-Geral do Ministério Público, o Corregedor-Geral ainda é membro nato do Colégio de Procuradores de Justiça e do Conselho Superior do Ministério Público (artigo 16, parágrafo único, da Lei 8.625/1993).

São atribuições da Corregedoria-Geral do Ministério Público como Órgão de Administração Superior (artigo 17 da Lei 8.625/1993):

I - realizar correições e inspeções;

II - realizar inspeções nas Procuradorias de Justiça, remetendo relatório reservado ao Colégio de Procuradores de Justiça;

III - propor ao Conselho Superior do Ministério Público, na forma da Lei Orgânica, o não vitaliciamento de membro do Ministério Público;

IV - fazer recomendações, sem caráter vinculativo, a Órgão de Execução;

V - instaurar, de ofício ou por provocação dos demais Órgãos da Administração Superior do Ministério Público, processo disciplinar contra membro da instituição, presidindo-o e aplicando as sanções administrativas cabíveis, na forma da Lei Orgânica;

VI - encaminhar ao Procurador-Geral de Justiça os processos administrativos disciplinares que, na forma da Lei Orgânica, incumba a este decidir;

VII - remeter aos demais Órgãos da Administração Superior do Ministério Público informações necessárias ao desempenho de suas atribuições;

VIII - apresentar ao Procurador-Geral de Justiça, na primeira quinzena de fevereiro, relatório com dados estatísticos sobre as atividades das Procuradorias e Promotorias de Justiça, relativas ao ano anterior.

Para assessorá-lo no exercício de tais atribuições, o Corregedor-Geral do Ministério Público pode indicar ao Procurador-Geral de Justiça membros do Ministério Público da mais elevada entrância ou categoria (artigo 18 da Lei 8.625/1993).

Na hipótese de o Procurador-Geral de Justiça se recusar a designar o membro do Ministério Público indicado, o Corregedor-Geral do Ministério Público poderá submeter a indicação ao Colégio de Procuradores, que deliberará sobre a viabilidade da designação.

Cumpre mencionar que, por força do princípio da independência funcional, há notável obstáculo ao exercício das atribuições correcionais do Corregedor-Geral do Ministério Público no que atine à fiscalização do exercício da atividade funcional. A despeito de ser seu papel inspecionar a atuação dos membros do *Parquet*, o Corregedor-Geral e seus assessores não podem se insurgir a entendimentos dissonantes, que reflitam a convicção do membro correcionado. A atividade correcional deve pautar-se em corrigir efetivas falhas no exercício das funções do Ministério Público, ou em sancionar desvios de conduta de seus membros, ainda que na esfera privada, desde que se revele incompatível com a seriedade do cargo, bem como buscar, sempre, maior efetividade na prestação do serviço público pela instituição (artigo 37 da CF), não se ocupando de impor a forma de pensar dos integrantes do Órgão de Administração Superior em questão aos demais membros do *Parquet*.

Por força disso, em diversos momentos é possível observar preocupação da legislação na manutenção da independência funcional, disciplinando, por exemplo, que as recomendações feitas pela Corregedoria-Geral aos Órgãos de Execução que digam respeito ao entendimento perfilhado pelo membro correcionado não possuem caráter vinculativo (artigo 17, IV, da Lei 8.625/1993). Ou seja, fica ao critério do membro do Ministério Público acolhê-la, ou não, em função de sua independência funcional.

4.5. AS PROCURADORIAS DE JUSTIÇA E OS PROCURADORES DE JUSTIÇA

Adentrando o estudo dos Órgãos de Administração (não mais Superior) do Ministério Público, passa-se ao estudo das Procuradorias de Justiça.

As Procuradorias de Justiça são Órgãos de Administração do Ministério Público composta por Procuradores de Justiça (que exercem a função de Órgãos de Execução) e por serviços auxiliares (servidores do Ministério Público e, em alguns Estados, estagiários), consoante dispõe o artigo.

Dentre as funções administrativas das Procuradorias de Justiça, têm-se as elencadas no artigo 22 da Lei 8.625/1993, que são:

> I - escolher o Procurador de Justiça responsável pelos serviços administrativos da Procuradoria;
>
> II - propor ao Procurador-Geral de Justiça a escala de férias de seus integrantes;
>
> III - solicitar ao Procurador-Geral de Justiça, em caso de licença de Procurador de Justiça ou afastamento de suas funções junto à Procuradoria de Justiça, que convoque Promotor de Justiça da mais elevada entrância ou categoria para substituí-lo.

Como pode se perceber, tais atribuições dizem respeito ao dia a dia da própria Procuradoria, tratando de questões administrativas internas. São elas que caracterizam a Procuradoria de Justiça como Órgão de Administração (e não Administração Superior) do Ministério Público.

Porém, curiosamente, a despeito de sua classificação, algumas outras atribuições conferidas pela Lei 8.625/1993 às Procuradorias de Justiça permitiriam, sem qualquer embargo, sua classificação como Órgão de Administração Superior do Ministério Público. É que a LONMP incumbiu-a de desenvolver tarefas administrativas que refletem não só no âmbito de sua própria atividade, resvalando no exercício de outros Órgãos de Administração e Execução.

Dispõe o artigo 19, §2º, da Lei 8.625/1993, que "os Procuradores de Justiça exercerão inspeção permanente dos serviços dos Promotores de Justiça nos autos em que oficiem, remetendo seus relatórios à Corregedoria-Geral do Ministério Público".

Trata-se de verdadeira função de correição e, portanto, afeta a órgãos da administração superior, que a lei delegou aos Procuradores de Justiça: a denominada inspeção permanente.

Como Órgãos de Execução, compete aos Procuradores de Justiça atuar nos processos que tramitam pelos Tribunais, seja em razão de competência originária (por delegação do Procurador-Geral de Justiça), seja por estarem em grau de recurso (artigo 31 da Lei 8.625/1993), sendo obrigatória a presença do Procurador de Justiça nas sessões de julgamento pertencentes à Procuradoria de Justiça a que ele esteja vinculado (artigo 19, §1º, da Lei 8.625/1993).

Os feitos que se encontram em grau de recurso, naturalmente, já sofreram a intervenção de outro Órgão de Execução do Ministério Público, normalmente Promotores de Justiça, que atuam em primeira instância. Estes, por certo, não só atuaram perante o Juízo de origem como, por vezes, podem ter interposto e arrazoado um recurso, ou, ao menos, contrarrazoado o recurso da parte contrária, estando sua atuação marcada desde o início do processo.

Ao receber o processo em sua função de execução, o Procurador de Justiça exerce, ao mesmo tempo, função administrativa ao inspecionar o trabalho do Promotor de Justiça que atuou em primeira instância. Verificando qualquer irregularidade, deve comunicar a Corregedoria-Geral do Ministério Público.

Atua, portanto, como *longa manus* do Corregedor-Geral do Ministério Público, no que desempenha verdadeira função de Órgão de Administração Superior. Eis o que se denomina inspeção permanente ou função correcional difusa.

Mas a atividade anômala do Procurador de Justiça como Órgão de Administração Superior não se esgota aí.

O artigo 20 da Lei 8.625/1993 dispõe que "os Procuradores de Justiça das Procuradorias de Justiça civis e criminais, que oficiem junto ao mesmo Tribunal, reunir-se-ão para fixar orientações jurídicas, sem caráter vinculativo, encaminhando-as ao Procurador-Geral de Justiça".

Trata-se de nova função atípica dos Procuradores de Justiça como Órgão de Administração Superior, exercendo atividade que, originariamente, competia à Corregedoria-Geral do Ministério Público. Aqui, ao observar recorrentes celeumas, nos processos em que atuam, afetas à determinada matéria, podem os Procuradores encaminhar orientações jurídicas aos demais integrantes da carreira, por intermédio do Procurador-Geral de Justiça. Convém observar, porém, e mais uma vez, que, por força do princípio da independência funcional, tais orientações jamais poderão ter caráter vinculativo, servindo de mera sugestão ao aperfeiçoamento dos trabalhos dos demais colegas, com o intuito maior de manter harmonia nos entendimentos da instituição.[22]

---

22. Há correntes na doutrina que sustentam que o princípio da unidade do Ministério Público não se esgotaria na

4.6. AS PROMOTORIAS E OS PROMOTORES DE JUSTIÇA

As Promotorias de Justiça são Órgãos de Administração do Ministério Público compostos de pelo menos 1 (um) cargo de Promotor de Justiça (que exerce a função de Órgão de Execução a ela afeta), além de serviços auxiliares (servidores do Ministério Público, bem como estagiários), consoante dispõe o artigo 23 da Lei 8.625/1993.

Como Órgão de Administração, a Promotoria de Justiça gere assuntos de interesse local, de forma residual. Tudo o que não compete aos Órgãos de Administração Superior, incumbe à Promotoria de Justiça gerenciar dentro de seu âmbito.

Embora nada tenha sido fixado na Lei Orgânica Nacional do Ministério Público, é comum as Promotorias de Justiça disciplinarem os dias e horários de atendimento ao público (mesmo que, a todo o tempo, deva ser feito o atendimento de casos urgentes), realizar licitações para compras de materiais de interesse local (ex: água mineral), contratar serviços de manutenção de pequeno valor para sua sede (reparos no imóvel, por exemplo), solicitar aos órgãos superiores a remessa do material de trabalho (papel timbrado, grampos, tinta para impressora), solicitar aos órgãos superiores a designação de serviços auxiliares (servidores e estagiários) para atender à demanda de trabalho do órgão, etc.

Nos termos do artigo 23, §1º, da Lei 8.625/1993, as Promotorias de Justiça se classificam em judiciais ou extrajudiciais e especializadas ou gerais (ou cumulativas).

Promotorias de Justiça *judiciais* possuem atribuição para atuar perante órgão do Poder Judiciário, embora nada impeça que também exerça função extrajudicial, desde que no âmbito de atuação do Ministério Público (ex: atendimento ao público, elaboração de acordo).

Promotorias de Justiça *extrajudiciais* têm por atribuição precípua o exercício de uma função desvinculada à atuação judicial, perante um órgão do Poder Judiciário. É o que ocorre, por exemplo, com Promotoria de Justiça que tem por atribuição a fiscalização de fundações.

Promotorias de Justiça *especializadas* são aquelas que atuam tão somente em um determinado ramo do direito, concentrando-se, na maioria das vezes, nos grandes centros, em Comarcas da mais elevada entrância. Em alguns Estados elas se subdividem, ainda, em *criminais* e *cíveis*. As *criminais* podem ser especializadas de acordo com a natureza da infração penal que enfrentam (ex: Promotoria de Justiça da Violência Doméstica ou Familiar) e de acordo com a competência em razão da matéria (Ex: Promotoria de Justiça do Júri ou do JECRIM). Já as cíveis, especializam-se de acordo com a natureza da relação jurídica do direito civil em que atuam (ex: Promotoria de Justiça do Consumidor, do Meio Ambiente, do Patrimônio Público e Social, etc.).

Por fim, as Promotorias de Justiça *gerais ou cumulativas*, normalmente situadas em cidades de menor porte, Comarcas de entrâncias inicial e intermediária, exercem atribuições em todas as áreas do Direito de modo concentrado e indistinto, exigindo do operador do Direito que nela atua um conhecimento mais generalista se comparado àquele que atua perante uma Promotoria de Justiça especializada.

Como já frisado, as Promotorias de Justiça têm como Órgãos de Execução os Promotores de Justiça, que detém a atribuição de atuar em primeira instância (salvo em matéria recursal, quando detém competência para impetrar recursos e ações de impugnação diretamente nos Tribunais de Justiça), desempenhando a atuação originária do Ministério Público.

O ingresso na carreira de Promotor de Justiça se dá, nos termos do artigo 129, §3º, da Constituição Federal, e artigo 59 da Lei 8.625/1993, mediante concurso de provas e títulos, assegurada, neste, a participação da Ordem dos Advogados do Brasil, cuja realização será obrigatória quando o número de cargos vagos atingir 1/5 (um quinto) do número de integrantes da carreira inicial (artigo 59, §1º, da Lei 8.625/1993).

A Lei 8.625/1993, em seu artigo 59, §3º, prevê como requisitos mínimos para o ingresso na carreira do Ministério Público:

ótica administrativa, já exposta, abrangendo, também, uma unidade nas teses institucionais, assim servindo como um limitador ao princípio da independência funcional, de modo que, para as matérias abrangidas pelo entendimento institucionalizado, não haveria liberdade para os membros do Ministério Público sustentarem tese dissonante. A independência funcional, na hipótese, manter-se-ia na análise da aplicabilidade, ou não, da tese institucional ao caso concreto. Porém, concluindo pela incidência, a tese deve ser seguida, como forma de manter a harmonia, a unidade e a indivisibilidade institucional.

I - ser brasileiro;

II - ter concluído o curso de bacharelado em Direito, em escola oficial ou reconhecida;

III - estar quite com o serviço militar;

IV - estar em gozo dos direitos políticos.

Associado a estes, a Emenda Constitucional 45/04 inseriu no artigo 129, §3º, da Constituição Federal, a exigência de o candidato ter exercido, no mínimo, 3 (três) anos de atividades jurídica.

Com a regra do concurso, e por força da norma de seu artigo 129, §2º, que dispõe que as funções do Ministério Público somente podem ser exercidas por integrantes da carreira, a Constituição Federal extirpou a figura do Promotor *ad hoc*, advogado nomeado temporariamente para o exercício das funções do Ministério Público diante do não comparecimento injustificado do autêntico Promotor de Justiça a algum ato processual.[23]

Especificadamente, a Lei Orgânica Nacional do Ministério Público dispõe ser atribuição, como Órgão de Execução, dos Promotores de Justiça o seguinte (artigo 32 da Lei 8.625/1993):

I - impetrar *habeas corpus* e mandado de segurança e requerer correição parcial, inclusive perante os Tribunais locais competentes;

II - atender qualquer do povo, tomando as providências cabíveis;

III - oficiar perante à Justiça Eleitoral de primeira instância, com as atribuições do Ministério Público Eleitoral previstas na Lei Orgânica do Ministério Público da União que forem pertinentes, além de outras estabelecidas na legislação eleitoral e partidária.

No entanto, as atribuições executivas do Promotor de Justiça passam longe de se esgotar por aí.

O artigo 25 da Lei 8.625/1993 traz, em caráter genérico, as funções que incumbem ao Ministério Público como um todo, como Órgão de Execução. Algumas delas, já estudamos quando tratamos dos outros Órgãos de Execução. Outras, porém, dado o caráter residual dos Promotores de Justiça, deixamos para tratar neste momento, e serão abaixo elencadas.

Frise-se, de início, que o rol é meramente exemplificativo, não excluindo outras atribuições previstas na Constituição e na legislação.

III - promover, privativamente, a ação penal pública, na forma da lei;

No âmbito do Direito Processual Penal, o Brasil adotou o denominado *sistema acusatório*.

No *sistema acusatório*, diferentemente do que se dá no *sistema inquisitorial* (no qual as figuras do acusador e do julgador se confundem), há nítida separação entre o órgão incumbido de promover a ação penal, o órgão incumbido de fazer a defesa e o órgão incumbido de julgar o processo. Fala-se, assim, em *actum trium personarum*.

No Brasil, por força do artigo 129, I, da Constituição Federal, o órgão incumbido de promover a ação penal e realizar a acusação não é outro senão o Ministério Público.

Daí a atribuição prevista no artigo 25, I, da Lei 8.625/1993. No âmbito de suas atribuições, portanto, é atribuição do Promotor de Justiça oferecer denúncia (peça acusatória), promovendo a ação penal pública.

Para subsidiar o oferecimento da peça acusatória, incumbe ao Ministério Público, ainda requisitar da autoridade policial diligências investigatórias, podendo, inclusive, acompanhá-las (artigo 26, IV, da Lei 8.625/1993):

IV - promover o inquérito civil e a ação civil pública, na forma da lei: a) para a proteção, prevenção e reparação dos danos causados ao meio ambiente, ao consumidor, aos bens e direitos de valor artístico, estético, histórico, turístico e paisagístico, e a outros interesses difusos, coletivos e individuais indisponíveis e homogêneos; b) para a anulação ou declaração de nulidade de atos lesivos ao patrimônio público ou à moralidade administrativa do Estado ou de Município, de suas administrações indiretas ou fundacionais ou de entidades privadas de que participem;

Já no âmbito da proteção aos direitos coletivos *lato sensu*, é atribuição do Promotor de Justiça a promoção do inquérito civil e da ação civil pública na forma da lei.

Ora, tomando conhecimento da lesão ou ameaça de lesão a um bem jurídico que se materializa como interesse difuso, coletivo ou individual homogêneo, o Promotor de Justiça deve promover o inquérito civil quando entender necessária a colheita de elementos de informação para auxiliá-lo na formação de sua convicção, bem como para subsidiar a propositura da ação civil pública.

Por outro lado, é prescindível a instauração do inquérito civil quando, desde logo, o Promotor

---

23. O Supremo Tribunal Federal também apreciou a questão, e declarou inconstitucionais normas estaduais que previam a designação de bacharéis em Direito como Promotores *ad hoc* em processos urgentes, nos Estados de Minas Gerais e Goiás (ADIs 2.958 e 2.874).

de Justiça possuir elementos para ajuizar a ação civil pública buscando a tutela do direito lesado ou ameaçado.

O artigo 26, I e II, da Lei 8.625/1993, garante ao membro do Ministério Público meios para a instrução do inquérito civil e da ação civil pública, autorizando-o a:

a) expedir notificações para colher depoimento ou esclarecimentos e, em caso de não comparecimento injustificado, requisitar condução coercitiva, inclusive pela Polícia Civil ou Militar, ressalvadas as prerrogativas previstas em lei;

b) requisitar informações, exames periciais e documentos de autoridades federais, estaduais e municipais, bem como dos órgãos e entidades da administração direta, indireta ou fundacional, de qualquer dos Poderes da União, dos Estados, do Distrito Federal e dos Municípios;

c) promover inspeções e diligências investigatórias junto às autoridades, órgãos e entidades a que se refere a alínea anterior;

II - requisitar informações e documentos a entidades privadas, para instruir procedimentos ou processo em que oficie;

III - requisitar à autoridade competente a instauração de sindicância ou procedimento administrativo cabível;

De nada adiantaria, afinal, conferir missões relevantes ao Ministério Público sem aparelhá-lo de poderes para bem desempenhar todas as atribuições que a Constituição Federal a ele conferiu.

V - manifestar-se nos processos em que sua presença seja obrigatória por lei e, ainda, sempre que cabível a intervenção, para assegurar o exercício de suas funções institucionais, não importando a fase ou grau de jurisdição em que se encontrem os processos;

Além das atribuições do Promotor de Justiça como autor da ação penal pública e da ação civil pública, o membro do Parquet ainda intervém nos processos que não ajuizou quando sua presença seja obrigatória por lei.

A título de exemplo, tem-se que, nos processos cíveis, o artigo 178 do Código de Processo Civil norteia a necessidade de intervenção do Ministério Público como fiscal da ordem jurídica.

VI - exercer a fiscalização dos estabelecimentos prisionais e dos que abriguem idosos, menores, incapazes ou pessoas portadoras de deficiência;

Nos estabelecimentos que abrigam idosos, menores, incapazes ou pessoas com deficiência, bem como em estabelecimentos prisionais, o Ministério Público exerce permanente fiscaliza-

ção, por meio da realização de visitas periódicas e orientação das atividades desenvolvidas, a fim de garantir o respeito aos direitos de tais indivíduos.

4.7. ÓRGÃOS AUXILIARES

Por fim, encerrando o estudo da organização do Ministério Público, e superando a análise dos Órgãos de Administração Superior, Administração e Execução, passa-se à análise dos Órgãos Auxiliares, que, como o nome já diz, auxiliam os demais órgãos no desempenho de suas atribuições.

A Lei Orgânica Nacional do Ministério Público previu a existência de 5 (cinco) Órgãos Auxiliares do Ministério Público: *(a)* Centros de Apoio Operacional; *(b)* Comissão de Concurso; *(c)* Centro de Estudos e Aperfeiçoamento Funcional; *(d)* Órgãos de Apoio Administrativo; e *(e)* Estagiários.

Passa-se ao estudo de cada um deles.

a) Centros de Apoio Operacional

São Órgãos Auxiliares da atividade funcional do Ministério Público, competindo a eles, nos termos do artigo 33 da Lei 8.625/1993:

I - estimular a integração e o intercâmbio entre órgãos de execução que atuem na mesma área de atividade e que tenham atribuições comuns;

II - remeter informações técnico-jurídicas, sem caráter vinculativo, aos órgãos ligados à sua atividade;

III - estabelecer intercâmbio permanente com entidades ou órgãos públicos ou privados que atuem em áreas afins, para obtenção de elementos técnicos especializados necessários ao desempenho de suas funções;

IV - remeter, anualmente, ao Procurador-Geral de Justiça relatório das atividades do Ministério Público relativas às suas áreas de atribuições;

V - exercer outras funções compatíveis com suas finalidades, vedado o exercício de qualquer atividade de órgão de execução, bem como a expedição de atos normativos a estes dirigidos.

As funções dos Centros de Apoio Operacional são desenvolvidas, na prática, por Promotores de Justiça especialmente designados por um dirigente, membro nomeado pelo Procurador-Geral de Justiça (artigo 10, IX, *a*, da Lei 8.625/1993), com conhecimento técnico especializado na respectiva área de atuação.

Embora a organização possa variar de um Estado da Federação para outro, é comum a existência de dois grandes *Centros de Apoio Operacional*: o CAO Cível e o CAO Criminal.

Em alguns Estado, a exemplo de São Paulo, há, ainda, o denominado CAEx (Centro de Apoio à Execução), que auxilia na elaboração de laudos periciais (inclusive funcionando como assistente técnico), nas pesquisas em bancos de dados de outras instituições conveniadas, e na elaboração de estudos diversos, notadamente em áreas de ciências não jurídicas, já que é composto por profissionais de outros ramos do conhecimento (ex: engenheiros ambientais, engenheiros civis, químicos, médicos, fonoaudiólogos, arquitetos, etc.).

b) Comissão de Concurso

Trata-se do único órgão de natureza transitória que compõe a estrutura orgânica do Ministério Público, existindo, tão somente, enquanto perdurar o certame para ingresso na carreira do *Parquet*.

À Comissão de Concurso incumbe a função de promover a seleção dos candidatos mais preparados para o ingresso na carreira (artigo 34 da Lei 8.625/1993). Na seleção, entretanto, a Constituição Federal prevê ser de observância obrigatória o bacharelado em Direito e o mínimo de 3 (três) anos de atividade jurídica (artigo 129, §3º, da Constituição Federal). Além disso, nas nomeações, deverá ser observada, peremptoriamente, a ordem de classificação na prova.

A Comissão de Concurso conta com um Presidente, cuja escolha é definida pela Lei Orgânica de cada Estado (artigo 34, parágrafo único, da Lei 8.625/1993). No entanto, a escolha dos integrantes da Comissão do Concurso sempre ocorre por eleição realizada no âmbito do Conselho Superior do Ministério Público (artigo 15, III, da Lei 8.625/1993).

A forma de escolha, no entanto, também varia nas legislações locais. Apenas para exemplificar, enquanto no Estado de São Paulo apenas Procuradores de Justiça podem ser eleitos para integrar a Comissão de Concurso, nos Estados de Goiás e Minas Gerais a função também pode ser exercida por Promotores de Justiça.

Logo, em sede de estudo da legislação nacional é importante frisar que a eleição se dá no Conselho Superior do Ministério Público, no exercício de suas atribuições como Órgão de Administração Superior do *Parquet*.

Além disso, a própria Constituição Federal dispôs sobre a composição da Comissão de Concurso ao reservar, obrigatoriamente, participação da Ordem dos Advogados do Brasil no concurso para ingresso na Carreira do Ministério Público (artigo 129, §3º, da Constituição Federal). Assim, o Presidente da Comissão e os membros eleitos pelo Conselho Superior do Ministério Público para integrá-la dividirão suas tarefas com um advogado indicado pela Ordem dos Advogados do Brasil.

c) Centro de Estudos e Aperfeiçoamento Funcional

São Órgãos Auxiliares do Ministério Público destinados a realizar cursos, seminários, congressos, simpósios, pesquisas, atividades, estudos e publicações visando ao aprimoramento profissional e cultural dos membros da instituição, de seus auxiliares e funcionários, bem como a melhor execução de seus serviços e racionalização de seus recursos materiais (artigo 35 da Lei 8.625/1993).

Trata-se das denominadas Escolas do Ministério Público, responsáveis pelo aprimoramento e atualização dos conhecimentos dos membros e servidores do *Parquet*, com vistas à melhor execução das suas funções constitucionais, o que vai ao encontro do princípio da eficiência, insculpido no artigo 37 da Constituição Federal.

Ora, é interesse de toda a coletividade que o Ministério Público esteja não só aparelhado e com seus quadros completos, mas também que seus membros detenham conhecimento suficiente para bem exercer os relevantes misteres que a Constituição Federal lhes conferiu. Além disso, as constantes alterações legislativas provocam a contínua necessidade de atualização dos operadores do Direito, outro viés que explica a previsão da existência dos Centros de Estudo e Aperfeiçoamento Funcional.

Sua organização varia de Estado para Estado, visto que a Lei Orgânica Nacional do Ministério Público, em seu artigo 37, parágrafo único, delegou totalmente a tarefa à legislação complementar estadual.

d) Órgãos de Apoio Administrativo

São os servidores do Ministério Público, cuja carreira é disciplinada em lei de iniciativa do Procurador-Geral de Justiça, devendo dispor dos cargos que atendam às suas peculiaridades e às necessidades da administração e das atividades funcionais (artigo 36 da Lei 8.625/1993).

Novamente, assim como ocorre com os demais Órgãos Auxiliares, a Lei Orgânica Nacional do Ministério Público deixa a cargo da legislação estadual, com notável margem de liberdade, a organização dos quadros de servidores dos respectivos órgãos, o que decorre da necessidade de observância das peculiaridades de cada localidade a fim de se atingir maior eficácia na consecução das atividades.

Hodiernamente, os Ministérios Públicos dispõem de cargos técnicos de nível médio (chamados de Auxiliares de Promotoria e Oficiais de Promotoria em algumas localidades), cargos jurídicos (chamados, em geral, de Analistas de Promotoria, Analistas Jurídicos ou Assistentes Jurídicos, que exigem o bacharelado em Direito do servidor) e, ainda, cargos em outras áreas do conhecimento (engenheiros, médicos, contadores etc.), todos com um objetivo em comum: auxiliar diretamente no exercício da atividade de um Órgão de Administração (Superior ou não) ou de Execução do Ministério Público.

Há, ainda, órgãos de apoio administrativo que prestam serviços a outros Órgãos Auxiliares, exercendo suas funções perante os Centros de Apoio Operacional, perante os Centros de Estudo e Aperfeiçoamento Funcional ou, ainda, transitoriamente, perante a Comissão de Concurso (quando designados para tanto).

e) Estagiários

Por fim, são Órgãos Auxiliares do Ministério Público os estagiários, alunos dos últimos três anos do curso de Direito de escolas oficiais ou reconhecidas, selecionados na forma prevista pela legislação estadual, e designados pelo Procurador-Geral de Justiça para exercício em período não superior a 3 (três) anos (artigo 37, e parágrafo único, da Lei 8.625/1993).

Os estagiários, valendo-se do conhecimento que estão angariando ao longo do curso de Direito, auxiliam o exercício da atividade-fim incumbida ao membro do Ministério Público ao qual prestam serviços. Em contrapartida, além de uma bolsa mensal, angariam experiência e conhecimento a partir das atividades práticas desenvolvidas rotineiramente.

A seleção, embora varie no âmbito de cada Estado, se dá, normalmente, por meio de concurso público.

5. GARANTIAS DOS MEMBROS DO MINISTÉRIO PÚBLICO

No início dos estudos, tivemos a oportunidade de analisar as garantias institucionais do Ministério Público (independência funcional, administrativa e financeira), características que, como vimos, asseguram a imparcialidade e independência do Ministério Público como instituição, dentro da organização da República Federativa do Brasil.

Para garantir que a independência funcional dos membros do Ministério Público tivesse efetividade, a Constituição Federal e a Lei 8.625/1993 previram, ainda, garantias individuais aos membros do *Parquet*, visando a evitar que estes sofram pressões, ingerências e interferências indevidas no desempenho de suas atividades.

A importância de tais garantias chega a soar óbvia. A título de exemplo, basta lembrar que a Constituição Federal reservou ao Ministério Público a atribuição de proteção ao patrimônio público e social, com o que lhe compete, por vezes, investigar e ajuizar ações em face de autoridades públicas e pessoas influentes, com vistas a fazê-las perder o cargo que ocupam e, ainda, ressarcir o prejuízo que, eventualmente, causaram ao erário.

Ora, para impedir que tais alvos de eventual investigação ou ação judicial venham a se valer de suas influências políticas para impedir o sucesso da jornada do Promotor de Justiça que contraria seus interesses é que tais garantias se mostram imprescindíveis. Não seria incomum, infelizmente, nos depararmos com compulsórias remoções para Comarcas longínquas, cortes nos salários (a fim de facilitar a corrupção, inclusive), e, porque não, demissões impositivas, não fossem as *garantias de liberdade* asseguradas aos membros do Ministério Público pela Constituição Federal.

Passa-se, então, ao estudo de cada uma delas.

5.1. VITALICIEDADE

Trata-se de importante garantia de liberdade, insculpida no artigo 128, §5º, I, *a*, da Constituição Federal, repetida no artigo 38, I, da Lei 8.625/1993.

Decorre da vitaliciedade que o membro do Ministério Público somente poderá perder seu cargo por decisão judicial transitada em julgado, proferida em ação civil promovida especialmente para tal finalidade, nos casos de (I) prática de crime incompatível com o exercício do cargo, após decisão judicial transitada em julgado; (II) exercício da advocacia; (III) abandono do cargo por prazo superior a trinta dias corridos (artigo 38, §1º, da Lei 8.625/1993).

A ação civil em questão deverá ser proposta pelo Procurador-Geral de Justiça, após autorização do Colégio de Procuradores, e tramitará perante o Tribunal de Justiça local (artigo 38, §2º, da Lei 8.625/1993).

Importante notar, porém, que nem todo membro do Ministério Público goza da garantia da vitaliciedade. Mais especificamente, em 2 (duas) situações os membros do Ministério Público não são vitalícios.

Inicialmente, nos 2 (dois) primeiros anos do exercício da função, o Promotor de Justiça (titular ou substituto, não havendo, ao contrário do que muitos pensam, necessária relação entre a vitaliciedade e a titularidade) está sujeito ao estágio probatório. Ao final do período, a decisão pelo vitaliciamento, ou não, é tomada pelo Conselho Superior do Ministério Público (artigo 15, VIII, da Lei 8.625/1993), dela cabendo recurso dirigido ao Colégio de Procuradores de Justiça (artigo 12, VIII, *a*, da Lei 8.625/1993).

Durante o estágio probatório, o Promotor de Justiça é acompanhado pela Corregedoria-Geral do Ministério Público que, percebendo que o membro aprovado no concurso, em verdade, não dispõe de requisitos necessários ao bom desempenho das funções do *Parquet*, propõe ao Conselho Superior do Ministério Público seu não vitaliciamento (artigo 17, III, da Lei 8.625/1993).

Acaso acatada a proposta de não vitaliciamento, o membro será desligado do cargo sem necessidade de decisão judicial transitada em julgado em ação civil específica.

Outra hipótese de membro do Ministério Público não vitalício, esta de menor incidência prática, reside no caso de Promotores e Procuradores de Justiça que ingressaram na carreira anteriormente à Constituição Federal de 1988 e, por qualquer razão, optaram por manter-se enquadrados no regime jurídico anterior, no qual não havia a previsão da vitaliciedade (artigo 29, §3º, do ADCT). Trata-se de hipótese em que Promotor ou Procurador de Justiça, mesmo ultrapassado o período do estágio probatório, continua não sendo vitalício, embora detenha, como qualquer servidor público efetivo, esta-

bilidade (nesta, não se exige, para a perda do cargo, sentença judicial transitada em julgado e proferida em ação civil específica, mas mero procedimento administrativo, com a garantia do contraditório).

5.2. INAMOVIBILIDADE

Por força da garantia de liberdade da inamovibilidade, prevista no artigo 129, §5º, I, *b*, da Constituição Federal, e repetida pelo artigo 38, II, da Lei 8.625/1993, o membro do Ministério Público, em regra, não pode ser removido ou promovido de seu cargo compulsoriamente. Ou seja, a remoção ou promoção somente pode ocorrer por iniciativa própria, jamais por imposição de terceiro, salvo na única hipótese de exceção prevista na Constituição Federal.

A exceção se dá quando a remoção ou promoção for relevante à consecução do interesse público, o que será decidido por votação da maioria absoluta dos membros do Conselho Superior do Ministério Público (artigo 15, VIII, da Lei 8.625/1993, c.c. artigo 129, §5º, I, *b*, da Constituição Federal). Embora o dispositivo da Lei Orgânica Nacional do Ministério Público aduza ser necessário o voto de 2/3 (dois terços) dos membros do Conselho Superior do Ministério Público para a remoção compulsória, a Constituição Federal passou a se contentar com o voto da maioria absoluta dos membros a partir da reforma operada pela Emenda Constitucional 45/04.

A decisão do Conselho Superior do Ministério Público desafia recurso ao Colégio de Procuradores de Justiça (artigo 12, VIII, *d*, da Lei 8.625/1993).

Controvertida na doutrina é a questão relacionada à extensão subjetiva da inamovibilidade dos membros do Ministério Público. Para a corrente majoritária, apenas os membros do Ministério Público titulares é que gozam da garantia, visto que os substitutos podem ser designados de acordo com a necessidade de serviço apresentada mês a mês, não havendo qualquer restrição neste sentido.

Perfilho-me aos que entendem de modo diverso. Os Promotores de Justiça Substitutos gozam, sim, de inamovibilidade, a despeito de esta não se manifestar de modo absoluto.

Quando ingressam na carreira, os Promotores de Justiça Substitutos, com base na ordem de classificação, são nomeados e escolhem sedes de circunscrições judiciárias as quais ficam vinculados. Preferencialmente, e sem qualquer obrigatoriedade caso haja necessidade de serviço em outras regiões, devem ser designados para prestar serviços em Comarcas que integram a respectiva circunscrição. Daí falar-se em inexistência da garantia da inamovibilidade. Porém, acredita-se que ela existe, ainda que não absolutamente, na medida em que o membro do Ministério Público não titular não pode ser removido de sua sede compulsoriamente.

Trata-se de entendimento minoritário, mas que vem ganhando força na jurisprudência. Entretanto, em provas objetivas, por ora, entende-se mais prudente ser assinalado que a garantia da inamovibilidade é reservada aos membros do Ministério Público com titularidade.

5.3. IRREDUTIBILIDADE DE SUBSÍDIOS

A irredutibilidade de subsídios trata-se de garantia de liberdade insculpida no artigo 129, §5º, I, c, da Constituição Federal, repetida pelo artigo 38, III, da Lei 8.625/1993, que impede que o administrador público restrinja o valor do subsídio recebido pelo membro do Ministério Público.

A própria Constituição Federal, no entanto, estipulou exceções à garantia da irredutibilidade de subsídios, previstas em seus artigos 37, X e XI, 150, III, 153, III e §2º, I.

A irredutibilidade de subsídios pode ser compreendida sob duas óticas: a jurídica (ou nominal) e a real. Pela *irredutibilidade jurídica ou nominal*, é vedado ao administrador público reduzir nominalmente o valor do subsídio dos membros do Ministério Público. Ou seja, se hoje o membro do *Parquet* aufere renda X, não poderá, no futuro, ter seus rendimentos reduzidos para X – Y. A *irredutibilidade real*, no entanto, confere proteção maior. Além de impedir a redução nominal do salário, a irredutibilidade real exige que ele seja periodicamente reajustado de forma a, pelo menos, compensar eventual reflexo dos índices inflacionários.

Discute-se na doutrina e na jurisprudência se a irredutibilidade de subsídios garantida constitucionalmente abarcaria tão somente o aspecto jurídico (ou nominal), ou, também, o aspecto real.

O Supremo Tribunal Federal já se pronunciou no sentido de que a garantia constitucional em estudo abarca somente o aspecto nominal do subsídio, negando, assim, o direito à atualização monetária do salário.[24]

Ousa-se discordar. De nada adianta garantir a irredutibilidade nominal do subsídio se este não acompanhar a atualização monetária, visto ser inevitável a desvalorização da moeda com o decorrer do tempo.

Admitir-se que a garantia abarca apenas a vedação da redução nominal do subsídio, sem preocupação com seu valor real, significa, de outro lado, admitir a violação da garantia da irredutibilidade de subsídio de modo indireto, por meio da estagnação do salário, em inobservância à desvalorização da moeda.

6. PRERROGATIVAS DO MEMBRO DO MINISTÉRIO PÚBLICO

A Lei 8.625/1993 confere outras prerrogativas ao membro do Ministério Público para garantir o bom exercício de suas funções. Fala-se em prerrogativas, e não em vantagens ou privilégios, visto que as primeiras se relacionam ao cargo, e existem em função das peculiaridades inerentes a ele, ao passo que as últimas referem-se à pessoa, de modo que, assim, seriam inadmissíveis em um Estado Democrático de Direito.

Embora as prerrogativas aproximem-se das garantias individuais já estudadas, com elas não se confundem. Ao passo que as garantias têm viés constitucional, as prerrogativas decorrem da lei. Além disso, as garantias têm por objetivo assegurar a independência funcional do membro do Ministério Público, ao passo que as prerrogativas apenas visam a possibilitar-lhe o exercício das funções, ciente das dificuldades a elas inerentes.

As prerrogativas estão previstas nos artigos 40 e 41 da Lei 8.625/1993. Passa-se ao estudo de cada uma delas.

---

24. STF, 2ª Turma, AI 490.396 AgR/SP, rel. Min. Carlos Velloso, j. em 16.1.2004.

a) Oitiva como testemunha ou ofendido com horário marcado, e intimação pela autoridade judiciária ou membro de órgão da Administração Superior do respectivo Ministério Público

Os incisos I e II do artigo 40 da Lei 8.625/1993 preveem ser prerrogativa do membro do *Parquet* ajustar, previamente, com o Juiz ou a autoridade competente, dia e hora para ser ouvido como vítima ou testemunha em processo ou inquérito, não podendo ter sua intimação determinada por pessoa outra que não a autoridade judiciária ou membro de Órgão de Administração Superior do próprio Ministério Público respectivo.

Importa dizer que, se as pessoas comuns têm a obrigação de comparecer em audiência, em dia e hora designados pela autoridade competente, para serem ouvidos como vítima ou testemunha, sob pena de serem coercitivamente conduzidos, os membros do Ministério Público, dado o volume de compromissos e audiências de que participam, têm a prerrogativa de ajustar, previamente, com a autoridade competente (judiciária ou não) o melhor dia e horário para a realização do ato, de modo a não inviabilizar o exercício de outra atribuição.

b) Prisão em flagrante somente de crime inafiançável, e comunicação ao Procurador-Geral de Justiça

O artigo 40, III, prevê ser prerrogativa dos membros do Ministério Público a vedação à prisão em flagrante nos crimes afiançáveis. Logo, sendo cabível a fiança, deverá ser o membro do Ministério Público mantido em liberdade, independentemente do recolhimento da cautela.

Nos casos de crimes inafiançáveis, entretanto, de rigor a prisão em flagrante, mas a lei exige que seja o Procurador-Geral de Justiça comunicado sobre a prisão no prazo de 24h (vinte e quatro horas).

Discorda-se, neste ponto, de que se trata de prerrogativa do membro do Ministério Público. Isso porque, ao cidadão comum, também é garantido que a prisão em flagrante será imediatamente comunicada ao titular da ação penal (artigo 306 do Código de Processo Penal). As disposições são idênticas, visto que, em se tratando de membro do Ministério Público autor de crime, é o Procurador-Geral de Justiça o titular da ação penal, não perfazendo a previsão, portanto, propriamente uma prerrogativa.

Quando preso, o membro do Ministério Público tem direito à prisão processual domiciliar, ou permanência em sala de especial de Estado Maior (artigo 40, V, da Lei 8.625/1993).

Além disso, tem o direito de não ser indiciado em inquérito policial (artigo 41, II, da Lei 8.625/1993). Neste ponto, deve-se observar que, quando no curso de investigação houver indício da prática de infração penal por parte de membro do Ministério Público, a autoridade policial, civil ou militar remeterá, imediatamente, sob pena de responsabilidade, os respectivos autos ao Procurador-Geral de Justiça, a quem competirá dar prosseguimento à apuração (artigo 41, parágrafo único, da Lei 8.625/1993).

c) Foro por prerrogativa de função

O artigo 40, IV, prevê ser prerrogativa dos membros do Ministério Público ser processado e julgado originariamente pelo Tribunal de Justiça de seu Estado, ressalvadas as exceções constitucionais.

A prerrogativa em questão decorre da regra do artigo 96, III, da Constituição Federal, segundo a qual, independentemente da natureza da infração penal ou do local da prática, o membro do Ministério Público é julgado criminalmente pelo Tribunal de Justiça do Estado da Federação a que está funcionalmente vinculado. A exceção constitucional mencionada consta do mesmo dispositivo, e trata dos crimes eleitorais, quando o julgamento caberá ao Tribunal Regional Eleitoral. Eis a única exceção que afasta o crime praticado pelo Promotor ou Procurador de Justiça do julgamento perante o respectivo Tribunal de Justiça.

d) Direito à petição e à informação

O artigo 40, VI, da Lei 8.625/1993, aduz ser prerrogativa do membro do Ministério Público ter assegurado o direito de acesso, retificação e complementação dos dados e informações relativos à sua pessoa, existentes nos órgãos da instituição, na forma da Lei Orgânica.

Novamente, discorda-se de tratar de prerrogativa. Em verdade, consiste em mera especificação dos direitos de petição e informação, conferidos a todos os cidadãos nos termos do artigo 5º, XXXIII e XXXIV, *a* e *b*, da Constituição Federal.

e) Receber mesmo tratamento jurídico e protocolar dos juízes

Ao membro do Ministério Público, por força do princípio da isonomia, deverá ser conferido o mesmo tratamento jurídico e protocolar dispensado aos juízes que com ele atuam (artigo 41, I, da Lei 8.625/1993).

Assim como ocorre com os magistrados, os membros do Ministério Público também gozam do tratamento protocolar de excelências, não podendo sofrer distinções em relações aos Juízes no exercício de suas funções.

Recentemente, a Lei 12.830/13 estendeu aos Delegados de Polícia idêntico tratamento.

Decorre da isonomia em questão, a prerrogativa que possui o membro do Ministério Público de tomar assento ao lado direito do Juiz de primeira instância, ou do Presidente do Tribunal, Câmara ou Turma, prevista no artigo 41, XI, da Lei 8.625/1993.

f) Intimação pessoal com vista dos autos

O artigo 41, IV, da Lei 8.625/1993, prevê ser prerrogativa do membro do Ministério Público ser intimado pessoalmente, com vista dos autos, de todos os atos processuais.

Se os advogados são, normalmente, intimados dos atos processuais pela imprensa oficial, o membro do Ministério Público, em razão do sobejo volume de processos em que atua, deve ser intimado pessoalmente dos autos. Mas não é só. Tal intimação deve ser feita mediante entrega dos autos com vista.

Ou seja, o Poder Judiciário remete à sede do Ministério Público os processos nos quais ele deverá intervir, concedendo ao membro do *Parquet* a chamada vista dos autos.

Havia certa polêmica a respeito de instrumentalização de tal prerrogativa. Com a saída do Ministério Público do interior dos Fóruns, e a crescente instalação de seus órgãos de execução em sedes próprias, o Poder Judiciário passou a se recusar a levar os autos com vista até o prédio do Ministério Público. Diante disso,

uma celeuma instalou-se. O Judiciário passou entender ser atribuição dos órgãos auxiliares do Ministério Público retirar os autos com vista, diariamente, no Cartório Judicial. Por outro lado, o Ministério Público sustentava que competia aos servidores do Poder Judiciário levar os autos, diariamente, à sede do órgão.

A questão chegou ao Conselho Nacional de Justiça, que decidiu incumbir ao Poder Judiciário entregar os autos na sede do Ministério Público, e não o contrário.[25]

A questão tende a ficar superada com a implantação dos sistemas de processo digital. Contudo, ainda assim, em se tratando de processo digital, os feitos devem ser encaminhados digitalmente ao Ministério Público, constando de listagem própria aqueles em que há necessidade de oferta de manifestação pelo Promotor ou Procurador de Justiça.

Outro ponto outrora controvertido dizia respeito ao momento em que se daria, efetivamente, a intimação pessoal do membro do Ministério Público e, por decorrência, o termo inicial do decurso dos prazos processuais.

Pacificou-se o entendimento de que o termo inicial coincide com o dia em que os autos foram recebidos na sede da serventia do Ministério Público, independentemente da data em que o membro do Ministério Público dá-se por ciente da vista.[26] Logo, recebido os autos na sede do Ministério Público, tem início a contagem do respectivo prazo, observadas regras da legislação pertinente.

g) Outras prerrogativas previstas no artigo 41 da Lei 8.625/1993

Além destas, a Lei 8.625/1993 ainda prevê, em seu artigo 41, outras prerrogativas do membro do Ministério Público no exercício de suas funções, quais sejam:

III - ter vista dos autos após distribuição às Turmas ou Câmaras e intervir nas sessões de julgamento, para sustentação oral ou esclarecimento de matéria de fato;

V - gozar de inviolabilidade pelas opiniões que externar ou pelo teor de suas manifestações processuais

---

25. CNJ, Pedido de Providências 0003220-79.2013.2.00.0000, rel. Conselheira Maria Cristina Irigoyen Peduzzi, j. em 27.06.2013.

26. STF, HC 83.255/SP.

ou procedimentos, nos limites de sua independência funcional;

VI - ingressar e transitar livremente:

a) nas salas de sessões de Tribunais, mesmo além dos limites que separam a parte reservada aos Magistrados;

b) nas salas e dependências de audiências, secretarias, cartórios, tabelionatos, ofícios da justiça, inclusive dos registros públicos, delegacias de polícia e estabelecimento de internação coletiva;

c) em qualquer recinto público ou privado, ressalvada a garantia constitucional de inviolabilidade de domicílio;

VII - examinar, em qualquer Juízo ou Tribunal, autos de processos findos ou em andamento, ainda que conclusos à autoridade, podendo copiar peças e tomar apontamentos;

VIII - examinar, em qualquer repartição policial, autos de flagrante ou inquérito, findos ou em andamento, ainda que conclusos à autoridade, podendo copiar peças e tomar apontamentos;

IX - ter acesso ao indiciado preso, a qualquer momento, mesmo quando decretada a sua incomunicabilidade;[27]

X - usar as vestes talares e as insígnias privativas do Ministério Público;

XI - tomar assento à direita dos Juízes de primeira instância ou do Presidente do Tribunal, Câmara ou Turma.

h) Porte de arma (artigo 42 da Lei 8.625/1993)

Por fim, o artigo 42 da Lei 8.625/1993 garantiu ao membro do Ministério Público o porte de arma, independentemente de qualquer ato de licença ou autorização.

Na mesma linha, o artigo 6º do Estatuto do Desarmamento ressalvou, ao proibir o porte de arma em todo o território nacional, os casos previstos em legislação própria, tal como se dá com a prerrogativa dos membros do Ministério Público, mantendo-a, portanto, hígida, nos termos disciplinados pelo artigo 42 da Lei 8.625/1993.

No entanto, convém mencionar que o Presidente da República, pela via infralegal, disciplinou, por meio do Decreto 6.715/08, a pretexto de regulamentar o Estatuto do Desarmamento, as condições para o exercício do porte de arma dos integrantes das carreiras que detém tal prerrogativa por força de lei própria, estabelecendo-se, assim, gritante contradição com o teor do artigo 42 da Lei 8.625/1993, que prevê o porte de arma independentemente de qualquer ato ou licença.

A doutrina vem reputando ilegais as exigências do mencionado decreto, por haver extrapolação do poder regulamentar a ele inerente, incorrendo em clara inovação na legislação, não sendo este o papel do decreto.

Outra contradição existe na medida em que o Estatuto do Desarmamento, em seu artigo 4º, exige, para a aquisição e registro de arma de fogo, o preenchimento de alguns requisitos, como o teste de aptidão, que visa a aferir se o pretenso adquirente do armamento dispõe de condições técnicas e psicológicas para fazê-lo.

A contradição residiria no fato de, caso se entenda aplicável a regra do artigo 4º aos membros do Ministério Público, exigir-se deles o teste de aptidão para a posse da arma, a despeito de a legislação garantir o porte do objeto independentemente de qualquer ato ou licença. Ora, para possuir arma (*minus*) estar-se-ia exigindo requisito mais rigoroso do que o necessário para se portar arma (*major*), no que haveria claro contrassenso no sistema.

A partir disso, defende-se que, para os membros do Ministério Público, uma vez que a legislação garantiu o porte de arma sem qualquer ato ou licença, estaria implícito, também, que a aquisição e posse do objeto pode se dar sem qualquer formalidade burocrática.

A questão ainda não foi pacificada na jurisprudência. Atualmente, o sistema funciona da seguinte maneira: para aquisição e registro da arma de fogo, está sendo aplicado o artigo 4º do Estatuto do Desarmamento, exigindo-se do membro do Ministério Público o teste de aptidão. Registrado o armamento e garantida a posse da arma de fogo, o porte se estabelece independentemente de qualquer ato ou licença.

Em que pese a latente contradição do sistema, entende-se que a forma como o exercício da prerrogativa ao porte de arma vem se dando é satisfatória, impedindo que indivíduos sem qualquer preparo para o manuseio de armas de fogo se vejam, do dia para a noite, portando o artefato, de modo a colocar em risco sua segurança e a segurança de terceiros.

---

27. O dispositivo não foi recepcionado pela Constituição Federal no que diz respeito à incomunicabilidade do preso, por força do que dispõe o artigo 136, §3º, IV, que veda a incomunicabilidade do preso inclusive durante o estado de sítio, fazendo decorrer, por interpretação lógica e extensiva, a impossibilidade de determinação da não comunicação em períodos de normalidade.

7. VEDAÇÕES IMPOSTAS AOS MEMBROS DO MINISTÉRIO PÚBLICO

Ao lado das garantias de liberdade, a Constituição Federal também impõe aos membros do Ministério Público algumas vedações, previstas em seu artigo 128, §5º, II. A matéria foi repetida e, em alguns pontos, regulamentada, no artigo 44 da Lei 8.625/1993.

Para parcela da doutrina, as vedações materializam verdadeiras garantias, estas de imparcialidade (e não mais de liberdade), já que asseguram que o exercício das funções do membro do Ministério Público se dará de modo isento.

Passa-se ao estudo de cada uma delas.

a) Receber, a qualquer título e sob qualquer pretexto, honorários, percentagens ou custas processuais

Ao atuar em um processo judicial, o membro do Ministério Público, como a própria denominação do cargo já diz, tem de buscar a solução mais justa ao litígio, não estando vinculado a sempre perseguir a procedência de seu pedido ou a condenação de seu acusado.

Deve promover a Justiça e, se ao longo do processo perceber que seu pedido, deduzido na exordial, não é a medida que melhor atende a tal anseio, é livre, e tem o dever, de pugnar pelo julgamento improcedente dele. Afinal, mesmo quando atua quando parte, seja no processo cível ou no processo criminal, o membro do Ministério Público mantém sua condição permanente de fiscal da ordem jurídica.

Ora, visando a garantir que tal mister seja, de fato, exercido, a Constituição Federal desvinculou a atuação do Ministério Público da percepção de qualquer vantagem patrimonial atrelada ao desfecho dos processos. Assim, a remuneração do Promotor de Justiça é o subsídio. Diferentemente do que se dá com os advogados (até mesmo de carreiras públicas), o Promotor de Justiça não obtém qualquer vantagem patrimonial decorrente do sucesso de uma causa.

Por outro lado, e aí reside a razão de ser da vedação, o Promotor de Justiça não conhece qualquer prejuízo decorrente do insucesso de uma causa, pelo que é livre para promover a Justiça, ainda que lhe custe pedir a improcedência do pedido que ele mesmo deduziu, ou a absolvição do acusado que ele mesmo denunciou.

A vedação não impede, porém, que o Juiz condene a parte sucumbente (quando não o Ministério Público) no pagamento de honorários sucumbenciais, que serão destinados, entretanto, à pessoa jurídica à qual o Ministério Público estiver vinculado (União ou Estado).

b) Exercer a advocacia

É vedado ao membro do Ministério Público o exercício da advocacia.

A proibição decorre da constatação de que o "promotor-advogado falha na devida dedicação à sua nobre função pública e comumente dá preponderância aos interesses da banca, além de perder a indispensável imparcialidade".[28]

Embora salutar, há de se reconhecer que a vedação ainda não é absoluta. Existem, ainda, no âmbito do Ministério Público da União, membros autorizados ao exercício da advocacia, por enquadrarem-se, nos termos do artigo 29, §3º, do ADCT, ao regime anterior de vedações.

No regime constitucional anterior a 1988, inexistia a vedação ao exercício da advocacia no texto da Carta Maior. A vedação, no entanto, advinha, por vezes, da legislação. Assim, no âmbito do Ministério Público dos Estados, havia previsão da proibição no artigo 24, §2º da Lei Complementar 40/81, que dispunha ser defeso ao membro do Ministério Público Estadual o exercício da advocacia. Mesma disposição havia no âmbito do Ministério Público do Distrito Federal e Territórios.

Contudo, no âmbito do MPU somente havia vedação para a advocacia de causas que contrariavam o interesse da União ou da Fazenda Nacional.

Assim, os membros do MPU que ingressaram na carreira antes do advento da Constituição Federal de 1988 podem ter feito a opção pelo regime anterior, na forma do artigo 29, §3º, do ADCT.

c) Participar de sociedade comercial, na forma da lei

A Constituição Federal veda, ainda, a participação do membro do Ministério Público em sociedade comercial, deixando margem, contudo, para que a lei específica discipline a questão. E foi o que fez a Lei 8.625/1993, que em seu artigo 44,

---

28. ARAÚJO CINTRA, Antônio Carlos; GRINOVER, Ada Pellegrini; DINAMARCO, Cândido Rangel. *Teoria Geral do Processo*. São Paulo: Malheiros, 2005, p. 232.

III, normatizou, a título de exceção, a possibilidade de participação do membro do Ministério Público em sociedade comercial como cotista ou acionista.

Assim, o que é vedado ao membro do Ministério Público é exercer o papel de sócio administrador de sociedade comercial. Nada impede, no entanto, que ele figure como mero cotista de sociedade limitada, ou acionista de sociedade anônima.

d) Exercer, ainda que em disponibilidade, qualquer outra função pública, salvo uma de magistério

O dispositivo veda a acumulação de funções públicas pelo membro do Ministério Público, que deve exercer suas atribuições com exclusividade.

Ressalva-se, porém, a possibilidade do exercício de um cargo de professor em instituição pública, situação que, dada a ressalva do próprio texto constitucional, não é interpretada como acúmulo de funções.

O artigo 44, parágrafo único, da Lei 8.625/1993, dispõe, porém, que não constituem acumulação, para os efeitos do inciso IV deste artigo, as atividades exercidas em organismos estatais afetos à área de atuação do Ministério Público, em Centro de Estudo e Aperfeiçoamento de Ministério Público, em entidades de representação de classe e o exercício de cargos de confiança na sua administração e nos Órgãos Auxiliares.

e) Exercício de atividade político-partidária

Aos membros do Ministério Público é vedado o exercício de atividade político-partidária. Da afirmação, extrai-se a conclusão de que os membros do Ministério Público são absolutamente inelegíveis.

A vedação se estabeleceu por intermédio da Emenda Constitucional 45/04. Antes dela, não havia proibição absoluta, já que a Constituição Federal permitia que a legislação infraconstitucional autorizasse a prática em determinados casos.

A partir da proibição, passou-se a discutir se os membros do Ministério Público que ingressaram na carreira antes da Emenda Constitu-

cional em pauta tinham direito ao exercício da atividade político-partidária, incluindo a filiação (autorizada pelo artigo 44, V, da Lei 8.625/1993, que não foi recepcionado pelo novo regramento constitucional). O Tribunal Superior Eleitoral decidiu a questão, entendendo que pouco importa para a vigência da vedação se o ingresso do membro do Ministério Público se deu entre a vigência da Constituição Federal e a promulgação da EC 45/04, estando ele sujeito à vedação absoluta da atividade político partidária.[29]

A situação é diversa, porém, para aqueles que ingressaram na carreira antes do advento da Constituição Federal de 1988.

Como inexistia a proibição no regime constitucional anterior, os membros do Ministério Público que ingressaram na carreira anteriormente a 1988 e fizeram a opção de enquadramento no regime anterior, na forma do artigo 29, §3º, do ADCT, podem exercer a política partidária, desde que observado o prazo de desincompatibilização previsto na Lei Complementar 64/1990, bem como os demais requisitos necessários para tanto[30].

f) Receber, a qualquer título ou pretexto, auxílios ou contribuições de pessoas físicas, entidades públicas ou privadas, ressalvadas as exceções previstas em lei

Ao membro do Ministério Público ainda é vedada a obtenção de qualquer vantagem patrimonial, a qualquer título, de pessoas físicas, entidades públicas ou privadas.

Tal vedação também foi incluída no texto constitucional pela Emenda Constitucional 45/04, razão pela qual inexiste no texto da Lei 8.625/1993, que lhe é anterior.

No entanto, entende-se que a vedação em questão chega a ser óbvia. A remuneração do Promotor de Justiça provém, unicamente, de seu

---

29. TSE, Pleno, Resolução 22.045, Consulta 11.053, rel. Min. Marco Aurélio.

30. O entendimento foi firmado pelo Tribunal Superior Eleitoral no julgamento do RO 1.070, requerido por Fernando Capez, atualmente Procurador de Justiça do Ministério Público do Estado de São Paulo e eleito Deputado Estadual. A candidatura do membro do Ministério Público em questão foi autorizada pelo TSE em virtude de ele ter ingressado na carreira anteriormente à CF/88, e optado, na forma do artigo 29, §3º, do ADCT, por enquadrar-se no regime anterior.

subsídio, não lhe sendo lícito receber, a qualquer título, vantagens em decorrência do exercício de suas funções, o que poderá configurar, até mesmo, fato definido como crime.

g) Outras vedações previstas na Constituição Federal

Além das vedações concentradas no artigo 128, §5º, II, a Constituição Federal ainda previu outras proibições que recaem sobre os membros do Ministério Público.

O artigo 128, §6º, inserido pela Emenda Constitucional 45/04, dispôs-se ser aplicável ao membro do Ministério Público a vedação destinada aos magistrados prevista no artigo 95, parágrafo único, V, da Carta Maior, que prevê ser defeso o exercício da advocacia no Juízo ou Tribunal do qual o agente público se afastou, seja por aposentadoria, seja por exoneração, antes do decurso do prazo de 3 (três) anos, regra que se convencionou denominar de *quarentena*.

Além disso, deixando clara a mudança do papel constitucional do Ministério Público, frisando as novas atribuições conferidas pelo regime constitucional em vigor, o art. 129, IX, da Constituição Federal, veda ao membro do Ministério Público a representação judicial e consultoria jurídica de entidades públicas. Ora, ao *Parquet* incumbe fiscalizar o exercício das atividades das entidades públicas, que devem se socorrer das respectivas procuradorias (componentes da carreira da advocacia pública) para a representação judicial ou consultoria jurídica.

8. DEVERES DOS MEMBROS DO MINISTÉRIO PÚBLICO

Além das vedações, a Lei 8.625/1993, em seu artigo 43, ainda impõe aos membros do Ministério Público uma série de deveres, relacionadas ao bom exercício de suas atribuições, bem como em manter a ilibação inerente ao cargo.

A maioria deles, se relacionam diretamente com o exercício de suas atribuições, a exemplo dos deveres de fundamentar suas manifestações, apresentando relatório nas intervenções finais, respeitar prazos processuais, comparecer às audiências, declarar-se suspeito e impedido na forma da lei, atender aos interessados, a qualquer momento, nos casos urgentes, etc.

Outros, porém, embora sem perder a finalidade de manutenção da escorreita atuação funcional, afetam diretamente a vida pessoal do membro do Ministério Público, tais como os deveres de manter conduta social, pública e particular, ilibada,[31] e residir na Comarca de sua titularidade (regra já constante na Constituição Federal, em seu artigo 129, §2º, que autoriza, entretanto, o domicílio em local diverso com autorização do Procurador-Geral de Justiça).

Os deveres previstos na Lei 8.625/1993 são os seguintes:

I - manter ilibada conduta pública e particular;

II - zelar pelo prestígio da Justiça, por suas prerrogativas e pela dignidade de suas funções;

III - indicar os fundamentos jurídicos de seus pronunciamentos processuais, elaborando relatório em sua manifestação final ou recursal;

IV - obedecer aos prazos processuais;

V - assistir aos atos judiciais, quando obrigatória ou conveniente a sua presença;

VI - desempenhar, com zelo e presteza, as suas funções;

VII - declarar-se suspeito ou impedido, nos termos da lei;

VIII - adotar, nos limites de suas atribuições, as providências cabíveis em face da irregularidade de que tenha conhecimento ou que ocorra nos serviços a seu cargo;

IX - tratar com urbanidade as partes, testemunhas, funcionários e auxiliares da Justiça;

X - residir, se titular, na respectiva Comarca;

XI - prestar informações solicitadas pelos órgãos da instituição;

XII - identificar-se em suas manifestações funcionais;

XIII - atender aos interessados, a qualquer momento, nos casos urgentes;

XIV - acatar, no plano administrativo, as decisões dos órgãos da Administração Superior do Ministério Público.

A inobservância dos deveres enseja a atuação da Corregedoria-Geral do Ministério Público, podendo conduzir à aplicação de sanções administrativas ao membro do *Parquet*.

---

31. Recentemente, o Conselho Nacional do Ministério Público (CNMP), nesta linha, editou a Resolução de Caráter Geral 1/16, de interessante leitura, que disciplina a participação dos membros do Ministério Público brasileiro nas redes sociais, inclusive em seus perfis pessoais, preocupando-se especialmente com a manifestação de opiniões de cunho político-partidário pelos integrantes do *Parquet*.

PARTE II: LEGISLAÇÃO INSTITUCIONAL DO MINISTÉRIO PÚBLICO – QUESTÕES COMENTADAS

1. O MINISTÉRIO PÚBLICO NA CONSTITUIÇÃO FEDERAL

(Agente Administrativo – MPE-RS – FCC 2010) Dentre as garantias constitucionais asseguradas aos membros do Ministério Público, destaca-se a

(A) inamovibilidade por motivo de interesse público, mediante decisão do Colégio de Procuradores de Justiça, pelo voto da maioria de seus membros.

(B) vitaliciedade, após dois anos de exercício, não podendo perder o cargo senão por sentença judicial transitada em julgado.

(C) possibilidade de receber, a qualquer título e pretexto, honorários, percentagens ou custas processuais, especialmente nas ações civis públicas.

(D) participação em sociedade comercial sob qualquer de suas formas.

(E) possibilidade de exercer, quando em disponibilidade, qualquer outra função pública, vedado o magistério.

A: Incorreta. Com efeito, a inamovibilidade é garantia do membro do Ministério Público prevista no artigo 128, §5º, I, b, da CF. No entanto, a mesma regra constitucional que a garante, excepciona a possibilidade de movimentação involuntária do membro do Ministério Público por motivo de interesse público, mediante votação por órgão colegiado, pela maioria absoluta de seus membros, garantida a ampla defesa. No âmbito do Ministério Público do Estado do Rio Grande do Sul, a remoção por interesse público do membro do Ministério Público é determinada no âmbito do Conselho Superior do Ministério Púbico (art. 27, IV, LOMPRS), e a ampla defesa é garantida tanto no âmbito da votação, como em grau de recurso, que é julgado pelo Colégio de Procuradores de Justiça (art. 8º, XI, d, da LOMPRS); **B:** correto. É o que dispõe o art. 128, §5º, I, a, da Constituição Federal; **C:** incorreto. É vedado ao membro do Ministério Público o recebimento de quaisquer das verbas mencionadas, nos termos do art. 128, §5º, II, a, da Constituição Federal; **D:** incorreto. Quanto à participação, como acionista (ou cotista), de sociedade comercial, não há vedação no Estatuto do MPE/RS (Lei Estadual 6.536/73), desde que o membro não atue diretamente na administração da pessoa jurídica (art. 4º-A, III); **E:** incorreto. Há possibilidade de exercício de uma função de magistério em acumulação à função pública, ainda que em disponibilidade (art. 128, §5º, II, d, da CF).

Gabarito "B"

(Analista Processual Administrativo – MPE-RJ – 2011) Jorge, Promotor de Justiça Titular da 102ª Promotoria de Justiça Criminal, após anos de atuação, removeu-se para outro órgão. Foi substituído por Mariana, sua esposa, Promotora de Justiça Substituta, que oficiou na 102ª Promotoria de Justiça Criminal por vários meses, sendo certo que se manifestou, inclusive, em inúmeros processos em que havia atuado seu cônjuge anteriormente.

Considerando a disciplina legal conferida aos impedimentos, incompatibilidades e suspeições aos membros do Ministério Público, é correto afirmar que:

(A) a hipótese configura suspeição;

(B) a hipótese configura impedimento;

(C) não há qualquer irregularidade no proceder de Mariana, face ao Princípio Institucional da Indivisibilidade;

(D) a atuação de Mariana, independentemente de comprovado eventual prejuízo, poderá ensejar a nulidade dos processos em que se manifestou;

(E) a hipótese configura incompatibilidade, entretanto, sem maiores consequências processuais.

Por força do princípio da indivisibilidade, o membro do Ministério Público manifesta-se no processo em nome da instituição que representa, que é, inclusive, una, e não em nome próprio. Assim, não há irregularidade no fato de um Promotor de Justiça que sucede o cônjuge no cargo passar a atuar nos feitos em que este atuava anteriormente.

Gabarito "C".

(Assistente Administrativo – MPE-GO – IADES – 2013) Inserido como função essencial à justiça, o Ministério Público foi substancialmente redesenhado no tocante à sua estrutura, funções e prerrogativas, no âmbito da Constituição Federal de 1988. Conforme as disposições do referido texto vigente, assinale a alternativa correta.

(A) O Ministério Público tem como princípios institucionais a unidade, a autonomia funcional e a indivisibilidade.

(B) Compete ao Ministério Público, com exclusividade, propor a ação penal pública.

(C) O Ministério Público abrange o Ministério Público da União e o Ministério Público dos estados, do Distrito Federal e Territórios, cabendo, para destituição do procurador-geral da República, a iniciativa do presidente da República e a autorização da maioria absoluta do Senado, e, para a dos procuradores-gerais dos estados, do Distrito Federal e dos Territórios, a deliberação da maioria absoluta dos seus poderes legislativos.

(D) Entre as competências do Ministério Público, há a de requisitar diligências investigatórias e a de autorizar a abertura de inquérito policial.

(E) Ao Ministério Público, a despeito de lhe ser vedado o exercício da advocacia e da representação judicial de entidades públicas, compete promover a defesa perante juízo dos direitos e interesses das populações indígenas.

A: incorreto. São princípios institucionais do Ministério Público a unidade, a indivisibilidade e a independência funcional (art. 127, §1º, da CF). A autonomia funcional é garantia institucional do Ministério Público, e não princípio (art. 127, §2º, da CF); **B:** incorreto. Nos termos do art. 129, I, da Constituição Federal, a ação penal pública é de titularidade privativa do Ministério Público. A diferença dos termos, extraída da lição de José Affonso da Silva, reside na circunstância de que o que é exclusivo não pode ser transmitido ou delegado de qualquer forma, ao passo que o que é privativo pode ser transferido a terceiro. No caso da ação penal pública, a própria CF admite que ela seja intentada pelo particular, diante da inércia do Ministério Público (ação penal privada subsidiária da pública – art. 5º, LIX, da CF), razão pela qual é razoável a utilização do termo privativo; **C:** incorreto. De início, tem-se que o Ministério Público do Distrito Federal integra o Ministério Público da União, não constituindo uma terceira espécie de Parquet (art. , I, d, da CF). Na sequência, quanto à destituição do Procurador-Geral da República, a assertiva está correta, refletindo o que dispõe o art. 128, §2º, da CF. Por fim, no que atine à destituição do Procurador-Geral de Justiça dos Estados, do Distrito Federal e Territórios, a assertiva também está correta (art. 128, §4º, da CF); **D:** incorreto. Não incumbe ao Ministério Público autorizar a instauração de inquérito policial. Diferentemente, pode ele requisitar a instauração do persecutório em questão, nos termos do art. 129, VIII, da CF; **E:** correto. É o que dispõe os arts. 128, §5º, II, b, 129, IX, e 129, V, todos da CF.

Gabarito "E".

(Analista – MPU – 2010 – CESPE) Considerando a organização, a estrutura e os princípios que orientam as atribuições do Ministério Público da União (MPU), julgue os itens a seguir.

(1) Pelo princípio da indivisibilidade, há possibilidade de um procurador substituir outro no exercício de suas funções.

(2) O princípio do promotor natural decorre da independência funcional e da garantia da inamovibilidade dos membros da instituição.

1: certo, seguindo o que estiver previsto em lei, pois quem atua é o órgão (Ministério Público), não seus membros em particular. Importante notar, também, que a indivisibilidade só existe dentro do mesmo Ministério Público. Vide art. 127, § 1º, da CF; **2:** certo. De acordo com o STF, o princípio do promotor natural decorre implicitamente da Constituição. Impede as escolhas casuísticas de promotores ou procuradores para atuarem em um processo específico, vale dizer, que seja designado um "promotor de exceção" (assim como a CF proíbe o "juiz de exceção").
Gabarito 1C, 2C

(Analista – MPU – 2010 – CESPE) Julgue o seguinte item.

(1) O procurador-geral da República será nomeado pelo presidente da República, após a aprovação de seu nome pela maioria absoluta dos membros do Congresso Nacional.

1: errado. O PGR é nomeado pelo Presidente da República dentre integrantes da carreira, maiores de trinta e cinco anos, após a aprovação de seu nome pela maioria absoluta dos membros do Senado Federal, para mandato de dois anos, permitida a recondução. Vide art. 128, § 1º, da CF.
Gabarito 1E

(Analista – MPU – 2010 – CESPE) Julgue os seguintes itens.

(1) Aos membros do MPU é vedado o exercício da advocacia, proibição que não se estende aos Ministérios Públicos estaduais.

(2) As funções institucionais do MPU definidas pela Constituição Federal são enumeradas de modo taxativo.

1: errado. O art. 128, § 5º, II, *b*, da CF refere-se tanto ao MPU quanto aos Ministérios Públicos Estaduais; **2:** errado. Não reflete o disposto no art. 129, IX, da CF.
Gabarito 1E, 2E

2. REGRAMENTO GERAL DOS MINISTÉRIOS PÚBLICOS NA LEGISLAÇÃO INFRACONSTITUCIONAL – LEI 8.625/93 (LEI ORGÂNICA NACIONAL DO MINISTÉRIO PÚBLICO) E LEI COMPLEMENTAR 75/93 (LEI ORGÂNICA DO MINISTÉRIO PÚBLICO DA UNIÃO)

(Agente Administrativo – MPE-RS – FCC – 2010) Dentre outras atribuições, compete ao Corregedor-Geral do Ministério Público, conforme previsão da Lei Orgânica Nacional do Ministério Público (Lei nº 8.625/93),

(A) realizar inspeções nas Procuradorias de Justiça, remetendo relatório reservado ao Colégio de Procuradores de Justiça.

(B) autorizar o afastamento de membro do Ministério Público para frequentar curso ou seminário de aperfeiçoamento e estudo, no País ou no exterior.

(C) aprovar o quadro geral de antiguidade do Ministério Público e decidir sobre reclamações formuladas a esse respeito.

(D) indicar os membros do Ministério Público que integrarão a Comissão de Concurso de ingresso na carreira.

(E) indicar ao Procurador-Geral de Justiça, em lista tríplice, os candidatos à remoção ou promoção por merecimento.

A: correto. Trata-se de atribuição do Corregedor-Geral do Ministério Público prevista no art. 17, I, da Lei 8.625/1993 (Lei Orgânica Nacional do Ministério Público – LONMP); **B:** incorreto. Compete ao Conselho Superior do Ministério Público tal atribuição (art. 15, XI, da LONMP); **C:** incorreto. Compete ao Conselho Superior do Ministério Público tal atribuição (art. 15, IX, da LONMP); **D:** incorreto. Compete ao Conselho Superior do Ministério Público tal atribuição (art. 15, III, da LONMP); **E:** incorreto. Compete ao Conselho Superior do Ministério Público tal atribuição (art. 15, II, da LONMP).
Gabarito "A"

(Analista de Promotoria I – Assistente Jurídico – MPE-SP – VUNESP – 2010) De acordo com a Lei Orgânica Nacional do Ministério Público,

(A) o Corregedor-Geral é escolhido diretamente pelo Procurador-Geral de Justiça.

(B) o exercício da advocacia é hipótese que pode acarretar a perda do cargo do membro do Ministério Público.

(C) o Procurador-Geral de Justiça poderá, mesmo sem a concordância do Promotor de Justiça titular, designar outro Promotor para funcionar em feito determinado, de atribuição daquele.

(D) no exercício das suas funções, o Ministério Público poderá determinar ao Poder competente a edição de normas e a alteração da legislação em vigor, bem como a adoção de medidas urgentes, destinadas à prevenção e ao controle da criminalidade.

(E) o membro do Ministério Público, em virtude da natureza do seu cargo, não está obrigado a identificar-se em suas manifestações funcionais.

A: incorreto. Nos termos do art. 12, V, da Lei 8.625/1993, a escolha do Corregedor-Geral se dá por meio de eleição perante o Colégio de Procuradores de Justiça, não sendo hipótese de escolha direta do Procurador-Geral de Justiça, que somente participa da votação como membro nato do órgão colegiado em questão. A regra é repetida, ainda, no art. 16 do mesmo diploma legal, que prevê o mandato de 2 (dois) anos, permitida 1 (uma) recondução; **B:** correto. O exercício da advocacia é uma das condutas do membro do Ministério Público vitalício que ensejam a propositura de ação civil visando à perda do cargo, nos termos do art. 38, §1º, da Lei 8.625/1993; **C:** incorreto. Nos termos do art. 24 da Lei 8.625/1993, o Procurador-Geral de Justiça pode designar outro Promotor para funcionar em feito determinado, desde que haja concordância do titular do cargo respectivo; **D:** incorreto. Nos termos do art. 26, VII, da Lei 8.625/1993, o Ministério Público poderá sugerir, e não determinar, ao Poder competente tais tarefas. A diferença no grau de imperatividade inerente ao vocábulo se justifica em razão do princípio da separação dos poderes constituídos, consagrado no art. 2º da CF; **E:** incorreto. A despeito de manifestar-se em nome da instituição que representa, e não em nome próprio (o que se trata de corolário do princípio da indivisibilidade do Ministério Público, previsto no art. 127, §1º, da CF), o membro do Ministério Público possui o dever de identificar-se em suas manifestações funcionais, consoante dispõe o art. 44, XII, da Lei 8.625/1993.
Gabarito "B"

LUCAS CORRADINI

(Analista Ministerial Área Processual - MPE-PI - CESPE – 2012) Julgue os itens subsequentes, acerca da Lei Orgânica Nacional do Ministério Público (LONMP).

(1) A fiscalização contábil, financeira, orçamentária, operacional e patrimonial do Ministério Público (MP), quanto à legalidade, legitimidade, economicidade, aplicação de dotações e recursos próprios e renúncia de receitas, será exercida pelo Poder Legislativo, mediante controle externo e pelo sistema de controle interno estabelecido na lei orgânica.

(2) A LONMP autoriza o procurador-geral de justiça a exercer, por ato excepcional e fundamentado, as funções processuais afetas a outro membro da instituição, desde que submeta sua decisão, previamente, ao Conselho Superior do Ministério Público, autorizando-o, também, a dirimir conflitos de atribuições entre membros do MP, designando quem deva oficiar no feito.

(3) Os membros do MP com exercício das funções institucionais junto à justiça eleitoral serão designados pelo procurador-geral da República, por lista encaminhada pelo procurador-geral de justiça, após aprovação do Colégio de Procuradores. Caso não ocorra designação exclusiva para os serviços eleitorais, o promotor eleitoral será o membro do MP local que oficie perante o juízo incumbido daqueles serviços.

(4) Nos termos da LONMP, o procurador-geral de justiça possui atribuição para escolher monocraticamente o corregedor-geral do MP. A destituição deste do cargo, antes de encerrado o mandato, dependerá do referendo pelo voto de dois terços dos membros do Colégio de Procuradores de Justiça, em caso de comprovado abuso de poder, conduta incompatível ou grave omissão nos deveres do cargo.

(5) A LONMP assegura ao MP autonomia funcional, administrativa e financeira, inclusive para editar atos de aposentadoria, exoneração e outros que importem em vacância de cargos e carreira e dos serviços auxiliares, cuja eficácia depende da aprovação prévia do Poder Judiciário e do tribunal de contas do estado.

1: correto. É o que dispõe o art. 4º, §2º, da Lei 8.625/1993 (Lei Orgânica Nacional do Ministério Público – LONMP); **2:** correto. Por força do teor do art. 10, IX, *g*, da LONMP, o Procurador-Geral de Justiça é autorizado a designar membros do Ministério Público para exercer as funções processuais afetas a outro membro da instituição, desde que a designação (ou avocação) se dê por ato excepcional e fundamentado, submetendo sua decisão previamente ao Conselho Superior do Ministério Público; **3:** incorreto. O membro do Ministério Público deverá ser designado pelo Procurador-Geral de Justiça, e não pelo Procurador-Geral da República, para atuar perante a Justiça Eleitoral (art. 73 da LONMP). A parte final da assertiva, no entanto, está correta, refletindo o teor do art. 73, §1º, da LONMP; **4:** incorreto. É atribuição do Colégio de Procuradores de Justiça eleger o Corregedor-Geral do Ministério Público (art. 12, V, LONMP), competindo a tal órgão colegiado, também, a destituição dele, em caso de abuso de poder, conduta incompatível ou grave omissão nos deveres do cargo, pelo voto de dois terços de seus membros (art. 12, VI, LONMP). A parte relativa à destituição, portanto, está correta; **5:** incorreto. É inerente à autonomia do Ministério Público editar atos de aposentadoria, exoneração e outros que importem em vacância de cargos e carreiras dos serviços auxiliares (art. 3º, VII, da LONMP). No entanto, a eficácia de tais atos é plena e a executoriedade imediata (art. 3º, parágrafo único, da Lei 8.625/1993), não se tratando de hipóteses de competência constitucional do Poder Judiciário ou do Tribunal de Contas.
Gabarito 1C, 2C, 3E, 4E, 5E

(Analista Jurídico – MPE-PA – FADESP – 2012) De acordo com a Lei Orgânica Nacional do Ministério Público, são considerados órgãos de administração superior do Ministério Público:

(A) o Procurador-Geral de Justiça, o Colégio de Procuradores de Justiça e o Conselho Superior do Ministério Público.

(B) a Corregedoria-Geral do Ministério Público, o Procurador-Geral de Justiça e o Conselho Superior do Ministério Público.

(C) a Procuradoria-Geral de Justiça, o Colégio de Procuradores de Justiça e o Conselho Superior do Ministério Público.

(D) a Corregedoria-Geral do Ministério Público, as Procuradorias de Justiça e o Conselho Superior do Ministério Público.

Nos termos do art. 5º da Lei 8.625/1993 (Lei Orgânica Nacional do Ministério Público), são Órgãos da Administração Superior do Ministério Público a Procuradoria-Geral de Justiça, o Colégio de Procuradores de Justiça e o Conselho Superior do Ministério Público.
Gabarito "C".

(Analista Processual Direito – MPE-AC – FMP – 2013) Com relação aos deveres e vedações dos Membros do Ministério Público, conforme previsto na Lei n° 8.625/93, que institui a Lei Orgânica Nacional do Ministério Público, dispõe sobre normas gerais para a organização do Ministério Público dos Estados e dá outras providências, assinale a opção INCORRETA.

(A) Manter ilibada conduta pública e particular.

(B) Indicar os fundamentos jurídicos de seus pronunciamentos processuais, elaborando relatório em sua manifestação final ou recursal.

(C) Acatar, no plano administrativo, as decisões dos órgãos da Administração Superior do Ministério Público.

(D) Exercer o comércio ou participar de sociedade comercial, inclusive como cotista ou acionista.

(E) Exercer, ainda que em disponibilidade, qualquer outra função pública, salvo uma de magistério.

A: correto. É o que dispõe o art. 43, I, da Lei 8.625/1993 (Lei Orgânica Nacional do Ministério Público); **B:** correto. É o que dispõe o art. 43, III, da Lei 8.625/1993 (Lei Orgânica Nacional do Ministério Público); **C:** correto. É o que dispõe o art. 43, XIV, da Lei 8.625/1993 (Lei Orgânica Nacional do Ministério Público); **D:** incorreto. Não há vedação para a participação em sociedade comercial como cotista ou acionista, ou seja, sem exercer a administração da pessoa jurídica (art. 44, III, da LONMP, na esteira do que dispõe o art. 128, §5º, II, *c*, da CF); **E:** correto. É o que dispõe o art. 44, IV, da Lei 8.625/1993 (Lei Orgânica Nacional do Ministério Público), na esteira do art. 128, §5º, II, *d*, da CF.
Gabarito "D".

(Analista de Promotoria II – Agente de Promotoria – MPE-SP – IBFC – 2013) Segundo as disposições da Lei Federal n° 8.625/1993, as decisões do Ministério Público fundadas em sua autonomia funcional, administrativa e financeira, obedecidas as formalidades legais, têm eficácia:

(A) Contida e executoriedade relativa em virtude da competência legal do Conselho Superior do Ministério Público.

(B) Imediata e executoriedade absoluta, ressalvada a competência legal do Conselho Superior do Ministério Público.

(C) Plena e executoriedade imediata, ressalvada a competência constitucional do Poder Judiciário e do Tribunal de Contas.

(D) Restringível e executoriedade relativa, em razão da competência constitucional do Poder Judiciário e do Tribunal de Contas.

(E) Relativa e executoriedade diferida, ressalvada a competência constitucional do Poder Judiciário e do Tribunal de Contas.

Nos termos do art. 3º, parágrafo único, da Lei 8.625/1993 (Lei Orgânica Nacional do Ministério Público – LONMP), as decisões do Ministério Público fundadas em sua autonomia funcional, administrativa e financeira, obedecidas as formalidades legais, têm eficácia plena e executoriedade imediata, ressalvada a competência constitucional do Poder Judiciário e do Tribunal de Contas.

Gabarito "C"

(Analista de Promotoria II – Agente de Promotoria – MPE–SP – IBFC – 2013)
Considerando as disposições da Lei Orgânica Nacional do Ministério Público, assinale a opção INCORRETA:

(A) Cabe à Corregedoria-Geral do Ministério Público rever o arquivamento de inquérito civil, na forma da lei.

(B) Os Centros de Apoio Operacional são órgãos auxiliares do Ministério Público, competindo-lhes, na forma da Lei Orgânica, remeter informações técnico--jurídicas, sem caráter vinculativo, aos órgãos ligados à sua atividade.

(C) O Ministério Público elaborará sua proposta orçamentária dentro dos limites estabelecidos na Lei de Diretrizes Orçamentárias, encaminhando-a diretamente ao Governador do Estado, que a submeterá ao Poder Legislativo.

(D) Além de outras funções cometidas nas Constituições Federal e Estadual, na Lei Orgânica e demais leis, compete aos Promotores de Justiça, dentro de suas esferas de atribuições, atender a qualquer do povo, tomando as providências cabíveis.

(E) A Corregedoria-Geral do Ministério Público é o órgão orientador e fiscalizador das atividades funcionais e da conduta dos membros do Ministério Público, incumbindo-lhe, dentre outras atribuições, fazer recomendações, sem caráter vinculativo, a órgão de execução.

A: Incorreto. Não é função da Corregedoria-Geral rever o arquivamento de inquérito civil, mas sim função do Procurador-Geral de Justiça como órgão de execução. Assim, esta era a assertiva a ser assinalada. B: Correta. Eis a atribuição dos Centros de Apoio Operacional, nos termos do artigos 8º, I, e 51, I, da LOMPSP. C: Correto. Artigo 3º da LOMPSP. D: Correto. É o que dispõe o artigo 121, II, da LOMPSP. E: Correto. Artigo 37 da LOMPSP.

Gabarito "A"

(Analista de Promotoria I – Assistente Jurídico – MPE–SP – IBFC – 2013)
De acordo com a disciplina prevista na Lei Orgânica Nacional do Ministério Público (Lei nº 8.625/1993), são órgãos de execução do Ministério Público, EXCETO:

(A) Os Promotores de Justiça.

(B) Os Procuradores de Justiça.

(C) O Procurador-Geral de Justiça.

(D) A Corregedoria-Geral do Ministério Público.

(E) O Conselho Superior do Ministério Público.

Nos termos do art. 7º da Lei 8.625/1993 são Órgãos de Execução do Ministério Público o Procurador-Geral de Justiça, o Conselho Superior do Ministério Público, os Procuradores de Justiça e os Promotores de Justiça, não figurando em seu rol a Corregedoria-Geral do Ministério Público, que se trata, apenas, de órgão de Administração Superior (art. 5º do LONMP). Recentemente, foi incorporada, como Órgão de Execução, na Lei Orgânica do Ministério Público do Estado de São Paulo, também, a Comissão Processante Permanente.

Gabarito "D"

(Analista Jurídico – MPE-CE – FCC – 2013) De acordo com a Lei Orgânica Nacional do Ministério Público, a decisão sobre vitaliciamento de membros do Ministério Público compete ao:

(A) Presidente da Comissão de Concurso, isoladamente.

(B) Procurador-Geral de Justiça, isoladamente.

(C) Corregedor-Geral do Ministério Público, isoladamente.

(D) Conselho Superior do Ministério Público.

(E) Colégio dos Procuradores de Justiça.

A decisão sobre o vitaliciamento do membro do Ministério Público incumbe ao Conselho Superior do Ministério Público, nos termos do art. 15, VII, da Lei 8.625/1993 (Lei Orgânica Nacional do Ministério Público). No âmbito do Ministério Público do Ceará, a disposição é repetida em seu art. 48, VI.

Gabarito "D"

(Analista – MPU – 2010 – CESPE) Julgue o seguinte item.

(1) As funções eleitorais do Ministério Público Federal perante os juízes e juntas eleitorais serão exercidas pelo promotor eleitoral.

1: certo. Art. 78 da LC 75/1993.

Gabarito 1C

(Analista – MPU – 2010 – CESPE) Com relação aos procuradores--gerais, julgue os próximos itens.

(1) Cabe ao procurador-geral da República, como chefe do Ministério Público Federal, decidir, em grau de recurso, conflitos de atribuições entre órgãos componentes da estrutura do Ministério Público Federal.

(2) O procurador-geral da República exerce a função de procurador-geral eleitoral.

1: certo. Art. 49, VIII, da LC 75/1993; 2: certo. Art. 73 da LC 75/1993.

Gabarito 1C, 2C

(Analista – MPU – 2010 – CESPE) Julgue os seguintes itens.

(1) O presidente da República, no uso de suas atribuições de chefe de Estado, nomeia o procurador-geral de justiça nos estados, o procurador-geral militar e o procurador-geral do trabalho.

(2) A destituição do procurador-geral de justiça do Distrito Federal e territórios exige a deliberação da maioria absoluta dos membros da Câmara Legislativa do Distrito Federal.

1: errado. O Presidente da República nomeia o Procurador-Geral da República, que é Chefe do Ministério Público da União (MPU = MPF + MPT + MPM + MPDFT – art. 128, I e § 1º, da CF e art. 25 da LC 75/1993). O Procurador-Geral da República, por sua vez, nomeia o Procurador-Geral Militar e o Procurador-Geral da Trabalho (art. 26, IV, da LC 75/1993). Como o Ministério Público dos Estados não integra o MPU (art. 128, II, da CF), o Procurador-Geral de cada estado não pode ser nomeado pelo Procurador-Geral da República (e, com mais razão, nem mesmo pelo Presidente da República, pois haveria afronta ao princípio federativo). Nesse caso, de acordo com o art. 9º da Lei 8.625/1993 "Os Ministérios Públicos dos Estados formarão lista tríplice, dentre integrantes da carreira, na forma da lei respectiva, para escolha de seu Procurador-Geral, que será nomeado pelo Chefe do Poder Executivo, para mandato de dois anos, permitida uma recondução, observado o mesmo procedimento"; **2:** errado. De acordo com o art. 9º, § 2º, da Lei 8.625/1993, "A destituição do Procurador-Geral de Justiça, por iniciativa do Colégio de Procuradores, deverá ser precedida de autorização de um terço dos membros da Assembleia Legislativa". No caso do DF, por um terço dos membros da Câmara Legislativa do Distrito Federal. **Gabarito 1E, 2E**

(Analista – MPU – 2010 – CESPE) A respeito das funções do MPU e das garantias de seus membros, julgue os itens que se seguem.

(1) A promoção de membros do MPU ocorre por antiguidade ou merecimento, independentemente de solicitação, interesse público ou autorização do órgão colegiado.

(2) Compete ao colégio de procuradores da República elaborar, mediante votação obrigatória, lista tríplice para a composição de todos os tribunais superiores.

1: errado. As promoções ocorrem, alternadamente, por antiguidade e merecimento (art. 199 da LC 75/1993). Entretanto, além da presença de interesse público, o interessado pode renunciar ou recusar a promoção (art. 199, § § 3º e 4º, da LC 75/1993), havendo indispensável participação do Conselho Superior (Vide, por exemplo, art. 200, "*caput*" e § 3º e art. 202, §§ 1º e 4º, ambos da LC 75/1993); **2:** errado. Conforme prevê o art. 53 da LC 75/1993, "Compete ao Colégio de Procuradores da República: I - elaborar, mediante voto plurinominal, facultativo e secreto, a lista sêxtupla para a composição do Superior Tribunal de Justiça, sendo elegíveis os membros do Ministério Público Federal, com mais de dez anos na carreira, tendo mais de trinta e cinco e menos de sessenta e cinco anos de idade; II - elaborar, mediante voto plurinominal, facultativo e secreto, a lista sêxtupla para a composição dos Tribunais Regionais Federais, sendo elegíveis os membros do Ministério Público Federal, com mais de dez anos de carreira, que contém mais de trinta e menos de sessenta e cinco anos de idade, sempre que possível lotados na respectiva região". **Gabarito 1E, 2E**

(Analista – MPU – 2010 – CESPE) A partir da definição do MPU como instituição permanente com incumbências claras e relacionadas aos fundamentos da República, criou--se estrutura organizacional dotada de características próprias. Acerca desse tema, julgue os itens seguintes.

(1) A participação de membros do Ministério Público do Trabalho em comissões técnicas ou científicas relacionadas à instituição ocorre mediante a designação do procurador-geral do trabalho, ouvido o conselho superior respectivo.

(2) Os promotores de justiça e os promotores de justiça adjuntos devem oficiar junto às varas da justiça do Distrito Federal e territórios.

(3) Para concorrer à lista tríplice do Ministério Público do Distrito Federal, o membro desse ministério tem como elemento de eliminação apenas o seu tempo de exercício nas funções de carreira.

1: certo. Art. 91, XIV, *b*, da LC 75/1993; **2:** certo. Arts. 178 e 179 da LC 75/1993; **3:** errado. Não reflete o disposto no art. 156, § 1º, da LC 75/1993: "Concorrerão à lista tríplice os membros do Ministério Público do Distrito Federal com mais de cinco anos de exercício nas funções da carreira e que não tenham sofrido, nos últimos quatro anos, qualquer condenação definitiva ou não estejam respondendo a processo penal ou administrativo". **Gabarito 1C, 2C, 3E**

3. REGRAMENTO DOS MINISTÉRIOS PÚBLICOS DOS ESTADOS NAS LEGISLAÇÕES LOCAIS

3.1. PARAÍBA

(Técnico em Promotoria – Direito – MPE-PB – COMPERVE-UFRN) Nas formas de provimento derivado dos membros do Ministério Público, no concernente às remoções e promoções, é correto afirmar:

(A) A renovação de remoção por permuta só será permitida após o decurso de 02 (dois) anos.

(B) As remoções por permuta serão requeridas mediante pedido escrito e conjunto, subscrito por ambos os pretendentes, dirigido ao Colégio de Procuradores.

(C) A permuta é proibida, quando um dos interessados for o mais antigo na entrância ou tenha atingido, dentro de 03 (três) anos, a aposentadoria compulsória.

(D) Nas promoções, ocorrendo empate na classificação por antiguidade, terá preferência, sucessivamente: o mais antigo na carreira do Ministério Público, o mais antigo na entrância anterior, o de maior tempo de serviço público estadual e o mais idoso.

(E) O critério objetivo para aferir o merecimento do candidato na promoção é que ele resida na comarca de atuação.

A: correto. É o que dispõe o art. 106, §1º, da LC Estadual 19/1994 (Lei Orgânica do Ministério Público da Paraíba – LOMPPB). Ou seja, realizada uma remoção por permuta, novo ato idêntico somente poderá ocorrer pelo mesmo membro após o decurso do período de 2 (dois) anos; **B:** incorreto. Nos termos do art. 106, "caput", da LOMPPB, "as remoções por permuta serão requeridas mediante pedido escrito e conjunto, subscrito por ambos os pretendentes, dirigida ao Conselho Superior do Ministério Público [...]", e não ao Colégio de Procuradores de Justiça; **C:** incorreto. Nos termos do art. 106, §3º, da LOMPPB, a permuta é vedada quando um dos interessados tenha atingido, dentro de 1 (um) ano, e não 3 (três) anos, a aposentadoria compulsória; **D:** incorreto. O art. 109, §1º, da LOMPPB, estabelece os seguintes critérios, sucessivamente, para o desempate na classificação da promoção por antiguidade: I - o mais antigo na entrância anterior (e não na carreira); II - o mais antigo na carreira do Ministério Público; III - o de maior tempo de serviço público estadual; IV - o de maior tempo de serviço público em geral; V - o mais idoso; **E:** incorreto. Nos termos do art. 113 da LOMPPB, são critérios objetivos para aferir o merecimento do candidato à promoção os seguintes, dentre os quais não está a residência na comarca de atuação: I - sua conduta pública e particular e o conceito de que goza na Comarca, mediante informação da Corregedoria-Geral do Ministério Público; II - sua pontualidade e dedicação no cumprimento das obrigações funcionais e das instruções da Procuradoria-Geral, aquilatadas pelos relatórios de suas atividades; III - sua eficiência no desempenho das funções, verificadas através das referências dos Procuradores de Justiça nas inspeções permanentes, dos elogios insertos em julgados dos Tribunais, da publicação de trabalhos forenses de sua autoria; IV - sua presteza e segurança nas manifestações processuais; V - o número de vezes que já tenha constado em listas de merecimento; VI - sua contribuição à melhoria e à organização dos serviços da Promotoria; VII - sua colaboração ao aperfeiçoamento do Ministério Público; VIII

LEGISLAÇÃO INSTITUCIONAL DO MINISTÉRIO PÚBLICO

165

- o aprimoramento de sua cultura jurídica, através da participação em cursos especializados e de aperfeiçoamento, publicação de livros, teses, estudos, artigos e obtenção de prêmios relacionados com sua atividade funcional; IX - as informações constantes nos relatórios relativos a visitas de inspeção e correição. Aliás, residir na comarca de atuação, quando titular, é dever do membro do Ministério Público (art. 140, IX, da LOMPPB).

Gabarito "A".

(Técnico em Promotoria – Direito – MPE-PB – COMPERVE-UFRN) Dentre as atribuições dos Promotores de Justiça, pode-se destacar aquelas relativas aos Promotores Criminais, que têm, em sua essência, a natureza de atuação penal e processual penal. São atribuições do Promotor Criminal, **EXCETO**:

(A) Manifestar-se sempre sobre a concessão de liberdade provisória.

(B) Assistir às correições procedidas pelos juízes.

(C) Requerer ação acidentária e nela oficiar, nos termos da legislação pertinente.

(D) Atuar perante o Tribunal do Júri.

(E) Relatar ao Procurador-Geral os casos de providência especial.

O art. 68 da Lei Orgânica do Ministério Público do Estado da Paraíba prevê as atribuições do Promotor de Justiça em matéria criminal. No rol ali constante, são elencadas como atribuição do Promotor Criminal a manifestação em pedidos de liberdade provisória (inciso VII), assistir às correições feitas pelos juízes (inciso XIII), atuar perante o Tribunal do Júri (inciso XV) e relatar ao Procurador-Geral os casos de providência especial (inciso XIV). Por outro lado, as atribuições ligadas à ação acidentária são incluídas no rol de atribuições do Promotor de Justiça que atua em matéria de acidente de trabalho (art. 72, I, da LOMPPB).

Gabarito "C".

(Técnico em Promotoria – Direito – MPE-PB – COMPERVE-UFRN) São atribuições do Promotor de Justiça em matéria de Registro Público, **EXCETO:**

(A) Oficiar nos feitos contenciosos relativos a usucapião de terras.

(B) Promover retificação, averbação ou cancelamento de registro em geral.

(C) Promover o cancelamento e demais incidentes correcionais dos protestos.

(D) Exercer as funções do Ministério Público na intervenção e liquidação de instituições financeiras e de cooperativas de crédito.

(E) Proceder as justificações que devam produzir efeitos no registro civil das pessoas.

O art. 70 da Lei Orgânica do Ministério Público do Estado da Paraíba prevê as atribuições do Promotor de Justiça em matéria de Registros Públicos. No rol ali constante, são elencadas como atribuição do Promotor de Registros Públicos a manifestação em feitos contenciosos relativos a usucapião de terras (inciso I, *a*), a promoção da retificação, averbação ou cancelamento de registro em geral (inciso I, *d*), a promoção do cancelamento e demais incidentes correcionais dos protestos (inciso I, *e*) e proceder as justificações que devam produzir efeitos no registro civil das pessoas (inciso I, *g*). Por outro lado, as atribuições ligadas à intervenção e liquidação das instituições financeiras e cooperativas de crédito são incluídas no rol de atribuições do Promotor de Justiça que atua em matéria falimentar (art. 69, IV, da LOMPPB).

Gabarito "D".

3.2. MINAS GERAIS

(Analista – Direito – MPE-MG – 2012) De acordo com a Lei Complementar n. 34/94, assinale a alternativa '.

(A) O Procurador-Geral de Justiça é órgão da administração superior.

(B) Os órgãos de apoio administrativo e de assessoramento e os estagiários são órgãos auxiliares.

(C) Os Procuradores de Justiça são órgãos de administração.

(D) O Procurador-Geral de Justiça será nomeado pelo Governador do Estado, entre os Procuradores de Justiça com o mínimo de 10 (dez) anos de serviço na carreira, indicados em lista tríplice, para mandato de 3 (três) anos, permitida uma recondução.

A: incorreto. O Procurador-Geral de Justiça é Órgão de Execução do Ministério Público (art. 4º, III, *a*, da LOMPMG). Órgão de Administração Superior a ele vinculado é a Procuradoria-Geral de Justiça (art. 4º, I, *a*, da LOMPMG); **B:** correto. É o que dispõe o art. 4º, IV, *d* e *e*, da LOMPMG; **C:** incorreto. O Procurador de Justiça é Órgão de Execução do Ministério Público (art. 4º, III, *c*, da LOMPMG). Órgãos de Administração a ele vinculados são as Procuradoria de Justiça (art. 4º, II, *a*, da LOMPMG); **D:** Incorreto. O mandato do Procurador-Geral de Justiça é de 2 (dois) anos (art. 5º, §1º, da LOMPMG).

Gabarito "B".

3.3. RIO GRANDE DO SUL

(Agente Administrativo – MPE-RS – FCC 2010) Conforme a Lei Estadual nº 7.669/82, é Órgão de Execução do Ministério Público, dentre outros,

(A) o Centro de Apoio Operacional.

(B) a Subprocuradoria-Geral de Justiça para Assuntos Jurídicos.

(C) a Subprocuradoria-Geral de Justiça para Assuntos Administrativos.

(D) a Subprocuradoria-Geral de Justiça para Assuntos Institucionais.

(E) o Conselho Superior do Ministério Público.

A: incorreto. O Centro de Apoio Operacional é Órgão Auxiliar do Ministério Público (art. 3º, §4º, IV, da Lei Estadual 7.669/82 – LONMPRS); **B:** incorreto. A Subprocuradoria-Geral de Justiça para Assuntos Jurídicos é Órgão Auxiliar do Ministério Público (art. 3º, §4º, I, da Lei Estadual 7.669/82 – LONMPRS); **C:** incorreto. A Subprocuradoria-Geral de Justiça para Assuntos Administrativos é Órgão Auxiliar do Ministério Público (art. 3º, §4º, II, da Lei Estadual 7.669/82 – LONMPRS); **D:** incorreto. A Subprocuradoria-Geral de Justiça para Assuntos Institucionais é Órgão Auxiliar do Ministério Público (art. 3º, §4º, III, da Lei Estadual 7.669/82 – LONMPRS) **E:** correto. Além de Órgão de Administração Superior do Ministério Público (art. 3, §1º, III, da LOMPRS), o Conselho Superior do Ministério Público também acumula as funções de Órgão de Execução do Ministério Público (art. 3º, §3º, III, da LOMPRS).

Gabarito "E".

(Agente Administrativo – MPE-RS – FCC 2010) Nos termos da Lei Estadual nº 7.669/82, para integrarem o Conselho Superior do Ministério Público, os:

(A) Procuradores ou Promotores de Justiça serão eleitos, no mês de julho, através de votação secreta, para mandato de 3 (três) anos, sendo 5 (cinco) nos anos ímpares e 4 (quatro) nos anos pares, por todos os membros do Ministério Público em exercício ou afastados.

LUCAS CORRADINI

(B) Procuradores ou Promotores de Justiça vitalícios serão eleitos, no mês de dezembro, através de votação aberta, para mandato de 2 (dois) anos, sendo 4 (quatro) nos anos ímpares, pelos membros do Ministério Público em exercício, e 5 (cinco) nos anos pares, pelo Órgão Especial do Colégio de Procuradores do Ministério Público.

(C) Procuradores de Justiça serão eleitos, no mês de junho, através de votação secreta, para mandato de 2 (dois) anos, sendo 5 (cinco) nos anos ímpares, pelos membros do Ministério Público em exercício, e 4 (quatro) nos anos pares, pelo Órgão Especial do Colégio de Procuradores do Ministério Público.

(D) Procuradores ou Promotores de Justiça serão eleitos, no mês de janeiro, através de votação aberta, para mandato de 3 (três) anos, sendo 5 (cinco) nos anos ímpares, pelos membros do Ministério Público em exercício, e 4 (quatro) nos anos pares, por todos os Procuradores do Ministério Público.

(E) Procuradores de Justiça serão eleitos, no mês de agosto, através de votação secreta, para mandato de 3 (três) anos, sendo 3 (três) nos anos ímpares, e 6 (seis) nos anos pares, pelos membros do Ministério Público em exercício.

Dispõe o art. 11, §1°, da LOMPRS, que "os Procuradores de Justiça serão eleitos, no mês de junho, através de votação secreta, para mandato de 2 (dois) anos, sendo 5 (cinco), nos anos ímpares, pelos membros do Ministério Público em exercício, e 4 (quatro), nos anos pares, pelo Órgão Especial do Colégio de Procuradores do Ministério Público", sendo, portanto, correta a alternativa C.

Gabarito "C".

(Agente Administrativo – MPE-RS – FCC – 2010) São elegíveis ao Cargo de Procurador-Geral de Justiça do Rio Grande do Sul, dentre outros, os membros do Ministério Público que:

(A) tiverem sido condenados a pena disciplinar, desde que já reabilitados.

(B) tiverem sido condenados por crimes dolosos, com decisão transitada em julgado.

(C) apresentarem sua candidatura à Comissão Eleitoral até 90 (noventa) dias antes da eleição.

(D) se encontrem afastados da carreira.

(E) estiverem aposentados.

A: correto. O art. 4°, §9°, da LOMPRS, prevê as causas de inelegibilidade para o cargo de Procurador-Geral de Justiça. Em seu inciso III, há previsão de inelegibilidade do membro do MP condenado a pena disciplinar, desde que não reabilitado. Logo, interpretando *a contrario sensu* o dispositivo, tem-se que o membro do Ministério Público condenado a pena disciplinar, desde que já reabilitado, é elegível ao cargo de Procurador-Geral de Justiça; **B:** incorreto. O membro do Ministério Público condenado por crimes dolosos, com sentença transitada em julgado, é inelegível ao cargo de Procurador-Geral de Justiça por força do disposto no art. 4°, §9°, II, da LOMPRS; **C:** incorreto. A candidatura ao cargo de Procurador-Geral de Justiça deverá ser apresentada à Comissão eleitoral no prazo de até 40 (quarenta) dias antes da eleição (art. 4°, §7°, da LOMPRS); **D:** incorreto. Aqueles que se encontram afastados da carreira são inelegíveis ao cargo de PGJ (art. 4°, §9°, I, da LOMPRS); **E:** incorreto. Os aposentados são inelegíveis ao cargo de PGJ (art. 4°, §9°, I, da LOMPRS).

Gabarito "A".

3.4. SERGIPE

(Analista – MPE-SE – FCC – 2013) Nos termos da Lei Orgânica do Ministério Público do Estado de Sergipe – Lei Complementar n° 02/90 – o Ministério Público é instituição permanente, essencial à função jurisdicional do Estado, incumbindo-lhe a defesa:

(A) da sociedade, da probidade administrativa, dos incapazes e dos interesses indisponíveis.

(B) da ordem jurídica e social, da República e dos interesses coletivos e individuais indisponíveis.

(C) do regime democrático, da federação e dos interesses difusos e coletivos.

(D) da tutela dos interesses difusos, coletivos e individuais homogêneos.

(E) da ordem jurídica, do regime democrático e dos interesses sociais e individuais indisponíveis.

Nos termos do art. 1°, "caput", da LC Estadual 2/1990 (Lei Orgânica do Ministério Público do Sergipe – LOMPSE), o Ministério Público é instituição permanente, essencial à função jurisdicional do Estado, incumbindo-lhe a defesa da ordem jurídica, do regime democrático e dos interesses sociais e individuais indisponíveis. O dispositivo repete o teor da norma constitucional insculpida no art. 127, "caput", da CF.

Gabarito "E".

(Analista – MPE-SE – FCC – 2013) São princípios institucionais do Ministério Público:

(A) a vitaliciedade, inamovibilidade e irredutibilidade de vencimentos.

(B) a unidade, a indivisibilidade e a independência funcional.

(C) a autonomia funcional e administrativa e a prática de atos próprios de gestão.

(D) o livre provimento dos cargos da carreira e dos serviços auxiliares e a autonomia financeira e orçamentária.

(E) o zelo pelos direitos assegurados na Constituição, a promoção da ação civil pública e a representação judicial dos incapazes.

Nos termos do art. 1°, parágrafo único, da LC Estadual 2/1990 (Lei Orgânica do Ministério Público do Sergipe – LOMPSE), são princípios institucionais do Ministério Público a unidade, a indivisibilidade e a independência funcional (art. 127, §1°, da CF). A vitaliciedade, a inamovibilidade e a irredutibilidade de vencimentos são garantias de liberdade dos membros do Ministério Público (art. 128, §5°, I, da CF). A autonomia funcional e administrativa são garantias institucionais do Ministério Público.

Gabarito "B".

(Analista – MPE-SE – FCC – 2013) Ao Ministério Público é assegurada autonomia funcional, administrativa e financeira, cabendo-lhe:

I. Elaborar suas folhas de pagamento e encaminhá-las ao Poder Executivo para implementá-las dentro dos limites estabelecidos na Lei de Diretrizes Orçamentárias.

II. Propor ao Poder Legislativo a criação e a extinção dos cargos de seus serviços auxiliares, bem como a fixação e o reajuste dos respectivos vencimentos.

III. Compor os seus órgãos de administração.

IV. Editar atos de aposentadoria, exoneração e outros que importem em vacância de cargos da carreira e dos serviços auxiliares, bem como os de disponibilidade de membros do Ministério Público e de seus servidores.

LEGISLAÇÃO INSTITUCIONAL DO MINISTÉRIO PÚBLICO

Está correto o que se afirma APENAS em:

(A) II, III e IV.
(B) I, II e III.
(C) I, III e IV.
(D) I, II e IV.
(E) II e IV.

I: incorreto. Não há, no art. 3º, III, da LOMPSE, previsão de encaminhamento da folha de pagamentos do Ministério Público para implementação do Poder Executivo, competindo ao próprio Ministério Público elaborará e expedir os respectivos demonstrativos de pagamento. Além disso, o art. 3º, §1º, prevê que a proposta orçamentária do Ministério Público será encaminhada ao Governador do Estado que a submeterá ao Poder Legislativo; II: correto. É o que dispõe o art. 3º, V, da LOMPSE; III: correto. É o que dispõe o art. 3º, IX, da LOMPSE; IV: correto. É o que dispõe o art. 3º, X, da LOMPSE.
Gabarito "A"

(Analista – MPE-SE – FCC – 2013) Nos termos da Lei Complementar Estadual nº 02/90, no Estado de Sergipe, a fiscalização contábil, financeira, orçamentária, operacional e patrimonial do Ministério Público, quanto à legalidade, legitimidade, economicidade, aplicação de dotações e recursos próprios e renúncia de receitas, será exercida:

(A) pelo Poder Judiciário, mediante controle externo, e pelo sistema de controle interno do Conselho Superior do Ministério Público.
(B) pelo Conselho Nacional do Ministério Público, mediante controle externo, e pelo sistema de controle interno da Secretaria Geral do Ministério Público.
(C) pela Controladoria-Geral do Estado – ⊠CGE, mediante controle externo, e pelo sistema de controle interno da Procuradoria-Geral de Justiça.
(D) pela Secretaria de Estado do Planejamento Orçamento e Gestão – ⊠SEPLAG, mediante controle externo, e pelo sistema de controle interno da Coordenadoria-Geral do Ministério Público.
(E) pelo Poder Legislativo, mediante controle externo, e pelo sistema de controle interno do Colégio de Procuradores de Justiça.

Nos termos da LOMPSE, em seu art. 3º, §4º, a fiscalização contábil, financeira, orçamentária, operacional e patrimonial do Ministério Público, quanto à legalidade, legitimidade, economicidade, aplicação de dotações e recursos próprios e renúncia de receitas será exercida pelo Poder Legislativo, mediante controle externo, e pelo sistema de controle interno do Colégio de Procuradores de Justiça.
Gabarito "E"

(Analista – MPE-SE – FCC – 2013) São órgãos administrativos do Ministério Público:

(A) o Colégio de Procuradores de Justiça, os Órgãos de Apoio Administrativo, a Secretaria Geral e a Assessoria do Gabinete do Procurador-Geral de Justiça.
(B) a Procuradoria-Geral de Justiça, o Colégio de Procuradores de Justiça, o Conselho Superior do Ministério Público e a Corregedoria-Geral do Ministério Público.
(C) a Procuradoria-Geral de Justiça, o Colégio de Procuradores de Justiça, o Conselho Superior do Ministério Público, a Corregedoria-Geral do Ministério Público e os Centros de Apoio Operacional.
(D) a Procuradoria-Geral de Justiça, o Colégio de Procuradores de Justiça, o Conselho Superior do Ministério Público, a Corregedoria-Geral do Ministério Público, as Procuradorias de Justiça e as Promotorias de Justiça.

(E) o Colégio de Procuradores de Justiça, o Conselho Superior do Ministério Público, a Corregedoria-Geral do Ministério Público e a Ouvidoria.

Nos termos da LOMPSE, em seu art. 5º, e seu parágrafo único, são órgãos administrativos (incluídos os Órgãos de Administração e Administração Superior) do Ministério Público do Sergipe a Procuradoria-Geral de Justiça, o Colégio de Procuradores de Justiça, o Conselho Superior do Ministério Público, a Corregedoria-Geral do Ministério Público, as Procuradorias de Justiça e as Promotorias de Justiça.
Gabarito "D"

3.5. TOCANTINS

(Analista Ministerial Especialista – Ciências Jurídicas – MPE-TO – UFT-COPESE – 2010) É permitido aos membros do Ministério Público:

(A) Exercer advocacia, exceto em causa própria.
(B) Exercer o comércio ou participar de sociedade comercial como cotista ou acionista.
(C) Exercer qualquer outra função pública, ainda que em disponibilidade.
(D) Exercer atividade político-partidária.

A: incorreto. A vedação ao exercício da advocacia é absoluta, não havendo ressalva quanto à atuação em causa própria, nos termos do art. 121, II, da LC Estadual 51/08 (Lei Orgânica do Ministério Público do Estado de Tocantins – LOMPTO), que repete regra constitucional do art. 128, §5º, II, b, da CF; B: correto. Ao vedar a participação do membro do Ministério Público em sociedade comercial, a LOMPTO excepciona, no art. 121, III, a participação como cotista ou acionista. Logo, o que é defeso ao membro do Ministério Público é a atuação efetiva na sociedade comercial, sendo-lhe permitido a mera participação como cotista ou acionista; C: incorreto. O art. 121, IV, da LOMPTO autoriza o acumula da função pública do membro do MP com uma função de magistério, na esteira do que preconiza o art. 128, §5º, II, d, da CF; D: incorreto. O exercício de atividade político-partidária é vedado no art. 121, V, da LOMPTO, na esteira do art. 128, §5º, II, e, da CF.
Gabarito "B"

(Analista Ministerial Especialista – Ciências Jurídicas – MPE-TO – UFT-COPESE – 2010) São deveres funcionais dos membros do Ministério Público, exceto:

(A) Comparecer diariamente à Promotoria de Justiça ou ao órgão em que exerça suas atribuições, salvo nos casos em que tenha de proceder a diligências indispensáveis ao exercício de sua função.
(B) Usar, em reuniões solenes, ordinárias e extraordinárias dos órgãos colegiados, em audiências e nos julgamentos perante os Tribunais, inclusive do Júri, as vestes talares do Ministério Público.
(C) Residir, ainda que substituto, na respectiva Comarca.
(D) Abster-se da devolução ao cartório judicial de autos sem manifestações em caso de gozo de férias, licenças, promoção e remoção.

A: correto. Trata-se de dever funcional previsto no art. 119, XXIII, da LC Estadual 51/08 (Lei Orgânica do Ministério Público do Estado de Tocantins – LOMPTO); B: correto. Trata-se de dever funcional previsto no art. 119, XXII, da LOMPTO; C: incorreto. A residência na Comarca de atuação somente é exigível do Promotor de Justiça titular do respectivo cargo, nos termos do art. 119, XXVIII, da LOMPTO. Ainda assim, o Procurador-Geral de Justiça poderá autorizar que o Promotor de Justiça resida em comarca diversa daquela de sua titularidade; D: correto. Trata-se de dever funcional previsto no art. 119, XXVI, da LOMPTO.
Gabarito "C"

3.6. SÃO PAULO

(Analista de Promotoria I – Assistente Jurídico – MPE-SP – VUNESP – 2010)

Segundo o disposto na Lei Complementar Estadual n.º 734/93, cabe aos Promotores de Justiça:

(A) impetrar mandado de segurança e requerer correição parcial, inclusive perante os Tribunais Estaduais competentes.

(B) atender e representar judicialmente a qualquer do povo, tomando as medidas administrativas e judiciais cabíveis.

(C) oficiar perante a Justiça Eleitoral de primeira e segunda instâncias, avocando as atribuições do Ministério Público Federal.

(D) oficiar perante a Justiça do Trabalho nas Comarcas em que houver Varas do Trabalho.

(E) exercer as atribuições de Ministério Público junto aos Tribunais, inclusive a de interpor recursos aos Tribunais Superiores, desde que não privativas do Procurador-Geral de Justiça.

A: correto. Compete aos Promotores de Justiça, nos termos do art. 121, I, da LC Estadual 734/1993 (Lei Orgânica do Ministério Público do Estado de São Paulo – LOMPSP), impetrar *habeas corpus*, mandado de segurança e requerer correição parcial, inclusive perante os Tribunais Estaduais competentes. Logo, a despeito de competir aos Procuradores de Justiça o exercício das atribuições do Ministério Público junto aos Tribunais (art. 119 da LOMPSP), a iniciativa recursal dirigida a tal órgão jurisdicional, bem como a atribuição originária para a propositura das ações de impugnação mencionadas é dos Promotores de Justiça. Após a interposição dos recursos e ações de impugnação pelos Promotores de Justiça, os Procuradores de Justiça passam a nelas atuar junto ao Tribunal. Por simetria, compete aos Procuradores de Justiça interpor as ações de impugnação e recursos, desde que não privativos do Procurador-Geral de Justiça, perante os Tribunais Superiores (STJ e STF); **B:** incorreto. Incumbe, com efeito, aos Promotores de Justiça atender a qualquer do povo, tomando as providências cabíveis (art. 121, II, da LOMPSP). Contudo, lhe é vedada a representação judicial, salvo quando objeto do litígio tratar-se de direito refletido nas hipóteses de atuação do Ministério Público previstas na Constituição Federal e nas leis (estas interpretadas à luz do disposto nos arts. 127 e 129 da Carta Maior, a fim de aferir eventual não recepção). Nesta esteira, o art. 129, IX, da CF aduz ser vedado ao membro do Ministério Público a representação judicial, mister que, com o advento da CF de 1988, passou a ser da Defensoria Pública e das carreiras de advocacia pública; **C:** incorreto. Compete ao Promotor de Justiça oficiar perante a Justiça Eleitoral de primeira instância, nas atribuições do Ministério Público Eleitoral que lhe foram conferidas pela Lei Orgânica do Ministério Público da União (art. 121, III, da LOMPSP), não lhe sendo lícito avocar atribuições do Ministério Público Federal, o que poderá acarretar a suscitação de conflito de atribuição, a ser decidido pelo STF (que entende tratar-se de hipótese de conflito federativo, determinando sua competência para a decisão); **D:** incorreto. Compete ao Promotor de Justiça oficiar perante a Justiça do Trabalho nas Comarcas em que não houver Junta de Conciliação e Julgamento (art. 121, IV, da LOMPSP). Atualmente, há entendimento firme no sentido de que tal regra é inconstitucional, por não se coadunar com o papel conferido ao Ministério Público pela CF de 1988; **E:** incorreto. Tais atribuições são dos Procuradores de Justiça, nos termos do art. 119 da LOMPSP).
Gabarito "A"

(Analista de Promotoria I – Assistente Jurídico – MPE-SP – VUNESP – 2010)

Nos termos da Lei Orgânica do Ministério Público de São Paulo, autorizar o afastamento de membro do Ministério Público para frequentar curso ou seminário de aperfeiçoamento e estudo, no País ou no exterior, é atribuição do:

(A) Conselho Superior do Ministério Público.

(B) Corregedor Geral de Justiça.

(C) Colégio de Procuradores de Justiça.

(D) Procurador Geral do Estado.

(E) Conselho Nacional do Ministério Público.

Nos termos do art. 36, XII, da LC Estadual 734/1993 (Lei Orgânica do Ministério Público do Estado de São Paulo – LOMPSP), compete ao Conselho Superior do Ministério Público autorizar o afastamento do membro do Ministério Público para frequentar curso ou seminário de aperfeiçoamento e estudo, no país ou no exterior.
Gabarito "A"

(Analista de Promotoria I – Assistente Jurídico – MPE-SP – VUNESP – 2010)

Assinale a alternativa que está de acordo com o disposto na Lei Orgânica do Ministério Público do Estado de São Paulo.

(A) O Promotor de Justiça, em respeito ao princípio da indisponibilidade da função pública, não poderá se declarar suspeito ou impedido.

(B) O membro do Ministério Público estará impedido de servir conjuntamente com Escrivão que seja o seu cunhado, durante o cunhadio.

(C) Ao membro do Ministério Público é vedado filiar-se a partido político, mesmo licenciado de suas funções.

(D) Ao membro do Ministério Público é vedado dar orientação jurídica a quem quer que seja.

(E) A verba de representação e a sexta parte não integram os vencimentos dos membros do Ministério Público.

A: incorreto. Não só é permitido, como consiste dever funcional dos membros do Ministério Público em geral (não apenas Promotores de Justiça) declarar-se suspeito ou impedido na forma da lei, o que garante a lisura de sua atuação (art. 169, VI, da LOMPSP); **B:** correto. É o que dispõe o art. 171 da LOMPSP, que veda ao membro do Ministério Público, por impedimento, de servir conjuntamente com Juiz ou Escrivão que seja seu ascendente ou descendente, cônjuge, sogro ou genro, irmão ou cunhado, durante o cunhadio, tio, sobrinho ou primo; **C:** incorreto. O art. 170, V, da LOMPSP prevê ser vedado ao membro do Ministério Público "exercer atividade político-partidária, ressalvada a filiação e as exceções previstas em lei". Ousamos discordar da assertiva, uma vez que a Emenda Constitucional 45/04, ao incorporar à CF plena vedação ao exercício da atividade política partidária aos membros do Ministério Público, sem fazer qualquer ressalva, tornou não recepcionada a norma em pauta. Assim, entende-se que, mesmo licenciado de suas funções, o membro do Ministério Público não pode filiar-se a partido político. Ressalva-se, no entanto, 2 (duas) situações. A primeira dela, para os membros do Ministério Público que ingressaram na carreira antes de 1988 e optaram por sujeitarem-se ao regime jurídico anterior, na forma do art. 29, §3º, do ADCT. A segunda, criada pelo STF no julgamento do RE 597.994/PA, na hipótese de, na data da vigência da EC 45/04, o membro do Ministério Público estar no exercício de mandato eletivo e desejar a reeleição. Nas demais hipóteses, entende-se que, para a filiação do membro do Ministério Público é necessário deixar, definitivamente, a carreira (por aposentadoria ou exoneração) e, ainda, observar o prazo de descompatibilização de 6 (seis) meses, previsto no art. 1º, II, *j*, da LC 64/1990. A razão pela qual a alternativa foi tida como incorreta foi a ADI 2.084-6, de 1999, na qual o STF declarou a necessidade de emprestar interpretação conforme a CF ao dispositivo legal da LOMPSP em comento, a fim de somente autorizar a filiação partidária ao membro do MP mediante licença. Contudo, a decisão é do ano de 2001 e, portanto, anterior à EC 45/04; **D:** incorreto. Trata-se de dever funcional do membro do Ministério Público dar orientação jurídica aos necessitados, nos termos do art. 169, XVI, da LOMPSP; **E:** incorreto. A verba de representação e a sexta parte integram os vencimentos do membro do Ministério Público para todos os efeitos legais, nos termos do art. 183 da LOMPSP.
Gabarito "B"

(Oficial de Promotoria – MPE-SP – IBFC – 2011) Com base nas disposições constitucionais relativas ao Ministério Público e nas previsões da Lei Orgânica do Ministério Público do Estado de São Paulo (Lei Estadual nº. 734/93), analise as assertivas a seguir:

I. Ao membro do Ministério Público que ingressou na carreira após a entrada em vigor da Constituição Federal de 1988, é vedado o exercício de qualquer outra função pública, mesmo que em disponibilidade, exceto uma de magistério.

II. Ao Ministério Público, em concurso com as Defensorias Públicas dos Estados e da União, é afeta a função de promover o inquérito civil e a ação civil pública para proteção dos interesses difusos e coletivos.

III. Ao Ministério Público é assegurada autonomia funcional e administrativa, cabendo-lhe propor ao Poder Legislativo a criação e a extinção de seus cargos, bem como a fixação e o reajuste dos vencimentos de seus membros.

IV. São consideradas Promotorias Criminais aquelas cujos cargos que as integram têm suas funções definidas para a esfera penal, exclusivamente, sem distinção entre espécies de infração penal ou de órgão jurisdicional com competência fixada exclusivamente em razão da matéria.

Assinale a alternativa correta:

(A) Apenas os itens III e IV estão corretos.
(B) Apenas os itens I e II estão corretos.
(C) Apenas os itens II e IV estão corretos.
(D) Apenas os itens I, III e IV estão corretos.

I: correto. A vedação à acumulação das funções públicas está prevista no art. 128, §5º, II, d, da CF. A proibição é repetida no art. 170, IV, da L Estadual 734/1993 (Lei Orgânica do Ministério Público do Estado de São Paulo – LOMPSP). **II:** incorreto. Compete ao Ministério Público a promoção do inquérito civil e da ação civil pública para a proteção dos interesses difusos e coletivos (art. 129, III, da CF). No entanto, somente há legitimidade concorrente com a Defensoria Pública e as pessoas jurídicas de direito público na hipótese da ação civil pública, sendo o inquérito civil instrumento exclusivo do Ministério Público (art. 8º, §1º, da Lei 7.347/85 – Lei da Ação Civil Pública). **III:** correto. É o que dispõe o art. 127, §2º, da CF, norma repetida pelo art. 2º da LOMPSP. **IV:** correto. O teor da assertiva traz o correto conceito das Promotorias Criminais, insculpido no art. 47, §3º, II, da LOMPSP, que se diferem, no âmbito criminal, das Promotorias Especializadas na medida em que estas têm suas funções definidas pela espécie da infração penal que é objeto do processo (art. 47, §3º, I, da LOMPSP).
Gabarito "D".

(Analista de Promotoria II – Agente de Promotoria – MPE-SP – IBFC – 2013) Considerando as disposições da Lei Orgânica do Ministério Público do Estado de São Paulo, são deveres funcionais dos membros do Ministério Público, EXCETO:

(A) Fiscalizar a cobrança de custas e emolumentos.
(B) Zelar pelo respeito aos advogados.
(C) Declarar-se suspeito ou impedido, nos termos da lei.
(D) Não exceder, sem justo motivo, os prazos processuais previstos em lei.
(E) Comparecer diariamente à Promotoria e nela permanecer durante o horário normal de expediente, salvo nos casos em que tenha de proceder a diligências indispensáveis ao exercício de sua função.

A C Estadual 734/1993 (Lei Orgânica do Ministério Público do Estado de São Paulo) prevê, em seu art. 169, os deveres funcionais dos membros do Ministério Público. Dentre o conteúdo de todas as assertivas, o único que não consta do rol do dispositivo legal mencionado é a fiscalização da cobrança de custas e emolumentos, papel estranho à atividade do membro do Ministério Público.
Gabarito "A".

(Analista de Promotoria I – Assistente Jurídico – MPE-SP – IBFC – 2013) Relativamente às garantias e às vedações impostas aos membros do Ministério Público, pode-se afirmar corretamente que:

(A) A *inamovibilidade* garante ao promotor de justiça, de modo absoluto, a impossibilidade de remoção sem seu consentimento.
(B) Aos promotores de justiça é vedado exercer outro cargo ou função, inclusive o magistério, salvo, neste último caso, se estiver em disponibilidade.
(C) A irredutibilidade de subsídio garante aos membros do Ministério Público imunidade tributária de imposto sobre a renda e proventos de qualquer natureza.
(D) Aos membros do Ministério Público é vedado dedicar-se à atividade político-partidária, bem como receber, a qualquer título ou pretexto, custas ou participação em processo e honorários.
(E) A *vitaliciedade* é equivalente à *estabilidade,* posto que os membros do Ministério Público e os servidores públicos podem perder o cargo não só por decisão judicial, como também por processo administrativo e mediante procedimento de avaliação periódica de desempenho.

A: incorreto. A garantia da inamovibilidade, prevista no art. 128, §5º, I, a, da CF, não é absoluta. De fato, ela veda as remoções compulsórias. Porém, a Constituição da República ressalva, expressamente, a possibilidade de a remoção ser compulsória por motivo de interesse público, mediante decisão do órgão colegiado competente do Ministério Público, pelo voto da maioria absoluta de seus membros, assegurada a ampla defesa. No âmbito do Ministério Público do Estado de São Paulo, compete ao Conselho Superior do Ministério Público determinar tal remoção (art. 35, IX, da LOMPSP), cabendo, contra a decisão, recurso dirigido ao Colégio de Procuradores de Justiça (art. 22, X, d, da LOMPSP); **B:** incorreto. Nos termos do art. 128, §5º, II, d, da CF, é vedado aos membros do Ministério Público exercer, ainda que em disponibilidade, qualquer outra função pública, salvo uma de magistério. Logo, a incorreção da assertiva reside em 2 (dois) pontos: primeiro, a vedação ao acúmulo de funções públicas persiste na hipótese de disponibilidade; segundo, em todos os casos é permitido o acúmulo de um cargo de magistério; **C:** incorreto. Não há imunidade tributária relativa a qualquer imposto ao membro do Ministério Público, disposição que, se houvesse, violaria diametralmente o princípio da igualdade, e tratar-se-ia de privilégio e não prerrogativa, visto que não vinculada a qualquer necessidade de garantir a liberdade do exercício das funções do *Parquet*; **D:** correto. É o que dispõe o art. 128, §5º, II, a e e, da CF; **E:** incorreto. A vitaliciedade (art. 128, §5º, I, a, da CF) não se confunde com a estabilidade (art. 41 da CF). Na hipótese de vitaliciedade, somente há perda do cargo por sentença judicial transitada em julgado em ação civil ajuizada especificamente para tal fim, ao passo que, na hipótese de estabilidade, há perda do cargo, na hipótese de sentença transitada em julgado e, também, mediante processo administrativo, assegurada a ampla defesa (art. 41, II, da CF) e mediante procedimento de avaliação periódica de desempenho, na forma de lei complementar, assegurada a ampla defesa (art. 41, III, da CF, previsão vinculada ao princípio da eficiência, que rege a Administração Pública).
Gabarito "D".

LUCAS CORRADINI

(Analista de Promotoria I – Assistente Jurídico – MPE-SP – IBFC – 2013) De acordo com a disciplina prevista na Lei Orgânica do Ministério do Estado de São Paulo, assinale a opção CORRETA:

(A) Compete ao Colégio de Procuradores de Justiça recomendar ao Corregedor-Geral do Ministério Público a instauração de procedimento disciplinar contra membro do Ministério Público.

(B) O Procurador-Geral de Justiça será escolhido pelo Conselho Superior do Ministério Público, dentre os Promotores de Justiça integrantes de lista sêxtupla, para mandato de quatro anos, proibida a recondução.

(C) Os Centros de Apoio Operacional são órgãos da Administração do Ministério Público, que integram as Procuradorias de Justiça.

(D) As Procuradorias de Justiça são órgãos de investigação do Ministério Público, com cargos de Promotor de Justiça.

(E) O Corregedor-Geral do Ministério Público será nomeado por ato do Governado do Estado.

A: correto. Trata-se de atribuição do Colégio de Procuradores de Justiça prevista no art. 22, IX, da LOMPSP; **B:** incorreto. A escolha do Procurador-Geral de Justiça é feita, a partir da lista tríplice eleita pelo voto secreto, plurinominal e obrigatório dos integrantes da carreira, pelo Governador do Estado, para mandato de 2 (dois) anos, permitida uma recondução. (arts. 10 a 12 da LOMPSP); **C:** incorreto. A despeito de, efetivamente, não integrarem as Procuradorias de Justiça, os Centros de Apoio Operacional são Órgãos Auxiliares do Ministério Público, nos termos do art. 8º, I, da LOMPSP; **D:** incorreto. Nos termos do art. 43 da LOMPSP, as Procuradorias de Justiça são Órgãos de Administração do Ministério Público, com cargos de Promotor de Justiça; **E:** incorreto. O Procurador-Geral de Justiça é eleito por voto obrigatório e secreto dos membros do Colégio de Procuradores de Justiça (art. 38 da LOMPSP), sendo nomeado por ato do Procurador-Geral de Justiça (art. 38, §3º, da LOMPSP), e não do Governador do Estado (que nomeia, propriamente, o Procurador-Geral de Justiça).

Gabarito "A"

3.7. BAHIA

(Assistente Técnico Administrativo – MPE-BA - FESMIP – 2011) Analise as seguintes assertivas acerca dos cargos de Procurador-Geral de Justiça do Estado da Bahia e de Corregedor-Geral do Ministério Público do Estado da Bahia, nos termos da Lei Orgânica do Ministério Público do Estado da Bahia:

I. É inelegível para o cargo de Procurador-Geral de Justiça, o membro do Ministério Público que tiver exercido o cargo de Corregedor-Geral do Ministério Público nos últimos seis meses anteriores à data prevista para eleição.

II. O Corregedor-Geral do Ministério Público será eleito pelo Colégio de Procuradores de Justiça, dentre os Procuradores de Justiça, sendo desnecessário tempo mínimo de serviço na Instituição.

III. O Procurador-Geral de Justiça poderá ser destituído do cargo pelos motivos elencados na Lei Orgânica do Ministério Público do Estado da Bahia, observadas as formalidades legais, por deliberação da maioria absoluta do Colégio de Procuradores de Justiça.

IV. O cargo de Procurador-Geral de Justiça só poderá ser exercido por Procurador de Justiça com o mínimo de dez anos de serviço na Instituição.

V. O Corregedor-Geral do Ministério Público será assessorado pelo Subcorregedor-Geral do Ministério Público, cargo a ser exercido, obrigatoriamente, por Procurador de Justiça.

Estão corretas as assertivas:

(A) I, II e III.

(B) I, II e V.

(C) I, III e IV.

(D) II, IV e V.

(E) III, IV e V.

I: correto. É o que dispõe o art. 7º, V, da LC Estadual 11/1996 (Lei Orgânica do Ministério Público da Bahia – LOMPBA); **II:** correto. É o que dispõe o art. 28 da LOMPBA. Não há exigência de tempo mínimo de carreira para ser eleito Corregedor-Geral do Ministério Público da Bahia, bastando que se trate de Procurador de Justiça, o que já indica experiência para o exercício do cargo; **III:** incorreto. Na esteira do que dispõe o art. 128, §4º, da CF, o art. 11 da LOMPBA prevê que o Procurador-Geral de Justiça poderá ser destituído do cargo por deliberação da maioria absoluta da Assembleia Legislativa. Compete ao Colégio de Procuradores não a destituição em si, mas a iniciativa de decidir a respeito da admissibilidade de representação pela destituição, desde que esta seja formulada por pelo menos 1/3 (um terço) de seus integrantes (art. 11, I, da LOMPBA). Admitida a representação, esta será encaminhada, pelo Procurador de Justiça mais antigo, à Assembleia Legislativa para deliberação (art. 11, §1º, da LOMPBA); **IV:** incorreto. No Ministério Público da Bahia não é necessário que o Procurador-Geral de Justiça se trate de Procurador de Justiça, bastando que seja integrante da carreira com, no mínimo, 10 (dez) anos de serviço na instituição (art. 5º da LOMPBA); **V:** correto. É o que dispõe o art. 30 da LOMPBA.

Gabarito "B".

(Assistente Técnico Administrativo – MPE-BA - FESMIP – 2011) Compete ao Colégio de Procuradores de Justiça do Ministério Público do Estado da Bahia:

(A) Aprovar proposta de fixação das atribuições das Procuradorias e Promotorias de Justiça.

(B) Propor ao Procurador-Geral de Justiça o encaminhamento de projeto de lei para a criação de cargos e serviços auxiliares, modificações na Lei Orgânica e providências relacionadas ao desempenho das funções institucionais.

(C) Indicar aos Procurador-Geral de Justiça, em lista tríplice, os candidatos à remoção ou promoção por merecimento.

(D) Decidir sobre pedido de revisão de procedimento administrativo disciplinar.

(E) Determinar a apuração de responsabilidade criminal do membro do Ministério Público quando, em processo administrativo disciplinar, verificar-se a existência de indícios da prática de infração penal.

A: incorreto. A aprovação da proposta de fixação das atribuições das Procuradorias e Promotorias de Justiça compete ao Órgão Especial do Colégio de Procuradores de Justiça, e não a este em sua plenitude (art. 21, VIII, da LC Estadual 11/1996 – LOMPBA); **B:** incorreto. Novamente, se trata de atribuição do Órgão Especial do Colégio de Procuradores de Justiça (art. 21, II, da LOMPBA); **C:** incorreto. Trata-se de atribuição do Conselho Superior do Ministério Público (art. 26, II, da LOMPBA); **D:** correto. É o que dispõe o art. 18, XII, da LOMPBA; **E:** incorreto. Trata-se de atribuição do Órgão Especial do Colégio de Procuradores de Justiça (art. 21, XI, da LOMPBA).

Gabarito "D".

3.8. RIO DE JANEIRO

(**Analista Processual Administrativo – MPE-RJ – 2011**) Jonas, Promotor de Justiça, respondeu a procedimento administrativo disciplinar que resultou em arquivamento, por decisão transitada em julgado proferida por órgão colegiado, em grau recursal, que modificou a decisão anterior que lhe havia aplicado a sanção de suspensão.

Acerca do contexto fático acima, analise as afirmativas a seguir:

I. De fato, inexiste a possibilidade de alteração da decisão de arquivamento, face à imutabilidade decorrente do trânsito em julgado.

II. Poderia eventual interessado, inconformado com a decisão de arquivamento, solicitar ao Conselho Nacional do Ministério Público a revisão de tal ato administrativo, mesmo que decorridos 06 (seis) meses do seu trânsito em julgado.

III. O órgão colegiado que proferiu a decisão de arquivamento, no âmbito da estrutura administrativa do Ministério Público do Estado do Rio de Janeiro, é o Conselho Superior do Ministério Público.

IV. Dada a natureza da sanção inicialmente aplicada ao Promotor de Justiça, de acordo com a Lei Complementar n° 106/03, teria esta sido imposta pelo Procurador-Geral de Justiça.

As afirmativas corretas são somente:

(A) I, II e III;
(B) I, III e IV;
(C) II e III;
(D) II e IV;
(E) III e IV.

I: incorreto. Há possibilidade da revisão da decisão de arquivamento pelo Conselho Nacional do Ministério Público (CNMP), desde que o feito tenha sido julgado há menos de 1 (um) ano, na forma do art. 130-A, IV, da CF; II: correto. É o que dispõe o art. 130-A, IV, da CF, no sentido de que compete ao CNMP rever, de ofício ou mediante provocação, os processos disciplinares dos membros do Ministério Público da União ou dos Estados julgados há menos de 1 (um) ano; III: incorreto. Nos termos do art. 19, VI, *b*, da LC Estadual 106/03 (Lei Orgânica do Ministério Público do Estado do Rio de Janeiro – LOMPRJ), compete ao Colégio de Procuradores de Justiça julgar recurso contra decisão condenatória em processo disciplinar de membro do Ministério Público; IV: correto. Nos termos do art. 136, II, *b*, da LOMPRJ, compete ao Procurador-Geral de Justiça aplicar a pena de suspensão, assim como as penas de advertência e censura a Procurador de Justiça, demissão ao membro não vitalício e disponibilidade e demissão de membro vitalício. Ao Corregedor-Geral do Ministério Público incumbe, tão somente, aplicar as penas de advertência e censura a Promotor de Justiça (art. 136, I, da LOMPRJ).
Gabarito "D".

(**Analista Processual Administrativo – MPE-RJ – 2011**) Tício, Promotor de Justiça em exercício na Comarca A, declina de suas atribuições e remete determinado inquérito policial para a Promotoria de Justiça B, onde se encontra em exercício seu colega Ênio. Ao analisar os autos que lhe foram enviados, Ênio, por seu turno, entende que não detém atribuição para neles oficiar, alegando que, na realidade, o Promotor Natural para atuar na hipótese seria Tício.

Diante do contexto fático acima, é correto afirmar que:

(A) deveria Ênio instaurar conflito negativo de atribuições e remeter os autos ao Procurador-Geral de Justiça para dirimi-lo;

(B) deveria Ênio, por força de dever funcional expresso, devolver os autos a Tício, o qual submeteria o conflito ao Conselho Superior do Ministério Público;

(C) após dirimido o conflito pelo órgão competente, com a determinação da Promotoria de Justiça com atribuição para atuar na hipótese, poderá o Promotor de Justiça vencido em seu entendimento, invocando sua independência funcional, recusar-se a oficiar no inquérito policial em tela;

(D) caberia ao Conselho Superior do Ministério Público, após manifestação opinativa do Procurador-Geral de Justiça, solucionar o conflito de atribuições sob comento;

(E) no caso de conflito de atribuições entre órgãos do Ministério Público, a solução cabe ao Poder Judiciário, que determinará o órgão ministerial que atuará no caso concreto.

Na situação apresentada, tem-se 2 (dois) membros de um mesmo Ministério Público (no caso, o MPRJ), que entendem não possuir atribuição para atuar em determinado inquérito policial. Ênio, ao receber o inquérito policial de Tício, deverá, por entender que a atribuição é daquele que lhe remeteu os autos, suscitar conflito negativo de atribuições, remetendo o feito ao Procurador-Geral de Justiça que decidirá qual dos membros do Ministério Público deve oficiar no procedimento (art. 11, XVI, da LC Estadual 106/03 – LOMPRJ).
Gabarito "A".

(**Analista Processual Administrativo - MPE-RJ 2011**) Sobre o processo disciplinar destinado a apurar infrações administrativas dos membros do Ministério Público do Estado do Rio de Janeiro, conforme disciplina a Lei Complementar n° 106/03, é correto afirmar que:

(A) será ordinário quando aplicáveis as sanções de suspensão, advertência e censura;

(B) será conduzido por Comissão designada pelo Corregedor-Geral do Ministério Público, quando aplicável a pena de demissão;

(C) será possível o afastamento provisório do imputado, mediante deliberação do Órgão Especial do Colégio de Procuradores;

(D) será precedido de autorização do Conselho Superior do Ministério Público quando o imputado for Procurador de Justiça;

(E) será suscetível de recurso ao Conselho Superior do Ministério Público a decisão de arquivamento do processo disciplinar.

A: incorreto. O processo disciplinar será ordinário quando cabíveis as penas de suspensão, demissão e cassação da aposentadoria ou da disponibilidade (art. 139, §1°, I, da LC Estadual 106/1993 – LOMPRJ). Nos casos de advertência ou censura, o processo disciplinar será sumário (art. 139, §1°, II, da LOMPRJ); B: correto. É o que dispõe o art. 144 da LOMPRJ para o processo disciplinar ordinário. Nos termos do dispositivo em pauta, a Comissão designada e presidida pelo Corregedor-Geral (ou por seu substituto legal) será integrada por 2 (dois) outros membros vitalícios do Ministério Público, que devem ser, em relação ao imputado, da mesma classe (nesta hipótese, devem ser, ao menos preferencialmente, mais antigos), ou de classe superior; C: incorreto. Nos termos do art. 141 da LOMPRJ, ao instaurar o processo disciplinar ordinário, o Corregedor-Geral do Ministério Público poderá representar ao Procurador-Geral de Justiça para o afastamento provisório do imputado, o que será decidido pelo Conselho Superior do Ministério Público (art. 22, VI, da LOMPRJ); **D:** incorreto. Quando o imputado for Procurador de Justiça deverá haver prévia autorização do Colégio de Procuradores de Justiça (art. 140 da LOMPRJ). Em recente alteração conferida pela LC Estadual 159/2014, a LOMPRJ passou a exigir, ainda, a oitiva prévia do imputável Procurador de Justiça pelo Corregedor-Geral; **E:** incorreto. Tal mister não consta do rol de atribuições do Conselho Superior do Ministério Público (art. 41 da LOMPRJ). Além disso, o art. 156 somente prevê a revisão do processo disciplinar de que tenha resultado imposição de sanção.

Gabarito "B".

(Analista Processual Administrativo - MPE-RJ 2011) Caio, Promotor de Justiça vitalício contemplado com significativa quantia em razão de sorteio lotérico, resolve refletir sobre seu futuro e viajar com a família pelo mundo por cerca de um ano, renunciando, inclusive, ao recebimento de seus vencimentos. Para tanto, deverá formular o seguinte requerimento ao Procurador-Geral de Justiça:

(A) afastamento imotivado;
(B) licença especial;
(C) licença prêmio;
(D) licença para tratar de assuntos particulares;
(E) licença nojo.

Na situação apresentada, Caio deverá se valer da licença sem vencimentos ou vantagens para tratar de assuntos particulares, prevista no art. 100 da LC Estadual 106/03 (LOMPRJ). Tal licença é concedida aos membros vitalícios, a critério do Procurador-Geral de Justiça e pelo prazo de 1 (um) ano, prorrogável uma única vez e por período idêntico.

Gabarito "D".

(Analista Área Processual – MPE-RJ – FUJB – UFRJ – 2012) Acerca dos membros do Ministério Público em fase de estágio probatório é correto afirmar que:

(A) pelo período de três anos, estão sujeitos à aferição de seu desempenho através da supervisão exercida por membros do Colégio de Procuradores de Justiça;
(B) cabe ao Corregedor-Geral do Ministério Público a decisão final acerca do vitaliciamento;
(C) no caso de reincidência no cometimento de faltas disciplinares, estão sujeitos à sanção disciplinar de exoneração;
(D) no caso de não vitaliciamento, caberá recurso voluntário ao Órgão Especial do Colégio de Procuradores;
(E) o tempo anteriormente cumprido em estágio probatório para ingresso na carreira jurídica congênere isenta o Promotor de Justiça de novo estágio para vitaliciamento na carreira ministerial.

A: incorreto. O período de estágio confirmatório (ou probatório) é de 2 (dois) anos, período no qual o Promotor de Justiça será acompanhado por Comissão, presidia pelo Corregedor-Geral e constituída na forma do Regulamento expedido pelo Conselho Superior do Ministério Público (art. 61 da LOMPRJ); **B:** incorreto. Quem decide acerca do vitaliciamento é o Conselho Superior do Ministério Público, analisando a proposta da Comissão de Estágio Confirmatório (art. 62 da LOMPRJ); **C:** incorreto. Exoneração é o desligamento do serviço público a pedido do interessado, não constituindo sanção disciplinar nos termos do art. 128 da LOMPRJ. O termo correto para a sanção que acarreta a perda do cargo é a demissão; **D:** correto. É o que dispõe o art. 63, §2º, da LOMPRJ; **E:** incorreto. Nos termos do art. 61, parágrafo único, da LOMPRJ, o cumprimento anterior de estágio probatório ou confirmatório em outro cargo ou de qualquer outro tipo de estágio com idêntico objetivo não isenta o Promotor de Justiça do estágio para vitaliciamento.

Gabarito "D".

3.9 PIAUÍ

(Analista Ministerial Área Processual – MPE-PI – CESPE – 2012) Com base na Lei Complementar Estadual nº 12/1993, julgue os itens que se seguem.

(1) A destituição do procurador-geral de justiça poderá ocorrer nos casos de abuso de poder, prática de ato de incontinência pública ou conduta incompatível com as suas atribuições, e sua iniciativa será do Colégio de Procuradores de Justiça, precedida de autorização da maioria absoluta dos membros da Assembleia Legislativa.

(2) O procurador-geral de justiça, na forma da referida lei complementar, tem a atribuição para decidir processo disciplinar contra membro do MP, aplicando as sanções cabíveis.

(3) É de competência do Colégio de Procuradores de Justiça julgar recurso, com efeito suspensivo, contra decisão proferida em sede de conflito de atribuições entre membros do MP.

(4) Essa lei autoriza o MP a realizar auditoria financeira em prefeituras, câmaras municipais, órgão ou entidade de administração direta ou indireta do estado e dos municípios, inclusive fundações e sociedades instituídas e mantidas pelo poder público estadual ou municipal. Nesse caso, se encontrar irregularidades, o MP deverá representar ao Tribunal de Contas do estado para aplicação das respectivas sanções.

(5) Ao MP é assegurada a prerrogativa de expedir notificações para colher depoimento ou esclarecimentos relativos à sua área de atuação funcional, requisitar diretamente informações e documentos de entidades públicas e privadas para instruir procedimentos ou processos em que oficie, não se podendo, nesse sentido, opor às requisições do MP nenhuma espécie de sigilo, sob pena de responsabilização civil e criminal.

1: correto. É o que dispõe o art. 9º, e seu §1º, da LC Estadual 12/1993 (Lei Orgânica do Ministério Público do Piauí – LOMPPI); **2:** correto. A decisão no processo disciplinar contra membro do Ministério Público trata-se de atribuição do Procurador-Geral de Justiça nos termos do art. 12, XVII, da LOMPPI; **3:** correto. É o que dispõe o art. 16, VIII, *h*, da LOMPPI; **4:** incorreto. O art. 39, XVIII, da LOMPPI, prevê ser atribuição do Procurador-Geral de Justiça requerer ao Tribunal de Contas a realização das auditorias financeiras nos órgãos e entes públicos, não sendo, portanto, atribuição do *Parquet* fazê-lo de per si, embora não se vislumbre irregularidade nisso ocorrer por força da teoria dos poderes implícitos; **5:** incorreto. De fato, o Ministério Público pode expedir notificações para colher depoimento ou esclarecimentos relativos à sua área de atuação funcional, bem como pode requisitar informações e documentos de entidades públicas e privadas, para instruir procedimentos ou processos em que oficie (art. 2º, XVII e XVIII, da LOMPPI). Ressalva-se, contudo, a competência constitucional do Poder Judiciário relativo às matérias com reserva de jurisdição (art. 2º, parágrafo único, da LOMPPI).

Gabarito 1C, 2C, 3C, 4E, 5E

3.10. ALAGOAS

(Técnico do Ministério Público – MPE-AL – COPEVE-UFAL – 2012) Assinale a opção que não se encontra dentro do rol de funções constitucionais e legais de que é incumbido o Ministério Público, na forma da Lei Complementar Estadual nº 15, de 22 de novembro de 1996.

(A) Propor ação de inconstitucionalidade de leis ou atos normativos estaduais ou municipais, em face da Constituição Estadual.

(B) Manifestar-se nos processos em que sua presença seja obrigatória por lei e, ainda, sempre que cabível a intervenção, para assegurar o exercício de suas funções institucionais, não importando a fase ou grau de jurisdição em que se encontrem os processos.

(C) Deliberar sobre a participação em organismos estatais de defesa do meio ambiente, neste compreendido o do trabalho, do consumidor, de política penal e penitenciária e outros afetos à sua área de atuação.

(D) Exercer a fiscalização dos estabelecimentos prisionais e dos que abriguem idosos, menores, incapazes ou pessoas portadoras de deficiência.

(E) Ingressar em juízo, de ofício, para responsabilizar os gestores do dinheiro público condenados por conselhos profissionais.

Todas as alternativas expostas constam no rol de atribuições do Ministério Público previsto no art. 4º da LC Estadual 15/1996 (Lei Orgânica do Ministério Público de Alagoas – LOMPAL), notadamente nos incisos I, V, VII e VI (*a, b, c* e *d*). No entanto, o inciso VIII, do mesmo dispositivo, prevê competir ao Ministério Público ingressar em juízo, de ofício, para responsabilizar os gestores do dinheiro público condenados por tribunais e conselhos de contas, e não conselhos profissionais.
Gabarito "E".

(Técnico do Ministério Público – MPE-AL – COPEVE-UFAL – 2012) São deveres dos membros do Ministério Público, além de outros previstos em lei, exceto:

(A) manter ilibada conduta pública, uma vez que os atos praticados na esfera particular não repercutem em sua vida funcional.

(B) acatar, no plano administrativo, as decisões dos órgãos da Administração Superior do Ministério Público.

(C) obedecer aos prazos processuais.

(D) assistir aos atos judiciais, quando obrigatória ou conveniente a sua presença.

(E) indicar os fundamentos jurídicos de seus pronunciamentos processuais, elaborando relatório em sua manifestação final ou recursal.

Todas as alternativas refletem deveres dos membros do Ministério Público, previstos no art. 72 da LOMPAL, exceto o constante na alternativa A. Isso porque, nos termos do art. 72, I, da LOMPAL, é dever do membro do Ministério Público manter conduta ilibada também em sua vida particular, não adotando comportamentos que não se coadunam com a seriedade das funções do cargo que exerce.
Gabarito "A".

(Analista Jurídico – MPE-AL – COPEVE-UFAL – 2012) Assinale a opção que é incorreta no que concerne às atribuições dos órgãos que integram o Ministério Público de Alagoas, na forma da Lei Complementar Estadual n º 15, de 22 de novembro de 1996.

(A) As Procuradorias de Justiça compreendem, como órgãos de Administração, uma Procuradoria de Justiça Civil e uma Procuradoria de Justiça Criminal, com os respectivos cargos de Procuradores de Justiça, ordinalmente numerados a partir do primeiro, e os serviços auxiliares necessários ao desempenho das funções.

(B) O Procurador-Geral de Justiça, como órgão da administração superior, é competente, dentre outras atribuições, para expedir recomendações, com caráter normativo, aos órgãos do Ministério Público, para o desempenho de suas funções.

(C) As Promotorias de Justiça são órgãos de Administração do Ministério Público com pelo menos um cargo de Promotor de Justiça e serviços auxiliares necessários ao desempenho das funções que lhe forem cometidas por Lei.

(D) Cabe ao Conselho Superior do Ministério Público, como órgão de Execução, rever o arquivamento de Inquérito Civil, na forma da lei.

(E) A Corregedoria Geral do Ministério Público é o órgão orientador e fiscalizador das atividades funcionais e da conduta dos membros do Ministério Público.

A: correto. É o que dispõe o art. 18, "caput", da LOMPAL; **B:** incorreto. Por força do princípio da independência funcional, as recomendações expedidas aos membros do Ministério Público nunca possuem caráter normativo, mas sim caráter não vinculativo (art. 9º, XI, da LOMPAL); **C:** correto. É o que dispõe o art. 21 da LOMPAL; **D:** correto. Trata-se da única atribuição do Conselho Superior do Ministério Público como órgão de execução, nos termos do art. 15 da LOMPAL; **E:** correto. É o que dispõe o art. 16, "caput", da LOMPAL.
Gabarito "B".

(Analista Jurídico – MPE-AL – COPEVE-UFAL – 2012) Dados os itens que integram a estrutura organizacional do Ministério Público, como órgãos de administração,

I. As Procuradorias de Justiça.
II. O Procurador Geral de Justiça.
III. As Promotorias de Justiça.
IV. Os Centros de Apoio Operacional.
V. Os órgãos de Apoio Técnico e Administrativo.
verifica-se que estão corretos:

(A) I e III, apenas.
(B) III, IV e V, apenas.
(C) II, III e IV, apenas.
(D) I, III, IV e V.
(E) I, II e V, apenas.

Nos termos do art. 7º da LOMPAL, são órgãos da administração do Ministério Público as Procuradorias de Justiça e as Promotorias de Justiça. O Procurador-Geral de Justiça é Órgão de Execução do MP (art. 7º, III), ao passo que os Centros de Apoio Operacional e os Órgãos de Apoio Técnico Administrativo são Órgãos Auxiliares (art. 7º, IV).
Gabarito "A".

3.11. PARÁ

(Analista Jurídico – MPE-PA – FADESP – 2012) Constitui órgão auxiliar do Ministério Público:

(A) o Conselho Superior do Ministério Público.
(B) o Procurador-Geral de Justiça.
(C) o Centro de Apoio Operacional.
(D) os Procuradores de Justiça.

Dentre os órgãos apresentados, o único que constitui Órgão Auxiliar do Ministério Público é o Centro de Apoio Operacional (art. 8º, II, da LC Estadual 57/06 – LOMPPA).
Gabarito "C".

(Analista Jurídico – MPE-PA – FADESP – 2012) São considerados como de efetivo exercício, para todos os efeitos legais, exceto para garantia de _____, os dias em que o membro do Ministério Público estiver afastado de suas

174 LUCAS CORRADINI

funções em razão de férias e licenças previstas em Lei Complementar.

A expressão que completa corretamente a lacuna acima é:

(A) irredutibilidade de subsídios.
(B) inamovibilidade.
(C) vitaliciedade.
(D) promoção por merecimento.

A questão reflete o teor do art. 142 da LOMPPA, que traz, na lacuna, a expressão *vitaliciamento*, substituível por vitaliciedade (que consta nas alternativas).
Gabarito "C".

(Analista Jurídico -– MPE-PA – FADESP – 2012) Após cada _____ ininterrupto de efetivo exercício, o membro do Ministério Público fará jus à licença-prêmio de _____, sem prejuízo do subsídio.

As expressões que completam corretamente as lacunas acima são, respectivamente,

(A) triênio, sessenta dias.
(B) triênio, trinta dias.
(C) quinquênio, trinta dias.
(D) quinquênio, sessenta dias.

A questão reflete o teor do art. 138 da LOMPPA, que traz, nas lacunas, as expressões *triênio* e *sessenta dias*.
Gabarito "A".

(Analista Jurídico – MPE-PA – FADESP – 2012) Sobre a remoção voluntária, é correto afirmar que:

(A) as vagas decorrentes desse tipo de remoção poderão ser objeto de novo concurso.
(B) dar-se-á remoção voluntária a candidato que tiver sido promovido ou removido há menos de seis meses.
(C) essa remoção se dará sempre de um para outro cargo de igual entrância ou categoria.
(D) dar-se-á remoção por antiguidade ao membro do Ministério Público que tiver sido removido por permuta nos últimos vinte e quatro meses.

A: incorreto. Nos termos do art. 98, §5º, da LOMPPA, as vagas decorrentes de remoção voluntária não poderão ser objeto de novo concurso de remoção voluntária, devendo ser, desde logo, disponibilizadas para provimento por promoção, nos termos da LC; **B:** incorreto. Nos termos do art. 98, §1º, da LOMPPA, não se dará remoção voluntária ao candidato que tiver sido promovido ou removido há menos de seis meses; **C:** correto. É o que dispõe o art. 98, "caput", da LOMPPA; **D:** incorreto. Nos termos do art. 98, §2º, da LOMPPA, não se dará remoção por antiguidade ao membro do Ministério Público que tiver sido removido por permuta nos últimos vinte e quatro meses.
Gabarito "C".

(Analista Jurídico – MPE-PA – FADESP – 2012) Sobre o Colégio de Procuradores de Justiça, é correto afirmar que:

(A) poderá instituir comissões temáticas, permanentes ou temporárias, compostas por cinco de seus membros, sob a presidência do mais antigo deles na carreira do Ministério Público.
(B) reúne-se ordinariamente uma vez por mês e extraordinariamente por convocação do Procurador-Geral de Justiça ou por iniciativa de um terço de seus membros.
(C) suas sessões instalam-se com a presença da maioria relativa de seus membros, não considerados, para o efeito de quórum, os que estiverem em gozo de férias,

licença, ou, por qualquer outro motivo, afastados das funções ou da carreira.
(D) em cada exercício, a falta injustificada do Procurador de Justiça a três sessões consecutivas ou a cinco sessões alternadas, incluindo as solenes, importa na suspensão automática de suas atribuições perante o colegiado pelo período de trinta dias.

A: incorreto. As comissões temáticas instituídas pelo Colégio de Procuradores de Justiça serão compostas por três de sues membros, e não cinco (art. 22, II, da LOMPPA); **B:** incorreto. A iniciativa para a convocação extraordinária é de um sexto, e não um terço, dos membros do Colégio de Procuradores de Justiça (art. 22, III, da LOMPPA); **C:** incorreto. Para instalação da sessão é necessário que haja maioria absoluta dos membros, e não maioria relativa (art. 22, VII, da LOMPPA); **D:** correto. É o que dispõe o art. 22, V, da LOMPPA.
Gabarito "D".

(Analista Jurídico – MPE-PA – FADESP – 2012) O Procurador-Geral de Justiça é nomeado pelo _____ dentre os integrantes do Colégio de Procuradores de Justiça com mais de _____ anos de idade, mediante lista tríplice elaborada na forma de Lei Complementar para mandato de _____, permitida uma recondução, observado o mesmo procedimento.

As expressões que completam corretamente as lacunas acima são, respectivamente,

(A) Chefe do poder executivo, trinta e cinco, um ano.
(B) Chefe do poder executivo, vinte e um, dois anos.
(C) Chefe do poder executivo, trinta e cinco, dois anos.
(D) Chefe do poder executivo, sessenta, um ano.

A questão reflete o teor do art. 10 da LOMPPA, que traz, na lacuna, as expressões *chefe do poder executivo* (não cobrada na questão), *trinta e cinco* e *dois anos*.
Gabarito "C".

(Analista Jurídico – MPE-PA – FADESP – 2012) Os membros do Ministério Público sujeitam-se a regime jurídico especial e têm, dentre outras, a prerrogativa de vitaliciedade após:

(A) dois anos de exercício.
(B) um ano de exercício.
(C) quatro anos de exercício.
(D) três anos de exercício.

O art. 143 da LOMPPA aduz ser prerrogativa do membro do Ministério Público a vitaliciedade após o tempo de exercício fixado na CF. Esta, por sua vez, em seu art. 128, 5º, I, *a*, dispõe que a vitaliciedade se verifica após 2 (dois) anos no exercício do cargo.
Gabarito "A".

(Analista Jurídico – MPE-PA – FADESP – 2012) O membro vitalício do Ministério Público entre outras hipóteses somente perderá o cargo por sentença judicial transitada em julgado, proferida em ação civil própria, por abandono do cargo por prazo superior a:

(A) trinta dias corridos.
(B) trinta dias alternados.
(C) sessenta dias corridos.
(D) sessenta dias alternados.

O art. 175, III, da LOMPPA, apenas menciona que a ação civil própria para a perda do cargo do membro vitalício do Ministério Público será intentada diante do abandono do cargo, sem mencionar o período necessário para tanto. Diante da lacuna, socorrendo-se da integração, por analogia, com a Lei Orgânica Nacional do Ministério Público (Lei

8.625/1993), é possível concluir que o abandono do cargo, para ensejar a propositura da ação civil para a sua perda, deverá ser superior a 30 (trinta) dias corridos (art. 38, §1º, III, da LONMP).

Gabarito "A".

3.12. AMAPÁ

NOTA DO AUTOR: As questões a seguir, referentes ao MPE-AP, foram elaboradas em concurso do ano de 2012. Ocorre que, no ano de 2013, a Lei Complementar Estadual 9/1994 foi revogada, sendo substituída pela Lei Complementar Estadual 79/2013, atual Lei Orgânica do Ministério Público do Estado do Amapá. Assim, para fins didáticos, as questões abaixo foram adaptadas e comentadas à luz da legislação recente, embora editadas sob a égide da legislação anterior.

(Analista Ministerial Direito – MPE-AP – FCC – 2012 – Adaptada) De acordo com a Lei Orgânica do Ministério Público do Estado do Amapá, no que concerne à autonomia funcional, é INCORRETO afirmar que cabe ao Ministério Público do Estado do Amapá:

(A) propor ao Poder Legislativo a criação dos cargos de seus serviços auxiliares, bem como a fixação e o reajuste dos respectivos vencimentos.

(B) praticar atos de gestão, bem como praticar atos e decidir sobre a situação funcional e administrativa do pessoal, ativo e inativo da carreira e dos serviços auxiliares, organizados em quadros próprios.

(C) editar atos de aposentadoria, exoneração e outros que importem em vacância de cargos de carreira e dos serviços auxiliares, bem como os de disponibilidade de membros do Ministério Público e de seus servidores.

(D) elaborar sua proposta orçamentária, dentro dos limites estabelecidos pela Lei de Diretrizes Orçamentárias e encaminhá-la ao Secretário de Estado dos Negócios da Justiça, o qual, após os ajustes e apreciações que entender cabíveis, a enviará ao Governador do Estado.

(E) prover os cargos iniciais da carreira e dos serviços auxiliares, bem como nos casos de remoção, promoção e demais formas de provimento derivado.

A: correta. É o que dispõe o art. 2º, VIII, da LOMPAP; **B:** correta. É o que dispõe o art. 2º, II e IV, da LOMPAP; **C:** correta. É o que dispõe o art. 2º, XI, da LOMPAP; **D:** incorreta. O art. 4º, "caput", da LC Estadual 79/2013 (LOMPAP) dispõe que a proposta orçamentária será elaborada pelo próprio Ministério Público, dentro dos limites estabelecidos na CF, e será encaminhada diretamente ao Poder Executivo, que a submeterá ao Poder Legislativo; **E:** correta. É o que dispõe o art. 2º, IX, da LOMPAP.

Gabarito "D".

(Analista Ministerial Direito – MPE-AP – FCC– 2012 – Adaptada) No que concerne às Procuradorias de Justiça, considere:

I. É atribuição do Procurador de Justiça oficiar nas sessões de julgamento do Tribunal de Justiça, quando designados.

II. Os Procuradores de Justiça não têm atribuição para exercer inspeção permanente dos serviços dos Promotores de Justiça nos autos em que oficiem, por tratar-se de atribuição privativa da Corregedoria-Geral do Ministério Público.

III. Os Procuradores de Justiça das procuradorias de Justiça cíveis e criminais que oficiem junto ao mesmo Tribunal, reunir-se-ão para fixar orientação

jurídica, com caráter vinculativo, encaminhando-as ao Procurador-Geral de Justiça.

IV. À Procuradoria de Justiça compete, dentre outras atribuições, escolher o Procurador de Justiça responsável pelos serviços administrativos da Procuradoria.

De acordo com a Lei Orgânica do Ministério Público do Estado do Amapá, está correto o que se afirma APENAS em:

(A) I e IV.
(B) II e III.
(C) I e III.
(D) II e IV.
(E) I, II e IV.

I: correto. É o que dispõe o art. 52, I, *b*, da LOMPAP; **II:** incorreto. A inspeção permanente do trabalho dos Promotores de Justiça é uma das atribuições dos Procuradores de Justiça, nos termos do art. 39, parágrafo único, da LOMPAP; **III:** incorreto. Por força do princípio da independência funcional, as orientações jurídicas expedidas aos membros do Ministério Público possuem, sempre, caráter não vinculativo (art. 40 da LOMPAP); **IV:** correto. É o que dispõe o art. 42, I, da LOMPAP.

Gabarito "A".

3.13. PERNAMBUCO

(Analista Ministerial Jurídico – MPE-PE – FCC – 2012) Em caso de falta ou impedimento do Procurador-Geral de Justiça, serão sucessivamente chamados ao exercício da função, o Subprocurador-Geral de Justiça para Assuntos:

(A) Administrativos, o Subprocurador-Geral de Justiça para Assuntos Institucionais e o Subprocurador-Geral de Justiça para Assuntos Jurídicos.

(B) Institucionais, o Subprocurador-Geral de Justiça para Assuntos Administrativos e o Subprocurador-Geral de Justiça para Assuntos Jurídicos.

(C) Jurídicos, o Subprocurador-Geral de Justiça para Assuntos Institucionais e o Subprocurador-Geral de Justiça para Assuntos Administrativos.

(D) Institucionais, o Subprocurador-Geral de Justiça para Assuntos Jurídicos e o Subprocurador-Geral de Justiça para Assuntos Administrativos.

(E) Jurídicos, o Subprocurador-Geral de Justiça para Assuntos Administrativos e o Subprocurador-Geral de Justiça para Assuntos Institucionais.

Nos termos do art. 8º, §8º, da LC Estadual 12/1994 (Lei Orgânica do Ministério Público de Pernambuco – LOMPPE), em caso de falta ou impedimento, substituem o Procurador-Geral de Justiça, sucessivamente, o Subprocurador-Geral de Justiça para Assuntos Institucionais, o Subprocurador-Geral de Justiça para Assuntos Administrativos e o Subprocurador-Geral de Justiça para Assuntos Jurídicos.

Gabarito "B".

3.14. RONDÔNIA

(Analista Processual – MP-RO – FUNCAB – 2012) Nos termos da Lei Orgânica do Ministério Público do Estado de Rondônia, os Centros de Apoio Operacional são órgãos auxiliares da atividade funcional do Ministério Público, incumbindo-lhes, entre outras funções:

(A) exercer a fiscalização dos estabelecimentos prisionais e dos que abriguem idosos, crianças e adolescentes, incapazes ou pessoas portadoras de deficiência, supervisionando-lhes a assistência.

(B) realizar e estimular qualquer tipo de atividade cultural ligada ao campo do direito e das ciências correlatas relacionadas às funções afetas à Instituição.

(C) promover o levantamento periódico das necessidades materiais das Promotorias, adotando as providências necessárias para supri-las.

(D) promover, periodicamente, em âmbito local ou regional, ciclos de estudos e pesquisas, reuniões, seminários e congressos, abertos à frequência de membros do Ministério Público e, eventualmente, de outros profissionais do Direito.

(E) exercer, mediante delegação de competência, as atribuições que lhe forem conferidas pelo Procurador--Geral.

A: incorreto. A fiscalização de tais estabelecimentos compete ao Ministério Público como um todo, sendo exercida pelos respectivos Órgãos de Execução (normalmente, as Promotorias de Justiça), nos termos do art. 42, VI, da LC Estadual 93/1993 (Lei Orgânica do Ministério Público do Estado de Rondônia - LOMPRO); **B:** incorreto. Tal atribuição incumbe ao Centro de Estudos de Aperfeiçoamento Funcional, nos termos do art. 32, III, da LOMPRO; **C:** correto. Trata-se de atribuição dos Centros de Apoio Operacional previstas no art. 35, IV, da LOMPRO; **D:** incorreto. Tal atribuição incumbe ao Centro de Estudos de Aperfeiçoamento Funcional, nos termos do art. 32, V, da LOMPRO; **E:** incorreto. A previsão em questão se destina ao Subprocurador-Geral de Justiça (art. 15, §2º, IV, da LOMPRO).
Gabarito "C".

3.15. RIO GRANDE DO NORTE

(Analista Administrativo – MPE-RN – FCC – 2012) O Procurador-Geral de Justiça representará a Procuradoria Geral de Justiça do Estado do Rio Grande do Norte, com prerrogativas e representação de Chefe de Poder nas solenidades, e será nomeado pelo Governador do Estado, dentre integrantes da carreira, em atividade, indicado em lista tríplice formada por seus membros, após aprovação de seu nome pela maioria absoluta dos membros da Assembleia Legislativa. No que concerne à eleição para o mandato do Procurador-Geral de Justiça é correto afirmar:

(A) O mandato do Procurador-Geral de Justiça terá início no dia 18 do mês de maio dos anos ímpares, ou no primeiro dia útil subsequente.

(B) O mandato do Procurador-Geral de Justiça terá duração de dois anos, permitida duas reconduções.

(C) São condições de elegibilidade para o cargo de Procurador-Geral de Justiça ter mais de trinta e cinco anos de idade, contar com, no mínimo, vinte anos de carreira no Ministério Público do Estado e estar no pleno exercício da atividade funcional nos noventa dias anteriores do pedido de inscrição.

(D) Verificada a vacância nos últimos três meses do mandato, responde pelo expediente da Procuradoria Geral de Justiça o Procurador de Justiça mais antigo na carreira.

(E) Serão incluídos na lista tríplice que será encaminhada ao Governador do Estado do Rio Grande do Norte os cinco candidatos mais votados, observando-se, sucessivamente para efeito de desempate, os critérios de idade mais avançada, maior tempo de carreira e maior tempo de serviço público.

A: incorreto. O mandato do Procurador-Geral de Justiça terá início no dia 18 de junho dos anos ímpares, ou no primeiro dia útil subsequente (art. 11 da LC Estadual 141/1996 – LOMPRN); B: incorreto. É permitida apenas uma recondução do mandato do Procurador-Geral de Justiça (art. 10 da LOMPRN); C: incorreto. O art. 17 da LOMPRN traz as condições de elegibilidade do Procurador-Geral de Justiça, que deverá contar com mais de 10 (dez) anos de carreira no MPE, e não 20 (vinte), conforme inciso II. Observe-se que o Promotor de Justiça, no Rio Grande do Norte, pode ser Procurador-Geral de Justiça se preencher as condições de elegibilidade; D: correto. É o que dispõe o art. 12, §2º, da LOMPRN; E: incorreto. Como o próprio nome já diz, se a lista é tríplice, nela serão incluídos os 3 (três) candidatos mais votados (art. 10, §8º, da LOMPRN). O mesmo dispositivo prevê outra sequência para os critérios de desempate: tempo de carreira, tempo de serviço e, por último, idade.
Gabarito "D".

3.16 AMAZONAS

(Agente Técnico Jurídico – MPE-AM – FCC – 2013) Considere as atribuições do Subprocurador-Geral para Assuntos Administrativos:

I. Assistir o Procurador-Geral de Justiça no desempenho de suas funções.

II. Coordenar o recebimento e a distribuição dos processos oriundos dos Tribunais, entre os Procuradores de Justiça com atuação perante os respectivos colegiados, obedecida a respectiva classificação ou designação.

III. Promover a cooperação entre o Ministério Público e as entidades envolvidas com a atividade penal e não criminal.

IV. Colaborar na elaboração de minutas de anteprojetos de lei sobre matéria de interesse do Ministério Público.

V. Coordenar a elaboração de proposta orçamentária do Ministério Público e encaminhá-la ao Procurador--Geral de Justiça.

Está correto o que se afirma APENAS em:

(A) I e IV.

(B) II, III e V.

(C) I, III e V.

(D) IV e V.

(E) III, IV e V.

I: incorreto. Trata-se de atribuição do Subprocurador-Geral para Assuntos Jurídicos e Institucionais (art. 26, §1º, VII, da LC Estadual 11/1993 – LOMPAM). II: incorreto. Trata-se de atribuição do Subprocurador--Geral para Assuntos Jurídicos e Institucionais (art. 26, §1º, III, da LC Estadual 11/1993 – LOMPAM). III: incorreto. Trata-se de atribuição do Subprocurador-Geral para Assuntos Jurídicos e Institucionais (art. 26, §1º, X, da LC Estadual 11/1993 – LOMPAM). IV: correto. É o que dispõe o art. 21, §2º, XI, da LOMPAM. V: correto. É o que dispõe o art. 21, §2º, VII, da LOMPAM.
Gabarito "D".

(Agente Técnico Jurídico – MPE-AM – FCC – 2013) São órgãos de execução na organização do Ministério Público:

I. A Corregedoria-Geral do Ministério Público.

II. O Conselho Superior do Ministério Público.

III. A Procuradoria-Geral de Justiça.

IV. As Promotorias de Justiça.

V. O Procurador-Geral de Justiça.

Está correto o que se afirma APENAS em:

(A) I, II e III.

(B) II e V.

(C) I, III e V.

(D) IV e V.

(E) II e IV.

Os órgãos de execução do Ministério Público do Estado do Amazonas foram elencados no art. 17, III, da LC Estadual 11/1993 (Lei Orgânica do Ministério Público do Amazonas – LOMPAM), e são o Procurador-Geral de Justiça, o Conselho Superior do Ministério Público, os Procuradores e Promotores de Justiça e os Grupos Especializados de Atuação Funcional. Não se compreendem na ideia de Órgãos de Execução do Ministério Público, portanto a Corregedoria-Geral do Ministério Público (Órgão de Administração Superior nos termos do art. 17, I, *d*, da LOMPAM), a Procuradoria-Geral de Justiça (Órgão da Administração Superior nos termos do art. 17, I, *a*, da LOMPAM) e as Promotorias de Justiça (Órgãos da Administração nos termos do art. 17, II, *b*, da LOMPAM).
Gabarito "B".

(Agente Técnico Jurídico – MPE-AM – FCC – 2013) Para manifestar-se em agravo de instrumento interposto no Tribunal de Justiça contra decisão de primeira instância proferida em ação judicial na qual o órgão do Ministério Público é parte, considera-se intimação pessoal a realizada:

(A) pessoalmente por Oficial de Justiça cumprindo mandado judicial.

(B) por carta com aviso de recebimento.

(C) por carta precatória.

(D) com a entrega dos autos com vista.

(E) por carta de ordem.

Nos termos do art. 116, V, da LC Estadual 11/1993 (Lei Orgânica do Ministério Público do Amazonas – LOMPAM), é prerrogativa do membro do Ministério Público receber intimação pessoal em qualquer processo e grau de jurisdição, por meio da entrega dos autos com vista, sob pena de nulidade.
Gabarito "D".

(Agente Técnico Jurídico – MPE-AM – FCC – 2013) Compete ao Colégio de Procuradores de Justiça:

(A) decidir sobre a remoção compulsória de membro do Ministério Público, por motivo de interesse público, mediante representação do Procurador-Geral de Justiça.

(B) aprovar, por maioria absoluta, a proposta do Procurador-Geral de Justiça para excluir, incluir ou modificar as atribuições das Promotorias de Justiça ou dos cargos dos Promotores de Justiça.

(C) decidir sobre avaliação de estágio probatório de Promotor de Justiça e de seu vitaliciamento.

(D) indicar o nome do mais antigo membro do Ministério Público para promoção e remoção por antiguidade.

(E) aprovar os pedidos de permuta entre membros do Ministério Público.

A: incorreto. Trata-se de atribuição do Conselho Superior do Ministério Público (art. 43, II, *a*, da LC Estadual 11/1993 – LOMPAM); **B:** correto. É o que dispõe o art. 33, XXVII, da LOMPAM; **C:** incorreto. Trata-se de atribuição do Conselho Superior do Ministério Público (art. 43, II, *d*, da LC Estadual 11/1993 – LOMPAM); **D:** incorreto. Trata-se de atribuição do Conselho Superior do Ministério Público (art. 43, VI, da Lei Complementar Estadual 11/1993 – LOMPAM); **E:** incorreto. Trata-se de atribuição do Conselho Superior do Ministério Público (art. 43, VIII, da Lei Complementar Estadual 11/1993 – LOMPAM).
Gabarito "B".

(Agente Técnico Jurídico – MPE-AM – FCC – 2013) Caio da Silva ofereceu representação ao Promotor de Justiça do Consumidor da Comarca de Manaus para investigar a venda

de gasolina adulterada em postos de combustíveis da cidade. Instaurado o inquérito civil e esgotadas as diligências para apuração dos fatos, o órgão do Ministério Público em manifestação fundamentada propendeu pelo arquivamento dos autos.

Considerando a não confirmação da promoção de arquivamento pelo Conselho Superior, é correto afirmar que

(A) os autos do inquérito civil voltam ao Promotor de Justiça para o prosseguimento das investigações.

(B) os autos serão encaminhados ao Procurador-Geral de Justiça para a propositura de ação civil pública.

(C) os autos serão encaminhados ao Subprocurador-Geral de Assuntos Jurídicos com recomendação para a designação de outro Promotor de Justiça para prosseguir nas investigações.

(D) será expedida recomendação, sem caráter vinculativo, ao Promotor de Justiça para prosseguir as investigações.

(E) será designado outro Promotor de Justiça, preferencialmente, dentre os membros da Promotoria de Justiça Especializada para o ajuizamento da ação.

É atribuição do Conselho Superior do Ministério Público homologar promoção de arquivamento do inquérito civil, na esteira do que dispõe o art. 9º, §3º, da Lei 7.347/85 (Lei da Ação Civil Pública). Deixando de homologar a promoção de arquivamento, e entendendo ser o caso de propositura da ação civil pública, o Conselho Superior designará, desde logo, outro órgão do Ministério Público para o ajuizamento da ação (art. 9º, §4º, do mesmo diploma legal). Na mesma esteira, tem-se o art. 43, XVII, da LOMPAM. Além de tal providência, discordando do arquivamento, o Conselho Superior poderá determinar o prosseguimento das apurações, ou pedir diligências investigativas complementares (art. 10, §4º, da Resolução 23/07 do Conselho Nacional do Ministério Público).
Gabarito "E".

3.17. MARANHÃO

(Analista Ministerial Administrativo – MPE-MA – FCC – 2013) Os recursos próprios originários de taxa de inscrição, para os concursos públicos promovidos pela Procuradoria-Geral de Justiça do Estado do Maranhão, serão utilizados para:

(A) aprimoramento dos concursos públicos realizados pelo Governo do Estado do Maranhão.

(B) programas vinculados à finalidade da Instituição, vedada outra destinação.

(C) fundo de despesa estadual criado para a contratação de estagiários para o Governo do Estado do Maranhão.

(D) financiamento de projetos do Governo do Estado relacionados a carreiras de Estado.

(E) cobertura de custos de processos administrativos que envolvam servidores e membros do Ministério Público.

Nos termos do art. 4º, §2º, da LC Estadual 13/1991 (Lei Orgânica do Ministério Público do Maranhão – LOMPMA), os recursos próprios originários de taxa de inscrição para os concursos públicos promovidos pela Procuradoria-Geral de Justiça e de cursos a cargo da Escola Superior do Ministério Público serão utilizados em programas vinculados às finalidades da Instituição, vedada outra destinação.
Gabarito "B".

(Analista Ministerial Administrativo – MPE-MA – FCC – 2013) Sobre o Procurador-Geral de Justiça é correto afirmar que:

(A) é nomeado pelo Governador do Estado para mandato de um ano.

(B) é vedada a sua recondução para mais um período de mandato.

(C) sua destituição deverá ser precedida de autorização de um terço dos membros da Assembleia Legislativa.

(D) a ele compete presidir o processo eleitoral interno para a escolha dos Subprocuradores-Gerais de Justiça para assuntos jurídicos e administrativos.

(E) poderá ter em seu gabinete membros do Ministério Público da mais alta evidência ou com mais de cinco anos de carreira.

A: incorreto. Nomeado pelo Governador do Estado, o Procurador--Geral de Justiça exerce mandato de 2 (dois) anos, e não 1 (um) ano (art. 128, §1º, da CF e art. 7º da LOMPMA); **B:** incorreto. É permitida uma recondução do Procurador-Geral de Justiça em seu mandato, conforme dispõe o art. 128, §1º, da CF e o art. 7º, §4º, da LOMPMA; **C:** correto. É o que dispõe o art. 7º, §5º, da LOMPMA, a despeito de o art. 128, §4º, da CF, exigir deliberação da maioria absoluta do Poder Legislativo, na forma da lei complementar; **D:** incorreto. Não se trata de atribuição prevista no rol do art. 8º da LOMPMA; **E:** incorreto. Nos termos do art. 8º, parágrafo único, da LOMPMA, o Procurador-Geral de Justiça poderá ter em seu gabinete, no exercício de cargos de confiança, membros do Ministério Público da mais alta entrância ou categoria, por ele designados, independentemente do tempo de carreira.
Gabarito "C".

(Analista Ministerial Administrativo – MPE-MA – FCC – 2013) Conforme disposto na Lei Complementar nº 13/91, considera- se órgão de execução do Ministério Público:

(A) o Promotor de Justiça Substituto.

(B) o Corregedor-Geral de Justiça.

(C) a Ouvidoria do Ministério Público.

(D) a Escola Superior do Ministério Público.

(E) o Centro de Apoio Operacional.

Nos termos do art. 25, V, da LOMPMA, são Órgãos de Execução do Ministério Público do Maranhão os Promotores de Justiça Substitutos.
Gabarito "A".

(Técnico Ministerial - Execução de Mandados – MPE-MA – FCC – 2013) Quanto às garantias e prerrogativas dos membros do Ministério Público, é correto afirmar que:

(A) devem receber o mesmo tratamento jurídico e pro-tocolar dispensados ao Chefe do Poder Executivo Estadual.

(B) podem ingressar e tramitar livremente nas sessões dos Tribunais, respeitados os limites que separam a parte reservada aos Magistrados.

(C) terão porte de arma, com validade condicionada a prévio ato formal de licença ou autorização.

(D) poderão ter acesso ao indiciado preso, a qualquer momento, desde que não decretada sua incomuni-cabilidade.

(E) o membro vitalício poderá perder o cargo por sentença judicial transitada em julgado, proferida em ação própria, por exercício da advocacia.

A: incorreto. Nos termos do art. 51, I, da LOMPMA, os membros do Ministério Público têm por prerrogativa receber o mesmo tratamento jurídico e protocolar dispensado aos membros do Poder Judiciário junto aos quais oficiem; **B:** incorreto. A prerrogativa prevista no art. 51, V, *a*, da LOMPMA, prevê que o membro do Ministério Público pode ingressar e transitar livremente nas salas de sessões dos Tribunais, mesmo além dos limites que separar a parte reservada aos Magistrados; **C:** incorreto. Nos termos do art. 52, "caput", da LOMPMA, os membros do Ministério

Público possuem porte de arma, independentemente de qualquer ato formal de licença ou autorização; **D:** incorreto. O membro do Ministério Público tem a prerrogativa de ter acesso ao indiciado preso, a qualquer momento, mesmo quando decretada a sua incomunicabilidade (art. 51, VIII, da LOMPMA), embora a incomunicabilidade do preso não tenha sido recepcionada pelo regime constitucional vigente, por força do que dispõe o art. 136, §3º, IV, da CF, que a proíbe, inclusive, na vigência de estado de exceção; **E:** correto. É o que dispõe o art. 49, §1º, da LOMPMA, na esteira do art. 128, §5º, I, *a*, da CF.
Gabarito "E".

(Técnico Ministerial - Execução de Mandados – MPE-MA – FCC – 2013) A proposta de vitaliciamento de Promotor de Justiça, em estágio probatório, deve ser encaminhada ao Conselho Superior do Ministério Público:

(A) pelo Procurador-Geral.

(B) pelo Corregedor-Geral.

(C) pela Escola Superior do Ministério Público.

(D) pelo Colégio de Procuradores.

(E) pelo Presidente da Comissão de Concurso.

Nos termos do art. 71 da LOMPMA, compete ao Corregedor-Geral encaminhar, mensalmente, relatório circunstanciado a respeito do desempenho do Promotor de Justiça em estágio probatório, propondo, no relatório apresentado 90 (noventa) dias antes do término do período de aferição, o vitaliciamento ou não do Promotor na carreira.
Gabarito "B".

3.18. MATO GROSSO DO SUL

(Analista Direito – MPE-MS – FGV – 2013) A respeito das atribuições administrativas do Procurador-Geral de Justiça, assinale a afirmativa correta.

(A) Determina ao Corregedor-Geral a instauração de processo disciplinar contra membro ou servidor do Ministério Público.

(B) Avoca processos conduzidos por Promotor ou Procu-rador de Justiça suspeito ou impedido.

(C) Escolhe e nomeia o Corregedor-Geral entre os mem-bros do Ministério Público com mais de dez anos na carreira.

(D) Solicita à Ordem dos Advogados do Brasil a indicação de representante para compor a Ouvidoria-Geral.

(E) Integra, como membro nato, e preside o Colégio de Procuradores de Justiça, o Conselho Superior do Ministério Público e a Comissão de Concurso.

A: incorreto. Nos termos do art. 7º, XIII, da LC Estadual (Lei Orgânica do Ministério Público do Mato Grosso do Sul – LOMPMS), compete ao Procurador-Geral recomendar, e não determinar, a instauração de processo disciplinar contra membro, não contra servidor, do Ministério Público; **B:** incorreto. Diante de suspeição ou impedimento do membro do Ministério Público, o Procurador-Geral de Justiça deverá designar outro membro do Ministério Público para garantir a continuidade do ser-viço (art. 7º, XI, *f*, da LOMPMS); **C:** incorreto. A escolha do Corregedor--Geral de Justiça se dá perante o Colégio de Procuradores de Justiça (art. 9º, V, da LOMPMS); **D:** incorreto. O contato do Procurador-Geral de Justiça com a Ordem dos Advogados do Brasil é para a indicação de representante para compor a Comissão de Concurso para ingresso na carreira do Ministério Público (art. 7º, XX, da LOMPMS), e não a ouvidoria; **E:** correto. É o que dispõe o art. 7º, II, da LOMPMS.
Gabarito "E".

(Analista Direito – MPE-MS – FGV – 2013) Com relação ao exercício das funções do Ministério Público, analise as afirmativas a seguir.

LEGISLAÇÃO INSTITUCIONAL DO MINISTÉRIO PÚBLICO

I. Poderá instruir inquéritos civis e outros procedimentos pertinentes, expedindo notificações para colher depoimento ou esclarecimentos e, em caso de não comparecimento injustificado, requisitar condução coercitiva, inclusive pela Polícia Civil ou Militar, ressalvadas as prerrogativas previstas em lei.

II. A falta ao trabalho, em virtude de atendimento à notificação regular para instrução de inquérito civil ou outro procedimento pertinente instaurado pelo Ministério Público, não autoriza desconto de vencimentos ou salário, considerando-se de efetivo exercício, para todos os efeitos, mediante comprovação escrita do respectivo membro.

III. Poderá requisitar informações e documentos a entidades privadas ou públicas, para instruir procedimentos ou processo em que oficie, encaminhando-se tais requisições e notificações por meio do Procurador-Geral de Justiça.

Assinale:

(A) se somente a afirmativa I estiver correta.
(B) se somente a afirmativa II estiver correta.
(C) se somente as afirmativas I e II estiverem corretas.
(D) se somente as afirmativas I e III estiverem corretas.
(E) se todas as afirmativas estiverem corretas.

I: correto. É o que dispõe o art. 27, I, e alínea *a*, da LC Estadual (Lei Orgânica do Ministério Público do Mato Grosso do Sul – LOMPMS). **II:** correto. É o que dispõe o art. 27, §4º, da LOMPMS. **III:** incorreto. Somente quando as notificações ou requisições tiverem como destinatários o Governador do Estado, os Deputados Estaduais, os Desembargadores e os Conselheiros do Tribunal de Contas é que serão encaminhadas pelo Procurador-Geral de Justiça (art. 27, §1º, da LOMPMS). As demais, serão encaminhadas por qualquer membro do MP. Gabarito "C"

3.19. ACRE

(Analista Processual Direito – MPE-AC – FMP – 2013) Com relação ao regime jurídico instituído pela Lei nº 8.625/93, que institui a Lei Orgânica Nacional do Ministério Público, dispõe sobre normas gerais para a organização do Ministério Público dos Estados e dá outras providências, assinale a opção correta.

(A) São órgãos da Administração Superior do Ministério Público apenas a Procuradoria-Geral de Justiça e o Colégio de Procuradores de Justiça.
(B) Os estagiários não são órgãos auxiliares do Ministério Público.
(C) Ao Procurador-Geral de Justiça é vedado delegar suas funções administrativas.
(D) O Colégio de Procuradores de Justiça é composto pelos 25 Procuradores de Justiça mais antigos.
(E) Ao Conselho Superior do Ministério Público compete indicar o nome do mais antigo membro do Ministério Público para remoção ou promoção por antiguidade.

A: incorreto. Nos termos do art. 5º da Lei 8.625/1993 (Lei Orgânica Nacional do Ministério Público), também são órgãos da Administração Superior do Ministério Público o Conselho Superior do Ministério Público e a Corregedoria-Geral de Justiça. Mesma disposição há no art. 5º, §1º, da LC Estadual 8/83 (Lei Orgânica do Ministério Público do Acre – LONMPAC); **B:** incorreto. Os estagiários são Órgãos Auxiliares do Ministério Público, nos termos do art. 8º, V, da LONMP e art. 5º, §4º, VI, da LOMPAC; **C:** incorreto. O art. 10, V, da LONMP, autoriza

---

que o Procurador-Geral de Justiça delegue suas funções. Mesma disposição consta do art. 7º, XXI, da LOMPAC; **D:** incorreto. O Colégio de Procuradores de Justiça é composto por todos os Procuradores de Justiça em exercício na carreira (art. 12 da LONMP e art. 8º LOMPAC); **E:** correto. É o que dispõe o art. 15, IV, da LONMP. Gabarito "E"

3.20. GOIÁS

(Assistente Administrativo – MPE-GO – IADES – 2013) A Lei Complementar Estadual nº 25/1988 instituiu a Lei Orgânica do Ministério Público do Estado de Goiás. Em relação às funções dos órgãos de execução do Ministério Público, assinale a alternativa correta.

(A) Ao procurador-geral de Justiça não cabe ajuizar ação penal de competência originária do Tribunal de Justiça do Estado.
(B) Cabe ao Colégio de Procuradores de Justiça rever o arquivamento de inquérito civil, na forma da lei.
(C) Cabe ao Conselho Superior do Ministério Público rever, mediante requerimento de legítimo interessado, decisão do procurador-geral de Justiça, nos casos de sua atribuição originária, acerca de arquivamento de inquérito policial ou de peças de informação.
(D) Compete ao procurador-geral de Justiça oficiar nos processos de decretação de perda de cargo, remoção ou disponibilidade de magistrado.
(E) Os promotores de justiça não poderão integrar a comissão de concurso de ingresso na carreira do Ministério Público, sendo esta atribuição exclusiva dos procuradores de Justiça.

A: incorreto. Trata-se de atribuição do Procurador-Geral de Justiça nos termos do art. 52, VI, da LC Estadual 25/1998 (Lei Orgânica do Ministério Público de Goiás – LOMPGO); **B:** incorreto. A revisão da promoção de arquivamento do inquérito civil incumbe ao Conselho Superior do Ministério Público, nos termos do art. 54 da LOMPGO; **C:** incorreto. Trata-se de atribuição do Colégio de Procuradores de Justiça como Órgão de Execução, na forma do art. 53 da LOMPGO. Vale observar que, na Lei Orgânica Nacional do Ministério Público (Lei 8.625/1993), o Colégio de Procuradores não figura como Órgão de Execução, mas apenas como Órgão da Administração Superior; **D:** correto. É o que dispõe o art. 52, X, da LOMPGO; **E:** incorreto. Diferentemente do que ocorre na maioria dos Estados, em Goiás a Comissão de Concurso não é integrada apenas por Procuradores de Justiça. Nos termos do art. 62 da LOMPGO, a Comissão de Concurso é presidida pelo Procurador-Geral de Justiça e composta por 2 (dois) Procuradores de Justiça e 2 (dois) Promotores de Justiça da mais elevada entrância em atividade, eleitos pelo Conselho Superior do Ministério Público, além do representante da Ordem do Advogados do Brasil da Seção Goiás. Gabarito "D"

3.21. CEARÁ

(Analista Jurídico – MPE-CE – FCC – 2013) De acordo com a Lei Complementar Estadual n. 72/08, as Procuradorias de Justiça, o Conselho Superior do Ministério Público e a Comissão de Concurso são órgãos do Ministério Público, respectivamente,

(A) de administração, de execução e auxiliar.
(B) de administração, de execução e de execução.
(C) auxiliar, de execução e auxiliar.
(D) auxiliar, de administração e de administração.

(E) de execução, de administração e de administração.

Nos termos do art. 6º, I, da LC Estadual 72/08 (Lei Orgânica do Ministério Público do Ceará – LOMPCE), as Procuradorias de Justiça são Órgãos de Administração do Ministério Público. Sobre os Órgãos de Administração do Ministério Público do Ceará, convém observar, pela peculiaridade, que o PROCON integra, como órgão de tal natureza, o *Parquet* estadual deste Estado (art. 6º, III, da LOMPCE). O Conselho Superior do Ministério Público, nos termos do art. 5º, III, LOMPCE é Órgão de Administração Superior do Ministério Público. Por fim, a Comissão de Concurso é Órgão Auxiliar do Ministério Público, nos termos do art. 8º, IV, da LOMPCE.
Gabarito "A".

(Analista Jurídico – MPE-CE – FCC – 2013) De acordo com a Lei Orgânica Nacional do Ministério Público, a decisão sobre vitaliciamento de membros do Ministério Público compete ao:

(A) Presidente da Comissão de Concurso, isoladamente.

(B) Procurador-Geral de Justiça, isoladamente.

(C) Corregedor-Geral do Ministério Público, isoladamente.

(D) Conselho Superior do Ministério Público.

(E) Colégio dos Procuradores de Justiça.

A decisão sobre o vitaliciamento do membro do Ministério Público incumbe ao Conselho Superior do Ministério Público, nos termos do art. 15, VII, da Lei 8.625/1993 (Lei Orgânica Nacional do Ministério Público). No âmbito do Ministério Público do Ceará, a disposição é repetida em seu art. 48, VI.
Gabarito "D".

3.22. ESPÍRITO SANTO

(Agente de Promotoria - Assessoria – MPE-ES – VUNESP – 2013) A fiscalização contábil, financeira, orçamentária e patrimonial do Ministério Público, quanto à legalidade, legitimidade, economicidade, aplicação de dotações e recursos próprios e renúncia de receitas, será exercida mediante controle externo e pelo sistema de controle interno. Os controles externo e interno são exercidos respectivamente, pelo Poder:

(A) Judiciário e pela Assessoria de Controle Interno.

(B) Legislativo e Assessoria de Controle Interno.

(C) Executivo e Procurador-Geral de Justiça.

(D) Legislativo e Comissão integrada por servidores do Ministério Público.

(E) Executivo e Comissão integrada por membros do Ministério Público.

O art. 2º, § 6º, da Lei Orgânica do Ministério Público do Espírito Santo (LOMPES) dispõe que o controle externo será exercido pelo Poder Legislativo. Por sua vez, quanto ao controle interno, o art. 2º, §7º, da

LOMPES, prevê sua realização pela Assessoria de Controle Interno, conforme regulamentação por ato do Procurador-Geral de Justiça.
Gabarito "B".

3.23. SANTA CATARINA

(Analista do Ministério Público – MPE-SC – FEPESE – 2014) Assinale a alternativa **correta**.

(A) O Colégio de Procuradores é órgão de Administração do Ministério Público.

(B) O Procurador-Geral de Justiça será nomeado pelo Chefe do Poder Executivo, dentre os Procuradores de Justiça integrantes de lista tríplice, para mandato de dois anos, sendo admitida a recondução.

(C) A Chefia do Ministério Público cabe ao Procurador-Geral de Justiça, o qual conta com prerrogativas de Chefe de Estado, posicionando-se após o Presidente da Assembleia Legislativa.

(D) A fiscalização operacional do Ministério Público, quanto à legitimidade, tendo por fundamento sua autonomia administrativa, será exercida exclusivamente mediante controle interno, a ser realizado por auditores ocupantes de cargo efetivo e integrantes do quadro de carreiras dos servidores do Ministério Público.

(E) O Ministério Público é instituição permanente, sendo-lhe assegurada autonomia funcional, administrativa e financeira, tendo suas decisões autoexecutoriedade e eficácia plena, ressalvada a competência constitucional do Poder Judiciário e do Tribunal de Contas.

A: incorreto. Nos termos do art. 5º, II, da LC Estadual 197/00 (Lei Orgânica do Ministério Público de Santa Catarina – LOMPSC), o Colégio de Procuradores é Órgão da Administração Superior do Ministério Público; **B:** incorreto. A LOMPSC não exige que o Procurador-Geral de Justiça seja Procurador de Justiça, bastando que seja membro da instituição com mais de dez anos de carreira (art. 9º, "caput", da LOMPSC); **C:** incorreto. Não há disposição neste sentido na LOMPSC. Tampouco há hierarquia entre o Procurador-Geral de Justiça e o Chefe do Poder Legislativo, visto que ambas as instituições são independentes e autônomas; **D:** incorreto. Quando a LOMPSC menciona o controle interno, a ser exercido por auditores, ocupantes de cargos de provimento efetivo e integrantes do quadro de servidores do Ministério Público, está a se referir à fiscalização contábil, e não operacional (art. 3º, §§3º e 4º, da LOMPSC); **E:** correto. Dispõe o art. 1º da LOMPSC, na esteira do art. 127 da CF, sobre a permanência da instituição. As autonomias funcional, administrativa e financeira são garantidas pelo art. 2º do mesmo diploma legal. As características de autoexecutoriedade e eficácia plena das decisões, ressalvadas as competências do Poder Judiciário e do Tribunal de Contas, por suas vezes, foram previstas no art. 2º, §2º, da LOMPSC.
Gabarito "E".

9. DIREITO PENAL

Lucas Corradini

1. PARTE GERAL

1.1. INTRODUÇÃO AO DIREITO PENAL

(Analista Jurídico – MPE-AL – COPEVE-UFAL – 2012) A doutrina penal é unânime de que na expressão "não há crime sem lei anterior que o defina" firma-se um dos fundamentos mais importantes do direito penal: o princípio constitucional da legalidade penal no que diz respeito aos delitos. Pergunta-se: quais são os corolários extraídos desta locução?

(A) Subsidiariedade, anterioridade e personalidade.
(B) Reserva legal, anterioridade e instranscendência.
(C) Reserva legal, anterioridade e taxatividade.
(D) Subsidiariedade, anterioridade e individualização da pena.
(E) Reserva legal, personalidade e taxatividade.

A resposta correta se encontra na alternativa C, na medida em que, nos termos do art. 1º do CP, "não há crime sem lei [reserva legal] anterior [anterioridade] que o defina [taxatividade]".
Gabarito "C".

(Analista Jurídico – MPE-AL – COPEVE-UFAL – 2012) Possui imunidade de jurisdição por força de tratado em que o Brasil é parte:

I. O embaixador aqui acreditado.
II. A embaixatriz de nacionalidade brasileira.
III. Os Chefes de Estado.
IV. As pessoas jurídicas estrangeiras.
Verifica-se que está(ão) correta(s):

(A) II, III e IV, apenas.
(B) I e III, apenas.
(C) I, II e III, apenas.
(D) I, II, III e IV.
(E) I, apenas.

Com previsão na Convenção de Viena Sobre Relações Diplomáticas, incorporada ao direito brasileiro por meio do Decreto 56.435/65, possuem imunidade diplomática o embaixador e sua família, assim como os Chefes de Estado. Além destes, que foram apontados na questão, possuem imunidade por força de tratado internacional (portanto, imunidade diplomática), os funcionários do corpo diplomático e sua família, bem como os funcionários de organizações internacionais quando em serviço (ex.: servidor da ONU). Pela imunidade, tais indivíduos devem respeitar o preceito primário dos crimes, não estando sujeitos, no entanto, ao seu preceito secundário, cuja aplicação ficará a cargo do país originário, observada a legislação nativa.
Gabarito "B".

(Agente Técnico Jurídico – MPE-AM – FCC – 2013) O uso da analogia para punir alguém por ato não previsto expressamente em lei, mas semelhante a outro por ela definido,

(A) é permitido, se o fato for contrário ao sentimento do povo na época em que o ato foi praticado.
(B) é vedado, por importar em violação do princípio da legalidade.
(C) é vedado, por contrariar o princípio da proporcionalidade da lei penal.
(D) é permitido, se o fato for contrário aos princípios fundamentais do Direito Penal.
(E) só é permitido se estiver fundado no direito consuetudinário.

Em matéria penal, o uso da analogia somente é possível na hipótese de destinar-se a beneficiar o indivíduo (analogia *in bonam partem*). Sendo a analogia destinada a punir, ou incrementar a punição, a atividade é vedada, já que todo o crime e toda a pena somente podem ser definidos em lei anterior (*princípio da legalidade*), não podendo, por isso, ser decorrente da atividade mental em pauta. Nesta esteira, tem-se o seguinte acórdão do STF, segundo o qual: "Não é possível abranger como criminosas condutas que não tenham pertinência em relação à conformação estrita do enunciado penal. Não se pode pretender a aplicação da analogia para abarcar hipótese não mencionada no dispositivo legal (analogia *in malam partem*). Deve-se adotar o fundamento constitucional do princípio da legalidade na esfera penal" (STF, Inquérito 1.145/PB, rel. Min. Maurício Corrêa, j. 19.12.2006).
Gabarito "B".

(Analista – MPE-SE – FCC – 2013) A ideia de insignificância penal centra-se no conceito:

(A) formal de crime.
(B) material de crime.
(C) analítico de crime.
(D) subsidiário de crime.
(E) aparente de crime.

O princípio da insignificância exclui a tipicidade material da conduta. Por tipicidade material deve ser entendida a potencialidade que a conduta possui de causar efetiva lesão, ou perigo de lesão, ao bem jurídico tutelado pelo tipo penal. Assim, para haver crime, não basta que a conduta se adeque formalmente aos elementos do tipo penal. Após a atividade subsuntiva, é necessário perquirir se, com aquela prática, o agente atingiu ou colocou em risco, efetivamente, o bem jurídico protegido pelo tipo penal. O clássico exemplo é o furto insignificante. Imaginemos que um indivíduo subtrai de uma loja pertencente à grande rede de supermercados um pacote de bolacha água e sal. No caso, a despeito de a conduta amoldar-se formalmente ao tipo penal do art. 155 do CP, tem-se, a princípio, que o bem jurídico tutelado pela norma incriminadora, qual seja o patrimônio, não foi efetivamente lesado ou colocado em risco com a conduta do agente, em razão do ínfimo valor do bem subtraído. Nesta esteira, elucidativo julgado do STF, segundo o qual: "A tipicidade penal não pode ser percebida como o trivial exercício de adequação do fato concreto à norma abstrata. Além da correspondência formal, para a configuração da tipicidade, é necessária uma análise materialmente valorativa das circunstâncias do caso concreto, no sentido de se verificar a ocorrência de alguma lesão grave, contundente e penalmente relevante do bem jurídico tutelado" (STF, HC 97.772/RS, rel. Min. Carmen Lúcia, j. 3.11.2009).
Gabarito "B".

(Analista Processual Direito – MPE-AC – FMP – 2013) Assinale a alternativa correta.

(A) No conceito analítico do crime, a imputabilidade penal constitui elemento autônomo do crime.
(B) A adequação social constitui, segundo doutrina majoritária, excludente de ilicitude.

(C) Para a doutrina finalista, o princípio da insignificância constitui causa exculpante.

(D) De acordo com a doutrina finalista, a consciência da ilicitude é elemento do dolo.

(E) O erro de tipo sempre exclui o dolo.

A: incorreta. A imputabilidade penal não constitui elemento autônomo do crime, mas sim requisito, ao lado da exigibilidade de conduta diversa e da potencial consciência da ilicitude, para a aferição da culpabilidade; **B:** incorreta; Concebida por *Hans Welzel*, encerra a ideia de que uma conduta, embora esteja adequada aos limites do tipo penal, pode ser atípica quando socialmente adequada, de modo a não ferir o sentimento socialmente incorporado de Justiça. Portanto, a teoria da adequação social afasta a tipicidade material da conduta, não refletindo sobre o substrato da ilicitude; **C:** incorreta. O princípio da insignificância, assim como a teoria da adequação social, constitui causa de exclusão da tipicidade material; **D:** incorreta. Para a doutrina finalista, tal como adotado pelo Direito Penal pátrio, a potencial consciência da ilicitude é elemento da culpabilidade. A consciência atual da ilicitude é elemento do denominado *dolo normativo* para as teorias causalista e neokantista, nas quais entendia-se que o dolo (então normativo), integrava o substrato da culpabilidade e era composto por três elementos: consciência (sobre a conduta), vontade (determinando a conduta, sem ligação com o resultado) e consciência atual da ilicitude (conhecimento da antijuridicidade do comportamento). Já para a teoria finalista, o dolo não é o normativo, sendo chamado de *dolo natural*. É composto apenas pela consciência e pela vontade; **E:** correta. Nos termos do art. 20 do CP, o erro sobre os elementos do tipo sempre exclui o dolo. Porém, nem sempre exclui a culpa. Se o erro derivar de imprudência, imperícia ou negligência, sendo, portanto, evitável, é possível a punição da modalidade culposa se esta for prevista em lei.

Gabarito "E".

(Analista – MPU – 2010 – CESPE) Julgue o próximo item, relativo ao direito penal.

(1) De acordo com entendimento jurisprudencial, não se aplica o princípio da insignificância aos crimes ambientais, ainda que a conduta do agente se revista da mínima ofensividade e inexista periculosidade social na ação, visto que, nesse caso, o bem jurídico tutelado pertence a toda coletividade, sendo, portanto, indisponível.

1: incorreta, já que os crimes ambientais comportam, sim, a aplicação do postulado da insignificância (delito de bagatela), segundo jurisprudência do STF. *Vide*, a esse respeito, **Informativo** 430 do STF.

Gabarito "1E".

1.2. APLICAÇÃO DA LEI PENAL NO TEMPO

(Analista de Promotoria I – Assistente Jurídico – MPE-SP – VUNESP – 2010)
Com relação à aplicação da lei penal no tempo e ao princípio da anterioridade, considere as seguintes assertivas:

I. Ninguém pode ser punido por fato que lei posterior deixa de considerar crime.

II. Não há crime sem lei anterior que o defina; não há pena sem prévia cominação legal.

III. A lei posterior, que de qualquer modo favorecer o agente, aplica-se aos fatos anteriores, exceto quando decididos por sentença condenatória transitada em julgado.

É correto o que se afirma em

(A) I, apenas.

(B) I e II, apenas.

(C) I e III, apenas.

(D) II e III, apenas.

(E) I, II e III.

I: correta. Trata-se da figura da *abolitio criminis*, prevista no art. 2º do CP. O indivíduo que praticou a conduta durante a existência do crime será beneficiado pela lei que deixar de considerá-la delito, havendo extinção da punibilidade (art. 107, III, do CP). A extinção da punibilidade ocorrerá ainda que após o trânsito em julgado da condenação, hipótese em que remanescerão apenas os efeitos civis da condenação. Vale ressaltar que, a despeito da revogação formal do tipo penal, se a conduta continuar tipificada em outro dispositivo da legislação, não há que se falar em *abolitio criminis*, em razão da incidência do *princípio da continuidade normativo-típica*; **II:** correta. Eis o conteúdo dos princípios da legalidade e da reserva legal, previstos no art. 1º do CP e art. 5º, XXXIX, da CF; **III:** incorreta. A lei posterior benéfica ao agente (*novatio legis in mellius*) retroage para favorecer o autor da conduta ainda que após o trânsito em julgado da sentença penal condenatória. É o que dispõe o art. 2º, parágrafo único, do CP.

Gabarito "B".

(Analista Processual Administrativo – MPE-RJ – 2011) No direito penal, o problema da sucessão das leis no tempo é resolvido segundo a garantia constitucional de que a lei penal não retroagirá, salvo para beneficiar o réu (CRFB, art. 5º, inciso XL). Já no campo processual penal, a norma geral de direito intertemporal encontra-se prevista no art. 2º do CPP, disciplinando que a lei processual penal aplicar-se-á desde logo, sem prejuízo da validade dos atos realizados sob a vigência da lei anterior. Assim, quanto ao tema "sucessão de leis penais e processuais penais", é correto afirmar que:

(A) no campo processual penal adota-se, como regra, o princípio *tempus regit actum*, que se imiscui com a ideia de retroatividade da lei processual;

(B) retroatividade, entendida como a imposição de uma lei a fatos pretéritos ou situações consumadas antes do início de sua vigência, tem como corolário o princípio geral do efeito imediato, entendido como sua incidência sobre fatos e situações pendentes quando a lei entra em vigor;

(C) retroatividade e aplicação imediata são fenômenos temporais relativos, que pressupõem, para sua aferição, um referencial cronológico, sendo certo que a aplicação imediata da lei processual leva em conta o momento da imputação inicial;

(D) a doutrina reconhece a existência das chamadas "normas mistas" ou "normas processuais materiais", sendo que uma corrente ampliativa entende que são aquelas que, embora disciplinadas em diplomas processuais penais, disponham sobre o conteúdo da pretensão punitiva e sobre as demais normas que tenham por conteúdo matéria que seja direito ou garantia constitucional do cidadão;

(E) no sistema do isolamento dos atos processuais, adotado pelo legislador pátrio no CPP, admite-se que cada ato seja regido por uma lei, o que permite que a lei velha regule os atos já praticados, ocorridos sob sua vigência, enquanto a lei nova terá aplicação imediata, passando a disciplinar os atos futuros.

A: incorreta. Na seara do Direito Processual Penal, de fato, adota-se a ideia de *tempus regit actum*, por força do disposto no art. 2º do CPP; Daí, decorre que não há retroatividade, seja maléfica, seja benéfica, da lei processual penal, aplicando-se ao ato a lei vigente no tempo de sua prática, independentemente da lei que era vigente ao tempo do crime;

9. DIREITO PENAL

Consectário interessante do exposto foi observado na reforma processual penal de 2008. Com o advento da Lei 11.719/2008, ao contrário da regra procedimental anterior, o interrogatório passou a ser o último ato da instrução criminal. Com base nisso, muitos juízes que já haviam interrogado o réu, como primeiro ato da instrução, em um determinado processo, passaram a designar data para novo interrogatório, agora sob a vigência da novel legislação. Contudo, prevaleceu o entendimento de que a medida era desnecessária, visto que o interrogatório realizado inicialmente era válido por ter ocorrido em consonância com a lei processual vigente na época de ultimação do ato, que se aperfeiçoou validamente, não havendo que se falar, assim, em retroatividade benéfica da lei processual penal; **B**: incorreta. A retroatividade não tem como corolário o princípio geral do efeito imediato (segundo o qual a norma aplica-se assim que entrar em vigor, sem afetar a validade dos atos processuais praticados anteriormente à sua vigência), que serve à regra do *tempus regit actum*, aplicável à legislação processual penal, para a qual não há retroatividade; **C**: incorreta. A aplicação imediata da lei processual não leva em conta o momento da imputação inicial, mas sim o momento da prática do ato processual; **D**: incorreta. A corrente dita ampliativa sustenta que as normas processuais materiais ou mistas são aquelas que acarretem qualquer reflexo na liberdade do agente. Assim, seriam normas processuais materiais os meios de prova, a liberdade condicional, fiança, condição de procedibilidade, execução de pena, etc. Para a corrente restritiva, por sua vez, apenas as normas que refletem matéria relativa à pretensão punitiva podem ser consideradas normas processuais materiais; **E**: correta. Explica corretamente a ideia de *tempus regit actum*, sendo aplicável o exemplo contido na explicação da assertiva A, acima, relativo ao interrogatório e a Lei 11.719/2008.
Gabarito "E".

(Analista Jurídico – MPE-AL – COPEVE-UFAL – 2012) Dadas as definições seguintes sobre Leis "excepcionais" em Direito Penal,

I. São regras penais que gozam de retroatividade.

II. São leis denominadas vagas, por incompletude do seu preceito secundário.

III. São regras penais destinadas a vigorar, tão somente durante a existência dos fatos que as motivaram.

IV. Tais quais às temporárias são regras destinadas a reger situações anômalas.

V. Tratam-se, na verdade, de leis, exclusivamente, de cunho administrativo.

verifica-se que estão corretas:

(A) I, II e V, apenas.

(B) III, IV e V, apenas.

(C) III e IV, apenas.

(D) I e III, apenas.

(E) I, III, IV e V.

Lei excepcional é aquela que, embora cessadas as circunstâncias que a determinaram, aplica-se ao fato praticado durante sua vigência (art. 3º do CP). Não gozam, assim, de retroatividade, na medida em que não alcançam fatos anteriores à sua vigência. São, no entanto, ultrativas, na medida em que continuam sendo aplicadas aos fatos praticados durante sua vigência, mesmo após cessadas as circunstâncias que a determinaram. Assemelham-se às leis temporárias, visto que estas, do mesmo modo, continuam sendo aplicadas, embora decorrido o período de sua duração. A diferença entre elas reside no fato de a lei excepcional ter por causa circunstâncias fáticas indicativas de anormalidade, tendo a vigência condicionada à manutenção destas, ao passo que a lei temporária vige por tempo pré-determinado. Estão corretas, assim, as assertivas **III** e **IV**. Portanto, são regras penais que **não** gozam de retroatividade, estando incorreta a assertiva **I**. Não necessariamente terão seu preceito secundário incompleto. Tais normas, que contam com incompletude do preceito secundário, denominam-se *normas penais em branco ao revés*, razão pela qual está incorreta a assertiva

II. Não possuem, necessariamente, cunho administrativo, razão pela qual está incorreta a assertiva **V**.
Gabarito "C".

(Analista Ministerial Processual-Direito – MPE-MA – FCC – 2013) No que concerne à aplicação da lei penal, é correto afirmar:

(A) A pena cumprida no estrangeiro atenua a pena imposta no Brasil pelo mesmo delito, quando diversas, ou nela é computada, quando idênticas.

(B) Considera-se praticado o crime no momento em que ocorreu o resultado.

(C) Ao crime cometido no Brasil por estrangeiro aplica-se sempre a lei do país de sua nacionalidade.

(D) No cálculo do cumprimento de pena privativa de liberdade, não se inclui o dia do começo, computando-se o do vencimento.

(E) A lei posterior que reduzir a pena imposta a determinado delito, não se aplica aos fatos anteriores já decididos por sentença condenatória transitada em julgado.

A: correta. Art. 8º do CP; **B**: Para o tempo do crime, o CP adotou a teoria da atividade, de modo que "considera-se praticado o crime no momento da ação ou omissão, ainda que outro seja o momento do resultado." (art. 4º do CP); **C**: incorreta. Nos termos do art. 5º do CP, consagrando o princípio da territorialidade, "aplica-se a lei penal brasileira, sem prejuízo de convenções, tratados e regras de direito internacional, ao crime cometido no território nacional", pouco importando a nacionalidade de seu autor; **D**: incorreta. Nos termos do art. 10 do CP, "o dia do começo inclui-se no cômputo do prazo". Neste ponto, a regra do Direito Penal é diversa da regra do Direito Processual Penal. Neste, exclui-se o dia do começo do prazo, nos termos do art. 798, §1º, do CPP; **E**: incorreta. Na hipótese de a lei posterior beneficiar o indivíduo (*novatio legis in mellius*), ela retroagirá, alcançando, inclusive, os fatos já decididos por sentença condenatória transitada em julgado, consoante dispõe o art. 2º, parágrafo único, do CP.
Gabarito "A".

(Analista Processual Direito – MPE-AC – FMP – 2013) Em matéria de lei penal, assinale a afirmativa correta.

(A) O princípio da legalidade é a regra, mas admite-se a edição de medidas provisórias em matéria penal, em caso de relevância e urgência.

(B) Adota o Código Penal brasileiro a teoria da atividade relativamente ao tempo do crime.

(C) Adota o Código Penal brasileiro a teoria do resultado relativamente ao tempo do crime.

(D) Adota o Código Penal brasileiro a teoria da ubiquidade relativamente ao tempo do crime.

(E) A lei posterior, que de qualquer modo favorecer o agente, não se aplica aos fatos anteriores, quando decididos por sentença condenatória transitada em julgado.

A: incorreta. O Direito Penal é matéria sujeita ao *princípio da reserva legal*, o que significa que seu tratamento foi reservado à lei formal, pelo que é vedada a edição de medida provisória a seu respeito (art. 62, §1º, I, *b*, da CF); **B**: correta. Nos termos do art. 4º do CP, adotou-se a teoria da atividade, na medida em que "considera-se praticado o crime no momento da ação ou omissão, ainda que outro seja o momento do resultado"; **C**: incorreta. Art. 4º do CP; **D**: incorreta. Art. 4º do CP. Por outro lado, a *teoria da ubiquidade* é adotada pelo CP na definição do local do crime (art. 6º do CP), que determina que considera-se praticado o crime "no lugar em que ocorreu a ação ou omissão, no todo ou em parte, bem como [ubiquidade] onde se produziu ou deveria produzir-se o resultado" [destaque nosso]; **E**: incorreta. A lei posterior benéfica (*novatio legis in mellius*) aplica-se aos fatos anteriores, ainda que decididos por sentença condenatória transitada em julgado (art. 2º, parágrafo único, do CP), ficando, nesta hipótese, a cargo do juiz da execução criminal a concessão da benesse.

Gabarito "B".

(Analista de Promotoria II – Agente de Promotoria – MPE-SP – IBFC – 2013) Com relação à aplicação da lei penal, assinale a alternativa <u>INCORRETA:</u>

(A) Para fins de aplicação da lei penal no tempo, o Código Penal considera praticado o crime no momento da ação ou omissão do agente, ainda que outro seja o momento do resultado.

(B) A lei penal, durante o período de *vacatio legis,* não pode ser aplicada, ainda que mais benéfica ao agente.

(C) É vedada, em Direito Penal, a aplicação da analogia *in malam partem.*

(D) Cessada a vigência da lei penal, ela jamais poderá ter efeitos ultrativos.

(E) Não há crime, se o agente pratica o fato durante o período de *vacatio legis* da lei nova.

A: correta. Como sabido, o CP, em seu art. 4º, adotou a *teoria da atividade,* que consagra a regra trazida na alternativa; **B:** correta. A despeito de haver doutrina em sentido contrário, prevalece que a lei penal, ainda que mais favorável, não pode ser aplicada no período da *vacatio legis,* visto que não é, ainda, dotada de eficácia. Nada impede, porém, que após transpassado o prazo da *vacatio legis* e obtendo ela eficácia, seja aplicada retroativamente, por se tratar de *novatio legis in mellius,* nos termos do art. 2º, parágrafo único, do CP, alcançando, inclusive, os fatos já decididos por sentença condenatória transitada em julgado; **C:** correta. Em matéria penal, o uso da analogia somente é possível se destinar-se a beneficiar o indivíduo (*analogia in bonam partem*). Sendo a analogia destinada a punir, ou incrementar a punição, é ela vedada, já que todo o crime e toda a pena somente pode ser definido em lei anterior (*princípio da legalidade,* abrangendo, ainda, o *princípio da anterioridade da lei penal*), não podendo, por isso, ser decorrente da atividade mental em pauta; **D:** incorreta. Entende-se por ultratividade a possibilidade de aplicação da lei penal mesmo após sua revogação. A incorreção da assertiva reside no emprego do advérbio jamais (palavra que, em geral, assim como outras que encerram ideias definitivas e totalitárias – *nunca, toda, nenhum, etc.* –, em questões objetivas, é indício da incorreção da assertiva em que foi alocada, por desconsiderar as, em Direito quase sempre presentes, exceções). Se a lei posterior à lei penal revogada for mais gravosa (*lex gravior*), a lei antecedente mais benéfica terá efeitos ultrativos, visto que a lei nova somente retroagiria para alcançar os fatos praticados no passado se fosse mais benéfica ao indivíduo (art. 2º, parágrafo único, do CP). Também possuem efeitos ultrativos as leis penais excepcionais ou temporárias, nos termos do art. 3º do CP; **E:** correta. Se a lei nova estiver acrescentando a figura típica até então inédita no ordenamento jurídico (neocriminalização: inserção de figura típica relativa à conduta até então irrelevante para o Direito Penal), não responderá pelo novo delito o agente que o praticar no período da *vacatio legis,* haja vista que, neste intervalo, a *novatio legis* incriminadora é destituída de eficácia e, após adquirir a eficácia, não retroagirá em prejuízo do indivíduo, visto que a figura delituosa deve estar definida em lei anterior à conduta, e a pena cominada previamente em diploma legal (*princípios da anterioridade da lei penal e da legalidade*).

Gabarito "D".

(Analista Jurídico – MPE-CE – FCC – 2013) Sobre a aplicação da lei penal excepcional ou temporária, de acordo com o Código Penal brasileiro, é correto afirmar:

(A) Fere o princípio constitucional da irretroatividade da lei e deve ser declarada inconstitucional.

(B) Embora decorrido o período de sua duração ou cessadas as circunstâncias que a determinaram, aplica-se ao fato praticado durante sua vigência.

(C) Está restrita ao direito penal militar em tempo de guerra.

(D) Aplica-se ao fato praticado anteriormente à sua vigência desde que não tenha decorrido o período de sua duração ou cessadas as circunstâncias que a determinaram.

(E) Não está prevista no direito brasileiro que adota o princípio da estrita legalidade.

A: incorreta. A ultratividade da lei excepcional ou temporária decorre, logicamente, da natureza do instituto. Não haveria sentido fazer-se cessar sua aplicabilidade com o fim da vigência, sob pena de fazer de seus preceitos letra morta. Como bem salientado no item 8, da Exposição de Motivos do CP, a ultratividade "visa a impedir que, tratando-se de leis previamente limitadas no tempo, possam ser frustradas as suas sanções por expedientes astuciosos no sentido do retardamento dos processos penais". Trata-se, portanto, de razoável e justificada exceção à regra da irretroatividade da lei; **B:** correta. É o que dispõe o art. 3º do CP; **C:** incorreta, estando prevista no art. 3º do CP; **D:** incorreta. Somente se aplicam aos fatos praticados durante sua vigência, ainda que, para tanto, tenham de ser ultrativas (isso é, ter aplicabilidade após a cessação da vigência); **E:** incorreta. Art. 3º do CP.

Gabarito "B".

(Analista de Promotoria - Assistente Jurídico – MP-SP – VUNESP – 2015) Sobre a aplicação da lei penal, é correto afirmar que:

(A) em relação ao tempo do crime, o Código Penal, no artigo 4º, adotou a teoria da ubiquidade.

(B) para os crimes permanentes, aplica-se a lei nova, ainda que mais severa, pois é considerado tempo do crime todo o período em que se desenvolver a atividade criminosa.

(C) em relação ao lugar do crime, o Código Penal, no artigo 6º, adotou a teoria da atividade.

(D) a nova lei, que deixa de considerar criminoso determinado fato, cessa, em favor do agente, todos os efeitos penais e civis.

(E) o princípio da retroatividade da lei penal mais benéfica é absoluto, previsto constitucionalmente, sobrepondo-se até mesmo à ultratividade das leis excepcionais ou temporárias.

A: incorreta. No que atine ao tempo do crime, o art. 4º do CP adotou a teoria da atividade, visto que "considera-se praticado o crime no momento da ação ou da omissão, ainda que outro seja o momento do resultado"; **B:** correta. É o que dispõe a Súmula 711 do STF, segundo a qual "a lei penal mais grave aplica-se ao crime continuado ou ao crime permanente, se sua vigência é anterior à cessação da continuidade ou da permanência". Portanto, o enunciado não somente está correto, como também tem aplicabilidade para além dos crimes permanentes, abrangendo a situação da lei penal no tempo para os crimes praticados em continuidade, na forma do art. 71 do CP; **C:** incorreta. No que diz respeito ao lugar do crime, o CP, adotou a teoria da ubiquidade, que nada mais é senão uma conjugação das teorias da atividade e do resultado. Assim, o art. 6º do CP considera o crime praticado "no lugar em que ocorreu a ação ou omissão, no todo ou em parte, bem como onde se produziu ou deveria produzir-se o resultado". Vale ressaltar que o art. 6º do CP, e, portanto, a teoria da ubiquidade, tem utilidade para a solução dos problemas da lei aplicável nos crimes de espaço máximo (praticados em um país, com resultado produzido em outro), tratando-se de norma de Direito Penal Internacional. A norma tem por escopo alargar as hipóteses de incidência da lei penal brasileira. Assim, se qualquer ato relacionado ao crime for praticado no território nacional,

9. DIREITO PENAL — 185

ou, ainda, se apenas seu resultado aqui se verificar, o ordenamento jurídico pátrio terá incidência; **D:** incorreta. Nos termos do art. 2º do CP, a lei posterior que deixa de considerar criminoso determinado fato (provocando o fenômeno da *abolitio criminis*) faz cessar a execução e os efeitos penais da sentença condenatória, não atingindo seus efeitos civis; **E:** incorreta. Nos termos do art. 3º do CP, as leis excepcionais ou temporárias são tratadas como exceção à regra da retroatividade da lei penal mais benéfica, de modo que, embora decorrido o período de sua duração, ou cessadas as circunstâncias que a determinaram, continuam sendo aplicadas aos fatos praticados durante sua vigência. Portanto, os fatos praticados na vigência de lei temporária ou excepcional que forem por ela atingidos continuarão a ser por elas regidos mesmo após sua revogação, independentemente da benevolência da legislação que passa a ser aplicada. Por isso, diz-se que as leis temporárias ou excepcionais são dotadas de ultratividade, e tal ultratividade não é abrangida pelo princípio da retroatividade da lei penal mais benéfica.

Gabarito "B".

1.3. APLICAÇÃO DA LEI PENAL NO ESPAÇO

(Analista Ministerial Especialista – Ciências Jurídicas – MPE-TO – UFT-COPESE – 2010) Se cometidos no estrangeiro, não se aplica a lei brasileira ao:

(A) Crime de constrangimento ilegal contra o Presidente da República.

(B) Crime de roubo contra o Presidente da República.

(C) Crime contra a administração pública, por quem está a seu serviço.

(D) Crimes praticados em aeronaves ou embarcações brasileiras, mercantes ou de propriedade privada, quando em território estrangeiro e aí não sejam julgados.

A: incorreta. Nos termos do art. 7º, I, *a*, do CP, aplica-se a lei brasileira ao crime contra a vida e a liberdade do Presidente da República, ainda que este tenha sido cometido no estrangeiro. O constrangimento ilegal (art. 146 do CP) se trata de crime contra a liberdade pessoal (Título I, Capítulo VI, Seção I, o CP), pelo que se enquadra na hipótese de extraterritorialidade incondicionada (que não depende da concorrência de qualquer outro fato) em pauta; **B:** correta. O crime de roubo é delito contra o patrimônio, não se tratando, assim, de crime contra a vida ou a liberdade do Presidente da República. Desse modo, a hipótese não se enquadra na hipótese de extraterritorialidade prevista no art. 7º, I, *a*, do CP, sendo esta a alternativa a ser assinalada; **C:** incorreta. Trata-se de mais uma hipótese de extraterritorialidade incondicionada, na qual a lei brasileira é aplicada ao crime praticado no estrangeiro, desta vez prevista no art. 7º, I, *c*, do CP; **D:** incorreta. Trata-se de hipótese de extraterritorialidade condicionada, prevista no art. 7º, II, *c*, do CP, na qual é possível a aplicação da lei brasileira, desde que presentes, cumulativamente, as seguintes condições (art. 7º, §2º, do CP): *(a)* entrar o agente no território nacional após o cometimento do delito; *(b)* haver dupla tipicidade – ou seja, o fato ser considerado crime também no país em que foi praticado; *(c)* a lei brasileira autorizar, para o delito, a extradição. Para tanto, basicamente, o crime deve ser punido com reclusão, e a pena deve ser maior que 1 (um) ano, nos termos do art. 77 do Estatuto do Estrangeiro (Lei 6.815/80); *(d)* não ter sido o agente absolvido no estrangeiro ou ali cumprido pena; *(d)* não ter sido o agente perdoado no estrangeiro, ou, ainda, não estar extinta a punibilidade de acordo com a lei que for mais benéfica.

Gabarito "B".

(Analista de Promotoria I – Assistente Jurídico – MPE-SP – VUNESP – 2010) Considere que um indivíduo, de nacionalidade chilena, em território argentino, contamine a água potável que será utilizada para distribuição no Brasil e Paraguai. Considere, ainda, que neste último país, em razão da contaminação, ocorre a morte de um cidadão paraguaio, sendo que no

Brasil é vitimado, apenas, um equatoriano.

De acordo com a regra do art. 6.º do nosso Código Penal ("lugar do crime"), considera-se o crime praticado:

(A) na Argentina, apenas.

(B) no Brasil e no Paraguai, apenas.

(C) no Chile e na Argentina, apenas.

(D) na Argentina, no Brasil e no Paraguai, apenas.

(E) no Chile, na Argentina, no Paraguai, no Brasil e no Equador.

Como sabido, o art. 6º do CP, que cuida do lugar do crime, adotou a *teoria da ubiquidade*, na medida em que considera praticado o delito no local onde foi praticada a conduta (ação ou omissão), bem como no local onde se produziu ou devesse se produzir o resultado. No caso do problema, a conduta foi praticada na Argentina, ao passo que o resultado se produziu no Brasil e no Paraguai. Assim, afastadas as informações colocadas no problema que não guardam relevância para a solução da questão (nacionalidade do agente criminoso e das vítimas), tem-se que o crime de envenenamento de água potável (art. 270 do CP) ou poluição de água potável (art. 271 do CP) se considera praticado na Argentina, no Brasil e no Paraguai.

Gabarito "D".

(Analista Jurídico – MPE-PA – FADESP – 2012) Ficam sujeitos à lei brasileira, embora cometidos no estrangeiro, os crimes cometidos contra o(a):

(A) Presidente da República.

(B) vida ou a liberdade do Presidente da República.

(C) administração pública.

(D) Presidente e o Vice-Presidente da República.

Nos termos do art. 7º, I, *a*, do CP, fica sujeito à lei brasileira, encerrando hipótese de extraterritorialidade da lei penal, ainda que cometidos no estrangeiro, os crimes contra a vida ou a liberdade do Presidente da República. Trata-se de hipótese de extraterritorialidade incondicionada, visto que "[...] o agente é punido segundo a lei brasileira, ainda que absolvido ou condenado no estrangeiro" (art. 7º, §1º, do CP), não dependendo, para a incidência do ordenamento pátrio, da concorrência de qualquer outra condição (interpretação decorrente da leitura do art. 7º, §2º, do CP).

Gabarito "B".

(Analista Ministerial Jurídico – MPE-PE – FCC – 2012) NÃO se aplica, em regra, a lei brasileira aos crimes praticados a bordo de:

(A) barco mercante estrangeiro de propriedade privada em águas territoriais brasileiras.

(B) navio de cruzeiro de propriedade de empresa estrangeira em águas territoriais brasileiras.

(C) aeronave brasileira a serviço do governo brasileiro em espaço aéreo estrangeiro.

(D) barco pesqueiro brasileiro de propriedade particular em águas territoriais estrangeiras.

(E) aeronave comercial estrangeira em voo no espaço aéreo brasileiro.

A: incorreta. Ao barco estrangeiro, de propriedade privada, quando em mar territorial brasileiro, aplica-se a lei brasileira, nos termos do art. 5º, §2º, do CP; **B:** incorreta. Ao barco estrangeiro, de propriedade privada, quando em mar territorial brasileiro, aplica-se a lei brasileira, nos termos do art. 5º, §2º, do CP; **C:** incorreta. A aeronave brasileira, a serviço do governo brasileiro, é considerada extensão do território brasileiro, aplicando-se a lei penal pátria ao crime cometido a bordo dela, onde quer que ela esteja, nos termos do art. 5º, §1º, do CP; **D:** correta. Aplicar-se-ia a lei brasileira, no caso, se o barco fosse de natureza pública ou estivesse a serviço do governo brasileiro, na forma do art.

LUCAS CORRADINI

5°, §1°, do CP, ou, em se tratando de embarcação particular, se ela estivesse em alto-mar, fora dos domínios de qualquer país; **E:** incorreta. No caso, aplica-se a lei brasileira, nos termos do art. 5°, §2°, do CP.

Gabarito "D".

(Analista Ministerial Processual-Direito – MPE-MA – FCC – 2013) No que concerne à aplicação da lei penal, é correto afirmar:

(A) A pena cumprida no estrangeiro atenua a pena imposta no Brasil pelo mesmo delito, quando diversas, ou nela é computada, quando idênticas.

(B) Considera-se praticado o crime no momento em que ocorreu o resultado.

(C) Ao crime cometido no Brasil por estrangeiro aplica-se sempre a lei do país de sua nacionalidade.

(D) No cálculo do cumprimento de pena privativa de liberdade, não se inclui o dia do começo, computando-se o do vencimento.

(E) A lei posterior que reduzir a pena imposta a determinado delito, não se aplica aos fatos anteriores já decididos por sentença condenatória transitada em julgado.

A: correta. Art. 8° do CP; **B:** Para o tempo do crime, o CP adotou a teoria da atividade, de modo que "considera-se praticado o crime no momento da ação ou omissão, ainda que outro seja o momento do resultado." (art. 4° do CP); **C:** incorreta. Nos termos do art. 5° do CP, consagrando o princípio da territorialidade, "aplica-se a lei penal brasileira, sem prejuízo de convenções, tratados e regras de direito internacional, ao crime cometido no território nacional", pouco importando a nacionalidade de seu autor; **D:** incorreta. Nos termos do art. 10 do CP, "o dia do começo inclui-se no cômputo do prazo". Neste ponto, a regra do Direito Penal é diversa da regra do Direito Processual Penal. Neste, exclui-se o dia do começo do prazo, nos termos do art. 798, §1°, do CPP; **E:** incorreta. Na hipótese de a lei posterior beneficiar o indivíduo (*novatio legis in mellius*), ela retroagirá, alcançando, inclusive, os fatos já decididos por sentença condenatória transitada em julgado, consoante dispõe o art. 2°, parágrafo único, do CP.

Gabarito "A".

(Analista de Promotoria I – Assistente Jurídico – MPE-SP – IBFC – 2013) Acerca da extraterritorialidade da lei penal e sua disciplina pelo Código Penal, assinale a alternativa CORRETA:

(A) Ficam sujeitos à lei brasileira, embora cometidos no estrangeiro, os crimes de genocídio, quando o agente for brasileiro ou domiciliado no Brasil e desde que entre no território nacional, não tenha sido absolvido ou não tenha cumprido pena no estrangeiro.

(B) Ficam sujeitos à lei brasileira, embora cometidos no estrangeiro, os crimes praticados por brasileiro, ainda que absolvido ou condenado o agente no estrangeiro.

(C) Ficam sujeitos à lei brasileira, embora cometidos no estrangeiro, os crimes praticados contra a Administração Pública por quem está a seu serviço, ainda que absolvido ou condenado o agente no estrangeiro.

(D) Ficam sujeitos à lei brasileira, embora cometidos no estrangeiro, os crimes contra a vida ou a liberdade do Presidente da República, desde que o agente entre no território nacional, não tenha sido absolvido ou não tenha cumprido pena no estrangeiro e o fato também seja punível no país em que foi praticado.

(E) A pena cumprida no estrangeiro não interfere na pena imposta no Brasil pelo mesmo crime.

A: incorreta. O crime de genocídio, quando o agente for brasileiro ou domiciliado no Brasil, trata-se de hipótese de extraterritorialidade

incondicionada (art. 7°, I, *d*, do CP), pelo que a lei brasileira se aplica independentemente do preenchimento de qualquer das condições previstas no art. 7°, §§1° e 2°, do CP. Não é necessário, assim, para a incidência da lei brasileira, que o agente ingresse no território nacional, do mesmo modo que o agente também será punido de acordo com a lei brasileira quando absolvido ou condenado no estrangeiro (art. 7°, §1°, do CP); **B:** incorreta. Nem sempre a lei brasileira se aplica ao crime cometido por brasileiro no estrangeiro, quando absolvido ou condenado no exterior. A regra do art. 7°, §1°, do CP, é de exceção, somente sendo aplicável para as hipóteses do art. 7°, I, do CP. Em regra, portanto, não se aplica a lei brasileiro ao crime cometido no estrangeiro, notadamente quando absolvido ou condenado o agente no país em que se deu o delito; **C:** correta. A hipótese de extraterritorialidade é incondicionada, por estar alocada no art. 7°, I, *c*, do CP, com o que incide a norma-regra (que, como visto, é uma exceção) do art. 7°, §1°, do CP; **D:** incorreta. A hipótese é de extraterritorialidade incondicionada, já que prevista no art. 7°, I, *a*, do CP, não dependendo do preenchimento das condições do art. 7°, §2°, do CP, que somente se aplica aos crimes previstos no art. 7, II, do CP (extraterritorialidade condicionada); **E:** incorreta. De início, tem-se que, nos termos do art. 7°, §1°, do CP, é possível, nos casos do art. 7°, I, do CP, que seja aplicada pena no Brasil, mesmo diante de já ter havido condenação e, até mesmo, cumprimento de pena, pelo mesmo crime, no exterior. No entanto, a pena cumprida no estrangeiro interferirá, sim, na pena imposta no Brasil. Nos termos do art. 8° do CP, a pena cumprida no estrangeiro pode produzir dois efeitos sobre a pena imposta, pelo mesmo crime, no Brasil: se as penas forem da mesma natureza (ex.: 2 penas privativas de liberdade), a pena cumprida no exterior será computada (ou seja, descontada) na pena imposta no Brasil. Se as penas forem de natureza diversa (ex.: multa no exterior e pena privativa de liberdade no Brasil), a pena estrangeira atenuará a brasileira.

Gabarito "C".

1.4. FATO TÍPICO (CONDUTA, RESULTADO, NEXO DE CAUSALIDADE E TIPICIDADE)

(Analista de Promotoria I – Assistente Jurídico – MPE-SP – VUNESP – 2010) O resultado, de que depende a existência do crime, somente é imputável a quem lhe deu causa. Considera-se causa a _____ sem a qual o resultado não teria ocorrido. A omissão é penalmente relevante quando o omitente _____ agir para evitar o resultado.

Assinale a alternativa que completa, correta e respectivamente, o trecho dado.

(A) ação ... devia.

(B) omissão ... podia.

(C) conduta ... devia e podia.

(D) conduta ... tinha obrigação de.

(E) ação ou omissão ... devia e podia.

A primeira parte do trecho reproduz, com fidelidade, o teor do art. 13 do CP, que trata da relação de causalidade. Pela norma nele contida, "[...] considera-se causa a <u>ação ou omissão</u> sem a qual o resultado não teria ocorrido.". Já a segunda parte, reproduz, com idêntica fidelidade, a norma do art. 13, §2°, do CP, que trata da relevância da omissão, segundo a qual "A omissão é penalmente relevante quando o omitente <u>devia e podia</u> agir para evitar o resultado".

Gabarito "E".

(Analista Jurídico – MPE-AL – COPEVE-UFAL – 2012) Paulo Sérgio esgotou seu potencial lesivo ao atirar 12 vezes, com sua pistola, contra Luís Antônio. Este, atingido por seis projéteis, foi internado em um hospital e submetido a uma cirurgia. A morte, porém, ocorreu por força de uma infecção causada por uma bactéria alojada em um dos projéteis. No caso,

(A) Paulo Sérgio deve responder, tão somente, por tentativa de homicídio, uma vez que houve causa superveniente relativamente independente que por si só produziu o resultado.

(B) tendo em vista que a morte ocorreu por circunstância acidental, Paulo Sérgio deve responder por homicídio culposo.

(C) tipificou-se, no caso apresentado, o delito de lesão corporal seguida de morte.

(D) tipificou-se o delito de lesões corporais pela verificação da desistência voluntária.

(E) Paulo Sérgio deve responder por homicídio doloso.

Para haver crime, é preciso que a conduta do agente seja considerada, além de antijurídica (ou ilícita), fato típico. O fato típico, por sua vez, compõe-se de conduta (no caso, o ato de disparar 12 vezes em face da vítima), resultado (no caso, a morte da vítima), tipicidade (no caso, o conjunto formado entre a conduta e o resultado, somados à deliberada intenção de causar a morte – o dolo –, estão subsumidas ao tipo penal do art. 121 do CP) e, finalmente, nexo causal. É aqui que reside a problemática do caso. Nexo causal nada mais é senão o vínculo, a ligação e a correlação interdependente formada entre a conduta e o resultado. O art. 13 do CP traz a definição legal do que se entende por nexo causal para fins penais, ressaltando que "considera-se causa a ação ou omissão sem a qual o resultado não teria ocorrido". O dispositivo reflete a chamada *teoria da equivalência dos antecedentes causais* (ou teoria da *conditio sine qua non*). Quando há diversos antecedentes concorrendo igualmente para o resultado, *a teoria da equivalência dos antecedentes causais* deve ser aplicada pelo operador do direito associada a uma segunda fórmula, denominada *teoria da eliminação hipotética dos antecedentes causais*. Com esta, no plano da suposição, o operador deve realizar atividade mental de exclusão individualizada de cada um dos antecedentes, aferindo, após de cada etapa, se o resultado, excluído determinada causa, remanesceria. Ao final, deve-se concluir que causa é todo o antecedente que, eliminado, excluiu o resultado. Havendo mais de um antecedente qualificado como causa concorrendo para o resultado, estes serão denominados *concausas*. As *concausas* são classificadas em *concausas absolutamente independentes* e *concausas relativamente independentes*. As **absolutamente independentes** são aquelas que que, entre elas, inexiste qualquer elo, derivando, portanto, cada uma das causas, de origens absolutamente apartadas (ex.: Tício envenena Caio, ao mesmo tempo em que um matador de aluguel contratado por terceiro o alveja com tiros). Já nas **relativamente independentes**, as causas concorrentes são interligadas. Ou seja, a causa efetiva do resultado nasce, ainda que indiretamente, do comportamento concorrente. Inexistindo o comportamento concorrente, inexistiria a causa efetiva do resultado. Dentre as causas relativamente independentes, é possível encontrar aquelas que **por si só** produziram o resultado (ou seja, nasceram interligadas à concausa, mas produziram o resultado sem a intervenção dela) e aquelas que **não por si só** produziram o resultado (ou seja, nasceram interligadas à concausa, e produziram o resultado em decorrência dela, por ocorrência inerente ao desdobramento normal dos fatos, ou seja, evento previsível consoante as máximas da experiência). Por exemplo, após ser alvejado com tiros, o indivíduo é conduzido ao hospital. Imaginemos dois desfechos. No primeiro, morre por infecção hospitalar. No segundo, por uma explosão de um botijão de gás do hospital, que gerou incêndio no local. No primeiro caso, há concausa (já que mais de um antecedente se afigura como indispensável ao desfecho morte, utilizando a *teoria da eliminação hipotética*), relativamente independente (já que derivada da causa inicial: o ferimento proveniente do disparo da arma de fogo), que não por si só produziu o resultado (já que a infecção hospitalar é evento previsível, que segundo, as máximas da experiência, estão na linha de desdobramento normal da causa concorrente). No segundo, também há concausa relativamente independente. Porém, esta, por si só produziu o resultado morte, visto que a explosão não está na linha de desdobramento normal de uma internação hospitalar. Nos termos do art. 13, §1º, do CP, **somente a concausa relativamente independente que por si só produziu o resultado exclui a imputação** (o indivíduo que deu o tiro, no caso da explosão, não responderia pelo resultado morte, e sim por homicídio tentado). No primeiro exemplo, visto que a concausa relativamente independente não produziu o resultado por si só, **o indivíduo responderia por homicídio consumado**. Dadas as necessárias considerações acerca do nexo de causalidade e das concausas relativamente independentes, cumpre enfrentar o problema. Paulo Sérgio atirou doze vezes contra a vítima que se feriu (primeira causa), sendo internada, onde sofreu uma infecção (segunda causa). As concausas são interligadas, visto que tanto o ferimento quanto a infecção derivaram dos disparos de arma de fogo, que provocou a internação hospitalar. Trata-se, portanto, de concausas relativamente independentes. Ademais, a infecção está na linha de desdobramento possível e previsível da internação hospitalar, de modo que se conclui que a concausa **não por si só** produziu o resultado, razão pela qual, interpretando *a contrario sensu* o art. 13, §1º, do CP, conclui-se que não há exclusão da imputação. Assim, Paulo Sérgio responde por homicídio doloso.

Gabarito "E"

(Analista – MPE-SE – FCC – 2013) A ideia de insignificância penal centra-se no conceito:

(A) formal de crime.

(B) material de crime.

(C) analítico de crime.

(D) subsidiário de crime.

(E) aparente de crime.

O princípio da insignificância exclui a tipicidade material da conduta. Por tipicidade material deve ser entendida a potencialidade que a conduta tem de causar efetiva lesão, ou perigo de lesão, ao bem jurídico tutelado pelo tipo penal. Assim, para haver crime, não basta que a conduta se adeque formalmente aos elementos do tipo penal. Após a atividade subsuntiva, é necessário perquirir se, com aquela prática, o agente atingiu ou colocou em risco, efetivamente, o bem jurídico protegido pelo tipo penal. O clássico exemplo é o furto insignificante. Imaginemos que um indivíduo subtrai de uma loja pertencente à grande rede de supermercados um pacote de bolacha água e sal. No caso, a despeito de a conduta amoldar-se formalmente ao tipo penal do art. 155 do CP, tem-se, a princípio, que o bem jurídico tutelado pela norma incriminadora, qual seja o patrimônio, não foi efetivamente lesado ou colocado em risco com a conduta do agente, em razão do ínfimo valor do bem subtraído.

Gabarito "B"

1.5. TIPO SUBJETIVO (CRIMES DOLOSOS, CULPOSOS E PRETERDOLOSOS)

(Analista de Promotoria I – Assistente Jurídico – MPE-SP – VUNESP – 2010) Considere um acidente ferroviário em que determinado indivíduo, mediante uma mesma conduta imperita, causa lesões corporais em Maria e a morte de João. As lesões são crimes:

(A) culposos, cometidos em concurso formal.

(B) culposos, cometidos em concurso material.

(C) dolosos (modalidade eventual), cometidos em concurso formal.

(D) dolosos (modalidade eventual), cometidos em continuidade delitiva.

(E) preterdolosos, cometidos em continuidade delitiva.

No caso, mediante uma mesma conduta imperita e, portanto, culposa, o indivíduo causou lesões corporais em Maria (art. 129, §6º, do CP), bem como a morte de João (art. 121, §3º, do CP). Ou seja, a mesma conduta acarretou duplo resultado criminoso. Há concurso de crimes, portanto, na modalidade formal, nos termos do art. 70 do CP, de modo que lhe será imputada a pena mais grave (no caso, do homicídio culposo), aumentada de um sexto até metade.

Gabarito "A".

1.6. ERRO

(Técnico em Promotoria - Direito – MPE-PB – COMPERVE-UFRN) Quanto à teoria do crime, vários são os institutos a serem analisados, **EXCETO**:

(A) Diz-se o crime consumado quando nele se reúnem todos os elementos de sua definição legal.

(B) Quando o arrependimento eficaz acontece, nos crimes cometidos sem violência ou grave ameaça à pessoa, reparado o dano ou restituída a coisa, até o recebimento da denúncia ou da queixa, por ato voluntário do agente, a pena será reduzida de 1 (um) a 2/3 (dois terços).

(C) O erro sobre a pessoa contra a qual o crime é praticado não isenta de pena. Não se consideram, nesse caso, as condições ou qualidades da vítima, senão as da pessoa contra quem o agente queria praticar o crime.

(D) Salvo disposição em contrário, pune-se a tentativa com a pena correspondente ao crime consumado, diminuída de 1 (um) a 2/3 (dois terços).

(E) O erro sobre o elemento constitutivo do tipo legal de crime exclui o dolo, mas permite a punição por crime culposo, se previsto em lei.

A: correta. A alternativa traz a correta definição do crime consumado, constante do art. 14, I, do CP; **B:** incorreta. Não reflete a figura do *arrependimento eficaz* (art. 15 do CP), mas sim do *arrependimento posterior* (art. 16 do CP). No *arrependimento eficaz*, o agente que, voluntariamente, impede que o resultado se produza, responde pelos atos já praticados. Ex.: autor de homicídio que impede, voluntariamente, o resultado morte, conduzindo o agente ao hospital, responde apenas pela lesão corporal causada (leve ou grave) e não por tentativa de homicídio, visto que o resultado não se verificou por circunstância correspondente à vontade dele, e não alheia a ela (art. 14, II, do CP); **C:** correta (art. 20, §3º, do CP). Vale lembrar que, segundo o art. 20, §3º, do CP, havendo *error in persona*, leva-se em consideração as características da vítima virtual (aquela que o agente pretendia atingir) e não as da vítima real. Assim, caso o agente desejasse matar maior de 60 (sessenta) anos, mas confunde-o, atingindo indivíduo com 34 (trinta e quatro) anos, incidirá a agravante do art. 61, II, *h*, do CP. Vale, ainda, ressaltar que o erro sobre a pessoa não se confunde com a *aberratio ictus* (art. 73 do CP), visto que, neste, não há confusão de vítima, mas sim erro na execução. Por exemplo, enquanto no erro sobre a pessoa o agente visualiza a vítima errada e, acreditando tratar-se de seu desafeto (vítima virtual), dispara tiro que atinge o indivíduo visado (embora diverso daquele que o agente pretendia matar, denominado vítima real), na *aberratio ictus* o agente visualiza seu desafeto (vítima virtual), mas, ao atirar, erra o alvo, acertando indivíduo diverso (vítima real). Em síntese, no erro sobre a pessoa, geralmente, o indivíduo visado (vítima virtual) sequer está no local do fato, ao passo que, no erro na execução, tanto o indivíduo visado (vítima virtual) como o indivíduo atingido (vítima real) estão na cena do crime. A consequência para ambas as hipóteses, no entanto, é a mesma, prevista no art. 20, §3º, do CP (prevalece as características da vítima virtual); **D:** correta (art. 14, parágrafo único, do CP). A expressão "salvo disposição em contrário" indica a existência de crimes em que a tentativa é punida com a mesma sanção do crime consumado. São os denominados *crimes de atentado ou de empreendimento*, citando-se, como exemplo, o art. 352 do CP (evasão mediante violência contra a pessoa); **E:** correta. A alternativa reflete a hipótese de *erro de tipo*, prevista no art. 20 do CP.

Gabarito "B".

(Analista Ministerial Especialista – Ciências Jurídicas – MPE-TO – UFT-COPESE – 2010) Assinale a alternativa incorreta:

(A) É isento de pena quem, por erro plenamente justificado pelas circunstâncias, supõe situação de fato que, se existisse, tornaria a ação legítima. Não há isenção de pena quando o erro deriva de culpa e o fato é punível como crime culposo.

(B) O desconhecimento da lei é inescusável. O erro sobre a ilicitude do fato, se inevitável, isenta de pena; se evitável, poderá diminuí-la de um sexto a um terço.

(C) Responde pelo crime o terceiro que determina o erro.

(D) O erro quanto à pessoa contra a qual o crime é praticado não isenta de pena o responsável, considerando-se as condições ou qualidades da vítima e não da pessoa contra quem o agente queria praticar o crime.

A: correta. Art. 20, §1º, do CP (descriminantes putativas); **B:** correta. Art. 21 do CP (erro de proibição ou erro sobre a ilicitude do fato – excludente da culpabilidade por afastar o requisito da potencial consciência da ilicitude); **C:** correta. Art. 20, §2º, do CP (erro determinado por terceiro); **D:** incorreta. Nos termos do art. 20, §3º, do CP, na hipótese de erro sobre a pessoa devem ser consideradas as condições ou qualidades da pessoa contra quem o agente queria praticar o crime (vítima virtual) e não as condições ou qualidades da vítima real.

Gabarito "D".

(Analista Jurídico – MPE-AL – COPEVE-UFAL – 2012) Cerqueira, velho inimigo de Jovêncio, supondo que este iria matá-lo, por conta de inúmeras ameaças de morte, ao vê-lo levar a mão no bolso do paletó, onde costumava manter uma pistola, desferiu contra ele um único disparo de arma de fogo. Jovêncio, no entanto, carregava neste bolso um presente para Cerqueira, com quem pretendia celebrar as pazes. Ao ser alvejado com o disparo, sacou de sua arma, que estava em um coldre na perna, revidando com um único disparo. Ambos ficaram lesionados. Diante do problema, é correto afirmar:

(A) nem Jovêncio, nem Cerqueira praticaram qualquer tipo de crime.

(B) Jovêncio não praticou qualquer delito; porém, Cerqueira deve responder por tentativa de homicídio.

(C) Cerqueira não praticou qualquer delito; porém, Jovêncio deve responder por tentativa de homicídio.

(D) ambos devem responder por lesões corporais.

(E) ambos devem responder por tentativa de homicídio.

Cerqueira é isento de pena, por ter atuado em legítima defesa putativa. Nos termos do art. 20, §1º, do CP "é isento de pena quem, por erro plenamente justificado pelas circunstâncias, supõe situação de fato que, se existisse, tornaria a ação legítima [...]". No caso, as circunstâncias (ameaças de morte) indicaram a Cerqueira que seu velho inimigo Jovêncio, ao levar a mão no bolso do paletó, iria se apossar de arma para matá-lo. Tal situação, é certo, inexistia. No entanto, as circunstâncias justificaram a crença de Cerqueira na hipótese putativa que, se existisse, tornaria seu revide, com um tiro, albergado pela legítima defesa. Assim, está Cerqueira isento de pena.

Quanto a Jovêncio, este usou moderadamente (um tiro) do meio necessário (a arma de fogo de que dispunha) para repelir a injusta agressão de Cerqueira (a descriminante putativa, a despeito de isentar de pena, não torna justa a conduta por ela albergada), repelindo a agressão atual ao seu direito à vida, atuando, portanto, em legítima defesa real, de modo a não praticar crime em razão da exclusão da antijuridicidade.

Gabarito "A".

9. DIREITO PENAL 189

(Analista Ministerial Jurídico – MPE-PE – FCC – 2012) Um oficial de justiça, em cumprimento a mandado judicial, recolhe à prisão o irmão gêmeo da pessoa que deveria ser presa. Preenchidos os demais requisitos legais, poderá ser reconhecida em favor do oficial de justiça a ocorrência de:

(A) erro sobre a pessoa.

(B) estrito cumprimento de dever legal putativo.

(C) estado de necessidade putativo.

(D) erro sobre a ilicitude do fato.

(E) erro determinado por terceiro.

O oficial de justiça, quando cumpre um mandado de prisão, age no estrito cumprimento do dever legal, de modo que sua conduta, embora possa tipificar os crimes contra a liberdade individual, será perfeitamente lícita (art. 23, III, do CP). No caso de efetuar a prisão do irmão gêmeo do indivíduo a quem era dirigido o mandado, o oficial de justiça agiu supondo estar acobertado pela dirimente do estrito cumprimento do dever legal em razão da similitude dos indivíduos, erro este plenamente justificado pelas circunstâncias, pelo que fica isento de pena, nos termos do art. 20, §1º, do CP, havendo o que se convencionou chamar de *estrito cumprimento de dever legal putativo*.
„Gabarito "B".

(Analista Processual – MP-RO – FUNCAB – 2012) O chamado "erro de proibição", no direito penal, refere-se à:

(A) tipicidade.

(B) antijuridicidade.

(C) punibilidade.

(D) capacidade.

(E) culpabilidade.

O *erro de proibição*, denominado como *erro sobre a ilicitude do fato* pelo CP (art. 21 do CP), ocorre quando o agente não dispõe de **potencial consciência da ilicitude**. Sendo esta um dos requisitos da culpabilidade, ao lado da **exigibilidade de conduta diversa** e da **imputabilidade**, é sobre tal substrato (culpabilidade) a que o erro de proibição se refere.
„Gabarito "E".

(Analista Processual Direito – MPE-AC – FMP – 2013) Assinale a alternativa correta.

(A) No conceito analítico do crime, a imputabilidade penal constitui elemento autônomo do crime.

(B) A adequação social constitui, segundo doutrina majoritária, excludente de ilicitude.

(C) Para a doutrina finalista, o princípio da insignificância constitui causa exculpante.

(D) De acordo com a doutrina finalista, a consciência da ilicitude é elemento do dolo.

(E) O erro de tipo sempre exclui o dolo.

A: incorreta. A imputabilidade penal não constitui elemento autônomo do crime, mas sim requisito, ao lado da exigibilidade de conduta diversa e da potencial consciência da ilicitude, para a aferição da culpabilidade; **B:** incorreta; Concebida por *Hans Welzel*, encerra a ideia de que uma conduta, embora esteja adequada aos limites do tipo penal, pode ser atípica quando socialmente adequada, de modo a não ferir o sentimento socialmente incorporado de Justiça. Portanto, a teoria da adequação social afasta a tipicidade material da conduta, não refletindo sobre o substrato da ilicitude; **C:** incorreta. O princípio da insignificância, assim como a teoria da adequação social, constitui causa de exclusão da tipicidade material; **D:** incorreta. Para a doutrina finalista, tal como adotado pelo Direito Penal pátrio, a potencial consciência da ilicitude é elemento da culpabilidade. A consciência atual da ilicitude é elemento do denominado *dolo normativo* para as teorias causalista e neokantista, nas quais entendia-se que o dolo (então normativo), integrava o substrato da culpabilidade e era composto por três elementos: consciência (sobre a conduta), vontade (determinando a conduta, sem ligação com o resultado) e consciência atual da ilicitude (conhecimento da antijuridicidade do comportamento). Já para a teoria finalista, o dolo não é o normativo, sendo chamado de *dolo natural*. É composto apenas pela consciência e pela vontade; **E:** correta. Nos termos do art. 20 do CP, o erro sobre os elementos do tipo sempre exclui o dolo. Porém, nem sempre exclui a culpa. Se o erro derivar de imprudência, imperícia ou negligência, sendo, portanto, evitável, é possível a punição da modalidade culposa se esta for prevista em lei.
„Gabarito "E".

1.7. *ITER CRIMINIS* (CRIME TENTADO E CONSUMADO, DESISTÊNCIA, ARREPENDIMENTO E CRIME IMPOSSÍVEL)

(Técnico em Promotoria - Direito – MPE-PB – COMPERVE-UFRN) Quanto à teoria do crime, vários são os institutos a serem analisados, **EXCETO**:

(A) Diz-se o crime consumado quando nele se reúnem todos os elementos de sua definição legal.

(B) Quando o arrependimento eficaz acontece, nos crimes cometidos sem violência ou grave ameaça à pessoa, reparado o dano ou restituída a coisa, até o recebimento da denúncia ou da queixa, por ato voluntário do agente, a pena será reduzida de 1 (um) a 2/3 (dois terços).

(C) O erro sobre a pessoa contra a qual o crime é praticado não isenta de pena. Não se consideram, nesse caso, as condições ou qualidades da vítima, senão as da pessoa contra quem o agente queria praticar o crime.

(D) Salvo disposição em contrário, pune-se a tentativa com a pena correspondente ao crime consumado, diminuída de 1 (um) a 2/3 (dois terços).

(E) O erro sobre o elemento constitutivo do tipo legal de crime exclui o dolo, mas permite a punição por crime culposo, se previsto em lei.

A: correta. A alternativa traz a correta definição do crime consumado, constante do art. 14, I, do CP; **B:** incorreta. Não reflete a figura do *arrependimento eficaz* (art. 15 do CP), mas sim do *arrependimento posterior* (art. 16 do CP). No *arrependimento eficaz*, o agente que, voluntariamente, impede que o resultado se produza, responde pelos atos já praticados. Ex.: autor de homicídio que impede, voluntariamente, o resultado morte, conduzindo o agente ao hospital, responde apenas pela lesão corporal causada (leve ou grave) e não por tentativa de homicídio, visto que o resultado não se verificou por circunstância correspondente à vontade dele, e não alheia a ela (art. 14, II, do CP); **C:** correta (art. 20, §3º, do CP). Vale lembrar que, segundo o art. 20, §3º, do CP, havendo *error in persona*, leva-se em consideração as características da vítima virtual (aquela que o agente pretendia atingir) e não as da vítima real. Assim, caso o agente desejasse matar maior de 60 (sessenta) anos, mas confunde-o, atingindo indivíduo com 34 (trinta e quatro) anos, incidirá a agravante do art. 61, II, *h*, do CP. Vale, ainda, ressaltar que o *error* sobre a pessoa não se confunde com a *aberratio ictus* (art. 73 do CP), visto que, neste, não há confusão de vítima, mas sim erro na execução. Por exemplo, enquanto no erro sobre a pessoa o agente visualiza a vítima errada e, acreditando tratar-se de seu desafeto (vítima virtual), dispara tiro que atinge o indivíduo visado (embora diverso daquele que o agente pretendia matar, denominado vítima real), na *aberratio ictus* o agente visualiza seu desafeto (vítima virtual), mas, ao atirar, erra o alvo, acertando indivíduo diverso (vítima real). Em síntese, no erro sobre a pessoa, geralmente, o indivíduo visado (vítima virtual) sequer está no local do fato, ao passo que, no erro na execução, tanto o indivíduo visado (vítima virtual) como o indivíduo atingido (vítima real) estão na cena do crime. A consequência para ambas as hipóteses, no entanto, é a mesma, prevista no art. 20, §3º, do CP (prevalece as características da vítima virtual); **D:** correta (art. 14, parágrafo único, do CP). A expressão "salvo disposição em contrário" indica a existência de crimes em que a tentativa é punida com a mesma sanção do crime consumado. São os denominados *crimes de atentado ou de empreendimento*, citando-se, como exemplo, o art. 352 do CP (evasão mediante violência contra a pessoa); **E:** correta. A alternativa reflete a hipótese de *erro de tipo*, prevista no art. 20 do CP.

Gabarito "B".

(Assistente de Promotoria – MPE-RS – FCC – 2008) Tício ingressou à noite no interior de um museu, para furtar obras de arte. Diante do funcionamento do sistema de alarme, desistiu de prosseguir na execução do delito e deixou o local. Nesse caso, ocorreu:

(A) fato penalmente atípico.

(B) desistência voluntária.

(C) arrependimento eficaz.

(D) arrependimento posterior.

(E) tentativa de furto punível.

O enunciado traz hipótese em que Tício deu início à prática de um crime de furto, induzindo o candidato a assinalar a alternativa relativa à desistência voluntária (art. 15 do CP), mediante uso da expressão "desistiu de prosseguir na execução do delito e deixou o local". No entanto, interpretando o problema de forma global, percebe-se que a "desistência" de Tício se deu em razão do acionamento do sistema de alarme do local, ou seja, circunstância alheia à vontade dele que, em verdade, impediu que ele consumasse a subtração pretendida. Para distinguir a desistência voluntária da tentativa, tornou-se clássica na doutrina a denominada *fórmula de Frank*, de lavra de *Hans Frank*, segundo a qual, na desistência voluntária, o agente diz para si "posso prosseguir, mas não quero", ao passo que, na tentativa, o agente diz para si: "quero prosseguir, mas não posso". Refletindo sobre o problema, tem-se que o agente queria prosseguir na execução do delito, mas não podia, visto que seria detido em virtude das consequências do sistema do alarme (acionamento dos vigilantes, trancamento das portas, etc.). Assim, houve tentativa, e não desistência voluntária, na medida em que Tício deixou de consumar o crime por circunstância alheia à sua vontade (art. 14, II, do CP).

Gabarito "E".

(Analista de Promotoria I – Assistente Jurídico – MPE-SP – VUNESP – 2010) Com relação à tentativa, é correto afirmar que:

(A) a tentativa perfeita também é conhecida por crime consumado.

(B) na tentativa perfeita o crime não se consuma porque o agente desiste de prosseguir na execução.

(C) na tentativa perfeita o agente pratica todos os atos que entende necessários à obtenção do resultado.

(D) a lei penal prevê expressamente que a tentativa imperfeita será punida com menos rigor do que a perfeita.

(E) na tentativa imperfeita o agente sequer inicia a execução, sendo impedido por fatores que lhe são externos.

A: incorreta. Considera-se consumado o crime quando nele se reúnem todos os elementos de sua definição legal (art. 14, I, do CP). Em nenhuma das hipóteses de tentativa, nem mesmo na perfeita ou acabada, todos os elementos da definição legal do crime estão reunidos no fato; **B:** incorreta. Se o agente desiste de prosseguir na execução voluntariamente, há desistência voluntária (art. 15 do CP), e não tentativa. Neste caso, o agente não responderá pelo crime pretendido na modalidade tentada, mas sim pelos atos já praticados (normalmente, por crime consumado menos grave). Ex.: pretendendo subtrair um aparelho de telefonia celular que está no interior de um veículo, o agente destrói o vidro do passageiro. Porém, após romper o obstáculo que tinha à

subtração da coisa, arrepende-se da empreitada criminosa que havia dado início e deixa, voluntariamente, de prosseguir na execução. Nesta hipótese, configurada a desistência voluntária, responde apenas pelo crime de dano (art. 163 do CP); **C:** correta. A alternativa traz a correta definição de tentativa perfeita, também conhecida como tentativa acabada ou crime falho. Nela, há esgotamento pelo agente dos atos necessários à obtenção do resultado do crime. Contudo, ainda, assim, por circunstâncias alheias à sua vontade, o delito não se consuma; **D:** incorreta. Tentativa imperfeita, ao contrário da tentativa perfeita, é aquela na qual o agente deixa de utilizar de todos os meios que lhe estavam disponíveis para a consumação do crime. Não há qualquer previsão na lei a respeito da punição da tentativa imperfeita com menor rigor em relação à tentativa perfeita. A utilização de mais meios de execução do crime, no entanto, pode, indubitavelmente, revelar uma maior culpabilidade do agente, servindo como circunstância judicial a justificar a fixação da pena-base acima do mínimo legal. Porém, tal dado dependerá do caso concreto, não havendo regra neste sentido. Além disso, a causa de diminuição de pena decorrente da tentativa (art. 14, parágrafo único, do CP) é dosada, segundo a jurisprudência, a partir da mensuração do *iter criminis* percorrido, bem como da maior ou menor aproximação do agente da consumação do crime, não levando em consideração os meios de execução efetivamente utilizados por ele; **E:** Como visto, na tentativa imperfeita, também conhecida como tentativa inacabada ou propriamente dita, o agente inicia a execução (aliás, se não a iniciasse, não seria possível, em regra, falar-se em crime, visto que a mera cogitação, assim como os atos meramente preparatórios – também conhecidos como *conatus remotus* – são, em regra, impuníveis. Diz-se em regra, pois algumas condutas tidas como preparatórias são tipificadas como crimes autônomos, em exercício legislativo de antecipação da tutela penal, como ocorre com os delitos dos arts. 288 e 291 do CP), mas, antes de esgotar os meios disponíveis, tem a execução interrompida por circunstâncias alheias à vontade dele, que o impedem, outrossim, de consumar o crime.

Gabarito "C".

(Analista de Promotoria I – Assistente Jurídico – MPE-SP – VUNESP – 2010) O agente que, voluntariamente, desiste de prosseguir na execução ou impede que o resultado se produza:

(A) só responde pelos atos já praticados.

(B) não comete crime, pois tem afastada a ilicitude da ação.

(C) beneficia-se pela causa de diminuição de pena do arrependimento posterior.

(D) é punido com a pena correspondente ao crime consumado, diminuída de um a dois terços.

(E) terá pena reduzida de um a dois terços, mas, desde que, por ato voluntário, tenha reparado o dano ou restituído a coisa, até o recebimento da denúncia ou da queixa.

Nos termos do art. 15 do CP, "o agente que, voluntariamente, desiste de prosseguir na execução [...], só responde pelos atos já praticados". Trata-se da figura da desistência voluntária. Um exemplo: o agente falsifica um documento que será utilizado como artifício na prática de um estelionato. No entanto, após iniciar a aplicação da conversa ardilosa à vítima, o agente, voluntariamente, desiste de aplicar-lhe o golpe, cessando a execução do estelionato. Assim, não responderá por estelionato tentado, visto que o crime não se consumou por circunstância consonante (e não dissonante) com a vontade do agente. Nos termos do art. 15, responderá, apenas, pela falsificação do documento (ato já praticado).

Gabarito "A".

(Analista Ministerial Área Processual – MPE-PI – CESPE – 2012) Em relação ao conflito aparente de normas penais, ao crime impossível e às causas extintivas da punibilidade, julgue os itens que se seguem.

9. DIREITO PENAL

(1) A jurisprudência dos tribunais superiores consolidou-se no sentido de reconhecer no delito de furto a hipótese de crime impossível, por ineficácia absoluta do meio, quando o agente estiver sendo vigiado por fiscal do estabelecimento comercial ou existir sistema eletrônico de vigilância.

(2) A sentença que concede o perdão judicial e a aceitação do perdão do ofendido, nos crimes de ação penal privada, constituem causas extintivas da punibilidade.

(3) O princípio da consunção, consoante posicionamento doutrinário e jurisprudencial, resolve o conflito aparente de normas penais quando um crime menos grave é meio necessário, fase de preparação ou de execução de outro mais nocivo, respondendo o agente somente pelo último. Há incidência desse princípio no caso de porte de arma utilizada unicamente para a prática do homicídio.

1: incorreta. Há crime impossível (também denominado *tentativa inidônea, crime oco* e *quase-crime*) e, assim, conduta atípica, quando "[...] por ineficácia do meio ou por absoluta impropriedade do objeto, é impossível consumar-se o crime" (art. 17 do CP). O crime impossível é, na verdade, um crime tentado que jamais se consumaria, conduta, portanto, destituída de qualquer potencialidade lesiva. Possui, assim, todos os elementos da tentativa (início da execução, dolo de consumação do crime e não consumação por circunstâncias alheias à vontade do agente), acrescidos, no entanto, de mais um requisito: a impossibilidade absoluta de se alcançar o resultado, seja pela ineficácia do meio (ex.: tentativa de praticar o aborto com medicamento totalmente inofensivo ao feto), seja pela impropriedade absoluta do objeto (ex.: tentativa de praticar aborto em mulher que não está grávida). Delineadas tais considerações iniciais, cumpre perquirir se no caso do agente que, ao tentar praticar o furto, é vigiado a todo momento por fiscal do estabelecimento ou sistema eletrônico de vigilância, verifica-se crime impossível ou crime tentado. A despeito de haver uma corrente minoritária defendendo a existência de crime impossível no caso (dado que, segundo tal vertente, a consumação jamais aconteceria), prevalece haver tentativa punível (tentativa idônea). Isso porque "o fato de o agente ter sido vigiado pela segurança do estabelecimento não ilide, de forma absolutamente eficaz, a consumação do delito de furto, pois existiu o risco, ainda que mínimo, de que o agente lograsse êxito na consumação do furto" (STJ, AgRg no REsp 911.756/RS, rel. Min. Jane Silva, j. 17.4.2008). Quanto aos sistemas de vigilância, há idêntico julgado do STJ no HC 181.138, rel. Min. Gilson Dipp, j. 8.11.2011; **2:** correta. Art. 107, V e IX, do CP; **3:** correta. Há concurso aparente de normas quando mais de uma lei vigente incide, no plano abstrato e formal, a um único fato praticado. No plano concreto, entretanto, somente uma das leis deverá incidir, sob pena de se excluir o caráter harmônico do sistema penal (que exige que uma única conduta criminosa – afastada a hipótese de pluralidade de delitos – deve ser captada por somente uma norma penal), além de provocar indesejável *bis in idem*. Na solução dos conflitos aparentes de normas, são utilizados três princípios: da *especialidade*, da *subsidiariedade* e da *consunção ou absorção*. Aplica-se a *consunção* quando um ato perpetrado pelo agente no contexto da realização do resultado pretendido também configura crime, estando previsto em norma penal diversa daquela que tipifica sua conduta fim. No caso do homicídio (art. 121 do CP) e do porte de arma (art. 14 da Lei 10.826/2003), o último é considerado *antefactum* impunível do crime de homicídio, ficando, assim, por este absorvido. É considerado antefato impunível aquele que é anterior à conduta visada pelo agente, estando, embora não obrigatoriamente (não obrigatoriamente porque não é indispensável à consumação da conduta final – veja que, é possível praticar homicídio de outras formas que não portando arma de fogo), na linha de desdobramento normal do crime visado. Outros exemplos de antefato impunível: violação de domicílio (art. 150 do CP) e furto (art. 155 do CP), dano ao veículo (art. 163 do CP) para subtrair o CD player (art. 155 do CP), falsificação de documento (art. 297 do CP) para a prática de estelionato (art. 171 do CP – sobre esta hipótese de consunção, ver o teor da Súmula 17 do STJ).

Gabarito "1E,2C,3C"

(Analista Jurídico – MPE-PA – FADESP – 2012) Sobre crime, é correto afirmar:

(A) Diz-se crime tentado, quando, iniciada a execução, esta não se consuma por arrependimento do agente.

(B) Caracteriza arrependimento posterior quando o agente voluntariamente desiste de prosseguir na execução ou impede que o resultado se produza.

(C) Diz-se crime tentado, quando, iniciada a execução, esta não se consuma por circunstâncias alheias à vontade do agente.

(D) Diz-se crime tentado, quando nele se reúnem quase todos os elementos de sua definição legal.

A: incorreta. Nos termos do art. 14, II, do CP, o crime é tentado quando, iniciada a execução, este não se consuma por circunstâncias alheias à vontade do agente; **B:** incorreta. Nos termos do art. 16 do CP, dá-se o arrependimento posterior quando, nos crimes praticados sem violência ou grave ameaça, o dano é reparado ou a coisa é restituída, por ato voluntário do agente, até o recebimento da peça acusatória. A consequência jurídica do arrependimento posterior é a incidência de causa de diminuição de pena de um terço a dois terços; **C:** correta. Art. 14, II, do CP; **D:** incorreta. Esta é a definição de crime consumado (art. 14, I, do CP).

Gabarito "C"

(Agente Técnico Jurídico – MPE-AM – FCC – 2013) Gervásio, funcionário público, pensou em subtrair um computador da repartição pública em que trabalhava, para vender e obter recursos. No dia em que havia se programado para praticar o ato, desistiu, sem dar início à execução do delito. Nesse caso,

(A) Gervásio não será punido de nenhuma forma, porque o delito não chegou a ser tentado.

(B) não será reconhecida a tentativa pela ocorrência da desistência voluntária.

(C) Gervásio responderá por peculato na forma tentada.

(D) não será reconhecida a tentativa pelo reconhecimento do arrependimento eficaz.

(E) Gervásio responderá por peculato consumado, por ter ocorrido arrependimento posterior.

Na hipótese, antes de dar início à execução do crime de peculato, Gervásio desencorajou-se, desistindo de sua prática. Como sabido, a primeira etapa do *iter criminis* é denominada *fase de cogitação*, também conhecida como *nuda cogitatio*, tratando-se de fase introspectiva do agente, não se materializando em ação. Por conta disso, a mera cogitação da prática do crime, sem sua materialização em uma conduta exterior, não é punível. Eis o conteúdo do *princípio da exteriorização do fato*. Corroborando o princípio mencionado, o art. 14, II, do CP, dispõe que, para haver tentativa, é necessário que o agente tenha, antes de tudo, iniciado a execução do delito. Diante de tudo isso, conclui-se que, na hipótese apresentada, Gervásio não será punido, visto que seu crime não saiu da esfera da cogitação.

Gabarito "A"

(Analista Direito – MPE-MS – FGV – 2013) Determinado agente, insatisfeito com as diversas brigas que tinha com seu vizinho, resolve matá-lo. Ao ver seu desafeto passando pela rua, pega sua arma, que estava em situação regular e contava com apenas uma bala, e atira, vindo a atingi-lo na barriga. Lembrando-se que o vizinho era pai de duas crianças, arrepende-se de seu ato e leva a vítima ao hospital. O médico, diante do pronto atendimento e rápida cirurgia, salva a vida da vítima. Diante da situação acima, o membro do Ministério Público deve:

(A) denunciar o agente pelo crime de lesão corporal, pois o arrependimento posterior no caso impede que o agente responda pelo resultado pretendido inicialmente.

(B) denunciar o agente pelo crime de lesão corporal, pois houve arrependimento eficaz.

(C) denunciar o agente pelo crime de lesão corporal, pois houve desistência voluntária.

(D) denunciar o agente pelo crime de tentativa de homicídio, tendo em vista que o resultado pretendido inicialmente não foi obtido.

(E) requerer o arquivamento, diante da atipicidade da conduta.

No caso dos autos, a despeito de ter iniciado a execução do crime de homicídio (art. 121 do CP), agindo com latente ânimo de matar a vítima, o agente se arrependeu e promoveu o imediato socorro de seu desafeto junto ao hospital, impedindo, voluntariamente, a consumação do crime inicialmente pretendido. Desse modo, não há que se falar em tentativa, visto que a não consumação do crime não ocorreu por circunstâncias <u>alheias</u> à vontade do agente (art. 14, II, do CP), mas sim por circunstância correspondente à vontade dele. Desse modo, exclui-se a hipótese de tentativa. Incide, no caso, a regra do art. 15, segunda parte, do CP, denominada *arrependimento eficaz*, segundo a qual o agente que, voluntariamente, impede que o resultado se produza, só responde pelos atos já praticados. Somente responder pelos atos já praticados importa em não poder ser responsabilizado por aquilo que pretendia causar e evitou. Ou seja, não responderá pela tentativa de homicídio, como já visto. O Ministério Público, assim, deve denunciar o agente pela prática das lesões corporais (aquilo que já havia praticado após disparar a arma de fogo contra a vítima), observada a gravidade apontada em laudo, em razão da regra do arrependimento eficaz. Não se pode confundir os institutos do *arrependimento eficaz*, do *arrependimento posterior* e da *desistência voluntária*. A *desistência voluntária* (embora também seja, a exemplo do arrependimento eficaz, hipótese de tentativa abandonada) ocorre quando o agente desiste de prosseguir na execução, devendo, assim, ser anterior ao esgotamento dos atos executórios (diferentemente do *arrependimento eficaz*, que é posterior ao exaurimento dos atos executórios previstos pelo agente, importando na adoção de nova conduta material destinada a ilidir os efeitos da atuação anterior). Tanto a *desistência voluntária* como o *arrependimento eficaz* consagram o que *Franz Von Liszt* convencionou denominar de *ponte de ouro*, partindo da ideia que, antes da consumação do delito, abre-se ao agente, como se uma miragem fosse, uma ponte de ouro, que o autorizaria a retornar à situação de licitude, desistindo de prosseguir na execução ou impedindo a consumação do resultado. Já o *arrependimento posterior*, previsto no art. 16 do CP, aplica-se somente aos crimes praticados sem violência ou grave ameaça à pessoa, consistindo em causa de diminuição de pena aplicável àquele que, antes do recebimento da peça acusatória, e por ato voluntário, repara o dano que causou, ou restitui a coisa subtraída. Gabarito "B".

(Analista de Promotoria II – Agente de Promotoria – MPE-SP – IBFC – 2013) Com relação à tentativa, assinale a alternativa <u>INCORRETA</u>:

(A) Tentativa branca é aquela em que o objeto material não é atingido pela conduta criminosa.

(B) Tentativa vermelha é aquela em que o objeto material é atingido pela atuação criminosa.

(C) Tentativa perfeita é aquela em que o agente, mesmo esgotando os meios executórios disponíveis, não

consuma o crime, por circunstâncias alheias à sua vontade.

(D) Tentativa imperfeita é aquela em que o agente inicia a execução sem, contudo, utilizar dos meios que tinha à sua disposição, não se consumando o crime, por circunstâncias alheias à sua vontade.

(E) Tentativa imperfeita é aquela em que o agente, mesmo esgotando os meios executórios disponíveis, não consuma o crime, por circunstâncias alheias à sua vontade.

A: correta. A doutrina denomina de *tentativa branca* (ou *incruenta*) aquela em que o sujeito ativo não chega a atingir o objeto material do crime, como se dá na hipótese de disparar arma de fogo visando a matar a vítima, mas não acertá-la; **B:** correta. A *tentativa vermelha*, ou *cruenta*, é aquela em que o agente acerta o objeto material, mais se aproximando da consumação do delito; **C:** correta. Entende-se por *tentativa perfeita* (sinônimo de *crime falho* ou *frustrado*) aquela na qual o agente, embora não logre a consumação, esgota os meios executórios que estão à sua disposição. Ex.: disparar contra a vítima todos os projéteis de arma de fogo que possui; **D:** correta; Contrapõe-se à *tentativa perfeita*, sendo sinônimo de *tentativa inacabada*. Ex.: disparar apenas metade dos projéteis disponíveis e ser contido por terceiro; **E:** incorreta, trazendo o conceito de *tentativa perfeita*. Gabarito "E".

(Analista – MPU – 2010 – CESPE) Julgue o próximo item, relativo ao direito penal.

(1) No sistema penal brasileiro, o arrependimento posterior, a desistência voluntária e o arrependimento eficaz são causas obrigatórias de diminuição de pena, previstas na parte geral do Código Penal, exigindo-se, para sua incidência, que o fato delituoso tenha sido cometido sem violência ou grave ameaça à pessoa.

1: incorreta. O art. 15 do CP, que cuida da *desistência voluntária* e do *arrependimento eficaz*, dispõe que o agente que, voluntariamente, desiste de prosseguir na execução do crime (desistência voluntária) ou impede que o resultado se produza (arrependimento eficaz) responde tão somente pelos atos até então praticados. O dispositivo não exige que o crime seja cometido sem violência ou grave ameaça à pessoa. Já o *arrependimento posterior* (art. 16, CP) constitui uma causa obrigatória de redução de pena que somente tem incidência nos crimes cometidos sem violência ou grave ameaça contra a pessoa. Gabarito "1E".

(Analista de Promotoria I – Assistente Jurídico – MPE-SP – IBFC – 2013) Assinale a alternativa CORRETA:

(A) Nos crimes cometidos contra o patrimônio, indistintamente, reparado o dano ou restituída a coisa até o recebimento da denúncia ou da queixa, por ato voluntário do agente, a pena será reduzida de um a dois terços.

(B) Nos crimes cometidos sem violência ou grave ameaça à pessoa, reparado o dano ou restituída a coisa, até o recebimento da denúncia ou da queixa, por ato voluntário do agente, a pena será reduzida de metade.

(C) Nos crimes cometidos sem violência ou grave ameaça à pessoa, reparado o dano ou restituída a coisa, até o oferecimento da denúncia ou da queixa, por ato voluntário do agente, a pena será reduzida de um a dois terços.

(D) Nos crimes cometidos sem violência ou grave ameaça à pessoa, reparado o dano ou restituída a coisa, até o recebimento da denúncia ou da queixa, por ato

9. DIREITO PENAL 193

voluntário do agente, a pena será reduzida de um a dois terços.

(E) Nos crimes e nas contravenções, reparado o dano ou restituída a coisa, até o recebimento da denúncia ou da queixa, por ato voluntário do agente, a pena será reduzida de um a dois terços.

A: incorreta. A alternativa traz a regra do arrependimento posterior (art. 16 do CP), que se trata de causa de diminuição de pena aplicável não só para os crimes contra o patrimônio (embora estes perfaçam os exemplos mais lembrados na doutrina), mas para qualquer crime praticado sem violência ou grave ameaça à pessoa. Ex.: no crime de violação de domicílio qualificada pelo emprego de violência contra a coisa (art. 150, §1º, do CP), no qual o agente, para ingressar clandestinamente na casa alheia, provoca o arrombamento de um portão, é possível a incidência do arrependimento posterior na hipótese de reparação do dano, de modo voluntário, até o oferecimento da denúncia, visto que não houve emprego de violência ou grave ameaça contra à pessoa, e sim contra a coisa; **B:** incorreta. Como visto, no arrependimento posterior (art. 16 do CP), a reparação do dano ou restituição da coisa, ambas voluntárias, têm de ocorrer até o recebimento da peça acusatória (ato do juiz), e não de seu oferecimento (ato do Ministério Público ou do querelante). Ainda assim, preenchidos os requisitos legais, a redução de pena será de 1/3 (um terço) a 2/3 (dois terços); **C:** incorreta. Novamente, a reparação do dano ou restituição da coisa, ambas voluntárias, têm de ocorrer até o recebimento da peça acusatória (ato do juiz), e não de seu oferecimento (ato do Ministério Público ou do querelante); **D:** correta. Art. 16 do CP; **E:** incorreta. Como visto, o instituto do arrependimento posterior somente se aplica aos crimes cometidos sem violência ou grave ameaça à pessoa, e não a qualquer crime indistintamente. Às contravenções, à míngua de disposição legal, havendo lacuna, é possível a integração da legislação mediante *analogia in bonam partem*, sendo aplicável o instituto do arrependimento posterior.

Gabarito "D".

1.8. ILICITUDE

(Oficial de Promotoria – MPE-RR – CESPE – 2008) Acerca da legislação penal e processual penal, julgue os itens a seguir.

(1) Age em exercício regular de direito o agente que pratica o fato para salvar direito próprio de perigo atual que não provocou por sua vontade, nem podia de outro modo evitar. Nesse caso, é necessário ainda que, nas circunstâncias, não seja razoável exigir o sacrifício de tal direito.

(2) No crime de peculato culposo, a reparação do dano pelo agente, desde que se dê antes da sentença penal irrecorrível, extingue a punibilidade.

(3) O agente que faz justiça pelas próprias mãos para satisfazer pretensão legítima comete o crime de exercício arbitrário das próprias razões, o qual se processa por ação penal privada, se não houver emprego de violência.

(4) A prisão preventiva é modalidade de prisão temporária e admitida quando a autoria e a materialidade do crime estejam comprovadas, independentemente da infração penal praticada.

1: incorreta. A despeito de inexistir definição legal no CP para a figura do exercício regular do direito, excludente de ilicitude prevista no art. 23, III, do CP, entende-se que está abrangida por tal dirimente a conduta daquele que atua autorizado pelo ordenamento jurídico, ainda que por norma contida em outro ramo do direito (cuja divisão em ramos, inclusive, não tem o condão de afastar sua unicidade, possuindo mera finalidade didática). A definição da assertiva 1 mais se assemelha ao conceito legal do estado de necessidade (art. 24 do CP). No entanto,

no estado de necessidade o direito a ser salvo pode ser próprio ou alheio, possuindo, portanto, definição mais abrangente do que a aquela apresentada no primeiro item; **2:** correta (art. 312, §3º, do CP). Vale relembrar que, nos termos do mesmo dispositivo, se a reparação do dano no peculato culposo foi posterior ao trânsito em julgado da condenação, haverá redução da pena imposta pela metade, o que será feito, dado o momento de incidência, pelo Juízo da execução. Já no peculato doloso, a reparação do dano pode acarretar três consequências, a depender do momento em que se verificar: *(a)* se antes do recebimento da denúncia, há incidência da causa de diminuição de pena do arrependimento posterior, prevista no art. 16 do CP; *(b)* se posterior ao recebimento da denúncia, mas anterior ao julgamento do feito, há incidência da atenuante genérica do art. 65, III, *b*, parte final, do CP; *(c)* se ocorrida em grau de recurso, pode haver incidência da atenuante genérica inominada prevista no art. 66 do CP (também denominada *atenuante de clemência*). Se posterior ao trânsito em julgado, nenhuma consequência trará a reparação do dano causada pelo peculato doloso; **3:** correta (art. 345, e seu parágrafo único, ambos do CP); **4:** incorreta. Tanto a prisão preventiva como a prisão temporária são espécies do gênero prisão cautelar, não sendo, portanto, uma modalidade da outra. A prisão preventiva é admitida havendo indícios da autoria do crime e prova da materialidade do fato (art. 312 do CPP), nos crimes dolosos punidos com pena privativa de liberdade máxima superior a 4 (quatro) anos (art. 313, I, do CPP), ou, excepcionalmente, independentemente da infração penal praticada, se for reincidente (art. 313, II, do CPP) ou se o crime (independentemente da espécie) envolver violência doméstica e familiar contra a mulher, criança, adolescente, idoso, enfermo ou pessoa com deficiência, para garantir a execução das medidas protetivas de urgência (art. 313, III, do Código de Processo Penal). Já a prisão temporária, cabível quando for imprescindível para as investigações do inquérito policial (art. 1º, I, da Lei 7.960/89) ou quando o indiciado não possuir residência fixa ou não fornecer elementos necessários ao esclarecimento de sua identidade (art. 1º, II, da Lei 7.960/89), somente é o possível nos crimes do rol constante do art. 1º, II, da Lei 7.960/89.

Gabarito "1E,2C,3C,4E".

(Analista de Promotoria I – Assistente Jurídico – MPE-SP – VUNESP – 2010) Será responsabilizado aquele que, amparado pelas causas de exclusão de ilicitude do art. 23 do Código Penal, age com excesso culposo?

(A) Não, nunca.

(B) Não, mas apenas na hipótese de legítima defesa.

(C) Não, mas apenas na hipótese de legítima defesa e estrito cumprimento do dever legal.

(D) Sim, sempre.

(E) Sim, mas apenas na hipótese de exercício regular de direito e estrito cumprimento do dever legal.

Há excesso quando a conduta do agente, embora abarcada por causa excludente da ilicitude, acaba por superar os limites da permissiva, provocando desnecessárias lesões ao bem jurídico protegido pelo tipo penal. Nos termos do art. 23, parágrafo único, do CP, "o agente, em qualquer das hipóteses deste art., responderá pelo excesso doloso ou culposo". Logo, independentemente da hipótese de exclusão da ilicitude (estado de necessidade, legítima defesa, estrito cumprimento do dever legal ou exercício regular do direito), o agente será responsabilizado pelo excesso que causar. Importante frisar, contudo, que, em se tratando de excesso culposo, somente será responsabilizado o agente se houver, para o crime praticado, a modalidade culposa, independentemente da modalidade de excludente de ilicitude incidente no caso.

Gabarito "D".

(Analista Jurídico – MPE-AL – COPEVE-UFAL – 2012) Josué, Jacó e Francisco estavam em uma embarcação no rio São Francisco que os levavam a cidade de Piranhas-AL. Sem qualquer motivo aparente, Josué agrediu Jacó e ambos iniciaram uma luta corporal comprometendo a estabilidade do barco que ameaçava virar. Francisco que não sabia nadar, com a finalidade de evitar um naufrágio, empurrou Josué, que continuava desferindo socos em Jacó, para fora da nave, havendo este sofrido lesões por conta da queda. No caso,

(A) operou-se o estado de necessidade.
(B) tipificou-se o delito de tentativa de homicídio
(C) operou-se o exercício regular de um direito
(D) tipificou-se o delito de lesões corporais graves
(E) operou-se a legítima defesa de terceiro.

Verifica-se, no caso, a presença da excludente de antijuridicidade do estado de necessidade. Nos termos do art. 24 do CP "considera-se em estado de necessidade quem pratica o fato para salvar de perigo atual, que não provocou por sua vontade, nem podia de outro modo evitar, direito próprio ou alheio, cujo sacrifício, nas circunstâncias, não era razoável exigir-se". Todos os requisitos da excludente foram preenchidos no caso. Francisco, ao empurrar Josué, agiu para salvar-se de perigo atual de afogamento, que não havia praticado por sua vontade, visto que não deu causa à briga havida entre Josué e Jacó, não vislumbrando-se outro modo de evitar o perigo em questão, dada a iminência do naufrágio. Além disso, estando em risco seu direito à vida, não era razoável exigir o sacrifício de tal direito. Desse modo, fica excluída a antijuridicidade da conduta, não havendo que se falar, a despeito da existência de fato típico, em crime (art. 23, I, do CP).

Gabarito "A"

(Analista Jurídico – MPE-AL – COPEVE-UFAL – 2012) Cerqueira, velho inimigo de Jovêncio, supondo que este iria matá-lo, por conta de inúmeras ameaças de morte, ao vê-lo levar a mão no bolso do paletó, onde costumava manter uma pistola, desferiu contra ele um único disparo de arma de fogo. Jovêncio, no entanto, carregava neste bolso um presente para Cerqueira, com quem pretendia celebrar as pazes. Ao ser alvejado com o disparo, sacou de sua arma, que estava em um coldre na perna, revidando com um único disparo. Ambos ficaram lesionados. Diante do problema, é correto afirmar:

(A) nem Jovêncio, nem Cerqueira praticaram qualquer tipo de crime.
(B) Jovêncio não praticou qualquer delito; porém, Cerqueira deve responder por tentativa de homicídio
(C) Cerqueira não praticou qualquer delito; porém, Jovêncio deve responder por tentativa de homicídio
(D) ambos devem responder por lesões corporais
(E) ambos devem responder por tentativa de homicídio.

Cerqueira é isento de pena, por ter atuado em legítima defesa putativa. Nos termos do art. 20, §1º, do CP "é isento de pena quem, por erro plenamente justificado pelas circunstâncias, supõe situação de fato que, se existisse, tornaria a ação legítima [...]". No caso, as circunstâncias (ameaças de morte) indicaram a Cerqueira que seu velho inimigo Jovêncio, ao levar a mão no bolso do paletó, iria se apossar de arma para matá-lo. Tal situação, é certo, inexistia. No entanto, as circunstâncias justificaram a crença de Cerqueira na hipótese putativa que, se existisse, tornaria seu revide, com um tiro, albergado pela legítima defesa. Assim, está Cerqueira isento de pena.
Quanto a Jovêncio, este usou moderadamente (um tiro) do meio necessário (a arma de fogo de que dispunha) para repelir a injusta agressão de Cerqueira (a descriminante putativa, a despeito de isentar de pena, não torna justa a conduta por ela albergada), repelindo a agressão atual ao seu direito à vida, atuando, portanto, em legítima defesa real, de modo a não praticar crime em razão da exclusão da antijuridicidade.

Gabarito "A"

(Analista Jurídico – MPE-PA – FADESP – 2012) Ocorre exclusão de ilicitude quando o crime é praticado:

(A) por menor de 18 anos.
(B) sobre forte emoção ou paixão.
(C) sobre os efeitos de comprovada embriaguez.
(D) pelo agente em estado de necessidade.

A: incorreta. O menor de 18 anos é considerado inimputável, estando sujeitos às normas do Estatuto da Criança e do Adolescente (art. 27 do CP). Sua conduta, embora ausente a culpabilidade, pode ser ilícita; **B:** incorreta. A emoção e a paixão se relacionam com a culpabilidade e não com a ilicitude. Ainda assim, o CP é claro ao dispor que ambas não excluem a imputabilidade (art. 28, I, do CP); **C:** incorreta. Também a embriaguez se relaciona com a culpabilidade, ficando excluída a imputabilidade no caso de embriaguez completa, proveniente de caso fortuito ou força maior (art. 28, §1º, do CP). No entanto, a embriaguez voluntária não exclui a imputabilidade (art. 28, II, do CP), incidindo a teoria da *actio libera in causa* (ação livre na causa). Esta, na lição de Cléber Rogério Masson, fundamenta-se na ideia de que "a causa da causa também é a causa do que foi causado", de modo que, "para aferir-se a imputabilidade penal no caso da embriaguez, despreza-se o tempo em que o crime foi praticado. De fato, nesse momento, o sujeito estava privado da capacidade de entendimento e de autodeterminação, por vontade própria, pois bebeu e embriagou-se livre de qualquer coação. Por esse motivo, considera-se como marco da imputabilidade penal o período anterior à embriaguez, em que o agente espontaneamente decidiu consumir bebida alcoólica ou de efeitos análogos" (MASSON, Cléber. Código Penal Comentado. São Paulo: Método, 2013, p. 195); **D:** correta. O estado de necessidade (art. 24 do CP) é causa de exclusão da ilicitude (art. 23, I, do CP).

Gabarito "D"

(Agente Técnico Jurídico – MPE-AM – FCC – 2013) Rivaldo ateou fogo em seu apartamento para receber o seguro correspondente. No entanto, não conseguiu sair do imóvel pelas portas e tentou escapar pela janela, com a utilização de uma corda, juntamente com a sua empregada Nair. A corda começou a romper-se e, em face da existência de perigo atual e inevitável para sua vida, fez Nair desprender-se da corda, cair e morrer, o que permitiu que descesse até o solo. Nesse caso, Rivaldo:

(A) não agiu em estado de necessidade, porque era razoável exigir-se o sacrifício do direito próprio em situação de perigo.
(B) agiu em estado de necessidade, porque não podia de outra forma salvar-se da situação de perigo.
(C) não agiu em estado de necessidade, porque a situação de perigo foi provocada por sua vontade.
(D) agiu em estado de necessidade, porque o perigo era atual e inevitável.
(E) agiu em estado de necessidade, porque o perigo era eventual e abstrato.

Nos termos do art. 24 do CP, "considera-se em estado de necessidade quem pratica o fato para salvar de perigo atual, <u>que não provocou por sua vontade</u>, nem podia de outro modo evitar, direito próprio ou alheio, cujo sacrifício, nas circunstâncias, não era razoável exigir-se" [o original não ostenta o traçado]. No caso do problema apresentado, o perigo atual, decorrente do incêndio do apartamento, foi provocado pelo próprio Rivaldo no afã de obter o pagamento do seguro mediante ato fraudulento. Assim, está ausente um dos requisitos necessários para a configuração do estado de necessidade, razão pela qual Rivaldo não agiu acobertado por tal dirimente.

Gabarito "C"

(Analista Direito – MPE-MS – FGV – 2013) No Direito Penal brasileiro, prevalece no âmbito doutrinário e jurisprudencial a adoção da teoria tripartida do fato criminoso, ou seja, crime é a conduta típica, ilícita e culpável. Nem toda conduta típica será ilícita, tendo em vista que existem causas de exclusão da ilicitude. As alternativas a seguir apresentam causas que excluem a ilicitude, de acordo com o Código Penal, **à exceção de uma**. Assinale-a.

(A) Legítima defesa.
(B) Obediência hierárquica.
(C) Estrito cumprimento de dever legal.
(D) Exercício regular de direito.
(E) Estado de necessidade.

O art. 23 do CP traz em seus incisos as hipóteses de exclusão da antijuridicidade, aduzindo não haver crime quando o agente pratica o fato (I) em estado de necessidade, (II) em legítima defesa, (III) em estrito cumprimento do dever legal ou no exercício regular de direito. Portanto, dentre as figuras apresentadas nas alternativas, não configura hipótese de excludente da antijuridicidade a obediência hierárquica. Esta, na verdade, recai sobre a culpabilidade. Como sabido, a culpabilidade possui como requisitos a exigibilidade de conduta diversa, a potencial consciência da ilicitude e a imputabilidade. A obediência hierárquica exclui a culpabilidade, visto que o indivíduo que atua abarcado por tal excludente o faz com inexigibilidade de conduta diversa. Configura-se a obediência hierárquica, nos termos do art. 22 do CP, quando o agente atua em estrita obediência à ordem, não manifestamente ilegal, de superior hierárquico (este compreendido como agente público em posição hierarquicamente superior ao autor da conduta). No caso, preenchidos os requisitos da obediência hierárquica (ordem provinda de superior hierárquico, ordem não manifestamente ilegal e atuação nos estreitos limites da ordem), somente será punido o autor da ordem, não havendo culpabilidade do destinatário do comando, ante a inexigibilidade de conduta diversa.
Gabarito "B".

(Analista de Promotoria II – Agente de Promotoria – MPE-SP – IBFC – 2013)
A legítima defesa é:

(A) Causa excludente de culpabilidade.
(B) Causa de diminuição de pena.
(C) Cauda excludente de tipicidade.
(D) Causa de inexigibilidade de conduta diversa.
(E) Causa excludente de antijuridicidade.

Nos termos do art. 23, II, do CP, a legítima defesa constitui causa de exclusão da ilicitude, que é sinônimo de antijuridicidade.
Gabarito "E".

1.9. CULPABILIDADE

(Analista de Promotoria - Assistente Jurídico – MP-SP – VUNESP – 2015)
Assinale a alternativa correta a respeito da imputabilidade penal.

(A) Comprovada a doença mental ou o desenvolvimento mental incompleto ou retardado, o agente será considerado inimputável para os efeitos legais.
(B) Aos inimputáveis e aos semi-imputáveis, comprovada essa condição por perícia médica, será substituída a pena por medida de segurança consistente em internação em hospital de custódia e tratamento psiquiátrico.
(C) A imputabilidade é um dos elementos da culpabilidade, ao lado da potencial consciência sobre a ilicitude do fato e a exigibilidade de conduta diversa.
(D) A imputabilidade, de acordo com o Código Penal, pode se dar por doença mental, imaturidade natural

ou embriaguez do agente.
(E) A emoção e a paixão, além de não afastarem a imputabilidade penal do agente, podem ser consideradas como circunstâncias agravantes no momento da fixação da pena.

A: incorreta. Para reconhecimento da inimputabilidade, o CP não se contenta, apenas, com a constatação da doença mental ou desenvolvimento mental incompleto ou retardado. Associado a tais diagnósticos, comprováveis por meio de perícia, é imprescindível a constatação de que o agente, em razão de seu estado, era, ao tempo da ação ou da omissão, inteiramente incapaz de entender o caráter ilícito do fato ou de determinar-se de acordo com esse entendimento (art. 26 do CP). O dispositivo mencionado, assim, adotou o critério biopsicológico para aferição da inimputabilidade. Assim, é possível que o doente mental seja imputável, desde que, ao tempo do fato, em que pese a moléstia que o acomete, tivesse capacidade de autodeterminação e entendimento; **B:** incorreta. A consequência penal do reconhecimento da inimputabilidade, de fato, é e aplicação da medida de segurança. Não se trata, propriamente, de substituição da pena privativa de liberdade por medida de segurança. E aqui reside a primeira impropriedade da assertiva: para o inimputável, há aplicação direta da medida de segurança em decorrência da absolvição com reconhecimento da ausência de culpabilidade (absolvição imprópria), e não aplicação da medida de segurança em substituição à pena privativa de liberdade, visto que esta última sequer será cogitada. Para o semi-imputável, a situação é diversa. De regra, a consequência do reconhecimento da semi-imputabilidade é a aplicação da causa de diminuição de pena prevista no art. 26, parágrafo único, do CP. Afinal, a semi-imputabilidade nada mais é senão a redução da culpabilidade. E, se há reduzida culpabilidade, deve haver, por consectário, reduzida punição. No entanto, caso fique demonstrado que o semi-imputável necessita de especial tratamento curativo, o art. 98 do CP prevê a possibilidade de substituição da pena privativa de liberdade por internação ou tratamento ambulatorial (não se falando em tratamento psiquiátrico, portanto), observado o prazo mínimo de 1 (um) a 3 (três) anos. Em conclusão, pode se dizer que a substituição da pena privativa de liberdade por medida de segurança somente se dá na hipótese de o semi-imputável necessitar de especial tratamento curativo; **C:** correta. A culpabilidade é integrada pela imputabilidade, pela potencial consciência da ilicitude e pela exigibilidade de conduta diversa. Não há, no CP, tratamento específico para a culpabilidade. Em alguns pontos, o CP trata das causas que excluem a culpabilidade, tais como a coação irresistível e a obediência hierárquica (art. 22 do CP), que afastam a exigibilidade de conduta diversa, o erro sobre a ilicitude do fato (art. 21 do CP), que afeta o requisito da potencial consciência da ilicitude, e a inimputabilidade (arts. 26 e seguintes do CP). Fala-se, ainda, em causas supralegais de exclusão da culpabilidade, e estas, obrigatoriamente, afastam o elemento da exigibilidade de conduta diversa. Vale dizer: qualquer circunstância fática que caracterize a inexigibilidade de conduta diversa é suscetível de excluir a culpabilidade, independentemente de previsão legal. A partir da regulamentação de tais causas que afastam a culpabilidade, a doutrina, em raciocínio inverso, organizou os elementos que devem estar presentes, obrigatoriamente, para a verificação da culpabilidade, sendo eles os apresentados na precisa assertiva; **D:** incorreta. A inimputabilidade, segundo o CP, se dá por doença mental ou desenvolvimento mental incompleto, desde que estes tornem o agente, ao tempo da conduta (ação ou omissão), inteiramente incapaz de entender o caráter ilícito do fato, ou de determinar-se de acordo com esse entendimento. A despeito de, em seu art. 27, reconhecer como inimputáveis, ainda, o menor de 18 (dezoito) anos, independentemente da verificação do seu entendimento (adotando, neste caso, o caráter puramente biológico), o CP não fala em inimputabilidade em decorrência de imaturidade natural. O indivíduo com notável maturidade, de 16 (dezesseis) anos, é tão inimputável quanto é imputável o indivíduo com total imaturidade, aos 19 (dezenove) anos (salvo, claro, se verificada outra hipótese de inimputabilidade para este). No que atine à embriaguez, o CP, adotando

196 LUCAS CORRADINI

a teoria da *actio libera in causa* (ação livre na causa), traz regramento específico para ela. Assim, em regra, aplicando-se aludida teoria, a embriaguez, voluntária ou culposa, não exclui a imputabilidade (art. 28, I, do CP). Bem por isso, são considerados imputáveis os agentes que deliberadamente se embriagam e, após, ainda que sem qualquer consciência da ilicitude, praticam fato definido como crime, bem como aquele que, culposamente, mistura parca dose de bebida alcóolica com medicamento que, exponencialmente, potencializa o efeito do álcool, tornando-o absolutamente inepto para entender o caráter ilícito do fato que vem a praticar. No entanto, é isento de pena, nos termos do art. 28, §1º, do CP, o agente que, por embriaguez completa, proveniente de caso fortuito ou força maior, era, ao tempo da ação ou omissão, inteiramente incapaz de entender o caráter ilícito do fato, ou de determinar-se de acordo com esse entendimento. Em suma, somente a embriaguez completa, e acidental (proveniente de caso fortuito ou de força maior) e, portanto, não culposa, é que autoriza a exclusão da culpabilidade; **E:** incorreta. De fato, há disposição expressa, no art. 28, I, do CP, no sentido de que a emoção e a paixão não excluem a imputabilidade penal. Contudo, se presente a emoção, pode ela servir de atenuante de pena, e não de agravante, nos termos do art. 65, III, *c*, do CP. Não há previsão de agravante baseada na presença de emoção ou paixão, pelo que, dada a tipicidade de tais circunstâncias (até mesmo por força do princípio da legalidade), não poderão ser reconhecidas para o fim de agravar a reprimenda. No entanto, vale dizer que não é qualquer emoção que atenua a pena. Para tal finalidade, a emoção deve ser de tamanha intensidade que possa ser taxada de "violenta emoção", provocada por injusto comportamento da vítima. Em situações específicas, a emoção, em tais moldes (violenta e provocada por injusto comportamento da vítima), pode servir de causa de diminuição de pena (art. 121, §1º, do CP, e art. 129, §4º, do mesmo diploma legal).

Gabarito "C".

(Analista de Promotoria I – Assistente Jurídico – MPE-SP – VUNESP – 2010)
Aquele que, por desenvolvimento mental incompleto era, ao tempo da ação, inteiramente incapaz de entender o caráter ilícito do fato é considerado _____ e, por essa condição, _____

Assinale a alternativa que completa, correta e respectivamente, a frase.

(A) inimputável ... é isento de pena.
(B) semi-imputável ... terá sua pena reduzida.
(C) semi-impunível ... terá sua pena reduzida.
(D) semi-inimputável ... sofrerá medida de segurança reclusiva.
(E) impunível ... sofrerá sanção civil de internação compulsória.

O enunciado refere-se ao conteúdo do art. 26 do CP, que dispõe que, aquele que, por doença mental ou desenvolvimento mental incompleto era, ao tempo da ação ou omissão, inteiramente incapaz de entender o caráter ilícito do fato, ou de determinar-se de acordo com esse entendimento, é considerado inimputável, e, por essa condição, é isento de pena. Como sabido, a inimputabilidade exclui a culpabilidade, com o que torna o indivíduo isento de pena. Porém, se praticou fato típico e ilícito, a despeito da absolvição (denominada imprópria, por resultar em aplicação da sanção penal), está sujeito ao cumprimento de medida de segurança.

Gabarito "A".

(Analista Processual Administrativo – MPE-RJ – 2011) A dogmática penal contemporânea costuma edificar o conceito de fato punível com base nas categorias elementares do tipo de injusto e da culpabilidade, que concentram todos os elementos da definição analítica de crime. Essas categorias elementares do fato punível se relacionam como objeto de valoração e juízo de valoração. No que toca ao tema "culpabilidade", é correto afirmar que:

(A) o princípio da culpabilidade impõe a objetividade da responsabilidade penal, repercutindo, outrossim, na fixação da pena-base;
(B) o princípio da culpabilidade funciona como um fator meramente agravante do *quantum* de punição que deverá ser aplicado ao fato criminoso;
(C) a culpabilidade, na teoria da pena, é tratada como circunstância judicial a ser avaliada na terceira fase de determinação da pena;
(D) a culpabilidade é fator determinante para a adequação da pena à necessidade de prevenção geral e específica, pois opera como limitador primário na sua aplicação, sendo sua análise indispensável à individualização da pena;
(E) a culpabilidade para fundamentação da pena e a culpabilidade para medição ou limitação da pena estão sistematicamente separadas uma da outra, pois a existência da culpabilidade que fundamenta a aplicação da pena não repercute na medição da pena aplicada.

Para compreender a questão de modo global, é necessário um conhecimento prévio acerca dos significados assumidos pelo termo culpabilidade no Direito Penal. É possível afirmar que a palavra culpabilidade assume, pelo menos, 4 (quatro) sentidos diversos na doutrina penal brasileira: *(a) culpabilidade como princípio limitador do direito de punir:* em um primeiro aspecto, a culpabilidade é pressuposto para aplicação da pena, de modo que o Estado somente pode impô-la ao agente imputável, com potencial consciência da ilicitude e quando lhe era exigível a adoção de conduta diversa. Esta ideia é adotada por aqueles que se filiam à teoria bipartida de crime, em cujo conceito analítico estão compreendidos apenas os substratos do fato típico e da ilicitude (antijuridicidade); *(b) culpabilidade como integrante do conceito analítico do crime:* tal aspecto se contrapõe ao anterior, sendo dele excludente. É a ideia adotada por aqueles que abarcam a teoria tripartite de crime, em cujo conceito analítico, além do fato típico e da antijuridicidade, está a culpabilidade. Para tal corrente, a culpabilidade não é mero pressuposto para aplicação da sanção penal, mas requisito sem o qual inexiste crime. Assim, somente há crime praticado por agente imputável, com potencial consciência da ilicitude, que age quando lhe era exigível a adoção de conduta diversa; *(c) culpabilidade como princípio informador da dosimetria da pena:* além das ideias anteriores, que se excluem, sobrevém, pacificamente, a noção de que a culpabilidade é, ainda, um princípio informador da dosagem da pena, refletindo, como circunstância judicial, na aplicação da pena-base, nos termos do art. 59 do CP. Aqui, agir com maior grau de culpabilidade significa atuar de modo mais reprovável do que normalmente verificável na incidência a um determinado tipo penal. Ou seja, a conduta do agente é mais reprovável do que a normalmente observada na espécie de crime, merecendo, assim, punição mais severa, por ter agido com maior culpabilidade; *(d) culpabilidade como vedação à responsabilização penal objetiva:* por fim, a culpabilidade assume, concomitantemente, a ideia de impedir a responsabilização de qualquer pessoa sem que ele tenha atuado com dolo ou culpa. A partir de tais noções, passa-se a análise de cada uma das assertivas.
A: incorreta. Como visto, a culpabilidade, a despeito de repercutir, de fato, na fixação da pena-base, exclui a possibilidade de a responsabilidade penal ser objetiva, exigindo, assim, o dolo ou culpa; **B:** incorreta. Como visto, a ideia de culpabilidade vai além da mera informação à dosagem da pena, possuindo outras relevantes funções na dogmática penal. Além disso, é impróprio falar-se em agravante no caso da culpabilidade que, por tratar-se de circunstância judicial, deve ser aferida na primeira fase da dosimetria trifásica, e não na etapa seguinte, esta sim reservada às agravantes; **C:** incorreta. Como circunstância judicial que é, a culpabilidade deve ser aferida na primeira etapa do método trifásico; **D:** correta: A alternativa contém as ideias de culpabilidade

9. DIREITO PENAL   197

como limitadora do direito de punir e informadora da dosimetria da pena; **E:** incorreta. A culpabilidade que fundamenta a aplicação da pena (relacionada ao grau de potencial consciência da ilicitude, ao grau de exigência de conduta diversa e à imputabilidade) repercute, também, na medição da pena aplicada, seja como circunstância judicial (art. 59 do CP), seja na hipótese de erro sobre a ilicitude do fato evitável (art. 25, parte final, do CP), ou, ainda, nas hipóteses de semi-imputabilidade (art. 26, parágrafo único, do CP) e embriaguez parcial proveniente de caso fortuito ou força maior (art. 28, II, §2º, do CP).

Gabarito "D".

(Analista de Promotoria II – Agente de Promotoria – MPE-SP – IBFC – 2013) Assinale a alternativa CORRETA:

(A) A pena pode ser reduzida de um a dois terços, se o agente, por embriaguez completa, proveniente de caso fortuito ou força maior, era, ao tempo da ação ou da omissão, inteiramente incapaz de entender o caráter ilícito do fato ou de determinar-se de acordo com esse entendimento.

(B) É isento de pena o agente que, por doença mental, é, ao tempo da sentença penal condenatória, inteiramente incapaz de entender o caráter ilícito do fato criminoso praticado.

(C) A pena pode ser reduzida se o agente, em virtude de perturbação da saúde mental ou por desenvolvimento mental incompleto ou retardado, não era inteiramente capaz de entender o caráter ilícito do fato ou de determinar-se de acordo com esse entendimento.

(D) A emoção exclui a imputabilidade penal.

(E) Os menores de 21 (vinte e um) anos são penalmente inimputáveis.

A: incorreta. A embriaguez acidental completa isenta o agente de pena (art. 28, §1º, do CP), visto que fica excluída a culpabilidade por ausência do requisito da potencial consciência da ilicitude, sem incidência da teoria da *actio libera in causa* (que opera a manutenção da imputabilidade na hipótese de embriaguez voluntária ou culposa, nos termos do art. 28, II, do CP); **B:** incorreta. Nos termos do art. 26 do CP, a capacidade de entender o caráter ilícito do fato criminoso deve ser analisada ao tempo da ação ou da omissão. Logicamente, tal aferição somente ocorrerá durante a ação penal e, portanto, após a prática do crime. No entanto, sendo o processo penal meio de reconstrução do delito perpetrado, deve o perito perquirir se, ao tempo do crime, o agente era inteiramente capaz de entender o caráter ilícito do fato, ou de determinar-se de acordo com esse entendimento; **C:** correta. Nos termos do art. 26, parágrafo único, do CP, que trata da figura do semi-imputável, indivíduo que, em virtude de perturbação da saúde mental ou desenvolvimento mental incompleto ou retardado não é inteiramente capaz de entender o caráter ilícito do fato ou de determinar-se de acordo com esse entendimento, poderá ter a pena reduzida de 1/3 a 2/3, a depender do grau da consciência da ilicitude; **D:** incorreta. Nos termos do art. 28, I, do CP, não excluem a imputabilidade penal a emoção ou a paixão; **E:** incorreta. Os menores de 18 (dezoito) anos é que são penalmente inimputáveis, nos termos do art. 27 do CP. A matéria ainda possui natureza constitucional, prevista no art. 228 da Carta Maior, razão pela qual a tão debatida redução da maioridade penal somente pode ser realizada por meio de emenda constitucional.

Gabarito "C".

(Analista de Promotoria I – Assistente Jurídico – MPE-SP – IBFC – 2013) A embriaguez completa e fortuita é:

(A) Causa de diminuição de pena.

(B) Causa atenuante de pena.

(C) Causa excludente de antijuridicidade.

(D) Causa de isenção de pena.

(E) Não interfere na imputabilidade penal.

Nos termos do art. 28, §1º, do CP, a embriaguez acidental completa exclui a culpabilidade, por tornar ausente o requisito da potencial consciência da ilicitude, isentando de pena o autor.

Gabarito "D".

(Analista – MPU – 2004 – ESAF) Podemos afirmar que a culpabilidade é excluída quando:

(A) o crime é praticado em obediência à ordem, manifestamente legal, de superior hierárquico.

(B) há embriaguez fortuita incompleta.

(C) há erro inevitável sobre a ilicitude do fato.

(D) há coação moral resistível.

(E) há desenvolvimento mental completo.

A: incorreta (art. 22 do CP); **B:** incorreta (art. 28, § 1º, do CP); **C:** correta, nos termos do art. 21 do CP (erro de proibição); **D:** incorreta, nos termos do art. 22 do CP (coação moral *irresistível*); **E:** incorreta, nos termos do art. 26, "*caput*", do CP (desenvolvimento mental *incompleto*).

Gabarito "C".

1.10. AUTORIA E CONCURSO DE AGENTES

(Analista de Promotoria I – Assistente Jurídico – MPE-SP – VUNESP – 2010) Considere que um funcionário público, em coautoria com um indivíduo não funcionário, exija para si, diretamente, e em razão da função pública, vantagem indevida. Considere, ainda, que o agente não funcionário tem ciência de que seu coautor é funcionário. O agente não funcionário cometeu o crime de:

(A) extorsão.

(B) peculato.

(C) concussão.

(D) corrupção ativa.

(E) corrupção passiva.

O crime descrito no enunciado é o de *concussão*, previsto no art. 316 do CP. O coautor não funcionário público, tendo conhecimento da condição funcional de seu comparsa, responde, outrossim, pelo mesmo delito (concussão). Explica-se. Nos termos do art. 30 do CP, em interpretação a *contrario sensu*, as circunstâncias e condições de caráter pessoal são comunicáveis ao coautor ou ao partícipe quando forem elementares do crime. No caso do problema apresentado, a condição de funcionário público é elementar do crime de concussão (estando prevista em seu "caput", sendo, portanto, dado fundamental da conduta típica, sem a qual se opera a desclassificação da conduta para outra figura típica), pelo que é comunicável ao coautor ou partícipe não funcionário público, que responderá, assim, por crime contra a administração pública, salvo se não tiver conhecimento da qualidade funcional do comparsa, o que não é o caso do problema apresentado.

Gabarito "C".

(Analista – Direito – MPE-MG – 2012) Sobre o concurso de pessoas, é *CORRETO* afirmar que:

(A) somente poderá haver o concurso na fase de execução do delito.

(B) o Código Penal brasileiro não difere as formas de participação *strictu sensu*.

(C) as circunstâncias de caráter pessoal se comunicam somente quando elementares do crime.

(D) a coautoria não admite divisão de tarefas.

A: incorreta. O concurso de pessoas pode ocorrer desde a fase preparatória até a consumação do delito, passando por sua execução. A consumação, no entanto, é o limite temporal para a ocorrência da adesão de vontade do coautor ou partícipe. Após a consumação, a adesão de vontade pode configurar crime autônomo, como se dá nos

casos de receptação (art. 180 do CP), favorecimento real (art. 349 do CP), favorecimento pessoal (art. 348 do CP), etc.; **B:** incorreta. O art. 29, §1º, do CP, reconhece a figura da participação de menor importância, acarretando a causa de diminuição de pena no patamar de 1/6 (um sexto) a 1/3 (um terço). Desse modo, o CP reconhece mais de uma modalidade de participação *strictu sensu;* **C:** correta. É o que dispõe a regra do art. 30 do CP, extraída mediante interpretação em contrário do texto legal; **D:** incorreta. Há coautoria quando dois indivíduos, interligados subjetivamente, cometem o crime, praticando, ambos, o verbo previsto no núcleo do tipo penal. É perfeitamente possível, na hipótese, a divisão de tarefas, como ocorre no crime de roubo majorado pelo concurso de agentes (art. 157, §2º, II, do CP), quando um dos autores pratica a grave ameaça, ao passo que, paralelamente, o outro efetua a subtração. Tal modalidade de coautoria, na qual os coautores desenvolvem tarefas distintas na empreitada criminosa, é denominada *coautoria parcial,* contrapondo-se à coautoria direta, que se verifica quando ambos os coautores praticam a(s) mesma(s) conduta na empreitada criminosa.
Gabarito "C"

(Analista Ministerial Processual-Direito – MPE-MA – FCC – 2013) José e João, mediante prévio ajuste com Pedro, funcionário público, ingressaram na repartição pública em que este exercia suas funções e subtraíram um computador.

José sabia que Pedro era funcionário público e João desconhecia essa circunstância. Nesse caso, o crime de peculato será imputável a:

(A) José e João, apenas.
(B) Pedro, José e João.
(C) Pedro e João, apenas.
(D) Pedro, apenas.
(E) Pedro e José, apenas.

Na hipótese, o crime de peculato somente será imputado a Pedro, funcionário público, e a José, particular coautor que tinha conhecimento da condição especial de seu comparsa Pedro. A elementar subjetiva (funcionário público) somente se comunica aos partícipes e coautores quando abrangidas por seus dolos. No caso, João, que não sabia da condição funcional de Pedro, não atuou com o dolo de perpetrar o peculato, podendo ser responsabilizado apenas pela prática do crime de furto.
Gabarito "E"

(Analista de Promotoria II – Agente de Promotoria – MPE-SP – IBFC – 2013) Com relação ao que dispõe o Código Penal sobre o concurso de pessoas, é <u>INCORRETO</u> afirmar que:

(A) A participação de menor importância acarreta diminuição de pena.
(B) Como regra, se um dos agentes concorrentes quis participar de crime menos grave que o praticado, aplica-se a pena daquele.
(C) Como regra, não se comunicam entre os agentes as circunstâncias de caráter pessoal.
(D) O ajuste ou a instigação, salvo disposição expressa em contrário, são puníveis, mesmo que o crime não chegue a ser tentado.
(E) Como regra, o Código Penal adotou a teoria unitária.

A: correta. Como sabido, o CP adotou, para fins de concurso de pessoas, a *teoria monista,* segundo a qual "quem, de qualquer modo, concorre para o crime incide nas penas a este cominadas, na medida de sua culpabilidade". Por expressão do princípio constitucional da individualização da pena (art. 5º, XLVI, da CF), a despeito de os coautores e partícipes responderem pelo mesmo delito, no momento de fixação da sanção deve ser observado o grau de culpabilidade de cada um. É nesta esteira que o art. 29, §1º, do CP, dispõe que "se a participação for de menor importância, a pena pode ser diminuída de 1/6 (um sexto) a 1/3

(um terço); **B:** correta. É o que dispõe o art. 29, §2º, do CP. No entanto, se o resultado mais grave era previsível, a pena será aumentada até a metade; **C:** correta. É o que dispõe o art. 30 do CP. As circunstâncias de caráter pessoal somente se comunicam ao coautor ou partícipe se forem elementar do crime (ex.: condição de funcionário público no delito de estelionato, condição de mãe no crime de infanticídio); **D:** incorreta. Nos termos do art. 31 do CP, "o ajuste, a determinação ou instigação e o auxílio, salvo disposição expressa em contrário, não são puníveis, se o crime não chega, pelo menos, a ser tentado"; **E:** correta. Como já visto, no art. 29, "caput", o CP adotou a teoria unitária ou monista para o concurso de pessoas.
Gabarito "D"

(Analista de Promotoria - Assistente Jurídico – MP-SP – VUNESP – 2015 - Adaptada) Sobre o concurso de agentes, assinale a alternativa correta.

(A) O Código Penal adotou a Teoria Dualista para o concurso de agentes.
(B) Para a punição do autor, coautor e partícipe é necessário que pratique, cada qual, o núcleo do tipo.
(C) As circunstâncias e as condições de caráter pessoal se comunicam entre os agentes.
(D) Exige como requisitos a pluralidade de agentes e de condutas, relevância causal de cada conduta, liame subjetivo entre os agentes e identidade de infração penal.
(E) Pode funcionar também como qualificadora de alguns delitos e, ainda, agravantes genéricas em outros.

A: incorreta. Como sabido, o art. 29 do CP adotou a teoria monista ou unitária ao tratar do concurso de agentes. Para a teoria monista, "quem, de qualquer modo, concorre para o crime incide nas penas a este cominadas, na medida de sua culpabilidade". Portanto, não importa: tanto coautores como partícipes, desde que agindo em concurso, respondem pelo mesmo crime, ainda que as condutas de cada um deles, isoladamente, tipifiquem crimes diversos. Por exemplo: o indivíduo A quebra a janela de uma casa para que B nela adentrasse e, de lá, subtraísse bens. Ambos respondem pelo furto qualificado pelo rompimento de obstáculo. Para a teoria dualista, não adotada pelo CP, cada indivíduo deve responder pela sua própria conduta. Assim, no exemplo, se vigorasse a teoria dualista, A responderia por dano, ao passo que B responderia por furto simples; **B:** incorreta. Na própria conceituação doutrinária das ideias de autor e partícipe, a partir da teoria restritiva, são autores (e, entre si, coautores), aqueles que praticam o núcleo do tipo, ao passo que partícipes são os que, embora não pratiquem efetivamente a conduta típica, colaboram com o autor, instigando-o, induzindo-o ou prestando auxílio material, de modo relevante, tratando-se, assim, de um coadjuvante da ação criminosa. Portanto, a assertiva está incorreta na medida em que os partícipes, para assim se qualificarem, não precisam praticar o núcleo do tipo. Além disso, se adotada a teoria do domínio do fato, nem mesmo para ser autor é necessária a prática dos verbos contidos no núcleo do tipo, sendo autor aquele indivíduo que detém o domínio finalístico da ação, tendo o controle imediato da ocorrência do delito, podendo, a qualquer tempo, ordenar a interrupção da ação criminosa dos executores (também autores). Observa-se, assim, que a teoria do domínio do fato alarga a ideia trazida pela teoria restritiva no sentido de que os autores são somente os que, pessoalmente, praticam os verbos do tipo penal, abrangendo como coautores também aqueles que, intelectualmente, planejam e ordenam as práticas ilícitas desenvolvidas, efetivamente, por terceiros. Contorna-se, assim, a injustiça de se considerar como meros partícipes os autores intelectuais da infração penal; **C:** incorreta. Nos termos do art. 30 do CP, as circunstâncias e condições de caráter pessoal (subjetivas) somente se comunicam entre os agentes se constituírem elementares do tipo (ex.: condição de funcionário no crime de peculato – uma vez que a condição de funcionário público é elementar do crime de peculato, mesmo sendo subjetiva ela se comunica ao coautor ou partícipe estranho aos quadros da Administração Pública que, assim, e desde que tenha conhecimento da especial condição de seu parceiro, também responderá pelo crime de peculato); **D**: correta. São estes os requisitos previstos na doutrina para a hipótese de concurso de agentes; **E**: incorreta. De fato, o concurso de agentes pode funcionar como qualificadora de alguns crimes, tal como ocorre com o furto (art. 155, §4º, IV, do CP). No entanto, o concurso de agentes, por si só, não constitui agravante genérica prevista no art. 61 do CP. (OBS: Essa questão foi anulada no concurso, que havia admitido como correta a alternativa E).

Gabarito "D".

(Analista Jurídico – MPE-CE – FCC – 2013) No Direito Penal brasileiro no que se refere ao concurso de pessoas, se a participação for de menor importância pode-se afirmar que:

(A) o conceito de menor importância é dado pela natureza do delito, assim, limita-se aos casos de infração de menor potencial ofensivo.

(B) somente tem aplicabilidade aos crimes cometidos sem violência ou grave ameaça à pessoa.

(C) nas penas a este cominadas, na medida de sua culpabilidade não pode ser diminuída.

(D) o partícipe pode ter a pena diminuída de um sexto a um terço.

(E) tem efeito de mera circunstância atenuante na aplicação da pena, não servindo para redução da pena em margens preestabelecidas.

Na participação de menor importância, nos termos do art. 29, §1º, do CP, o partícipe pode ter a pena diminuída de 1/6 (um sexto) a 1/3 (um terço). Afere-se a importância da participação a partir da teoria da equivalência dos antecedentes (*conditio sine qua non*). Por ela, assim como se dá na hipótese das concausas para aferição do nexo de causalidade, devem ser excluídos os atos praticados pelo partícipe, perquirindo, assim, o grau de contribuição por ela dado à ocorrência do crime. Desse modo, afere-se tanto a menor importância da participação como, em caso de concluído pela pouca relevância da intervenção, o patamar que deverá ser aplicado da respectiva causa de diminuição de pena.

Gabarito "D".

1.11. PENA E MEDIDA DE SEGURANÇA

(Analista Ministerial Especialista - Ciências Jurídicas – MPE-TO – UFT--COPESE – 2010) No que concerne às penas privativas de liberdade assinale a alternativa incorreta:

(A) O condenado não perigoso, cuja pena não ultrapasse oito anos, poderá ser recolhido a estabelecimento de regime semiaberto, desde o início, ou se ultrapassar, após ter cumprido um terço dela em regime fechado.

(B) O condenado a pena superior a oito anos deverá começar a cumpri-la em regime fechado.

(C) O condenado não reincidente, cuja pena seja superior a quatro anos e não exceda a oito, poderá, desde o princípio, cumpri-la em regime semiaberto.

(D) O condenado não reincidente, cuja pena seja igual ou inferior a quatro anos, poderá, desde o início, cumpri-la em regime aberto.

A: incorreta. De início, o próprio termo "não perigoso", não sendo revestido de qualquer técnica, já fornece bons indícios de que a assertiva é incorreta. Com o conhecimento da legislação, sabe-se que o art. 33, §2º, *b*, do CP fala, com efeito, em condenado "não reincidente", e não em "não perigoso", o que confirma a incorreção da alternativa. Além disso, o limite de pena previsto no aludido dispositivo é de 4 (quatro) a 8 (oito) anos, e não simplesmente inferior a 8 (oito) anos. Não bastasse, o prazo previsto para a progressão de regime é de 1/6 (um sexto), e não

um terço, nos termos do art. 112 da Lei 7.210/84 (Lei de Execuções Penais); **B**: correta (art. 33, §2º, *a*, do CP); **C**: correta (art. 33, §2º, *b*, do CP); **D**: correta (art. 33, §2º, *c*, do CP). Vale frisar aqui que, ao rigor da lei, o condenado reincidente sempre iniciaria o cumprimento da pena no regime fechado. No entanto, a Súmula 269 do Superior Tribunal de Justiça entende que "é admissível a adoção do regime prisional semiaberto aos reincidentes condenados a pena igual ou inferior a 4 (quatro) anos se favoráveis as circunstâncias judiciais [art. 59 do CP]".

Gabarito "A".

(Analista de Promotoria - Assistente Jurídico – MP-SP – VUNESP – 2015) Sobre as espécies de pena e regime previstos no Código Penal, tem-se que:

(A) os condenados por crime hediondo, em razão do princípio da igualdade, iniciarão o cumprimento da pena de acordo com as disposições do parágrafo 2º, do artigo 33, do Código Penal.

(B) as penas de reclusão e detenção podem ter cumprimento iniciado no regime aberto, semiaberto e fechado, conforme o caso.

(C) para a determinação do regime inicial de cumprimento, devem ser considerados os critérios previstos no artigo 59, do Código Penal.

(D) tem o condenado o direito de não ter agravado o seu regime de pena (regressão), podendo, no máximo, ter indeferida a sua progressão de regime.

(E) se condenado ao cumprimento de pena maior que 4 anos e menor que 8 anos, tem direito o réu, em qualquer hipótese, de iniciá-la no regime semiaberto.

A: incorreta. Para os condenados por crime hediondo, o art. 2º, §1º, da Lei 8.072/1990, prevê a obrigatoriedade do regime fechado para início do cumprimento de pena. Não se aplica, portanto, o disposto no art. 33, §2º, do CP; **B**: incorreta. Nos termos do art. 33, "caput", do CP, a pena de reclusão pode ter início em qualquer dos regimes previstos. Porém, a detenção somente admite os regimes iniciais aberto ou semiaberto. Nada obsta, porém, que, durante o cumprimento da pena, haja regressão ao regime fechado (em caso de falta grave, por exemplo); **C**: correta. As circunstâncias judiciais previstas no art. 59 do CP informam não apenas a fixação da pena-base, mas também a eleição do regime inicial de cumprimento de pena. Trata-se de expressa disposição dos arts. 59, III e 33, §3º, do CP. Assim, ainda que o indivíduo não reincidente seja condenado à pena inferior a 8 (oito) anos, o regime fechado pode ser o escolhido se houver circunstâncias judiciais desfavoráveis; **D**: incorreta. A execução da pena privativa de liberdade está sujeita à forma regressiva, com a transferência para qualquer dos regimes mais rigorosos, nas hipóteses previstas no art. 118 da Lei 7.210/84 (Lei de Execução Penal); **E**: incorreta. Sendo o réu reincidente, o regime adotado será o fechado. O mesmo diz-se na hipótese de crime hediondo. Ademais, o regime fechado poderá ser o adotado, ainda, por força de circunstâncias judiciais desfavoráveis (art. 59 do CP), nos termos do art. 33, §3º, do CP. Portanto, o patamar da pena não é o único critério a ser observado para a escolha do regime inicial de cumprimento da reprimenda.

Gabarito "C".

(Analista de Promotoria - Assistente Jurídico – MP-SP – VUNESP – 2015) As penas privativas de liberdade serão substituídas por penas restritivas de direito, observando que:

(A) nos crimes de lesão corporal, concordando a vítima e desde que preenchidos os demais requisitos do artigo 44, do Código Penal, a pena corporal poderá ser substituída por pena restritiva de direitos.

(B) a conversão da pena corporal em prestação de serviços à comunidade ou a entidades públicas somente poderá ocorrer nas condenações superiores a seis meses de privação de liberdade.

(C) ao condenado reincidente, em nenhuma hipótese, poderá a pena corporal ser substituída por penas restritivas de direitos.

(D) a prestação pecuniária consiste no pagamento em dinheiro à entidade pública ou privada, com destinação social, de importância fixada pelo juiz, não inferior a 01 salário mínimo e nem superior a 360 salários mínimos, vedando-se, contudo, o pagamento à vítima, que deverá buscar reparação civil pelos seus prejuízos acaso suportados.

(E) nas condenações superiores a um ano, a pena privativa de liberdade pode ser substituída por duas penas restritivas de direito, vedando-se a conversão por multa.

A: incorreta. O crime de lesão corporal, salvo quando culposo, é praticado mediante violência à pessoa. Desse modo, sempre estará ausente o requisito previsto no art. 44, I, do CP, sendo incabível, portanto, a substituição da pena privativa de liberdade por penas restritivas de direitos. Há que se frisar, porém, a existência de entendimento jurisprudencial e doutrinário em sentido diverso referente à lesão corporal de natureza leve, que, por tratar-se de infração de menor potencial ofensivo, seria sempre suscetível da aplicação de penas restritivas de direitos, até mesmo em razão da principiologia que envolve a temática dos Juizados Especiais Criminais; **B:** correta. É o que dispõe o art. 46 do CP; **C:** incorreta. Embora, de fato, a reincidência seja um óbice à substituição da pena privativa de liberdade por penas restritivas de direitos (art. 44, II, do CP), o obstáculo não é absoluto. De início, tem-se que apenas a reincidência em crime doloso impede a substituição. Mas não é só. Mesmo a reincidência em crime doloso pode ser relevada, na forma prevista no art. 44, §3º, do CP, desde que, não se tratando de reincidência provocada pela prática do mesmo crime, a medida seja socialmente recomendável; **D:** incorreta. A prestação pecuniária tem por finalidade primordial o pagamento em dinheiro à vítima. O valor pago será deduzido do montante de eventual condenação em ação de reparação civil, se coincidentes os beneficiários (art. 45, §1º, do CP); **E:** incorreta. Nos termos do art. 44, §2º, do CP, nas condenações (iguais ou) superiores a um ano, há possibilidade de substituição da pena privativa de liberdade por uma pena restritiva de direitos e multa, ou por duas penas restritivas de direitos.
,,Gabarito "B".

(Analista de Promotoria - Assistente Jurídico – MP-SP – VUNESP – 2015)
No momento da fixação da pena, deverá o juiz:

(A) relegar a fixação do regime inicial da pena, depois de fixado o seu *quantum,* para o juiz da execução, a quem compete fiscalizá-la.

(B) remeter os autos à Fazenda Pública para cálculo, fixação e cobrança da pena de multa, posto tratar-se de dívida de valor.

(C) seguir o critério trifásico da aplicação da pena que é dividido em: pena base, circunstâncias atenuantes e agravantes e qualificadoras do delito.

(D) considerar a menoridade relativa do agente na segunda fase do cálculo da pena (circunstâncias atenuantes e agravantes).

(E) considerar a reincidência do agente na primeira fase do cálculo, no momento da análise dos seus antecedentes.

A: incorreta. O juiz da condenação deve eleger o regime inicial de cumprimento de pena, nos termos do art. 59, III, do CP; **B:** incorreta. É o juiz da condenação quem fixa o valor da pena de multa, a partir dos critérios preconizados pelo art. 49 do CP. Apenas em caso de inadimplemento da multa é que a Fazenda Pública será instada a efetuar

a cobrança judicial do valor, em razão da impossibilidade de conversão da multa em prisão (art. 51 do CP); **C:** incorreta. As qualificadoras são consideradas no proêmio da fixação da pena, sendo seu ponto de partida. O método trifásico compreende a fixação da pena base a partir das circunstâncias judiciais, a análise das atenuantes e agravantes e, por fim, a verificação e aplicação das causas de aumento e diminuição de pena (majorantes e minorantes). O método trifásico é previsto no art. 68 do CP; **E:** incorreta. Nos termos do art. 61, I, do CP, a reincidência é uma agravante de pena, pelo que deve ser considerada, conforme método trifásico (art. 68 do CP) na segunda fase da dosimetria.
,,Gabarito "D".

(Analista de Promotoria II – Agente de Promotoria – MPE-SP – IBFC – 2013)
Considerando as disposições do Código Penal acerca da medida de segurança, analise as assertivas:

I. As medidas de segurança podem consistir em internação ou tratamento ambulatorial.

II. Extinta a punibilidade do agente, não subsiste a medida de segurança imposta.

III. A pena privativa de liberdade imposta ao semi-imputável deverá ser substituída por internação ou tratamento ambulatória, pelo prazo mínimo de 6 (seis) meses.

IV. Esgotado o prazo da medida de segurança, a desinternação ou a liberação serão sempre incondicionais, ainda que persista a periculosidade do agente.

Está CORRETO, apenas, o que se afirma em:

(A) I e III.

(B) I e II.

(C) II e III.

(D) I, II e III

(E) II e IV.

I: correta. É o que dispõe o art. 96, I e II, do CP; **II:** correta. É o que dispõe o art. 96, parágrafo único, do CP; **III:** incorreta. Nos termos do art. 98 do CP, o prazo mínimo da internação ou tratamento ambulatorial impostos ao semi-imputável em substituição à pena (decorrência do chamado sistema vicariante, adotado pelo CP após a Reforma de 1984, em contraposição ao sistema do duplo-binário, no qual era possível a coexistência da pena e da medida de segurança), é de 1 (um) a 3 (três) anos, observado os teores dos §§ 1º a 4º do art. 97; **IV:** incorreta. Nos termos do art. 97, §3º, do CP, "a desinternação, ou a liberação, será sempre condicional devendo ser restabelecida a situação anterior se o agente, antes do decurso de 1 (um) ano, pratica fato indicativo de persistência de sua periculosidade".
,,Gabarito "B".

(Analista de Promotoria I – Assistente Jurídico – MPE-SP – IBFC – 2013)
Acerca dos regimes de cumprimento de pena e sua disciplina pelo Código Penal, analise as assertivas, a seguir:

I. O regime semiaberto baseia-se na autodisciplina e senso de responsabilidade do condenado.

II. O trabalho externo é admissível, no regime fechado, em serviços ou obras públicas.

III. O condenado, que cumprir pena em regime semiaberto, fica sujeito a trabalho no período diurno e a isolamento durante o repouso noturno.

IV. O trabalho externo é admissível no regime aberto, bem como a frequência a cursos supletivos profissionalizantes, de instrução de segundo grau ou superior.

Está CORRETO, apenas, o que se afirma em:

(A) I e II.

(B) II.

(C) II e III.

9. DIREITO PENAL

(D) III e IV.
(E) IV.

I: incorreta. Nos termos do art. 36 do CP, é o regime aberto que baseia-se na autodisciplina e senso de responsabilidade do condenado, já que ele ficará fora do estabelecimento prisional e sem vigilância (art. 36, §1º, do CP); II: correta. Art. 34, §3º, do CP; III: incorreta. Não há previsão de isolamento do condenado em regime semiaberto no período noturno; IV: incorreta. No regime aberto, como já visto, o preso fica fora do estabelecimento penitenciário, podendo (e, em verdade, devendo) trabalhar livremente, não havendo, assim, que se falar em trabalho externo.

Gabarito "B".

1.12. APLICAÇÃO DA PENA

(Técnico em Promotoria - Direito – MPE-PB – COMPERVE-UFRN) São circunstâncias agravantes do art. 61 do Código Penal, quando o crime é praticado diante de determinadas perspectivas, **EXCETO** quando o agente:

(A) cometeu o crime contra criança, contra maior de 60 (sessenta) anos, contra enfermo ou mulher grávida.

(B) está em estado de embriaguez preordenada.

(C) é reincidente.

(D) comete o crime com abuso de poder ou violação de dever inerente ao cargo, ofício, ministério ou profissão.

(E) promove ou organiza a cooperação no crime ou dirige a atividade dos demais agentes.

A: correta (art. 61, II, *h*, do CP); **B:** correta (art. 61, II, *k*, do CP); **C:** correta (art. 61, I, do CP); **D:** correta (art. 61, II, *g*, do CP); **E:** incorreta. Não se trata de agravante prevista no art. 61 do CP. Trata-se de agravante prevista no art. 62, I, do CP com o rótulo "agravante no caso de concurso de pessoas".

Gabarito "E".

(Analista de Promotoria I – Assistente Jurídico – MPE-SP – VUNESP – 2010) Nos termos do quanto prescreve o art. 44, § 3.º, do Código Penal, a reincidência impede a substituição de pena privativa de liberdade por restritiva de direitos?

(A) Sim, sempre.

(B) Não, em nenhuma hipótese.

(C) Sim, mas apenas para os crimes hediondos ou aqueles que lhes são equiparados.

(D) Não, mas apenas na hipótese de a condenação anterior ter se dado há mais de cinco anos.

(E) Não, mas desde que a medida seja socialmente recomendável e a reincidência não se tenha operado em virtude da prática do mesmo crime.

Nos termos do art. 44, §3º, do CP, "se o condenado foi reincidente, o juiz poderá aplicar a substituição, desde que, em face de condenação anterior, a medida seja socialmente recomendável e a reincidência não se tenha operado em virtude da prática do mesmo crime". Assim, em regra, a reincidência afasta a possibilidade de substituição da pena privativa de liberdade por pena restritiva de direitos, tratando-se da reincidência em crime doloso de requisito previsto no art. 44, II, do CP. No entanto, mesmo o reincidente em crime doloso pode, excepcionalmente, ser agraciado com a substituição, desde que a reincidência não tenha se operado em razão da prática do mesmo crime (situação que obsta absolutamente o benefício), na hipótese de a substituição mostrar-se socialmente recomendável (exemplo: lesão corporal culposa no trânsito, praticado por indivíduo reincidente em razão de condenação anterior pela prática de crime tributário. Recomendável a substituição da pena privativa de liberdade por pena restritiva de direitos consistente em prestação pecuniária em favor da vítima, como forma de indenizar-lhe pelos danos morais e materiais sofridos).

Gabarito "E".

(Analista Processual Administrativo – MPE-RJ – 2011) É usual na doutrina a afirmação de que a mensuração da agravante ou atenuante se inclui no "livre arbítrio do juiz", tendo em conta o caso concreto e a personalidade do agente, ou mesmo na denominada "prudência judicial" na fixação da pena.

Na questão da dosimetria da pena, é correto afirmar que:

(A) a pena-base exasperada pela reincidência impede, sob pena de configuração de *bis in idem,* sua utilização como agravante;

(B) a confissão extrajudicial na fase pré-processual deve ser avaliada conforme sua influência sobre o juízo da condenação, ainda que haja sua retratação em juízo;

(C) a presença de agravantes pode levar a pena para além do máximo legal previsto no tipo penal básico ou qualificado;

(D) no crime de tráfico de drogas, a quantidade e a espécie de entorpecente traficado, quando combinadas, são circunstâncias judiciais que não autorizam, por si sós, a exasperação da pena-base para além do mínimo legal;

(E) é incompatível a aplicação da causa de diminuição de pena do art. 33, § 4º, da Lei nº 11.343/2006 aos casos em que haja incidência das causas de aumento de pena previstas nos incisos do art. 40 da mencionada lei.

A: incorreta. A melhor técnica de dosagem da pena é utilizar, na fixação da pena-base, não a reincidência, mas sim as condenações criminais definitivas que não configuram reincidência. Estas, podem ser enquadradas em circunstâncias judiciais (art. 59 do CP) de duas ordens: *(a) maus antecedentes*: entendidos como as condenações criminais transitadas em julgado que não mais constituam reincidência. Consoante entendimento jurisprudencial consolidado, também caracterizam maus antecedentes as condenações posteriores ao fato que digam respeito a condutas anteriores ao delito que está sendo julgado. Neste sentido: STJ, AgRg no AREsp 747.123/MG, Rel. Ministra Maria Thereza de Assim Moura, Sexta Turma, j. 6.10.2016; *(b) personalidade voltada à prática de crimes:* extraída das condenações transitadas em julgado que não constituem reincidência ou maus antecedentes por se referirem a fatos posteriores ao crime que é objeto da sentença na qual está sendo realizada a dosimetria. Na segunda fase da dosimetria, aí sim, aplica-se a agravante da reincidência, para aquelas condenações transitadas em julgado que assim se configurarem. Vale ressaltar, ainda, que nos termos da Súmula 444 do Superior Tribunal de Justiça "é vedada a utilização de inquéritos policiais e ações penais em curso para agravar a pena-base". Além disso, nos termos da Súmula 241 do STJ: "A reincidência penal não pode ser considerada como circunstância agravante e, simultaneamente, como circunstância judicial"; **B:** correta. Nos termos do art. 155 do CPP "o juiz formará sua convicção pela livre apreciação da prova produzida em contraditório judicial, não podendo fundamentar sua decisão exclusivamente nos elementos informativos colhidos na investigação (...)". A utilização do termo *exclusivamente* no dispositivo processual penal revela que não há óbice para a utilização, pelo juiz, de elementos informativos colhidos na investigação, tal como se dá com o interrogatório extrajudicial, desde que embasados e acompanhados de outras provas colhidas sob o crivo do contraditório. Assim, ainda que haja retratação em Juízo, se a confissão extrajudicial se coadunar com os depoimentos de outras testemunhas, com as provas periciais e outras aferidas sob o crivo do contraditório, pode o juiz utilizá-la para fundamentar a condenação; **C:** incorreta. Do mesmo

modo que as atenuantes não podem conduzir a pena para aquém do mínimo legal, nos termos da Súmula 231 do Superior Tribunal de Justiça, as agravantes não podem exasperá-las para além do máximo cominado. Tal entendimento se consolidou na jurisprudência, não havendo qualquer previsão legal neste sentido. Vale ressaltar que, na terceira fase da dosimetria, para as causas de aumento e diminuição de pena, não há óbice para a ultrapassagem dos limites mínimo e máximo cominados abstratamente; **D**: incorreta. No crime de tráfico de drogas, a quantidade e a natureza da substância ilícita que é o objeto do delito são, nos termos do art. 42 da Lei 11.343/2006, circunstâncias judiciais que preponderam sobre as circunstâncias judiciais genéricas do art. 59 do CP; **E**: incorreta. É perfeitamente possível a coexistência da causa de diminuição de pena do art. 33, §4º, da Lei 11.343/2006, com as causas de aumento de pena do art. 40 do mesmo diploma legal, visto que estas são de ordem objetiva (relacionadas à conduta, e não à figura do agente), não sendo, assim, incompatíveis com a benesse do §4º, cuja aplicação é autorizada mediante o preenchimento de requisitos subjetivos (relacionadas à pessoa do agente).
Gabarito "B".

(Analista Ministerial Direito – MPE-AP – FCC – 2012) José, primário, foi condenado a cumprir pena de 20 anos de reclusão pelo crime hediondo de latrocínio cometido no dia 20 de abril de 2007. Neste caso, José deverá cumprir a pena:

(A) inicialmente em regime fechado e terá direito à progressão para o regime semiaberto após o cumprimento de, no mínimo, 12 anos da pena cominada.

(B) integralmente em regime fechado.

(C) inicialmente em regime fechado e terá direito à progressão para o regime semiaberto após o cumprimento de, no mínimo, 8 anos da pena cominada.

(D) inicialmente em regime fechado e terá direito à progressão para o regime semiaberto após o cumprimento de, no mínimo, 6 anos e 6 meses da pena cominada.

(E) inicialmente em regime fechado e terá direito à progressão para o regime semiaberto após o cumprimento de, no mínimo, 10 anos da pena cominada.

O crime foi praticado posteriormente à Lei 11.464, de 28 de março de 2007, que alterou a regra da progressão de regime para crimes hediondos (art. 2º da Lei 8.072/1990). Antes do advento de tal legislação, a progressão de regime em crimes hediondos era vedada, devendo o condenado cumprir pena em regime integralmente fechado. No entanto, o STF passou a reputar inconstitucional tal vedação, aplicando a regra geral de 1/6 (art. 112 da LEP) aos crimes hediondos. Com a Lei 11.464/2007, revogou-se a exigência do regime integralmente fechado, passando a ser adotado os patamares de 2/5 (para os não reincidentes) e 3/5 (para os reincidentes) na progressão do regime dos crimes hediondos. Sobre o tema, também foram elaboradas a Súmula Vinculante 26, bem como a Súmula 471 do STJ, segundo a qual "os condenados por crimes hediondos ou assemelhados cometidos antes da vigência da Lei 11.464/2007 sujeitam-se ao disposto no art. 112 da Lei 7.210/84 (LEP) para a progressão do regime prisional". Assim, José, primário, que praticou crime após o advento da novel legislação, está sujeito aos novos patamares, progredindo de regime após o cumprimento de 2/5 da pena, nos termos do art. 2º da Lei 8.072/1990. Passará ao regime semiaberto, destarte, após o cumprimento de, no mínimo (dada a necessidade do preenchimento dos requisitos subjetivos também), 8 (oito) anos de pena. Eis o cálculo: (20/5) x 2= 8.
Gabarito "C".

(Analista Ministerial Jurídico – MPE-PE – FCC – 2012) O instituto que possibilita ao condenado abreviar, pelo trabalho, parte do tempo da condenação, é denominado:

(A) detração.

(B) remissão.

(C) progressão.

(D) regressão.

(E) conversão.

Trata-se do instituto da remição, previsto nos arts. 126 e seguintes da Lei 7.210/84. Há de se observar a impropriedade técnica da questão, que grafou o termo com o uso de "ss" ao invés de "ç".
Gabarito "B".

(Analista Ministerial Processual-Direito – MPE-MA – FCC – 2013) NÃO se incluem dentre os critérios que o juiz deverá considerar para a fixação da pena base:

(A) a conduta social e a personalidade do agente.

(B) os motivos do crime.

(C) as circunstâncias atenuantes e agravantes.

(D) as circunstâncias do crime.

(E) a culpabilidade e os antecedentes do agente.

A fixação da pena-base deverá se nortear pelas circunstâncias judiciais, previstas no art. 59 do C. Dentre elas, não constam as agravantes (art. 61 do CP) e atenuantes (art. 65 do CP) que, se incidentes, devem ser mensuradas na segunda etapa do método trifásico.
Gabarito "C".

(Analista – MPE-SE – FCC – 2013) Excluídas as situações normativas do art. 64 do Código Penal, não é tecnicamente reincidente o agente que, nessa ordem sucessiva, tenha cometido no Brasil ilícitos penais com a natureza de:

(A) crime doloso e crime culposo.

(B) crime em geral e contravenção penal.

(C) contravenção penal e crime em geral.

(D) contravenção penal e contravenção penal.

(E) crime culposo e crime doloso.

Dispõe o art. 63 do CP que "verifica-se a reincidência quando o agente comete novo <u>crime</u>, depois de transitar em julgado a sentença que, no País ou no estrangeiro, o tenha condenado por <u>crime</u> anterior" [destaques nossos]. Complementarmente, o art. 7º do Decreto-Lei 3.688/41, dispõe que "verifica-se a reincidência quando o agente pratica uma <u>contravenção</u> depois de passar em julgado a sentença que o tenha condenado, no Brasil ou no estrangeiro, por qualquer <u>crime</u>, ou, no Brasil, por motivo de <u>contravenção</u>" [destaques nossos]. Cotejando as duas regras, tem-se que a contravenção penal, para efeito de reincidência, somente pode embasar a condenação antecedente da reincidência no caso de prática de nova contravenção penal, desde que a primeira tenha sido praticada no Brasil. Ou seja, nos demais casos, quando a prática mais recente se tratar de crime, apenas uma condenação anterior por crime ensejará a reincidência. Assim, não é tecnicamente reincidente aquele que pratica, primeiro, contravenção penal e, após, um crime.
Gabarito "C".

(Analista Direito – MPE-MS – FGV – 2013) Diante das falhas do sistema penitenciário atual, o Direito Penal moderno vem buscando evitar o encarceramento, em especial através da previsão de medidas alternativas à pena privativa de liberdade. A esse respeito, assinale a afirmativa correta.

(A) São hipóteses de penas restritivas de direito a prestação pecuniária, perda de bens e valores, prestação de serviço à comunidade ou a entidades públicas, interdição temporária de direitos e limitação de fim de semana.

(B) Poderá a pena privativa de liberdade inferior a 4 anos ser substituída pela restritiva de direito se o réu for tecnicamente primário, mas não será admitida a substituição em nenhuma hipótese de réu reincidente.

(C) De acordo com o Código Penal, a pena privativa de liberdade inferior a 6 meses poderá ser substituída por apenas uma restritiva de direitos, inclusive prestação de serviços à comunidade.

(D) A pena restritiva de direito converte-se em privativa de liberdade quando ocorrer o descumprimento injustificado da restrição imposta, não sendo deduzido o tempo de pena cumprido da restritiva de direitos.

(E) Em qualquer hipótese, sobrevindo condenação a pena privativa de liberdade, por outro crime, a pena restritiva de direito deverá ser convertida em privativa de liberdade.

A: correta. Todas as modalidades de sanção alternativa apresentadas são trazidas no CP, em seu art. 43, como espécies do gênero penas restritivas de direitos; **B:** incorreta. Nos termos do art. 44, §3º, do CP, é possível a substituição da pena privativa de liberdade por pena restritiva de direitos sendo o réu reincidente, desde que a substituição se mostre socialmente recomendável em face da condenação anterior. Apenas é determinante para vedar a substituição a reincidência específica, entendida como aquela decorrente da condenação anterior definitiva pela prática do mesmo crime; **C:** incorreta. Nos termos do art. 44, §2º, do CP, aplica-se 1 (uma) pena restritiva de direitos, apenas, para as condenações não superiores a 1 (um) ano, e não 6 (seis) meses; **D:** incorreta. De fato, descumprida a pena restritiva de direitos de modo injustificado, esta reconverte-se em pena privativa de liberdade. No entanto, de modo a evitar o *bis in idem*, a detração é aplicada, descontando-se da pena privativa de liberdade a ser executada o período de cumprimento da pena restritiva de direitos. De todo modo, deve ser respeitado o saldo mínimo de 30 (trinta) dias de detenção ou reclusão (art. 44, §4º, do CP). Anote-se que, a despeito de o dispositivo legal falar em conversão, o correto é o emprego do termo reconversão, visto que, inicialmente, à exceção do crime do art. 28 da Lei 11.343/2006 e eventuais outros para os quais não são previstas penas privativas de liberdade, estas são as inicialmente aplicadas, e, após, preenchidos os requisitos legais, são convertidas em penas restritivas de direitos. Com o descumprimento, há, portanto, reconversão da pena restritiva de direitos em pena privativa de liberdade; **E:** incorreta. Nos termos do art. 44, §5º, do CP, compete ao juiz da execução decidir acerca da reconversão, podendo ele deixar de realizá-la caso seja possível ao condenado cumprir ambas as penas (privativa de liberdade e restritiva de direitos) simultaneamente. Para exemplificar, tem-se que a pena privativa de liberdade em regime fechado não pode ser cumprida junto da pena restritiva de direitos de prestação de serviços à comunidade, devendo ser operada a reconversão. No entanto, no caso de regime aberto, é perfeitamente possível o cumprimento simultâneo de ambas. A hipótese do §5º é denominada pela doutrina como *reconversão facultativa da pena restritiva de direitos em pena privativa de liberdade*, ao passo que a hipótese do §4º (descumprimento injustificado da PRD) é denominada *reconversão obrigatória da pena restritiva de direitos em pena privativa de liberdade*.
Gabarito "A"

(Analista Direito – MPE-MS – FGV – 2013) Sobre o *instituto do livramento condicional*, assinale a afirmativa **incorreta**.

(A) A obtenção do livramento condicional nos casos de condenação por crimes hediondos exige, como requisito temporal, o cumprimento de mais de dois terços da pena pelo condenado primário e mais de três quintos para o condenado reincidente na prática de crimes desta natureza.

(B) Tem como requisito temporal, em regra, o cumprimento de um terço da pena se o condenado não for reincidente em crime doloso e tiver bons antecedentes.

(C) As penas que correspondem às infrações diversas devem somar-se para efeito de livramento.

(D) Se o liberado for condenado irrecorrivelmente, por crime ou contravenção, à pena que não seja privativa de liberdade, poderá o juiz revogar o livramento.

(E) A revogação será obrigatória se o liberado vem a ser condenado à pena privativa de liberdade, em sentença irrecorrível, por crime cometido durante vigência do benefício.

A: incorreta. Nos termos do art. 83, V, do CP, na condenação por crime hediondo ou equiparado, é possível o livramento condicional após o cumprimento de mais de 2/3 (dois terços) da pena. No entanto, se o condenado for reincidente específico em crime hediondo, não será cabível o livramento condicional; **B:** correta. Art. 83, I, do CP; **C:** correta. Art. 84 do CP; **D:** correta. Trata-se de hipótese de revogação facultativa do livramento condicional, nos termos do art. 87 do CP; **E:** correta. Art. 86, I, do CP.
Gabarito "A"

1.13. CONCURSO DE CRIMES E CONFLITO APARENTE DE NORMAS

(Assistente de Promotoria – MPE-RS – FCC – 2008) A respeito do concurso de crimes considere:

I. Não existe concurso material entre crime doloso e crime culposo.

II. No concurso formal, as penas de multa são aplicadas distinta e integralmente para cada fato delituoso.

III. É possível o reconhecimento da continuidade delitiva entre crimes tentados e crimes consumados.

Esta correto o que se afirma APENAS em:

(A) II e III.

(B) I e II.

(C) I e III.

(D) I.

(E) III.

I: incorreta. Há concurso material "quando o agente, mediante mais de uma ação ou omissão, pratica dois ou mais crimes, idênticos ou não" (art. 69 do CP). Como visto, no concurso material, as condutas resultantes dos delitos podem, perfeitamente, ser autônomas e independentes, movidas por desígnios apartados. Assim, perfeitamente possível o concurso entre crime culposo e doloso, como ocorre na hipótese do agente que, após praticar um roubo, evade-se com o veículo da vítima e, no caminho para a casa, agindo com imprudência consistente na alta velocidade desenvolvida, atropela ciclista, vindo a matá-lo culposamente. Responderá pelo crime de roubo (art. 157 do CP) em concurso material com o crime de homicídio culposo na direção de veículo automotor (art. 302 do CTB); **II:** correta. Em todas as hipóteses de concurso de crimes, inclusive no concurso formal (art. 70 do CP), as penas de multa são aplicadas distinta e integralmente para cada fato delituoso. Eis a regra trazida no art. 72 do CP, a demonstrar o acerto da oração. **III:** correta. Para o reconhecimento do crime continuado (art. 71 do CP), dentre outros requisitos, é indispensável que os delitos sejam da mesma espécie. No entendimento majoritário, notadamente no STJ, entende-se por crimes da mesma espécie aqueles previstos no mesmo tipo penal, ainda que tentados, qualificados ou majorados, desde que tutelem o mesmo bem jurídico (por conta dessa ressalva, não se entende como da mesma espécie os crimes de roubo e latrocínio, pois, a despeito de ambos estarem previstos no art. 157 do CP, tutelam bem jurídicos distintos – quais sejam, respectivamente, o patrimônio e a vida). Assim, tratando-se de crimes da mesma espécie, ainda que um se configure na modalidade tentada, é possível o reconhecimento da continuidade, de modo que a assertiva está correta.
Gabarito "A"

(Analista Ministerial - Área Processual – MPE-PI – CESPE – 2012) Com base no direito penal, julgue os itens subsecutivos.

(1) Nos crimes praticados por servidor público contra a administração, a exoneração da função pública, decorrente de condenação criminal, resulta como efeito automático da sentença, desde que reconhecida a existência de abuso de poder ou violação de dever funcional, consoante tratamento diferenciado estabelecido no Código Penal.

(2) Tratando-se de medida de segurança, o início de cumprimento da sanção interrompe o lapso prescricional da medida, extinguindo-se a punibilidade com o decurso do lapso temporal máximo de pena prevista para o delito ou o máximo de tempo de cumprimento de pena, nos termos do Código Penal. No cômputo da prescrição, considera-se a atenuante da menoridade relativa, o que reduz pela metade os prazos prescricionais.

(3) Nos crimes contra a dignidade sexual, consoante entendimento dos tribunais superiores, caso o agente pratique mais de uma das condutas previstas no crime de estupro, o juiz está autorizado a condená-lo por concurso material, ainda que praticado contra a mesma vítima, vedada a aplicação da continuidade delitiva.

(4) O roubo perpetrado com violação de patrimônios de diferentes vítimas da mesma família, em um único evento delituoso, configura concurso formal de crimes.

1: incorreta. Inicialmente, o termo adequado e previsto no CP é a perda da função pública, e não exoneração da função pública. No âmbito do Direito Administrativo, o termo *exoneração* é reservado para a hipótese de o próprio servidor pleitear seu desligamento dos quadros funcionais, a exemplo do que se dá com a demissão no âmbito do Direito do Trabalho. Porém, não é só. Nos termos do art. 92, I, *b*, do CP, é possível a decretação da perda de cargo, de função pública ou de mandato eletivo em qualquer crime, desde que a pena privativa de liberdade aplicada supere os 4 (quatro) anos. Já para os crimes funcionais, entendidos como aqueles que foram praticados mediante abuso de poder ou violação do dever funcional, basta que a pena privativa de liberdade supere 1 (um) ano para a possibilidade de decretação da perda (art. 92, I, *a*, do CP). Em nenhuma das hipóteses, ademais, tratar-se-á de efeito automático da condenação, visto que devem ser declarados na sentença de modo fundamentado na sentença; **2:** correta. O art. 96, parágrafo único, do CP, indica que a medida de segurança também está sujeita às causas extintivas da punibilidade. No que atine à prescrição da pretensão punitiva, nenhuma dúvida há, visto que ela se regula pelo máximo da pena cominada em abstrato. A questão passa a ser polêmica na medida de segurança quando se fala em prescrição da pretensão executória. Vale lembrar que, para as penas, a prescrição da pretensão executória se regula pela sanção aplicada em concreto (art. 110 do CP). Contudo, na situação do inimputável, inexiste aplicação de pena. Qual seria, então, o prazo da prescrição da pretensão executória da medida de segurança aplicada ao inimputável? Três correntes se digladiam na doutrina e na jurisprudência, não sendo possível estabelecer qual delas prevalece: *1ª corrente*: a prescrição da pretensão executória se baseia na pena máxima cominada para o delito praticado. É o entendimento da Primeira Turma do STF (RHC 100.383). *2ª corrente*: a prescrição da pretensão executória será regulada pelo máximo tempo de cumprimento da medida de segurança, qual seja 30 (trinta) anos. É o entendimento da Segunda Turma do STF (HC 107.777). *3ª corrente*: não há que se falar em prescrição da pretensão executória em medida de segurança. A alternativa colocada traz em seu bojo o entendimento das duas primeiras correntes, estando, assim, por qualquer ótica, correta. Na

linha da primeira corrente, o STJ editou a Súmula 527, segundo a qual: "O tempo de duração da medida de segurança não deve ultrapassar o limite máximo da pena abstratamente cominada ao delito praticado". Além disso, o fato de o agente ser menor de 21 (vinte e um anos), o que se denomina impropriamente de menoridade relativa, reduz pela metade o prazo prescricional, nos termos do art. 115 do CP; **3:** incorreta. Com o advento da Lei 12.015/2009, revogou-se o art. 214 do CP, mas a conduta que anteriormente era denominada atentado violento ao pudor foi englobada no tipo penal de estupro, previsto no art. 213 do CP. Com isso, operou-se a chamada *continuidade normativo-típica*, não sendo possível falar-se, assim, em *abolitio criminis*. No entanto, se antes era pacífico que o indivíduo que, mediante violência ou grave ameaça, constrangia alguém a conjunção carnal e a ato libidinoso diverso dela respondia por ambos os crimes (arts. 213 e 214), em concurso material (art. 69 do CP), com a unificação das condutas no mesmo dispositivo legal passou a prevalecer que o exemplo, desde que as condutas sejam praticadas no mesmo contexto fático, caracteriza crime único, visto que a nova redação do art. 213 do CP retrata um *tipo misto alternativo*. Não há que se falar, assim, em concurso material, e a variedade de condutas apenas refletiria na dosagem da pena (art. 59 do CP). Ainda assim, para uma corrente minoritária que admite o concurso de crimes (no caso, imputação, por mais de uma vez, do crime do art. 213 do CP), a modalidade seria o crime continuado (art. 71 do CP), e não o concurso material, visto que, estando as condutas tipificadas no mesmo dispositivo legal, e tutelando o mesmo bem jurídico (dignidade sexual) trata-se, inegavelmente, de delitos da mesma espécie; **4:** correta. A assertiva trata do típico exemplo de roubos praticados, sucessivamente, em restaurantes ou ônibus: os popularmente denominados "arrastões". Haveria, no caso, pluralidade de condutas (a caracterizar o concurso material – art. 69 do CP), ou unidade de conduta? Essa é a questão a se solucionada para concluirmos pelo acerto ou desacerto da assertiva. Para se concluir pelo concurso formal de crimes (art. 70 do CP), é necessário ter conhecimento de que uma única ação pode se desdobrar em diversos atos. É o que a doutrina denomina *ação única desdobrada*. Logo, o indivíduo que ingressa num ônibus e, mediante grave ameaça, subtrai bens de diversas vítimas, pratica uma única ação, desdobrada em diversos atos, de modo que age, assim, em concurso formal. O parâmetro de identificação da ação única desdobrada é o contexto fático em que a conduta é praticada. Neste sentido, é o entendimento do Supremo Tribunal Federal, que assim se posicionou no julgamento do HC 112.871, de relatoria da Ministra Rosa Weber (*DJE* 30.04.2013), bem como do Superior Tribunal de Justiça (vide HC 131.029 e HC 207.543).

Gabarito: "1E,2C,3E,4E."

(Analista Ministerial - Área Processual – MPE-PI – CESPE – 2012) Em relação ao conflito aparente de normas penais, ao crime impossível e às causas extintivas da punibilidade, julgue os itens que se seguem.

(1) A jurisprudência dos tribunais superiores consolidou-se no sentido de reconhecer no delito de furto a hipótese de crime impossível, por ineficácia absoluta do meio, quando o agente estiver sendo vigiado por fiscal do estabelecimento comercial ou existir sistema eletrônico de vigilância.

(2) A sentença que concede o perdão judicial e a aceitação do perdão do ofendido, nos crimes de ação penal privada, constituem causas extintivas da punibilidade.

(3) O princípio da consunção, consoante posicionamento doutrinário e jurisprudencial, resolve o conflito aparente de normas penais quando um crime menos grave é meio necessário, fase de preparação ou de execução de outro mais nocivo, respondendo o agente somente pelo último. Há incidência desse princípio no caso de porte de arma utilizada unicamente para a prática do homicídio.

9. DIREITO PENAL

1: incorreta. Há crime impossível (também denominado *tentativa inidônea, crime oco* e *quase-crime*) e, assim, conduta atípica, quando "[...] por ineficácia do meio ou por absoluta impropriedade do objeto, é impossível consumar-se o crime" (art. 17 do CP). O crime impossível é, na verdade, um crime tentado que jamais se consumaria, conduta, portanto, destituída de qualquer potencialidade lesiva. Possui, assim, todos os elementos da tentativa (início da execução, dolo de consumação do crime e não consumação por circunstâncias alheias à vontade do agente), acrescidos, no entanto, de mais um requisito: a impossibilidade absoluta de se alcançar o resultado, seja pela ineficácia do meio (ex.: tentativa de praticar o aborto com medicamento totalmente inofensivo ao feto), seja pela impropriedade absoluta do objeto (ex.: tentativa de praticar aborto em mulher que não está grávida). Delineadas tais considerações iniciais, cumpre perquirir se no caso do agente que, ao tentar praticar o furto, é vigiado a todo momento por fiscal do estabelecimento ou sistema eletrônico de vigilância, verifica-se crime impossível ou crime tentado. A despeito de haver uma corrente minoritária defendendo a existência de crime impossível no caso (dado que, segundo tal vertente, a consumação jamais aconteceria), prevalece haver tentativa punível (tentativa idônea). Isso porque "o fato de o agente ter sido vigiado pelo segurança do estabelecimento não ilide, de forma absolutamente eficaz, a consumação do delito de furto, pois existiu o risco, ainda que mínimo, de que o agente lograsse êxito na consumação do furto" (STJ, AgRg no REsp 911.756/RS, rel. Min. Jane Silva, j. 17.4.2008). Quanto aos sistemas de vigilância, há idêntico julgado do STJ no HC 181.138, rel. Min. Gilson Dipp, j. 8.11.2011; **2:** correta. Art. 107, V e IX, do CP; **3:** correta. Há concurso aparente de normas quando mais de uma lei vigente incide, no plano abstrato e formal, a um único fato praticado. No plano concreto, entretanto, somente uma das leis deverá incidir, sob pena de se excluir o caráter harmônico do sistema penal (que exige que uma única conduta criminosa – afastada a hipótese de pluralidade de delitos – deve ser captada por somente uma norma penal), além de provocar indesejável *bis in idem*. Na solução dos conflitos aparentes de normas, são utilizados três princípios: da *especialidade*, da *subsidiariedade* e da *consunção ou absorção*. Aplica-se a *consunção* quando um ato perpetrado pelo agente no contexto da realização do resultado pretendido também configura crime, estando previsto em norma penal diversa daquela que tipifica sua conduta fim. No caso do homicídio (art. 121 do CP) e do porte de arma (art. 14 da Lei 10.826/2003), o último é considerado *antefactum* impunível do crime de homicídio, ficando, assim, por este absorvido. É considerado antefato impunível aquele que é anterior à conduta visada pelo agente, estando, embora não obrigatoriamente (não obrigatoriamente porque não é indispensável à consumação da conduta final – veja que, é possível praticar homicídio de outras formas que não portando arma de fogo), na linha de desdobramento normal do crime visado. Outros exemplos de antefato impunível: violação de domicílio (art. 150 do CP) e furto (art. 155 do CP), dano ao veículo (art. 163 do CP) para subtrair o CD player (art. 155 do CP), falsificação de documento (art. 297 do CP) para a prática de estelionato (art. 171 do CP – sobre esta hipótese de consunção, ver o teor da Súmula 17 do STJ).

Gabarito "1E,2C,3C"

(Analista Jurídico – MPE-AL – COPEVE-UFAL – 2012 - Adaptada) Assinale a opção incorreta.

(A) No concurso ideal impróprio, aplica-se o sistema do cúmulo material.

(B) Há concurso formal quando existe unidade de conduta e pluralidade de crimes.

(C) Há concurso material quando existe pluralidade de condutas e pluralidade de crimes.

(D) Há crime continuado quando existe pluralidade de condutas e pluralidade de quaisquer crimes, os quais, todavia, devem ser compreendidos como uma continuação do primeiro por circunstância de tempo,

lugar, modo de execução e outras semelhantes.

A: correta. Concurso ideal é sinônimo de concurso formal, e está previsto no art. 70 do CP, verificando-se quando o agente, com uma conduta única, produz mais de um resultado. No concurso formal impróprio, a despeito da unicidade de conduta, a diversidade de resultados é decorrente de desígnios autônomos, pretensões independentes e motivadas pelo dolo do agente criminoso que, diretamente, quer produzir mais de um resultado. Ex.: ao ver o casal de namorados abraçados, e pretendendo matar a ambos, o agente dispara uma vez, fazendo o único tiro ferir e matar as duas vítimas. Neste caso, consoante a parte final do art. 70 do CP, diferentemente do que ocorre com o concurso ideal próprio (em que é adotado o sistema da exasperação, aplicando-se a maior das penas acrescida da majorante de um sexto até metade), aplica-se o cúmulo material, somando-se as penas de ambos os crimes praticados, tal como no concurso material; **B:** correta. Art. 70 do CP; **C:** correta. Art. 69 do CP; **D:** incorreta. Para o reconhecimento da continuidade delitiva, os crimes praticados devem ser da mesma espécie (art. 71 do CP). Após alguma celeuma, a jurisprudência parece ter pacificado o entendimento de que crimes da mesma espécie são aqueles que estão previstos no mesmo tipo penal, protegendo o mesmo bem jurídico. Portanto, não são considerados crimes da mesma espécie *(a)* os previstos em tipos penais distintos, ainda que no mesmo capítulo do CP; *(b)* os previstos no mesmo tipo penal, quando tutelem bens jurídicos distintos (ex.: roubo e latrocínio). Inexistindo crimes da mesma espécie, deve ser aplicada a regra do concurso material (art. 69 do CP).

Gabarito "D"

(Analista Ministerial - Direito – MPE-AP – FCC – 2012) Henrique, primário e de bons antecedentes, com 19 anos de idade praticou, no dia 10 de janeiro de 2012, durante a madrugada, quatro roubos consumados, com emprego de arma de fogo, contra estabelecimentos comerciais do tipo Posto de Gasolina, situados em bairros diversos na cidade de Macapá. Henrique foi denunciado pelo Ministério Público pelos quatro crimes cometidos naquela data e o Magistrado impôs ao réu a pena de 05 anos e 04 meses de reclusão para cada um dos crimes cometidos. Neste caso, o Magistrado deverá reconhecer o:

(A) concurso formal e aplicar as penas cumulativamente, totalizando 21 anos e 4 meses de reclusão.

(B) concurso material e aplicar as penas dos crimes cometidos cumulativamente, totalizando 21 anos e 4 meses de reclusão.

(C) concurso formal e aplicar a pena de um só dos crimes cabíveis, aumentada de um sexto até metade.

(D) crime continuado e aplicar a pena de um só dos crimes, aumentada de um sexto a dois terços.

(E) crime continuado e aplicar a pena de um só dos crimes, aumentada até o triplo.

No caso, Henrique praticou mais de uma conduta, resultando na prática de 4 (quatro) crimes, todos dolosos, da mesma espécie (roubo), mas praticados com grave ameaça, a vítimas diferentes. Entre os delitos, há, porém, nexo das condições de tempo (mesma madrugada), lugar (postos de gasolina da mesma cidade), maneira de execução (emprego de arma de fogo), de modo que os subsequentes são havidos como continuação dos antecedentes. A modalidade de concurso de crimes, assim, é o crime continuado específico, previsto no art. 71, parágrafo único, do CP, devendo ser a pena de um dos delitos (quando idênticas), ou a maior delas (se diversas), aumentada até o triplo. No entanto, com tal exasperação, o patamar da reprimenda não poderá superar aquele que se obteria com a aplicação da regra do cúmulo material (art. 69 do CP). Tal limitação é denominada de cúmulo material benéfico.

Gabarito "E"

(Analista – Direito – MPE-MG – 2012) Quando um crime menos grave integra o tipo penal de um crime mais grave, pune-se apenas o crime mais grave. Essa solução é consequência da adoção do seguinte princípio:

(A) subsidiariedade.
(B) excepcionalidade.
(C) ultratividade.
(D) temporalidade.

O conflito aparente de normas é solucionado pelo *princípio da subsidiariedade* quando um mesmo fato se subsume a mais de um tipo penal, porém, entre estes, há uma relação de subsidiariedade, na medida em que um dos tipos tem abrangência e gravidade menor do que o outro. O tipo de menor abrangência somente incide quando a conduta não se tipifica em infração penal mais grave. Na hipótese de a conduta tipificar, também, crime mais grave, o tipo penal menos severo (tipo subsidiário) fica absorvido pelo mais severo (tipo principal). É exemplo de aplicação do princípio da subsidiariedade absorção do crime do art. 311 do CTB, pelo crime do art. 302 do mesmo diploma legal.
Gabarito "A".

(Analista – MPE-SE – FCC – 2013) Segundo o art. 12, as regras gerais do Código Penal aplicam-se às incriminações constantes de leis especiais, se estas não dispuserem de modo diverso. Consagra-se, com isso, a ideia de:

(A) alternatividade imprópria.
(B) subsidiariedade.
(C) consunção.
(D) alternatividade própria.
(E) especialidade.

O art. 12 do CP encerra a ideia de especialidade, na medida em que aloca as normas nele previstas como regras gerais, a serem aplicadas sempre que outras normas penais, constantes de leis especiais e, portanto, dotadas de especialidade, não dispuserem de modo diverso. Reputa-se especial uma norma que possui todos os elementos contidos na regra geral, porém, acrescidos de elementos especializantes, que a tornam distinta. Por exemplo, o tipo penal do infanticídio (art. 123 do CP) traz em si todos os elementos do tipo penal do homicídio (art. 121 do CP). Porém, diferencia-se no ponto em que traz dados especializantes, visto que o sujeito ativo deve ser a mãe (crime próprio), sob a influência do estado puerperal, devendo a prática ocorrer durante o parto ou logo após ele. Preenchidos os requisitos especializantes, incidirá a regra especial, em detrimento da regra geral (*lex specialis derrogat legi generali*).
Gabarito "E".

(Analista de Promotoria II – Agente de Promotoria – MPE-SP – IBFC – 2013) "O crime de infanticídio, descrito no artigo 123 do Código Penal, tem núcleo idêntico ao do crime de homicídio, previsto no artigo 121, *caput*, do mesmo código, qual seja: "matar alguém". Todavia, o artigo 123 exige, para sua consumação, a presença, no caso concreto, de elementos diferenciadores, por exemplo, a autora ser genitora da vítima e influência do estado puerperal, o que faz com que prevaleça sobre o tipo penal, genérico, do artigo 121."

O enunciado refere-se ao:

(A) Princípio da Especialidade.
(B) Princípio da Alternatividade.
(C) Princípio da Consunção.
(D) Princípio da Subsidiariedade.
(E) Princípio da Reserva Legal.

O art. 12 do CP encerra a ideia de especialidade, na medida em que aloca as normas nele previstas como regras gerais, a serem aplicadas sempre que outras normas penais, constantes de leis especiais e, portanto,

dotadas de especialidade, não dispuserem de modo diverso. Reputa-se especial uma norma que possui todos os elementos contidos na regra geral, porém, acrescidos de elementos especializantes, que a tornam distinta. Por exemplo, o tipo penal do infanticídio (art. 123 do CP) traz em si todos os elementos do tipo penal do homicídio (art. 121 do CP). Porém, diferencia-se no ponto em que traz dados especializantes, visto que o sujeito ativo deve ser a mãe (crime próprio), sob a influência do estado puerperal, devendo a prática ocorrer durante o parto ou logo após ele. Preenchidos os requisitos especializantes, incidirá a regra especial, em detrimento da regra geral (*lex specialis derrogat legi generali*).
Gabarito "A".

1.14. AÇÃO PENAL

(Analista – MPE-SE – FCC – 2013) Segundo o entendimento jurisprudencial hoje preponderante, a lesão corporal respectivamente simples e qualificada ocorrida no Brasil (Cód. Penal, art. 129 e seus parágrafos) é um crime de ação penal

(A) pública incondicionada e de ação penal privada.
(B) pública condicionada à representação e de ação penal privada.
(C) pública condicionada à representação e incondicionada.
(D) privada e de ação penal pública condicionada à representação.
(E) pública e exclusivamente condicionada à representação.

A lesão corporal, de natureza leve, simples (art. 129, "caput", do CP) é crime de ação pública condicionada à representação, por força do que dispõe o art. 88 da Lei 9.099/1995, que prevê, ainda, a necessidade de representação no crime de lesão corporal culposa (art. 129, §6°, do CP). Não estando previstos no art. 88 da Lei 9.099/1995, os crimes de lesão corporal grave (art. 129, §1°, do CP) e gravíssima (art. 129, §2°, do CP), assim como o delito preterdoloso de lesão corporal seguida de morte (art. 129, §3°, do CP), são de ação pública incondicionada, por força da regra do art. 100 do CP. Polêmica maior residia na modalidade de ação penal no caso de a lesão corporal leve ser praticada no âmbito doméstico (art. 129, §9°, do CP). Muito se discutiu a respeito da incidência ou não do art. 88 da Lei 9.099/1995 para o crime do art. 129, §9°, do CP. Consolidou-se, a partir do julgamento da ADI 4.424, pelo Supremo Tribunal Federal, o entendimento de que, sendo a vítima da lesão corporal de natureza leve no âmbito doméstico a mulher, incidirá a regra do art. 41 da Lei 11.340/2006 (Lei Maria da Penha), que exclui a aplicabilidade dos benefícios da Lei 9.099/1995 no caso de violência doméstica e familiar contra a mulher. Assim, uma vez que a necessidade de representação no crime de lesão corporal leve está assentada na Lei 9.099/1995, e esta não possui aplicabilidade na hipótese de violência doméstica e familiar contra a mulher, a ação penal do delito do art. 129, §9°, do CP, é pública incondicionada. Na hipótese, e pela mesma razão (incidência da norma, reconhecida como constitucional, do art. 41 da Lei 11.340/2006), serão inaplicáveis os institutos despenalizadores da transação penal e da suspensão condicional do processo (neste sentido, a Súmula 536 do STJ). Porém, se a vítima do crime do art. 129, §9°, do CP, for homem, incide o art. 88 da Lei 9.099/1995 e o crime passa a exigir representação, visto que não se poderia aplicar, por *analogia in malam partem*, a norma do art. 41 da Lei 11.340/2006.
Gabarito "C".

1.15. EXTINÇÃO DA PUNIBILIDADE

(Analista Ministerial Especialista - Ciências Jurídicas – MPE-TO – UFT-COPESE – 2010) Não extingue a punibilidade:

(A) O indulto.
(B) O casamento do agente com a vítima, nos crimes contra os costumes.
(C) A renúncia do direito de queixa ou o perdão aceito, nos crimes de ação privada.

9. DIREITO PENAL

(D) A retratação do agente, nos casos em que a lei a admite.

As causas extintivas da punibilidade estão previstas, em regra, no art. 107 do CP. No rol trazido do aludido dispositivo estão, atualmente, o indulto (art. 107, II, última figura, do CP), a renúncia ao direito de queixa, bem como o perdão aceito, na hipótese de crime de ação privada (art. 107, V, do CP), e, dentre outras hipóteses, a retratação do agente, nos casos em que a lei admite (art. 107, VI, do CP). Sobre a retratação, tem-se que o CP a permite como causa extintiva da punibilidade nos crimes de calúnia e difamação (art. 143 do CP), e no crime de falso testemunho (perjúrio – art. 342, §2º, do CP). Na calúnia e difamação, a retratação, para ser aceita, deve ocorrer antes da sentença do processo do crime contra a honra, ao passo que no falso testemunho a retratação deve ocorrer antes da sentença do processo na qual a falsidade foi declarada. Não consta atualmente do rol de causas extintivas da punibilidade o casamento do agente com a vítima nas hipóteses de *crimes contra os costumes* (estes redenominados *crimes contra a dignidade sexual* com o advento da Lei 12.015/2009). A hipótese era prevista em outros tempos no art. 107, VII, do CP. No entanto, foi revogada pela Lei 11.106/2005 (mesma lei que revogou o crime de *adultério*).
Gabarito "B".

(Analista Ministerial - Área Processual – MPE-PI – CESPE – 2012) Com base no direito penal, julgue os itens subsecutivos.

(1) Nos crimes praticados por servidor público contra a administração, a exoneração da função pública, decorrente de condenação criminal, resulta como efeito automático da sentença, desde que reconhecida a existência de abuso de poder ou violação de dever funcional, consoante tratamento diferenciado estabelecido no Código Penal.

(2) Tratando-se de medida de segurança, o início de cumprimento da sanção interrompe o lapso prescricional da medida, extinguindo-se a punibilidade com o decurso do lapso temporal máximo de pena prevista para o delito ou o máximo de tempo de cumprimento de pena, nos termos do Código Penal. No cômputo da prescrição, considera-se a atenuante da menoridade relativa, o que reduz pela metade os prazos prescricionais.

(3) Nos crimes contra a dignidade sexual, consoante entendimento dos tribunais superiores, caso o agente pratique mais de uma das condutas previstas no crime de estupro, o juiz está autorizado a condená-lo por concurso material, ainda que praticado contra a mesma vítima, vedada a aplicação da continuidade delitiva.

(4) O roubo perpetrado com violação de patrimônios de diferentes vítimas da mesma família, em um único evento delituoso, configura concurso formal de crimes.

1: incorreta. Inicialmente, o termo adequado e previsto no CP é a perda da função pública, e não exoneração da função pública. No âmbito do Direito Administrativo, o termo *exoneração* é reservado para a hipótese de o próprio servidor pleitear seu desligamento dos quadros funcionais, a exemplo do que se dá com a demissão no âmbito do Direito do Trabalho. Porém, não é só. Nos termos do art. 92, I, *b*, do CP, é possível a decretação da perda de cargo, de função pública ou de mandato eletivo em qualquer crime, desde que a pena privativa de liberdade aplicada supere os 4 (quatro) anos. Já para os crimes funcionais, entendidos como aqueles que foram praticados mediante abuso de poder ou violação do dever funcional, basta que a pena privativa de liberdade supere 1 (um) ano para a possibilidade de decretação da perda (art. 92, I, *a*, do CP). Em nenhuma das hipóteses, ademais, tratar-se-á de

efeito automático da condenação, visto que devem ser declarados na sentença de modo fundamentado na sentença; **2:** correta. O art. 96, parágrafo único, do CP, indica que a medida de segurança também está sujeita às causas extintivas da punibilidade. No que atine à prescrição da pretensão punitiva, nenhuma dúvida há, visto que ela se regula pelo máximo da pena cominada em abstrato. A questão passa a ser polêmica na medida de segurança quando se fala em prescrição da pretensão executória. Vale lembrar que, para as penas, a prescrição da pretensão executória se regula pela sanção aplicada em concreto (art. 110 do CP). Contudo, na situação do inimputável, inexiste aplicação de pena. Qual seria, então, o prazo da prescrição da pretensão executória da medida de segurança aplicada ao inimputável? Três correntes se digladiam na doutrina e na jurisprudência, não sendo possível estabelecer qual delas prevalece: *1ª corrente*: a prescrição da pretensão executória se baseia na pena máxima cominada para o delito praticado. É o entendimento da Primeira Turma do STF (RHC 100.383). *2ª corrente*: a prescrição da pretensão executória será regulada pelo máximo tempo de cumprimento da medida de segurança, qual seja 30 (trinta) anos. É o entendimento da Segunda Turma do STF (HC 107.777). *3ª corrente*: não há que se falar em prescrição da pretensão executória em medida de segurança. A alternativa colocada traz em seu bojo o entendimento das duas primeiras correntes, estando, assim, por qualquer ótica, correta. Na linha da primeira corrente, o STJ editou a Súmula 527, segundo a qual: "O tempo de duração da medida de segurança não deve ultrapassar o limite máximo da pena abstratamente cominada ao delito praticado". Além disso, o fato de o agente ser menor de 21 (vinte e um anos), o que se denomina impropriamente de menoridade relativa, reduz pela metade o prazo prescricional, nos termos do art. 115 do CP; **3:** incorreta. Com o advento da Lei 12.015/2009, revogou-se o art. 214 do CP, mas a conduta que anteriormente era denominada atentado violento ao pudor foi englobada no tipo penal de estupro, previsto no art. 213 do CP. Com isso, operou-se a chamada *continuidade normativo-típica*, não sendo possível falar-se, assim, em *abolitio criminis*. No entanto, se antes era pacífico que o indivíduo que, mediante violência ou grave ameaça, constrangia alguém a conjunção carnal e a ato libidinoso diverso dela respondia por ambos os crimes (arts. 213 e 214), em concurso material (art. 69 do CP), com a unificação das condutas no mesmo dispositivo legal passou a prevalecer que o exemplo, desde que as condutas sejam praticadas no mesmo contexto fático, caracteriza crime único, visto que a nova redação do art. 213 do CP retrata um *tipo misto alternativo*. Não há que se falar, assim, em concurso material, e a variedade de condutas apenas refletiria na dosagem da pena (art. 59 do CP). Ainda assim, para uma corrente minoritária que admite o concurso de crimes (no caso, imputação, por mais de uma vez, do crime do art. 213 do CP), a modalidade seria o crime continuado (art. 71 do CP), e não o concurso material, visto que, estando as condutas tipificadas no mesmo dispositivo legal, e tutelando o mesmo bem jurídico (dignidade sexual) trata-se, inegavelmente, de delitos da mesma espécie; **4:** correta. A assertiva trata do típico exemplo de roubos praticados, sucessivamente, em restaurantes ou ônibus: os popularmente denominados "arrastões". Haveria, no caso, pluralidade de condutas (a caracterizar o concurso material – art. 69 do CP), ou unidade de conduta? Essa é a questão a se solucionar para concluirmos pelo acerto ou desacerto da assertiva. Para se concluir pelo concurso formal de crimes (art. 70 do CP), é necessário ter conhecimento de que uma única ação pode se desdobrar em diversos atos. É o que a doutrina denomina *ação única desdobrada*. Logo, o indivíduo que ingressa num ônibus e, mediante grave ameaça, subtrai bens de diversas vítimas, pratica uma única ação, desdobrada em diversos atos, de modo que age, assim, em concurso formal. O parâmetro de identificação da ação única desdobrada é o contexto fático em que a conduta é praticada. Neste sentido, é o entendimento do Supremo Tribunal Federal, que assim se posicionou no julgamento do HC 112.871, de relatoria da Ministra Rosa Weber (*DJE* 30.04.2013), bem como do Superior Tribunal de Justiça (vide HC 131.029 e HC 207.543).
Gabarito "1E,2C,3E,4C".

LUCAS CORRADINI

(Analista de Promotoria - Assistente Jurídico – MP-SP – VUNESP – 2015)
Sobre as causas de extinção de punibilidade, pode-se afirmar que

(A) o perdão judicial, previsto no inciso IX, art. 107, CP, não se dirige a toda e qualquer infração penal, mas apenas àquelas previamente determinadas pela lei, embora se admita a analogia *in bonan partem*.
(B) a hipótese do inciso V, art. 107, CP, que trata do perdão nas ações privadas, não está condicionada à aceitação da vítima.
(C) a perempção, prevista no inciso IV, art. 107, CP, é instituto jurídico mediante o qual a vítima ou seu representante, perde o direito de queixa ou de representação em virtude da inércia.
(D) a extinção da punibilidade poderá ser reconhecida desde o início das investigações até a sentença penal condenatória ainda não transitada em julgado.
(E) o rol constante do artigo 107, do Código Penal, é taxativo.

A: correta. O perdão judicial somente é admitido nas hipóteses taxativamente previstas em lei; **B:** incorreta. O perdão do ofendido na ação privada é ato bilateral que pressupõe a aceitação do querelado, ainda que a anuência seja meramente tácita. Neste ponto, distingue-se da renúncia, que dispensa a aceitação, sendo ato unilateral da vítima do crime de ação penal privada; **C:** incorreta. A perempção somente atinge o direito de queixa, e não o direito de representação, visto que somente é aplicável à ação penal privada propriamente dita; **D:** incorreta. A extinção da punibilidade, uma vez que pode atingir tanto a pretensão punitiva como a pretensão executória, pode ser reconhecida a qualquer tempo, até mesmo após a sentença penal condenatória transitada em julgado, como se dá no caso da prescrição da pretensão executória, da graça e do indulto; **E:** incorreta. A legislação contempla outras hipóteses de extinção da punibilidade não previstas no rol do art. 107 do CP, tal como o término do período de provas sem revogação do benefício da suspensão condicional do processo (art. 89, §5º, da Lei 9.099/1995), as escusas absolutórias (arts. 181 e 348, §2º, do CP), a reparação do dano, antes do trânsito em julgado da condenação, no peculato culposo, etc.
Gabarito "A".

(Analista Ministerial Área Processual - MPE-PI - CESPE 2012) Em relação ao conflito aparente de normas penais, ao crime impossível e às causas extintivas da punibilidade, julgue os itens que se seguem.

(1) A jurisprudência dos tribunais superiores consolidou-se no sentido de reconhecer no delito de furto a hipótese de crime impossível, por ineficácia absoluta do meio, quando o agente estiver sendo vigiado por fiscal do estabelecimento comercial ou existir sistema eletrônico de vigilância.
(2) A sentença que concede o perdão judicial e a aceitação do perdão do ofendido, nos crimes de ação penal privada, constituem causas extintivas da punibilidade.
(3) O princípio da consunção, consoante posicionamento doutrinário e jurisprudencial, resolve o conflito aparente de normas penais quando um crime menos grave é meio necessário, fase de preparação ou de execução de outro mais nocivo, respondendo o agente somente pelo último. Há incidência desse princípio no caso de porte de arma utilizada unicamente para a prática do homicídio.

1: incorreta. Há crime impossível (também denominado *tentativa inidônea, crime oco* e *quase-crime*) e, assim, conduta atípica, quando "[...] por ineficácia do meio ou por absoluta impropriedade do objeto, é

impossível consumar-se o crime" (art. 17 do CP). O crime impossível é, na verdade, um crime tentado que jamais se consumaria, conduta, portanto, destituída de qualquer potencialidade lesiva. Possui, assim, todos os elementos da tentativa (início da execução, dolo de consumação do crime e não consumação por circunstâncias alheias à vontade do agente), acrescidos, no entanto, de mais um requisito: a impossibilidade absoluta de se alcançar o resultado, seja pela ineficácia do meio (ex.: tentativa de praticar o aborto com medicamento totalmente inofensivo ao feto), seja pela impropriedade absoluta do objeto (ex.: tentativa de praticar aborto em mulher que não está grávida). Delineadas tais considerações iniciais, cumpre perquirir se no caso do agente que, ao tentar praticar o furto, é vigiado a todo momento por fiscal do estabelecimento ou sistema eletrônico de vigilância, verifica-se crime impossível ou crime tentado. A despeito de haver uma corrente minoritária defendendo a existência de crime impossível no caso (dado que, segundo tal vertente, a consumação jamais aconteceria), prevalece haver tentativa punível (tentativa idônea). Isso porque "o fato de o agente ter sido vigiado pelo segurança do estabelecimento não ilide, de forma absolutamente eficaz, a consumação do delito de furto, pois existiu o risco, ainda que mínimo, de que o agente lograsse êxito na consumação do furto" (STJ, AgRg no REsp 911.756/RS, rel. Min. Jane Silva, j. 17.4.2008). Quanto aos sistemas de vigilância, há idêntico julgado do STJ no HC 181.138, rel. Min. Gilson Dipp, j. 8.11.2011; **2:** correta. Art. 107, V e IX, do CP; **3:** correta. Há concurso aparente de normas quando mais de uma lei vigente incide, no plano abstrato e formal, a um único fato praticado. No plano concreto, entretanto, somente uma das leis deverá incidir, sob pena de se excluir o caráter harmônico do sistema penal (que exige que uma única conduta criminosa – afastada a hipótese de pluralidade de delitos – deve ser captada por somente uma norma penal), além de provocar indesejável *bis in idem*. Na solução dos conflitos aparentes de normas, são utilizados três princípios: da *especialidade*, da *subsidiariedade* e da *consunção ou absorção*. Aplica-se a *consunção* quando um ato perpetrado pelo agente no contexto da realização do resultado pretendido também configura crime, estando previsto em norma penal diversa daquela que tipifica sua conduta fim. No caso do homicídio (art. 121 do CP) e do porte de arma (art. 14 da Lei 10.826/2003), o último é considerado *antefactum impunível* do crime de homicídio, ficando, assim, por este absorvido. É considerado antefato impunível aquele que é anterior à conduta visada pelo agente, estando, embora não obrigatoriamente (não obrigatoriamente porque não é indispensável à consumação da conduta final – veja que, é possível praticar homicídio de outras formas que não portando arma de fogo), na linha de desdobramento normal do crime visado. Outros exemplos de antefato impunível: violação de domicílio (art. 150 do CP) e furto (art. 155 do CP), dano ao veículo (art. 163 do CP) para subtrair o CD player (art. 155 do CP), falsificação de documento (art. 297 do CP) para a prática de estelionato (art. 171 do CP – sobre esta hipótese de consunção, ver o teor da Súmula 17 do STJ).
Gabarito "1E,2C,3C".

(Analista Ministerial - Direito – MPE-AP – FCC – 2012) Sobre a extinção da punibilidade, de acordo com o Código Penal, analise as assertivas abaixo.

I. A prescrição, antes de transitar em julgado a sentença final, começa a correr nos crimes contra a dignidade sexual de crianças e adolescentes, previstos no Código Penal ou em legislação especial, da data em que a vítima completar 18 anos, salvo se a esse tempo já houver sido proposta a ação penal.
II. Em regra, a prescrição, antes de transitar em julgado a sentença final, regula-se pelo máximo da pena privativa de liberdade cominada ao crime, verificando-se em 2 anos, se o máximo da pena é inferior a 1 ano.
III. A prescrição da pena de multa ocorrerá no mesmo prazo estabelecido para prescrição da pena privativa de liberdade, quando a multa for alternativa ou cumulativamente cominada ou cumulativamente aplicada.

9. DIREITO PENAL

IV. A prescrição, depois da sentença condenatória com trânsito em julgado para a acusação ou depois de improvido seu recurso, regula-se pela pena aplicada, não podendo, em nenhuma hipótese, ter por termo inicial data anterior à da denúncia ou queixa.

Está correto o que se afirma apenas em:

(A) I, III e IV.

(B) I e IV.

(C) II, III e IV.

(D) I, II e III.

(E) II e IV.

I: correta. Art. 111, V, do CP, acrescentado pela Lei 12.650/2012; **II:** incorreta. Se o máximo da pena é inferior a 1 (um) ano, a prescrição da pretensão punitiva se dá em 3 (três) anos, nos termos do art. 109, VI, do CP, com redação alterada pela Lei 12.234/2010; **III:** correta. Art. 114, II, do CP; **IV:** correta. Art. 110, §1º, do CP.
Gabarito "A".

(Analista Processual – MP-RO – FUNCAB – 2012) Sobre a prescrição no direito penal, é correto afirmar:

(A) A prescrição da pena de multa ocorrerá no prazo de um(1) ano.

(B) Seus prazos serão reduzidos pela metade, caso o réu seja idoso (idade superior a 60 anos).

(C) Em caso de evasão do condenado, seu prazo se regula pelo tempo restante da pena.

(D) Antes do trânsito em julgado da sentença final não corre prazo de prescrição.

(E) Nos crimes tentados, começa a correr da data do início da atividade criminosa.

A: incorreta. Nos termos do art. 114 do CP, a pena de multa, quando for a única cominada ou aplicada, prescreverá em 2 (dois) anos. Quando cominada cumulativamente ou alternativamente à pena privativa de liberdade, no entanto, prescreverá no mesmo lapso que ela; **B:** incorreta. O art. 115 do CP prevê que a prescrição será reduzida pela metade caso o réu seja, ao tempo do fato, menor de 21 (vinte e um) anos, ou, ao tempo da sentença, maior de 70 (setenta) anos; **C:** correta. Art. 113 do CP; **D:** incorreta. A prescrição antes do trânsito em julgado da sentença final corre normalmente, e se regula pelos prazos previstos no art. 109 do CP; **E:** incorreta. O termo inicial da prescrição nos crimes tentados coincide com o dia em que cessou a atividade criminosa (art. 111, II, do CP).
Gabarito "C".

(Analista – Direito – MPE-MG – 2012) Sobre as causas que geram a extinção da punibilidade na legislação brasileira, marque a alternativa **INCORRETA.**

(A) Casamento da vítima com o agente no crime contra os costumes

(B) *Abolitio criminis*

(C) Morte do agente

(D) Prescrição

A: incorreta. O casamento da vítima com o agente criminoso nos crimes contra os costumes se tratava de hipótese de extinção da punibilidade prevista no art. 107, VII, do CP, que foi revogada, entretanto, pela Lei 11.106/2005; **B:** correta. Art. 107, III, do CP. Entende-se por *abolitio criminis* a superveniência de lei penal que não mais considera o fato como criminoso; **C:** correta. Art. 107, I, do CP; **D:** correta: Art. 107, IV, primeira figura, do CP.
Gabarito "A".

(Analista de Promotoria II – Agente de Promotoria – MPE-SP – IBFC – 2013) Nos termos da atual redação do artigo 107 do Código Penal, são causas extintivas da punibilidade, <u>EXCETO:</u>

(A) O casamento do agente com a vítima, nos crimes contra os costumes.

(B) A morte do agente.

(C) A anistia e a graça.

(D) O perdão judicial, nos casos em que a lei o admite.

(E) A prescrição e a decadência.

A: incorreta. Não consta atualmente do rol de causas extintivas da punibilidade o casamento do agente com a vítima nas hipóteses de *crimes contra os costumes* (estes redenominados *crimes contra a dignidade sexual* com o advento da Lei 12.015/2009). A hipótese era prevista em outros tempos no art. 107, VII, do CP. No entanto, foi revogada pela Lei 11.106/2005 (mesma lei que revogou o crime de *adultério*); **B:** correta. Art. 107, I, do CP; **C:** correta. Art. 107, II, do CP; **D:** correta. Art. 107, IX, do CP; **E:** correta. Art. 107, IV, do CP.
Gabarito "A".

2. PARTE ESPECIAL

2.1. CRIMES CONTRA A PESSOA

(Técnico em Promotoria - Direito – MPE-PB – COMPERVE-UFRN) É correto afirmar que o crime de homicídio é privilegiado se:

(A) as consequências da infração atingirem o próprio agente de forma tão grave que a sanção penal se torne demasiada.

(B) o resultado morte adveio de uma situação em que as circunstâncias evidenciaram que o agente não quis o resultado e nem assumiu o risco de produzi-lo.

(C) o agente cometeu o crime movido por relevante valor social, moral e violenta emoção, após injusta provocação da vítima.

(D) o agente cometeu o crime movido por relevante valor social, moral, violenta emoção, após injusta provocação da vítima, e tiver procurado, por sua espontânea vontade e com eficiência, minorar as consequências do crime.

(E) o agente cometeu o crime sob a influência de multidão em tumulto, por relevante valor social.

A: incorreta. A hipótese não reflete a figura doutrinária denominada homicídio privilegiado (art. 121, §1º, do CP), mas sim a hipótese de perdão judicial, aplicável somente para o homicídio culposo, prevista no art. 121, §5º, do CP, verificável quando as consequências do crime atingirem o agente de forma tão gravosa, apenando-o de *per si*, de modo a fazer com que a sanção penal se torne desnecessária para os fins de prevenção e repressão da conduta; **B:** incorreta. Alternativa não reflete a figura do homicídio privilegiado (art. 121, §1º, do CP), mas diz respeito aos elementos volitivos necessários para a configuração do homicídio doloso, visto que, neste, o resultado morte deve advir de situação em que o agente quis produzi-lo (dolo direto) ou, prevendo-o, a despeito de não o querer propriamente, assumiu o risco de produzi-lo (dolo indireto ou eventual). A *contrario sensu*, não querendo o resultado morte ou não assumindo o risco de produzi-lo, não há que se falar em tipicidade de homicídio doloso, podendo subsistir o homicídio culposo na hipótese de a conduta ter sido resultado de imprudência, negligência ou imperícia do agente criminoso. Não se trata, portanto, de questão ligada ao homicídio privilegiado (que é causa de diminuição de pena ligada ao homicídio doloso), mas sim à tipicidade subjetiva; **C:** correta. É a alternativa que reflete a figura do homicídio privilegiado, prevista no art. 121, §1º, do CP. Neste, o agente comete o crime movido por *relevante valor social* (entendido como o substancial interesse coletivo motivando a prática do crime. Ex.: indignação contra ato de terrorista que mobilizou toda a nação), *relevante valor moral* (entendido como o substancial e justificável interesse pessoal do agente criminoso, ligados normalmente aos sentimentos de misericórdia ou piedade. Ex.: homicídio eutanásico, constante da Exposição de Motivos do CP, em seu item 39), *sob o domínio de violenta emoção, logo em seguida a injusta provocação da vítima* (é necessário que a emoção domine por completo o agente criminoso, não sendo suficiente se for momentânea ou passageira. Deve, ainda, ser violenta, não sendo cabível o reconhecimento do instituto diante de emoção considerada leve. Além disso, há o requisito temporal que obriga que a conduta reflita reação imediata à injusta provocação da vítima. A demora na reação exclui o privilégio e caracteriza a vingança, que pode, a depender das circunstâncias do caso concreto, configurar a qualificadora do motivo torpe. Por injusta provocação pode ser entendida qualquer conduta da vítima, ainda que não caracterize, propriamente, uma agressão e ainda que não seja dirigida diretamente ao agente); **D:** incorreta. A primeira parte reflete o homicídio privilegiado. Porém, a assertiva está incorreta em sua parte final, que traduz mera circunstância atenuante, prevista no art. 65, III, *b*, do CP; **E:** incorreta. O crime praticado com influência de multidão e tumulto é atenuado desde que o agente não os tenha provocado (art. 65, III, *e*, do CP).

Gabarito "C"

(Técnico em Promotoria - Direito – MPE-PB – COMPERVE-UFRN) Nos crimes contra a honra, encontra-se a figura da *exceção da verdade*, que pode ocorrer tanto na calúnia quanto na difamação. Quanto a esse instituto, é correto afirmar:

(A) Na calúnia, a exceção da verdade funciona como regra e, apenas em três situações, a exceção da verdade não será possível, sendo uma dessas situações a hipótese de constituir-se o fato imputado crime de ação privada, em que o ofendido não foi condenado por sentença irrecorrível.

(B) Na calúnia, a exceção da verdade funciona como exceção, cabendo apenas nos casos em que o ofendido é funcionário público e a ofensa é relativa ao exercício de suas funções.

(C) Na difamação, a exceção da verdade funciona como exceção e, apenas em um único caso, é ela possível, ou seja, se o fato é imputado contra o Presidente da República ou contra chefe de governo estrangeiro.

(D) Na difamação, a exceção da verdade funciona como regra, salvo na hipótese de o ofendido, embora a ação seja pública, ter sido absolvido por sentença irrecorrível.

(E) Na difamação, a exceção da verdade funciona como exceção e, apenas em uma única situação, ela será possível, ou seja, quando o ofendido provocou, de forma reprovável, a vítima.

Também conhecida como *exceptio veritatis* ou *demonstratio veri*, a exceção da verdade é admitida no ordenamento jurídico pátrio diante da prática dos crimes de calúnia e difamação (observa-se, de início, não ser instituto próprio à injúria). Para a resolução da questão em pauta, necessário o conhecimento das hipóteses de admissão da exceção da verdade no crime de calúnia e no crime de difamação. Na hipótese da calúnia, ao contrário do que se dá com a difamação, a admissão da exceção da verdade é a regra (art. 138, §3º, do CP), que comporta, no entanto, 3 (três) exceções: *(a) se o fato imputado constituir crime de ação privada e o ofendido (da calúnia) não foi condenado por sentença irrecorrível em razão de tal fato (inciso I)*: a exceção decorre da ideia de que seria ilógico admitir que o caluniador fizesse prova de crime quando a própria vítima, que detinha o interesse de apuração dos fatos e tinha sua intimidade resguardada pela natureza privada da ação penal (razão de ser do instituto), preferiu o não ajuizamento da demanda penal; *(b) se o fato é imputado ao Presidente da República ou a chefe do governo estrangeiro (pessoas indicadas no inciso I do art. 141 do CP)*: por razões políticas e diplomáticas; (c) *se do crime imputado, embora*

de ação pública, o ofendido (da calúnia) foi absolvido por sentença irrecorrível: independentemente da razão da absolvição (ainda que por ausência de provas), proclamada a inocência por decisão definitiva está formada a autoridade da coisa julgada, havendo presunção da falsidade da imputação de crime feita contra a vítima. Na difamação, por outro lado, a *demonstratio veri* é exceção, e não regra, sendo admitida, tão somente, na hipótese de o ofendido ser funcionário público e a ofensa ser inerente ao exercício de suas funções (art. 139, parágrafo único, do CP). Vale ressaltar que, na difamação, para haver cabimento da exceção da verdade, a qualidade de funcionário público deve estar presente no momento da ofensa. Portanto, ainda que a ofensa diga respeito ao exercício da função pública, se a vítima houver deixado o cargo quando de sua ocorrência, não há lugar para a exceção da verdade. Por outro lado, se o sujeito deixar o cargo após a consumação da difamação, continuará possível a exceção da verdade, ainda que, no momento desta, a qualidade de funcionário público não mais se verificar. A Exposição de Motivos do CP, em seu item 49, ainda esclarece que a exceção da verdade no crime de difamação não alcança o Presidente da República ou o Chefe de Governo Estrangeiro em visita ao país, pelas mesmas razões políticas que conduziram à exceção já mencionada em relação à calúnia (art. 138, §3º, III, do CP).

Gabarito "A"

(Analista Ministerial - Direito – MPE-AP – FCC – 2012) Miguel cometeu crime de difamação contra Vitor e está respondendo a uma ação penal privada movida pelo ofendido (querelante), que tramita perante uma das varas criminais da comarca de Macapá. Miguel, o querelado, poderá se retratar cabalmente e, neste caso,

(A) ficará isento da pena se a retratação ocorrer antes do trânsito em julgado da sentença e contar com a anuência expressa do querelante.

(B) terá a pena reduzida de um a dois terços se a retratação ocorrer antes da sentença.

(C) ficará isento de pena se a retratação ocorrer antes do trânsito em julgado da sentença.

(D) ficará isento de pena se a retratação ocorrer antes da sentença.

(E) terá a pena reduzida de um a dois terços se a retratação ocorrer antes da sentença e contar com a anuência expressa do querelante.

Na calúnia e na difamação, o querelado que se retrata cabalmente antes da sentença ficará isento de pena, nos termos do art. 143 do CP.

Gabarito "D"

(Analista de Promotoria - Assistente Jurídico – MP-SP – VUNESP – 2015) Sobre o feminicídio, introduzido no Código Penal pela Lei 13.104/2015, assinale a alternativa correta.

(A) Foi introduzido como um novo crime no Código Penal, incidindo sempre que mulheres figurarem como vítimas de homicídio tentado ou consumado.

(B) Trata-se de mais uma hipótese de homicídio simples, mas que terá sua pena aumentada em 1/3 pelo fato da vítima ser mulher.

(C) Não foi incluído no rol dos crimes hediondos, considerando as graves consequências já estabelecidas nas causas de aumento do § 7º do art. 121, CP.

(D) Acrescentou uma hipótese de homicídio qualificado no § 2º do art. 121, CP.

(E) Estabeleceu uma modalidade de homicídio qualificado, mas manteve as penas do homicídio simples, considerando as causas de aumento previstas no § 7º do art. 121, CP.

A: incorreta. O feminicídio não se trata de novo crime incorporado ao CP, mas sim de nova modalidade de homicídio qualificado (art. 121, §2°, VI, do CP). Além disso, para sua configuração não basta que o homicídio seja praticado contra mulher. Ele deve ter por motivo razões ligadas à condição de mulher, sendo, portanto, crime baseado no gênero; **B:** incorreta. Como já afirmado, o feminicídio é modalidade de homicídio qualificado; **C:** incorreta. O feminicídio foi formalmente incorporado ao rol dos crimes hediondos pela Lei 13.104/2015; **D:** correta. Como já afirmado, o feminicídio trata-se da hipótese de homicídio qualificado prevista no art. 121, §2°, VI, do CP; **E:** incorreta. Embora, de fato, o §7° traga causas de aumento de pena específicas para o feminicídio, suas penas coincidem, inicialmente, com a penas dos homicídios qualificados em geral.

Gabarito "D".

(Analista de Promotoria II – Agente de Promotoria – MPE-SP – IBFC – 2013) Com relação ao crime de Homicídio, analise as assertivas abaixo:

I. A prática por milícia privada, sob o pretexto de prestação de serviço de segurança, ou por grupo de extermínio, qualifica o crime de homicídio.

II. Qualifica do crime de homicídio se praticado contra pessoa menor de 14 (quatorze) anos ou maior de 60 (sessenta) anos.

III. Se o agente comete o crime sob a influência de violenta emoção, provocada por ato injusto da vítima, o juiz pode reduzir a pena.

IV. O Homicídio é qualificado se praticado para assegurar a vantagem de outro crime.

Está CORRETO, apenas, o que se afirma em:

(A) I.
(B) I e II.
(C) I, II e III.
(D) IV.
(E) I e IV.

I: incorreta. Se o homicídio for praticado por milícia privada, sob o pretexto de prestação de serviço de segurança, ou por grupo de extermínio, o homicídio, além de configurar crime hediondo mesmo na modalidade simples (art. 1°, I, da Lei 8.072/1990), terá sua pena aumentada de 1/3 até a 1/2 (metade), nos termos do art. 121, §6°, do CP, incorporado pela Lei 12.720, de 27 de setembro de 2012 (*novatio legis in pejus*, somente aplicando-se aos fatos posteriores à sua vigência). Não se trata de qualificadora, e sim de causa específica de aumento de pena, visto que não há alteração dos patamares mínimo e máximo da pena cominada, e sim aumento de fração da pena, que incidirá na terceira etapa do método trifásico; **II:** incorreta. O homicídio praticado contra pessoa menor de 14 (catorze) anos, ou maior de 60 (sessenta) anos, tem a pena aumentada de 1/3 (um terço), nos termos do art. 121, §4°, segunda parte, do CP, tratando-se, novamente, de causa específica de aumento de pena (ou majorante), e não qualificadora; **III:** incorreta. Para a configuração do homicídio privilegiado (art. 121, §2°, do CP), não basta que o agente esteja sob influência de violenta emoção provocada por ato injusto da vítima. Deve ele estar sob o domínio (ou seja, com o comportamento absolutamente determinado) da violenta emoção. Além disso, o crime deve ocorrer logo em seguida à injusta provocação da vítima; **IV:** correta Art. 121, §2°, V, do CP.

Gabarito "D".

(Analista de Promotoria I – Assistente Jurídico – MPE-SP – IBFC – 2013) Sobre o crime de Lesão Corporal e sua disciplina no Código Penal, assinale a alternativa CORRETA:

(A) Caracteriza lesão corporal de natureza grave a ofensa à integridade corporal, da qual resulte à vítima perigo de vida.

(B) Caracteriza lesão corporal de natureza grave a ofensa à integridade corporal, da qual resulte à vítima perda de sentido ou função.

(C) Os crimes de lesão corporal admitem substituição da pena de detenção por pena de multa se as lesões forem recíprocas entre os agentes ou se o agente comete o crime impelido por motivo de relevante valor social ou moral ou sob o domínio de violenta emoção, logo em seguida a injusta provocação da vítima.

(D) O crime de lesão corporal admite o perdão judicial se as lesões forem recíprocas entre os agentes.

(E) Não configura violência doméstica a lesão corporal praticada pelo agente contra vítima com quem conviva ou tenha convivido, se inexistir o vínculo de parentesco sanguíneo.

A: correta. A doutrina convencionou denominar de lesão corporal de natureza grave aquela encontrada dentre as hipóteses do art. 129, §1°, do CP, ao passo que denominaram-se lesões corporais gravíssimas as situações do art. 129, §2°, do mesmo diploma legal. O perigo de vida se encontra alocado no art. 129, §1°, II, do CP, configurando, assim, lesão corporal grave; **B:** incorreta. Trata-se de hipótese de lesão corporal gravíssima, prevista no art. 129, §2°, III, do CP; **C:** incorreta. Apenas o crime de lesão corporal de natureza leve, e não os crimes de lesão corporal, admite a mencionada substituição, nos termos do art. 129, §5°, do CP. Apesar de o dispositivo apenas mencionar o não cabimento da substituição no caso de lesão grave, é possível, por interpretação extensiva, mantendo-se a lógica e a harmonia do sistema, concluir que também não é cabível a substituição na hipótese de lesão gravíssima; **D:** incorreta. Apenas o crime de lesão corporal culposa admite o perdão judicial, quando, nos termos do art. 129, §8°, do CP, estiver presente a hipótese do art. 121, §5°, do CP (se as consequências da infração atingirem o próprio agente de forma tão grave que a sanção penal se torne desnecessária); **E:** incorreta. O crime do art. 129, §9°, do CP, prescinde do vínculo sanguíneo para a configuração, bastando a relação afetiva, de coabitação ou hospitalidade.

Gabarito "A".

2.2. CRIMES CONTRA O PATRIMÔNIO

(Técnico em Promotoria - Direito – MPE-PB – COMPERVE-UFRN) Nos crimes contra o patrimônio, encontram-se aqueles em que a violência e a grave ameaça são exercidas contra a pessoa. Das figuras abaixo, todas têm essas condições, **EXCETO:**

(A) Crime de dano qualificado.
(B) Crime de esbulho possessório.
(C) Crime de extorsão.
(D) Crime de apropriação indébita.
(E) Crime de roubo impróprio.

A: correta. O crime de dano é qualificado se há emprego de "violência à pessoa ou grave ameaça" (art. 163, parágrafo único, I, do CP), enquadrando-se na situação proposta no "caput". **B:** correta. O crime de esbulho possessório, tipificado no art. 161, §1°, II, do CP, verifica-se quando o agente "invade, com violência à pessoa ou grave ameaça, ou mediante concurso de mais de duas pessoas, terreno ou edifício alheio, para o fim de esbulho possessório". **C:** correta. O crime de extorsão tem por elementar o emprego de violência ou grave ameaça em face da vítima que, mediante tais recursos, é constrangida pelo agente – que tem por intuito a obtenção de indevida vantagem econômica – a fazer, tolerar que se faça, ou deixar de fazer alguma coisa. **D:** incorreta. O crime de apropriação indébita (art. 168 do CP) não exige, para sua consumação, que o agente empregue violência ou grave ameaça à pessoa, bastando, para sua configuração, que haja a apropriação de coisa alheia móvel de que o agente tinha a posse ou a detenção, sendo esta a resposta correta

na questão; **E:** correta. No crime de roubo impróprio (art. 157, §1º, do CP), assim como no crime de roubo próprio, o emprego de violência à pessoa ou grave ameaça é elementar do tipo. A diferença entre as modalidades reside no fato de, no roubo impróprio, a violência ou grave ameaça serem empregadas após a subtração, a fim de assegurar a impunidade do crime ou a detenção da coisa para si ou para terceiro, ao passo que, no roubo próprio, o emprego da violência ou grave ameaça se dá para garantir a própria subtração, pelo que a antecede ou é simultânea a ela.
Gabarito "D".

(Analista de Promotoria I – Assistente Jurídico – MPE-SP – VUNESP – 2010)
Analise as seguintes assertivas a respeito do crime de extorsão mediante sequestro.

I. Aplica-se a pena vigente no momento da privação da liberdade, ainda que outra pena, mais gravosa, esteja vigente no momento da libertação da vítima.

II. Como regra, aplica-se a pena vigente no momento da prolação da sentença, caso essa pena seja mais benéfica ao acusado do que aquela vigente no momento da consumação do delito.

III. A lei penal mais benéfica ao acusado sempre retroage, ainda que o fato seja praticado durante a vigência de lei excepcional.

Com relação à aplicação da lei penal é correto o que se afirma em:

(A) I, apenas.
(B) II, apenas.
(C) I e II, apenas.
(D) II e III, apenas.
(E) I, II e III.

I: incorreta. O crime de extorsão mediante sequestro é classificado como *delito permanente*, assim entendido na medida em que sua consumação, a despeito de se dar no momento da privação da liberdade (já que se trata de crime formal), sendo o eventual recebimento do "resgate" mero exaurimento do crime (com reflexos na dosagem da pena-base – art. 59 do CP), protrai-se no tempo, renovando-se a cada dia em que a vítima é mantida com a liberdade privada, sendo possível a prisão em flagrante a qualquer momento (art. 302, I, do CPP). Nestas hipóteses, o STF entende que "a lei penal mais grave aplica-se ao crime continuado ou ao crime permanente, se a sua vigência é anterior à cessação da continuidade ou da permanência" (Súmula 711 do STF). Além disso, para fins de prescrição, considera-se como termo *a quo* o dia em que cessou a permanência, nos termos do art. 111, III, do CP; **II:** correta. Reflete a hipótese de retroatividade da lei penal mais benéfica (*novatio legis in mellius*), consagrada no art. 2º, parágrafo único, do CP; **III:** incorreta. A lei penal mais benéfica ao agente (*novatio legis in mellius*) retroage em regra. Porém, a assertiva retrata uma exceção à regra da retroatividade da lei penal benéfica. Segundo o art. 3º do CP, "a lei excepcional ou temporária, embora decorrido o período de sua duração ou cessadas as circunstâncias que a determinaram, aplica-se ao fato praticado durante sua vigência".
Gabarito "B".

(Analista de Promotoria I – Assistente Jurídico – MPE-SP – VUNESP – 2010)
O crime de furto, do art. 155 do Código Penal,

I. tem pena aumentada se praticado por funcionário público;

II. tem pena aumentada se praticado durante o repouso noturno;

III. é qualificado se praticado mediante o concurso de duas ou mais pessoas.

É correto o que se afirma em:

(A) II, apenas.
(B) III, apenas.
(C) I e II, apenas.
(D) II e III, apenas.
(E) I, II e III.

O crime de furto compreende tanto a figura majorada como a figura qualificada. Tem-se furto majorado quando a conduta for praticada durante o repouso noturno (art. 155, §1º, do CP). A subsunção do fato à expressão *repouso noturno* deve ser aferida segundo os costumes locais, ou seja, à luz do caso concreto (trata-se, inclusive, de exemplo da aplicação dos costumes como critério interpretativo das normas em Direito Penal). Prevalecia que a majorante em comento, dada a posição topográfica em que se situa no CP, somente incidiria sobre o furto simples, não causando o aumento da pena da figura qualificada. No entanto, o entendimento, equivocado a nosso ver, ficou superado. A partir do julgamento do EREsp 842.425, o STJ reconheceu a possibilidade de configuração do furto qualificado-privilegiado, incidindo, concomitantemente, as hipóteses do §4º e do §2º, ambos do art. 155 do CP. Com isso, ficou superada a ideia de que a disposição topográfica das normas seja impedimento para a incidência frente ao caso concreto. A par disso, e inexistindo qualquer incompatibilidade entre a majorante do repouso noturno e as qualificadoras do crime de furto, o STJ passou a entender pela possibilidade de combinação de ambas, havendo, pois, furto qualificado majorado (STJ, HC 306.450/SP, rel. Min. Maria Thereza de Assis Moura, j. 4.12.2014). Houve, portanto, *overruling*, ou seja, alteração diametral do entendimento jurisprudencial a respeito da matéria. Já as figuras qualificadas do furto, por sua vez, constam do art. 155, §4º, do CP, compreendendo o furto praticado em concurso de duas ou mais pessoas (art. 155, §4º, IV, do CP). Não há majoração do crime de furto se praticado por funcionário público. Aliás, sendo a subtração praticada por funcionário público, no exercício da função, e valendo-se das facilidades propiciadas pela atribuição de seu cargo, o crime é, com efeito, de peculato (art. 312 do CP).
Gabarito "D".

(Analista de Promotoria I – Assistente Jurídico – MPE-SP – VUNESP – 2010)
O crime de roubo, conforme expressa disposição do art. 157 do Código Penal,

(A) não admite a modalidade tentada.
(B) tem pena aumentada se praticado mediante utilização de arma.
(C) é qualificado se praticado mediante o concurso de duas ou mais pessoas.
(D) tem pena aumentada se da ação resulta lesão corporal de qualquer gravidade.
(E) tem pena diminuída se o criminoso é primário e de pequeno valor a coisa roubada.

A: incorreta. O roubo, tratando-se de crime plurissubjetivo, no qual é possível o fracionamento da execução em mais de um ato, admite a modalidade tentada, quando, iniciada a conduta, o crime não se consuma por circunstâncias alheias à vontade do agente (art. 14, II, do CP); **B:** correta (art. 157, §2º, I, do CP); **C:** incorreta. O concurso de duas ou mais pessoas torna o crime de roubo majorado, e não qualificado (art. 157, §2º, II, do CP). Há crime qualificado quando os patamares mínimo e máximo da pena cominada são alterados frente à verificação da incidência de uma circunstância especial contida no tipo penal. Diferentemente, a majorante, ou causa especial de aumento de pena, verifica-se quando há um aumento de uma fração da pena do tipo fundamental na subsunção do fato a alguma circunstância tipificada; **D:** incorreta. Somente a lesão corporal grave e a morte causam alteração na pena do roubo (art. 157, §3º, do CP). Além disso, trata-se de qualificadora, e não de causa de aumento de pena ou majorante; **E:** incorreta. Diferentemente do que ocorre no caso de furto (art. 155, §2º, do CP), não existe a figura do roubo privilegiado, visto que, além do conteúdo patrimonial, o delito atinge, ainda, a incolumidade da vítima, visto que, para sua prática, há emprego de violência ou grave ameaça à pessoa, tratando-se de crime complexo.
Gabarito "B".

9. DIREITO PENAL   213

(Analista Processual Administrativo – MPE-RJ – 2011) Após o regular patrocínio de ação indenizatória contra determinado Município, a advogada PORTIA, induzindo a erro seu cliente SHYLOCK, levou-o a assinar instrumento procuratório que lhe transferia os poderes de quitação, recebimento e levantamento de diversos valores, obtendo para si, especificamente, vultoso crédito a ser por ele recebido do referido ente público, através de precatório. Visando à aferição do início do marco prescricional, é correto afirmar que a circunstância de a satisfação do crédito se dar por meio de precatório:

(A) não alteraria a conduta praticada pela agente, a qual consubstancia crime instantâneo, considerando-se a data da prática do ato, sendo irrelevante a circunstância de os efeitos terem se projetado no tempo, mediante percepção das parcelas;

(B) alteraria a conduta praticada pela agente, a qual consubstancia crime instantâneo, considerando-se a data da percepção das parcelas, circunstância que se projeta no tempo;

(C) não alteraria a conduta praticada pela agente, a qual consubstancia crime permanente, considerando-se como início a data da prática do ato e sua duração que se protrai no tempo, enquanto persistir a percepção das parcelas;

(D) alteraria a conduta praticada pela agente, a qual consubstancia crime permanente, considerando-se a data da prática do ato, sendo irrelevante a circunstância de os efeitos terem se perpetuado no tempo, mediante percepção das parcelas;

(E) alteraria a conduta praticada pela agente, a qual consubstancia crime formal, considerando-se a data da prática do ato, sendo irrelevante a circunstância de os efeitos terem se projetado no tempo, mediante percepção das parcelas.

O problema apresentado na questão foi objeto de apreciação, em caso idêntico, pelo Supremo Tribunal Federal. O julgamento se deu no Habeas Corpus 88.872/MS, datado de 4.3.2008, de relatoria do Ministro Marco Aurélio, no qual se decidiu que "a circunstância de a satisfação do crédito se dar por meio de precatório não alteraria a conduta praticada pelo paciente, a qual consubstanciaria crime instantâneo, verificada a vantagem ilícita em prejuízo de terceiro, muito embora, sob o ângulo pecuniário, essa fosse alcançada posteriormente. Entretanto, não obstante haver-se enfatizado que o desdobramento do ato, no tocante à percepção das parcelas, seria simples consequência do crime instantâneo, concluiu-se pela aludida prescrição, tendo em conta que o delito fora perpetrado em 199.". A resolução da questão, portanto, exigia o conhecimento da jurisprudência, da qual se infere que, sendo considerado crime permanente, estaria consumado no momento da obtenção do precatório, ainda que a efetiva vantagem, como desdobramento natural do ato, ocorra posteriormente. Assim, a prescrição se iniciou da conduta.
Gabarito "A".

(Analista – MPE-SE – FCC – 2013) A subtração de veículo automotor que venha a ser transportado para o exterior, ocorrida mediante concurso de agentes, durante o repouso noturno e com emprego de narcotização da vítima classifica-se precisamente como:

(A) furto simples.
(B) furto com causa de aumento.
(C) furto qualificado.
(D) roubo impróprio.
(E) roubo próprio.

A narrativa do problema pretende induzir o leitor à conclusão de que o crime seria o de furto, narrando a incidência de qualificadoras (veículo automotor que venha a ser transportado para o exterior, nos termos do art. 155, §5º, do CP, e concurso de agentes, nos termos do art. 155, §4º, IV, do mesmo diploma legal) e causa de aumento de pena (repouso noturno, nos termos do art. 155, §1º, do CP) vinculadas ao crime de furto. No entanto, ao mencionar que houve o emprego de meio de narcotização da vítima, o problema exclui definitivamente a hipótese de o delito tratar-se de crime de furto. A narcotização da vítima é definida pela doutrina como forma de violência imprópria, apta a configurar o crime de roubo próprio. O art. 157, "caput", parte final, do CP, aduz praticar roubo aquele que subtrai coisa móvel alheia depois de haver, por qualquer meio, reduzido à impossibilidade a resistência a vítima. O emprego de narcotização impossibilita a vítima de resistir à subtração, consistindo em modalidade imprópria de caracterização de violência apta à configuração do roubo. Define-se, então, que o crime é de roubo, com emprego de violência imprópria. Em uma segunda etapa, necessário perquirir se trata-se de roubo próprio ou impróprio. No roubo próprio, a violência ou grave ameaça antecede a subtração da coisa, ao passo que no roubo impróprio a violência ou grave ameaça é empregada após a subtração, para assegurar a impunidade do crime ou a detenção da coisa para si (art. 157, §1º, do CP). Mas não é só. No caso do art. 157, §1º, do CP, a violência ou a grave ameaça devem ser reais, não sendo admitida a violência imprópria, visto que o legislador não incluiu a hipótese de o agente, após a subtração, reduzir à impossibilidade, por qualquer meio, a resistência da vítima, como fez no "caput", que traz o roubo próprio. Assim, ainda que o enunciado não deixe claro se o emprego de narcotização do ofendido foi anterior ou posterior à subtração, é certo que o crime é o de roubo próprio, visto que não existe a figura do roubo impróprio praticado com violência imprópria.
Gabarito "E".

(Analista Processual Direito – MPE-AC – FMP – 2013) De acordo com o Superior Tribunal de Justiça, assinale a afirmativa correta.

(A) A utilização de papel moeda falsificado configura crime de moeda falsa, em qualquer hipótese.

(B) As ações penais em curso podem ser utilizadas como antecedentes criminais para agravar a pena-base.

(C) Quando o falso se exaure no estelionato, sem mais potencialidade lesiva, é pelo estelionato absorvido.

(D) É admissível a extinção da punibilidade pela prescrição da pretensão punitiva com fundamento em pena hipotética.

(E) O crime de extorsão consuma-se no momento da obtenção da vantagem indevida.

A: incorreta. Nos termos da Súmula 73 do Superior Tribunal de Justiça, "a utilização de papel-moeda grosseiramente falsificado configura, em tese, o crime de estelionato, de competência da Justiça Estadual". Ou seja, caso a falsificação de papel moeda seja grosseira, não será apta para colocar em risco o bem jurídico tutelado pelo crime do art. 289 do CP (qual seja a fé pública residente na confiabilidade no sistema de emissão e circulação monetária). Porém, poderá consistir em meio artificioso de se induzir e manter alguém em erro, obtendo vantagem indevida em prejuízo alheio, configurando o crime de estelionato (art. 171 do CP); B: incorreta. Nos termos da Súmula 444 do Superior Tribunal de Justiça, "é vedada a utilização de inquéritos policiais e ações penais em curso para agravar a pena-base; C: correta. A alternativa reproduz integralmente o teor da Súmula 17 do Superior Tribunal de Justiça; D: incorreta. Nos termos da Súmula 438 do Superior Tribunal de Justiça, "é inadmissível a extinção da punibilidade pela prescrição da pretensão punitiva com fundamento em pena hipotética, independentemente da existência ou sorte do processo penal"; E: incorreta. Nos termos da Súmula 96 do Superior Tribunal de Justiça, "o crime de extorsão consuma-se independentemente da obtenção da vantagem indevida", visto que se trata de delito formal.
Gabarito "C".

(Analista de Promotoria II – Agente de Promotoria – MPE-SP – IBFC – 2013)

"A", após cavar um túnel, ingressa, pela via subterrânea, em uma residência vazia, de onde subtrai, para si, coisa alheia móvel. "A" cometeu o crime de:

(A) Furto Qualificado pela Fraude.

(B) Furto Qualificado pela Escalada.

(C) Furto Qualificado pela Destreza.

(D) Furto Qualificado pelo Abuso de Confiança.

(E) Furto Simples.

O furto é qualificado em razão do emprego de escalada (art. 155, §4º, II, do CP). A despeito do que o termo parece sugerir (e o próprio dicionário *Houaiss* o define como sinônimo de subida), no Direito Penal, mais especificamente na hipótese de furto, *escalada* deve ser compreendida como o emprego de meio incomum para adentrar local fechado, visando à subtração do bem, ainda que o meio anormal não consista em subida ou elevação corpórea, como no caso do problema, em que o acesso à residência vazia se deu por meio de um túnel.

Gabarito "B".

(Analista de Promotoria I – Assistente Jurídico – MPE-SP – IBFC – 2013)

O crime de roubo impróprio, previsto no artigo 157, parágrafo 1°, do Código Penal, caracteriza-se com o emprego de:

(A) Violência imprópria, após a subtração da coisa.

(B) Violência própria, durante a subtração.

(C) Violência imprópria, apenas.

(D) Qualquer modalidade de violência.

(E) Violência própria, apenas.

No roubo próprio (art. 157, "caput", do CP), a violência ou grave ameaça antecede a subtração da coisa, ao passo que no roubo impróprio (art. 157, §1º, do CP) a violência ou grave ameaça é empregada após a subtração, para assegurar a impunidade do crime ou a detenção da coisa para si. No caso do roubo impróprio, a violência ou a grave ameaça devem ser reais, não sendo admitida a violência imprópria, esta entendida como o meio com o que o agente reduz à impossibilidade a capacidade de resistência da vítima (ex.: narcotização), visto que o legislador não incluiu no art. 157, §1º, do CP, diferentemente do que fez no "caput", a hipótese de o agente, após a subtração, reduzir à impossibilidade, por qualquer meio, a resistência da vítima.

Gabarito "E".

(Analista de Promotoria I – Assistente Jurídico – MPE-SP – IBFC – 2013)

Com relação às imunidades previstas pelos artigos 181 a 183 do Código Penal, no que toca aos crimes contra o patrimônio, assinale a alternativa CORRETA:

(A) É isento de pena o agente que comete quaisquer dos crimes contra o patrimônio de cônjuge, ainda que finda a sociedade conjugal.

(B) É isento de pena o agente que comete quaisquer dos crimes contra o patrimônio de ascendente ou descendente, se legítimo o parentesco.

(C) Somente se procede mediante representação se o crime contra o patrimônio é cometido contra irmão, exceto nos casos de roubo ou extorsão.

(D) Somente se procede mediante representação se o crime contra o patrimônio é cometido contra tio ou sobrinho, se houver relacionamento íntimo entre vítima e agente.

(E) Não se aplicam as imunidades se o crime contra o patrimônio é praticado contra pessoa com idade igual ou superior a 65 (sessenta e cinco) anos.

A: incorreta. Nos termos do art. 181, I, do CP, somente é isento de pena o agente que pratica o crime contra o patrimônio contra o cônjuge

na constância da sociedade conjugal. Além disso, nos crimes contra o patrimônio praticados com emprego de violência ou grave ameaça à pessoa não incide a escusa absolutória (art. 183, I, do CP); **B:** incorreta. O art. 181, II, do CP, é claro ao dispor que a escusa absolutória incide ainda que ilegítimo o parentesco. No entanto, nos dias de hoje, tal ressalva não mais se justifica diante do que dispõe o art. 227, §6º, da CF, que veda a diferenciação entre os filhos, tornando ilícito, até mesmo, o emprego do termo ilegítimo para se referir à filiação; **C:** correta. Art. 182, III, do CP, combinado com o art. 183, I, do mesmo diploma legal; **D:** incorreta. Para ser necessária a representação não é necessário que entre a vítima, tio ou sobrinho, e o agente, haja relacionamento íntimo, bastando, nos termos do art. 182, III, do CP, a existência de coabitação; **E:** incorreta. Nos termos do art. 183, III, do CP, não se aplicam as escusas absolutórias na hipótese de a vítima for idosa, ou seja, possuir idade igual ou superior a 60 (sessenta) anos (dispositivo acrescentado pelo Estatuto do Idoso – Lei 10.741/2003).

Gabarito "C".

(Analista de Promotoria - Assistente Jurídico – MP-SP – VUNESP – 2015)

Aproveitando-se da porta que estava apenas encostada, Pedro ingressou sozinho e durante o dia na residência de José, sabendo que no local não havia ninguém, subtraindo dali dois relógios de pulso que depois se apurou estarem quebrados. Assinale a alternativa correta a respeito da conduta de Pedro.

(A) Praticou o crime de furto qualificado pela destreza, já que se aproveitou de um momento em que a casa estava vazia para ali ingressar (artigo 155, § 4º, inciso II, CP).

(B) Caso Pedro seja primário, e os relógios, ainda que quebrados, forem de pequeno valor, poderá ser condenado por furto privilegiado (art. 155, § 2º, CP).

(C) Pedro praticou o crime de furto e, em razão de ter ingressado em residência alheia, não poderá ser beneficiado com a substituição da pena corporal por restritiva de direitos, nos termos do artigo 44, III, CP (a culpabilidade, os antecedentes, a conduta social e a personalidade do condenado, bem como os motivos e as circunstâncias indicam que esta substituição seja suficiente).

(D) Praticou o crime de invasão de domicílio, previsto no artigo 150, do Código Penal.

(E) Caso condenado por furto, Pedro poderá ter diminuição da sua pena, desde que fique comprovado que praticou furto famélico (procurava algo que pudesse vender para comprar alimento).

A: incorreta. Não se verifica, do problema narrado, a incidência da qualificadora da destreza. Destreza consiste na utilização de uma habilidade manual ou física incomum pelo agente para lograr a subtração, sem que a vítima perceba que está sendo lesada. Há destreza no clássico exemplo do batedor de carteiras que, sem que a vítima perceba seu movimento, surrupia do bolso dela o bem almejado. Não há, na assertiva, narração de qualquer conduta de Pedro que consistisse em destreza; **B:** correta. Preenchidos os requisitos do art. 155, §2º, do CP, nada obsta que Pedro seja condenado por furto privilegiado, que nada mais é senão um furto com causa de redução de pena, havendo a possibilidade, ainda, de o juiz substituir a pena de reclusão pela de detenção (pouco reflexo prático) ou aplicar somente a pena de multa; **C:** incorreta. Se preenchidos os requisitos do art. 44 do CP, nada obsta que ocorra a substituição da pena privativa de liberdade por pena restritiva de direitos. Do teor narrado no enunciado, não há elementos para se concluir que a culpabilidade, os antecedentes, a conduta social e a personalidade de Pedro, bem como os motivos e as circunstâncias do crime, desautorizam o benefício; **D:** incorreta. A violação do domicílio, no caso, foi o meio para a prática

9. DIREITO PENAL

do delito de furto. Ao ingressar na residência de José, Pedro não o fez com o simples fim de invadir o domicílio alheio. O fez com a intenção de subtrair bens de seu proprietário. Há, entre os crimes, um conflito aparente de normas, solucionado pelo princípio da consunção, visto que existe uma relação de meio e fim entre as condutas. A invasão do domicílio foi o meio encontrado por Pedro para ultimar a subtração, razão pela qual o crime de violação do domicílio fica absorvido pelo delito de furto; **E:** incorreta. O furto famélico caracteriza uma hipótese de estado de necessidade. Assim, e desde que preenchidos todos os requisitos da dirimente em questão (art. 24 do CP – o fato deve ser praticado para salvar-se de perigo atual – que não provocou por sua vontade, nem podia de outro modo evitar – um direito próprio ou alheio cujo sacrifício não era razoável exigir-se), havendo furto famélico estará excluída a ilicitude do fato, não se tratando de causa de diminuição de pena. No caso do enunciado, não há elementos para concluir tratar-se de furto famélico, pois este, obrigatoriamente, tem por objeto material gêneros alimentícios.
Gabarito "B".

(Analista de Promotoria - Assistente Jurídico – MP-SP – VUNESP – 2015) Antônia caminhava pela via pública, quando João se aproximou dela e puxou a bolsa que levava nas mãos. Inconformada, a vítima correu atrás de João, exigindo que lhe devolvesse a bolsa, quando então ele desferiu um soco contra o rosto de Antônia, que, em razão disso, caiu ao solo, permitindo a fuga de João. Populares escutaram os gritos de socorro da vítima, perseguiram João, conseguindo detê-lo até a chegada da polícia. A vítima, que teve sua bolsa recuperada, foi socorrida em razão dos ferimentos provocados por João, medicada e em seguida liberada (lesões não graves). Sobre a conduta de João, é correto afirmar que:

(A) praticou o crime de furto qualificado, considerando que João subtraiu a bolsa das mãos da vítima sem violência ou ameaça.

(B) praticou o crime de latrocínio, em razão das lesões corporais provocadas na vítima.

(C) praticou o crime de roubo impróprio.

(D) praticou o crime de lesão corporal, considerando que a bolsa foi recuperada logo em seguida.

(E) praticou o crime de roubo próprio.

A conduta de João caracteriza o delito de roubo impróprio, previsto no art. 157, §1º, do CP. Consta do enunciado que, após a subtração da coisa, João empregou violência contra Antônia, a fim de assegurar a impunidade do crime, bem como a detenção da coisa para si. Isso porque Antônia, impassível com a subtração, perseguiu-o exigindo a devolução do bem. Não se trata, portanto, de furto qualificado, pois houve emprego de violência, após a subtração, mas no contexto desta. Não se trata de latrocínio, pois este verifica-se com o resultado morte. O crime de lesão corporal, assim, não se verificou autonomamente, ficando consumido pelo delito de roubo, que tem natureza complexa, por força do princípio da especialidade. Tampouco trata-se de roubo próprio, visto que, neste, a violência ou grave ameaça é empregada anteriormente ou concomitantemente à subtração, como forma de reduzir a possibilidade de resistência da vítima, com vistas à consecução da subtração.
Gabarito "C".

(Analista de Promotoria - Assistente Jurídico – MP-SP – VUNESP – 2015) Josefa teve acesso a arquivos comprovando infidelidade conjugal por parte de Mário, que vendeu um dos seus computadores sem apagar seus arquivos pessoais. Ciente disso, e sabendo que Mário era casado, Josefa entrou em contato com ele, por telefone, marcando encontro, no qual ele deveria repassar a ela o valor de R$ 10.000,00

para que não mostrasse aqueles arquivos para a mulher dele. No dia do encontro, Mário compareceu com o dinheiro, e a polícia, que foi avisada por ele, tão logo Josefa guardou o dinheiro na bolsa, deu a ela voz de prisão em flagrante. A respeito deste episódio, Josefa:

(A) cometeu o crime de furto dos arquivos de Mário (art. 155, CP), uma vez que a posse legítima do computador não levou à posse legítima dos arquivos pessoais que estavam nele, em concurso material com extorsão (art. 158, CP).

(B) cometeu o crime de ameaça, previsto no artigo 147, CP.

(C) não cometeu qualquer crime, considerando que os arquivos do computador vendido por Mário chegaram em suas mãos por descuido dele, que não os apagou quando vendeu o equipamento.

(D) cometeu o crime de roubo tentado, considerando que para obter o valor de R$ 10.000,00 usou de ameaça contra Mário (ameaçava mostrar os arquivos para a mulher dele).

(E) cometeu o crime de extorsão, previsto no artigo 158, CP.

A: incorreta. O crime de furto não se verificou. Tratando-se de crime patrimonial, o delito de furto deve ter por objeto material, obrigatoriamente, um bem com valor econômico, o que não se verifica no caso dos arquivos de computador em pauta. Ainda que diferente fosse (e os arquivos tivesse expressão econômica), não teria havido subtração, visto que Mário vendeu seu computador, e os acessórios, em regra, seguem o bem principal, e os arquivos chegaram à posse de Josefa por conduta, ainda que em erro, de Mário; **B:** incorreta. Em que pese tenha havido uma ameaça, esta deu-se no contexto do intuito de obter indevida vantagem econômica, configurando, assim, o crime de extorsão que, dada sua natureza complexa, abrange e consome o delito de ameaça por força do princípio da especialidade; **C:** incorreta. A alternativa estaria correta se, de posse dos arquivos, Josefa nada fizesse; **D:** incorreta. Josefa não deu início ao crime de roubo, visto que, em nenhum momento, tentou subtrair qualquer bem de Mário. Sua conduta, ao pleitear uma indevida vantagem patrimonial da vítima, dependia, para a concretização, de um comportamento ativo do ofendido. Assim, não há que se falar em roubo, mas sim em extorsão; **E:** correta. O crime praticado por Josefa foi o de extorsão. De posse dos arquivos de computador de Mário, a agente constrangeu a vítima, mediante grave ameaça, com o intuito de obter para si vantagem econômica, tipificando a hipótese do art. 158 do CP. A única impropriedade do enunciado reside na menção à prisão em flagrante de Josefa. O crime de extorsão consuma-se no momento da exigência de indevida vantagem econômica, mediante violência ou grave ameaça. Trata-se de crime formal ou de consumação antecipada, que se verifica independentemente do efetivo recebimento da vantagem indevida, que constitui mero exaurimento do delito, tendo influência na fixação da pena. Assim, a prisão em flagrante de Josefa era possível no momento da exigência, não incidindo qualquer hipótese do art. 302 do CPP no dia do pagamento da vantagem indevida. Neste caso, o flagrante deveria ser relaxado, sem prejuízo da possibilidade de, concomitantemente, decretar-se a prisão preventiva da investigada, caso verificado o preenchimento dos pressupostos, das hipóteses e dos fundamentos da custódia cautelar.
Gabarito "E".

2.3. CRIMES CONTRA A DIGNIDADE SEXUAL

(Analista Ministerial Especialista - Ciências Jurídicas – MPE-TO – UFT-COPESE – 2010) Não constitui crime contra a dignidade sexual:

(A) Constranger homem, mediante violência ou grave ameaça, a ter conjunção carnal.

(B) A satisfação de lascívia mediante presença de criança ou adolescente.

LUCAS CORRADINI

(C) Raptar mulher honesta, mediante violência, grave ameaça ou fraude, para fim libidinoso.

(D) Manter conjunção carnal com adolescente de treze anos de idade.

A: incorreta. A hipótese configura o crime de estupro, previsto no art. 213 do CP, visto que, com a Lei 12.015/0009, afastou-se a impossibilidade de o homem ser vítima de estupro, com a retirada da expressão "mulher", que delimitava a sujeição passiva da redação anterior do crime em questão; **B:** incorreta. A hipótese configura o crime de satisfação de lascívia mediante presença de criança ou adolescente, previsto no art. 218-A do CP; **C:** correta. A alternativa reflete o crime de rapto, que era tipificado no art. 219 do CP. No entanto, o dispositivo foi revogado pela Lei 11.106/2005. Atualmente, a conduta configura o crime de sequestro ou cárcere privado qualificado (art. 148, §1º, V, do CP), que se trata de crime contra a liberdade individual, e não crime contra a dignidade sexual, tendo ocorrido, portanto, não *abolitio criminis*, mas sim *continuidade normativa-típica*; **D:** incorreta. A conduta constitui crime de estupro de vulnerável, previsto no art. 217-A do CP.
Gabarito "C".

2.4. CRIMES CONTRA A FÉ PÚBLICA

(Oficial de Promotoria – MPE-SP – VUNESP – 2016) A falsificação de cartão de crédito ou débito, nos termos do Código penal (Cp),

(A) equipara-se à falsificação de documento particular.

(B) equipara-se à falsificação de documento público.

(C) é fato atípico.

(D) equipara-se à falsificação de selo ou sinal público.

(E) é considerada crime apenas se dela decorrer efetivo prejuízo.

Nos termos do art. 298, parágrafo único, do CP, a falsificação de cartões de crédito ou débito equipara-se à falsificação de documento particular. Assim, o agente que o faz responde pelo crime previsto no art. 298, "caput", do CP.
Gabarito "A".

(Oficial de Promotoria – MPE-SP – VUNESP – 2016) Com relação à figura do art. 305 do Cp ("supressão de documento"), é correto afirmar que:

(A) é punida com pena privativa de liberdade, na modalidade detenção, e multa.

(B) o tipo penal pune a conduta de "suprimir documento", mas não a de "destruir documento".

(C) o crime apenas se configura se o sujeito ativo não pode dispor do documento.

(D) a pena é exatamente a mesma, tanto com relação ao documento público como com relação ao documento particular.

(E) o tipo penal pune a conduta de "suprimir documento", mas não a de "ocultar documento".

A: incorreta. O crime do art. 305 do CP é punido, na hipótese de documento público, com reclusão, de 2 a 6 anos, e na hipótese de documento particular, com reclusão, de 1 a 5 anos, e multa. Em ambos, portanto, a pena privativa de liberdade cominada é de reclusão e não de detenção; **B:** incorreta. Os verbos do tipo penal em comento são destruir, suprimir ou ocultar. Trata-se, portanto, de tipo misto alternativo, no qual a verificação de mais de um verbo mantém a caracterização de crime único; **C:** correta. Constitui elementar do tipo a característica da infungibilidade do documento público ou particular. Assim, o objeto material do delito deve ser, obrigatoriamente, documento, público ou particular, de que o sujeito ativo não podia dispor. Caso o documento seja passível de substituição, como, por exemplo, uma certidão, o crime

não se perfaz; **D:** incorreta. O preceito secundário traz penas diversas para os casos de documento público e particular; **E:** incorreta. Como já visto, também se configura o crime com a ocultação do documento.
Gabarito "C".

(Analista de Promotoria - Assistente Jurídico – MP-SP – VUNESP – 2015) Em relação aos crimes praticados contra a fé pública, assinale a alternativa correta.

(A) O crime de falso atestado médico, previsto no art. 302, do CP, admite tanto a forma dolosa quanto a forma culposa.

(B) O crime de falso reconhecimento de firma ou letra (art. 300, CP), por ser crime próprio, não admite coautoria ou participação.

(C) A falsidade material consistente na omissão de declaração que deveria constar no documento público ou particular ou na inserção (direta ou indireta) de declaração falsa ou diversa da que deveria ser nele escrita.

(D) Os delitos de falso se consumam independentemente do resultado (prejuízo).

(E) Os testamentos particulares inserem-se no conceito de documento particular para fins de falsificação (art. 298, CP).

A: incorreta. O crime do art. 302 do CP somente admite modalidade dolosa, visto que não constou expressamente a tipificação do crime praticado com culpa; **B:** incorreta. De fato, o crime do art. 300 do CP classifica-se como delito próprio, exigindo que o sujeito ativo seja funcionário público na definição do art. 327 do CP. No entanto, uma vez que a circunstância subjetiva é elementar do tipo, é ela comunicável, nos termos do art. 30 do CP, razão pela qual pode se concluir que o delito admite coautoria e participação; **C:** incorreta. A descrição contida na assertiva se coaduna com hipótese de falsidade ideológica (de conteúdo, conforme art. 299 do CP), e não de falsidade material; **D:** correta. Os crimes contra a fé pública são exemplos de crimes formais. Assim, consumam independentemente de terem propiciado a causação de efetivo prejuízo a terceiro; **E:** incorreta. Os testamentos particulares são documentos públicos por equiparação, na forma do art. 297, §2º, do CP. Trata-se de norma de extensão que atribui a alguns documentos particulares tratamento análogo ao conferido aos documentos públicos. Assim, havendo falsificação de testamento particular, o crime será o de falsificação de documento público (art. 297 do CP).
Gabarito "D".

(Agente Técnico Jurídico – MPE-AM – FCC – 2013) A respeito do crime de falsificação de documento público, é correto afirmar:

(A) Os documentos emanados de entidades paraestatais não se equiparam a documento público.

(B) Caracteriza-se a forma culposa do delito, quando o agente alterar documento por equívoco e sem a intenção de prejudicar quem quer que seja.

(C) É desnecessária para a caracterização desse delito que a falsificação apresente a possibilidade de prejuízo.

(D) O testamento particular equipara-se a documento público para os efeitos penais.

(E) Só o funcionário público pode ser sujeito ativo desse delito.

A: incorreta. Os documentos emanados de paraestatais são documentos públicos por equiparação (art. 297, §2º, do CP); **B:** incorreta. O crime de falsificação de documento público somente se caracteriza na modalidade dolosa. Na hipótese de a alteração do documento se dar por equívoco, sem a intenção de lesar, a conduta é subjetivamente atípica; **C:** incorreta. Em se tratando de crime formal, é desnecessária para a sua caracterização a efetiva ocorrência do prejuízo. Por outro lado, a

9. DIREITO PENAL — 217

possibilidade de haver prejuízo é necessária para que haja tipicidade material. Assim, o documento deve ser revestido de relevância jurídica e potencialidade lesiva para configurar o delito. Caso contrário, o bem jurídico protegido pelo tipo penal, qual seja a fé pública, não terá sido, sequer, ameaçado, não havendo que se falar em tipicidade material; **D:** correta. Art. 297, §2º, do CP; **E:** incorreta. O crime é comum, podendo ser praticado tanto pelo funcionário público (hipótese em que incidirá a causa de aumento de pena do art. 297, §1º, do CP), como pelo particular, conquanto que a conduta recaia sobre documento público ou a este equiparado.

Gabarito "D".

(Analista Processual Direito – MPE-AC – FMP – 2013) De acordo com o Superior Tribunal de Justiça, assinale a afirmativa correta.

(A) A utilização de papel moeda falsificado configura crime de moeda falsa, em qualquer hipótese.

(B) As ações penais em curso podem ser utilizadas como antecedentes criminais para agravar a pena-base.

(C) Quando o falso se exaure no estelionato, sem mais potencialidade lesiva, é pelo estelionato absorvido.

(D) É admissível a extinção da punibilidade pela prescrição da pretensão punitiva com fundamento em pena hipotética.

(E) O crime de extorsão consuma-se no momento da obtenção da vantagem indevida.

A: incorreta. Nos termos da Súmula do Superior Tribunal de Justiça, "a utilização de papel-moeda grosseiramente falsificado configura, em tese, o crime de estelionato, de competência da Justiça Estadual". Ou seja, caso a falsificação do papel moeda seja grosseira, não será apta para colocar em risco o bem jurídico tutelado pelo crime do art. 289 do CP (qual seja, a fé pública, residente na confiabilidade no sistema de emissão e circulação monetária). Porém, poderá consistir em meio artificioso de se induzir e manter alguém em erro, obtendo vantagem indevida em prejuízo alheio, configurando o crime de estelionato (art. 171 do CP); **B:** incorreta. Nos termos da Súmula 444 do Superior Tribunal de Justiça, "é vedada a utilização de inquéritos policiais e ações penais em curso para agravar a pena-base; **C:** correta. A alternativa reproduz integralmente o teor da Súmula 17 do Superior Tribunal de Justiça; **D:** incorreta. Nos termos da Súmula 438 do Superior Tribunal de Justiça, "é inadmissível a extinção da punibilidade pela prescrição da pretensão punitiva com fundamento em pena hipotética, independentemente da existência ou sorte do processo penal"; **E:** incorreta. Nos termos da Súmula 96 do Superior Tribunal de Justiça, "o crime de extorsão consuma-se independentemente da obtenção da vantagem indevida", visto que se trata de delito formal.

Gabarito "C".

(Analista Ministerial Jurídico – MPE-PE – FCC – 2012) Leo adquiriu de pessoa desconhecida um aparelho destinado à falsificação de moeda. Em seguida, fabricou várias cédulas falsas de cem reais e as colocou em circulação, adquirindo bens diversos. Nesse caso, Leo responderá:

(A) pelos crimes de petrechos para falsificação de moeda, em continuidade delitiva.

(B) unicamente pelo crime de petrechos para falsificação de moeda.

(C) pelos crimes de petrechos para falsificação de moeda e moeda falsa, em concurso formal.

(D) pelos crimes de petrechos para falsificação de moeda e moeda falsa, em concurso material.

(E) unicamente pelo crime de moeda falsa.

Trata-se de problema afeto ao conflito aparente de normas. No caso, a finalidade de Léo é produzir a moeda falsa, de modo que, para perpetrá-lo, o agente precisa, obrigatoriamente, possuir o material necessário

para a impressão, conduta esta que tipifica o crime de petrechos para falsificação de moeda (art. 291 do CP). Trata-se, portanto, do que se chama de crime progressivo. Nele, desde o início o agente visa a praticar um crime mais grave. Porém, para tanto, necessita, obrigatoriamente, passar pela prática de um crime menos grave. Incide, no caso, o princípio da consunção, de modo que o crime-fim absorve o crime-meio. Logo, o agente somente responderá pelo delito de moeda falsa (art. 289 do CP). Há que se consignar que existe corrente doutrinária no sentido de que o agente responderia pelos dois crimes em concurso material, visto que os momentos consumativos são diversos (nesta esteira, Cléber Masson e Rogério Greco).

Gabarito "E".

(Analista Ministerial Processual-Direito – MPE-MA – FCC – 2013) Janete recebeu de boa-fé como troco numa padaria uma nota falsa de cinquenta reais. Ao utilizá-la no comércio, foi cientificada de que se tratava de cédula falsa. Dirigiu-se, então, a outro estabelecimento e efetuou compras, pagando com a referida cédula, que, dessa forma, voltou a circular.

Nesse caso, o crime de moeda falsa:

(A) será imputado a Janete no tipo principal, punido com pena de reclusão e multa, porque introduziu na circulação cédula falsa sabendo da falsidade, sendo irrelevante a forma como a recebeu.

(B) não será imputado a Janete, porque recebeu a cédula falsa de boa-fé, desconhecendo a falsidade.

(C) será imputado a Janete, na modalidade privilegiada, punida com pena de detenção e de multa, porque, depois de conhecer a falsidade, restituiu a cédula à circulação.

(D) não será imputado a Janete porque não adquiriu o papel-moeda por valor inferior ao que o mesmo, se verdadeiro, representaria.

(E) não será imputado a Janete porque não foi ela a autora da fabricação ou alteração do papel-moeda colocado em circulação.

Janete responderá pelo crime de moeda falsa privilegiado, previsto no art. 289, §2º, do CP, segundo o qual "quem, tendo recebido de boa-fé, como verdadeira, moeda falsa ou alterada, a restitui à circulação, depois de conhecer a falsidade, é punido com detenção de 6 (seis) meses a 2 (dois) anos, e multa".

Gabarito "C".

2.5. CRIMES CONTRA A ADMINISTRAÇÃO PÚBLICA

(Oficial de Promotoria – MPE-SP – VUNESP – 2016) No que concerne aos crimes de "peculato culposo", "peculato mediante erro de outrem" e "concussão", a reparação do dano que precede a sentença irrecorrível traz que consequência?

(A) Nenhuma.

(B) Extingue a punibilidade para o primeiro, mas não beneficia da mesma forma o autor dos demais.

(C) Extingue a punibilidade para os dois primeiros, mas não beneficia da mesma forma o autor do último.

(D) Extingue a punibilidade para os dois primeiros e reduz de metade a pena imposta ao autor do último.

(E) Extingue a punibilidade para o primeiro, reduz de metade a pena imposta para o autor do segundo, mas não beneficia o autor do último.

A reparação do dano, desde que ocorrida antes da sentença irrecorrível, provoca a extinção da punibilidade do peculato culposo, nos termos do

LUCAS CORRADINI

art. 312, §3º, do CP. No peculato mediante erro de outrem e na concussão, caso reparado o dano até o recebimento da denúncia, configurar-se-á o instituto do arrependimento posterior, havendo incidência de causa de diminuição de pena de um a dois terços (art. 16 do CP).

Gabarito "B".

(Oficial de Promotoria/SP – VUNESP – 2016) "Usar de_____, com o fim de favorecer interesse _____, contra autoridade, parte, ou qualquer outra pessoa que funciona ou é chamada a intervir em processo judicial, _____.

Assinale a alternativa que, correta e respectivamente, completa o tipo penal do crime de "coação no curso do processo".

(A) violência ou ameaça ... próprio ... policial ou administrativo.

(B) violência física, psicológica ou moral ... próprio ou alheio ... policial ou administrativo, ou em juízo arbitral.

(C) violência física, psicológica ou moral ... próprio ... policial ou administrativo, ou em juízo arbitral.

(D) violência ou grave ameaça ... próprio ou alheio ... policial ou administrativo, ou em juízo arbitral.

(E) violência ou grave ameaça ... próprio ou alheio ... policial ou administrativo.

O enunciado reflete o texto do art. 344 do CP (coação no curso do processo).

Gabarito "D".

(Analista Ministerial Especialista - Ciências Jurídicas – MPE-TO – UFT-COPESE – 2010) Constitui crime de:

(A) Prevaricação, deixar o Diretor de Penitenciária e/ou agente público, de cumprir seu dever de vedar ao preso o acesso a aparelho telefônico, de rádio ou similar, que permita a comunicação com outros presos ou com o ambiente externo.

(B) Corrupção passiva, deixar o funcionário, por indulgência, de responsabilizar subordinado que cometeu infração no exercício do cargo ou, quando lhe falte competência, não levar o fato ao conhecimento da autoridade competente.

(C) Exploração de prestígio, ingressar, promover, intermediar, auxiliar ou facilitar a entrada de aparelho telefônico de comunicação móvel, de rádio ou similar, sem autorização legal, em estabelecimento prisional.

(D) Trafico de influência, solicitar ou receber dinheiro ou qualquer outra utilidade, a pretexto de influir em juiz, jurado, órgão do Ministério Público, funcionário de justiça, perito, tradutor, intérprete ou testemunha.

A: correta. A conduta narrada trata-se da modalidade específica de prevaricação incluída no art. 319-A do CP pela Lei 11.466/2007. Enquanto o dispositivo em comento incrimina a conduta do funcionário público (art. 327 do CP), o art. 349-A do CP, incluído pela mesma lei, traz modalidade específica de favorecimento real que incrimina o particular que insere o aparelho celular no sistema prisional; **B:** incorreta. A assertiva não reflete o crime de corrupção passiva (art. 317 do CP), mas sim o delito de condescendência criminosa (art. 320 do CP); **C:** incorreta. A assertiva não reflete o crime de exploração de prestígio (art. 357 do CP), mas sim a modalidade específica do crime de favorecimento real prevista no art. 349-A do CP; **D:** incorreta. Apesar da semelhança, a assertiva não reflete o crime de tráfico de influência (art. 332 do CP), mas sim o delito de exploração de prestígio (art. 357 do CP).

Gabarito "A".

(Analista de Promotoria I – Assistente Jurídico – MPE-SP – VUNESP – 2010) Considere que um funcionário público, em coautoria com um indivíduo não funcionário, exija para si, diretamente, e em razão da função pública, vantagem indevida. Considere, ainda, que o agente não funcionário tem ciência de que seu coautor é funcionário. O agente não funcionário cometeu o crime de:

(A) extorsão.

(B) peculato.

(C) concussão.

(D) corrupção ativa.

(E) corrupção passiva.

O crime descrito no enunciado é o de *concussão*, previsto no art. 316 do CP. O coautor não funcionário público, tendo conhecimento da condição funcional de seu comparsa, responde, outrossim, pelo mesmo delito (concussão). Explica-se. Nos termos do art. 30 do CP, em interpretação a *contrario sensu*, as circunstâncias e condições de caráter pessoal são comunicáveis ao coautor ou ao partícipe quando forem elementares do crime. No caso do problema apresentado, a condição de funcionário público é elementar do crime de concussão (estando prevista em seu "caput", sendo, portanto, dado fundamental da conduta típica, sem a qual se opera a desclassificação da conduta para outra figura típica), pelo que é comunicável ao coautor ou partícipe não funcionário público, que responderá, assim, por crime contra a administração pública, salvo se não tiver conhecimento da qualidade funcional do comparsa, o que não é o caso do problema apresentado.

Gabarito "C".

(Oficial de Promotoria – MPE-SP – IBFC – 2011) A conduta do servidor público que desvia bem público para fins particulares, dele se aproveitando pessoalmente, constitui o crime de:

(A) apropriação indébita.

(B) usurpação de função pública.

(C) emprego irregular de verbas ou rendas públicas.

(D) peculato.

A conduta se amolda ao crime de peculato, na modalidade *desvio*. Conhecido doutrinariamente como *peculato-desvio*, está tipificado no art. 312, "caput", parte final, do CP.

Gabarito "D".

(Analista de Promotoria - Assistente Jurídico – MP-SP – VUNESP – 2015) Nos crimes contra a Administração Pública,

(A) o crime de peculato doloso (art. 312, CP) divide-se em peculato-apropriação, peculato-desvio e peculato-furto.

(B) o funcionário público que exige tributo ou contribuição social, que sabe ou deveria saber indevido, comete crime de concussão (art. 316, CP).

(C) o funcionário que deixa, por indulgência, de responsabilizar subordinado que cometeu infração no exercício do cargo ou, quando lhe falte competência, não levar o fato ao conhecimento da autoridade competente comete crime de prevaricação (art. 319, CP).

(D) o crime de corrupção passiva se consuma no momento em que o funcionário público, em consequência da promessa ou vantagem recebida, retarda ou deixa de praticar qualquer ato de ofício ou o pratica infringindo dever funcional (art. 317, CP).

(E) o crime de coação no curso do processo (art. 344, CP) se configura quando, na modalidade "violência", resultar lesão corporal no coacto.

9. DIREITO PENAL

A: correta. A doutrina divide as modalidades de peculato doloso, previstas no art. 312 do CP, em peculato-apropriação ("apropriar-se o funcionário público), em peculato-desvio ("desviá-lo em proveito próprio ou alheio"), e em peculato-furto ("embora não tendo a posse do valor ou bem, o subtrai ou concorre para que seja subtraído" – art. 312, §1°, do CP); **B:** incorreta. A hipótese narrada reflete o crime de excesso de exação, que, a despeito de estar inserido no §1°, do art. 316, do CP, que trata, no "caput", da concussão, trata-se de delito autônomo. O crime de concussão consiste na exigência de vantagem indevida pelo funcionário público, em razão do cargo que ocupa ou ocupará; **C:** incorreta. A conduta narrada amolda-se ao crime de condescendência criminosa, previsto no art. 320 do CP; **D:** incorreta. O crime de corrupção passiva, sendo crime formal ou de consumação antecipada, verifica-se no momento em que o agente público solicita ou recebe a vantagem indevida, independentemente da efetiva retardação ou omissão na prática do ato de ofício. Aliás, se há efetivo retardamento ou omissão na prática do ato de ofício, incide causa de aumento de pena prevista no art. 317, §1°, do CP; **E:** incorreta: Para a configuração do crime de coação no curso do processo não há necessidade de configuração de lesões corporais na vítima (coacto). Em se tratando de delito formal, sua consumação ocorre com a mera utilização de violência, independentemente do resultado danoso.

Gabarito "A".

(Analista de Promotoria - Assistente Jurídico – MP-SP – VUNESP – 2015) Assinale a alternativa correta sobre os crimes praticados pelo particular contra a Administração em geral.

(A) O crime de resistência previsto no art. 329 do CP tem sua pena aplicada sem prejuízo da pena correspondente à violência grave.

(B) O delito de desobediência, previsto no art. 330, CP, é crime comum, tendo como sujeito ativo qualquer pessoa, com exceção do funcionário público, que mesmo quando não está no exercício da função, não perde essa condição para efeitos penais.

(C) O crime de falso testemunho ou falsa perícia (art. 342, CP) admite retratação do agente que poderá ser manifestada em qualquer instância e grau de jurisdição, ocasionando a extinção da punibilidade.

(D) O delito de desacato (art. 331, CP), dado o objeto material (o funcionário público e sua honra), tem como sujeito passivo apenas o funcionário público humilhado.

(E) O crime de coação no curso do processo (art. 344, CP) não admite violência, mas apenas ameaça por parte do agente, que busca favorecer interesse próprio ou alheio, contra autoridade, parte ou qualquer outra pessoa que funciona ou é chamada a intervir em processo judicial, policial, administrativo ou em juízo arbitral.

A: correta. O §2°, do art. 329, do CP, traz ressalva expressa a respeito da possibilidade, sem caracterizar *bis in idem*, da aplicação de suas sanções independentemente da pena cominada à violência; **B:** incorreta. Embora seja controverso na doutrina se o servidor público pode ser sujeito ativo do crime de desobediência, prevalece que sim, desde que a ordem desobedecida não diga respeito às funções inerentes ao seu cargo. No caso de a ordem estar abrangida pelas atribuições do cargo, há possibilidade de configuração do crime de prevaricação; **C:** incorreta. A retratação, embora possível no crime mencionado, somente pode ser manifestada no próprio processo onde se deu o falso, e desde que antes da sentença de primeiro grau (art. 342, §2°, do CP); **D:** incorreta. O delito de desacato tem por objeto jurídico o respeito e o prestígio do serviço público, de modo que o sujeito passivo primário é o Estado. O funcionário público desacatado é sujeito passivo secundário do crime; **E:** incorreta. O uso de violência também faz configurar o crime de coação

no curso do processo.

Gabarito "A".

(Oficial de Promotoria – MPE-SP – IBFC – 2011) Analise as assertivas a seguir:

I. Quando a falsidade ideológica é cometida por servidor público prevalecendo-se do cargo que ocupa, o crime caracterizado é o de excesso de exação.

II. O servidor público que revela fato de que tem conhecimento em razão do cargo e que deva permanecer em segredo pratica o delito de tráfico de influência.

III. O servidor público que patrocina interesse privado perante a administração pública valendo-se do cargo que ocupa pratica o crime de advocacia administrativa.

IV. A conduta do servidor público de devassar sigilo de proposta de concorrência pública constitui o crime de violação de sigilo funcional.

Assinale a alternativa correta:

(A) apenas os itens II e III estão incorretos.

(B) apenas os itens I, II e IV estão incorretos.

(C) apenas os itens III e IV estão incorretos.

(D) apenas o item I está incorreto.

I: incorreta. O crime de excesso de exação está previsto no art. 316, §1°, do CP, verificando-se em duas hipóteses: *(a)* quando o funcionário público exige tributo ou contribuição social que sabe ou deveria saber indevido; ou *(b)* quando o tributo é devido, mas a cobrança é feita utilizando-se de meio vexatório, gravoso ou não autorizado por lei. Não se relaciona, assim, com o crime de falsidade ideológica (art. 299 do CP). Este, caracteriza-se quando há omissão, em documento público ou particular, de declaração que nele devia constar, ou inserção de declaração falsa ou diversa da que deveria ser escrita em tais papéis. Ambas as condutas (ação e omissão) devem se dar com a finalidade de prejudicar direito, criar obrigação ou alterar a verdade sobre fato juridicamente relevante. Quando praticado por funcionário público, a pena da falsidade ideológica é aumentada da sexta parte (art. 299, parágrafo único, do CP); **II:** incorreta. O servidor público que revela fato, que deve ficar em segredo, de que tem ciência em razão do cargo, ou, ainda, que facilita a revelação de tal fato, pratica o crime de violação de sigilo funcional, previsto no art. 325 do CP. Não há, assim, tráfico de influência (art. 332 do CP), que é crime praticado por particular contra a administração pública, e se verifica quando o indivíduo solicita, exige, cobra ou obtém vantagem ou promessa de vantagem a pretexto de influir em ato praticado por funcionário público no exercício da função; **III:** correta (art. 321 do CP); **IV:** incorreta. O crime descrito é o de violação do sigilo de proposta de concorrência, previsto no art. 94 da Lei 8.666/1993. Anote-se que o CP tipificava o crime em questão em seu art. 326, que foi tacitamente revogado pela Lei 8.666/1993, que trouxe a conduta incriminada em seu art. 94. Sobre o conflito aparente de normas com o crime de violação de sigilo funcional (art. 325 do CP), anote-se que este é expressamente subsidiário, não se materializando se a conduta configurar delito mais grave, consoante disposto em seu preceito secundário.

Gabarito "B".

(Oficial de Promotoria – MPE-SP – IBFC – 2011) O servidor público que executa ato de ofício contra disposição expressa de lei para satisfazer interesse ou sentimento pessoal pratica o crime de:

(A) concussão.

(B) prevaricação.

(C) peculato furto.

(D) desvio de função.

A conduta descrita se amolda ao crime de prevaricação, previsto no art. 319 do CP.

Gabarito "B".

(Analista Jurídico – MPE-AL – COPEVE-UFAL – 2012) O peculato, consoante descrito no tipo objetivo do caput do artigo 312 do Código Penal brasileiro, trata-se de:

(A) crime de ação múltipla, formal e de perigo
(B) crime próprio, material e de dano
(C) crime unissubsistente, próprio e de perigo.
(D) crime próprio, formal e de perigo
(E) crime comum, formal e de perigo

O peculato (art. 312 do CP) classifica-se como crime próprio, exigindo, para sua configuração, uma característica especial do sujeito ativo: enquadrar-se na definição de funcionário público para fins penais (art. 327 do CP). Quanto ao resultado, classifica-se como crime material, visto que sua prática, em regra, deixa vestígios caracterizando o corpo de delito. É, ainda, crime de dano, exigindo uma ofensa real ao bem jurídico protegido pelo tipo penal que o alberga.

Gabarito "B".

(Analista Jurídico – MPE-PA – FADESP – 2012) Ocorre o crime de peculato quando o servidor público:

(A) reconhecer, como verdadeira, no exercício de função pública, firma ou letra que o não seja.
(B) falsificar, no todo ou em parte, documento particular ou alterar documento particular verdadeiro.
(C) falsificar, no todo ou em parte, documento público, ou alterar documento público verdadeiro.
(D) apropria-se de dinheiro, valor ou qualquer outro bem móvel, público ou particular, de que tem a posse em razão do cargo, ou desviá-lo, em proveito próprio ou alheio.

A: incorreta. A conduta configura o crime de falso reconhecimento de firma ou letra (art. 300 do CP), e não peculato; **B:** incorreta. A conduta configura o crime de falsificação de documento particular (art. 298 do CP), e não de peculato; **C:** incorreta. A conduta configura o crime de falsificação de documento público (art. 297 do CP), e não de peculato; **D:** correta. A conduta configura o crime de peculato (art. 312 do CP).

Gabarito "D".

(Analista Ministerial Jurídico – MPE-PE – FCC – 2012) Quanto ao crime de Inserção de Dados Falsos em Sistema de Informação, é correto afirmar que:

(A) esse tipo penal não alcança a exclusão indevida de dados corretos em banco de dados da Administração Pública.
(B) a consumação independe da ocorrência de efetivo prejuízo para a Administração Pública.
(C) só pode ser praticado por funcionário público autorizado a operar com sistemas informatizados, não admitindo coautoria nem participação.
(D) esse tipo penal não alcança a conduta do funcionário público que facilita a inserção de dados falsos em banco de dados da Administração Pública por terceiro.
(E) o dolo é genérico, não exigindo a finalidade de obter vantagem indevida para si ou para outrem ou de causar dano.

A: incorreta. Uma das condutas incriminadas no art. 313-A do CP é "excluir indevidamente dados corretos nos sistemas informatizados ou bancos de dados da Administração Pública"; **B:** correta. Trata-se de delito formal, também chamado de delito de consumação antecipada, visto que ela ocorre com a mera inserção ou facilitação da inserção dos dados falsos, e alteração, ou exclusão dos dados corretos, com o fim de obter vantagem ou causar dano, de modo que, tanto a percepção efetiva da vantagem, como a causação do dano, são meras formas de exaurimento do crime, tendo reflexo na dosagem da pena-base como

circunstâncias judiciais desfavoráveis (art. 59 do CP); **C:** incorreta. É perfeitamente possível a participação do particular, desde que este tenha conhecimento da condição de funcionário público do coautor. Tal condição, por tratar-se de elementar do crime do art. 313-A do CP, comunica-se ao coautor e ao partícipe na forma do art. 30 do CP; **D:** incorreta. Uma das condutas incriminadas é a facilitação da inserção do dado falso; **E:** incorreta. Para ser típica a conduta, o agente deve atuar "com o fim de obter vantagem indevida para si ou para outrem ou para causar dano" (art. 313-A, parte final, do CP).

Gabarito "B".

(Agente Técnico Jurídico – MPE-AM – FCC – 2013) O funcionário público que solicita vantagem indevida para aprovar, em prova prática, candidato à obtenção de carteira de habilitação de motorista, comete crime de

(A) corrupção ativa.
(B) concussão.
(C) corrupção passiva.
(D) excesso de exação.
(E) prevaricação.

A conduta se subsume ao tipo penal de corrupção passiva (art. 317 do CP), na medida em que o funcionário público solicitou, para si, vantagem indevida direta, em razão da função que exerce.

Gabarito "C".

(Analista Ministerial Processual-Direito – MPE-MA – FCC – 2013) Ana doou um automóvel ao filho de um fiscal, para que não autuasse sua empresa por fraudes que havia constatado. Anita, oficial de justiça, exigiu R$ 5.000,00 de José, para não cumprir mandado de prisão que ordenava a sua prisão. Ângela decorou a casa de um policial para determiná-lo a deixar de investigar delito que havia praticado. Alice, médica de um posto de saúde, solicitou R$ 1.000,00 para fornecer atestado falso a pessoa interessada em justificar faltas ao serviço. Amanda, perita judicial, recebeu R$ 5.000,00 de uma das partes para favorecê-la no laudo pericial que estava elaborando. O crime de corrupção ativa será imputável somente a:

(A) Anita, Alice e Amanda.
(B) Ana e Ângela.
(C) Alice e Amanda.
(D) Alice.
(E) Ana, Alice e Ângela.

O crime de corrupção ativa (art. 333 do CP) trata-se de delito praticado por particular contra a Administração Pública. Assim, a princípio, denota-se que o crime em testilha poderia ser praticado pelos indivíduos que não atuavam em razão da função pública exercida. O tipo penal incrimina a conduta de "oferecer ou prometer vantagem indevida a funcionário público, para determiná-lo a praticar, omitir ou retardar ato de ofício". Diante de tais dados, pode-se concluir que Ana, ao doar o automóvel ao filho do fiscal, com o fim de determiná-lo a omitir ato de ofício, práticou o delito em pauta. Do mesmo modo, Ângela, ao decorar a casa do policial (vantagem indevida) a fim de determiná-lo a omitir ato de ofício (investigar), praticou o delito. Anita, oficial de justiça, ao exigir o valor de José para deixar de prendê-lo cometeu o crime de concussão (art. 316 do CP). Alice, ao solicitar a vantagem para fornecer atestado médico falso, praticou corrupção passiva (art. 317 do CP). Amanda, ao receber vantagem indevida para favorecer a parte no laudo pericial, outrossim, praticou corrupção passiva (art. 317 do CP).

Gabarito "B".

(Analista Direito – MPE-MS – FGV – 2013) José, funcionário público, no dia 10.10.2008, apropriou-se de dinheiro recebido de terceiro por erro, no exercício do cargo.

9. DIREITO PENAL   221

Tendo em vista que contava com 19 anos completos, foi instaurado inquérito policial para apurar a ocorrência da infração. A investigação foi recebida pelo membro do Ministério Público em 11.10.2012, onde ficou constatado que há indícios de autoria e materialidade na prática do crime de peculato mediante erro de outrem, que tem prevista a pena de reclusão de 1 a 4 anos e multa.

Com relação à situação acima, é correto afirmar que:

(A) o *parquet* deve oferecer denúncia pela prática do crime de peculato mediante erro de outrem, indicando obrigatoriamente todas as atenuantes e agravantes que entenda presente na hipótese fática.

(B) o *parquet* deve requerer ao juiz a extinção da punibilidade pela prescrição pela pena ideal, tendo em vista que, sendo o réu primário, provavelmente haverá prescrição com base na pena posteriormente aplicada.

(C) o *parquet* deve requerer ao juiz o arquivamento com base na extinção da punibilidade pela prescrição da pretensão punitiva pela pena em abstrato.

(D) o *parquet* deve oferecer denúncia pela prática do crime de peculato mediante erro de outrem, sem necessidade de indicar todas as agravantes e atenuantes aplicáveis ao caso concreto.

(E) o *parquet* deve requerer ao juiz o arquivamento com base na extinção da punibilidade pela prescrição da pretensão executória.

No caso dos autos, José cometeu o crime de peculato mediante erro de outrem, previsto no art. 313 do CP, cuja pena máxima, consoante dado do problema, é de 4 (quatro) anos de reclusão. Nos termos do art. 109, IV, do CP, a prescrição, na hipótese de a pena máxima cominada para o crime não superar os 4 (quatro) anos, ocorrerá após o decurso de 8 (oito) anos. No entanto, na hipótese de o agente, ao tempo do fato, ser menor de 21 (vinte e um) anos, caso de José, o prazo prescricional será reduzido pela metade, nos termos do art. 115 do CP. Desse modo, o prazo prescricional respectivo ao crime perpetrado por José será de 4 (quatro) anos. A conduta foi praticada em 10 de outubro de 2008. Contando-se, a partir de então, o prazo prescricional, com observância da regra do art. 10 do CP (incluindo-se o dia do início), tem-se que a pretensão punitiva estatal foi extinta em 9 de outubro de 2012. Assim, quando o membro do Ministério Público recebeu os autos, já estava extinta a punibilidade por força da prescrição da pretensão punitiva. Deveria o Promotor de Justiça, assim, promover o arquivamento dos autos, com base na extinção da punibilidade pela prescrição da pretensão punitiva pela pena em abstrato, fundamentado no art. 107, IV, primeira figura, do CP.
Gabarito "C".

(Analista de Promotoria II – Agente de Promotoria – MPE-SP – IBFC – 2013)
No crime de Peculato culposo, a reparação do dano pelo agente:

(A) Exclui a ilicitude.

(B) Se posterior à sentença irrecorrível, reduz em dois terços a pena imposta.

(C) Se precede à sentença irrecorrível, extingue a punibilidade

(D) Se posterior à sentença irrecorrível, é causa atenuante de pena.

(E) Se precede à sentença irrecorrível, reduz na metade a pena imposta.

Nos termos do art. 312, §3º, do CP, a reparação do dano no peculato culposo, se antecede a sentença irrecorrível, extingue a punibilidade. Sendo-lhe posterior, reduz pela metade a pena imposta.
Gabarito "C".

(Analista de Promotoria II – Agente de Promotoria – MPE-SP – IBFC – 2013)
Aquele que exige vantagem indevida, para si, diretamente, antes de assumir função pública, mas, em razão dela, comete o crime de:

(A) Concussão.

(B) Excesso de Exação.

(C) Corrupção Ativa.

(D) Abuso de Autoridade.

(E) Corrupção Passiva.

O enunciado refere-se ao crime de concussão, previsto no art. 316 do CP. Difere-se do delito de corrupção passiva (art. 317 do CP) visto que, no último, não há exigência, mas mera solicitação do servidor público, tratando-se de crime menos grave, a despeito de, por grosseiro equívoco do legislador na edição da Lei 10.763/2003, no afã de simbolizar maior punição à corrupção (observando, inclusive, a conotação popular do termo, que abrange diversos delitos contra a Administração Pública) possuir pena máxima superior.
Gabarito "A".

(Analista de Promotoria I – Assistente Jurídico – MPE-SP – IBFC – 2013)
Em relação aos crimes de corrupção ativa e corrupção passiva, analise as assertivas abaixo:

I. Comete corrupção passiva o funcionário público que exigir, para si ou para outrem, direta ou indiretamente, ainda que fora da função ou antes de assumi-la, mas em razão dela, vantagem indevida.

II. O funcionário que pratica ato de ofício com infração de dever funcional, cedendo a pedido de outrem, comete o crime de corrupção passiva, ao passo que o particular que, apenas, pediu, não comete crime de corrupção ativa.

III. São sempre crimes de concurso necessário ou bilateral.

IV. A corrupção passiva, na hipótese em que o funcionário público solicita a vantagem indevida, não enseja a responsabilização do particular pela prática do crime de corrupção ativa, pois não se pune a conduta de entregar a vantagem, ainda que indevida, ao funcionário público.

Está INCORRETO, apenas, o que se afirma em:

(A) I e II.

(B) I e III.

(C) II e III.

(D) II e IV.

(E) IV.

I: incorreta. A conduta descrita configura o crime de concussão (art. 316 do CP), e não de corrupção passiva (art. 317 do CP). A concussão difere-se do crime de corrupção passiva (art. 317 do CP) no que atine ao núcleo do tipo. Enquanto na concussão o verbo é o *exigir*, a corrupção passiva tem, em seu núcleo, os verbos *solicitar* e *receber*. Assim, ao passo que na concussão há, em razão da exigência, uma maior contundência intimidatória na conduta do servidor público, na corrupção passiva há mero pedido, solicitação. Inexplicavelmente, a despeito de a concussão tratar-se de crime mais grave, o legislador, por meio da Lei 10.763/2003 exasperou a pena da corrupção passiva, sob o pretexto do combate à corrupção, deixando-a superior à sanção cominada ao crime do art. 316 do CP; **II**: correta. O funcionário público que, em função de pedido de outrem, sem, portanto, receber vantagem indevida, pratica ato de ofício com infração do dever funcional, comete o crime de corrupção passiva privilegiada, prevista no art. 317, §2º, do CP. O particular que faz o pedido, no entanto, não pratica corrupção ativa (art. 333 do CP), visto que o verbo *pedir* não integra o tipo penal em questão; **III**: incorreta. Os crimes de corrupção passiva e ativa não são, necessariamente, bilaterais ou de concurso necessário. No caso da corrupção passiva, na modalidade *solicitar*, não há uma conduta típica correspondente do particular destinatário do pedido, tratando-se de crime de concurso eventual. No caso da corrupção ativa, ainda que o particular ofereça ou prometa a vantagem indevida, pode ser que o agente público venha a não aceitá-la; **IV:** correta. A corrupção ativa somente se perfaz nas modalidades oferecer ou prometer vantagem indevida, não se configurando no caso de o particular aderir à solicitação do agente público.

Gabarito "B".

(**Analista Jurídico – MPE-CE – FCC – 2013**) De acordo com o Código Penal brasileiro considera-se funcionário público, para os efeitos penais,

(**A**) quem, embora transitoriamente ou sem remuneração, exerça cargo, emprego ou função pública.

(**B**) os servidores públicos que transitoriamente exerçam auxilio ao aparato estatal, o *munus* público.

(**C**) apenas os funcionários públicos em sentido estrito, aqueles que foram aprovados em concurso público.

(**D**) apenas os que exercem cargo, emprego ou função pública mediante remuneração.

(**E**) exclusivamente quem, embora transitoriamente ou sem remuneração, exerça cargo público.

O art. 327 do CP traz a definição de funcionário público para fins penais. Trata-se de conceito extremamente abrangente, mais alargado do que a definição própria do Direito Administrativo. Para fins penais, assim, considera-se funcionário público quem exerce cargo, emprego ou função pública, ainda que transitoriamente ou sem remuneração. É o que dispõe, com orações invertidas a exemplo da lei, a alternativa A.

Gabarito "A".

(**Analista de Promotoria I – Assistente Jurídico – MPE-SP – VUNESP – 2010**) A figura típica da *coação no curso do processo* (CP, art. 344): (**A**) tem como sujeito passivo, apenas, a testemunha.

(**B**) tem como elemento essencial a violência ou grave ameaça.

(**C**) não se configura se a coação é exercida no curso de juízo arbitral.

(**D**) não se configura se a coação é exercida no curso de inquérito policial.

(**E**) está inserida no capítulo dos crimes praticados por particular contra a administração em geral.

A: incorreta. O crime de coação no curso do processo (art. 344 do CP) tem dupla sujeição passiva. No plano imediato, a vítima é o Estado, interessado na higidez da administração da Justiça. No plano mediato, a vítima pode ser autoridade, parte ou qualquer outra pessoa que funciona ou é chamada a intervir no feito, não se restringindo, portanto à testemunha; **B:** correta. A conduta incriminada no art. 344 do CP exige o uso de violência ou grave ameaça à pessoa para sua configuração. Nesta esteira, o STF já decidiu que "não configura o crime de coação no curso do processo simples contato de familiares do réu com testemunhas arroladas no processo criminal, inexistindo violência ou grave ameaça, sobretudo quando a testemunha rejeita, expressamente, ter-se sentido ameaçada" (STF, HC 87.711/SC, rel. Min. Cezar Peluso, j. 8.9.2009); **C:** incorreta. A coação no curso de Juízo arbitral configura o crime de coação no curso do processo, nos termos do art. 344 do CP; **D:** incorreta. A coação no curso de inquérito policial configura o crime de coação no curso do processo, nos termos do art. 344 do CP; **E:** incorreta. A coação no curso do processo está inserida no Título XI (crimes contra a administração pública), em seu Capítulo III, que trata "dos crimes contra a Administração da Justiça".

Gabarito "B".

(**Analista Jurídico – MPE-PA – FADESP – 2012**) Ocorre o crime de denunciação caluniosa quando o agente:

(**A**) provocar a ação de autoridade, comunicando-lhe a ocorrência de crime ou de contravenção que sabe não se ter verificado.

(**B**) der causa à instauração de investigação policial, de processo judicial, instauração de investigação administrativa, inquérito civil ou ação de improbidade administrativa contra alguém, imputando-lhe crime de que o sabe inocente.

(**C**) acusar-se, perante a autoridade, de crime inexistente ou praticado por outrem.

(**D**) fazer afirmação falsa, ou negar ou calar a verdade como testemunha, perito, contador, tradutor ou intérprete em processo judicial ou administrativo, inquérito policial, ou em juízo arbitral.

A: incorreta. A conduta configura o crime de comunicação falsa de crime ou contravenção (art. 340 do CP), e não de denunciação caluniosa. A diferença reside no fato de, no primeiro delito, ocorrer mera comunicação da ocorrência de crime, sem imputação deste a pessoa certa e determinada, ao passo que, na denunciação caluniosa (art. 339 do CP), o crime (existente ou não, sendo tal dado irrelevante) é imputado a pessoa que, sabidamente, não o praticou. Ademais, a denunciação caluniosa somente ocorre em se tratando de imputação de crime, não abrangendo a falsa imputação da prática de contravenção penal; **B:** correta (art. 339 do CP); **C:** incorreta. A conduta configura o crime de autoacusação falsa (art. 341 do CP); **D:** incorreta. A conduta configura o crime de falso testemunho (art. 342 do CP).

Gabarito "B".

(**Analista Ministerial - Direito – MPE-AP – FCC – 2012**) Manoel cometeu cinco crimes de homicídio em uma pequena cidade do Estado do Amapá e passou a ser procurado pela Justiça Pública, ainda na fase investigatória, após ter a sua prisão temporária decretada. Para que não seja capturado pela polícia, Manoel contratou seu amigo João, renomado cirurgião plástico, que realizou em Manoel uma operação plástica, alterando completamente o rosto do criminoso. Neste caso, João, ciente do intuito de Manuel, cometeu crime de:

(**A**) inutilização de sinal.

(**B**) favorecimento pessoal.

(**C**) tergiversação.

(**D**) fraude processual.

(**E**) favorecimento real.

O crime é o de fraude processual qualificado, previsto no art. 347, parágrafo único, do CP, na medida em que o médico inovou artificiosamente o estado de pessoa, com o fim de induzir a erro o juiz ou perito. A alteração no rosto de Manoel destina-se a produzir prova no processo penal, podendo afetar a instrução criminal no que atine ao reconhecimento, subtraindo o acusado da sanção penal. Fica absorvido o crime de favorecimento pessoal (art. 348 do CP), visto que o intuito da inovação vai além do mero objetivo de auxiliar Manoel a subtrair-se à ação da autoridade pública, destinando-se a produzir efeito no processo penal.

Gabarito "D".

(**Analista Ministerial Jurídico – MPE-PE – FCC – 2012**) No que concerne ao delito de contração de operação de crédito, considere:

I. Se o agente público, com atribuições para ordenar operação de crédito, o faz sem prévia autorização legislativa, não chegando, porém, a se concretizar a

9. DIREITO PENAL
223

contratação por circunstâncias alheias à sua vontade, deverá responder pelo delito na forma tentada.

II. O sujeito ativo só pode ser agente público, motivo porque é inadmissível a participação criminosa de pessoa que não ostente a qualidade de funcionário público.

III. O crime só é punível a título de dolo, não se caracterizando o delito em questão quando a conduta for decorrente de culpa, em quaisquer de suas modalidades.

Está correto o que consta SOMENTE em:

(A) I e III.
(B) I e II.
(C) III.
(D) II e III.
(E) I.

I: incorreta. O crime do art. 359-A do CP se trata de delito formal, consumando-se com o mero ato de ordenação da operação de crédito sem respaldo em prévia autorização legislativa, independentemente de sua efetiva contratação; **II:** incorreta. É possível a participação de agente que não seja funcionário público, desde que o particular conheça a qualidade do comparsa; **III:** correta. O crime do art. 359-A do CP, assim como todos os crimes contra as finanças públicas (Capítulo IV, Título XI), é doloso, não se configurando na hipótese de culpa.
Gabarito "C".

(Analista de Promotoria II – Agente de Promotoria – MPE-SP – IBFC – 2013)
Aquele que, usando de violência, com o fim de favorecer interesse alheio, contra pessoa que funciona em processo administrativo, comete o crime de:

(A) Abuso de autoridade.
(B) Coação no curso do processo.
(C) Violência arbitrária.
(D) Tráfico de influência.
(E) Fraude processual.

O enunciado refere-se ao crime de coação no curso do processo, previsto no art. 344 do CP.
Gabarito "B".

3. LEGISLAÇÃO PENAL ESPECIAL

3.1. CRIMES DA LEI ANTIDROGAS (LEI 11.343/2006)

(Analista – MPU – 2010 – CESPE) Julgue o próximo item, relativo ao direito penal.

(1) Em relação ao crime de tráfico de drogas, considera-se tráfico privilegiado o praticado por agente primário, com bons antecedentes criminais, que não se dedica a atividades criminosas nem integra organização criminosa, sendo-lhe aplicada a redução de pena de um sexto a dois terços, independentemente de o tráfico ser nacional ou internacional e da quantidade ou espécie de droga apreendida, ainda que a pena mínima fique aquém do mínimo legal.

Eis o teor do art. 33, § 4º, da Lei 11.343/2006.
Gabarito "1C".

(Analista Ministerial Especialista - Ciências Jurídicas – MPE-TO – UFT-COPESE – 2010) Não constitui crime nos termos da Lei Antitóxico:

(A) Oferecer droga, eventualmente e sem objetivo de lucro, à pessoa de seu relacionamento, para juntos a consumirem.

(B) Colaborar, como informante, com grupo, organização ou associação destinados à prática de crime de semear ou cultivar, sem autorização ou em desacordo com determinação legal ou regulamentar, plantas que se constituam em matéria-prima para a preparação de drogas.

(C) Violar o sigilo dos registros, documentos ou peças de informação, bem como dos autos de prisão em flagrante e dos de inquérito policial para a apuração dos crimes definidos na Lei Antitóxico.

(D) Conduzir embarcação ou aeronave após o consumo de drogas, expondo a dano potencial a incolumidade de outrem.

A: incorreta. A conduta configura o crime conhecido como tráfico privilegiado, previsto no art. 33, §3º, da Lei 11.343/2006. O crime em questão se verifica mediante o preenchimento de todos os seus elementos. Deve estar provado que o oferecimento da droga se dava, quanto à periodicidade, de modo eventual. Além disso, indispensável que ocorra sem o objetivo de lucro. O oferecimento deve ser destinado, ainda, a pessoa do convívio e relacionamento do sujeito ativo, que deve consumir a droga conjuntamente com ela. Em casos de oferecimento em caráter não eventual de droga, de oferecimento de droga com intuito lucrativo, ou, ainda, a pessoa que não seja do relacionamento do sujeito ativo, o crime é o de tráfico de drogas comum, do art. 33, "caput", da Lei 11.343/2006. A discrepância entre o tratamento conferido à figura do tráfico privilegiado e à figura do tráfico comum é latente. Ao passo que o tráfico privilegiado se trata de infração de menor potencial ofensivo, possibilitando a concessão de todos os benefícios despenalizadores da Lei 9.099/1995, para o tráfico comum se cominou pena de 5 (cinco) a 15 (quinze) anos de reclusão, tratando-se de delito equiparado ao hediondo (art. 2º da Lei 8.072/1990); **B:** incorreta. A conduta narrada configura o crime previsto no art. 37 da Lei 11.343/2006, que tem cominada a pena de reclusão de 2 (dois) a 6 (seis) anos; **C:** correta. Não há tipificação de tal conduta na Lei 11.343/2006. No entanto, caso decretado o sigilo do inquérito policial ou da investigação, este vier a ser quebrado por funcionário público, no exercício de sua função e em razão dela, a conduta poderá configurar o crime contra a Administração Pública previsto no art. 325 do CP (violação de sigilo funcional); **D:** incorreta. A conduta configura o crime do art. 39 da Lei 11.343/2006, com pena de detenção de 6 (seis) meses a 3 (três) anos. Aquele que for surpreendido conduzindo embarcação ou aeronave após o consumo de drogas, estando a expor a dano potencial a incolumidade de outrem, responde por tal delito, que, como visto, trata-se de crime de perigo concreto (exigindo que a condução da embarcação ou aeronave ocorra de modo a expor a dano potencial a incolumidade de outrem). Se a pessoa for surpreendida conduzindo veículo automotor sob a influência de álcool e drogas, estando com a capacidade psicomotora alterada, o crime será o do art. 306 do CTB.
Gabarito "C".

3.2. CRIMES DA LEI DE ABUSO DE AUTORIDADE (LEI 4.898/65)

(Analista – MPU – 2010 – CESPE) No item abaixo, é apresentada uma situação hipotética seguida de uma assertiva a ser julgada com base no direito penal.

(1) Hélio, maior e capaz, solicitou a seu amigo Fernando, policial militar, que abordasse seus dois desafetos, Beto e Flávio, para constrangê-los. O referido policial encontrou os desafetos de Hélio na praça principal da pequena cidade em que moravam e, identificando-se como policial militar, embora não vestisse, na ocasião, farda da corporação, abordou-os, determinando que se encostassem na parede com as mãos para o alto e, com o auxílio de Hélio, algemou-os enquanto procedia à busca pessoal. Nada tendo sido encontrado em poder de Beto e Flávio, ambos foram liberados. Nessa situação, Hélio praticou, em concurso de agente, com o policial militar Fernando, crime de abuso de autoridade, caracterizado por execução de medida privativa de liberdade individual.

1: correta. Art. 4º, *a*, da Lei 4.898/65. O sujeito ativo deste crime é a autoridade, conforme consta do art. 5º da Lei de Abuso de Autoridade. No que concerne à coautoria e participação, terá incidência o art. 30 do CP. Dessa forma, é perfeitamente possível, nos crimes de abuso de autoridade, que o concurso de pessoas se estabelece entre um particular e uma autoridade.

Gabarito "1C".

(Analista de Promotoria I – Assistente Jurídico – MPE-SP – VUNESP – 2010) No que concerne às sanções penais expressamente estabelecidas pela Lei n.º 4.898/65 (abuso de autoridade), aplicam-se:

(A) autonomamente e podem ser de repreensão; advertência; multa e demissão a bem do serviço público.

(B) sempre cumulativamente e podem ser de multa; privação de liberdade na modalidade reclusão e perda do cargo.

(C) alternativa ou cumulativamente e podem ser de privação de liberdade na modalidade reclusão e inabilitação para o exercício de qualquer outra função pública por prazo de até três anos.

(D) gradual e alternativamente e podem ser de multa; privação de liberdade na modalidade detenção; afastamento não remunerado por prazo de até três anos e demissão a bem do serviço público.

(E) autônoma ou cumulativamente e podem ser de multa; privação de liberdade na modalidade detenção; perda do cargo e inabilitação para o exercício de qualquer outra função pública por prazo de até três anos.

A Lei 4.898/65 (Lei de Abuso de Autoridade) prevê como sanções penais aplicáveis para os crimes nela previstos a multa, a detenção por 10 (dez) dias a 6 (seis) meses, a perda do cargo e a inabilitação para o exercício de qualquer outra função pública pelo prazo de até 3 (três) anos (art. 6º, §3º). Além disso, a norma explicativa do art. 6º, §4º, da Lei 4.898/65, dispõe que as sanções penais em questão poderão ser aplicadas autonomamente ou cumulativamente.

Gabarito "E".

(Analista de Promotoria II – Agente de Promotoria – MPE-SP – IBFC – 2013) Nos termos da Lei Federal nº 4.898/65 (Abuso de Autoridade), constitui abuso de autoridade qualquer atentado contra a liberdade de locomoção, a inviolabilidade de domicílio, o sigilo de correspondência e etc. O crime de Abuso de Autoridade se procede mediante:

(A) Ação penal privada subsidiária da pública.

(B) Ação penal pública condicionada à requisição do Ministro da Justiça.

(C) Ação penal pública condicionada à representação da vítima.

(D) Ação penal privada.

(E) Ação penal pública incondicionada.

Dispõe o art. 2º da Lei 4.898/65 sobre o exercício de representação nos crimes de abuso de autoridade. Outrossim, o art. 12 do mesmo diploma legal prevê que a ação penal será iniciada por meio de denúncia do Ministério Público, que será instruída com a representação da vítima

do abuso. Prevalece o entendimento, até mesmo em razão do que prevê o art. 1º da Lei 5.249/67, de que o termo *representação*, empregado por diversas vezes na Lei 4.898/65, foi utilizado com sentido de *delatio criminis postulatoria* (a vítima comunicando, com fundamento em seu direito de petição, previsto no art. 5º, XXXIV, da CF, a ocorrência de crime e solicitando providências, não caracterizando condição de procedibilidade para a ação penal), ao passo que a ação penal nos delitos de abuso de autoridade tem natureza pública incondicionada. Neste sentido, já decidiu o STJ no HC 19.124/RJ.

Gabarito "E".

3.3. LEI MARIA DA PENHA (LEI 11.340/2006)

(Analista Ministerial Especialista - Ciências Jurídicas – MPE-TO – UFT- -COPESE – 2010) Sobre a Lei Maria da Penha, assinale a alternativa incorreta:

(A) Caberá ao Ministério Público, quando necessário, cadastrar os casos de violência doméstica e familiar contra a mulher.

(B) São formas de violência doméstica e familiar contra a mulher, a violência patrimonial, entendida como qualquer conduta que configure retenção, subtração, destruição parcial ou total de seus objetos, instrumentos de trabalho, documentos pessoais, bens, valores e direitos ou recursos econômicos, incluindo os destinados a satisfazer suas necessidades.

(C) Os atos processuais dos Juizados de Violência Doméstica e Familiar contra a Mulher poderão realizar-se em horário noturno, conforme dispuserem as normas de organização judiciária.

(D) Enquanto não estruturados os Juizados de Violência Doméstica e Familiar contra a Mulher, as varas de família acumularão as competências cíveis para conhecer e julgar as causas decorrentes da prática de violência doméstica e familiar contra a mulher.

A: correta. É o que dispõe o art. 26, III, da Lei 11.340/2006; **B:** correta. A violência patrimonial constitui forma de violência familiar contra a mulher, nos termos do art. 7º, IV, da Lei 11.340/2006. A previsão visa a evitar que a mulher, em razão do gênero, seja privada de seu patrimônio pelo indivíduo com quem conviva ou tenha convivido afetivamente. Além da previsão da violência patrimonial, o art. 7º ainda prevê a possibilidade de violência física, psicológica, sexual e moral. Verificada a violência patrimonial contra a mulher, incidirão, normalmente, os tipos penais previstos no CP, observadas as disposições da Lei 11.340/2006 (possibilidade de aplicação das medidas protetivas de urgência, possibilidade de decretação da prisão preventiva em caso de descumprimento destas, vedação aos benefícios da Lei 9.099/1995 etc.) **C:** correta. Visando a conferir maior efetividade no atendimento das mulheres vítimas de violência doméstica e familiar, e atenta à peculiaridade da situação da pessoa que sofre violência no âmbito de seu próprio lar, passando a, assim, não ter onde permanecer ao abrigo do ofensor, a Lei 11.340/2006, em seu art. 14, parágrafo único, prevê a possibilidade de os atos processuais se realizarem no período noturno, de modo a evitar que a ofendida tenha de esperar até o expediente forense da data subsequente para obter as medidas protetivas que podem ser determinantes no resguardo de sua integridade física, psicológica ou, até mesmo, de sua vida; **D:** incorreta. Nos locais onde inexista o Juizado de Violência Doméstica e Familiar contra a Mulher, as Varas Criminais acumularão as competências cíveis e criminais para conhecer e julgar as causas decorrentes da prática da violência doméstica e familiar contra a mulher, consoante art. 33 da Lei 11.340/2006. Há, ainda, previsão de prioridade de tramitação para as causas de violência doméstica e familiar contra a mulher que tramitam perante a Vara Criminal (art. 33, parágrafo único, da Lei 11.340/2006).

Gabarito "D".

9. DIREITO PENAL   225

(Analista Jurídico – MPE-PA – FADESP – 2012) Para os efeitos da Lei nº. 11.340, de 07/08/2006, configura violência doméstica e familiar contra a mulher qualquer ação ou omissão baseada no gênero que lhe cause morte, lesão, sofrimento físico, sexual ou psicológico e dano moral ou patrimonial:

(A) no âmbito da família, compreendida como a comunidade formada por indivíduos que são ou se consideram aparentados, unidos exclusivamente por laços naturais.

(B) no âmbito da unidade doméstica, compreendida como o espaço de convívio permanente de pessoas, com ou sem vínculo familiar, ficando excluídas as esporadicamente agregadas.

(C) em qualquer relação íntima de afeto, na qual o agressor coabite ou tenha coabitado com a ofendida.

(D) no âmbito da unidade doméstica, compreendida como o espaço de convívio permanente de pessoas, com ou sem vínculo familiar, inclusive as esporadicamente agregadas.

A: incorreta. Nos termos do art. 5º, II, da Lei 11.340/2006, configura violência doméstica e familiar contra a mulher a conduta praticada no âmbito da família. Porém, a conceituação de família trazida na lei diverge da apresentada na assertiva. Nos termos da legislação, compreende-se por família a comunidade formada por indivíduos que são ou se consideram aparentados, unidos por laços naturais, mas também por afinidade ou por vontade expressa. Portanto, o conceito da lei é mais amplo do que o apresentado na alternativa, na medida em que se contenta com laços de afinidade ou por vontade expressa, não encerrando o conceito de família na ideia de consanguinidade; **B:** incorreta. Nos termos do art. 5º, I, da Lei 11.340/2006, configura violência doméstica e familiar contra a mulher a conduta praticada no âmbito da unidade doméstica. Porém, a conceituação de unidade doméstica trazida na lei diverge da apresentada na assertiva. Em verdade, o conceito da legislação é mais amplo que o apresentado na alternativa, visto que admite a configuração da unidade doméstica quando há convívio de pessoas esporadicamente agregadas; **C:** incorreta. Nos termos do art. 5º, III, da Lei 11.340/2006, não é necessário, para compreender-se como relação íntima de afeto e, assim, configurar a violência doméstica e familiar contra a mulher, que o agente tenha coabitado com a vítima. Basta que com ela conviva ou tenha convivido, independentemente de coabitação. Novamente, o conceito legal é mais amplo que o conceito trazido na alternativa; **D:** correta. Nos termos do art. 5º, I, da Lei 11.340/2006, a violência doméstica e familiar contra a mulher, para assim se configurar, poderá ser praticada no âmbito da unidade doméstica, compreendida como o espaço de convívio permanente de pessoas, com ou sem vínculo familiar, inclusive esporadicamente agregadas.
Gabarito "D".

(Analista Processual – MP-RO – FUNCAB – 2012) Segundo a Lei de Violência Doméstica (Lei n° 11.340/06), o Ministério Público deverá:

(A) intervir, quando não for parte, nas causas criminais, sendo dispensada sua intervenção nas causas cíveis decorrentes da violência doméstica e familiar contra a mulher.

(B) cadastrar os casos de violência doméstica e familiar contra a mulher.

(C) determinar, por prazo certo, a inclusão da mulher em situação de violência doméstica e familiar no cadastro de programas assistenciais do governo federal, estadual e municipal.

(D) encaminhar a ofendida e seus dependentes a programa oficial ou comunitário de proteção ou de atendimento.

(E) assegurar à mulher em situação de violência doméstica e familiar, para preservar sua integridade física

e psicológica, acesso prioritário à remoção, quando servidora pública, integrante da administração direta ou indireta.

A: incorreta. Nos termos do art. 25 da Lei 11.340/2006 o Ministério Público sempre intervirá, seja nas causas cíveis ou criminais decorrentes de violência doméstica e familiar contra a mulher, quando não for parte; **B:** correta. É o que dispõe o art. 26, III, da Lei 11.340/2006; **C:** incorreta. Incumbe ao juiz, se for o caso, determinar, por prazo certo, a inclusão da ofendida no cadastro de programas assistenciais do governo federal, estadual e municipal (art. 9º, §1º, da Lei 11.340/2006); **D:** incorreta. Também incumbe ao juiz encaminhar a ofendida e seus dependentes a programa oficial ou comunitário de proteção ou de atendimento (art. 23, I, da Lei 11.340/2006); **E:** incorreta. É da competência do juiz assegurar à ofendida o acesso prioritário à remoção quando servidora pública, integrante da administração direta ou indireta (art. 9º, §2º, I, da Lei 11.340/2006).
Gabarito "B".

3.4. LEI DE CRIMES HEDIONDOS (LEI 8.072/90)

(Analista de Promotoria - Assistente Jurídico – MP-SP – VUNESP – 2015) A Lei 8.072/90 (crimes hediondos):

(A) define no seu artigo 1º os crimes considerados hediondos, todos previstos no Código Penal, sem prejuízo, contudo, de outros delitos considerados hediondos pela Legislação Penal Especial.

(B) não permite a interposição de apelação antes do recolhimento do condenado à prisão, em razão do disposto no seu artigo 2º, § 1º (a pena será cumprida em regime inicial fechado).

(C) prevê progressão de regime para os condenados pela prática de crime hediondo após o cumprimento de 1/6 da pena se o apenado for primário e 2/5 se for reincidente.

(D) traz no rol do seu art. 1º o crime de roubo impróprio (art. 157, § 1º, CP), o roubo circunstanciado (art. 157, § 2º, I, II, III, IV e V, CP) e o roubo qualificado pelo resultado (art. 157, § 3º, CP).

(E) estabelece o prazo de 30 (trinta) dias (podendo ser prorrogado por mais 30 dias) da prisão temporária decretada nas investigações pela prática de crime hediondo.

A: incorreta. A taxação de um crime como hediondo, no Brasil, obedece ao critério legal. Isso quer dizer que são hediondos os crimes que a lei macula como tal, independentemente da repugnância que outras condutas podem causar, seja abstratamente, seja concretamente. Em nosso ordenamento jurídico, ainda, foi confiada à Lei 8.072/1990 (Lei de Crimes Hediondos), com exclusividade, a missão de taxar como hediondo os crimes previstos no CP e na legislação extravagante. Assim, sempre que há intenção do legislador de taxar de hedionda determinada conduta tida como crime, é feita uma alteração no rol trazido na Lei de Crimes Hediondos. Portanto, a questão apresenta incorreção em dois pontos: no rol do art. 1º, mais especificadamente em seu parágrafo único, há menção a crimes da legislação especial (genocídio), e não há delitos considerados hediondos, no ordenamento pátrio, a partir de previsão contida em outros diplomas legais; **B:** incorreta. O art. 2º, §3º, da Lei 8.072/1990, dispõe que "em caso de sentença condenatória, o juiz decidirá fundamentadamente se o réu poderá apelar em liberdade". A prisão, portanto, deixou de ser um requisito para o conhecimento do recurso de apelação, visto que tal instituto foi considerado inconstitucional, por violar o princípio da presunção de não culpabilidade. Assim, as disposições outrora existentes no ordenamento pátrio que elegiam o recolhimento à prisão como um dos pressupostos recursais, a exemplo do art. 594 do CP, foram extirpadas do ordenamento jurídico por meio da Lei 11.719/2008; **C:** incorreta. Para os crimes hediondos, os lapsos para a progressão de regime são de 2/5 (dois quintos) para o indivíduo primário e 3/5 (três quintos) para o indivíduo reincidente (art. 2º, §2º, da Lei 8.072/1990), sendo prescindível (e, portanto, desnecessário) que tal reincidência seja específica pela prática de crime hediondo ou equiparado; **D:** incorreta. Apenas o roubo qualificado pelo resultado morte (latrocínio – art. 157, §3º, *in fine*, do CP), é taxado como hediondo pela legislação; **E:** correta. Ao passo que a prisão temporária dos crimes comuns pode perdurar pelo prazo de 5 (cinco) dias, admitida uma prorrogação por igual período em caso de extrema e comprovada necessidade (art. 2º da Lei 7.960/89), na hipótese de investigação pela prática de crime hediondo ou equiparado a prisão temporária poderá perdurar por 30 (trinta) dias, renováveis, a partir do preenchimento dos mesmos requisitos, por mais 30 (trinta) dias, nos termos do art. 2º, §4º, da Lei 8.072/1990.

Gabarito "E".

(Analista Ministerial Especialista - Ciências Jurídicas – MPE-TO – UFT-COPESE – 2010) Os crimes hediondos, a prática da tortura, o tráfico ilícito de entorpecentes e drogas afins e o terrorismo são suscetíveis de:

(A) Anistia.
(B) Indulto.
(C) Fiança.
(D) Progressão de regime.

A Lei 8.072/1990, em sua redação original, vedava, no art. 2º, §1º, a progressão de regime aos crimes hediondos e equiparados, ao prever que a pena privativa de liberdade deles resultantes seria cumprida no regime integralmente fechado. No julgamento do HC 82.959/SP, em sede de controle difuso de constitucionalidade, o Supremo Tribunal Federal entendeu que a previsão do regime integralmente fechado atentava contra o princípio da individualização da pena (art. 5º, XLVI, da CF), tratando-se, portanto, de regra inconstitucional. Após, com o advento da Lei 11.464/2007, foi completamente extirpada do ordenamento jurídico a previsão do regime integralmente fechado, autorizando-se, legislativamente, a progressão de regime do condenado por crime hediondo (medida que já vinha sendo adotada pela jurisprudência), observados patamares diversos dos exigidos para a progressão de regime do condenado por crime comum. Ao passo que este pode progredir de regime mediante cumprimento de 1/6 (um sexto) da pena no regime anterior (art. 112 da Lei de Execuções Penais – Lei 7.210/84), o condenado por crime hediondo deve cumprir as frações de 2/5 (dois quintos, se primário) ou 3/5 (três quintos, se reincidente), consoante art. 2º, §2º, da Lei 8.072/1990. Portanto, os crimes hediondos são suscetíveis de progressão de regime, sendo, por outro lado, a eles vedado a anistia, o indulto e a fiança (art. 2º, I e II, da Lei 8.072/1990).

Gabarito "D".

(Analista de Promotoria I – Assistente Jurídico – MPE-SP – VUNESP – 2010) Aquele que é acusado por crime hediondo, nos estritos termos da Lei n.º 8.072/90,

I. fica sujeito a prisão temporária de 30 (trinta) dias, prorrogável por igual período em caso de extrema e comprovada necessidade;
II. se condenado, cumprirá a pena integralmente em regime fechado;
III. se condenado, não tem direito de apelar em liberdade.

É correto o que se afirma em:

(A) I, apenas.
(B) III, apenas.
(C) I e III, apenas.
(D) II e III, apenas.
(E) I, II e III.

I: correta. Se para as infrações comuns o prazo da prisão temporária é de 5 (cinco) dias, prorrogável por igual período (art. 2º da Lei 7.960/89), nos crimes hediondos, a prisão temporária poderá perdurar por 30 (trinta) dias, prorrogáveis por idêntico período em caso de extrema e comprovada necessidade (art. 2º, §4º, da Lei 8.072/1990). **II:** incorreta. O regime integralmente fechado foi abolido do ordenamento jurídico pátrio pela Lei 11.464/2007, de modo que, atualmente o art. 2º, §2º, da Lei 8.072/1990, admite a progressão de regime para os condenados por crimes hediondos, desde que cumpridos os lapsos de 2/5 da pena (para o primário) e 3/5 da pena (para o reincidente). **III:** incorreta. Cabe ao juiz decidir, fundamentadamente, se o réu poderá apelar em liberdade, podendo manter ou decretar a prisão preventiva na sentença caso entenda que ela se justifica para a garantia da ordem pública, da ordem econômica ou para assegurar a futura aplicação da lei penal (art. 312 do CPP). Logo, o fato de o crime ser hediondo não implica, necessariamente, que o condenado não definitivo terá de, obrigatoriamente, recorrer preso.

Gabarito "A".

(Analista de Promotoria I – Assistente Jurídico – MPE-SP – IBFC – 2013) Com relação às disposições da Lei Federal nº 8.072/90 (Lei de Crimes Hediondos), assinale a alternativa CORRETA:

(A) A progressão de regime, no caso de condenados a crimes hediondos, dar-se-á após o cumprimento de dois quintos da pena, se o apenado for primário, e de três quintos, se reincidente.
(B) A prisão temporária, em se tratando de crimes hediondos, terá o prazo de quinze dias, prorrogável por igual período em caso de extrema e comprovada necessidade.
(C) A pena por crime hediondo será cumprida integralmente em regime fechado.
(D) O homicídio simples, em hipótese alguma, poderá ser classificado como hediondo.
(E) Os crimes hediondos, a prática de tortura, o tráfico ilícito de entorpecentes e drogas afins e o terrorismo admitem fiança, graça e indulto, mas não admitem anistia.

A: correta. É o que dispõe o art. 2º, §2º, da Lei 8.072/1990; **B:** incorreta O prazo da prisão temporária para a investigação de crime hediondo ou equiparado é de 30 (trinta) dias, prorrogáveis por idêntico período em caso de extrema e comprovada necessidade (art. 2º, §4º, da Lei 8.072/1990); **C:** incorreta. O regime integralmente fechado foi abolido do ordenamento jurídico pátrio a partir da Lei 11.464/2007, embora, anteriormente, a jurisprudência já tivesse se posicionado de modo definitivo a respeito da inconstitucionalidade da previsão (STF, HC 82.959). Desde a legislação mencionada, o art. 2º, §1º, da Lei 8.072/1990, prevê necessidade de adoção do regime inicial fechado, admitindo a progressão de regime nos termos do art. 2º, §2º, do mesmo diploma legal. Vale ressaltar, contudo, que o STF reconheceu, pelo Tribunal Pleno, em sede de controle difuso, a inconstitucionalidade da obrigatoriedade do regime inicial fechado, por haver violação ao princípio da individualização da pena (art. 5º, XLVI da CF), devendo o regime inicial ser determinado pelo juiz, à luz do caso concreto, de acordo com as normas previstas no CP (art. 33 do CP). O julgamento se deu no HC 111.840/ES; **D:** incorreta. É considerado hediondo o homicídio simples praticado em atividade típica de grupo de extermínio, nos termos do art. 1º, I, da Lei 8.072/1990; **E:** incorreta. Nos termos do art. 5º, XLIII, da CF, a lei considerará tais crimes inafiançáveis e insuscetíveis de graça ou anistia. No texto constitucional, não há vedação expressa ao indulto que, contudo, aparece proibido aos crimes hediondos e assemelhados no art. 2º, I, da Lei 8.072/1990, havendo entendimento de que seu conteúdo está inserto no termo genérico *graça*, empregado pelo legislador constituinte em sentido amplo, indicando toda forma de

9. DIREITO PENAL

indulgência ou clemência manifestada pelo poder estatal, abarcando, assim, a *graça* em sentido estrito e o *indulto*. Do mesmo modo, vedada está pelo art. 2º, I, a comutação de pena, que nada mais é senão um indulto parcial, também estando abarcada pela proibição do indulto total (STF, HC 103.618) Entretanto, não se pode olvidar que há vozes pela inconstitucionalidade da vedação ao indulto contida na Lei de Crimes Hediondos, por ter alargado o rol de proibições inseridas no texto constitucional.

Gabarito "A".

(Analista Processual Administrativo – MPE-RJ – 2011) IAGO, invejoso quanto ao relacionamento amoroso mantido por OTELO, no dia 10 de março de 2007, na cidade de Varre-Sai, tenta estuprar DESDÊMONA, tendo sua ação interrompida pela ação salvadora de CÁSSIO. Processado e julgado, IAGO vem a ser condenado em 10 de março de 2008, recebendo a pena definitiva de sete anos de reclusão, em regime fechado, sendo certo que o magistrado, dentre outros fatores, ponderou que o réu era reincidente específico. Considerando os dados fornecidos, no que pertine à execução da pena, IAGO:

(A) poderá postular sua progressão de regime após o cumprimento de 1/6 (um sexto) do total da pena;

(B) poderá postular sua progressão de regime após o cumprimento de 2/5 (dois quintos) do total da pena;

(C) poderá postular sua progressão de regime após o cumprimento de 3/5 (três quintos) do total da pena;

(D) poderá postular sua progressão de regime após o cumprimento de 1/3 (um terço) do total da pena;

(E) não poderá postular sua progressão, pois a pena deverá ser cumprida em regime integralmente fechado.

O crime foi praticado anteriormente à Lei 11.464, de 28 de março de 2007, que alterou a regra da progressão de regime para crimes hediondos (art. 2º da Lei 8.072/1990). Antes do advento de tal legislação, a progressão de regime em crimes hediondos era vedada, devendo o condenado cumprir pena em regime integralmente fechado. Porém, o STF passou a reputar inconstitucional tal vedação, aplicando a regra geral de 1/6 (art. 112 da LEP) aos crimes hediondos, sob alegação de violação ao princípio da individualização da pena (HC 82.959). Com a Lei 11.464/2007, revogou-se, na esteira do entendimento do STF, a exigência do regime integralmente fechado, passando a ser adotado os patamares de 2/5 (para os não reincidentes) e 3/5 (para os reincidentes) na progressão do regime dos crimes hediondos. No entanto, no conflito das leis penais no tempo, passou-se a entender que, antes da Lei 11.464/2007, a despeito de o texto frio da legislação vedar a progressão de regime, esta era admitida pelo patamar de 1/6 previsto na LEP, com base no dominante entendimento jurisprudencial pela inconstitucionalidade do regime integralmente fechado. Logo, a nova lei, de 2007, era, em verdade, lei penal mais severa, e não mais branda, já que passou a exigir lapso de tempo superior ao de 1/6 (aplicado em decorrência do entendimento pela inconstitucionalidade do regime integralmente fechado), que era o efetivamente exigido antes da reforma. Assim, a Lei 11.464/2007 não retroagiria para alcançar os fatos praticados anteriormente a ela, que continuaram a obedecer ao lapso de 1/6 para a progressão de regime. Sobre o tema, foram elaboradas a Súmula Vinculante 26, bem como a Súmula 471 do STJ, segundo a qual "os condenados por crimes hediondos ou assemelhados cometidos antes da vigência da Lei n. 11.464/07 sujeitam-se ao disposto no art. 112 da Lei n. 7.210/84 (LEP) para a progressão do regime prisional". Assim, IAGO, que praticou crime hediondo antes do advento da novel legislação, está sujeito ao patamar de 1/6 (um sexto), previsto no art. 112 da LEP, para fins de progressão de regime prisional, sendo irrelevante, por ausência de previsão no regime jurídico anterior à Lei 11.464/2007, a reincidência específica dele.

Gabarito "A".

3.5. LEI DE CRIMES AMBIENTAIS (LEI 9.605/98)

(Analista Ministerial Especialista - Ciências Jurídicas – MPE-TO – UFT-COPESE – 2010) Nos crimes ambientais, não é considerada circunstância que agrava a pena, ter o agente cometido a infração:

(A) Em domingos ou feriados.

(B) Em épocas de seca.

(C) À noite.

(D) No Dia Internacional de Proteção ao Meio Ambiente.

As agravantes específicas dos crimes ambientais estão previstas no art. 15 da Lei 9.605/1998. Nele, dispõe-se agravar a pena dos crimes ambientais o fato de o agente ter cometido o delito, dentre outras circunstâncias, em domingos ou feriados (art. 15, II, *h*), em épocas de seca ou inundações (art. 15, II, *j*) e à noite (art. 15, II, *i*). Não consta do rol o agravamento da pena do crime cometido no Dia Internacional de Proteção ao Meio Ambiente.

Gabarito "D".

(Analista Ministerial Especialista - Ciências Jurídicas – MPE-TO – UFT-COPESE – 2010) Não constituirá prestação de serviços à comunidade pela pessoa jurídica:

(A) Custeio de programas e de projetos ambientais.

(B) Pagamento de cestas básicas pelos gestores da empresa.

(C) Manutenção de espaços públicos.

(D) Contribuições a entidades ambientais ou culturais públicas.

O art. 3º da Lei 9.605/1998 prevê a possibilidade de responsabilização penal da pessoa jurídica, nos casos em que a infração penal é praticada por decisão de seu representante legal ou contratual, ou de seu órgão colegiado, no interesse ou benefício da entidade. Evidentemente, a imposição da sanção penal à pessoa jurídica, dada a natureza ficcional que a acomete, não poderá ser idêntica à da pessoa física, sob pena de ser impossível a execução. Como impor à pessoa jurídica uma pena privativa de liberdade? Ou, ainda, como impor à pessoa jurídica uma pena restritiva de direitos de limitação de fim de semana? A situação beiraria ao ridículo. Diante disso, a Lei 9.605/1998 trouxe normas adaptativas das sanções penais aplicáveis às pessoas jurídicas. O art. 21 da Lei 9.605/1998, assim, dispõe que às pessoas jurídicas podem ser aplicadas as penas de multa, restritiva de direitos e prestação de serviços à comunidade. Observa-se uma impropriedade técnica no dispositivo, que não prevê a prestação de serviços à comunidade como espécie de pena restritiva de direitos que é. O art. 22 do mesmo diploma legal, por sua vez, especifica as penas restritivas de direitos, dispondo que, para as pessoas jurídicas, elas podem refletir: (I) a suspensão parcial ou total de atividades; (II) interdição temporária de estabelecimento ou obra; e (III) proibição de contratar com o Poder Público, bem como dele obter subsídios, subvenções ou doações. Como visto, as penas restritivas de direitos impostas às pessoas jurídicas pela Lei 9.605/1998 são diversas das espécies de penas restritivas de direitos aplicáveis às pessoas físicas. O art. 23 da Lei 9.605/1998, por fim, prevê a forma como se dará a prestação de serviços à comunidade pelas pessoas jurídicas, estatuindo que elas consistirão em: (I) custeio de programas e projetos ambientais; (II) execução de obras de recuperação de áreas degradadas; (III) manutenção de espaços públicos; (IV) contribuições a entidades ambientais ou culturais públicas. Portanto, a pena de prestação de serviços à comunidade, nos termos do art. 23 da Lei 9.605/1998, não se manifesta mediante pagamento de cestas básicas pelos gestores da empresa.

Gabarito "B".

(Analista Ministerial Especialista - Ciências Jurídicas – MPE-TO – UFT- -COPESE – 2010) Sobre as infrações da Lei dos Crimes Ambientais assinale a alternativa incorreta:

(A) Nos crimes ambientais de menor potencial ofensivo, a proposta de aplicação imediata de pena restritiva de direitos ou multa, somente poderá ser formulada desde que tenha havido a prévia composição do dano ambiental, salvo caso de comprovada impossibilidade.

(B) Nas infrações penais a ação penal é pública condicionada à representação.

(C) Os produtos e subprodutos da fauna não perecíveis serão destruídos ou doados a instituições científicas, culturais ou educacionais.

(D) Os instrumentos utilizados na prática da infração serão vendidos, garantida a sua descaracterização por meio da reciclagem.

A: correta. É o que dispõe o art. 27 da Lei 9.605/1998. Nos crimes ambientais, o benefício da transação penal, previsto no art. 77 da Lei 9.099/1995, observa outro requisito, além daqueles previstos na lei mencionada. Para o Ministério Público oferecer a proposta de transação penal ao autor da infração ambiental, deverá estar comprovada a prévia composição ambiental, salvo impossibilidade de fazê-lo; **B:** incorreta. A ação penal dos crimes ambientais é sempre pública incondicionada, nos termos do art. 26 da Lei 9.605/1998; **C:** correta. É o que dispõe o art. 25, §3º, da Lei 9.605/1998; **D:** correta. É o que dispõe o art. 25, §4º, da Lei 9.605/1998.
„„B." oµɐqɐפ

(Analista Direito – MPE-MG – 2012) De acordo com a Lei n. 9.605/98, é crime contra o meio ambiente:

(A) exportar para o exterior peles e couros de anfíbios e répteis em bruto, sem a autorização da autoridade ambiental competente.

(B) guardar madeiras, lenha, carvão e outros produtos procedentes de florestas, sem notificar a autoridade competente.

(C) difundir doença ou praga que possa causar dano a plantações ou a animais de utilidade econômica.

(D) envenenar água potável, de uso comum ou particular, ou substância alimentícia ou medicinal destinada a consumo.

Dentre as condutas apresentadas nas assertivas, é crime contra o meio ambiente, tipificado na Lei 9.605/1998, "disseminar doença ou praga ou espécies que possam causar dano à agricultura, à pecuária, à fauna, à flora ou aos ecossistemas" (art. 61 da Lei 9.605/1998).O delito se trata de infração de médio potencial ofensivo, estando a ele cominada a pena de 1 (um) a 4 (quatro) anos de reclusão, além de multa. Cabível, portanto, a suspensão condicional do processo (art. 89 da Lei 9.099/1995), bem como a substituição da pena privativa de liberdade por penas restritivas de direitos (art. 44 do CP). O dispositivo em questão revogou tacitamente o art. 259 do CP (que possuía redação idêntica à trazida na alternativa tida como certa). É de se observar que, além de mais recente, a redação do art. 61 da Lei 9.605/1998 é mais abrangente que a do tipo penal previsto no art. 259 do CP. Ocorreu, assim, a ab-rogação do dispositivo do CP. Trata-se de *novatio legis in mellius*, visto que trouxe pena inferior à cominada anteriormente no CP (que era de dois a cinco anos e multa), além de ter provocado a *abolitio criminis* da modalidade culposa (prevista no art. 259, parágrafo único, do CP).
„„C." oµɐqɐפ

(Analista Processual Direito – MPE-AC – FMP – 2013) Com base no disposto na Lei dos Crimes Ambientais (Lei n.º 9.605/98), assinale a alternativa correta.

(A) O fato de a infração ser cometida no interesse ou em benefício da entidade não é condição à responsabilidade penal das pessoas jurídicas em matéria ambiental.

(B) A desconsideração da personalidade jurídica é matéria estranha à Lei dos Crimes Ambientais, sendo, todavia, tratada e amplamente aceita na esfera cível, quando necessária para transpor obstáculo ao ressarcimento dos prejuízos causados à qualidade do meio ambiente.

(C) Dentre as penas restritivas de direito previstas na Lei n.º 9.605/98 estão a prestação de serviços à comunidade, o recolhimento domiciliar, a prestação pecuniária, a suspensão total ou parcial de atividades, a proibição de contratar com o poder público pelo prazo de até 10 (dez) anos e a interdição temporária de direitos.

(D) As penas aplicáveis às pessoas jurídicas, nos casos de condenação pela prática de crime ambiental, são a multa e as restritivas de direito, excluída a prestação de serviços à comunidade.

(E) A perícia à constatação do dano ambiental, sempre que possível, fixará o montante do prejuízo causado para efeitos de prestação de fiança e cálculo de multa.

A: incorreta. Nos termos do art. 3º da Lei 9.605/1998 a responsabilização da pessoa jurídica na esfera criminal está condicionada à circunstância de a infração ter sido cometida por decisão de seu representante legal ou contratual, ou de seu órgão colegiado, que tenha sido tomada no interesse ou benefício da entidade; **B:** incorreta. A desconsideração da personalidade jurídica é tratada pela Lei 9.605/1998 em seu art. 4º, podendo ser adotada quando a personalidade for obstáculo ao ressarcimento dos prejuízos causados à qualidade do meio ambiente. Como visto, adotou-se a teoria menor da desconsideração da personalidade jurídica, dispensando a demonstração do abuso da personalidade jurídica, mediante desvio de finalidade ou confusão patrimonial (o que se dá no art. 50 do Código Civil), para autorizar sua aplicação; **C:** incorreta. Nos termos do art. 8º da Lei 9.605/1998 são penas restritivas de direitos (I) a prestação de serviços à comunidade; (II) a interdição temporária de direitos; (III) a suspensão parcial ou total de atividades; (IV) a prestação pecuniária; e (V) o recolhimento domiciliar. Não constitui pena restritiva de direitos autônoma a proibição de contratar com o poder público por até 10 (dez) anos. A interdição temporária de direitos se materializa com tal proibição, mas o lapso observado é o de 5 (cinco) anos, no caso de crime doloso, e 3 (três) anos, no caso de crime culposo (art. 10 da Lei 9.605/1998); **D:** incorreta. É possível a condenação da pessoa jurídica na prestação de serviços à comunidade, que não é prevista, na hipótese, como modalidade de pena restritiva de direitos (art. 21, III, da Lei 9.605/1998); **E:** correta. É o que dispõe o art. 19, "caput", da Lei 9.605/1998.
„„E." oµɐqɐפ

3.6. ESTATUTO DO DESARMAMENTO (LEI 10.826/2003)

(Analista de Promotoria I – Assistente Jurídico – MPE-SP – VUNESP – 2010) Levando-se em consideração, exclusivamente, os tipos penais da Lei n.º 10.826/03, conhecida como Estatuto do Desarmamento, aquele que é o responsável legal pela empresa e, em desacordo com determinação legal ou regulamentar, possui arma de fogo de uso permitido no seu local de trabalho,

(A) comete, em tese, o crime de omissão de cautela.

(B) não comete crime algum, mas mera infração administrativa.

(C) comete, em tese, o crime de posse ilegal de arma de fogo ou simulacro.

(D) comete, em tese, o crime de porte ilegal de arma de fogo de uso permitido.

(E) comete, em tese, o crime de posse irregular de arma de fogo de uso permitido.

Nos termos do art. 12 da Lei 10.826/2003, a conduta de possuir no local de trabalho, sendo o responsável legal pela empresa, arma de fogo, de uso permitido, em desacordo com determinação legal ou regulamentar, constitui crime de posse irregular de arma de fogo. Trata-se de infração de médio potencial ofensivo, que tem pena de 1 (um) a 3 (três) anos de detenção, cabível a fiança fixada pela autoridade policial e o benefício da suspensão condicional do processo, além de, em caso de condenação, poder a pena privativa de liberdade ser substituída por penas restritivas de direitos. Caso o indivíduo tenha em depósito em seu local de trabalho a arma de fogo de uso permitido, mas não seja o responsável legal pela empresa, o crime será o de porte ilegal de arma de fogo de uso permitido, previsto no art. 14 da Lei 10.826/2003.

Gabarito "E".

(Analista Processual Administrativo – MPE-RJ – 2011) No dia 11 de agosto de 2011, por volta das 2h, em ação rotineira da Polícia Militar, CAPULETO, que conduzia motocicleta pela Rua Voluntários da Pátria, em Botafogo, foi abordado, sendo identificada em sua cintura uma pistola, desmuniciada, com um carregador separado devidamente municiado, bem como um chaveiro contendo um jogo de pequenas chaves "L" hexagonais, próximo ao coldre da arma. Conduzido à Delegacia, enquanto a Autoridade Policial procedia à análise do fato apresentado com a colheita das declarações, a perícia criminal entregou os laudos sobre os bens apreendidos. No laudo referente ao jogo de chaves, os peritos destacaram a marca e os tamanhos das chaves em formato "L" que compunham o molho apreendido, notando que uma delas não tinha o formato hexagonal perfeito como as demais, tendo sido, por ação manual, reduzida à metade. No laudo referente à arma de fogo e munições, atestou-se que a arma era uma pistola Glock, calibre .45, de uso proibido, com numeração de série íntegra e legível, com 11 (onze) munições do mesmo calibre, notando-se porém, a ausência do retém do ferrolho (ou trava da corrediça), peça que mantém o mecanismo aberto depois de disparado o último cartucho do carregador, esclarecendo os peritos que aquela não se tratava de modalidade de arma em que tal peça funcionasse como opcional. Ao teste de aptidão para produzir disparos, identificou-se que, sem a referida peça, apenas um cartucho poderia ser percutido, se já estivesse alojado no cano. No entanto, curiosos com a chave adaptada, constataram que o encaixe era perfeito no lugar do retém do ferrolho e que, com a chave encaixada, a pistola funcionava normalmente. Considerando as declarações dos Policiais quanto à abordagem e os laudos periciais, é correto afirmar que o fato de o funcionamento da arma de fogo não ser perfeito, mas continuar apto para produzir disparos:

(A) não afasta a tipicidade material do crime definido no art. 12 da Lei 10.826/2003;

(B) afasta a tipicidade material do crime definido no art. 12 da Lei 10.826/2003;

(C) não afasta a tipicidade material do crime definido no art. 14 da Lei 10.826/2003;

(D) afasta a tipicidade material do crime definido no art. 14 da Lei 10.826/2003;

(E) não afasta a tipicidade material do crime definido no art. 16 da Lei 10.826/2003.

É latente o entendimento de que, a despeito de tratar-se de delito de perigo abstrato, prescindindo, para sua configuração, de demonstração de que com a conduta de portar a arma de fogo ocorreu efetivo risco à incolumidade alheia, a configuração dos crimes de porte ilegal de arma de fogo exige que o objeto ilícito seja apto a realizar disparo e, assim, coloque em risco os bens jurídicos tutelados pela norma penal em comento, quais sejam a segurança e a paz pública. Arma inapta a realizar disparos, em verdade, sequer pode ser considerada arma (termo este entendido como objeto com poder vulnerante), não se podendo falar, dessarte, em tipicidade formal da conduta daquele que a porta. Ainda que se considerasse arma o objeto inapto a disparar, com o que haveria a tipicidade formal, não se poderia, ainda, falar em tipicidade material da conduta, sob pena de incorrer em violação ao princípio da ofensividade, não havendo lesão ou risco de lesão aos bens jurídicos tutelados pela norma penal incriminadora. No entanto, no caso do problema, a arma de fogo de uso restrito que o indivíduo portava era apta a realizar o disparo quando conjugada com o acessório que ele portava. Ou seja, CAPULETO possuía, no momento, a disponibilidade da arma como tal, dada a posse conjugada do acessório necessário para dispará-la, o que colocou em risco o bem jurídico protegido pela norma penal em pauta. Não há que se falar, assim, em atipicidade material do delito, que é o tipificado no art. 16 da Lei 10.826/2003 em razão da circunstância de tratar-se de arma de uso restrito das Forças Armadas. O entendimento em pauta foi consagrado no julgamento do HC 93.816/RS, pelo STF, que entendeu que "[...] o revólver não apresentava perfeitas condições de funcionamento, mas, conforme destacado na sentença condenatória, possuiria aptidão de produzir disparos, o que seria suficiente para atingir o bem juridicamente tutelado.". Diante disso, concluiu-se, no julgamento, que "[...] o mero fato de o funcionamento da arma não ser perfeito não afasta a tipicidade material do crime [...]".

Gabarito "E".

3.7. LEI DE TORTURA (LEI 9.455/97)

(Analista de Promotoria I – Assistente Jurídico – MPE-SP – VUNESP – 2010) É causa que, expressamente, acarreta o aumento de um sexto até um terço da pena prevista para os crimes de tortura, definidos na Lei n.º 9.455/97:

I. resultar morte;

II. ser cometido por agente público;

III. ser cometido contra criança, gestante, portador de deficiência, adolescente ou maior de 60 (sessenta) anos.

Está correto o que se afirma em:

(A) I, apenas.

(B) III, apenas.

(C) I e II, apenas.

(D) II e III, apenas.

(E) I, II e III.

O art. 1º, §4º, da Lei 9.455/1997 (Lei de Tortura), prevê causa de aumento de pena de 1/6 (um sexto) a 1/3 (um terço) se o crime é cometido por agente público (I); se o crime é cometido contra criança, gestante, portador de deficiência, adolescente ou maior de 60 (sessenta) anos (II); e se o crime é cometido mediante sequestro (III). Portanto, do conteúdo das assertivas, apenas o teor da I não corresponde à causa de aumento de pena prevista na Lei de Tortura. A tortura com resultado morte trata-se de delito qualificado, previsto no art. 1º, §3º, da Lei 9.455/1997.

Gabarito "D".

(Analista de Promotoria II – Agente de Promotoria – MPE-SP – IBFC – 2013) Com relação às disposições da Lei nº 9.455/97 (Lei de Tortura), assinale a alternativa CORRETA:

(A) O crime de tortura é afiançável, porém, é insuscetível de graça e anistia.

(B) O condenado por crime de tortura iniciará o cumprimento da pena em regime semiaberto.

(C) A Lei de Tortura é aplicada, mesmo que o crime não tenha sido cometido no território nacional, se a vítima for brasileira.

(D) A pena é aumentada de metade, se o crime é cometido contra criança, gestante, portador de deficiência ou maior de 60 (sessenta) anos, apenas.

(E) O crime de tortura não pode ser praticado por conduta omissiva.

A: incorreta. Nos termos do art. 1º, §6º, da Lei 9.455/1997, o crime de tortura é inafiançável e insuscetível de graça ou anistia. A disposição vai ao encontro do que dispõe o art. 5º, XLIII da CF e a Lei de Crimes Hediondos (que veda, ainda, o indulto), visto que o crime de tortura é equiparado a tais delitos. Ademais, o CPP, em seu art. 323, II, reforçou a vedação à fiança para tal delito; **B:** incorreta. Em se tratando de crime equiparado ao hediondo, o início do cumprimento da pena para o crime de tortura se dará no regime fechado (art. 2º, §1º, da Lei 8.072/1990). A Lei 9.455/1997, em seu art. 1º, §7º, repete a regra prevista na Lei de Crimes Hediondos; **C:** correta. É o que dispõe o art. 2º da Lei 9.455/1997. Trata-se de hipótese de extraterritorialidade da lei penal brasileira, existente em duas hipóteses: (i) sendo a vítima brasileira (nata, naturalizada, ou, ainda, com dupla nacionalidade); e (ii) se o sujeito ativo se encontrar em local sob jurisdição brasileira; **D:** incorreta. A causa de aumento de pena em questão tem conteúdo variável entre as frações de 1/6 (um sexto) e 1/3 (um terço) – art. 1º, §4º, II, da Lei 9.455/1997; **E:** incorreta. O art. 1º, §2º, da Lei 9.455/1997, dispõe que aquele que se omite em face das condutas tipificadas como tortura no art. 1º, e §1º, quando tinha o dever de evitá-las ou apurá-las, incorre na pena de detenção de 1 (um) a 4 (quatro) anos.

Gabarito "C".

3.8. LEI DE CRIMES PRATICADOS POR PREFEITOS (DECRETO-LEI 201/67)

(Técnico do Ministério Público – MPE-AL – COPEVE – UFAL – 2012) A Lei de Crimes dos Prefeitos (Decreto-Lei 201/67) prevê:

(A) detenção (3 meses a 3 anos), perda de cargo e inabilitação para exercício de função, cargo ou emprego público por 3 anos.

(B) detenção (3 meses a 6 anos), perda de cargo e inabilitação para exercício de função, cargo ou emprego público por 5 anos.

(C) detenção (3 meses a 6 anos), perda de cargo e inabilitação para exercício de função, cargo ou emprego público por 8 anos

(D) detenção (3 meses a 3 anos), perda de cargo e inabilitação para exercício de função, cargo ou emprego público por 5 anos.

(E) detenção (3 meses a 3 anos), perda de cargo e inabilitação para exercício de função, cargo ou emprego público por 8 anos.

O Decreto-Lei 201/67, que trata dos crimes praticados por Prefeitos, prevê, em seu art. 1º, §1º, além da pena de reclusão de 2 (dois) a 12 (doze) anos, a pena de detenção de 3 (três) meses a 3 (três) anos. Já o art. 1º, §2º, prevê as sanções penais de perda do cargo e inabilitação para o exercício de função, cargo ou emprego público pelo prazo de 5 (cinco) anos.

Gabarito "D".

3.9. LEI DE LICITAÇÕES (LEI 8.666/93)

(Técnico do Ministério Público – MPE-AL – COPEVE – UFAL – 2012) Qual das opções abaixo consta do Art. 93 da Lei 8.666/93, que trata da penalidade para o caso de existir impedimento, perturbação ou fraude na realização de qualquer ato de procedimento licitatório?

(A) Detenção de 6 (seis) meses a 3 (três) anos e multa.

(B) Detenção de 3 (três) meses a 2 (dois) anos e multa.

(C) Detenção de 5 (cinco) meses a 3 (três) anos e multa.

(D) Detenção de 6 (seis) meses a 2 (dois) anos e multa.

(E) Detenção de 5 (cinco) meses a 2 (dois) anos e multa.

O art. 93 da Lei 8.666/1993 traz em seu preceito secundário a pena de detenção de 6 (seis) meses a 2 (dois) anos, cumulada com multa. Assim, trata-se de infração de menor potencial ofensivo (art. 61 da Lei 9.099/1995), podendo o sujeito ativo, caso preencha os requisitos necessários, ser agraciado com todos os benefícios despenalizadores previstos na Lei 9.099/1995 e no CP (art. 44).

Gabarito "D".

3.10. ESTATUTO DO IDOSO (LEI 10.741/2003)

(Analista Jurídico – MPE-PA – FADESP – 2012) Abandonar o idoso em hospitais, casas de saúde, entidades de longa permanência ou congêneres, ou não prover suas necessidades básicas quando obrigado por lei ou mandado, sujeita o infrator a pena de detenção de seis meses a:

(A) dois anos, mais multa.

(B) três anos, mais multa.

(C) dois anos.

(D) três anos.

O enunciado reflete a conduta tipificada como crime no art. 98 da Lei 10.741/2003 (Estatuto do Idoso), que tem por preceito secundário a pena de detenção de seis meses a dois anos, além de multa. Trata-se, assim, de infração de menor potencial ofensivo (art. 61 da Lei 9.099/1995), o que autoriza, desde que preenchidos os requisitos legais, a concessão dos benefícios despenalizadores da Lei 9.099/1995, bem como do CP (art. 44).

Gabarito "B".

3.11. CRIMES CONTRA AS RELAÇÕES DE CONSUMO (LEI 8.137/90)

(Analista Ministerial Direito – MPE-AP – FCC – 2012) Sobre a Lei nº 8.137/90 analise as assertivas abaixo.

I. Constitui crime contra as relações de consumo formar acordo, convênio, ajuste ou aliança entre ofertantes, visando à fixação artificial de preços ou quantidades vendidas ou produzidas.

II. Nos crimes previstos nesta Lei, cometidos em quadrilha ou coautoria, o coautor ou partícipe que através de confissão espontânea revelar à autoridade policial ou judicial toda a trama delituosa terá a sua pena reduzida de um a dois terços.

III. Constitui crime contra as relações de consumo misturar gêneros e mercadorias de espécies diferentes, para vendê-los ou expô-los à venda como puros, não se punindo, neste caso, a modalidade culposa.

Está correto o que se afirma APENAS em:

(A) I.

(B) I e II.

(C) II.

(D) II e III.

(E) I e III.

I: incorreta. A conduta narrada na alternativa está tipificada como crime no art. 4º, II, *a*, da Lei 8.137/1990, que constitui, entretanto, crime contra a ordem econômica, e não crime contra as relações de consumo, visto que estes estão tipificados no art. 7º do mesmo diploma legal; **II:** correta. Trata-se de hipótese de delação premiada prevista no art. 16, parágrafo único, da Lei 8.137/1990; **III:** incorreta. A conduta descrita, com efeito, constitui crime contra as relações de consumo, nos termos do art. 7º, III, da Lei 8.137/1990. Contudo, a conduta também é punida na modalidade culposa, na hipótese de a mistura ocorrer em razão de imprudência, negligência ou imperícia do fornecedor, nos termos do art. 7º, parágrafo único, da Lei 8.137/1990. Na hipótese de culpa, há redução da pena de detenção em 1/3 e da multa à quinta parte.

Gabarito "C"

10. DIREITO PROCESSUAL PENAL

Lucas Corradini

1. INTRODUÇÃO AO PROCESSO PENAL

(Analista Ministerial Especialista - Ciências Jurídicas – MPE-TO – UFT--COPESE – 2010) Assinale a alternativa incorreta:

(A) O princípio da motivação das decisões judiciais garante que a privação da liberdade somente ocorrerá através de decisões judiciais fundamentadas, provenientes da autoridade competente.

(B) Só é lícito o uso de algemas em casos de resistência e de fundado receio de fuga ou de perigo à integridade física própria ou alheia, por parte do preso ou de terceiros, justificada a excepcionalidade por escrito, sob pena de responsabilidade disciplinar, civil e penal do agente ou da autoridade e de nulidade da prisão ou do ato processual a que se refere, sem prejuízo da responsabilidade civil do Estado.

(C) É direito do defensor, no interesse do representado, ter acesso amplo aos elementos de prova que, já documentados em procedimento investigatório realizado por órgão com competência de polícia judiciária, digam respeito ao exercício do direito de defesa.

(D) Do princípio da presunção da não culpabilidade decorre o direito do preso ser informado de seus direitos, entre os quais o de permanecer calado, sendo-lhe assegurada a assistência da família e de advogado.

A: incorreta. Na verdade, é o princípio a jurisdicionalidade (art. 5º, LXI, da CF) que informa a necessidade de a privação de liberdade ocorrer, sempre, por manifestação fundamentada da autoridade judicial competente. O princípio da motivação apenas garante que tal decisão, assim como todas as provenientes do Poder Judiciário, seja devidamente fundamentadas (art. 93, IX, da CF); **B:** correta. É o que preceitua a Súmula Vinculante 11; **C:** correta. É o que dispõe a Súmula Vinculante 14; **D:** correta. É o que dispõe o art. 5º, LXIII, da CF. O direito, agora do acusado, de permanecer em silêncio, decorrência da garantia do *nemo tenetur se detegere* (direito à não autoincriminação), foi repetido no CPP em seu art. 186, que trata das regras que deverão nortear o interrogatório. O direito à assistência familiar é fomentado pelo art. 306 do CPP, que prevê a comunicação da família do preso a respeito de sua prisão, ao passo que o direito à assistência por advogado ganha efetividade pela norma-regra do art. 306, §1º, do mesmo diploma legal, que prevê o encaminhamento de cópia integral do auto de prisão à Defensoria Pública, na hipótese de o preso não declinar o nome de seu advogado.
Gabarito "A"

(Analista Processual – MP-RO – FUNCAB – 2012) A respeito da lei processual penal, é correto afirmar:

(A) Não admite aplicação extensiva e interpretação analógica.

(B) O Código de Processo Penal é aplicável, sem ressalvas, em todo o território brasileiro.

(C) É regida pelas mesmas regras da lei penal material.

(D) Aplica-se tão logo entre em vigor.

(E) Admite retroatividade quanto a ato processual do réu.

A: incorreta. A lei processual penal admite interpretação (e não aplicação) extensiva e aplicação (e não interpretação) analógica, nos termos do art. 3º do CPP. Não se pode confundir, como fez a assertiva, a analogia com a interpretação analógica. Enquanto a analogia é método integrativo do ordenamento jurídico, apto a suprir lacunas da lei, a interpretação analógica é método interpretativo utilizado quando o legislador inicia conferindo exemplos específicos para, após, ampliar a possibilidade de incidência da norma com uma cláusula geral que, entretanto, deverá ser interpretada à luz das peculiaridades dadas nos exemplos certos. É o que ocorre nas qualificadoras do homicídio, quando o legislador, *v. g.*, aduz ser qualificado o homicídio praticado "com emprego de veneno, fogo, explosivo, asfixia, tortura ou outro meio insidioso [à exemplo do veneno] ou cruel [à exemplo da asfixia e da tortura] ou de que possa resultar perigo comum [à exemplo do explosivo ou do fogo]" (art. 121, §2º, III, do CP); **B:** incorreta. Ao dispor que o CPP é aplicável em todo o território brasileiro, seu art. 1º ressalva os tratados, as convenções e as regras de direito internacional (inciso I), as prerrogativas constitucionais relativas à funções públicas (inciso II), os processos de competência da Justiça Militar (inciso III), os de tribunal especial (inciso IV, embora se refira à Constituição de 1937) e os crimes de imprensa (inciso V, embora o STF, no julgamento da ADPF 130-7, tenha declarado a não recepção dos crimes de imprensa pela CF/88); **C:** incorreta. Apenas para exemplificar, as regras de contagem de prazo (art. 798, §1º, do CPP), do uso da analogia (art. 3º do CPP) e da solução de conflitos de lei no tempo (art. 2º do CPP) recebem, no processo penal, tratamento diverso do conferido à lei penal material; **D:** correta. Art. 2º do CPP; **E:** incorreta. Vale a regra do *tempus regit actum*, não havendo prejuízo da validade dos atos praticados sob égide da legislação anterior decorrente da superveniência do novo regramento, pelo que se conclui pela irretroatividade da lei processual penal (art. 2º do CPP). Diz-se, dessarte, que a legislação processual adotou a *teoria do isolamento dos atos processuais*, o que significa afirmar que a lei processual é aplicável, contemporaneamente, a cada ato do processo que for praticado sob sua vigência, respeitando-se, assim, as situações jurídicas consolidadas sob a vigência da norma revogada.
Gabarito "D"

(Analista de Promotoria - Assistente Jurídico – MP-SP – VUNESP – 2015) De acordo com o princípio da presunção de inocência, previsto no artigo 5º, inciso LVII, da Constituição Federal, explícito no processo penal,

(A) iniciada a ação penal e feita a citação, o réu não é obrigado a comparecer em Juízo e se autoacusar, mas, comparecendo, não tem direito ao silêncio.

(B) em caso de dúvida, por aplicação do princípio da prevalência do interesse da sociedade (*in dubio pro societate*), condena-se o acusado.

(C) o ônus da prova de inocência cabe à defesa, após recebimento da denúncia ou queixa-crime e consequente início da ação penal.

(D) surge como sua decorrência lógica, a indispensabilidade da medida cautelar extrema, de prisão, ainda que desnecessária à instrução e à ordem pública.

(E) presume-se inocente o acusado até pronunciamento de culpa, por sentença condenatória, transitada em julgado.

A: incorreta. Mesmo comparecendo em Juízo, o réu tem o direito de permanecer em silêncio, o que decorre do *nemo tenetur si detegere*, devendo o Juiz, no início do interrogatório, cientificá-lo a respeito de tal direito (art. 186 do CPP); **B:** incorreta. A regra de julgamento em vigor no CPP, consectário do princípio da presunção da não culpabilidade, é a do *in dubio pro reo*. Assim, em caso de dúvida, no momento da sentença, absolve-se o acusado. A regra do *in dubio pro societate* vigora em outros momentos processuais, tais como no oferecimento da peça acusatória e por ocasião da decisão de pronúncia; **C:** incorreta. Por força do princípio da presunção de não culpa, é a acusação quem deve provar a pretensão acusatória. Assim, não se desincumbindo de tal ônus o órgão de acusação, absolve-se o réu com fundamento no *in dubio pro reo*; D: incorreta. Por força do princípio da presunção de não culpabilidade, a prisão cautelar somente pode ser decretada havendo fundado motivo, com base nos pressupostos, fundamentos e hipóteses previstas em lei, não podendo configurar mera antecipação de pena. Assim, a prisão cautelar mostra-se como *ultima ratio* da *ultima ratio*, e somente deve ser decretada quando indispensável à garantia da ordem pública, da ordem econômica, da instrução criminal ou para assegurar a futura aplicação da lei penal; E: correta. É o que dispõe o art. 5º, LVII, da CF.

Gabarito "E".

2. INQUÉRITO POLICIAL

(Analista Ministerial Especialista - Ciências Jurídicas – MPE-TO – UFT-COPESE – 2010) Sobre Inquérito Policial assinale a alternativa incorreta:

(A) Nos crimes de ação pública o inquérito policial será iniciado de ofício ou mediante requisição da autoridade judiciária ou do Ministério Público, ou a requerimento do ofendido ou de quem tiver qualidade para representá-lo.

(B) Logo que tiver conhecimento da prática da infração penal, a autoridade policial deverá apreender os objetos que tiverem relação com o fato, após liberados pelos peritos criminais.

(C) O Ministério Público não poderá requerer a devolução do inquérito à autoridade policial, senão para novas diligências, imprescindíveis ao oferecimento da denúncia.

(D) Nos crimes de menor potencial ofensivo, a autoridade policial poderá arquivar autos do inquérito.

A: correta. É o que dispõe o art. 5º, I e II, do CPP; B: correta. É o que dispõe o art. 6º, II, do CPP; C: correta. É o que dispõe o art. 16 do CPP. O MP pode devolver os autos de investigação à autoridade policial caso vislumbre a necessidade de realização de diligência imprescindível à formação da *opinio delicti*, sem a qual não possa, desde logo, oferecer a denúncia, ou concluir pela promoção de arquivamento do caderno investigativo; D: incorreta. A autoridade policial nunca poderá arquivar autos do inquérito (art. 17 do CPP), visto que, por se o titular da ação penal, cumpre ao MP decidir se irá ou não promovê-la. Assim, o arquivamento de inquérito policial, ou do termo circunstanciado de ocorrência (no caso de infração de menor potencial ofensivo), somente poderá ser determinada pelo juiz, a pedido do MP.

Gabarito "D".

(Analista Ministerial Jurídico – MPE-PE – FCC – 2012) Instaurado o inquérito policial por crime de ação penal pública, a autoridade policial formulou pedido de prazo para a sua conclusão. O juiz, no entanto, entendendo que não há prova suficiente da autoria, a requerimento do indiciado, determinou o arquivamento dos autos. Nesse caso, o juiz:

(A) só poderia ordenar o arquivamento se houvesse requerimento do Ministério Público nesse sentido.

(B) só poderia ordenar o arquivamento antes do encerramento do inquérito se houvesse representação da autoridade policial nesse sentido.

(C) poderia mandar arquivar o inquérito independentemente do assentimento do Ministério Público e da autoridade policial.

(D) só poderia ordenar o arquivamento se o crime fosse de ação penal privada.

(E) só poderia ordenar o arquivamento se o crime fosse de ação penal pública condicionada à representação do ofendido.

Sendo o Ministério Público o titular privativo da ação penal pública (art. 129, I, da CF), compete a ele aferir a viabilidade, ou não, da ação penal e, assim, deliberar acerca do oferecimento da denúncia ou do arquivamento dos autos de inquérito policial. Diante disso, não pode o juiz, que atua como mero fiscalizador do princípio da obrigatoriedade da ação penal, promover de ofício o arquivamento dos autos do inquérito policial.

Gabarito "A".

(Analista – Direito – MPE-MG – 2012) Se o Promotor de Justiça requerer o arquivamento do inquérito policial, o Juiz:

(A) estará obrigado a arquivá-lo.

(B) intimará a vítima para que ela se manifeste, por meio de advogado, sobre o pedido de arquivamento, antes da decisão definitiva.

(C) poderá discordar e iniciar a ação penal de ofício.

(D) poderá discordar e remeter o inquérito ao Procurador-Geral de Justiça.

Na fase da investigação policial, diante de uma promoção de arquivamento, o juiz de direito funciona como fiscalizador do *princípio da obrigatoriedade da ação penal* (segundo o qual, havendo justa causa, o membro do Ministério Público está vinculado ao oferecimento da peça acusatória, não tendo liberdade para não fazê-lo). Nesta esteira, discordando do pedido de arquivamento, não poderá ele iniciar a ação penal de ofício, visto que, assim agindo, violaria diametralmente o sistema acusatório, que tem o Ministério Público como titular privativo da ação penal pública (art. 129, I, da CF). Deve, entretanto, aplicar a regra do art. 28 do CPP, remetendo os autos ao Procurador-Geral de Justiça, chefe do MP, que deterá a última palavra a respeito do arquivamento ou não. Assim, o PGJ poderá insistir no arquivamento, hipótese em que o juiz se verá obrigado a acatá-lo. Discordando do arquivamento, o PGJ poderá requisitar novas diligências ou, desde logo, oferecer denúncia, seja por si próprio, seja designando outro membro do MP para fazê-lo, quando este atuará como seu *longa manus*, não podendo opor a garantia da independência funcional como justificativa para deixar de intentar a ação penal.

Gabarito "D".

(Analista de Promotoria - Assistente Jurídico – MP-SP – VUNESP – 2015) O arquivamento de Inquérito Policial ocorre:

(A) por ordem do chefe de Polícia, dado o seu caráter administrativo.

(B) por ordem da autoridade judiciária, por falta de base para a denúncia.

(C) mediante requisição do Ministério Público, à autoridade policial, por falta de justa causa para a ação penal.

(D) pela autoridade policial, a pedido do curador especial nomeado para o indiciado, noticiada a sua inimputabilidade penal.

(E) por ordem da autoridade policial, constatada a ausência de indícios de autoria delitiva.

10. DIREITO PROCESSUAL PENAL

Embora seja, de fato, um procedimento administrativo prévio à ação penal, o inquérito policial não pode ser arquivado por ordem da autoridade policial, por inteligência da norma contida no art. 17 do CPP. Assim, o arquivamento sempre deverá ocorrer a partir de requerimento do membro do Ministério Público, titular privativo da ação penal, dirigido à autoridade judiciária, que, no caso, funcionará como fiscal do princípio da obrigatoriedade da ação penal (art. 28 do CPP). Assim, dispõe o art. 18 do CPP que o arquivamento do inquérito policial será ordenado pela autoridade judiciária, por falta de base para a denúncia.

Gabarito "B".

(Agente Técnico Jurídico – MPE-AM – FCC – 2013) João cometeu crime de ação penal pública incondicionada; José praticou delito de ação penal pública condicionada à representação do ofendido ou de quem tenha qualidade para representá-lo; Pedro cometeu crime de ação penal de iniciativa privada que somente pode ser ajuizada pelo ofendido ou por quem tenha qualidade para representá-lo. O delegado de polícia poderá iniciar o inquérito policial, de ofício, no que concerne à acusação contra:

(A) João, José e Pedro.
(B) José, apenas.
(C) João e José, apenas.
(D) Pedro, apenas.
(E) João, apenas.

Somente no caso do crime de ação pública incondicionada, praticada por João, o Delegado de Polícia poderá iniciar o inquérito policial de ofício. Quanto a tais delitos, o princípio da obrigatoriedade também incide sobre a fase pré-processual, tornando a instauração do persecutório obrigatório pela autoridade policial, que deverá agir de ofício quando tomar conhecimento da ocorrência de um crime de ação penal pública incondicionada. Na hipótese, o Delegado de Polícia pode tomar conhecimento da prática do crime por qualquer meio, seja pelo boletim de ocorrência lavrado, seja pela veiculação da notícia do delito em jornal de circulação, não havendo qualquer formalidade a ser seguida (art. 5º, I, do CPP). A instauração se dará por portaria, subscrita pela autoridade policial, na qual fará conter o objeto da investigação e as diligências iniciais que serão realizadas. É possível, ainda, a instauração do inquérito policial no crime de ação pública incondicionada mediante requerimento do ofendido, requisição do MP ou do juiz, notícia de qualquer do povo e auto de prisão em flagrante.

Na hipótese de crimes de ação penal pública condicionada, a instauração do inquérito policial fica condicionada à denominada *delatio criminis* postulatória, entendida como a manifestação inequívoca da vítima no sentido de que deseja ver o autor do delito processado (art. 5º, §4º, do CPP). Já na ação privada, é indispensável o requerimento do ofendido, ou de quem tenha qualidade para intentá-la (por exemplo, os herdeiros no caso de morte da vítima). É o que dispõe o art. 5º, §5º, do CPP.

Gabarito "E".

(Analista Ministerial Processual - Direito – MPE-MA – FCC – 2013) A respeito do inquérito policial, considere:

I. O inquérito policial regularmente instaurado por crime de ação penal pública poderá ser arquivado pela autoridade policial mediante requerimento escrito da vítima, ou de quem tenha qualidade para representá-la.

II. O inquérito, nos crimes em que a ação penal pública depender de representação, não poderá sem ela ser iniciado.

III. O ofendido ou seu representante legal e o indiciado poderão requerer qualquer diligência, cuja realização será obrigatoriamente determinada pela autoridade policial.

Está correto o que se afirma APENAS em:

(A) I e II.
(B) I e III.
(C) II e III.
(D) II.
(E) III.

I: incorreta. A autoridade policial não pode arquivar inquérito policial (art. 17 do CPP). O procedimento para o arquivamento do inquérito policial segue a iniciativa do Ministério Público, titular privativo da ação penal pública, sendo fiscalizado pelo juiz, que atua como fiscal do princípio da obrigatoriedade da ação penal e, caso discorde do arquivamento, pode se valer da regra do art. 28 do CPP; **II:** correta. É o que dispõe o art. 5º, §4º, do CPP; **III:** incorreta. Mesmo na ação penal privada, quem preside o inquérito policial é a autoridade policial. O ofendido, seu representante legal ou o indiciado, pode requerer diligências, mas estas serão ou não realizadas, a juízo da autoridade policial (art. 14 do CPP).

Gabarito "D".

(Analista – MPE-SE – FCC – 2013) Em relação ao inquérito policial,

(A) o ofendido, ou o seu representante legal, e o indiciado poderão requerer qualquer diligência, que será realizada, ou não, a juízo da autoridade.

(B) nos crimes de ação penal de iniciativa pública, somente pode ser iniciado de ofício.

(C) a autoridade policial poderá mandar arquivar os autos de inquérito policial em caso de evidente atipicidade da conduta investigada.

(D) se o indiciado estiver preso em flagrante, o inquérito policial deverá terminar no prazo máximo de cinco dias, salvo disposição em contrário.

(E) é indispensável à propositura da ação penal de iniciativa pública.

A: correta. É o que dispõe o art. 14 do CPP; **B:** incorreta. Uma das possibilidades é a instauração de ofício. No entanto, não é a única, podendo iniciar-se por representação da vítima, por notícia de qualquer do povo, pela prisão em flagrante e nas demais hipóteses previstas no art. 5º do CPP; **C:** incorreta. A autoridade policial nunca poderá mandar arquivar autos de inquérito policial (art. 17 do CPP). Como já visto, em função do sistema acusatório, compete ao MP requerer o arquivamento ao juiz, que funcionará como fiscal do princípio da obrigatoriedade da ação penal e, caso não concorde com a promoção de arquivamento, deverá adotar o procedimento previsto no art. 28 do CPP; **D:** incorreta. Nos termos do art. 10 do CPP, o inquérito policial deverá terminar no prazo de 10 (dez) dias se o investigado estiver preso; **E:** incorreta. O MP pode dispensar o inquérito policial quando lograr coligir os elementos de informação necessários à configuração da justa causa para a ação penal por outros meios (art. 39, §5º, do CPP).

Gabarito "A".

(Analista de Promotoria II – Agente de Promotoria – MPE-SP – IBFC 2013) De acordo com o Código de Processo Penal, dos atestados de antecedentes requeridos à autoridade policial:

(A) Poderão constar quaisquer anotações referentes a inquérito policial instaurado contra o requerente.

(B) Desde que não prejudique o sigilo das investigações, poderão constar quaisquer anotações referentes à instauração de inquérito contra o requerente.

(C) Não poderão constar quaisquer anotações referentes à instauração de inquérito contra o requerente.

(D) Desde que não ofenda a intimidade do investigado, poderão constar quaisquer informações referentes à instauração de inquérito contra o requerente.

(E) A juízo da autoridade policial, não poderão constar anotações referentes à instauração de inquérito que violem a intimidade do investigado.

Como corolário do princípio da presunção da não culpa (art. 5°, LVII, da CF), dispõe o art. 20, parágrafo único, do CPP, que "nos atestados de antecedentes que lhe forem solicitados, a autoridade policial não poderá mencionar quaisquer anotações referentes a instauração de inquérito policial contra os requerentes". Vale lembrar, ainda, que a Súmula 444 do STJ veda a utilização de inquéritos em curso para fins de agravar a pena-base.

Gabarito "C".

(Analista de Promotoria II – Agente de Promotoria – MPE-SP – IBFC 2013) Do despacho que indeferir o requerimento de abertura de inquérito policial:

(A) Caberá recurso ao Procurador Geral do Estado.
(B) Caberá recurso ao Promotor de Justiça.
(C) Caberá recurso ao Juiz de Direito.
(D) Caberá recurso ao Chefe de Polícia.
(E) Não caberá recurso.

Diante de uma requisição do Ministério Público ou da autoridade judiciária (art. 5°, II, do CPP), prevalece que a autoridade policial estará obrigada a instaurar o inquérito policial, por força do princípio da obrigatoriedade da ação penal. No entanto, em se tratando de requerimento do ofendido ou seu representante legal, é possível que o Delegado de Polícia indefira a instauração do inquérito policial, por entender que o fato não constitui crime, que já está extinta a punibilidade, ou que a *notitia criminis* é descabida. O art. 5°, §2°, do CPP, prevê que, nesta hipótese, caberá recurso inominado dirigido ao Chefe de Polícia. A depender do Estado, no âmbito da polícia civil, o chefe de polícia pode ser o Delegado-Geral de Polícia ou o Secretário de Segurança Pública.

Gabarito "D".

3. AÇÃO PENAL

(Oficial de Promotoria – MPE-SP – IBFC – 2011) No que se refere aos crimes de ação penal pública condicionada à representação, é correto afirmar que:

(A) a contagem do prazo decadencial de seis meses para representação tem por termo inicial a data de ocorrência do fato delituoso.
(B) a representação, em regra, será retratável até o recebimento da denúncia pelo magistrado.
(C) o prazo decadencial para o exercício do direito de representação interrompe-se com o recebimento da denúncia e com a prolação da sentença penal condenatória.
(D) nos crimes de ação penal pública condicionada à representação, caso ocorra o falecimento da vítima, o direito de representação passará ao cônjuge, ascendente, descendente ou irmão.

A: incorreta. O termo inicial da contagem do prazo decadencial para oferecimento da representação é a data em que a vítima toma ciência de quem foi o autor do delito, nos termos do art. 103 do CP, regra repetida no art. 38 do CPP; **B:** incorreta. Nos termos do art. 102 do CP, a representação será irretratável depois de oferecida a denúncia. A regra é repetida no art. 25 do CPP. Significa dizer que, até o ato de oferecimento da denúncia (protocolização da peça acusatória no cartório judicial ou distribuição da peça acusatória no sistema de processo digital), a vítima pode se retratar da representação oferecida, excluindo a condição de procedibilidade, declarando que não mais deseja ver o autor do fato processado. Na Lei Maria da Penha, nos termos de seu art. 16, a retratação somente pode ocorrer em audiência especialmente

designada para tal finalidade e perante o juiz, ouvido o MP. Nesta hipótese, a retratação pode ocorrer até o recebimento da peça acusatória; **C:** incorreta. O prazo decadencial não se interrompe nem se suspende. O prazo prescricional é que se interrompe com o recebimento de denúncia e com a publicação da sentença ou acórdão condenatórios (art. 117, I e IV, do CP); **D:** correta. É o que dispõe o art. 24, §1°, do CPP, indicando a transmissão do direito de representação ao cônjuge, ao ascendente, ao descendente ou ao irmão (C.A.D.I.).

Gabarito "D".

(Oficial de Promotoria – MPE-SP – IBFC – 2011) Analise as assertivas a seguir:

I. Verificando o órgão do Ministério Público a ausência de elementos para o oferecimento de denúncia contra o investigado, remeterá imediatamente os autos do inquérito policial ao Procurador-Geral de Justiça, o qual determinará o seu arquivamento ou designará outro membro do parquet para promover a ação penal.
II. É defeso ao Ministério Público desistir da ação penal proposta, exceto quando for autor de ação penal privada subsidiária da pública.
III. A denúncia será oferecida no prazo de cinco dias quando o acusado estiver preso provisoriamente e em trinta dias quando estiver solto.
IV. A morte do acusado, para fins de declaração de extinção da punibilidade pelo crime cometido, somente pode ser provada por meio da respectiva certidão de óbito.

Assinale a alternativa correta:

(A) Apenas os itens I, II e III estão incorretos.
(B) Apenas os itens I e IV estão incorretos.
(C) Todos os itens estão corretos.
(D) Todos os itens estão incorretos.

I: incorreta. O Ministério Público, sendo o titular privativo da ação penal (art. 129, I, da CF), e atento ao princípio da obrigatoriedade, pode deixar de exercê-la quando verificar, dentre outras questões, a ausência de prova da materialidade do fato e indícios suficientes de autoria, circunstâncias que caracterizam a inexistência de justa causa para a ação penal (art. 395, III, do CPP). No entanto, a promoção de arquivamento deve ser dirigida ao juiz de primeiro grau, que atua como fiscalizador da observância do princípio da obrigatoriedade da ação penal. Entendendo que tal princípio foi violado, e, assim, não ser caso de arquivamento, compete ao juiz remeter os autos ao Procurador-Geral de Justiça para que ele delibere sobre a persistência do arquivamento (que, assim ocorrendo, deverá ser acolhido sob pena de violação do sistema acusatório) ou a necessidade de oferecer a denúncia, quando poderá fazê-lo pessoalmente (em razão do princípio da unidade do MP) ou designar outro membro para tal mister (art. 28 do CPP); **II:** incorreta. Vigora sobre a ação penal pública o princípio da indisponibilidade, segundo o qual o MP não pode dela desistir (art. 42 do CPP). Ademais, o MP nunca é autor de ação privada, que é intentada, sempre, pela vítima ou seus sucessores. Na hipótese de ação penal privada subsidiária da pública, esta é intentada pela vítima ou seus sucessores diante da inércia do MP, na forma do art. 29 do CPP; **III:** incorreta. O prazo para deliberação no inquérito policial (oferecimento de denúncia, promoção de arquivamento ou requisição de novas diligências) é de 5 (cinco) dias para o investigado preso provisoriamente, mas de 15 (quinze) dias em caso de investigado solto (art. 46 do CPP); **IV:** correta. É o que dispõe o art. 62 do CPP. Cumpre relembrar que o STF entende que a decisão de extinção da punibilidade declarada com base em certidão de óbito falsa é inexistente. Em se tratando de decisão meramente declaratória, não subsiste o ato se o pressuposto fático que o ensejou é falso (HC 104.998). Assim, poderia o juiz retomar o curso do processo normalmente, sem prejuízo da adoção das providências cabíveis para a responsabilização penal do falsário.

Gabarito "A".

(Analista Ministerial - Direito – MPE-AP – FCC – 2012) Renato ajuizou ação penal privada contra Renê, imputando-lhe crimes de difamação e injúria. Recebida a queixa e designada audiência de instrução, Renato vem a óbito após um acidente de trânsito fatal em rodovia. Com o óbito do querelante,

(A) caberá ao Ministério Público prosseguir na ação penal, assumindo a posição do querelante.

(B) o direito de prosseguir na ação penal passará ao descendente, cônjuge, ascendente, irmão, nessa ordem.

(C) o direito de prosseguir na ação penal passará ao cônjuge, ascendente, descendente ou irmão, nesta ordem.

(D) a ação penal privada será arquivada diante do caráter personalíssimo desta, com a extinção da punibilidade do agente.

(E) o direito de prosseguir na ação penal passará, exclusivamente, aos descendentes ou ascendentes do ofendido.

Com o óbito do querelante, abre a possibilidade para que, no prazo de 60 (sessenta) dias, os herdeiros (cônjuge, ascendente, descendente e irmão – C.A.D.I.) assumam o polo ativo da ação penal. Não ocorrendo a habilitação no prazo legal, a punibilidade estará extinta pela perempção (art. 107, IV, última figura, do CP). É o que dispõe o art. 60, II, do CPP. Gabarito "C".

(Analista Ministerial Jurídico – MPE-PE – FCC – 2012) Em uma ação penal privada, o querelante deixou de formular pedido de condenação nas alegações finais, limitando-se a pedir que seja feita justiça. Nesse caso,

(A) só poderá condenar o réu se houver pedido de condenação por parte do Ministério Público.

(B) o juiz poderá condenar o querelado, se for essa a sua convicção.

(C) deverá absolver o querelado, em razão da ausência de pedido expresso de condenação pelo querelante.

(D) o juiz deverá considerar perempta a ação penal.

(E) poderá absolver o réu, se for essa a sua convicção e houver pedido expresso nesse sentido pelo Ministério Público.

Diferentemente do que ocorre na ação penal pública, que chega ao julgamento do mérito ainda que o Ministério Público, nas alegações finais, pugne pela absolvição do réu, na ação privada, a ausência de pedido de condenação nas alegações finais é causa de perempção, nos termos do art. 60, III, parte final, do CPP. Perempta a ação, deve ser declarada extinta a punibilidade do fato nos termos do art. 107, IV, última figura, do CPP, podendo o juiz fazê-lo de ofício (art. 61 do CPP). Gabarito "D".

(Agente Técnico Jurídico – MPE-AM – FCC – 2013) Na ação penal privada, o perdão:

(A) poderá ser concedido até o trânsito em julgado da sentença condenatória.

(B) concedido a um dos querelados não aproveitará os demais.

(C) produzirá efeito em relação ao querelado que o recusar.

(D) somente poderá ser expresso, por meio de declaração assinada pelo ofendido.

(E) não poderá ser aceito por procurador com poderes especiais.

A: correta. Nos termos do art. 106, §2º, do CP, não será admitido o perdão após o trânsito em julgado da sentença penal condenatória; **B:**

incorreta. Em razão do princípio da indivisibilidade da ação penal privada, o perdão concedido a um dos querelados aproveitará aos demais que o aceitarem (art. 51 do CPP); **C:** incorreta. O perdão é ato bilateral, devendo, obrigatoriamente, ser aceito pelo querelado, que poderá recusá-lo a fim de que o mérito do processo seja julgado, com o escopo de obter sentença absolutória. Destarte, o perdão não produzirá efeitos em relação ao querelado que o recusar (art. 51 do CPP); **D:** incorreta. O perdão poderá ser expresso ou tácito, este compreendido como o perdão representado por comportamentos do querelado indicativos de que não mais deseja ver a vítima processada. Na última hipótese, a comprovação do perdão poderá ser feita por todos os meios de prova pelo querelado (art. 57 do CPP); **E:** incorreta. O perdão poderá ser aceito por procurador com poderes especiais (art. 55 do CPP). Gabarito "A".

(Analista Ministerial Processual - Direito – MPE-MA – FCC – 2013) Na ação penal privada subsidiária da pública, o prazo para o ofendido ou seu representante legal ingressar com a queixa é de:

(A) quinze dias, contados do dia em que se esgotar o prazo para o oferecimento da denúncia.

(B) seis meses, contados da sua intimação da remessa do inquérito policial ao juízo competente.

(C) seis meses, contados da data em que tomou conhecimento do fato delituoso.

(D) quinze dias, contados da sua intimação da remessa do inquérito policial ao juízo competente.

(E) seis meses, contados do dia em que se esgotar o prazo para o oferecimento da denúncia.

No caso da ação penal privada subsidiária, o termo inicial do prazo decadencial para oferecimento da queixa é o dia em que se esgota o prazo previsto em lei para o oferecimento da denúncia, que, regra geral, é de 15 (quinze) dias para o investigado solto e 5 (cinco) dias para o preso (art. 46 do CPP). O ofendido decairá do direito à queixa subsidiária no prazo de 6 (seis) meses, contados a partir de então (art. 38 do CPP). Gabarito "E".

(Analista – MPE-SE – FCC – 2013) Nos casos de crimes processados mediante ação penal de iniciativa exclusivamente privada, o prazo máximo, em regra, para o oferecimento da queixa-crime é de:

(A) um mês, contado da data do fato.

(B) um mês, contado do dia em que o ofendido ou seu representante legal vier a saber quem é o autor do crime.

(C) seis meses, contados do dia em que o ofendido ou seu representante legal vier a saber quem é o autor do crime.

(D) três meses, contados do dia em que o ofendido ou seu representante legal vier a saber quem é o autor do crime.

(E) seis meses, contados da data do fato.

No caso de crime de ação penal privada, o ofendido dispõe do prazo decadencial de 6 (seis) meses para oferecer a queixa, prazo este que tem por termo inicial o dia em que o ofendido ou quem o represente toma conhecimento da autoria do delito (art. 38, "caput", do CPP). Gabarito "C".

(Analista - Direito – MPEMS – FGV – 2013) As *ações penais* podem ser classificadas como públicas incondicionadas, públicas condicionadas à representação ou à requisição do Ministro da Justiça ou ação penal privada.

A respeito dessas modalidades, assinale a afirmativa correta.

(A) A representação feita pelo ofendido é retratável até o momento do recebimento da denúncia.

(B) Seja qual for o crime, quando praticado em detrimento do patrimônio ou interesse da União, Estado ou Município, a ação penal será pública.

(C) O direito de representação não possui uma forma predeterminada, podendo ser exercido mediante declaração pessoal do ofendido ou de procurador com poderes gerais, de maneira escrita ou oral, feita ao juiz, ao órgão do Ministério Público ou à autoridade policial.

(D) No caso de morte do ofendido, se a ação penal de natureza privada não for classificada como personalíssima, o direito de oferecer queixa ou prosseguir na ação passará ao cônjuge, companheiro, ascendentes e descendentes, mas não ao irmão.

(E) O perdão independe de aceitação do querelado, tácita ou expressa.

A: incorreta. Nos termos do art. 25 do CPP, a representação será irretratável depois do oferecimento da denúncia, e não até o momento do seu recebimento; **B:** correta. É o que dispõe o art. 24, §2º, do CPP; **C:** incorreta. Para exercer o direito de representação em nome do ofendido, é necessário que o procurador possua poderes especiais, ou seja, que conste da procuração a outorga do mandato para o ato de oferecer representação, pelo crime específico, em face de pessoa determinada (art. 39, "caput", do CPP); **E:** incorreta. O perdão constitui ato bilateral, exigindo uma manifestação de vontade do querelante (que o oferece) e outra do querelado (que deve aceitá-lo). O silêncio do querelado, no entanto, é tido como manifestação de vontade neste caso (silêncio eloquente), e importará em aceitação. Tudo isto consta do art. 58 do CPP.

Gabarito "B".

(Analista Processual - Direito – MPE-AC – FMP – 2013) Assinale a alternativa correta.

(A) Em ocorrendo negligência na condução da ação penal privada subsidiária da pública, dela será afastado o querelante, que estará impedido de voltar a atuar nesse processo sob a condição de assistente do Ministério Público.

(B) Em ocorrendo negligência na condução da ação penal privada subsidiária da pública, dela não será afastado o querelante, devendo ser advertido pelo magistrado quanto à possibilidade de sua substituição por acusador nomeado pelo juízo.

(C) Em ocorrendo negligência na condução da ação penal privada subsidiária da pública, dela será afastado o querelante, que não estará impedido de voltar a atuar nesse processo sob a condição de assistente do Ministério Público.

(D) Em ocorrendo negligência na condução da ação penal privada personalíssima, dela será afastado o querelante, que estará impedido de voltar a atuar nesse processo sob a condição de assistente do Ministério Público.

(E) Em ocorrendo negligência na condução da ação penal privada subsidiária da pública, pelo juiz será declarada, de ofício, a extinção da punibilidade do agente em razão da incidência da perempção.

A: incorreta. Nos termos do art. 29 do CPP, diante da negligência do querelante no curso da ação penal privada subsidiária da pública, pode o MP retomar o polo ativo, situação que é denominada pela doutrina como *ação penal indireta*, não ocorrendo, portanto, a perempção, tal como se

dá na ação penal exclusivamente privada. No entanto, não há óbice para que o querelante se habilite como assistente da acusação no feito; **B:** incorreta. Como visto, o art. 29 do CPP dispõe que, havendo negligência do querelante, o MP retomará a ação penal como parte principal; **C:** correta. Como já visto, não há óbice para que o querelante negligente volte a atuar no feito, após a retomada da ação penal pelo MP (*ação penal indireta*) na qualidade de assistente da acusação; **D:** incorreta. Em se tratando de ação penal exclusivamente privada personalíssima, a negligência do querelante provocará a extinção da punibilidade do fato em razão da perempção (art. 60 do CPP); **E:** incorreta. Como a ação penal privada subsidiária tem, em sua essência, natureza de ação pública, não ocorre a perempção, podendo, nos termos do art. 29 do CPP, o MP retomar o polo ativo da demanda, situação denominada de *ação penal indireta*.

Gabarito "C".

4. AÇÃO CIVIL *EX DELICTO*

(Analista Jurídico – MPE-AL – COPEVE-UFAL – 2012) Acerca da ação civil *ex delicto*, assinale a opção correta.

(A) A procedência de revisão criminal que rescinda a sentença condenatória não impede o prosseguimento da ação civil para reparação do dano decorrente do crime.

(B) A reparação civil somente será possível depois do trânsito em julgado da sentença condenatória pelo dano.

(C) A fixação do valor mínimo do dano na sentença pelo juiz é causa impeditiva para o ajuizamento da ação civil *ex delicto*.

(D) O legislador brasileiro adotou o "sistema da livre escolha" que possibilita a parte obter a reparação civil pelo dano decorrente do crime, de forma alternativa, perante o juízo cível ou perante o juízo criminal.

(E) A vítima tem legitimidade ativa para propor ação civil *ex delicto*. Também são legitimados: o representante legal do ofendido, no caso do menor de 18 anos ou doente mental, e em caso de óbito ou de ausência, a legitimidade migra para os herdeiros.

A: incorreta. Dispõe o art. 626 do CPP que, "julgando procedente a revisão, o tribunal poderá alterar a classificação da infração, absolver o réu, modificar a pena ou anular o processo". Na hipótese de a revisão criminal absolver o réu, poderá ela impedir o prosseguimento da ação civil para reparação do dano decorrente do crime, quando reconhecer, categoricamente, a inexistência material do fato (art. 66 do CPP c.c. art. 935 do CC), quando ficar provado que o acusado não concorreu para a infração penal (com base em juízo de certeza, nos termos do art. 386, IV, do CPP), ou quando estiver provada a incidência de excludente de ilicitude, desde que o ofendido tenha dado causa à excludente (ex.: o ofendido praticou a agressão injusta que ensejou a reação, em legítima defesa, do acusado; ou o ofendido provocou o perigo que deu causa à atuação em legítima defesa). Diz-se que tais casos possuem *eficácia preclusiva subordinante*, na medida em que não admitem rediscussão na esfera cível. Cumpre relembrar que, no estado de necessidade agressivo (quando são atingidos com a conduta bens de terceiros estranhos ao fato), ainda que o perigo tenha sido causado pelo ofendido, remanesce o dever de indenizar os terceiros prejudicados (art. 929 do CC); **B:** incorreta. A vítima tem a faculdade de aguardar o trânsito em julgado da decisão condenatória, que consistirá em título executivo judicial e, assim, poderá ser objeto de ação de execução (art. 63 do CPP). No entanto, nada impede que ela, desde logo, promova ação civil de conhecimento pleiteando a condenação do acusado no pagamento de indenização, nos termos do art. 64 do CPP; **C:** incorreta. Nos termos do

10. DIREITO PROCESSUAL PENAL

art. 64 do CPP a ação civil *ex delicto* pode ser proposta antes mesmo do trânsito em julgado, sob a forma de processo de conhecimento. Mesmo após o trânsito em julgado, pode a vítima buscar o reconhecimento de valor maior que o mínimo fixado na sentença na forma do art. 387, IV, do CPP (art. 63, parágrafo único, do CPP). Ou seja, transitada em julgado a sentença que fixou o valor mínimo da indenização, pode o ofendido executar tal valor na esfera cível e, ao mesmo tempo, promover a liquidação da sentença condenatória para a apuração do valor do dano efetivamente sofrido; **D:** incorreta. O ordenamento jurídico pátrio adotou o sistema da independência, de modo que as duas ações (criminal e indenizatória) podem ser propostas concomitantemente. Diz-se, no entanto, haver uma mitigação do sistema da independência, na medida em que a decisão do Juízo criminal já afeta, ainda que em baixo grau, a matéria afeta ao juízo cível, visto que constitui o *an debeatur* e fixa o valor mínimo para a indenização; **E:** correta. É o que dispõe o art. 63, parte final, do CPP.

Gabarito "E"

5. JURISDIÇÃO E COMPETÊNCIA

(Analista Processual Administrativo – MPE-RJ – 2011) Hugo, Promotor de Justiça do Ministério Público do Estado do Rio de Janeiro, em razão de episódio ocorrido durante viagem ao Estado de São Paulo, após regularmente indiciado pela prática de crime eleitoral, foi denunciado. De acordo com a prerrogativa de foro outorgada pela Constituição aos membros do *Parquet*, regulamentada pela Lei Complementar n° 106/03, Hugo será processado e julgado:

(A) pelo Superior Tribunal de Justiça;
(B) pelo Tribunal de Justiça do Estado de São Paulo;
(C) pela Justiça Eleitoral;
(D) pelo Tribunal de Justiça do Rio de Janeiro;
(E) pela Justiça Federal.

Os membros do Ministério Público são detentores de foro por prerrogativa de função. Assim, nos termos do art. 96, III, da CF, compete aos Tribunais de Justiça julgar os membros do MP nos crimes comuns e de responsabilidade, ressalvada, entretanto, a competência da Justiça Eleitoral. Assim, visto que a exceção foi trazida pela própria CF, em caso de prática de crime eleitoral, o Promotor de Justiça deve ser julgado perante o Tribunal Regional Eleitoral (TRE), estendendo-se a ele, por força constitucional, a norma prevista no art. 29, I, *d*, do Código Eleitoral, destinada aos juízes eleitorais.

Gabarito "C"

(Analista Processual Administrativo – MPE-RJ – 2011) No dia 10 de dezembro de 2010, determinado Vereador de um Município do Rio de Janeiro foi denunciado, junto com outras nove pessoas não detentoras de foro por prerrogativa de função, pelos delitos de formação de quadrilha armada, extorsão, tortura e lesões corporais graves. Na cota da denúncia, além de outras providências e medidas cautelares, foi postulada a prisão preventiva do Vereador. Quanto à possibilidade de prisão, é correto afirmar que os vereadores:

(A) assim como os demais parlamentares federais e estaduais, gozam de incoercibilidade pessoal relativa, o que lhes assegura tratamento diferenciado em relação aos demais denunciados;
(B) ao contrário dos demais parlamentares federais e estaduais, gozam de incoercibilidade pessoal relativa, o que lhes assegura tratamento diferenciado em relação aos demais denunciados;

(C) assim como os demais parlamentares federais e estaduais, não gozam de incoercibilidade pessoal relativa, o que lhes impõe tratamento igualitário em relação aos demais denunciados;
(D) ao contrário dos demais parlamentares federais e estaduais, não gozam de incoercibilidade pessoal relativa, o que lhes impõe tratamento igualitário em relação aos demais denunciados;
(E) são detentores de imunidade material, o que, sob o enfoque processual, impede sua custódia cautelar, excetuados os casos de flagrante por crime inafiançável.

Os parlamentares municipais possuem imunidade absoluta em relação às suas opiniões, palavras e votos quando externadas no exercício da função legislativa (imunidade absoluta, prevista no art. 29, VIII, da CF). Não estão abrangidos, porém, pela imunidade relativa à prisão prevista na CF aos Deputados Federais (art. 53, §2°, da CF). Vale destacar que o STF já denominou tal imunidade, relativa à prisão, como incoercibilidade pessoal dos congressistas (*freedom from arrest*), termo que pode, então, ser utilizado como sinônimo. Inclusive, no que atine ao Estado do Rio de Janeiro, local de proveniência da questão, o STF, julgando ADI, já entendeu inconstitucional norma da Constituição Estadual Fluminense (art. 349) que estendia aos Vereadores prerrogativas garantidas na CF para os Deputados Federais (ADI 558). Assim, no caso do problema apresentado, não haverá distinção no tratamento dos Vereadores em relação aos corréus.

Gabarito "D"

(Oficial de Promotoria – MPE-SP – VUNESP – 2016) Nos termos do art. 40 do CPP, quando, em autos ou papéis de que conhecerem, os juízes ou tribunais verificarem a existência de crime de ação pública,

(A) cientificarão as partes para que, voluntariamente, retirem os papéis dos autos, sob pena de cientificação do Ministério público.
(B) instaurarão procedimento judicial de investigação sob sua própria presidência para cabal apuração dos fatos.
(C) remeterão ao Delegado de polícia as cópias e os documentos necessários ao oferecimento da denúncia.
(D) remeterão ao Ministério público as cópias e os documentos necessários ao oferecimento da denúncia.
(E) determinarão a imediata instauração de inquérito policial ou procedimento administrativo para a cabal apuração dos fatos.

O art. 40 do CPP dispõe que, ao tomar conhecimento da possível prática de crime de ação penal pública, os juízes ou tribunais remeterão ao Ministério Público as cópias e os documentos necessários ao oferecimento da denúncia.

Gabarito "D"

(Oficial de Promotoria – MPE-SP – VUNESP – 2016) Nos crimes de ação _____, esta será promovida por denúncia do Ministério Público, mas dependerá, quando a lei o exigir, de _____ do Ministro da Justiça, ou de _____ do ofendido ou de quem tiver qualidade para representá-lo.

Assinale a alternativa que, respectivamente, preenche, de modo tecnicamente correto, as lacunas.

(A) privada ... requisição ... autorização.
(B) pública ... requisição ... representação.
(C) privada ... autorização ... requisição.
(D) privada ... autorização ... representação.
(E) pública ... representação ... requisição.

O dispositivo reflete a redação do art. 24 do CPP, que aduz que "nos crimes de ação pública, esta será promovida por denúncia do Ministério Público, mas dependerá, quando a lei o exigir, de requisição do Ministro da Justiça, ou de representação do ofendido ou de quem tiver qualidade para representá-lo".

Gabarito "B".

(Técnico em Promotoria - Direito – MPE-PB – COMPERVE-UFRN) Vários são os tipos que definem a competência em matéria criminal. Sobre esse instituto do processo penal, é correto afirmar:

(A) A competência será determinada pela conexão, quando a prova de uma infração ou de qualquer de suas circunstâncias elementares influir na prova de outra infração.

(B) A competência será determinada pela continência quando, ocorrendo duas ou mais infrações, houverem sido praticadas, ao mesmo tempo, por várias pessoas reunidas, ou por várias pessoas em concurso, embora diverso o tempo e o lugar, ou por várias pessoas, umas contra as outras.

(C) Tratando-se de infração continuada ou permanente, praticada em território de duas ou mais jurisdições, a competência firmar-se-á pelo domicílio do réu.

(D) Na competência pela prerrogativa de função, competirá, privativamente, ao Supremo Tribunal Federal, processar e julgar os governadores por crimes comuns e de responsabilidade.

(E) A competência pelo domicílio ou residência do réu, se esse tiver mais de uma residência, firmar-se-á por aquele endereço mais antigo.

A: correta. O dispositivo traz a definição legal de conexão, na modalidade *probatória*, prevista no art. 76, III, do CPP; **B:** incorreta. O dispositivo não traz a definição de continência (art. 77 do CP). Com efeito, conceitua a conexão, em suas modalidades intersubjetivas (por simultaneidade, concursal e por reciprocidade), previstas no art. 76, I, do CPP; **C:** incorreta. No caso de infração continuada ou permanente, praticada em território de duas ou mais jurisdições, dispõe o art. 71 do CPP que a competência se firmará pela prevenção. Nos termos do art. 83 do CPP, a prevenção se verifica quando, concorrendo dois ou mais juízes igualmente competentes (como, no caso, os juízes das Comarcas em que foi praticada a infração continuada ou permanente), um deles antecedeu ao outro na prática de algum ato do processo, ou medida a este relativa, ainda que anterior ao oferecimento da denúncia ou queixa. Por exemplo, em uma cidade com mais de uma vara com competência criminal, o juiz que deferir a medida cautelar probatória (ex.: busca e apreensão, interceptação telefônica, quebra de sigilo fiscal ou bancário), será competente para julgar o processo criminal que dela decorrer; **D:** incorreta. Nos termos do art. 105, I, *a*, da CF, compete ao Superior Tribunal de Justiça julgar os Governadores do Estado e do Distrito Federal nos crimes comuns (nos quais se incluem os crimes eleitorais, consoante precedente do STF no HC 80.511/MG). Nos crimes de responsabilidade, a regra da competência depende de previsão na Constituição Estadual; **E:** incorreta. Nos termos do art. 72, §1°, do CPP, se o réu tiver mais de uma residência, a competência será firmada, mais uma vez, pela prevenção (art. 83 do CPP). Ademais, não pode ser esquecido que a regra da competência pelo domicílio do réu somente será utilizada quando for desconhecido o local da infração (art. 72 do CPP), ou, ainda que conhecido o local da infração, por opção do querelante, nos casos de ação penal privada (art. 73 do CPP).

Gabarito "A".

(Analista Ministerial - Direito – MPE-AP – FCC – 2012) Sobre a competência, de acordo com o Código de Processo Penal, analise as hipóteses abaixo.

I. Paulo responde processo por crime de homicídio na comarca de Macapá. Iran é arrolado como testemunha de defesa e ouvido na comarca de Oiapoque, por intermédio de carta precatória. Praticado falso testemunho pela testemunha Iran o juízo competente para processar e julgar este delito é o juízo deprecado, da comarca de Oiapoque.

II. No caso de crime de estelionato cometido por meio de saque em conta bancária, mediante uso de senha e de cartão magnético, a competência para processar e julgar é do local onde a conta corrente é mantida e não do local onde o dinheiro foi retirado.

III. Fabio comete 10 crimes de furto contra residências diversas, na mesma noite e em três cidades e comarcas vizinhas, em continuidade delitiva, com o mesmo *modus operandi*. Neste caso, os juízes das três comarcas são competentes para apuração da infração penal, firmando-se a competência pela prevenção.

Está correto o que se afirma APENAS em:

(A) I.

(B) I e III.

(C) II e III.

(D) I e II.

(E) II.

I: correta. O caso segue a regra geral do CPP, segundo a qual o Juízo competente, em um primeiro momento, é aquele no qual a infração se consumou (art. 70 do CPP); **II:** incorreta. A jurisprudência entende que, no delito de estelionato, a competência se firma no local onde o agente criminoso obteve a vantagem ilícita em prejuízo alheio, o que no caso se deu onde o dinheiro foi retirado. No entanto, a despeito de não haver maiores detalhes para assim se concluir, nos parece que a conduta narrada melhor se amolda ao delito de furto mediante fraude, visto que ninguém foi induzido ou mantido em erro para entregar o dinheiro ao sujeito ativo. Em se tratando de furto mediante fraude, a competência seria do local onde é mantida a conta bancária (foro da agência) e a impropriedade da assertiva residiria não na regra da competência, mas sim na definição do crime, que seria furto e não estelionato; **III:** correta. Os crimes praticados em continuidade têm a competência territorial determinada pela prevenção, nos termos do art. 71 do CPP.

Gabarito "B".

(Analista Ministerial Jurídico – MPE-PE – FCC – 2012) A doutrina denomina conexão instrumental a que ocorre quando:

(A) uma infração tiver sido praticada para facilitar ou ocultar outra.

(B) duas ou mais infrações forem praticadas, ao mesmo tempo, por várias pessoas reunidas.

(C) a prova de uma infração ou de qualquer de suas circunstâncias elementares influir na prova de outra infração.

(D) duas ou mais infrações forem praticadas por várias pessoas em concurso, embora diverso o tempo e o lugar.

(E) uma infração tiver sido praticada para conseguir impunidade ou vantagem de outra.

A doutrina denomina *conexão instrumental* aquela firmada em razão de a prova de uma infração, ou de qualquer de suas circunstâncias elementares, influir na prova de outra infração penal (art. 76, III, do CPP), sendo também conhecida como *conexão probatória*. Exemplo

10. DIREITO PROCESSUAL PENAL — 241

típico de *conexão probatória ou instrumental* ocorre no caso da comprovação do crime antecedente para a demonstração da ulterior lavagem de dinheiro.

Gabarito "C".

(Analista Ministerial Processual - Direito – MPE-MA – FCC – 2013)

Quando a execução de um delito tiver sido iniciada em uma comarca e a consumação ocorrer em outra, a competência será determinada:

(A) pelo lugar em que o delito se consumou.

(B) pelo lugar em que foi praticado o último ato de execução.

(C) pelo domicílio ou residência do réu.

(D) pelo domicílio ou residência da vítima.

(E) pela prevenção.

Nos termos do art. 70 do CPP, que adotou a teoria do resultado, a competência será determinada pelo local onde a infração se consumou. Logo, se a execução tiver se iniciado em uma localidade e terminado em outra, a competência será da última, local da consumação do crime.

Gabarito "A".

(Analista - Direito – MPE–MS – FGV – 2013) A competência em matéria penal, condicionando o exercício da jurisdição, representa um conjunto de regras que asseguram a eficácia do princípio da imparcialidade e, em especial, do juiz natural.

Sobre esse tema, assinale a afirmativa correta.

(A) Mesmo quando conhecido o local da infração, nos casos de exclusiva ação privada, o querelante poderá preferir o foro de sua residência ou domicílio.

(B) Quando houver conexão entre crime federal e estadual, a consequência necessária será a cisão dos processos, com julgamento na Justiça Federal e Estadual, respectivamente.

(C) Qualquer que seja o crime cometido, cabe ao Tribunal de Justiça julgar os juízes estaduais, do Distrito Federal e dos Territórios.

(D) A competência constitucional do Tribunal do Júri prevalece sobre o foro por prerrogativa de função, estabelecido "exclusivamente" pela Constituição estadual.

(E) O membro do Ministério Público estadual vinculado ao Tribunal de Justiça do Mato Grosso do Sul que cometer crime doloso contra a vida será julgado perante o Tribunal do Júri deste estado, qualquer que seja o local da infração, diante da previsão de foro por prerrogativa de função.

A: incorreta. Nos termos do art. 73 do CPP, sendo o crime de ação exclusivamente privada (excluída, portanto, a ação penal privada subsidiária da pública), pode o querelante optar por oferecer a queixa perante o foro do domicílio do querelado, e não no foro de seu próprio domicílio; **B:** incorreta. Nos termos da Súmula 122 do STJ, "Compete à Justiça Federal o processo e julgamento unificado dos crimes conexos de competência federal e estadual, não se aplicando a regra do art. 78, II, a, do CPP"; **C:** incorreta. O art. 96, III, da CF, que prevê a competência dos Tribunais de Justiça para julgar os seus juízes estaduais, ou do DF e Territórios, ressalva a competência da Justiça Eleitoral. Portanto, os juízes não serão julgados por seus respectivos Tribunais de Justiça na hipótese de crime eleitoral, ocasião na qual serão julgados pelo Tribunal Regional Eleitoral respectivo (art. 29, I, *d*, do Código Eleitoral); **D:** correta. É o que dispõe a Súmula 721 do STF; **E:** incorreta. O membro do MP que comete crime contra a vida é julgado pelo Tribunal de Justiça, e não pelo Tribunal do Júri, visto

que, a exemplo do que ocorrer com a competência do júri, o foro por prerrogativa de função do Promotor de Justiça também é matéria constitucional (art. 96, III, CF). E esta prevalece sobre a regra geral da competência do júri por força do princípio da especialidade. Quanto à competência territorial, é irrelevante na regra da competência por prerrogativa de função o local da infração. Qualquer que seja este, o julgamento do Promotor de Justiça se dará no Tribunal de Justiça do Estado no qual ele exerce suas atribuições. Diz-se, então, que a competência por prerrogativa de função exclui a regra da competência territorial (STJ, HC 97.152).

Gabarito "D".

(Analista de Promotoria - Assistente Jurídico – MP-SP – VUNESP – 2015)

Para delimitação de competência, entende-se por foro supletivo ou foro subsidiário, previsto no artigo 72, *caput*, do Código de Processo Penal,

(A) o do juízo prevento, na infração continuada ou permanente, praticada em território de duas ou mais jurisdições.

(B) o do lugar da infração à qual cominada pena mais grave.

(C) o de domicílio ou residência do réu, porque desconhecido o lugar da infração penal.

(D) o da residência da vítima, porque desconhecidos o paradeiro do réu, o local da consumação do delito e, na tentativa, o lugar em que praticado o último ato de execução.

(E) o do juízo da distribuição, porque desconhecidos o paradeiro do réu, o local da consumação do delito e, na tentativa, o lugar em que praticado o último ato de execução.

No Processo Penal, a competência territorial é, em regra, firmada pelo local em que se consumar a infração penal, ou, no caso de tentativa, pelo lugar em que for praticado o último ato de execução (art. 70 do CPP). No entanto, o CPP traz regras supletivas e subsidiárias, a fim de que, em todas as hipóteses possíveis, seja dado definir-se um juiz competente para apreciar a questão penal verificada. Assim, o art. 72 do CPP elege foros supletivos, ou subsidiários, que serão os competentes na hipótese de ser desconhecido o local de consumação da infração penal, ou da prática do último ato de execução. Neste caso, dispõe a norma em comento que a competência territorial se firmará no local de domicílio ou residência do réu.

Gabarito "C".

(Analista de Promotoria - Assistente Jurídico – MP-SP – VUNESP – 2015)

Com relação ao desaforamento de processo de competência do Tribunal do Júri, previsto nos artigos 427 e 428 do Código de Processo Penal, é correto afirmar que:

(A) ofende aos princípios do juiz e promotor natural e, portanto, não foi recepcionado pela Constituição Federal.

(B) ocorre em duas hipóteses taxativas: 1. se o interesse da ordem pública o reclamar e 2. se houver dúvida quanto à imparcialidade do júri.

(C) pode ser requerido, exclusivamente, pelo Ministério Público.

(D) constitui decisão que altera competência fixada pelos critérios do artigo 69 do Código de Processo Penal.

(E) não lhe pode ser atribuído efeito suspensivo, ainda que em caráter excepcional.

O desaforamento, nos processos de competência do Tribunal do Júri, é hipótese que altera a competência territorial, fixada com base no art. 69 do CPP. Justifica-se a alteração da competência pelo interesse reclamado pela ordem pública, pela dúvida sobre a imparcialidade dos

LUCAS CORRADINI

jurados, ou para garantir a segurança pessoal do acusado, valores que se sobrepõem à regra do juiz natural, deslocando o julgamento para outro foro.

Gabarito "D".

6. QUESTÕES INCIDENTAIS NO PROCESSO PENAL

(Analista de Promotoria I – Assistente Jurídico – MPE-SP – VUNESP – 2010)
Se a decisão sobre a existência da infração depender da solução de controvérsia, que o juiz repute séria e fundada, sobre o estado civil das pessoas, o curso da ação penal _____ até que no juízo cível seja a controvérsia dirimida por sentença _____, sem prejuízo, entretanto, da inquirição das testemunhas e _____.

Completam, adequada e respectivamente, as lacunas, de acordo com o texto do art. 92 do CPP, as expressões:

(A) ficará suspenso por até dois anos ... definitiva ... peritos.

(B) ficará suspenso ... passada em julgado ... de outras provas de natureza urgente.

(C) e da prescrição ficarão suspensos ... de primeiro grau ... interrogatório do acusado.

(D) ficará suspenso por até dois anos ... de primeiro grau ... interrogatório do acusado.

(E) será sobrestado por seis meses ... definitiva de mérito ... de outras provas de natureza urgente.

Dispõe o art. 92 do CPP que "se a decisão sobre a existência da infração depender da solução de controvérsia, que o juiz repute séria e fundada, sobre o estado civil das pessoas, o curso da ação penal *ficará suspenso* até que no juízo cível seja a controvérsia dirimida por sentença *passada em julgado*, sem prejuízo, entretanto, da inquirição das testemunhas e *de outras provas de natureza urgente.*" Trata-se de questão na qual o conhecimento da lei em sua literalidade, é indispensável para alcançar o êxito.

Gabarito "B".

7. PROVAS

(Técnico em Promotoria - Direito – MPE-PB – COMPERVE-UFRN) No título do Código de Processo Penal (CPP) que trata sobre a prova em matéria criminal, encontra-se a figura do interrogatório do acusado, que foi modificado pela Lei nº 10.792/03. Sobre a figura do interrogatório, é correto afirmar:

(A) O silêncio do interrogado será interpretado em prejuízo de sua defesa, porém não importará em confissão.

(B) Havendo mais de um acusado, serão eles interrogados de forma simultânea, no mesmo recinto, preservando o princípio da audiência.

(C) O interrogatório será constituído de três partes: sobre a pessoa do acusado, sobre a materialidade e sobre os fatos.

(D) O juiz poderá, a qualquer tempo, proceder a novo interrogatório de ofício ou a pedido fundamentado de qualquer das partes.

(E) Se o interrogado não souber escrever, não puder ou não quiser assinar, tal fato será consignado no termo e, neste último caso, será o réu advertido sobre o prejuízo para sua defesa.

A: incorreta. Decorre da máxima *nemo tenetur si detegere* que o silêncio do interrogado, que não é obrigado a produzir prova contra si mesmo, não poderá ser interpretado em seu prejuízo. É o que dispõe o art. 186,

parágrafo único, do CPP. Aliás, o "caput" do mesmo dispositivo legal prevê, na esteira do art. 8º, item 2, *g*, do Pacto de São José da Costa Rica (Decreto 678/1992, que tem status *supralegal* no entendimento do Supremo Tribunal Federal a respeito dos tratados internacionais de direitos humanos não aprovados na forma do art. 5º, §3º, da CF), que o juiz, antes de iniciar o interrogatório, deverá informar o réu de seu direito de permanecer calado e de não responder perguntas que lhe forem formuladas; **B:** incorreta. Nos termos do art. 191 do CPP, havendo mais de um acusado, serão interrogados separadamente; **C:** incorreta. Nos termos do art. 187 do CPP, o interrogatório será constituído de duas partes: a primeira sobre a pessoa do acusado (art. 187, §1º, do CPP); a segunda sobre os fatos (art. 187, §2º, do CPP); **D:** correta. Art. 196 do CPP; **E:** incorreta. O analfabetismo, e, até mesmo, o desejo de não assinar o termo de interrogatório, jamais poderão causar prejuízo ao indivíduo, inserindo-se dentro do direito de defesa do réu. A regra da consignação no termo da impossibilidade ou recusa da assinatura, sem qualquer ressalva de prejuízo à defesa, consta do art. 195 do CPP.

Gabarito "D".

(Analista de Promotoria I – Assistente Jurídico – MPE-SP – VUNESP – 2010) No que concerne às provas ilícitas e ao regramento expressamente trazido pelo CPP, considere as seguintes assertivas:

I. são inadmissíveis, devendo ser desentranhadas do processo, as provas ilícitas, assim entendidas as obtidas em violação a normas constitucionais ou legais;

II. são inadmissíveis as provas derivadas das ilícitas, salvo quando não evidenciado o nexo de causalidade entre umas e outras, ou quando as derivadas puderem ser obtidas por uma fonte independente das primeiras;

III. ao decidir pela ilicitude da prova, o juiz deve aplicar o princípio da razoabilidade, não afastando do processo as provas que sejam indispensáveis à condenação de acusados por crimes graves.

É correto o que se afirma em:

(A) I, apenas.

(B) II, apenas.

(C) I e II, apenas.

(D) II e III, apenas.

(E) I, II e III.

I: correta. É o que dispõe o art. 157 do CPP; **II:** correta. É o que dispõe o art. 157, §1º, do CPP, que consagrou a *teoria dos frutos da árvore envenenada*, também conhecida como *teoria da prova ilícita por derivação*; **III:** incorreta. As provas ilícitas devem ser desentranhadas do processo, não podendo, em nenhuma hipótese, embasar decisão condenatória. No entanto, há jurisprudência que defende a possibilidade de utilização da prova ilícita em proveito do acusado.

Gabarito "C".

(Analista de Promotoria I – Assistente Jurídico – MPE-SP – VUNESP – 2010)
Com relação aos exames de corpo de delito e às perícias em geral, o CPP:

(A) estabelece como indispensável a realização do exame de corpo de delito, haja ou não vestígio.

(B) faculta às partes a indicação de assistentes técnicos, mas não prevê a possibilidade de elas elaborarem quesitos.

(C) admite que a confissão do acusado, em alguns casos que especifica, possa suprir a ausência do exame de corpo de delito.

(D) determina que a perícia seja realizada, como regra, por perito oficial, portador de diploma de curso superior e faculta às partes a indicação de assistentes técnicos.

10. DIREITO PROCESSUAL PENAL 243

(E) admite que, na falta de perito oficial, possa o exame pericial ser realizado por 1 (um) perito *ad hoc*, que prestará compromisso de bem e fielmente desempenhará o encargo.

A: incorreta. Não havendo vestígios, como ocorre nos crimes de mera conduta e em alguns delitos formais, não há que se falar em realização de exame de corpo de delito, visto que tal perícia não teria qualquer objeto a ser examinado. Dissipando qualquer dúvida a respeito da incorreção da assertiva, o CPP dispõe, em seu art. 158, que "quando a infração deixar vestígios, será indispensável o exame de corpo de delito, direto ou indireto, não podendo supri-lo a confissão do acusado". Logo, não será indispensável quando da infração não advierem vestígios; **B: incorreta.** O art. 159, §3º, do CPP, permite que as partes indiquem assistente técnico, bem como, havendo assistente técnico ou não, formulem seus quesitos; **C: incorreta.** Como visto, o art. 158 do CPP dispõe, claramente, que, havendo vestígios, a confissão do acusado não pode suprir a falta do exame de corpo de delito; **D: correta.** É o que dispõe o art. 159 do CPP; **E: incorreta.** Como regra, a perícia deve ser realizada por perito oficial, portador de diploma de curso superior (art. 159 do CPP). Como exceção, na ausência do perito oficial, "[...] o exame será realizado por 2 (duas) pessoas idôneas, portadoras de diploma de curso superior preferencialmente na área específica, dentre as que tiverem habilidade técnica relacionada com a natureza do exame" (art. 159, §1º, do CPP).

Gabarito "D".

(Analista Processual Administrativo – MPE-RJ – 2011) Quanto ao tema "teoria da prova penal", assinale a alternativa na qual terminologia e conceito explicitado complementam-se corretamente:

(A) "meios de prova" são os procedimentos probatórios, pessoais ou materiais, por intermédio dos quais se levam ao processo os dados probatórios;

(B) "elemento de prova" é cada um dos dados objetivos que confirmam ou negam uma asserção a respeito de um fato que interessa à decisão da causa;

(C) "fonte de prova" é a previsão de um procedimento probatório típico para a produção de um determinado elemento de prova;

(D) "prova irritual" é aquela prova típica, utilizada ou para fins diversos daqueles que lhes são próprios, ou para fins característicos de outras provas típicas;

(E) "prova anômala" é aquela prova típica produzida sem a observância de seu procedimento probatório.

A: incorreta. Meios de prova são os procedimentos pelos quais se levam ao processo as fontes de provas. Por exemplo, a testemunha é a fonte probatória pessoal, ao passo que seu depoimento perante o juiz é o meio de prova; **B: correta.** A alternativa traz a definição certa de elemento de prova; **C: incorreta.** Fontes de provas são as pessoas ou objetos dos quais é possível extrair a prova. Na prova testemunhal, a prova é a testemunha (fonte de prova pessoal), ao passo que na prova documental, a fonte de prova é o documento (fonte de prova real); **D: incorreta.** Prova irritual é a prova típica (para a qual o ordenamento jurídico prevê um procedimento probatório) que foi, entretanto, produzida sem a observância do procedimento previsto em lei. Trata-se, portanto, de prova ilegítima, cuja nulidade pode ser substituída pela apresentação de declarações escritas. Ou seja, pretende-se colher o depoimento de testemunha, mas, ao invés de adotar o meio de prova correto (designação de audiência para colheita da prova testemunhal), quer-se conferir valor probatório de prova testemunhal

à documento firmado pela pessoa. Seguiu-se o procedimento da prova documental, ao invés da prova testemunhal, aí residindo a anomalia que a caracteriza.

Gabarito "B".

(Analista - Direito – MPE-MS – FGV – 2013) O juiz formará sua convicção pela livre apreciação da prova. Todas as provas são relativas, não ficando o magistrado subordinado a nenhum critério apriorístico no apurar, através dela, a verdade.

Sobre o direito probatório, de acordo com o Código de Processo Penal, assinale a afirmativa correta.

(A) É papel da testemunha sempre expor seus conhecimentos sobre os fatos, além de suas apreciações pessoais.

(B) A expedição de carta precatória para oitiva de testemunha suspende a instrução criminal.

(C) O juiz, ao verificar que a veracidade do depoimento da testemunha pode ficar comprometido pela presença do réu, causando humilhação, temor ou sério constrangimento à testemunha, determinará a retirada do réu, independente de qualquer medida anterior.

(D) Desde a reforma do Código de Processo Penal realizada pela Lei n. 11.690/2008, o interrogatório do réu no procedimento ordinário passou a ser feito pelo sistema *cross examination*, ou seja, primeiro as partes devem formular as perguntas ao réu. Ao magistrado cabe a complementação, formulando perguntas que entenda pertinente.

(E) O ofendido, quando devidamente intimado para prestar declarações sobre as circunstâncias da infração, pode ser conduzido à presença da autoridade, se deixar de comparecer sem justo motivo.

A: incorreta. É vedado à testemunha manifestar suas impressões pessoais, exceto quando estas foram indissociáveis do fato que está sendo narrado (art. 213 do CPP); **B: incorreta.** A expedição da carta precatória não suspenderá o curso da ação penal, consoante dispõe o art. 222 do CPP; **C: incorreta.** Se a testemunha não se sentir à vontade para depor na presença do réu, a regra geral exige que o depoimento seja tomado por videoconferência. Somente na hipótese de ser impossível a realização dessa modalidade de inquirição é que se autoriza a retirada do réu da sala de audiências (art. 217 do CPP); **D: incorreta.** No interrogatório, ainda vigora o sistema presidencialista, no qual o juiz, primeiro, faz sua inquirição ao acusado, abrindo-se possibilidade de perguntas das partes em momento subsequente. No entanto, tais perguntas são feitas por meio do magistrado (arts. 187 e 188 do CPP). Exceção se dá no procedimento especial do Tribunal do Júri, no qual as partes fazem suas perguntas diretamente ao acusado, nos termos do art. 474, §1º, do CPP. Diferentemente, no caso da prova testemunhal, a reforma mencionada do CPP adotou os sistemas do exame direto (*direct-examination*) e do exame cruzado pela parte contrária (*cross examination*). Neste, a testemunha é, desde logo, inquirida pela parte que o arrolou, que formula as perguntas sem intermediários (exame direto). Após, a parte contrária formula, outrossim, perguntas diretamente à testemunha de seu oponente processual (exame cruzado). É o que dispõe o art. 212 do CPP. Portanto, na prova testemunhal, o sistema presidencialista foi abolido; **E: correta.** Art. 201, §1º, do CPP.

Gabarito "E".

(Analista de Promotoria II – Agente de Promotoria – MPE-SP – IBFC – 2013) Com relação às provas e as disposições sobre sua admissibilidade no processo penal, assinale a alternativa **INCORRETA**:

(A) São inadmissíveis as provas obtidas em violação a normas constitucionais ou legais.

(B) São inadmissíveis as provas que mantenham nexo de causalidade com as provas ilícitas.

(C) São admissíveis as provas derivadas das ilícitas, quando, obtidas por si sós, seguindo os trâmites típicos e de praxe, próprios da investigação ou instrução criminal, sejam capazes de conduzir ao fato probando.

(D) As provas inadmissíveis, após decisão judicial, deverão ser desentranhadas do processo e inutilizadas, podendo as partes acompanhar o incidente.

(E) O juiz formará sua convicção pela livre apreciação da prova produzida em contraditório judicial. Entretanto, pode fundamentar sua decisão exclusivamente nos elementos informativos colhidos na investigação, por entender desnecessária a sua repetição.

A: correta. É o que dispõe o art. 157 do CPP. As provas obtidas em desacordo com as normas constitucionais são denominadas como provas ilícitas, ao passo que as provas obtidas em desacordo com a legislação são denominadas provas ilegítimas. Ambas são espécies do gênero provas ilegais e devem ser desentranhadas do processo; **B:** correto. Eis o que se denomina prova ilícita por derivação, por força da teoria dos frutos da árvore envenenada. É o que dispõe o art. 157, §1º, do CPP; **C:** correta. O CPP prevê algumas exceções às provas derivadas das ilícitas. A *teoria da fonte independente* considera admissível a prova derivada da ilícita quando demonstrado que ela foi obtida a partir fonte autônoma não maculada pela ilicitude. A teoria foi acolhida no art. 157, §1º, do CPP. Como exemplo da aplicabilidade da teoria no direito brasileiro, tem-se o HC 83.921, do STF, quando se decidiu que irregularidades no reconhecimento fotográfico feito na fase policial, sem observância do disposto no art. 226, I, do CPP, não maculam as provas produzidas, sob contraditório, na fase instrutória. Assim, considerou-se que a sentença condenatória estava "embasada em provas autônomas produzidas em juízo". Em continuidade, tem-se a *teoria da descoberta inevitável*, prevista no art. 157, §2º, do CPP (que, por impropriedade técnica, fala em *fonte independente*). Por esta, é admissível a prova que seria produzida de qualquer modo, ainda que não tivesse advindo aos autos a prova ilegal. Também é conhecida como *exceção da fonte hipotética independente*. Isso porque, hipoteticamente, é possível vislumbrar uma fonte independente da ilícita produzindo tal prova. Aqui, não é necessário que a prova tenha advindo de uma fonte autônoma. Pode, sim, ser derivada da prova ilegal, desde que se demonstre que ela teria surgido de todo modo, ainda que não existisse a prova ilícita. Apesar de algumas vozes pela inconstitucionalidade do art. 157, §2º, do CPP (por trazer exceção à regra constitucional que veda as provas ilícitas), o STJ já acolheu tal teoria no julgamento do HC 52.995. No caso, a prova impugnada como ilícita consistia num extrato bancário da conta da vítima, obtido irregularmente por um sobrinho, a demonstrar que o ofendido havia sofrido desfalques patrimoniais. Como a vítima havia, posteriormente à apresentação ilegal do documento, morrido e o sobrinho, na condição de herdeiro, após a habilitação do inventário, tomaria conhecimento do extrato obtido ilicitamente, o STJ considerou que a descoberta de tal prova seria inevitável, admitindo-a no processo penal; **E:** incorreta. Nos termos do art. 155 do CPP, os elementos informativos colhidos na investigação não podem, sozinhos, embasar uma condenação.

Gabarito "E"

(Analista de Promotoria II – Agente de Promotoria – MPE-SP – IBFC – 2013)

No que toca aos exames de corpo de delito e das perícias em geral, o Código de Processo Penal estabelece que:

I. Ainda que a infração deixe vestígios, o exame de corpo de delito poderá ser suprido pela confissão do acusado.

II. A autópsia será feita pelo menos seis horas depois do óbito, porém, nos casos de morte violenta, bastará

o simples exame externo do cadáver, quando não houver infração penal a apurar.

III. Os peritos oficiais prestarão o compromisso de bem e fielmente desempenhar o seu encargo.

IV. Não sendo possível o exame de corpo de delito, por haverem desparecido os vestígios, a prova testemunhal poderá suprir-lhe a falta.

Está CORRETO, apenas, o que se afirma em:

(A) III e IV.

(B) II e IV.

(C) I e IV.

(D) II e III.

(E) I, II, III e IV.

I: incorreta. O art. 158 do CPP dispõe que, se a infração deixar vestígios, o exame de corpo de delito será indispensável, não podendo ser suprido pela confissão do acusado; **II:** correta. Art. 162, e seu parágrafo único, do CPP; **III:** incorreta. O CPP, em seu art. 159, §2º, exige que apenas os peritos não oficiais prestem o compromisso; **IV:** correta. Art. 167 do CPP.

Gabarito "B"

(Analista de Promotoria II – Agente de Promotoria – MPE-SP – IBFC – 2013)

De acordo com o artigo 185, do Código de Processo Penal, o interrogatório do réu preso será realizado:

(A) No estabelecimento prisional, em sala própria, que garanta a publicidade do ato e a segurança de todos os envolvidos.

(B) Em juízo, apenas se não for possível sua realização no estabelecimento prisional.

(C) Em juízo, apenas se não for possível sua realização por sistema de videoconferência.

(D) Sempre em juízo.

(E) Preferencialmente por sistema de videoconferência.

O art. 185, §1º, do CPP traz a regra geral do interrogatório (pouquíssimo utilizada na prática, dados os conhecidos problemas estruturais dos estabelecimentos prisionais, bem como questões relativas à segurança dos operadores do direito), exigindo que ele seja realizado no estabelecimento prisional, em sala própria. O próprio dispositivo, atento à realidade já mencionada, excepciona a regra na hipótese de não haver meios de garantir a segurança dos envolvidos, bem como a publicidade do ato (qualquer pessoa, não havendo segredo de justiça, pode acompanhar a realização do ato processual). Não sendo possível seguir a regra geral, deve ser realizada a videoconferência (art. 185, §2º, do CPP) e, somente caso esta não se mostre possível (p. ex., por inviabilidade técnica, visto que depende da instalação de recursos de tecnologia), será o réu preso requisitado (art. 185, §7º, do CPP), situação esta que se mostra a mais rotineira na prática forense penal. Como vista, a regra geral acaba, na realidade, sendo a exceção, ao passo que a exceção (requisição do réu preso), torna-se a regra.

Gabarito "A"

(Analista de Promotoria II – Agente de Promotoria – MPE-SP – IBFC – 2013)

Nos termos do artigo 206, do Código de Processo Penal, "a testemunha não poderá eximir-se da obrigação de depor". Poderão, entretanto, recusar-se a fazê-lo:

(A) O ascendente ou descendente, o afim em linha reta, o cônjuge, ainda que desquitado, o irmão e o pai, a mãe, ou o filho adotivo do acusado, em todas as hipóteses.

(B) Exclusivamente o ascendente ou descendente, o cônjuge, ainda que desquitado, o irmão e o pai, a mãe, ou o filho adotivo do acusado, salvo quando não for possível, por outro modo, obter-se ou integrar-se a prova do fato e de suas circunstâncias.

(C) O ascendente ou descendente, o afim em linha reta, o cônjuge, ainda que desquitado, o irmão e o pai, a mãe, ou o filho adotivo do acusado, salvo quando não for possível, por outro modo, obter-se ou integrar-se a prova do fato e de suas circunstâncias.

(D) Exclusivamente o ascendente ou descendente, o afim em linha reta, o cônjuge, ainda que desquitado, o pai, a mãe, ou o filho adotivo do acusado, salvo quando não for possível, por outro modo, obter-se ou integrar-se a prova do fato e de suas circunstâncias.

(E) O ascendente ou descendente, o afim em linha reta, o irmão e o pai, a mãe, ou o filho adotivo do acusado, em qualquer hipótese.

A: incorreta. Tais pessoas, de fato, podem se recusar a depor. No entanto, não em todas as hipóteses. O art. 206 do CPP dispõe que a recusa ao depoimento não poderá ocorrer quando não for possível, por outro modo, obter-se ou integrar-se a prova do fato e de suas circunstâncias; **B:** incorreta. O art. 206 do CPP inclui, ainda, a possibilidade de recusa do depoimento pelo afim em linha reta (ex.: sogro ou sogra); **C:** correta. É o que dispõe o art. 206 do CPP; **D:** incorreta. O art. 206 do CPP inclui o irmão; **E:** incorreta. Como visto, há exceções na recusa ao depoimento, direito este que é conferido, também, ao cônjuge, ainda que desquitado.
Gabarito "C".

(Analista de Promotoria II – Agente de Promotoria – MPE-SP – IBFC – 2013) A acareação, de acordo com o Código de Processo Penal, é admitida:

(A) Apenas entre acusados, sempre que divergirem, em suas declarações, sobre fatos ou circunstâncias relevantes.

(B) Apenas entre acusados e entre acusado e testemunha, sempre que divergirem, em suas declarações.

(C) Entre acusados, entre acusado e testemunha, entre testemunhas, entre acusado ou testemunha e a pessoa ofendida, e entre as pessoas ofendidas, sempre que divergirem, em suas declarações, sobre fatos ou circunstâncias relevantes.

(D) Apenas entre testemunhas, sempre que divergirem, em suas declarações.

(E) Apenas entre as pessoas ofendidas, sempre que divergirem, em suas declarações, sobre fatos ou circunstâncias relevantes.

Nos termos do art. 229 do CPP, a acareação é admitida entre acusados, entre estes e as testemunhas, entre testemunhas, entre acusado ou testemunha e o ofendido, bem como entre os ofendidos. Ou seja, é possível a acareação em todas as possibilidades de confrontação envolvendo acusado, testemunha e vítima.
Gabarito "C".

(Analista de Promotoria II – Agente de Promotoria – MPE-SP – IBFC – 2013) Com relação à busca pessoal, é CORRETO afirmar:

(A) A busca pessoal em mulher sempre será feita por outra mulher, sob pena de abuso de autoridade.

(B) A busca pessoal em mulher será feita por outra mulher, desde que não importe prejuízo da diligência.

(C) Assim como a busca domiciliar, a busca pessoal, em razão do direito à intimidade, sempre dependerá de mandado judicial.

(D) A busca pessoal depende de mandado judicial.

(E) A autoridade policial, segundo seu livre arbítrio, poderá proceder à busca pessoal.

A: incorreta. A busca pessoal em mulher deve ser realizada por outra mulher, salvo se importar em retardamento ou prejuízo da diligência, hipótese em que é admitida a busca pessoal, em mulher, realizada por homem (art. 249 do CPP); **B:** correto. Art. 249 do CPP; **C:** incorreta. A busca pessoal independerá de mandado judicial, bastando haver situação de prisão ou fundada suspeita de que a pessoa esteja em poder de objeto que constitua corpo de delito (art. 244 do CPP); **D:** incorreta. Art. 244 do CPP; **E:** incorreta. A busca pessoal é possível diante de prisão ou fundada suspeita de que a pessoa esteja em poder de objeto que constitua corpo de delito (art. 244 do CPP).
Gabarito "B".

(Analista Jurídico – MPE-CE – FCC – 2013) Sobre a produção de prova no inquérito policial, é correto afirmar:

(A) Exige repetição em juízo mesmo quanto às de natureza técnica, científica ou pericial.

(B) É produzida exclusivamente pela autoridade policial sem interferência do Ministério Público ou do indiciado ou do ofendido.

(C) Tem oportunidade para o contraditório quando o ofendido, ou seu representante legal, e o indiciado requererem qualquer diligência.

(D) Dispensa confirmação judicial nas hipóteses de confissão presenciada por advogado constituído do indiciado.

(E) É produzida sem intervenção da defesa técnica, por seu caráter indiciário, sendo possível à autoridade policial interrogar sigilosamente o indiciado.

A: incorreta. O art. 155 do CPP deixa claro que o juiz pode se basear nas provas cautelares, não repetíveis e antecipadas produzidas no inquérito policial. É o caso das provas de natureza técnica, científica ou pericial, consideradas não repetíveis, visto que, uma vez coletadas, não podem ser novamente produzidas em virtude do desaparecimento dos vestígios. Sobre elas, exerce-se o contraditório diferido, ou seja, postergado à fase instrutória, consoante não deixa qualquer dúvida o art. 159, §5º, I, do CPP, que permite às partes pleitearem esclarecimentos do perito na fase da instrução; **B:** incorreta. Nada impede que haja interferência do ofendido, do indiciado ou do Ministério Público na colheita dos elementos informativos do inquérito policial. Quanto ao ofendido e ao indiciado, a possibilidade de eles requererem diligências à autoridade policial consta do art. 14 do CPP. Já o MP, poderá requisitar as diligências indispensáveis à formação do *opinio delicti*, ainda que após a conclusão das investigações (arts. 16 e 47 do CPP); **C:** correta. Eis o que se extrai do art. 14 do CPP e do teor da Súmula Vinculante 14; **D:** incorreta. Aplica-se ao caso a regra geral do art. 155 do CPP, segundo a qual os elementos do inquérito policial não podem, isoladamente, embasar a condenação. Assim, a confissão extrajudicial somente poderá ganhar relevância se abarcada por provas produzidas sob contraditório; **E:** incorreta. Embora não seja imprescindível o acompanhamento por advogado, o ato do interrogatório extrajudicial segue, no que couber, o interrogatório judicial (art. 6º, V, do CPP), não podendo ser sigiloso. Prevalece que o investigado tem o direito de se fazer acompanhar pelo defensor, a despeito de a ausência deste não macular o ato, dado o caráter inquisitivo do persecutório policial.
Gabarito "C".

(Analista de Promotoria - Assistente Jurídico – MP-SP – VUNESP – 2015) Assinale a alternativa correta quanto ao depoimento de testemunha por carta precatória, disciplinado pelo artigo 222 do Código de Processo Penal.

(A) Há vedação legal à colheita do depoimento testemunhal deprecado, por meio de videoconferência.

(B) A expedição da carta precatória suspende a instrução criminal.

(C) Se intimada, por carta precatória, a testemunha que morar fora da jurisdição do juiz, deverá comparecer para sua oitiva, pelo Juízo Deprecante, sob pena de condução coercitiva.

(D) Anotado prazo razoável para o cumprimento, o seu decurso permite a realização do julgamento, mas, a todo tempo, a carta precatória, uma vez devolvida, será junta aos autos.

(E) Desnecessária a intimação das partes, da expedição da carta precatória, por se tratar de ato ordinatório.

A: incorreta. O art. 222, §3º, do CPP, autoriza a colheita do depoimento da testemunha em carta precatória por meio da videoconferência ou outro recurso tecnológico de transmissão de sons e imagens em tempo real; **B:** incorreta. Nos termos do art. 222, §1º, do CPP, a expedição da carta precatória não suspenderá a instrução criminal; **C:** incorreta. O art. 222, "caput", do CPP, dispõe que a testemunha que morar fora da jurisdição do juiz será inquirida pelo juiz do lugar de sua residência. Portanto, a carta precatória não pode servir, apenas, à sua intimação para comparecer no Juízo deprecante. Se realizada intimação nesses termos, a ausência da testemunha não implicará em sua condução coercitiva, visto que o dever previsto em lei é para comparecimento no Juízo do foro de seu domicílio, e não em Juízo diverso; **D:** correta. É o que dispõe o art. 222 do CPP; **E:** incorreta. As partes devem ser intimadas da expedição da carta precatória (art. 222, "caput", do CPP), sob pena de nulidade do ato a ser praticado no Juízo deprecado. Frise-se, porém, que se trata de nulidade relativa, que, portanto, depende da demonstração do prejuízo (Súmula 155 do STF). Anote-se, ainda, que uma vez intimadas as partes da expedição da carta precatória, inexiste necessidade de nova intimação a respeito da data designada para o ato. Assim, se as partes forem intimadas da expedição da carta precatória, não há nulidade em decorrência da não intimação da data da audiência para oitiva das testemunhas (Súmula 273 do STJ).

Gabarito "D".

(Analista de Promotoria - Assistente Jurídico – MP-SP – VUNESP – 2015) Nos termos do artigo 149, *caput*, do Código de Processo Penal, quando houver dúvida sobre a integridade mental do acusado, o juiz:

(A) ordenará, de ofício ou a requerimento do Ministério Público, o arquivamento da ação penal, dispensável o exame médico-legal, ante o disposto no artigo 18 do mesmo diploma legal.

(B) ordenará, de ofício ou a requerimento do Ministério Público, do defensor, do curador, do ascendente, descendente, irmão ou cônjuge do acusado, seja este submetido a exame médico-legal.

(C) ordenará a soltura do acusado, se estiver preso, para comparecimento em manicômio judiciário, onde será submetido a exame médico-legal.

(D) ordenará, a requerimento do Ministério Público, do defensor, do curador, do ascendente, descendente, irmão ou cônjuge do acusado, seja este submetido a exame médico-legal.

(E) designará data para interrogatório, ocasião em que determinará o arquivamento da ação penal, condicionado a parecer médico-legal de inimputabilidade mental.

Dispõe o art. 149 do CPP que, "quando houver dúvida sobre a integridade mental do acusado, o juiz ordenará, de ofício ou a requerimento do Ministério Público, do defensor do curador, do ascendente, do descendente, irmão ou cônjuge do acusado, seja este submetido a exame médico legal".

Gabarito "B".

8. SUJEITOS DO PROCESSO

(Analista Ministerial Especialista - Ciências Jurídicas – MPE-TO – UFT- -COPESE – 2010) Assinale a alternativa incorreta:

(A) A impossibilidade de identificação do acusado com o seu verdadeiro nome ou outros qualificativos não retardará a ação penal, quando certa a identidade física. A qualquer tempo, no curso do processo, do julgamento ou da execução da sentença, se for descoberta a sua qualificação, far-se-á a retificação, por termo, nos autos, sem prejuízo da validade dos atos precedentes.

(B) A admissão de assistente não dependerá de prévia oitiva do Ministério Público.

(C) O defensor não poderá abandonar o processo senão por motivo imperioso, comunicado previamente o juiz, sob pena de multa de dez a cem salários mínimos, sem prejuízo das demais sanções cabíveis.

(D) A constituição de defensor independerá de instrumento de mandato, se o acusado o indicar por ocasião do interrogatório.

A: correta. É o que dispõe o art. 259 do CPP; **B:** incorreta. O art. 272 do CPP dispõe que o Ministério Público será ouvido previamente sobre a admissão do assistente; **C:** correta. É o que dispõe o art. 265 do CPP; **D:** correta. É o que dispõe o art. 266 do CPP.

Gabarito "B".

(Analista Jurídico – MPE-AL – COPEVE-UFAL – 2012) Acerca dos sujeitos no processo penal, assinale a opção correta.

(A) O juiz não é suspeito ou impedido de atuar no mesmo órgão jurisdicional colegiado com seu sobrinho também juiz do mesmo tribunal.

(B) O juiz deverá se dar por suspeito quando tiver orientado quaisquer das partes.

(C) Estará impedido de atuar no processo o juiz que for credor do acusado.

(D) O juiz deve averbar-se suspeito quando tiver funcionado no processo como promotor de justiça em razão de investidura anterior.

(E) O juiz é considerado impedido quando for amigo íntimo de quaisquer das partes.

A: incorreta. Dispõe o art. 253 do CPP que "nos juízos coletivos, não poderão servir no mesmo processo os juízes que forem entre si parentes, consanguíneos ou afins, em linha reta ou colateral até o terceiro grau, inclusive". O sobrinho é parente em terceiro grau na linha colateral, sendo hipótese, portanto, de suspeição; **B:** correto. A alternativa traz a hipótese de suspeição prevista no art. 254, IV, do CPP; **C:** incorreta. O juiz credor de qualquer das partes é suspeito, e não impedido, de atuar no feito (art. 254, V, do CPP); **D:** incorreta. O juiz, na hipótese de ter funcionado anteriormente no processo como órgão do Ministério Público, é impedido de julgá-lo, e não suspeito, nos termos do art. 252, I, do CPP; **E:** incorreta. Novamente, a alternativa inverte a hipótese de suspeição com a de impedimento, ressaltando a necessidade de bem memorizá-las. No caso de o juiz ser amigo íntimo ou inimigo capital de qualquer das partes, a hipótese é de suspeição (art. 254, I, do CPP).

Gabarito "B".

(Analista – Direito – MPE-MG – 2012) Sobre os poderes do Assistente de Acusação, marque a alternativa **INCORRETA**.

(A) Ele pode propor provas.

(B) Ele pode participar da instrução.

(C) Ele pode recorrer de decisão condenatória pedindo aumento de pena.

10. DIREITO PROCESSUAL PENAL

(D) Ele pode apresentar alegações finais.

Nos termos do art. 271 do CPP, o assistente da acusação pode propor provas, requerer perguntas às testemunhas (ou seja, participar da instrução), participar do debate oral (ou seja, apresentar alegações finais), dentre outros poderes processuais. No que atine ao recurso, diz-se que a legitimação recursal do assistente é restrita e subsidiária. O art. 598 do CPP dispõe que o assistente de acusação pode recorrer na hipótese de não ter sido manejado o recurso pelo MP, no que sua atuação seria subsidiária. Além disso, a doutrina entende que o interesse do assistente é, unicamente, a formação do título executivo judicial para posterior execução no juízo cível. Com base nisso, somente poderia atacar as decisões de impronúncia, absolvição (casos de apelação) e extinção da punibilidade (caso de RESE), não possuindo interesse para recorrer, como no caso, para aumentar a pena. Vale consignar que, em que pese ainda majoritário, tal entendimento vem sucumbindo diante de vozes que entendem que o interesse processual do assistente vai além do desejo de indenização, atingindo o escopo de obter uma condenação justa. Neste sentido, decidiu o STJ no REsp 696.038.
Gabarito "C".

(Analista - Direito – MPE-MS – FGV – 2013) O Ministério Público é instituição permanente, essencial à função jurisdicional do Estado, incumbido-lhe a defesa da ordem jurídica, do regime democrático e dos interesses sociais e individuais indisponíveis (art. 127 da Constituição).

A esse respeito, analise as afirmativas a seguir.

I. Os órgãos do Ministério Público não funcionarão nos processos em que o juiz ou qualquer das partes for seu cônjuge, ou parente, consanguíneo ou afim, em linha reta ou colateral, até o terceiro grau, inclusive, e a eles se estendem, no que lhes for aplicável, as prescrições relativas à suspeição e aos impedimentos dos juízes.

II. A participação de membro do Ministério Público na fase investigatória criminal não acarreta impedimento ou suspeição para o oferecimento da denúncia.

III. No caso de ação penal privada subsidiária da pública, cabe ao Ministério Público aditar a queixa, repudiá-la e oferecer denúncia substitutiva, interpor recurso e, no caso de negligência do querelante e desde que haja sua concordância, retomar a ação penal como parte principal.

Assinale:

(A) se somente a afirmativa I estiver correta.
(B) se somente a afirmativa II estiver correta.
(C) se somente a afirmativa III estiver correta.
(D) se somente as afirmativas I e II estiverem corretas.
(E) se todas as afirmativas estiverem corretas.

I: correta. Ar. 258 do CPP; **II:** correta. É o que dispõe a Súmula 234 do STJ; **III:** incorreta. A assertiva remete ao art. 29 do CPP que, entretanto, não exige concordância do querelante negligente na hipótese da retomada da ação penal pelo MP.
Gabarito "D".

(Analista Processual - Direito – MPE-AC – FMP – 2013) Assinale a alternativa correta.

(A) O membro do Ministério Público que, no primeiro grau de jurisdição, houver dado início a processo de natureza criminal, poderá, posteriormente, vir a atuar nesse mesmo processo, em sede de segundo grau de jurisdição, desde que não haja requerido a procedência da ação penal por ele mesmo ajuizada.

(B) O membro do Ministério Público que, no primeiro grau de jurisdição, houver dado início a processo de natureza criminal, não poderá, posteriormente, vir a atuar nesse mesmo processo, em sede de segundo grau de jurisdição, mesmo que não haja requerido a procedência da ação penal por ele mesmo ajuizada.

(C) O membro do Ministério Público que houver presidido procedimento de investigação criminal estará impedido de ajuizar a ação penal pública decorrente dessa mesma investigação.

(D) O membro do Ministério Público que houver presidido procedimento de investigação criminal estará impedido de atuar no processo, caso venha a ser o mesmo que ajuíze a ação penal pública decorrente dessa mesma investigação.

(E) O aconselhamento às partes, anteriormente à instauração do processo, constitui-se em causa de suspeição que somente afeta à magistratura, e não aos membros do Ministério Público.

A: incorreta. Nos termos do art. 258 do CPP, em sua parte final, aplicam-se ao membro do MP, no que couber, as prescrições relativas à suspeição e ao impedimento dos juízes. Assim, nos termos do art. 252, III, do CPP, o membro do MP que, a qualquer título, atuou no processo em primeiro grau, estará impedido de fazê-lo em segundo grau de jurisdição; **B:** correto. Art. 252, III, combinado com o art. 258, parte final, ambos do CPP; **C:** incorreta. A participação do membro do MP na investigação criminal é perfeitamente lícita, e decorre da teoria dos poderes implícitos. Na medida em que a CF o autorizou a ajuizar a ação penal pública, sendo dela o titular privativo (art. 129, I, da CF), não poderia impedir-lhe de investigar e colher os meios necessários para realizar o mister constitucional. Havendo participação na investigação criminal, o membro do MP não está impedido de ajuizar a ação penal, nos termos do Súmula 234 do STF; **D:** incorreta. Súmula 234 do STF; **E:** incorreta. A causa de suspensão do juiz é extensível ao membro do MP por força do art. 258, parte final, do CPP.
Gabarito "B".

(Analista Jurídico – MPE-CE – FCC – 2013) O juiz NÃO poderá exercer jurisdição no processo em que:

(A) se tratando de processo de execução criminal, tiver proferido a sentença condenatória ao réu.
(B) ele próprio houver requisitado a instauração de inquérito policial.
(C) tiver funcionado seu cunhado como analista do Ministério Público.
(D) tiver o nome de seu cônjuge citado em depoimento de terceiro, como testemunha do delito.
(E) tiver funcionado seu cônjuge como defensor ou advogado, órgão do Ministério Público, autoridade policial, auxiliar da justiça ou perito.

Nos termos do art. 252 do CPP, o juiz não pode exercer jurisdição, constituindo hipótese de impedimento, dentre outras, se tiver funcionado seu cônjuge como defensor ou advogado, órgão do MP, autoridade policial, auxiliar da justiça ou perito (inciso I), não havendo previsão de impedimento para as hipóteses retratadas nas demais alternativas.
Gabarito "E".

(Analista de Promotoria - Assistente Jurídico – MP-SP – VUNESP – 2015) Em crime de ação penal pública, membro do Ministério Público, com fundamento no artigo 16 do Código de Processo Penal, formulou pedido de retorno do inquérito policial, para realização de diligências, imprescindíveis ao oferecimento da denúncia, concretizado, após, pelo mesmo Promotor de Justiça. Revela-se, assim:

(A) a suspeição do Promotor de Justiça, porque, como sujeito e parte na relação processual, já teve contato com a prova, impondo-se, pela aplicação dos princípios da unidade e da indivisibilidade do Ministério Público, o oferecimento da denúncia por outro membro.

(B) uma situação regular, desde que declinada, na cota de oferecimento, pelo membro do Ministério Público, que não há motivo que ensejaria declaração de suspeição, *ex officio,* por contato direto com a prova, na primeira fase da persecução penal.

(C) uma situação regular, desde que designado, pelo Procurador-Geral de Justiça, o mesmo Promotor de Justiça que participou da fase investigatória criminal, para o oferecimento de denúncia, por inteligência do artigo 258 do Código de Processo Penal.

(D) o impedimento do Promotor de Justiça que participou da fase investigatória criminal, ainda que esta tenha sido conduzida por autoridade policial, para oferecimento da denúncia, nos termos do artigo 258 do Código de Processo Penal, que estabelece como uma de suas hipóteses, a atuação nas duas fases da persecução penal.

(E) uma situação regular, porque a participação de membro do Ministério Público, na fase investigatória criminal, não acarreta o seu impedimento ou suspeição para o oferecimento de denúncia.

A participação do membro do Ministério Público na fase de investigação criminal não acarreta seu impedimento ou suspeição para o oferecimento da denúncia. Eis o enunciado da Súmula 234 do STJ. Assim, a situação descrita na questão é perfeitamente regular, sendo desnecessária qualquer providência extra do membro do MP, que nada deve declinar na cota de oferecimento, nem há necessidade de designação do PGJ.
Gabarito "E".

9. COMUNICAÇÕES DOS ATOS PROCESSUAIS

(Analista Ministerial Especialista - Ciências Jurídicas – MPE-TO – UFT--COPESE – 2010) Assinale a alternativa incorreta:

(A) Verificando que o réu se oculta para não ser citado, o oficial de justiça certificará a ocorrência e procederá à citação com hora certa, na forma estabelecida no Código de Processo Civil.

(B) Estando o acusado no estrangeiro, em lugar sabido, será citado mediante carta rogatória, suspendendo-se o curso do prazo de prescrição até o seu cumprimento.

(C) Se o acusado, citado por edital, não comparecer, nem constituir advogado, ficarão suspensos o processo e o curso do prazo prescricional, podendo o juiz determinar a produção antecipada das provas consideradas urgentes e, se for o caso, decretar prisão preventiva.

(D) Caso não haja órgão de publicação dos atos judiciais na comarca, a intimação será realizada pelo órgão de publicação da comarca mais próxima.

A: correta. É o que dispõe o art. 362 do CPP; **B:** correto. O art. 368 do CPP assim dispõe; **C:** correta. A alternativa traz a regra do art. 366 do CPP; **D:** incorreta. Dispõe o art. 370, §2°, do CPP, que "caso não haja órgão de publicação dos atos judiciais na comarca, a intimação far-se-á diretamente pelo escrivão, por mandado, ou via postal com comprovante de recebimento, ou por qualquer outro meio idôneo", não prevendo a utilização de órgão de publicação de comarca próxima.
Gabarito "D".

(Analista Ministerial - Direito – MPE-AP – FCC – 2012) Plínio é denunciado pelo Ministério Público como incurso no artigo 121, do Código Penal (homicídio). Expedido mandado para citação pessoal, o Oficial de Justiça verifica que o réu Plínio se oculta para não ser citado, certificando nos autos. Neste caso,

(A) o réu deverá ser citado por hora certa, de acordo com as normas preconizadas pelo Código de Processo Civil.

(B) a citação do réu deverá ser feita via correio com aviso de recebimento.

(C) o réu deverá ser citado por edital.

(D) a citação do réu deverá ser feita na pessoa de um vizinho, familiar ou funcionário da empresa ou edifício onde reside.

(E) o Oficial de Justiça deverá solicitar ao juiz a Força Policial para que o mandado citatório seja cumprido, com o uso da força necessária e moderada.

Na hipótese de o réu ocultar para não ser citado, deverá ser procedida sua citação com hora certa, nos termos do art. 362 do CPP, que prevê, expressamente, a aplicação subsidiária das normas do CPC a respeito do tema.
Gabarito "A".

(Analista – Direito – MPE-MG – 2012) Em regra, a intimação do Ministério Público ocorre:

(A) nos autos, que são remetidos para o próprio Órgão.

(B) por mandado judicial, cumprido por Oficial de Justiça.

(C) pelo Diário Oficial.

(D) na Secretaria da Vara Criminal, por ato pessoal e intransferível do juiz titular.

Constitui prerrogativa do membro do Ministério Público receber intimação pessoal, em qualquer processo (não só o penal) e grau de jurisdição, mediante entrega dos autos com vista (art. 41, IV, da Lei 8.25/1993). Portanto, os autos devem ser remetidos ao próprio órgão do MP. O CNJ vem decidindo, reiteradamente, em pedido de providências (*v.g.,* Pedido de Providências 0005394-27.2014.2.00.0000 e Pedido de Providências 0007772-24.2012.2.00.0000), que decorre de tal prerrogativa o dever do servidor do judiciário levar os autos até a sede do MP, não incumbindo a este buscar os autos no cartório judicial, não sendo abusiva portaria do Juízo que incumbe o oficial de justiça de tal mister.
Gabarito "A".

(Analista Ministerial Processual - Direito – MPE-MA – FCC – 2013) Verificando que o réu se oculta para não ser citado, o oficial certificará a ocorrência e

(A) comunicará o fato à polícia, que procederá a sua citação.

(B) comunicará o fato à polícia, que efetuará a sua prisão.

(C) o réu será citado por edital com prazo de 30 dias.

(D) procederá à citação com hora certa.

(E) o réu será citado por edital, com prazo de 15 dias.

Ocultando-se o réu para não ser citado, aplica-se o art. 362 do CPP, que trouxe para o processo penal a citação por hora certa, já prevista anteriormente no processo civil, cujas normas são aqui aplicadas por analogia, por expressa disposição do dispositivo em comento.
Gabarito "D".

10. MEDIDAS CAUTELARES

(Analista de Promotoria I – Assistente Jurídico – MPE-SP – VUNESP – 2010) Nos estritos termos do art. 302 do CPP, considera-se em flagrante delito quem está cometendo a infração penal e também quem:

10. DIREITO PROCESSUAL PENAL 249

I. acaba de cometê-la;

II. é perseguido, logo após, pela autoridade, pelo ofendido ou por qualquer pessoa, em situação que faça presumir ser autor da infração;

III. é encontrado, logo depois, com instrumentos, armas, objetos ou papéis que façam presumir ser ele autor da infração.

É correto o que se afirma em:

(A) I, apenas.

(B) II, apenas.

(C) I e III, apenas.

(D) II e III, apenas.

(E) I, II e III.

O art. 302 do CPP consagra 3 (três) modalidades de prisão em flagrante. Consoante apresentado no próprio enunciado, quem está cometendo a infração penal pode ser preso em flagrante, tratando-se da hipótese de flagrante próprio (art. 302, I, do CPP). Também há flagrante próprio quando o agente acabou de cometer a infração penal (art. 302, II, do CPP). Se o agente é perseguido logo após a infração penal, seja pela autoridade, seja pelo ofendido, ou por qualquer pessoa, em situação que faça presumir ser ele o autor do delito, pode ser preso em flagrante, na modalidade flagrante impróprio (art. 302, III, do CPP). Por fim, sendo o agente preso logo depois do crime, com instrumentos, armas ou outros objetos que façam presumir ser ele o autor do delito, estará configurada a hipótese de flagrante presumido (art. 302, IV, do CPP). Todas as assertivas, portanto, trazem hipóteses de prisão em flagrante consagradas no art. 302 do CPP.
Gabarito "E".

(Técnico em Promotoria – Direito – MPE-PB – COMPERVE-UFRN) No tocante à prisão, várias são as modalidades existentes no ambiente processual penal, sendo a mais polêmica a prisão cautelar, mais conhecida como prisão preventiva. Nesse tipo de prisão, **NÃO** constitui requisito do texto da lei:

(A) A garantia da ordem pública.

(B) A garantia da ordem econômica.

(C) Assegurar a aplicação da lei penal.

(D) A conveniência da instrução criminal.

(E) A conveniência do inquérito policial.

A: incorreta. Art. 302 do CPP; **B:** incorreta. Art. 312 do CPP; **C:** incorreta. Art. 312 do CPP; **D:** incorreta. Art. 312 do CPP. **E:** correta. Ao contrário das demais assertivas, não constitui fundamento para a decretação da prisão preventiva a conveniência do inquérito policial. Em verdade, quando a prisão for imprescindível para as investigações do inquérito policial, poderá ser adotada outra modalidade de prisão cautelar, qual seja a prisão temporária, prevista na Lei 7.960/89, desde que, havendo fundadas razões indicativas da autoria ou participação e representação da autoridade policial ou requerimento do MP (no que se distingue da prisão preventiva, que, no curso do processo, pode ser decretada de ofício pelo juiz nos termos do art. 311 do CPP), o crime investigado conste do rol previsto no art. 1º, III, daquele diploma legal, ou quando o indiciado não possuir residência fixa ou não fornecer elementos que permitam sua identificação (art. 1º, II, da Lei 7.960/89).
Gabarito "E".

(Analista Ministerial Especialista - Ciências Jurídicas – MPE-TO – UFT--COPESE – 2010) Sobre prisão especial assinale a alternativa incorreta:

(A) Não havendo estabelecimento específico para o preso especial, este será recolhido em cela distinta do mesmo estabelecimento.

(B) A cela especial poderá consistir em alojamento coletivo, atendidos os requisitos de salubridade do

ambiente, pela concorrência dos fatores de aeração, insolação e condicionamento térmico adequados à existência humana.

(C) Quando acusado de infração comum, o Presidente da República, antes da condenação, está sujeito à prisão especial.

(D) Serão recolhidos a quartéis ou a prisão especial, quando sujeitos a prisão antes de condenação definitiva os ministros de confissão religiosa.

A: correta. É o que dispõe o art. 295, §2º, do CPP; **B:** correto. É o que dispõe o art. 295, §3º, do CPP; **C:** incorreta. Na hipótese de crime comum, Presidente da República somente está sujeito à prisão após a sentença condenatória, nos termos do art. 86, §3º, da CF; **D:** correta. É o que dispõe o art. 295, VIII, do CPP.
Gabarito "C".

(Analista Ministerial Especialista - Ciências Jurídicas – MPE-TO – UFT--COPESE – 2010) Assinale a alternativa incorreta:

(A) Será admitida a decretação da prisão preventiva nos crimes dolosos se o crime envolver violência doméstica e familiar contra a mulher, nos termos da lei específica, para garantir a execução das medidas protetivas de urgência.

(B) A prisão de qualquer pessoa e o local onde se encontre serão comunicados imediatamente ao juiz competente e à família do preso ou a pessoa por ele indicada.

(C) Na prisão em flagrante, na falta ou no impedimento do escrivão, qualquer pessoa designada pela autoridade lavrará o auto, depois de prestado o compromisso legal.

(D) A apresentação espontânea do acusado à autoridade impedirá a decretação da prisão preventiva nos casos em que a lei a autoriza.

A: correta. É o que dispõe o art. 313, III, do CPP; **B:** correto. É o que dispõe o art. 306 do CPP; **C:** correta. É o que dispõe o art. 305 do CPP. A pessoa designada para o ato é chamada de escrivão *ad hoc*. **D:** incorreta. A apresentação espontânea do acusado impede a prisão em flagrante, visto que afasta as hipóteses do art. 302 do CPP. No entanto, não impede a decretação da prisão preventiva se presentes os pressupostos, requisitos e fundamentos legais (arts. 312 e 313 do CPP).
Gabarito "D".

(Analista de Promotoria I –Assistente Jurídico – MPE-SP – VUNESP – 2010) O art. 2.º, da Lei n.º 7.960/89, prescreve que a prisão temporária será decretada pelo juiz:

I. de ofício;

II. por representação da autoridade policial;

III. por requerimento do órgão do Ministério Público.

É correto o que se afirma em:

(A) II, apenas.

(B) III, apenas.

(C) I e III, apenas.

(D) II e III, apenas.

(E) I, II e III.

Nos termos do art. 2º, "caput", da Lei 7.960/89, a prisão temporária somente pode ser decretada pelo juiz em face de representação da autoridade policial ou requerimento do MP, não podendo, assim, ser decretada de ofício, no que se distingue da prisão preventiva, que pode, perfeitamente, ser decretada de ofício pelo juiz no curso da ação penal (art. 311 do CPP).
Gabarito "D".

(Analista Ministerial - Direito – MPE-AP – FCC – 2012) No que concerne à prisão, nos termos preconizados pelo Código de Processo Penal, é certo que:

(A) o Juiz poderá substituir a prisão preventiva pela domiciliar quando o agente for imprescindível aos cuidados especiais de pessoa menor de 10 anos de idade, sem deficiência.

(B) a falta de testemunhas da infração não impedirá o auto de prisão em flagrante, mas nesse caso, com o condutor, deverá assiná-lo pelo menos uma pessoa que haja testemunhado a apresentação do preso à autoridade.

(C) quando o acusado se recusar a assinar o Auto de Prisão em Flagrante, a Autoridade Policial deverá certificar o ocorrido e a sua assinatura goza de fé pública e confere legitimidade ao ato.

(D) a prisão preventiva é admitida no caso de crime envolvendo violência doméstica e familiar contra idoso, para assegurar a execução das medidas protetivas de urgência, desde que punido com reclusão.

(E) a Defensoria Pública deverá receber cópia integral do Auto de Prisão em Flagrante dentro de 24 horas depois da prisão, se o autuado não declinar o nome de seu advogado.

A: incorreta. Faz jus à prisão domiciliar, dentre outras hipóteses previstas no art. 318 do CPP, o agente que for imprescindível aos cuidados especiais de pessoa menor de 6 (seis) anos de idade ou com deficiência (art. 318, III, do CPP); **B:** incorreta. Na falta de testemunhas, é possível a lavratura do auto de prisão em flagrante. Porém, é necessário que 2 (duas) pessoas que hajam testemunhado a apresentação do preso à autoridade o assinem (art. 304, §2°, do CPP). Tais pessoas são chamadas pela doutrina de testemunhas instrumentais ou de apresentação; **C:** incorreta. Quando o acusado se recusar, não souber ou não puder assinar, o auto de prisão em flagrante será assinado por 2 (duas) testemunhas instrumentais ou de apresentação (art. 304, §3°, do CPP); **D:** incorreta. A prisão preventiva é admitida no caso de crime envolvendo violência doméstica e familiar contra a mulher, criança, adolescente, idoso, enfermo ou pessoa com deficiência, para garantir a execução das medidas protetivas de urgência, independentemente de o crime ser punido com reclusão ou detenção (art. 313, III, do CPP); **E:** correta. Art. 306, §1°, do CPP.
Gabarito "E".

(Analista Ministerial - Direito – MPE-AP – FCC – 2012) Ricardo, funcionário público, responde a processo criminal em liberdade, acusado de praticar crime de prevaricação. No curso do processo, após instauração de incidente de sanidade mental, os peritos concluem pela semi-imputabilidade do agente. Neste caso, o juiz:

(A) não poderá determinar a internação provisória do acusado, porque o crime não foi cometido com violência ou grave ameaça.

(B) poderá determinar a internação provisória do acusado, havendo risco de reiteração da conduta.

(C) não poderá determinar a internação provisória do acusado, porque o laudo concluiu que ele é semi-imputável, sendo necessário aguardar o desfecho da ação penal para eventual internação.

(D) poderá determinar a internação provisória do acusado, pelo prazo máximo de sessenta dias, havendo risco de reiteração da conduta.

(E) não poderá determinar a internação provisória do acusado, porque a pena mínima cominada ao crime não é igual ou superior a quatro anos.

A: correta. A internação provisória, medida cautelar diversa da prisão prevista no art. 319, VII, do CPP, tem por requisitos a inimputabilidade ou semi-imputabilidade (preenchido, no caso), a prática de crime com violência ou grave ameaça e o risco de reiteração; **B:** incorreta, dada a ausência do requisito da violência ou grave ameaça (art. 319, VII, do CPP); **C:** incorreta. Desde que preenchidos os demais requisitos legais, é perfeitamente possível a internação provisória em caso de semi-imputabilidade (art. 319, VII, do CPP); **D:** incorreta, dada a ausência do requisito da violência ou grave ameaça (art. 319, VII, do CPP). Além disso, não há prazo máximo estabelecido para a internação provisória; **E:** incorreta. Diferentemente do que ocorre com a prisão preventiva, que exige pena máxima superior a 4 (quatro) anos (art. 313, I, do CPP), tratar-se de crime com pena máxima igual ou superior a 4 (quatro) anos não é requisito para a internação provisória que, no aspecto objetivo, se contenta com o fato de o crime ter sido praticado mediante violência ou grave ameaça (art. 319, VII, do CPP).
Gabarito "A".

(Analista Ministerial Jurídico – MPE-PE – FCC – 2012) Em uma ação penal privada, o juiz:

(A) não pode, em razão da natureza da ação, decretar a prisão preventiva do querelado.

(B) só pode decretar a prisão preventiva do querelado se houver requerimento do Ministério Público.

(C) pode decretar a prisão preventiva do querelado de ofício somente se houver representação da autoridade policial.

(D) só pode decretar a prisão preventiva do querelado se houver requerimento do querelante.

(E) pode decretar a prisão preventiva do querelado de ofício, mesmo se não houver requerimento do Ministério Público, do querelante ou de representação da autoridade policial.

Durante a fase de investigação, a prisão preventiva não poderá ser decretada de ofício pelo juiz, que depende, para tanto, no caso da ação privada, de requerimento do ofendido. Tal entendimento é o que se depreende do art. 311 do CPP, que dispõe que a prisão preventiva poderá ser decretada pelo juiz, de ofício, somente no curso da ação penal. Portanto, no curso da ação penal privada, perfeitamente possível a decretação da prisão preventiva de ofício pelo juiz, desde que presentes os pressupostos, requisitos e condições de admissibilidade dos arts. 312 e 313 do CPP.
Gabarito "E".

(Agente Técnico Jurídico – MPE-AM – FCC – 2013) A prisão preventiva:

(A) não pode ser decretada para a garantia de ordem econômica.

(B) não pode ser decretada a requerimento do querelante.

(C) pode ser decretada em qualquer fase do inquérito policial ou da instrução criminal.

(D) pode ser decretada pelo Ministério Público.

(E) pode ser decretada nos crimes culposos.

A: incorreta. Art. 312 do CPP; **B:** incorreta. Art. 311 do CPP; **C:** correta. Art. 311 do CPP; **D:** incorreta. A decretação da prisão preventiva está sujeita à cláusula de reserva de jurisdição, somente podendo ser decretada pelo juiz (5°, LXI, da CF); **E:** incorreta. A prisão preventiva somente pode ser praticada em caso de prática de crime doloso, nos termos do art. 313 do CPP. Mesmo na hipótese do art. 313, III, do CPP, em que não há expressa menção da necessidade de o crime ser doloso, é evidente que se o crime envolver violência doméstica ou familiar contra a mulher, criança, idoso, enfermo ou portador de deficiência tratar-se-á de delito doloso, visto que somente se caracteriza a violência de gênero quando o agente desejar atingir tais pessoas em razão das suas características

10. DIREITO PROCESSUAL PENAL — 251

de vulnerabilidade, o que não se coaduna com a ideia de crime culposo, no qual não há voluntariedade.

Gabarito "C".

(Analista – MPE-SE – FCC – 2013) Em relação à prisão processual,

(A) qualquer do povo deverá prender quem quer que seja encontrado em flagrante delito.

(B) o juiz não pode decretar novamente prisão preventiva contra o mesmo investigado, caso já tenha revogado prisão preventiva anterior, ainda que sobrevenha razão que eventualmente a justifique.

(C) considera-se em flagrante delito quem acaba de cometer a infração penal.

(D) bastam a prova da existência do crime e indício suficiente de autoria para a decretação da prisão preventiva.

(E) considera-se em flagrante delito quem é encontrado, em qualquer fase do inquérito policial, com instrumentos, armas, objetos ou papéis que façam presumir ser ele autor da infração.

A: incorreta. Realizar a prisão em flagrante é uma faculdade de qualquer do povo. Ou seja, qualquer do povo, ao se deparar com a prática de um crime, poderá, se presentes as hipóteses do art. 302 do CPP, realizar a prisão em flagrante. O dever, no entanto, recai apenas sobre a autoridade policial e seus agentes (art. 301 do CPP). Cumpre salientar que, o promotor de justiça, caso se depare com a prática de um crime, não possui o dever de realizar a prisão em flagrante, não se enquadrando na definição de autoridade policial e seus agentes, mas sim na regra geral do povo, havendo mera faculdade de fazê-lo; **B:** incorreta. Caso sobrevenha alteração no quadro fático, fazendo ressurgir motivo hábil à decretação da prisão preventiva, não há qualquer óbice à sua adoção. Por exemplo, prisão preventiva decretada para a conveniência da instrução criminal é revogada após o desfecho dela. No entanto, na fase de apresentação dos memoriais, o juiz toma conhecimento de que o acusado tirou seu passaporte e pretende se evadir. Nada impede a decretação, novamente, da prisão preventiva, que agora terá por fundamento assegurar a futura aplicação da lei penal; **C:** correta. Trata-se da hipótese de flagrante próprio, prevista no art. 302, II, do CPP; **D:** incorreta. A prova da materialidade do crime e os indícios suficientes da autoria (*fumus comissi delicti*) são pressupostos, sem os quais não se pode falar em prisão preventiva. No entanto, após a análise do preenchimento deles, de rigor ainda a verificação da presença de um dos fundamentos (que retratam o *periculum libertatis*) do art. 312 do CPP (garantia da ordem pública, da ordem econômica, conveniência da instrução criminal ou assegurar a futura aplicação da lei penal), bem como das condições de admissibilidade do art. 313 do CPP; **E:** incorreta. Para configurar a modalidade do flagrante presumido, é necessário que o indivíduo seja encontrado, com instrumentos, armas, objetos ou papeis que façam presumir ser ele o autor da infração, logo depois da prática do crime, e não em qualquer fase do inquérito policial (art. 302, IV, do CPP).

Gabarito "C".

(Analista – MPE-SE – FCC – 2013) A prisão temporária, em caso de crime não hediondo nem a ele equiparado, terá o prazo de:

(A) dez dias, prorrogável por igual período em caso de extrema e comprovada necessidade.

(B) cinco dias, prorrogável por igual período em caso de extrema e comprovada necessidade.

(C) trinta dias, improrrogáveis.

(D) oitenta e um dias, improrrogáveis.

(E) sessenta dias, prorrogável por trinta dias em caso de extrema e comprovada necessidade.

Nos termos do art. 2º, "caput", da Lei 7.960/89, o prazo da prisão temporária nos crimes não hediondos nem equiparados será de 5 (cinco) dias, prorrogáveis por igual período. No caso dos crimes hediondos e equiparados, o prazo da prisão temporária, nos termos do art. 2º, §4º, da Lei 8.072/1990, será de 30 (trinta) dias, prorrogáveis por período idêntico.

Gabarito "B".

(Analista – Direito – MPE-MS – FGV – 2013) Em 2011, a Lei n. 12.403 trouxe uma série de inovações no tratamento conferido pelo Código de Processo Penal às prisões cautelares. Ademais, uma grande novidade foi a previsão detalhada de medidas cautelares típicas diversas da prisão que poderão ser aplicadas pelo magistrado.

Sobre o tema prisão e medidas cautelares, assinale a afirmativa correta.

(A) A prisão preventiva pode ser decretada em qualquer fase do processo penal ou investigação policial, sempre de ofício ou a requerimento do Ministério Público, do assistente de acusação ou do querelante, ou por representação da autoridade policial.

(B) De acordo com a jurisprudência amplamente majoritária do Superior Tribunal de Justiça, tanto o flagrante esperado quanto o flagrante preparado são ilegais.

(C) A medida cautelar de internação provisória poderá ser decretada nos crimes praticados com violência ou grave ameaça, quando os peritos concluírem ser inimputável ou semi-imputável o acusado, desde que haja risco de reiteração.

(D) O juiz poderá substituir a prisão preventiva pela domiciliar, de acordo com o Código de Processo Penal, sempre que o agente for maior de 65 anos.

(E) A prisão temporária será decretada pelo juiz pelo prazo máximo de 10 dias, prorrogável por igual período no caso de extrema e comprovada necessidade.

A: incorreta. Nos termos do art. 311 do CPP, não se admite que a prisão preventiva seja decretada de ofício pelo juiz na fase pré-processual; **B:** incorreta. A jurisprudência entende que o flagrante preparado (delito putativo por obra do agente provocador), entendido como aquele no qual o agente criminoso é instigado à prática do delito por pessoa que o faz com único intuito de realizar a prisão em flagrante, adotando, paralelamente, todas as providências para garantir que o delito provocado não se consume, trata-se de crime impossível (art. 17 do CP) e, consequentemente, fato atípico. Assim, a prisão em flagrante, nestes termos, seria ilegal, passível de relaxamento (art. 5º, LXV, da CF). Sobre o assunto, há, ainda, a Súmula 145 do STF, em idêntico sentido. Já o flagrante esperado ocorre quando os agentes policiais têm conhecimento de que um crime acontecerá e, assim, aguardam em observação, mas sem qualquer ingerência, que a prática ocorra, a fim de realizar a prisão em flagrante, inviabilizada antes do início da execução do delito. Não há, aqui, a figura do agente provocador, nem mesmo a impossibilidade absoluta de consumação do crime, não havendo que se falar, na lição do STJ, em crime impossível, visto que a mera vigilância policial resulta em ineficácia apenas relativa do meio empregado. Nesse sentido, já julgou o STJ no HC 40.436; **C:** correta. Art. 319, VII, do CPP; **D:** incorreta. No que atine à idade, a prisão domiciliar tem lugar quando o agente possuir mais que 80 (oitenta) anos (art. 318, I, do CPP); **E:** incorreta. Nas infrações não hediondas ou equiparadas, a prisão temporária poderá ser decretada pelo prazo máximo de 5 (cinco) dias, prorrogáveis por igual período no caso de comprovada necessidade (art. 2º, "caput", da Lei 7.960/89). Nos crimes hediondos ou assemelhados, o prazo será de 30 (trinta) dias, prorrogáveis por igual período, nos termos do art. 2º, §4º, da Lei 8.072/1990).

Gabarito "C".

LUCAS CORRADINI

(Analista de Promotoria II – Agente de Promotoria – MPE-SP – IBFC 2013)
NÃO admite prisão temporária o crime de:

(A) Incêndio.
(B) Extorsão mediante sequestro.
(C) Quadrilha ou bando.
(D) Sequestro ou cárcere privado.
(E) Envenenamento de água potável ou substância alimentícia ou medicinal qualificado pela morte.

Somente é cabível a prisão temporária para os crimes constantes do rol do art. 1º, III, da Lei 7.960/89. Em tal rol, não consta o delito de incêndio (art. 250 do CP), de modo que o autor de tal delito não está sujeito à prisão temporária. Não há óbice, entretanto, ao menos *a priori*, à decretação da prisão preventiva.
Gabarito "A".

(Analista de Promotoria II – Agente de Promotoria – MPE-SP – IBFC – 2013)
Acerca das disposições da Lei da Prisão Temporária (Lei nº 7.960/89), é INCORRETO afirmar que:

(A) Os presos temporários deverão permanecer, obrigatoriamente, separados dos demais detentos.
(B) O juiz não poderá decretar, de ofício, a prisão temporária.
(C) O juiz decretará a prisão temporária em face da representação da autoridade policial ou de requerimento do Ministério Público.
(D) A prisão somente poderá ser executada depois da expedição de mandado judicial.
(E) Decorrido o prazo da prisão temporária, o preso será posto imediatamente em liberdade, ainda que determinada sua prisão preventiva.

A: correta. Art. 3º da Lei 7.960/89; **B**: correto. Art. 2º do CPP, que dispõe que a prisão temporária será decretada pelo juiz em face de representação da autoridade policial ou requerimento do Ministério Público; **C**: correta. Art. 2º do CPP; **D**: correta. Art. 2º, §5º, do CPP; **E**: incorreta. O preso não será colocado em liberdade, ainda que decorrido o prazo da prisão temporária, se houver sido decretada sua prisão preventiva (art. 2º, §7º, da Lei 7.960/89).
Gabarito "E".

(Analista de Promotoria I – Assistente Jurídico – MPE-SP – IBFC – 2013)
A lei admite a prisão temporária quando houver fundadas razões, de acordo com qualquer prova admitida na legislação penal, de autoria ou participação do indiciado nos seguintes crimes, EXCETO:

(A) Extorsão.
(B) Extorsão mediante sequestro.
(C) Perigo para a vida ou saúde de outrem.
(D) Epidemia com resultado morte.
(E) Crimes contra o sistema financeiro.

Somente é cabível a prisão temporária para os crimes constantes do rol do art. 1º, III, da Lei 7.960/89. Em tal rol, não consta o delito de perigo para a vida ou saúde de outrem (art. 132 do CP), de modo que o autor de tal delito não está sujeito à prisão temporária.
Gabarito "C".

(Analista Jurídico – MPE–CE – FCC – 2013) NÃO se enquadra na hipótese de flagrante delito a do agente que:

(A) é encontrado, logo depois, com instrumentos, armas, objetos ou papéis que façam presumir ser ele autor da infração.
(B) é perseguido, logo após, pela autoridade, pelo ofendido ou por qualquer pessoa, em situação que faça presumir ser autor da infração.

(C) está cometendo a infração penal.
(D) acaba de cometer a infração penal.
(E) tendo conhecida a autoria desde o início, é preso horas depois mediante ordem escrita de autoridade judicial competente.

A: incorreta. Trata-se da figura do flagrante presumido, previsto no art. 302, IV, do CPP; **B**: incorreta. Trata-se da hipótese de flagrante impróprio, prevista no art. 302, III, do CPP; **C**: incorreta. Trata-se da modalidade de flagrante próprio (art. 302, I, do CPP); **D**: incorreta. Trata-se de modalidade de flagrante próprio (art. 302, II, do CPP); **E**: incorreta. Não se trata de hipótese de prisão em flagrante, devendo ser, de plano, relaxada.
Gabarito "E".

(Analista de Promotoria - Assistente Jurídico – MP-SP – VUNESP – 2015)
Greice, vítima de delito previsto no artigo 147 do Código Penal, com pena máxima de 6 (seis) meses de detenção, formulou pedido de concessão de medidas protetivas de afastamento e proibição de contato, previstas no artigo 22, incisos II e III, da Lei nº 11.340/06, deferidas judicialmente. Noticiado o descumprimento das medidas protetivas, o ofensor Emerson, primário, foi preso em flagrante delito, quando, em novo episódio de violência doméstica e familiar, ameaçava Greice de morte, após tê-la agredido fisicamente, com emprego de uma faca, causando-lhe lesões de natureza leve. Ao receber o auto de prisão em flagrante, nos termos dos artigos 310 e seguintes do Código de Processo Penal, o juiz

(A) converterá a prisão em flagrante em preventiva porque: a) presentes os requisitos do artigo 312 do Código de Processo Penal; b) insuficientes as medidas cautelares diversas da prisão e; c) adequada a cautelar extrema para garantir a execução das medidas protetivas de urgência, descumpridas, em crime envolvendo violência doméstica e familiar contra a mulher, nos termos do artigo 313, inciso III, do Código de Processo Penal.
(B) relaxará o flagrante, pela ilegalidade da prisão, vez que o descumprimento de medidas protetivas enseja, tão somente, reparação civil.
(C) concederá liberdade provisória, porque o indiciado é primário, sem notícia de condenação por crime doloso, por sentença transitada em julgado, ante a exigência do artigo 313, inciso I, do Código de Processo Penal, única aplicável à Lei Maria da Penha.
(D) concederá liberdade provisória, porque as penas máximas cominadas aos delitos de ameaça e lesão corporal leve afastam a adequação da prisão preventiva, ante a exigência do artigo 313, inciso I, do Código de Processo Penal, única aplicável à Lei Maria da Penha.
(E) ouvirá o Ministério Público, em 24 horas, nos termos do disposto no artigo 25 da Lei 11.340/06, sob pena de nulidade absoluta e relaxamento do flagrante.

No caso apresentado, o juiz deverá converter a prisão em flagrante em prisão preventiva. Do teor narrado no enunciado, vislumbra-se a presença do *fumus comissi delicti* em razão da própria execução da prisão em flagrante, da qual decorre, necessariamente, a *certeza visual do delito*. Além disso, o ato justifica-se para a garantia da ordem pública, em razão da reiteração na prática do crime pelo agressor, além de ser indispensável para assegurar a instrução criminal, em razão das graves ameaças praticadas em face da vítima, que prestará suas declarações em Juízo. Ademais, as cautelares diversas da prisão mostram-se inócuas, vez que já descumpridas as medidas protetivas de urgência

10. DIREITO PROCESSUAL PENAL 253

(que nada mais são senão medidas cautelares diversas da prisão). Por fim, a despeito do crime possuir pena inferior a 4 (quatro) anos, e não haver notícia de que o agressor é reincidente, tem-se que a prisão é possível para garantir a execução das medidas protetivas de urgência, nos termos do art. 313, III, do CPP.
Gabarito "A".

(Analista de Promotoria - Assistente Jurídico – MP-SP – VUNESP – 2015)
A prisão em flagrante, cautelar, realiza-se:

(A) sem necessidade de avaliação posterior por autoridade judiciária, porque pode ser relaxada, a qualquer tempo, pela autoridade policial.

(B) diante de aparente tipicidade (*fumus boni juris*), mas confirmados ilicitude e culpabilidade.

(C) no momento em que está ocorrendo ou termina de ocorrer o crime.

(D) mediante expedição de mandado de prisão pela autoridade judiciária.

(E) única e tão somente pela polícia judiciária.

A: incorreta. Embora a prisão em flagrante se execute sem mandado judicial, há efetivo controle posterior do ato pela autoridade judiciária. Bem por isso, o art. 306 do CPP, dispõe que a prisão de qualquer pessoa e o local onde se encontre serão comunicados imediatamente ao juiz competente, que deverá receber o auto de prisão em flagrante em até 24h contadas da prisão (art. 306, §1º, do CPP). Ao receber o auto de prisão em flagrante, o juiz poderá relaxar a prisão ilegal, converter a prisão em flagrante em preventiva ou conceder liberdade provisória (art. 310 do CPP). Tal avaliação, atualmente, é feita por meio das chamadas audiências de custódia, previstas no art. 7º, item 5, do Pacto de San José da Costa Rica, e regulamentadas pela Resolução 213/2015 do CNJ, já implantadas em grande medida em todo o Brasil, nas quais os presos são pessoalmente apresentados ao Juiz que, após deliberação do membro do Ministério Público e da defesa, delibera a respeito da prisão. Assim, há avaliação posterior da prisão em flagrante pela autoridade judiciária, e não há possibilidade de relaxamento pela autoridade policial; **B:** incorreta. A prisão em flagrante se efetua diante da prática de uma infração penal, que, assim, pressupõe fato típico e ilícito, sendo a culpabilidade, no entendimento dominante no MPSP (teoria bipartite), pressuposto para aplicação da pena; **C:** correta. As situações flagranciais estão descritas no art. 302 do CPP, compreendendo o momento em que está ocorrendo, ou que acaba de ocorrer o crime (incisos I e II); **D:** incorreta. A prisão em flagrante dispensa a expedição de mandado de prisão pela autoridade judiciária (art. 5º, LXI, da CF); **E:** incorreta. Qualquer do povo pode efetuar a prisão em flagrante, sendo dever da autoridade policial fazê-lo. Assim, se qualquer do povo pode praticar o ato, é evidente que não só a polícia judiciária tem atribuição para tanto, podendo a prisão em flagrante ser executada, também, pela polícia militar ou, até mesmo, pelas guardas municipais.
Gabarito "C".

11. PROCESSO E PROCEDIMENTOS

(Analista de Promotoria I – Assistente Jurídico – MPE-SP – VUNESP – 2010)
Conforme preceitua o art. 396 do CPP, no procedimento comum sumário, o juiz, ao receber a denúncia ou queixa,

(A) notificará o acusado e designará data para seu interrogatório.

(B) nomeará defensor para articular resposta escrita em favor do acusado.

(C) determinará a intimação do acusado e seu defensor para apresentação de defesa prévia.

(D) ordenará a citação do acusado para responder à acusação, por escrito, no prazo de 10 (dez) dias.

(E) designará audiência de instrução, debates e julga-

mento, oportunidade em que o acusado deverá, por seu defensor, apresentar defesa escrita.

Recebida a denúncia, o juiz ordenará a citação do acusado para responder à acusação no prazo de 10 (dez) dias (art. 396 do CPP).
Gabarito "D".

(Analista de Promotoria I – Assistente Jurídico – MPE-SP – VUNESP – 2010)
No que diz respeito ao procedimento dos processos de competência do Tribunal do Júri, assinale a alternativa que traz, respectivamente, os recursos cabíveis contra as decisões de rejeição da denúncia, de impronúncia, de pronúncia e de absolvição sumária.

(A) Recurso em sentido estrito; apelação; apelação; apelação.

(B) Apelação; apelação; apelação; recurso em sentido estrito.

(C) Recurso em sentido estrito; apelação; recurso em sentido estrito; apelação.

(D) Apelação; recurso em sentido estrito; apelação; recurso em sentido estrito.

(E) Recurso em sentido estrito; recurso em sentido estrito; recurso em sentido estrito; apelação.

Contra a rejeição da denúncia é cabível o recurso em sentido estrito, nos termos do art. 581, I, do CPP. A impronúncia desafia apelação, nos termos do art. 416 do CPP. A pronúncia enseja o recurso em sentido estrito, nos termos do art. 581, IV, do CPP. Já a absolvição sumária, assim como a impronúncia, desafia apelação (art. 416 do CPP).
Gabarito "C".

(Oficial de Promotoria – MPE-SP – IBFC – 2011) Considera-se fundamento para rejeição da denúncia oferecida pelo Ministério Público:

(A) a ausência de rol de testemunhas no corpo da exordial acusatória.

(B) a inexistência de cota introdutória com descrição pormenorizada do fato delituoso e esclarecimento da autoria.

(C) a ausência de justa causa para o exercício da ação penal pública.

(D) a presença de pressupostos processuais imprescindíveis ao exercício da ação penal.

A: incorreta. Embora o momento preclusivo para apresentar o rol de testemunhas seja o oferecimento da denúncia (art. 41 do CPP), a ausência do rol não acarreta a sua rejeição. Isso porque, nem sempre será necessária a produção de prova testemunhal. Ademais, o próprio juiz pode convocar testemunhas que reputar necessárias para serem ouvidas como testemunhas do Juízo (art. 156, II, combinado com o art. 209, ambos do CPP); **B:** incorreta. A descrição pormenorizada do fato, em todas as suas circunstâncias, é requisito da denúncia (art. 41 do CPP) que, se ausente, conduz à sua rejeição por inépcia (art. 395, I, do CPP). No entanto, não deve ele constar da cota introdutória, visto que esta não integra a peça acusatória, cumprindo mera formalidade de encaminhar ao juiz a exordial, fazendo os requerimentos pertinentes (normalmente, juntada da folha de antecedentes, cobrança da remessa de laudos periciais faltantes, pedido de decretação de medidas cautelares, etc.); **C:** correta. A falta de justa causa para a ação penal é entendida, pela maioria da doutrina e jurisprudência, como a ausência de prova da materialidade do fato e indícios suficientes da autoria do delito nos elementos de informação que embasam a peça acusatória. Trata-se de causa de rejeição da denúncia nos termos do art. 395, III, do CPP; **D:** incorreta. A denúncia seria rejeitada na ausência dos pressupostos processuais (art. 395, II, do CPP), e não na sua presença.
Gabarito "C".

(**Analista Jurídico – MPE-AL – COPEVE-UFAL – 2012**) Quanto ao procedimento especial para os crimes afiançáveis imputados a funcionário público, assinale a opção correta.

(A) Ainda que o funcionário tenha perdido a função ou o cargo público, o rito especial deve ser observado, tendo ele direito à notificação para apresentar a defesa preliminar anterior ao recebimento da denúncia.

(B) O prazo para apresentar a defesa preliminar é de 10 (dez) dias.

(C) O STJ entende indispensável a defesa preliminar anterior ao recebimento da denúncia mesmo que a ação penal seja baseada em inquérito policial que contenha as declarações do indiciado.

(D) Oferecida a denúncia, o denunciado é notificado para apresentar defesa preliminar antes do recebimento daquela peça acusatória. Para esse fim, não se exige que a defesa preliminar esteja subscrita por advogado, podendo o próprio funcionário assiná-la.

(E) É entendimento corrente que a defesa preliminar a ser apresentada antes do recebimento da denúncia é peça obrigatória, cuja falta enseja nulidade do processo.

A: incorreta. Em se tratando de prerrogativa, e não privilégio, a regra procedimental específica fica excluída com a perda da função ou cargo, aplicando-se o rito comum de acordo com as regras do art. 394 do CPP; **B**: incorreta. O prazo para apresentação da defesa preliminar é de 15 (quinze) dias, nos termos do art. 514 do CPP; **C**: incorreta. Para o STJ, "é desnecessária a resposta preliminar de que trata o art. 514 do CPP, na ação penal instruída por inquérito policial". Há que consignar, entretanto, ser diverso o entendimento do STF, segundo o qual a obrigatoriedade da defesa preliminar fica mantida, mesmo em caso de haver inquérito policial (HC 96.058); **D**: correta. A conclusão de que a defesa preliminar pode ser subscrita pelo próprio advogado decorre da interpretação do art. 516 do CPP, que aduz que "o juiz rejeitará a queixa ou denúncia, em despacho fundamentado, se convencido, **pela resposta do acusado ou do seu defensor**, da inexistência de crime ou da improcedência da ação". Logo, depreende-se que tanto o acusado como o seu defensor podem apresentar a resposta; **E**: incorreta. A jurisprudência entende que a falta da defesa preliminar pode configurar nulidade, porém relativa, cuja declaração, portanto, depende da demonstração de prejuízo, nos termos do art. 563 do CPP, não sendo este presumido.
Gabarito "D".

(**Analista Ministerial Jurídico – MPE-PE – FCC – 2012**) Uma denúncia está assim redigida: *"José da Silva, no mês de agosto de 2011, praticou crime de peculato. Denuncio-o, por isso, como incurso no art. 312 do Código Penal"*. Essa denúncia deve ser:

(A) recebida, porque contém dados suficientes para que o réu possa dela se defender.

(B) recebida, porque menciona a época aproximada do fato, o nome do réu e o delito de que é acusado.

(C) rejeitada, porque não contém o rol de testemunhas.

(D) recebida, porque os detalhes e circunstâncias do fato constam do inquérito policial.

(E) rejeitada, por inépcia, uma vez que não descreve o fato criminoso com todas as suas circunstâncias.

Dispõe o art. 41 do CPP que a peça acusatória, para ser apta, deverá descrever o fato, com todas as suas circunstâncias. No exemplo dado, o fato não foi descrito, visto que o acusador se contentou a informar o tempo do crime e a denominação jurídica do delito, bem como sua capitulação legal. Nada foi dito a respeito da conduta, situação que inviabiliza sobremaneira o direito de defesa. Deve, assim, a denúncia ser

considerada inepta e, por consequência, ser rejeitada com fundamento no art. 395, I, do CPP.
Gabarito "E".

(**Agente Técnico Jurídico – MPE-AM – FCC – 2013**) A respeito da denúncia, considere:

I. A descrição do fato criminoso, com todas as suas circunstâncias, é desnecessária quando a denúncia estiver embasada em inquérito policial.

II. Cabe recurso em sentido estrito contra a decisão judicial que rejeitar a denúncia.

III. O representante do Ministério Público não poderá dispensar o inquérito policial e oferecer a denúncia com base em peças de informação que tiver recebido.

Está correto o que se afirma APENAS em:

(A) I e II.

(B) II.

(C) I e III.

(D) II e III.

(E) III.

I: incorreta. A descrição do fato criminoso com todas as suas circunstâncias é o principal atributo da peça acusatória (art. 41 do CPP), sem o qual fica obstada a possibilidade do pleno exercício do contraditório e da ampla defesa, com o que a peça acusatória será inepta, devendo, portanto, ser rejeitada nos termos do art. 395, I, do CPP; **II**: correta. A decisão que rejeita a peça acusatória desafia recurso em sentido estrito (RESE), nos termos do art. 581, I, do CPP. Contra a decisão que recebe a peça acusatória, por outro lado, não é cabível qualquer recurso, podendo a decisão ser atacada, tão somente, pela via do *habeas corpus*; **III**: incorreta. O inquérito policial tem por uma de suas características a dispensabilidade. Uma vez que o inquérito policial tem por escopo a formação da *opinio delicti* do titular da ação penal (no caso da ação penal pública, o MP), estando o órgão do MP convicto a partir de outro meio, que não o IP, pode, desde logo, oferecer a denúncia, instruída de peças de informação, dispensando o procedimento policial. É o que dispõe o art. 39, §5º, do CPP.
Gabarito "B".

(**Agente Técnico Jurídico – MPE-AM – FCC – 2013**) No procedimento relativo aos processos da competência do Tribunal do Júri, o acusado será interrogado:

(A) antes da apresentação da defesa preliminar.

(B) ao final da instrução, antes dos debates.

(C) após a apresentação da defesa preliminar e antes da inquirição das testemunhas arroladas pela acusação.

(D) após a inquirição das testemunhas de acusação e antes da inquirição das testemunhas arroladas pela defesa.

(E) após os debates, antes da prolação da sentença.

Nos termos do art. 411 do CPP, o interrogatório do acusado ocorrerá ao final da instrução, antecedendo os debates. A inversão da ordem do interrogatório, como na hipótese em que ele ocorre antes da oitiva das testemunhas, é considerada causa de nulidade absoluta do processo, por violar o princípio do contraditório, entendendo-se que, sendo o último ato da instrução, a autodefesa propiciada pelo interrogatório poderá ser melhor exercida, visto que, neste momento, o acusado já conhece todas as provas que contra ele recaem, podendo defender-se de modo global de todas elas.
Gabarito "B".

(**Analista – MPE-SE – FCC – 2013**) No que se refere a procedimento no Tribunal do Júri, é INCORRETO afirmar:

(A) Poderão ser jurados os cidadãos maiores de 18 anos.

(B) Estão isentos do serviço do júri aqueles que o requererem, demonstrando justo impedimento.

10. DIREITO PROCESSUAL PENAL — 255

(C) Contra a sentença de impronúncia caberá apelação.

(D) O juiz, fundamentadamente, impronunciará desde logo o acusado quando provado não ser ele o autor ou partícipe do fato.

(E) O jurado que tiver integrado o Conselho de Sentença nos 12 (doze) meses que antecederam à publicação da lista geral fica dela excluído.

A: correta. Art. 436 do CPP; **B:** correto. Art. 437, X, do CPP; **C:** correta. Art. 416 do CPP; **D:** incorreta. O juízo de certeza acerca da não autoria do delito pelo acusado conduz à absolvição sumária, nos termos do art. 415, II, do CPP. A impronúncia tem causa num juízo fundado de incerteza, no qual o juiz não se convence da materialidade do fato ou da existência de indícios suficientes de autoria ou participação, nos termos do art. 414 do CPP, falando-se em ausência de plausibilidade na acusação, suficiente para impedir o julgamento pelo Tribunal do Júri; **E:** correta. Art. 426, §4º, do CPP, regra que foi incorporada pela Lei 11.689/2008 com o escopo de extinguir a figura do jurado profissional, muito comum antigamente, principalmente em cidades de pequeno porte.
Gabarito "D".

(Analista de Promotoria I – Assistente Jurídico – MPE-SP – IBFC – 2013)
Segundo o Código de Processo Penal, estão isentos do serviço do Júri, EXCETO:

(A) Os militares em serviço ativo.

(B) Os Prefeitos e seus respectivos Secretários.

(C) Os servidores do Poder Judiciário, do Ministério Público e da Defensoria Pública.

(D) Os cidadãos maiores de 70 (setenta) anos que requeiram sua dispensa.

(E) Os Governadores e seus respectivos Secretários.

Nos termos do art. 437 do CPP, estão isentos do serviço do júri, dentre outros, os militares ativos (inciso VIII), os servidores do Poder Judiciário, do MP e da DP (inciso VI), os maiores de 70 (setenta) anos, se assim requererem (inciso IX) e os governadores e seus secretários (inciso II). Não estão isentos, portanto, os prefeitos e seus secretários.
Gabarito "B".

(Analista de Promotoria I – Assistente Jurídico – MPE-SP – IBFC – 2013)
No procedimento previsto para processo e julgamento de crime afiançável, cuja responsabilidade é atribuída a funcionários público:

(A) Estando a denúncia ou queixa em devida forma, o juiz mandará autuá-la e ordenará a citação do acusado, para comparecer em audiência prévia, que se realizará dentro de 30 (trinta) dias.

(B) Estando a denúncia ou queixa em devida forma, o juiz mandará autuá-la e ordenará a intimação do acusado, para responder por escrito, dentro do prazo de 10 (dez) dias.

(C) Estando a denúncia ou queixa em devida forma, o juiz mandará autuá-la e ordenará a notificação das partes, para comparecer em audiência prévia, que se realizará dentro de 15 (quinze) dias.

(D) Estando a denúncia ou queixa em devida forma, o juiz mandará autuá-la e ordenará a notificação do acusado para responder por escrito, dentro do prazo de 15 (quinze) dias.

(E) Estando a denúncia ou queixa em devida forma, o juiz mandará autuá-la e ordenará a citação do acusado para responder à acusação, por escrito, no prazo de 10 (dez) dias.

Nos termos do art. 514 do CPP, estando a denúncia ou queixa em devida forma, o juiz mandará autuá-la e ordenará a notificação do acusado para responder por escrito, no prazo de 15 (quinze) dias. Trata-se de previsão de defesa preliminar (anterior ao recebimento da denúncia) para os crimes afiançáveis praticados por funcionários públicos.
Gabarito "D".

(Analista de Promotoria I – Assistente Jurídico – MPE-SP – IBFC – 2013)
Leia as seguintes assertivas, referentes ao procedimento comum:

I. O procedimento comum pode ser ordinário, sumário ou especial.

II. O procedimento será sumário quando tiver por objeto crime cuja sanção máxima cominada seja inferior a 4 (quatro) anos de pena privativa de liberdade.

III. O juiz poderá determinar a emenda da denúncia ou queixa quando identificar a falta de algum pressuposto processual.

IV. O juiz poderá, considerada a complexidade do caso ou o número de acusados, prorrogar o prazo para alegações finais por mais 20 (vinte) minutos. Nesse caso, terá o prazo de 10 (dez) dias para proferir a sentença.

Está CORRETO, apenas, o que se afirma em:

(A) II.

(B) I e III.

(C) II e III.

(D) I, III e IV.

(E) II, III e IV.

I: incorreta. O procedimento comum será o ordinário, sumário ou sumaríssimo (art. 394, §1º, do CPP); **II:** correta. Art. 394, II, do CPP; **III:** incorreta. Deve o juiz rejeitar a denúncia, com fundamento no art. 395, II, quando verificar a falta de pressuposto processual; **IV:** incorreta. O prazo para as alegações finais orais, que é de 20 (vinte) minutos para cada parte, poderá ser prorrogado por mais 10 (dez) minutos, devendo o juiz proferir sentença na audiência (art. 403 do CPP). Considerada a complexidade do caso, ou o número de acusados, o juiz poderá converter os debates orais na apresentação de memoriais escritos, que deverão ser apresentados pelas partes no prazo sucessivo de 5 (cinco) dias e, nesse caso sim, o juiz terá 10 (dez) dias para sentenciar (art. 403, §3º, do CPP).
Gabarito "A".

(Analista de Promotoria - Assistente Jurídico – MP-SP – VUNESP – 2015)
Nos termos do artigo 366 do Código de Processo Penal, se o acusado, citado por edital, não comparecer nem constituir advogado:

(A) ficará suspenso o processo, podendo o juiz determinar a produção antecipada das provas consideradas urgentes e, se for o caso, decretar a prisão preventiva, nos termos do artigo 312.

(B) ficarão suspensos o processo e o curso prescricional, podendo o juiz determinar a produção antecipada das provas consideradas urgentes e, se for o caso, decretar a prisão preventiva, nos termos do artigo 312.

(C) será determinada vista ao Ministério Público, sob pena de nulidade absoluta.

(D) os autos permanecerão arquivados em Cartório, por período de 180 (cento e oitenta) dias, para renovação de diligências de localização, pela imprescindibilidade da citação pessoal no processo penal.

(E) será determinada vista à Defensoria Pública, para oferecimento de resposta, em respeito ao princípio da ampla defesa.

Dispõe o art. 366 do CPP que "se o acusado, citado por edital, não comparecer, nem constituir advogado, ficarão suspensos o processo e o curso do prazo prescricional, podendo o juiz determinar a produção antecipada das provas consideradas urgentes e, se for o caso, decretar prisão preventiva, nos termos do disposto no art. 312."

Gabarito "B".

(Analista de Promotoria - Assistente Jurídico – MP-SP – VUNESP – 2015) Getúlio foi denunciado pela prática do delito de furto simples, descrito pelo artigo 155, *caput*, do Código Penal, e, encerrada a instrução, após confissão e oitiva de testemunhas presenciais do fato, restou demonstrado que ele agiu em concurso com Diocleciano, que fugiu na posse dos bens subtraídos da vítima. Assim, por prova existente nos autos, comprovou-se circunstância qualificadora, descrita pelo § 4º, inciso IV, do precitado dispositivo legal, não descrita na denúncia, e, portanto, deve o Ministério Público, nos termos do artigo 384, *caput*, do Código de Processo Penal (*mutatio libelli*):

(A) aditar a denúncia, no prazo de 5 (cinco) dias, reduzindo-se a termo o aditamento, quando feito oralmente.

(B) oferecer alegações finais, com pedido de absolvição do réu, nos termos do artigo 386, inciso VII, do Código de Processo Penal, porque não comprovados os fatos, como narrados na denúncia.

(C) requerer o encaminhamento dos autos ao Procurador Geral de Justiça, nos termos do artigo 28 do Código de Processo Penal, porque precluso o momento para formação da *opinio delicti*.

(D) oferecer alegações finais, com pedido de condenação do réu, pela prática do delito descrito no artigo 155, § 4º, inciso IV, do Código Penal, diante da confissão espontânea do réu, corroborada pelos depoimentos testemunhais, ante o disposto no artigo 197 do Código de Processo Penal.

(E) requerer a conversão do julgamento em diligência, com vistas à localização de Diocleciano, para que seja indiciado, e, posteriormente, denunciado, diante do princípio da indivisibilidade da ação penal.

Diante da comprovação, na instrução probatória, de incidência de circunstância que altera a definição jurídica do fato, deve o membro do Ministério Público aditar a denúncia, no prazo de 5 (cinco) dias, nos termos do art. 384 do CPP.

Gabarito "A".

(Analista de Promotoria - Assistente Jurídico – MP-SP – VUNESP – 2015) Com relação ao desaforamento de processo de competência do Tribunal do Júri, previsto nos artigos 427 e 428 do Código de Processo Penal, é correto afirmar que:

(A) ofende aos princípios do juiz e promotor natural e, portanto, não foi recepcionado pela Constituição Federal.

(B) ocorre em duas hipóteses taxativas: 1. se o interesse da ordem pública o reclamar e 2. se houver dúvida quanto à imparcialidade do júri.

(C) pode ser requerido, exclusivamente, pelo Ministério Público.

(D) constitui decisão que altera competência fixada pelos critérios do artigo 69 do Código de Processo Penal.

(E) não lhe pode ser atribuído efeito suspensivo, ainda que em caráter excepcional.

O desaforamento, nos processos de competência do Tribunal do Júri, é hipótese que altera a competência territorial, fixada com base no art. 69 do CPP. Justifica-se a alteração da competência pelo interesse reclamado pela ordem pública, pela dúvida sobre a imparcialidade dos jurados, ou para garantir a segurança pessoal do acusado, valores que se sobrepõem à regra do juiz natural, deslocando o julgamento para outro foro.

Gabarito "D".

12. JUIZADOS ESPECIAIS CRIMINAIS

(Analista Ministerial Especialista - Ciências Jurídicas – MPE-TO – UFT-COPESE – 2010) Sobre o Juizado Especial Criminal assinale a alternativa incorreta:

(A) Na reunião de processos, perante o juízo comum ou o tribunal do júri, decorrentes da aplicação das regras de conexão e continência, observar-se-ão os institutos da transação penal e da composição dos danos civis.

(B) Consideram-se infrações penais de menor potencial ofensivo, para os efeitos da Lei 9.099/95, as contravenções penais e os crimes a que a lei comine pena máxima não superior a dois anos, cumulada ou não com multa.

(C) Nos crimes em que a pena mínima cominada for igual ou inferior a um ano, abrangidas ou não por esta Lei, o Ministério Público, ao oferecer a denúncia, poderá propor a suspensão do processo, por dois a quatro anos, desde que o acusado não esteja sendo processado ou não tenha sido condenado por outro crime, presentes os demais requisitos que autorizariam a suspensão condicional da pena.

(D) Da decisão de rejeição da denúncia ou queixa e da sentença caberá recurso em sentido estrito, que poderá ser julgado por turma composta de três Juízes em exercício no primeiro grau de jurisdição, reunidos na sede do Juizado.

A: correta. É o que dispõe o art. 60, parágrafo único, da Lei 9.099/1995; **B:** correto. É o que dispõe o art. 61 da Lei 9.099/1995; **C:** correta. É o que dispõe o art. 89 da Lei 9.099/1995; **D:** incorreta. A despeito de a decisão de rejeição da denúncia ou queixa desafiar o RESE no Juízo Comum (art. 581, I, do CPP), no âmbito do Juizado Especial Criminal, o recurso cabível contra tal decisão é a apelação, nos termos do art. 82, "caput", da Lei 9.099/1995. Outra distinção reside no prazo: se na Justiça Comum a apelação deve ser interposta em 5 (cinco) dias, concedendo-se, após, 8 (oito) dias para a apresentação das razões recursais, aqui há prazo único de 10 (dez) dias para a interposição da apelação, que deverá vir acompanhada das razões do inconformismo.

Gabarito "D".

(Oficial de Promotoria – MPE-SP – VUNESP – 2016) Pela regra do art. 61 da Lei no 9.099/95, assinale a alternativa que traz pena que corresponde à infração penal de menor potencial ofensivo.

(A) Detenção de 6 (seis) meses a 4 (quatro) anos.

(B) Detenção de 6 (seis) meses a 3 (três) anos.

(C) Reclusão de 2 (dois) a 4 (quatro) anos, e multa.

(D) Reclusão de 1 (um) a 3 (três) anos.

(E) Detenção de 1 (um) a 2 (dois) anos, e multa.

Na definição do art. 61 da Lei 9.099/1995, são infrações de menor potencial ofensivo as contravenções penais (todas) e os crimes cuja pena máxima não ultrapasse 2 (dois) anos, cumulado ou não com multa. Portanto, a alternativa E reflete preceito secundário de crime de menor potencial ofensivo.

Gabarito "E".

10. DIREITO PROCESSUAL PENAL · 257

(Analista de Promotoria - Assistente Jurídico – MP-SP – VUNESP – 2015)
Diz o art. *76, caput,* da Lei 9.099/95 (Juizados Especiais Criminais) que *"Havendo representação ou tratando-se de crime de ação penal pública incondicionada, não sendo caso de arquivamento, o Ministério Público poderá propor a aplicação imediata de pena restritiva de direitos ou multa, a ser especificada na proposta".*

Não se admitirá a proposta, nos termos do § 2º, se ficar comprovado:

(A) ter sido o agente beneficiado, anteriormente, no prazo de 10 (dez) anos, pela aplicação de pena restritiva ou multa.

(B) ter o agente descumprido condições de suspensão condicional do processo.

(C) não indicarem os antecedentes, a conduta social e a personalidade do agente, bem como os motivos e as circunstâncias, ser necessária e suficiente a adoção da medida.

(D) não tiver sido realizada a composição civil dos danos.

(E) ter sido o autor da infração condenado, pela prática de crime ou contravenção penal, à pena privativa de liberdade ou restritivas de direitos, por sentença definitiva.

A: incorreta. Não faz jus à transação penal o indivíduo que foi beneficiado com o instituto no prazo de 5 (cinco) anos; **B:** incorreta. Não há reflexo na transação penal o descumprimento dos requisitos da suspensão condicional do processo; **C:** correta. É o que dispõe o art. 76, §2º, da Lei 9.099/1995. A análise de tais requisitos subjetivos é indispensável à proposta de suspensão condicional do processo; **D:** incorreta. A transação penal somente ocorre na hipótese de não ter sido viável a composição civil dos danos. Esta, na audiência preliminar, é ato que antecede a proposta de transação penal e, se verificada, importa em renúncia à queixa ou à representação (nas ações penais públicas condicionadas à representação ou nas ações penais privadas); **E:** incorreta. Nos termos do art. 76, §2º, da Lei 9.099/1995, somente a condenação pela prática de crime obsta a proposta do benefício, não sendo a condenação por contravenção penal impeditivo para tanto.
Gabarito "C".

(Analista de Promotoria I – Assistente Jurídico – MPE-SP – VUNESP – 2010)
O art. 291, § 1.º, da Lei n.º 9.503/97 (Código de Trânsito Brasileiro), determina, com relação ao crime de lesão corporal culposa de trânsito, a aplicação do instituto da composição dos danos civis, do art. 74 da Lei 9.099/95. Entretanto, tal benefício não será admitido se:

I. as lesões causadas forem de natureza gravíssima;

II. o agente estiver sob influência de álcool ou qualquer outra substância psicoativa que determine dependência;

III. o agente estiver transitando em velocidade superior à máxima permitida para a via em 50 km/h (cinquenta quilômetros por hora).

Está correto o que se afirma apenas em:

(A) I.

(B) II.

(C) III.

(D) I e II.

(E) II e III.

I: incorreta. Nos crimes de lesão corporal culposa, tanto quanto ao previsto no CTB (art. 303), como no CP (art. 129, §6º), a gravidade da lesão serve, tão somente, como circunstância judicial para fins de fixação da pena-base (art. 59 do CP); **II:** correta. Se o crime de lesão corporal culposa no trânsito (art. 303 do CTB) for praticado quando o condutor estiver dirigindo sob a influência de álcool ou substância análoga, não se aplicam as benesses da composição civil dos danos (art. 74 da Lei 9.099/1995), da transação penal (art. 76 da Lei 9.099/1995) e o crime será de ação pública incondicionada, não se aplicando o art. 88 da Lei 9.099/1995.Tais restrições constam do art. 291, §1º, I, do CTB; **III:** correta. Do mesmo modo, não se aplicam os benefícios da Lei 9.099/1995 ao agente que estiver transitando em velocidade superior à máxima permitida em 50 km/h (cinquenta quilômetros por hora) – art. 291, §1º, III, do CTB.
Gabarito "E".

(Analista Jurídico – MPE-AL - COPEVE-UFAL – 2012) Acerca dos Juizados Especiais Criminais (Lei 9.099/1995), assinale a opção correta.

(A) A composição civil entre vítima e autor do fato, nos crimes de ação penal pública condicionada à representação, não impede que o Ministério Público proponha transação penal.

(B) Se o Ministério Público não propuser transação penal, o juiz poderá elaborar a proposta, estabelecendo as condições a serem atendidas pelo autor do fato.

(C) A suspensão condicional do processo é admitida para os crimes cuja pena mínima não exceda 2 (dois) anos.

(D) A composição civil dos danos entre vítima e autor do fato, nos crimes de ação penal pública incondicionada, importa extinção da punibilidade do autor do fato.

(E) A transação penal pode ser proposta pelo Ministério Público mesmo depois de realizada composição civil dos danos entre vítima e autor do fato.

A: incorreta. Nos crimes de ação pública condicionada, a composição civil importa em renúncia ao direito de representação (art. 74, parágrafo único, da Lei 9.099/1995). Assim, obsta a propositura de transação penal, visto que, nos termos do art. 76 da Lei 9.099/1995, é pressuposto do benefício da transação penal a existência de representação na hipótese de ação pública a ela condicionada; **B:** incorreta. A proposta de transação penal é do Ministério Público, que é o titular privativo da ação penal (art. 129, I, da CF), não podendo o juiz elaborá-la, sob pena de violação do sistema acusatório. Caso o Ministério Público se negue a oferecer a proposta, entende a doutrina que pode o juiz valer-se, por analogia (art. 3º do CPP), da regra do art. 28 do CPP, encaminhando os autos ao Procurador-Geral de Justiça para que ele decida se é o caso ou não de oferecimento do benefício; **C:** incorreta. Nos termos do art. 89 da Lei 9.099/1995, a suspensão condicional do processo é cabível quando a pena mínima cominada em abstrato para o crime não superar 1 (um) ano; **D:** incorreta. Nos crimes de ação pública incondicionada, a composição civil dos danos não importará em extinção da punibilidade, sendo possível, tão somente, o reconhecimento do arrependimento posterior, quando reparado o dano até o recebimento da denúncia (art. 16 do CP), desde que preenchidos os demais requisitos legais, hipótese em que incidirá a causa de diminuição de pena ali prevista (um terço a dois terços); **E:** correta. Nos crimes de ação pública incondicionada, nada impede que a transação penal seja feita após a composição civil que, como visto, não importará em extinção da punibilidade. No entanto, nos crimes de ação pública condicionada à representação não será possível, após a composição civil, a transação penal, visto que esta exige a existência de representação (art. 76 da Lei 9.099/1995), que terá sido renunciada com o acordo civil (art. 74, parágrafo único, da Lei 9.099/1995).
Gabarito "E".

(Analista Ministerial - Direito – MPE-AP – FCC – 2012) Lorena e Fábia são colegas e estudam na mesma Universidade. No dia 02 de maio do corrente ano, durante um intervalo, Lorena, inconformada com o término do seu relacionamento amoroso com João e com o início de namoro deste com

Fábia, resolve agredir Fábia com socos e pontapés, causando-lhe lesões corporais de natureza leve. A ofendida comparece à Delegacia de Polícia onde é formalizado um Termo Circunstanciado, encaminhado imediatamente ao Juizado Especial Criminal.

Lorena é primária, foi beneficiada com a transação penal no dia 1º de abril de 2007, após cometer uma contravenção penal de vias de fato. Recebidos os autos é designada audiência preliminar. Neste caso, é correto afirmar:

(A) Não comparecendo a vítima Fábia ao ato processual designado, inviabilizando a composição civil, o Magistrado deverá ordenar a sua condução coercitiva, redesignando a audiência designada.

(B) Infrutífera a composição civil e aceita a transação penal por Lorena, a sentença homologatória da transação penal terá efeitos civis, configurando título executivo para ser utilizado na esfera cível por Fábia.

(C) Infrutífera a composição civil e aceita a transação penal formulada pelo Ministério Público pela autora da infração Lorena, da sentença homologatória da transação, que aplicará a pena restritiva de direitos ou multa, não caberá recurso.

(D) A composição dos danos civis entre as partes (Lorena e Fábia) será reduzida a termo e, homologada pelo juiz mediante sentença irrecorrível, que terá eficácia de título a ser executado no juízo cível competente.

(E) Infrutífera a composição civil, Lorena não faz jus à transação penal, motivo pelo qual, presentes os requisitos legais, o Ministério Público deverá oferecer imediatamente denúncia oral em audiência contra a autora do fato Lorena.

A: incorreta. A ausência da vítima ao ato onde será tentada a composição civil somente autoriza a conclusão de que não se deseja o acordo, devendo o MP propor a transação penal caso presentes os requisitos legais para tanto; **B:** incorreta. A sentença que homologa transação penal não possui efeitos civis, devendo a vítima se socorrer do Juízo cível caso pretenda obter indenização (art. 76, §6º, da Lei 9.099/1995); **C:** incorreta. Da sentença homologatória, é cabível a apelação no prazo de 10 (dez) dias (art. 76, §5º, da Lei 9.099/1995); **D:** correta. Art. 74 da Lei 9.099/1995; **E:** incorreta. Ao que consta do problema, Lorena faz jus à transação penal, não se enquadrando em qualquer das hipóteses do art. 76, §2º, da Lei 9.099/1995, visto que é primária e foi beneficiada anteriormente pelo mesmo benefício há mais de 5 (cinco) anos.
Gabarito "D"

(Analista de Promotoria I – Assistente Jurídico – MPE-SP – IBFC – 2013) Com relação à fase preliminar do processo em trâmite no Juizado Especial Criminal, NÃO está correto o que se afirma em:

(A) Havendo representação ou tratando-se de crime de ação penal pública incondicionada, não sendo caso de arquivamento, o Ministério Público poderá propor a aplicação imediata de medida alternativa restritiva de direitos ou multa, a ser especificada na proposta.

(B) Os conciliadores são auxiliares da Justiça, recrutados, na forma da lei local, preferencialmente entre bacharéis em Direito, excluídos os que exerçam funções na administração da Justiça Criminal.

(C) Na hipótese de ser a pena de multa a única aplicável, o Juiz poderá reduzi-la até a metade.

(D) O não oferecimento da representação na audiência preliminar não implica decadência do direito, que

poderá ser exercido no prazo previsto em lei.

(E) A imposição de medida alternativa restritiva de direitos ou multa, decorrente de proposta do Ministério Público e aceita pelo autor da infração, não constará de certidão de antecedentes criminais, mas produz efeitos civis, cabendo aos interessados propor a execução no juízo cível competente.

A: correta. Art. 76 da Lei 9.099/1995, que trata do benefício da transação penal; **B:** correto. Art. 7º da Lei 9.099/1995; **C:** correta. Na proposta de transação penal relativa a crime para o qual seja cominada exclusivamente a pena de multa, não faria qualquer sentido a aplicação, em sede de benefício despenalizador, de pena restritiva de direitos (que seria mais severa). Também não haveria sentido a aplicação da multa, tal qual se daria em caso de condenação. Assim, o art. 76, §1º, da Lei 9.099/1995, permite ao juiz reduzir o valor da multa pela metade; **D:** correta. Art. 75, parágrafo único, da Lei 9.099/1995; **E:** incorreta. A aceitação da transação penal não produz efeitos civis, incumbindo aos interessados promover a demanda necessária na esfera cível (art. 76, §6º, da Lei 9.099/1995).
Gabarito "E"

13. SENTENÇA E COISA JULGADA

(Analista Jurídico – MPE-AL – COPEVE-UFAL – 2012) A respeito da sentença e da coisa julgada, assinale a opção correta.

(A) A sentença definitiva, transitada em julgado, que absolve o acusado em razão de atipicidade do fato cometido por ele faz coisa julgada na esfera cível.

(B) Denomina-se sentença suicida aquela que não contém parte dispositiva.

(C) A perda do cargo, como efeito da condenação por crime contra a administração pública, em crimes com pena superior a um ano, decorre automaticamente do trânsito em julgado da condenação, sendo desnecessária fundamentação do juiz nesse sentido.

(D) A sentença que julga procedente a pretensão punitiva estatal, mas decreta o perdão judicial tem, segundo o STJ, natureza declaratória de extinção de punibilidade. Tal sentença é denominada de autofágica por certo setor doutrinário.

(E) A sentença definitiva, transitada em julgado, que absolve o acusado em razão de insuficiência de provas, faz coisa julgada na esfera cível.

A: incorreta. Nos termos do art. 67, III, do CPP, não impedirá a propositura da ação civil a sentença absolutória que reconhecer que o fato imputado não constitui crime. Isso porque, a despeito de não configurar crime, poderá configurar ilícito civil passível de indenização, o que será apurado na esfera cível; **B:** incorreta. Sentença suicida é aquela na qual a conclusão do dispositivo contraria o teor da fundamentação, tratando-se de decisão atacável por embargos de declaração em virtude da contradição; **C:** incorreta. O efeito da condenação em questão está previsto no art. 92, I, *a*, do CP. O parágrafo único do aludido dispositivo legal dispõe que "os efeitos do crime de que trata este art. não são automáticos, devendo ser motivadamente declarados na sentença"; **D:** correta. Divergia a doutrina acerca da natureza jurídica de sentença que concede o perdão judicial. Para uma primeira corrente, a sentença é condenatória, devendo primeiro o juiz julgar procedente a imputação para após declarar o perdão ao acusado. Neste caso, excluídos estariam, apenas, os efeitos principais da condenação (reincidência, inclusão do nome do réu no rol dos culpados, aplicação de medida de segurança, quando o caso, etc.), remanescendo outros efeitos, tais quais a formação do título executivo relativo ao dever de indenizar, bem como a interrupção da prescrição. Para outros, a sentença é declaratória da extinção da punibilidade, de modo que se reconhecia a existência do

10. DIREITO PROCESSUAL PENAL 259

fato punível, mas não se chegava à condenação, declarando-se extinta a punibilidade. Tal modalidade de sentença, na qual a imputação é reconhecida como verdadeira, mas, ainda assim, declara-se extinta a punibilidade, é denominada de *sentença autofágica*. Dissipando a polêmica, o STJ editou a Súmula 18, que dispõe que "a sentença concessiva do perdão judicial é declaratória da extinção da punibilidade, não subsistindo qualquer efeito condenatório".

Gabarito "D".

(Analista Processual - Direito – MPE-AC – FMP – 2013) Assinale a alternativa correta.

(A) O pedido de absolvição apresentado pelo Ministério Público, em sede de processo criminal iniciado por ação penal pública, deve ser considerado como desistência do processo, razão pela qual vincula o magistrado em sua decisão.

(B) O pedido de absolvição apresentado pelo Ministério Público, em sede de processo criminal iniciado por ação penal pública, deve ser considerado como retirada da ação, razão pela qual vincula o magistrado em sua decisão.

(C) O pedido de absolvição apresentado pelo Ministério Público, em sede de processo criminal iniciado por ação penal pública, não vincula o magistrado, razão pela qual poderá condenar o réu, sem que haja mácula a qualquer instituto de direito processual penal.

(D) O pedido de desclassificação apresentado pelo Ministério Público, em sede de processo criminal iniciado por ação penal pública, deve ser considerado como retirada parcial da ação, razão pela qual vincula o magistrado em sua decisão.

(E) O pedido de desclassificação apresentado pelo Ministério Público, em sede de processo criminal iniciado por ação penal pública, deve ser considerado como retirada parcial da ação, razão pela qual o magistrado abrirá vista ao Ministério Público para aditamento da denúncia.

A: incorreta. Na ação penal pública, ainda que haja pedido de absolvição pelo Ministério Público, pode o juiz condenar o réu, consoante autoriza o art. 385 do CPP. O pedido de absolvição, assim, não se trata de desistência do processo. A desistência do processo, inclusive, é vedada pelo princípio da indisponibilidade da ação penal pública (art. 42 do CPP); **B:** incorreta. Não há vinculação do Magistrado ao pedido de absolvição do *Parquet* (art. 385 do CPP); **C:** correta. Art. 385 do CPP; **D:** incorreta. Como já visto, o juiz não está vinculado ao pedido do MP, podendo decidir a causa livremente. Nem mesmo há possibilidade de retirada da ação penal pública, dado seu caráter indisponível (art. 42 do CPP). A desclassificação é perfeitamente possível, podendo o juiz fazê-la de ofício na hipótese de *emendatio libelli* (art. 383 do CPP); **E:** incorreta. O juiz somente abrirá vista dos autos para aditamento do MP na hipótese de *mutatio libelli* (art. 384 do CPP), se entender que, em virtude de prova produzida na ação penal, for necessário conferir nova definição jurídica ao crime, dependendo esta de elementar não descrita na denúncia.

Gabarito "C".

14. NULIDADES

(Técnico em Promotoria - Direito – MPE-PB – COMPERVE-UFRN) Sobre a nulidade em processo penal, vige o princípio de que nenhum ato será declarado nulo, se da nulidade não resultar prejuízo para a acusação ou para a defesa. Partindo desse pressuposto, a nulidade ocorrerá **EXCETO** por:

(A) Incompetência, suspeição ou suborno do juiz.

(B) Não estarem presentes, pelo menos, 18 (dezoito) jurados para a constituição do júri.

(C) Ilegitimidade de parte.

(D) Ausência do exame de corpo de delito nos crimes que deixam vestígios, ressalvado o disposto no art. 167 do CPP.

(E) Falta da citação do réu, para ver processar-se o seu interrogatório, quando presente, e os prazos concedidos à acusação e à defesa.

A: correta. Trata-se de hipótese de nulidade prevista no art. 564, I, do CPP; **B:** incorreta. O art. 564, III, *i*, do CPP, aduz ser causa de nulidade não haver, para a sessão de julgamento, a presença de pelo menos 15 (quinze) jurados, repetindo a regra do art. 463 do CPP, que permite que o juiz presidente declare instalados os trabalhos mediante o comparecimento de tal número de julgadores; **C:** correta. A ilegitimidade de parte (p. ex.: oferecimento de queixa em crime de ação penal pública, ou de denúncia em caso de ação privada) é causa de rejeição da peça acusatória, nos termos do art. 395, II, do CPP, visto que ausente a condição da ação da legitimidade de parte. No entanto, observada a não rejeição da peça acusatória por tal motivo, há nulidade processual, verificada *ab initio*, com espeque no art. 564, II, do CPP; **D:** correta. Se o crime deixar vestígios é, em regra, indispensável a realização do exame de corpo de delito, por força da regra do art. 158 do CPP, que dispõe que nem mesmo a confissão do acusado poderá supri-lo. No entanto, na estrita hipótese de o exame não poder ser realizado em razão do desaparecimento dos vestígios, a prova testemunhal poderá suprir-lhe a falta (art. 167 do CPP). Sendo possível o exame de corpo de delito e, ainda assim, estando este ausente, será declarada a nulidade do feito com espeque no art. 564, III, *b*, do CPP (cujo teor traz ressalva expressa ao disposto no art. 167 do CPP); **E:** correta. Traz a nulidade prevista no art. 564, III, *e*, do CPP.

Gabarito "B".

(Analista Jurídico – MPE-AL – COPEVE-UFAL – 2012) Sobre as nulidades no processo penal, assinale a opção correta.

(A) É clássico exemplo de inexistência jurídica a sentença sem parte dispositiva.

(B) Haverá nulidade absoluta da denúncia que não é assinada pelo Promotor de Justiça, mesmo que no verso do inquérito policial ele faça constar: "Segue denúncia, em três laudas".

(C) O oferecimento de denúncia fora do prazo legal é causa de nulidade relativa, na hipótese de indiciado solto. Caso esteja preso o indiciado, essa nulidade é absoluta.

(D) A falta de fundamentação da sentença causa nulidade absoluta, mas sua deficiência enseja nulidade relativa.

(E) A falta de citação é, no processo penal, nulidade absoluta, inarredável, que não é suprida sequer pelo comparecimento espontâneo do acusado ao processo.

A: correta. O dispositivo é a conclusão decisória da sentença, momento no qual o juiz dá o desfecho ao caso penal apresentado com a denúncia, condenando ou absolvendo o réu e impondo-lhe a pena ou a medida de segurança. Dada a importância do dispositivo, sua ausência é tratada pela doutrina como causa de inexistência da sentença, que passa a ser tida como um não ato; **B:** incorreta. Entendem a doutrina e a jurisprudência que a ausência da assinatura na denúncia ou na queixa não é causa para sua rejeição, ou para posterior declaração da nulidade *ab initio*, se não houver dúvida da sua autenticidade, como se dá no caso de haver cota de oferecimento do Promotor de Justiça, devidamente assinada, informando a apresentação da peça acusatória e o número de páginas. Após, deve a denúncia ser encaminhada ao Ministério Público para que ele supra a irregularidade, assinando a peça acusatória; **C:** incorreta. A perda do prazo para o oferecimento da denúncia, estando preso ou solto o investigado, não acarreta qualquer nulidade, visto que o processo ainda não foi iniciado. No entanto, traz consequências, tais como, autorização para o oferecimento da ação penal privada subsidiária da pública e relaxamento da prisão (para tanto, o prazo deve ser computado globalmente. Tem-se entendido que não se devem observar os prazos individualmente, mas sim de uma forma única, englobando o prazo para a investigação, o prazo para o oferecimento da denúncia e o prazo do processo, devendo-se concluir pelo excesso de prazo, tão somente, caso a somatória dos prazos previstos em lei seja excedido, ou, ainda, quando houver excesso abusivo e doloso. É possível, portanto, que um prazo excedido na investigação, seja compensado na fase processual, atingindo-se a decisão final dentro do prazo global previsto em lei); **D:** incorreta. A ausência de fundamentação, ou sua deficiência, atentam contra a regra constitucional do art. 93, IX, da CF, tratando-se de causa de nulidade absoluta, até mesmo por inviabilizar o pleno exercício do contraditório; **E:** incorreta. A falta de citação é causa de nulidade nos termos do art. 564, III, *e*, do CPP. No entanto, em caso de comparecimento espontâneo do acusado, visto que a finalidade do ato foi atingida, não há que se falar em nulidade (art. 570 do CPP).

Gabarito "A".

15. RECURSOS

(Técnico em Promotoria - Direito – MPE-PB – COMPERVE-UFRN) É correto afirmar que, dentre os recursos criminais em geral, pode-se verificar a figura do *recurso em sentido estrito*, que será cabível da decisão, despacho ou sentença:

(A) que julgar quebrada a fiança ou perdido o seu valor.

(B) em que for a sentença do juiz presidente contrária à lei expressa ou à decisão dos jurados.

(C) em que for a decisão dos jurados manifestamente contrária à prova dos autos.

(D) que julgar procedente as exceções de suspeição.

(E) que converter a pena de reclusão em pena de multa.

A: correta. Da decisão que julgar quebrada a fiança, ou perdido o seu valor, caberá recurso em sentido estrito, com fundamento no art. 581, VII, do CPP; **B:** incorreta. Da sentença do juiz presidente contrária à lei expressa ou contrária à decisão dos jurados caberá recurso de apelação, nos termos do art. 593, §1°, do CPP. A despeito dos demais casos de impugnação a decisões do Tribunal do Júri, neste, por não haver afronta à soberania dos veredictos, já que a matéria recursal diz respeito a mero erro do juiz togado verificado após à votação dos quesitos, o próprio Juízo *ad quem* poderá proceder à retificação, não sendo caso de realização de novo plenário; **C:** incorreta. A decisão dos jurados manifestamente contrária à prova dos autos desafia apelação, nos termos do art. 593, III, *d*, do CPP. Nesta hipótese, visando a não afrontar a soberania dos veredictos, o provimento da apelação importará em mera submissão do acusado a novo julgamento perante o Tribunal do Júri, não podendo o Tribunal *ad quem* decidir definitivamente a causa. Além disso, somente há cabimento para uma apelação com tal fundamento, regras que decorrem do art. 593, §3°, do CPP; **D:** incorreta. O art. 581, III, do CPP, aduz ser cabível o recurso em sentido estrito contra decisão que julgar procedente as exceções. No entanto, ressalva textualmente a exceção de suspeição, cuja procedência, destarte, não desafiará o RESE. Do teor do dispositivo, extrai-se duas conclusões: são irrecorríveis as decisões que julgarem improcedentes as exceções (leia-se, exceções de incompetência, litispendência, ilegitimidade de parte e coisa julgada – art. 95 do CPP), cuja matéria somente poderá ser rediscutida em sede de *habeas corpus*; não é cabível RESE contra a decisão que julgar, procedente ou improcedente, a exceção de suspeição. Julgada procedente a exceção de suspeição, o juiz remeterá os autos ao substituto (art. 99 do CPP), inexistindo interesse recursal de qualquer das partes. Julgada improcedente a exceção, os autos serão remetidos ao Tribunal competente, cuja decisão, por se de segundo grau, logicamente, não desafiará RESE ou apelação, recursos cabíveis contra as decisões dos juízes de primeiro grau. Poderão, no caso, ser

manejados os recursos especial e extraordinário, conforme o caso; **E:** incorreta. A hipótese de RESE trazida no art. 581, XXIV, do CPP, diz respeito à conversão da multa em detenção ou prisão simples, e não o contrário. Aliás, o dispositivo está tacitamente revogado desde o advento da Lei 7.210/84, que dispôs ser o agravo o recurso cabível contra as decisões do juiz da execução (art. 197 da Lei 7.210/84). Após, com o advento da Lei 9.268/1996, que vedou a conversão da multa, que passou a ser considerada mera dívida civil, em prisão, o teor do dispositivo foi totalmente esvaziado.

Gabarito "A".

(Analista Ministerial Especialista - Ciências Jurídicas – MPE-TO – UFT- -COPESE – 2010) Não caberá recurso em sentido estrito da decisão que:

(A) Decidir o incidente de falsidade.

(B) Absolver o réu, no Tribunal do Júri.

(C) Julgar procedentes as exceções, salvo a de suspeição.

(D) Conceder ou negar a ordem de habeas corpus.

A: incorreta. Contra a decisão que decide o incidente de falsidade cabe RESE nos termos do art. 581, XVIII, do CPP; **B:** correto. Da decisão que absolve o réu no Tribunal do Júri não cabe recurso em sentido estrito, e sim recurso de apelação (art. 593, III, do CPP); **C:** incorreta. Cabe RESE nos termos do art. 581, III, do CPP; **D:** incorreta. Cabe RESE nos termos do art. 581, X, do CPP.

Gabarito "B".

(Analista de Promotoria I – Assistente Jurídico – MPE-SP – VUNESP – 2010) No procedimento comum sumaríssimo, previsto na Lei 9.099/95, cabe recurso contra a decisão que rejeita a denúncia ou queixa?

(A) Não, em função do rito.

(B) Sim, apelação, em 10 (dez) dias.

(C) Sim, apelação, em 5 (cinco) dias.

(D) Sim, recurso em sentido estrito, em 10 (dez) dias.

(E) Sim, recurso em sentido estrito, em 5 (cinco) dias.

A despeito de a decisão de rejeição da denúncia ou queixa desafiar o RESE no Juízo Comum (art. 581, I, do CPP), no âmbito do Juizado Especial Criminal, o recurso cabível contra tal decisão é a apelação, nos termos do art. 82, "caput", da Lei 9.099/1995. Outra distinção reside no prazo: se na Justiça Comum a apelação pode ser interposta em 5 (cinco) dias, concedendo-se, após, 8 (oito) dias para a apresentação das razões recursais, aqui há prazo único de 10 (dez) dias para a interposição da apelação, que deverá vir acompanhada das razões do inconformismo (art. 82, §1°, da Lei 9.099/1995).

Gabarito "B".

(Analista Processual Administrativo – MPE-RJ – 2011) Mélvio, Promotor de Justiça, na data de hoje, recebeu autos de processo criminal em seu gabinete e, de imediato, observou que deverá interpor recurso de apelação em face da sentença absolutória de que tomou ciência. Preocupado com o respectivo prazo, verifica que o referido processo encontrava-se na secretaria ministerial há vários dias paralisado, em razão de licença do servidor responsável pelo processamento.

Nesse caso, para efeito da contagem do prazo para oferecimento de recurso, tem relevância a data:

(A) da abertura de vista dos autos ao membro do Ministério Público, face à prerrogativa da intimação pessoal, sem prejuízo de eventual demora por parte da serventia quanto ao processamento;

(B) do recebimento dos autos na serventia ministerial, que deverá distribuí-lo imediatamente ao membro do Ministério Público com atribuição;

10. DIREITO PROCESSUAL PENAL   261

(C) lançada pelo Promotor de Justiça na respectiva petição de interposição;

(D) da remessa dos respectivos autos ao Ministério Público, realizada pelo cartório judicial responsável pelo processamento;

(E) em que o respectivo processo é devolvido pela serventia do Ministério Público ao Poder Judiciário.

Constitui prerrogativa do membro do Ministério Público ser intimado pessoalmente, por meio do recebimento dos autos com vista, nos termos do art. 41, IV, da Lei 8.625/13. A prerrogativa importa que o prazo para o Ministério Público não passa a correr da publicação da decisão na imprensa oficial, visto que a sua intimação deve ser pessoal, incumbindo à serventia judiciária levar os autos físicos (ou disponibilizar os digitais) à sede do MP. Diante disso, passou-se a discutir se o prazo para a interposição de recursos passaria a decorrer do recebimento dos autos com vista pela serventia do MP, ou se da efetiva ciência do Promotor de Justiça acerca da decisão. O STF tem precedente no sentido de que a data inicial é a do recebimento dos autos na serventia. Recebida a carga de processos pelo servidor, está configurada a intimação pessoal do MP, iniciando-se a contagem do prazo processual (STF, HC 83.255/SP).
Gabarito "B".

(Analista Ministerial Processual - Direito – MPE-MA – FCC – 2013) A sentença condenatória foi proferida em audiência realizada no dia 10, quinta-feira. Dia 15, terça-feira, foi feriado local. O prazo de 5 dias para apelação terminará no dia:

(A) 14, segunda-feira.

(B) 16, quarta-feira.

(C) 17, quinta-feira.

(D) 18, sexta-feira.

(E) 21, segunda-feira.

Deverão ser observadas as regras do art. 798, §§1º, 3º e 5º, *b*, do CPP. Assim, o termo inicial da contagem de prazo é a data da audiência (art. 798, §5º, *b*, do CPP). No entanto, exclui-se o dia do começo pela regra do art. 798, §1º, do CPP. O primeiro dia de contagem de prazo, assim, é dia 11, sexta-feira, sendo o último dia do prazo a terça-feira, dia 15. Contudo, sendo feriado local, e por tratar-se do último dia do prazo, este se findará no dia útil seguinte, ou seja, quarta-feira, dia 16, por força do que dispõe o art. 798, §3º, do CPP.
Gabarito "B".

(Analista de Promotoria - Assistente Jurídico – MP-SP – VUNESP – 2015) O prazo da Apelação, nas hipóteses previstas no artigo 593 do Código de Processo Penal, é de:

(A) 2 (dois) dias.

(B) 15 (quinze) dias.

(C) 5 (cinco) dias.

(D) 10 (dez) dias.

(E) 24 (vinte e quatro) horas.

O prazo estipulado em lei para o recurso de apelação é de 5 (cinco) dias. Caso a interposição do recurso não venha acompanhada das respectivas razões, faculta-se ao recorrente o prazo de 8 (oito) dias para a apresentação do arrazoado, na forma do art. 600 do CPP.
Gabarito "C".

16. AÇÕES DE IMPUGNAÇÃO

(Analista Processual Administrativo – MPE-RJ – 2011) Após ser condenado por homicídio culposo, com decisão transitada em julgado, e ter cumprido integralmente sua pena, MONTECCHIO descobre oficiosamente fatos que seriam capazes de alterar a convicção judicial, alterando a sentença proferida e que não fora impugnada no momento

oportuno. À luz dos dados fornecidos, é correto afirmar que:

(A) o cabimento da revisão criminal, em caso de nova prova oral, depende de justificação que tramitará perante o juízo penal de primeiro grau;

(B) cabível a revisão criminal, cuja competência é do juízo que proferiu a sentença revidenda, que poderá rever a convicção formada com as novas provas colacionadas;

(C) incabível a revisão criminal, diante da irreversibilidade dos efeitos da sentença penal condenatória, haja vista que MONTECCHIO já cumpriu a integralidade da pena;

(D) cabível a revisão criminal, em caso de nova prova oral, desde que juntada declaração escrita, mediante escritura pública;

(E) incabível a revisão criminal, por falta de interesse--utilidade, haja vista que MONTECCHIO já cumpriu a integralidade da pena.

A: correta. Prevalece o entendimento de que, fundada a ação rescisória na descoberta de novas provas da inocência do réu (art. 621, III, do CPP), estas somente podem ser produzidas em medida cautelar preparatória denominada justificação (artigos 861 a 866 do CPC, aplicáveis por analogia com autorização do art. 3º do CPP), que tramitará pelo Juízo penal de primeiro grau. Visa a justificação à produção da prova, sob crivo do contraditório, adotando-se os meios legais, a fim de que a revisão criminal seja instruída com a prova já aperfeiçoada; **B:** incorreta. A competência para a revisão criminal (art. 624 do CPP) não será sempre do juízo que proferiu a decisão cuja rescisão se almeja. Quanto aos Tribunais, compete a eles rever as próprias decisões, bem como as decisões dos juízes de primeiro grau a eles vinculados. Nos casos de decisões condenatórias do STJ e do STF, a competência é, em regra, do Tribunal Superior que preferiu a decisão, salvo quando a matéria que objetiva a revisional não coincidir com a matéria levada ao conhecimento de tais órgãos por meio dos recursos extraordinário ou especial (como se dá, por exemplo, na revisão criminal fundada na descoberta de novas provas da inocência, visto que nos recursos especial e extraordinário não há reapreciação da prova produzida). Nesta hipótese de exceção, o denominado efeito substitutivo não ocorre (a decisão do Tribunal Superior não substitui a do Tribunal de origem), remanescendo a competência do Tribunal de Justiça para julgar a revisão; **C:** incorreta. A revisão criminal é cabível mesmo após o cumprimento da pena (art. 622 do CPP). Mais que isso, é cabível até mesmo após a morte do condenado, ou seja, após a extinção da punibilidade (art. 623 do CPP); **D:** incorreta. De fato, a revisão criminal exige a prévia constituição da prova. No entanto, em se tratando de prova oral, prevalece o entendimento da necessidade de ajuizamento de medida cautelar preparatória de justificação, nos termos do art. 861 e seguintes do CPC, perante o Juízo criminal de primeiro grau; **E:** incorreta. Como já ressaltado, a revisão criminal pode ser ajuizada a qualquer tempo, inclusive após a extinção da pena pelo cumprimento (art. 622 do CPP) ou após a morte do condenado (art. 623 do CPP).
Gabarito "A".

(Analista Ministerial Jurídico – MPE-PE – FCC – 2012) A respeito do *Habeas Corpus*, considere:

I. O réu está preso e a prova colhida na instrução é contraditória, havendo testemunhas que incriminaram o réu e outras que o inocentaram.

II. A prisão provisória do indiciado foi decretada por decisão fundamentada do representante do Ministério Público.

III. A autoridade competente manteve no cárcere o indiciado quando a lei autorizava a concessão de fiança.

A coação considera-se ilegal e pode ser reparada através de habeas corpus nas situações indicadas em:

(A) III.
(B) I e II.
(C) I e III.
(D) I.
(E) II e III.

I: incorreta. Não se trata de coação ilegal reparável pelo HC. Consoante jurisprudência consolidada no STF, "o trancamento da ação penal, em 'habeas corpus', constitui medida excepcional que só deve ser aplicada quando indiscutível a ausência de justa causa ou quando há flagrante ilegalidade demonstrada em inequívoca prova pré-constituída" (RHC 95.958). Havendo testemunhas incriminando o réu, não há que se falar em indiscutível ausência de justa causa passível de reparação pela via do HC; **II.** correta. Se trata de hipótese de cabimento do HC, visto que não compete ao MP decretar prisão preventiva, de modo que o ato foi praticado por quem não tinha atribuição ou competência para tanto (art. 648, III, do CPP). Afinal, a decretação da prisão provisória está sujeita à *cláusula de reserva de jurisdição*, somente competindo à autoridade judicial determiná-la, nos termos do art. 5º, LXI, da CF; **III:** correta. Trata-se de hipótese típica de cabimento de HC, nos termos do art. 648, V, do CPP.

Gabarito "E".

(Analista Processual – MP-RO – FUNCAB – 2012) Sobre o *habeas corpus,* assinale a alternativa correta.

(A) Não pode ser concedido de ofício pelo juiz.
(B) O impetrante deve ser representado por advogado ou defensor público.
(C) Não serve para alegar nulidade processual.
(D) A legitimidade ativa é exclusiva do paciente ou de seus representantes legais.
(E) Cessará a competência do juiz quando coatora autoridade de superior jurisdição.

A: incorreta. Art. 654, §2º, do CPP; **B:** incorreta. Art. 654 do CPP; **C:** incorreta. Art. 648, VI, e art. 652, ambos do CPP; **D:** incorreta. Pode ser impetrado por qualquer pessoa, em seu favor ou de outrem, inclusive pelo MP (art. 654 do CPP); **E:** correta. Art. 650, §1º, do CPP.

Gabarito "E".

17. QUESTÕES COM TEMAS COMBINADOS

(Analista Ministerial Área Processual – MPE-PI – CESPE – 2012) Tribunal Federal entende ser impossível, como condição à suspensão do processo, a cominação da prestação de serviço à comunidade, uma vez que a cominação se traduziria em pena, e a suspensão condicional do processo não significa condenação.

(1) A existência de condenação transitada em julgado por fatos posteriores ao delito objeto da ação penal não serve para caracterizar maus antecedentes, tampouco reincidência.
(2) Os inquéritos policiais ou ações penais em andamento não podem, em razão do princípio constitucional do estado presumido de inocência, ser considerados para fins de exasperação da pena-base, seja a título de maus antecedentes, seja de má conduta social ou personalidade, salvo motivação judicial específica, com lastro em elementos concretos existentes nos autos.
(3) A lei processual penal, no tocante à aplicação da norma no tempo, como regra geral, é guiada pelo princípio da imediatidade, com plena incidência

nos processos em curso, independentemente de ser mais prejudicial ou benéfica ao réu, assegurando-se, entretanto, a validade dos atos praticados sob a égide da legislação anterior.

(4) Se o réu citado por edital não comparecer em juízo e tampouco constituir advogado, ficará suspenso o processo e o prazo prescricional, podendo o juiz autorizar a produção antecipada de provas, sob fundamento do decurso do lapso temporal, considerando-se os efeitos que este pode produzir na lembrança dos fatos pelas testemunhas.

1: correta. A condenação posterior ao delito, em razão de fatos também posteriores a ele, ainda que com trânsito em julgado, não configura mau antecedente. Do mesmo modo, a reincidência pressupõe que o agente cometa novo crime depois de transitar em julgado a decisão condenatória (art. 63 do CP). Caracteriza os maus antecedentes a condenação anterior, transitada em julgado, que não mais constitua reincidência pelo decurso do lapso depurador de 5 (cinco) anos contados do cumprimento da pena (art. 64, I, do CP), ou, ainda, a condenação posterior, com trânsito em julgado, que diga respeito à fato anterior ao crime. No entanto, a condenação criminal passada em julgado após o fato pode servir à demonstração de que a personalidade do acusado é voltada para a prática de crimes, autorizando a fixação da pena-base acima do patamar mínimo (art. 59 do CP); **2:** incorreta. Os inquéritos policiais e processos criminais em andamento não podem ser considerados, em nenhuma hipótese, para fins de exasperação da pena-base, consoante dispõe a Súmula 444 do STJ; **3:** correta. No processo penal, vigora a regra do *tempus regit actum*, nos termos do art. 2º do CPP; **4:** incorreta. De fato, se citado por edital o réu não comparecer, nem constituir defensor, o processo ficará suspenso, nos termos do art. 366 do CPP. No entanto, segundo o entendimento do STJ, o mero decurso do tempo não é fundamento que autoriza, por si só, o magistrado a determinar a produção antecipada de provas, providência cautelar que exige a demonstração da urgência na antecipação da produção da prova, nos termos da Súmula 455. Em sentido contrário, no entanto, já decidiu o STF no HC 110.298, de relatoria do Min. Gilmar Mendes, que considerou que os limites da memória humana são suficientes para autorizar a antecipação da produção da prova testemunhal com base no decurso do tempo, sob pena de frustração do objetivo do processo penal, que é a busca da verdade.

Gabarito "1C,2E,3C,4E".

(Analista Ministerial - Área Processual – MPE-PI – CESPE – 2012) Ainda com relação ao direito processual penal, julgue os itens subsequentes.

(1) A fiança, nos casos em que é admitida, será prestada enquanto não transitar em julgado a sentença condenatória e tem por finalidade, se o réu for condenado, o pagamento das custas, da indenização do dano, da prestação pecuniária e da multa.
(2) O condenado que cumpre pena em regime aberto ou semiaberto poderá remir a pena pela frequência a curso de ensino regular ou de educação profissional. Caso o condenado conclua o ensino fundamental, médio ou superior durante o cumprimento da pena, desde que certificada pelo órgão competente do sistema de educação, o tempo a remir em função das horas de estudo será acrescido de um terço.
(3) O princípio da obrigatoriedade da ação penal pública incondicionada impõe o dever ao membro do Ministério Público de oferecer denúncia, mas não retira deste o juízo de conveniência e oportunidade para a iniciativa penal, sendo vedada, apenas, a desistência da ação após o recebimento da denúncia.

10. DIREITO PROCESSUAL PENAL

1: correta. O art. 334 do CPP dispõe que a fiança poderá ser prestada enquanto não transitar em julgado a sentença condenatória. Quanto à finalidade, dispõe o art. 336 do CPP que a os bens ou valores recolhidos a título de fiança servirão, em caso de condenação, ao pagamento das custas, da indenização do dano, da prestação pecuniária e da multa; **2:** correta. É o que dispõe o art. 126, §§5º e 6º, da Lei 7.210/84 (LEP); **3:** incorreta. O Ministério Público, uma vez oferecida a denúncia, e ainda que antes de seu recebimento, não pode desistir da ação penal (art. 42 do CPP).

Gabarito "1C,2C,3E"

(Analista Ministerial Área Processual – MPE-PI – CESPE – 2012 - Adaptada)
Julgue os itens a seguir:

(1) Nas questões prejudiciais heterogêneas obrigatórias, o Ministério Público está legitimado a ajuizar a ação civil para solucionar a controvérsia da qual dependa o reconhecimento da existência de crime, se a infração penal apurada for de ação pública, de modo a ensejar o rápido deslinde da questão. Durante a tramitação da ação cível, não fluirá o prazo prescricional, ficando suspenso o processo até o fim desta.

(2) A jurisprudência tem acolhido a prova emprestada no processo penal, desde que seja produzida em outro processo judicial, apenas, e extraída por meio de documentos hábeis a comprovar a alegação da parte requerente, inserindo-a em outro feito, ressalvado o contraditório e a ampla defesa.

1: correta. As questões prejudiciais heterogêneas obrigatórias são aquelas relativas ao estado civil, referidas no art. 92 do CPP. Nos termos do parágrafo único do mesmo dispositivo, pode o Ministério Público, nos crimes de ação pública, promover a ação civil para solução da questão. Enquanto perdurar a controvérsia, fica suspenso o curso do processo penal, suspendendo-se, também, nos termos do art. 116, I, do CP, o curso da prescrição. **2:** incorreta. Entende-se por prova emprestada a utilização, em um processo, de prova produzida em outro. Por exemplo, uma testemunha é ouvida no processo A, sendo o teor de seu depoimento relevante para o desfecho do processo B. Assim, extrai-se cópia de seu termo de depoimento constante do processo A e promove-se a juntada no processo B, transportando a prova de um feito ao outro. A despeito de o depoimento ser trazido ao novo processo pela juntada do documento (termo de declarações), a prova emprestada recebe, no novo destino, o mesmo valor que possuía na origem, sendo, portanto, no caso, admitida com valor de prova testemunhal. Para se configurar como prova emprestada nos termos explicitados, no entanto, a jurisprudência entende ser necessário que a parte contra a qual a prova emprestada produzirá efeitos no novo processo tenha participado, com observância do contraditório e ampla defesa, de sua produção no processo originário. Caso contrário, a prova emprestada não produzirá os mesmos efeitos que possuía na origem, sendo admitida como mera prova documental. Neste sentido, é o entendimento do STF (HC 95.186/SP). A questão, portanto, está incorreta quanto aos requisitos de admissibilidade da prova emprestada.

Gabarito "1C,2E"

(Analista Jurídico – MPE-AL - COPEVE-UFAL – 2012) Sobre direito probatório, questões e processos incidentes, assinale a opção correta.

(A) Nos crimes que deixam vestígios, o exame de corpo de delito é dispensável.

(B) No Brasil, o juiz não pode se afastar das conclusões do laudo pericial. Quando discordar, deve mandar realizar outro exame por perito diverso, hipótese em que poderá escolher quaisquer dos resultados periciais.

(C) Os fatos axiomáticos, em regra, são objeto de prova.

(D) Prejudicial é aquilo que carece de julgamento prévio ao exame do mérito da ação penal. Chama-se prejudicial homogênea a questão prejudicial que é resolvida na mesma jurisdição ou na mesma área do direito.

(E) As provas ilícitas não podem ser admitidas no processo penal em qualquer hipótese, em face da vedação constitucional.

A: incorreta. O art. 158 do CPP dispõe ser indispensável o exame de corpo de delito nas infrações que deixam vestígios, não podendo ser suprido, sequer, pela confissão; **B:** incorreta. O CPP adotou o sistema do livre convencimento motivado, pelo que, nos termos do art. 155 do CPP, "o juiz formará sua convicção pela livre apreciação da prova produzida em contraditório judicial [...]". Corolário disso, dispõe o art. 182 do CPP que "o juiz não ficará adstrito ao laudo, podendo aceitá-lo ou rejeitá-lo, no todo ou em parte"; **C:** incorreta. Os fatos axiomáticos são as verdades evidentes, as questões que, segundo o conhecimento geral, são clarividentes a qualquer pessoa. Um exemplo: no crime do art. 306 do CTB é necessário provar que havia quantidade suficiente de álcool no sangue do indivíduo. Contudo, não é necessário comprovar, por ser fato axiomático, que o álcool embriaga; **D:** correta. As questões prejudiciais são aquelas que precisam ser decididas previamente ao julgamento do mérito da questão, havendo uma relação de interdependência entre a solução dela e a solução da causa penal. A relação se dá com a matéria afeta ao direito material, no que se diferencia das questões preliminares, em que há dúvida acerca de questão processual penal. A prejudicial homogênea é aquela que pode ser solucionada pelo mesmo Juízo (ex.: reconhecimento do crime antecedente no caso de receptação, exceção da verdade no crime de calúnia, etc.), ao passo que a heterogênea é aquela que deve ser solucionada em Juízo diverso (ex.: no juízo cível, tal qual nos termos do art. 92 do CPP, tal qual ocorre com a ação negatória de paternidade que visa a afastar a elementar filho menor de 18 anos contida no tipo penal do crime de abandono material, previsto no art. 244 do CP); **E:** incorreta. A jurisprudência, em sua maioria, admite a utilização da prova ilícita em benefício do indivíduo.

Gabarito "D"

18. ASPECTOS PROCESSUAIS PENAIS NA LEGISLAÇÃO EXTRAVAGANTE

(Assistente Jurídico – MPE-SP – VUNESP – 2010) Poderá o juiz, de ofício ou a requerimento das partes, conceder _____ e a consequente extinção da punibilidade ao acusado que, sendo_____, tenha colaborado efetiva e voluntariamente com a investigação e o processo criminal desde que dessa colaboração tenha resultado: I – a identificação dos demais coautores ou partícipes da ação criminosa; II – a localização da vítima com a sua integridade física preservada; III – a recuperação total ou parcial do produto do crime.

De acordo com a Lei 9.807/99, completam as lacunas, correta e respectivamente, as seguintes expressões:

(A) o perdão judicial ... primário.

(B) a absolvição ... não reincidente.

(C) a graça ... maior de 70 (setenta) anos.

(D) a anistia ... portador de bons antecedentes.

(E) o indulto ... menor de 21 (vinte e um) anos.

Dispõe o art. 13 da Lei 9.807/1999 que "poderá o juiz, de ofício ou a requerimento das partes, conceder o *perdão judicial* e a consequente extinção da punibilidade ao acusado que, sendo *primário*, tenha colaborado efetivamente e voluntariamente com a investigação e o processo criminal [...]"

Gabarito "A"

LUCAS CORRADINI

(Analista de Promotoria I – Assistente Jurídico – MPE-SP – VUNESP – 2010) De acordo com o texto expresso do art. 180 da Lei 11.101/05, a natureza jurídica da sentença que decreta a falência, concede a recuperação judicial ou concede a recuperação extrajudicial no que pertine ao processo e julgamento dos crimes falimentares, é a de

(A) requisito da ilicitude.

(B) requisito da tipicidade.

(C) requisito da culpabilidade.

(D) condição de procedibilidade.

(E) condição objetiva de punibilidade.

Nos termos do art. 180 da Lei 11.101/05, a sentença que decreta a falência ou concede a recuperação judicial ou extrajudicial é condição objetiva de punibilidade dos crimes falimentares. Em situações como a dos crimes falimentares, a existência da pretensão punitiva estatal fica dependente, por razões de política criminal, ao advento de uma condição não prevista no tipo penal, sendo, ainda, externa à conduta. São as chamadas condições objetivas de punibilidade. São objetivas, pois independem do dolo ou da culpa do agente. Ainda que num plano imaginário, a condição objetiva de punibilidade funciona como uma barreira existente entre o preceito primário do tipo penal (que traz a descrição típica da conduta) e o preceito secundário (que traz a sanção penal cabível como punição), impedindo o alcance do último na hipótese de não se ver tal barreira ultrapassada. Não se confunde com as condições da ação (ou condições de procedibilidade), visto que estas atinem ao direito processual penal (são condições que devem existir para que o processo penal possa ser iniciado), e a condição objetiva de punibilidade tem natureza de direito penal material (são condições que devem existir para que a punibilidade possa ser alcançada). Na vigência da antiga Lei de Falência, a sentença que decretava a falência ou a concordata era tratada como condição de procedibilidade, tendo, portanto, sua natureza alterada com o advento da lei nova. Gabarito "E".

(Analista de Promotoria I – Assistente Jurídico – MPE-SP – VUNESP 2010) Com relação ao procedimento a ser observado nos crimes ambientais, definidos na Lei 9.605/98, considere as seguintes assertivas:

I. não se admite proposta de aplicação imediata de penas restritivas de direitos ou multa;

II. admite-se a suspensão condicional do processo, mas a Lei de Crimes Contra o Meio Ambiente traz regras específicas, como, por exemplo, a possibilidade de prorrogação do período de suspensão;

III. é condição de procedibilidade da ação penal movida em face da pessoa jurídica a prévia condenação, civil ou criminal – com trânsito em julgado – das pessoas físicas que realizaram as condutas imputadas.

É correto o que se afirma em:

(A) II, apenas.

(B) III, apenas.

(C) I e II, apenas.

(D) II e III, apenas.

(E) I, II e III.

I: incorreta. Nos crimes ambientais, regulados pela Lei 9.605/1998, é perfeitamente possível a aplicação imediata de penas restritivas de direitos ou multa (figura denominada como transação penal). Porém, nos crimes ambientais, além dos requisitos do art. 76 da Lei 9.099/1995, é requisito para a concessão do benefício a prévia composição do dano ambiental, salvo em caso de comprovada impossibilidade (art. 27 da Lei 9.099/1995); II: correta. A suspensão condicional do processo, benefício previsto no art. 89 da Lei 9.099/1995, é perfeitamente cabível nos crimes ambientais. Entretanto, a Lei 9.605/1998 traz regras específicas

a respeito da benesse. Tais regras constam do art. 28, I a V, da Lei 9.605/1998, e incluem a prorrogação do período de provas na hipótese de o laudo de constatação da reparação ambiental (condição indispensável à declaração da extinção da punibilidade nos termos do art. 28, I, da Lei 9.605/1998) comprovar não ter sido completada a compensação (art. 28, II, da Lei 9.605/1998); III: incorreta. A jurisprudência dominante vem adotando para a responsabilidade penal da pessoa jurídica a teoria da dupla imputação. Sendo ente ficcional, desprovido de capacidade de tomar, por si só, decisões e, assim, praticar condutas, a imputação penal deduzida em face da pessoa jurídica deve, sempre, vir acompanhada de imputação em face da pessoa física que, efetivamente, praticou a conduta. Não é necessário, portanto, a prévia condenação, civil ou criminal, com trânsito em julgado, contra a pessoa física, bastando que ela também seja sujeito passivo do mesmo processo. Nesta esteira, já decidiu o STJ que "Nos crimes ambientais, é necessária a dupla imputação, pois não se admite a responsabilização penal da pessoa jurídica dissociada da pessoa física, que age com elemento subjetivo próprio [...]" (STJ, Recurso Ordinário em Mandado de Segurança 27.593/SP, rel. Min. Maria Thereza de Assis Moura, j. 4.9.2012). Gabarito "A".

(Analista de Promotoria I – Assistente Jurídico – MPE-SP – VUNESP – 2010) Considere as seguintes assertivas, que dizem respeito ao procedimento observado nos crimes de violência doméstica e familiar contra a mulher, tal qual estabelece a Lei 11.340/06:

I. nos Juizados de Violência Doméstica e Familiar contra a Mulher, os atos processuais não poderão se realizar em horário noturno;

II. é vedada a aplicação de penas de cesta básica ou outras de prestação pecuniária, bem como a substituição de pena que implique o pagamento isolado de multa;

III. nas ações penais públicas condicionadas à representação da ofendida, só será admitida a renúncia à representação perante o juiz, em audiência especialmente designada com tal finalidade, antes do recebimento da denúncia e ouvido o Ministério Público.

É correto o que se afirma em:

(A) I, apenas.

(B) II, apenas.

(C) I e II, apenas.

(D) II e III, apenas.

(E) I, II e III.

I: incorreta. Visando a conferir um pronto e eficaz atendimento à mulher em situação de risco, decorrente da prática de violência doméstica e familiar, o art. 14, parágrafo único, da Lei 11.340/2006, dispõe que os atos processuais poderão realizar-se em horário noturno, consoante dispuser as normas de organização judiciária local; II: correta. É o que dispõe o art. 17 da Lei 11.340/2006; III: correta. Visando a evitar que a vítima de violência doméstica e familiar, em razão da vulnerabilidade a ela inerente, se retrate da representação ofertada em razão de coação perpetrada pelo agressor, a Lei Maria da Penha exige que esta se dê em audiência especialmente designada para tal finalidade, o que poderá ocorrer somente antes do recebimento da denúncia, e ouvindo-se previamente o Ministério Público, nos termos do art. 16 da Lei 11.340/206. Deve-se atentar, no entanto, para o fato de o STF ter assentado o entendimento de que não se aplica aos crimes de lesão corporal praticado com violência doméstica e familiar contra a mulher o disposto no art. 88 da Lei 9.099/1995, de modo que a ação penal de tal delito é de natureza pública incondicionada. Persiste a regra do art. 16, entretanto, e de modo exemplificativo, no delito de ameaça praticado nas circunstâncias do art. 5º da Lei 11.340/06. Gabarito "D".

10. DIREITO PROCESSUAL PENAL 265

(Analista Jurídico – MPE-AL – COPEVE-UFAL – 2012) A respeito do procedimento para apuração de crimes de entorpecentes e sobre interceptação telefônica, assinale a opção correta.

(A) O prazo para oferecimento da denúncia de processo crime por tráfico de entorpecente perante a Justiça Estadual é de 10 (dez) dias, tanto para indiciado preso, quanto para indiciado solto.

(B) Excepcionalmente, a denúncia por crime de tráfico de entorpecentes poderá ser oferecida e recebida sem estar acompanhada de laudo de constatação provisório.

(C) Não é cabível notificação para apresentação de defesa preliminar pelo acusado, representado por seu advogado, no prazo de dez dias, antes do recebimento da denúncia.

(D) O juiz pode, independentemente de requerimento do Ministério Público ou de representação da autoridade policial, quando na fase de investigação preliminar de delito hediondo, determinar a interceptação telefônica de pessoa suspeita para melhor instruir a investigação.

(E) Na denúncia que impute ao agente o cometimento de crime de tráfico de entorpecentes, deve o Ministério Público arrolar até 8 (oito) testemunhas para cada fato e para cada acusado.

A: correta. Art. 54, III, da Lei 11.343/2006; **B:** incorreta. O art. 50, §1º, da Lei 11.343/2006, dispõe que o laudo de constatação provisório é suficiente para configurar a materialidade do crime para fins de prisão em flagrante. Ora, tanto a prisão em flagrante quanto a justa causa para a deflagração da ação penal exigem, outrossim, a prova da materialidade, pelo que se conclui que o laudo provisório é suficiente para a configuração do requisito comum. No entanto, entende a doutrina que a presença de laudo provisório é condição específica de procedibilidade no caso de tráfico, não podendo a ação penal ser deflagrada na ausência dele; **C:** incorreta. A notificação em questão está prevista no procedimento especial da Lei de Drogas no art. 55 da Lei 11.343/2006. D: Incorreta. Não é necessário que o crime seja hediondo para autorizar a interceptação. Nos termos do art. 2º, III, da Lei 9.296/1996, basta que se trate de infração penal punida, ao menos com reclusão. Sobre a oficialidade, o art. 3º autoriza a decretação da interceptação telefônica de ofício pelo juiz. O dispositivo, entretanto, é objeto da ADI 3.450, ainda pendente de julgamento, que pretende a declaração da inconstitucionalidade sem redução de texto, para reconhecer que não está de acordo com a CF a interpretação do dispositivo que autoriza que o juiz determine de ofício a interceptação telefônica na fase investigativa, o que violaria o sistema acusatório; **E:** incorreta. No procedimento especial das drogas, o MP pode arrolar até 5 (cinco) testemunhas (art. 54, III, da Lei 11.343/2006).
Gabarito "A"

(Analista – Direito – MPE-MG – 2012) De acordo com a Lei Maria da Penha, Lei n. 11.340/2006, assinale a alternativa *INCORRETA*.

(A) Aos crimes praticados com violência doméstica e familiar contra a mulher, independentemente da pena prevista, aplica-se a Lei n. 9.099, de 26 de setembro de 1995.

(B) Nos casos de violência doméstica contra a mulher, o juiz poderá determinar o comparecimento obrigatório do agressor a programas de recuperação e reeducação.

(C) Caberá ao Ministério Público, sem prejuízo de outras atribuições, nos casos de violência doméstica e familiar contra a mulher cadastrar esses casos de violência.

(D) A violência doméstica e familiar contra a mulher qualifica-se como violência sexual quando ela for

impedida de usar qualquer método contraceptivo, mediante coação, chantagem, suborno ou manipulação.

A: incorreta. Aos crimes praticados com violência doméstica ou familiar contra a mulher não se aplica a Lei 9.099/1995 (art. 41 da Lei 11.340/2006). Tal dispositivo foi declarado constitucional pelo STF no julgamento da ADC 19, de 9 de fevereiro de 2012. Consectário disso, para os crimes praticados violência doméstica e familiar contra a mulher não são cabíveis os benefícios da transação penal e suspensão condicional do processo, e o crime de lesão corporal de natureza leve é de ação pública incondicionada; **B:** correta. Art. 152, parágrafo único, da Lei 7.210/84 (LEP); **C:** correta. Art. 26, III, da Lei 11.340/2006; **D:** correta. Art. 7º, III, da Lei 11.340/2006.
Gabarito "A"

(Analista de Promotoria II – Agente de Promotoria – MPE-SP – IBFC – 2013) Acerca das disposições da Lei de Crimes Hediondos, é INCORRETO afirmar que:

(A) Latrocínio, Extorsão Qualificada pela Morte e Estupro são crimes hediondos.

(B) Os crimes hediondos são insuscetíveis de anistia e graça, apenas.

(C) A pena por crime hediondo será cumprida inicialmente em regime fechado.

(D) Em caso de sentença condenatória, o juiz decidirá fundamentadamente se o réu poderá apelar em liberdade.

(E) A pena por crime hediondo admite progressão de regime, todavia, a lei impõe prazo maior de cumprimento ao reincidente para que este faça jus ao benefício.

A: correta. Art. 1º, II, III e V, da Lei 8.072/1990; **B:** incorreta. O art. 2º da Lei 8.072/1990, em conformidade com o art. 5º, XLIII, da CF, veda aos criminosos autores de crime hediondo, além da anistia e da graça, o indulto e a fiança; **C:** correta. Art. 2º, §1º, da Lei 8.072/1990; **D:** correta. Art. 2º, §3º, da Lei 8.072/1990; **E:** correta. Com a Lei 11.464/2007, extirpou-se por completo do ordenamento jurídico a figura do regime integralmente fechado. No entanto, o §2º, do art. 2º, da Lei 8.072/1990, prevê que a progressão de regime nos crimes hediondos não obedece à fração de 1/6 (um sexto), prevista no art. 112 da Lei 7.210/84 (LEP), mas sim às razões de 2/5 (dois quintos), para os indivíduos primários, e 3/5 (três quintos), se reincidente (ainda que não específico).
Gabarito "B"

(Analista de Promotoria II – Agente de Promotoria – MPE-SP – IBFC – 2013) Com relação ao pedido de interceptação telefônica previsto na Lei Federal nº 9.296/1996, assinale a alternativa CORRETA:

(A) Será feito, apenas, por escrito, e deverá ser decidido em 48 (quarenta e oito) horas.

(B) Como regra, será feito verbalmente ao juiz, para preservar o sigilo das investigações, e deverá ser decidido em 48 (quarenta e oito) horas.

(C) Será feito, apenas, por escrito, contendo a demonstração de sua necessidade para a apuração da infração penal, indicando os meios a serem empregados, e deverá ser decidido em 24 (vinte e quatro) horas.

(D) Como regra, será feito por escrito e, em casos excepcionais, o juiz poderá admitir seja formulado verbalmente e, em ambos os casos, deverá ser decidido em 24 (vinte e quatro) horas.

(E) Como regra, será feito por escrito e, em casos excepcionais, o juiz poderá admitir seja formulado verbalmente e, em ambos os casos, deverá ser decidido em 48 (quarenta e oito) horas.

A: incorreta. Excepcionalmente, o pedido poderá ser feito verbalmente, desde que estejam presente os pressupostos que autorizem a interceptação, ficando a concessão condicionada à redução do pedido a termo (art. 4º, §1º, da Lei 9.296/1996); **B:** incorreta. O pedido verbal é excepcional, nos termos do art. 4º, §1º, do CPP. Além disso, o §2º, do mesmo art., dispõe que o juiz decidirá sobre o pedido no prazo máximo de 24h (vinte e quatro horas); **C:** incorreta. Excepcionalmente, pode ser feito verbalmente (art. 4º, §1º, da Lei 9.296/1996); **D:** correta. Embora excepcionalmente possa ser feito verbalmente, como regra deverá ser escrito, sendo o prazo para decisão de 24h (vinte e quatro horas), consoante art. 4º, §§1º e 2º, do CPP; **E:** incorreta quanto ao prazo para decisão (art. 4º, §2º, do CPP).

Gabarito "D".

(Analista de Promotoria II – Agente de Promotoria – MPE-SP – IBFC – 2013)

Analise as assertivas abaixo:

I. Admite-se a interceptação telefônica se o fato investigado constituir infração penal punida, no máximo, com pena de detenção.

II. Não será admitida a interceptação de comunicações telefônicas quando a prova puder ser feita por outros meios disponíveis.

III. A interceptação de comunicações telefônicas, de qualquer natureza, destina-se à obtenção de prova em investigação criminal.

IV. Admite-se a interceptação telefônica ainda que não hajam indícios razoáveis de autoria ou participação em infração penal, já que a medida visa, justamente, o esclarecimento dos fatos.

Com relação às disposições da Lei de Interceptação Telefônica, está CORRETO, apenas, o que se afirma em:

(A) II e III.

(B) I e II.

(C) I e IV.

(D) II.

(E) III e IV.

I: incorreta. Admite-se a interceptação telefônica se a infração penal a ser investigada é apenada com reclusão. É a conclusão que se extrai da interpretação *a contrario sensu* do art. 2º, III, da Lei 9.296/1996, que veda a interceptação telefônica se a infração penal for punida, no máximo, com detenção; **II:** correta. É o que dispõe o art. 2º, II, da Lei 9.296/1996; **III:** correta. Não é possível a interceptação telefônica para investigação de ilícitos exclusivamente civis ou administrativos, que não provoquem qualquer repercussão na esfera penal (art. 1º da Lei 9.296/1996); **IV:** incorreta. São pressupostos para o deferimento da interceptação telefônica a existência dos indícios razoáveis de autoria ou participação na infração penal, na medida em que o art. 2º, I, da Lei 9.296/1996, veda a interceptação telefônica se ausente o *fumus comissi delicti*.

Gabarito "A".

(Analista de Promotoria II – Agente de Promotoria – MPE-SP – IBFC – 2013)

A Lei Federal nº 9.807/99, com vistas à preservação da identidade e incolumidade das vítimas, testemunhas ameaçadas e réus colaboradores, prevê algumas medidas protetivas, EXCETO:

(A) Segurança na residência.

(B) Assistência médica.

(C) Alteração do nome completo.

(D) Ajuda financeira mensal.

(E) Cirurgias plásticas.

Apesar de comum em filmes hollywoodianos, as cirurgias plásticas, como meio de alteração da fisionomia do indivíduo, não são meio de proteção previsto na Lei 9.807/1999, que prevê, em seu art. 7º, a possibilidade de segurança na residência (inciso I), assistência social, médica e psicológica (inciso VII) e ajuda financeira mensal (inciso V). O art. 9º da Lei 9.296/1996 ainda prevê, em situações extremas, de gravidade exacerbada das coações ou ameaças, a alteração do nome completo.

Gabarito "E".

(Analista de Promotoria I – Assistente Jurídico – MPE-SP – IBFC – 2013)

Considere as seguintes afirmações, referentes ao Código de Trânsito Brasileiro (Lei Federal nº 9.503/1997):

I. Ao condutor de veículo, nos casos de acidentes de trânsito de que resulte vítima, não se imporá a prisão em flagrante, nem se exigirá fiança, se prestar pronto e integral socorro àquela.

II. Da decisão que decretar a suspensão ou a medida cautelar, ou da que indeferir o requerimento do Ministério Público, caberá recurso de apelação, sem efeito suspensivo.

III. Em qualquer fase da ação penal, havendo necessidade para a garantia da ordem pública, poderá o juiz, como medida cautelar, de ofício, ou a requerimento do Ministério Público, decretar, em decisão motivada, a suspensão da permissão ou da habilitação para dirigir veículo automotor, ou a proibição de sua obtenção.

IV. Aos crimes cometidos na direção de veículos automotores, previstos no Código Brasileiro de Trânsito, não se admite a aplicação das normas gerais do Código de Processo Penal. Entretanto, admite-se a aplicação da Lei nº 9.099, de 26 de setembro de 1995, no que couber.

Está CORRETO, apenas, o que se afirma em:

(A) I.

(B) I e III.

(C) II e III.

(D) III e IV.

(E) I, III e IV.

I: correta. Art. 301 do CTB; **II:** incorreta. Nos termos do art. 294, parágrafo único, do CTB, será cabível o recurso em sentido estrito (RESE), que, de fato, não terá efeito suspensivo; **III:** correta. Art. 294, "caput", do CTB; **IV:** incorreta. Nos termos do art. 291 do CTB, aplicam-se aos crimes de trânsito as normas gerais do CP e do CPP, assim como a Lei 9.099/1995, no que couber.

Gabarito "B".

(Analista de Promotoria I – Assistente Jurídico – MPE-SP – IBFC – 2013)

Nos crimes ambientais de menor potencial ofensivo:

(A) Não se admite a proposta de aplicação de medida alternativa restritiva de direitos ou multa.

(B) A proposta de aplicação imediata de medida alternativa restritiva de direitos ou multa, prevista na Lei dos Juizados Especiais Criminais, poderá ser formulada, independentemente da recuperação do dano ambiental.

(C) A proposta de aplicação imediata de medida alternativa restritiva de direitos ou multa, prevista na Lei dos Juizados Especiais Criminais, fica a critério do representante do Ministério Público, em face da extensão do dano.

(D) A proposta de aplicação imediata de medida alternativa restritiva de direitos ou multa, prevista na Lei dos Juizados Especiais Criminais, somente poderá ser formulada desde que tenha havido a prévia composi-

10. DIREITO PROCESSUAL PENAL | **267**

ção do dano ambiental, salvo em caso de comprovada impossibilidade.

(E) Admite-se a aplicação imediata de medida alternativa restritiva de direitos e multa, prevista na Lei dos Juizados Especiais Criminais, desde que o acusado apresente plano de recuperação do dano ambiental.

Nos crimes ambientais de menor potencial ofensivo, a proposta de transação penal (art. 76 da Lei 9.099/1995) poderá ser feita desde que tenha havido prévia composição do dano ambiental, salvo em caso de comprovada impossibilidade de fazê-lo (art. 27 da Lei 9.605/1998).
Gabarito "D".

19. EXECUÇÃO PENAL

(Analista Ministerial Especialista - Ciências Jurídicas – MPE-TO – UFT- -COPESE – 2010) Sobre a Lei de Execuções Penais assinale a alternativa incorreta:

(A) A mulher, o maior de sessenta e o menor de vinte e um anos, serão recolhidos a estabelecimento próprio e adequado à sua condição pessoal.

(B) Os estabelecimentos penais destinados a mulheres serão dotados de berçário, onde as condenadas possam cuidar de seus filhos, inclusive amamentá-los, no mínimo, até seis meses de idade.

(C) Os estabelecimentos penais destinados a mulheres deverão possuir, exclusivamente, agentes do sexo feminino na segurança de suas dependências internas.

(D) Será assegurado acompanhamento médico à mulher, principalmente no pré-natal e no pós-parto, extensivo ao recém-nascido.

A: incorreta. O art. 82, §1°, da Lei 7.210/84 (LEP), prevê que deverão ser observadas as condições da mulher e do idoso na eleição do estabelecimento penitenciário adequado, nada mencionando a respeito do menor de 21 (vinte e um) anos; **B:** correto. É o que dispõe o art. 83, §2°, da LEP; **C:** correta. É o que dispõe o art. 83, §3°, da LEP; **D:** correta. É o que dispõe o art. 14, §3°, da LEP.
Gabarito "A".

(Analista de Promotoria I – Assistente Jurídico – MPE-SP –VUNESP – 2010) Determina a Lei de Execução Penal (Lei 7.210/84) que, a fim de orientar a individualização do cumprimento da pena do sentenciado condenado à privação de liberdade, os estabelecimentos prisionais devem contar com Comissão Técnica de Classificação, a qual obrigatoriamente deve ser composta, entre outros, por

I. psiquiatra;

II. psicólogo;

III. assistente social.

É correto o que se afirma em

(A) I, apenas.

(B) III, apenas.

(C) I e II, apenas.

(D) II e III, apenas.

(E) I, II e III.

A Comissão Técnica de Classificação existe em cada estabelecimento prisional, é presidida pelo diretor e composta, no mínimo, por um psiquiatra, um psicólogo e um assistente social (art. 7° da Lei 7.210/84).
Gabarito "E".

(Analista de Promotoria I – Assistente Jurídico – MPE-SP – VUNESP 2010) Entre outros, é direito do preso, expressamente previsto na Lei de Execução Penal:

I. atribuição de trabalho e sua remuneração;

II. atestado de pena a cumprir, emitido anualmente, sob pena da responsabilidade da autoridade judiciária competente;

III. exercício das atividades profissionais, intelectuais, artísticas e desportivas anteriores, desde que compatíveis com a execução da pena.

É correto o que se afirma em:

(A) I, apenas.

(B) III, apenas.

(C) I e II, apenas.

(D) II e III, apenas.

(E) I, II e III.

I: correta. É o que dispõe o art. 41, II, da Lei 7.210/84 (LEP); **II:** correta. Art. 41, XVI, da LEP; **III:** correta. Art. 41, VI, da LEP.
Gabarito "E".

(Analista de Promotoria I – Assistente Jurídico – MPE-SP –VUNESP – 2010) A remição, tratada na Lei de Execução Penal nos artigos 126 a 130,

(A) não beneficiará o preso impedido de prosseguir no trabalho por acidente.

(B) aplica-se, apenas, aos que cumprem pena no regime fechado ou semiaberto.

(C) será declarada pelo juiz, sem necessidade de oitiva do membro do Ministério Público.

(D) implica o desconto da pena, à razão de 1 (um) dia de pena a cada 5 (cinco) dias trabalhados.

(E) determina que seja computado, na pena privativa de liberdade e na medida de segurança, o tempo de prisão provisória, no Brasil ou no estrangeiro.

A: incorreta. O preso impossibilitado, por acidente, de prosseguir no trabalho ou nos estudos continuará a beneficiar-se com a remição (art. 126, §4°, da Lei 7.210/84); **B:** correto. É o que dispõe o art. 126, "caput", da Lei 7.210/84 (LEP); **C:** incorreta. A remição será declarada pelo juiz, mas há obrigatoriedade de oitiva do MP e da defesa (art. 126, §8°, da LEP); **D:** incorreta. O desconto é de 1 (um) dia de pena para cada 3 (três) dias trabalhados, nos termos do art. 126, §1°, II, da LEP; **E:** incorreta. A assertiva traz a figura da detração, e não da remição. A detração está prevista no art. 42 do CP.
Gabarito "B".

(Analista Processual – MP-RO – FUNCAB – 2012) Constitui direito do condenado, nos termos da Lei de Execução Penal:

(A) o voto.

(B) assistência material, jurídica , educacional, social, religiosa e assistência à saúde.

(C) entrevista com seu advogado fora do estabelecimento prisional.

(D) visita íntima de seu cônjuge em ambiente reservado.

(E) atestado de pena a cumprir, emitido mensalmente.

A: incorreta. Nos termos do art. 15, III, da CF, ficarão suspensos os direitos políticos em caso de condenação criminal transitada em julgada. A suspensão perdurará enquanto durarem os efeitos da condenação. Portanto, não é direito do condenado o voto; **B:** correto. Constituem direitos dos condenados nos termos do art. 11 da Lei 7.210/84 (LEP); **C:** incorreta. Nos termos do art. 41, IX, da LEP, o preso tem direito a entrevista pessoal e reservada com o advogado, porém nada dispõe sobre tal entrevista ser fora do estabelecimento prisional; **D:** incorreta. A visita íntima não está prevista na LEP, que em seu art. 41, X, prevê apenas o direito de visita do cônjuge, companheiro, parentes e amigos, em dias determinados. Não se trata, portanto, de direito do condenado nos termos do LEP, como queria a questão. No entanto, a Resolução 4, de 29 de junho de 2011, do Conselho Nacional de Política Criminal e Penitenciária (CNPCP) recomenta que o direito à visita íntima seja garantido a pessoa presa, independentemente de orientação sexual, devendo ser realizada em ambiente reservado, com privacidade e inviolabilidade; **E:** incorreta. O atestado de pena a cumprir deve ser emitido anualmente (art. 41, XVI, da LEP).

Gabarito "B".

(Analista Processual – MP-RO – FUNCAB – 2012) Sobre os estabelecimentos penais, assinale a alternativa correta segundo a Lei de Execução Penal:

(A) O mesmo conjunto arquitetônico não poderá abrigar estabelecimentos penais de destinação diversa, ainda que devidamente isolados.

(B) A mulher e o maior de setenta anos, separadamente, serão recolhidos a estabelecimento penal próprio e adequado à sua condição pessoal.

(C) Os estabelecimentos penais destinam-se ao condenado, ao submetido à medida de segurança, ao preso provisório e ao egresso.

(D) As penas privativas de liberdade aplicadas pela Justiça de uma Unidade Federativa não podem ser executada sem outra unidade prisional.

(E) O Juiz competente para as execuções penais determinará o limite máximo de capacidade do estabelecimento, atendendo à sua natureza e peculiaridades.

A: incorreta. Art. 82, §2º, da LEP; **B:** incorreta. A proteção é conferida ao maior de 60 (sessenta) anos (art. 82, §1º, da LEP); **C:** correta. Art. 82, "caput", da LEP; **D:** incorreta. Art. 86 da LEP; **E:** incorreta. Quem determina o limite máximo de capacidade, que deverá ser compatível com a estrutura e finalidade (art. 85, "caput", da LEP), é o Conselho Nacional de Política Criminal e Penitenciária – CNPCP (art. 85, parágrafo único, da LEP).

Gabarito "C".

(Analista Processual – MP-RO – FUNCAB – 20 Co12) Assinale a alternativa correta nos termos da Lei de Execução Penal.

(A) A penitenciária de homens será construída em local afastado do centro urbano, mesmo que assim restrinja a visitação.

(B) A penitenciária de mulheres será dotada de seção para gestante e parturiente e de creche.

(C) A área mínima da cela individual, nas penitenciárias, deve ser de dez (10) metros quadrados.

(D) A penitenciária destina-se ao condenado à pena de detenção ou de reclusão.

(E) O preso provisório pode ficar na mesma cela do condenado por sentença transitada em julgado.

A: incorreta. A distância do centro urbano não poderá restringir a visitação (art. 90 da LEP); **B:** correto. Art. 89 da LEP; **C:** incorreta. A área mínima deve ser de 6 m² (art. 88, parágrafo único, *b*, da LEP); **D:** incorreta. A penitenciária destina-se ao condenado à pena de reclusão, em regime fechado (art. 87 da LEP); **E:** incorreta. Deverão ficar separados o preso provisório e o definitivo (art. 84 da LEP).

Gabarito "B".

(Analista de Promotoria I – Assistente Jurídico – MPE–SP – IBFC – 2013) Analise as afirmações referentes à concessão de indulto e anistia e indique a alternativa CORRETA:

(A) Concedida a anistia, o Juiz, somente através de requerimento do interessado ou do Ministério Público, por

proposta da autoridade administrativa ou do Conselho Penitenciário, declarará extinta a punibilidade.

(B) O indulto individual depende de provocação exclusiva do interessado, após parecer elaborado pelo Conselho Penitenciário ou pela autoridade administrativa.

(C) A petição do indulto, acompanhada dos documentos que a instruírem, será entregue ao Conselho Penitenciário, para a elaboração de parecer e posterior encaminhamento ao Ministério da Justiça.

(D) Processada no Juízo da Execução Criminal com documentos e o relatório do Conselho Penitenciário, a petição do indulto será submetida a despacho do Ministro da Justiça, a quem serão remetidos os autos do processo ou a certidão de qualquer de suas peças, se ele o determinar.

(E) Concedido o indulto e anexada aos autos cópia do decreto, o Juiz certificará o trânsito em julgado, para fins de conhecimento do interessado e do Conselho Penitenciário.

A: incorreta. A anistia pode ser concedida de ofício pelo juiz (art. 187 da Lei 7.210/84 – LEP); **B:** incorreta. Também poderá ser provocado por inciativa do MP, do Conselho Penitenciário ou da autoridade administrativa (art. 188 da LEP), sendo o parecer do Conselho Penitenciário elaborado após a provocação (art. 189 da LEP); **C:** correta. Art. 189 da LEP; **D:** incorreta. O indulto é processado no Ministério da Justiça (art. 191 da LEP); **E:** incorreta. O juiz declarará extinta a pena, ou, no caso de comutação, ajustará a execução nos termos do decreto (art. 193 da LEP).

Gabarito "C".

(Analista de Promotoria I – Assistente Jurídico – MPE–SP – IBFC – 2013) Com relação aos estabelecimentos prisionais, disciplinados na Lei de Execução Penal, indique a alternativa CORRETA:

(A) Os estabelecimentos penais destinam-se ao condenado, ao submetido à medida de segurança, ao infrator e preso provisórios e ao egresso.

(B) As penitenciárias masculina e feminina serão construídas em local afastado do centro urbano, à distância que não restrinja a visitação.

(C) A Colônia Agrícola, Industrial ou similar deve situar-se em centro urbano, separado dos demais estabelecimentos, e caracterizar-se pela ausência de obstáculos físicos contra a fuga.

(D) A Casa do Albergado destina-se ao cumprimento de pena privativa de liberdade, em regime semiaberto.

(E) Na penitenciária, o condenado será alojado em cela individual que conterá dormitório, aparelho sanitário e lavatório.

A: incorreta. Nos termos do art. 82 da Lei 7.210/84 (LEP), os estabelecimentos penais destinam-se ao condenado, ao submetido à medida de segurança, ao preso provisório e ao egresso. O infrator, entendido este como o adolescente que pratica ato infracional, é recolhido em instituição própria (no Estado de São Paulo, a instituição é a Fundação Casa), e não em estabelecimento penal (art. 123 do Estatuto da Criança e do Adolescente); **B:** incorreta. O art. 90 da LEP prevê tal regra somente para a penitenciária de homens; **C:** incorreta. Tal regra é prevista para a casa do albergado (art. 94 da LEP, e não para a Colônia Agrícola ou Industrial; **D:** incorreta. A casa do albergado destina-se ao cumprimento da pena em regime aberto, bem como a pena restritiva de direitos de limitação de fim de semana (art. 93 da LEP); **E:** correta. Art. 88 da LEP.

Gabarito "E".

11. DIREITO PROCESSUAL CIVIL

Luiz Dellore

PARTE I – PARTE GERAL

1. PRINCÍPIOS DO PROCESSO CIVIL

(Técnico Ministerial - Execução de Mandados – MPE-MA – FCC – 2013) *O processo se origina por iniciativa da parte* (nemo iudex sine actore ne procedat iudex ex officio), *mas se desenvolve por impulso oficial (CPC 262)* (Nelson Nery Jr e Rosa Maria de Andrade Nery, Código de Processo Civil Comentado, 13. ed., 2013, p. 207). Trata-se do princípio de direito processual da:

(A) inércia ou dispositivo.
(B) inafastabilidade da jurisdição.
(C) celeridade processual.
(D) instrumentalidade.
(E) estabilidade da lide.

O princípio da inércia ou princípio dispositivo está previsto no art. 2º do NCPC, na medida em que impede o juiz de prestar a tutela jurisdicional salvo quando a parte ou o interessado a requerer. Esse princípio busca garantir a imparcialidade do juiz. As demais alternativas também trazem princípios processuais, mas que não se referem ao enunciado. LD\CR
Gabarito "A".

(Analista – TJ-MT – VUNESP 2008) A redação do artigo 2º do Código de Processo Civil vigente "Nenhum juiz prestará a tutela jurisdicional senão quando a parte ou o interessado a requerer, nos casos e formas legais", denota diretamente o princípio:

(A) da legalidade.
(B) da inércia da jurisdição.
(C) do juiz natural.
(D) da ampla defesa.
(E) do acesso à justiça.

O art. 2º do CPC traz a definição do princípio da inércia da jurisdição. Vale observar que o enunciado da questão remete ao CPC de 1973. A redação do NCPC, também no art. 2º, é: "o processo começa por iniciativa da parte e se desenvolve por impulso oficial, salvo as exceções previstas em lei".
Gabarito "B".

(Analista – TRT-23ª Região – FCC – 2007) O art. 5º, XXXVII, da Constituição Federal dispõe que "não haverá juízo ou tribunal de exceção". Esse dispositivo consagra, em relação à jurisdição, o princípio:

(A) da especialização.
(B) da improrrogabilidade da jurisdição.
(C) da indeclinabilidade da jurisdição.
(D) do juiz natural.
(E) da indelegabilidade da jurisdição.

O princípio do juiz natural diz respeito à vedação de juízos ou tribunais de exceção, que são os instituídos depois do fato que eles julgarão, não admitidos no Estado Democrático de Direito consagrado pela Constituição Federal de 1988.
Gabarito "D".

2. JURISDIÇÃO E COMPETÊNCIA

(Analista Direito – MPE-MS – FGV – 2013) José, uruguaio, promove medida judicial perante a autoridade judiciária do país de sua nacionalidade apontando como réu Onofre, brasileiro, residente no Uruguai. A demanda tem por objeto determinado imóvel situado em território brasileiro.

Com relação ao caso apresentado, assinale a afirmativa correta.

(A) A demanda poderá ser conhecida pela autoridade estrangeira, mas deverá ser homologada pela autoridade judiciária brasileira para que surtam seus efeitos, independentemente da nacionalidade das partes, tendo em vista que o imóvel está em território nacional.

(B) A demanda promovida por José não poderá ser executada no Brasil, uma vez que a competência para conhecer ações relativas a imóvel situado em território nacional é exclusiva da autoridade judiciária brasileira.

(C) A decisão prolatada pela autoridade estrangeira somente terá efeito em território nacional se homologada pela autoridade judiciária brasileira e em razão de figurar como sujeito do processo pessoa de nacionalidade brasileira.

(D) A sentença prolatada pela autoridade judiciária do Uruguai não poderá ser executada no Brasil, ainda que o réu seja brasileiro e o imóvel esteja em território nacional, porque as partes autora e ré possuem domicílio em território estrangeiro.

(E) A demanda deveria ser ajuizada no Brasil, por envolver interesse de pessoa brasileira e, caso ambos os envolvidos fossem uruguaios, ainda que o bem estivesse situado em território nacional, a ação poderia ser conhecida pela autoridade judiciária do Uruguai e homologada pela brasileira.

O artigo 23, I do NCPC determina que compete à autoridade judiciária brasileira, com exclusão de qualquer outra, conhecer de ações relativas a imóveis situados no Brasil. A questão trata da competência internacional, ou seja, dos litígios em que há participação de estrangeiros. Há que se mencionar que a ação de inventário ou partilha, ainda que o estrangeiro tenha residido fora do território nacional, é de competência exclusiva da autoridade judiciária brasileira. Sendo assim, ainda que a decisão seja proferida no exterior, não será aceita no âmbito do Brasil. Logo, a alternativa correta é a "B". LD\CR
Gabarito "B".

(Analista de Promotoria I – Assistente Jurídico – MPE-SP – IBFC – 2013) Com relação à disciplina da competência no Código de Processo Civil, assinale a alternativa <u>INCORRETA</u>:

(A) Se o conhecimento da lide depender necessariamente da verificação da existência de fato delituoso, pode o juiz mandar sobrestar no andamento do processo até que se pronuncie a justiça criminal; não se pronunciando a justiça criminal em noventa dias, a questão prejudicial será decidida pelo juiz cível.

(B) A competência em razão da matéria e da hierarquia é inderrogável por convenção das partes, mas estas podem modificar a competência em razão do valor e do território, elegendo o foro onde serão propostas as ações oriundas de direitos e obrigações.

(C) Determina-se a competência no momento em que a ação é proposta, sendo irrelevantes as modificações do estado de fato ou de direito ocorridas posteriormente, salvo quando suprimirem o órgão judiciário ou alterarem a competência em razão da matéria ou da hierarquia.

(D) A competência, em razão do valor e do território poderá modificar-se pela conexão ou continência.

(E) Reputam-se conexas duas ou mais ações quando lhes for comum o objeto ou a causa de pedir, enquanto que a continência se dá entre duas ou mais ações sempre que há identidade quanto às partes e à causa de pedir, mas o objeto de uma, por ser mais amplo, abrange o das outras.

A: incorreta, devendo esta ser assinalada. O prazo de suspensão é de 1 ano (NCPC, art. 313, § 4º); **B:** correta (NCPC, arts. 62 e 63); **C:** correta. No NCPC, agora não se fala mais em propositura, mas sim que a competência é determinada no momento do registro ou da distribuição da ação (NCPC, art. 43); **D:** correta (NCPC, art. 54); **E:** correta (NCPC, arts. 55 e 56). LD\CR
Gabarito "A"

(Analista Ministerial Jurídico – MPE-PE – FCC – 2012) Na época de Carnaval, Marta, residente em Recife, viajou com sua amiga, Gabriela, para Olinda, uma vez que ambas desejavam conhecer os famosos "Bonecos de Olinda". Quando as amigas estavam chegando no hotel colidiram o veículo de propriedade de Marta com o veículo de propriedade de Bruna, residente em Jaboatão e que também passava o Carnaval em Olinda. Marta pretende ajuizar ação de reparação de danos em razão do acidente de veículos que sofreu. De acordo com o Código de Processo Civil brasileiro, neste caso, será competente o foro de:

(A) Jaboatão ou Olinda.

(B) Recife ou Olinda.

(C) Jaboatão, apenas.

(D) Olinda, apenas.

(E) Recife ou Jaboatão.

O artigo 53, V do NCPC dispõe: "É competente o foro: (...) V – de domicílio do autor ou do local do fato, para a ação de reparação de dano sofrido em razão de delito ou acidente de veículos, inclusive aeronaves". Portanto, competente será Recife (domicílio de Marta, autora) ou Olinda (local da batida). LD\CR
Gabarito "B"

(Analista – TRT-16ª Região – FCC – 2014) Tulius pretende ajuizar ação fundada em direito real sobre bem móvel. Essa ação, em regra, deverá ser proposta:

(A) no foro do domicílio do autor.

(B) no foro do domicílio do réu.

(C) no foro da situação da coisa.

(D) no foro em que foi celebrado o contrato.

(E) em qualquer foro.

A ação fundada em direito pessoal ou em direito real sobre bens móveis será proposta, em regra, no foro de domicílio do réu (art. 46 do NCPC). **"B".**
Gabarito "B"

(Analista – TRT 2ª Região – FCC– 2014) Domiciliado em Cajamar, Fabio Soares colide seu carro em Casa Branca. O veículo contra o qual colidiu pertence a Liliana Mendes, domiciliada em Jaguariúna. Como as partes não celebraram acordo, Fabio quer propor ação reparatória do dano sofrido, devendo fazê-lo em:

(A) Casa Branca, apenas, por ser o local em que ocorrido o fato.

(B) Cajamar ou em Casa Branca, respectivamente, domicílio do autor ou do local do fato.

(C) qualquer uma das três Comarcas.

(D) Jaguariúna, apenas, por ser o domicílio da ré.

(E) Cajamar, somente, por ser o domicílio do autor.

É entendimento pacífico do STJ: "Consoante entendimento desta Corte, o parágrafo único do art. 100 do Código de Processo Civil 'contempla uma faculdade ao autor, supostamente vítima de ato delituoso ou de acidente causado por veículo, para ajuizar a ação de reparação de dano no foro de seu domicílio ou local do fato, sem exclusão da regra geral prevista no *"caput"* do art. 94' (*v.g.* REsp 4.603/RJ, *DJ* 17.12.1990)" (STJ, REsp 873.386/RN, 4ª T. j. 21.11.2006, rel. Min. Jorge Scartezzini, *DJ* 18.12.2006). Portanto, correta é a alternativa "C". O artigo 100 do CPC/1973 corresponde ao art. 53, V do NCPC.
Gabarito "C".

(Analista – TRT 11ª Região – FCC– 2012) João reside em São Paulo. Pedro reside no Rio de Janeiro. Ambos possuem propriedades agrícolas em Campo Grande, sendo vizinhos. O gado de propriedade de Pedro entrou na propriedade de João e danificou a plantação. João deverá propor a ação de reparação de danos na comarca de

(A) Rio de Janeiro.

(B) Campo Grande.

(C) São Paulo.

(D) Campo Grande ou do Rio de Janeiro.

(E) Rio de Janeiro ou São Paulo.

A Letra B está correta (art. 53, IV, *a*, do NCPC). Registre-se que não há cogitar-se de foros concorrentes, eis que o dano não é proveniente de delito nem de acidente de veículos (art. 53, V, do NCPC). **LD/CR**
Gabarito "B".

(Analista – STF – 2008 – CESPE) Julgue os itens que se seguem, acerca da competência em matéria civil.

(1) A competência para o inventário é definida em razão do lugar onde ocorrer a morte do autor da herança, trata-se de competência relativa. Por isso, quando o autor da herança for servidor público, será competente para processar o seu inventário o juízo do local onde ele tinha seu domicílio necessário, ou seja, o lugar em que exercia permanentemente suas funções, ou o juízo do lugar de sua última lotação.

(2) Nas hipóteses de prorrogação da competência por continência, caso as ações já estejam em curso, ainda que a causa menor seja proposta depois da continente, o juiz, de ofício ou a requerimento de qualquer das partes, determinará a reunião das ações propostas em separado, a fim de que sejam decididas simultaneamente pelo juízo prevento.

1: Errado. De fato, a competência territorial é relativa, porém a competência para o inventário, de acordo com o disposto no art. 48 do

11. DIREITO PROCESSUAL CIVIL 271

NCPC, é do local do domicílio do autor da herança; **2**: Errado. Havendo conexão ou continência, o juiz, de ofício ou a requerimento de qualquer das partes, pode ordenar a reunião de ações propostas em separado, a fim de que sejam decididas simultaneamente (arts. 57 a 59 do NCPC).
Gabarito "1E, 2E".

(Analista – TRT 11ª Região – FCC– 2012) O foro contratual pode modificar a competência em razão:

(A) da hierarquia e da matéria.
(B) do valor, apenas.
(C) do território, apenas.
(D) da hierarquia, apenas.
(E) do valor e do território.

O foro contratual (denominado de derrogação) apenas poderá alterar a competência relativa e, portanto, nos casos de competência do valor e território (art. 63, NCPC). Há, contudo, exceções tanto no valor como no território (como nos casos dos Juizados Especiais Federais e da Fazenda Pública, bem como no art. 47 do NCPC). **LD/CR**
Gabarito "E".

(Analista – TRT 21ª Região – CESPE– 2010) A respeito das condições da ação, das partes, da competência e dos atos processuais, julgue o item que se segue.

(1) Se for ajuizada ação de separação judicial perante vara do trabalho, o juiz deverá conhecer da incompetência de ofício.

1: correto. A Justiça do Trabalho é absolutamente incompetente *ratione materiae* para processar e julgar as ações de separação judicial, considerando o que prevê o art. 114 da Constituição, razão por que o juízo do trabalho deve reconhecer sua incompetência de ofício e remeter os autos à Justiça Comum Estadual (art. 64, §§ 1º e 2º, do NCPC).
Gabarito "1C".

(Analista – TRT 10ª Região – 2004 – CESPE) A respeito de competência, julgue o item a seguir.

(1) Não havendo previsão específica ou excepcional, a competência de foro é determinada pela regra geral do foro do domicílio do autor, pois é ele que está pedindo a tutela jurisdicional.

1: Errado, é o domicílio do réu, conforme art. 46 do NCPC.
Gabarito "1E".

(Analista – TRE/GO – CESPE– 2008) Segundo o Código de Processo Civil (CPC), o conflito de competência, quando possível, pode ser instaurado por iniciativa:

(A) do MP, de qualquer dos magistrados envolvidos no julgamento do processo ou das partes.
(B) do MP, apenas.
(C) do MP ou de qualquer dos magistrados envolvidos no julgamento do processo, apenas.
(D) de qualquer dos magistrados envolvidos no julgamento do processo ou das partes, apenas.

A resposta está no art. 953 do NCPC, que aponta a legitimidade para o CC.
Gabarito "A".

(Analista – TRF 5ª Região – FCC – 2003) Para uma ação de reintegração de posse de imóvel cuja área esteja situada em mais de uma comarca, determinar-se-á a competência:

(A) pela prevenção, podendo a ação ser ajuizada em qualquer delas e estendendo-se a competência sobre a totalidade do imóvel.

(B) pelo foro do domicílio do réu, mesmo que não se localize em uma das comarcas onde está situado o imóvel.
(C) pelo foro do lugar em que estiver localizada a maior parte da área do imóvel.
(D) pelo foro do lugar em que estiverem localizadas as principais benfeitorias.
(E) pelo foro do domicílio do réu, se este se situar no imóvel objeto da ação.

Se o imóvel se achar situado em mais de um Estado, comarca, seção ou subseção judiciária, determinar-se-á o foro pela prevenção, estendendo--se a competência sobre a totalidade do imóvel (art. 60 do CPC).
Gabarito "A".

(Procurador de Justiça – MPE/GO – 2016) A respeito das regras de competência, é incorreto afirmar:

(A) Para a ação de divórcio, separação, anulação de casamento e reconhecimento ou dissolução da união estável, é competente o domicílio do guardião do filho incapaz.
(B) Ainda que não haja conexão entre eles, poderão ser reunidos para julgamento conjunto os processos que possam gerar risco de prolação de decisões conflitantes ou contraditórias.
(C) A competência determina-se no momento do registro ou da distribuição da petição inicial, sendo irrelevantes as modificações do estado de fato ou de direito ocorridas posteriormente, salvo quando suprimirem órgão judiciário ou alterarem a competência absoluta.
(D) A competência determinada em razão da matéria, da pessoa ou da função poderá ser derrogada por acordo entre as partes, homologado pelo juiz.

A: Correta (NCPC, art. 53, I, *a*); **B**: Correta (NCPC, art. 55, § 3º); **C**: Correta, sendo esse o princípio da *perpetuatio jurisdictionis* (NCPC, art. 43). **D**: Incorreta, pois essa competência é absoluta, de modo que não pode ser afastada por vontade das partes (NCPC, art. 63). **LD**
Gabarito "D".

3. PARTES, PROCURADORES, SUCUMBÊNCIA, MINISTÉRIO PÚBLICO E JUIZ

(Analista de Promotoria I – Assistente Jurídico – MPE-SP – IBFC – 2013) Com relação ao Juiz, no processo civil, assinale a alternativa CORRETA:

(A) O juiz responderá por danos que causar à parte apenas nos casos em que proceder com dolo ou fraude.
(B) É defeso ao juiz exercer as suas funções no processo, contencioso ou voluntário, quando alguma das partes for credora ou devedora.
(C) Reputa-se fundada a suspeição de parcialidade do juiz quando este for órgão de direção ou de administração de pessoa jurídica, parte na causa.
(D) Reputa-se fundada a suspeição de parcialidade do juiz quando este funcionou como órgão do Ministério Público.
(E) E defeso ao juiz exercer as suas funções no processo quando nele já estiver postulando como advogado da parte, o seu cônjuge ou qualquer parente seu, consanguíneo ou afim, em linha reta, ou na linha colateral até o segundo grau.

A: incorreta, pois o Código elenca outra hipótese para responsabilização do magistrado: se ele "recusar, omitir ou retardar, sem justo motivo, providência que deva ordenar de ofício, ou a requerimento da parte" (NCPC, art. 143, II); **B:** incorreta. A hipótese trazida pelo examinador é de suspeição e não de impedimento (NCPC, art. 145, III); **C:** incorreta. A hipótese trazida pelo examinador se refere a impedimento (NCPC, art. 144, V) e não suspeição; **D:** incorreta. A hipótese trazida pelo examinador é de impedimento (NCPC art. 144, I); **E:** correta, porém o NCPC inseriu algumas outras figuras como o defensor público ou Membro do MP, bem como o companheiro, e (NCPC, art. 144, III). LD\CR
Gabarito "E".

(Analista Ministerial Especialista - Ciências Jurídicas – MPE-TO – UFT-COPESE – 2010) Não se considera litigante de má-fé aquele que:

(A) Omitir intencionalmente fatos essenciais ao julgamento da causa.

(B) Opuser resistência injustificada ao andamento do processo.

(C) Proceder de modo temerário em qualquer incidente ou ato do processo.

(D) Interpuser recurso com intuito manifestamente protelatório.

A: correta, porque a hipótese não é especificamente prevista na legislação como ato de má-fé (NCPC, art. 80); **B:** incorreta, pois a situação é prevista no rol de situações de litigância de má-fé (NCPC, art. 80, IV); **C:** incorreta, pois a situação é prevista no rol de situações de litigância de má-fé (NCPC, art. 80, V); **D:** incorreta, pois a situação é prevista no rol de situações de litigância de má-fé (NCPC, art. 80, VII). LD\CR
Gabarito "A".

(Oficial de Promotoria – MPE-SP – IBFC – 2011) Assinale a alternativa correta levando em conta o que dispõe o Código de Processo Civil:

(A) Quando a lei considerar obrigatória a intervenção processual do Ministério Público como fiscal da lei, sua não atuação nos autos gerará a nulidade do processo.

(B) O órgão do Ministério Público não poderá ser responsabilizado civilmente quando agir com dolo ou fraude no estrito exercício de suas funções constitucionais.

(C) O Ministério Público, por exercer função essencial à justiça prevista constitucionalmente, encontra-se em patamar de supremacia em relação às demais partes processuais.

(D) Intervindo como fiscal da lei, o Ministério Público terá vista dos autos antes das partes, prescindindo a sua intimação dos demais atos do processo.

A: correta (NCPC, art. 279); **B:** incorreta, pois o MP poderá ser responsabilizado no caso de dolo ou fraude (NCPC, art. 181); **C:** incorreta, porque ao MP cabe os mesmos ônus e poderes das partes (NCPC, art. 177); **D:** incorreta, pois o MP terá vista depois das partes (NCPC, art. 179, I). LD\CR
Gabarito "A".

(Analista Judiciário –TRE/PI – 2016 – CESPE) A respeito da atuação do Ministério Público (MP), do advogado e do juiz e da competência do órgão jurisdicionado, assinale a opção correta.

(A) A suspeição e o impedimento do juiz podem ser arguidos em qualquer tempo ou grau de jurisdição, ou até mesmo após o trânsito em julgado da sentença, mediante ação rescisória.

(B) A competência para processar e julgar ação reivindicatória de bens imóveis situados em dois ou mais

municípios é fixada pela prevenção entre os municípios em que o bem estiver situado.

(C) A parte que não seja advogado poderá postular em causa própria perante a justiça comum, mas com atuação limitada ao primeiro grau de jurisdição, caso na localidade não haja advogados ou se os ali existentes se recusarem a fazê-lo ou se encontrarem impedidos para tal.

(D) Nas ações referentes ao estado e à capacidade das pessoas propostas pelo MP, a falta de intervenção deste como fiscal da lei provocará a nulidade do processo.

(E) A incompetência em razão da matéria e da pessoa pode ser conhecida e declarada de ofício, mas a incompetência em razão do lugar e da hierarquia só pode ser declarada mediante provocação da parte interessada.

A: incorreta, pois a ação rescisória só poderá ser ajuizada no caso de impedimento (art. 966, II, NCPC); **B:** correta, conforme se depreende do art. 60, NCPC; **C:** incorreta, já que a parte só poderá postular em causa própria quando possuir habilitação legal (art. 103, parágrafo único, NCPC) – essa previsão existia no Código anterior, mas não foi repetida no NCPC; **D:** incorreta, pois o MP não precisa intervir como fiscal da lei nas ações em que é parte; **E:** incorreta. Somente a incompetência absoluta, dentre a qual está incluída aquela em razão da hierarquia, pode ser declarada de ofício pelo juiz (arts. 64, § 1º, e 337, § 5º, NCPC).
Gabarito "B".

(Analista Jurídico – TCE/PR – 2016 – CESPE) Em razão do não pagamento de tributos e da consequente inscrição do contribuinte em dívida ativa, determinado município pretende acionar judicialmente esse contribuinte inadimplente. Nessa situação,

(A) caso venha a ser ajuizada a ação, haverá obrigatoriedade de participação do Ministério Público no processo como fiscal da ordem jurídica.

(B) proposta a ação, o réu inadimplente, quando for eventualmente citado, poderá requerer gratuidade de justiça, mas a concessão dessa gratuidade não afastará definitivamente a responsabilidade do requerente quanto a despesas processuais e honorários advocatícios no processo.

(C) o Ministério Público poderá exercer a representação judicial do município, caso esse ente federativo não possua órgão oficial próprio de representação.

(D) para receber seu crédito, o município deverá propor ação de conhecimento, com pedido condenatório, no domicílio do réu.

(E) se, proposta a ação, surgir a necessidade de nomeação de curador especial para o réu, essa função deverá ser exercida pelo Ministério Público.

A: incorreta, pois a hipótese não se encontra dentre aquelas que contam com a participação do MP, sendo que o simples fato de haver participação da Fazenda Pública não impõe, por si só, a intervenção do MP (parágrafo único do art. 178, NCPC); **B:** correta, porque a concessão de gratuidade não afasta a responsabilidade do beneficiário pelas despesas processuais e pelos honorários advocatícios decorrentes de sua sucumbência (art. 98, §§2º e 3º, NCPC); **C:** incorreta, pois a representação judicial do município incumbe à Advocacia Pública, nos termos do art. 182, NCPC; **D:** incorreta, pois o município deverá propor execução fiscal, de acordo com a Lei 6.830/1980; **E:** incorreta, pois a curadoria é encargo da Defensoria Pública (art. 72, parágrafo único, NCPC).
Gabarito "B".

11. DIREITO PROCESSUAL CIVIL 273

(Analista – TST – 2008 – CESPE) Representação, assistência e substituição são institutos que dizem respeito à capacidade processual e à legitimidade. Com relação a esse tema, julgue os seguintes itens.

(1) A representação e a assistência são formas de integração da capacidade processual, que só ocorre em relação a pessoas físicas, jamais em relação a pessoas jurídicas.

(2) A substituição processual pode ser inicial ou superveniente, exclusiva ou concorrente.

(3) O substituído pode ingressar no processo como assistente simples nos casos de substituição processual concorrente.

1: correto, pois os incapazes serão representados ou assistidos por seus pais, tutores ou curadores, na forma da lei civil (art. 71 do NCPC). Contudo há uma espécie de representação para as pessoas jurídicas e demais entes prevista no art. 75, NCPC (decorrente não de incapacidade, mas de falta de personalidade judiciária); **2:** correto, a substituição processual é inicial quando se move a ação pelo ou em face do substituto; é superveniente quando, no curso do processo, dá-se a substituição. É exclusiva quando somente o substituto tem a titularidade do direito de ação; é concorrente quando também o substituído tem legitimidade para agir em juízo; **3:** incorreto (art. 18, parágrafo único, do NCPC).
Gabarito "1C,2C,3E."

(Analista – TRT 17ª Região – CESPE – 2009) Com referência às partes e aos procuradores em um processo civil, julgue os itens que se seguem.

(1) Não se confundem a responsabilidade de uma das partes por dano processual causado a outra com a responsabilidade destas pelas despesas processuais, sendo certo que, no primeiro caso, a lei processual enumera taxativamente as hipóteses em que se configura a responsabilidade por perdas e danos.

(2) Caso uma pessoa adquira um bem cuja propriedade esteja sendo objeto de litígio entre o alienante e terceira pessoa, o adquirente não poderá substituir o alienante no feito, caso a outra parte não consinta, porém será possível ao adquirente ingressar no feito como assistente do alienante, até porque, nessa hipótese, a coisa julgada ultrapassa seus limites usuais para atingir quem adquire a coisa litigiosa.

1: correta (arts. 79 e 85 do NCPC); **2:** correta (art. 119 do NCPC).
Gabarito "1C,2C"

(Analista – TRT 7ª Região – FCC– 2009) O Juiz, de conformidade com o Código de Processo Civil,

(A) sempre poderá decidir um litígio por equidade.

(B) está proibido de exercer as suas funções no processo contencioso ou voluntário quando nele estiver postulando, como advogado da parte, qualquer parente seu, consanguíneo ou afim na linha colateral até o segundo grau.

(C) poderá se eximir de sentenciar ou despachar alegando lacuna ou obscuridade da lei.

(D) é considerado suspeito para exercer as suas funções no processo contencioso ou voluntário quando for órgão de direção ou de administração de pessoa jurídica, parte na causa.

(E) é considerado suspeito para exercer as suas funções no processo contencioso ou voluntário em que funcionou como órgão do Ministério Público.

A: incorreta, pois o juiz só decidirá por equidade nos casos previstos em lei (art. 140, parágrafo único, do NCPC); **B:** correta, conforme art. 144, III, do NCPC. Importante aclarar ao candidato que o art. 144 previu que haverá impedimento do juiz, sendo-lhe vedado exercer suas funções no processo quando nele estiver postulando, como defensor público, advogado ou membro do Ministério Público, seu cônjuge ou companheiro, ou qualquer parente, consanguíneo ou afim, em linha reta ou colateral, até o terceiro grau, inclusive; **C:** incorreta, pois o juiz não se exime de sentenciar ou despachar alegando lacuna ou obscuridade no ordenamento jurídico (art. 140 do NCPC); **D:** incorreta, pois é caso de impedimento (art. 144, V, do NCPC); **E:** incorreta, de acordo com o art. 144, I, do CPC (impedimento).
Gabarito "B."

(Promotor de Justiça – MPE-RS – 2017) Assinale com **V** (verdadeiro) ou com **F** (falso) as seguintes afirmações sobre os temas dos impedimentos e da suspeição, segundo o disposto no Código de Processo Civil.

( ) Há impedimento do juiz, sendo-lhe vedado exercer suas funções no processo em que figure como parte cliente do escritório de advocacia de seu cônjuge, companheiro ou parente, consanguíneo ou afim, em linha reta ou colateral, até o terceiro grau, inclusive, exceto se patrocinado por advogado de outro escritório.

( ) Há suspeição do juiz que receber presentes de pessoas que tiverem interesse na causa antes ou depois de iniciado o processo, que aconselhar alguma das partes acerca do objeto da causa ou que subministrar meios para atender às despesas do litígio.

( ) No prazo de 10 (dez) dias, a contar do conhecimento do fato, a parte alegará o impedimento ou a suspeição, em petição específica dirigida ao juiz do processo, na qual indicará o fundamento da recusa, podendo instruí-la com documentos em que se fundar a alegação e com rol de testemunhas.

( ) Considerar-se-á legítima a alegação de suspeição mesmo quando a parte que a alega houver praticado ato que signifique manifesta aceitação do arguido.

A sequência correta de preenchimento dos parênteses, de cima para baixo, é:

(A) F – V – F – F.
(B) F – V – F – V.
(C) V – V – F – F
(D) F – F – V – V.
(E) V – F – V – F.

1: falsa, pois não há a total reprodução do art. 144, VIII, do NCPC, o qual prevê que "*mesmo* que patrocinado por advogado de outro escritório"; **2:** é verdadeira, vez que reproduz o NCPC, art. 145, II; **3:** falsa, pois o prazo legal para alegação de impedimento ou suspeição é de 15 dias conforme art. 146 do NCPC; **4:** falsa, por prever exatamente o oposto do que consta do art. 145, § 2º, II do NCPC. **LD/C**
Gabarito "A."

(Procurador da República – PGR – 2013) Dentre as proposições abaixo, algumas são falsas, outras verdadeiras:

I – Segundo entende o Supremo Tribunal Federal, o Ministério Público não possui legitimidade para propor ação civil coletiva em defesa de interesses individuais homogêneos, ainda que de relevante caráter social, porque o objeto da demanda é referente a direitos disponíveis.

II – Consoante entendimento reiterado e pacífico da jurisprudência do STJ, o Ministério Público Estadual e

Distrital não têm legitimidade para oficiar perante os Tribunais Superiores, atribuição exclusiva do Ministério Público Federal.

III – Em respeito ao princípio da instrumentalidade das formas, considera-se sanada a nulidade decorrente da falta de intervenção, em primeiro grau, do Ministério Público, se posteriormente o Parquet intervém no feito em segundo grau de jurisdição, sem ocorrência de prejuízo à parte.

IV – O Ministério Público não detém legitimidade ativa para a defesa, em juízo, do direito de petição e do direito de obtenção de certidão em repartições públicas, por se tratarem de direitos individuais disponíveis.

Das proposições acima:

(A) I e II estão corretas;
(B) II e III estão corretas;
(C) I e IV estão corretas;
(D) II e IV estão corretas.

I: incorreta, pois o STF admite a legitimidade do MP nesses casos de relevante caráter social – por exemplo, envolvendo aumento de mensalidade escolar' **II:** correta para o MPF, mas os Ministérios Públicos dos Estados têm pleiteado a possibilidade de manifestação pera os tribunais superiores e algumas decisões do STF estão admitindo isso (a questão não é pacífica como consta do enunciado); **III:** correta para *parte* da jurisprudência formada à luz do CPC/1973; por sua vez, isso foi inteiramente incorporado ao NCPC (art. 279, § 2º: A nulidade só pode ser decretada após a intimação do Ministério Público, que se manifestará sobre a existência ou a inexistência de prejuízo); **IV:** incorreta para a banca – cabendo lembrar que o concurso foi do MP, de modo que natural se defender uma ampla legitimidade da própria instituição. Especificamente quanto ao tema "certidão em repartições públicas", há precedente do STJ admitindo a legitimidade do MP nesses casos (REsp 554960, com a seguinte ementa: Ação civil pública. Obtenção de certidões de tempo de serviço. Legitimidade do ministério público. Direitos fundamentais. Art. 5º, XXXIV, da CF). **LD/C**

Gabarito "B".

(Promotor de Justiça – MPE-BA – CEFET – 2015) Sobre representação das partes, é CORRETO afirmar que:

(A) Em qualquer caso, o Ministério Público pode atuar como substituto processual.
(B) O Ministério Público pode atuar como substituto processual apenas nas hipóteses que a lei autoriza.
(C) O incapaz sempre deve ser representado ou assistido por quem legalmente deva representá-lo ou lhe prestar assistência, nunca pelo Ministério Público.
(D) O direito de ação é personalíssimo e por isto o Ministério Público nunca atua como substituto processual.
(E) O Ministério Público pode, excepcionalmente, ajuizar ação de investigação de paternidade em favor de menor, porque este não possui legitimidade ativa.

A: incorreta. O Ministério Público atuará como substituto processual apenas nos casos em que há previsão legal para sua atuação, conforme determina o art. 18 do NCPC; **B:** correta, considerando o exposto em "A"; **C:** incorreta. Em regra, o incapaz será representado ou assistido por seus representantes legais, nos termos da lei civil. Contudo, sempre defende o MP que, no caso de incapaz que não tenha representante legal, poderá não só atuar como fiscal da ordem jurídica (NCPC, art. 178), mas sim *como parte* – e, no caso, será *substituto processual*; **D:** incorreta, considerando o exposto nas respostas anteriores; **E:** incorreta.

Em casos excepcionais, de fato é possível se cogitar do ajuizamento (conforme exposto na alternativa "C"). Porém, a hipótese não se refere a legitimidade, mas sim a representação / capacidade processual / capacidade postulatória. **LD/C**

Gabarito "B".

(Procurador de Justiça – MPE/GO – 2016) Sobre o Ministério Público, de acordo com as disposições do Código de Processo Civil de 2015, é correto afirmar:

(A) Nas causas em que atuar, mesmo que na condição de fiscal da ordem jurídica, o Ministério Público somente pode alegar a incompetência absoluta, cabendo-lhe emitir parecer caso a incompetência relativa seja suscitada por uma das partes.
(B) O Ministério Público terá prazo em dobro para manifestar-se nos autos, a partir de sua intimação pessoal, mas não gozará do prazo dilatado quando a lei estabelecer, de forma expressa, prazo próprio para o órgão ministerial.
(C) Como fiscal da ordem jurídica, o Ministério Público será intimado para intervir, além das hipóteses previstas na Constituição Federal ou na lei, nos processos que envolvam interesse público ou social, interesse de incapaz e em todos os processos de interesse das Fazendas Públicas Estadual e Municipal.
(D) No incidente de resolução de demandas repetitivas, o Ministério Público intervirá se o Incidente versar sobre processos que contenham repetidamente controvérsia relativa a questão inserida no rol das hipóteses legais de intervenção do órgão.

A: incorreta, pois não há vedação ou limitação legal à atuação do MP como fiscal da ordem jurídica; **B:** correta (NCPC, art. 180 e § 2º); **C:** incorreta, conforme art. 178, parágrafo único. do NCPC: *A participação da Fazenda Pública não configura, por si só, hipótese de intervenção do Ministério Público*; **D:** incorreta. No IRDR sempre haverá manifestação do MP (NCPC, art. 976, § 2º). **LD/C**

Gabarito "B".

(MP-TO – 2012 – CESPE) Tendo em vista que o membro do MP está sujeito às mesmas regras de impedimento e suspeição dos juízes, assinale a opção correta.

(A) Na ação rescisória, estará impedido de intervir o membro do MP que tiver atuado no processo do acórdão rescindendo.
(B) A participação de membro do MP em inquérito civil não impede a sua atuação na ACP.
(C) As causas de impedimento e suspeição somente se aplicam ao MP quando este atua como parte.
(D) A suspeição de membro do MP pode ser alegada mesmo por quem não é parte no processo.
(E) O rol de hipóteses de suspeição de membro do MP previsto no CPC não é taxativo, admitindo-se sua extensão.

A: incorreta, porque não há, na lei, tal vedação; **B:** correta, pois não há vedação legal nesse sentido; **C:** incorreta, porque também são aplicáveis quando atua como fiscal da lei (art. 148, II, NCPC) – fiscal da ordem jurídica, no NCPC; **D:** incorreta, por faltar legitimidade; **E:** incorreta, pois se há um rol previsto na legislação que impede a atuação dos magistrados e membros do MP, descabe sua extensão, sob pena de insegurança quanto a quem pode ou não julgar ou atuar perante as causas. **LD/DS**

Gabarito "B".

11. DIREITO PROCESSUAL CIVIL — 275

(MP-SP – 2012 – VUNESP) A propósito do Ministério Público no Direito Processual Civil, é correto afirmar:

(A) Cabe ao Ministério Público exercer o direito de ação nos casos previstos em lei, militando em seu favor a inversão do ônus da prova.

(B) Nas causas em que a intervenção do Ministério Público se dá como fiscal da lei, não lhe é permitido aditar a inicial ou produzir prova em audiência, em razão do princípio dispositivo do processo.

(C) Quando a lei considerar obrigatória a intervenção do Ministério Público, deixando de se manifestar, quando intimado, haverá nulidade do processo.

(D) Cabe ao Ministério Público intervir nas causas que envolvam litígios coletivos pela posse da terra rural, como nas causas em que haja interesse público demonstrado pela qualidade da parte.

(E) Intervindo como fiscal da lei, o órgão do Ministério Público terá vista dos autos depois das partes não sendo necessária sua intimação dos atos das partes.

A: incorreta, porque não há previsão legal de inversão do ônus da prova em favor do MP. Sobre o tema, interessante é a leitura do art. 373, § 3º, do NCPC acerca da distribuição dinâmica do ônus da prova. Vale dizer ainda que a referida modalidade não era prevista no anterior Código de Processo Civil; **B:** incorreta, porque o MP, ainda que atue como fiscal da lei, poderá produzir provas em audiência, bem como requerer as medidas processuais pertinentes e recorrer (art. 179, II, NCPC); **C:** incorreta, porque a nulidade decorre da falta de intimação do MP, e não da ausência de sua manifestação; **D:** correta. No NCPC, há menção a litígio coletivo pela posse (art. 178, III) e interesse público (art. 178, I), sem a menção a "demonstrado pela qualidade da parte" (que existia no CPC/1973); **E:** incorreta, porque a intimação é obrigatória para todos os atos do processo (art. 179 do NCPC).
Gabarito "D".

4. PRAZOS PROCESSUAIS E ATOS PROCESSUAIS

(Técnico Ministerial - Execução de Mandados – MPE-MA – FCC – 2013) Sobre os atos processuais, de acordo com o Código de Processo Civil brasileiro, é INCORRETO afirmar:

(A) É defeso lançar, nos autos, cotas marginais ou interlineares, cabendo ao juiz mandar riscá-las, impondo a quem as escrever multa correspondente à metade do salário mínimo vigente na sede do juízo.

(B) A assinatura dos juízes, em todos os graus de jurisdição, pode ser feita eletronicamente, na forma da lei.

(C) Os atos meramente ordinatórios, como a juntada e a vista obrigatória, independem de despacho, devendo ser praticados de ofício pelo servidor e revistos pelo juiz quando necessários.

(D) Só poderá ser juntado aos autos documento redigido em língua estrangeira, quando acompanhado de versão em vernáculo, firmada por tradutor juramentado.

(E) A desistência da ação produzirá efeito imediatamente, independentemente de homologação por sentença.

A: correta (NCPC, art. 202); **B:** correta (NCPC, art. 205, §2º); **C:** correta (NCPC, art. 203, §4º); **D:** correta (NCPC, art. 192, parágrafo único); **E:** incorreta, a desistência da ação somente produzirá efeitos após a homologação da sentença (NCPC, art. 200, parágrafo único). LD\CR
Gabarito "E".

(Analista Ministerial - Área Processual – MPE-PI – CESPE –2012) Acerca dos atos processuais, julgue os itens subsequentes.

(1) Consoante entendimento reiterado da jurisprudência, não assiste à parte o direito ao recibo de petições, arrazoados, papéis e documentos que entregarem em cartório.

(2) Os atos processuais, em regra, são públicos e dependem de forma determinada, independentemente de exigência legal expressa, pois, de acordo com a sistemática processual, tais atos são validados pela forma.

1: incorreto, pois é direito das partes exigir recibo de petições entregues em cartório (NCPC, art. 201); **2:** incorreto, porque os atos e termos processuais não dependem de forma determinada senão quando a lei expressamente o exigir (NCPC, art. 188). LD\CR
Gabarito "1E,2E".

(Analista –TRT 13ª Região – FCC– 2005) É correto afirmar que o juiz dirigirá o processo conforme as disposições do Código de Processo Civil e que:

(A) caberá ao juiz, a requerimento da parte, determinar as provas necessárias à instrução do processo, não podendo determiná-las de ofício.

(B) o juiz decidirá a lide nos limites em que foi proposta, sendo-lhe permitido conhecer de questões não suscitadas, a cujo respeito a lei exige a iniciativa da parte.

(C) o juiz poderá se eximir de sentenciar ou despachar alegando lacuna ou obscuridade da lei, desde que justifique e comprove a situação.

(D) em qualquer hipótese, o juiz que proferir a sentença, se entender necessário, poderá mandar repetir as provas já produzidas.

(E) o juiz apreciará livremente a prova ao proferir sentença, atendendo aos fatos alegados pelas partes, sendo-lhe facultada a indicação dos motivos que formaram o seu convencimento.

A: incorreta, pois é possível o juiz determinar de ofício, nos termos do art. 370 do NCPC; **B:** incorreta, o juiz decidirá o **mérito** nos limites propostos pelas partes, sendo-lhe vedado conhecer de questões não suscitadas a cujo respeito a lei exige iniciativa da parte (art. 141 do NCPC); **C:** incorreta, nos termos do art. 140 do NCPC; **D:** correta no CPC /1973 (art. 132, parágrafo único, do CPC). Importante lembrar que o candidato que não há previsão correspondente no Novo Código, mas que isso decorre do convencimento motivado (art. 371 do NCPC); **E:** incorreta, pois o juiz *deve* indicar os motivos que forma seu convencimento (art. 371 do NCPC).
Gabarito "D".

(Analista – TRT 10ª Região – CESPE– 2013) Com relação aos atos processuais no âmbito do processo civil, julgue os itens subsequentes.

(1) A extinção, por decurso de prazo, do direito de praticar o ato deve ser declarada judicialmente.

(2) A citação daquele réu cujo primo faleceu só pode ser realizada dez dias após o falecimento.

(3) Incumbe ao oficial de justiça procurar o réu para realizar a citação, sendo o endereço da petição inicial meramente indicativo.

(4) No sistema de nulidades dos atos processuais, adota-se o princípio do *pas de nullité sans grief*.

(5) Na fixação dos prazos judiciais, o magistrado deve sempre considerar a complexidade da causa e do ato a ser realizado.

1: incorreto, pois independe de decisão judicial (art. 223, NCPC); **2:** incorreto pois o art. 244, II, do NCPC estabelece a impossibilidade de citação até o 7º dia após o falecimento; **3:** correto, pois a citação será feita onde se encontre o réu, executado ou o interessado (art. 243, NCPC); **4:** correto. O brocardo reproduzido significa que não há nulidade se não houver prejuízo (art. 283, parágrafo único do NCPC), exatamente o que se entende pelo princípio da instrumentalidade; **5:** incorreto, pelo gabarito. A legislação aponta que *"quando a lei for omissa*, o juiz determinará os prazos em consideração à complexidade do ato" (art. 218, § 1º, do NCPC). Questão que induz o candidato em erro. **LD/CR**
Gabarito: "1E,2E,3C,4C,5E."

(Promotor de Justiça – MPE-RS – 2017) Assinale a alternativa **INCORRETA** sobre o tema dos atos processuais, segundo disposto no Código de Processo Civil.

(A) O terceiro que demonstrar interesse jurídico pode requerer ao juiz certidão do dispositivo da sentença, bem como de inventário e de partilha resultantes de divórcio ou separação.

(B) O registro de ato processual eletrônico deverá ser feito em padrões abertos, que atenderão aos requisitos de autenticidade, integridade, temporalidade, não repúdio, conservação e, nos casos que tramitem em segredo de justiça, confidencialidade, observada a infraestrutura de chaves públicas unificada nacionalmente, nos termos da lei.

(C) O juiz proferirá os despachos no prazo de 5 (cinco) dias, as decisões interlocutórias no prazo de 15 (quinze) dias e as sentenças no prazo de 30 (trinta) dias.

(D) Salvo para evitar o perecimento do direito, não se fará a citação de noivos nos 3 (três) primeiros dias seguintes ao casamento.

(E) Feita a citação com hora certa, o escrivão ou chefe de secretaria enviará ao réu, executado ou interessado, no prazo de 10 (dez) dias, contado da data da juntada do mandado aos autos, carta, telegrama ou correspondência eletrônica, dando-lhe de tudo ciência.

A: correta (NCPC, art. 189, § 2º); **B:** correta (NCPC, art. 195); **C:** incorreta, devendo esta ser assinalada. De acordo com o art. 226 do NCPC, o juiz proferirá decisões interlocutórias no prazo de 10 dias; **D:** correta, art. 244, III, do NCPC; **E:** correta (NCPC, art. 254). Questão que, infelizmente, basicamente avalia a capacidade que o examinando tem de decorar o Código. **LD/C**
Gabarito: "C."

5. LITISCONSÓRCIO E INTERVENÇÃO DE TERCEIROS

(Analista Ministerial - Área Processual – MPE-PI – CESPE – 2012) Julgue os itens a seguir, referentes ao litisconsórcio.

(1) A figura do litisconsórcio assistencial se caracteriza pelo fato de o terceiro assistente ingressar no processo somente para auxiliar uma das partes, não adquirindo, assim, o *status* de litisconsorte, pois não há nesse caso relação jurídica que lhe diga respeito.

(2) A formação do litisconsórcio decorre estritamente da lei e o seu princípio básico é o da não facultatividade, ou seja, no caso de litisconsórcio ativo, há um verdadeiro dever de demandar que recai sobre todos os litisconsortes.

1: incorreto, pois o assistente litisconsorcial ingressa como se fosse um litisconsorte, ou seja, parte (NCPC, art. 124); **2:** incorreto, porque o litisconsórcio, especialmente o ativo, em regra é facultativo (NCPC, art. 113), salvo disposição em contrário (NCPC, art. 114). LD\CR
Gabarito: "1E,2E."

(Analista de Promotoria I – Assistente Jurídico – MPE-SP – VUNESP – 2010) Ação de anulação de casamento proposta pelo Ministério Público, em razão de este ter sido contraído por um enfermo mental que é absolutamente incapaz para as atividades da vida civil, fará com que, em relação aos cônjuges, haja um litisconsórcio:

(A) passivo, necessário, unitário e originário.
(B) ativo, necessário, comum e originário.
(C) passivo, facultativo, unitário e originário.
(D) ativo, facultativo, unitário e superveniente.
(E) passivo, facultativo, comum, superveniente.

O litisconsórcio é passivo em razão de os cônjuges figurarem no polo passivo da demanda; necessário porque não há como se decidir a questão sem a participação de ambos; unitário porque o juiz decidirá o mérito de modo uniforme para os litisconsortes (NCPC, art. 114) e originário porque surgiu com a formação da relação processual. Assim, a alternativa correta é a "A". LD\CR
Gabarito: "A."

(Procurador da República – PGR – 2013) Em caso de evicção:

I. O exercício do direito independe da denunciação da lide ao alienante na ação em que terceiro reivindica a coisa.

II. Mesmo não havendo denunciação da lide do alienante, o réu não perde o direito à pretensão regressiva.

III. No exercício do direito oriundo da evicção, o título executivo contra o obrigado regressivamente depende da denunciação da lide.

IV. Não havendo denunciação da lide do alienante, descabe o ajuizamento de demanda autônoma contra aquele.

Das proposições acima:

(A) I e II estão corretas;
(B) I e III estão corretas;
(C) I e IV estão corretas;
(D) Nenhuma está correta.

I: Correta, pois a denunciação nunca é obrigatória, sempre sendo possível ação autônoma (NCPC, art. 125, § 1º) – mesmo em se tratando de evicção (ademais, o art. 1.072, II do NCPC revogou o art. 456 do CC); II: Incorreta no CPC/1973, correta no NCPC, considerando a revogação mencionada no item I; III: Correta, pois somente se houver título se pode acionar terceiro – que, na verdade, passou a ser parte com a denunciação (NCPC, art. 125, I); IV: Incorreta, sempre sendo possível a ação autônoma (NCPC, art. 125, § 1º do CPC). **LD/C**
Gabarito: "B" ou CPC/1973, sem resposta no NCPC.

6. PRESSUPOSTOS PROCESSUAIS, ELEMENTOS DA AÇÃO E CONDIÇÕES DA AÇÃO

(Assistente de Promotoria – MPE-RS – FCC – 2008) A Ação "X" e a Ação "Y" possuem em comum a causa de pedir. A Ação "W" e a Ação "V" possuem em comum o objeto.

A Ação "Z" e a Ação "H" possuem identidade quanto às partes e à causa de pedir, mas o objeto da Ação "Z", por ser mais amplo, abrange o da Ação "H". Nestas hipóteses ocorrerá:

(A) conexão entre as Ações "X" e "Y"; continência entre as Ações "W" e "V" e entre as Ações "Z" e a "H".

(B) conexão entre as Ações "X" e "Y", entre as Ações "W" e V" e entre as Ações "Z" e a "H".

(C) continência entre as Ações "X" e "Y" e entre as Ações "W" e "V"; conexão entre as Ações "Z" e a "H".

(D) continência entre as Ações "X" e "Y"; conexão entre as Ações "W" e "V" e entre as Ações "Z" e a "H".

(E) conexão entre as Ações "X" e "Y" e entre as Ações "W" e "V"; continência entre as Ações "Z" e a "H".

Há conexão entre duas ou mais ações quando lhes for comum objeto e causa de pedir (NCPC, art. 55); portanto, há conexão entre "X" e "Y" e, também, entre "W" e "V". Há continência entre duas ou mais ações sempre que há identidade quanto às partes e à causa de pedir, mas o objeto de uma, por ser mais amplo, abrange o das outras (NCPC, art. 56); portanto, há continência entre "Z" e "H". LD\CR
Gabarito "E".

(Analista – TRT 12ª Região – FCC – 2010) As condições da ação:

(A) reconhecidas liminarmente podem ser reapreciadas pelo juiz quando da prolação da sentença.

(B) não se aplicam ao Ministério Público, quando for parte, em razão do interesse público da sua atuação.

(C) não podem ser apreciadas pelo juiz *ex officio*, devendo ser obrigatoriamente arguidas pelas partes.

(D) só se aplicam à propositura da ação pelo autor, não sendo exigíveis quando se tratar de reconvenção.

(E) não podem ser arguidas pelo Ministério Público, quando intervir no processo como *custos legis*.

As condições da ação são matérias de ordem pública e não se sujeitam à preclusão (art. 485, VI e § 3º, do NCPC). Logo, podem ser reexaminadas pelo juízo por ocasião da sentença, inclusive de ofício.
Gabarito "A".

(Analista – TRT 9ª Região – CESPE – 2007) Em relação às condições da ação, julgue os próximos itens.

(1) As condições da ação tornam possível o surgimento de uma relação jurídica e válido e regular seu desenvolvimento. A ausência de qualquer uma dessas condições acarreta a nulidade do processo no todo, ou em parte, ou, ainda, o indeferimento liminar da petição inicial.

(2) O interesse de agir surge da necessidade de obter, por meio do processo, a proteção ou reparação de um interesse substancial, o que impõe a quem o alega a demonstração de uma lesão a esse interesse e a utilidade do provimento jurisdicional pretendido. O interesse que autoriza a propositura ou a contestação de uma ação é o interesse legítimo de natureza econômica ou moral.

1: incorreta. A falta de qualquer das condições da ação não acarreta a nulidade do processo, sendo causa de extinção sem resolução do mérito (art. 485, VI, do NCPC); **2:** correta. A questão traz o conceito correto de interesse de agir.
Gabarito "1E,2C".

(Analista – MPU – 2010 – CESPE) A mais moderna doutrina vê o direito processual civil como o complexo de normas e princípios que regem o exercício conjunto da jurisdição pelo Estado-juiz, da ação pelo demandante e da defesa do demandado. A. C. Cintra, A. Grinover,. & C. R. Dinamarco, *Teoria geral do processo*. 12.ª ed. São Paulo: Malheiros, 1996 (com adaptações). Com relação ao texto acima, acerca do direito processual civil, julgue os itens a seguir.

(1) Em ação de cobrança, o legitimado ativo corresponde àquele que o autor da ação aponta como devedor.

1: errado. A *legitimidade ativa* para a ação de cobrança é atribuída a quem se afirma *credor* da obrigação, ou seja, àquele que afirma possuir o direito material invocado na petição inicial.
Gabarito "1E".

7. FORMAÇÃO, SUSPENSÃO E EXTINÇÃO DO PROCESSO. NULIDADES

(Técnico Ministerial - Execução de Mandados – MPE-MA – FCC – 2013) Peter ajuizou ação de despejo por falta de pagamento contra Josefa, referente a um imóvel residencial situado na cidade de São Luís/MA. Após a citação da ré, as partes peticionam em conjunto comunicando ao juízo uma convenção para suspensão do processo. Nesta hipótese, e de acordo com o Código de Processo Civil brasileiro, é correto afirmar que a suspensão do processo nunca poderá exceder a:

(A) 1 ano, e as partes precisam declinar o motivo da suspensão, que será devidamente avaliado pelo juízo da causa que decidirá pelo deferimento ou não do pedido.

(B) 6 meses, e as partes precisam declinar o motivo da suspensão, que será devidamente avaliado pelo juízo da causa que decidirá pelo deferimento ou não do pedido.

(C) 1 ano, e as partes não precisam declinar o motivo da suspensão, por se tratar de direito subjetivo.

(D) 6 meses, e as partes não precisam declinar o motivo da suspensão, por se tratar de direito subjetivo.

(E) 1 ano, e as partes precisam declinar o motivo da suspensão, mas o pedido não poderá ser indeferido pelo juízo da causa.

O art. 313, § 4º aponta como prazo máximo para suspensão 6 meses. E o dispositivo legal não faz qualquer menção à justificativa para se suspender o processo. Assim, correta a alternativa "D". LD\CR
Gabarito "D".

(Assistente de Promotoria – MPE-RS – FCC – 2008) O autor do processo "D" faleceu. O autor do processo "E" perdeu a sua capacidade processual. No processo "F" foi acolhida a alegação de perempção. Nestes casos, ocorrerá a:

(A) suspensão do processo "D" e a extinção dos processos "E" e "F".

(B) suspensão dos processos " D" e "E" e a extinção do processo "F".

(C) suspensão do processo "E" e a extinção dos processos "D" e "F".

(D) extinção dos processos "D", "E" e "F".

(E) suspensão dos processos "D", "E" e "F".

D: suspensão (NCPC, art. 313, I); E: suspensão (NCPC, art. 313, I); F: extinção (NCPC, art. 486, §3º). LD\CR
Gabarito "B".

(Procurador de Justiça – MPE-GO – 2016) Proposta a ação, o Juiz, ao analisar a inicial, verifica, desde logo, a ocorrência da decadência do direito do autor. Neste caso e de acordo com o NCPC:

(A) cabe ao juiz indeferir liminarmente a petição inicial através de sentença a qual estará sujeita a recurso de apelação, havendo possibilidade do exercício do juízo de retratação.

(B) cabe ao Juiz indeferir liminarmente a petição inicial através de sentença a qual estará sujeita a recurso de apelação, não havendo possibilidade do exercício do juízo de retratação.

(C) cabe ao juiz julgar liminarmente improcedente o pedido através de sentença a qual estará sujeita a recurso de apelação, havendo possibilidade do exercício do juízo de retratação.

(D) cabe ao juiz julgar liminarmente improcedente o pedido através de sentença a qual estará sujeita a recurso de apelação, não havendo possibilidade do exercício do juízo de retratação.

A: incorreta. Não se trata de indeferimento liminar da petição inicial e sim de improcedência liminar do pedido ante a decadência do direito do autor (art. 332, § 1º do NCPC); **B:** incorreta. Além de não se tratar de indeferimento liminar da petição inicial e sim improcedência liminar, há a possibilidade de juízo de retratação nestes casos (art. 332, § 3º do NCPC); **C:** correta, assim prevê o artigo 332, §§ 1º e 3º do NCPC; **D:** incorreta. Há a possibilidade juízo de retratação (art. 332, § 3º do CPC). **LD/C**
Gabarito "C"

(Procurador de Justiça – MPE-GO – 2016) Em relação à formação e à suspensão do processo, é incorreto afirmar:

(A) O protocolo da petição inicial é pressuposto de existência do processo, independentemente da citação válida do réu.

(B) A morte ou a perda da capacidade processual de qualquer das partes acarreta a suspensão imediata do processo, mesmo que a causa da suspensão seja comunicada ao juízo posteriormente.

(C) A arguição de impedimento ou de suspeição, interrompe os prazos processuais, e, com o restabelecimento posterior da marcha processual, são restituídos integralmente os prazos para a prática dos atos do processo.

(D) A suspensão do processo por convenção das partes só poderá perdurar por no máximo seis meses e o juiz determinará o prosseguimento do processo assim que esgotar o referido prazo.

A: correta. Para existir o processo, necessária petição inicial. E para o processo ser válido, necessária citação válida; **B:** correta (art. 313, § 1º, I do NCPC); **C:** incorreta, devendo esta ser assinalada. A suspensão de prazo acarreta a retomada do processo de onde parou, não o reinício (art. 313, § 2º do NCPC); **D:** correta (art. 313, II e § 4º do NCPC). **LD/C**
Gabarito "C"

8. TUTELA PROVISÓRIA

(Promotor de Justiça – MPE-MS – FAPEC – 2015) Assinale a alternativa **correta**:

(A) Não há possibilidade de antecipação de tutela no processo civil brasileiro, sem alegação e comprovação de urgência.

(B) O Código de Processo Civil não permite a aplicação do princípio da fungibilidade entre a medida satisfativa e a medida cautelar.

(C) As *astreintes* não podem ser fixadas em decisão concessiva de tutela antecipada, uma vez que visam a punir a parte que desrespeita a sentença de mérito,

podendo ser executada provisoriamente desde que o recurso eventualmente interposto não seja recebido com efeito suspensivo.

(D) A tutela antecipada não pode ser requerida em procedimento sumário.

(E) Em ação de improbidade administrativa cabe a concessão de tutela antecipada *inaudita altera pars*.

A: incorreta. No NCPC, a medida liminar sem urgência é a tutela de evidência (art. 311); **B:** incorreta, pois há previsão de fungibilidade entre a tutela cautelar e antecipada (NCPC, art. 305, parágrafo único); **C:** incorreta, pois astreintes podem ser fixadas a qualquer momento, seja na decisão liminar, final ou em sede de execução (NCPC, art. 139, IV e 536); **D:** incorreta. Não existe mais rito sumário (ou ordinário) no NCPC, mas somente o procedimento comum (e os especiais); **E:** correta, tanto pela aplicação de regra especial (art. 16 da Lei 8.429/1992) quanto da regra geral do NCPC (art. 294, parágrafo único.) – que se aplica a todos os processos e procedimentos. **LD/C**
Gabarito "E"

9. TEMAS COMBINADOS DA PARTE GERAL

(MP-RO – CESPE– 2010) Acerca de jurisdição, competência, processo e ação, assinale a opção correta.

(A) O princípio da indelegabilidade estabelece que a autoridade dos órgãos jurisdicionais, considerados emanação do próprio poder estatal soberano, impõe-se por si mesma, independentemente da vontade das partes ou de eventual pacto para aceitarem os resultados do processo.

(B) A nulidade da cláusula de eleição de foro, em contrato de adesão, não pode ser declarada de ofício pelo juiz, o qual, somente quando provocado, pode declinar de competência para o juízo de domicílio do réu.

(C) O direito brasileiro adota, quanto à causa de pedir, a chamada doutrina da substanciação.

(D) O princípio da inércia, um dos princípios basilares da jurisdição, não admite exceção.

(E) A competência é determinada no momento em que a ação é proposta; portanto, segundo o princípio da perpetuação da jurisdição ("perpetuatio jurisdictionis"), não há alteração da competência quando ocorrem modificações irrelevantes do estado de fato ou de direito efetuadas posteriormente à propositura da ação.

A: incorreta, porque o enunciado trata do princípio a inevitabilidade, e não da indelegabilidade da jurisdição; **B:** incorreta (§ 3º do art. 63 do NCPC); **C:** correta, pois essa é a doutrina adotada; **D:** incorreta, porque há casos em que o juízo pode agir de ofício (inventário, por exemplo); **E:** incorreta, porque há casos em que fica afastada a perpetuação (art. 43 do NCPC), embora a redação do enunciado não tenha sido muito feliz.
Gabarito "C"

PARTE II – PROCESSO DE CONHECIMENTO

10. PETIÇÃO INICIAL

(Analista – TRT 4ª Região – FCC – 2006) Considera-se inepta a petição inicial, dentre outras hipóteses, quando:

(A) a parte for manifestamente ilegítima.

(B) contiver pedidos incompatíveis entre si.

(C) o autor carecer de interesse processual.

(D) o tipo de procedimento escolhido não corresponder à natureza da causa.

(E) o Juiz verificar desde logo a decadência ou a prescrição.

As alternativas "**A**" a "**D**" trazem hipótese de decisão sem mérito (art. 485 do NCPC), ao passo que na "**E**" é com resolução do mérito (art. 487, II, do NCPC). Porém, a única hipótese de inépcia é a prevista em "**B**" (art. 330, § 1º, IV, do NCPC).
Gabarito "B".

(MP-SP – VUNESP – 2012) É correto afirmar:

(A) O pedido será alternativo quando o juiz, não podendo acolher o pedido principal, possa conhecer do posterior.

(B) É lícito formular pedido genérico na ação civil pública que tenha por objeto indenização por danos ambientais.

(C) Não cabe ação cominatória para compelir-se o réu a cumprir obrigação de dar.

(D) Não é permitida a cumulação de vários pedidos, num único processo, contra o mesmo réu se o tipo de procedimento não for adequado para todos eles.

(E) É lícito formular pedido genérico quando, pela natureza da obrigação, o devedor puder cumprir a prestação de mais de um modo.

A: incorreta, porque esse é o conceito de pedido subsidiário ou "em ordem subsidiária" (art. 326 do NCPC); **B:** correta, porque a extensão dos danos pode ficar relegada para a fase de liquidação; **C:** incorreta (art. 498 do NCPC); **D:** incorreta (art. 327 do NCPC); **E:** incorreta, porque essa é a hipótese de pedido alternativo (art. 325 do NCPC).
Gabarito "B".

11. CONTESTAÇÃO E REVELIA

(Analista – TRT 16ª Região – FCC – 2014) A respeito da revelia, considere:

I. Os prazos correrão contra o revel, independentemente de intimação, a partir de cada ato decisório, ainda que tenha constituído patrono nos autos.

II. Não se reputarão verdadeiros os fatos afirmados pelo autor se a petição inicial não estiver acompanhada do instrumento público, que a lei considere indispensável à prova do ato.

III. O juiz poderá conhecer diretamente do pedido e proferir sentença, quando ocorrer a revelia.

Está correto o que se afirma APENAS em:

(A) II e III.

(B) I e II.

(C) I e III.

(D) I.

(E) III.

I: incorreta, pois os prazos contra o revel que não tenha patrono nos autos fluirão da data de publicação do ato decisório no órgão oficial (art. 346 do NCPC); **II:** correta, nos termos do art. 345, III, do NCPC; **III:** correta, nos termos do art. 355, II, do NCPC.
Gabarito "A".

(Analista – TJDFT – 2013 – CESPE) Acerca da resposta do réu, julgue os itens que se seguem:

(1) Se o autor propuser, no foro de seu domicílio, ação fundada em direito real sobre bens móveis, e se esse domicílio não for o mesmo do réu, então, o réu poderá arguir a incompetência territorial do juízo por meio de exceção de incompetência, desde que o faça no prazo da contestação.

(2) Compete ao réu alegar em contestação toda a matéria de defesa, devendo ater-se a questões preliminares antes de adentrar ao mérito e, caso deixe de alegar a falta de pressuposto processual provocado pelo autor, poderá arguir tal vício, que também poderá ser declarado de ofício pelo juízo, a qualquer tempo.

1: correto no CPC/1973. Porém, no NCPC não há mais a exceção, pois a incompetência relativa deve ser apontada em preliminar de contestação (art. 337, II, do NCPC); **2:** correto conforme artigos 336, 337 e 485, § 3º, do NCPC.
Gabarito 1C. *Errado, no NCPC, 2C.

(Analista – TRT 10ª Região – CESPE – 2013) Julgue o item que se segue, relativo a resposta do réu, revelia e provas.

(1) Ficará caracterizado o reconhecimento jurídico do pedido quando, em contestação apresentada em face de ação de cobrança de dívida, o réu admitir ter celebrado o contrato de mútuo a que tiver o autor se referido na inicial.

1: Essa afirmação está incorreta. Não se trata de reconhecimento jurídico do pedido, mas de confissão, pois aqui apenas se confessou o fato (assinatura do contrato), mas não os efeitos jurídicos do inadimplemento (que geraria o reconhecimento jurídico). **LD/CR**
Gabarito "1E".

(Analista – TRT 11ª Região – FCC – 2012) A revelia:

(A) acarreta a presunção de veracidade das alegações de direito do autor.

(B) impede o juiz de determinar a produção de provas, quando julgar necessário.

(C) não acarreta para o revel a presunção de veracidade dos fatos afirmados pelo autor se algum litisconsorte necessário contestar a ação.

(D) não impede o réu de intervir no processo, mas não lhe dá o direito de recorrer da sentença.

(E) implica necessariamente na procedência do pedido do autor.

A: incorreta. Apenas as alegações de fato são presumidas verdadeiras (art. 344, NCPC); **B:** incorreta, pois a presunção de veracidade (efeito material da revelia) é relativa, não impedindo o magistrado de determinar a produção de provas que entenda necessária; **C:** correta conforme art. 345, I, NCPC. Contudo essa regra se aplica apenas quando o litisconsórcio for unitário. Se simples, segue a regra da autonomia dos atos prevista no art. 117 do NCPC; **D:** incorreta. O revel pode ingressar no processo a qualquer momento e a partir de então praticar os atos regulares (art. 346, parágrafo único, NCPC); **E:** incorreta. A presunção é relativa. Pode o juiz julgar improcedente o pedido se o autor não provar o fato constitutivo do seu direito (art. 373, I, NCPC). **LD/CR**
Gabarito "C".

(Procurador de Justiça – MPE-GO – 2016) Em relação a reconvenção no NCPC, pode-se afirmar que:

(A) Na reconvenção, o polo ativo deverá ser o réu, não sendo permitido incluir terceiro como reconvinte.

(B) A ação e a reconvenção necessariamente deverão ser julgadas na mesma sentença para evitar decisões conflitantes.

(C) Na reconvenção, o reconvindo deverá ser o autor da ação, não admitindo a existência de litisconsórcio deste com terceiro.

(D) O réu poderá propor reconvenção independentemente do oferecimento da contestação.

A: incorreta. O réu poderá reconvir contra autor e terceiro (art. 343, § 3º do NCPC); **B:** incorreta, vez que poderá ocorrer a desistência da ação ou extinção sem resolução de mérito por causa extintiva, e a reconvenção não estará prejudicada (art. 343, § 2º do NCPC); **C:** incorreta. Poderá o réu ofertar reconvenção em litisconsórcio com terceiro (art. 343, § 4º do NCPC); **D:** correta, pela lei (art. 343, § 6º do NCPC) – ainda que dificilmente isso ocorrerá no cotidiano forense. **LD/C**

Gabarito "D".

12. PROVAS

(MP-MS – FADEMS – 2013) Marque se as proposições a seguir são falsas (F) ou verdadeiras (V) e assinale a opção **correta**:

I. Incumbe o ônus da prova à parte que contestar a autenticidade da assinatura lançada em documento apresentado pela parte contrária.

II. A expedição de carta precatória suspende o processo até a colheita da prova somente se sua expedição tiver sido requerida antes da decisão de saneamento, e a prova nela solicitada for considerada imprescindível.

III. Na formação do conjunto probatório, a iniciativa do juiz é admitida por expressa disposição legal e implica limitação ao princípio dispositivo.

IV. O ônus probatório não pode ser objeto de convenção que o distribua de maneira diversa à legal.

(A) F, F, V, F.
(B) F, V, V, V.
(C) V, F, V, F.
(D) F, V, V, F.
(E) V, V, V, F.

I: falsa ("Art. 429: Incumbe o ônus da prova quando: (...) II - se tratar de impugnação de autenticidade, à parte que produziu o documento"); **II:** verdadeira, porque se trata de reprodução do "*caput*" do art. 377 do NCPC; **III:** verdadeira, porque vigora, em matéria de iniciativa probatória, o princípio inquisitivo ou inquisitório (que se opõe ao princípio dispositivo). De acordo com o art. 370 do NCPC, "caberá ao juiz, de ofício ou a requerimento da parte, determinar as provas necessárias ao julgamento do processo (...)"; **IV:** falsa, porque a possibilidade de convenção que distribua o ônus da prova de maneira diversa daquela que está prevista pela lei decorre da leitura *a contrario sensu* do § 3º do art. 373 do NCPC ("A distribuição diversa do ônus da prova também pode ocorrer por convenção das partes, salvo quando: I – recair sobre direito indisponível da parte; II – tornar excessivamente difícil a uma parte o exercício do direito"). Como se vê, não presentes tais circunstâncias, a inversão convencional do ônus pode ser admitida. **LD/DS**

Gabarito "D".

13. JULGAMENTO CONFORME O ESTADO DO PROCESSO E PROVIDÊNCIAS PRELIMINARES

(Procurador de Justiça – MPE-GO – 2016) Sobre o julgamento conforme o estado do processo, assinale a alternativa correta:

(A) no julgamento antecipado parcial do mérito, por envolver julgamento de pedido que se mostra incontroverso, ainda assim a decisão pode reconhecer a existência de obrigação ilíquida.

(B) realizado o saneamento do processo, as partes têm o direito de pedir esclarecimentos ou solicitar ajustes,

no prazo sucessivo de 5 (cinco) dias, findo o qual a decisão se torna estável.

(C) a decisão proferida no julgamento antecipado parcial do mérito, por julgar o mérito, desafia o recurso de apelação.

(D) a liquidação e o cumprimento de decisão que julgar parcialmente o mérito deverão ser processados em autos suplementares.

A: correta. O NCPC traz a previsão legal de julgamento parcial de mérito ainda que exista obrigação ilíquida (art. 356, § 1º, do NCPC); **B:** incorreta. O prazo concedido às partes é comum e não sucessivo (art. 357, § 1º do NCPC); **C:** incorreta. A decisão que julgar parcialmente o mérito é impugnável por meio de agravo de instrumento (art. 356, § 5º do NCPC); **D:** incorreta. A liquidação e o cumprimento poderão ser processados em autos suplementares, a pedido da parte ou a critério do juiz (art. 356, § 4º do CPC). **LD/C**

Gabarito "A".

14. SENTENÇA, COISA JULGADA E AÇÃO RESCISÓRIA

(Analista – TRE/AC – FCC – 2010) Considere as seguintes assertivas a respeito da coisa julgada:

I. Denomina-se coisa julgada material a eficácia, que torna imutável e indiscutível a sentença, não mais sujeita a recurso ordinário ou extraordinário.

II. A sentença, que julgar total ou parcialmente a lide, tem força de lei nos limites da lide e das questões decididas.

III. Faz coisa julgada a apreciação da questão prejudicial, decidida incidentemente no processo.

IV. Passada em julgado a sentença de mérito, reputar-se--ão deduzidas e repelidas todas as alegações e defesas, que a parte poderia opor assim ao acolhimento como à rejeição do pedido.

De acordo com o Código de Processo Civil brasileiro, está correto o que se afirma APENAS em:

(A) I, II e III.
(B) I, II e IV.
(C) I e IV.
(D) II, III e IV.
(E) II e IV.

I: correto no CPC/1973, mas incorreto no NCPC (considerando a redação do art. 502 do NCPC); **II:** correto (art. 503, "*caput*:, do NCPC); **III:** incorreto, pois somente haverá coisa julgada na prejudicial se observados diversos requisitos no art. 503, §1º do NCPC; **IV:** correto (art. 508 do NCPC).

Gabarito "B" no CPC/1973, "E" no NCPC

(Promotor de Justiça – MPE-MS – FAPEC – 2015) Analise as proposições abaixo:

I. Tratando-se de cumulação própria simples de pedidos, é nula a decisão que deixar de analisar o pedido principal e somente julgar o pedido subsidiário.

II. O STF e o STJ admitem que o magistrado utilize na sentença a fundamentação *per relationem*, que se caracteriza pela remissão a outras manifestações ou peças processuais existentes nos autos, mesmo que produzidas pelas partes ou pelo Ministério Público.

III. A resolução de questão prejudicial não faz coisa julgada, ainda que decidida no âmbito de ação declaratória incidental.

11. DIREITO PROCESSUAL CIVIL — 281

IV. O reexame necessário não é aplicável quando a sentença estiver fundada em jurisprudência do Plenário do Supremo Tribunal Federal ou do Superior Tribunal de Justiça.

Assinale a alternativa correta:

(A) Somente as proposições I e III estão corretas.
(B) Somente as proposições II e IV estão corretas.
(C) Somente as proposições I, II e III estão corretas.
(D) Somente a proposição II está correta.
(E) Somente a proposição IV está correta.

I: incorreta. Sendo cumulação própria simples, os pedidos são independentes entre si; **II**: correta para a banca. Ademais, os Tribunais Superiores admitem a fundamentação *per relationem* (Informativo 517 do STJ e AI 791292 QO-RG – STF), com base no CPC/1973. Porém, considerando a redação art. 489, § 1º do NCPC, seria a rigor vedada essa forma de fundamentação – a confirmar como a jurisprudência se firma; **III**: incorreta. O artigo 503, §1º do NCPC prevê exatamente que há coisa julgada acerca da prejudicial, se ela for decidida (*Atenção: não há mais previsão legal de ação declaratória incidental no NCPC); **IV**: correta, o artigo 496, § 4º, do NCPC estabelece que não se aplica o duplo grau de jurisdição quando a sentença tiver como fundamento acórdão proferido em julgamento de recursos repetitivos pelos Tribunais Superiores. **LD/C**

Gabarito "B".

15. TEMAS COMBINADOS DE PROCESSO DE CONHECIMENTO (E OUTROS PROCESSOS E PROCEDIMENTOS)

(Analista STF – CESPE– 2013) No que concerne a litisconsórcio e competência, julgue o item que se segue.

(1) O juiz poderá limitar o litisconsórcio necessário quando o número de litigantes acarretar o comprometimento da rápida solução do litígio ou dificultar a defesa.

1: Errado. Apenas o litisconsórcio facultativo (art. 113, §§ 1º e 2º, NCPC).
Gabarito "1E".

(Analista – TJ-ES – 2011 – CESPE) Maria encomendou, sem o conhecimento de seu marido, novos armários para a residência do casal, tendo pago à vista o valor acordado com a empresa. Embora tenha, injustificadamente, descumprido o prazo de entrega dos armários, a loja contratada se nega a pagar a multa contratual prevista para a hipótese de atraso na entrega do produto. Considerando a situação hipotética acima descrita, a capacidade processual, os deveres e a possibilidade de substituição das partes, julgue os próximos itens.

(1) Proposta ação contra a referida empresa, se restar comprovado, durante o processo, que a parte ré praticou atos atentatórios ao exercício da jurisdição, o juiz poderá, sem prejuízo de outras sanções, aplicar-lhe multa não superior a 20% do valor da causa.

(2) Caso Maria ajuíze ação contra a referida empresa e faleça após a publicação da sentença, o processo deve ser suspenso para que seja feita a sucessão processual, ou seja, deve ser providenciada a habilitação do espólio ou dos sucessores de Maria no feito.

(3) Caso seja casada no regime de comunhão universal de bens, Maria necessitará do consentimento de seu cônjuge para propor ação contra a loja a fim de cobrar a multa contratualmente prevista para a hipótese de atraso na entrega dos armários.

1: certo (art. 77, §§ 2º e 3º, do NCPC); **2**: certo (arts. 110 e 313, I e § 1º do NCPC); **3**: errado. A ação de cobrança da multa convencional tem natureza de *direito pessoal* – e não de direito real imobiliário – daí por que se afasta a regra do art. 73, "*caput*", do NCPC, isto é, afigura-se desnecessário o consentimento do outro cônjuge para o aforamento da aludida demanda judicial.
Gabarito "1C,2C,3E".

(Analista – TJ-SP – 2011 – VUNESP) Nas ações de procedimento ordinário, é possível a cumulação de pedidos por parte do autor em sua inicial. Diante dessa informação, assinale a alternativa correta.

*Atenção: no NCPC não há mais os ritos sumário ou ordinário, de modo que a pergunta seria quanto ao procedimento comum.

(A) É lícito formular mais de um pedido em ordem sucessiva, escolhendo o juiz conhecer pela ordem que julgar mais adequada.
(B) É permitida a cumulação, num único processo, contra o mesmo réu, de vários pedidos, ainda que entre eles não haja conexão.
(C) A admissibilidade da cumulação dos pedidos não importa que tenha competência para conhecer deles o mesmo juízo.
(D) Os pedidos cumulados não necessitam ser compatíveis entre si, contudo, devem estar adequados ao mesmo procedimento.
(E) A cumulação dependerá de anuência do réu, que pode ser tácita ou explicitamente impugnada na contestação.

A: incorreto. Se o juiz não acolher o primeiro pedido, deverá examinar o posterior, consoante a sequência determinada pelo autor na petição inicial (art. 326 do NCPC); **B**: correto (art. 327, "*caput*", do NCPC); **C**: incorreto (art. 327, § 1º, II, do NCPC); **D**: incorreto (art. 327, § 1º, I, do NCPC); **E**: incorreto. A cumulação realizada pelo autor na petição inicial não necessita da anuência do réu, a não ser que ocorra após a citação, hipótese esta em que será indispensável o consentimento da parte ré (arts. 329, *II*, e 329, I, do NCPC).
Gabarito "B".

PARTE III – CUMPRIMENTO DE SENTENÇA E EXECUÇÃO

16. CUMPRIMENTO DE SENTENÇA

(Analista – TJ-CE – CESPE – 2013) Acerca do processo de execução e da liquidação e cumprimento de sentença, assinale a opção correta.

(A) A liquidação da sentença somente poderá ser requerida após o trânsito em julgado do recurso impugnatório.
(B) Na liquidação por cálculo, o executado poderá impugná-lo via embargos à execução.
(C) A decisão que puser fim à liquidação de sentença poderá ser impugnada por agravo de instrumento.
(D) No processo de execução, a inexistência do interesse de agir implica a extinção do feito, com resolução do mérito, por falta de pressuposto processual.
(E) No cumprimento provisório da sentença, o exequente deverá instruir a petição inicial com a certidão de interposição do recurso recebido com efeito suspensivo.

A: incorreta. A lei permite a denominada "liquidação provisória" conforme artigo 512, NCPC; **B:** incorreta. Primeiro porque não há mais no ordenamento a liquidação por cálculos conforme art. 509, § 2º. Segundo porque a defesa nesse incidente não tem previsão específica, seguindo a regra do art. 524, § 2º, NCPC; **C:** correta conforme art. 1.015, parágrafo único, NCPC; **D:** incorreta. No caso haverá extinção do processo sem resolução de mérito conforme art. 485, IV, NCPC; **E:** incorreta. A certidão será do recurso recebido sem o efeito suspensivo que é justamente o motivo do cabimento dessa modalidade de execução (art. 522, parágrafo único, NCPC).

Gabarito "C".

(Promotor de Justiça – MPE-RS – 2017) Assinale com **V** (verdadeiro) ou com **F** (falso) as seguintes afirmações sobre o tema da liquidação de sentença, segundo o disposto no Código de Processo Civil.

( ) Quando a sentença condenar ao pagamento de quantia ilíquida, proceder-se-á à sua liquidação, a requerimento do credor ou do devedor: por arbitramento, quando determinado pela sentença, convencionado pelas partes ou exigido pela natureza do objeto da liquidação; ou pelo procedimento comum, quando houver necessidade de alegar e provar fato novo.

( ) Na liquidação por arbitramento, o juiz intimará as partes para a apresentação de pareceres ou documentos elucidativos, no prazo máximo de 15 (quinze) dias, e, caso não possa decidir de plano, nomeará perito, observando-se, no que couber, o procedimento da prova pericial.

( ) A liquidação poderá ser realizada na pendência de recurso, processando-se em autos apartados no juízo de origem, cumprindo ao liquidante instruir o pedido com cópias das peças processuais pertinentes.

( ) Quando na sentença houver uma parte líquida e outra ilíquida, não é lícito ao credor promover simultaneamente a execução daquela e a liquidação desta.

A sequência correta de preenchimento dos parênteses, de cima para baixo, é:

(A) F – V – F – F.
(B) F – V – F – V.
(C) V – V – F – F.
(D) F – F – V – V.
(E) V – F – V – F.

1: A afirmativa é verdadeira, pois reproduz o previsto no NCPC a respeito de liquidação (art. 509, I e II). **2:** A segunda alternativa é falsa, vez que a previsão legal (art. 510 do NCPC) determina que o *juiz fixará o prazo* para as providências previstas. **3:** A alternativa é verdadeira, pois existe previsão legal nesse sentido (art. 512 do NCPC). **4:** A última alternativa é falsa, em virtude da inserção da palavra "não": o Código *permite* ao credor a execução e liquidação simultâneas (NCPC, art. 509, §1º). **LD/C**

Gabarito "E".

17. PROCESSO DE EXECUÇÃO E EXPROPRIAÇÃO DE BENS

(Analista – TRF 4ª Região – FCC – 2010) Considere:

I. Instrumento de transação referendado pelo Ministério Público, pela Defensoria Pública ou pelos advogados dos transatores.

II. O crédito de serventuário de justiça, de perito, de intérprete, ou de tradutor, quando as custas, emolumentos ou honorários forem aprovados por decisão judicial.

III. O crédito, documentalmente comprovado, decorrente de aluguel de imóvel, bem como de encargos acessórios, tais como taxas e despesas de condomínio.

IV. A escritura pública ou outro documento público assinado pelo devedor.

V. O documento particular assinado pelo devedor e por uma testemunha.

De acordo com o Código de Processo Civil brasileiro, são títulos executivos extrajudiciais os indicados APENAS em:

(A) I, II e III.
(B) I, II, III e IV.
(C) II, III e IV.
(D) I, III, IV e V.
(E) I, III e IV.

I: correto (art. 784, II, parte final, do NCPC); **II:** correto no CPC/1973, mas incorreto no NCPC, onde a hipótese passou a ser de título judicial (art. 515, V, do NCPC); **III:** correto (art. 784, VIII, do NCPC); **IV:** correto (art. 784, II, do NCPC); **V:** incorreto, já que o documento particular, para ser título executivo extrajudicial, deve ser assinado pelo devedor e por duas testemunhas (art. 784, III, segunda parte, do NCPC). **LD**

Gabarito "B" no CPC/1973; "E" no NCPC

(Analista – TRT 22ª Região – FCC – 2010) A execução **NÃO** pode ser promovida:

(A) pelo sub-rogado, nos casos de sub-rogação convencional.

(B) pelo cessionário, quando direito resultante do título executivo lhe foi transferido por ato entre vivos.

(C) pelo sub-rogado, nos casos de sub-rogação legal.

(D) pelos herdeiros do credor, ainda que, por morte deste, não lhes for transmitido o direito resultante do título executivo.

(E) pelo credor, a quem a lei confere título executivo.

A: correto (art. 778, § 1º, IV, do NCPC); **B:** correto (art. 778, § 1º, II, do NCPC); **C:** correto (art. 778, § 1º, IV, do NCPC); **D:** incorreto, devendo ser assinalado (art. 778, § 1º, II, do NCPC); **E:** correto (art. 778, "*caput*", do NCPC).

Gabarito "D".

(Analista – TRT 21ª Região – CESPE – 2010) Acerca de processo de execução, julgue os itens subsequentes.

(1) A execução deve-se processar na forma menos gravosa ao executado, portanto, na execução provisória, a penhora em dinheiro fere o direito líquido e certo do executado ainda que não exista a nomeação de outros bens à penhora.

(2) Os embargos à execução devem ser opostos no prazo de cinco dias a contar da juntada aos autos do mandado de penhora e avaliação ou da ciência pelo executado de que o juízo se encontra integralmente garantido.

1: Errado. Ainda que exista o princípio da menor onerosidade (art. 805 do NCPC), o interesse do exequente deve ser observado (parágrafo único do art. 805 do NCPC). Logo, também na execução provisória (cumprimento de sentença provisório), aplica-se a ordem prevista no art. 835, I, do NCPC; **2:** Errado. Os embargos à execução devem ser opostos no prazo de 15 (quinze) dias, contados da juntada aos autos do mandado de citação (art. 915, "*caput*", do NCPC). Além do mais, independem de prévia garantia do juízo (art. 914, "*caput*", do NCPC).

Gabarito "1E,2E".

11. DIREITO PROCESSUAL CIVIL — 283

(Analista – TRT 21ª Região – CESPE – 2010) Acerca de processo de execução, julgue os itens subsequentes.

(1) A execução deve-se processar na forma menos gravosa ao executado, portanto, na execução provisória, a penhora em dinheiro fere o direito líquido e certo do executado ainda que não exista a nomeação de outros bens à penhora.

(2) Os embargos à execução devem ser opostos no prazo de cinco dias a contar da juntada aos autos do mandado de penhora e avaliação ou da ciência pelo executado de que o juízo se encontra integralmente garantido.

1: Errado. Ainda que exista o princípio da menor onerosidade (art. 805 do NCPC), o interesse do exequente deve ser observado (parágrafo único do art. 805 do NCPC). Logo, também na execução provisória (cumprimento de sentença provisório), aplica-se a ordem prevista no art. 835, I, do NCPC; **2:** Errado. Os embargos à execução devem ser opostos no prazo de 15 (quinze) dias, contados da juntada aos autos do mandado de citação (art. 915, "*caput*", do NCPC). Além do mais, independem de prévia garantia do juízo (art. 914, "*caput*", do NCPC).
Gabarito "1E,2E".

(Analista – TJ-AM – 2013 – FGV) José funcionou como perito em determinado processo que foi extinto com resolução do mérito em razão da rejeição do pedido do autor. Não foram interpostos recursos, a sentença transitou em julgado e o processo foi arquivado. José não recebeu seus honorários anteriormente aprovados por decisão judicial e ingressou com ação própria a fim de recebê-los.

A esse respeito, analise as afirmativas a seguir.

I. O crédito de perito aprovado por decisão judicial constitui título executivo extrajudicial e José poderá se valer do processo de execução para promover a execução forçada.

II. José deverá ingressar primeiro com liquidação dos honorários que se fará, necessariamente, por arbitramento.

III. Trata-se de título executivo judicial e José pode iniciar a fase de cumprimento de sentença.

Assinale:

(A) se somente a afirmativa I estiver correta.

(B) se somente as afirmativas I e II estiverem corretas.

(C) se somente as afirmativas I e III estiverem corretas.

(D) se somente as afirmativas II e III estiverem corretas.

(E) se todas as afirmativas estiverem corretas.

I: correto no CPC/1973, quando esse crédito era título extrajudicial. No NCPC, essa hipótese passou a ser de título judicial (art. 515, V, do NCPC); **II:** incorreto, pois o valor já foi fixado, bastam apenas cálculos de atualização nos termos do art. 509, § 2°, do NCPC; **III:** incorreto no CPC/1973, mas correto conforme exposto no item I (art. 515, V – o crédito de auxiliar da justiça, quando as custas, emolumentos ou honorários tiverem sido aprovados por decisão judicial).
Gabarito "A" no CPC/1973, sem resposta no NCPC.

(Analista – TRT 7ª Região – FCC – 2009) NÃO é considerado bem absolutamente impenhorável, de acordo com o Código de Processo Civil,

(A) recurso público do fundo partidário recebido, nos termos da lei, por partido político.

(B) a quantia depositada em caderneta de poupança, até o limite de 40 salários mínimos.

(C) o seguro de vida.

(D) o ganho de trabalhador autônomo e o honorário de profissional liberal.

(E) o material necessário para as obras penhoradas, que estejam em andamento.

A: incorreta (art. 833, XI, do NCPC); **B:** incorreta (art. 833, X, do NCPC); **C:** incorreta (art. 833, VI, do NCPC); **D:** incorreta (art. 833, IV, do NCPC); **E:** correta, pois não há previsão nesse sentido no art. 833 (artigo que trata da impenhorabilidade no NCPC) nem na Lei 8.009/1990 (lei que trata da impenhorabilidade do bem de família).
Gabarito "E".

(Analista – TRF 4ª Região – FCC – 2010) De acordo com o Código de Processo Civil, NÃO se considera absolutamente impenhorável:

(A) a quantia depositada em caderneta de poupança, até o limite de sessenta salários mínimos.

(B) os bens inalienáveis e os declarados, por ato voluntário, não sujeitos à execução.

(C) o seguro de vida.

(D) os recursos públicos recebidos por instituições privadas para aplicação compulsória em educação, saúde ou assistência social.

(E) os recursos públicos do fundo partidário recebidos, nos termos da lei, por partido político.

A: incorreto, devendo esta ser assinalada, pois o limite é de 40 (quarenta) salários mínimos (art. 833, X, do NCPC); **B:** correto (art. 833, I, do NCPC); **C:** correto (art. 833, VI, do NCPC); **D:** correto (art. 833, IX, do NCPC); **E:** correto (art. 833, XI, do NCPC).
Gabarito "A".

(Promotor de Justiça – MPE/RS – 2017) Assinale a alternativa **INCORRETA** sobre o tema da execução, segundo disposto no Código de Processo Civil.

(A) Considera-se atentatória à dignidade da justiça a conduta comissiva ou omissiva do executado que, intimado, não indica ao juiz quais são e onde estão os bens sujeitos à penhora e os respectivos valores, nem exibe prova de sua propriedade e, se for o caso, certidão negativa de ônus.

(B) A execução pode ser promovida contra o responsável titular do bem vinculado por garantia real ao pagamento do débito.

(C) Se a execução tiver por objeto obrigação de que seja sujeito passivo o proprietário de terreno submetido ao regime do direito de superfície, ou o superficiário, responderá pela dívida, exclusivamente, o direito real do qual é titular o executado, recaindo a penhora ou outros atos de constrição exclusivamente sobre o terreno, no primeiro caso, ou sobre a construção ou a plantação, no segundo caso.

(D) Na execução de obrigação de fazer ou de não fazer fundada em título extrajudicial, ao despachar a inicial, o juiz fixará multa por período de atraso no cumprimento da obrigação e a data a partir da qual será devida.

(E) A cobrança de multas ou de indenizações decorrentes de litigância de má-fé ou de prática de ato atentatório à dignidade da justiça será promovida em autos apartados.

A: correta (NCPC, art. 774, V: o artigo prevê os atos que praticados pelo executado são considerados atentatórios à dignidade da justiça); **B:** correta. O titular do bem dado em garantia responde legalmente pelo débito (NCPC, art. 779, V); **C:** correta. O devedor responderá à execução com os bens que possui. Quando estamos diante de um devedor que possui direitos sobre imóvel, tais direitos serão objeto de penhora (NCPC, art. 791); **D:** correta, o art. 814 do NCPC prevê a possibilidade de fixação de multa na execução de obrigação de fazer e não fazer; **E:** incorreta, devendo esta ser assinalada. A cobrança decorrente de litigância de má-fé deverá ser promovida nos autos do processo que houver a condenação (art. 777 do NCPC). **LD/C**

Gabarito "E".

18. EMBARGOS DO DEVEDOR / À EXECUÇÃO

(Analista – TRT 16ª Região – FCC – 2014) Numa execução por quantia certa contra devedor solvente, os embargos do executado:

(A) só poderão ser rejeitados liminarmente quando intempestivos.

(B) só poderão ser opostos pelo executado se tiver ocorrido penhora, depósito ou caução.

(C) deverão, em regra, ser processados com efeito suspensivo salvo entendimento judicial contrário, em decisão fundamentada.

(D) serão oferecidos no prazo de 15 dias, contados da data da juntada aos autos do mandado de citação.

(E) serão processados nos autos da execução, devendo o exequente ser ouvido no prazo de 10 dias.

A: incorreta. Nos termos do art. 918 do NCPC, "o juiz rejeitará liminarmente os embargos: I – quando intempestivos; II – nos casos de indeferimento da petição inicial e de improcedência liminar do pedido; III – manifestamente protelatórios"; **B:** incorreta, pois o executado, **independentemente de penhora, depósito ou caução**, poderá se opor à execução por meio de embargos (art. 914 do NCPC); **C:** incorreta, pois os embargos à execução não terão efeito suspensivo (art. 919 do NCPC); **D:** correta, nos termos do art. 915 do NCPC; **E:** incorreta, pois o exequente será ouvido em 15 dias, nos termos do art. 920, I, do NCPC.

Gabarito "D".

(Analista – TRT 10ª Região – CESPE – 2013) Com relação ao processo de execução, aos embargos do devedor e aos embargos de terceiro, julgue os itens seguintes.

(1) Com a interposição dos embargos da execução, ocorre a suspensão da execução, já que a decisão no processo de embargos pode prejudicar o processo de execução.

(2) O acolhimento de alegação de nulidade absoluta da execução impõe a extinção do processo de execução.

(3) É lícito ao autor cumular várias execuções fundadas em títulos diferentes, sendo necessário, para tanto, apenas que o juízo competente seja o mesmo.

(4) O oficial de justiça não pode penhorar as máquinas de costura de uma costureira empresária individual, pois essas máquinas são consideradas impenhoráveis.

(5) Para apresentar os embargos do devedor, o executado deve garantir o juízo.

1: incorreta. A regra é que os embargos não tenham efeito suspensivo (art. 919, NCPC); **2:** correta para a banca, que vislumbrou que a nulidade sempre irá acarretar extinção da execução; **3:** incorreta, pois é necessário também que haja o mesmo procedimento (art. 780, NCPC); **4:** correta, conforme artigo 833, V, do NCPC que estabelece a impenhorabilidade dos instrumentos de profissão; **5:** incorreta, conforme artigo 914, NCPC. **LD/CR**

Gabarito "1E,2C,3E,4C,5E".

(Analista – TRT 9ª Região – FCC – 2012) Os embargos do devedor:

(A) como regra, serão recebidos no efeito suspensivo.

(B) deverão ser opostos após garantia do juízo por meio de penhora, depósito ou caução, necessariamente.

(C) quando houver mais de um executado, com diferentes procuradores, o prazo para oposição dos embargos do devedor será contado em dobro.

(D) não podem ser rejeitados liminarmente, exigindo sempre julgamento meritório das razões aduzidas nos autos.

(E) serão oferecidos no prazo de 15 dias, contados da data da juntada aos autos do mandado de citação devidamente cumprido.

A: incorreta, pois em regra não terão efeito suspensivo (NCPC, art. 919); **B:** incorreta, pois os embargos independem da garantia do juízo (NCPC, art. 914); **C:** incorreta, porque não se aplica a regra do art. 229 do NCPC nos embargos do devedor, por opção legislativa (art. 915, § 3º, NCPC); **D:** incorreta, pois o juiz poderá rejeitá-los nas hipóteses do artigo 918 do NCPC; **E:** correto, conforme art. 915 do NCPC. **LD/CR**

Gabarito "E".

19. EXECUÇÃO FISCAL

(Analista – TRT 7ª Região – FCC – 2009) Considere as assertivas abaixo sobre a Lei de Execução Fiscal.

I. Não sendo embargada a execução, no caso de garantia prestada por terceiro, será este intimado, sob pena de contra ele prosseguir a execução nos próprios autos, para, no prazo de trinta dias remir o bem, se a garantia for real.

II. Em qualquer fase do processo, será deferida pelo juiz ao executado a substituição da penhora por depósito em dinheiro ou fiança bancária.

III. Recebidos os embargos, o juiz mandará intimar a Fazenda para impugná-los no prazo de quinze dias, designando, em seguida, se o caso, audiência de instrução e julgamento.

IV. Na execução fiscal não será admitida reconvenção, nem compensação, e as exceções, salvo as de suspeição, incompetência e impedimentos, serão arguidas como matéria preliminar e serão processadas e julgadas com os embargos.

É correto o que se afirma APENAS em:

(A) I, II e III.

(B) II e IV.

(C) III e IV.

(D) I, II e IV.

(E) I e III.

I: incorreto (o prazo para remir o bem é de 15 dias – art. 19 da Lei 6.830/1980); **II:** correto (art. 15, I, da Lei 6.830/1980; além disso, a Lei 13.043/2014 também inseriu a figura do "seguro garantia"); **III:** incorreta (o prazo para impugnação é de 30 dias – art. 17 da Lei 6.830/1980); **IV:** correta (art. 16, § 3º, da Lei 6.830/1980).

Gabarito "B".

PARTE IV – RECURSOS

20. TEORIA GERAL DOS RECURSOS

(Analista Judiciário – TRT 8ª Região – CESPE – 2016) Determinado indivíduo propôs ação judicial contra empresa pública federal, pelo procedimento ordinário, requerendo o pagamento no valor de R$ 200.000. O juiz proferiu sentença acolhendo o pedido relativo a R$ 100.000 e, quanto aos outros valores objeto da cobrança, reconheceu de ofício a existência de prescrição.

Considerando essa situação hipotética, assinale a opção correta.

(A) No julgamento de apelação interposta contra a sentença, caso o tribunal verifique a ocorrência de nulidade sanável no processo, deverá obrigatoriamente determinar o retorno dos autos ao juízo que prolatou a sentença.

(B) Eventual recurso de apelação interposto pelo autor da ação pode ser provido monocraticamente, pelo relator, caso a sentença esteja em manifesto confronto com súmula de tribunal superior.

(C) A sentença é nula de pleno direito porque, conforme o CPC, é vedado ao magistrado reconhecer de ofício a prescrição.

(D) A sentença que condenou a empresa pública está sujeita ao reexame necessário e somente produzirá efeitos depois de confirmada pelo tribunal.

(E) Se somente a empresa pública apelar da sentença, o tribunal poderá aumentar o valor da indenização caso entenda, pela prova dos autos, não ter havido prescrição.

A: incorreta, pois, verificada a ocorrência de nulidade sanável, o relator determinará a realização ou renovação do ato processual, o que poderá ser feito no próprio Tribunal, sem necessidade de remessa dos autos à origem (art. 938, §1º, NCPC); **B:** correta, conforme previsão do art. 932, V, *a*, NCPC; **C:** incorreta, pois a prescrição pode ser reconhecida de ofício (art. 487, II, NCPC); **D:** incorreta, pois o reexame necessário restringe-se à União, Estados, DF, Municípios e suas autarquias e fundações de direito público, sendo certo que o art. 496, I, NCPC não faz menção às empresas públicas; **E:** incorreto, considerando a vedação da "reformatio in pejus" (art. 1013).
Gabarito "B".

(Analista – TRT 14ª Região – FCC – 2011) A respeito dos recursos, considere:

I. A parte que aceitar tacitamente a sentença ou a decisão não poderá recorrer.

II. O recurso adesivo não está sujeito a preparo.

III. O recorrente poderá, a qualquer tempo, sem a anuência do recorrido ou dos litisconsortes, desistir do recurso.

Está correto o que se afirma APENAS em:

(A) I e II.
(B) I e III.
(C) II.
(D) II e III.
(E) III.

I: correto, posto que nesse caso terá ocorrido a preclusão lógica, a qual impede o conhecimento do recurso, em razão da prática de ato

anterior incompatível com a vontade de recorrer (art. 1.000 do NCPC); **II:** incorreta. O recurso adesivo, por sua vez, apesar de ser subordinado ao recurso principal, pode depender de preparo se o recurso independente dele necessitar (art. 997, §2º, do NCPC); **III:** correto (art. 998 do NCPC).
Gabarito "B".

(Promotor de Justiça – MPE-MS – FAPEC – 2015) É **correto** afirmar em matéria de recursos que:

(A) O recurso interposto pode ser aditado, desde que não tenha findado o prazo recursal.

(B) É subsidiária a legitimidade recursal do Ministério Público quando atua como *custos legis*.

(C) Os embargos de declaração e a apelação são recursos de fundamentação livre.

(D) O agravo de instrumento e o agravo retido são interpostos perante o juiz da causa.

(E) O princípio da *non reformatio in pejus* é aplicável ao julgamento do reexame necessário, mesmo que não se trate de uma espécie recursal.

A: incorreta por força da preclusão consumativa – sendo esta a visão clássica processual. *Atenção: há um debate doutrinário se, à luz do NCPC, segue existindo ou não a preclusão consumativa, considerando a redação do art. 223, que faz menção a "emendar o ato": "Decorrido o prazo, extingue-se o direito de praticar ou de emendar o ato processual, independentemente de declaração judicial, ficando assegurado, porém, à parte provar que não o realizou por justa causa". Resta verificar como a jurisprudência se fixará; **B:** incorreta. O art. 996 do NCPC não restringe a legitimidade do MP à omissão das partes; **C:** incorreta. Os embargos de declaração necessitam de fundamentação vinculada – ou seja, omissão, contradição, obscuridade ou erro material; **D:** incorreta. O agravo de instrumento é interposto diretamente no Tribunal (NCPC, art. 1016 – único recurso interposto diretamente no órgão *ad quem*). E, no NCPC, não há mais a modalidade de agravo retido; **E:** correta. Remessa necessária (na terminologia do art. 496 do NCPC) não é recurso, mas entende a jurisprudência que em sua análise não pode haver a piora da situação da Fazenda Pública (Súmula 45/STJ). **LD/C**
Gabarito "E".

(Promotor de Justiça – MPE-AM – FMP – 2015) Considere as seguintes assertivas sobre a disciplina dos recursos no Código de Processo Civil:

I. O recurso pode ser interposto pelo terceiro prejudicado, cumprindo ao terceiro demonstrar o nexo de interdependência entre o seu interesse de intervir e a relação jurídica submetida à apreciação judicial.

II. A parte que aceitar expressa ou tacitamente a sentença ou a decisão não poderá recorrer, considerando-se aceitação tácita a prática, sem reserva alguma, de um ato incompatível com a vontade de recorrer.

III. Quando o pedido ou a defesa tiver mais de um fundamento e o juiz acolher apenas um deles, a apelação devolverá ao tribunal o conhecimento dos demais.

IV. A apelação será recebida em seu efeito devolutivo e suspensivo em todos os processos, sem exceções.

Quais das assertivas acima estão corretas?

(A) Apenas a I e II.
(B) Apenas a I, II e III.
(C) Apenas a I, II e IV.
(D) Apenas a II, III e IV.
(E) Apenas a I, III e IV.

I: correta. O terceiro prejudicado poderá interpor recurso (art. 996 do NCPC); **II:** correta. Quando a parte concordar com a decisão judicial, não poderá recorrer, pois aceitou tacitamente a decisão (art. 1.000 do

NCPC); **III:** correta. Diante do efeito devolutivo, o Tribunal conhecerá de todos os pedidos que a parte requerer (art. 1.013, § 2º do NCPC); **IV:** incorreta. Existem exceções previstas na lei que não concedem o efeito suspensivo, sendo necessário a parte requerê-lo (art. 1.012 do NCPC). **LD/C**

Gabarito "B".

(Procurador de Justiça – MPE-GO – 2016) A técnica de julgamento substitutiva dos embargos infringentes tem aplicação no julgamento não unânime de:

(A) incidente de assunção de competência.

(B) remessa necessária.

(C) ação rescisória, quando o resultado for a manutenção da sentença.

(D) agravo de Instrumento, quando houver reforma da decisão que julgar parcialmente o mérito.

A: incorreta. O NCPC não prevê o julgamento estendido no IAC (art. 942, § 4º, I do NCPC); **B:** incorreta. O Código não prevê o julgamento estendido na remessa necessária (art. 942, § 4º, II do NCPC); **C:** incorreta, aplica-se o julgamento estendido à rescisória quando da procedência (art. 942, § 3º, I do NCPC); **D:** correta. Quando houver reforma da decisão que julgou parcialmente o mérito com votação não unânime serão convocados outros julgadores a comporem a sessão (art. 942, § 3º, II do NCPC). **LD/C**

Gabarito "D".

21. APELAÇÃO

(Analista – TRF 1ª Região – FCC – 2006) Paulo ajuizou uma demanda, pelo rito ordinário, contra Pedro e José. Pedro e José outorgam procurações a advogados diferentes. A demanda foi julgada procedente pelo Magistrado em Primeiro Grau. O prazo para Pedro e José ingressarem com o recurso de apelação cabível, a partir da data da intimação, é de:

(A) 10 dias.

(B) 15 dias.

(C) 20 dias.

(D) 30 dias.

(E) 60 dias.

Nesse caso o prazo é contado em dobro e, como o prazo para interpor apelação é de 15 dias, o prazo aqui será de 30 dias (arts. 229 e 1.005, § 5º, do NCPC – valendo destacar que, no NCPC, o prazo em dobro somente se verifica quando se tratar de processo físico). *** Atenção:** no NCPC não há mais rito ordinário ou sumário, mas somente o procedimento comum.

Gabarito "D".

(Analista – TRT 1ª Região – FCC – 2012) Na apelação,

(A) a decisão que relevar a pena de deserção pode ser objeto de agravo de instrumento.

(B) o recorrente não poderá desistir do recurso sem a anuência dos litisconsortes.

(C) o prazo para responder é de 10 dias, quando a sentença tiver sido proferida em audiência.

(D) constatando a ocorrência de nulidade sanável, o tribunal poderá determinar a realização ou renovação do ato processual, intimadas as partes.

(E) a aceitação expressa ou tácita da sentença não impede a interposição e o conhecimento do recurso.

A: incorreta. Não cabe recurso do juízo positivo de admissibilidade, pois a parte pode se insurgir em contrarrazões que serão apreciadas

pelo órgão *ad quem*; **B:** incorreta, pois a desistência é negócio jurídico unilateral não receptício que prescinde da anuência dos litisconsortes (art. 998, NCPC); **C:** incorreta. O prazo sempre será de 15 dias (NCPC, art. 1.003, § 5º); **D:** correto conforme art. 938, § 1º do NCPC; **E:** incorreta, pois a aceitação gera preclusão lógica (art. 1.000, NCPC).

Gabarito "D".

(Analista – TRE-AP – FCC – 2011) Considere as seguintes assertivas a respeito do Recurso de Apelação:

I. A apelação será recebida só no efeito devolutivo, quando interposta de sentença que confirmar a antecipação dos efeitos da tutela.

II. Recebida a apelação em ambos os efeitos, o juiz não poderá inovar no processo; recebida só no efeito devolutivo, o apelado poderá promover, desde logo, a execução provisória da sentença, extraindo a respectiva carta.

III. Provando o apelante justo impedimento, o juiz relevará a pena de deserção, fixando-lhe prazo para efetuar o preparo. Esta decisão será irrecorrível, cabendo ao tribunal apreciar-lhe a legitimidade.

IV. Após a apresentação da resposta, o juiz não poderá reexaminar os pressupostos de admissibilidade do recurso.

De acordo com o Código de Processo Civil brasileiro, está correto o que se afirma SOMENTE em:

(A) I, II e III.

(B) II, III e IV.

(C) I e II.

(D) III e IV.

(E) I e III.

I: correto. Em regra, a apelação é recebida no duplo efeito. Porém, nos termos do art. 1.012, § 1º, V, do NCPC, será somente recebida no efeito devolutivo a apelação de sentença que confirma, concede ou revoga tutela provisória; **II:** correto, nos termos do art. 1.012, § 2º, do NCPC; **III:** correto. Provando o recorrente justo impedimento, o relator relevará a pena de deserção, por decisão irrecorrível, fixando-lhe prazo de 5 (cinco) dias para efetuar o preparo (art. 1.007, § 6º, do NCPC); **IV:** incorreto. No NCPC, a admissibilidade da apelação não é feita no juízo de origem (art. 1.010, § 3º, do NCPC).

Gabarito "A".

22. AGRAVOS

(Analista Jurídico – TCE-PR – CESPE– 2016) Rafael ajuizou ação, pelo procedimento comum, contra determinado ente federativo, pedindo anulação de decisão de tribunal de contas. Durante a instrução processual, o juiz indeferiu pedido de juntada superveniente de documento feito por Rafael.

Nessa situação hipotética, a decisão que indeferiu o requerimento de juntada de documento feito pelo autor:

(A) será irrecorrível, mas poderá ser impugnada por mandado de segurança.

(B) poderá ser objeto de agravo de instrumento que terá de ser interposto diretamente no tribunal.

(C) poderá ser objeto de agravo retido, sob pena de preclusão da decisão interlocutória.

(D) poderá ser objeto de recurso em apelação ou contrarrazões de apelação.

(E) não poderá ser impugnada por recurso nem por ação autônoma de impugnação.

11. DIREITO PROCESSUAL CIVIL   287

A questão envolve a recorribilidade no NCPC. No caso, apesar de se tratar de decisão interlocutória, não há previsão no rol do art. 1.015 do NCPC de recurso de agravo de instrumento contra essa decisão. Assim, como não mais existe agravo retido, pelo Código, essa decisão deverá ser impugnada em *preliminar de apelação* ou de contrarrazões de apelação (§ 1º do art. 1.009). Assim, pela letra da lei é essa a resposta. De qualquer forma, há na doutrina quem sustente que essa decisão, por envolver prova, deveria ser objeto de imediata impugnação – o que poderia se dar via agravo (interpretação extensiva do art. 1.015) ou por MS (já que irrecorrível). A Cespe, ao menos por ora, está seguindo a letra da lei.
Gabarito "D".

23. EMBARGOS DE DECLARAÇÃO

(Analista – TJ-SE – FCC – 2009) Sobre os embargos de declaração pode-se afirmar que:

(A) podem ser opostos no prazo de 10 (dez) dias.

(B) não estão sujeitos a preparo.

(C) só têm cabimento na segunda instância.

(D) mesmo quando manifestamente protelatórios, não ensejam a imposição de multa.

(E) serão relatados pelo revisor do acórdão embargado.

A: incorreta, pois o prazo é de 5 dias (art. 1.023 do NCPC); **B: correta** (art. 1.023 do NCPC); **C:** incorreta, pois cabe de qualquer decisão, salvo despacho (art. 1.022 do NCPC); **D:** incorreta, pois há previsão de multa no caso de recurso protelatório (art. 1.026 do NCPC); **E:** incorreta, pois é apreciado pelo próprio relator (art. 1.024 do NCPC) – ademais, não há mais a figura do revisor no NCPC.
Gabarito "B".

(Analista – TRE-GO – CESPE – 2008) Quanto aos embargos de declaração, segundo o CPC, assinale a opção correta.

(A) Os embargos declaratórios apresentados nos tribunais devem ser levados pelo relator a julgamento na sessão subsequente a sua interposição, oportunidade em que o magistrado proferirá seu voto.

(B) Para que sejam conhecidos, faz-se necessário que o embargante efetue o pagamento das custas processuais e comprove esse pagamento quando da interposição do recurso.

(C) O juiz terá 10 dias para julgar os embargos de declaração, a contar da data em que lhe foram conclusos.

(D) Quando os primeiros embargos de declaração apresentados forem manifestamente protelatórios, poderá o julgador, de imediato, aplicar multa de 10% sobre o valor da condenação.

A: correta, art. 1.024, § 1º, do NCPC; **B:** incorreta. Os embargos de declaração não estão sujeitos a preparo (art. 1.023 do NCPC); **C:** incorreta, art. 1.024 do NCPC; **D:** incorreta, art. 1.026, § 2º, do NCPC.
Gabarito "A".

(Promotor de Justiça – MPE/RS – 2017) Assinale com **V** (verdadeiro) ou com **F** (falso) as seguintes afirmações sobre o tema dos embargos de declaração, segundo o disposto no Código de Processo Civil.

( ) Os embargos serão opostos, no prazo de 5 (cinco) dias, em petição dirigida ao juiz, com indicação do erro, obscuridade, contradição ou omissão, e não se sujeitam a preparo.

( ) Caso o acolhimento dos embargos de declaração implique modificação da decisão embargada, o embargado que já tiver interposto outro recurso contra

a decisão originária tem o direito de complementar ou alterar suas razões, nos exatos limites da modificação, no prazo de 30 (trinta) dias, contado da intimação da decisão dos embargos de declaração.

( ) Quando manifestamente protelatórios os embargos de declaração, o juiz ou o tribunal, em decisão fundamentada, condenará o embargante a pagar ao embargado multa não excedente a dez por cento sobre o valor atualizado da causa.

( ) Consideram-se incluídos no acórdão os elementos que o embargante suscitou, para fins de pré-questionamento, apenas quando os embargos de declaração sejam efetivamente admitidos, e o tribunal superior considere existentes erro, omissão, contradição ou obscuridade.

A sequência correta de preenchimento dos parênteses, de cima para baixo, é:

(A) F – V – F – F.

(B) V – F – F – F.

(C) V – V – F – F.

(D) F – F – V – V.

(E) V – F – V – V.

1: A alternativa é verdadeira, pois o prazo para oposição de embargos de declaração é de 5 dias (único recurso com esse prazo – NCPC, arts. 1.003, § 5º e 1.023); **2:** A alternativa é falsa, pois o prazo da parte para complementação ou alteração das razões do recurso é de *15 dias*, e não 30 conforme descrito (art. 1.024, § 4º do NCPC); **3:** A alternativa é falsa, tendo em vista que o limite legal para a multa pelos *primeiros* embargos de declaração protelatórios é de 2% por cento do valor da causa (art. 1.026, § 2º do NCPC); **4:** A quarta alternativa é falsa, pois os elementos suscitados pelo embargante são considerados para fins de pré-questionamento, *mesmo quando inadmitidos ou rejeitados* (art. 1.025 do NCPC). **LD**
Gabarito "B".

PARTE V – PROCEDIMENTOS ESPECIAIS

24. POSSESSÓRIAS

(Promotor de Justiça – MPE-RS – 2017) Assinale a alternativa **INCORRETA** sobre o tema das ações possessórias, segundo disposto no Código de Processo Civil.

(A) Na pendência de ação possessória é vedado, tanto ao autor quanto ao réu, propor ação de reconhecimento do domínio, exceto se a pretensão for deduzida em face de terceira pessoa.

(B) A propositura de uma ação possessória em vez de outra não obstará a que o juiz conheça do pedido e outorgue a proteção legal correspondente àquela cujos pressupostos estejam provados.

(C) O possuidor direto ou indireto que tenha justo receio de ser molestado na posse poderá requerer ao juiz que o segure da turbação ou esbulho iminente, mediante mandado proibitório em que se comine ao réu determinada pena pecuniária caso transgrida o preceito.

(D) Se o réu provar, em qualquer tempo, que o autor provisoriamente mantido ou reintegrado na posse carece de idoneidade financeira para, no caso de sucumbência, responder por perdas e danos, o juiz designar-lhe-á o prazo de 15 (quinze) dias para requerer caução, real ou fidejussória, sob pena de ser depositada a coisa litigiosa, ressalvada a impossibilidade da parte economicamente hipossuficiente.

(E) Concedido ou não o mandado liminar de manutenção ou de reintegração, o autor promoverá, nos 5 (cinco) dias subsequentes, a citação do réu para, querendo, contestar a ação no prazo de 15 (quinze) dias.

A: correta (NCPC, art. 557, que repete o Código anterior); **B:** correta, sendo essa a fungibilidade das possessórias (NCPC, art. 554, que repete o Código anterior); **C:** correta, sendo essa a previsão do interdito proibitório (NCPC, art. 567); **D:** incorreta, devendo essa ser assinalada, pois o prazo para requerer a caução é de *5 dias*, e não 15 dias (NCPC, art. 559); **E:** correta. Tratando-se de manutenção e reintegração de posse, o autor terá que promover a citação do réu em 5 dias, que terá 15 para contestar (NCPC, art. 564). **LD/C**
„Gabarito "D".

25. MONITÓRIA

(Analista – TRT 11ª Região – FCC – 2012) Sobre a ação monitória, é correto afirmar que NÃO:

(A) pode a inicial fundar-se em mais de uma prova escrita sem eficácia de título executivo.

(B) pode a inicial ter por base nem fax, nem mensagem eletrônica *(e-mail)*.

(C) cabe citação por edital.

(D) é admissível a citação por hora certa.

(E) depende de prévia segurança do juízo a oposição de embargos pelo réu.

A: incorreta, pois não há proibição para que a monitória seja instruída com mais de uma prova escrita, inexistindo vedação legal – e seria ilógico limitar a parte de produzir prova; **B:** incorreta, pois a exigência da lei é prova escrita sem eficácia executiva (art. 700 do NCPC); logo, fax ou *e-mail* se enquadram nesse conceito; **C:** incorreta, pois admite-se citação por qualquer meio previsto em lei (art. 700, § 7º, do NCPC); **D:** incorreta (art. 700, § 7º, do NCPC); **E:** correta, pois os embargos à monitória independem de prévia segurança do juízo (art. 702 do NCPC). **LD/CR**
„Gabarito "E".

26. AÇÕES DE FAMÍLIA E SUCESSÕES

(Promotor de Justiça – MPE/RS – 2017) Assinale com **V** (verdadeiro) ou com **F** (falso) as seguintes afirmações sobre o tema das ações de família, segundo o disposto no Código de Processo Civil.

( ) Nas ações de família, todos os esforços serão empreendidos para a solução consensual da controvérsia, devendo o juiz dispor do auxílio de profissionais de outras áreas de conhecimento para a mediação e conciliação.

( ) A citação ocorrerá com antecedência mínima de 30 (trinta) dias da data designada para a audiência.

( ) A citação será feita na pessoa do réu ou de seu advogado.

( ) Nas ações de família, o Ministério Público somente intervirá quando houver interesse de incapaz e deverá ser ouvido previamente à homologação de acordo.

A sequência correta de preenchimento dos parênteses, de cima para baixo, é:

(A) F – V – F – F.

(B) V – F – F – V.

(C) V – V – F – F.

(D) F – F – V – V.

(E) V – F – V – F.

1: A afirmativa é verdadeira, pois o juiz dispõe do auxílio de outros profissionais para a tentativa de autocomposição nas ações de família (NCPC, art. 694); **2:** A segunda afirmativa é falsa, vez que o prazo mínimo para citação é de 15 dias antes da audiência (art. 695, § 2º do NCPC); **3:** A terceira afirmativa é falsa, pois a citação não é feita na pessoa do advogado do réu (NCPC, art. 695, § 3º); **4:** A última afirmativa é verdadeira, pois o MP não mais atua como fiscal da lei em qualquer causa de família – mas sim quando houver incapaz (NCPC, art. 178, II). **LD/C**
„Gabarito "B".

27. JUIZADO ESPECIAL CÍVEL, FEDERAL E DA FAZENDA PÚBLICA

(Analista – STF – CESPE– 2008) Julgue os seguintes itens, acerca dos juizados especiais cíveis.

(1) O civilmente incapaz, desde que regularmente representado por seus genitores, poderá ser parte no juizado especial cível.

(2) É lícito ao réu, na contestação, formular pedido em seu favor, desde que fundado nos mesmos fatos que constituem objeto da controvérsia, mas não se admitirá a reconvenção.

1: errado, descabe incapaz como autor no JEC (art. 8º da Lei 9.099/1995); **2:** certo (art. 31 da Lei 9.099/1995), lembrando que, no NCPC, a reconvenção deixa de ser uma peça autônoma e passa a ser apresentada na própria contestação (NCPC, art. 343).
„Gabarito "1E,2C".

(Analista – TRE-CE – FCC – 2012) Simoneta ajuizou ação de despejo para uso próprio em face de Gabriela perante o Juizado Especial Cível competente. A ação possui o valor da causa de R$ 18.000,00. Neste caso, de acordo com a Lei nº 9.099/1995, o Juizado Especial Cível é:

(A) competente para apreciar tal demanda, mas Simoneta deverá obrigatoriamente estar assistida por advogado.

(B) competente para apreciar tal demanda, sendo a assistência do advogado facultativa para Simoneta.

(C) incompetente para apreciar a demanda em razão do valor da causa extrapolar o limite permitido na referida lei.

(D) incompetente para apreciar tal demanda uma vez que qualquer ação de despejo está excluída do rol de ações previstas na referida lei.

(E) incompetente para apreciar tal demanda uma vez que apenas a ação de despejo para uso próprio está excluída do rol de ações previstas na referida lei.

O JEC é competente para o processamento e julgamento da causa (art. 3.º, III, da Lei 9.099/1995), mas Simoneta deverá ser assistida por advogado, em razão de o valor da demanda superar o patamar de vinte salários mínimos, apurado no momento da aplicação do exame (art. 9.º, "*caput*", da Lei 9.099/1995).
„Gabarito "A".

(Analista – TRF 4ª Região – FCC– 2010) Considere as seguintes assertivas a respeito dos Juizados Especiais Federais:

I. Podem ser partes no Juizado Especial Federal Cível, como autores, as pessoas físicas e as microempresas e empresas de pequeno porte, assim definidas na legislação competente.

11. DIREITO PROCESSUAL CIVIL 289

II. Para efetuar o exame técnico necessário à conciliação ou ao julgamento da causa, o Juiz nomeará pessoa habilitada, que apresentará o laudo até cinco dias antes da audiência, independentemente de intimação das partes.

III. Tratando-se de obrigação de pagar quantia certa, após o trânsito em julgado da decisão, em regra, o pagamento será efetuado no prazo de noventa dias, contados da entrega da requisição, por ordem do Juiz, à autoridade citada para a causa mediante precatório previamente expedido.

IV. As partes poderão designar, por escrito, representantes para a causa, advogado ou não.

Está correto o que consta APENAS em:

(A) I e IV.
(B) I, II e III.
(C) II, III e IV.
(D) I, II e IV.
(E) II e IV.

I: correto (art. 6°, I, da Lei 10.259/2001); II: correto (art. 12, "*caput*", da Lei 10.259/2001); III: incorreto, pois o prazo é de 60 (sessenta) dias e o pagamento será realizado *independentemente de precatório*, conforme art. 17, "*caput*", da Lei 10.259/2001; IV: correto (art. 10, "*caput*", da Lei 10.259/2001).

Gabarito "D".

28. PROCESSO COLETIVO

(Analista–TRE-CE–FCC–2012) No tocante a Ação Civil Pública considere:

I. O Ministério Público poderá instaurar, sob sua presidência, inquérito civil, ou requisitar, de qualquer organismo público ou particular, certidões, informações, exames ou perícias, no prazo que assinalar, o qual não poderá ser inferior a 10 dias úteis.

II. Os autos do inquérito civil ou das peças de informação arquivadas serão remetidos, sob pena de se incorrer em falta grave, no prazo de 15 dias, ao Conselho Superior do Ministério Público.

III. A promoção de arquivamento dos autos do inquérito civil será submetida a exame e deliberação do Colégio dos Procuradores de Justiça, conforme dispuser o seu Regimento.

IV. Em regra, constitui crime, punido com pena de reclusão de 1 a 3 anos, mais multa, a recusa, o retardamento ou a omissão de dados técnicos indispensáveis à propositura da ação civil, quando requisitados pelo Ministério Público.

Está correto o que se afirma APENAS em:

(A) I, II e IV.
(B) I e IV.
(C) I, II e III.
(D) III e IV.
(E) I e II.

I: correto (art. 8.°, § 1°, da Lei 7.347/1985); II: incorreto. O prazo é de três dias (art. 9.°, § 1°, da Lei 7.347/1985); III: incorreto. O órgão incumbido de examinar e deliberar sobre a promoção de arquivamento é o Conselho Superior do Ministério Público (art. 9.°, § 3°, da Lei 7.347/1985); IV: correto (art. 10 da Lei 7.347/1985).

Gabarito "B".

(Analista – TRE/BA – CESPE – 2010) Tendo em vista a disciplina jurídica da tutela coletiva de direitos por meio de ação civil pública ou do mandado de segurança coletivo, julgue os itens que se seguem.

(1) Um partido político que possua representação no Congresso Nacional está autorizado a impetrar mandado de segurança coletivo desde que devidamente autorizado por aqueles cujos direitos se pretenda tutelar.

(2) O Ministério Público tem legitimidade para propor, no regime de substituição processual, ação civil pública para a defesa dos consumidores apenas no que se refere aos direitos de natureza difusa, excluindo-se da sua legitimação extraordinária os direitos individuais homogêneos.

(3) Quando determinada associação, que se proponha a promover a defesa dos direitos de consumidores, for derrotada em ação civil pública por ela movida, não serão devidos honorários advocatícios sucumbenciais, salvo se comprovada má-fé.

1: errado, já que é dispensável a autorização do parlamentar para que o partido político com representação no Congresso Nacional impetre mandado de segurança coletivo (art. 21, "*caput*", *in fine*, da Lei 12.016/2009); 2: errado. O Ministério Público tem legitimidade para ajuizar ação civil pública fundada em direito difuso, coletivo e individual homogêneo (art. 21 da Lei 7.347/1985 e arts. 81 e 82, I, do CDC); 3: certo (art. 18 da Lei 7.347/1985).

Gabarito "1E,2E,3C".

29. MANDADO DE SEGURANÇA E *HABEAS DATA*

(Analista – TRE/MG – CONSULPLAN – 2012) O legislador constituinte estabeleceu, dentre as garantias fundamentais, que se concederá mandado de segurança para proteger direito líquido e certo quando o responsável pela ilegalidade ou abuso de poder for autoridade pública ou agente de pessoa jurídica no exercício do Poder Público, bem como previu a possibilidade de impetração de mandado de segurança coletivo por partido político, organização sindical, entidade de classe ou associação, nos termos no texto constitucional. No ano de 2009, a Lei n° 12.016 revogou expressamente diversos textos legislativos infraconstitucionais, passando a disciplinar os mandados de segurança individual e coletivo. Com base na Lei n° 12.016, de 7 de agosto de 2009, e no entendimento do Superior Tribunal de Justiça, marque a alternativa correta.

(A) A sentença prolatada em mandado de segurança coletivo fará coisa julgada limitada aos membros do grupo ou categoria substituídos pelo impetrante.

(B) Da sentença que conceder o mandado de segurança caberá recurso de apelação e, caso o julgador denegue o mandado de segurança, o recurso cabível será o agravo de instrumento.

(C) A sentença que conceder a segurança estará sujeita ao duplo grau de jurisdição obrigatório e é cabível a condenação em honorários advocatícios nas ações de mandado de segurança.

(D) Não se concederá o mandado de segurança quando se tratar de decisão judicial transitada em julgado, mas se concederá contra a decisão judicial contra a qual caiba recurso com efeito suspensivo.

(E) A caducidade da medida liminar concedida, que ocorrerá quando o impetrante deixar de promover por mais de 10 dias úteis os atos que lhe cumprirem, será decretada a requerimento do Ministério Público, vedada a decretação *ex officio*.

A: correta, de acordo com o art. 22 da Lei 12.016/2009; **B:** incorreta. Da sentença que denegar ou conceder o mandado caberá apelação (art. 14, da Lei 12.016/2009 e art. 1.009 do NCPC); **C:** incorreta. Essa sentença está sujeita ao duplo grau obrigatório (art. 14, § 1º, da Lei 12.016/2009), mas não terá condenação em honorários (art. 25 da Lei 12.016/2009); **D:** incorreta. O art. 5º, da Lei 12.016/2009 não permite mandado de segurança contra decisão transitada em julgado (inciso III), nem contra decisão de que caiba recurso judicial com efeito suspensivo (inciso II). Gabarito "A"

(Analista – TRE-RN – FCC– 2005) Analise as proposições abaixo relativas ao Mandado de Segurança.

I. Da sentença que concede ou nega o mandado de segurança, bem como da decisão que indefere a inicial de plano, cabe apelação.

II. A decisão que nega o *mandamus* fica sujeita ao duplo grau de jurisdição.

III. Não cabe mandado de segurança contra decisão judicial, quando haja recurso previsto nas leis processuais.

IV. É de cento e oitenta dias o prazo para impetração do mandado de segurança, contados da ciência, por parte do interessado, do ato a ser impugnado.

Estão corretas APENAS:

(A) III e IV.

(B) II e IV.

(C) II e III.

(D) I e III.

(E) I e IV.

I: correta (art. 14 da Lei 12.016/2009 e art. 1.009 do NCPC); **II:** incorreta, pois há o duplo grau para a decisão que *concede* a segurança (art. 14, § 1º, da Lei 12.016/09); **III:** correta (art. 5º, II, da Lei 12.016/2009); **IV:** incorreta, o prazo é de 120 dias (art. 23 da Lei 12.016/2009). Gabarito "D"

(Promotor de Justiça – MPE-MS – FAPEC – 2015) Quanto ao mandado de segurança, é **correto** afirmar que:

(A) É cabível contra ato praticado em licitação promovida por sociedade de economia mista ou empresa pública.

(B) Os efeitos da medida liminar, salvo se revogada ou cassada, persistirão até o trânsito em julgado da sentença ou do acórdão que o decidirem.

(C) Pode ser impetrado coletivamente, induzindo litispendência para as ações individuais.

(D) Em determinadas situações, pode substituir a ação popular.

(E) O pedido de reconsideração do ato ilegal protocolado na via administrativa interrompe o prazo decadencial para impetração do mandado de segurança.

A: correta. A Súmula 333 do STJ reconhece o cabimento do Mandado de Segurança contra ato praticado em licitação promovida por sociedade de economia mista ou empresa pública; **B:** incorreta. Os efeitos da medida liminar persistirão até a prolação da sentença, salvo se revogada ou cassada (art. 7º, § 3º da Lei 12.016/2009); **C:** incorreta. O MS coletivo não induz litispendência às ações individuais, mas caso não se requeira a desistência do MS individual após 30 dias da impetração do MS coletivo, os efeitos da coisa julgada deste não beneficiarão o impetrante individual (art. 22, § 1º da Lei 12.016/2009); **D:** incorreta. O MS não substitui a ação popular (Súmula 101 do STF); **E:** incorreta. O pedido

de reconsideração na via administrativa não interrompe o prazo para o mandado de segurança (Súmula 430 do STF). **LD/C**
Gabarito "A".

30. OUTROS PROCEDIMENTOS ESPECIAIS E TEMAS COMBINADOS

(Analista – TRE-AC – FCC – 2010) Com relação à ação de consignação em pagamento, tratando-se de prestações periódicas, uma vez consignada a primeira,

(A) pode o devedor continuar a consignar, no mesmo processo e sem mais formalidades, as que se forem vencendo, desde que os depósitos sejam efetuados até dez dias, contados da data do vencimento.

(B) não pode o devedor continuar a consignar, no mesmo processo, as que se forem vencendo, devendo ajuizar nova ação para cada depósito.

(C) pode o devedor continuar a consignar, no mesmo processo e sem mais formalidades, as que se forem vencendo, desde que os depósitos sejam efetuados até cinco dias, contados da data do vencimento.

(D) pode o devedor continuar a consignar as que se forem vencendo no mesmo processo, desde que requeira expressamente e este requerimento seja deferido e os depósitos efetuados até dez dias, contados da data do vencimento.

(E) pode o devedor continuar a consignar as que se forem vencendo no mesmo processo, desde que requeira expressamente e este requerimento seja deferido e os depósitos efetuados até quinze dias, contados da data do vencimento.

Os valores concernentes às prestações que se vencerem durante a lide podem ser consignados em até 05 (cinco) dias da data de seu vencimento (art. 541 do NCPC). Gabarito "C"

(Analista – TJ-MT – VUNESP – 2008) Nos embargos de terceiro, é correto afirmar que:

(A) o mero possuidor não possui legitimidade para pleiteá-los.

(B) os embargos podem ser opostos apenas nos processos de execução.

(C) é possível em relação à penhora de bens, mas não ao arrolamento.

(D) os embargos serão distribuídos por dependência.

(E) poderão ser contestados no prazo de 15 dias.

A: incorreta (NCPC, art. 674); **B:** incorreta, pois a constrição pode ocorrer também no processo de conhecimento (não há limitação no art. 674); **C:** incorreta, pois cabem para qualquer constrição (não há limitação no art. 674); **D:** correta (art. 676); **E:** incorreta no CPC/1973, quando o prazo era de 10 dias. Correta no NCPC (art. 679). Gabarito "D" no CPC/1973, "D" e "E" no NCPC

(Analista – TRT 22ª Região – FCC – 2010) Paulo é credor de Pedro, através de cheque devolvido pelo estabelecimento bancário por insuficiência de fundos. Após o decurso do prazo prescricional do cheque, pode este ser usado para ajuizar:

(A) embargos de terceiro.

(B) execução por quantia certa contra devedor solvente.

(C) ação rescisória.

(D) ação de consignação em pagamento.

(E) ação monitória.

11. DIREITO PROCESSUAL CIVIL — 291

A resposta decorre do entendimento sumulado pelo STJ no verbete 299, cujo teor se reproduz: "É admissível a ação monitória fundada em cheque prescrito" (Súmula 299 do STJ).

Gabarito "E".

(Cartório-SP – VUNESP – 2011) Assinale a alternativa correta.

(A) Na ação renovatória de contrato de locação, os recursos terão efeitos devolutivo e suspensivo.

(B) Na ação de despejo por falta de pagamento, será concedida liminar para desocupação em 15 dias e independentemente de audiência da parte contrária, mediante caução, se provado que o contrato não previa garantia, ou se a garantia estivesse encerrada ou extinta.

(C) A ação revisional de aluguel traduz exclusivo direito de o locador elevar o valor do aluguel para o valor de mercado.

(D) Na procedência da ação renovatória, as diferenças dos aluguéis vencidos serão executadas em ação própria, sendo vedada a cobrança nos próprios autos.

A: incorreto (art. 58, V, da Lei 8.245/1991); **B:** correto (art. 59, § 1º, IX, da Lei 8.245/1991); **C:** incorreto (art. 68, II, *b*, da Lei 8.245/1991); **D:** incorreto (art. 69, § 2º, da Lei 8.245/1991). **LD/DS**

Gabarito "B".

(Procurador de Justiça – MPE-GO – 2016) Segundo o Código de Processo Civil, assinale a alternativa incorreta:

(A) a primeira lista de processos para julgamento em ordem cronológica observará a antiguidade da distribuição entre os já conclusos na data da entrada em vigor do Código de Processo Civil.

(B) as disposições de direito probatório adotadas pelo Código de Processo Civil aplicam-se apenas às provas requeridas ou determinadas de ofício a partir da data de início de sua vigência.

(C) o incidente de desconsideração da personalidade jurídica não se aplica ao processo de competência dos juizados especiais, tendo em vista o princípio da celeridade processual.

(D) havendo mais de um intimado, o prazo para cada um é contado individualmente, ou seja, para cada parte a

fluência do prazo ocorre com a juntada de seu aviso de recebimento ou de seu mandado aos autos, ainda que haja mais de um réu.

A: correta, conforme disposto no art. 1.046 do NCPC; **B:** correta. As normas do NCPC com relação às provas serão aplicadas apenas às que foram requeridas ou determinadas a partir da vigência do novo Código (art. 1.047 do NCPC); **C:** Incorreta, devendo esta ser assinalada. O IRDR também se aplica aos juizados especiais (art. 1.062 do NCPC); **D:** correta. O prazo de cada parte é contado a partir do momento da juntada de aviso de recebimento da sua citação (art. 231, §2º do NCPC). **LD/C**

Gabarito "C".

(Procurador de Justiça – MPE-GO – 2016) Assinale a alternativa incorreta:

(A) O Ministério Público, quando autor da ação, deverá, na petição inicial, expor todos os fatos e fundamentos jurídicos de seu pedido, demonstrando como os fatos narrados autorizam a produção do efeito jurídico pretendido, bem como formulando pedido ou pedidos, certos, determinados, claros, coerentes e com suas especificações completas.

(B) A cumulação de pedidos será lícita, desde que os pedidos sejam compatíveis entre si; seja competente para deles conhecer o mesmo juízo; seja adequado para todos os pedidos o tipo de procedimento.

(C) Encerrada a fase do saneamento do processo, não será permitido ao autor, ainda que haja concordância do réu, alterar o pedido e a causa de pedir constantes da petição inicial.

(D) Oferecida a contestação, o autor somente pode desistir do processo com o consentimento do réu. Na desistência do recurso, a concordância da parte adversa é, de igual forma, exigida, se já ofertadas as contrarrazões.

A: correta, pois se trata de uma atuação esperada de qualquer autor, inclusive por força da boa-fé; **B:** correta (NCPC, art. 327); **C:** correta, pois há a estabilização objetiva da demanda (NCPC, art. 329, II); **D:** incorreta, devendo esta ser assinalada. Ainda que correta quanto ao processo em 1º grau, incorreta quanto ao recurso – cabe a desistência sem anuência da parte contrária (art. 999). **LD/C**

Gabarito "D".

12. Língua Portuguesa

Henrique Subi e Magally Dato

1. REGÊNCIA

Juventudes

Pois se ainda ontem eu era jovem, conforme me asseguravam, asseguro-lhes que ainda hoje minha juventude não acabou. Se viesse a acabar, estaria tão velho que não saberia disso – o que significa que serei eternamente jovem. Preciso acrescentar: nada tenho de especial, todos os jovens da minha idade (isto é, acima dos 60) sabem disso. Não adianta os espelhos (por que se espalham por toda parte?) pretenderem mostrar o contrário, jogar-nos na cara nossa imagem envelhecida. Nós sabemos que eles mentem, sabemos que não têm como refletir nosso espírito – daí se vingarem, refletindo tão somente o que aparece.

Vou mais longe: não é que não envelheçamos, com essa mania que tem o tempo de nunca parar; na verdade, quanto mais anos vivemos, mais remoçamos. Alguns vivem até recuperar de vez – para nunca mais largar dela – a liberdade da infância. Enquanto lá não chego (esperando chegar), vou remoçando, remoçando, a ponto dos jovens de dezenove anos me pedirem mais moderação, mais compostura. Toda vez que fazem isso, surpreendo, no fundo de seus olhos, uma inveja incomensurável: inveja da minha adolescência verdadeira.

É verdade que a natureza, que tem lá seus caprichos, gosta de brincar com nossa juventude de sexagenários. Ela faz, por exemplo, o chão parecer mais longe: custa-nos chegar a ele, para apanhar aquela moedinha. Brinca, ainda, com nosso senso de equilíbrio: um volteio mais rápido do corpo e parece que a Terra subitamente acelerou a rotação. E já não podemos saltar imitando um saci, sobre os quadrados marcados a giz na calçada das brincadeiras: mesmo duas pernas mostram-se insuficientes para retomar o equilíbrio.

Enfim: valha esta mensagem para todos os jovens que ainda acreditam na velhice. Bobagem, meus amiguinhos: a velhice não chega nunca, é mais uma ilusão da juventude. Não adianta o corpo insistir em dar todos os sinais de mau funcionamento, inútil insistirem as bactérias em corromper nossos tecidos, inútil os olhos perderem a luz de dentro e a luz de fora: morremos sempre jovens, espantados por morrer, atônitos com essa insistência caprichosa e absurda da natureza, de vir ceifar nossa vida exatamente quando desfrutamos do esplendor de nossa juventude mais madura.

(Adamastor Rugendas, *inédito*)

(Analista Ministerial Administrativo – MPE-MA – FCC – 2013) Está plenamente adequada a correlação entre tempos e modos verbais na frase:

(A) Se a natureza não fosse tão caprichosa, seria bom que possamos ainda brincar nos jogos de calçada, com os quais tanto nos animáramos quando pequenos.

(B) Quanto mais vivermos, mais remoçaremos, e um dia teremos chegado ao desfrute da liberdade de que gozávamos quando crianças.

(C) Se o chão parece mais longe agora, dever-se-á isso ao fato de que nosso corpo começasse a se ressentir dos limites que nos impõem os muitos anos de vida.

(D) Esperemos que esta mensagem viesse a contribuir para que todos os jovens que acreditassem na velhice possam mudar de opinião.

(E) Melhor será se a morte não tivesse a má ideia de vir interromper nossa vida justamente quando estivermos desfrutando do esplendor da última juventude.

A: incorreta. O conteúdo da sentença nos permite entender que a conjunção 'Se' determina hipótese, mais especificamente, de uma hipótese impossível e por isso exige o tempo subjuntivo passado, com exceção do verbo animar que deve estar no modo indicativo, pois apresenta um fato real e passado, ao invés de uma possibilidade. Dessa forma a conjugação mais adequada seria: 'Se a natureza não fosse tão caprichosa, seria bom que *pudéssemos* ainda brincar [...] com os quais tanto nos *animávamos* quando pequenos.'; **B:** correta, pois os verbos estão conjugados nos modos e tempos adequados para o contexto da sentença; **C:** incorreta. O conteúdo da sentença nos permite compreender uma sequência lógica de fatos e por isso a conjugação deve estar no tempo presente do modo indicativo; **D:** incorreta. O modo subjuntivo empregado nos verbos 'esperar' e 'acreditar' está inadequado, pois o contexto nos permite entender que o primeiro caso se trata de uma afirmação sobre as expectativas da mensagem, logo, o modo indicativo determina mais adequadamente uma afirmação. Além disso, o verbo 'acreditar' serve como complemento de 'jovens' e também por isso o modo indicativo é o mais adequado, pois entende-se que essa categoria de jovens é um dado real e não uma possibilidade. Então a forma mais adequada da sentença seria: 'Esperamos que esta mensagem viesse a contribuir para que todos os jovens que acreditam na velhice possam mudar de opinião.'; **E:** incorreta. Está claro que a sentença apresenta uma hipótese ou uma ideia do autor e por isso o verbo 'ser' deve estar no modo subjuntivo para compor adequadamente a expressão 'Melhor seria'.

Gabarito "B" – Regência

Em 2010, pela primeira vez na história dos Estados Unidos, o índice de pobreza foi maior nos subúrbios do que nas grandes cidades em torno das quais eles gravitam.

Demógrafos, como William Frey, e urbanistas, como Vishaan Chakrabarti e outros, hoje chegam a decretar a morte dos subúrbios, que consideram insustentáveis do ponto de vista econômico e pouco eficientes como modelos de planejamento urbano. Em entrevista ao jornal Financial Times, *Frey fala em "puxar o freio" de um sistema que pautou os EUA até hoje. É uma metáfora que faz ainda mais sentido quando se considera a enorme dependência dos subúrbios do uso do automóvel.*

Detroit é o caso mais tangível. A cidade que dependia da indústria automobilística faliu porque os moradores mais abastados migraram para os subúrbios a bordo de seus carros, deixando no centro as classes mais pobres, que pouco contribuem com impostos.

Mas é das cinzas de centros combalidos como esse que novas cidades estão surgindo. Em Detroit, os únicos sinais de vida estão no miolo da cidade, em ruas que podem ser frequentadas por pedestres e que aos poucos prescindirão dos carros, já que está em estudo a ressurreição de um sistema de bondes.

O número de jovens que dirigem carros também está em queda livre no país. Isso ajuda a explicar por que o bonde urbano e grandes projetos de transporte público estão com toda a força. Enquanto o metrô de superfície ou linhas de ônibus não chegam a cidades desacostumadas ao transporte coletivo, as bicicletas de aluguel ganham fôlego impressionante.

Nessa troca das quatro rodas por duas, ou mesmo pelos pés, volta a entrar em cena o poder de atração das grandes metrópoles, a reboque da revitalização de grandes centros urbanos antes degradados. Há dois anos, pela primeira vez, a população das metrópoles americanas superou o número de residentes em seus subúrbios.

"Hoje mais pessoas vivem nas cidades do que nos subúrbios. Estamos vendo surgir uma nova geração urbana nos Estados Unidos", diz Vishaan Chakrabarti. "Essas pessoas dirigem menos, moram em apartamentos mais econômicos, têm mais mobilidade social e mais oportunidades." Nessa mesma linha, arquitetos e urbanistas vêm escrevendo livro atrás de livro no afã de explicar o ressurgimento da metrópole como panaceia urbanística global.

(Adaptado de: Silas Marti. **Folha de S. Paulo**, Ilustríssima. Acessado em: 28/07/2013)

(Analista – MPE-SE – FCC – 2013) ... a população das metrópoles americanas _superou_ o número de residentes em seus subúrbios. (6o parágrafo)

O verbo que, no contexto, exige o mesmo tipo de complemento que o grifado acima está corretamente empregado em:

(A) ... do que nas grandes cidades em torno das quais eles gravitam.
(B) Mas é das cinzas de centros combalidos como esse que novas cidades estão surgindo.
(C) ... o índice de pobreza foi maior nos subúrbios...
(D) ... que pouco contribuem com impostos.
(E) O número de jovens que dirigem carros...

A: incorreta, pois o verbo desta sentença é intransitivo e por isso não possui complemento; **B:** incorreta, pois a construção da sentença é baseada em um verbo intransitivo, logo o verbo não exige complemento; **C:** incorreta, pois o contexto em que o verbo é utilizado na sentença não exige o mesmo tipo de complemento do que o verbo do enunciado; **D:** incorreta, pois o complemento do verbo *contribuir* é diferente daquele utilizado em *superar*; **E:** correta, pois os verbos exigem o mesmo tipo de complemento.

Gabarito "E". – Regência

---

1   Sir Francis Bacon deu um conselho curioso _____ estudavam a natureza: deveriam
2   desconfiar de tudo o que suas mentes aceitassem sem hesitação. Talvez fosse uma maneira de
3   prevenir contra a ilusão _____ qualquer descoberta humana fosse completa, ou tivesse
4   completamente desvendado o que Deus encobrira. No momento (século 17) _____ crescia a ideia
5   herética de que existia um metafórico Livro da Natureza tão cheio de mensagens de Deus para os
6   homens quanto o Livro dos Livros, Bacon aconselhava a ciência a não desprezar o que diziam os
7   mitos e as escrituras. A glória de Deus manifestava-se de várias formas. Algumas eram apenas
8   mais poéticas do que as outras.
9   A primeira "mensagem" assim identificada do livro secular da natureza foi o
10 magnetismo, que só começou a ser estudado a fundo pelo inglês William Gilbert, contemporâneo
11 de Bacon na corte da rainha Elizabeth I, de quem era médico. O magnetismo era a protótipica
12 evidência de uma força _____ na natureza, a primeira alternativa à pura vontade de Deus como
13 algo por _____ de tudo. Albert Einstein contava que o presente de uma _____, quando era
14 menino, lhe dera a primeira sensação dessa força misteriosa, e o primeiro ímpeto de desvendá-la.
15 Mais do que ninguém, Einstein podia reivindicar uma glória de descobrir igual à glória
16 de Deus em ocultar, embora nunca abandonasse sua devoção quase religiosa a um determinismo
17 harmônico do universo, atribuindo-o a Deus ou a que outro nome se quisesse dar ao
18 indesvendável. Mas Einstein não seguiu o conselho de Francis Bacon, de desconfiar do que o
19 satisfazia. Satisfez-se tanto com suas certezas que passou os últimos anos da vida buscando uma
20 teoria unificada da gravidade e do eletromagnetismo que refutasse a teoria quântica que a
21 ameaçava e que tornava a matéria e seu comportamento inexplicáveis em qualquer linguagem,
22 científica ou poética.
23 Quando recém se começava a falar em partículas subatômicas e seu estranho
24 comportamento, o físico dinamarquês Niels Bohr disse que elas só poderiam ser descritas usando-se
25 a linguagem como na poesia. Um sombrio reconhecimento de que a linguagem racional não
26 teria como acompanhar a especulação científica e, por isso, estava condenada à analogia e à

27 aproximação inexata. Assim, os físicos falam em teorias das cordas, em um universo em forma de
28 donut, ou de bola de futebol, e isso é apenas o som da mente humana se chocando contra os
29 limites da linguagem, como moscas (para usar outra analogia) na vidraça.
30 Einstein morreu sem se resignar à ideia de que a verdadeira e inexpugnável glória de
31 Deus começa onde termina a linguagem humana.

Adaptado de Luís Fernando Veríssimo, "Ciência e Linguagem". *Zero Hora*, Porto Alegre, 27 set 2012.

(Analista Processual Direito – MPE-AC – FMP – 2013) A substituição de *descoberta* (l. 03) por **descobertas** exigiria a alteração de quantas outras palavras na mesma frase?

(A) Duas.
(B) Três.
(C) Quatro.
(D) Cinco.
(E) Seis.

A mudança de um verbo na forma singular para a forma plural acarreta na alteração de seu sujeito e do sintagma que compõe o verbo. Na sentença apresentada cinco palavras devem ser alteradas como podemos observar a seguir:
"[...]Talvez fosse uma maneira de prevenir contra a ilusão _____ quaisquer (#1) descobertas humanas (#2) fossem (#3) completas (#4), ou tivessem (#5) completamente desvendado o que Deus encobrira. [...]".
Gabarito "D" – Regência

(Analista de Promotoria II – Agente de Promotoria – MPE-SP – IBFC – 2013) Assinale a alternativa que completa, correta e respectivamente, as lacunas.

O advogado pediu _____ela que estivesse no fórum _____14h para que o juiz_____ interrogasse.

(A) à — às — a.
(B) a — às —a.
(C) à — as — a.
(D) a — as — à.
(E) a — às — à/

A primeira lacuna é adequadamente preenchida com a preposição 'a' e não há necessidade de artigo antecedente a ela; já a segunda lacuna exige a preposição marcada com crase pois é sucedida por uma marcação de hora. Por fim, a terceira lacuna, assim como a primeira, é adequadamente preenchida com a preposição 'a' e não há necessidade de artigo antecedente a ela.
Gabarito "B" – Crase

O cego de Ipanema

Caminha depressa e ritmado, a cabeça balançando no alto, como um instrumento, a captar os ruídos, os perigos, as ameaças da Terra. Os cegos, habitantes de mundo esquemático, sabem aonde ir, desconhecendo as nossas incertezas e perplexidades.

Sua bengala bate na calçada com um barulho seco e compassado, investigando o mundo geométrico. A cidade é um vasto diagrama, de que ele conhece as distâncias, as curvas, os ângulos. Sua vida é uma série de operações matemáticas, enquanto a nossa costuma ser uma improvisação constante, uma tonteira, um desvario. Sua sobrevivência é um cálculo.

Um dia eu o vi em um momento particular de mansidão e ternura. Um rapaz que limpava um cadillac sobre o passeio deixou que ele apalpasse todo o carro. Suas mãos percorreram o para-lama, o painel, os faróis, os frisos. Seu rosto se iluminava, deslumbrado, como se seus olhos vissem pela primeira vez uma grande cachoeira, o mar de encontro aos rochedos, uma tempestade, uma bela mulher.

(Paulo Mendes Campos. **O amor acaba**. São Paulo: Companhia das Letras, 2013, p. 31)

(Analista Jurídico – MPE-CE – FCC – 2013) Os verbos indicados entre parênteses deverão flexionar- se no PLURAL para preencherem de modo correto as lacunas da frase:

(A) Ao esfuziante *cadillac* qualquer um de nós ...... (**render**) todas as homenagens, crianças que éramos, extasiadas diante dos encantos que ...... (**reunir**) para nós aquela máquina fantástica.
(B) É preciso que não se ...... (**atribuir**) a um cego deficiências que ele de fato não tem, em virtude da otimização dos outros sentidos, que nele se ...... (**desenvolver**) de modo excepcional.
(C) Os obstáculos que normalmente ...... (**oferecer**) aos transeuntes uma rua atribulada ...... (**enfrentar**)-os um cego com toda a galhardia.
(D) Não ...... (**dizer**) respeito às pessoas que têm vista perfeita a avaliação de normas de segurança cuja proposição ...... (**caber**), sobretudo, aos cegos ou aos especialistas.
(E) No texto, ... (**suplantar**) os limites de um deficiente visual a cegueira de quem não se ...... (**valer**) dos olhos para distinguir melhor as coisas.

A: incorreta, pois o primeiro verbo é conjugado de acordo com o elemento singular da expressão 'qualquer um de nós' [grifo nosso]; **B:** correta, pois o verbo atribuir deve concordar em gênero com 'deficiências' e o verbo 'desenvolver' também concorda com 'outros sentidos'; **C:** incorreta, enquanto a primeira lacuna é corretamente preenchida no plural, o verbo 'enfrentar' concorda com 'um cego' e por isso se apresenta no singular; **D:** incorreta, pois o verbo 'caber' deve ser conjugado com 'proposição' e por isso deve se apresentar na forma singular; **E:** incorreta, pois o primeiro verbo permanece no tempo infinito, que não apresenta conjugação de pessoa.
Gabarito "B" – Regência

2. CONCORDÂNCIA VERBAL

(Agente Técnico Jurídico – MPE-AM – FCC – 2013) As normas de concordância verbal e nominal estão inteiramente respeitadas em:

(A) O verdadeiro poeta cria a beleza a partir de elementos aparentemente inúteis da vida, o que lhe trazem, perante pessoas comuns, reconhecimento e prestígio.

(B) Quando se considera as grandes obras poéticas, de várias origens e em épocas diversas, sobressaem em todas elas o gênio criativo de seus autores.

(C) A um construtor espera-se que se lhes ofereça materiais suficientes para criar sua obra, assim como as palavras servem a um bom poeta.

(D) São as palavras e a maneira como as dispõe que oferecem ao poeta o arcabouço necessário à construção da beleza contida em sua obra.

(E) Registra a história que Modigliani, a exemplo de outros famosos artistas plásticos, inúmeras vezes conseguiram trocar uma tela por um prato de comida.

A: incorreta, pois o verbo 'trazer' no plural não está de acordo com a concordância verbal exigida por 'O verdadeira poeta'; **B:** incorreta, o termo 'considera' não concorda adequadamente com os nomes da sentença que estão no plural; **C:** incorreta, pois o pronome 'lhe' não está em concordância nominal de número com o 'um construtor'; **D:** correta, pois a concordância verbal e nominal da sentença está de acordo com as regras da gramática normativa.

Gabarito "D". – Concordância Verbal

Segundo o filósofo americano Michael Sandel, da Universidade Harvard, estamos em uma época em que todas as relações, sejam emocionais, sejam cívicas, estão tendendo a ser tratadas pela lógica da economia de mercado. Diz ele que passa da hora de abrir-se um amplo debate sobre o processo que, "sem que percebamos, sem que tenhamos decidido que é para ser assim, nos faz mudar de uma economia de mercado para uma sociedade de mercado". Já chegamos a ela? Felizmente ainda não, mas estamos a caminho.

A economia de mercado é o corolário da democracia no campo das atividades produtivas. Mas o que seria uma "sociedade de mercado"? É uma sociedade em que os valores sociais, a vida em família, a natureza, a educação, a saúde, até os direitos cívicos podem ser comprados e vendidos. Em resumo, uma sociedade em que todas as relações humanas tendem a ser mediadas apenas pelo seu aspecto econômico.

Sandel reafirma sempre que, com todos os seus defeitos, o mercado ainda é a forma mais eficiente de organizar a produção e de distribuir bens. Reconhece que a adoção de economias de mercado levou a prosperidade a regiões do globo que nunca a haviam conhecido. Enfatiza, também, que, junto a essa economia de mercado, vem quase sempre o desenvolvimento de instituições democráticas, ambas baseadas na liberdade. Os riscos apontados são, segundo ele, de outra natureza. Ele alerta para o fato de que, por ser tão eficiente na economia, a lógica econômica está invadindo todos os outros domínios da vida em sociedade.

(Adaptado de: Jones Rossi e Guilherme Rosa. **Veja**, 21 de novembro de 2012. p. 75-77)

(Agente Técnico Jurídico – MPE-AM – FCC – 2013) Já _chegamos_ a ela? (1º parágrafo)

O verbo flexionado nos mesmos tempo e modo em que se encontra o grifado acima, considerando seu emprego no texto, está em:

(A) ... que, junto a essa economia de mercado, vem quase sempre o desenvolvimento de instituições democráticas...

(B) Felizmente ainda não, mas estamos a caminho.

(C) ... que a adoção de economias de mercado levou a prosperidade a regiões do globo...

(D) ... sem que tenhamos decidido...

(E) Os riscos apontados são, segundo ele, de outra natureza.

A: incorreta, é preciso estar atento ao emprego dos verbos no texto para identificar conjugação verbal correta, pois a forma de 'chegar' para a primeira pessoa do plural é a mesma no tempo presente do modo indicativo e no tempo pretérito perfeito do modo indicativo. Nesta sentença ela está empregada como pretérito perfeito e por isso se difere do verbo 'vir' que nesta alternativa está no presente do indicativo; **B:** incorreta, pois assim como na alternativa anterior o verbo 'estar' está conjugado no tempo presente do modo indicativo, enquanto o verbo destacado na questão está conjugado no tempo pretérito perfeito; **C:** correta, pois em ambas as sentenças os verbos estão conjugados no tempo pretérito perfeito do modo indicativo; **D:** incorreta, pois o verbo apresentado na sentença está conjugado no tempo presente do modo subjuntivo, ou seja, tanto o tempo quanto o modo são diferentes da conjugação apresentada na questão; **E:** incorreta, pois o verbo da sentença está conjugado no tempo presente do modo indicativo, enquanto o verbo apresentado na questão está no tempo pretérito perfeito do indicativo.

Gabarito "C". – Concordância Verbal

Juventudes

Pois se ainda ontem eu era jovem, conforme me asseguravam, asseguro-lhes que ainda hoje minha juventude não acabou. Se viesse a acabar, estaria tão velho que não saberia disso – o que significa que serei eternamente jovem. Preciso acrescentar: nada tenho de especial, todos os jovens da minha idade (isto é, acima dos 60) sabem disso. Não adianta os espelhos (por que se espalham por toda parte?) pretenderem mostrar o contrário, jogar-nos na cara nossa imagem envelhecida. Nós sabemos que eles mentem, sabemos que não têm como refletir nosso espírito – daí se vingarem, refletindo tão somente o que aparece.

Vou mais longe: não é que não envelheçamos, com essa mania que tem o tempo de nunca parar; na verdade, quanto mais anos vivemos, mais remoçamos. Alguns vivem até recuperar de vez – para nunca mais largar dela – a liberdade da infância. Enquanto lá não chego (esperando chegar), vou remoçando, remoçando, a ponto dos jovens de dezenove anos me pedirem mais moderação, mais compostura. Toda vez que fazem isso, surpreendo, no fundo de seus olhos, uma inveja incomensurável: inveja da minha adolescência verdadeira.

É verdade que a natureza, que tem lá seus caprichos, gosta de brincar com nossa juventude de sexagenários. Ela faz, por exemplo, o chão parecer mais longe: custa-nos chegar a ele, para apanhar aquela moedinha. Brinca, ainda, com nosso senso de equilíbrio: um volteio mais rápido do corpo e parece que a Terra subitamente acelerou a rotação. E já não podemos saltar imitando um saci, sobre os quadrados marcados a giz na calçada das brincadeiras: mesmo duas pernas mostram-se insuficientes para retomar o equilíbrio.

Enfim: valha esta mensagem para todos os jovens que ainda acreditam na velhice. Bobagem, meus amiguinhos:

a velhice não chega nunca, é mais uma ilusão da juventude. Não adianta o corpo insistir em dar todos os sinais de mau funcionamento, inútil insistirem as bactérias em corromper nossos tecidos, inútil os olhos perderem a luz de dentro e a luz de fora: morremos sempre jovens, espantados por morrer, atônitos com essa insistência caprichosa e absurda da natureza, de vir ceifar nossa vida exatamente quando desfrutamos do esplendor de nossa juventude mais madura.

(Adamastor Rugendas, *inédito*)

(Analista Ministerial Administrativo – MPE-MA – FCC – 2013) Considerando-se as normas de concordância verbal, há uma **irregularidade** na frase:

(A) Não deveriam preocupar aos mais velhos, na opinião do autor do texto, a expectativa de que os muitos anos já vividos acarretam a decrepitude do espírito.

(B) Falando dos sexagenários, assegura-nos o autor que seu espírito não envelhece, que podem mesmo senti-lo rejuvenescido sob mais de um aspecto.

(C) Que os desequilíbrios do corpo ou a falta de agilidade não pareçam aos mais velhos o indício de um pleno envelhecimento, pois o espírito não acusa tais fraquezas.

(D) Não sei o quanto surpreenderá aos jovens o fervor com que o autor se vale de argumentos para considerar que os anos de velhice efetivamente nunca chegam.

(E) Ao contrário dos mais jovens, a quem surpreenderão as ideias do autor, agradará aos mais velhos aboná-las como inteiramente naturais.

A questão pede que se assinale a alternativa que apresente irregularidade na concordância verbal na frase e apenas a alternativa A está irregular, pois o verbo 'dever' tem como sujeito 'a expectativa' e por isso deve ser conjugado na forma singular. A dificuldade desta questão está na inversão sintática presente na sentença, para resolvê-la podemos colocar a sentença na ordem sintática usual: "Na opinião do autor do texto, *a expectativa* de que muitos anos já vividos acarretam a decrepitude do espírito *não deveria* preocupar aos mais velhos."
Gabarito "A" – Concordância Verbal

(Analista – MPE-SE – FCC – 2013) Estão flexionados nos mesmos tempo e modo os verbos em:

(A) ... cada criança conclui de modo próprio... / ... nos sentimos profundamente solitários...

(B) Mesmo que as famílias queiram... / ... e deveríamos nos orgulhar disso.

(C) ... nos faz menos insignificantes... / ... pela família que tivemos...

(D) ... todo empenho de comunicação entre duas mentes esbarrará com... / ... as formas como registramos...

(E) ... pela família que tivemos... / ... e influirão em seus pensamentos subsequentes.

A: correta, pois os dois verbos estão flexionados no modo indicativo, porém o contexto não nos permite afirmar se o tempo é presente ou pretérito perfeito, pois ambos os verbos apresentam a mesma forma nestes dois tempos; **B:** incorreta, o verbo da primeira sentença está conjugado no tempo presente do modo subjuntivo, enquanto o verbo da segunda sentença se encontra no tempo futuro do pretérito do modo indicativo; **C:** incorreta, pois apesar dos verbos estarem no mesmo modo indicativo, a primeira sentença apresenta o tempo presente e a segunda sentença apresenta o verbo no pretérito perfeito; **D:** incorreta, ainda que os verbos estejam no modo indicativo, aquele da primeira sentença apresenta o tempo futuro, enquanto o da segunda sentença pode apresentar tanto o tempo presente quanto pretérito perfeito, pois o contexto não nos permite a clara identificação dentre as duas conjugações idênticas; **E:** incorreta, pois apesar de estarem no mesmo modo verbal indicativo, a primeira sentença apresenta o verbo no tempo futuro e a segunda sentença apresenta o verbo no pretérito perfeito.
Gabarito "A" – Concordância Verbal

Com a genial invenção das vogais no alfabeto grego, a escrita estava se disseminando pela Grécia antiga – e Sócrates, o homem mais sábio de todos os tempos, temia um desastre. Apreciador da linguagem oral, achava que só o diálogo, a retórica, o discurso, só a palavra falada estimulava o questionamento e a memória, os únicos caminhos que conduziam ao conhecimento profundo. Temia que os jovens atenienses, com o recurso fácil da escrita e da leitura, deixassem de exercitar a memória e perdessem o hábito de questionar. O grande filósofo intuiu que a transição da linguagem oral para a escrita seria uma revolução. E assim foi. Numa direção promissora, porém, que permitiu o mais esplêndido salto intelectual da civilização ocidental.

Agora, 2.500 anos depois, estamos às voltas com outra transição revolucionária. Da cultura escrita para a digital, é uma mudança de fundamentos como não ocorre há milênios. A forma física que o texto adquire num papiro de 3.000 anos antes de Cristo ou numa folha de papel da semana passada não é essencialmente distinta. Nos dois casos, existem enormes diferenças de qualidade e clareza, mas é sempre tinta sobre uma superfície maleável. Na era digital, a mudança é radical. O livro eletrônico oferece uma experiência visual e tátil inteiramente diversa.

Sob qualquer ângulo que se examine o cenário, é um momento histórico. Desde que os gregos criaram as vogais – o "aleph" semítico era uma consoante, que virou o "alfa" dos gregos e depois o "a" do alfabeto latino –, o ato de ler e escrever não sofria tamanho impacto cognitivo. Desde os tipos móveis de Gutenberg, o livro não recebia intervenção tecnológica tão significativa. O temor é que o universo digital, com abundância de informações e intermináveis estímulos visuais e sonoros, roube dos jovens a leitura profunda, a capacidade de entrar no que o grande filósofo Walter Benjamin chamou de "silêncio exigente do livro".

Leitura profunda não é esnobismo intelectual. É por meio dela que o cérebro cria poderosos circuitos neuronais. "O homem nasce geneticamente pronto para ver e falar, mas não para ler. Ler não é natural. É uma invenção cultural que precisa ser ensinada ao cérebro", explica a neurocientista Maryanne Wolf, autora de obra sobre o impacto da leitura no cérebro. Para tanto, ele tem de conectar os neurônios responsáveis pela visão, pela linguagem e pelo conceito. Em suma, precisa redesenhar a estrutura interna, segundo suas circunstâncias. Ao criar novos caminhos, expande sua capacidade de pensar, multiplicando as possibilidades intelectuais – o que, por sua vez, ajuda a expandir ainda mais a capacidade de pensar, numa esplêndida interação em que o cérebro muda o meio e o meio muda o cérebro. Pesquisadores investigam se a construção dos circuitos neuronais está sendo afetada nessa mudança para a era digital.

(Adaptado de: André Petry. **Veja**, 19 de dezembro de 2012, p. 151-6)

(Técnico Ministerial - Execução de Mandados – MPE-MA – FCC – 2013)
... só a palavra falada estimulava o questionamento e a memória... (1o parágrafo)

O verbo flexionado nos mesmos tempo e modo em que se encontra o grifado acima está na frase:

(A) *... explica a neurocientista Maryanne Wolf...*

(B) *... que permitiu o mais esplêndido salto intelectual da civilização ocidental.*

(C) *A forma física que o texto adquire num papiro...*

(D) *... que o universo digital (...) roube dos jovens a leitura profunda...*

(E) *... o livro não recebia intervenção tecnológica...*

A: incorreta, pois o verbo desta alternativa está no mesmo modo indicativo do verbo apresentado na questão, porém este se apresenta no tempo presente, enquanto o verbo grifado se apresenta no tempo do pretérito imperfeito; **B:** incorreta. Ambos os verbos pertencem ao modo indicativo, porém o verbo da alternativa está no pretérito perfeito, enquanto o verbo da questão está no pretérito imperfeito. A diferença entre os dois é que o primeiro indica uma ação concluída, enquanto o segundo traz a ideia de continuidade; **C:** incorreta. Mesmo que ambos os verbos estejam no modo indicativo, o verbo da alternativa se encontra no tempo presente, enquanto o verbo da questão está no tempo pretérito imperfeito; **D:** incorreta. Os verbos são distintos desde o modo. O verbo da questão está no modo indicativo e tempo pretérito imperfeito, enquanto o verbo da alternativa está no modo subjuntivo e no tempo presente; **E:** correta, pois ambos os verbos pertencem ao pretérito imperfeito do indicativo.
Gabarito "E". – Concordância Verbal

1 Sir Francis Bacon deu um conselho curioso _____ estudavam a natureza: deveriam
2 desconfiar de tudo o que suas mentes aceitassem sem hesitação. Talvez fosse uma maneira de
3 prevenir contra a ilusão _____ qualquer descoberta humana fosse completa, ou tivesse
4 completamente desvendado o que Deus encobrira. No momento (século 17) _____ crescia a ideia
5 herética de que existia um metafórico Livro da Natureza tão cheio de mensagens de Deus para os
6 homens quanto o Livro dos Livros, Bacon aconselhava a ciência a não desprezar o que diziam os
7 mitos e as escrituras. A glória de Deus manifestava-se de várias formas. Algumas eram apenas
8 mais poéticas do que as outras.
9 A primeira "mensagem" assim identificada do livro secular da natureza foi o
10 magnetismo, que só começou a ser estudado a fundo pelo inglês William Gilbert, contemporâneo
11 de Bacon na corte da rainha Elizabeth I, de quem era médico. O magnetismo era a prototípica
12 evidência de uma força _____ na natureza, a primeira alternativa à pura vontade de Deus como
13 algo por _____ de tudo. Albert Einstein contava que o presente de uma _____, quando era
14 menino, lhe dera a primeira sensação dessa força misteriosa, e o primeiro ímpeto de desvendá-la.
15 Mais do que ninguém, Einstein podia reivindicar uma glória de descobrir igual à glória
16 de Deus em ocultar, embora nunca abandonasse sua devoção quase religiosa a um determinismo
17 harmônico do universo, atribuindo-o a Deus ou a que outro nome se quisesse dar ao
18 indesvendável. Mas Einstein não seguiu o conselho de Francis Bacon, de desconfiar do que o
19 satisfazia. Satisfez-se tanto com suas certezas que passou os últimos anos da vida buscando uma
20 teoria unificada da gravidade e do eletromagnetismo que refutasse a teoria quântica que a
21 ameaçava e que tornava a matéria e seu comportamento inexplicáveis em qualquer linguagem,
22 científica ou poética.
23 Quando recém se começava a falar em partículas subatômicas e seu estranho
24 comportamento, o físico dinamarquês Niels Bohr disse que elas só poderiam ser descritas usando-se
25 a linguagem como na poesia. Um sombrio reconhecimento de que a linguagem racional não
26 teria como acompanhar a especulação científica e, por isso, estava condenada à analogia e à
27 aproximação inexata. Assim, os físicos falam em teorias das cordas, em um universo em forma de
28 donut, ou de bola de futebol, e isso é apenas o som da mente humana se chocando contra os
29 limites da linguagem, como moscas (para usar outra analogia) na vidraça.
30 Einstein morreu sem se resignar à ideia de que a verdadeira e inexpugnável glória de
31 Deus começa onde termina a linguagem humana.

Adaptado de Luís Fernando Veríssimo, "Ciência e Linguagem". *Zero Hora*, Porto Alegre, 27 set 2012.

(Analista Processual Direito – MPE-AC – FMP – 2013) Considere as seguintes propostas de substituição de formas verbais do texto:

I. substituição de ***deveriam*** (l. 01) por **deviam**;
II. substituição de ***encobrira*** (l. 04) por **havia encoberto**;
III. substituição de ***buscando*** (l. 19) por **a buscar**.
Quais mantêm o sentido original do texto?

(A) Apenas I.
(B) Apenas II.

(C) Apenas I e II.
(D) Apenas II e III
(E) I, II e III.

Todas as propostas estão corretas, pois as palavras e expressões selecionadas são sinônimas das palavras que constam no texto.
Gabarito "E" – Concordância Verbal

(Analista de Promotoria II – Agente de Promotoria – MPE-SP – IBFC – 2013) Considere os períodos abaixo.

I. Contrata-se faxineiros.
II. Precisa-se de faxineiros.
III. Devem-se analisar todos os argumentos.
A concordância está correta somente em:

(A) Apenas I.
(B) Apenas II.
(C) Apenas III.
(D) Apenas I e III.
(E) Apenas II e III.

I: incorreta, pois a sentença apresenta um sujeito indeterminado e por isso o verbo 'contratar' deve estar na terceira pessoa do plural: 'Contratam-se faxineiros'; II: correta. Neste caso o verbo é transitivo indireto, ou seja, não apresenta complemento direto e por isso deve ser apresentado no singular acompanhado do pronome 'se'; III: correta, pois o sujeito indeterminado é caracterizado na terceira pessoa do plural.
Gabarito "E" – Concordância Nominal

(Analista de Promotoria II – Agente de Promotoria – MPE-SP – IBFC – 2013) Considere as orações abaixo.

I. Devem haver muitos candidatos escritos.
II. Ontem, já haviam saído os ônibus.
III. A maioria dos jovens que terminam o Ensino Médio apresenta dificuldade na interpretação de textos.
A concordância está correta em:

(A) Apenas I.
(C) Apenas II.
(C) Apenas II e III.
(D) Apenas I e III.
(E) Apenas I e II.

I: incorreta, pois o verbo 'dever' concorda com o verbo impessoal 'haver' e por isso sua forma mais adequada seria o singular; II: correta, pois a concordância verbal e nominal está de acordo com a norma padrão; III: correta, pois a concordância verbal e nominal está de acordo com a norma padrão.
Gabarito "C" – Concordância Nominal

(Analista de Promotoria I – Assistente Jurídico – MPE-SP – IBFC – 2013) Considere as orações abaixo.

I. Devem-se impor limites ao sensacionalismo.
II. Tratam-se de questões polêmicas.
III. Considerou-se, no julgamento, todas as provas apresentadas pela promotoria.
A concordância está correta somente em:

(A) Apenas I.
(B) Apenas II.
(C) Apenas III.
(D) Apenas I e II.
(E) Apenas II e III.

I: correta, pois a concordância verbal e nominal está de acordo com a norma padrão; II: incorreta, pois o verbo transitivo direto quando ligado ao pronome 'se' deve estar no singular; III: incorreta, pois o

verbo 'considerar' deve concordar com 'todas as provas' e por isso, ser apresentado na forma plural.
Gabarito "A" – Concordância Nominal

3. CONCORDÂNCIA NOMINAL

(Analista – MPE-SE – FCC – 2013) Urbanistas, como o arquiteto britânico Adrian Ellis, radicado nos Estados Unidos, já ...... a era da "plutocratização" das metrópoles. Este mesmo arquiteto lembra que ...... mais tráfego aéreo entre Nova York e Londres do que entre a maior cidade americana e qualquer outro ponto dos EUA: "Essas são cidades globais, pontos nevrálgicos do mundo, que ...... todo o capital".

Preenchem, correta e respectivamente, as lacunas:

(A) anuncia – existem – concentra.
(B) anunciam – existe – concentram.
(C) anunciam – existem – concentra.
(D) anuncia – existem – concentram.
(E) anuncia – existe – concentra.

A alternativa que preenche corretamente as lacunas é a B. Apesar da primeira lacuna ser antecedida por um nome próprio, a palavra 'anunciar' é regida por 'Urbanistas' e por isso deve ser apresentada no plural. A segunda lacuna deve ser preenchida com a forma singular do verbo 'existir' para concordar com 'tráfego aéreo' e por fim, a última lacuna deve ser preenchida com o verbo plural, pois é regida pela oração principal 'Essas são cidades globais[...]'.
Gabarito "B" – Concordância Nominal

(Analista – MPE-SE – FCC – 2013) As normas de concordância estão plenamente respeitadas na frase:

(A) A estrutura narrativa do drama, base da narrativa cinematográfica, cujos temas e escolhas estilísticas variam muito, permanecem inalteradas até hoje.
(B) Aparece na maioria das vertentes do drama como a prova definitiva do estofo de seus heróis grandes questões morais, colocadas em forma de dilema.
(C) O drama apoia-se fundamentalmente na capacidade de o protagonista descobrir que seus talentos, mesmo quando mandado para as galés, como Ben-Hur, seja imediatamente útil e acessível.
(D) Existe excelentes motivos para a prevalência do drama como gênero-mestre do cinema: sua universalidade é um deles.
(E) Embora a catarse das comédias possa ser mais poderosa que a do drama, algo na nossa natureza nos indica que chorar é mais nobre do que rir.

A: incorreta, pois os termos 'permanecem inalteradas' deve concordar em número com 'A estrutura narrativa' que é seu regente, ou seja, deve apresentar a forma singular 'A estrutura narrativa [...] permanece inalterada.'; B: incorreta, pois o trecho 'grandes questões morais' é regido pelo verbo 'Aparecer'. O trecho se encontra em discordância numérica e o contexto da sentença nos permite afirmar que nesse caso o verbo regente deve ser flexionado para o plural; C: incorreta, pois o trecho final da frase 'seja imediatamente útil e acessível' deve concordar em número com 'talentos', que é seu termo regente e por isso ir para a forma plural 'sejam imediatamente úteis e acessíveis'; D: incorreta, pois o verbo 'Existir' é pessoal, ou seja, deve obedecer a regência do sujeito da sentença, que nesse caso é regido pelo sujeito 'excelentes motivos' e por isso deve estar na forma plural 'Existem excelentes motivos'; E: correta, pois as normas de concordância verbal e nominal foram plenamente respeitadas.
Gabarito "E" – Concordância Nominal

300 HENRIQUE SUBI E MAGALLY DATO

(Técnico Ministerial - Execução de Mandados – MPE-MA – FCC – 2013)
As normas de concordância verbal e nominal estão inteiramente respeitadas na frase:

(A) Já fazem séculos que, depois da argila, do papiro e do pergaminho, as pessoas, para transmitir seu conhecimento, se utiliza do papel.

(B) Durante séculos, o tipo da letra, o entrelinhamento e os espaços em branco de um livro impresso foi aperfeiçoado para estimular o hábito da leitura.

(C) É fundamental que as novas gerações, às voltas com a influência da tecnologia, sejam capazes de ler bem e de refletir, atentas aos aspectos relevantes de uma obra.

(D) Estudiosos do nosso tempo, tal como Sócrates na Antiguidade em relação à escrita, se preocupa com o possível impacto do mundo digital na transmissão da cultura.

(E) No momento, existe algumas pesquisas em que já se busca dados que avaliem a extensão do impacto causado ao cérebro pela leitura digital.

A: incorreta, pois o verbo 'utilizar' deve se apresentar na forma plural para concordar com o sujeito 'pessoas'; **B:** incorreta. O segmento 'o tipo da letra, o entrelinhamento e os espaços em branco' formam um sujeito composto para o verbo 'ser' que, por isso, deve ser conjugado no plural 'foram'; **C:** correta, pois a frase está de acordo com as normas de concordância verbal e nominal; **D:** incorreta. O verbo 'preocupar' deve se apresentar na forma plural para concordar com o sujeito 'Estudiosos do nosso tempo'; **E:** incorreta, pois o verbo 'existir' é pessoal e por isso deve concordar com 'algumas pesquisas'.

Gabarito "C": Concordância Nominal

1 Sir Francis Bacon deu um conselho curioso _____ estudavam a natureza: deveriam
2 desconfiar de tudo o que suas mentes aceitassem sem hesitação. Talvez fosse uma maneira de
3 prevenir contra a ilusão _____ qualquer descoberta humana fosse completa, ou tivesse
4 completamente desvendado o que Deus encobrira. No momento (século 17) _____ crescia a ideia
5 herética de que existia um metafórico Livro da Natureza tão cheio de mensagens de Deus para os
6 homens quanto o Livro dos Livros, Bacon aconselhava a ciência a não desprezar o que diziam os
7 mitos e as escrituras. A glória de Deus manifestava-se de várias formas. Algumas eram apenas
8 mais poéticas do que as outras.
9 A primeira "mensagem" assim identificada do livro secular da natureza foi o
10 magnetismo, que só começou a ser estudado a fundo pelo inglês William Gilbert, contemporâneo
11 de Bacon na corte da rainha Elizabeth I, de quem era médico. O magnetismo era a prototípica
12 evidência de uma força _____ na natureza, a primeira alternativa à pura vontade de Deus como
13 algo por _____ de tudo. Albert Einstein contava que o presente de uma _____, quando era
14 menino, lhe dera a primeira sensação dessa força misteriosa, e o primeiro ímpeto de desvendá-la.
15 Mais do que ninguém, Einstein podia reivindicar uma glória de descobrir igual à glória
16 de Deus em ocultar, embora nunca abandonasse sua devoção quase religiosa a um determinismo
17 harmônico do universo, atribuindo-o a Deus ou a que outro nome se quisesse dar ao
18 indesvendável. Mas Einstein não seguiu o conselho de Francis Bacon, de desconfiar do que o
19 satisfazia. Satisfez-se tanto com suas certezas que passou os últimos anos da vida buscando uma
20 teoria unificada da gravidade e do eletromagnetismo que refutasse a teoria quântica que a
21 ameaçava e que tornava a matéria e seu comportamento inexplicáveis em qualquer linguagem,
22 científica ou poética.
23 Quando recém se começava a falar em partículas subatômicas e seu estranho
24 comportamento, o físico dinamarquês Niels Bohr disse que elas só poderiam ser descritas usando-se
25 a linguagem como na poesia. Um sombrio reconhecimento de que a linguagem racional não
26 teria como acompanhar a especulação científica e, por isso, estava condenada à analogia e à
27 aproximação inexata. Assim, os físicos falam em teorias das cordas, em um universo em forma de
28 donut, ou de bola de futebol, e isso é apenas o som da mente humana se chocando contra os
29 limites da linguagem, como moscas (para usar outra analogia) na vidraça.
30 Einstein morreu sem se resignar à ideia de que a verdadeira e inexpugnável glória de
31 Deus começa onde termina a linguagem humana.

Adaptado de Luís Fernando Veríssimo, "Ciência e Linguagem". *Zero Hora*, Porto Alegre, 27 set 2012.

(Analista Processual - Direito – MPE-AC – FMP – 2013) Considere as seguintes palavras do texto:

1. *desvendado* (l.04)
2. *estudado* (l.10)
3. *tanto* (l.19)

Quais são flexionáveis morfologicamente para gênero e número na construção em que ocorrem no texto?

(A) Apenas 1.

12. LÍNGUA PORTUGUESA — 301

(B) Apenas 2.
(C) Apenas 3.
(D) Apenas 1 e 2.
(E) Apenas 2 e 3.

1: não pode ser flexionada em gênero e número, pois a construção do texto nos permite entender que o verbo está no tempo particípio, que não permite flexão; **2:** pode ser flexionada em gênero e número, pois assim permite a construção do texto; **3:** não pode ser flexionada em gênero e número, pois é um advérbio e esta classe de palavra não permite flexão.

Gabarito "B" – Concordância Nominal

4. CLASSE DE PALAVRAS

1 Sir Francis Bacon deu um conselho curioso _____ estudavam a natureza: deveriam
2 desconfiar de tudo o que suas mentes aceitassem sem hesitação. Talvez fosse uma maneira de
3 prevenir contra a ilusão _____ qualquer descoberta humana fosse completa, ou tivesse
4 completamente desvendado o que Deus encobrira. No momento (século 17) _____ crescia a ideia
5 herética de que existia um metafórico Livro da Natureza tão cheio de mensagens dè Deus para os
6 homens quanto o Livro dos Livros, Bacon aconselhava a ciência a não desprezar o que diziam os
7 mitos e as escrituras. A glória de Deus manifestava-se de várias formas. Algumas eram apenas
8 mais poéticas do que as outras.
9 A primeira "mensagem" assim identificada do livro secular da natureza foi o
10 magnetismo, que só começou a ser estudado a fundo pelo inglês William Gilbert, contemporâneo
11 de Bacon na corte da rainha Elizabeth I, de quem era médico. O magnetismo era a prototípica
12 evidência de uma força _____ na natureza, a primeira alternativa à pura vontade de Deus como
13 algo por _____ de tudo. Albert Einstein contava que o presente de uma _____, quando era
14 menino, lhe dera a primeira sensação dessa força misteriosa, e o primeiro ímpeto de desvendá-la.
15 Mais do que ninguém, Einstein podia reivindicar uma glória de descobrir igual à glória
16 de Deus em ocultar, embora nunca abandonasse sua devoção quase religiosa a um determinismo
17 harmônico do universo, atribuindo-o a Deus ou a que outro nome se quisesse dar ao
18 indesvendável. Mas Einstein não seguiu o conselho de Francis Bacon, de desconfiar do que o
19 satisfazia. Satisfez-se tanto com suas certezas que passou os últimos anos da vida buscando uma
20 teoria unificada da gravidade e do eletromagnetismo que refutasse a teoria quântica que a
21 ameaçava e que tornava a matéria e seu comportamento inexplicáveis em qualquer linguagem,
22 científica ou poética.
23 Quando recém se começava a falar em partículas subatômicas e seu estranho
24 comportamento, o físico dinamarquês Niels Bohr disse que elas só poderiam ser descritas usando-se
25 a linguagem como na poesia. Um sombrio reconhecimento de que a linguagem racional não
26 teria como acompanhar a especulação científica e, por isso, estava condenada à analogia e à
27 aproximação inexata. Assim, os físicos falam em teorias das cordas, em um universo em forma de
28 donut, ou de bola de futebol, e isso é apenas o som da mente humana se chocando contra os
29 limites da linguagem, como moscas (para usar outra analogia) na vidraça.
30 Einstein morreu sem se resignar à ideia de que a verdadeira e inexpugnável glória de
31 Deus começa onde termina a linguagem humana.

Adaptado de Luís Fernando Veríssimo, "Ciência e Linguagem". *Zero Hora*, Porto Alegre, 27 set 2012.

(Analista Processual - Direito – MPE-AC – FMP – 2013) Assinale a alternativa que preenche corretamente as lacunas das linhas 01, 03 e 04, respectivamente.

(A) aos que – de que – em que.
(B) aos que – que – que.
(C) a quem – de que – em que.
(D) a quem – que – que.
(E) aos que – de que – que.

Para preenchera lacuna 1, a expressão correta é 'aos que', pois o termo 'dar um conselho' exige preposição 'a' para completar o sentido determinativo de 'os que estudavam a natureza'. Já a segunda lacuna deve ser preenchida com 'de que', pois a organização sintática da frase exige a preposição 'de' para completar o sentido de 'ilusão'. Por fim, a terceira lacuna, exige o termo 'em que', pois assim como no exemplo anterior, a locução de tempo 'No momento' exige a preposição de tempo 'em que' para completar seu sentido.

Gabarito "A" – Preposição

(Analista de Promotoria II – Agente de Promotoria – MPE-SP – IBFC – 2013) Assinale a alternativa que completa, correta e respectivamente, as lacunas.

A moça foi embora _____ já estava esperando _____ muito tempo?

(A) porque — há.
(B) por que — há.
(C) porque — a.
(D) por que — a.
(E) por quê — há.

A primeira lacuna é preenchida corretamente com a conjunção explicativa causal 'porque'. As outras opções apresentadas nas alternativas, 'por que' e 'por quê', são respectivamente a união da preposição 'por' com o pronome relativo 'que' e a sua forma com o pronome relativo tônico utilizada em final de frase. Já a segunda lacuna é preenchida corretamente como 'há', pois o verbo impessoal pode ser utilizado no sentido de existir ou, como é o caso da sentença, como sinônimo de 'faz'.

Gabarito "A" – Correção Gramatical

Demasiadamente

(Eneida Costa de Morais)

Quem conta um conto, acrescenta um ponto, diz o ditado. No caso presente não precisaremos acrescentar nada, tantos os pontos existentes: Aníbal Vicente foi preso porque é marido de cinco mulheres e noivo de mais de uma dezena de jovens.

Buscar, no retrato que os jornais estamparam, as razões desse tão grande prestigio de Vicente, é tolice: homem feio — muito feio, mesmo — o D. Juan magro, de rosto marcado pelas bexigas ou espinhas, nada oferece para que possamos imaginá-lo usando luares em declarações de amor, ou dizendo de maneira pessoal e pessoal encantamento, as sempre novas palavras que prenderam nossos tataravôs, avós, pais e a nós mesmos.

O caso aconteceu em S. Paulo, se bem que todo o Brasil esteja envolvido na ação amorosa de Aníbal. Cinquenta anos de idade, sem residência fixa — mudava muito de casa —, o herói do "conto do noivado" casava para lesar suas vítimas. Seu método mais usado era simples: entabulava namoro através de correspondência sentimental de revistas especializadas no assunto. "Homem só, profundamente só, com uma enorme riqueza sentimental, conhecendo todas as palavras de amor, sabendo empregá-las no momento preciso, capaz de emocionar-se com a lua cheia, usando ternura, sempre ternura para com aquela que amar, precisa encontrar senhora só", etc., etc. O anúncio devia ser assim e, por ele, Aníbal ia colhendo as respostas, analisando-as, conhecendo mulheres antes de encontrá-las pessoalmente, mandando para esta carta, para a outra telegrama, até o final: encontro, casamento.

Assinava "Ouro Branco", pois era de ouro que precisava Aníbal. Muito ouro para bem viver, bem comer, andar e dar golpes em outras românticas incautas.

A sede de amar e ser amada é tão grande nas mulheres que Aníbal continuaria seus trabalhos até o fim da vida, não fosse o ciúme de uma das esposas enganadas. A mais sofredora de todas, talvez, porque a que mais amasse, levou-o à polícia, e à prisão. [...]

A prisão se deu sem que o amoroso ladrão pressentisse. Estava calmamente à porta de uma casa, esperando a chegada de uma de suas noivas, a destinada futura esposa. Preso, sobre ele caiu o ódio de cento e cinco mulheres enganadas; esqueceram que a culpa não era apenas dele, esqueceram que atendendo ao apelo de Aníbal Vicente eram também culpadas. O homem está preso e uma centena de mulheres ficou sem noivo e sem esposo.

Casou muito, amou demais, eis a definição de Aníbal; naturalmente a Justiça acrescentará: roubou muito. Mas ninguém poderá negar a Vicente o título de criador de uma nova forma do conto-do-vigário: o "conto do amor", o "conto do noivado" e do "casamento", o "conto sentimental".

Aqui para nós, digam, Vicente, mesmo roubando suas enamoradas, não lhes terá dado alguma felicidade?

(Auxiliar Técnico - MPE-PR – ESPP – 2013) "dar golpes em românticas incautas" Nesse trecho, percebe-se o prefixo "in-" presente no vocábulo "incautas". Assinale a opção que apresenta um vocábulo que não expressa o mesmo valor semântico de tal morfema.

(A) apolítico.
(B) desgraça.
(C) imberbe.
(D) imaturo.
(E) emergir.

Com exceção da alternativa E, todos os demais vocábulos apresentam algum morfema de negação, já o morfema e- representa algum tipo de transformação.

Gabarito "E" – Classe de Palavras

Vou te contar

(Tom Jobim)

Vou te contar
Os olhos já não podem ver
Coisas que só o coração pode entender
Fundamental é mesmo o amor
É impossível ser feliz sozinho
O resto é mar
É tudo que não sei contar
São coisas lindas que eu tenho pra te dar
Vem de mansinho à brisa e me diz
É impossível ser feliz sozinho
Da primeira vez era a cidade
Da segunda, o cais e a eternidade
Agora eu já sei
Da onda que se ergueu no mar
E das estrelas que esquecemos de contar
O amor se deixa surpreender
Enquanto a noite vem nos envolver
Da primeira vez era a cidade
Da segunda, o cais e a eternidade
Agora eu já sei
Da onda que se ergueu no mar
E das estrelas que esquecemos de contar
O amor se deixa surpreender
Enquanto a noite vem nos envolver
Vou te contar

12. LÍNGUA PORTUGUESA — 303

(Auxiliar Técnico - MPE-PR – ESPP – 2013) O verso "E das estrelas que esquecemos de contar" apresenta o verbo "esquecer". Assinale a opção que **não** apresenta um desvio quanto ao uso de tal verbo de acordo com a Gramática Tradicional.

(A) Não esquecemos do amor.
(B) Não nos esquecemos o amor.
(C) Não se esqueça o amor.
(D) Não nos esquecemos do amor.
(E) Não esqueça do amor.

A: incorreta, pois o sentido da fase nos permite entender este verbo como pronominal e por isso deve-se colocar a flexão do pronome 'nós' após o termo atrativo 'não'; **B:** incorreta, pois o verbo 'esquecer' exige preposição 'de' assim. A forma correta seria 'do amor'; **C:** incorreta, pois assim como na alternativa anterior o correto seria a contração da preposição 'de', exigida pelo verbo, mais o artigo 'o'; **D:** correta. A sentença está de acordo com a Gramática Tradicional; **E:** incorreta, pois assim como na alternativa A o verbo pronominal exige o pronome 'nós' flexionado após o termo atrativo 'não'.

Gabarito "D" – Correção Gramatical

O cego de Ipanema

Caminha depressa e ritmado, a cabeça balançando no alto, como um instrumento, a captar os ruídos, os perigos, as ameaças da Terra. Os cegos, habitantes de mundo esquemático, sabem aonde ir, desconhecendo as nossas incertezas e perplexidades.

Sua bengala bate na calçada com um barulho seco e compassado, investigando o mundo geométrico. A cidade é um vasto diagrama, de que ele conhece as distâncias, as curvas, os ângulos. Sua vida é uma série de operações matemáticas, enquanto a nossa costuma ser uma improvisação constante, uma tonteira, um desvario. Sua sobrevivência é um cálculo.

Um dia eu o vi em um momento particular de mansidão e ternura. Um rapaz que limpava um cadillac sobre o passeio deixou que ele apalpasse todo o carro. Suas mãos percorreram o para-lama, o painel, os faróis, os frisos. Seu rosto se iluminava, deslumbrado, como se seus olhos vissem pela primeira vez uma grande cachoeira, o mar de encontro aos rochedos, uma tempestade, uma bela mulher.

(Paulo Mendes Campos. **O amor acaba**. São Paulo: Companhia das Letras, 2013, p. 31)

(Analista Jurídico – MPE-CE – FCC – 2013) Está plenamente adequada a correlação entre tempos e modos verbais na frase:

(A) O cego tocava elementos do carro como quem aprecie uma bela paisagem, uma bela mulher, como quem esteja sucumbindo diante de uma beleza inexcedível.
(B) Todos nós saberíamos andar com mais segurança pela movimentada cidade caso desenvolvamos um senso de percepção espacial tão apurado como o dos cegos.
(C) As ruas da cidade virão a ser familiares para aqueles que, mesmo não as enxergando, souberem esquematizá-las mentalmente, como quem elabora uma íntima cartografia.
(D) O cego não poderia caminhar com tanta desenvoltura caso a cidade não seja inteiramente esquematizada na

cabeça, para só então tê-la explorado sem qualquer hesitação.
(E) Enquanto o rapaz limpava o *cadillac*, o cego de Ipanema, com gestos seguros e delicados, percorrera as formas do veículo como se o reconhecendo naquele exato momento.

A: incorreta, pois o verbo principal da oração está no tempo imperfeito, assim os demais verbos também devem se apresentar neste tempo ou no tempo presente perfeito "O cego tocava elementos do carro como quem aprecia uma bela paisagem [...] como quem está sucumbindo [...]"; **B:** incorreta, pois o verbo principal da oração está no tempo futuro do pretérito e assim para completar o sentido de hipótese da sentença o verbo regido deve se apresentar no modo subjuntivo "Todos nós saberíamos andar [...] caso desenvolvêssemos [...]"; **C:** correta, a sentença apresenta a regência de tempos e modos verbais de acordo com a gramática normativa; **D:** incorreta, pois o verbo 'explorar' fica mais adequado na sentença se for apresentado em um tempo futuro; E: incorreta, pois o verbo principal no tempo imperfeito impossibilita a presenta de um pretérito mais que perfeito. O verbo 'percorrer' deve então se apresentar também no tempo imperfeito para indicar a simultaneidade da ação.

Gabarito "C" – Regência

Cantigas de roda

*Há quem veja tão somente fantasia e ingenuidade nas palavras das cantigas de roda: "Ciranda, cirandinha / Vamos todos cirandar"... Mas há algumas que fazem pensar, e muito: vão bem mais fundo do que parecem. Têm, às vezes, versos trágicos, como estes: "Menina, minha menina / Faz favor de entrar na roda / Cante um verso bem bonito / Diga adeus e vá-se embora". Trágicos, sim: podem ser ouvidos e entendidos como uma síntese da nossa vida, do tempo curto da nossa vida, a que viemos para entrar na roda, cantar alguma coisa de nós e partir... para sempre. É pouco? É tudo. E tem gente que vai embora sem nunca ter cantado coisa nenhuma. A escritora Orides Fontela usou esses versos populares como epígrafe de seu livro de poemas **Helianto**. Era a dona de uma poesia fina e trágica, cantava como poucos.*

(Carlos Rossignol, inédito)

(Analista Jurídico – MPE-CE – FCC – 2013) As formas verbais estão corretamente flexionadas na frase:

(A) Quando Orides Fontela se deteu diante daqueles versos, percebeu neles um recado essencial.
(B) Se você rever os versos das tradicionais cantigas de roda, achar-lhes-á, aqui e ali, um sentido insuspeito.
(C) Sua voz era grave e seca, talvez por isso não condizesse com as líricas palavras daquela canção.
(D) Seu canto era muito curto, requis pouco tempo na roda, mas era belo e causou-nos forte impressão.
(E) Se não lhe convier, não cante, mas depois já não lhe caberá tempo algum para vir a se arrepender.

A: incorreta, pois a forma verbal correta para o verbo 'deter' nesta sentença é o pretérito perfeito 'deteve'; **B:** incorreta, de acordo com a construção de sentido da frase não há necessidade do pronome 'lhe' em ênclise no verbo 'achar-lhe-á'; **C:** incorreta, a forma correta do verbo 'condizer' no subjuntivo imperfeito é 'condissesse'; **D:** incorreta, pois o verbo 'requerer' no tempo pretérito imperfeito é 'requeria'; **E:** correta, pois a frase apresenta todas as formas verbais corretamente.

Gabarito "E" – Regência

5. ELEMENTOS DE COESÃO

Juventudes

Pois se ainda ontem eu era jovem, conforme me asseguravam, asseguro-lhes que ainda hoje minha juventude não acabou. Se viesse a acabar, estaria tão velho que não saberia disso – o que significa que serei eternamente jovem. Preciso acrescentar: nada tenho de especial, todos os jovens da minha idade (isto é, acima dos 60) sabem disso. Não adianta os espelhos (por que se espalham por toda parte?) pretenderem mostrar o contrário, jogar-nos na cara nossa imagem envelhecida. Nós sabemos que eles mentem, sabemos que não têm como refletir nosso espírito – daí se vingarem, refletindo tão somente o que aparece.

Vou mais longe: não é que não envelheçamos, com essa mania que tem o tempo de nunca parar; na verdade, quanto mais anos vivemos, mais remoçamos. Alguns vivem até recuperar de vez – para nunca mais largar dela – a liberdade da infância. Enquanto lá não chego (esperando chegar), vou remoçando, remoçando, a ponto dos jovens de dezenove anos me pedirem mais moderação, mais compostura. Toda vez que fazem isso, surpreendo, no fundo de seus olhos, uma inveja incomensurável: inveja da minha adolescência verdadeira.

É verdade que a natureza, que tem lá seus caprichos, gosta de brincar com nossa juventude de sexagenários. Ela faz, por exemplo, o chão parecer mais longe: custa-nos chegar a ele, para apanhar aquela moedinha. Brinca, ainda, com nosso senso de equilíbrio: um volteio mais rápido do corpo e parece que a Terra subitamente acelerou a rotação. E já não podemos saltar imitando um saci, sobre os quadrados marcados a giz na calçada das brincadeiras: mesmo duas pernas mostram-se insuficientes para retomar o equilíbrio.

Enfim: valha esta mensagem para todos os jovens que ainda acreditam na velhice. Bobagem, meus amiguinhos: a velhice não chega nunca, é mais uma ilusão da juventude. Não adianta o corpo insistir em dar todos os sinais de mau funcionamento, inútil insistirem as bactérias em corromper nossos tecidos, inútil os olhos perderem a luz de dentro e a luz de fora: morremos sempre jovens, espantados por morrer, atônitos com essa insistência caprichosa e absurda da natureza, de vir ceifar nossa vida exatamente quando desfrutamos do esplendor de nossa juventude mais madura.

(Adamastor Rugendas, *inédito*)

(Analista Ministerial Administrativa – MPE-MA – FCC – 2013) O **mau emprego** do elemento sublinhado torna **incoerente** a seguinte frase:

(A) Conquanto não tema a velhice, o autor não deixa de reconhecer os agravos físicos da idade.

(B) Ele não teme a velhice, por mais que tantos se ponham a execrá-la.

(C) Não obstante a decrepitude do corpo, o espírito ainda desfruta de todo o seu vigor.

(D) Ele vê a velhice com simpatia, porquanto não sentiu envelhecer o espírito.

(E) Louvo a velhice, a despeito de alguns verem nela algumas benesses.

A: incorreta, pois 'Conquanto' é uma conjunção concessiva que indica adequadamente a oposição entre não temer a velhice e ainda assim reconhecer os agravos físicos da idade; **B:** incorreta, pois a expressão 'por mais que' está corretamente empregada e não torna a frase incoerente; **C:** incorreta, pois a expressão 'Não obstante' aponta corretamente para a construção da frase em que a decrepitude do corpo não é empecilho para o espírito; **D:** incorreta, pois a expressão está corretamente empregada e mantém a coerência da frase; **E:** correta, pois a expressão 'a despeito de' indica contrariedade e seu uso nesta frase a torna incoerente, pois as duas partes da sentença estão de acordo.

Gabarito "E". – Elementos de Coesão

Com a genial invenção das vogais no alfabeto grego, a escrita estava se disseminando pela Grécia antiga – e Sócrates, o homem mais sábio de todos os tempos, temia um desastre. Apreciador da linguagem oral, achava que só o diálogo, a retórica, o discurso, só a palavra falada estimulava o questionamento e a memória, os únicos caminhos que conduziam ao conhecimento profundo. Temia que os jovens atenienses, com o recurso fácil da escrita e da leitura, deixassem de exercitar a memória e perdessem o hábito de questionar. O grande filósofo intuiu que a transição da linguagem oral para a escrita seria uma revolução. E assim foi. Numa direção promissora, porém, que permitiu o mais esplêndido salto intelectual da civilização ocidental.

Agora, 2.500 anos depois, estamos às voltas com outra transição revolucionária. Da cultura escrita para a digital, é uma mudança de fundamentos como não ocorre há milênios. A forma física que o texto adquire num papiro de 3.000 anos antes de Cristo ou numa folha de papel da semana passada não é essencialmente distinta. Nos dois casos, existem enormes diferenças de qualidade e clareza, mas é sempre tinta sobre uma superfície maleável. Na era digital, a mudança é radical. O livro eletrônico oferece uma experiência visual e tátil inteiramente diversa.

Sob qualquer ângulo que se examine o cenário, é um momento histórico. Desde que os gregos criaram as vogais – o "aleph" semítico era uma consoante, que virou o "alfa" dos gregos e depois o "a" do alfabeto latino –, o ato de ler e de escrever não sofria tamanho impacto cognitivo. Desde os tipos móveis de Gutenberg, o livro não recebia intervenção tecnológica tão significativa. O temor é que o universo digital, com abundância de informações e intermináveis estímulos visuais e sonoros, roube dos jovens a leitura profunda, a capacidade de entrar no que o grande filósofo Walter Benjamin chamou de "silêncio exigente do livro".

Leitura profunda não é esnobismo intelectual. É por meio dela que o cérebro cria poderosos circuitos neuronais. "O homem nasce geneticamente pronto para ver e falar, mas não para ler. Ler não é natural. É uma invenção cultural que precisa ser ensinada ao cérebro", explica a neurocientista Maryanne Wolf, autora de obra sobre o impacto da leitura no cérebro. Para tanto, ele tem de conectar os neurônios responsáveis pela visão, pela linguagem e pelo conceito. Em suma, precisa redesenhar a estrutura interna, segundo suas circunstâncias. Ao criar novos caminhos, expande sua capacidade de pensar, multiplicando as possibilidades intelectuais – o que, por sua vez, ajuda a expandir ainda mais a capacidade de pensar, numa *esplêndida interação em que o cérebro muda o meio e o meio muda o cérebro. Pesquisadores investigam se a construção dos circuitos neuronais está sendo afetada nessa mudança para a era digital.*

(Adaptado de: André Petry. **Veja**, 19 de dezembro de 2012, p. 151-6)

(Técnico Ministerial - Execução de Mandados – MPE-MA – FCC – 2013)
Numa direção promissora, <u>porém</u>, que permitiu o mais esplêndido salto intelectual da civilização ocidental.

A presença da conjunção grifada acima indica, no contexto do 1o parágrafo,

(A) confirmação de que *a escrita estava se disseminando pela Grécia antiga.*

(B) contraponto à afirmativa de que Sócrates, com seu apreço pela *linguagem oral, temia um desastre.*

(C) constatação de que *só a palavra falada estimulava o questionamento e a memória.*

(D) hipótese provável de que *os jovens atenienses perderiam o hábito de questionar.*

(E) concordância com o fato de que *a transição da linguagem oral para a escrita* seria desastrosa, segundo Sócrates.

A: incorreta, pois a conjunção 'porém' é utilizada para introduzir sentenças que de certo modo se opõem e 'o mais esplêndido salto intelectual da civilização ocidental' de forma alguma se opõe à confirmação de que a escrita estava se disseminando pela Grécia; **B:** correta. A conjunção adversativa 'porém' contrapõe toda a sentença ao temor por um desastre que Sócrates havia previsto; **C:** incorreta, o texto nos permite entender que a conjunção 'porém' se contrapõe, ao invés de constatar, um dos argumentos utilizados pelo filósofo Sócrates para justificar a possível catástrofe da disseminação escrita; **D:** incorreta. Podemos entender do texto que a conjunção 'porém' refuta a hipótese de que os jovens atenienses perderiam o hábito de questionar ao dizer que essa mudança permitiu um esplêndido salto intelectual da civilização ocidental; **E:** incorreta, pois por se tratar de uma conjunção adversativa e não podemos afirmar que ela indica concordância com a sentença anterior.
Gabarito "B" – Elementos de Coesão

(Técnico Ministerial - Execução de Mandados – MPE-MA – FCC – 2013)
– o "aleph" semítico era uma consoante, que virou o "alfa" dos gregos e depois o "a" do alfabeto latino – (3o parágrafo)

O segmento acima, isolado por travessões, constitui:

(A) repetição de dados constantes do parágrafo.

(B) enumeração de condições para o uso da escrita.

(C) comentário informativo e explicativo.

(D) restrição ao assunto abordado anteriormente.

(E) finalidade do uso das vogais no mundo grego.

A: incorreta, pois os dados constantes no segmento não são apresentados anteriormente no texto; **B:** incorreta, pois o segmento não possui características de enumeração de condições, mas se aproxima mais de um conteúdo informativo que complementa o sentido do texto; **C:** correta, pois uma das funções do travessão em um texto é isolar um comentário informativo ou explicativo que não necessariamente é crucial para o texto, mas que complementa seu sentido; **D:** incorreta. Apesar do sinal de travessão isolar um trecho do texto, no contexto apresentado, ele não possui função restritiva; **E:** incorreta, pois o trecho apresenta a origem de uma vogal do alfabeto grego, mas não define explicitamente sua finalidade.
Gabarito "C" – Elementos de Coesão

Perigosa Intolerância

Recentemente, em "Avenida Brasil" – brilhante novela de João Emanuel Carneiro – era possível acompanhar uma trama que unia dois homens e uma mulher, e outra que abordava o casamento entre um homem e três mulheres. Neste segundo caso, com direito a vestidos nas noivas e beijos enfileirados lado a lado. Esse fato não provocou o menor alvoroço na sociedade como causa a manifestação de afeto entre duas pessoas do mesmo sexo. Paradoxalmente, por algum critério de moralismo seletivo, o tal "beijo gay" ainda continua sendo um tabu.

Sou casado há 17 anos. Uma relação pública abençoada por toda nossa família. É importante ressaltar que casamento civil nada tem a ver com nenhuma cerimônia religiosa. A definição de casamento, segundo o Código Civil, art. 1511: "O casamento estabelece comunhão plena de vida, com base na igualdade de direitos e deveres dos cônjuges".

Por que, afinal, as pessoas querem se casar? Porque em nosso país cidadãos que se unem para dividir uma vida em comum só têm a ampla proteção, em direitos e deveres, se realizado o casamento civil, estabelecido no Código Civil. O ministro Luiz Felipe Salomão, do STJ, em decisão sobre casamento civil, declarou em seu voto: "Com efeito, se é verdade que o casamento civil é a forma pela qual o Estado melhor protege a família, e sendo múltiplos os 'arranjos' familiares reconhecidos pela Carta Magna, não há de ser negada essa via a nenhuma família que por ela optar, independentemente da orientação sexual dos partícipes, uma vez que as famílias constituídas por pares homoafetivos possuem os mesmos núcleos, a dignidade das pessoas de seus membros e o afeto".

No último dia 6, a coluna de um jornalista noticiou que uma conversão de união estável em casamento entre duas pessoas do mesmo sexo na cidade fluminense de Sapucaia deve sofrer represália de um grupo religioso que promete uma passeata contra a união e já roda um abaixo-assinado para tentar anular a decisão. É muito perigoso esse nível de intolerância e interferência na vida dos outros que tem acontecido no Brasil. Pessoas têm se unido para fazer com que as regras da sua religião sejam impostas à sociedade, mesmo aos que não comungam de sua fé.

Reconheço que não vejo a comunidade judaica organizar-se para impor suas regras e viabilizar um projeto de lei que proíba o consumo de carne de porco no país ou para que tenhamos de respeitar o shabat. Não vejo a comunidade muçulmana se organizar para criar uma lei onde todos têm de se ajoelhar para Meca ao meio-dia. Por que então algumas pessoas "em nome" de determinadas religiões tentam impor seu Deus e suas regras a toda uma sociedade? Não preciso ser negro para lutar contra o racismo. Não preciso ser judeu para lutar contra o antissemitismo. E você não precisa ser homossexual para lutar contra a homofobia.

(Carlos Tufvesson. *O Globo.* 15/12/2012)

(Analista Direito – MPE-MS – FGV – 2013) "<u>Neste</u> segundo caso, com direito a vestidos nas noivas e beijos enfileirados lado a lado. <u>Esse</u> fato não provocou o menor alvoroço na sociedade como causa a manifestação de afeto entre duas pessoas do mesmo sexo".

A observação correta sobre o emprego dos demonstrativos sublinhados é:

(A) A forma "neste" é incorreta, pois se refere a um termo anterior e, por isso mesmo, deveria assumir a forma "nesse".

(B) A forma "esse" é incorreta, já que se refere a um termo imediatamente anterior e, por isso, a forma correta seria "este".

(C) A forma "esse" é correta, visto que se refere a um fato que ocorre no presente, tendo em vista o momento de elaboração do texto.

(D) A forma "neste" está correta, pois se refere ao elemento mais próximo, entre dois termos anteriores.

(E) As duas formas estão corretas pois se referem, respectivamente, a termos próximos do falante e do interlocutor.

O dêitico 'neste' pode tanto ser utilizado para identificar um objeto distante <u>em uma mesma sentença</u>, quanto para se referir à um elemento mais próximo <u>entre dois termos anteriores</u> e neste caso se aplica a segunda regra como afirma corretamente a alternativa D.

Gabarito "D." – Elementos de Coesão

---

1   Sir Francis Bacon deu um conselho curioso _____ estudavam a natureza: deveriam
2   desconfiar de tudo o que suas mentes aceitassem sem hesitação. Talvez fosse uma maneira de
3   prevenir contra a ilusão _____ qualquer descoberta humana fosse completa, ou tivesse
4   completamente desvendado o que Deus encobrira. No momento (século 17) _____ crescia a ideia
5   herética de que existia um metafórico Livro da Natureza tão cheio de mensagens de Deus para os
6   homens quanto o Livro dos Livros, Bacon aconselhava a ciência a não desprezar o que diziam os
7   mitos e as escrituras. A glória de Deus manifestava-se de várias formas. Algumas eram apenas
8   mais poéticas do que as outras.
9   A primeira "mensagem" assim identificada do livro secular da natureza foi o
10   magnetismo, que só começou a ser estudado a fundo pelo inglês William Gilbert, contemporâneo
11   de Bacon na corte da rainha Elizabeth I, de quem era médico. O magnetismo era a prototípica
12   evidência de uma força _____ na natureza, a primeira alternativa à pura vontade de Deus como
13   algo por _____ de tudo. Albert Einstein contava que o presente de uma _____, quando era
14   menino, lhe dera a primeira sensação dessa força misteriosa, e o primeiro ímpeto de desvendá-la.
15   Mais do que ninguém, Einstein podia reivindicar uma glória de descobrir igual à glória
16   de Deus em ocultar, embora nunca abandonasse sua devoção quase religiosa a um determinismo
17   harmônico do universo, atribuindo-o a Deus ou a que outro nome se quisesse dar ao
18   indesvendável. Mas Einstein não seguiu o conselho de Francis Bacon, de desconfiar do que o
19   satisfazia. Satisfez-se tanto com suas certezas que passou os últimos anos da vida buscando uma
20   teoria unificada da gravidade e do eletromagnetismo que refutasse a teoria quântica que a
21   ameaçava e que tornava a matéria e seu comportamento inexplicáveis em qualquer linguagem,
22   científica ou poética.
23   Quando recém se começava a falar em partículas subatômicas e seu estranho
24   comportamento, o físico dinamarquês Niels Bohr disse que elas só poderiam ser descritas usando-se
25   a linguagem como na poesia. Um sombrio reconhecimento de que a linguagem racional não
26   teria como acompanhar a especulação científica e, por isso, estava condenada à analogia e à
27   aproximação inexata. Assim, os físicos falam em teorias das cordas, em um universo em forma de
28   donut, ou de bola de futebol, e isso é apenas o som da mente humana se chocando contra os
29   limites da linguagem, como moscas (para usar outra analogia) na vidraça.
30   Einstein morreu sem se resignar à ideia de que a verdadeira e inexpugnável glória de
31   Deus começa onde termina a linguagem humana.

Adaptado de Luís Fernando Veríssimo, "Ciência e Linguagem". *Zero Hora*, Porto Alegre, 27 set 2012.

(Analista Processual - Direito – MPE-AC – FMP – 2013) Assinale a alternativa que apresenta referente que corresponde à expressão utilizada no texto.

(A) *[de] quem* (l. 11) – Francis Bacon.
(B) [d]*essa força misteriosa* (l. 14) – a pura vontade de Deus.
(C) *o* em *atribuindo-o* (l. 17) – um determinismo harmônico do universo.
(D) *o* em *o satisfazia* (l. 18-19) – Francis Bacon.
(E) *a* em *a ameaçava* (l. 20-21) – a gravidade.

12. LÍNGUA PORTUGUESA — 307

A: incorreta, pois o referente 'de quem' está relacionado à Rainha Elizabeth I, o termo 'médico' seria o referente de William de Bacon; **B:** incorreta, o termo se refere à natureza, pois ela é apresentada como uma 'força' na linha 12; **C:** correta, pois o termo destacado corresponde adequadamente ao referente apresentado na alternativa; **D:** incorreta, o termo se refere à Einstein pois é ele quem sofre a ação de ter seus desejos satisfeitos; **E:** incorreta, pois o verbo ameaçar se refere à 'teoria quântica' que é seu sujeito e ao mesmo tempo objeto do verbo refutar que tem como sujeito a 'teoria unificada [...]'

Gabarito "C." – Elementos de Coesão

Humildade para aprender ajuda jovens na carreira

1 "Seja dono de sua carreira, mas tenha humildade para ouvir e aprender". O conselho não vem dos consultores da área de recursos humanos. Muito menos dos estudiosos

4 da Geração Y. A frase é da paulistana Raquel Machado, de 24 anos, coordenadora de controle de riscos do banco Itaú. O discurso da jovem não revela as angústias que ela teve de

7 superar no início da vida profissional, mas elas existiram e são comuns para quem está começando.

Para a Geração Y, as aflições estão relacionadas à

10 vontade de crescer rápido, ter boa remuneração e conquistar qualidade de vida. "São profissionais ambiciosos, que buscam uma identidade entre seus valores e os da empresa",

13 diz Lucas Peschke, diretor da consultoria Hays.

Conhecer melhor essas ansiedades pode ajudar a diminuir as angústias e acelerar o amadurecimento. De

16 acordo com uma pesquisa da Câmara Americana de Comércio Brasil-Estados Unidos (Amcham), que ouviu 85 gestores de RH em 2012, 80% deles acreditam em um

19 aumento significativo do número de jovens nos cargos de

20 gestão nos próximos cinco anos.

Roberta Queiroz. *Você S/A*. Disponível em:
<http://exame.abril.com.br/revista-voce-sa/edicoes/180/noticias/manual-que- ninguem-entrega?page=1>
Acesso em: 20/7/2013 (com adaptações).

(Assistente Administrativo – MPE-GO – IADES – 2013) Considerando os mecanismos de coesão textual utilizados no texto 5, assinale a alternativa correta.

(A) A coesão do primeiro com o segundo parágrafo é feita por um elemento que expressa circunstância de destinação.

(B) O termo "da paulistana Raquel Machado" (linha 4) estabelece com o termo "da jovem" (linha 6) uma relação hiponímica parte-todo.

(C) O termo "ela" (linha 6) estabelece com o termo "da paulistana Raquel Machado" (linha 4) uma relação coesiva de sequenciação.

(D) O emprego do elemento coesivo "De acordo com" (linhas 15 e 16) expressa uma circunstância de conformismo.

(E) O termo "deles" (linha 18) foi empregado com valor possessivo e retoma o termo "gestores de RH" (linha 18).

A: incorreta, pois a coesão presente na transição entre os parágrafos não apresenta uma circunstância de destinação; **B:** correta, pois a sentença apresenta adequadamente os mecanismos de coesão textual presentes no texto; **C:** incorreta, o mecanismo utilizado neste trecho não é o de sequenciação, mas o de referenciação pois retorna ao sujeito mencionado anteriormente; **D:** incorreta, pois o elemento apresentado não expressão circunstância de conformidade e sim de concordância, isto é, ele assume uma posição mais ativa em relação ao trecho seguinte; **E:** incorreta, pois o termo não apresenta valor possessivo, mas referencial.

Gabarito "B" – Elementos de Coesão

Demasiadamente

(Eneida Costa de Morais)

Quem conta um conto, acrescenta um ponto, diz o ditado. No caso presente não precisaremos acrescentar nada, tantos os pontos existentes: Aníbal Vicente foi preso porque é marido de cinco mulheres e noivo de mais de uma dezena de jovens.

Buscar, no retrato que os jornais estamparam, as razões desse tão grande prestigio de Vicente, é tolice: homem feio — muito feio, mesmo — o D. Juan magro, de rosto marcado pelas bexigas ou espinhas, nada oferece para que possamos imaginá-lo usando luares em declarações de amor, ou dizendo de maneira pessoal e pessoal encantamento, as sempre novas palavras que prenderam nossos tataravôs, avós, pais e a nós mesmos.

O caso aconteceu em S. Paulo, se bem que todo o Brasil esteja envolvido na ação amorosa de Aníbal. Cinquenta anos de idade, sem residência fixa — mudava muito de casa —, o herói do "conto do noivado" casava para lesar suas vítimas. Seu método mais usado era simples: entabulava namoro através de correspondência sentimental de revistas especializadas no assunto. "Homem só, profundamente só, com uma enorme riqueza sentimental, conhecendo todas as palavras de amor, sabendo empregá-las no momento preciso, capaz de emocionar-se com a lua cheia, usando ternura, sempre ternura para com aquela que amar, precisa encontrar senhora só", etc., etc. O anúncio devia ser assim e, por ele, Aníbal ia colhendo as respostas, analisando-as, conhecendo mulheres antes de encontrá-las pessoalmente, mandando para esta carta, para a outra telegrama, até o final: encontro, casamento.

Assinava "Ouro Branco", pois era de ouro que precisava Aníbal. Muito ouro para bem viver, bem comer, andar e dar golpes em outras românticas incautas.

A sede de amar e ser amada é tão grande nas mulheres que Aníbal continuaria seus trabalhos até o fim da vida, não fosse o ciúme de uma das esposas enganadas. A mais sofredora de todas, talvez, porque a que mais amasse, levou-o à polícia, e à prisão. [...]

A prisão se deu sem que o amoroso ladrão pressentisse. Estava calmamente à porta de uma casa, esperando a chegada de uma de suas noivas, a destinada futura esposa. Preso, sobre ele caiu o ódio de cento e cinco mulheres enganadas; esqueceram que a culpa não era apenas dele, esqueceram que atendendo ao apelo de Aníbal Vicente eram também culpadas. O homem está preso e uma centena de mulheres ficou sem noivo e sem esposo.

Casou muito, amou demais, eis a definição de Aníbal; naturalmente a Justiça acrescentará: roubou muito. Mas ninguém poderá negar a Vicente o título de criador de uma nova forma do conto-do-vigário: o "conto do amor", o "conto do noivado" e do "casamento", o "conto sentimental".

Aqui para nós, digam, Vicente, mesmo roubando suas enamoradas, não lhes terá dado alguma felicidade?

(Auxiliar Técnico – MPE-PR – ESPP – 2013) Em "a mais sofredora de todas", o autor utilizou um grau específico do adjetivo para realçar o sofrimento da mulher. Assinale a indicação correta desse grau.

(A) Comparativo de superioridade.
(B) Superlativo absoluto analítico.
(C) Superlativo absoluto sintético.
(D) Comparativo de igualdade.
(5) Superlativo relativo de superioridade.

A: incorreta, pois a expressão 'a mais [...] de todas' é um superlativo e não um comparativo; **B:** incorreta, pois o termo 'mais' caracteriza relativo de superioridade e não o absoluto analítico; **C:** incorreta. Assim como afirmamos na alternativa anterior, o termo 'mais' não caracteriza superlativo absoluto, mas o superlativo relativo de severidade; **D:** incorreta, pois a expressão 'mais [...]de todas' claramente não apresenta igualde entre os termos; **E:** correta, a alternativa classifica corretamente o grau superlativo da expressão.
Gabarito "E". – Elementos de Coesão

Vou te contar

(Tom Jobim)

Vou te contar

Os olhos já não podem ver

Coisas que só o coração pode entender

Fundamental é mesmo o amor

É impossível ser feliz sozinho

O resto é mar

É tudo que não sei contar

São coisas lindas que eu tenho pra te dar

Vem de mansinho à brisa e me diz

É impossível ser feliz sozinho

Da primeira vez era a cidade

Da segunda, o cais e a eternidade

Agora eu já sei

Da onda que se ergueu no mar

E das estrelas que esquecemos de contar

O amor se deixa surpreender

Enquanto a noite vem nos envolver

Da primeira vez era a cidade

Da segunda, o cais e a eternidade

Agora eu já sei

Da onda que se ergueu no mar

E das estrelas que esquecemos de contar

O amor se deixa surpreender

Enquanto a noite vem nos envolver

Vou te contar

(Auxiliar Técnico – MPE-PR – ESPP – 2013) A conjunção "enquanto" estabelece, na quarta estrofe, a coesão entre os dois últimos versos. Ao fazer isso, ela introduz o valor semântico de:

(A) simultaneidade.
(B) conformidade.
(C) causa.
(D) consequência.
(E) proporcionalidade.

A: correta, pois a conjunção 'enquanto' tem como principal função trazer a ideia de simultaneidade; **B:** incorreta, pois esta conjunção não costuma apresentar o significado de conformidade; **C:** incorreta, o contexto em que a conjunção se insere não nos permite reconhecer o sentido de causa; **D:** incorreta, o termo colocado em questão não costuma apresentar o valor semântico de consequência; **E:** incorreta, pois apesar da conjunção ser utilizada em algumas ocasiões para indicar proporcionalidade, neste caso ela apresenta seu sentido mais geral que é a simultaneidade.
Gabarito "A". – Elementos de Coesão

6. LÉXICO

Em 2010, pela primeira vez na história dos Estados Unidos, o índice de pobreza foi maior nos subúrbios do que nas grandes cidades em torno das quais eles gravitam.

Demógrafos, como William Frey, e urbanistas, como Vishaan Chakrabarti e outros, hoje chegam a decretar a morte dos subúrbios, que consideram insustentáveis do ponto de vista econômico e pouco eficientes como modelos de planejamento urbano. Em entrevista ao jornal Financial Times, Frey fala em "puxar o freio" de um sistema que pautou os EUA até hoje. É uma metáfora que faz ainda mais sentido quando se considera a enorme dependência dos subúrbios do uso do automóvel.

Detroit é o caso mais tangível. A cidade que dependia da indústria automobilística faliu porque os moradores mais abastados migraram para os subúrbios a bordo de

12. LÍNGUA PORTUGUESA

seus carros, deixando no centro as classes mais pobres, que pouco contribuem com impostos.

Mas é das cinzas de centros combalidos como esse que novas cidades estão surgindo. Em Detroit, os únicos sinais de vida estão no miolo da cidade, em ruas que podem ser frequentadas por pedestres e que aos poucos prescindirão dos carros, já que está em estudo a ressurreição de um sistema de bondes.

O número de jovens que dirigem carros também está em queda livre no país. Isso ajuda a explicar por que o bonde urbano e grandes projetos de transporte público estão com toda a força. Enquanto o metrô de superfície ou linhas de ônibus não chegam a cidades desacostumadas ao transporte coletivo, as bicicletas de aluguel ganham fôlego impressionante.

Nessa troca das quatro rodas por duas, ou mesmo pelos pés, volta a entrar em cena o poder de atração das grandes metrópoles, a reboque da revitalização de grandes centros urbanos antes degradados. Há dois anos, pela primeira vez, a população das metrópoles americanas superou o número de residentes em seus subúrbios.

"Hoje mais pessoas vivem nas cidades do que nos subúrbios. Estamos vendo surgir uma nova geração urbana nos Estados Unidos", diz Vishaan Chakrabarti. "Essas pessoas dirigem menos, moram em apartamentos mais econômicos, têm mais mobilidade social e mais oportu-

nidades." Nessa mesma linha, arquitetos e urbanistas vêm escrevendo livro atrás de livro no afã de explicar o ressurgimento da metrópole como panaceia urbanística global.

(Adaptado de: Silas Marti. **Folha de S. Paulo**, Ilustríssima. Acessado em: 28/07/2013)

(Analista – MPE-SE – FCC – 2013) Sem prejuízo para a correção e o sentido, o elemento sublinhado pode ser substituído pelo indicado entre parênteses em:

(A) *no afã de explicar* (com a esperança de).
(B) *panaceia urbanística global* (sistema de vida).
(C) *centros combalidos* (debilitados).
(D) *um sistema que pautou os EUA até hoje* (subjugou).
(E) *Detroit é o caso mais tangível* (contestável).

A: incorreta, pois a palavra *afã* apresenta um sentido de maior urgência do que *esperança*; **B:** incorreta. O termo *panaceia* é utilizado para designar algo que é considerado como uma resolução para todos os problemas, logo, não corresponde adequadamente ao sentido de *sistema de vida*; **C:** correta, pois os temos *combalidos* e *debilitados* podem ser considerados sinônimos; **D:** incorreta. A palavra *pautar* tem sentido de algo que serve como base ou orientação, enquanto *subjugar* significa dominar ou domesticar, portanto, não são palavras equivalentes; **E:** incorreta, pois *tangível* tem o significado de algo facilmente alcançável, enquanto *contestável* tem sentido de algo digno de dúvida e contestação, logo, não são palavras equivalentes.

Gabarito "C". – Léxico

TEXTO 1

1   Não faz muito que temos esta nova TV com controle remoto, mas devo dizer que se trata
2   agora de um aparelho sem o qual eu não saberia viver. Passo os dias sentado na velha poltrona,
3   mudando de um canal para outro — uma tarefa que antes exigia certa movimentação, mas que
4   agora ficou muito fácil. Estou num canal, não gosto — zap, mudo para outro. Também não gosto
5   deste — zap, mudo de novo. Eu gostaria de ganhar em dólar o número de vezes que você troca de
6   canal em uma hora, diz minha mãe. Trata-se de uma fantasia, mas pelo menos indica disposição
7   para o humor, admirável nessa mulher.
8   Sofre, minha mãe. Sempre sofreu: infância carente, pai cruel etc. Mas o sofrimento
9   aumentou muito quando meu pai a deixou. Já faz tempo; foi logo que nasci, e estou agora com
10   treze anos. Uma idade em que se vê muita televisão, e em que se muda de canal constantemente...
11   Da tela, uma moça sorridente pergunta se o caro telespectador já conhece certo novo sabão em pó.
12   Não conheço nem quero conhecer, de modo que — zap — mudo de canal. "Não me abandone,
13   Mariana, não me abandone!" Abandono, sim, não suporto novelas: zap, e agora é um homem
14   falando. Um homem, abraçado _____ guitarra elétrica, fala a uma entrevistadora. É um roqueiro.
15   Aliás, é o que está dizendo, que é um roqueiro, que sempre foi e sempre será um roqueiro. Tal
16   veemência se justifica, porque ele não parece um roqueiro. É meio velho, tem cabelos grisalhos,
17   rugas, falta-lhe um dente. É o meu pai.
18   É sobre mim que fala. Você tem um filho, não tem?, pergunta a apresentadora, e ele,
19   meio constrangido, diz que sim, que tem um filho, só que não o vê há muito tempo. Hesita um
20   pouco e acrescenta: você sabe, eu tive de fazer uma opção, era a família ou o rock. A
21   entrevistadora, porém, insiste no assunto (é chata, ela): e o seu filho gosta de rock?
22   Ele se mexe na cadeira; o microfone, preso à camisa desbotada, produz um ruído
23   desagradável. Aí está: acaba num programa local e de baixíssima audiência, e ainda tem de passar
24   pelo vexame de uma pergunta que o embaraça... E então ele me olha. Vocês dirão que é para a
25   câmera que ele olha; aparentemente é isso, aparentemente ele está olhando para a câmera; mas é
26   para mim, na realidade, que ele olha, sabe que em algum lugar, diante de uma tevê, estou a fitar
27   seu rosto atormentado, as lágrimas me correndo pelo rosto; e no meu olhar ele procura _____

28 resposta _____ pergunta da apresentadora: você gosta de rock? Você gosta de mim? Você me
29 perdoa?
30 Mas então comete um erro: insensivelmente, automaticamente, seus dedos começam a
31 dedilhar as cordas da guitarra — é o vício do velho roqueiro, do qual ele nunca conseguiu se
32 livrar, nunca. Seu rosto se ilumina — refletores que se acendem? Ele vai dizer que sim, que seu
33 filho ama o rock tanto quanto ele... Nesse momento — zap — aciono o controle remoto.

Adaptado de Moacyr Scliar, "Zap". In *Contos Reunidos*, Companhia das Letras, São Paulo, 1995.

(Analista Processual - Direito – MPE-AC – FMP – 2013) Considere as seguintes propostas de substituição de nexos do texto:

I. de *mas* (l.03) por **porém**;
II. de *logo* (l.09) por **assim**;
III. de *aliás* (l.15) por **a propósito**.

Quais são corretas e mantêm o sentido original do texto?

(A) Apenas I.
(B) Apenas II.
(C) Apenas I e II.
(D) Apenas II e III.
(E) I, II e III.

As propostas I e II estão corretas, já a proposta III está incorreta pois, a sentença que segue não apresenta nenhum propósito e é adequadamente introduzida por 'aliás'.
Gabarito "C". – Léxico

Demasiadamente

(Eneida Costa de Morais)

Quem conta um conto, acrescenta um ponto, diz o ditado. No caso presente não precisaremos acrescentar nada, tantos os pontos existentes: Aníbal Vicente foi preso porque é marido de cinco mulheres e noivo de mais de uma dezena de jovens.

Buscar, no retrato que os jornais estamparam, as razões desse tão grande prestígio de Vicente, é tolice: homem feio — muito feio, mesmo — o D. Juan magro, de rosto marcado pelas bexigas ou espinhas, nada oferece para que possamos imaginá-lo usando luares em declarações de amor, ou dizendo de maneira pessoal e pessoal encantamento, as sempre novas palavras que prenderam nossos tataravôs, avós, pais e a nós mesmos.

O caso aconteceu em S. Paulo, se bem que todo o Brasil esteja envolvido na ação amorosa de Aníbal. Cinquenta anos de idade, sem residência fixa — mudava muito de casa —, o herói do "conto do noivado" casava para lesar suas vítimas. Seu método mais usado era simples: entabulava namoro através de correspondência sentimental de revistas especializadas no assunto. "Homem só, profundamente só, com uma enorme riqueza sentimental, conhecendo todas as palavras de amor, sabendo empregá-las no momento preciso, capaz de emocionar-se com a lua cheia, usando ternura, sempre ternura para com aquela que amar, precisa encontrar senhora só", etc., etc. O anúncio devia ser assim e, por ele, Aníbal ia colhendo as respostas, analisando-as, conhecendo mulheres antes de encontrá-las pessoalmente, mandando para esta carta, para a outra telegrama, até o final: encontro, casamento.

Assinava "Ouro Branco", pois era de ouro que precisava Aníbal. Muito ouro para bem viver, bem comer, andar e dar golpes em outras românticas incautas.

A sede de amar e ser amada é tão grande nas mulheres que Aníbal continuaria seus trabalhos até o fim da vida, não fosse o ciúme de uma das esposas enganadas. A mais sofredora de todas, talvez, porque a que mais amasse, levou-o à polícia, e à prisão. [...]

A prisão se deu sem que o amoroso ladrão pressentisse. Estava calmamente à porta de uma casa, esperando a chegada de uma de suas noivas, a destinada futura esposa. Preso, sobre ele caiu o ódio de cento e cinco mulheres enganadas; esqueceram que a culpa não era apenas dele, esqueceram que atendendo ao apelo de Aníbal Vicente eram também culpadas. O homem está preso e uma centena de mulheres ficou sem noivo e sem esposo.

Casou muito, amou demais, eis a definição de Aníbal; naturalmente a Justiça acrescentará: roubou muito. Mas ninguém poderá negar a Vicente o título de criador de uma nova forma do conto-do-vigário: o "conto do amor", o "conto do noivado" e do "casamento", o "conto sentimental".

Aqui para nós, digam, Vicente, mesmo roubando suas enamoradas, não lhes terá dado alguma felicidade?

(Auxiliar Técnico – MPE-PR – ESPP – 2013) Em "Seu método mais usado era simples: entabulava namoro", por meio de uma análise contextuai, é possível inferir o significado da palavra "entabulava". Essa significa:

(A) iniciava.
(B) enganava.
(C) questionava.
(D) surpreendia.
(E) elogiava.

A: correta, pois o contexto da sentença nos permite inferir que o significado da palavra 'entabulava' é 'iniciava'; **B:** incorreta. O contexto em que a sentença está inserida no texto nos permite entender que o golpista enganava as moças ao iniciar (entabular) o namoro; **C:** incorreta. O termo apresentado na alternativa não faria sentido no contexto maior em que a sentença está inserida; **D:** incorreta. Não é possível afirmar que o golpista surpreendia um namoro, uma vez que ele utilizava estratégias para que isso acontecesse de comum acordo; **E:** incorreta, pois não faria sentido a palavra 'elogiar' no contexto em que a sentença está inserida.
Gabarito "A". – Léxico

7. PRONOME

Juventudes

Pois se ainda ontem eu era jovem, conforme me asseguravam, asseguro-lhes que ainda hoje minha juventude não acabou. Se viesse a acabar, estaria tão velho que não saberia disso – o que significa que serei eternamente jovem. Preciso acrescentar: nada tenho de especial, todos os jovens da minha idade (isto é, acima dos 60) sabem disso. *Não adianta os espelhos (por que se espalham por toda parte?) pretenderem mostrar o contrário, jogar-nos na cara nossa imagem envelhecida. Nós sabemos que eles mentem, sabemos que não têm como refletir nosso espírito – daí se vingarem, refletindo tão somente o que aparece.*

Vou mais longe: não é que não envelheçamos, com essa mania que tem o tempo de nunca parar; na verdade, quanto mais anos vivemos, mais remoçamos. Alguns vivem até recuperar de vez – para nunca mais largar dela – a liberdade da infância. Enquanto lá não chego (esperando chegar), vou remoçando, remoçando, a ponto dos jovens de dezenove anos me pedirem mais moderação, mais compostura. Toda vez que fazem isso, surpreendo, no fundo de seus olhos, uma inveja incomensurável: inveja da minha adolescência verdadeira.

É verdade que a natureza, que tem lá seus caprichos, gosta de brincar com nossa juventude de sexagenários. Ela faz, por exemplo, o chão parecer mais longe: custa-nos chegar a ele, para apanhar aquela moedinha. Brinca, ainda, com nosso senso de equilíbrio: um volteio mais rápido do corpo e parece que a Terra subitamente acelerou a rotação. E já não podemos saltar imitando um saci, sobre os quadrados marcados a giz na calçada das brincadeiras: mesmo duas pernas mostram-se insuficientes para retomar o equilíbrio.

Enfim: valha esta mensagem para todos os jovens que ainda acreditam na velhice. Bobagem, meus amiguinhos: a velhice não chega nunca, é mais uma ilusão da juventude. Não adianta o corpo insistir em dar todos os sinais de mau funcionamento, inútil insistirem as bactérias em corromper nossos tecidos, inútil os olhos perderem a luz de dentro e a luz de fora: morremos sempre jovens, espantados por morrer, atônitos com essa insistência caprichosa e absurda da natureza, de vir ceifar nossa vida exatamente quando desfrutamos do esplendor de nossa juventude mais madura.

(Adamastor Rugendas, *inédito*)

(Analista Ministerial Administrativo – MPE-MA – FCC – 2013) Está plenamente adequado o emprego de **ambos** os segmentos sublinhados em:

I. Os anos da velhice, <u>em cujo</u> peso ninguém desacredita, parecem ao autor tão ou mais amenos <u>quanto</u> os da juventude.

II. O preço do passar dos anos, paga-<u>lhe</u> o corpo com os limites e carências <u>de que</u> passa a acusar, mas o espírito segue inabalável.

III. A despeito da má fama <u>de que</u> a velhice é vítima, vivê-la bem é preferível <u>a</u> aproveitar mal a mocidade.

Atende ao enunciado SOMENTE o que está em:

(A) I.
(B) II.
(C) III.
(D) I e II.
(E) II e III.

I: incorreta, pois de acordo com a gramática normativa a preposição 'em' não introduz um pronome relativo como 'cujo'; II: incorreta, pois o verbo 'pagar' não exige a preposição 'de', a colocação de 'de' como antecedente de 'que', sem necessidade, é um vício de linguagem muito comum; III: correta, os segmentos sublinhados estão de acordo com a gramática normativa, pois o termo 'vítima' exige a preposição 'de' (vítima da má fama), a inversão sintática exige o pronome relativo 'que' e a preposição 'a' antes do verbo não forma crase, uma vez que não há contração com artigo.

Gabarito "C" – Pronome

Em 2010, pela primeira vez na história dos Estados Unidos, o índice de pobreza foi maior nos subúrbios do que nas grandes cidades em torno das quais eles gravitam.

Demógrafos, como William Frey, e urbanistas, como Vishaan Chakrabarti e outros, hoje chegam a decretar a morte dos subúrbios, que consideram insustentáveis do ponto de vista econômico e pouco eficientes como modelos de planejamento urbano. Em entrevista ao jornal Financial Times, Frey fala em "puxar o freio" de um sistema que pautou os EUA até hoje. É uma metáfora que faz ainda mais sentido quando se considera a enorme dependência dos subúrbios do uso do automóvel.

Detroit é o caso mais tangível. A cidade que dependia da indústria automobilística faliu porque os moradores mais abastados migraram para os subúrbios a bordo de seus carros, deixando no centro as classes mais pobres, que pouco contribuem com impostos.

Mas é das cinzas de centros combalidos como esse que novas cidades estão surgindo. Em Detroit, os únicos sinais de vida estão no miolo da cidade, em ruas que podem ser frequentadas por pedestres e que aos poucos prescindirão dos carros, já que está em estudo a ressurreição de um sistema de bondes.

O número de jovens que dirigem carros também está em queda livre no país. Isso ajuda a explicar por que o bonde urbano e grandes projetos de transporte público estão com toda a força. Enquanto o metrô de superfície ou linhas de ônibus não chegam a cidades desacostumadas ao transporte coletivo, as bicicletas de aluguel ganham fôlego impressionante.

Nessa troca das quatro rodas por duas, ou mesmo pelos pés, volta a entrar em cena o poder de atração das grandes metrópoles, a reboque da revitalização de grandes centros urbanos antes degradados. Há dois anos, pela primeira vez, a população das metrópoles americanas superou o número de residentes em seus subúrbios.

"Hoje mais pessoas vivem nas cidades do que nos subúrbios. Estamos vendo surgir uma nova geração urbana nos Estados Unidos", diz Vishaan Chakrabarti. "Essas pessoas dirigem menos, moram em apartamentos mais econômicos, têm mais mobilidade social e mais oportunidades." Nessa mesma linha, arquitetos e urbanistas vêm escrevendo livro atrás de livro no afã de explicar o ressurgimento da metrópole como panaceia urbanística global.

(Adaptado de: Silas Marti. **Folha de S. Paulo**, Ilustríssima. Acessado em: 28/07/2013)

(Analista – MPE-SE – FCC – 2013) Alterando-se a redação de um segmento do texto, o sinal indicativo de crase foi empregado de modo INCORRETO em:

(A) Enquanto o metrô de superfície ou linhas de ônibus não chegam às cidades desacostumadas ao transporte coletivo...

(B) A cidade que se ergueu à custa da indústria automobilística...

(C) ... volta à cena o poder de atração das grandes metrópoles...

(D) ... quando se leva em conta à enorme dependência dos subúrbios do uso do automóvel.

(E) ... restou às classes mais pobres de Detroit, que pouco contribuem com impostos, permanecer no centro da cidade.

A: incorreta, pois a preposição exigida pelo verbo de movimento *chegar* somada ao artigo *a* que precede *cidade* resultam no sinal indicativo de crase; B: incorreta, pois o sinal indicativo de crase está de acordo com a gramática normativa; C: incorreta, pois a preposição é exigida pelo verbo de movimento *voltar* somada ao artigo *a* que precede *cena*; D: correta, pois a palavra *enorme* não exige artigo, logo não há contração de preposição a e artigo feminino; E: incorreta, pois o sinal indicativo de crase está de acordo com a gramática normativa.
Gabarito "D" – Pronome

(Analista – MPE-SE – FCC – 2013) *Isso ajuda a explicar por que o bonde urbano e grandes projetos de transporte público estão com toda a força.*

O elemento grifado acima preenche corretamente a lacuna da frase:

(A) Detroit acaba de pedir resgate ao governo do Estado de Michigan ...... está soterrada em dívidas.

(B) Ao se constatar que o capital se movimenta nas grandes cidades, com suas redes de conexão, compreende--se ...... há interesse na revitalização dos centros urbanos.

(C) ...... encarecem rapidamente, os bairros revitalizados acabam expulsando dali as classes mais baixas.

(D) Os embates em Istambul começaram ...... se cogitou transformar um parque em *shopping center*.

(E) A perda de mobilidade explica em parte o ...... de algumas metrópoles brasileiras estarem cedendo às ideias de um urbanismo mais saudável.

A: incorreta, pois o uso adequado nesta frase seria *porque*, que é uma conjunção explicativa equivalente a pois ou uma vez que; B: correta, pois o contexto da sentença exige a preposição *por* com o pronome indefinido *que*; C: incorreta. O contexto da frase nos permite inferir que o uso correto seria a forma *porquê* que é mais adequada para indicar motivo e razão; D: incorreta. O uso adequado nesta frase seria *porque*, que é uma conjunção explicativa equivalente a pois ou uma vez que; E: incorreta, pois a forma mais adequada seria a forma *porquê*, que é mais adequada para indicar motivo e razão.
Gabarito "B" – Pronome

(Analista – MPE-SE – FCC – 2013) A frase em que o elemento sublinhado NÃO é um pronome está em:

(A) ... *chegam a decretar a morte dos subúrbios, que consideram insustentáveis...*

(B) ... *em ruas que podem ser frequentadas por pedestres...*

(C) ... *já que está em estudo a ressurreição de um sistema de bondes.*

(D) ... *nas grandes cidades em torno das quais eles gravitam.*

(E) *É uma metáfora que faz ainda mais sentido quando...*

A única frase em que a palavra *que* não é um pronome está na alternativa C, pois neste caso ela exerce função de conjunção integrativa, isto é, ela introduz uma parte da sentença que completa o sentido lógico do seu todo. Já as demais alternativas apresentam o *que* como pronome.
Gabarito "C" – Pronomes

TEXTO 1

1   Não faz muito que temos esta nova TV com controle remoto, mas devo dizer que se trata

2   agora de um aparelho sem o qual eu não saberia viver. Passo os dias sentado na velha poltrona,

3   mudando de um canal para outro — uma tarefa que antes exigia certa movimentação, mas que

4   agora ficou muito fácil. Estou num canal, não gosto — zap, mudo para outro. Também não gosto

5   deste — zap, mudo de novo. Eu gostaria de ganhar em dólar o número de vezes que você troca de

6   canal em uma hora, diz minha mãe. Trata-se de uma fantasia, mas pelo menos indica disposição

7   para o humor, admirável nessa mulher.

8   Sofre, minha mãe. Sempre sofreu: infância carente, pai cruel etc. Mas o sofrimento

9   aumentou muito quando meu pai a deixou. Já faz tempo; foi logo que nasci, e estou agora com

10   treze anos. Uma idade em que se vê muita televisão, e em que se muda de canal constantemente...

11   Da tela, uma moça sorridente pergunta se o caro telespectador já conhece certo novo sabão em pó.

12   Não conheço nem quero conhecer, de modo que — zap — mudo de canal. "Não me abandone,

13   Mariana, não me abandone!" Abandono, sim, não suporto novelas: zap, e agora é um homem

14   falando. Um homem, abraçado _____ guitarra elétrica, fala a uma entrevistadora. É um roqueiro.

15   Aliás, é o que está dizendo, que é um roqueiro, que sempre foi e sempre será um roqueiro. Tal

16   veemência se justifica, porque ele não parece um roqueiro. É meio velho, tem cabelos grisalhos,

17   rugas, falta-lhe um dente. É o meu pai.

18   É sobre mim que fala. Você tem um filho, não tem?, pergunta a apresentadora, e ele,

19   meio constrangido, diz que sim, que tem um filho, só que não o vê há muito tempo. Hesita um

20   pouco e acrescenta: você sabe, eu tive de fazer uma opção, era a família ou o rock. A

21   entrevistadora, porém, insiste no assunto (é chata, ela): e o seu filho gosta de rock?

22   Ele se mexe na cadeira; o microfone, preso à camisa desbotada, produz um ruído

23   desagradável. Aí está: acaba num programa local e de baixíssima audiência, e ainda tem de passar

12. LÍNGUA PORTUGUESA   313

24 pelo vexame de uma pergunta que o embaraça... E então ele me olha. Vocês dirão que é para a
25 câmera que ele olha; aparentemente é isso, aparentemente ele está olhando para a câmera; mas é
26 para mim, na realidade, que ele olha, sabe que em algum lugar, diante de uma tevê, estou a fitar
27 seu rosto atormentado, as lágrimas me correndo pelo rosto; e no meu olhar ele procura _____
28 resposta _____ pergunta da apresentadora: você gosta de rock? Você gosta de mim? Você me
29 perdoa?
30 Mas então comete um erro: insensivelmente, automaticamente, seus dedos começam a
31 dedilhar as cordas da guitarra — é o vício do velho roqueiro, do qual ele nunca conseguiu se
32 livrar, nunca. Seu rosto se ilumina — refletores que se acendem? Ele vai dizer que sim, que seu
33 filho ama o rock tanto quanto ele... Nesse momento — zap — aciono o controle remoto.

Adaptado de Moacyr Scliar, "Zap". In *Contos Reunidos*, Companhia das Letras, São Paulo, 1995.

(Analista Processual - Direito – MPE-AC – FMP – 2013) Assinale a alternativa que preenche corretamente as lacunas das linhas 14, 27 e 28, respectivamente.

(A) a – à – à.
(B) a – a – à.
(C) à – à – a.
(D) à – a – à.
(E) à – à – à.

A lacuna na sentença da linha 14 só pode ser preenchida por a com sinal de crase, pois o verbo abraçar exige a preposição 'a' ou 'em' que, somada ao artigo 'a' de guitarra, configura a contração marcada pelo sinal de crase. Já a lacuna da linha 28 exige a crase por um motivo diferente, que é a preposição 'a' exigida por 'resposta' e o pronome demonstrativo que precede 'pergunta'. Podemos conferir se a palavra 'reposta' exige preposição se mudarmos o objeto por uma palavra masculina como em 'resposta ao enigma'. Por fim, o verbo 'procurar' não exige preposição e por isso o artigo 'a' somente não justifica presença de crase. Resposta correta: D

Gabarito "D" – Pronome

(Analista Processual - Direito – MPE-AC – FMP – 2013) Assinale a alternativa que contém uma afirmação **INCORRETA** sobre a gramática da expressão indicada.

(A) [*O*] *qual* (l.02) é um pronome relativo que está na forma masculina porque concorda com *um aparelho* (l.02).
(B) O pronome *se* em *se vê* (l.10) tem a função de "índice de apassivação" do verbo.
(C) O pronome *se* em *se muda de canal* (l.10) tem a função de "índice de indeterminação do sujeito".
(D) A forma *meio* em *meio velho* (l.16) é um advérbio, pois modifica um adjetivo e é invariável.
(E) O pronome *me* em *me olha* (l.24) é objeto direto do verbo *olha*.

A única afirmação incorreta dentre as apresentadas é a alternativa E, pois o pronome *me* funciona como objeto indireto no verbo *olhar*.

Gabarito "E" – Pronome

Quando utilizar a ouvidoria?

1   Qualquer pessoa pode e deve procurar a ouvidoria
    quando não for atendida com a devida atenção e o empenho
    pelo Ministério Público.
4   A ouvidoria é um canal de comunicação direto e
    desburocratizado entre o cidadão e o Ministério Público,
    pronto para receber, analisar e encaminhar suas denúncias,
7   reclamações, críticas, pedidos de informações e elogios
    relacionados aos serviços e atividades desenvolvidas pela
    instituição. Com a colaboração do cidadão, a ouvidoria
10 trabalha para a melhoria dos serviços prestados pelo
11 Ministério Público.

Disponível em: <http://www.mp.go.gov.br/portalweb/37/noticia/c37c9d14b15635f8b604c21d8164c33b.html>
Acesso em: 20/7/2013 (com adaptações).

(Assistente Administrativo – MPE-GO – IADES – 2013) A respeito das regras que orientam o uso do sinal indicativo de crase e a acentuação gráfica, assinale a alternativa correta.

(A) Se, no lugar de "procurar" (linha 1), fosse empregado **o verbo** recorrer**, o uso da crase passaria a ser** obrigatório em "a **ouvi dori a"**.
(B) A acentuação gráfica de "Ministério" e "denúncias" **ocorre por razões distintas**.
(C) Outra redação possível para **"elogios relacionados aos** serviços e atividades desenvolvidas" (linhas 7 e **8) seria** elogios relacionados aos serviços e as atividades desenvolvidas**.
(D) Os vocábulos "público" e "críticas" são acentuados **por serem paroxítonos terminados em vogal, respectivamente no singular e no plural.**

(E) O último período poderia apresentar a seguinte redação No que se refere à colaborações feitas pelos cidadãos, a ouvidoria trabalha para garantir à melhoria dos serviços prestados pelo Ministério Público.

A: correta, pois o verbo 'recorrer' exige preposição e a junção da preposição 'a' com o artigo 'a' resultaria na marcação da crase; **B:** incorreta, ambas são acentuadas por serem proparoxítonas; **C:** incorreta, pois o artigo em 'as atividades [...]' não está de acordo com a norma culta; **D:** incorreta, pois os vocábulos são proparoxítonas e por isso devem ser acentuadas; **E:** incorreta, pois o artigo em 'à colaborações' deveria estar no plural para concordar nominalmente e o artigo em 'à melhoria' não apresenta junção pronominal para justificar a presença de crase.

Gabarito "A." – Pronome

É legal ter pai

1   O Ministério Público de Goiás (MP-GO) lançou, no dia 1o de
    fevereiro de 2012, a campanha "É legal ter pai", que tem
    como objetivo ampliar a atuação institucional na investigação
4   de paternidade, a partir de uma estratégia de divulgação
    direta à população dos serviços que podem ser
6   oferecidos nessa área, tanto em Goiânia quanto no interior.

Disponível em: <http://www.mpgo.mp.br/portal/noticia/campanha-e-legal- ter-pai#.Ue0No403vQV>
Acesso em: 21/7/2013 (com adaptações).

(Assistente Administrativo – MPE-GO – IADES – 2013) Considerando que os pronomes relativos desempenham um importante papel para a garantia da coesão textual, é correto afirmar que, na passagem "a partir de uma estratégia de divulgação direta à população dos serviços **que** podem ser oferecidos nessa área" (linhas 4 a 6), o termo destacado foi utilizado a fim de:

(A) estabelecer a coordenação entre duas orações.
(B) introduzir o complemento do verbo da oração anterior.
(C) indicar a oposição entre as orações relacionadas por ele.
(D) retomar o termo "serviços", evitando uma repetição desnecessária.
(E) conectar termos coordenados entre si.

A: incorreta, pois pelo que se pode compreender da passagem apresentada, o termo 'que' não foi utilizado como coordenativa; **B:** incorreta, o termo 'que', neste contexto, não introduz o complemento da oração anterior, pois ele exerce a função de retomar o termo 'serviços'; **C:** incorreta, pois as orações não apresentam oposição entre sim; **D:** correta, pois neste contexto, 'que' retoma o termo 'serviços' mencionado anteriormente na sentença; **E:** incorreta, assim como comentamos na alternativa A, o termo 'que' não é utilizado como coordenativa nesta sentença.

Gabarito "D." – Pronomes

Vou te contar
(Tom Jobim)
Vou te contar
Os olhos já não podem ver
Coisas que só o coração pode entender
Fundamental é mesmo o amor
É impossível ser feliz sozinho
O resto é mar
É tudo que não sei contar
São coisas lindas que eu tenho pra te dar
Vem de mansinho à brisa e me diz
É impossível ser feliz sozinho
Da primeira vez era a cidade
Da segunda, o cais e a eternidade
Agora eu já sei
Da onda que se ergueu no mar
E das estrelas que esquecemos de contar
O amor se deixa surpreender
Enquanto a noite vem nos envolver
Da primeira vez era a cidade
Da segunda, o cais e a eternidade
Agora eu já sei
Da onda que se ergueu no mar
E das estrelas que esquecemos de contar
O amor se deixa surpreender
Enquanto a noite vem nos envolver
Vou te contar

(Auxiliar Técnico – MPE-PR – ESPP – 2013) Em "O amor se deixa surpreender", pode afirmar sobre a colocação do pronome oblíquo "se":

(A) deveria estar em ênclise, pois não ocorre palavra atrativa.
(B) a próclise é justificada pela atração com o substantivo "amor".
(C) poderia estar em mesóclise devido ao tempo verbal.
(D) justifica-se o emprego da próclise pelo tempo do verbo.
(E) no contexto, a ênclise é proibida.

A: correta. A afirmativa está adequada quando afirma que deveria estar em ênclise devido à ausência de palavras atrativas como 'que' e 'não'; **B:** incorreta, pois a palavra 'amor' não é um atrativo gramatical. A próclise é justificada pela licença poética, pois tal arranjo no verso permite a métrica adequada; **C:** incorreta, pois a mesóclise só é permitida no futuro, pois o morfema do futuro tem origem no verbo auxiliar do latim e por pode ser 'destacado' da palavra para a formação da mesóclise; **D:** incorreta, ao contrário, o tempo do verbo exige a ênclise; **E:** incorreta, conforme explicação da alternativa A.

Gabarito "A" – Pronome

Visões totalizantes

Volta e meia algum pensador propõe uma teoria em que o sentido completo da história humana se daria a conhecer. Entre esses pensadores ambiciosos, Auguste Comte (1798-1875) propôs sua famosa teoria dos três estados, segundo a qual se teria passado, num primeiro momento, pelo estado religioso, no qual predominam explicações de caráter transcendente, apoiado na ideia da existência de deuses e culminando na concepção de um deus único. No segundo estado, denominado filosófico, as explicações para os fenômenos apoiam-se numa concepção abrangente e metafísica de Natureza. Por fim, o terceiro estado, chamado por ele de científico ou positivo, fundamenta-se em observações e experimentações científicas aplicadas aos próprios fenômenos, a partir das quais se buscaria a síntese da condição humana. Ninguém ainda a conseguiu.

(Adaptado de: Ivanor Luiz Guarnieri e Fábio Lopes Alves. **Ver e entrever a Comunicação**. São Paulo: Arte e ciência, 2008, p. 55)

(Analista Jurídico – MPE-CE – FCC – 2013) Na teoria dos três estados, ... Comte sintetizava sua visão da história humana, há muitas teses controversas, ... contestação muita gente já se aplicou.

Preenchem de modo correto e coerente as lacunas da frase acima, respectivamente:

(A) pela qual - de cuja.
(B) em cuja - na qual a.
(C) por onde - da qual a.
(D) à qual - cuja.
(E) com a qual - em cuja.

A: incorreta, pois a preposição 'de' não precede corretamente o pronome relativo 'cujo' para o contexto desta sentença; **B:** incorreta, pois o pronome relativo 'cujo' tem a ideia de termo possessivo relativo e por isso não se aplica corretamente à primeira parte da sentença; **C:** incorreta, pois a expressão 'da qual a' não é aplicada corretamente na sentença; **D:** incorreta, pois o pronome relativo 'cujo' deve ser precedido pela preposição 'em'; **E:** correta, pois a alternativa preenche corretamente as lacunas da sentença.

Gabarito "E" – Pronome

8. PONTUAÇÃO

Juventudes

Pois se ainda ontem eu era jovem, conforme me asseguravam, asseguro-lhes que ainda hoje minha juventude não acabou. Se viesse a acabar, estaria tão velho que não saberia disso – o que significa que serei eternamente jovem. Preciso acrescentar: nada tenho de especial, todos os jovens da minha idade (isto é, acima dos 60) sabem disso. Não adianta os espelhos (por que se espalham por toda parte?) pretenderem mostrar o contrário, jogar-nos na cara nossa imagem envelhecida. Nós sabemos que eles mentem, sabemos que não têm como refletir nosso espírito – daí se vingarem, refletindo tão somente o que aparece.

Vou mais longe: não é que não envelheçamos, com essa mania que tem o tempo de nunca parar; na verdade, quanto mais anos vivemos, mais remoçamos. Alguns vivem até recuperar de vez – para nunca mais largar dela – a liberdade da infância. Enquanto lá não chego (esperando chegar), vou remoçando, remoçando, a ponto dos jovens de dezenove anos me pedirem mais moderação, mais compostura. Toda vez que fazem isso, surpreendo, no fundo de seus olhos, uma inveja incomensurável: inveja da minha adolescência verdadeira.

É verdade que a natureza, que tem lá seus caprichos, gosta de brincar com nossa juventude de sexagenários. Ela faz, por exemplo, o chão parecer mais longe: custa-nos chegar a ele, para apanhar aquela moedinha. Brinca, ainda, com nosso senso de equilíbrio: um volteio mais rápido do corpo e parece que a Terra subitamente acelerou a rotação. E já não podemos saltar imitando um saci, sobre os quadrados marcados a giz na calçada das brincadeiras: mesmo duas pernas mostram-se insuficientes para retomar o equilíbrio.

Enfim: valha esta mensagem para todos os jovens que ainda acreditam na velhice. Bobagem, meus amiguinhos: a velhice não chega nunca, é mais uma ilusão da juventude. Não adianta o corpo insistir em dar todos os sinais de mau funcionamento, inútil insistirem as bactérias em corromper nossos tecidos, inútil os olhos perderem a luz de dentro e a luz de fora: morremos sempre jovens, espantados por morrer, atônitos com essa insistência caprichosa e absurda da natureza, de vir ceifar nossa vida exatamente quando desfrutamos do esplendor de nossa juventude mais madura.

(Adamastor Rugendas, *inédito*)

(Analista Ministerial Administrativo – MPE-MA – FCC – 2013) Está plenamente adequada a pontuação da seguinte frase:

(A) O autor do texto sem dispensar o humor, defende um ponto de vista curioso, segundo o qual a velhice, normalmente uma idade temida, e estigmatizada, não passa de mais uma ilusão da juventude.
(B) O autor do texto, sem dispensar o humor defende um ponto de vista curioso, segundo o qual a velhice normalmente, uma idade temida e estigmatizada não passa de mais uma ilusão, da juventude.
(C) O autor do texto, sem dispensar o humor defende um ponto de vista, curioso, segundo o qual a velhice, normalmente uma idade, temida e estigmatizada, não passa de mais uma ilusão da juventude.

(D) O autor do texto, sem dispensar o humor, defende um ponto de vista curioso, segundo o qual a velhice, normalmente uma idade temida e estigmatizada, não passa de mais uma ilusão da juventude.

(E) O autor do texto, sem dispensar o humor, defende um ponto de vista curioso, segundo o qual, a velhice normalmente uma idade temida e estigmatizada, não passa de mais uma ilusão da juventude.

A sentença apresenta dois casos de pontuação com vírgulas, o primeiro é o isolamento de aposto explicativo como em '[...], sem dispensar o humor, [...]' e '[...], normalmente uma idade temida e estigmatizada, [...]' e o segundo é a separação de sentenças coordenadas como em '[...] defende um ponto de vista curioso, segundo o qual [...]'. Logo, a alternativa correta é D.

Gabarito "D." – Pontuação

TEXTO 1

1   Não faz muito que temos esta nova TV com controle remoto, mas devo dizer que se trata
2   agora de um aparelho sem o qual eu não saberia viver. Passo os dias sentado na velha poltrona,
3   mudando de um canal para outro — uma tarefa que antes exigia certa movimentação, mas que
4   agora ficou muito fácil. Estou num canal, não gosto — zap, mudo para outro. Também não gosto
5   deste — zap, mudo de novo. Eu gostaria de ganhar em dólar o número de vezes que você troca de
6   canal em uma hora, diz minha mãe. Trata-se de uma fantasia, mas pelo menos indica disposição
7   para o humor, admirável nessa mulher.
8   Sofre, minha mãe. Sempre sofreu: infância carente, pai cruel etc. Mas o sofrimento
9   aumentou muito quando meu pai a deixou. Já faz tempo; foi logo que nasci, e estou agora com
10   treze anos. Uma idade em que se vê muita televisão, e em que se muda de canal constantemente...
11   Da tela, uma moça sorridente pergunta se o caro telespectador já conhece certo novo sabão em pó.
12   Não conheço nem quero conhecer, de modo que — zap — mudo de canal. "Não me abandone,
13   Mariana, não me abandone!" Abandono, sim, não suporto novelas: zap, e agora é um homem
14   falando. Um homem, abraçado _____ guitarra elétrica, fala a uma entrevistadora. É um roqueiro.
15   Aliás, é o que está dizendo, que é um roqueiro, que sempre foi e sempre será um roqueiro. Tal
16   veemência se justifica, porque ele não parece um roqueiro. É meio velho, tem cabelos grisalhos,
17   rugas, falta-lhe um dente. É o meu pai.
18   É sobre mim que fala. Você tem um filho, não tem?, pergunta a apresentadora, e ele,
19   meio constrangido, diz que sim, que tem um filho, só que não o vê há muito tempo. Hesita um
20   pouco e acrescenta: você sabe, eu tive de fazer uma opção, era a família ou o rock. A
21   entrevistadora, porém, insiste no assunto (é chata, ela): e o seu filho gosta de rock?
22   Ele se mexe na cadeira; o microfone, preso à camisa desbotada, produz um ruído
23   desagradável. Aí está: acaba num programa local e de baixíssima audiência, e ainda tem de passar
24   pelo vexame de uma pergunta que o embaraça... E então ele me olha. Vocês dirão que é para a
25   câmera que ele olha; aparentemente é isso, aparentemente ele está olhando para a câmera; mas é
26   para mim, na realidade, que ele olha, sabe que em algum lugar, diante de uma tevê, estou a fitar
27   seu rosto atormentado, as lágrimas me correndo pelo rosto; e no meu olhar ele procura _____
28   resposta _____ pergunta da apresentadora: você gosta de rock? Você gosta de mim? Você me
29   perdoa?
30   Mas então comete um erro: insensivelmente, automaticamente, seus dedos começam a
31   dedilhar as cordas da guitarra — é o vício do velho roqueiro, do qual ele nunca conseguiu se
32   livrar, nunca. Seu rosto se ilumina — refletores que se acendem? Ele vai dizer que sim, que seu
33   filho ama o rock tanto quanto ele... Nesse momento — zap — aciono o controle remoto.

Adaptado de Moacyr Scliar, "Zap". In *Contos Reunidos*, Companhia das Letras, São Paulo, 1995.

(Analista Processual - Direito – MPE-AC – FMP – 2013) Assinale a alternativa cuja a afirmação sobre o uso de sinais de pontuação está **INCORRETA**.

(A) A omissão da vírgula depois de ***para o humor*** (l.07) alteraria o significado da frase.

(B) O ponto e vírgula da linha 09 poderia ser substituído por dois pontos.

(C) A omissão da vírgula depois de ***Da tela*** (l.10) alteraria o significado da frase.

(D) Com as devidas alterações de maiúsculas por minúsculas, o ponto final após ***um rockeiro*** (l.16) poderia ser substituído por dois pontos.

(E) A omissão da vírgula depois de ***velho roqueiro*** (l.31) alteraria o significado da frase.

12. LÍNGUA PORTUGUESA   317

A: incorreta, pois a remoção da vírgula faria com que o adjetivo 'admirável' fosse relacionado ao humor e não à mulher; **B:** incorreta, pois a questão pede que se assinale a alternativa incorreta e, de fato, a pontuação poderia ser alterada como sugere a alternativa; **C:** correta, pois a omissão da vírgula na linha 10 não alteraria o significado da frase; **D:** incorreta, pois a pontuação pode ser alterada conforme sugere a alternativa; **E:** incorreta, pois, de fato a omissão da vírgula altera o significado da frase.

Gabarito "C" – Pontuação

1 Sir Francis Bacon deu um conselho curioso _____ estudavam a natureza: deveriam
2 desconfiar de tudo o que suas mentes aceitassem sem hesitação. Talvez fosse uma maneira de
3 prevenir contra a ilusão _____ qualquer descoberta humana fosse completa, ou tivesse
4 completamente desvendado o que Deus encobrira. No momento (século 17) _____ crescia a ideia
5 herética de que existia um metafórico Livro da Natureza tão cheio de mensagens de Deus para os
6 homens quanto o Livro dos Livros, Bacon aconselhava a ciência a não desprezar o que diziam os
7 mitos e as escrituras. A glória de Deus manifestava-se de várias formas. Algumas eram apenas
8 mais poéticas do que as outras.
9 A primeira "mensagem" assim identificada do livro secular da natureza foi o
10 magnetismo, que só começou a ser estudado a fundo pelo inglês William Gilbert, contemporâneo
11 de Bacon na corte da rainha Elizabeth I, de quem era médico. O magnetismo era a protótipica
12 evidência de uma força _____ na natureza, a primeira alternativa à pura vontade de Deus como
13 algo por _____ de tudo. Albert Einstein contava que o presente de uma _____, quando era
14 menino, lhe dera a primeira sensação dessa força misteriosa, e o primeiro ímpeto de desvendá-la.
15 Mais do que ninguém, Einstein podia reivindicar uma glória de descobrir igual à glória
16 de Deus em ocultar, embora nunca abandonasse sua devoção quase religiosa a um determinismo
17 harmônico do universo, atribuindo-o a Deus ou a que outro nome se quisesse dar ao
18 indesvendável. Mas Einstein não seguiu o conselho de Francis Bacon, de desconfiar do que o
19 satisfazia. Satisfez-se tanto com suas certezas que passou os últimos anos da vida buscando uma
20 teoria unificada da gravidade e do eletromagnetismo que refutasse a teoria quântica que a
21 ameaçava e que tornava a matéria e seu comportamento inexplicáveis em qualquer linguagem,
22 científica ou poética.
23 Quando recém se começava a falar em partículas subatômicas e seu estranho
24 comportamento, o físico dinamarquês Niels Bohr disse que elas só poderiam ser descritas usando-se
25 a linguagem como na poesia. Um sombrio reconhecimento de que a linguagem racional não
26 teria como acompanhar a especulação científica e, por isso, estava condenada à analogia e à
27 aproximação inexata. Assim, os físicos falam em teorias das cordas, em um universo em forma de
28 donut, ou de bola de futebol, e isso é apenas o som da mente humana se chocando contra os
29 limites da linguagem, como moscas (para usar outra analogia) na vidraça.
30 Einstein morreu sem se resignar à ideia de que a verdadeira e inexpugnável glória de
31 Deus começa onde termina a linguagem humana.

Adaptado de Luís Fernando Veríssimo, "Ciência e Linguagem". *Zero Hora*, Porto Alegre, 27 set 2012.

Considere as afirmações a seguir sobre a pontuação do texto.

I. A retirada da vírgula depois de ***completa*** (l. 03) está de acordo com a norma gramatical.
II. A retirada da vírgula antes de ***Bacon*** (l. 06) está de acordo com a norma gramatical.
III. As aspas da linha 09 têm a função de indicar que a palavra ***mensagem*** tem um sentido figurado.
Quais estão corretas?

(A) Apenas I.
(B) Apenas II.
(C) Apenas III.
(D) Apenas I e III.
(E) Apenas II e III.

I: correta, pois a conjunção alternativa 'ou' torna optativo o uso da vírgula; **II:** incorreta, pois a vírgula separa as duas sentenças da oração; **III:** correta, pois as aspas são usadas para marcar a heterogeneidade do texto e no caso da ironia ela se torna indispensável.

Gabarito "D" – Pontuação

O cego de Ipanema

Caminha depressa e ritmado, a cabeça balançando no alto, como um instrumento, a captar os ruídos, os perigos, as ameaças da Terra. Os cegos, habitantes de mundo esquemático, sabem aonde ir, desconhecendo as nossas incertezas e perplexidades.

Sua bengala bate na calçada com um barulho seco e compassado, investigando o mundo geométrico. A cidade é um vasto diagrama, de que ele conhece as distâncias, as curvas, os ângulos. Sua vida é uma série de operações matemáticas, enquanto a nossa costuma ser uma improvisação constante, uma tonteira, um desvario. Sua sobrevivência é um cálculo.

Um dia eu o vi em um momento particular de mansidão e ternura. Um rapaz que limpava um cadillac *sobre o passeio deixou que ele apalpasse todo o carro. Suas mãos percorreram o para-lama, o painel, os faróis, os frisos. Seu rosto se iluminava, deslumbrado, como se seus olhos vissem pela primeira vez uma grande cachoeira, o mar de encontro aos rochedos, uma tempestade, uma bela mulher.*

(Paulo Mendes Campos. **O amor acaba**. São Paulo: Companhia das Letras, 2013, p. 31)

(Analista Jurídico – MPE-CE – FCC – 2013) A supressão da vírgula **altera** o sentido da frase em:

I. Observei bem os movimentos daquele cego, enquanto ele caminhava com desenvoltura pela rua movimentada.

II. Que prazer encontrava o cego de Ipanema, percorrendo com as mãos as partes do belo automóvel!

III. Sempre nos impressionaremos com os cegos, que caminham com tanta segurança pela cidade.

Atende ao enunciado SOMENTE o que está em:

(A) II e III.
(B) I e II.
(C) III.
(D) II.
(E) I.

A única frase que tem seu sentido alterado com a supressão da vírgula é aquela apresentada na alternativa III, pois a ausência da vírgula cria uma diferenciação entre os cegos que caminham com tanta segurança dos demais, enquanto a presença da vírgula afirma que todos os cegos caminham com tanta segurança.

Gabarito "C" – Pontuação

9. ORTOGRAFIA

TEXTO 1

1   Não faz muito que temos esta nova TV com controle remoto, mas devo dizer que se trata
2   agora de um aparelho sem o qual eu não saberia viver. Passo os dias sentado na velha poltrona,
3   mudando de um canal para outro — uma tarefa que antes exigia certa movimentação, mas que
4   agora ficou muito fácil. Estou num canal, não gosto — zap, mudo para outro. Também não gosto
5   deste — zap, mudo de novo. Eu gostaria de ganhar em dólar o número de vezes que você troca de
6   canal em uma hora, diz minha mãe. Trata-se de uma fantasia, mas pelo menos indica disposição
7   para o humor, admirável nessa mulher.
8   Sofre, minha mãe. Sempre sofreu: infância carente, pai cruel etc. Mas o sofrimento
9   aumentou muito quando meu pai a deixou. Já faz tempo; foi logo que nasci, e estou agora com
10   treze anos. Uma idade em que se vê muita televisão, e em que se muda de canal constantemente...
11   Da tela, uma moça sorridente pergunta se o caro telespectador já conhece certo novo sabão em pó.
12   Não conheço nem quero conhecer, de modo que — zap — mudo de canal. "Não me abandone,
13   Mariana, não me abandone!" Abandono, sim, não suporto novelas: zap, e agora é um homem
14   falando. Um homem, abraçado _____ guitarra elétrica, fala a uma entrevistadora. É um roqueiro.
15   Aliás, é o que está dizendo, que é um roqueiro, que sempre foi e sempre será um roqueiro. Tal
16   veemência se justifica, porque ele não parece um roqueiro. É meio velho, tem cabelos grisalhos,
17   rugas, falta-lhe um dente. É o meu pai.
18   É sobre mim que fala. Você tem um filho, não tem?, pergunta a apresentadora, e ele,
19   meio constrangido, diz que sim, que tem um filho, só que não o vê há muito tempo. Hesita um
20   pouco e acrescenta: você sabe, eu tive de fazer uma opção, era a família ou o rock. A
21   entrevistadora, porém, insiste no assunto (é chata, ela): e o seu filho gosta de rock?
22   Ele se mexe na cadeira; o microfone, preso à camisa desbotada, produz um ruído
23   desagradável. Aí está: acaba num programa local e de baixíssima audiência, e ainda tem de passar
24   pelo vexame de uma pergunta que o embaraça... E então ele me olha. Vocês dirão que é para a
25   câmera que ele olha; aparentemente é isso, aparentemente ele está olhando para a câmera; mas é
26   para mim, na realidade, que ele olha, sabe que em algum lugar, diante de uma tevê, estou a fitar
27   seu rosto atormentado, as lágrimas me correndo pelo rosto; e no meu olhar ele procura _____
28   resposta _____ pergunta da apresentadora: você gosta de rock? Você gosta de mim? Você me
29   perdoa?

12. LÍNGUA PORTUGUESA — 319

30 Mas então comete um erro: insensivelmente, automaticamente, seus dedos começam a
31 dedilhar as cordas da guitarra — é o vício do velho roqueiro, do qual ele nunca conseguiu se
32 livrar, nunca. Seu rosto se ilumina — refletores que se acendem? Ele vai dizer que sim, que seu
33 filho ama o rock tanto quanto ele... Nesse momento — zap — aciono o controle remoto.

Adaptado de Moacyr Scliar, "Zap". In *Contos Reunidos*, Companhia das Letras, São Paulo, 1995.

(Analista Processual - Direito – MPE-AC – FMP – 2013) Assinale a alternativa cuja afirmação descreve corretamente a razão pela qual o vocábulo deve ser acentuado, de acordo com as regras de acentuação gráfica correntes da língua portuguesa.

(A) *dólar* (l.05) é acentuada porque se trata de uma palavra emprestada do inglês.
(B) *admirável* (l.07) é acentuada porque todas as palavras terminadas em **–vel** devem ser acentuadas.
(C) *veemência* (l.16) é acentuada porque se trata de proparoxítona terminada em ditongo.
(D) *vê* (l.19) é acentuada porque a pronúncia da vogal **e** é "fechada", e não aberta, em cujo caso deveria ser grafada **é**.
(E) *ruído* (l.22) é acentuada porque a vogal **i**, quando tônica, deve ser acentuada se precedida de vogal, formando hiato.

A: incorreta, *dólar* é acentuada porque se trata de uma paroxítona terminada em -r, ou seja, a sílaba tônica é a penúltima sílaba da palavra; **B:** incorreta. Ela é acentuada por ser uma paroxítona terminada em -l; **C:** incorreta, pois o ditongo, que é o encontro de duas vogais, não se encontra ao final da palavra e sim no início; **D:** incorreta, pois os monossílabos tônicos terminados em -*a*, -*e* e -*o* devem ser acentuados; **E:** correta, pois a afirmação presente na alternativa descreve corretamente a regra de acentuação gráfica.

Gabarito "E." – Ortografia

1 Sir Francis Bacon deu um conselho curioso _____ estudavam a natureza: deveriam
2 desconfiar de tudo o que suas mentes aceitassem sem hesitação. Talvez fosse uma maneira de
3 prevenir contra a ilusão _____ qualquer descoberta humana fosse completa, ou tivesse
4 completamente desvendado o que Deus encobrira. No momento (século 17) _____ crescia a ideia
5 herética de que existia um metafórico Livro da Natureza tão cheio de mensagens de Deus para os
6 homens quanto o Livro dos Livros, Bacon aconselhava a ciência a não desprezar o que diziam os
7 mitos e as escrituras. A glória de Deus manifestava-se de várias formas. Algumas eram apenas
8 mais poéticas do que as outras.
9 A primeira "mensagem" assim identificada do livro secular da natureza foi o
10 magnetismo, que só começou a ser estudado a fundo pelo inglês William Gilbert, contemporâneo
11 de Bacon na corte da rainha Elizabeth I, de quem era médico. O magnetismo era a prototípica
12 evidência de uma força _____ na natureza, a primeira alternativa à pura vontade de Deus como
13 algo por _____ de tudo. Albert Einstein contava que o presente de uma _____, quando era
14 menino, lhe dera a primeira sensação dessa força misteriosa, e o primeiro ímpeto de desvendá-la.
15 Mais do que ninguém, Einstein podia reivindicar uma glória de descobrir igual à glória
16 de Deus em ocultar, embora nunca abandonasse sua devoção quase religiosa a um determinismo
17 harmônico do universo, atribuindo-o a Deus ou a que outro nome se quisesse dar ao
18 indesvendável. Mas Einstein não seguiu o conselho de Francis Bacon, de desconfiar do que o
19 satisfazia. Satisfez-se tanto com suas certezas que passou os últimos anos da vida buscando uma
20 teoria unificada da gravidade e do eletromagnetismo que refutasse a teoria quântica que a
21 ameaçava e que tornava a matéria e seu comportamento inexplicáveis em qualquer linguagem,
22 científica ou poética.
23 Quando recém se começava a falar em partículas subatômicas e seu estranho
24 comportamento, o físico dinamarquês Niels Bohr disse que elas só poderiam ser descritas usando-se
25 a linguagem como na poesia. Um sombrio reconhecimento de que a linguagem racional não
26 teria como acompanhar a especulação científica e, por isso, estava condenada à analogia e à
27 aproximação inexata. Assim, os físicos falam em teorias das cordas, em um universo em forma de
28 donut, ou de bola de futebol, e isso é apenas o som da mente humana se chocando contra os
29 limites da linguagem, como moscas (para usar outra analogia) na vidraça.
30 Einstein morreu sem se resignar à ideia de que a verdadeira e inexpugnável glória de
31 Deus começa onde termina a linguagem humana.

Adaptado de Luís Fernando Veríssimo, "Ciência e Linguagem". *Zero Hora*, Porto Alegre, 27 set 2012.

(Analista Processual - Direito – MPE-AC – FMP – 2013) Assinale a alternativa que preenche corretamente a lacuna da linha 12, bem como a primeira e a segunda lacunas da linha 13, nesta ordem, respectivamente:

(A) proto-típica – trás – bússula.
(B) prototípica – trás – bússola.
(C) proto-típica – traz – búçola.
(D) prototípica – trás – bússula.
(E) proto-típica – traz – bússola.

A primeira lacuna é preenchida corretamente com 'prototípica', pois, apesar de podermos identificar a composição morfológica da palavra, não é possível separá-la com hífen. Já a segunda lacuna, pode ser preenchida corretamente com a forma 'trás', pois o termo grafado com z e sem acento é uma forma verbal de 'trazer', enquanto a grafada com s e com acento é uma preposição. Por fim, a terceira lacuna é corretamente preenchida com dois 's', acento agudo na primeira sílaba e com 'u'.
Gabarito "B." – Ortografia

(Analista de Promotoria II – Agente de Promotoria – MPE-SP – IBFC – 2013) Assinale a alternativa em que a palavra deve ser, obrigatoriamente, acentuada:

(A) Especifica.
(B) Denuncia.
(C) Policia.
(D) Incrivel.
(E) Secretaria.

Com exceção de 'incrível' que deve ser obrigatoriamente acentuada, as demais palavras sem acento são a conjugação da terceira pessoa singular dos respectivos verbos 'especificar', 'denunciar', 'policiar' e 'secretariar'.
Gabarito "D." – Ortografia

(Analista de Promotoria II – Agente de Promotoria – MPE-SP – IBFC – 2013) Assinale a alternativa que completa, correta e respectivamente, as lacunas.

I. O_____ ministro fez um belo discurso.
II. Durante a _____, os deputados entraram em discussão.
III. O dono da loja foi acusado de _____ racial.

(A) iminente — seção — discriminação.
(B) iminente — sessão — discriminação.
(C) eminente — sessão — discriminação.
(D) eminente — seção — discriminação.
(E) eminente — sessão — descriminação.

I: A primeira lacuna é corretamente preenchida com 'eminente', que é sinônimo de importante, enquanto 'iminente' é algo que está prestes a acontecer; **II:** a segunda lacuna é preenchida corretamente com 'sessão' que tem sentido de reunião, enquanto 'seção' pode ser entendido como departamento; **III:** a terceira lacuna, por fim, é preenchida adequadamente com 'discriminação' que significa separar ou isolar, enquanto 'descriminação' tem origem no verbo 'descriminalizar'.
Gabarito "C." – Ortografia

O que um lutador de MMA tem a outras profissões

1 Lyoto Machida, de 35 anos, lutador de artes marciais
mistas (MMA), de Belém, no Pará, foi faixa-preta no início
da adolescência e ganhou inúmeros torneios, como o
4 Pan-Americano de Caratê em 2001. No MMA, Lyoto tem
19 vitórias e três derrotas. No segundo semestre deste ano,
deverá disputar o cinturão dos meios-pesados, título
7 mundial que perdeu em 2010 para o brasileiro Maurício
Shogun. "É na queda que aprendemos mais", afirma Lyoto.
Lutadores como ele têm lições para ensinar às outras
10 carreiras. Longe do octógono, muitos executivos travam
batalhas diárias para aprovar projetos, coordenar equipes e
se destacar. "Todo profissional precisa de confiança e
13 preparo para realizar suas tarefas", diz Clara Linhares,
professora de gestão de pessoas da Fundação Dom Cabral,
de Minas Gerais. "Os lutadores nos mostram a importância
16 da intimidação, a capacidade de mostrar ao outro que você
está no páreo e tão preparado quanto ele para a competição
18 do mercado".

(Assistente Administrativo – MPE-GO – IADES – 2013) Com fundamento na estruturação linguística do texto, assinale a alternativa correta.

(A) "Belém" (linha 2), "Pará" (linha 2) e "Caratê" (linha 4) são palavras acentuadas porque são paroxítonas ter\minadas em "em", "a" e "e".
(B) As aspas utilizadas em "É na queda que aprendemos mais"(linha 8) podem ser substituídas, sem alteração sintática do texto, por travessões, sem mudança de parágrafo, indicando alternância de falas em diálogo.
(C) O emprego do acento indicativo de crase em "às" (linha 9) deve-se à presença do verbo "ensinar" (linha 9), cujo complemento deve ser introduzido pela preposição a.
(D) O termo "Todo profissional" (linha 12) pode ser substituído, sem alteração sintática e semântica do texto, por "Todo o profissional".
(E) O título do texto gera no leitor uma expectativa que não é suprida pela leitura.

A: incorreta, pois as palavras mencionadas na alternativa são oxítonas, isto é, a sílaba tônica está na última sílaba; **B:** incorreta, pois a sentença entre aspas está no início da frase; **C:** correta, pois a alternativa explica adequadamente a utilização do acento indicativo de crase; **D:** incorreta. De acordo com a norma culta, o artigo 'o' está inserido inadequadamente na sentença; **E:** incorreta, pois o título do texto indica adequadamente o que se encontra em seu conteúdo.

Gabarito "C" – Ortografia

Demasiadamente

(Eneida Costa de Morais)

Quem conta um conto, acrescenta um ponto, diz o ditado. No caso presente não precisaremos acrescentar nada, tantos os pontos existentes: Aníbal Vicente foi preso porque é marido de cinco mulheres e noivo de mais de uma dezena de jovens.

Buscar, no retrato que os jornais estamparam, as razões desse tão grande prestígio de Vicente, é tolice: homem feio — muito feio, mesmo — o D. Juan magro, de rosto marcado pelas bexigas ou espinhas, nada oferece para que possamos imaginá-lo usando luares em declarações de amor, ou dizendo de maneira pessoal e pessoal encantamento, as sempre novas palavras que prenderam nossos tataravôs, avós, pais e a nós mesmos.

O caso aconteceu em S. Paulo, se bem que todo o Brasil esteja envolvido na ação amorosa de Aníbal. Cinquenta anos de idade, sem residência fixa — mudava muito de casa —, o herói do "conto do noivado" casava para lesar suas vítimas. Seu método mais usado era simples: entabulava namoro através de correspondência sentimental de revistas especializadas no assunto. "Homem só, profundamente só, com uma enorme riqueza sentimental, conhecendo todas as palavras de amor, sabendo empregá-las no momento preciso, capaz de emocionar-se com a lua cheia, usando ternura, sempre ternura para com aquela que amar, precisa encontrar senhora só", etc., etc. O anúncio devia ser assim e, por ele, Aníbal ia colhendo as respostas, analisando-as, conhecendo mulheres antes de encontrá-las pessoalmente, mandando para esta carta, para a outra telegrama, até o final: encontro, casamento.

Assinava "Ouro Branco", pois era de ouro que precisava Aníbal. Muito ouro para bem viver, bem comer, andar e dar golpes em outras românticas incautas.

A sede de amar e ser amada é tão grande nas mulheres que Aníbal continuaria seus trabalhos até o fim da vida, não fosse o ciúme de uma das esposas enganadas. A mais sofredora de todas, talvez, porque a que mais amasse, levou-o à polícia, e à prisão. [...]

A prisão se deu sem que o amoroso ladrão pressentisse. Estava calmamente à porta de uma casa, esperando a chegada de uma de suas noivas, a destinada futura esposa. Preso, sobre ele caiu o ódio de cento e cinco mulheres enganadas; esqueceram que a culpa não era apenas dele, esqueceram que atendendo ao apelo de Aníbal Vicente eram também culpadas. O homem está preso e uma centena de mulheres ficou sem noivo e sem esposo.

Casou muito, amou demais, eis a definição de Aníbal; naturalmente a Justiça acrescentará: roubou muito. Mas ninguém poderá negar a Vicente o título de criador de uma nova forma do conto-do-vigário: o "conto do amor", o "conto do noivado" e do "casamento", o "conto sentimental".

Aqui para nós, digam, Vicente, mesmo roubando suas enamoradas, não lhes terá dado alguma felicidade?

(Auxiliar Técnico – MPE-PR – ESPP – 2013) O vocábulo "residência" é acentuado devido à mesma regra que justifica o emprego do acento gráfico em:

(A) "através".
(B) "herói".
(C) "anúncio".
(D) "ciúme".
(E) "ninguém".

A: incorreta, pois o vocábulo 'residência' é acentuado por ser uma proparoxítona, enquanto o vocábulo 'através' é uma oxítona; **B:** incorreta. O vocábulo 'herói' é uma paroxítona terminada em -i; **C:** correta, pois ambas as palavras são proparoxítonas; **D:** incorreta. O vocábulo 'ciúme' é uma paroxítona terminada em -e; **E:** incorreta, pois é 'ninguém' é uma oxítona terminada em -em.

Gabarito "C" – Ortografia

(Analista Jurídico – MPE-CE – FCC – 2013) Atente para as seguintes construções:

I. Meu coração, não sei <u>porque</u>, bate feliz quando te vê.
II. Sei que você se aborreceu comigo, só não sei <u>por quê</u>.
III. Ela partiu sem me esclarecer o porquê de seu descontentamento.

Está correto o emprego da forma pronominal sublinhada SOMENTE em:

(A) III.
(B) II e III.
(C) I e II.
(D) I e III.
(E) I.

I: incorreta, o termo 'porque' é uma conjunção explicativa ou causal, isto é, ele pode ser considerado um sinônimo de 'uma vez que', por exemplo; neste caso a forma mais adequada é 'por que'; **II:** correta, o termo 'por quê' é utilizado adequadamente nesta sentença, pois a preposição 'por' somado ao pronome interrogativo 'que' assume a forma tônica em final de sentença; **III:** correta, pois o substantivo masculino 'porquê' é utilizado para expressão motivo ou causa.

Gabarito "B" – Porques

10. LITERATURA E FIGURAS DE LINGUAGEM

Sobre Poesia

Não têm sido poucas as tentativas de definir o que é poesia. Desde Platão e Aristóteles até os semânticos e concretistas modernos, insistem filósofos, críticos e mesmo os próprios poetas em dar uma definição da arte de se exprimir em versos, velha como a humanidade. [...]

Um operário parte de um monte de tijolos sem significação especial senão serem tijolos para – sob a orientação de um construtor que por sua vez segue os cálculos de um engenheiro obediente ao projeto de um arquiteto – levantar uma casa. Um monte de tijolos é um monte de tijolos. Não existe neles beleza específica. Mas uma casa pode ser bela, se o projeto de um bom arquiteto tiver a estruturá-lo os cálculos de um bom engenheiro e a vigilância de um bom construtor no sentido do bom acabamento, por um bom operário, do trabalho em execução.

Troquem-se tijolos por palavras, ponha-se o poeta subjetivamente na quádrupla função de arquiteto, engenheiro, construtor e operário, e aí tendes o que é poesia. A comparação pode parecer orgulhosa, do ponto de vista do poeta, mas, muito pelo contrário, ela me parece colocar a poesia em sua real posição diante das outras artes: a de verdadeira humildade. O material do poeta é a vida, e só a vida, com tudo o que ela tem de sórdido e sublime. Seu instrumento é a palavra. Sua função é a de ser expressão verbal rítmica ao mundo informe de sensações, sentimentos e pressentimentos dos outros com relação a tudo o que existe ou é passível de existência no mundo mágico da imaginação. Seu único dever é fazê-lo da maneira mais bela, simples e comunicativa possível, do contrário ele não será nunca um bom poeta, mas um mero lucubrador de versos. [...]

Mas para o poeta a vida é eterna. Ele vive no vórtice dessas contradições, no eixo desses contrários. Não viva ele assim, e transformar-se-á certamente, dentro de um mundo em carne viva, num jardinista, num floricultor de espécimes que, por mais belos sejam, pertencem antes a estufas que ao homem que vive nas ruas e nas casas. [...]

(Vinicius de Moraes. **Poesia completa e prosa**.
Rio de Janeiro: Aguilar, 1974, v. único, p. 536 e 537)

(Agente Técnico Jurídico – MPE-AM – FCC – 2013) Infere-se corretamente do texto que:

(A) o verdadeiro poeta é aquele capaz de transmitir os anseios difusos e os sofrimentos por que passa na vida, verbalizando-os em um jogo requintado de palavras que, no entanto, possam ser compartilhadas por todos.

(B) nem sempre as palavras empregadas por um poeta condizem com a mensagem que ele pretende transmitir aos leitores, por faltar-lhes um significado inerente à beleza dos temas verdadeiramente poéticos.

(C) é enganosa a humildade que se atribui a um poeta, pois, em sendo a poesia manifestação artística de emoções informes e disseminadas, somente a sensibilidade desse poeta conseguirá percebê-las e dar vida a elas.

(D) a poesia somente fará sentido caso o poeta, ao trabalhar com palavras, consiga demonstrar a todos aquilo que a vida pode oferecer, seja o que há de mais belo, seja o que existe de corriqueiro e comum.

(E) é importante, para um verdadeiro poeta, a expressão verbal rítmica com que ele transforma em sua imaginação os fatos cotidianos vividos, além de poder compartilhar a beleza de seus versos com pessoas anônimas, nas ruas.

A: incorreta, pois o texto não afirma que a verbalização dos momentos da vida tratados pelo poeta é sempre requintada, ao contrário, ele atribui características de humildade ao poeta; **B:** incorreta. O autor mostra que tanto o poeta quanto os homens compartilham do mesmo sentimento e da mesma vida; **C:** incorreta. A humildade só é atribuída ao poeta no final do texto como forma de conclusão, ou seja, ela não pode ser enganosa, uma vez que o raciocínio do autor a cerca do poeta levou-o a tal característica; **D:** correta, pois a afirmativa apresenta uma compreensão adequada do texto; **E:** incorreta, pois o autor não fala especificamente dos ritmos, apesar de serem comuns na poesia.
Gabarito "D". – Literatura

(Agente Técnico Jurídico – MPE-AM – FCC – 2013) A comparação entre tijolos e palavras leva à constatação de que:

(A) palavras, que refletem sentimentos difusos e esparsos na vida de todas as pessoas, devem ter valor superior ao de tijolos, material cuja simplicidade não permite a imediata criação de algo realmente belo.

(B) somente um poeta, habitualmente voltado a exaltar os aspectos grandiosos e belos da vida, poderia associar um monte de tijolos, sem nenhuma beleza, a palavras, instrumento capaz de criar realmente a poesia.

(C) a versificação feita com palavras é tão importante quanto a disposição uniforme de tijolos que resulta na construção de uma casa, mesmo que tenha havido uma escolha adequada para transmitir o sentimento de beleza.

(D) a aparente inutilidade dos tijolos não condiz com a harmonia de sons e de significados transmitidos pelas palavras com que o verdadeiro poeta consegue criar algo verdadeiramente belo e reconhecido.

(E) elementos aparentemente simples e sem significação especial podem, se reunidos sob um planejamento e dispostos com harmonia e conhecimento, criar a beleza que emerge da obra, ao ser esta finalizada.

A: incorreta, pois o autor compara as palavras e os tijolos em nível de igualdade como podemos ver no seguinte trecho: '*Troquem-se tijolos por palavras, ponha-se o poeta subjetivamente na quádrupla função de arquiteto, engenheiro, construtor e operário, e aí tendes o que é poesia.*'; **B:** incorreta. O autor não demonstra que apenas os poetas podem realizar essa comparação, uma vez que ele nos convida a fazer o mesmo; **C:** incorreta. O autor não trata da versificação especificamente, mas sobre a poesia e o ofício de poeta de forma geral; **D:** incorreta. O texto deixa clara a comparação entre os tijolos e as palavras quanto à beleza e harmonia que lhe são atribuídos no contexto da poesia; **E:** correta, pois a sentença apresenta uma compreensão adequada acerca da comparação realizada entre os tijolos na construção de uma casa e as palavras utilizadas na poesia.
Gabarito "E". – Literatura

Juventudes

Pois se ainda ontem eu era jovem, conforme me asseguravam, asseguro-lhes que ainda hoje minha juventude não acabou. Se viesse a acabar, estaria tão velho que não saberia disso – o que significa que serei eternamente jovem. Preciso acrescentar: nada tenho de especial, todos os jovens da minha idade (isto é, acima dos 60) sabem disso. Não adianta os espelhos (por que se espalham por toda parte?) pretenderem mostrar o contrário, jogar-nos na cara nossa imagem envelhecida. Nós sabemos que eles mentem, sabemos que não têm como refletir nosso espírito – daí se vingarem, refletindo tão somente o que aparece.

Vou mais longe: não é que não envelheçamos, com essa mania que tem o tempo de nunca parar; na verdade, quanto mais anos vivemos, mais remoçamos. Alguns vivem até recuperar de vez – para nunca mais largar dela – a liberdade da infância. Enquanto lá não chego (esperando chegar), vou remoçando, remoçando, a ponto dos jovens de dezenove anos me pedirem mais moderação, mais compostura. Toda vez que fazem isso, surpreendo, no fundo de seus olhos, uma inveja incomensurável: inveja da minha adolescência verdadeira.

É verdade que a natureza, que tem lá seus caprichos, gosta de brincar com nossa juventude de sexagenários. Ela faz,

12. LÍNGUA PORTUGUESA — 323

por exemplo, o chão parecer mais longe: custa-nos chegar a ele, para apanhar aquela moedinha. Brinca, ainda, com nosso senso de equilíbrio: um volteio mais rápido do corpo e parece que a Terra subitamente acelerou a rotação. E já não podemos saltar imitando um saci, sobre os quadrados marcados a giz na calçada das brincadeiras: mesmo duas pernas mostram-se insuficientes para retomar o equilíbrio.

Enfim: valha esta mensagem para todos os jovens que ainda acreditam na velhice. Bobagem, meus amiguinhos: a velhice não chega nunca, é mais uma ilusão da juventude. Não adianta o corpo insistir em dar todos os sinais de mau funcionamento, inútil insistirem as bactérias em corromper nossos tecidos, inútil os olhos perderem a luz de dentro e a luz de fora: morremos sempre jovens, espantados por morrer, atônitos com essa insistência caprichosa e absurda da natureza, de vir ceifar nossa vida exatamente quando desfrutamos do esplendor de nossa juventude mais madura.

(Adamastor Rugendas, *inédito*)

(Analista Ministerial Administrativo – MPE-MA – FCC – 2013) Mostrando-se convicto de seu próprio conceito de juventude, o autor do texto deseja demonstrar que a velhice:

(A) existe apenas quando tomamos consciência de sua chegada, o que costuma ocorrer com os primeiros sinais da decrepitude física.

(B) somente atinge nosso espírito quando tomamos conhecimento dela pela implacável imagem de nós mesmos que os espelhos fornecem.

(C) chega primeiro para aqueles que, quando jovens, não se preparam para enfrentar todos os limites e dissabores dos últimos anos da vida.

(D) efetivamente nunca chega, pois o espírito é imune a ela e não acusa em si mesmo as carências e as restrições físicas que chegam com o tempo.

(E) de fato inexiste para aquele que, mesmo se sentindo velho e acabado, consegue transmitir aos outros uma imagem de jovialidade.

A: incorreta, pois de acordo com os trechos: 'Se [minha juventude] viesse a acabar, estaria tão velho que não saberia disso [...]' e 'Nós

sabemos que eles [os espelhos] mentem [...]' a juventude é um estado de espírito então não é possível tomar consciência da velhice e nem se abalar com a decrepitude física mostrada no espelho; **B:** incorreta. Como mostramos na alternativa anterior, o estado de juventude é tão pleno que a imagem refletida no espelho é considerada uma mentira pelo autor; **C:** incorreta. O autor não fala que a velhice chega primeiro para determinadas pessoas e nem associa os limites da velhice à algum tipo de dissabor; **D:** correta, pois a alternativa apresenta uma interpretação adequada no texto; **E:** incorreta, pois o autor não associa a juventude à uma imagem externa, mas à um estado de espírito.
Gabarito "D" – Literatura

(Analista Ministerial Administrativo – MPE-MA – FCC – 2013) Atente para as seguintes afirmações:

I. Para o autor do texto, uma evidência de que a velhice não é ilusória está no fato de que os jovens fingem não temê-la e de que os velhos simulam não acreditar nela, sabendo ambos o quanto o tempo é implacável.

II. No segundo parágrafo, o autor retrata-se do exagero que cometeu no parágrafo anterior, onde afirmou *minha juventude não acabou*, e no terceiro parágrafo confessará que não é pouco penoso ser um sexagenário.

III. Ao longo do texto, o autor promove uma desvinculação entre o corpo e o espírito, de modo que um sexagenário possa sentir-se intimamente jovem.

Em relação ao texto, está correto SOMENTE o que se afirma em:

(A) I.

(B) II.

(C) III.

(D) I e II.

(E) II e III.

I: incorreta, pois para o autor do texto os jovens chegam até a se espantar com a juventude que ele apresenta, como afirma o seguinte trecho: ' [...] vou remoçando, remoçando, a ponto dos jovens de dezenove anos me pedirem mais moderação, mais compostura."; **II:** incorreta, pois no segundo parágrafo o autor desenvolve os argumentos que comprovam que sua juventude não acabou e no terceiro parágrafo ele ameniza as penas da idade; **III:** correta, pois ao longo de todo o texto o autor desvincula o estado físico do estado de espírito como ele deixa claro ao afirmar que os espelhos mentem.
Gabarito "C" – Literatura

1 Sir Francis Bacon deu um conselho curioso _____ estudavam a natureza: deveriam
2 desconfiar de tudo o que suas mentes aceitassem sem hesitação. Talvez fosse uma maneira de
3 prevenir contra a ilusão _____ qualquer descoberta humana fosse completa, ou tivesse
4 completamente desvendado o que Deus encobrira. No momento (século 17) _____ crescia a ideia
5 herética de que existia um metafórico Livro da Natureza tão cheio de mensagens de Deus para os
6 homens quanto o Livro dos Livros, Bacon aconselhava a ciência a não desprezar o que diziam os
7 mitos e as escrituras. A glória de Deus manifestava-se de várias formas. Algumas eram apenas
8 mais poéticas do que as outras.
9 A primeira "mensagem" assim identificada do livro secular da natureza foi o
10 magnetismo, que só começou a ser estudado a fundo pelo inglês William Gilbert, contemporâneo
11 de Bacon na corte da rainha Elizabeth I, de quem era médico. O magnetismo era a prototípica
12 evidência de uma força _____ na natureza, a primeira alternativa à pura vontade de Deus como
13 algo por _____ de tudo. Albert Einstein contava que o presente de uma _____, quando era
14 menino, lhe dera a primeira sensação dessa força misteriosa, e o primeiro ímpeto de desvendá-la.
15 Mais do que ninguém, Einstein podia reivindicar uma glória de descobrir igual à glória
16 de Deus em ocultar, embora nunca abandonasse sua devoção quase religiosa a um determinismo

17 harmônico do universo, atribuindo-o a Deus ou a que outro nome se quisesse dar ao
18 indesvendável. Mas Einstein não seguiu o conselho de Francis Bacon, de desconfiar do que o
19 satisfazia. Satisfez-se tanto com suas certezas que passou os últimos anos da vida buscando uma
20 teoria unificada da gravidade e do eletromagnetismo que refutasse a teoria quântica que a
21 ameaçava e que tornava a matéria e seu comportamento inexplicáveis em qualquer linguagem,
22 científica ou poética.
23 Quando recém se começava a falar em partículas subatômicas e seu estranho
24 comportamento, o físico dinamarquês Niels Bohr disse que elas só poderiam ser descritas usando-se
25 a linguagem como na poesia. Um sombrio reconhecimento de que a linguagem racional não
26 teria como acompanhar a especulação científica e, por isso, estava condenada à analogia e à
27 aproximação inexata. Assim, os físicos falam em teorias das cordas, em um universo em forma de
28 donut, ou de bola de futebol, e isso é apenas o som da mente humana se chocando contra os
29 limites da linguagem, como moscas (para usar outra analogia) na vidraça.
30 Einstein morreu sem se resignar à ideia de que a verdadeira e inexpugnável glória de
31 Deus começa onde termina a linguagem humana.

Adaptado de Luís Fernando Veríssimo, "Ciência e Linguagem". *Zero Hora*, Porto Alegre, 27 set 2012.

(Analista Processual Direito – MPE-AC – FMP – 2013) Assinale a alternativa que apresenta o tema central do texto.

(A) Os limites da linguagem racional para expressar a compreensão da natureza.

(B) A insuficiência da linguagem científica para expressar a compreensão da poesia.

(C) A impossibilidade de expressar a compreensão da natureza com a linguagem poética.

(D) A contribuição do pensamento religioso para a compreensão da natureza.

(E) A necessidade do conhecimento da literatura para a compreensão da natureza.

A: correta, pois a sentença resume adequadamente o conteúdo apresentado no texto; **B:** incorreta, pois a menção à linguagem poética no texto é utilizada como exemplo de tentativa da linguagem científica em expressão sua compreensão da natureza; **C:** incorreta, pois o entendimento global do texto nos permite entender que a linguagem poética pode ser utilizada como uma forma de suprir as necessidades da linguagem científica; **D:** incorreta. Como podemos compreender a partir das linhas 4 a 8, Deus é colocado apenas como representação dos mistérios da natureza que pouco a pouco são desvendados pelos cientistas; **E:** incorreta, pois a referência mitológica ilustra a necessidade humana de dominar a natureza através da linguagem.
Gabarito "A" – Literatura

(Analista Processual Direito – MPE-AC – FMP – 2013) Abaixo estão listadas expressões de sentido figurado utilizadas no texto de Verissimo; junto a elas, listam-se expressões cujo sentido literal é equivalente ao da expressão figurada.

1. *o que Deus* **encobrira** (l. 04) = o que Deus criou de modo tão complexo que o funcionamento permanece desconhecido para o homem.
2. *o que diziam* **os mitos e as escrituras** (l. 06-07) = o que era dito (por poetas, profetas, etc.) através dos mitos e das escrituras.
3. *onde termina* **a linguagem humana** (l. 31) = onde termina o poder de expressão da linguagem humana.

A seguir, são descritas as relações de sentido em que se baseiam as expressões figuradas acima listadas. Associe cada expressão à relação apropriada.

( ) *o meio utilizado pelo agente* representa *o próprio agente.*

( ) *um meio com uma certa capacidade* representa a *própria capacidade.*

( ) *a consequência da ação* representa a *própria ação.*

Assinale a alternativa que preenche corretamente os parênteses, de cima para baixo.

(A) 1 – 2 – 3.
(B) 2 – 3 – 1.
(C) 3 – 1 – 2.
(D) 3 – 2 – 1.
(E) 2 – 1 – 3.

A construção da sentença 1 exibe a consequência da ação, isto é, os mistérios da natureza que representam a própria ação de criação complexa. Já a sentença 2 apresenta o meio utilizado, ou seja, os mitos e as escrituras ocupando o lugar do agente como os poetas e profetas que criaram tais meios. Por fim, a sentença 3 apresenta um caso de metonímia onde uma parte é tomada pelo todo, isto é, a expressão da linguagem humana é tomada como a própria linguagem.
Gabarito "B" – Figuras de Linguagem

Continuidade dos parques

Primeiro entrava a mulher, receosa; agora chegava o amante, a cara ferida pela chicotada de um galho. Admiravelmente ela estancava o sangue com seus beijos, mas ele recusava as carícias, não havia vindo para repetir as cerimônias de uma paixão secreta, protegida por um mundo de folhas secas e caminhos furtivos. O punhal ficava morno contra seu peito, e debaixo pulsava a liberdade escondida. Um diálogo ardente corria pelas páginas como um riacho de serpentes, e sentia-se que tudo estava decidido desde sempre. Até essas carícias que envolviam o corpo do amante, como querendo retê-lo e dissuadi-lo, desenhavam abominavelmente a figura de outro corpo que era necessário destruir. Nada havia sido esquecido: desculpas, azares, possíveis erros. A partir dessa hora cada instante tinha seu emprego minuciosamente atribuído. O impiedoso duplo reexame se interrompia apenas para que uma mão acariciasse uma face. Começava a anoitecer.

(Analista de Promotoria II – Agente de Promotoria – MPE-SP – IBFC – 2013) Como dito, o excerto que você acabou de ler pertence a um conto, isto é, um tipo de texto literário cuja linguagem é trabalhada pelo autor para que sejam alcançados determinados efeitos estéticos. As figuras de linguagem são poderosos recursos estilísticos que contribuem para a criação desses efeitos. No que se refere às figuras de linguagem, não é correto dizer que o trecho "Um diálogo ardente corria pelas páginas como um riacho de serpentes" apresenta:

(A) prosopopeia.
(B) símile.
(C) metáfora.
(D) sinestesia.
(E) personificação.

A: incorreta, pois prosopopeia é o nome que se dá quando o autor confere características de um ser vivo a um ser inanimado, assim como Cortázar faz ao atribuir as características da serpente ao correr das páginas; **B:** incorreta, o trecho apresenta símile, que é a comparação entre elementos semelhantes, quando coloca riacho e serpentes como um único elemento; **C:** incorreta, a conjunção adversativa 'como' já é um claro indício da presença de metáfora; **D:** correta, pois o texto não apresenta nenhum tipo de sinestesia, que é o nome dado ao recurso em que os sentidos são misturados como em 'voz aveludada - audição e tato'; **E:** incorreta, pois personificação é apenas outro nome dado à prosopopeia que já comentamos na alternativa A.
Gabarito "D" – Figuras de Linguagem

(Analista de Promotoria II – Agente de Promotoria – MPE-SP – IBFC – 2013) Ainda com base no texto, assinale abaixo a alternativa que apresenta como figura de linguagem uma metonímia.

(A) "Primeiro entrava a mulher, receosa"
(B) "ela estancava o sangue com seus beijos"
(C) "O punhal ficava morno contra seu peito"
(D) "cada instante tinha seu emprego minuciosamente atribuído"
(E) "apenas para que uma mão acariciasse uma face"

A única sentença que apresenta uma figura de linguagem explícita é a sentença B, que contém uma metonímia, isto é, o termo 'sangue' é utilizado para caracterizar a ferida por inteiro.
Gabarito "B" – Figura de Linguagem

Demasiadamente

(Eneida Costa de Morais)

Quem conta um conto, acrescenta um ponto, diz o ditado. No caso presente não precisaremos acrescentar nada, tantos os pontos existentes: Aníbal Vicente foi preso porque é marido de cinco mulheres e noivo de mais de uma dezena de jovens.

Buscar, no retrato que os jornais estamparam, as razões desse tão grande prestígio de Vicente, é tolice: homem feio — muito feio, mesmo — o D. Juan magro, de rosto marcado pelas bexigas ou espinhas, nada oferece para que possamos imaginá-lo usando luares em declarações de amor, ou dizendo de maneira pessoal e pessoal encantamento, as sempre novas palavras que prenderam nossos tataravôs, avós, pais e a nós mesmos.

O caso aconteceu em S. Paulo, se bem que todo o Brasil esteja envolvido na ação amorosa de Aníbal. Cinquenta anos de idade, sem residência fixa — mudava muito de casa —, o herói do "conto do noivado" casava para lesar suas vítimas. Seu método mais usado era simples: entabulava namoro através de correspondência sentimental de revistas especializadas no assunto. "Homem só, profundamente só, com uma enorme riqueza senti-

mental, conhecendo todas as palavras de amor, sabendo empregá-las no momento preciso, capaz de emocionar-se com a lua cheia, usando ternura, sempre ternura para com aquela que amar, precisa encontrar senhora só", etc., etc. O anúncio devia ser assim e, por ele, Aníbal ia colhendo as respostas, analisando-as, conhecendo mulheres antes de encontrá-las pessoalmente, mandando para esta carta, para a outra telegrama, até o final: encontro, casamento.

Assinava "Ouro Branco", pois era de ouro que precisava Aníbal. Muito ouro para bem viver, bem comer, andar e dar golpes em outras românticas incautas.

A sede de amar e ser amada é tão grande nas mulheres que Aníbal continuaria seus trabalhos até o fim da vida, não fosse o ciúme de uma das esposas enganadas. A mais sofredora de todas, talvez, porque a que mais amasse, levou-o à polícia, e à prisão. [...]

A prisão se deu sem que o amoroso ladrão pressentisse. Estava calmamente à porta de uma casa, esperando a chegada de uma de suas noivas, a destinada futura esposa. Preso, sobre ele caiu o ódio de cento e cinco mulheres enganadas; esqueceram que a culpa não era apenas dele, esqueceram que atendendo ao apelo de Aníbal Vicente eram também culpadas. O homem está preso e uma centena de mulheres ficou sem noivo e sem esposo.

Casou muito, amou demais, eis a definição de Aníbal; naturalmente a Justiça acrescentará: roubou muito. Mas ninguém poderá negar a Vicente o título de criador de uma nova forma do conto-do-vigário: o "conto do amor", o "conto do noivado" e do "casamento", o "conto sentimental".

Aqui para nós, digam, Vicente, mesmo roubando suas enamoradas, não lhes terá dado alguma felicidade?

(Auxiliar Técnico – MPE-PR – ESPP – 2013) O texto apresenta o motivo que facilitou os golpes de Vicente. Assinale-o.

(A) A esperteza de Aníbal Vicente.
(B) A sede de amar e ser amada das mulheres.
(C) O desejo de Aníbal Vicente de bem viver e comer.
(D) O fato de assinar seus anúncios como "Ouro Branco".
(E) A necessidade que Aníbal Vicente tinha de possuir ouro.

A: incorreta. Apesar desta possibilidade estar correta, o texto de tom levemente machista acaba por culpar as mulheres como fator facilitador para os golpes de Vicente; **B:** correta. O toque machista do texto culpa as mulheres como facilitador para os golpes como afirma o seguinte trecho: "[...] esqueceram que a culpa não era apenas dele, esqueceram que atendendo ao apelo de Aníbal Vicente eram também culpadas."; **C:** incorreta. O desejo do golpista pode ser entendido como motivados para os crimes, mas não como um facilitador; **D:** incorreta, pois sua assinatura é apenas um indício de sua verdadeira intenção; **E:** incorreta, pois a necessidade de Aníbal era viver bem e não necessariamente acumular riquezas.
Gabarito "B" – Literatura

(Auxiliar Técnico – MPE-PR – ESPP – 2013) Ao afirmar que "Buscar, no retrato que os jornais estamparam, as razões desse tão grande prestígio", o autor antecipa aos leitores um importante traço descritivo de Aníbal Vicente. Trata-se:

(A) de ter sido marido de cinco mulheres.
(B) de ser um homem feio.
(C) de parecer-se com D. Juan.

(D) de ter sido noivo de uma dezena de jovens.

(E) de ser um homem esperto.

A: incorreta, pois sua poligamia não tem relação alguma com o retrato estampado nos jornais; **B:** correta, pois o fato de Aníbal ser um homem feio descarta a possibilidade de que sua sedução se dava por atração física; **C:** incorreta. Ele é tratado como D. Juan, mas de forma irônica pelo autor; **D:** incorreta. Assim como na alternativa A, a quantidade de mulheres que se relacionaram com Aníbal não se relaciona com a foto estampada nos jornais; **E:** incorreta, pois não é possível avaliar a esperteza de uma pessoa através de sua foto.

Gabarito "B" – Literatura

(Auxiliar Técnico – MPE-PR – ESPP – 2013) No trecho *"dizendo de maneira pessoal e pessoal encantamento, as sempre novas palavras que prenderam nossos tataravôs, avós, pais e a nós mesmos.",* é possível perceber uma figura de linguagem que confere expressividade ao discurso. Trata-se da:

(A) Metáfora.

(B) Comparação.

(C) Ironia.

(D) Personificação.

(E) Metonímia.

A: incorreta, pois a metáfora é o recurso em que se atribui as características de um objeto a outro que não necessariamente se relacionam; **B:** incorreta. O trecho apresentado na questão não apresenta nenhum tipo de comparação; **C:** correta. A ironia está no fato de que as palavras são classificadas como novas, porém foram repetidas há muitas gerações; **D:** incorreta, pois não há atribuição de características de ser vivo à algum objeto inanimado; **E:** incorreta, pois não há uma situação em que uma parte tenha sido tomada para representar seu todo.

Gabarito "C" – Figuras de Linguagem

(Auxiliar Técnico – MPE-PR – ESPP – 2013) Ao final do texto, é possível perceber um aparente posicionamento do cronista sobre a postura do "Ouro Branco". Assinale-o.

(A) A polícia sempre faz a justiça corretamente.

(B) Casamentos e noivados são instituições, socialmente, desvalorizadas.

(C) Os aplicadores de golpes como os dele devem ser punidos com rigor.

(D) Apesar do golpe, Aníbal Vicente fez bem às suas enamoradas.

(E) Os relacionamentos precisam de aventuras para tornarem-se sólidos.

A: incorreta, pois não há uma reflexão sobre o trabalho da polícia na conclusão do texto; **B:** incorreta, pois o autor não atribui juízo de valor à instituição do casamento em si, mas ele trata especificamente dos relacionamentos de Aníbal; **C:** incorreta, pois o autor assume uma posição machista no texto que divide a culpa do golpe com as mulheres e ameniza o prejuízo causado pelo golpista; **D:** correta. Em uma postura extremamente machista o autor do texto se coloca a favor do golpista ao dizer que, apesar dos danos morais e financeiros o golpista fez algum tipo de bem à suas vítimas; **E:** incorreta, pois os golpes dados por Aníbal sequer podem ser classificados como relacionamentos, uma vez que sua intenção criminosa estava latente em todos eles.

Gabarito "D" – Literatura

Vou te contar

(Tom Jobim)

Vou te contar

Os olhos já não podem ver

Coisas que só o coração pode entender

Fundamental é mesmo o amor

É impossível ser feliz sozinho

O resto é mar

É tudo que não sei contar

São coisas lindas que eu tenho pra te dar

Vem de mansinho à brisa e me diz

É impossível ser feliz sozinho

Da primeira vez era a cidade

Da segunda, o cais e a eternidade

Agora eu já sei

Da onda que se ergueu no mar

E das estrelas que esquecemos de contar

O amor se deixa surpreender

Enquanto a noite vem nos envolver

Da primeira vez era a cidade

Da segunda, o cais e a eternidade

Agora eu já sei

Da onda que se ergueu no mar

E das estrelas que esquecemos de contar

O amor se deixa surpreender

Enquanto a noite vem nos envolver

Vou te contar

(Auxiliar Técnico – MPE-PR – ESPP – 2013) Nos versos "O resto é mar" e "Vem de mansinho à brisa e me diz", ocorrem, respectivamente, as seguintes figuras de linguagem:

(A) metáfora e hipérbole.

(B) comparação e metáfora.

(C) hipérbole e personificação.

(D) comparação e metonímia.

(E) metáfora e personificação.

A: incorreta. Apesar da primeira figura de linguagem estar classificada corretamente, o segundo verso não apresenta nenhum tipo de exagero para ser classificado como hipérbole; **B:** incorreta. Não há nada nos versos que os classifiquem como comparação ou metáfora, respectivamente; **C:** incorreta. Apesar da segunda figura de linguagem estar correta, o primeiro verso não apresenta as características necessárias para ser classificado como hipérbole; **D:** incorreta. Não há nada nos versos que os classifiquem como comparação ou metáfora; **E:** correta, pois no primeiro verso atribuir as características do mar a aquilo que sobra além do amor é uma forma de metáfora e afirmar que a brisa tem a capacidade de dizer algo é personificação.

Gabarito "E" – Figura de Linguagem

(Auxiliar Técnico – MPE-PR – ESPP – 2013) Ao afirmar que "Fundamental é mesmo o amor", o sujeito lírico defende que:

(A) apenas ele não consegue viver sem amor.

(B) o ser humano precisa do amor para viver.

(C) apenas a pessoa que ele ama não consegue viver sem amor.

(D) pode-se amar, mesmo sozinho.

(E) dentre todos os sentimentos, o amor é o mais frágil.

A: incorreta, pois o verso não apresenta nenhum elemento discriminatório que justifique a alternativa de que só o eu-lírico não é capaz de viver sem amor; **B:** correta. O verso traz uma mensagem mais geral de que o ser humano precisa do amor para viver; **C:**

12. LÍNGUA PORTUGUESA — 327

incorreta, pois o contexto da canção não nos permite deduzir que se trata apenas da pessoa amada; **D:** incorreta, pois o verso que se segue informa justamente o contrário "Fundamental é mesmo o amor/ É impossível ser feliz sozinho"; **E:** incorreta. O texto não trata o amor como algo frágil.

Gabarito "B" – Literatura

O cego de Ipanema

Caminha depressa e ritmado, a cabeça balançando no alto, como um instrumento, a captar os ruídos, os perigos, as ameaças da Terra. Os cegos, habitantes de mundo esquemático, sabem aonde ir, desconhecendo as nossas incertezas e perplexidades.

Sua bengala bate na calçada com um barulho seco e compassado, investigando o mundo geométrico. A cidade é um vasto diagrama, de que ele conhece as distâncias, as curvas, os ângulos. Sua vida é uma série de operações matemáticas, enquanto a nossa costuma ser uma improvisação constante, uma tonteira, um desvario. Sua sobrevivência é um cálculo.

Um dia eu o vi em um momento particular de mansidão e ternura. Um rapaz que limpava um cadillac sobre o passeio deixou que ele apalpasse todo o carro. Suas mãos percorreram o para-lama, o painel, os faróis, os frisos. Seu rosto se iluminava, deslumbrado, como se seus olhos vissem pela primeira vez uma grande cachoeira, o mar de encontro aos rochedos, uma tempestade, uma bela mulher.

> (Paulo Mendes Campos. **O amor acaba**. São Paulo: Companhia das Letras, 2013, p. 31)

(Analista Jurídico – MPE-CE – FCC – 2013) O primeiro e o segundo parágrafos destacam, respectiva mente, as seguintes características do "cego de Ipanema":

(A) a segurança com que improvisa um novo trajeto e a sensação de júbilo que sente ao contato com formas que desconhece.

(B) a extrema cautela na avaliação do espaço e a capacidade de precisar as peças de um carro que ele apalpa.

(C) a natural insegurança de quem caminha pela cidade e a imaginação com que vai avaliando as formas de um carro.

(D) o apurado senso de orientação no espaço delineado e a capacidade de se deleitar com a sensação tátil das formas.

(E) o ritmo titubeante das passadas e a capacidade de reconhecer com as mãos as formas de um automóvel.

A: incorreta. Os dois primeiros parágrafos não destacam que o cego improvisa novos trajetos e ainda não se aproximam da descoberta das novas formas que ele experimenta ao tocar o Cadillac; **B:** incorreta. Como afirmamos na alternativa anterior, os dois primeiros parágrafos ainda não se aproximam da experiência de tocar um carro; **C:** incorreta. Ao contrário do que afirma a alternativa, os dois primeiros parágrafos do texto mostram a segurança com que o cego parece calcular as distâncias e a formas ao caminhar na rua, enquanto nós andamos em movimentos caóticos; **D:** correta, pois a alternativa compreende adequadamente o conteúdo do texto; **E:** incorreta, pois o autor não apresenta o ritmo do cego como inseguro ou titubeante.

Gabarito "D" – Literatura

Fiquei velho na época errada. Toda a minha vida foi assim.

Cheguei às diferentes fases da vida quando elas já tinham perdido as suas vantagens, ou antes de adquirirem vantagens novas. Veja você: a infância. Houve um tempo em que as crianças, assim, da minha classe, eram tratadas como príncipes e princesas. Não foi o meu. E a adolescência? A revolução sexual começou exatamente um dia depois do meu casamento.

Quando cheguei à juventude, os jovens adultos estavam cuidando de suas carteiras de ações da Bolsa.

Tudo bem, pensei. Vou me preparar para a velhice e seus privilégios, com minha pensão e meus netos. Mas a Previdência está quase quebrando e meus netos, quando me olham, parecem estar me medindo para um asilo geriátrico. Cheguei tarde também à velhice.

> (Adaptado de: Luis Fernando Verissimo. **Em algum lugar do paraíso**. Rio de Janeiro: Objetiva, 2011, p. 48 e 49)

(Analista Jurídico – MPE-CE – FCC – 2013) A ideia principal do texto está resumida de modo adequado na seguinte formulação: **O autor acredita que"**

(A) muita gente, tal como ele, fica esperando os prazeres da fase seguinte da vida, deixando, com isso, de gozar os benefícios da que está vivendo.

(B) as vantagens da vida, no seu caso, foram desfrutadas em épocas distintas das que normalmente as pessoas passam a desfrutar.

(C) os proveitos da vida não se lhe ofereceram, pois jamais houve concomitância entre a vantagem de uma fase e a fase que estivesse atravessando.

(D) muita gente, ele inclusive, deixa de aproveitar o que há de melhor em cada fase da vida por ignorar as vantagens que cada uma oferece.

(E) os dissabores da vida fazem-nos esquecer ou subestimar o que há de vantajoso em cada fase, tal como sempre aconteceu com ele.

A: incorreta. O autor afirma que não pode gozar dos benefícios de cada fase da vida, pois estes começaram quando ele já havia passado de cada fase, como podemos observar no seguinte trecho: "E a adolescência? A revolução sexual começou exatamente um dia depois do meu casamento."; **B:** incorreta. O texto nos permite entender que o autor não desfrutou das vantagens da vida, pois chegou atrasado em todas as fases vantajosas; **C:** correta, pois a sentença apresenta adequadamente o conteúdo do texto; **D:** incorreta. O texto mostra que o autor conhece as vantagens de cada fase da vida, porém não teve a oportunidade de desfrutá-las; **E:** incorreta, pois o autor não teve sequer a oportunidade de aproveitar o que há de vantajoso em cada fase.

Gabarito "C" – Literatura

(Analista Jurídico – MPE-CE – FCC – 2013) Deve-se deduzir das informações apresentadas no texto que:

I. houve época em que se condicionavam, com certa naturalidade, os prazeres da vida sexual à contração do matrimônio.

II. os moços, à época da juventude do autor, entregavam-se já a tarefas que em nada os aliviava das responsabilidades dos adultos.

III. a velhice, ao contrário das outras fases da vida, não nos traz decepções, já que nos conformamos em dela nada esperar.

Está correto o que se formula SOMENTE em:

(A) II e III.
(B) I e II.
(C) III.
(D) II.
(E) I.

I: correta, pois ao afirmar que a revolução sexual começou após seu casamento, o autor dá a entender que apenas após o casamento é que teve início sua vida sexual; **II**: correta. Como podemos entender do seguinte trecho 'Quando cheguei à juventude, os jovens adultos estavam cuidando de suas carteiras de ações da Bolsa.', a juventude do autor veio tão carregada de responsabilidades quanto a vida adulta; **III**: incorreta, pois o texto também apresenta expectativas sobre a velhice como a companhia dos netos, etc.

Gabarito "B" – Literatura

Cantigas de roda

*Há quem veja tão somente fantasia e ingenuidade nas palavras das cantigas de roda: "Ciranda, cirandinha / Vamos todos cirandar"... Mas há algumas que fazem pensar, e muito: vão bem mais fundo do que parecem. Têm, às vezes, versos trágicos, como estes: "Menina, minha menina / Faz favor de entrar na roda / Cante um verso bem bonito / Diga adeus e vá-se embora". Trágicos, sim: podem ser ouvidos e entendidos como uma síntese da nossa vida, do tempo curto da nossa vida, a que viemos para entrar na roda, cantar alguma coisa de nós e partir...para sempre. É pouco? É tudo. E tem gente que vai embora sem nunca ter cantado coisa nenhuma. A escritora Orides Fontela usou esses versos populares como epígrafe de seu livro de poemas **Helianto**. Era a dona de uma poesia fina e trágica, cantava como poucos.*

(Carlos Rossignol, inédito)

(**Analista Jurídico – MPE-CE – FCC – 2013**) Para considerar como trágicos os versos populares adotados por Orides Fontela, o autor do texto atribuiu-lhes o sentido que corretamente se resume nesta afirmação:

(A) Conquanto não seja longa, a vida nos dá o tempo feliz de cantar, antes que passemos a sofrer.
(B) Se a vida fosse curta, não teríamos sequer tempo para cantar alguma coisa e deixar nela nossa marca.
(C) A vida é absurda, pois apenas ficamos cantando, sem saber por que viemos e qual será o nosso destino.
(D) No escasso tempo da vida, cada um de nós cante seu breve recado, e já estará na hora de morrer.
(E) Na roda-viva, nossas dores são tão grandes que a única compensação é cantar para tentar esquecê-las.

A: incorreta, pois ele afirma que por conta da brevidade da vida nós só temos tempo de dizer alguns versos antes de morrer; **B**: incorreta. Pelo que se pode entender do texto, autor não duvida da brevidade da vida, ao contrário, ele afirma que ela é curta; **C**: incorreta. A ideia de cantar um verso que se apresenta no texto é apenas uma metáfora para resumir o que fazemos de nossa vida, isto é, dizer à que viemos; **D**: correta, pois a sentença resume adequadamente a ideia do autor presente no texto; **E**: incorreta, pois o autor não fala das dores da vida, mas sim de sua brevidade.

Gabarito "D" – Literatura

11. DISSERTAÇÃO

Segundo o filósofo americano Michael Sandel, da Universidade Harvard, estamos em uma época em que todas as relações, sejam emocionais, sejam cívicas, estão tendendo a ser tratadas pela lógica da economia de mercado. Diz ele que

passa da hora de abrir-se um amplo debate sobre o processo que, "sem que percebamos, sem que tenhamos decidido que é para ser assim, nos faz mudar de uma economia de mercado para uma sociedade de mercado". Já chegamos a ela? Felizmente ainda não, mas estamos a caminho.

A economia de mercado é o corolário da democracia no campo das atividades produtivas. Mas o que seria uma "sociedade de mercado"? É uma sociedade em que os valores sociais, a vida em família, a natureza, a educação, a saúde, até os direitos cívicos podem ser comprados e vendidos. Em resumo, uma sociedade em que todas as relações humanas tendem a ser mediadas apenas pelo seu aspecto econômico.

Sandel reafirma sempre que, com todos os seus defeitos, o mercado ainda é a forma mais eficiente de organizar a produção e de distribuir bens. Reconhece que a adoção de economias de mercado levou a prosperidade a regiões do globo que nunca a haviam conhecido. Enfatiza, também, que, junto a essa economia de mercado, vem quase sempre o desenvolvimento de instituições democráticas, ambas baseadas na liberdade. Os riscos apontados são, segundo ele, de outra natureza. Ele alerta para o fato de que, por ser tão eficiente na economia, a lógica econômica está invadindo todos os outros domínios da vida em sociedade.

(Adaptado de: Jones Rossi e Guilherme Rosa. **Veja**, 21 de novembro de 2012. p. 75-77)

(**Agente Técnico Jurídico – MPE-AM – FCC – 2013**) O filósofo citado no texto:

(A) censura certa tendência das economias de mercado em sociedades mais desenvolvidas, que acabam interferindo no mercado interno de nações menos privilegiadas economicamente.
(B) defende uma eventual sociedade de mercado caracterizada pela evolução das relações econômicas, em que tudo, incluindo-se até mesmo os valores, deve ser comercializado.
(C) reconhece o valor da economia de mercado, porém se preocupa com a tendência atual de comercialização dos valores sociais, fato que tende a desvirtuá-los.
(D) aceita a interferência das regras da economia em todos os campos da atividade humana, ainda que seja necessário incluir os valores sociais nas mesmas condições de bens e de produtos.
(E) afirma que a liberdade democrática presente em uma sociedade de mercado justifica a comercialização, tanto de bens e de produtos, quanto dos valores que norteiam essa sociedade.

A: incorreta, pois o filósofo citado no texto defende a economia de mercado, uma vez que esta permite a prosperidade em nações menos privilegiadas. Sua crítica se dirige ao que ele chama de 'sociedade de mercado'; **B**: incorreta. Ao contrário do que afirma a alternativa, podemos perceber na interpretação do texto que o filósofo se posiciona contra a sociedade de mercado; **C**: correta, pois a alternativa apresenta uma compreensão adequada do texto; **D**: incorreta. Como podemos perceber no trecho: '*Ele alerta para o fato de que, por ser tão eficiente na economia, a lógica econômica está invadindo todos os outros domínios da vida em sociedade.*', o tom de alerta aponta para uma discordância com esse fato; **E**: incorreta, pois de acordo com o que se pode inferir do texto a sociedade de mercado tem como consequência a ausência da liberdade em outros setores da sociedade.

Gabarito "C" – Artigos de Opinião

12. LÍNGUA PORTUGUESA   329

(Agente Técnico Jurídico – MPE-AM – FCC – 2013) Conclui-se corretamente do texto que

(A) sociedades bem desenvolvidas são aquelas que conseguem valorizar as relações humanas de acordo com as leis da economia de mercado.

(B) valores sociais vêm se transformando, atualmente, em objetos de transações comerciais, segundo a lógica de mercado.

(C) economia de mercado e sociedade de mercado são conceitos que se fundiram atualmente, pois o preço direciona todas as transações de compra e venda.

(D) sociedade de mercado é aquela que recebe, atualmente, os benefícios conjuntos da economia e da democracia, gerados pela economia de mercado.

(E) relações humanas podem ser objetos habituais de negociação entre partes interessadas, em respeito à liberdade democrática vigente na economia de mercado.

A: incorreta. O texto apresenta um tom de alerta para a possibilidade da lógica de mercado invadir outras áreas da sociedade como podemos ver no seguinte trecho: " '[a lógica da economia de mercado] no faz mudar de uma economia de mercado para uma sociedade de mercado' Já chegamos a ela? Felizmente ainda não [...]"; **B:** correta. A partir do texto podemos concluir que o sucesso da lógica de mercado para as áreas financeiras da sociedade tende a ser empregado perigosamente para os valores sociais; **C:** incorreta. Como podemos concluir do texto, o conceito de sociedade de mercado é uma consequência da economia de mercado, mas não está vinculado estritamente a transações, mas aos valores da sociedade; **D:** incorreta. Como se pode entender do texto, a sociedade de mercado está mais vinculada a algo prejudicial do que benéfico, pois valores como a vida em família, a natureza e outros direitos cívicos citados no texto não devem ser mediados por valores econômicos; **E:** incorreta. O texto afirma que as relações humanas estão se tornando objetos de negociação, porém isso apresenta uma ameaça à liberdade democrática.
Gabarito "B" – Artigos de Opinião

(Agente Técnico Jurídico – MPE-AM – FCC – 2013) Em relação ao 2o parágrafo, é correto afirmar:

(A) insiste na importância econômica prioritária dos fenômenos sociais.

(B) traz informações referentes ao filósofo citado anteriormente.

(C) retoma a importância do atual desenvolvimento econômico.

(D) contém uma opinião destinada a criticar o que vem sendo exposto.

(E) introduz esclarecimentos necessários à compreensão do assunto.

A: incorreta, pois diferente do que afirma a alternativa, o segundo parágrafo explica o raciocínio apresentado anteriormente; **B:** incorreta. O texto não traz informações sobre o filósofo, mas sobre o conceito que ele apresenta; **C:** incorreta, pois o parágrafo não retoma um conceito, mas o explica com maiores detalhes; **D:** incorreta. O texto apresenta alguns elementos de opinião como o trecho 'Já chegamos a ela? Felizmente ainda não, mas estamos a caminho.', mas o segundo parágrafo traz apenas elementos explicativos como 'Mas o que seria uma 'sociedade de mercado'"? e "Em resumo, [...]"; **E:** correta. O segundo parágrafo, como é recomendado em redações dissertativas, explica com maiores detalhes o panorama do texto que foi apresentado no primeiro parágrafo.
Gabarito "E" – Artigos de Opinião

(Agente Técnico Jurídico – MPE-AM – FCC – 2013) *A economia de mercado é o corolário da democracia no campo das atividades produtivas.*

A constatação que justifica a afirmativa acima, considerando-se o contexto, está na:

(A) lógica econômica que abrange as relações humanas existentes na sociedade.

(B) prosperidade observada em várias regiões do globo.

(C) abrangência mundial de uma economia de mercado.

(D) liberdade em que se baseia a economia de mercado.

(E) organização e na distribuição de bens a todas as regiões do planeta.

A: incorreta, pois a afirmativa trata da relação entre a economia de mercado e as atividades produtivas, e não entra no campo das relações humanas; **B:** incorreta, pois a afirmativa do texto de que a economia de mercado trouxe prosperidade para várias regiões do globo pode ser entendida como uma consequência e não uma base para a sentença apresentada na questão; **C:** incorreta, pois o texto nos permite entender que a abrangência mundial é uma característica da economia de mercado, mas ainda não é suficiente para justificar a afirmativa acima; **D:** correta, pois a reflexão de que a economia de mercado é a consequência óbvia da democracia nas atividades produtivas se baseia nos princípios da liberdade; **E:** incorreta, pois a economia de mercado não se deve somente à distribuição de bens a todas as regiões do planeta.
Gabarito "D" – Artigos de Opinião

(Agente Técnico Jurídico – MPE-AM – FCC – 2013) *Os riscos apontados são, segundo ele, de outra natureza.* (último parágrafo)

A *outra natureza* a que se refere o filósofo diz respeito:

(A) ao desenvolvimento econômico resultante da comercialização de quaisquer bens, inclusive os valores cívicos, observado em várias regiões do globo.

(B) à ausência de um amplo debate sobre as vantagens obtidas por uma sociedade de mercado ao adotar as regras estabelecidas pela economia de mercado.

(C) aos novos rumos a serem definidos em uma sociedade democrática, no sentido de que suas instituições preservem os valores cívicos.

(D) à atual tendência observada na sociedade em mediar todas as relações humanas pela lógica da economia de mercado.

(E) a um eventual comprometimento da liberdade democrática que caracteriza a economia de mercado, caso esta seja transformada em uma sociedade de mercado.

A: incorreta, pois o desenvolvimento econômico não é fruto da comercialização de valores cívicos como afirma a questão, mas ao contrário, essa comercialização pode ser uma consequência nociva do desenvolvimento econômico; **B:** incorreta. Pelo que podemos entender do texto a adoção da lógica de mercado para o âmbito social é um risco e não uma vantagem; **C:** incorreta. A postura apresentada por esta alternativa não é um risco, mas pode ser entendida como uma possível solução para evitar a consolidação dos valores de uma sociedade de mercado; **D:** correta. O risco mencionado no texto diz respeito à adoção dos valores de mercado para as demais relações sociais; **E:** incorreta, o surgimento da sociedade de mercado pode levar a um eventual comprometimento da liberdade democrática, porém, o texto mostra claramente qual é o risco 'outra natureza' como podemos ver no seguinte trecho: "Ele [Sandel] alerta para o fato de que, por ser tão eficiente na economia, a lógica econômica está invadindo todos os outros domínios da vida em sociedade."
Gabarito "D" – Artigos de Opinião

(Agente Técnico Jurídico – MPE-AM – FCC – 2013) ... *"sem que percebamos, sem que tenhamos decidido que é para ser assim, nos faz mudar de uma economia de mercado para uma sociedade de mercado".*

O segmento transcrito acima constitui:

(A) resumo de todo o desenvolvimento posterior do texto.

(B) transcrição exata das palavras do filósofo citado no texto.

(C) hipótese contrária ao que havia sido afirmado anteriormente.

(D) insistência em uma afirmativa que enumera vantagens da época moderna.

(E) dúvida quanto ao valor econômico de certos produtos estabelecido pelo mercado.

A: incorreta. Por se tratar de um trecho inserido no início do primeiro parágrafo não é possível interpretá-lo como resumo de um desenvolvimento. Ao contrário, a citação é o princípio deste desenvolvimento; **B:** correta, pois o trecho que antecede o segmento: "Diz ele que [...]" e o próprio uso das aspas indicam que a sentença é uma citação direta; **C:** incorreta, pois não há termos adversativos como 'mas', 'por outro lado', 'porém', etc. que indicam uma hipótese contrária; **D:** incorreta, principalmente por que a sentença não apresenta enumeração de vantagens e também não é possível afirmar que se trata da insistência de algo, uma vez que sua posição inicial no texto infere a apresentação de um conceito; **E:** incorreta, pois o segmento sequer menciona valores econômicos estabelecidos pelo mercado.

Gabarito "B" – Artigos de Opinião

Em 2010, pela primeira vez na história dos Estados Unidos, o índice de pobreza foi maior nos subúrbios do que nas grandes cidades em torno das quais eles gravitam.

Demógrafos, como William Frey, e urbanistas, como Vishaan Chakrabarti e outros, hoje chegam a decretar a morte dos subúrbios, que consideram insustentáveis do ponto de vista econômico e pouco eficientes como modelos de planejamento urbano. Em entrevista ao jornal Financial Times, Frey fala em "puxar o freio" de um sistema que pautou os EUA até hoje. É uma metáfora que faz ainda mais sentido quando se considera a enorme dependência dos subúrbios do uso do automóvel.

Detroit é o caso mais tangível. A cidade que dependia da indústria automobilística faliu porque os moradores mais abastados migraram para os subúrbios a bordo de seus carros, deixando no centro as classes mais pobres, que pouco contribuem com impostos.

Mas é das cinzas de centros combalidos como esse que novas cidades estão surgindo. Em Detroit, os únicos sinais de vida estão no miolo da cidade, em ruas que podem ser frequentadas por pedestres e que aos poucos prescindirão dos carros, já que está em estudo a ressurreição de um sistema de bondes.

O número de jovens que dirigem carros também está em queda livre no país. Isso ajuda a explicar por que o bonde urbano e grandes projetos de transporte público estão com toda a força. Enquanto o metrô de superfície ou linhas de ônibus não chegam a cidades desacostumadas ao transporte coletivo, as bicicletas de aluguel ganham fôlego impressionante.

Nessa troca das quatro rodas por duas, ou mesmo pelos pés, volta a entrar em cena o poder de atração das grandes metrópoles, a reboque da revitalização de grandes centros urbanos antes degradados. Há dois anos, pela primeira vez, a população das metrópoles americanas superou o número de residentes em seus subúrbios.

"Hoje mais pessoas vivem nas cidades do que nos subúrbios. Estamos vendo surgir uma nova geração urbana nos Estados Unidos", diz Vishaan Chakrabarti. "Essas pessoas dirigem menos, moram em apartamentos mais econômicos, têm mais mobilidade social e mais oportunidades." Nessa mesma linha, arquitetos e urbanistas vêm escrevendo livro atrás de livro no afã de explicar o ressurgimento da metrópole como panaceia urbanística global.

(Adaptado de: Silas Marti. **Folha de S. Paulo**, Ilustríssima. Acessado em: 28/07/2013)

(Analista – MPE-SE – FCC – 2013) Depreende-se corretamente do texto que:

(A) há mais pessoas vivendo nas cidades americanas do que nos subúrbios porque nelas a mobilidade é mais fácil e a moradia menos dispendiosa.

(B) diminuiu a quantidade de jovens americanos com poder aquisitivo para adquirir um carro, devido às altas taxas de desemprego no país.

(C) a revitalização da cidade de Detroit prevê a criação de vias expressas que facilitem a interligação entre subúrbio e centro.

(D) a metáfora usada pelo especialista em urbanismo, "puxar o freio", refere-se ao fato de que os Estados Unidos estão investindo em veículos menos poluentes.

(E) o atual aumento no número de residentes nos subúrbios americanos está relacionado ao empobrecimento da população que habita os centros urbanos.

A: correta, pois a alternativa pode ser confirmada pelo que se encontra no sexto parágrafo do texto: 'Nessa troca das quatro rodas por duas, ou mesmo pelos pés, volta a entrar em cena o poder de atração das grandes metrópoles, a reboque da revitalização de grandes centros urbanos antes degradados. Há dois anos, pela primeira vez, a população das metrópoles americanas superou o número de residentes em seus subúrbios.'; **B:** incorreta. De fato, o texto afirma que diminuiu a quantidade de jovens americanos que dirigem, porém não deixa explícito que isso se deve a um fator financeiro, ao contrário, parece estar ligado a fatores de consciência ecológica e sustentabilidade; **C:** incorreta. Sobre a revitalização de Detroit, o texto afirma que está em pauta o retorno de um sistema de bondes e não faz nenhuma menção à criação de vias expressas; **D:** incorreta, como o próprio texto explica a metáfora usada refere-se à dependência dos subúrbios do uso do automóvel: 'Nessa troca das quatro rodas por duas, ou mesmo pelos pés, volta a entrar em cena o poder de atração das grandes metrópoles, a reboque da revitalização de grandes centros urbanos antes degradados. Há dois anos, pela primeira vez, a população das metrópoles americanas superou o número de residentes em seus subúrbios.'; **E:** incorreta, pois, de acordo o texto, o atual número de residentes nos subúrbios foi reduziu e está relacionado à um retorno da população para as grandes metrópoles.

Gabarito "A" – Artigos de Opinião

Com a genial invenção das vogais no alfabeto grego, a escrita estava se disseminando pela Grécia antiga – e Sócrates, o homem mais sábio de todos os tempos, temia um desastre. Apreciador da linguagem oral, achava que só o diálogo, a retórica, o discurso, só a palavra falada estimulava o questionamento e a memória, os únicos caminhos que conduziam ao conhecimento profundo. Temia que os jovens atenienses, com o recurso fácil da escrita e da leitura, deixassem de exercitar a memória e perdessem o hábito de questionar. O grande filósofo intuiu que a transição da linguagem oral para a escrita seria uma revolução. E assim foi. Numa direção promissora, porém, que permitiu o mais esplêndido salto intelectual da civilização ocidental.

12. LÍNGUA PORTUGUESA · 331

Agora, 2.500 anos depois, estamos às voltas com outra transição revolucionária. Da cultura escrita para a digital, é uma mudança de fundamentos como não ocorre há milênios. A forma física que o texto adquire num papiro de 3.000 anos antes de Cristo ou numa folha de papel da semana passada não é essencialmente distinta. Nos dois casos, existem enormes diferenças de qualidade e clareza, mas é sempre tinta sobre uma superfície maleável. Na era digital, a mudança é radical. O livro eletrônico oferece uma experiência visual e tátil inteiramente diversa.

Sob qualquer ângulo que se examine o cenário, é um momento histórico. Desde que os gregos criaram as vogais – o "aleph" semítico era uma consoante, que virou o "alfa" dos gregos e depois o "a" do alfabeto latino –, o ato de ler e escrever não sofria tamanho impacto cognitivo. Desde os tipos móveis de Gutenberg, o livro não recebia intervenção tecnológica tão significativa. O temor é que o universo digital, com abundância de informações e intermináveis estímulos visuais e sonoros, roube dos jovens a leitura profunda, a capacidade de entrar no que o grande filósofo Walter Benjamin chamou de "silêncio exigente do livro".

Leitura profunda não é esnobismo intelectual. É por meio dela que o cérebro cria poderosos circuitos neuronais. "O homem nasce geneticamente pronto para ver e falar, mas não para ler. Ler não é natural. É uma invenção cultural que precisa ser ensinada ao cérebro", explica a neurocientista Maryanne Wolf, autora de obra sobre o impacto da leitura no cérebro. Para tanto, ele tem de conectar os neurônios responsáveis pela visão, pela linguagem e pelo conceito. Em suma, precisa redesenhar a estrutura interna, segundo suas circunstâncias. Ao criar novos caminhos, expande sua capacidade de pensar, multiplicando as possibilidades intelectuais – o que, por sua vez, ajuda a expandir ainda mais a capacidade de pensar, numa esplêndida interação em que o cérebro muda o meio e o meio muda o cérebro. Pesquisadores investigam se a construção dos circuitos neuronais está sendo afetada nessa mudança para a era digital.

(Adaptado de: André Petry. **Veja**,
19 de dezembro de 2012, p. 151-6)

(Técnico Ministerial - Execução de Mandados – MPE-MA – FCC – 2013)
É correto concluir do texto:

(A) Apesar dos receios de alguns filósofos, a passagem da linguagem falada para a escrita, na Grécia antiga, foi uma mudança revolucionária que levou os jovens atenienses à prática do diálogo.

(B) Ainda não há dados conclusivos a respeito das implicações trazidas ao funcionamento cerebral pelos numerosos estímulos propiciados por uma leitura virtual.

(C) Devido à quantidade e à rapidez de estímulos visuais, as alterações surgidas com o desenvolvimento tecnológico, ligadas ao ato de ler, tendem a facilitar a ampliação dos circuitos cerebrais.

(D) Além dos estímulos ao funcionamento cerebral, as facilidades oferecidas pela tecnologia em relação aos livros virtuais justificam a influência que a leitura digital exerce nos jovens.

(E) Com base em estudos feitos por especialistas, o desenvolvimento cerebral ocorre naturalmente, por suas características genéticas, a partir da interação entre visão e linguagem.

A: incorreta. O texto não afirma que a mudança revolucionária da linguagem falada para a escrita levou os jovens atenienses à prática do diálogo. Ao contrário, o texto afirma que o filósofo Sócrates temia que essa prática fosse inibida pela linguagem escrita; **B:** correta, pois o encerramento do texto "Pesquisadores investigam se a construção dos circuitos neuronais está sendo afetada nessa mudança para a era digital." nos permite inferir que ainda não há dados conclusivos a respeito das implicações proporcionadas por uma leitura virtual; **C:** incorreta, pois a conclusão do texto é que apesar desta mudança seguramente ser um momento histórico, não é possível identificar os efeitos que a leitura virtual provoca no cérebro humano; **D:** incorreta. Apesar do apelo tecnológico favorecer a escolha de alguns jovens pela leitura virtual, não é possível fazer quaisquer afirmações sobre os estímulos ao funcionamento cerebral, pois o texto mostra que ainda não se sabe os efeitos deste tipo de leitura; **E:** incorreta. De acordo com a citação da neurocientista Maryanne Wolf: 'O homem nasce geneticamente pronto para ver e falar, mas não para ler. Ler não é natural. É uma invenção cultural que precisa ser ensinada ao cérebro'.
Gabarito "B" – Artigos de Opinião

(Técnico Ministerial - Execução de Mandados – MPE-MA – FCC – 2013)
Em relação ao último parágrafo, é correto afirmar que seu conteúdo:

(A) se destaca do desenvolvimento dos demais parágrafos, por introduzir um assunto ainda não abordado anteriormente.

(B) apresenta possíveis razões que confirmam a superioridade da leitura digital sobre aquela realizada no livro impresso.

(C) remete a falhas nas pesquisas sobre leitura que estão sendo feitas na área da neurociência, por não apresentarem resultados concretos.

(D) é principalmente explicativo, ao oferecer informações sobre o funcionamento dos mecanismos cerebrais ativados no ato de ler.

(E) retoma os argumentos que vêm sendo desenvolvidos em todo o texto, apresentando uma síntese do assunto tratado.

A: incorreta, pois o último parágrafo leva à conclusão do raciocínio desenvolvido ao longo do texto; **B:** incorreta. Ele não apresenta a leitura digital como superior aquela realizada no livro impresso, mas define esta mudança de veículo um marco histórico; **C:** incorreta. O último parágrafo nos leva a crer que as pesquisas estão em andamento, mas não apresenta um tom de crítica; **D:** correta, pois o último parágrafo cita a neurocientista Maryanne Wolf para explicar que o cérebro é ensinado a ler e segue uma explicação sobre o que acontece no cérebro e as consequências deste ato; **E:** incorreta. Apesar desta ser uma característica recorrente dos parágrafos que encerram o texto, este apresenta uma opinião científica para encerrar o texto.
Gabarito "D" – Artigos de Opinião

(Técnico Ministerial - Execução de Mandados – MPE-MA – FCC – 2013) O sentido da expressão *"silêncio exigente do livro"*, como se lê no 3o parágrafo, se explica:

(A) pela atenção e concentração necessárias para a análise e a consequente assimilação do conteúdo de uma obra impressa.

(B) pela dificuldade de leitura encontrada, por vezes, em obras impressas que não têm a clareza necessária ao entendimento do conteúdo.

(C) pela obrigatoriedade da leitura de obras clássicas, no caso do livro impresso, diferentemente das opções oferecidas pelo mundo virtual.

(D) pelos estímulos digitais que favorecem a apreensão de informações rápidas e múltiplas, possibilitando uma abrangente formação cultural.

(E) pelo esforço empregado no manuseio de um livro impresso, em oposição à praticidade e ao conforto oferecidos pela leitura virtual.

A: correta, pois a sentença apresentada pela alternativa explica adequadamente o sentido da expressão 'silêncio exigente do livro' cunhada pelo filósofo Walter Benjamin; B: incorreta. O conceito de 'silêncio exigente' não está diretamente relacionado à complexidade do livro como sugere a alternativa, mas a atenção que se deve dedicar ao ato complexo da leitura; C: incorreta. Além da alternativa não se relacionar diretamente com a expressão do texto, os livros na forma impressa não obrigam a leitura de obras clássicas e ao contrário do que a alternativa sugere, os livros clássicos são encontrados com maior facilidade no meio digital, pois sua maioria já se encontra em domínio público; D: incorreta, pois mesmo sob o formato digital o livro exige o silêncio para que o leitor possa imergir em seu conteúdo e compreendê-lo plenamente; E: incorreta, pois o silêncio exigido pelo livro não está relacionado ao esforço necessário para seu manuseio, uma vez que os meios digitais também exigiram o mesmo silêncio, mas se relaciona à reflexão necessária ao ato de leitura.

Gabarito "A" – Artigos de Opinião

(Técnico Ministerial - Execução de Mandados – MPE-MA – FCC – 2013)

Sob qualquer ângulo que se examine o cenário, é um momento histórico. (início do 3º parágrafo)

A afirmativa acima se baseia no fato de que:

(A) o impacto causado pela tecnologia que propicia a leitura digital assemelha-se à revolução resultante da transição da linguagem oral para a escrita, na Grécia antiga.

(B) as mudanças em relação à leitura, que passa a ser virtual, são idênticas às que ocorreram na Grécia antiga, com a invenção das vogais.

(C) o livro digital, apesar das inovações tecnológicas, mantém sua proximidade com os tipos móveis inventados há séculos por Gutenberg.

(D) a história referente à escrita, surgida há milênios, vem se repetindo no decorrer do tempo, desde a invenção dos tipos que permitiram a impressão de livros.

(E) o acentuado desenvolvimento tecnológico tem melhorado, a partir de estímulos visuais, a relação humana com a leitura.

A: correta, pois o desenvolvimento dos parágrafos anteriores constrói a ideia de que a primeira revolução intelectual foi a transição da linguagem oral para a escrita e que depois disso apenas se desenvolveram as técnicas, mas agora o meio digital trouxe outra forma de registro; B: incorreta. As mudanças em relação à leitura não são idênticas, caso contrário o autor não as definiria como um novo momento histórico e a citação da vogal a é apenas uma referência a todo o conjunto da forma escrita e não somente as vogais; C: incorreta. A afirmação presente no início do 3º parágrafo mostra justamente que o livro digital é algo totalmente novo e diferente dos tipos móveis. Apesar de não estar citado no texto, podemos apontar a possibilidade de *hiperlinks* como uma diferença expressiva entre as duas tecnologias; D: incorreta. Apesar da afirmativa estar correta, a sentença apresentada na questão pretende mostrar que o livro digital quebrou a repetição tecnológica referente à escrita; E: incorreta, pois a sentença não avalia este ponto do desenvolvimento tecnológico ao configurá-lo como um marco histórico.

Gabarito "A" – Artigos de Opinião

(Técnico Ministerial - Execução de Mandados – MPE-MA – FCC – 2013)

Ao criar novos caminhos, [o cérebro] *expande sua capacidade de pensar, multiplicando as possibilidades intelectuais – o que, por sua vez, ajuda a expandir ainda mais a capacidade de pensar, numa esplêndida interação em que o cérebro muda o meio e o meio muda o cérebro.* (4º parágrafo)

O segmento grifado pode ser corretamente substituído, sem alteração do sentido original, por:

(A) Conquanto crie novos caminhos.

(B) Caso crie novos caminhos.

(C) A fim de que crie novos caminhos.

(D) À medida que cria novos caminhos.

(E) De modo que cria novos caminhos.

A: incorreta, pois conjunção 'conquanto' tem função concessiva, isto é, ela se opõe à sequência anterior, porém sem invalidá-la e o segmento apresentado na questão não permite uma relação deste gênero; B: incorreta, pois o termo 'caso' traz a noção de possibilidade ou hipótese e o segmento grifado no texto tem uma ideia mais próxima de continuidade; C: incorreta, pois a expressão 'A fim de' apresenta a ideia explícita de finalidade, porém o segmento selecionado no texto constrói a ideia de continuidade ou consequência; D: correta, pois tanto o termo 'ao criar' quanto 'à medida que' constroem a mesma noção de continuidade e consequência; E: incorreta. Apesar dos termos serem próximos, a expressão 'de modo que' não substitui adequadamente o segmento apresentado no texto.

Gabarito "D" – Artigos de Opinião

Perigosa Intolerância

Recentemente, em "Avenida Brasil" – brilhante novela de João Emanuel Carneiro – era possível acompanhar uma trama que unia dois homens e uma mulher, e outra que abordava o casamento entre um homem e três mulheres. Neste segundo caso, com direito a vestidos nas noivas e beijos enfileirados lado a lado. Esse fato não provocou o menor alvoroço na sociedade como causa a manifestação de afeto entre duas pessoas do mesmo sexo. Paradoxalmente, por algum critério de moralismo seletivo, o tal "beijo gay" ainda continua sendo um tabu

Sou casado há 17 anos. Uma relação pública abençoada por toda nossa família. É importante ressaltar que casamento civil nada tem a ver com nenhuma cerimônia religiosa. A definição de casamento, segundo o Código Civil, art. 1511: "O casamento estabelece comunhão plena de vida, com base na igualdade de direitos e deveres dos cônjuges".

Por que, afinal, as pessoas querem se casar? Porque em nosso país cidadãos que se unem para dividir uma vida em comum só têm a ampla proteção, em direitos e deveres, se realizado o casamento civil, estabelecido no Código Civil. O ministro Luiz Felipe Salomão, do STJ, em decisão sobre casamento civil, declarou em seu voto: "Com efeito, se é verdade que o casamento civil é a forma pela qual o Estado melhor protege a família, e sendo múltiplos os 'arranjos' familiares reconhecidos pela Carta Magna, não há de ser negada essa via a nenhuma família que por ela optar, independentemente da orientação sexual dos partícipes, uma vez que as famílias constituídas por pares homoafetivos possuem os mesmos núcleos, a dignidade das pessoas de seus membros e o afeto".

12. LÍNGUA PORTUGUESA — 333

No último dia 6, a coluna de um jornalista noticiou que uma conversão de união estável em casamento entre duas pessoas do mesmo sexo na cidade fluminense de Sapucaia deve sofrer represália de um grupo religioso que promete uma passeata contra a união e já roda um abaixo-assinado para tentar anular a decisão. É muito perigoso esse nível de intolerância e interferência na vida dos outros que tem acontecido no Brasil. Pessoas têm se unido para fazer com que as regras da sua religião sejam impostas à sociedade, mesmo aos que não comungam de sua fé.

Reconheço que não vejo a comunidade judaica organizar-se para impor suas regras e viabilizar um projeto de lei que proíba o consumo de carne de porco no país ou para que tenhamos de respeitar o shabat. Não vejo a comunidade muçulmana se organizar para criar uma lei onde todos têm de se ajoelhar para Meca ao meio-dia. Por que então algumas pessoas "em nome" de determinadas religiões tentam impor seu Deus e suas regras a toda uma sociedade? Não preciso ser negro para lutar contra o racismo. Não preciso ser judeu para lutar contra o antissemitismo. E você não precisa ser homossexual para lutar contra a homofobia.

(**Carlos Tufvesson**. *O Globo*. 15/12/2012)

(**Analista Direito – MPE-MS – FGV – 2013**) "Paradoxalmente, por algum critério de moralismo seletivo, o tal "beijo gay" ainda continua sendo um tabu".

Assinale a alternativa que indica o paradoxo a que o autor do texto se refere.

(A) A aceitação social de alguns casos fora do padrão dominante e a recusa de outros, sem uma razão aparente.

(B) O conformismo diante de mudanças sociais violentas e o inconformismo diante de revoluções no terreno sexual.

(C) O espanto diante de uma relação sexual que envolve dois homens e a compreensão da união afetiva de duas mulheres.

(D) A permissão de abordarem-se temas escabrosos na televisão e a proibição de beijos entre pessoas do mesmo sexo.

(E) A existência de tabus dentro de uma sociedade altamente permissiva.

A: correta, pois a sentença indica adequadamente o paradoxo referido pelo autor do texto; **B:** incorreta. O paradoxo se forma pois os exemplos apresentados pelo autor no texto permanecem no campo sexual; **C:** incorreta. De acordo com o texto a relação homoafetiva (de qualquer orientação) provou mais espanto do que as relações poligâmicas apresentadas no drama; **D:** incorreta. A partir do texto apresentado podemos entender que o beijo entre pessoas do mesmo sexo não foi proibido, mas provocou um alvoroço maior do que outros temas que também podem ser considerados como tabus; **E:** incorreta, pois o autor não mostra uma sociedade permissiva, mas retrógrada e preconceituosa. Gabarito "A" – Artigos de Opinião

(**Analista Direito – MPE-MS – FGV – 2013**) "*Neste segundo caso, com direito a vestidos nas noivas e beijos enfileirados lado a lado*". Os dois dados fornecidos – "vestidos de noiva" e "beijos enfileirados" – mostram:

(A) a presença de elementos tradicionais nos casamentos.

(B) as modificações propostas pela sociedade atual nas formas dos casamentos.

(C) uma permanência e uma modificação na tradição matrimonial.

(D) a quebra de tabus tradicionais dos casamentos religiosos.

(E) revoluções sexuais das relações modernas.

A: incorreta, pois apenas o vestido de noiva é um elemento tradicional nos casamentos, os 'beijos enfileirados' não configuram uma tradição; **B:** incorreta, pois a sociedade atual não propõe modificações nas formas dos casamentos; **C:** correta, pois a alternativa apresenta uma interpretação adequada dos dados fornecidos na sentença; **D:** incorreta. O vestido de noiva elencado na sentença não apresenta uma quebra de tabu tradicional; **E:** incorreta, pois os dados fornecidos não são suficientes para indicar uma revolução sexual das relações modernas. Gabarito "C" – Artigos de Opinião

(**Analista Direito – MPE-MS – FGV – 2013**) "*Uma relação pública abençoada por toda nossa família*".

Essa frase significa que:

(A) toda a sociedade conhece a família do autor do texto.

(B) a família do autor abençoa o casamento dele.

(C) toda a família do autor esteve presente em seu casamento civil.

(D) a bênção recebida é a própria família construída.

(E) a família do autor é abençoada pela felicidade comum.

A: incorreta. A frase significa que a relação do autor não é escondida da sociedade e que sua família a abençoa; **B:** correta, pois a alternativa apresenta um entendimento adequado da frase apresentada; **C:** incorreta. Não é possível depreender do texto que toda a família do autor esteve presente no texto, mas podemos entender que de forma genérica a relação recebeu aprovação da família; **D:** incorreta. A sentença afirma que a relação foi abençoada *pela* família do autor e não que a família construída *é* a própria bênção. É possível identificar no texto que a benção vem de um fator externo à própria família constituída pelo autor; **E:** incorreta, pois está explícito no texto que a família constituída pelo autor foi abençoada por sua família e não por uma felicidade comum. Gabarito "B" – Artigos de Opinião

(**Analista Direito – MPE-MS – FGV – 2013**) O título dado ao texto é "*Perigosa Intolerância*".

A intolerância referida é, no contexto de nosso artigo, praticada:

(A) por grupos religiosos que tentam impor sua visão de mundo.

(B) por antissemitas e racistas.

(C) por homossexuais contra a homofobia.

(D) por arianos contra negros e mestiços.

(E) por sociedades legais contra grupos antilegais.

A: correta, pois a alternativa interpreta adequadamente o conteúdo do título; **B:** incorreta. Apesar do antissemitismo e do racismo serem formas de intolerância mencionadas no texto, ele trata especificamente da intolerância praticada por grupos religiosos; **C:** incorreta, pois o texto não se atém a uma das causas da homofobia, que é a imposição de uma única visão religiosa; **D:** incorreta. O texto menciona o racismo em seu conteúdo, mas não fala explicitamente do nazismo e além disso o conteúdo tem foco maior na homofobia; **E:** incorreta, pois nenhuma das minorias abordadas no texto configuram grupos antilegais. Gabarito "A" – Artigos de Opinião

(**Analista Direito – MPE-MS – FGV – 2013**) Ao referir-se ao Código Civil, o autor do texto:

(A) pretende separar o espaço civil do religioso.

(B) deseja mostrar a ilegalidade de casamentos nos novos moldes.

HENRIQUE SUBI E MAGALLY DATO

(C) tenta justificar legalmente as novas formas de união civil.

(D) quer indicar a legalidade de sua união matrimonial.

(E) tem a intenção de justificar as uniões entre pessoas.

A: correta, pois a alternativa apresenta uma interpretação adequada da construção do texto; **B:** incorreta. Ao contrário disto, o autor pretende mostrar a legalidade do casamento civil independentemente de sua orientação sexual; **C:** incorreta. A intenção do autor não aparenta ser a tentativa de justificativa, uma vez que as formas de união civil apresentadas já estão legalizadas; **D:** incorreta. Apesar do autor indicar sua união matrimonial, a referência ao Código Civil não possui teor pessoal, mas serve como argumento para separar o espaço civil, que deve ser seguido por todos, daquele religioso, que é seguido apenas por quem assim optar; **E:** incorreta, pois a intenção do autor com esta referência não é justificar a união das pessoas, mas mostrar sua configuração civil.
Gabarito "A" – Artigos de Opinião

(Analista Direito – MPE-MS – FGV – 2013) *"Por que, afinal, as pessoas querem se casar?"* Essa pergunta do texto é respondida da seguinte forma: as pessoas querem se casar porque:

(A) estabelecem, assim, entre si, vínculos mais profundos.

(B) mostram publicamente à sociedade a força de seu amor.

(C) demonstram o desejo de procriar e criar uma família.

(D) desejam ter ampla proteção das leis civis.

(E) pretendem valorizar os ritos religiosos.

A: incorreta, pois o autor aborda apenas as questões civis e sociais do casamento, sem adentrar em questões afetivas; **B:** incorreta, pois o autor não pretende abordar o campo sentimento que envolve a questão; **C:** incorreta. O autor não vincula o casamento ao desejo de procriar, mas se retém às questões legais que motivam o casamento;

D: correta, como podemos observar no seguinte trecho 'Porque em nosso país cidadãos que se unem para dividir uma vida em comum só têm a ampla proteção, em direitos e deveres, se realizado o casamento civil, estabelecido no Código Civil.'; **E:** incorreta, pois a intenção do autor é justamente desvincular o casamento dos preceitos restritivos impostos por um grupo religioso.
Gabarito "D" – Artigos de Opinião

(Analista Direito – MPE-MS – FGV – 2013) Na decisão do ministro Luiz Felipe Salomão, reconhece-se

(A) a impossibilidade legal de união sem o reconhecimento religioso.

(B) a possibilidade legal de união entre pessoas do mesmo sexo.

(C) o casamento entre homoafetivos, embora sem a mesma dignidade.

(D) a capacidade de pessoas possuírem mais de uma união legal.

(E) a permissão de pessoas se ligarem com base exclusiva na religião.

A: incorreta, pois a decisão do ministro Luiz Felipe Salomão afirma categoricamente que os múltiplos 'arranjos' familiares são plenamente reconhecidos pela Carta Magna. A união civil independe de reconhecimento religioso; **B:** correta, pois a alternativa compreende adequadamente o conteúdo do texto; **C:** incorreta. O ministro Luiz Felipe Salomão afirma explicitamente que o casamento homoafetivo é idêntico ao casamento heteroafetivo em quesitos de dignidade, núcleo e afeto; **D:** incorreta. O ministro não menciona a possibilidade de uma pessoa possuir mais de uma união legal; **E:** incorreta, pois o ministro refere-se somente a questões civis da união sem sequer mencionar o domínio religioso sobre o assunto.
Gabarito "B" – Artigos de Opinião

Quando utilizar a ouvidoria?

1 Qualquer pessoa pode e deve procurar a ouvidoria
quando não for atendida com a devida atenção e o empenho
pelo Ministério Público.

4 A ouvidoria é um canal de comunicação direto e
desburocratizado entre o cidadão e o Ministério Público,
pronto para receber, analisar e encaminhar suas denúncias,

7 reclamações, críticas, pedidos de informações e elogios
relacionados aos serviços e atividades desenvolvidas pela
instituição. Com a colaboração do cidadão, a ouvidoria

10 trabalha para a melhoria dos serviços prestados pelo

11 Ministério Público.

Disponível em: <http://www.mp.go.gov.br/portalweb/37/noticia/c37c9d14b15635f8b604c21d8164c33b.html>
Acesso em: 20/7/2013 (com adaptações).

(Assistente Administrativo – MPE-GO – IADES – 2013) Considerando a relação de sentido entre as orações que compõem o texto, assinale a alternativa correta.

(A) A resposta à pergunta apresentada no título não se restringe ao primeiro parágrafo, já que o parágrafo seguinte apresenta novas informações sobre a função da ouvidoria do Ministério Público.

(B) O conteúdo do segundo parágrafo é constituído por informações que se opõem ao que foi declarado no primeiro.

(C) Enquanto o primeiro parágrafo oferece informações pertinentes à pergunta feita no título, o segundo não faz referência direta ou indireta ao objetivo do trabalho realizado pela ouvidoria.

(D) O segundo parágrafo apresenta apenas exemplos do que foi exposto no parágrafo anterior.

(E) O conteúdo do segundo parágrafo limita-se a uma definição para o vocábulo ouvidoria, já o primeiro fica responsável pela apresentação da resposta à pergunta feita no título.

A: correta, pois a alternativa apresenta adequadamente a relação de sentido entre o título da matéria e a composição geral do texto; **B:** incorreta. O conteúdo do segundo parágrafo não se opõe ao primeiro. Ao contrário, ele lhe é complementar uma vez que traz mais informações sobre a Ouvidoria do Ministério Público; **C:** incorreta. O segundo parágrafo esclarece mais detalhadamente o que é a ouvidoria, que é apenas apresentada no primeiro parágrafo; **D:** incorreta, pois o segundo parágrafo dá explicações sobre o que foi exposto no parágrafo anterior; **E:** incorreta, pois o segundo parágrafo não dá a definição da palavra, mas fornece detalhes sobre o que é e qual a função da ouvidoria.

Gabarito "A". – Artigos de Opinião

Humildade para aprender ajuda jovens na carreira

1 "Seja dono de sua carreira, mas tenha humildade para
ouvir e aprender". O conselho não vem dos consultores da
área de recursos humanos. Muito menos dos estudiosos
4 da Geração Y. A frase é da paulistana Raquel Machado, de
24 anos, coordenadora de controle de riscos do banco Itaú. O
discurso da jovem não revela as angústias que ela teve de
7 superar no início da vida profissional, mas elas existiram e
são comuns para quem está começando.
Para a Geração Y, as aflições estão relacionadas à
10 vontade de crescer rápido, ter boa remuneração e conquistar
qualidade de vida. "São profissionais ambiciosos, que
buscam uma identidade entre seus valores e os da empresa",
13 diz Lucas Peschke, diretor da consultoria Hays.
Conhecer melhor essas ansiedades pode ajudar a
diminuir as angústias e acelerar o amadurecimento. De
16 acordo com uma pesquisa da Câmara Americana de
Comércio Brasil-Estados Unidos (Amcham), que ouviu 85
gestores de RH em 2012, 80% deles acreditam em um
19 aumento significativo do número de jovens nos cargos de
20 gestão nos próximos cinco anos.

Roberta Queiroz. *Você S/A*. Disponível em: <http://exame.abril.com.br/revista-voce-sa/edicoes/180/noticias/manual-que- ninguem-entrega?page=1>Acesso em: 20/7/2013 (com adaptações).

(Assistente Administrativo – MPE-GO – IADES – 2013) Com base na leitura interpretativa do texto 5, assinale a alternativa correta.

(A) Humildade significa aceitar, impassível, as barreiras no início da carreira.

(B) As aflições dos jovens são maiores que as de funcionários mais experientes.

(C) A ambição é uma característica negativa da geração Y.

(D) O amadurecimento profissional e as angústias do início da carreira são facilmente vencidos quando se tem ambição.

(E) As angústias do início da carreira podem ser facilmente vencidas quando se tem humildade.

A: incorreta. A leitura interpretativa do texto 5 não associa humildade com impassibilidade, mas afirma que o jovem deve ser dono de sua carreira; **B:** incorreta, pois o texto não compara as aflições dos jovens com de funcionários mais experientes; **C:** incorreta. O texto não coloca a ambição como uma característica positiva da geração Y; **D:** incorreta. O texto mostra que conhecer melhor essas angústias é o melhor meio para vencê-las; **E:** correta, pois a sentença apresenta uma interpretação adequada do texto 5.

Gabarito "E". – Artigos de Opinião

Visões totalizantes

Volta e meia algum pensador propõe uma teoria em que o sentido completo da história humana se daria a conhecer. Entre esses pensadores ambiciosos, Auguste Comte (1798-1875) propôs sua famosa teoria dos três estados, *segundo a qual se teria passado, num primeiro momento, pelo estado religioso, no qual predominam explicações de caráter transcendente, apoiado na ideia da existência de deuses e culminando na concepção de um deus único. No segundo estado, denominado filosófico, as explicações para os fenômenos apoiam-se numa concepção abrangente e metafísica de Natureza. Por fim, o terceiro estado, chamado por ele de científico ou positivo, fundamenta-se em observações e experimentações científicas aplicadas aos próprios fenômenos, a partir das quais se buscaria a síntese da condição humana. Ninguém ainda a conseguiu.*

(Adaptado de: Ivanor Luiz Guarnieri e Fábio Lopes Alves.
Ver e entrever a Comunicação.
São Paulo: Arte e ciência, 2008, p. 55)

(Analista Jurídico – MPE-CE – FCC – 2013) Os *três estados* propostos por Comte, em sua análise da história humana, supõem como critério:

(A) a progressão do conhecimento, por meio da crescente positivação da ciência voltada para a análise dos fenômenos.

(B) a alternância entre os momentos marcados pela força da fé religiosa e os marcados pelas conquistas tecnológicas.

(C) o avanço ou o retrocesso na compreensão que tem o homem da Natureza, vista como entidade transcendente.

(D) o evolucionismo naturalista, de acordo com o qual os condicionamentos do meio levam a sucessivas sínteses.

(E) o relativismo filosófico, segundo o qual todo conhecimento metafísico depende de uma síntese ainda desconhecida.

A: correta. Como sabemos, o movimento criado por Comte, que ficou conhecido como 'positivismo', propõe os três estados organizados em progressão do conhecimento; **B:** incorreta. Os três estados estão organizados progressivamente e não em forma de alternância; **C:** incorreta. De acordo com o que podemos observar do texto, a proposta de Comte não prevê o retrocesso, mas apenas o avanço; **D:** incorreta. O evolucionismo naturalista pode se relacionar de alguma forma com esse tipo de filosofia, mas não explica a lógica positivista proposta por Comte; **E:** incorreta, pois o positivismo visava ao conhecimento da síntese humana e não o relativizava.

Gabarito "A" – Artigos de Opinião

12. CONSTRUÇÃO DO TEXTO

Sobre Poesia

Não têm sido poucas as tentativas de definir o que é poesia. Desde Platão e Aristóteles até os semânticos e concretistas modernos, insistem filósofos, críticos e mesmo os próprios poetas em dar uma definição da arte de se exprimir em versos, velha como a humanidade. [...]

Um operário parte de um monte de tijolos sem significação especial senão serem tijolos para – sob a orientação de um construtor que por sua vez segue os cálculos de um engenheiro obediente ao projeto de um arquiteto – levantar uma casa. Um monte de tijolos é um monte de tijolos. Não existe neles beleza específica. Mas uma casa pode ser bela, se o projeto de um bom arquiteto tiver a estruturá-lo os cálculos de um bom engenheiro e a vigilância de um bom construtor no sentido do bom acabamento, por um bom operário, do trabalho em execução.

Troquem-se tijolos por palavras, ponha-se o poeta subjetivamente na quádrupla função de arquiteto, engenheiro, construtor e operário, e aí tendes o que é poesia. A comparação pode parecer orgulhosa, do ponto de vista do poeta mas, muito pelo contrário, ela me parece colocar a poesia em sua real posição diante das outras artes: a de verdadeira humildade. O material do poeta é a vida, e só a vida, com tudo o que ela tem de sórdido e sublime. Seu instrumento é a palavra. Sua função é a de ser expressão verbal rítmica ao mundo informe de sensações, sentimentos e pressentimentos dos outros com relação a tudo o que existe ou é passível de existência no mundo mágico da imaginação. Seu único dever é fazê-lo da maneira mais bela, simples e comunicativa possível, do contrário ele não será nunca um bom poeta, mas um mero lucubrador de versos. [...]

Mas para o poeta a vida é eterna. Ele vive no vórtice dessas contradições, no eixo desses contrários. Não viva ele assim, e transformar-se-á certamente, dentro de um mundo em carne viva, num jardinista, num floricultor de espécimes que, por mais belos sejam, pertencem antes a estufas que ao homem que vive nas ruas e nas casas. [...]

(Vinicius de Moraes. **Poesia completa e prosa**. Rio de Janeiro: Aguilar, 1974, v. único, p. 536 e 537)

(Agente Técnico Jurídico – MPE-AM – FCC – 2013) *Não viva ele assim, e transformar-se-á certamente (...) num jardinista...* (final do texto)

O emprego da forma verbal grifada acima assinala:

(A) desejo de realização de um fato, que justifica a eventualidade da ação seguinte.

(B) ordem incontestável que, ao ser obedecida, resultará em benefícios.

(C) dúvida de que seja possível a realização de algo em um futuro próximo.

(D) hipótese provável e a condição necessária para a concretização de um fato.

(E) condição hipotética, seguida de eventual consequência.

A: incorreta, pois o contexto da sentença nos permite dizer que o verbo não está no modo subjuntivo que caracteriza o desejo de realização de um fato; **B:** incorreta, pois o contexto da sentença nos permite dizer que o verbo não está no modo imperativo; **C:** incorreta. Não é possível depreender o tipo de sentença (afirmativa, interrogativa, exclamativa) a partir de uma sentença; **D:** incorreta. A construção da sentença não permite inferir um período condicional; **E:** correta, pois a alternativa apresenta adequadamente o emprego da forma verbal destacada pela questão.

Gabarito "E" – Construção de Texto

(Agente Técnico Jurídico – MPE-AM – FCC – 2013) Alguns artistas plásticos, como Modigliani, podiam, na época em que passavam fome, trocar uma tela por um prato de comida.

O segmento grifado acima deverá preencher corretamente a lacuna da frase:

(A) A matéria ...... conta o poeta é a vida, com tudo o que ela apresenta de belo e de sublime, mas também com o que traz de sórdido.

(B) A fonte inesgotável ...... busca o poeta sua inspiração encontra-se no decorrer cotidiano de situações e nas emoções daí advindas.

(C) A beleza da arte de poetar reside na sensibilidade ...... o poeta se vale, na escolha das palavras mais adequadas, para criar sua obra.

(D) Não há temas ...... sejam considerados verdadeiramente poéticos, mas sim o trabalho do poeta ao demonstrar, com sua arte, os fatos da vida.

(E) A verdadeira poesia, ... o poeta alude, se caracteriza por aparente inutilidade, ainda que seu comprometimento seja, exclusivamente, com a vida.

A: incorreta, pois a preposição ideal para acompanhar o pronome relativo 'que' nesta sentença é 'de'; **B:** correta, pois o segmento grifado preenche adequadamente a lacuna da sentença; **C:** incorreta. No contexto desta sentença, o verbo 'residir' não permite adequadamente a preposição 'em' para o pronome relativo 'que'; **D:** incorreta. O pronome relativo 'que' poderia ser introduzido adequadamente ao contexto da sentença sem a preposição 'em'; **E:** incorreta, pois a conjunção relativa 'em que' não preenche adequadamente a sentença apresentada na alternativa.

Gabarito "B" – Construção de Texto

(Agente Técnico Jurídico – MPE-AM – FCC – 2013) *A vida é para todos um fato cotidiano.*

A vida é um fato cotidiano pela dinâmica de suas contradições.

É um fato cotidiano pelo equilíbrio de seus polos contrários.

O homem não poderia viver sob o sentimento dessas contradições e desses contrários.

12. LÍNGUA PORTUGUESA

O poeta vive no vórtice dessas contradições.

Ele vive também no eixo desses contrários.

As frases acima articulam-se com clareza, como um parágrafo devidamente pontuado, em:

(A) A vida é para todos um fato cotidiano, pela dinâmica de suas contradições e pelo equilíbrio de seus polos contrários, sob cujo sentimento o homem não poderia viver. O poeta, no entanto, vive no vórtice dessas contradições e no eixo desses contrários.

(B) Sendo a vida para todos um fato cotidiano, pela dinâmica de suas contradições, além do equilíbrio de seus polos contrários. O homem não poderia viver sob o sentimento dessas contradições e desses contrários, como o poeta vive em seu vórtice. E também no eixo desses contrários.

(C) A vida, pela dinâmica de suas contradições, é um fato cotidiano. Também é pelo equilíbrio de seus polos contrários que o homem não poderia viver sob cujo sentimento. O poeta vive no vórtice dessas contradições, conquanto vivendo também no eixo desses contrários.

(D) A vida, sendo para todos um fato cotidiano, cuja dinâmica de suas contradições e equilíbrio de seus polos contrários. O homem não poderia viver sob esse sentimento, visto que o poeta vive no vórtice dessas contradições e vive também no eixo desses contrários.

(E) O fato cotidiano, que é a vida para todos, pela dinâmica de suas contradições e o é pelo equilíbrio de seus polos contrários. Não podendo o homem viver sob o sentimento dessas contradições e desses contrários, o poeta vive no vórtice delas. Vive também em seu eixo.

A: correta, pois a frase apresentada na alternativa articula-se com clareza devido ao correto emprego da pontuação; **B:** incorreta, a pontuação empregada no parágrafo apresentado modifica o sentido em alguns trechos como 'Sendo a vida para todos um fato cotidiano', pois dá a impressão de que a vida não é algo para todos, mas para uma parte, por exemplo; **C:** incorreta. A segunda sentença do parágrafo não está articulada corretamente, pois o trecho 'sob cujo sentimento' não poderia estar ao final da sentença, uma vez que é introduzido por um pronome; **D:** incorreta. A primeira sentença tem seu sentido incompleto, uma vez que o pronome 'cuja' introduz uma ação sobre o sujeito a que faz referência; **E:** incorreta, pois a primeira sentença não apresenta coesão adequada, uma vez que o termo 'e o é' deveria definir algo que não está claro na sentença.

Gabarito "A" – Construção do Texto

Segundo o filósofo americano Michael Sandel, da Universidade Harvard, estamos em uma época em que todas as relações, sejam emocionais, sejam cívicas, estão tendendo a ser tratadas pela lógica da economia de mercado. Diz ele que passa da hora de abrir-se um amplo debate sobre o processo que, "sem que percebamos, sem que tenhamos decidido que é para ser assim, nos faz mudar de uma economia de mercado para uma sociedade de mercado". Já chegamos a ela? Felizmente ainda não, mas estamos a caminho.

A economia de mercado é o corolário da democracia no campo das atividades produtivas. Mas o que seria uma "sociedade de mercado"? É uma sociedade em que os valores sociais, a vida em família, a natureza, a educação,

a saúde, até os direitos cívicos podem ser comprados e vendidos. Em resumo, uma sociedade em que todas as relações humanas tendem a ser mediadas apenas pelo seu aspecto econômico.

Sandel reafirma sempre que, com todos os seus defeitos, o mercado ainda é a forma mais eficiente de organizar a produção e de distribuir bens. Reconhece que a adoção de economias de mercado levou a prosperidade a regiões do globo que nunca a haviam conhecido. Enfatiza, também, que, junto a essa economia de mercado, vem quase sempre o desenvolvimento de instituições democráticas, ambas baseadas na liberdade. Os riscos apontados são, segundo ele, de outra natureza. Ele alerta para o fato de que, por ser tão eficiente na economia, a lógica econômica está invadindo todos os outros domínios da vida em sociedade.

(Adaptado de: Jones Rossi e Guilherme Rosa. **Veja**, 21 de novembro de 2012. p. 75-77)

(Agente Técnico Jurídico – MPE-AM – FCC – 2013) Identifica-se noção de causa no segmento grifado em:

(A) ... *por ser tão eficiente na economia, a lógica econômica está invadindo todos os outros domínios da vida em sociedade.*

(B) ... *sem que tenhamos decidido que é para ser assim, nos faz mudar de uma economia de mercado para uma sociedade de mercado.*

(C) *Felizmente ainda não, mas estamos a caminho.*

(D) ... *em que os valores sociais, a vida em família, a natureza, a educação, a saúde, até os direitos cívicos podem ser comprados e vendidos.*

(E) ... *com todos os seus defeitos, o mercado ainda é a forma mais eficiente de organizar a produção...*

A: correta, pois os termos 'por ser' expressam claramente a noção de causa; **B:** incorreta, pois os termos 'sem que' definem melhor uma noção de exclusão; **C:** incorreta. O pronome adversativo 'mas' presente no segmento grifado tem função adversativa; **D:** incorreta, pois a preposição 'até', no contexto em que está inserida, apresenta a noção de inclusão e não de causa como sugere a questão; **E:** incorreta, pois, assim como na alternativa anterior, a preposição 'com' traz a noção de inclusão e não de causa.

Gabarito "A" – Construção do Texto

(Agente Técnico Jurídico – MPE-AM – FCC – 2013) De acordo com o texto, o segmento grifado nas frases abaixo que se refere à expressão "*sociedade de mercado*" é:

(A) *Mas o que seria uma "sociedade de mercado"? (2º parágrafo)*

(B) ... *que nunca a haviam conhecido. (3º parágrafo)*

(C) ... *estamos em uma época em que todas as relações... (1º parágrafo)*

(D) *Sandel reafirma sempre que, com todos os seus defeitos... (3º parágrafo)*

(E) *Já chegamos a ela? (1º parágrafo)*

A: incorreta, pois o termo grifado refere-se ao significado da expressão 'sociedade de mercado' que, inclusive, está citada explicitamente na sentença; **B:** incorreta, pois o contexto em que a sentença está inserida nos permite depreender que o pronome relativo 'a' se refere à prosperidade; **C:** incorreta, pois como podemos perceber o 'em que' se refere claramente ao termo precedente 'época'; **D:** incorreta, pois o pronome 'que' nesta sentença exerce função de ligação entre os segmentos

'Sandel afirma sempre' e 'com todos os seus defeitos'; **E:** correta, pois a partir do contexto em que a sentença está inserida podemos depreender que o segmento 'a ela' se refere à expressão 'sociedade de mercado'. Gabarito "E" – Construção de Texto

(Agente Técnico Jurídico – MPE-AM – FCC – 2013) *Muitos economistas acreditam que o mercado não altera a qualidade ou o caráter dos bens.*

A opinião de muitos economistas é verdadeira quando se trata de bens materiais.

Bens materiais são aparelhos de televisão ou carros.

Não é verdade quando se trata de bens imateriais, por exemplo, os valores sociais.

As afirmativas acima estão devidamente articuladas em um parágrafo, com clareza e correção, em:

(A) Contudo muitos economistas acreditam que o mercado não altera a qualidade ou o caráter dos bens, é uma opinião verdadeira quando se trata de bens materiais. Como os aparelhos de televisão ou carros. Mas também não é verdadeira referindo-se a bens imateriais; por exemplo os valores sociais.

(B) De acordo com a crença de muitos economistas, o mercado não altera a qualidade ou o caráter dos bens. Essa opinião é verdadeira em relação aos bens materiais, tais como aparelhos de televisão ou carros; não é verdade, porém, quando se trata de bens imateriais, como são, por exemplo, os valores sociais.

(C) O mercado não altera a qualidade ou o caráter dos bens, diz a opinião verdadeira dos economistas que acreditam nela. Quando se trata de bens materiais, quer dizer, aparelhos de televisão ou carros; não é verdadeira porque se refere aos valores sociais, ou bens imateriais, por exemplo.

(D) Muitos economistas concordam com a crença que o mercado não altera a qualidade ou o caráter dos bens materiais; tal como os aparelhos de televisão ou os carros. Que é opinião verdadeira, porém não sendo assim quando se referem os bens imateriais, por exemplo, como valores sociais.

(E) A qualidade ou o caráter dos bens não altera o mercado, onde está a crença verdadeira de muitos economistas. Com a opinião que os bens materiais, aparelhos de televisão ou carros; não acreditando ser verdade para os bens imateriais, como valores sociais, por exemplo.

A: incorreta, pois o parágrafo já inicia com uma incorreção na conjunção 'contudo', que é uma adversativa e por isso não pode iniciar um parágrafo, visto que não há um elemento antecessor a que ela faça oposição. Além disso o trecho 'é uma opinião verdadeira [...]' não está devidamente articulado na sentença. Deveria haver ali um termo de ligação como '*esta* é uma opinião [...]'. Uma outra incorreção presente no parágrafo é a sentença 'Como os aparelhos de televisão ou carros.' que não poderia estar isolada no parágrafo, pois tem função explicativa. Assim, o mais adequado seria uni-la por uma vírgula à sentença anterior como '[...] quando se trata de bens materiais, como os aparelhos [...]'; **B:** correta, o parágrafo apresentado por esta alternativa articula as sentenças da questão adequadamente e com clareza e correção satisfatórias; **C:** incorreta, pois logo na primeira sentença do parágrafo temos um caso de redundância que prejudica o entendimento do texto: 'diz a opinião verdadeira dos economistas que acreditam nela'. E a segunda sentença articula seus elementos de tal forma que contradiz e confunde as informações fornecidas na questão, levando o leitor a interpretar

os bens materiais como televisão e carro como valores sociais, por exemplo; **D:** incorreta, pois o trecho 'Que é opinião verdadeira' pertence à sentença anterior, assim, a forma mais adequada seria: 'tal como os aparelhos de televisão ou os carros, que é opinião verdadeira. Porém, não sendo [...]'; **E:** incorreta, pois a primeira sentença provoca uma inversão dos conceitos apresentados na questão, já que é o mercado que não altera a qualidade ou o caráter dos bens. Gabarito "B" – Construção de Texto

Juventudes

Pois se ainda ontem eu era jovem, conforme me asseguravam, asseguro-lhes que ainda hoje minha juventude não acabou. Se viesse a acabar, estaria tão velho que não saberia disso – o que significa que serei eternamente jovem. Preciso acrescentar: nada tenho de especial, todos os jovens da minha idade (isto é, acima dos 60) sabem disso. Não adianta os espelhos (por que se espalham por toda parte?) pretenderem mostrar o contrário, jogar-nos na cara nossa imagem envelhecida. Nós sabemos que eles mentem, sabemos que não têm como refletir nosso espírito – daí se vingarem, refletindo tão somente o que aparece.

Vou mais longe: não é que não envelheçamos, com essa mania que tem o tempo de nunca parar; na verdade, quanto mais anos vivemos, mais remoçamos. Alguns vivem até recuperar de vez – para nunca mais largar dela – a liberdade da infância. Enquanto lá não chego (esperando chegar), vou remoçando, remoçando, a ponto dos jovens de dezenove anos me pedirem mais moderação, mais compostura. Toda vez que fazem isso, surpreendo, no fundo de seus olhos, uma inveja incomensurável: inveja da minha adolescência verdadeira.

É verdade que a natureza, que tem lá seus caprichos, gosta de brincar com nossa juventude de sexagenários. Ela faz, por exemplo, o chão parecer mais longe: custa-nos chegar a ele, para apanhar aquela moedinha. Brinca, ainda, com nosso senso de equilíbrio: um volteio mais rápido do corpo e parece que a Terra subitamente acelerou a rotação. E já não podemos saltar imitando um saci, sobre os quadrados marcados a giz na calçada das brincadeiras: mesmo duas pernas mostram-se insuficientes para retomar o equilíbrio.

Enfim: valha esta mensagem para todos os jovens que ainda acreditam na velhice. Bobagem, meus amiguinhos: a velhice não chega nunca, é mais uma ilusão da juventude. Não adianta o corpo insistir em dar todos os sinais de mau funcionamento, inútil insistirem as bactérias em corromper nossos tecidos, inútil os olhos perderem a luz de dentro e a luz de fora: morremos sempre jovens, espantados por morrer, atônitos com essa insistência caprichosa e absurda da natureza, de vir ceifar nossa vida exatamente quando desfrutamos do esplendor de nossa juventude mais madura.

(Adamastor Rugendas, *inédito*)

(Analista Ministerial Administrativo – MPE-MA – FCC – 2013) Considerando-se o contexto, traduz-se com correção e coerência o sentido do seguinte segmento:

(A) *Pois se ainda ontem eu era jovem* (1o parágrafo) = mesmo que ontem eu fosse moço.

(B) *não têm como refletir nosso espírito* (1o parágrafo) = não podem espiritualizar nossa imagem.

12. LÍNGUA PORTUGUESA   339

(C) *até recuperar de vez* (2o parágrafo) = afim de se reabilitar inteiramente.

(D) *uma inveja incomensurável* (2o parágrafo) = um anseio irretratável.

(E) *desfrutamos do esplendor* (4o parágrafo) = usufruímos a magnificência.

A: incorreta, os segmentos apresentam uma diferença sutil, pois 'ainda' e 'embora' apresentam a mesma noção adversativa concessiva, porém o segundo segmento está conjugado no modo subjuntivo, enquanto o primeiro está conjugado no modo indicativo. Assim, eles se diferem, pois enquanto um torna a juventude uma hipótese afastada o outro a aproxima da realidade; **B:** incorreta, pois a inversão de termos do segundo segmento provoca também uma alteração no sentido. Isto porque espiritualizar uma imagem é diferente de refletir o espírito, uma vez que refletir aqui tem sentido de reproduzir a imagem e não de pensar sobre; **C:** incorreta, pois aqui há uma diferença sutil entre 'de vez', que traz a noção de algo definitivo, e 'inteiramente', que traz a noção de algo completo, mas não necessariamente definitivo; **D:** incorreta. Apesar de haver diferenças entre os significados de 'inveja' e 'anseio', a principal diferença entre os segmentos está no significado de 'incomensurável', que representa algo que não pode ser medido, e 'irretratável', que expressa algo que não pode ser corrigido; **E:** correta, pois o segmento sugerido pela alternativa traduz adequadamente nos termos de correção e coerência de sentido o segmento original do texto.

Gabarito "E" – Construção de Texto

(Analista Ministerial Administrativo – MPE-MA – FCC – 2013) Está clara e correta a **redação** deste livre comentário sobre o texto:

(A) Os espelhos, do ponto de vista das pessoas velhas, não existem se não para mostrá-las os traços indesejáveis de seus rostos, já que o espírito lhes permanece jovem.

(B) Para o autor do texto, o espírito das pessoas não envelhece: com o correr dos anos, elas passam a se sentir mais e mais jovens.

(C) É de se confessar que a velhice trás, de fato, alguns resquícios de enfraquecimento, haja visto os desequilíbrios corporais e sua cada vez menor elasticidade.

(D) O autor chega ao disparate de considerar a velhice uma mera ilusão da juventude; parece-lhe, até mesmo, que os sexagenários são mais adolescentes que os mesmos.

(E) Há alguns velhinhos, de fato, em cujos trejeitos os fazem assemelhados a crianças, razão pela qual o autor considera a possibilidade de um contínuo remoçamento.

A: incorreta, pois além de seu conteúdo ser contrário ao que se encontra no texto, o pronome em 'mostrá-las' não está totalmente de acordo com a função sintática de objeto direto que ocupa na sentença, uma vez que exige a forma contraída de 'pronome + preposição'. Assim a forma mais adequada seria: 'mostrar-lhes'; **B:** correta, pois o conteúdo do comentário está de acordo com o texto e a redação está clara e correta conforme as regras da gramática normativa; **C:** incorreta. A expressão 'haja vista' deve ser sempre conjugada no gênero feminino e na forma singular. Assim a forma correta para esta sentença é: 'haja vista os desequilíbrios corporais[...]'. Vale lembrar que a forma 'haja visto' existe, porém não com conjunção verbal, mas como conjugação do verbo ver no modo subjuntivo (que é mais utilizada com o verbo 'ter'. Por exemplo, 'Espero que ele tenha visto o filme.'); **D:** incorreta, pois a locução 'até mesmo' não se encaixa no contexto da sentença e por isso compromete a coesão do texto; **E:** incorreta. A preposição do termo 'em cujos' está inadequada, uma vez que sua função é indicar noções de tempo e espaço. Além disso, a construção da sentença sequer exige preposição, logo a forma correta seria 'Há alguns velhinhos, de fato, cujos trejeitos [...]'.

Gabarito "B" – Construção do Texto

Em 2010, pela primeira vez na história dos Estados Unidos, o índice de pobreza foi maior nos subúrbios do que nas grandes cidades em torno das quais eles gravitam.

Demógrafos, como William Frey, e urbanistas, como Vishaan Chakrabarti e outros, hoje chegam a decretar a morte dos subúrbios, que consideram insustentáveis do ponto de vista econômico e pouco eficientes como modelos de planejamento urbano. Em entrevista ao jornal Financial Times, *Frey fala em "puxar o freio" de um sistema que pautou os EUA até hoje. É uma metáfora que faz ainda mais sentido quando se considera a enorme dependência dos subúrbios do uso do automóvel.*

Detroit é o caso mais tangível. A cidade que dependia da indústria automobilística faliu porque os moradores mais abastados migraram para os subúrbios a bordo de seus carros, deixando no centro as classes mais pobres, que pouco contribuem com impostos.

Mas é das cinzas de centros combalidos como esse que novas cidades estão surgindo. Em Detroit, os únicos sinais de vida estão no miolo da cidade, em ruas que podem ser frequentadas por pedestres e que aos poucos prescindirão dos carros, já que está em estudo a ressurreição de um sistema de bondes.

O número de jovens que dirigem carros também está em queda livre no país. Isso ajuda a explicar por que o bonde urbano e grandes projetos de transporte público estão com toda a força. Enquanto o metrô de superfície ou linhas de ônibus não chegam a cidades desacostumadas ao transporte coletivo, as bicicletas de aluguel ganham fôlego impressionante.

Nessa troca das quatro rodas por duas, ou mesmo pelos pés, volta a entrar em cena o poder de atração das grandes metrópoles, a reboque da revitalização de grandes centros urbanos antes degradados. Há dois anos, pela primeira vez, a população das metrópoles americanas superou o número de residentes em seus subúrbios.

"Hoje mais pessoas vivem nas cidades do que nos subúrbios. Estamos vendo surgir uma nova geração urbana nos Estados Unidos", diz Vishaan Chakrabarti. "Essas pessoas dirigem menos, moram em apartamentos mais econômicos, têm mais mobilidade social e mais oportunidades." Nessa mesma linha, arquitetos e urbanistas vêm escrevendo livro atrás de livro no afã de explicar o ressurgimento da metrópole como panaceia urbanística global.

(Adaptado de: Silas Marti. **Folha de S. Paulo**, Ilustríssima. Acessado em: 28/07/2013)

(Analista – MPE-SE – FCC – 2013) Está correto o que se afirma em:

(A) No segmento *chegam a decretar a morte dos subúrbios, que consideram insustentáveis do ponto de vista econômico,* a vírgula pode ser suprimida, sem prejuízo para o sentido original. (2o parágrafo)

(B) Sem que nenhuma outra alteração seja feita, o verbo grifado na frase *ruas (...) que aos poucos prescindirão dos carros* pode ser corretamente substituído por **dispensarão**. (4o parágrafo)

(C) Na frase *O número de jovens que dirigem carros também está em queda livre no país,* uma vírgula pode ser inserida imediatamente após *jovens,* sem prejuízo para a correção. (5o parágrafo)

(D) O segmento sublinhado em _a reboque da_ revitalização de grandes centros urbanos antes degradados pode ser substituído por **atrelado à**, sem prejuízo para a correção e o sentido originais. (6o parágrafo)

(E) De acordo com o contexto, o segmento isolado por vírgulas pode ser isolado por parênteses na frase: _a bordo de seus carros, deixando no centro as classes mais pobres, que pouco contribuem..._ (3o parágrafo)

A: incorreta, pois com a supressão da vírgula o leitor pode entender que foi decretada a morte daqueles subúrbios insustentáveis economicamente, enquanto o texto pretende afirmar que todos os subúrbios apresentam essa característica; **B:** incorreta. Apesar das palavras _prescindirão_ e _dispensarão_ serem sinônimas, o enunciado da alternativa diz que nenhuma outra alteração deve ser feita na frase e o termo _dispensarão_ é um verbo transitivo que não exige o termo 'dos' que acompanha 'prescindir'; **C:** incorreta. A vírgula não deve separar os elementos de uma sentença na ordem sintática direta, ou seja, a colocação da vírgula após _jovens_ iria separar o sujeito do predicado 'que dirigem carros'; **D:** correta, pois as expressões _a reboque da_ e _atrelado à_ são equivalentes e podem ser substituídas sem prejuízo de correção ou sentido; **E:** incorreta, pois o sinal de parênteses é utilizado para adicionar informações extratextuais como comentários do autor, dados de bibliografia ou qualquer outro sinal heterogêneo.

Gabarito "D" – "Construção do Texto"

Com a genial invenção das vogais no alfabeto grego, a escrita estava se disseminando pela Grécia antiga – e Sócrates, o homem mais sábio de todos os tempos, temia um desastre. Apreciador da linguagem oral, achava que só o diálogo, a retórica, o discurso, só a palavra falada estimulava o questionamento e a memória, os únicos caminhos que conduziam ao conhecimento profundo. Temia que os jovens atenienses, com o recurso fácil da escrita e da leitura, deixassem de exercitar a memória e perdessem o hábito de questionar. O grande filósofo intuiu que a transição da linguagem oral para a escrita seria uma revolução. E assim foi. Numa direção promissora, porém, que permitiu o mais esplêndido salto intelectual da civilização ocidental.

Agora, 2.500 anos depois, estamos às voltas com outra transição revolucionária. Da cultura escrita para a digital, é uma mudança de fundamentos como não ocorre há milênios. A forma física que o texto adquire num papiro de 3.000 anos antes de Cristo ou numa folha de papel da semana passada não é essencialmente distinta. Nos dois casos, existem enormes diferenças de qualidade e clareza, mas é sempre tinta sobre uma superfície maleável. Na era digital, a mudança é radical. O livro eletrônico oferece uma experiência visual e tátil inteiramente diversa.

Sob qualquer ângulo que se examine o cenário, é um momento histórico. Desde que os gregos criaram as vogais – o "aleph" semítico era uma consoante, que virou o "alfa" dos gregos e depois o "a" do alfabeto latino –, o ato de ler e escrever não sofria tamanho impacto cognitivo. Desde os tipos móveis de Gutenberg, o livro não recebia intervenção tecnológica tão significativa. O temor é que o universo digital, com abundância de informações e intermináveis estímulos visuais e sonoros, roube dos jovens a leitura profunda, a capacidade de entrar no que o grande filósofo Walter Benjamin chamou de "silêncio exigente do livro".

Leitura profunda não é esnobismo intelectual. É por meio dela que o cérebro cria poderosos circuitos neuronais. "O homem nasce geneticamente pronto para ver e falar, mas não para ler. Ler não é natural. É uma invenção cultural que precisa ser ensinada ao cérebro", explica a neurocientista Maryanne Wolf, autora de obra sobre o impacto da leitura no cérebro. Para tanto, ele tem de conectar os neurônios responsáveis pela visão, pela linguagem e pelo conceito. Em suma, precisa redesenhar a estrutura interna, segundo suas circunstâncias. Ao criar novos caminhos, expande sua capacidade de pensar, multiplicando as possibilidades intelectuais – o que, por sua vez, ajuda a expandir ainda mais a capacidade de pensar, numa esplêndida interação em que o cérebro muda o meio e o meio muda o cérebro. Pesquisadores investigam se a construção dos circuitos neuronais está sendo afetada nessa mudança para a era digital._

(Adaptado de: André Petry. **Veja**, 19 de dezembro de 2012, p. 151-6)

(Técnico Ministerial - Execução de Mandados – MPE-MA – FCC – 2013)
Ao criar novos caminhos, [o cérebro] _expande sua capacidade de pensar, multiplicando as possibilidades intelectuais – o que, por sua vez, ajuda a expandir ainda mais a capacidade de pensar, numa esplêndida interação em que o cérebro muda o meio e o meio muda o cérebro._ (4o parágrafo)

O segmento final, introduzido pelo sinal de travessão, remete a uma relação (último parágrafo):

(A) de oposição entre os estímulos cerebrais e as causas que originam esses estímulos.

(B) espacial entre os estímulos intelectuais que determinam o funcionamento do cérebro.

(C) predeterminada de certas condições impostas ao funcionamento dos neurônios, na leitura digital.

(D) temporal entre elementos sucessivos que desencadeiam mudanças nos circuitos cerebrais.

(E) mútua de causa e efeito, que tende a favorecer o aprimoramento intelectual.

A: incorreta, pois o segundo trecho introduzido pelo sinal de travessão complementa a informação dada pelo trecho antecessor ao sinal; **B:** incorreta, pois não podemos identificar uma relação espacial entre os trechos apresentados no texto; **C:** incorreta. A relação estabelecida entre os dois segmentos do texto não se apresenta como condição imposta ao cérebro, mas está mais associada à uma relação de causa e efeito provocada pelo exercício da leitura; **D:** incorreta, pode-se observar no texto que os acontecimentos são praticamente simultâneos e não sucessivos; E: correta, a alternativa apresenta adequadamente a relação dada entre os dois segmentos do último parágrafo.

Gabarito "E." – "Construção de Texto"

Perigosa Intolerância

Recentemente, em "Avenida Brasil" – brilhante novela de João Emanuel Carneiro – era possível acompanhar uma trama que unia dois homens e uma mulher, e outra que abordava o casamento entre um homem e três mulheres. Neste segundo caso, com direito a vestidos nas noivas e beijos enfileirados lado a lado. Esse fato não provocou o menor alvoroço na sociedade como causa a manifestação de afeto entre duas pessoas do mesmo sexo. Paradoxalmente, por algum critério de moralismo seletivo, o tal "beijo gay" ainda continua sendo um tabu.

12. LÍNGUA PORTUGUESA

Sou casado há 17 anos. Uma relação pública abençoada por toda nossa família. É importante ressaltar que casamento civil nada tem a ver com nenhuma cerimônia religiosa. A definição de casamento, segundo o Código Civil, art. 1511: "O casamento estabelece comunhão plena de vida, com base na igualdade de direitos e deveres dos cônjuges".

Por que, afinal, as pessoas querem se casar? Porque em nosso país cidadãos que se unem para dividir uma vida em comum só têm a ampla proteção, em direitos e deveres, se realizado o casamento civil, estabelecido no Código Civil. O ministro Luiz Felipe Salomão, do STJ, em decisão sobre casamento civil, declarou em seu voto: "Com efeito, se é verdade que o casamento civil é a forma pela qual o Estado melhor protege a família, e sendo múltiplos os 'arranjos' familiares reconhecidos pela Carta Magna, não há de ser negada essa via a nenhuma família que por ela optar, independentemente da orientação sexual dos partícipes, uma vez que as famílias constituídas por pares homoafetivos possuem os mesmos núcleos, a dignidade das pessoas de seus membros e o afeto".

No último dia 6, a coluna de um jornalista noticiou que uma conversão de união estável em casamento entre duas pessoas do mesmo sexo na cidade fluminense de Sapucaia deve sofrer represália de um grupo religioso que promete uma passeata contra a união e já roda um abaixo-assinado para tentar anular a decisão. É muito perigoso esse nível de intolerância e interferência na vida dos outros que tem acontecido no Brasil. Pessoas têm se unido para fazer com que as regras da sua religião sejam impostas à sociedade, mesmo aos que não comungam de sua fé.

Reconheço que não vejo a comunidade judaica organizar-se para impor suas regras e viabilizar um projeto de lei que proíba o consumo de carne de porco no país ou para que tenhamos de respeitar o shabat. Não vejo a comunidade muçulmana se organizar para criar uma lei onde todos têm de se ajoelhar para Meca ao meio-dia. Por que então algumas pessoas "em nome" de determinadas religiões tentam impor seu Deus e suas regras a toda uma sociedade? Não preciso ser negro para lutar contra o racismo. Não preciso ser judeu para lutar contra o antissemitismo. E você não precisa ser homossexual para lutar contra a homofobia.

(**Carlos Tufvesson**. *O Globo*. 15/12/2012)

(**Analista Direito – MPE-MS – FGV – 2013**) *"...por algum critério de moralismo seletivo, o tal "beijo gay" ainda continua sendo um tabu".* Sobre esse fragmento, assinale a afirmativa adequada.

(A) A frase "por algum critério de moralismo seletivo" mostra uma certeza do autor do texto sobre o fato citado.

(B) A expressão "o tal" refere-se a uma realidade qualquer de forma pejorativa.

(C) O termo "beijo gay" aparece entre aspas por conter uma palavra estrangeira.

(D) O termo "moralismo seletivo" indica que as pessoas fazem uma seleção entre o que é moralmente aceito a fim de afastarem o que é ilícito.

(E) A forma verbal "continua sendo" indica que o tabu referido já existia antes e que permanece no momento de produção do texto.

A: incorreta, pois o autor não demonstra certeza, mas manifesta dúvida sobre a motivação do 'beijo gay' continuar sendo um tabu; **B:** incorreta. Pelo contexto apresentado não podemos afirmar um tom pejorativo na pressão, mas uma ideia banalizante de que um beijo 'gay' é como outro qualquer; **C:** incorreta. O contexto nos permite entender que as aspas no termo 'beijo gay' servem de ironia, para dizer que um beijo não precisa ser classificado como 'gay'; **D:** incorreta. O termo 'moralismo seletivo' indica que as pessoas apresentam um moral seletivo que condena determinados tipo de comportamento e não outros para proteger seu próprio preconceito; **E:** correta, pois a alternativa apresenta uma interpretação adequada da construção do texto.

Gabarito "E" – Construção de Texto

(**Analista Direito – MPE-MS – FGV – 2013**) O ministro Luiz Felipe Salomão, para expor sua tese, apoiou-se na Carta Magna do país, ou seja, utilizou um argumento caracterizado como de:

(A) intimidação.

(B) sedução.

(C) tentação.

(D) constrangimento.

(E) autoridade.

A: incorreta, pois não há no conteúdo de sua tese qualquer tom de ameaça ou outra coisa que possa caracterizar intimidação; **B:** incorreta. Por se tratar de um texto jurídico, o recurso semântico de sedução não é sequer possível para o contexto; **C:** incorreta. O texto não apresenta recompensa ou nenhum outro tipo de vantagem para ser caracterizado como tentação; **D:** incorreta. O teor jurídico e imparcial do texto não permite a interpretação de que possa haver constrangimento em sua construção; **E:** correta. A citação de um documento oficial ou de dados científicos, por exemplo, é uma característica formal da autoridade.

Gabarito "E" – Construção de Texto

TEXTO 1

1 Não faz muito que temos esta nova TV com controle remoto, mas devo dizer que se trata
2 agora de um aparelho sem o qual eu não saberia viver. Passo os dias sentado na velha poltrona,
3 mudando de um canal para outro — uma tarefa que antes exigia certa movimentação, mas que
4 agora ficou muito fácil. Estou num canal, não gosto — zap, mudo para outro. Também não gosto
5 deste — zap, mudo de novo. Eu gostaria de ganhar em dólar o número de vezes que você troca de
6 canal em uma hora, diz minha mãe. Trata-se de uma fantasia, mas pelo menos indica disposição
7 para o humor, admirável nessa mulher.
8 Sofre, minha mãe. Sempre sofreu: infância carente, pai cruel etc. Mas o sofrimento
9 aumentou muito quando meu pai a deixou. Já faz tempo; foi logo que nasci, e estou agora com
10 treze anos. Uma idade em que se vê muita televisão, e em que se muda de canal constantemente...

342 HENRIQUE SUBI E MAGALLY DATO

11 Da tela, uma moça sorridente pergunta se o caro telespectador já conhece certo novo sabão em pó.
12 Não conheço nem quero conhecer, de modo que — zap — mudo de canal. "Não me abandone,
13 Mariana, não me abandone!" Abandono, sim, não suporto novelas: zap, e agora é um homem
14 falando. Um homem, abraçado ____ guitarra elétrica, fala a uma entrevistadora. É um roqueiro.
15 Aliás, é o que está dizendo, que é um roqueiro, que sempre foi e sempre será um roqueiro. Tal
16 veemência se justifica, porque ele não parece um roqueiro. É meio velho, tem cabelos grisalhos,
17 rugas, falta-lhe um dente. É o meu pai.
18 É sobre mim que fala. Você tem um filho, não tem?, pergunta a apresentadora, e ele,
19 meio constrangido, diz que sim, que tem um filho, só que não o vê há muito tempo. Hesita um
20 pouco e acrescenta: você sabe, eu tive de fazer uma opção, era a família ou o rock. A
21 entrevistadora, porém, insiste no assunto (é chata, ela): e o seu filho gosta de rock?
22 Ele se mexe na cadeira; o microfone, preso à camisa desbotada, produz um ruído
23 desagradável. Aí está: acaba num programa local e de baixíssima audiência, e ainda tem de passar
24 pelo vexame de uma pergunta que o embaraça... E então ele me olha. Vocês dirão que é para a
25 câmera que ele olha; aparentemente é isso, aparentemente ele está olhando para a câmera; mas é
26 para mim, na realidade, que ele olha, sabe que em algum lugar, diante de uma tevê, estou a fitar
27 seu rosto atormentado, as lágrimas me correndo pelo rosto; e no meu olhar ele procura ____
28 resposta ____ pergunta da apresentadora: você gosta de rock? Você gosta de mim? Você me
29 perdoa?
30 Mas então comete um erro: insensivelmente, automaticamente, seus dedos começam a
31 dedilhar as cordas da guitarra — é o vício do velho roqueiro, do qual ele nunca conseguiu se
32 livrar, nunca. Seu rosto se ilumina — refletores que se acendem? Ele vai dizer que sim, que seu
33 filho ama o rock tanto quanto ele... Nesse momento — zap — aciono o controle remoto.

Adaptado de Moacyr Scliar, "Zap". In *Contos Reunidos*, Companhia das Letras, São Paulo, 1995.

(Analista Processual Direito – MPE-AC – FMP – 2013) Considere as seguintes afirmações sobre o texto de Scliar:

I. A mãe do rapaz tem uma "disposição para o humor" que ela própria acha "admirável" (l.06-07) diante da vida de sofrimentos que teve.

II. O narrador é um rapaz de 13 anos cujo pai diz ter abandonado a família porque teve "de fazer uma opção, era a família ou o rock" (l.20).

III. Quando o narrador diz que a entrevistadora "é chata" porque "insiste no assunto" (l.21), o assunto a que se refere é a carreira de rockeiro do pai.

Assinale a alternativa que aponta as afirmações que estão de acordo com o texto.

(A) Apenas I.
(B) Apenas II.
(C) Apenas III.
(D) Apenas I e II.
(E) Apenas II e III.

I: incorreta, pois o pronome demonstrativo 'nessa' presente no final da sentença indica que a admiração pelo senso de humor não parte da própria mulher, mas de seu filho; II: correta, pois a sentença especifica as características do narrador que podem ser depreendidas a partir do texto; III: incorreta. Como podemos observar na sentença, o comentário de que a entrevistadora é chata vem seguido de dois pois para introduzir o assunto que ela insiste: '[...]insiste no assunto (é chata, ela): e o seu filho gosta de rock?'

Gabarito "B" – Construção de Texto

(Analista Processual Direito – MPE-AC – FMP – 2013) O texto de Scliar **apresenta** enunciados que:

1. ora são do narrador em reação a alguma fala de pessoas que aparecem na TV;

2. ora são, na imaginação do narrador, de pessoas na TV se dirigindo a ele;

3. ora são de pessoas da TV conversando entre si.

Agora, associe corretamente que tipos de enunciados são os abaixo listados:

( ) *Não conheço nem quero conhecer* (l.11-12).
( ) *Abandono, sim* (l.13).
( ) *você sabe, eu tive de fazer uma opção, era a família ou o rock* (l.20).
( ) *você gosta de rock? Você gosta de mim? Você me perdoa?* (l.28-29).

Assinale a alternativa que preenche corretamente, de cima para baixo, os parênteses.

(A) 3 – 3 – 2 – 2.
(B) 1 – 3 – 2 – 1.
(C) 3 – 1 – 3 – 3.
(D) 1 – 1 – 3 – 2.
(E) 1 – 3 – 1 – 3.

A interpretação adequada do texto e do contexto em que as falas se inserem nos permitem saber que nos dois primeiros enunciados da questão trata-se da reação do narrador diante de alguma fala das pessoas que aparecem na TV, o terceiro enunciado reproduz a entrevista da televisão e, por fim, a terceira é a imaginação do narrador sobre uma possível conversa com alguém da TV.

Gabarito "D" – Construção de Texto

(Analista Processual Direito – MPE-AC – FMP – 2013) Considere as seguintes propostas de substituição de expressões do texto:

I. *Estou num canal* (l.04) pode ser substituída por **Estou assistindo a um canal**;

II. *fazer uma opção* (l.20) pode ser substituída por **seguir meu caminho**;

III. *embaraça* (l.24) pode ser substituída por **entristece**.
Quais propostas são corretas e conservam o sentido original do texto?

(A) Apenas I.
(B) Apenas II.
(C) Apenas I e III.
(D) Apenas II e III.
(E) I, II e III.

I: correta, pois a expressão coloquial 'Estou num canal' pode ser interpretada como 'Estou com meu parelho sintonizado em um canal' de onde possivelmente deriva a preposição de lugar na sentença; II: incorreta. A construção do texto nos permite entender que havia possibilidade de escolha entre a família e o rock, já a expressão 'seguir meu caminho' mostra claramente no pronome possessivo que ali não haveria espaço para a opção; III: incorreta, pois 'embaraçar' tem o significado de 'deixar com vergonha' que é diferente do sentido de 'entristecer' que é 'deixar triste'.
Gabarito "A" – Construção de Texto

(Analista Processual Direito – MPE-AC – FMP – 2013) Assinale a alternativa que contém uma relação **INCORRETA** entre uma expressão e aquilo a que a expressão se refere.

(A) *um aparelho* (l.02) – a nova TV com controle remoto.
(B) *uma tarefa* (l.03) – mudar de um canal para outro.
(C) *me* (l.12) – o narrador do texto.
(D) *me* (l.24) – o narrador do texto.
(E) *[d]o qual* (l.31) – [d]o vício.

Dentre as alternativas apresentadas apenas a alternativa C está incorreta, pois o contexto nos permite entender que o pronome 'me' se refere ao personagem da novela. Nas demais alternativas o elemento referente está explícito na mesma sentença.
Gabarito "C" – Construção de Texto

(Analista Processual Direito – MPE-AC – FMP – 2013) Considere as seguintes propostas de alteração na ordem de expressões do texto.

I. [...] mas é para mim, *na realidade*, que ele olha. (l.25-26) [...] mas, *na realidade*, é para mim que ele olha.
II. [...] *insensivelmente, automaticamente,* seus dedos começam a dedilhar as cordas da guitarra [...] (l.30-31) [...] seus dedos começam a dedilhar *insensivelmente, automaticamente,* as cordas da guitarra [...]
III. [...] seu filho ama o rock tanto quanto ele... (l.32-33) [...] seu filho ama *tanto* o rock quanto ele...

Quais são as propostas que conservam, sem ambiguidade, o sentido original do texto?

(A) Apenas I.
(B) Apenas II.
(C) Apenas III.
(D) Apenas I e II.
(E) Apenas II e III.

I: correta, pois a proposta de alteração na ordem de expressões não altera o sentido do texto; II: incorreta, pois nesta ordem os advérbios de modo 'insensivelmente' e 'automaticamente' passam a se referir aos dedos e não ao personagem; III: incorreta, pois na reformulação tanto o estilo musical quando o pai estão no mesmo nível e assim os referentes da comparação se perdem.
Gabarito "A" – Construção do Texto

É legal ter pai

1 O Ministério Público de Goiás (MP-GO) lançou, no dia 1o de fevereiro de 2012, a campanha "É legal ter pai", que tem como objetivo ampliar a atuação institucional na investigação
4 de paternidade, a partir de uma estratégia de divulgação direta à população dos serviços que podem ser
6 oferecidos nessa área, tanto em Goiânia quanto no interior.

Disponível em: <http://www.mpgo.mp.br/portal/noticia/campanha-e-legal- ter-pai#.Ue0No403vQV>
Acesso em: 21/7/2013 (com adaptações).

(Assistente Administrativo – MPE-GO – IADES – 2013) Com base nas informações do texto e na relação entre a imagem e o parágrafo, julgue os itens a seguir.

I. O adjetivo constante do título da campanha foi empregado, intencionalmente, com duplo sentido.
II. O Ministério Público de Goiás pretende, com a campanha, iniciar a sua atuação na investigação de paternidade.
III. A imagem exerce apenas uma função decorativa.

IV. A expectativa da campanha é propiciar a um maior número de famílias a cena retratada na imagem.

A quantidade de itens corretos é igual a:

(A) 0.
(B) 1.
(C) 2.
(D) 3.
(E) 4.

I: correto, pois no contexto em que se apresenta o termo 'legal' pode ser entendido tanto como algo bom quanto algo permitido por lei; **II:** incorreta, a atuação na investigação de paternidade já existe, a intenção da campanha é divulgar esse serviço para a população; **III:** correta, pois não há nenhum tipo de informação ou dado na imagem; **IV:** incorreta, pois como afirmamos no item anterior a imagem é apenas decorativa e não o propósito de servir como modelo ou meta.

Gabarito "C". – Construção do Texto

1   Eram cinco horas da manhã e o cortiço acordava,
    abrindo, não os olhos, mas a sua infinidade de portas e
    janelas alinhadas.
4   Um acordar alegre e farto de quem dormiu de uma
    assentada sete horas de chumbo. Como que se sentiam
    ainda na indolência de neblina as derradeiras notas da
7   última guitarra da noite antecedente, dissolvendo-se à luz
    loura e tenra da aurora, que nem um suspiro de saudade
    perdido em terra alheia.
10 A roupa lavada, que ficara de véspera nos coradouros,
    umedecia o ar e punha-lhe um farto acre de sabão
    ordinário. As pedras do chão, esbranquiçadas no lugar da
13 lavagem e em alguns pontos azuladas pelo anil,
    mostravam uma palidez grisalha e triste, feita de
15 acumulações de espumas secas.

Aluísio Azevedo. *O cortiço.* Disponível em: <http://www.biblio.com.br/defaultz.asp?link=http://www.biblio.com.br /conteudo/Alui-zioAzevedo/ocortico.htm> Acesso em: 20/7/2013 (com adaptações).

(Assistente Administrativo – MPE-GO – IADES – 2013) Com relação à organização das ideias e às estruturas linguísticas do texto 3, assinale a alternativa correta.

(A) O texto é uma descrição objetiva do cortiço, portanto um exemplo de digressão, de corte no decurso temporal da narração.
(B) O autor do texto atribui características humanas ao cortiço.
(C) Em "Um acordar alegre e farto" (linha 4), o verbo "acordar" exemplifica a derivação regressiva.
(D) A expressão "à luz" (linha 7) pode ser substituída por "sobre a luz" sem alteração sintática e semântica do texto.
(E) Pelo contexto, depreende-se que o pronome "lhe" (linha 11) retoma o termo "A roupa lavada" (linha 10) e exerce função de objeto direto do verbo pôr.

A: incorreta, pois o texto não é uma descrição objetiva, mas subjetiva uma vez que é repleto de termos abstratos e metáforas; **B:** correta. Aluísio Azevedo, como representante do naturalismo, cria o ambiente do cortiço como um personagem à parte que influencia e interage com a narrativa durante todo o romance; **C:** incorreta, pois a derivação regressiva ocorre quando a palavra é transformada com a redução do morfema; **D:** incorreta, pois a alteração da palavra provocaria alteração sintática; **E:** incorreta, pois o pronome 'lhe' não exerce a função de objeto direto do verbo pôr.

Gabarito "B" – Construção do Texto

(Assistente Administrativo – MPE-GO – IADES – 2013) Com base na estruturação linguística e na organização das ideias do texto 3, assinale a alternativa correta.

(A) O verbo ser (linha 1) está no plural para concordar com o sujeito "cinco horas da manhã".
(B) O sujeito da forma verbal "abrindo" (linha 2) é inexistente.
(C) O trecho "a sua infinidade de portas e janelas alinhadas" (linhas 2 e 3) pode ser assim reescrito sem alteração sintática ou semântica do texto: a <u>infinidade de portas e janelas alinhadas dele</u>.
(D) O sujeito da forma verbal "sentiam" (linha 5) é "as derradeiras notas da última guitarra da noite antecedente".
(E) O termo "que nem" (linha 8) pode ser substituído por <u>conforme</u> sem alteração sintática e semântica do texto.

A: incorreta, pois neste caso se trata de uma oração sem sujeito; **B:** incorreta, pois o sujeito do verbo 'abrir' é 'o cortiço'; **C:** incorreta, pois sua é um pronome possessivo e 'dele' é a contração da preposição 'de' com o nome 'ele' que não cabe na construção da sentença; **D:** correta, pois a alternativa apresenta adequadamente o função sintática de 'sentiam'; **E:** incorreta, pois o termo 'que nem' é utilizado no sentido de 'como' para a construção da metáfora e o termo 'conforme' tem sentido de estar de acordo com.

Gabarito "D" – Construção do Texto

12. LÍNGUA PORTUGUESA

O que um lutador de MMA tem a outras profissões

1 Lyoto Machida, de 35 anos, lutador de artes marciais
mistas (MMA), de Belém, no Pará, foi faixa-preta no início
da adolescência e ganhou inúmeros torneios, como o
4 Pan-Americano de Caratê em 2001. No MMA, Lyoto tem
19 vitórias e três derrotas. No segundo semestre deste ano,
deverá disputar o cinturão dos meios-pesados, título
7 mundial que perdeu em 2010 para o brasileiro Maurício
Shogun. "É na queda que aprendemos mais", afirma Lyoto.
Lutadores como ele têm lições para ensinar às outras
10 carreiras. Longe do octógono, muitos executivos travam
batalhas diárias para aprovar projetos, coordenar equipes e
se destacar. "Todo profissional precisa de confiança e
13 preparo para realizar suas tarefas", diz Clara Linhares,
professora de gestão de pessoas da Fundação Dom Cabral,
de Minas Gerais. "Os lutadores nos mostram a importância
16 da intimidação, a capacidade de mostrar ao outro que você
está no páreo e tão preparado quanto ele para a competição
18 do mercado".

(Assistente Administrativo – MPE-GO – IADES – 2013) Julgue as seguintes afirmações sobre o trecho: "No segundo semestre deste ano, deverá disputar o cinturão dos meios--pesados, título mundial que perdeu em 2010" (linhas de 5 a 7) e, depois, assinale a alternativa correta.

I. O ponto de referência, em "No segundo semestre deste ano", é o futuro, porque o texto foi publicado antes do segundo semestre.

II. O ponto de referência, em "No segundo semestre deste ano", é o presente, porque o texto foi publicado no semestre em curso.

III. Se o texto fosse publicado no final de 2013,após a participação de Lyoto na disputa, o texto poderia ser escrito assim: <u>Nesse segundo semestre, disputou</u>(...).

IV. Se o texto fosse publicado no início de 2014, com os fatos efetivamente ocorridos em 2013, poderia ser escrito assim: <u>No segundo semestre do ano passado, disputou o cinturão dos meios-pesados, título mundial que havia perdido em 2010</u>.

A quantidade de itens certos é igual a:

(A) 0.
(B) 1.
(C) 2.
(D) 3.
(E) 4.

I: correta, pois se o texto fosse publicado no segundo semestre a indicação seria mais próxima; II: incorreta. A indicação 'deste' é utilizada para distanciar a informação; III: correta, pois o item apresenta corretamente a forma da sentença se o texto fosse publicado no segundo semestre de 2013; IV: correta, pois o item apresenta uma adaptação adequada do texto para a possível mudança contextual.

Gabarito "D" – Construção do Texto

Demasiadamente

(Eneida Costa de Morais)

Quem conta um conto, acrescenta um ponto, diz o ditado. No caso presente não precisaremos acrescentar nada, tantos os pontos existentes: Aníbal Vicente foi preso porque é marido de cinco mulheres e noivo de mais de uma dezena de jovens.

Buscar, no retrato que os jornais estamparam, as razões desse tão grande prestígio de Vicente, é tolice: homem feio — muito feio, mesmo — o D. Juan magro, de rosto marcado pelas bexigas ou espinhas, nada oferece para que possamos imaginá-lo usando luares em declarações de amor, ou dizendo de maneira pessoal e pessoal encantamento, as sempre novas palavras que prenderam nossos tataravôs, avós, pais e a nós mesmos.

O caso aconteceu em S. Paulo, se bem que todo o Brasil esteja envolvido na ação amorosa de Aníbal. Cinquenta anos de idade, sem residência fixa — mudava muito de casa —, o herói do "conto do noivado" casava para lesar suas vítimas. Seu método mais usado era simples: entabulava namoro através de correspondência sentimental de revistas especializadas no assunto. "Homem só, profundamente só, com uma enorme riqueza sentimental, conhecendo todas as palavras de amor, sabendo empregá-las no momento preciso, capaz de emocionar-se com a lua cheia, usando ternura, sempre ternura para com aquela que amar, precisa encontrar senhora só", etc., etc. O anúncio devia ser assim e, por ele, Aníbal ia colhendo as respostas, analisando-as, conhecendo mulheres antes de encontrá-las pessoalmente, mandando para esta carta, para a outra telegrama, até o final: encontro, casamento.

Assinava "Ouro Branco", pois era de ouro que precisava Aníbal. Muito ouro para bem viver, bem comer, andar e dar golpes em outras românticas incautas.

A sede de amar e ser amada é tão grande nas mulheres que Aníbal continuaria seus trabalhos até o fim da vida, não fosse o ciúme de uma das esposas enganadas. A mais sofredora de todas, talvez, porque a que mais amasse, levou-o à polícia, e à prisão. [...]

A prisão se deu sem que o amoroso ladrão pressentisse. Estava calmamente à porta de uma casa, esperando a chegada de uma de suas noivas, a destinada futura esposa. Preso, sobre ele caiu o ódio de cento e cinco mulheres enganadas; esqueceram que a culpa não era apenas dele, esqueceram que atendendo ao apelo de Aníbal Vicente eram também culpadas. O homem está preso e uma centena de mulheres ficou sem noivo e sem esposo.

Casou muito, amou demais, eis a definição de Aníbal; naturalmente a Justiça acrescentará: roubou muito. Mas ninguém poderá negar a Vicente o título de criador de uma nova forma do conto-do-vigário: o "conto do amor", o "conto do noivado" e do "casamento", o "conto sentimental".

Aqui para nós, digam, Vicente, mesmo roubando suas enamoradas, não lhes terá dado alguma felicidade?

(Auxiliar Técnico – MPE-PR – ESPP – 2013) No terceiro parágrafo, tem-se a transcrição de um anúncio usado por Aníbal Vicente. Nele, para reforçar a solidão que ele dizia sentir, faz-se uso especial de dois recursos linguísticos. Assinale-os.

(A) O exagero e a linguagem informal.
(B) O uso de substantivos e advérbios com sentidos contrários.
(C) A repetição de conectivos e um vocabulário mais sofisticado.
(D) Linguagem em primeira pessoa e repetição de verbos.
(E) Advérbio de modo e repetição de adjetivo.

A: incorreta, pois não é possível classificar a linguagem utilizada por Aníbal no anúncio de jornal como informal; **B:** incorreta. Os substantivos e advérbios utilizados são complementares e não contrários; **C:** incorreta, pois apesar de não podermos classificar sua linguagem como informal, ela também não apresenta elementos suficientes para ser caracterizada como sofisticada; **D:** incorreta. O anúncio apresenta a linguagem em terceira pessoa; **E:** correta, pois a alternativa apresenta adequadamente as características observadas na transcrição do anúncio.
Gabarito "E" – Construção do Texto

(Auxiliar Técnico – MPE-PR – ESPP – 2013) No trecho *"Aníbal ia colhendo as respostas, analisando-as, conhecendo mulheres antes de encontrá-las pessoalmente, mandando para esta carta"*, o uso recorrente do gerúndio, no contexto em análise, cria o seguinte efeito:

(A) Indica uma ação acorrida em um momento específico, pontual do passado.
(B) Mostra uma ação passada que se repete até o presente.
(C) Revela uma ação que se repetia no passado.
(D) Indica uma ação passado que se estende até o futuro.
(E) Aponta ações que não foram realizadas no passado.

A: incorreta, pois o efeito do gerúndio é de continuidade e não de pontualidade no tempo; **B:** incorreta, pois o tempo utilizado para este efeito é o tempo imperfeito e não o gerúndio, que expressa continuidade passada; **C:** correta, pois a alternativa apresenta adequadamente o efeito criado pelo gerúndio no texto; **D:** incorreta, pois o gerúndio utilizado neste trecho não está relacionado ao tempo futuro; **E:** incorreta, pois o gerúndio marca ações que aconteceram no passado ininterruptamente.
Gabarito "C" – Construção de Texto

(Auxiliar Técnico – MPE-PR – ESPP – 2013) Para estruturar sua crônica, o autor faz uso de diversas informações. Assinale a opção que apresenta uma informação que exige do leitor um conhecimento extratextual.

(A) "Cinquenta anos de idade sem residência fixa" (3° parágrafo).
(B) "Aníbal Vicente foi preso porque é marido de cinco mulheres" (1° parágrafo).
(C) "capaz de emocionar-se com a lua cheia" (3° parágrafo).
(D) "o D. Juan magro" (2° parágrafo).
(E) "não fosse o ciúme de uma das esposas enganadas" (5° parágrafo).

A: incorreta, pois a informação é totalmente compreendida por meio dos recursos fornecidos no texto; **B:** incorreta, pois a informação está diretamente relacionada ao conteúdo do texto; **C:** incorreta, pois a citação do anúncio do golpista está devidamente referenciada no texto; **D:** correta, pois é preciso que o leitor conheça o personagem literário D. Juan para entender a referência dada no texto; **E:** incorreta, pois esta informação é totalmente compreendida pelos recursos fornecidos no texto.
Gabarito "D" – Construção do Texto

Vou te contar

(Tom Jobim)

Vou te contar

Os olhos já não podem ver

Coisas que só o coração pode entender

Fundamental é mesmo o amor

É impossível ser feliz sozinho

O resto é mar

É tudo que não sei contar

São coisas lindas que eu tenho pra te dar

Vem de mansinho à brisa e me diz

É impossível ser feliz sozinho

Da primeira vez era a cidade

Da segunda, o cais e a eternidade

Agora eu já sei

Da onda que se ergueu no mar

E das estrelas que esquecemos de contar

O amor se deixa surpreender

Enquanto a noite vem nos envolver

Da primeira vez era a cidade

Da segunda, o cais e a eternidade

Agora eu já sei

Da onda que se ergueu no mar

E das estrelas que esquecemos de contar

O amor se deixa surpreender

Enquanto a noite vem nos envolver

Vou te contar

(Auxiliar Técnico – MPE-PR – ESPP – 2013) O uso do vocábulo "já", no segundo verso da primeira estrofe, permite inferir o seguinte:

(A) que os olhos do eu - lírico nunca viram o que só o coração entende.
(B) que o eu - lírico não vê mais o que só o coração pode entender, mas já vira um dia.
(C) que os olhos do eu-lírico ainda veem o que só o coração costuma ver.
(D) que nem os olhos do eu-lírico nem o coração veem algo.
(E) que, embora os olhos não vejam mais; eles entendem o coração.

A: incorreta, pois o vocábulo 'já' traz a noção de uma ação interrompida, ou seja, os olhos viam, mas agora não veem mais; **B:** correta, pois a alternativa apresenta um entendimento adequado do uso do vocábulo 'já'; **C:** incorreta. A interpretação apresentada pela alternativa é completamente inadequada, pois os olhos não veem mais aquilo que o coração costuma entender e não ver; **D**: incorreta, pois o verso não afirma que o coração do eu-lírico deixou de ver algo; **E**: incorreta, pois de acordo com o texto os olhos não entendem o coração, mas um dia puderam ver aquilo que só o coração é capaz de entender.

Gabarito "B" – Construção de Texto

(Auxiliar Técnico – MPE-PR – ESPP – 2013) O autor utiliza vários elementos da natureza para compor imagens subjetivas em seu texto. Abaixo estão listados exemplos desses elementos, **exceto** um. Assinale-o.

(A) "mar"

(B) "brisa"

(C) "onda"

(D) "cidade"

(E) "estrelas"

Dentre todos os elementos elencados nas alternativas, 'cidade', na alternativa D, é único não é natural.

Gabarito "D." – Construção de Texto

O cego de Ipanema

Caminha depressa e ritmado, a cabeça balançando no alto, como um instrumento, a captar os ruídos, os perigos, as ameaças da Terra. Os cegos, habitantes de mundo esquemático, sabem aonde ir, desconhecendo as nossas incertezas e perplexidades.

Sua bengala bate na calçada com um barulho seco e compassado, investigando o mundo geométrico. A cidade é um vasto diagrama, de que ele conhece as distâncias, as curvas, os ângulos. Sua vida é uma série de opera-ções matemáticas, enquanto a nossa costuma ser uma improvisação constante, uma tonteira, um desvario. Sua sobrevivência é um cálculo.

Um dia eu o vi em um momento particular de mansidão e ternura. Um rapaz que limpava um cadillac sobre o passeio deixou que ele apalpasse todo o carro. Suas mãos percorreram o para-lama, o painel, os faróis, os frisos. Seu rosto se iluminava, deslumbrado, como se seus olhos vissem pela primeira vez uma grande cachoeira, o mar de encontro aos rochedos, uma tempestade, uma bela mulher.

(Paulo Mendes Campos. **O amor acaba**. São Paulo: Companhia das Letras, 2013, p. 31)

(Analista Jurídico – MPE-CE – FCC – 2013) Atente para as seguintes afirmações:

I. A assertiva *Sua sobrevivência é um cálculo* (1o pará-grafo), referida ao homem cego, justifica-se pelas expressões que imediatamente a antecedem, entre elas *improvisação constante*.

II. No 1° parágrafo, o autor do texto estabelece uma relação entre as capacidades desenvolvidas pelos homens cegos e a autossuficiência com que pare cem explorar os caminhos da vida.

III. Testemunhando um *momento particular de mansidão e ternura* (2° parágrafo), o autor equipara um prazer possível ao cego e o desfrute visual de formas naturais.

Em relação ao texto, está correto o que se afirma SOMENTE em:

(A) II e III.

(B) I e II.

(C) III.

(D) II.

(E) I.

I: incorreta, pois a expressão 'improvisação constante' citada como exemplo se refere às pessoas que enxergam e por isso não justifica a assertiva sobre o homem cego; **II**: correta, pois a afirmação com-preende bem o que podemos ver neste trecho do 1° parágrafo "[...] a cabeça balançando no alto, como um instrumento, a captar os ruídos, os perigos, as ameaças da Terra"; **III**: correta, pois no segundo pará-grafo o autor afirma que o cego desconhece as distâncias, as curvas e o ângulos que, sob o seu ponto de vista, são representantes desta *mansidão e ternura*.

Gabarito "A" – Construção de Texto

Cantigas de roda

*Há quem veja tão somente fantasia e ingenuidade nas palavras das cantigas de roda: "Ciranda, cirandinha / Vamos todos cirandar"... Mas há algumas que fazem pen-sar, e muito: vão bem mais fundo do que parecem. Têm, às vezes, versos trágicos, como estes: "Menina, minha menina / Faz favor de entrar na roda / Cante um verso bem bonito / Diga adeus e vá-se embora". Trágicos, sim: podem ser ouvidos e entendidos como uma síntese da nossa vida, do tempo curto da nossa vida, a que viemos para entrar na roda, cantar alguma coisa de nós e partir... para sempre. É pouco? É tudo. E tem gente que vai embora sem nunca ter cantado coisa nenhuma. A escritora Orides Fontela usou esses versos populares como epígrafe de seu livro de poemas **Helianto**. Era a dona de uma poesia fina e trágica, cantava como poucos.*

(Carlos Rossignol, inédito)

(Analista Jurídico – MPE-CE – FCC – 2013) Há muita gente que, sem mesmo dar-se conta disto, parte desta vida sem nada ter cantado.

A frase acima conserva o sentido básico e mantém a correção nesta outra forma:

(A) São muitos os que partem desta vida sem sequer se darem conta de que nada cantaram.

(B) Por não se dar conta desta vida, há muitos que partem sem ter nada cantado.

(C) Os que se vão sem ter nada cantado são muitos, que tão pouco se deram conta disso.

(D) Muitos partem desta vida sem nada cantar, sem se dar conta de que são muitos os que o fazem.

(E) Ainda que não se deem conta disso, há muita gente que canta muito antes de partir.

A: correta, pois a frase apresentada na alternativa conserva o sentido básico e mantém a correção da sentença da questão; **B**: incorreta. O verbo 'ter' na segunda parte da sentença estaria mais adequado se concordasse em número com 'muitos'; **C**: incorreta, pois a segunda parte da sentença não constrói uma unidade de sentido completa; **D**: incorreta. Assim como na alternativa anterior, a segunda parte da sentença não apresenta uma unidade de sentido completa e adequada que corresponda à frase apresentada na questão; **E**: incorreta, pois o autor afirma o contrário, isto é, que muitos partem sem ter cantado.

Gabarito "A" – Construção do Texto

Visões totalizantes

Volta e meia algum pensador propõe uma teoria em que o sentido completo da história humana se daria a conhe-cer. Entre esses pensadores ambiciosos, Auguste Comte (1798-1875) propôs sua famosa teoria dos três estados, segundo a qual se teria passado, num primeiro momento, pelo estado religioso, no qual predominam explicações de caráter transcendente, apoiado na ideia da existência de deuses e culminando na concepção de um deus único. No segundo estado, denominado filosófico, as explicações para os fenômenos apoiam-se numa concepção abrangente e metafísica de Natureza. Por fim, o terceiro estado, chamado por ele de científico ou positivo, fundamenta-se em observações e experimentações científicas aplicadas aos próprios fenômenos, a partir das quais se buscaria a síntese da condição humana. Ninguém ainda a conseguiu.

(Adaptado de: Ivanor Luiz Guarnieri e Fábio Lopes Alves. **Ver e entrever**

a Comunicação. São Paulo: Arte e ciência, 2008, p. 55)

(Analista Jurídico – MPE-CE – FCC – 2013) É preciso **corrigir**, por falha estrutural de construção, a **redação** da seguinte frase:

(A) Os religiosos certamente não concordarão com a ideia de que o cientificismo, na escalada do conhecimento humano, é superior ao saber proporcionado pela fé.

(B) Ao propor três estados em sua totalização da história humana, a síntese que Auguste Comte buscava permanece fora do alcance de nossa compreensão.

(C) O que se sabe é que sempre houve e sempre haverá pensadores que se aplicam na busca da totalização do sentido da história humana.

(D) A partir de meados do século XIX, o positivismo de Comte difundiu-se pelo mundo, exercendo influência tanto no plano científico como no filosófico.

(E) A última frase do texto, que aponta para o malogro de tantas tentativas de síntese, lembra também um desafio que sempre se coloca para os grandes pensadores.

Todas as sentenças estão corretas, com exceção da alternativa B, pois a estruturação do texto prejudica a compreensão adequada do texto

Gabarito "B" – Construção de Texto

13. SINTAXE

Sobre Poesia

Não têm sido poucas as tentativas de definir o que é poesia. Desde Platão e Aristóteles até os semânticos e concretistas modernos, insistem filósofos, críticos e mesmo os próprios poetas em dar uma definição da arte de se exprimir em versos, velha como a humanidade. [...]

Um operário parte de um monte de tijolos sem significação especial senão serem tijolos para – sob a orientação de um construtor que por sua vez segue os cálculos de um engenheiro obediente ao projeto de um arquiteto – levantar uma casa. Um monte de tijolos é um monte de tijolos. Não existe neles beleza específica. Mas uma casa pode ser bela, se o projeto de um bom arquiteto tiver a estruturá-lo

os cálculos de um bom engenheiro e a vigilância de um bom construtor no sentido do bom acabamento, por um bom operário, do trabalho em execução.

Troquem-se tijolos por palavras, ponha-se o poeta subjetivamente na quádrupla função de arquiteto, engenheiro, construtor e operário, e aí tendes o que é poesia. A comparação pode parecer orgulhosa, do ponto de vista do poeta, mas, muito pelo contrário, ela me parece colocar a poesia em sua real posição diante das outras artes: a verdadeira humildade. O material do poeta é a vida, e só a vida, com tudo o que ela tem de sórdido e sublime. Seu instrumento é a palavra. Sua função é a de ser expressão verbal rítmica ao mundo informe de sensações, sentimentos e pressentimentos dos outros com relação a tudo o que existe ou é passível de existência no mundo mágico da imaginação. Seu único dever é fazê-lo da maneira mais bela, simples e comunicativa possível, do contrário ele não será nunca um bom poeta, mas um mero lucubrador de versos. [...]

Mas para o poeta a vida é eterna. Ele vive no vórtice dessas contradições, no eixo desses contrários. Não viva ele assim, e transformar-se-á certamente, dentro de um mundo em carne viva, num jardinista, num floricultor de espécimes que, por mais belos sejam, pertencem antes a estufas que ao homem que vive nas ruas e nas casas. [...]

(Vinicius de Moraes. **Poesia completa e prosa**. Rio de Janeiro: Aguilar, 1974, v. único, p. 536 e 537)

(Agente Técnico Jurídico – MPE-AM – FCC – 2013) Não existe neles beleza específica.

A mesma função sintática do termo grifado acima está no segmento também grifado em:

(A) ... ela me parece colocar a poesia em sua real posição diante das outras artes...

(B) A comparação pode parecer orgulhosa...

(C) ... insistem filósofos, críticos e mesmo os próprios poetas...

(D) ... a de ser expressão verbal rítmica ao mundo informe de sensações, sentimentos e pressentimentos dos outros...

(E) Ele vive no vórtice dessas contradições, no eixo desses contrários.

A: incorreta, pois os elementos apresentados na sentença não pertencem à mesma função sintática; **B:** correta, pois os elementos apresentados na sentença apresentam a mesma função sintática de objeto do verbo; **C:** incorreta, pois apenas 'preciosamente' apresenta a função sintática de advérbio; **D:** incorreta, pois 'pelas ruas' apresenta função sintática de complemento verbal, enquanto 'o gosto' apresenta função sintática de objeto.

Gabarito "C" – Sintaxe

12. LÍNGUA PORTUGUESA — 349

1 Sir Francis Bacon deu um conselho curioso _____ estudavam a natureza: deveriam
2 desconfiar de tudo o que suas mentes aceitassem sem hesitação. Talvez fosse uma maneira de
3 prevenir contra a ilusão _____ qualquer descoberta humana fosse completa, ou tivesse
4 completamente desvendado o que Deus encobrira. No momento (século 17) _____ crescia a ideia
5 herética de que existia um metafórico Livro da Natureza tão cheio de mensagens de Deus para os
6 homens quanto o Livro dos Livros, Bacon aconselhava a ciência a não desprezar o que diziam os
7 mitos e as escrituras. A glória de Deus manifestava-se de várias formas. Algumas eram apenas
8 mais poéticas do que as outras.
9 A primeira "mensagem" assim identificada do livro secular da natureza foi o
10 magnetismo, que só começou a ser estudado a fundo pelo inglês William Gilbert, contemporâneo
11 de Bacon na corte da rainha Elizabeth I, de quem era médico. O magnetismo era a prototípica
12 evidência de uma força _____ na natureza, a primeira alternativa à pura vontade de Deus como
13 algo por _____ de tudo. Albert Einstein contava que o presente de uma _____, quando era
14 menino, lhe dera a primeira sensação dessa força misteriosa, e o primeiro ímpeto de desvendá-la.
15 Mais do que ninguém, Einstein podia reivindicar uma glória de descobrir igual à glória
16 de Deus em ocultar, embora nunca abandonasse sua devoção quase religiosa a um determinismo
17 harmônico do universo, atribuindo-o a Deus ou a que outro nome se quisesse dar ao
18 indesvendável. Mas Einstein não seguiu o conselho de Francis Bacon, de desconfiar do que o
19 satisfazia. Satisfez-se tanto com suas certezas que passou os últimos anos da vida buscando uma
20 teoria unificada da gravidade e do eletromagnetismo que refutasse a teoria quântica que a
21 ameaçava e que tornava a matéria e seu comportamento inexplicáveis em qualquer linguagem,
22 científica ou poética.
23 Quando recém se começava a falar em partículas subatômicas e seu estranho
24 comportamento, o físico dinamarquês Niels Bohr disse que elas só poderiam ser descritas usando-se
25 a linguagem como na poesia. Um sombrio reconhecimento de que a linguagem racional não
26 teria como acompanhar a especulação científica e, por isso, estava condenada à analogia e à
27 aproximação inexata. Assim, os físicos falam em teorias das cordas, em um universo em forma de
28 donut, ou de bola de futebol, e isso é apenas o som da mente humana se chocando contra os
29 limites da linguagem, como moscas (para usar outra analogia) na vidraça.
30 Einstein morreu sem se resignar à ideia de que a verdadeira e inexpugnável glória de
31 Deus começa onde termina a linguagem humana.

Adaptado de Luís Fernando Veríssimo, "Ciência e Linguagem". Zero Hora, Porto Alegre, 27 set 2012.

(Analista Processual Direito – MPE-AC – FMP – 2013) Assinale a alternativa que apresenta uma análise sintática **INCORRETA** para a oração extraída do texto.

(A) *que só começou a ser estudado a fundo pelo inglês William Gilbert* (l. 10) – Oração Subordinada Adjetiva.
(B) *de quem era médico* (l. 11) – Oração Subordinada Adjetiva.
(C) *embora nunca abandonasse sua devoção quase religiosa a um determinismo harmônico do universo* (l. 16-17) – Oração Subordinada Adverbial Concessiva.
(D) *Quando recém se começava a falar em partículas subatômicas e seu estranho comportamento* (l. 23-24) – Oração Subordinada Adverbial Temporal.
(E) *usando-se a linguagem* (l. 24-25) – Oração Subordinada Adjetiva.

A: incorreta, pois a sentença de fato caracteriza o fenômeno da natureza identificando que foi o primeiro a estudá-lo e por isso é classificada como Oração Subordinada Adjetiva; **B:** incorreta. Assim como na sentença anterior, esta caracteriza a oração principal quando especifica que o inglês William Gilbert era médico da rainha Elizabeth I; **C:** incorreta. Podemos classificar o trecho como oração subordinada adverbial concessiva pela presença do advérbio de concessão 'embora'; **D:** incorreta, a presença da conjunção adverbial de tempo 'quando recém' já identifica a sentença como oração subordinada adverbial temporal; **E:** correta. A sentença não apresenta as características típicas de uma Oração Subordinada Adjetiva, pois não caracteriza a oração principal.

Gabarito – "E" – Sintaxe

É legal ter pai

1   O Ministério Público de Goiás (MP-GO) lançou, no dia 1o de fevereiro de 2012, a campanha "É legal ter pai", que tem como objetivo ampliar a atuação institucional na investigação
4   de paternidade, a partir de uma estratégia de divulgação direta à população dos serviços que podem ser
6   oferecidos nessa área, tanto em Goiânia quanto no interior.

Disponível em: <http://www.mpgo.mp.br/portal/noticia/campanha-e-legal- ter-pai#.Ue0No403vQV>
Acesso em: 21/7/2013 (com adaptações).

(Assistente Administrativo – MPE-GO – IADES – 2013) A propósito dos aspectos morfossintáticos de "É legal ter pai" (título), é correto afirmar que:

(A) "É", especificamente nesse caso, funciona como verbo transitivo direto.
(B) o sujeito referente a "É" classifica-se como oculto ou desinencial.
(C) o período é constituído por uma oração principal e uma oração sem sujeito.
(D) o predicado "ter pai" é verbo-nominal, pois indica, ao mesmo tempo, ideia de ação e estado.
(E) "ter pai" desempenha o papel de sujeito da oração anterior.

A: incorreta, pois o verbo 'ser' neste caso funciona como complemento de ligação entre o sujeito e o predicado; **B:** incorreta, pois o sujeito oculto pode ser percebido pelo verbo. Neste caso o sujeito da oração é indeterminado; **C:** incorreta, pois o período é composto apenas por uma oração de sujeito indeterminado; **D:** incorreta, pois o predicado 'ter pai' expressa somente estado; **E:** correta, pois a alternativa apresenta corretamente os aspectos morfossintáticos da sentença.
Gabarito "E". – Sintaxe

Demasiadamente
(Eneida Costa de Morais)

Quem conta um conto, acrescenta um ponto, diz o ditado. No caso presente não precisaremos acrescentar nada, tantos os pontos existentes: Aníbal Vicente foi preso porque é marido de cinco mulheres e noivo de mais de uma dezena de jovens.

Buscar, no retrato que os jornais estamparam, as razões desse tão grande prestígio de Vicente, é tolice: homem feio — muito feio, mesmo — o D. Juan magro, de rosto marcado pelas bexigas ou espinhas, nada oferece para que possamos imaginá-lo usando luares em declarações de amor, ou dizendo de maneira pessoal e pessoal encantamento, as sempre novas palavras que prenderam nossos tataravôs, avós, pais e a nós mesmos.

O caso aconteceu em S. Paulo, se bem que todo o Brasil esteja envolvido na ação amorosa de Aníbal. Cinquenta anos de idade, sem residência fixa — mudava muito de casa —, o herói do "conto do noivado" casava para lesar suas vítimas. Seu método mais usado era simples: entabulava namoro através de correspondência sentimental de revistas especializadas no assunto. "Homem só, profundamente só, com uma enorme riqueza sentimental, conhecendo todas as palavras de amor, sabendo empregá-las no momento preciso, capaz de emocionar-se com a lua cheia, usando ternura, sempre ternura para com aquela que amar, precisa encontrar senhora só", etc., etc. O anúncio devia ser assim e, por ele, Aníbal ia colhendo as respostas, analisando-as, conhecendo mulheres antes de encontrá-las pessoalmente, mandando para esta carta, para a outra telegrama, até o final: encontro, casamento.

Assinava "Ouro Branco", pois era de ouro que precisava Aníbal. Muito ouro para bem viver, bem comer, andar e dar golpes em outras românticas incautas.

A sede de amar e ser amada é tão grande nas mulheres que Aníbal continuaria seus trabalhos até o fim da vida, não fosse o ciúme de uma das esposas enganadas. A mais sofredora de todas, talvez, porque a que mais amasse, levou-o à polícia, e à prisão. [...]

A prisão se deu sem que o amoroso ladrão pressentisse. Estava calmamente à porta de uma casa, esperando a chegada de uma de suas noivas, a destinada futura esposa. Preso, sobre ele caiu o ódio de cento e cinco mulheres enganadas; esqueceram que a culpa não era apenas dele, esqueceram que atendendo ao apelo de Aníbal Vicente eram também culpadas. O homem está preso e uma centena de mulheres ficou sem noivo e sem esposo.

12. LÍNGUA PORTUGUESA   351

Casou muito, amou demais, eis a definição de Aníbal; naturalmente a Justiça acrescentará: roubou muito. Mas ninguém poderá negar a Vicente o título de criador de uma nova forma do conto-do-vigário: o "conto do amor", o "conto do noivado" e do "casamento", o "conto sentimental".

Aqui para nós, digam, Vicente, mesmo roubando suas enamoradas, não lhes terá dado alguma felicidade?

(Auxiliar Técnico – MPE-PR – ESPP – 2013) O título do texto é formado por uma só palavra e essa se classifica como advérbio. Assinale a opção que contenha, em destaque, um outro exemplo de advérbio.

(A) "as **sempre** novas palavras que prenderam" (2° parágrafo).

(B) Não precisamos acrescentar **nada**" (1° parágrafo).

(C) "**tantos** os pontos existentes" (1° parágrafo).

(D) "de rosto **marcado** pelas bexigas" (2° parágrafo).

(E) "de maneira pessoal e pessoal **encantamento**" (2a parágrafo).

A: correta, a palavra apresentada na alternativa pode ser classificada como um advérbio de tempo; **B:** incorreta, pois no contexto apresentado o termo grifado se caracteriza como pronome indefinido; **C:** incorreta, neste contexto o termo destacado 'tantos' é classificado como pronome indefinido; **D:** incorreta, pois o termo destacado é um adjetivo; **E:** incorreta, pois o termo grifado é um substantivo.

Gabarito "A" – Sintaxe

14. VOZES VERBAIS/DISCURSO DIRETO E INDIRETO

Juventudes

Pois se ainda ontem eu era jovem, conforme me asseguravam, asseguro-lhes que ainda hoje minha juventude não acabou. Se viesse a acabar, estaria tão velho que não saberia disso – o que significa que serei eternamente jovem. Preciso acrescentar: nada tenho de especial, todos os jovens da minha idade (isto é, acima dos 60) sabem disso. Não adianta os espelhos (por que se espalham por toda parte?) pretenderem mostrar o contrário, jogar-nos na cara nossa imagem envelhecida. Nós sabemos que eles mentem, sabemos que não têm como refletir nosso espírito – daí se vingarem, refletindo tão somente o que aparece.

Vou mais longe: não é que não envelheçamos, com essa mania que tem o tempo de nunca parar; na verdade, quanto mais anos vivemos, mais remoçamos. Alguns vivem até recuperar de vez – para nunca mais largar dela – a liberdade da infância. Enquanto lá não chego (esperando chegar), vou remoçando, remoçando, a ponto dos jovens de dezenove anos me pedirem mais moderação,

mais compostura. Toda vez que fazem isso, surpreendo, no fundo de seus olhos, uma inveja incomensurável: inveja da minha adolescência verdadeira.

É verdade que a natureza, que tem lá seus caprichos, gosta de brincar com nossa juventude de sexagenários. Ela faz, por exemplo, o chão parecer mais longe: custa-nos chegar a ele, para apanhar aquela moedinha. Brinca, ainda, com nosso senso de equilíbrio: um volteio mais rápido do corpo e parece que a Terra subitamente acelerou a rotação. E já não podemos saltar imitando um saci, sobre os quadrados marcados a giz na calçada das brincadeiras: mesmo duas pernas mostram-se insuficientes para retomar o equilíbrio.

Enfim: valha esta mensagem para todos os jovens que ainda acreditam na velhice. Bobagem, meus amiguinhos: a velhice não chega nunca, é mais uma ilusão da juventude. Não adianta o corpo insistir em dar todos os sinais de mau funcionamento, inútil insistirem as bactérias em corromper nossos tecidos, inútil os olhos perderem a luz de dentro e a luz de fora: morremos sempre jovens, espantados por morrer, atônitos com essa insistência caprichosa e absurda da natureza, de vir ceifar nossa vida exatamente quando desfrutamos do esplendor de nossa juventude mais madura.

(Adamastor Rugendas, *inédito*)

(Analista Ministerial Administrativo – MPE-MA – FCC – 2013) Ambas as frases admitem transposição para a voz **passiva** em:

(A) Não renego a mal afamada velhice e Alguém invejará os velhos?

(B) Vou mais longe que você e A natureza tem seus caprichos.

(C) O tempo brinca com a juventude e O passar dos anos não lhe fez mal.

(D) Que os jovens acreditem em mim e Sinto-me mais moço do que ele.

(E) A natureza não nos poupa e O espírito segue confiante.

A: correta, pois a forma passiva das frases seria respectivamente: 'A mal afamada velhice não é renegada' e 'Os velhos serão invejados por alguém?'; **B:** incorreta, pois o modo como o sujeito está inserido na sentença não permite a alteração para agente da passiva; **C:** incorreta, pois no contexto da primeira frase o verbo 'brincar' não permite voz passiva e na segunda frase o sujeito não permite alteração para 'agente da passiva'; **D:** incorreta, pois a construção subjuntiva da primeira frase não permite voz passiva e a segunda frase é uma comparação que também não permite verbo na voz passiva; **E:** incorreta. Apesar de haver possibilidade de transposição para voz passiva na primeira frase, a relação sujeito - objeto da segunda frase não permite voz passiva.

Gabarito "A" – Vozes do Verbo

TEXTO 1

1   Não faz muito que temos esta nova TV com controle remoto, mas devo dizer que se trata
2   agora de um aparelho sem o qual eu não saberia viver. Passo os dias sentado na velha poltrona,
3   mudando de um canal para outro — uma tarefa que antes exigia certa movimentação, mas que
4   agora ficou muito fácil. Estou num canal, não gosto — zap, mudo para outro. Também não gosto
5   deste — zap, mudo de novo. Eu gostaria de ganhar em dólar o número de vezes que você troca de
6   canal em uma hora, diz minha mãe. Trata-se de uma fantasia, mas pelo menos indica disposição
7   para o humor, admirável nessa mulher.
8   Sofre, minha mãe. Sempre sofreu: infância carente, pai cruel etc. Mas o sofrimento
9   aumentou muito quando meu pai a deixou. Já faz tempo; foi logo que nasci, e estou agora com
10 treze anos. Uma idade em que se vê muita televisão, e em que se muda de canal constantemente...
11 Da tela, uma moça sorridente pergunta se o caro telespectador já conhece certo novo sabão em pó.
12 Não conheço nem quero conhecer, de modo que — zap — mudo de canal. "Não me abandone,
13 Mariana, não me abandone!" Abandono, sim, não suporto novelas: zap, e agora é um homem
14 falando. Um homem, abraçado ____ guitarra elétrica, fala a uma entrevistadora. É um roqueiro.
15 Aliás, é o que está dizendo, que é um roqueiro, que sempre foi e sempre será um roqueiro. Tal
16 veemência se justifica, porque ele não parece um roqueiro. É meio velho, tem cabelos grisalhos,
17 rugas, falta-lhe um dente. É o meu pai.
18 É sobre mim que fala. Você tem um filho, não tem?, pergunta a apresentadora, e ele,
19 meio constrangido, diz que sim, que tem um filho, só que não o vê há muito tempo. Hesita um
20 pouco e acrescenta: você sabe, eu tive de fazer uma opção, era a família ou o rock. A
21 entrevistadora, porém, insiste no assunto (é chata, ela): e o seu filho gosta de rock?
22 Ele se mexe na cadeira; o microfone, preso à camisa desbotada, produz um ruído
23 desagradável. Aí está: acaba num programa local e de baixíssima audiência, e ainda tem de passar
24 pelo vexame de uma pergunta que o embaraça... E então ele me olha. Vocês dirão que é para a
25 câmera que ele olha; aparentemente é isso, aparentemente ele está olhando para a câmera; mas é
26 para mim, na realidade, que ele olha, sabe que em algum lugar, diante de uma tevê, estou a fitar
27 seu rosto atormentado, as lágrimas me correndo pelo rosto; e no meu olhar ele procura ____
28 resposta ____ pergunta da apresentadora: você gosta de rock? Você gosta de mim? Você me
29 perdoa?
30 Mas então comete um erro: insensivelmente, automaticamente, seus dedos começam a
31 dedilhar as cordas da guitarra — é o vício do velho roqueiro, do qual ele nunca conseguiu se
32 livrar, nunca. Seu rosto se ilumina — refletores que se acendem? Ele vai dizer que sim, que seu
33 filho ama o rock tanto quanto ele... Nesse momento — zap — aciono o controle remoto.

Adaptado de Moacyr Scliar, "Zap". In *Contos Reunidos*, Companhia das Letras, São Paulo, 1995.

(Analista Processual Direito – MPE-AC – FMP – 2013) Considere as seguintes propostas de reescrita de períodos extraídos ou adaptados do texto; nas propostas, há passagem do discurso direto para o indireto, ou vice-versa.

I. Eu gostaria de ganhar em dólar o número de vezes que você troca de canal em uma hora, diz minha mãe. (extraído das l.05-06) Minha mãe disse que ela gostaria de ganhar em dólar o número de vezes que eu trocava de canal em uma hora.

II. Da tela, uma moça sorridente perguntava se o caro telespectador já conhecia o novo sabão em pó LIMPEX. (adaptado das l.10-11) Da tela, uma moça sorridente perguntou: "Caro telespectador, você já tinha conhecido o novo sabão em pó LIMPEX?"

III. O rockeiro hesita um pouco e acrescenta: "Eu tive de fazer uma opção, era a família ou o rock." (adaptado das l.19-20) O rockeiro hesitou um pouco e acrescentou que tivera de fazer uma opção, era a família ou o rock.

Quais são as propostas corretas?

(A) Apenas I.
(B) Apenas II.
(C) Apenas III.
(D) Apenas I e III.
(E) Apenas II e III.

I: correta, pois o sentido do texto foi mantido, o tempo verbal está adequado ao uso da voz passiva utilizada no discurso indireto e é possível identificar claramente as partes da sentença; II: incorreta, apesar do uso de aspas ser um recurso muito utilizado para marcação de discurso direto, o tempo verbal apresentado na sentença não foi adaptado corretamente do texto extraído; III: correta, pois o tempo verbal está adequado ao uso da voz passiva utilizada no discurso indireto e é possível identificar claramente as partes da sentença.

Gabarito "D." – Discurso Direto/Indireto

Fiquei velho na época errada. Toda a minha vida foi assim.

Cheguei às diferentes fases da vida quando elas já tinham perdido as suas vantagens, ou antes de adquirirem vantagens novas. Veja você: a infância. Houve um tempo em que as crianças, assim, da minha classe, eram tratadas

12. LÍNGUA PORTUGUESA — 353

como príncipes e princesas. Não foi o meu. E a adolescência? A revolução sexual começou exatamente um dia depois do meu casamento.

Quando cheguei à juventude, os jovens adultos estavam cuidando de suas carteiras de ações da Bolsa.

Tudo bem, pensei. Vou me preparar para a velhice e seus privilégios, com minha pensão e meus netos. Mas a Previdência está quase quebrando e meus netos, quando me olham, parecem estar me medindo para um asilo geriátrico. Cheguei tarde também à velhice.

(Adaptado de: Luis Fernando Verissimo. **Em algum lugar do paraíso**. Rio de Janeiro: Objetiva, 2011, p. 48 e 49)

(Analista Jurídico – MPE-CE – FCC – 2013) Transpondo-se para a **voz ativa** a construção *eram tratadas como príncipes e princesas,* a forma verbal resultante deverá ser:

(A) tratavam-nas.
(B) tratavam-se.
(C) teriam sido tratadas.
(D) foram tratadas.
(E) tinham-nas tratado.

A: correta, pois a forma verbal apresenta o mesmo tempo e o pronome representa corretamente o objeto da sentença; **B:** incorreta. O pronome 'se' é utilizada para definir verbos reflexivos e a ação apresentada na sentença não apresenta sujeito reflexivo; **C:** incorreta, o verbo apresentado na questão é o pretérito imperfeito e o verbo apresentado na alternativa está é uma construção hipotética; **D:** incorreta. O verbo está em um tempo composto que não corresponde ao pretérito imperfeito apresentado na questão; **E:** incorreta, pois o verbo está no tempo pretérito mais que perfeito e o verbo apresentado na questão está no pretérito imperfeito.

Gabarito "A" – Vozes do Verbo

15. QUESTÕES COMBINADAS E OUTROS TEMAS

(Analista de Promotoria II – Agente de Promotoria – MPE-SP – IBFC – 2013) Considere o período e as afirmações abaixo.

Os jovens, que são contestadores, não acham válido, muitas vezes, a opinião dos mais velhos.

I. Se as vírgulas que intercalam a oração adjetiva ("que são contestadores") fossem retiradas, não haveria qualquer alteração de sentido.
II. Há um problema de concordância nominal.
III. A pontuação não está correta.
Está correto o que se afirma somente em:

(A) Apenas I.
(B) Apenas II.
(C) Apenas III.
(D) Apenas I e III.
(E) Apenas II e III.

I: incorreta, pois a oração adjetiva sem as vírgulas poderia ser caracterizada como oração adjetiva restritiva, que daria o sentido de que apenas os jovens contestadores não acham válido, e não os demais, enquanto que as vírgulas tornam a contestação uma característica geral dos jovens; **II:** correta, pois o adjetivo 'válido' deveria estar no feminino para concordar com 'a opinião'; **III:** incorreta, pois a pontuação apresentada na sentença está de acordo com a norma padrão.

Gabarito "B" – Correção Gramatical

(Analista de Promotoria II – Agente de Promotoria – MPE-SP – IBFC – 2013) Considere o período e as afirmações abaixo.

A leitura de Machado de Assis e de Clarice Lispector, contribuíram muito com a minha formação.

I. Há um problema de concordância verbal.
II. A pontuação está correta.
III. Observa-se a presença de metonímia.
Está correto o que se afirma somente em:

(A) Apenas I e III.
(B) Apenas II.
(C) Apenas III.
(D) Apenas I.
(E) Apenas II e III.

I: correta. O verbo 'contribuir' deveria estar na forma singular para concordar com o sujeito 'leitura'; **II:** incorreta. De acordo com a norma padrão a vírgula está colocada indevidamente na sentença; **III:** correta, pois a metonímia é a figura de linguagem em que o todo é tomado por uma parte, neste caso os autores Machado de Assis e Clarice Lispector representam suas obras.

Gabarito "A" – Correção Gramatical

(Analista de Promotoria I – Assistente Jurídico – MPE-SP – IBFC – 2013) Considere o período e as afirmações abaixo.

A imprensa é a voz da sociedade pois a denúncia de crimes e desigualdades mobilizam as pessoas.

I. Observa-se o uso de metáfora.
II. A pontuação está correta.
III. Há um problema de concordância verbal.
Está correto o que se afirma somente em:

(A) Apenas I.
(B) Apenas II.
(C) Apenas III.
(D) Apenas I e III.
(E) Apenas II e III.

I: correta, pois a metáfora está na afirmação de que a imprensa é a voz da sociedade; **II:** incorreta. De acordo com a norma padrão deveria haver uma vírgula antes de 'pois' para marcar o início da segunda oração; **III:** correta, pois o verbo 'mobilizar' deve concordar com seu sujeito 'denúncia' que está no singular.

Gabarito "D" – Correção Gramatical

Vou te contar

(Tom Jobim)

Vou te contar
Os olhos já não podem ver
Coisas que só o coração pode entender
Fundamental é mesmo o amor
É impossível ser feliz sozinho
O resto é mar
É tudo que não sei contar
São coisas lindas que eu tenho pra te dar
Vem de mansinho à brisa e me diz
É impossível ser feliz sozinho
Da primeira vez era a cidade
Da segunda, o cais e a eternidade
Agora eu já sei
Da onda que se ergueu no mar
E das estrelas que esquecemos de contar

O amor se deixa surpreender
Enquanto a noite vem nos envolver
Da primeira vez era a cidade
Da segunda, o cais e a eternidade
Agora eu já sei
Da onda que se ergueu no mar
E das estrelas que esquecemos de contar
O amor se deixa surpreender
Enquanto a noite vem nos envolver
Vou te contar

(Auxiliar Técnico – MPE-PR – ESPP – 2013) Sobre o verso "São coisas lindas que eu tenho pra te dar", faz-se as seguintes afirmações:

I. Ocorrem três orações.
II. O pronome "te" é complemento do verbo "dar".
III. O verbo da primeira oração e transitivo direto.
Agora, assinale a opção correta.

(A) I, II e II estão corretas.
(B) Apenas II e III estão corretas.
(C) Apenas I e II estão corretas.
(D) Apenas a II está correta.
(E) Apenas a III está correta.

I: correta, pois podemos isolar os três verbos que formam cada oração 'são', 'tenho' e 'dar'; **II:** correta. A afirmação está correta quanto a função sintática dos elementos; **III:** incorreta, pois neste caso ele funciona como verbo de complemento.

Gabarito "C" – Correção Gramatical

O cego de Ipanema

Caminha depressa e ritmado, a cabeça balançando no alto, como um instrumento, a captar os ruídos, os perigos, as ameaças da Terra. Os cegos, habitantes de mundo esquemático, sabem aonde ir, desconhecendo as nossas incertezas e perplexidades.

Sua bengala bate na calçada com um barulho seco e compassado, investigando o mundo geométrico. A cidade é um vasto diagrama, de que ele conhece as distâncias, as curvas, os ângulos. Sua vida é uma série de operações matemáticas, enquanto a nossa costuma ser uma improvisação constante, uma tonteira, um desvario. Sua sobrevivência é um cálculo.

Um dia eu o vi em um momento particular de mansidão e ternura. Um rapaz que limpava um cadillac sobre o passeio deixou que ele apalpasse todo o carro. Suas mãos percorreram o para-lama, o painel, os faróis, os frisos. Seu rosto se iluminava, deslumbrado, como se seus olhos vissem pela primeira vez uma grande cachoeira, o mar de encontro aos rochedos, uma tempestade, uma bela mulher.

(Paulo Mendes Campos. **O amor acaba**. São Paulo: Companhia das Letras, 2013, p. 31)

(Analista Jurídico – MPE-CE – FCC – 2013) Está clara e correta a **redação** deste livre comentário sobre o texto:

(A) O que admirou o autor, na cena quando o cego reconhece as formas do carro, é que dava a impressão de que ele podia ver muito bem as paisagens magníficas que normalmente lhe negam.

(B) Expressões como *vasto diagrama* e *mundo geométrico* devem de ser atribuídas ao cego em virtude dele caminhar com segurança em espaços cujo do mínio ele se assegura.

(C) O vocabulário usual da geometria, no primeiro parágrafo, aplica-se ao modo preciso e calculado pelo qual um homem cego se orienta no espaço por onde caminha.

(D) A cabeça erguida e a bengala batendo compassada no chão indiciam que o cego caminha sem hesitar aonde ele sabe que as formas se interpretam tão bem como se fossem visíveis.

(E) Parece-nos advertir o autor do texto que as pessoas que enxergam são por vezes tomadas por aflições em cujas os cegos não se deixam assaltar, por seus trejeitos seguros.

A: incorreta, pois não há necessidade das vírgulas separando a sentença 'na cena quando o cego reconhece as formas do carro', pois ela é complemento direto da sentença 'O que admirou o autor'. Além disso a expressão 'de que' não é recomendada pela gramática normativa; **B:** incorreta. A expressão 'de ser' não está de acordo com a gramática normativa, pois o verbo dever é intransitivo e por isso não exige complemento; **C:** correta. A sentença está correta de acordo com as normas da gramática tradicional; **D:** incorreta, pois a palavra 'indiciar' presente na sentença é utilizada em um campo semântico jurídico para indicar acusação de crime. Neste caso a palavra mais adequada seria 'indicar'. Além disso não há necessidade da preposição 'a' em conjunção com o advérbio onde; **E:** incorreta, pois a expressão 'em cujas' não está de acordo com a gramática normativa. O correto seria, 'cujos' uma vez que não há necessidade da preposição 'em' e a conjugação deve ser feita de acordo com o objeto 'os cegos'.

Gabarito "C" – Correção Gramatical

Fiquei velho na época errada. Toda a minha vida foi assim.

Cheguei às diferentes fases da vida quando elas já tinham perdido as suas vantagens, ou antes de adquirirem vantagens novas. Veja você: a infância. Houve um tempo em que as crianças, assim, da minha classe, eram tratadas como príncipes e princesas. Não foi o meu. E a adolescência? A revolução sexual começou exatamente um dia depois do meu casamento.

Quando cheguei à juventude, os jovens adultos estavam cuidando de suas carteiras de ações da Bolsa.

Tudo bem, pensei. Vou me preparar para a velhice e seus privilégios, com minha pensão e meus netos. Mas a Previdência está quase quebrando e meus netos, quando me olham, parecem estar me medindo para um asilo geriátrico. Cheguei tarde também à velhice.

(Adaptado de: Luis Fernando Verissimo. **Em algum lugar do paraíso**. Rio de Janeiro: Objetiva, 2011, p. 48 e 49)

(Analista Jurídico – MPE-CE – FCC – 2013) Atente para as seguintes frases:

I. Fiquei velho.
II. Supunha haver vantagens na velhice.
III. Não desfruto de vantagens em minha velhice.

As frases acima articulam-se com correção e coerência neste período único:

(A) Mesmo que supusesse haver vantagens, não as desfrutei quando fiquei velho.

(B) Embora supusesse haver vantagens, minha velhice não me fez desfrutá-las.

(C) Ao ficar velho, supus que houvessem vantagens na velhice, mas não teve nenhuma.

(D) As vantagens que supus para minha velhice não desfrutei quando à ela cheguei.

(E) Tendo ficado velho, não desfruto das vantagens que supunha haver na velhice.

A: incorreta, pois este período não apresenta a informação contida na sentença I. Fiquei velho; **B:** incorreta. O período apresentado na alternativa não deixa claro que as vantagens supostas pertenciam à velhice; **C:** incorreta. A sentença dá a ideia de que a suposição sobre as vantagens da velhice veio no momento em que o autor fica velho, porém na sentença apresentada na questão sabemos que elas precediam a velhice; **D:** incorreta, pois a sentença II. deixa claro que o autor pensa em vantagens para a velhice em geral e não para sua própria vida; **E:** correta, pois a sentença articula corretamente as ideias presentes nas sentenças.

Gabarito "E". – Correção Gramatical

Visões totalizantes

Volta e meia algum pensador propõe uma teoria em que o sentido completo da história humana se daria a conhecer. Entre esses pensadores ambiciosos, Auguste Comte (1798-1875) propôs sua famosa teoria dos três estados, segundo a qual se teria passado, num primeiro momento, pelo estado religioso, no qual predominam explicações de caráter transcendente, apoiado na ideia da existência de deuses e culminando na concepção de um deus único. No segundo estado, denominado filosófico, as explicações para os fenômenos apoiam-se numa concepção abrangente e metafísica de Natureza. Por fim, o terceiro estado, chamado por ele de científico ou positivo, fundamenta-se em observações e experimentações científicas aplicadas aos próprios fenômenos, a partir das quais se buscaria a síntese da condição humana. Ninguém ainda a conseguiu.

(Adaptado de: Ivanor Luiz Guarnieri e Fábio Lopes Alves. **Ver e entrever a Comunicação**. São Paulo: Arte e ciência, 2008, p. 55)

(Analista Jurídico – MPE-CE – FCC – 2013) Quanto às normas de concordância verbal, ocorre uma **irregularidade** na seguinte frase:

(A) Com a expressão *estado filosófico,* o pensador aludiu a certas ideias dominantes, pelas quais se alcançaria conhecer os valores profundos da Natureza.

(B) Deve-se à atenta observação dos fenômenos e ao rigor das experiências científicas, segundo Comte, o sucesso dos métodos positivistas.

(C) É certo que na tradição dos pensadores mais ambiciosas buscavam-se sempre, com denodo e aplicação, a síntese mesma dos conhecimentos humanos.

(D) Se um dia nos for dado conhecer os princípios mesmos da história humana, em que passaremos a aplicar nossas faculdades investigativas?

(E) Haveria um predomínio das explicações de caráter transcendente na época cujos valores resumiu Comte com a expressão *estado religioso.*

Todas as sentenças estão corretas, com exceção da alternativa C, pois o adjetivo 'ambicioso' deve concordar o 'os pensadores' e por isso se apresentar no plural masculino 'ambiciosos', enquanto o verbo 'buscar' deve concordar com tradição; assim a primeira parte da sentença se apresenta corretamente da seguinte forma "É certo que na tradição dos pensadores mais ambiciosos buscava-se sempre [...]".

Gabarito "C". – Concordância Verbal

Impressão e Acabamento:

Fones: (11) 3951-5240 | 3951-5188
E-mail: atendimento@expressaoearte.com
www.graficaexpressaoearte.com.br